V&R

Novum Testamentum et Orbis Antiquus / Studien zur Umwelt des Neuen Testaments

Band 122

Anna Nürnberger

Zweifelskonzepte im Frühchristentum

Dipsychia und Oligopistia im Rahmen menschlicher Dissonanz- und Einheitsvorstellungen in der Antike

Vandenhoeck & Ruprecht

Bibliografische Information der Deutschen Nationalbibliothek:
Die Deutsche Nationalbibliothek verzeichnet diese Publikation in der Deutschen Nationalbibliografie; detaillierte bibliografische Daten sind im Internet über https://dnb.de abrufbar.

Wissenschaftlicher Satz: satz&sonders GmbH, Dülmen
Druck und Bindung: Hubert & Co BuchPartner, Göttingen
Printed in the EU

Vandenhoeck & Ruprecht Verlage | www.vandenhoeck-ruprecht-verlage.com

ISSN 1420-4592
ISBN 978-3-525-56463-9

Meiner Familie

Inhalt

Vorwort

Die hier vorliegende Studie wurde im Sommersemester 2017 von der Philosophisch-Sozialwissenschaftlichen Fakultät der Universität Augsburg im Fach Biblische Theologie als Dissertationsschrift angenommen. Für die Publikation wurde die Arbeit leicht überarbeitet und um den Exkurs zur antiken Skepsis ergänzt.

Auch wenn das Projekt einer Dissertation oft als Kampf mit sich selbst erscheinen mag, sind doch letztlich viele Personen direkt oder indirekt an dessen Gelingen beteiligt.

Meiner Doktormutter Frau Prof. Dr. Petra von Gemünden bin ich zu größtem Dank verpflichtet: Sie hat mir die Promotion an Herz gelegt, die Thematik angeregt, und mich über die Jahre mit Geduld und großem Einsatz begleitet. Vor allem hat sie es als Doktormutter verstanden, mich durch ihre eigene Begeisterung und Sachkenntnis immer neu zu motivieren, wenn kein Ende in Sicht schien. Denn die Herausforderung, eine Doktorarbeit in drei Ländern und auf zwei Kontinenten abzufassen, wäre ohne ihr Vertrauen, ihr Verständnis und Einfühlungsvermögen auf wissenschaftlicher ebenso wie auf persönlicher Ebene nicht zu meistern gewesen. Ihre intensive Betreuung trotz der häufigen räumlichen Distanz, ihre Empfehlungsschreiben für Stipendienanträge während meines Studiums und der Promotionsphase, sowie ihr Erstgutachten über die vorliegende Arbeit im Zuge des Dissertationsverfahrens weiß ich sehr zu schätzen.

Professor Dr. Dr. h.c. mult. Gerd Theissen hat dankenswerterweise das Zweitgutachten zu dieser Arbeit erstellt. Er hat mir in zahlreichen Oberseminaren durch sein beeindruckendes Wissen große thematische Bögen aufgezeigt und es mir ermöglicht, Zusammenhänge neu zu entdecken. Seine einsichtsreichen Hinweise, Literaturtipps und aufmunternde Ratschläge in persönlichen Begegnungen genauso wie in Emailkorrespondenzen sind in besonderer Weise zu würdigen.

Diese Dissertation wurde während ihrer Abfassungszeit durch ein Begabtenstipendium der Hanns-Seidel-Stiftung aus Mitteln des Bundesministeriums für Bildung und Forschung gefördert. Für die mir zuteil gewordene ideelle und finanzielle Förderung bin ich außerordentlich dankbar. Den Herausgebern der Reihe NTOA danke ich für die Aufnahme in diese renommierte Reihe und Frau Dr. Elisabeth Hernitscheck vom Verlag Vandenhoeck & Ruprecht für die geduldigen Hilfestellungen vor der Publikation.

Dank gebührt zudem Frau Prof. Dr. Martina Böhm für die Zeit, in der ich als wissenschaftliche Mitarbeiterin an den Instituten für Altes und Neues Testament an der Universität Hamburg arbeiten durfte. Sie hat mir viele neue Erfahrungen ermöglicht und Freiraum zur Forschung gewährt.

Viele Kapitel dieser Arbeit konnten in unterschiedlichen Fachkreisen referiert und diskutiert werden. Für sachkundige Hinweise und wertvolles Feedback bin ich vor allem meinen ehemaligen KollegInnen an der Universität Hamburg bzw. den TeilnehmerInnen des neutestamentlichen Forschungskolloqiums dankbar. In Augsburg haben Kathrin Siemers (†) und Kristina Wagner durch gute Beobachtungen in Kolloquiumssitzungen dankenswerterweise zum Voranschreiten der Arbeit beigetragen. Besonders viele Impulse verdanke ich Dr. Anke Inselmann. Sie hat immer wieder engagiert meine Beobachtungen und Ideen reflektiert und konstruktive Anregungen vorgebracht. Ihre Doktorarbeit über die Freude im Lukasevangelium war mir Inspiration und Motivationsquelle.

Danken möchte ich auch Frau Sabine Fartash im Sekretariat des Lehrstuhls von Frau Prof. Dr. Petra von Gemünden an der Universität Augsburg für ihre Hilfsbereitschaft, sowie meinen Freundinnen und Freunden nah und fern für Gespräche, Ablenkungen und Ansporn.

Der größte Dank aber gilt meinen Eltern für ihr Vertrauen und ihre langjährige Unterstützung sowie meinem Mann, Samer Sallis, der mir stets den Rücken freigehalten hat und mir mit größter Geduld und ungebrochenem Interesse die Durchführung dieses Projekts ermöglicht hat.

Adelaide, im Februar 2019 Anna Nürnberger

Kapitel I: Einleitung

1. Zum Thema der Dissonanz und Einheit des Menschen in der Antike

Antike Schriften enthalten einsichtsvolle und facettenreiche Reflexionen auf Dissonanzen im menschlichen Erleben und Verhalten sowie auf personale Einheits- und Integritätsideale. Dabei spiegeln mannigfaltige Texte pagan-griechischer,[1] altisraelitischer, frühjüdischer und frühchristlicher[2] Prägung bereits die grundlegende psychologische Einsicht wider, dass das Verhalten des Menschen von seinen Erfahrungen und seinem Erleben im Allgemeinen sowie von seiner ethischen und/oder religiösen Grundorientierung im Besonderen abhängt. Der Introspektion, Ordnung oder Disziplinierung des personalen Innenraums wird daher schon früh besonderes Gewicht verliehen. In der historischen Literatur erscheint der Mensch als ein komplexes Wesen, das mit vielen, häufig widersprüchlichen Verhaltensimpulsen konfrontiert sein kann, welche nicht unmittelbar und damit unbedacht umgesetzt werden sollen, sondern zunächst an gesetzten moralischen Maßstäben zu messen sind. Entsprechende Entscheidungsreflexionen konnten in der Antike nicht nur dramatisch inszeniert werden; sie stehen auch im Hintergrund ethischer Schriften unterschiedlicher kultureller Prägung, die im Mittelmeerraum produziert wurden. Während das exemplarische Ziel menschlichen Erlebens und Verhaltens in diesen Textwelten zumeist in der Herstellung einer harmonischen Personeinheit oder einem integren Charakter gesehen werden kann und unzweideutig zur Sprache gebracht bzw. gefordert wird, beweisen diverse vorneutestamentliche und christliche Dokumente,[3] dass diese Zielerreichung als eine relativ schwierig zu bewältigende Aufgabe aufgefasst wird. Denn selbst

1 „Pagan" wird in dieser Arbeit rein deskriptiv als wertneutraler Ausdruck gebraucht, um antike, nicht-monotheistische Kulturen im Mittelmeerraum zu bezeichnen.

2 Mit „Frühchristentum" meine ich die formative Phase des Christentums, insbesondere das 1. und 2. Jh. n. Chr., d. h. die Zeit Jesu sowie die apostolische und nachapostolische Zeit.

3 Um die in dieser Arbeit herangezogenen Texte der Antike sinnvoll einteilen zu können, werden u. a. die Ausdrücke „vorneutestamentlich" und „christlich" gebraucht. Sie sind freilich Ausdrücke der modernen Beschreibungssprache, nicht der Quellensprache. Mit „christlich" sind alle diejenigen Schriften gemeint, die aus heutiger Sicht von Vertretern des Christentums verfasst wurden, auch wenn sich z. B. Paulus oder die Evangelisten selbst noch nicht als „christlich" bezeichnet haben. Im Bewusstsein dessen, dass die Kanonisierung der Textsammlung, die wir heute als Neues Testament bezeichnen, erst im 2. Jh. n. Chr. einsetzte und nicht vor dem 4. Jh.n.Chr. abgeschlossen war, steht „vorneutestamentlich" bzw. „vorchristlich" in dieser Arbeit für alle antiken Texte, die vor der Zeit Jesu abgefasst wurden (Zum Problem der Einordnung der ‚Testamente der zwölf Patriarchen' siehe S. 284). Für die Termini „alttestamentlich" und „biblisch" gilt analog, dass sie für den untersuchten Zeitraum der Antike Anachronismen darstellen. Wenn diese Ausdrücke in dieser Arbeit Verwendung

bei eindeutiger Kenntnis der objektiven Normen von gut und böse, von richtig und falsch, erscheint die Anwendung dieser Verhaltensmaßstäbe im Einzelfall problematisch: Wer kann in konkreten Situationen als vertrauenswürdig gelten und wann ist dem Gegenüber zu misstrauen? Für welchen Lebensweg, welches sinnstiftende Wertesystem soll sich der Einzelne entscheiden? Welche der zur Verfügung stehenden Verhaltensalternativen stellt situativ die beste, vorteihafteste oder gar sittlichste dar? Wie ist im Einzelfall damit umzugehen, dass zwar die angemessene Verhaltensoption bekannt ist, aber im Widerspruch zu einer kurzfristig lustversprechenden Handlungsbestrebung steht? Derartige Dissonanzen, die in antiken Texten zutage treten, terminologisch sogar als Zweifel Ausdruck finden können, werden i. d. R. als zu bewältigende Herausforderungen gekennzeichnet, und sollten im Idealfall gar nicht auftreten, weil sie die betroffene Person belasten und sich sogar auf Mitmenschen auswirken können. Nicht nur als Anliegen der Psychologie sind solche Phänomene und Einsichten heute immer noch aktuell. Historische Zeugnisse zeigen: Zumeist hat man sich in der Antike über entsprechende Probleme nicht „den Kopf zerbrochen", insofern Dissonanzen im Erleben nicht wie heute als kognitive Konflikte im Gehirn aufgefasst wurden. Vielmehr konnten Vorstellungen über dissonantes Erleben einerseits und inkongruentes Verhalten andererseits ausgesprochen variabel verarbeitet und zur Sprache gebracht werden.

Die vorliegende Arbeit läuft daraus hinaus, die Wortfamilien δίψυχος κτλ. im Jakobusbrief bzw. ὀλιγόπιστος κτλ. im Matthäusevangelium als frühchristliche ‚Zweifelskonzepte' verständlich zu machen und beide innerhalb des antiken Diskurses über die einheitliche und dissonante Existenz des Menschen zu verorten.

Der Zweifel, als spezifische Dissonanz im Inneren des Menschen verstehbar, wird zumeist definiert als ein Zustand der Unentschiedenheit oder Ungewissheit, wobei sich die Unentschiedenheit/Ungewissheit auf unterschiedliche Objekte beziehen kann, nämlich a) auf die Geltung von Aussagen, Sachverhalten, Erkenntnisgegenständen, Haltungen, Werten o. Ä.,[4] b) auf zu wählende Handlungsoptionen.[5] Insofern kann man *an etwas* zweifeln, aber auch *zwischen* mehreren Alternativen schwanken/zweifeln.

---

finden, dann geschieht dies im Wissen um die Kanongeschichte, ohne Wertung, und weil es traditionellem Gebrauch und allgemeinem Verständnis entspricht.

4 Vgl. z. B. Beiner/Bieler, Art. Zweifel, TRE3 36 (2004), 767; Lorenz, Art. Zweifel, HWP 12 (2005), 1520; Heidemann, Art. Zweifel, NHPhG 3 (2011), 2676.

5 Der handlungsrelevante Aspekt des Zweifels, d. h. der mögliche Zweifel daran, welche der zu Verfügung stehenden Handlungsoptionen eine Person wählen soll, wird in Lexikadefinitionen nicht immer eigens expliziert, vgl. aber Merriam-Webster's Collegiate Dictionary (2003), 375; M. Kober, Art. Zweifel, RGG^4 8 (2005), 1932f; Beckmann, Art. Zweifel, LThK^3 10 (2006), 1512f.

Nicht zuletzt weil die griechischen Ausdrücke für die ‚Zweiseeligkeit' einerseits und den ‚Kleinglauben' andererseits erst in christlichen Schriften belegt sind, soll gezeigt werden, inwiefern die mit ihnen jeweils insinuierten Phänomene vor dem Hintergrund diverser antiker Vorstellungen menschlicher Einheit und Dissonanz innovative, psychologisch verstehbare Artikulationen frühchristlicher Erlebensdeutungen darstellen. Zu den vorneutestamentlichen Dissonanzkonzeptionen, in deren kontextuellen Bezügen i. d. R. Bewältigungsempfehlungen bzw. die Forderung nach Herstellung einer personalen Einheit begegnen, gehören u. a. intrapsychische Seelenkonflikte, pneumatologische Auffassungen über den Menschen oder Sprachbilder und Metaphern zur Veranschaulichung des unsteten menschlichen Innenraums. Der Zweifel ist ebenfalls eine mögliche Form solcher inneren Dissonanzen. Das Problem des Zweifels in Bezug auf den Glauben scheint in biblischer Tradition erst seit dem Frühjudentum allmählich Relevanz zu entfalten.[6] Welche Einwirkungen, Verschiebungen und Reflexionen zu dieser Entwicklung geführt haben, ist noch nicht genügend erhellt. Der antike Atheismus-Diskurs ist nicht Gegenstand der vorliegenden Arbeit.[7] Ob sich etwaige Zweifelsaussagen bzw. Dissonanzkonzeptionen in den zu untersuchenden Texten tatsächlich auch explizit auf Gott beziehen, wird allerdings zu eruieren sein.

2. Ausgangslage, Forschungsstand und Desiderate der Forschung

Schon im Jahr 1975 machte G. Barth darauf aufmerksam, dass eine Beschäftigung mit dem Zweifel in der neutestamentlich-exegetischen Forschung ausstehe: „Dem Glauben im Neuen Testament und in seiner Umwelt wurden immer wieder eingehende Untersuchungen gewidmet. Um so auffallender ist es, daß die Aussagen über den Zweifel nur wenig Interesse fanden, obwohl sie im Neuen Testament und den Apostolischen Vätern nicht selten sind und e contrario auch das Verständnis des Glaubens ein Stück weit erhellen könnten."[8] Wie im folgenden Überblick skizziert werden soll, kann Barths Einschätzung der wissenschaftlichen Lage heute nicht mehr im gleichen

6 Vgl. z. B. Philo, Conf. 31 u.Ö. (siehe dazu auch Kapitel V.5.6 dieser Arbeit); ApkEl 24 (im Ganzen nur auf Hebräisch erhalten, eine koptische christliche Version nur in Fragmenten); evtl. auch Sir 7,10, vgl. dazu S. 253f dieser Arbeit. Rechnet man Artikulationen des sog. Tun-Ergehen-Zusammenhangs zu solchen „Glaubenszweifeln", scheinen diesbezügliche Reflexionen bereits in spätalttestamentlichen Weisheitsschriften auf, ohne dass dabei jedoch entsprechende Terminologie begegnet.

7 Vgl. aber S. 177, S. 203, Anm. 112 sowie S. 342 dieser Arbeit.

8 G. Barth, Glaube und Zweifel in den synoptischen Evangelien, ZThK 72/3 (1975), 269–292, hier: 269.

Maße Gültigkeit beanspruchen. Dennoch sind derzeit zum Verständnis innermenschlicher Widerspruchserfahrungen respektive des Glaubenszweifels in frühchristlicher Zeit immer noch viele Fragen ungeklärt. Aufschlussreich erscheint zunächst, dass in den meisten Werken zur Theologie des Neuen Testaments zwar unterschiedliche Glaubensauffassungen explizit dargestellt werden, dem Zweifel aber kein eigenes Kapitel gewidmet wird, er auch nicht als Stichwort in den jeweiligen Registern auftaucht[9] und nur vereinzelt im Kontext zu bestimmten Themenkomplexen wie z. B. der Theologie des Paulus Erwähnung findet.[10] Während der Konflikthaftigkeit des Menschen in Röm 7 bereits vielfach Aufmerksamkeit – sogar mithilfe textpsychologischer Fragestellungen[11] – geschenkt wurde, würdigen nur wenige theologische Lexika innere Dissonanzphänomene wie intrapsychische Konflikte oder Zweifelsartikulationen in einer thematischen Zusammenstellung, insbesondere in Bezug auf exegetisch-psychologisch relevante Textpassagen.[12] Auch wenn die Problematik des zwiespältigen oder ‚gespaltenen' Menschen, des „psychologischen Dualismus" oder des Zweifels bei der Kommentierung und Auslegung einschlägiger alttestamentlicher, frühjüdischer oder frühchristlicher Texte in unterschiedlicher Tiefe und Breite reflektiert wird, gibt es bislang keine umfassende Monographie zu diesem Themenkomplex. Dies muss angesichts des heutigen Ausmaßes an Widersprüchlichkeiten menschlicher Lebenserfahrungen in pluralen Kontexten einerseits und angesichts der gerade in der heutigen Zeit herausragenden Bedeutung des Glaubenszweifels andererseits verwundern.

In Bezug auf den Zweifel im Alten Testament hat R. Davidson bereits in seinem Ende der 1960er Jahre publizierten Aufsatz „Some Aspects of the Theological Significance of Doubt in the Old Testament" darauf verwiesen, dass das Zweifelsthema in Werken zur alttestamentlichen Theologie – anders als das Thema des Glaubens – nicht vorkomme. Als mögliche Gründe für die bis dato bestehende Vernachlässigung sieht er den Fokus der Forschung auf den

---

9 Vgl. z. B. R. Bultmann, Theologie des Neuen Testaments, durchges. u. erg. v. O. Merz, Tübingen [9]1984; H. Conzelmann, Grundriß der Theologie des Neuen Testaments (UTB 1446), Tübingen [4]1987; P. Stuhlmacher, Biblische Theologie des Neuen Testaments. Bd. 1, Göttingen [3]2005; Bd. 2, Göttingen [2]2012, u. v. m. Eine Ausnahme repräsentiert F. Hahn, der im 2. Band seiner „Theologie des Neuen Testaments" dem Zweifel und Unglauben einen eigenen, wenn auch sehr knappen, Abschnitt widmet: Vgl. F. Hahn, Theologie des Neuen Testaments. Bd. 2, Tübingen [2]2005, 457.

10 Vgl. exemplarisch Strecker, Theologie, 188. Einen Brückenschlag zwischen Altem und Neuen Testament in Bezug auf den religiösen Zweifel hat M.D. Hay 1990 veröffentlicht. In seinem Aufsatz geht es dabei vor allem um das Buch Hiob und das paulinische Schriftwerk, vgl. M.D. Hay, Job and the Problem of Doubt in Paul, in: J.T. Carroll u. a. (Hg.), Faith and History: Essays in Honor of P. W. Meyer, Atlanta 1990, 208–222.

11 Vgl. Theissen, Aspekte, 181–268.

12 Eine Ausnahme stellt HGANT dar, vgl. den knappen Beitrag von T. Krüger, Art. Zweifel (Z.), HGANT[2], 435–437.

heilsgeschichtlichen Aspekt des Alten Testaments einerseits und ein verengtes Verständnis des Zweifels auf die Skepsis als genuin griechisch-philosophisches Phänomen andererseits.[13] Von Davidson stammt auch die englischsprachige Monographie „The Courage to Doubt" als Beitrag zum alttestamentlichen Zweifel.[14] Der Autor liefert darin leider weder eine Definition des Zweifels, noch eine Heuristik zur Auffindung entsprechender Bibelstellen. Stattdessen konzentriert sich seine Untersuchung auf die Spannung zwischen dem offenbarten und dem verborgenen Gott sowie auf Möglichkeiten alttestamentlicher Menschen, mit der Verborgenheit Gottes umzugehen, z. B. durch Protest und Lamentation. Zwar wurde bislang neben der Problematik der Erfahrungen eines ‚verborgenen' Gottes die Theodizeefrage und der skeptische Einfluss auf weisheitliche Schriften eingehender untersucht; allerdings scheinen terminologische und/oder phänomenologische Artikulationen von Dissonanz- bzw. Zweifelserfahrungen bislang noch wenig Berücksichtigung gefunden zu haben. Zum Buch Hiob gibt es die Monographie „The Book of Job as Sceptical Literature" von K.J. Dell.[15] Sie beschäftigt sich neben nachkanonischen Auslegungstendenzen dieser weisheitlichen Schrift mit form- und literarkritischen Überlegungen. Dell will in erster Linie aufzeigen, inwiefern sich die Skepsis im Inhalt und im Aufbau des Hiobbuches niederschlägt. In einem Aufsatz aus dem Jahr 2000 deutet H. Wahl die Nichtigkeitsformeln und die vorbehaltlosen Fragestellungen in Kohelet als Ausdruck des Zweifels, der als Reaktion auf die Infragestellung des Tun-Ergehen-Zusammenhangs zu verstehen sei.[16] Dabei stehe jedoch nicht die Existenz Gottes, sondern die traditionelle Redeweise von Gott auf dem Prüfstand, weshalb der Zweifel Kohelets keine Negierung des Glaubens bedeute, sondern den Glauben vor der Erstarrung bewahre. Wahl bestimmt Gottesfurcht, Zweifel und Freude als Aspekte, unter denen Kohelet die Frage nach dem Ertrag menschlichen Daseins neu reflektiert. Weil es Wahl um die aspektivische Zugangsweise Kohelets geht, und nicht um die verwendete Semantik des hebräischen Textes, bietet er folglich auch keine Definition des Zweifels. Erst im Jahr 2011 erschien eine weitere Publikation, die sich explizit mit dem Zweifel im Alten Testament beschäftigt: P. Altmann beleuchtet in seinem Aufsatz „There will be doubt, but when is doubt ‚good'? Reflections from an Old Testament perspective" einige Passagen, die aus heutiger Perspektive als

---

13 R. Davidson, Some Aspects of the Theological Significance of Doubt in the Old Testament, Annual of the Swedish Theological Institute no 7 (1968–69), Leiden 1970, 41–52, bes. 41–43.

14 R. Davidson, The Courage to Doubt, London ^{2}1986.

15 K.J. Dell, The Book of Job as Sceptical Literature, Berlin u. a. 1991.

16 H.M. Wahl, Zweifel, Freude und Gottesfurcht als Glaubensgewissheit. Zum aspektivischen Denken Kohelets, ThZ 56/1 (2000), 1–20.

Zweifelserfahrungen gedeutet werden können.[17] Er weist jedoch – wie schon T. Krüger[18] – explizit darauf hin, dass es im biblischen Hebräisch für das, was wir im Deutschen mit dem ‚Zweifel' bezeichnen, keine eigenen Ausdrücke zu geben scheint.

Im Bereich der Systematischen Theologie wurde das Thema des Glaubenszweifels und der Anfechtung bereits vertieft erörtert.[19] Die einflussreichen Theologen P. Tillich und K. Barth beispielsweise differenzieren zwischen verschiedenen Arten des Zweifels: Zum einen gäbe es den Zweifel, der jedwede Festlegung unmöglich macht, jede Hingabe verhindert. Zum anderen gäbe es jedoch den Zweifel, der bei der Entwicklung des persönlichen Glaubens und in der Theologie hilfreich oder sogar notwendig sei, sofern er nach der Bedeutung und nach den Grundlagen des Glaubens forsche.[20] Letztere Form des Zweifels wurde insbesondere von P. Tillich reflektiert. In seinem 1924 veröffentlichten Vortrag „Rechtfertigung und Zweifel" wendet er sich der Problematik von Glaube und Zweifel zu und setzt die reformatorische Rechtfertigungsbotschaft mit der Situation des modernen Zweiflers in Bezug, der – auf der Suche nach Wahrheit – nicht nur Gott, sondern den Sinn des Seins im Ganzen infrage stellt.[21] Rechtfertigung sei in der Moderne nicht nur als Rechtfertigung des Sünders, sondern auch als Rechtfertigung des Zweifelnden zu verstehen. Ausschlaggebend sei nämlich nicht in erster Linie das Fürwahrhalten von Glaubensinhalten, sondern die Wahrhaftigkeit der Hingabe des ganzen Menschen an das, was ihn „unbedingt angeht". C.H. Ratschow hat 1957 seine Überlegungen zum „angefochtenen Glauben" im Christentum veröffentlicht.[22] Das Thema wird vorwiegend anhand Martin Luthers Römerbrief-Vorlesung diskutiert, zum Teil auch in Auseinandersetzung mit Karl Barths Auffassung der Anfechtung. Für Ratschow ist der angefochtene Glaube keine temporäre Erscheinung, keine gelegentliche Glaubenskrise, sondern wesenhafter Bestandteil des christlichen Glaubens: „Ohne die Anfechtung bleibt jede Frömmigkeit Gotteslästerung."[23] Im Gegensatz zu Calvin, für den die Gläubigen „immerfort

---

17 P. Altmann, There Will Be Doubt, But When is Doubt „Good"? Reflections From an Old Testament Perspective, Hermeneutische Blätter 1/2011, 65–79.

18 T. Krüger, Art. Zweifel (Z.), HGANT², 435–437.

19 Zum Zweifel aus systematisch-theologischer Sicht siehe den Überblick und die Literaturverweise bei M. Beiner, Art. Zweifel I. Systematisch-theologisch, TRE³ 36 (2004), 767–772.

20 Vgl. P. Tillich, Dynamics of Faith, New York 1957, 19; K. Barth, Einführung in die evangelische Theologie, Zürich 1962, 133–145.

21 P. Tillich, Rechtfertigung und Zweifel (1924), in: Gesammelte Werke 8, Stuttgart 1970, 85–100. Zum Zweifel im Werk Paul Tillichs siehe z. B. F.D. Rees, Wrestling with Doubt. Theological reflections on the Journey of Faith. Collegeville, MN 2001, 73–98.

22 C.H. Ratschow, Der angefochtene Glaube, Gütersloh 1957.

23 C.H. Ratschow, Der angefochtene Glaube, ⁵1983, 261.

im Kampfe liegen gegen ihren eigenen Mangel an Vertrauen",[24] äußerte Martin Luther: „Zweifel ist Sünde und ewiger Tod".[25] Dessen Verständnis des Zweifels im Unterschied zum methodischen Zweifel Descartes' hat G. Ebeling 1967 erörtert.[26] Eine „theologisch-philosophische Untersuchung" zu Theologie und Skepsis im Widerstreit legte 1993 W. Dietz als Habilitationsschrift vor.[27] Hier werden die antiken Wurzeln der Skepsis behandelt. Zwar liegt der Fokus auf der Auseinandersetzung der Theologie von Augustin bis Nietzsche mit der Skepsis. In einem eigenen Kapitel geht Dietz jedoch exemplarisch auf einige zentrale Stellen in der Bibel ein, die aus seiner Sicht den Zweifel thematisieren. Das Verhältnis von Gebetsglaube und Gotteszweifel aus fundamentaltheologischer Perspektive hat J. Werbick untersucht. In seiner Monographie „Gebetsglaube und Gotteszweifel" aus dem Jahr 2001 entwirft der Theologe in diversen Studien eine Gebetstheologie.[28] Dabei geht es ihm auch um die Frage, ob der Zweifel in heutiger Zeit als zu bewältigendes Glaubensdefizit verstanden werden müsse.

G. Zimmermann hat 2006 eine „logische Untersuchung" darüber vorgelegt, was „an Gott zweifeln" im Deutschen begrifflich umfasse.[29] Er analysiert die Wendung „an Gott zweifeln" mithilfe von Alltagssprache, um eine Leerstelle in der Forschung zu füllen.[30] Die Untersuchung bezieht semantische und lexikalische Aspekte sowie die Unterscheidung zwischen fiduziellem und doxastischem Zweifel mit ein,[31] um die These zu untermauern, dass mit dem christlichen Gottesglauben zwar doxastische Zweifel einhergehen könnten, diese aber

24 Vgl. Inst. III, 2,17, Op. Sel. 4,27,25–30: „Nos certe, dum fidem docemus esse debere certam ac secumram, non certitudinem aliquam imaginamur quae nulla tangatur dubitatione, nec securitatem quae nulla sollicitudine impetatur: quin postius dicimus perpetuum esse fidelibus certamen cum suo ipsorum diffidentia."

25 Vgl. Luther Deutsch, hg. v. K. Aland, Bd. 9 – Tischreden, Stuttgart 1960, 115.

26 G. Ebeling, Gewißheit und Zweifel. Die Situation des Glaubens im Zeitalter nach Luther und Descartes, ZThK 64, 1967, 282–324.

27 W. Dietz, Wahrheit, Gewissheit, Zweifel: Theologie und Skepsis im Widerstreit – Eine theologisch-philosophische Untersuchung, Starnberg 1993. Die Habilitationsschrift ist inzwischen überarbeitet und als Monographie erschienen: W. Dietz, Wahrheit, Gewissheit, Zweifel. Theologie und Skepsis. Studien zur theologischen Auseinandersetzung mit der philosophischen Skepsis, Frankfurt a. M. 2013.

28 J. Werbick, Gebetsglaube und Gotteszweifel (Religion – Geschichte – Gesellschaft 20), Münster 2001.

29 G. Zimmermann, „An Gott zweifeln" – eine logische Untersuchung, NZSTh 48 (2006), 305–320.

30 Vgl. Zimmermann, Untersuchung, 306: „Soweit uns bekannt ist, hat bisher noch niemand zu diesem fundamentalen Aspekt bei der Erörterung der ‚Gotteszweifel' und des ‚Gottesglaubens' einen Forschungsbeitrag geleistet."

31 Zimmermann bezeichnet den Zweifel, der durch das „zweifeln, dass" charakterisiert wird, als doxastischen Zweifel, den Zweifel, der „zweifeln an" meint, hingegen als fiduziellen Zweifel.

überwunden werden müssten. Fiduzielle Zweifel hingegen widersprächen dem christlichen Glauben völlig. In einer Replik auf die Thesen Zimmermanns vertritt R. Peels u. a. die Ansicht, dass es von der zweifelnden Person selbst abhängt, ob ein spezifischer doxastischer Zweifel mit dem Glauben der Person vereinbar sei oder nicht.[32] Zudem nimmt Peels an, dass fiduzieller Zweifel notwendigerweise doxastische Zweifel mit einschließe und dass verschiedene biblische Texte zeigten, inwiefern Glaube und fiduzielle Zweifel durchaus korrelieren könnten. Allerdings stützt der Autor einen Großteil seiner exegetisch ausgerichteten Argumentation auf die fragliche neutestamentliche Sonderbedeutung ‚zweifeln' des Verbs διακρίνομαι, ohne den Bedeutungsrahmen dieses griechischen Lexems zu problematisieren.

Die neutestamentliche Wissenschaft hat indes bereits wiederholt genau diese Problematisierung vorgenommen. Schon gegen Ende der 1960er Jahre wies J. Jeremias darauf hin, dass es für διακρίνομαι keine vorneutestamentlichen Belege gäbe, die die Bedeutungsnuance ‚zweifeln' aufwiesen.[33] Trotz dieser Feststellung hielt er an entsprechenden Übersetzungen für neutestamentliche Verwendungszusammenhänge fest. Ob die in der einschlägigen Literatur immer wieder behauptete neutestamentliche Sonderbedeutung der Medialformen des Verbs διακρίνω zu rechtfertigen sei, wird seit Beginn des neuen Jahrtausends vermehrt erörtert.[34] Vor allem N. Baumert, D. DeGraaf, P. Spitaler und B. Schließer haben sich wenigstens kritisch bis gänzlich ablehnend darüber geäußert, dass διακρίνομαι Selbstreflexivität respektive (kognitive) Unsicherheit transportiere, d. h. im Sinne von ‚zweifeln' zu übersetzen sei.[35]

Nicht nur auf ein einzelnes Lexem und seinen Gebrauch in frühen christlichen Schriften ist der Aufsatz „Glaube und Zweifel in den synoptischen Evangelien" von G. Barth aus dem Jahre 1975 fokussiert.[36] Vielmehr steht hier ein Überblick über das Wortfeld „zweifeln" in den neutestamentlichen Evangelien im Zentrum. Barth führt darin die griechischen Ausdrücke δια-

---

32 Vgl. R. Peels, Doxastic Doubt, Fiducial Doubt, and Christian Faith. A Response to Gunter Zimmermann, NZSTh 49/2 (2007), 183–198.

33 Jeremias, Gedankenführung, 56.

34 Vgl. aber schon den knappen Beitrag von F.C. Synge, Not Doubt but Discriminate, ET 89 (1978), 203–205.

35 N. Baumert, Das Paulinische Wortspiel mit κριν –, FNT 15 (2002), 19–64; D. DeGraaf, Some Doubt about Doubt: The New Testament Use of διακρίνω, JETS 48/4 (2005), 733–755; P. Spitaler, Διακρίνεσθαι in Mt. 21:21, Mk. 11:23, Acts 10:20, Rom. 4:20, 14:23, Jas. 1:6, and Jude 22 – the „Semantic Shift" That Went Unnoticed by Patristic Authors, Novum Testamentum 49 (2007), 1–39; P. Spitaler, Doubting in Acts 10:27?, FNT 20 (2007), 81–93; B. Schliesser, „Abraham Did not ‚Doubt' in Unbelief" (Rom. 4:20): Faith, Doubt, and Dispute in Paul's Letter to the Romans, JThS 63/2 (2012), 492–522.

36 G. Barth, Glaube und Zweifel in den synoptischen Evangelien, ZThK 72/3 (1975), 269–292.

κρίνεσθαι, διστάζειν, διαλογισμός, διψυχεῖν und ὀλιγοπιστία als Äquivalente dessen auf, was im Deutschen mit „Zweifel“ bzw. „zweifeln“ wiedergegeben werden kann.[37] Des Weiteren macht er auf den Zusammenhang zwischen einem bestimmten neutestamentlichen Glaubensverständnis, nämlich dem Gebetsglauben (im Unterschied zum Verständnis des Glaubens als Annahme des Kerygmas), und dem Zweifel aufmerksam. Barths Beitrag liefert eine einsichtsreiche erste Übersicht über terminologische Ausdrücke für den Zweifel in den kanonischen Evangelienbüchern. Er eignet sich als Anknüpfungspunkt für meine Arbeit, insofern hier u. a. ein Wortfeld zum Zweifel etabliert werden soll, das aber entsprechend dem Aufriss meiner Untersuchung weitere Ausdrücke für Phänomene innerer Dissonanz des Menschen einschließt.[38]

Während im ersten Teil der hier vorgelegten Arbeit das Thema menschlicher Dissonanz und Einheit in ausgewählten Schriften der griechischen Philosophie, der hebräischen Bibel und des Frühjudentums behandelt wird, geht es im zweiten Teil v. a. darum, zwei Lexemfamilien aus sog. ‚judenchristlichen‘ Schriften in den Blick zu nehmen,[39] die dem Wortfeld zu innerer Dissonanz bzw. zum Zweifel im Frühchristentum zugeordnet werden können, nämlich δίψυχος κτλ. und ὀλιγόπιστος κτλ. Es soll u. a. der Gebrauch von δίψυχος im Jakobusbrief zum einen (Jak 1,8; 4,8) und der Gebrauch von ὀλιγόπιστος κτλ. im Matthäusevangelium zum anderen (Mt 6,30 par. Lk 12,28; Mt 8,26; 14,31; 16,8; 17,20) in ihren jeweiligen kontextuellen Bezugssystemen untersucht werden. Sowohl der ‚Kleinglaube‘ (ὀλιγόπιστος κτλ.) als auch die ‚Zweiseeligkeit‘ (in Jak nur als [Nominal-]Adjektiv δίψυχος vorkommend) scheinen für das Mensch-Gott-Verhältnis und für die Anthropologie dieser neutestamentlichen Schriften von Relevanz. Im Matthäusevangelium begegnet ὀλιγόπιστος κτλ. als Vorzugswort des Verfassers und ist insgesamt für das Verständnis der Theologie des Matthäus, des Glaubens sowie der matthäischen Darstellung der Jünger in Abgrenzung zum Volk wichtig. Δίψυχος κτλ. andererseits scheint schon aufgrund der großen Streuung in der frühchristlichen Literatur (Jak, Did, Barn, 1Clem, 2Clem, Herm) ein theologisch relevanter Terminus zu sein. Er präsentiert sich v. a. im Jakobusbrief und im Hirten des Hermas als ein wichtiges Argumentationselement.

---

37 Vgl. Barth, Glaube und Zweifel, 269, Anm. 4; 282.

38 Anders als in G. Barths Zusammenschau zur Zweifelsterminologie und zum Verhältnis von Glaube und Zweifel bei den Evangelisten problematisiert die vorliegende Arbeit die vermeintlich gesicherte Bedeutungsnuance ‚zweifeln‘ des Verbs διακρίνομαι. Siehe dazu S. 387f.398f.403.523f.

39 „Judenchristlich“ bzw. „Judenchristentum“ wird in dieser Arbeit als neutrale Begrifflichkeit gebraucht, um jüdisch sozialisierte, sich im Prozess der Trennung von der synagogalen Gemeinschaft befindlichen Menschen(gruppen) des sich formierenden Christentums zu bezeichnen. Vgl. dazu z. B. J. Frey, Art. Judenchristentum, in: Das Wissenschaftliche Bibellexikon im Internet (https://www.bibelwissenschaft.de/stichwort/51882/, abgerufen am 11.07.2017); Garleff, Identität, 21–24.207-216.

(a) Zu δίψυχος κτλ.

Seitdem der Wortfamilie δίψυχος κτλ. in der Forschung Aufmerksamkeit geschenkt wird, konzentrieren sich die meisten Untersuchungen auf die Frage nach deren *semantischen Vorläufern sowie deren Ursprung bzw. Herkunft.*

Schon J. Mayor wies in seinem 1892 erschienenen Kommentar „The Epistle of St. James“ darauf hin, dass die Belege im Jakobusbrief als früheste in der Literatur zu bestimmen seien, sofern die apokryphe Quelle, die in 1Clem 23,2 und 2Clem 11,2 zitiert ist und in der die Wortfamilie δίψυχος κτλ. jeweils begegnet, zeitlich nicht vor dem Jakobusbrief anzusetzen sei.[40] Bereits J.B. Lightfood vermutete, diese verloren gegangene Quelle, auf die sich die Clemensbriefe bezögen, sei das Buch Eldad und Modad,[41] das Hermas als einziger antiker Schriftsteller in Herm vis II,3,4 namentlich nennt und zitiert.

F. Hort zog 1909 in seinem Kommentar zum Jakobusbrief in Betracht, das Lexem δίψυχος könnte seinen Urheber in Jakobus haben; die Apostolischen Väter, die diese Wortfamilie verwenden, hätten sich wahrscheinlich direkt oder indirekt auf Jakobus bezogen.[42] J. Ropes kam 1916 zu dem abweichenden Ergebnis: „There is no reason to suppose that the author of James coined the word δίψυχος.“ Möglicherweise gäbe es jedoch eine gemeinsame Quelle („some single current book of practical religion“), auf die sowohl der Jakobusbriefautor als auch der Verfasser des Pastor Hermae zurückgegriffen hätten; die Existenz dieser Schrift sei allerdings nicht bewiesen.[43] Ropes erwog daher, beide Verfasser könnten sich unabhängig voneinander aus einem Schatz religiöser und moralischer Allgemeinbegriffe bedient haben, die wahrscheinlich für jüdische Mahnpredigten charakteristisch waren.[44] So würde es ausreichen, einen gemeinsamen Hintergrund anzunehmen, wobei kein gleicher Ort der Abfassung impliziert sein müsste.[45]

Grundlegendes zur Herkunft des griechischen Adjektivs δίψυχος hatte erstmals um die Mitte des letzten Jahrhunderts O. Seitz publiziert. Seine erste Er-

40 J.B. Mayor, The Epistle of St. James, London 1892, 42. Mayor nahm noch eine Abhängigkeit vom Jakobusbrief seitens des ‚Hirten des Hermas‘ an. Unter Bezugnahme auf J. Mayor gibt das Wörterbuch „The Vocabulary of the Greek Testament“ von James Moulton und George Milligan (1914–1929 kompiliert, 1930 veröffentlicht) zum Eintrag δίψυχος an, der Ausdruck könnte von Jakobus stammen. Vgl. J.H. Moulton/G. Milligan, The Vocabulary of the Greek Testament. Illustrated from the Papyri and Other Non-Literary Sources, London 1939, 166.

41 J.B. Lightfood, The Apostolic Fathers, Part I: S. Clement of Rome, Bd. 2, London ^{2}1890, 80.

42 F.J. A. Hort, The Epistle of St. James: Greek Text with Introduction, Commentary as Far as Chapter IV, Verse 7, and Additional Notes, Grand Rapids, MI 1909, 35.

43 Vgl. J.H. Ropes, Critical and Exegetical Commentary on the Epistle of St. James, Edinburgh 1916, 89f.148.

44 Vgl. Ropes, James, 89f.

45 Vgl. Ropes, James, 89f.

örterung dazu, die 1944 im Journal of Biblical Literature erschien, beschäftigt sich mit den „bis dahin ungelösten Problemen" („unsolved problems") literarkritischer Art zwischen dem Jakobusbrief und dem Hirten des Hermas.[46] Seitz analysierte in diesem und einem weiteren, 1947 erschienenen Essay zur Vorgeschichte und Bedeutung des Lexems δίψυχος („Antecedents and Signification of the Term δίψυχος")[47] u. a. die Zusammenhänge, in denen δίψυχος κτλ. im Jakobusbrief, im Hirt des Hermas, sowie im Ersten und im Zweiten Clemensbrief vorkommt, und identifizierte eine gemeinsame Quelle, die alle Verfasser der eben erwähnten frühchristlichen Schriften unabhängig voneinander benutzt hätten. In seinem Aufsatz „Antecedents" verdeutlicht Seitz zunächst den unterschiedlichen semantischen Gehalt für δίψυχος einerseits und בְּלֵב וָלֵב (*b^{e}leb wāleb*; wörtl.: ‚mit Herz und Herz') andererseits: Δίψυχος bezeichne im Jakobusbrief einen Menschen, der in seinen Ansichten oder Verhaltensweisen schwanke. Im Pastor Hermae würde mit der Lexemfamilie vor allem das Defizit des Christen zum Ausdruck gebracht, der konfligierende Motive verfolge und sich nicht von ganzem Herzen Gott anvertraue. Das Bild vom doppelten Herzen (vgl. בְּלֵב וָלֵב) hingegen sei, insbesondere in Ps 12, u. a. mit Täuschung und Unaufrichtigkeit verknüpft. Trotz dieser Gegenüberstellung von Bedeutungsnuancen der jeweiligen Wendungen zieht er sodann den Schluss, dass hinter δίψυχος eine rabbinische Vorstellung stehe. Hatte Seitz 1944 noch angenommen, δίψυχος transportiere die israelitisch-hebräische Vorstellung des doppelten Herzens (בְּלֵב וָלֵב),[48] modifizierte er diese Ansicht drei Jahre später dahingehend, dass „the real antecedent" des Ausdrucks δίψυχος im rabbinischen Konzept des doppelten Herzens zu sehen sei, das große Ähnlichkeiten mit der rabbinischen Rede von den beiden konträren Trieben im Menschen aufweise.[49] Ob διπλοκαρδία (Did 5,1; Barn 20,1) als Synonym zu διψυχία aufzufassen sei, könne Seitz zufolge nicht mit Sicherheit bestimmt werden, aber dies sei wahrscheinlich:[50] „[I]t is not impossible that the term διπλοκαρδία is simply another attempt to express in Greek the notion of an inner disunity of purpose which the rabbis refer to as שְׁנֵי לְבָבוֹת, a notion which we have attempted to demonstrate is the antecedent and the key to the meaning of word δίψυχος and its cognates in the unknown scripture which is the source of these terms in I and

46 O. J. F. Seitz, Relationship of the Shepherd of Hermas to the Epistle of James, JBL 63 (1944), 131–140, hier: 131.

47 O. J. F. Seitz, Antecedents and Signification of the Term δίψυχος, JBL 66 (1947), 211–219.

48 So äußert Seitz, Relationship, 134, in Bezug auf 2Clem 11,2: „It is difficult to escape the conclusion that the word δίψυχος here in such close association with καρδία, is intended to convey the Hebrew idea of a ‚double-heart' expressed by the peculiar idiom בְּלֵב וָלֵב."

49 Vgl. Seitz, Antecedents, 212–214. Dass das hinter δίψυχος stehende Konzept Ähnlichkeiten mit der rabbinischen Zwei-Triebe-Lehre aufweist, nimmt auch an Adamson, Epistle, 60.

50 Vgl. Seitz, Antecedents, 217.

II Clement, certainly, and probably in James and Hermas as well."[51] In seinem letzten Aufsatz zu diesem Thema, „Afterthoughts on the Term ‚Dipsychos'" (1957/1958), versuchte Seitz die Etymologie des Begriffs weiter aufzudecken, indem er die zu dieser Zeit erst kürzlich entdeckten Qumranschriften sowie einen Artikel von W. Wolverton über den ἀνὴρ δίψυχος (Jak 1,8) in Anbetracht essenischer dualistischer Psychologie[52] in seine Untersuchung mit einbezog. Seitz vertrat darin die Auffassung, dass, obwohl das Adjektiv δίψυχος seinen Ursprung in der hebräischen Idee des doppelten Herzens habe, eine unmittelbare gedankliche Verwandtschaft zwischen dem Hirt des Hermas und den Clemensbriefen einerseits und der Gemeinderegel aus Qumran andererseits in Bezug auf diese Vorstellung bestehe.[53]

Der eben erwähnte Beitrag von W. Wolverton, 1956 erschienen, erörtert ebenfalls die Frage nach möglichen jüdischen Vorstellungen, die die Bedeutung von δίψυχος im Jakobusbrief erhellen könnten.[54] Wolverton nimmt darin an, dass die Vorstellung vom doppelten Herzen, wie sie z. B. in den Lobliedern begegnet (1QH IV[XII],14), dem Konflikt zwischen dem Geist der Wahrheit (הָאֱמֶת) und dem Geist des Frevels (הָעָוֶל) entspringe,[55] die sich im Herzen des Menschen einen unaufhörlichen Kampf liefern.[56] Doppelherzigkeit sei mit der Vorstellung der Zweiseeligkeit gleichzusetzen und bedeute für „the Essenes", die „Götzen des Herzens" bzw. Belial zu bewahren und gleichzeitig Gott zu suchen.[57] Wolverton erwägt die Möglichkeit, dass die Adressaten des Jakobusbriefes in engem Kontakt mit den Sektierern aus Qumran gestanden haben könnten.[58] Mögliche Ähnlichkeiten zu der Darstellung innerer Konflikte im Jakobusbrief sieht er ebenfalls in einigen Vorstellungen der Toten-Meer-Gruppe gegeben. Wolverton weist insgesamt jedoch darauf hin, dass seine Überlegungen keinesfalls als gesicherte Erkenntnisse verstanden werden dürften, sondern lediglich auf Wahrscheinlichkeiten aufmerksam machen wollten.

---

51 Seitz, Antecedents, 218.

52 W.I. Wolverton, The Double-Minded Man in the Light of Essene Psychology, AThR 38 (1956), 166–175.

53 Vgl. O. J. F. Seitz, Afterthoughts on the Term ‚Dipsychos', NTS 6 (1957/1958), 327–334.

54 W.I. Wolverton, The Double-Minded Man in the Light of Essene Psychology, AThR 38 (1956), 166–175.

55 Vgl. 1QS III,17–19.

56 Vgl. 1QS IV,15–18.

57 Wolverton verweist auf 1QH IV[XII],14f; 1QS X,21.24.

58 Er verweist dazu auf die These S. Johnsons, der eine Beeinflussung der Urgemeinde in Jerusalem von der essenischen Sekte für möglich hielt; Johnson ging dabei allerdings noch von der Autorschaft des Herrenbruders Jakobus als Autor des gleichnamigen Briefes aus, vgl. S.E. Johnson, The Dead Sea Manual of Discipline and the Jerusalem Church of Acts, ZAW 66 (1954), 107–120.

Die Suche nach Antezedenzen für δίψυχος κτλ. im Frühjudentum setzte sich in den 1970er und 1980er Jahren fort. Eine Forschungsmeinung bestand weiterhin darin, den Ursprung dieser Wortfamilie in der hebräischen Denktradition zu sehen,[59] beispielsweise als Innovation zeitgenössischer jüdischer Vorstellungen. Sowohl Qumran als auch die Rabbinen wurden weiterhin als Ideengeber diskutiert. So erwog beispielsweise F. Mußner eine „essenische Bildung" des Begriffs.[60] Zwar ist im Gegensatz zu rabbinischen Überlieferungen die Datierung vieler qumranischen Quellen weniger problematisch, aber Parallelen zu dem hinter δίψυχος κτλ. stehenden Konzept können aufgrund der Abfassungssprache der Schriften vom Toten Meer allenfalls sachlicher Art sein. Dazu kommt, dass in der Forschung bislang weder die Zuordnung der in Qumran gefundenen Texte zu den jeweils tatsächlichen Verfassern abschließend geklärt ist noch die Zuordnung der dort ansässigen Gemeinschaft mit den Essenern. Bei dem vorgeschlagenen Erklärungsansatz für δίψυχος κτλ. unter Bezugnahme auf das rabbinische Zwei-Triebe-Konzept[61] ist problematisch, dass rabbinische Überlieferungen aus dem Zeitraum vor dem Jahr 70 n. Chr. nicht oft akkurat zu datieren sind und daher als Quellen nur mit Schwierigkeit heranzuziehen sind. Erschwerend kommt erstens hinzu, dass Textbelege der frühen Rabbinen aufgrund der verwendeten Sprache lediglich als mögliche konzeptuelle Parallelen herangezogen werden können und zweitens, dass ψυχή nicht das gängige Äquivalent für יֵצֶר (*jeṣær*;‚Trieb') darstellt.[62]

Statt nach einer gemeinsamen Quelle oder gedanklichen Vorläufern suchte S. Marshall in ihrem 1973 veröffentlichten Zeitschriftenbeitrag „Δίψυχος: a local term?" nach einem gemeinsamen Herkunftsort dieses Lexems und seiner Derivate.[63] Im Gegensatz zur Didache und zum Barnabasbrief zeigen Marshalls Ansicht nach 1Clem und Hermas, die beide mit hoher Wahrscheinlichkeit in Rom verfasst wurden, einen souveränen Umgang mit der Wortgruppe δίψυχος κτλ. Daher vermutet Marshall die Begriffsprägung in einer griechischsprachigen Gemeinde in Rom. Für Marshall sind Bedeutung und konzeptio-

59 Den Hintergrund von δίψυχος κτλ. in der Vorstellung des doppelten Herzens sah in den 1980er Jahren z. B. auch P. Davids, The Epistle of James. A Commentary on the Greek Text (NIGTC), Grand Rapids, MI 1982, 74; J.B. Adamson, The Epistle of James (NIC.NT), Grand Rapids, MI 1976, 60: „The OT notion of the double heart (…) obviously lies at the heart of James' locution." In neuerer Zeit gehen davon z. B. auch aus: D.G. McCartney, James, Grand Rapids, MI 2009, 6; R. Bauckham, Eldad and Modad, in: R. Bauckham / J.R. Davila / A. Panayotor (Hg.), Old Testament Pseudepigrapha, Bd. I, Grand Rapids, MI/Cambridge 2013, 244–256, hier: 251.

60 Vgl. F. Mussner, Der Jakobusbrief (HThK 13,1), 4., durchges. Aufl., Freiburg u. a. 1981, 71: „Der Begriff ist vielleicht eine essenische Bildung (…)."

61 Vgl. Davids, James, 74 (vgl. auch ebd., 36); Adamson, Epistle, 60. Vgl. auch schon Seitz, Antecedents, 214.

62 Vgl. dazu Porter, dipsuchos, 477.

63 S.S. Marshall, Δίψυχος: a local term?, Studia Evangelica 6 (1973), 348–351.

neller Hintergrund von δίψυχος allerdings offensichtlich: „The meaning of the language, and its background, are not in question. It can be seen to express the Jewish theory of the double nature of man, the struggle in him between his two יְצָרִים (sic!)."[64]

Im Jahr 1990 stellte S. Porter in einem Zeitschriftenbeitrag die Frage: „Is *dipsuchos* a ‚Christian' Word?"[65] Um dieser Fragestellung nachzugehen, formuliert Porter zunächst einige Kriterien, anhand derer ein bestimmtes Lexem als spezifisch christlich angesehen werden dürfe. Sodann diskutiert er einige Thesen zu dem semantischen Hintergrund von δίψυχος und widerspricht der recht verbreiteten Auffassung, wonach diese Wortfamilie aus einer zeitlich vor dem Jakobusbrief und den Kirchenvätern datierten Quelle stamme, die Hermas in vis II,3,4 beim Namen nennt (nämlich die Schrift „Eldad und Modad"). Ansätze, die den Ursprung des Lexems δίψυχος mithilfe von frühjüdisch-griechischen oder rabbinischen Konzepten zu erklären versuchen, lehnt Porter ebenfalls ab. Einzig die These S. Laws, nach der δίψυχος womöglich eine römische Spracheigentümlichkeit gewesen sei,[66] lässt er als „working hypothesis" gelten – und behauptet „that until such time as an extant source earlier than the book of James is found, the origin of δίψυχος is the book of James."[67] In Bezug auf die Bedeutung des Ausdrucks im Jakobusbrief kommt Porter nach semantischen, grammatikalischen und kontextuellen Überlegungen zu dem Ergebnis, dass δίψυχος in Jak 1,8 einen geteilten Glauben meine, in Jak 4,8 jedoch eine geteilte Loyalität.[68] Beide Bedeutungsnuancen seien im nachneutestamentlichen Gebrauch der „christlichen" Wortfamilie δίψυχος κτλ. miteinander verschmolzen.

In neueren Kommentaren zum Jakobusbrief und zum Hirt des Hermas begegnen jeweils kurze Exkurse zur Wortgruppe δίψυχος κτλ., wobei deren Kontextualisierungen skizziert werden. C. Burchard und N. Brox nehmen weniger eine schriftliche unbekannte Quelle als Ursprung an, sondern konzentrieren sich auf die Identifizierung der Herkunftstradition dieses Konzepts.[69] Es sei jüdischen Ursprunges; M. Hengel äußert präzisierend: „Der Sprachgebrauch von δίψυχος kommt aus der Synagoge."[70] W. Popkes, der etwas ausführlicher auf die verschiedenen Vorstufen und Synonyme eingeht, bleibt hinsichtlich

64 Marshall, Δίψυχος, 348.

65 S.E. Porter, Is dipsuchos (James 1,8; 4,8) a ‚Christian' Word?, Bib. 71 (1990), 469–498.

66 Vgl. S. Laws, A Commentary on the Epistle of James, London u. a. 1980, 60f.

67 Vgl. Porter, dipsuchos, 478.

68 Vgl. Porter, dipsuchos, 484.

69 Vgl. Brox, Hirt, 551ff; C. Burchard, Der Jakobusbrief (HNT 15,1), Tübingen 2000, 61ff. Für Brox, Hirt, 552, gehe es der Sache nach um die rabbinische Rede von der „religiösen und moralischen Gespaltenheit des Menschen".

70 Vgl. Hengel, Paulus, 519, Anm. 24.

eines lokalen Ursprungs des Wortes vorsichtig und spricht lieber von einem „damals neue[n], umlaufende[n] Wort".[71]

Frühe(re) Versuche, eine gemeinsame schriftliche Vorlage für 1Clem 23,3; 2Clem 11,2; Jak 1,8; 4,8 usw. zu identifizieren[72] wurden über einen längeren Zeitraum nicht wiederholt. Im Jahr 1990 sprach sich S. Porter entschieden gegen die Identifizierung einer von den frühchristlichen Schriftstellern benutzten gemeinsamen Quelle als „Eldad und Modad" aus: „I cannot take seriously the supposition of this book's existence as the source of this usage on the basis of for words quoted in Shepherd of Hermas at 7.4."[73] Problematisch sei nämlich – wie z.B. von Lightfoot durchgeführt – „[the] appeal to a non-existent source found only by secondary reference, when a clear and present and almost assuredly earlier source is available, James, appears to be an unnecessary hypothesis, especially since Lightfoot himself admits that Clement appears to have known the book of James."[74]

In neuerer Zeit (2011) ist D.C. Allison allerdings wieder dafür eingetreten, die nicht mehr erhaltene jüdische Schrift ‚Eldad und Modad' als unabhängig von Jak, 1Clem, 2Clem und Herm benutzer Quelle zu bestimmen.[75] Allison untersucht die in Frage kommenden Belegstellen und stellt auffällige Parallelen zwischen der jeweils gebrauchten Terminologie sowie des Kontextbezuges dar. Erst vor kurzem (2013) hat sich auch R. Bauckham zu diesem apokryphen Werk geäußert, wobei er auf die These vom Jakobusbriefverfasser als möglichem Urheber eingeht: „The hypothesis that James, Hermas, 1 and 2 Clement all derived their use of this word group from Eldad and Modad is at least as plausible, and has the advantage of explaining the other links we have noticed between James and Hermas at the same time."[76]

Erst neuerdings scheint im Zusammenhang mit dem Jakobusbrief zudem häufiger auf nicht-jüdische Analogien der Wortgruppe δίψυχος κτλ. hingewiesen zu werden![77] C. Gill, P.J. Hartin und G. van Kooten erwähnen diesbezüglich in erster Linie die in der griechisch-römischen Welt verbreiteten Vorstellungen von der Binnendifferenzierung der Seele.[78]

---

71 W. Popkes, Der Brief des Jakobus (ThHK 14), Leipzig 2001, 91.

72 Vgl. z.B. Seitz, Relationship, 132ff; Dibelius, Jakobus, 112, A.1, u.a.

73 Porter, dipsychos, 475, Anm. 19.

74 Porter, dipsychos, 475. Ähnlich auch Adamson, Epistle, 60: „the hypothesis that James here is quoting from a lost book like Eldad and Modad appears unnecessary."

75 D.C. Allison, Eldad and Modad, JSPE 21/1 (2011), 99–131.

76 Bauckham, Eldad, 251.

77 F. Hort hat in seinem Kommentar zum Jakobusbrief aus dem Jahr 1909 allerdings bereits auf Sachanalogien aus der antik-griechischen Literatur verwiesen: „The idea was familiar to the Greeks (δίχα θυμὸν or νόον ἔχειν etc.) from Homer and Theognis (910 Bergk); cf. Xenoph. Cyropaed. vi. 1. 41." (Hort, James, 35).

78 C. Gill, The Structured Self in Hellenistic and Roman Thought, Oxford 2006, 232; P.J. Hartin, Ethics in the Letter of James, the Gospel of Matthew, and the Didache: Their Place

Neben der Auseinandersetzung mit der Herkunft (inklusive möglichen semantischen Vorstufen) oder mit Analogien der Lexemfamilie δίψυχος κτλ. findet in der Forschung der *Gebrauch* dieser Ausdrücke *im Frühchristentum* Beachtung, insbesondere deren Gebrauch im ‚Hirten des Hermas', was aufgrund der hohen Quantität der Belege in dieser Schrift naheliegt.

Martin Luther vertritt mit der Ansicht, dass der Glaubenszweifel eine Sünde sei (s. o.), eine Position, die sich schon im ‚Hirten des Hermas' zeigt. Die anthropologische Dimension der διψυχία im Menschenbild dieser Schrift aus dem frühen 2. Jh. n. Chr. hat A. Strock im Jahr 1984 untersucht.[79] Dabei liegt der Fokus seiner Untersuchung auf der Beziehung zwischen Zweifel und Sünde und der Frage, ob der Hirt des Hermas eine erfolgreiche Problemlösung für den auch nach der Taufe immer noch sündigenden Menschen bietet. Im gleichen Jahr (1984) erschien zum Terminus δίψυχος auch ein Beitrag von C. Gilmour.[80] Er erörterte darin ebenfalls in erster Linie die Bedeutung der Wortgruppe im Hirten des Hermas. Der δίψυχος sei ein Mensch, dem es an Orientierung mangele und der das Beste beider Welten anstrebe.[81] Gilmour bezeichnet den ἀνὴρ δίψυχος als „'Mr. Facing-both-ways', who cannot really make up his mind between God and the world, and whose soul is divided between right and wrong."[82] In einem Überblick über die Verwendung der Wortgruppe δίψυχος κτλ. im Jakobusbrief sowie in den Apostolischen Vätern stellt Gilmour auch einige Forschungspositionen zur jeweiligen Bedeutung und kontextuellen Einbettung dar und weist jeweils auf Gemeinsamkeiten mit dem Gebrauch im Pastor Hermae hin. Knapp erörtert er im Zusammenhang mit der Zusammenstellung von δίψυχος und διακρίνομαι in Jak 1,6–8 auch den semantischen Gehalt von διακρίνομαι im Frühchristentum und lehnt aufgrund eben dieser Lexemkonstellation die Auffassung von F.C. Synge ab, der sich gegen eine Wiedergabe dieses Verbs mit ‚zweifeln' o. Ä. stellt.[83] Gilmour

---

in Early Christian Literature, in: H. van de Sandt/J. Zangenberg (Hg.), Matthew, James, and Didache. Three Related Documents in their Jewish and Christian Settings (SBL.SS 45) Leiden 2008, 289–314, hier: 304; G. van Kooten, Paul's Anthropology in Context: The Image of God, Assimilation to God, and Tripartite Man in Ancient Judaism, Ancient Philosophy and Early Christianity (WUNT I 232), Tübingen 2008, 282, Anm. 21; G. van Kooten, Art. Human Being, in: R. Brawley (Hg.), The Oxford Encyclopedia of the Bible and Ethics, Vol I: ABO - LYI, Oxford 2014, 394–405, hier: 401.

79 A. Strock, The Shepherd of Hermas: A Study of His Anthropology As Seen in the Tension Between Dipsychia and Hamartia, Ann Arbor, MI 1984.

80 C. Gilmour, Religious Vascillation and Indecision: Doublemindedness as the Opposite of Faith: A Study of Dipsychos and Its Cognates in the Shepherd of Hermas and Other Early Christian Literature, in: Prudentia 16 (1984), 33–42.

81 Vgl. Gilmour, Vacillation, 34.

82 Gilmour, Vacillation, 42. Die Wendung „Mr. Facing-both-Ways" hat Gilmour von Ropes, James, 143, übernommen.

83 Vgl. Gilmour, Vacillation, 37–39.

schließt seine Darstellung mit Überlegungen zum literarischen Abhängigkeitsverhältnis zwischen den frühchristlichen Schriften ab, die δίψυχος κτλ. verwenden. Seiner Ansicht nach haben Jakobus und die nachapostolischen christlichen Verfasser die etablierte Vorstellung, das Motiv der Unschlüssigkeit und Unentschiedenheit, aus frühjüdischen Kreisen übernommen. Dieses im Griechischen durch das Wort διψυχία ausgedrückte Konzept sei seit dem frühen Christentum dem Glauben (πίστις) als oppositionellem Begriff gegenübergestellt worden.

N. Brox gibt in seinem nur drei Seiten umfassenden Exkurs zum Thema ‚Zweifel' (διψυχία) im ‚Hirten des Hermas', das in allen Teilen des Werks „eine Rolle wie in keiner frühchristlichen Schrift sonst" spiele,[84] einen knappen Überblick über den Forschungsstand zur Herkunft der Wortfamilie zum Zeitpunkt der Abfassung seines Kommentars (1991). Zudem skizziert er die Verwendungskontexte von δίψυχος κτλ. im Pastor Hermae, allerdings innerhalb dieses Exkurses nur stichwortartig. Die Wortbedeutung sei in dieser Schrift „weit über den üblichen Sprachgebrauch hinaus ausgelegt."[85]

Eine recht umfangreiche Untersuchung zu dem Motiv der Zwei Wege und zur Dipsychia im frühen Christentum hat A. Paretsky im Jahr 1997 vorgelegt.[86] Darin stellt er – den Gebrauch der Wortfamilie δίψυχος κτλ. jeweils skizzierend – dar, inwiefern der frühjüdische „ethische Dualismus" die ersten Generationen christlicher Schriftsteller beeinflusst habe.[87] Der Verfasser des Jakobusbriefes habe zum moralischen Diskurs im Frühchristentum mit δίψυχος einen Neologismus beigetragen. Zeitlich nach dem ‚Hirten des Hermas' sei die Wortfamilie δίψυχος κτλ. sowie das Zwei-Wege-Motiv – für die zeitgenössisch-antike Erklärung des Unde-malum-Problems geeignet – aus der christlichen Literatur beinahe verschwunden.[88] Diese Abnahme in der Verwendung sei in der Forschung bis zu seiner Untersuchung i. d. R. übersehen worden. Anders als δίψυχος κτλ. im Christentum habe das rabbinische Konzept der zwei Triebe in der jüdischen Tradition hohen Einfluss ausgeübt. Als Ursache für das Verschwinden, bzw. das Nachlassen des kreativen Gebrauchs der Wortfamilie δίψυχος κτλ., sieht Paretsky die Tatsache, dass das Christentum bis zum Ende des 2. Jh. n. Chr. ein Welt- und Menschenbild begründete, das von dem zeitgenössischen jüdischen divergierte, insofern infolge der Herausbildung einer

---

84 Vgl. Brox, Hirt, 551.

85 Brox, Hirt, 552.

86 A. Paretsky, The Two Ways and Dipsychia in Early Christian Literature: An Interesting Dead End in Moral Discourse, Ang. 74 (1997), 305–334.

87 Unter „ethischen Dualismus" scheint Paretsky eine große Bandbreite an Wendungen, semantischen Oppositionen und Verhaltensweisen zu subsumieren, die auf die Wahlmöglichkeit des Menschen zwischen zwei Alternativen verweisen.

88 Paretsky, Two Ways, 307f: „A world of Two Ways and Divided Souls, so useful for explaining the problem of evil, had disappeared by the end of the second century." Die nachapostolischen Belege für δίψυχος κτλ. seien häufig Zitate frühchristlicher Schriften.

Trichotomie des Menschen (σάρξ, ψυχή, πνεῦμα) der ethische Dualismus des jüdischen Denkens die Frage nach dem Bösen nicht mehr angemesen zu erklären vermochte.[89]

Der Gebrauch der Lexemfamilie δίψυχος κτλ. im Hirten des Hermas steht im Zentrum des kurzen Forschungsbeitrags von D. Robinson mit dem Titel „The Problem of διψυχία in the Shepherd of Hermas“ (2010).[90] Darin wird gezeigt, dass der semantische Gehalt des Ausdrucks δίψυχος und seiner Derivate über die Bedeutung ‚Zweifel‘ hinausgeht, insofern Unwisssen, Schwäche und das Anhäufen von Reichtum im Pastor Hermae mit diesen Wörtern verbunden werden. Mithilfe der Haplotes, der Pistis und der Umkehr könne dieser innere Zustand überwunden werden. Allerdings gäbe es Aussagen in dieser frühchristlichen Schrift (sim VI,1,2; mand XII,6,1), die darauf hinwiesen, dass – anders als bisherige Forschungen zu diesem Thema behaupteten – menschliche Anstrengung allein nicht ausreiche, um dem Problem der διψυχία beizukommen: Vielmehr könne der zweifelnde Christ auf göttliche Unterstützung vertrauen.

In der neuesten Publikation zu diesem Thema, „The identity of the Διψυχος in the Shepherd of Hermas“ (2011), versucht J. Mutie drei Gruppen ausfindig zu machen, auf die δίψυχος referiert. Je nach Kontext seien Gläubige (wie z. B. auch Hermas selbst, seine Familie und Mitglieder der Kirchenführung), vom Glauben abgefallene oder nicht weiter klassifizierbare Individuen angesprochen.[91] Mutie betont, der Gebrauch von δίψυχος bei Hermas zeige, dass sich das Wort je nach Kontext und Intention des Verfassers auf unterschiedliche Menschen(-gruppen) beziehe.

(b) Zu ὀλιγόπιστος κτλ.

Die Bedeutung des ‚Kleinglaubens‘ für die matthäische Theologie und Gemeindesituation (und darüber hinaus für heute) ist in der Forschung immer wieder hervorgehoben worden.[92] Zuletzt hat M. Konradt beispielsweise formuliert, der Kleinglaube sei „als Leitmotiv in der Darstellung des Jüngerverhaltens (…) transparent für entsprechende Probleme in den mt Gemeinden.“[93] Dass für Matthäus Anfechtung, Kleinglaube und Zweifel zum Glauben gehöre, sei zudem „auch für die heutige theologische Reflexion von großer Bedeu-

89 Vgl. Paretsky, Two Ways, 332–334.

90 D.C. Robinson, The Problem of διψυχία in the Shepherd of Hermas, StPatr 45 (2007), 303–308.

91 Vgl. J. Mutie, The identity of the Διψυχος in The Shepherd of Hermas, Faculty Publications and Presentations, Paper 178, (http://digitalcommons.library.edu/sor_fac_pubs/178, abgerufen am 13.04.2011).

92 Vgl. exemplarisch Held, Matthäus, 283f; Feldmeier, Gnade, 94; Luz, Matthäus I/1, 480; Reinmuth, Ostern, 33.

93 Vgl. Konradt, Matthäus, 2.

tung".[94] In Anbetracht dieser in der Forschung weit geteilten Einschätzung überrascht, dass bislang offenbar nur eine einzige Monographie existiert, die den Kleinglauben im Matthäusevangelium ins Zentrum der Untersuchung stellt: Die auf Italienisch abgefasste Dissertation von M. Cairoli aus dem Jahr 2003 (veröffentl. 2005) mit dem Titel „La ‚poca fede' nel vangelo di Matteo"[95] versteht sich als eine theologisch-exegetische Studie, die die fünf Vorkommnisse der Wortfamilie ὀλιγόπιστος κτλ. im Mikro- und Makrokontext analysiert und auch auf den finalen Zweifel der Jünger (Mt 28,17) eingeht.[96]

Es ist unbestritten, dass Matthäus den Ausdruck ὀλιγόπιστος in der Logienquelle vorgefunden und ihn dann eigenständig in seiner Theologie vertieft hat.[97] Er setzt ὀλιγόπιστος κτλ. wiederholt u. a. dazu ein, den Vorwurf mangelnden Glaubens gegenüber seiner markinischen Vorlage zu verstärken. Kleingläubig sind die Jünger, Unglaube wird dagegen dem Volk unterstellt. Über die Bedeutung herrscht weitgehend Einigkeit: Der Kleinglaube ist kein Glaubensabfall,[98] nicht mit Unglauben gleichzusetzen und wird zumeist im quantitativen Sinne als ein Mangel an Vertrauen definiert.[99] In exegetischen Untersuchungen ist häufiger davon die Rede, dass der Kleinglaube für Matthäus dem Zweifel ähnlich, wenn nicht gar damit gleichzusetzen sei.[100] Da sich auch das seit klassischer Zeit gebrauchte griechische Verb διστάζω (‚zweifeln') in der neutestamentlichen Literatur nur bei Matthäus findet, kann darin ein weiteres Indiz dafür gesehen werden, welchen Stellenwert Matthäus dem Problem des Zweifels und zu geringen Glaubens in seinem Evangelium einräumte.[101]

---

94 Vgl. Konradt, Matthäus, 143.

95 M. Cairoli, La ‚poca fede' nel vangelo di Matteo. Uno studio esegetico-teologico (Diss. Rom 2003) (AnBib 156), Rom 2005.

96 Diese Studie wird in der vorliegenden Arbeit nicht berücksichtigt, da sie bisher weder ins Deutsche noch ins Englische übersetzt worden ist.

97 Vgl. z. B. Lührmann, Glaube, 26. Weder in der LXX, noch in weiterer frühjüdischer Literatur noch im nicht-jüdischen hellenistischen Schrifttum ist das Wort belegt. Es entspricht allerdings einem Sprachgebrauch, der sich auch im rabbinischen Schrifttum findet, vgl. z. B. Bill I, 438f. In der christlichen Literatur kommt das Wort z. B. in der 6. Sentenz des Sextus (2. Jh. n. Chr.) vor oder bei Leontius von Neapolis, Vita Joannis, 351.

98 Vgl. Held, Matthäus, 283.

99 Vgl. z. B. Klein, Glaubensverständnis, 37; Fugmann, Berge, 161. Vgl. auch Reinmuth, Ostern, 34, der davon spricht, beim Kleinglauben ginge es nicht um die Quantität des Glaubens als vielmehr die Art des Glaubens. Da der Kleinglaube mit dem Bild des „Glaubens wie ein Senfkorn" gegenübergestellt wird, sei mit Kleinglaube diejenige Art des Glaubens kontrastiert, die „ein rückhaltloses Vertrauen in die überwindende Kraft des verschwindend Geringen" impliziere.

100 Vgl. Luck, Herrenwort, 499; Bazitwinshi, Weisheit, 108; Reinmuth, Ostern, 34; Konradt, Matthäus, 238, u. a.

101 Zur Verwendung von διστάζω im MtEv vgl. z. B. I.P. Ellis, ‚But some doubted', NTS 14 (1968), 574–580; C.H. Giblin, A Note on Doubt and Reassurance in Mt 28:16–20, CBQ 37

Für die Forschung zum Matthäusevangelium und dem darin zum Vorschein kommenden Glaubensverständnis war der Sammelband „Überlieferung und Auslegung im Matthäusevangelium" ausgesprochen einflussreich, der im Jahr 1960 erschien.[102] Das Interesse der darin enthaltenen Darstellungen liegt zumeist in dem Aufweis theologischer Hauptaspekte der matthäischen Redaktion in ihrer jeweiligen Differenz zu markinischen Akzentsetzungen. Entsprechend findet das spezifisch matthäische Glaubensverständnis sowohl bei G. Bornkamm, als auch bei G. Barth und bei H.J. Held unter je anderen Blickwinkeln Beachtung. G. Bornkamm legt in seinem einsichtsreichen Aufsatz „Die Sturmstillung im Matthäus-Evangelium" dar,[103] inwiefern Matthäus nicht nur als Tradent dieser Erzählung gelte, sondern auch als ihr ältester Exeget, wobei dessen Auslegung durch den Bezug auf die Nachfolge Jesu in erster Linie ekklesiologische Töne trage. Dem Kleinglauben in dieser Perikope und im Matthäusevangelium insgesamt widmet Bornkamm in seinem ohnehin nur wenige Seiten umfassenden Beitrag lediglich einige wenige Zeilen. Er versteht den Kleinglauben als eine Bezeichnung für einen „zu schwachen Glauben, der in Sturm (8 26; 14 31) und Sorge (6 30; 16 8) erlahmt und damit sich als Scheinglaube erweist (17 20), der dem Ansturm dämonischer Gewalten nicht gewachsen ist."[104] Die Untersuchung von G. Barth zum matthäischen Gesetzesverständnis behandelt in einem eigenen Unterabschnitt diverse Dimensionen des Jüngerseins.[105] Hier ist weitgehend das redaktionelle Interesse des Matthäus an der Uminterpretation der markinischen Glaubensauffassung einerseits und des markinischen „Jüngerunverständnisses" andererseits für die Darstellung leitend.[106] Matthäus habe sein πίστις-Konzept v. a. aus der christ-

(1975), 68–75; L. Oberlinner, „...sie zweifelten aber" (Mt 28,17b). Eine Anmerkung zur matthäischen Ekklesiologie, in: L. Oberlinner/A. Vögtle (Hg.), Salz der Erde - Licht der Welt: exegetische Studien zum Matthäusevangelium; FS f. A. Vögtle zum 80. Geb., Stuttgart 1991, 375–400. Siehe auch S. 381f; Kap VIII.4 sowie Kap. VIII.8 in dieser Arbeit.

102 Vgl. G. Bornkamm/G. Barth/H.J. Held (Hg.), Überlieferung und Auslegung im Matthäusevangelium (WMANT 1), Neukirchen 1960. Die Beiträge gehen z. T. auf ältere Arbeiten der Autoren zurück.

103 G. Bornkamm, Die Sturmstillung im Matthäusevangelium, in: G. Bornkamm/G. Barth/H.J. Held (Hg.), Überlieferung und Auslegung im Matthäusevangelium, 3. durchges. Aufl. (WMANT 1), Neukirchen 1963, 48–53.

104 Bornkamm, Sturmstillung, 52.

105 Vgl. G. Barth, Das Gesetzesverständnis des Evangelisten Matthäus, in: G. Bornkamm/G. Barth/H.J. Held (Hg.), Überlieferung und Auslegung im Matthäusevangelium, 3., durchges. Aufl. (WMANT 1), Neukirchen 1963, 54–154, hier: 98–117. Vgl. auch G. Barth, Jüngerschaft und Kirche im Matthäusevangelium, EsTeol 5/1 (1965), 1–15.

106 Die Bezeichnung „Jüngerunverständnis" hat W. Wrede in Bezug auf das zentrale markinische Charakteristikum der engsten Vertrauten Jesu geprägt, die dessen Würde als Messias vor der Auferstehung nicht verstehen. Vgl. W. Wrede, Das Messiasgeheimnis in den Evangelien. Zugleich ein Beitrag zum Verständnis des Markusevangeliums, Göttingen ^{3}1963, 93–114.229-235.

lichen Tradition übernommen, den Fokus jedoch verstärkt auf das Vertrauenselement und den volitionalen Aspekt des Glaubens gelegt. Verstehen sei zwar eine Voraussetzung für den Glauben, zugleich habe Matthäus „das im Glaubensbegriff bei Mc. enthaltene noetische Moment" aus dem πίστις-Begriff ausgeklammert.[107] Im matthäischen Kleinglaubensentwurf zeige sich diese Trennung: Die Jünger hätten sehr wohl Einsicht und würden verstehen, es fehle ihnen aber an Glauben.[108] Zwar erwähnt Barth die eigenständigen Einfügungen des Kleinglaubens seitens des Matthäusevangelisten in die Markusvorlage; er konzentriert sich jedoch auf die Verhältnisbestimmung von Verstehen und Glaube im matthäischen Aufriss. Interessant ist, dass Barth den Kleinglauben (und Ungehorsam) der Jünger nicht nur als Verweis auf die Ekklesiologie des Evangelisten auffasst, sondern ihn explizit mit dem „Wissen um die bleibende Sündhaftigkeit der Jünger" in Verbindung bringt.[109] Bei dem Beitrag von H.J. Held im gleichen Buch steht „Matthäus als Interpret der Wundergeschichten" im Mittelpunkt.[110] Darin befasst sich der Autor auf wenigen Seiten auch eigens mit dem Kleinglauben und dem Zweifel.[111] Einerseits skizziert Held die matthäische Intention, das Motiv des Kleinglaubens in bestimmten Perikopen zu verwenden, andererseits geht er auf die rabbinischen Parallelen der Wendung ein und stellt in Kürze Gemeinsamkeiten und Unterschiede im Vergleich zur Verwendung in der markinischen Vorlage dar. So äußert er z. B.: „Matthäus beseitigt das Motiv vom Jüngerunglauben im Markusevangelium nicht, vielmehr interpretiert er es mit Hilfe des Begriffes vom Kleinglauben."[112] Der Kleinglaube sei nach Held eine „gebrochene Glaubensform", insofern besonders in Mt 8,25f und Mt 14,30f Verzagen und Vertrauen der Jünger bzw. des Petrus zugleich akzentuiert würden.[113]

Alle drei Autoren dieses Sammelbandes haben wichtige Aspekte der matthäischen Kleinglaubenskonzeption hervorgehoben. Eine ausführliche Auseinandersetzung mit den Perikopen, in denen der Kleinglaube im Matthäusevangelium begegnet, findet indes nicht statt, was sich aus dem zielsetzenden Titel des Bandes „Überlieferung und Auslegung im Matthäusevangelium" erklärt. Die darin präsentierten Erkenntnisse blieben allerdings auch in Bezug auf den Kleinglauben in der Forschung ausgesprochen wirkmächtig. Dies zeigt sich daran, dass in den folgenden Jahrzehnten alle drei eben genannten

107 Barth, Gesetzesverständnis, 107.

108 Barth, Gesetzesverständnis, 106.

109 Barth, Gesetzesverständnis, 113.

110 H. J. Held, Matthäus als Interpret der Wundergeschichten, in: G. Bornkamm/G. Barth/H.J. Held (Hg.), Überlieferung und Auslegung im Matthäusevangelium, 3. durchges. Aufl. (WMANT 1), Neukirchen-Vluyn, 155–287.

111 Held, Matthäus, 278–284.

112 Held, Matthäus, 282.

113 Held, Matthäus, 282.

Blickwinkel weiterhin verfolgt wurden: Welche Differenzen der matthäischen zur markinischen Darstellung der Jüngerschaft, insbesondere bezüglich des Jüngerunverständnisses, lassen sich erkennen? Wie ist der Verstehensaspekt des matthäischen Jüngerbildes in Relation zu dessen Glaubensverständnis zu bewerten? Inwiefern ist die Seewandelperikope für die matthäische Auffassung von Kleinglauben und Zweifel relevant? Öfters werden in entsprechenden Veröffentlichungen auch mehrere dieser Fragestellungen zugleich thematisiert. Aus der Fülle einschlägiger Beiträge zu diesen Themenkreisen seien lediglich einige zentrale Forschungstendenzen erwähnt.

Wo der matthäischen Erzählung vom Seewandel Aufmerksamkeit geschenkt wird, beleuchten Exegeten entweder eigens die redaktionelle Intention der in den Markustext eingefügten Petrusepisode (Mt 14,22–33) mitsamt Beobachtungen zum matthäischen Petrusbild,[114] oder gehen in unterschiedlicher Breite auf mögliche traditionsgeschichtliche Parallelen zum Gang über das Wasser ein.[115] Parallelen zwischen Mt 8,18–27 und Mt 14,22–33 bei gleichzeitigem Blick auf die Bedeutsamkeit von Mt 14,22–33 für den Gesamtentwurf des Matthäusevangelisten wurden bislang ebenfalls akzentuiert.[116] Unter Aufnahme sozialpsychologischer Ansätze, insbesondere der Erforschung außergewöhnlicher Bewusstseinszustände („ASC"), hat B. Malina 1999 versucht, neue Einsichten bereitzustellen, um zu einer Bewertung der Authentizität der Erscheinung Jesu auf dem See zu verhelfen.[117] In neuerer Zeit ist v.a. ein Aufsatz von L. Oberlinner aus dem Jahr 2007 erwähnens-

114 Vgl. C.R. Carlisle, Jesus Walking on the Water: A Note on Matthew 14,22–33, NTS 31 (1985), 151–155. Die mt Darstellung der Petrusfigur wurde bereits des Öfteren zum Gegenstand wissenschaftlicher Untersuchungen gemacht, vgl. z. B. J.D. Kingsbury, The Figure of Peter in Matthew's Gospel as a Theological Problem, JBL 98/1 (1979), 67–83; W. Schrenk, Das „Matthäusevangelium" als Petrusevangelium, BZ 27 (1983), 58–80; A. Stock, Is Matthew's Presentation of Peter Ironic?, BTB 17 (1987), 64–69; P. Dschulnigg, Gestalt und Funktion des Petrus im Matthäusevangelium, SNTU.A 14 (1989), 161–183, u. v. m.

115 Vgl. J.P. Heil, Jesus Walking on the Sea: Meaning and Gospel Functions of Matt. 14:22–33, Mark 6:45–52, and John 6:15b–21 (AnBib 87), Rom 1981; P.J. Madden, Jesus' Walking on the Sea. An Investigation of the Origin of the Narrative Account (BZNW 81), Berlin/New York 1997, 1–40; J. M. C. Scott, Jesus Walking on the Sea. The Significance of Matthew 14,22–33 for the Narrative Development of the Gospel, in: G.L. Brooke/J.-D. Kaestli (Hg.), Narrativity in Biblical and Related Texts (BEThL 149), Leuven 2000, 91–104; Oberlinner, L., Können Wunder schief gehen? Zur Petrus-Episode in der Seewandelgeschichte Mt 14,22–33, in: J. Pichler/C. Heil (Hg.), Heilungen und Wunder: theologische, historische und medizinische Zugänge, Darmstadt 2007, 85–104, u. a.

116 Vgl. z. B. J. M. C. Scott, Jesus Walking on the Sea. The Significance of Matthew 14,22–33 for the Narrative Development of the Gospel, in: G.L. Brooke/J.-D. Kaestli (Hg.), Narrativity in Biblical and Related Texts (BEThL 149), Leuven 2000, 91–104.

117 Ausgangstexte sind dabei neben Mt 14,22–33 auch Mk 6,45–52 sowie Joh 6,16–21. Vgl. B. Malina, Assessing the Historicity of Jesus' Walking on The Sea: Insights from Cross-Cultural Social Psychology, in: B. Chilton/C.A. Evans (Hg.), Authenticating the Activities of Jesus (NTTS 28/2), Leiden 1999, 351–372.

wert, der sich verstärkt mit dem Seewandel des Petrus (Mt 14,22–33) und der Frage beschäftigt, welche Intention der Autor mit dieser Sondergut-Episode verfolgte.[118] Er geht darin u. a. auf den Kleinglauben des Petrus (Mt 14,31) sowie überblicksartig auf das Thema des Zweifels (Mt 14,31; Mt 28,17) im Matthäusevangelium ein; der ideengeschichtliche Hintergrund von ὀλιγόπιστος κτλ. und διστάζω wird dabei nicht untersucht. Unter der Fragestellung „Können Wunder schief gehen?" schlägt Oberlinner zudem unterschiedliche Ansatzpunkte für die Erörterung dessen vor, ob der Versuch Petri, über das Wasser zu laufen, von vornherein zum Scheitern verurteilt aufzufassen sei, und welche Lerneffekte seitens der Rezipienten intendiert gewesen sein mochten.

In Bezug auf die Uminterpretation des markinischen Jüngerbildes sowie auf die Frage nach der „noetischen" Dimension der Pistis im Matthäusevangelium fällt auf, dass sich viele Exegeten G. Barths Auffassungen anschließen.[119] Uneinigkeit scheint jedoch darin zu bestehen, ob Verstehen für den Matthäusevangelisten als Voraussetzung für den Glauben zu gelten habe oder nicht.[120] In einigen Beiträgen wird in Bezug auf das Verstehen der Jünger differenziert: Während sie zwar die Gleichnisrede Jesu verstünden, zeigten sich ihre Verstehensdefizite v. a. bei der Bedeutung der Sendung Jesu.[121] Unterschiedlich beurteilt wird indes, in welchem Umfang der matthäische Kleinglauben bzw. die matthäische Jüngerdarstellung überhaupt die markinische Konzeption des Jüngerunverständnisses ersetzt und ob dadurch ein positiveres Bild der Jesu Nachfolgenden entstehe.[122] Ein weiterer Aspekt, zu dem sich unterschiedliche Positionen finden, stellt die Frage dar, ob die Jüngerfiguren in

---

118 Vgl. L. Oberlinner, Können Wunder schief gehen? Zur Petrus-Episode in der Seewandelgeschichte Mt 14,22–33, in: J. Pichler u. a. (Hg.), Heilungen und Wunder: theologische, historische und medizinische Zugänge, Darmstadt 2007, 85–104.

119 Z. B. Klein, Glaubensverständnis. Stark an G. Barths Erörterung über das „Wesen des Jüngerseins" (vgl. Barth, Gesetzesverständnis, 98–117) angelehnt erscheint die Darstellung von M. Sheridan, Disciples and Discipleship in Matthew and Luke, BTB 3 (1973) 235–255.

120 So geht z. B. U. Luz davon aus, dass das Verstehen in der Regel nicht Voraussetzung des Glaubens sei. Eine Ausnahme stelle allerdings Mt 16,8f dar. U. Luz, Die Jünger im Matthäusevangelium, ZNT 62 (1971), 141–171, bes. 150; anders z. B. Sheridan, Disciples. Wieder anders z. B. A. Sand, Matthäus, 332, der äußert: „Kleinglaube besteht im ‚Noch-nicht-verstehen'".

121 So A. Trotter, Understanding and Stumbling: A Study of the Disciples' Understanding of Jesus and His Teaching in Matthew (Diss Cambridge), 1986, 279–285. J.K. Brown, The Disciples in Narrative Perspective. The Portrayal and Function of the Matthean Disciples (AcBib 9), Leiden u. a. 2002, 36 u. passim, ist in ihrer Studie zu dem Ergebnis gelangt, die Jünger verstünden zwar Jesu Messianität und gewisse Aspekte seiner Lehre, aber sie würden durchgängig die Bedeutung der Sendung Jesu (und somit auch ihre eigene) missverstehen.

122 Mit Bezugnahme auf den fehlenden Glauben (Mt 21,21) und den Zweifel (Mt 14,31; 28,17) äußert z. B. Luz, Jünger, 148: „Da es sich hier nicht nur um Stellen handelt, bei denen ein markinisches Motiv uminterpretiert wird, sondern auch um solche, wo das Motiv erst-

der matthäischen Story einen Verstehensfortschritt durchlaufen oder nicht.[123] Dies ist bereits öfters auch mithilfe narratologischer Methodik eingehender untersucht worden. Unter diesen seien drei Arbeiten eigens hervorgehoben: Erstens die im Jahr 1985 erschienene Arbeit mit dem Titel „Uncertain Faith: Matthew's Portrait of the Disciples" von R.A. Edwards,[124] eine der ersten Analysen der matthäischen Jüngerdarstellung mit narratologischen Akzenten. Darin werden die Jünger als ambivalente, unbeständige Nachfolger gezeichnet, die den Ansprüchen Jesu in Bezug auf einen vollkommenen Glauben nicht genügen können. Zweitens hat sich im Jahr 2002 J.K. Brown intensiv mit der Darstellung und Funktion der Jünger bei Matthäus auseinandergesetzt.[125] In „The Disciples in Narrative Perspective. The Portrayal and Function of the Matthean Disciples" findet sich eine ausführliche Zusammenstellung über die bisherigen Perspektiven der Forschung bezüglich der matthäischen Jüngerschaft.[126] Diese Arbeit ist nicht zuletzt deswegen gewinnbringend, weil sie sich auf die matthäische Jüngerzeichnung in den bislang häufig aus entsprechenden Untersuchungen ausgeklammerten Kapiteln Mt 18–20 konzentriert, sondern auch, weil sie konsequent zwischen ‚Story' und ‚Discourse' differenziert. Brown versteht indes die Jüngerfiguren bei Matthäus als nicht transparent für dessen Gemeinde; vielmehr eigneten sie sich häufig als Negativfolie für den impliziten Leser, wobei viele andere Charaktere des Evangeliums und v. a. Jesus selbst als positive Exempla fungierten. Die dritte Veröffentlichung, die hier gesondert genannt werden soll, ist U. Poplutz's Aufsatz „Verunsicherter Glaube. Der finale Zweifel der Jünger im Matthäusevangelium aus figuranalytischer

---

mals auftaucht, darf man es nicht im Sinne einer Abschwächung des markinischen Vorwurfs des Unglaubens interpretieren."

Vom Ersetzen des Jüngerunverständnisses geht z. B. aus: Trotter, Understanding, 15.

123 Für U. Luz beispielsweise werden die Jünger von Jesus zum Verstehen geführt (Luz, Jünger, bes. 148–150). M. Wilkins, The Concept of Disciple in Matthew's Gospel as Reflected in the Use of the Term Μαθητής (NT.S 59), Leiden 1988, 165, geht ebenfalls von Jesus als erfolgreichem Lehrer aus. J. Overman, Matthew's Gospel and Formative Judaism: The Social World of the Matthean Community, Minneapolis 1990, 124–136, sieht die mt Jüngerfiguren als Verstehende gezeichnet. Anders geht z. B. D.J. Verseput davon aus, dass gerade der Zweifel am Ende des Evangeliums zeige, dass die Jünger auch zum Schluss der Erzählung nicht als wahrhaft, umfassend Verstehende gezeichnet seien. Der Leser solle den Kleinglauben als Torheit erkennen, die Schwächen der Jünger evaluieren und durch die Lektüre zu größerem Verständnis und Glauben geführt werden, vgl. D. Verseput, The Faith of the Reader and the Narrative of Matthew 13:53–16:20, JSNT 46 (1992), 3–24, bes. 12.19.23.

124 R. A. Edwards, Uncertain Faith: Matthew's Portrait of the Disciples, in: F. F. Segovia (Hg.), Discipleship in the New Testament, Philadelphia 1985, 47–61.

125 J.K. Brown, The Disciples in Narrative Perspective. The Portrayal and Function of the Matthean Disciples (AcBib 9), Leiden u. a. 2002.

126 Brown, Disciples, 1–33; siehe ebd. auch zu weiterer Literatur.

Sicht"[127] aus dem Jahr 2009. Damit wurde auch im deutschsprachigen Raum der versagende Glauben der Jünger im Matthäusevangelium mit Hilfe narratologischer Methodik untersucht. Poplutz beschreibt darin, wie der Zweifel der Nachfolger unmittelbar vor dem Missionsbefehl Jesu am Ende der Erzählung sich stimmig in das Gesamtkonzept des Verfassers einfügt: Gerade weil die Jünger immer wieder zwischen Vertrauen und Mutlosigkeit schwanken, und weil dieser inneren Zerrissenheit von Jesus nichts anderes als der Sendungsauftrag entgegengesetzt wird, böten sie sich als Identifikationsfiguren für die Lesenden an.[128]

Schon diese Übersicht zeigt: Der Kleinglaube kommt bislang vorranging unter der Perspektive der Redaktionsgeschichte und der Verstehensdimension in Bezug auf die matthäische Jüngerdarstellung in den Blick. Der Kleinglaube ist dabei nur ein Aspekt unter vielen; er wird in der exegetischen Literatur immer wieder in unterschiedlicher Intensität behandelt.[129] Meist bleiben die Untersuchungen zur Wortgruppe ὀλιγόπιστος κτλ. allerdings äußerst knapp. Das Interesse am matthäischen Glaubensverständnis mag eine Erklärungshilfe sein, weshalb Kleinglaube selten gesondert betrachtet wird. A. van Aarde repräsentiert einen der wenigen Vertreter innerhalb der neutestamentlichen Forschung, die den ‚Kleinglauben' explizit im Titel ihrer Veröffentlichung nennen. Der Südafrikaner betrachtet den matthäischen Kleinglauben dabei sogar aus psychologisch-pragmatischer Perspektive. In seinem erst vor Kurzem publizierten Aufsatz „Little faith as an alternating state of religious consciousness: a pragmatic-empirical perspective on Matthew's portrayal of Jesus' disciples" (2013) bezieht er die Differenzierung von W. James mit ein, wonach ein religiöses Weltverständnis als „alternated state of consciousness" von der „normalen", naturwissenschaftlichen Zugangsweise zur Welt zu unterscheiden sei. Van Aarde geht davon aus, dass der Kleinglaube der Jünger als ein veränderter Bewusstseinsmodus religiöser Erfahrung besonders deutlich innerhalb von Mt 13,53–17,27 beobachtet werden könne.[130] Kleinglaube bestehe für den Matthäusevangelisten in erster Linie aus Furcht („fear") und müsse aus Ver-

---

127 U. Poplutz, Verunsicherter Glaube. Der finale Zweifel der Jünger im Matthäusevangelium aus figuranalytischer Sicht, in: A. Dettwiler/U. Poplutz (Hg.), Studien zu Matthäus und Johannes. FS f. J. Zumstein zu seinem 65. Geb. (AThANT 97), Zürich 2009, 29–47.

Zum Zweifel am Ende des Matthäusevangeliums sind auch sonst in letzter Zeit einige interessante Veröffentlichungen erschienen. Viele davon werden in Kap. VIII.8 dieser Arbeit diskutiert.

128 Vgl. Poplutz, Glaube, 46f.

129 Vgl. z. B. Grundmann, Matthäus, 405; Gnilka, Matthäusevangelium II, 108ff; U. Luz, Matthäus I/1 480.482; I/2 29.523ff; Gundry, Matthew, 292; Eckhardt, Ostern, 32–34; Dronsch, Schiffbruch, bes. 403; u. v. m.

130 A.G. van Aarde, Little faith as an alternating state of religious consciousness: a pragmatic-empirical perspective on Matthew's portrayal of Jesus' disciples, Studiae Historiae Ecclesiasticae 39 Suppl. (2013), 187–212; vgl. auch A.G. van Aarde, Little Faith: A pragmatic-

fassersicht überwunden werden, um die Glaubwürdigkeit der Botschaft Jesu nicht zu gefährden. Dies gelte auch für die heutige Zeit immer noch, insofern Angst als psychologische Konsequenz politischer Marginalisierung verstehbar sei.

Der Überblick über den Forschungsstand lässt erkennen, dass spezifische Aspekte des Zweifels in frühchristlicher Zeit immer wieder zum Gegenstand methodisch vielfältiger Untersuchungen gemacht worden ist. Zumeist wurden dabei einzelne Passagen, in denen Belegstellen zu finden sind, mit dem klassischen Repertoire der historisch-kritischen Methodik analysiert: Wortsemantische und redaktionsgeschichtliche Arbeiten sowie thematische Überblicke herrschen vor. Eine Ausnahme stellen die Versuche dar, mit Hilfe narratologischer Verfahren die Rolle der zweifelnden Jünger im Matthäusevangelium näher zu beleuchten. In Bezug auf den matthäischen ‚Kleinglauben' einerseits und die frühchristliche Begrifflichkeit für die ‚Zweiseeligkeit' andererseits existieren einige Ansätze für die Erörterung sachanalogischer Vorstellungen. Vergleichbare Phänomene sind jedoch noch nicht zum Gegenstand vertiefter Untersuchungen gemacht worden. M.E. sind bisherige wissenschaftliche Auseinandersetzungen mit ὀλιγόπιστος κτλ. sowie δίψυχος κτλ. in mehrfacher Hinsicht ergänzungsbedürftig:

a) Beide Lexemfamilien können besonders innerhalb des Neuen Testaments noch präziser auf ihren jeweiligen Informationsgehalt hinterfragt werden. Insbesondere wenn man ὀλιγόπιστος und δίψυχος (mitsamt ihrer belegten Derivate) als sprachlich transparente Lexeme ernst nimmt, d. h. als Wörter, deren jeweilige Bedeutung auf der Grundlage ihrer Komponenten ermittelt werden kann,[131] dann ließen sich unter Einbezug der spezifischen Textkonstituenten, die den jeweiligen Ausdruck umgeben, zusätzliche Erkenntnisse bezüglich des je konzeptuellen Gebrauches gewinnen.

b) Eine kontrastive Gegenüberstellung unterschiedlicher Zweifelskonzepte im Frühchristentum steht bislang ebenfalls aus. So ließe sich z. B. prüfen, ob die ‚Zweiseeligkeit' (δίψυχος κτλ.) im Jakobusbrief und der ‚Kleinglaube' (ὀλιγόπιστος κτλ.) im Matthäusevangelium unterschiedliche Typen des Zweifelns repräsentieren.

c) Vielversprechend scheint mir zudem zu sein, sowohl die ‚Zweiseeligkeit' im Jakobusbrief als auch den matthäischen ‚Kleinglauben' mit antiken Artikulationen dissonanten Erlebens im Innenraum des Menschen in Bezug zu setzen, und zwar sowohl mit solchen, die in den zu neutestamentlicher Zeit einflussreichen philosophischen Strömungen thematisiert werden konnten, als auch mit solchen, die in der biblisch-hebräischen und frühjüdischen Tradition verbalisiert wurden.

---

linguistic Perspective on Matthew's Portrayal of Jesus' Disciples, In die Skriflig 49/1 (2015), Art. #1898, 5 pages (http://dx.doi.org/10.4102/ids.v49i1.1898, abgerufen am 13.01.2016).

131 Zu δίψυχος als „linguistically transparent term" siehe Porter, dipsuchos, 472.

Angesichts des dargestellten forschungsgeschichtlichen Befundes erscheint eine vertiefte Auseinandersetzung mit dem Thema der dissonanten Existenz des Menschen zu neutestamentlicher Zeit aus interdisziplinärer Perspektive und mit neuen methodischen Zugängen – wie denen der Historischen Psychologie – wünschenswert. Weder δίψυχος κτλ. noch ὀλιγόπιστος κτλ. sind bislang mithilfe psychologisch-reflektierter Fragestellungen zum Gegenstand wissenschaftlicher Untersuchungen gemacht worden. Das mag daran liegen, dass es sich bei diesem Ausdrücken um Bezeichnungen für das Verhältnis des Menschen zu Gott handelt. Die Frage nach dem Verständnis des Glaubens ist also davon berührt. Nimmt man propositionale Einstellungen wie den Glauben als zwar nicht objektivierbare, idiosynkratische Zugänge zu Gott ernst, deren Auswirkungen im Inneren einer Person und in ihrem beobachtbarem Verhalten aber zugleich in mancher Hinsicht beschreibbar sind[132] (d. h. die mittels Selbstaussagen respektive Beobachtungen von seiten Außenstehender erkennbare Konsequenzen für das Erleben und Verhalten der sich zu Gott verhaltenden Person haben), dann wird deutlich, dass es auch beim ‚Kleinglauben' und der ‚Zweiseeligkeit' um historische Bezeichnungen geht, die die Psychologie betreffen. Vielleicht eröffnet gerade der Blick auf die Besonderheiten der Darstellung antiker Verfasser in Bezug auf das Mitgeteilte und Mitteilbare solcher Begegnungsweisen des Menschen mit Gott neue Wahrnehmungsmöglichkeiten für die heutige Theologie.

3. Zum Selbstverständnis und zur Methodik der Arbeit

Das Forschungsprojekt soll einen Beitrag zur theologischen Anthropologie und zur Historischen Psychologie liefern. Glaube und Zweifel sind klassische Themen der Theologie, denn sie betreffen grundlegend das Verhältnis von Gott und Mensch. Nach R. Bultmann ist Theologie immer auch Anthropologie: „Gegenstand der Theologie ist ja Gott, und von Gott redet die Theologie, indem sie redet vom Menschen, wie er vor Gott gestellt ist, also vom Glauben aus."[133] Bultmanns Einsicht, dass „[j]eder Satz über Gott (…) zugleich ein Satz über den Menschen und umgekehrt" sei,[134] wird von zeitgenössischen Theologen geteilt: Theologie und Anthropologie sind in der Bibel „auf das Engste miteinander verbunden. Sie sind innerlich so aufeinander bezogen, dass das eine ohne das andere nicht gedacht und nicht angemessen zur Sprache gebracht werden kann."[135]

132 Vgl. dazu Leiner, Psychologie, 56.

133 Bultmann, liberale Theologie, 25.

134 Bultmann, Theologie, 191 f.587.

135 Schwienhorst-Schönberger, Gottes- und Menschenbild, 3.

Betrachtet man den Zweifel nur auf der menschlichen Seite, rückt er als anthropologische Kategorie ins Blickfeld. Der Zweifel ist ein Dissonanzphänomen menschlichen Erlebens, das in der Bibel aus heutiger Perspektive in vielerlei Gestalt manifestiert erscheint, das offenbar unterschiedlich reflektiert wird und Generationen von Glaubenden beschäftigt hat. Von daher sind biblische Texte auch psychologisch relevante Texte,[136] denn sie sind auch Ausdruck menschlichen Erlebens und Verhaltens und reflektieren neben der Ethik ganz entschieden Glaube, Kognitionen und Affekte. Alt- und neutestamentliche Wissenschaft sind also immer auch mit der inneren Verfasstheit des Menschen konfrontiert. Um die Andersheit und Eigengestalt psychologischer Phänomene in biblischen Texten bei der Rekonstruktion wirklich zu verstehen, kann die Historische Psychologie ein wichtiger Weg sein.[137]

Eine Historische Psychologie des frühen Christentums setzt sich zum Ziel, biblische Erfahrungsweisen in ihrer Eigenart wahrzunehmen und darzustellen. Vorstellungen und Assoziationen aus dem „inneren" Bereich der menschlichen Erfahrungswelt sollen erfasst und nachvollzogen werden. Die Forschungsrichtung der Historischen Psychologie, die wie ihre „Dachforschungsperspektive" der Historischen Anthropologie untersucht, „in welch tiefgreifender Weise der Mensch historisch ist",[138] geht analog zur Geschichtlichkeit der Welt von der „Geschichtlichkeit des Seelischen"[139], von der Wandelbarkeit der psychischen Konstitution des Menschen, seiner Verhaltensweisen, seiner kognitiven wie auch affektiven Muster und Schemata aus:[140] Auch wenn spezifische anthro-

136 Psychologie wird allgemein verstanden als Wissenschaft vom Erleben und Verhalten des Menschen. P. Zimbardo und R. Gerrig verstehen Psychologie als die wissenschaftliche Untersuchung des Verhaltens von Individuen und ihrer mentalen Prozesse (vgl. Zimbardo/Gerrig, Psychologie, 2). Somit sind also auch innere Verhaltensprozesse (z. B. Denken, Erinnern, Urteilen und Wahrnehmen) Gegenstand der Psychologie; diese mentalen Prozesse werden sogar von vielen Psychologen als wichtigster Aspekt psychologischer Untersuchungen gesehen (vgl. ebd., 3).

137 Vgl. z. B. die positive Einschätzung von R. Hajnalka/O. Potôn, Möglichkeiten der Psychologischen Exegese, CV 2008/1, 43–54, hier: 48.

138 Böhme, Anthropologie, 264. Dass die Historische Anthropologie von der kulturellen Geprägtheit des Menschen und seines Selbstverständnisses ausgeht, wird auch in der alttestamentlichen Forschung hervorgehoben, z. B. von Wagner, Emotionen, 58; C. Frevel, Menschenskinder!? Einige Anmerkungen zum Stand der Forschung zur alttestamentlichen Anthropologie – zugleich eine Einführung in den vorliegenden Band, in: Ders. (Hg.), Biblische Anthropologie. Neue Einsichten aus dem Alten Testament (QD 237), Freiburg u. a. 2010, 8–28; Ders., Die Frage nach dem Menschen. Biblische Anthropologie als wissenschaftliche Aufgabe – Eine Standortbestimmung, in: Ders. (Hg.), Biblische Anthropologie. Neue Einsichten aus dem Alten Testament (QD 237), Freiburg u. a. 2010, 29–63.

139 G. Jüttemann, Historische Psychologie: Christoph Klotter im Gespräch mit Gerd Jüttemann, Journal für Psychologie, 8.2 (2000), 72–80.

140 Vgl. Nitschke, Voraussetzungen, 31. Zum Forschungsfeld der Historischen Psychologie siehe auch den Sammelband: M. Sonntag/G. Jüttemann (Hg.), Individuum und Geschichte. Beiträge zur Diskussion um eine ‚Historische Psychologie', Heidelberg 1993.

pologische Elementarerfahrungen allgemein gültig und epochenübergreifend sein können, setzt die Historische Psychologie voraus, dass „das Innenleben der Menschen anderer Zeiten und Kulturen sich von dem unseren nicht nur den Inhalten nach unterschied, in dem, was sie dachten und fühlten und wollten – das ist selbstverständlich; sondern auch strukturell und formal unterschied, in den Qualitäten und dem Wie des Erlebens."[141] Somit unterscheidet sich die Historische Psychologie von der empirischen Psychologie in zwei Punkten: einerseits durch ihre Methodik (a) und andererseits durch ihren Anspruch (b):

zu (a): Die Methoden der empirischen Psychologie (Experimente, Messungen, Befragungen etc.) sind notwendigerweise auf die Gegenwart beschränkt; ihr Einsatz ist für die Untersuchung psychologischer Phänomene in der Vergangenheit nicht möglich. Die Historische Psychologie kann jedoch die erhaltenen Quellen im Nachhinein untersuchen und auswerten. Grundlage ist die Annahme, dass (antike) Texte nicht nur von äußeren Ereignissen berichten, sondern auch Vorgänge innerhalb der Psyche widerspiegeln, also auch Ausdruck menschlichen Erlebens und Verhaltens sind. Denn nach G. Theißen sind (neutestamentliche) Texte objektivierbare Zeichenstrukturen, aus denen psychische Prozesse lesbar sind.[142] Außen- und Innensicht des Menschen sind hier in verschränkter Weise vorzufinden.

zu (b): Anders als die moderne Psychologie beansprucht die Historische Psychologie nicht, allgemeingültige Regeln und Modelle aufstellen zu können, mithilfe derer sie das Verhalten von Individuen oder von Gruppen zu erklären oder sogar vorherzusagen vermöge. Historisch-psychologische Ansätze wollen vielmehr menschliches Erleben und Verhalten im jeweiligen historischen, durch spezifische kulturelle Normen bestimmten Kontext verorten und dadurch u. a. das in Texten artikulierte Erleben und Verhalten erklären bzw. deuten.[143]

Die Historische Anthropologie/Psychologie unterscheidet sich weiterhin vom Ansatz der traditionellen Philosophischen Anthropologie, indem sie nicht nach dem Wesen des Menschen und den Bedingungen seines Daseins fragt, sondern „die historische und kulturelle Variabilität der als konstant erscheinenden Verhaltensweisen des Menschen wie Handeln, Denken, Fühlen und Leiden" beschreibt.[144] Und B. Janowski erklärt: „Die im Lauf der Geschichte bezeugten Selbstauffassungen und Selbstexplikationen des Menschen

141 Gehlen, Seele, 59.
Die Annahme von einer gewissen Beständigkeit und Verallgemeinerungsfähigkeit bestimmter Vorstellungen und Theorien ist notwendig, um überhaupt antike Texte für die Moderne verstehbar zu machen. Vgl. Leiner, Psychologie, 244.

142 Vgl. Theissen, Erleben, 16f.

143 Vgl. Theissen, Erleben, 17f.

144 Janowski, Konfliktgespräche, 6.

können nicht unter eine Wesensformel subsumiert, sondern müssen seiner Geschichtlichkeit und Kulturalität gerecht werden.“[145]

Indem die Historische Psychologie schriftlich bezeugtes Erleben und Verhalten des Menschen vorrangig zum Untersuchungsgegenstand erhebt, unterscheidet sie sich von der umfassenderen Perspektive der Historischen Anthropologie: Denn psychologisch verstehbare historische Redeweisen über die Erlebens- und Verhaltensdimension des Menschseins konzentrieren sich erst in zweiter Linie auf Körperkonzepte[146] oder die sozialen Einbettungsbezüge des Menschen – wenngleich derartige Aspekte freilich häufig mit dem individuellen Erleben und Verhalten zusammenhängen. Denn von der inneren Verfasstheit, den Erfahrungen, der Gesinnung etc. kann nicht nur das individuelle Verhalten abhängen, sondern auch die überindividuell gültige Ethik einer Gemeinschaft. Intrapersonal Relevantes tangiert somit häufig die interpersonelle Sphäre. Andersherum basiert das Durchsetzungsvermögen sozialer Normen grundlegend auf dem Verständnis psychologisch relevanter Aspekte der menschlichen Existenz. Zugleich ist das Körperverständnis antiker Gruppen oft nicht von der Psychologie zu trennen, insofern z. B. in alttestamentlichen oder frühjüdischen Texten die Grenze zwischen dem ‚Innen‘ und dem ‚Außen‘ des Menschen durchlässig erscheint: So kann ein ‚Geist‘, der in gewissen biblisch-hebräischen, frühjüdischen oder frühchristlichen Schriften bestimmte Verhaltensweisen auslöst, aus heutiger Sicht als psychologische Größe verstanden werden, die in den Menschen eindringen, ihn aber auch wieder verlassen kann.

Mit der ‚Innenseite‘ und der ‚Außenseite‘ des Menschen (sowie deren Interrelationen) sind die prinzipiellen Gegenstände der Psychologie, auch der historisch orientierten, umrissen: Denn die Differenz zwischen dem Erleben auf der einen und dem Verhalten auf der anderen Seite setzt zwei unterschiedliche Perspektiven voraus: die Innenperspektive und die Außenperspektive. Beides, Erleben und Verhalten, kann im Nachhinein beschrieben und reflektiert werden, ob aus Sicht eines Ich-Erzählers oder eines auktorialen Erzählers, ob als Narration oder als Tatsachenbericht. Deswegen können erlebens- oder verhaltensrelevante Äußerungen der Antike wahrgenommen und untersucht werden – und zwar unabhängig davon, ob es sich im Einzelnen um idealtypisch konzipiertes Erleben/Verhalten, unangemessenes Erleben/Verhalten oder historische Fakten handelt oder nicht. Da sich in der Literatur der Antike

145 Janowski, Mensch, 145. Vgl. dazu auch Rathmayr, Einleitung, bes. 8–10.

146 Körperbilder sind nicht nur Gegenstand anthropologischer Studien zum Alten Testament und seiner Umwelt (siehe dazu Schroer/Staubli, Die Körpersymbolik der Bibel, Darmstadt ^{2}2005 u. a.). In neuerer Zeit wird auch außerhalb theologischer Disziplinen – v. a. von feministisch geprägten Wissenschaftlerinnen – der Körper zunehmend als ausschließlich soziale Kategorie in den Blick genommen. Aus dieser Sicht ist der Körper ein Phänomen, das sich je nach gesellschaftlichen und kulturellen Diskursen konstituiert und verändert. Vgl. beispielsweise J. Butler, Das Unbehagen der Geschlechter, Frankfurt a. M. 1991.

Auffassungen und Reflexionen über das Erleben einerseits und das Verhalten andererseits niedergeschlagen haben, bietet es sich an, beide Aspekte der impliziten Psychologie historischer Texte zu differenzieren. Die Unterscheidung zwischen dem Erleben (der Innenseite) und dem Verhalten (der Außenseite) kann als heuristische Leitlinie bei der Recherche spezifischer Phänomene (wie z. B. der inneren Dissonanz des Menschen) dienen, wobei mehrere Aspekte zu beachten sind:

Wie bereits kurz erwähnt, ist erstens die ‚Innenseite' des Menschen häufig nicht von seiner ‚Außenseite' zu trennen, da schon in der Antike die Einsicht nachzuweisen ist, dass verhaltensrelevante Entscheidungen auf der Grundlage der Verfasstheit des menschlichen Innenraums geschehen.[147] Damit hängt auch zusammen, dass bestimmte, in antiken Texten greifbare Verhaltens- oder bzw. Haltungszuschreibungen bezeugen, dass sich das ‚Innen' und das ‚Außen' des Menschen nicht immer decken. Vielmehr kann der Einzelne seinen inneren Absichten, seinem Wissen, seinen internalisierten Prinzipien o. Ä. zuwider handeln: Seine ‚Gesinnung' ist in einem solchen Fall mit seinem gezeigten Verhalten inkongruent. Außerdem lässt sich bereits in antiken Schriften erkennen, dass man unterschiedliche Auffassungen darüber entwickeln konnte, wie die Selbststeuerung und die Organisation des eigenen Innenraumes, die wiederum für Verhaltensentscheidungen relevant ist, vor sich geht. Hier sind vereinfacht gesprochen zwei Modelle zu unterscheiden: Zum einen kann das eigene Innere durch die dem Menschen inhärenten Kräfte reguliert werden, zum anderen kann die Vorstellung begegnen, dass der Einzelne für die Innensteuerung auf Hilfe von außen angewiesen ist. Für diese Arbeit bedeuten diese Beobachtungen, dass – sofern es sich von der jeweiligen Textpassage her anbietet – danach gefragt werden kann, ob Vorstellungen entsprechender Zusammenhänge zwischen dem Erleben und Verhalten aufzuspüren sind.

Zweitens ist zu betonen: Das subjektive Erleben als nicht beobachtbares Phänomen, das jeder Mensch nur an sich selbst wahrnehmen kann, muss nicht im Nachhinein in Worte gefasst worden sein, und das prinzipiell beobachtbare Verhalten (auch wenn es sich im Nicht-Handeln manifestiert) kann ein Mensch auch zeigen, ohne dass tatsächlich ein Beobachter zugegen sein muss. Aber gerade weil antike Verfasser nicht nur grundsätzlich beobachtbares Verhalten beschrieben haben, sondern auch menschliche Erlebensmöglichkeiten nachgängig in Worte gefasst oder reflektiert haben, können wir heute Artikulationen der Erlebensseite einerseits und der Verhaltensseite andererseits wiederum analysieren und kategorisieren.

---

147 Vgl. exemplarisch Plutarch, De adulatore et amico, mor. 56b und viele andere antike Texte zu Affektkontrolle und – bewältigung. Zum Zusammenhang von innerer Einstellung und äußerem Verhalten in der Stoa und in der Neuen Akademie siehe z. B. Hossenfelder, Philosophie, 64f. 194f.

Drittens soll an dieser Stelle noch einmal auf einige Unterschiede und Gemeinsamkeiten zwischen historisch orientierter Psychologie einerseits und moderner, empirischer Psychologie andererseits aufmerksam gemacht werden: Beide beschäftigen sich mit menschlichem Erleben und Verhalten. Die Historische Psychologie interessiert sich besonders für die kulturelle Variabilität intra- und interpersonal relevanter Phänomene, die moderne Psychologie entwickelt Theorien, die empirisch verifiziert werden können und ist insofern gegenüber historischen Disziplinen im Vorteil: Sie ist nicht mit einem großen zeitlichen und kulturellen Abstand konfrontiert, der zwischen der Entstehung antiker Texte und der heutigen Rezeption besteht. Während die moderne Psychologie das Verhalten an einer Person selbst beobachten kann, steht dieser Zugang für Erzählfiguren oder Aussagen über den Menschen in antiken Texten nicht offen. Allerdings ist für die Erlebensdimension zu berücksichtigen, dass die moderen Psychologie ebenfalls auf Berichte, auf Beschreibungen dieses Erlebens angewiesen ist. Auch sie vermag es nicht, in das Innere des Menschen direkt Einblick zu nehmen. Insofern sind historische und moderne Psychologie zu großen Teilen auf artikulierte Selbstbeschreibungen oder verschriftlichte Fremdzuschreibungen angewiesen, um Aussagen über die erlebensrelevante Innenseite des Menschen tätigen zu können.

Die Historische Psychologie ist ein in der neutestamentlichen Wissenschaft relativ neuer Ansatz, wenn auch mit alten Wurzeln,[148] dessen Ziel es ist, „Wege zur Rekonstruktion der Erfahrungen früher Christen zu finden.“[149] Mit Hilfe der Fragestellungen der Historischen Psychologie kann analysiert werden, wie psychische Vorgänge in den Texten vorchristlicher Kulturen, des frühen Christentums und der Umwelt des Neuen Testaments direkt thematisiert werden, welche kognitiven und affektiven Strukturen von Gruppen und Gesellschaften der Vergangenheit erkennbar werden oder ob vermeintliche Überzeugungen bzw. Gewissheiten unseres Denkens (z. B. grundsätzliche Gegensatzpole wie Innen und Außen; die Zergliederung psychologischer Phänomene in Kognitionen, Emotionen und Volitionen o. Ä.) vor dem Hintergrund entsprechender historischer kulturspezifischer Vorstellungen zu hinterfragen sind. Klaus Berger, dessen „Historische Psychologie des Neuen Testaments“[150] neben den Arbeiten Petra von Gemündens[151] grundlegend für diese Forschungsrichtung

148 Vgl. von Gemünden, Vorwort, 8. Siehe auch Luz, Hermeneutik, 250f.

149 Berger, Historische Psychologie, 9.

150 K. Bergers „Historische Psychologie des Neuen Testaments“ ist von der Fragestellung geleitet, die biblischen Erfahrungsweisen und psychologischen Kategorien in ihrer Eigenheit und Besonderheit darzustellen. Berger will zeigen, inwiefern das menschliche Innere semantisch zum Ausdruck gebracht wird und inwiefern psychische Vorgänge direkt zum Thema gemacht werden. Vorstellungen und Assoziationen, die mit bestimmten Begriffen aus dem Bereich der ‚Psyche‘ verbunden sind, sollen rekonstruiert werden.

151 Vgl. v. a. die Beiträge in P. v. Gemünden, Affekt und Glaube. Studien zur Historischen Psychologie des Frühjudentums und Urchristentums (NTOA/StUNT 73), Göttingen 2009.

ist, gibt den Rahmen für das methodische Vorgehen vor: Ein bestimmter neutestamentlicher Ausdruck soll mit historisch-kritischen Methoden unter verschiedenen Aspekten untersucht werden,[152] sodass der Horizont neutestamentlicher Erfahrung erstellt werden kann.[153] Dazu ist es notwendig, die relevanten Aussagen historisch und kulturell zu kontextualisieren. D. h., die eventuelle Besonderheit eines neutestamentlichen ‚psychologischen' Phänomens kann erst erfasst werden, wenn vergleichbare Vorstellungen vor und neben der frühchristlichen Textproduktion wahrgenommen und untersucht werden.

Damit unterscheidet sich dieser methodische Ansatz von anderen Entwürfen zur Verbindung psychologischer Fragestellungen mit der Bibel.[154] Es geht weder darum, die psychologische Struktur der hinter Erzählfiguren stehenden historischen Personen aufzudecken, noch darum, unkontrolliert

---

152 Zu diesen Aspekten zählen u. a. die (Text-)Semantik, die Syntax, Kollokationen, Konnotationen oder die Motivanalyse.

153 Vgl. Berger, Historische Psychologie, 35. Nach Rekonstruktion des frühchristlichen Verständnisses innerer Dissonanzerfahrungen im Allgemeinen oder der Anschauungen zum Zweifel im Besonderen können die Ergebnisse dann mit unseren Vorstellungen zu entsprechenden psychischen Phänomenen verglichen werden. Entscheidend ist die Trennung von Exegese und Applikation; ausgehend vom historischen Ort und Sinn des Zweifels in frühchristlichen Texten kann aber in einem zweiten Schritt danach gefragt werden, inwiefern die Ergebnisse einen Beitrag für unser heutiges Verständnis vom Glaubenszweifel liefern könnten. Hauptvertreter der methodisch kontrollierten, Exegese von Applikation trennenden text- und religionspsychologischen Exegese ist Gerd Theißen. Dass es möglich ist, die Fragestellungen der Psychologie als gewinnbringende Ergänzung zu den traditionellen historisch-kritischen Methoden zu verstehen bzw. für ur- und frühchristliche Texte (nicht historische Persönlichkeiten!) anzuwenden, haben neben Gerd Theißen auch Martin Leiner, Thea Vogt und Anke Inselmann gezeigt (vgl. M. Leiner, Dem Evangelium die Seele wiedergeben? Grundsätzliche Fragen einer Psychologie des Urchristentums, in: G. Theißen/P. v. Gemünden [Hg.], Erkennen und Erleben. Beiträge zur psychologischen Erforschung des frühen Christentums, Gütersloh 2007, 29–55; Ders., Psychologie und Exegese. Grundfragen einer textpsychologischen Exegese des Neuen Testaments, Gütersloh 1995; T. Vogt, Angst und Identität im Markusevangelium. Ein textpsychologischer und sozialgeschichtlicher Beitrag [NTOA 26], Fribourg/Göttingen 1993; A. Inselmann, Affektdarstellung und Affektwandel in der Parabel vom Vater und seinen beiden Söhnen. Eine textpsychologische Exegese von Lk 15,11–32, in: G. Theißen u. P. v. Gemünden, Erkennen und Erleben. Beiträge zur psychologischen Erforschung des frühen Christentums, Gütersloh 2007, 271–300, Dies., Die Freude im Lukasevangelium: ein Beitrag zur psychologischen Exegese [WUNT II 322], Tübingen 2012). In der vorliegenden Arbeit kann – sofern es sinnvoll erscheint – auf die durch historisch-kritische Auslegung gewonnenen Beobachtungen aufgebaut werden, indem Einsichten der modernen Psychologie mit den rekonstruierten Vorstellungen und Auffassungen der Antike in Bezug gesetzt werden.

154 Hier ist in erster Linie der folgende konträre Entwurf zu nennen: Die tiefenpsychologische Exegese auf Grundlage der Psychologie Freuds und Jungs, für das Neue Testament begründet durch Eugen Drewermann (vgl. E. Drewermann, Tiefenpsychologie und Exegese, I–II, Olten/Freiburg 1984). Für die praktische Theologie vgl. Maria Kassel (vgl. M. Kassel, Biblische Urbilder: tiefenpsychologische Auslegung nach C.G. Jung, München 1980).

unwillkürliche Assoziationen an antike Texte heranzutragen. Vielmehr geht es um Darlegung der textimmanenten Psychologie antiker Äußerungen über den Menschen, die auf die exegetische Erschließung der frühchristlichen psychologischen Verstehens- und Erlebensvoraussetzungen in Bezug auf innere Dissonanzen zulaufen soll, zu denen die mit ὀλιγόπιστος κτλ. und δίψυχος κτλ. bezeichneten Phänomene gehören. Antike psychologische Überlegungen, wie sie in den einzelnen Texten zur Sprache gebracht werden, sind mitsamt ihrer jeweiligen (expliziten und impliziten) historischen Konnotationen und Wertungen zu berücksichtigen.

Eine psychologische Textauslegung ist per se nicht anachronistisch. Denn schon in der Antike konnten überlieferte Textpassagen psychologisch gedeutet werden, und zwar sowohl in der philosophischen als auch in der biblischen Tradition: Besonders anschaulich zeigt sich dies in der Zeit des historischen Jesus und neutestamentlicher Verfasser für die griechische, „pagane" Tradition bei Plutarch, für die biblische Tradition bei Philo von Alexandrien.[155]

Innerhalb der verschiedenen Ansatzpunkte der Historischen Psychologie[156] eignen sich für die methodische Erschließung dieses Forschungsvorhabens neben vielen Zugängen der historisch-kritischen Exegese v. a. drei Ansätze: die Rekonstruktion der Welterfahrung (1), die Untersuchung der historischen Wort- und Satzsemantik (2) und die Diskursgeschichte (3).

(1) Zur Rekonstruktion der Welterfahrung

Für die Erfassung der (mentalen) Strukturen oder psychologischen Phänomene vergangener Epochen ist die Kenntnis des übergeordneten Sinnzusammenhangs bedeutend. Sinnbezüge und Sinnsetzungen menschlichen Handelns und Erlebens müssen Beachtung finden, wenn Aspekte der Mentalität der Menschen z. B. in frühchristlicher Zeit untersucht werden sollen. P. Wiedemann spricht davon, die „historisch-psychologische Analyse von einzelnen Phänomenen, wie beispielsweise der Gefühle und der Wahrnehmungen" sei ohne die Einbeziehung dieses übergreifenden Sinnzusammenhangs ein „hoffnungsloses Unterfangen".[157] Auch K. Berger betont, dass für das Verständnis menschlicher Wahrnehmung und Verhaltensweisen die Rekonstruktion des jeweiligen Wirklichkeitsmodells eine grundlegende Voraussetzung ist.[158] Von Begriffen ausgehend soll die jeweils in bzw. hinter bestimmten Texten liegende

155 Vgl. z. B. Plutarch, De virtute morali, mor. 446d und Philo von Alexandrien, opera omnia, passim. Siehe dazu auch von Gemünden, Ansätze, bes. 161.174f.

156 Vgl. P. von Gemünden, Methodische Überlegungen zur historischen Psychologie exemplifiziert am Themenkomplex der Trauer, EvTh 65 (2005), 86–102.

157 Wiedemann, Lebensweltansatz, 198. Wiedemann knüpft an Überlegungen von A. Schütz an, dem Begründer der phänomenologischen Soziologie.

158 Berger, Historische Psychologie, 34.

Weltanschauung nach Inhalt und Aussage erfasst werden.[159] Dabei wird vorausgesetzt, dass unter Weltanschauung der kulturelle Wissensvorrat einer Gesellschaft gemeint ist, der zur Orientierung und Reduktion von Komplexitäten dient. Zu denken ist z. B. an die Kosmologie, das Menschenbild, die Unterscheidung von Innen und Außen, welche zur Ausbildung von Vorstellungen über die menschliche Innenwelt führt, usw.

(2) Zur Untersuchung der historischen Wort- und Satzsemantik
Die linguistische Teildisziplin der Semantik wird als Wissenschaft von der Bedeutung sprachlicher Ausdrücke definiert. Ihre Aufgabe ist es, die Bedeutung bestimmter Worte (Wortsemantik) sowie die Bedeutungsbeziehungen zwischen sprachlichen Ausdrücken zu beschreiben (Satzsemantik).

Die Wortsemantik untersucht die kleinsten selbständigen Einheiten einer Sprache, also Lexeme oder Wörter (die wiederum aus Morphemen zusammengesetzt sein können), die als sprachliche Zeichen verstanden werden. Zeichen setzen sich aus zwei Komponenten zusammen: der Inhaltsseite (Signifikat; das Bezeichnete) und der Ausdrucksseite (Signifikant; die äußere Form). Dabei ist die Zuordnung von einer Bedeutung (der konzeptuellen Seite) zu einem Ausdruck (die lautliche, graphische Seite) durch Arbitrarität charakterisiert. Das heißt, dass eine Verbindung von Inhalt und Ausdruck willkürlich und nicht naturgegeben ist, dass sie auf gesellschaftlichen Konventionen beruht.[160] Die Bedeutung eines Zeichens ergibt sich dann aus seiner Funktion, auf ein Bezeichnetes zu verweisen. Gleichzeitig wird mit einem Zeichen Bezug auf einen Gegenstand genommen (Referent). Durch die Ausdrücke, die auf einen Inhalt verweisen, wird Referenz ermöglicht, d. h. das Zeichen repräsentiert ein außersprachliches Referenzobjekt.[161] Über eine „mentale Repräsentation" des Objektes geschieht der Vorgang der Zuordnung von Zeichen zum Objekt jedoch indirekt. Dieser Repräsentationsgegenstand ist eine auf Erfahrung basierende, mentale Einheit, ein durch den Kognitionsprozess entstandener Wissensbaustein, der dann eine sprachabhängige Bedeutung darstellt, wenn eine solche konzeptionelle Einheit einer sprachlichen Form zugeordnet wird: „Jede Bedeutung ist damit ein Konzept, aber nicht jedes Konzept ist auch eine Bedeutung".[162] Die Bedeutungsbeschreibung geschieht dabei durch die Zerlegung der jeweiligen Bedeutung in elementare Bestandteile und durch Paraphrasieren, also durch die Be- bzw. Umschreibung einer Wortbedeutung durch andere Wörter.[163] Des Weiteren kann man sich der Bedeutung eines Ausdrucks annähern, indem man dessen semantische Merkmale,[164] dessen Konnotationen, Kollokationen und semantische Relationen zu

159 Vgl. zur methodischen Durchführung z. B. Röhser, Metaphorik, 150ff.

160 Vgl. de Saussure, Grundfragen, 79.

161 Vgl. Linke/Nussbaumer/Portmann, Linguistik, 153.

162 Schwarz/Chur, Semantik, 26.

163 Der Gefahr eines gewissen Zirkelschlusses ist dabei Beachtung zu schenken, vgl. dazu z. B. Schwarz/Chur, Semantik, 34f und die dort aufgeführte Literatur zu diesem Problem.

164 Versteht man den Zweifel als Affekt nach der antiken Affektentheorie, dann ist die Bedeutungsbestimmung mit Hilfe der Prototypen-Semantik, der Frame-Semantik und an-

ähnlichen Ausdrücken bestimmt. Unter diese semantischen Relationen (Sinnrelationen) fallen die paradigmatischen Beziehungen zwischen sprachlichen Ausdrücken, wie z. B. Synonymie, Bedeutungsähnlichkeit, Antonymie, Komplementarität usw. Neben diesen Bedeutungsbeziehungen kann auch die Stellung eines Wortes in einem Wortfeld Gegenstand der Wortsemantik sein. Ein solches semantisches Feld ist definiert als Menge von Wörtern, die zueinander in einem paradigmatischen Verhältnis stehen, inhaltlich ähnlich sind und einen gemeinsamen Referenzbereich haben.[165] Die Elemente eines Wortfeldes lassen sich durch einfache inhaltsunterscheidende Merkmale voneinander abgrenzen, die Relationen bzw. Strukturen innerhalb beschreiben.[166]

Prinzipiell kommt jedem sprachlichen Ausdruck eine bestimmte Bedeutung zu.[167] Diese Bedeutung kann jedoch in gewisser Weise vage sein, und kann erst im konkreten Kontext präzisiert werden.[168] Je nach Verwendungszusammenhang eines sprachlichen Ausdrucks muss die kontextbedingte Vereindeutigung geschehen. Es ist außerdem zu beachten, dass die Bedeutung eines Wortes differenziert werden kann in Denotation und Konnotation. Die Denotation ist die eigentliche Wortbedeutung, die Konnotation hingegen meint idiosynkratische, kulturelle und soziale Assoziationen, die bei einer Bedeutung „mitschwingen".

Da die Funktion eines sprachlichen Ausdrucks (ihre Bedeutung) nur durch dessen Funktion in einem komplexeren Ausdruck (Phrase, Satz) präzise bestimmbar ist, muss die wortsemantische Untersuchung um die satzsemantische Analyse ergänzt werden. Die Satzsemantik beschäftigt sich mit der Frage, wie aus der Bedeutung von Einzellexemen und deren Zusammensetzung die Bedeutung von Phrasen (Sätzen) entsteht.[169] Wortsemantik ist somit die Grundlage für Satzsemantik. Aus Teilaussagen und den syntaktischen Beziehungen zwischen diesen kann die Gesamtaussage einer komplexeren semantischen Struktur erschlossen werden: Eine semantische Analyse „muß erstens auf die syntaktische Struktur in präziser Weise Bezug nehmen, sie muß zweitens die Wortbedeutungen in systematischer Weise darstellen, und sie muß drittens zeigen, wie die Struktur der Wortbedeutungen und die syntaktischen Beziehungen zusammenwirken, um die Satzbedeutung zu konstituieren".[170] Auch hier ist der Kontext ausschlaggebend dafür, wie ein Satz innerhalb eines Textes zu verstehen ist. Satzbedeutung ist immer in Kontextbedeutung eingebettet.

Mit Hilfe der Wort- und der Satzsemantik soll im Rahmen dieser Arbeit u. a. konkret bestimmt werden, welche Bedeutung(en) den erst neutestamentlich belegten Lexemen δίψυχος κτλ. im Jakobusbrief und ὀλιγόπιστος/ὀλιγοπιστία

derer traditioneller Merkmalstheorien äußerst problematisch, wenn nicht gar ungeeignet, wie Gerda Rössler in ihrer Arbeit über die Semantik von Gefühlswörtern gezeigt hat. Vgl. Rössler, Freude, 55–58.

165 Vgl. Löbner, Semantik, 131.

166 Vgl. Cruse/Hundsnurscher u.a., Lexikologie, 725.

167 Abweichungen von dieser Regel werden als Phänomene der Polysemie bzw. Mehrdeutigkeit bezeichnet. Vgl. Köhler/Altmann/Piotrovskiĭ, Quantitative Linguistik, 458 ff.

168 Vgl. Linke/Nussbaumer/Portmann, Linguistik, 185 f.

169 Vgl. Brandt/Dietrich/Schön, Sprachwissenschaft, 269.

170 Hoffmann, Sprachwissenschaft, 659.

im Matthäusevangelium zukommen, welche Inhalte ursprünglich ausgedrückt werden sollten und welches Konzept jeweils im Hintergrund steht. Darüber hinaus ist danach zu fragen, welche Beziehungen jeweils mit bedeutungsähnlichen sprachlichen Ausdrücken eines Wortfeldes bestehen und in welchen Zusammenhängen die Ausdrücke vorkommen.

Semantische Ergebnisse können durch die Pragmatik in gewinnbringender Weise ergänzt werden, denn die Pragmatik befasst sich u. a. mit dem Ko-text und Kontext einer Aussage.[171] Insofern kann das, was in einem Text absichtlich oder unbewusst ausgelassen wurde zum Gegenstand pragmatischer Beobachtungen gemacht werden. Die Pragmatik liest also „zwischen den Zeilen" und versucht zu eruieren, aus welchem Grund eine bestimmte Aussage gemacht wird und welcher Effekt damit erzielt werden soll, sie beschäftigt sich demnach mit der Intention eines Interaktionsgeschehens. Diese Aspekte können aus dem Text rekonstruiert werden, auch wenn sie nicht direkt oder explizit behandelt werden.[172]

(3) Zur Diskursgeschichte

Eng verbunden mit dem methodischen Verfahren der Semantik ist der Ansatzpunkt der Diskursgeschichte.[173] Ihre Vertreter erheben historisch-kritisch die Gedanken und Ideen in ihrem jeweiligen gesellschaftlichen Diskurs.[174] Im Unterschied zur semantischen Begriffsanalyse werden sprachliche Einheiten über die Wort- und Satzgrenze hinaus zum Gegenstand der Untersuchung gemacht. Der Begriff „Diskurs" bezeichnet dabei das virtuelle Textkorpus, zu dem alle Texte gehören, die sich mit einem zum Forschungsgegenstand gewählten Konzept, Thema oder Wissenskomplex befassen, miteinander semantisch und in zeitlicher, geographischer, kultureller und sozialer Dimension in Beziehung stehen und/oder durch gemeinsame Aussagen, Kommunikationssituationen, Funktionen oder gemeinsame Zwecke zusammenhängen.[175] Dabei können unter diesen Texten intertextuelle Bezüge, also explizite oder implizite (text- oder kontextsemantisch erschließbare) Verweisungen bestehen.[176] Das konkrete Textkorpus, das der Untersuchung zugrunde liegt, ist

171 Vgl. Halliday, Language, 28f.

172 Vgl. J.T. Reed, Discourse analysis, in: S.E. Porter (Hg.), A Handbook to the Exegesis of the New Testament, Leiden 1997, 189–218; K. Bach, Semantic, Pragmatic, in: J.K. Campbell/M. O'Rourke/D. Shier (Hg.), Meaning and Truth, New York 2002, 284–292.

173 Zu den methodischen Übereinstimmungen und Unterschieden mit der französischen Mentalitätsgeschichte vgl. Jordan, Theorien, 167.

174 Zu den Definitionsproblemen des Begriffs „Diskurs" und der Abgrenzung der Diskursgeschichte von der Diskursanalyse vgl. z. B. S. Winko, Diskursanalyse, Diskursgeschichte, in: H.L. Arnold/H. Detering (Hg.), Grundzüge der Literaturwissenschaft, München 1996, 463–478.

175 Vgl. Busse/Teubert, Diskurs, 14.

176 Ebd.

dabei eine Teilmenge des jeweiligen Diskurses, dessen Auswahl durch die im Hinblick auf die Ziele der Analyse geeigneten Texte erfolgt.[177]

Konkret bedeutet dies für das vorliegende Forschungsvorhaben, dass Aussagen der „Diskursgeschichte der Ideen und Reflexionen über das zu untersuchende Erleben und Verhalten"[178] einbezogen werden sollen. Mit Hilfe des diskursgeschichtlichen Ansatzes soll das potentiell verfügbare Wissen der Menschen im Frühchristentum über (innere) Dissonanzphänomene im Allgemeinen und den Zweifel im Besonderen rekonstruiert werden, indem zeitgenössische Aussagen über entsprechende Vorstellungen aus dem Umfeld der historischen Textproduktion ausgewertet werden.[179] Um den diachronen Aspekt zu gewährleisten, der in dem Begriff „Diskursgeschichte" enthalten ist, sind relevante Konzepte derjenigen Traditionen darzustellen, die christliche Schriftsteller beeinflusst haben könnten: Hierzu gehören in erster Linie biblisch-hebräische, bestimmte philosophisch-pagane sowie frühjüdische Vorstellungen. Zu berücksichtigen ist u. a. auch das Werk Philos von Alexandrien, denn auch wenn eine Einflussnahme seiner Schriften auf frühchristliche Verfasser nicht anzunehmen ist, so bezeugen sie (und weitere frühjüdische Texte mit oder ohne literarischen Beziehungen zu frühchristlichen Zeugnissen) doch, wie zur Zeit der Entstehung des Christentums in anderen Teilen der hellenistisch-jüdischen Welt über die einheitliche und dissonante menschliche Existenz gesprochen werden konnte.

Der Diskursgegenstand soll nicht in erster Linie an terminologischen Belegen, d. h. an griechischen Äquivalenten für den Zweifel o. Ä. festgemacht werden, sondern an phänomenologischen Bezeugungen innerer Dissonanzphänomene. Dies hat zwei Gründe, die miteinander zusammenhängen: Erstens sind δίψυχος κτλ. und ὀλιγόπιστος κτλ. in einem umfassenderen als lediglich dem zeitgenössichen Kontext zu verorten, um die frühchristlichen Besonderheiten der jeweils im Hintergrund stehenden Konzepte besser erfassen zu können. Und zweitens ist unter Berücksichtigung des Selbstverständnisses einer historisch orientierten Anthropologie bzw. Psychologie zu beachten, dass vermeintliche Selbstverständlichkeiten kritisch zu überprüfen sind. Für das vorliegende

---

177 Die Frage, welche Textstellen einer Untersuchung unterzogen werden sollen, stellt sich für die Wortfamilie ὀλιγόπιστος κτλ. nur bedingt, da es hierfür lediglich sechs explizite Belege in ntl. Schriften gibt, d. h. hier werden alle Vorkommen beleuchtet. Für δίψυχος κτλ. ist die Bedeutungsrekonstruktion und eingehendere Darstellung des dahinter stehenden strukturellen Konzeptes auf den Jakobusbrief beschränkt, wobei in Kap. IX.4 Schlaglichter auf den Gebrauch dieser Lexemgruppe in den Apostolischen Vätern geworfen werden. Zur Textauswahl in vorliegender Arbeit siehe S. 59f.

178 Von Gemünden, Überlegungen, 90.

179 Für das Gewissen in neutestamentlicher Zeit wurde dieses Verfahren bereits gewinnbringend angewandt: Vgl. K. Wagner, Das interaktive Gewissen bei Paulus, in: G. Theißen / P. v. Gemünden, Erkennen und Erleben. Beiträge zur psychologischen Erforschung des frühen Christentums, Gütersloh 2007, 301–320.

Forschungsvorhaben bedeutet dies, nicht a priori davon auszugehen, dass jede Epoche und in ihr jeder Schriftsteller das mithilfe präziser Termini artikulierte, was wir im Deutschen mit dem Zweifel oder Zwiespalt bezeichnen. Daher repräsentiert das psychologisch verstehbare Phänomen der Dissonanz im Inneren des Menschen den Diskursgegenstand für diese Arbeit. Weil zudem damit gerechnet werden muss, dass antike Vorstellungen über die dissonante (und einheitliche) Existenz des Menschen nicht nur mithilfe spezifischer Ausdrücke und Wendungen zur Sprache gebracht wurden, sondern sich auch metaphorisch, bildhaft oder in ausführlichen Vergleichen mit der außersprachlichen Welt niedergeschlagen haben könnten, besteht in dieser phänomenologisch orientierten Annäherungsweise ein Vorteil für eine verfeinerte Kontextualisierung des matthäischen ‚Kleinglaubens' und der jakobeischen ‚Zweiseeligkeit'.

4. Zu Zielen der Arbeit, verwendeter Terminologie und zum Vorgehen

Der erste Teil der vorliegenden Arbeit (S. 67–357) beginnt mit dem Aufweis, dass das in antiken Zeugnissen greifbare Ideal einer personalen Einheit keine ahistorische Selbstverständlichkeit ist. Sowohl im antiken Griechenland als auch im alten Israel haben sich entsprechende Auffassungen erst entwickelt, wobei das Ziel einer Zentrierung aller inneren Kräfte des Menschen in beiden Kulturkreisen als Aufgabe aufgefasst werden konnte (Kapitel II).

Ab Kapitel III stehen Vorstellungen intrapersonaler Dissonanz im Zentrum der Untersuchung, die sich konzeptuell, bildersprachlich und terminologisch niedergeschlagen haben.

Zur Terminologie: Unter *intrapersonale Dissonanzphänomene* subsumiere ich alle verschriftlichen Formen solcher Erlebensäußerungen bzw. -zuschreibungen, bei denen zum Ausdruck kommt, dass sich der Mensch mit sich selbst als uneins erlebt, als innerlich zwiespältig, als zwischen zwei (oder mehr) Alternativen hin- und hergerissen, als inkongruent im Erlebens-Verhaltens-Spektrum oder ähnliches. Der Leitbegriff der Dissonanz ist für diese Arbeit vorteilhaft, weil er sich äußerst umfassend verwenden lässt. Allerdings ist „Dissonanz" ein Terminus der Beschreibungssprache und nicht der Quellensprache. Aber gerade deshalb eignet er sich als diskursüberspannender Begriff für den Vergleich disparater und zu unterschiedlichen Zeitpunkten der Antike verfasster Schriften, weil ihm jegliche Form von Phänomen zugeordnet werden kann, die den jeweils in einer Schrift(gruppe) zu ermittelnden Maßstab personaler Einheit bzw. Ganzheit auf- oder durchbrechen. Der Dissonanzbegriff hat zusätzlich im Vergleich mit dem schon beinahe inflationär gebrauchten Schlagwort des

(„ethischen"/„psychologischen") ‚Dualismus' den Vorzug, dass Dissonanzen nicht auf bipolare Phänomene reduziert sind. Auch Unstimmigkeiten im Inneren, die mehr als zwei Größen involvieren, können durch den Dissonanzausdruck abgedeckt werden. Darüber hinaus lässt er offen, wie die Organisiertheit des Innenraums zu denken ist, insofern der Dualismus grundsätzlich eine vertikale oder horizontale Ordnung der beteiligten Größen impliziert. Dissonanz kann prinzipiell eine nicht weiter strukturierbare Unstimmigkeit im untersuchten „Raum" bezeichnen. Ob dabei überhaupt widerstrebende Impulse, Handlungstendenzen etc. involviert sind, kann offen bleiben.

Insofern Vorstellungen intrapersonaler Dissonanz i. d. R. in ethisch orientierten Texten begegnen, gilt es grundsätzlich für jeden zu untersuchenden Text, anthropologische und weltanschauliche Basisprämissen zu beachten, da diese den Rahmen für die Ausbildung moralischer Orientierungen darstellen. Zu denken ist diesbezüglich z. B. an die anthropologischen Grundkonstituenten, an die Unterscheidung zwischen der Innen- und der Außenseite des Menschen, an die Relevanz der Gottesvorstellung, an die Wahlfreiheit etc. Weil in jeder Kultur und sozialen Gruppierung ethische Aufforderungen aus expliziten oder impliziten deskriptiven, narrativen und/oder definitorischen Aussagen über das Sein des Menschen abgeleitet werden, können ethische Verhaltensanweisungen nur dann plausibel gemacht und damit internalisiert und auch umgesetzt werden, wenn sie auf ein entsprechendes Menschenbild gestützt sind.[180] Nun stellen systematisch reflektierte Theorien über menschliches Erleben und Verhalten, wie sie bei Aristoteles in Ansätzen zu finden sind, in der Antike eine Ausnahme dar. Weitaus häufiger bleiben anthropologische und weltanschauliche Voraussetzungen in der antiken Literatur, insbesondere auch in der frühjüdischen und frühchristlichen, implizit und sind – sofern vom jeweiligen Text bzw. von der jeweiligen Textgruppe her zulässig – zu rekonstruieren.

In jedem Kapitel des ersten Teils dieser Arbeit werden Aussagen über die Dissonanz des Menschen in relevanten antiken Texten zunächst in thematischer Übersicht dargestellt. Mit welchen Lexemen, Wendungen, Metaphern und sprachlichen Bildern können derartige Vorstellungen in einer spezifischen Schriftgruppe zum Ausdruck gebracht werden? Lassen sich je unterschiedliche Typen von Dissonanzphänomenen nachweisen? Ist das Dissonanzerleben relevant für das Verhalten des Einzelnen? Kommt in den ausgewählten Texten womöglich sogar der Zweifel terminologisch in den Blick? Nennt der jeweilige Verfasser (oder die Verfassergruppe) Auslöser für und Konsequenzen von

180 M. Konradt/E. Schläpfer (Hg.), Anthropologie und Ethik im Frühjudentum und im Neuen Testament: Wechselseitige Wahrnehmungen. Internationales Symposium in Verbindung mit dem Projekt Corpus Judaeo-Hellenisticum Novi Testamenti (CJHNT) 17.–20. Mai 2012, Heidelberg, (WUNT 322), Tübingen 2014, vf.

Dissonanzen des menschlichen Innenraumes? Gibt es innerhalb eines solchen Textbündels unterschiedliche Positionen oder gar Entwicklungen? Falls innere Dissonanzen des Menschen bildersprachlich thematisiert werden, kann danach gefragt werden, auf welche bildspendenden Bereiche jeweils zurückgegriffen wird. Ebenfalls können die entsprechenden Texte danach befragt werden, ob definitorisch oder umschreibend, explizit oder implizit, oppositionelle Konzepte zu der dissonanten Existenz des Menschen dargestellt werden, die sich als Vorstellungen personaler Ganz- oder Einheit klassifizieren lassen.

Kapitel III befasst sich unter der Perspektive dieser leitenden Fragestellungen mit anthropologischen Dissonanz- und Einheitsvorstellungen ausgewählter Strömungen der antiken griechischen Philosophie. Für meine Darstellung sind vor allem die Seelenkonzeptionen Platos, Aristoteles' und der Stoiker relevant, da sie anthropologische Diskurse zur Zeit des frühen Christentums entscheidend prägen konnten. Der Fokus auf die Seele ist dabei naheliegend, weil das frühchristliche Dipsychia-Konzept die ‚Psyche' lexikalisch beinhaltet.[181]

Ab Kapitel IV kommt die israelitisch-jüdische Tradition in den Blick, die von nachalttestamentlichen, frühjüdischen und frühchristlichen, Verfassern (darunter auch Mt und Jak) aufgegriffen wurde. In den Kapiteln zu israelitisch und frühjüdischen Schriften werden die oben genannten Untersuchungskriterien durch einen weiteren Gesichtspunkt ergänzt: Neben intrapersonalen Dissonanzen finden auch Innen-Außen-Dissonanzen Beachtung.

> *Zur Terminologie*: Als „*Innen-Außen-Dissonanzen*" werden in der vorliegenden Arbeit Phänomene bezeichnet, bei denen die betroffene Person der Öffentlichkeit nicht preisgibt, was sie im Inneren fühlt, denkt, weiß oder will. Die Person vermittelt absichtlich nach außen hin ein Bild von sich, das nicht ihrem realen Selbst entspricht. Insofern sind ‚Innen' und ‚Außen' des Menschen nicht deckungsgleich. Ein typisches Beispiel hierfür wäre z. B. die Heuchelei, bei der das im Inneren der Person Wahrgenommene, die innere „Gesinnung", nicht mit dem nach außen gezeigten Verhalten übereinstimmt.

Dass in den Kapiteln zur israelitisch-jüdischen Tradition zusätzlich Artikulationen derartiger Verhaltensweisen Erwähnung finden, hat seine Berechtigung in bisherigen Forschungspositionen, die δίψυχος κτλ. als griechische Aktualisierung der hebräischen Vorstellung vom doppelten Herzen verstehen, wobei i. d. R. postuliert oder insinuiert wird, mit diesem Bild sei eine Unstimmigkeit im Inneren des Menschen gemeint. Eines der Ziele dieser Arbeit besteht darin,

181 Zur Vereinfachung der Redeweise können in der vorliegenden Arbeit die Substantive Oligopistia bzw. Dipsychia Verwendung finden, um das jeweils hinter den einzelnen Wortfamilien stehende Konzept zu bezeichnen, auch wenn das Nomen selbst im jeweiligen Text nicht begegnen mag (so z. B. Dipsychia im Jak).

zu zeigen, dass es anders als in Bezug auf δίψυχος κτλ. bei der Rede vom doppelten Herzen um eine Dissonanz zwischen der menschlichen Innenseite und Außenseite geht.

Sofern sich die jeweiligen antiken Artikulationen dazu eignen, schließt sich an die thematischen Zusammenstellungen zu Innendissonanzen und Innen-Außen-Dissonanzen in jedem Kapitel (Kapitel III–V) eine Auswertung des entsprechenden Materials an, und zwar hinsichtlich folgender Hauptaspekte: Zum einen ist zu eruieren, ob sich Empfehlungen zum Umgang mit oder zur Bewältigung von dissonantem Erleben und Verhalten nachweisen lassen. Dabei kann danach gefragt werden, für welchen Adressatenkreis die entsprechenden (impliziten oder expliziten) Verhaltensanweisungen gelten sollen. Zum anderen sollen die Äußerungen der jeweils herangezogenen Schrift(en) in Bezug auf Dissonanzphänomene noch dahingehend unterschieden werden, inwieweit sie als vom Menschen kontrollierbar vorgestellt werden, oder seiner Macht und Verantwortung entzogen. Um innerhalb der untersuchten Textgruppen präziser differenzieren zu können, bietet es sich an, hinsichtlich dieser beiden Gesichtspunkte Kategorien der modernen Forschung zu menschlichem Verhalten einzubeziehen: aus der Individual- und Emotionspsychologie die verschiedenen Formen von ‚Coping', aus der historischen Verhaltensforschung die Ursachenzuschreibung menschlichen Verhaltens.

Zur Terminologie: R.S. Lazarus und S. Folkman unterscheiden beim Umgang bzw. bei der Bewälting (‚*coping*') innerer und äußerer Anforderungen zwei grundlegende Möglichkeiten:[182] Als *problembezogenes (problem-focused) Coping* werden Bewältigungsstrategien verstanden, die sich auf die Veränderung der problematischen Ausgangslage konzentrieren.[183] *Emotionsbezogenes (emotion-focused) Coping* bezeichnet dagegen solche Strategien, mit denen die emotionalen Reaktionen auf ein Problem reguliert werden können. So kann zur Bewältigung der Situation z. B. die eigene Emotion umgedeutet werden, indem die betroffene Person eine Neubewertung der Relevanz des emotionsauslösenden Ereignisses vornimmt.[184]

182 Die moderne, funktionalistische Psychologie geht davon aus, dass eine emotionale Handlungsbereitschaft zur Auswahl geeigneter Bewältigungshandlungen (copings) führt, deren Funktion es ist, die Motiv - bzw. Bedürfnisbefriedigung sicherzustellen. Lazarus/Folkman, Stress, 141, definieren ‚coping' als „constantly changing cognitive and behavioral efforts to manage specific external and/or internal demands that are appraised as taxing or exceeding the resources of the person."

183 Bei der problemorientierten Bewältigung wird versucht, auf den situativen Kontext, in dem die Emotion entsteht, modifizierend einzuwirken. Die problematische Ausgangslage soll durch Maßnahmen wie z. B. Organisation der sozialen Umwelt, Planung und Durchführung von Problemlösungsprozessen, oder Informationssuche verändert werden. Vgl. Lazarus/Folkman, Stress, Appraisal, and Coping, New York 1984, bes. 150–153.

184 Vgl. Lazarus/Folkman, Stress, bes. 126–156. Siehe auch die knappe Zusammenfassung in Zimbardo/Gerrig, Psychologie, 478–481.

> Die Differenzierung von Ursachenzuschreibungen menschlicher Verhaltensweisen bzw. -bündel geht zurück auf den Historiker A. Nitschke.[185] Er unterscheidet *autodynamische*, *heterodynamische* und *transformationsdynamische* Formen der *Kontrollierbarkeit*.[186] Autodynamische Verhaltenskontrolle beinhaltet die Vorstellung, dass der Mensch selbst Ursache seines Verhaltens ist und betont damit die Selbstverantwortlichkeit der Person. Beim heterodynamischen Typ ist das Erleben und Verhalten von externen Faktoren abhängig gedacht. Bei der transformationsdynamischen Form kann der Einzelne erst durch Verwandlung zum umfassenden Urheber seines Verhaltens werden. P. von Gemünden hat diese drei Muster um die *tiefendynamische* Verhaltenskontrolle ergänzt: Hier erlebt der Mensch in seinem Inneren verhaltensursächliche Mächte, die sich seiner Erkenntnis und Verfügungsgewalt entziehen.[187]

Häufig behandeln antike Texte, die der griechisch-philosophischen Tradition zugehören oder von ihr nachweisbar beeinflusst wurden, die dissonante Existenz des Menschen unter der Perspektive, wie mit Affekten umzugehen sei. Um für die vorliegende Untersuchung zu verdeutlichen, ob (a) auf ein implizit antikes Gefühlsphänomen Bezug genommen wird, oder (b) auf eine – vereinzelt herangezogene – moderne Kategorie der emotionspsychologischen Disziplinen, greife ich die von A. Inselmann vorgeschlagene Differenzierung zwischen (a) Affekt und (b) Emotion auf.[188] In Bezug auf den Ort, an dem in den herangezogenen Schriften Dissonanzen im Menschen lokalisiert werden, ist diese Arbeit darum bemüht, auch wirklich nur dann von ‚psychisch' bzw. ‚intrapsychisch' zu sprechen, wenn das je zugrundliegende Menschenbild auch eine Seelenvorstellung aufweist. Die Ausdrücke ‚psychisch' und ‚intrapsychisch' können darüber hinaus Verwendung finden, sofern auf Konzepte der modernen Psychologie rekurriert wird. In der vorliegenden Arbeit wird das Adjektivs ‚psychologisch' als Terminus der Beschreibungssprache verwendet. Es beinhaltet eine moderne Perspektive auf die antiken Quellentexte.

---

185 Vgl. A. Nitschke, Historische Verhaltensforschung. Analysen gesellschaftlicher Verhaltensweisen. Ein Arbeitsbuch, Stuttgart 1981. August Nitschke gilt als einer der wichtigsten Begründer der Historischen Anthropologie in Deutschland. Bereits im Jahr 1970 richtete er am Historischen Institut der Universität Stuttgart eine Abteilung für Historische Verhaltensforschung ein. Nitschkes Untersuchungen der historischen Bedingungen und Dynamiken gesellschaftstypischer Verhaltensweisen bezeugen seine Auffassung von der Wandelbarkeit menschlicher Handlungen und Denkweisen.

186 Nitschke, Verhaltensforschung, 75–96.

187 Vgl. P. von Gemünden, Affekte und Affektkontrolle im antiken Judentum und Urchristentum, in: Dies., Affekt und Glaube. Studien zur Historische Psychologie des Frühjudentums und Urchristentums (NTOA/StUNT 73), Göttingen 2009, 309–328.

188 Vgl. Inselmann, Freude, 14.

Zur Textauswahl

Die vorgelegte Untersuchung und Auswertung von menschlichen Einheits- und Dissonanzvorstellungen in vorneutestamentlicher Zeit konzentriert sich auf Schriften aus drei Bereichen, nämlich (1) der antiken griechischen Philosophie, (2) der hebräischen Bibel und (3) dem Frühjudentum. Aus der Vielfalt der in Frage kommenden Texte, in denen die Einheit und Dissonanz des Menschen thematisiert wird, sollen diejenigen ausgewählt werden, die folgenden Kriterien entsprechen:

In thematischer Hinsicht sollen Texte herangezogen werden, die Vorstellungen menschlicher Einheit und Dissonanz deutlich erkennbar enthalten. Dabei kann es sich um entsprechende Konzepte handeln, um bildersprachliche Darstellungen oder aber um explizite Terminologie. Die Texte sollen eine introspektive Wahrnehmung von erlebens- und verhaltensrelevanten Prozessen und Phänomenen erkennen lassen, die im Zusammenhang mit Einheits- und Dissonanzvorstellungen des Menschen begegnen.

Die Texte sollen sich nach möglichst vielen der auf S. 55–59 vorgestellten Kategorien und Gesichtspunkten auswerten lassen können, d. h. insbesondere nach Dissonanztypus (innere Dissonanz oder Innen-Außen-Dissonanz), nach expliziten oder impliziten Bewältigungsmöglichkeiten (problembezogenes oder emotionsbezogenes Coping) und nach Auffassungen über die implizierte Möglichkeit zur Verhaltenskontrolle (autodynamisch, heterodynamisch etc.).[189]

Weil die Jesusbewegung aus dem Judentum der hellenistisch-römischen Zeit in Palästina der römischen Provinz Syrien hervorging, in dem die griechische Koine als Lingua franca fungierte, können Vorstellungen, die in griechisch-philosophischen, in hebräischen und in frühjüdischen Schriften begegnen, für die im zweiten Teil dieser Arbeit analysierten frühchristlichen Schriften (Jakobusbrief; Matthäusevangelium) Relevanz entfaltet haben. Daher sollen (1) Schriften Platos, Aristoteles und der Stoiker ebenso in den Blick genommen werden wie (2) die hebräische Bibel und (3) ausgewählte Werke bzw. Schriftgruppen des Frühjudentums der hellenistisch-römischen Zeit.

Zu (1): Von den Konzepten zu menschlicher Dissonanz und Einheit griechisch-philosophischer Strömungen werden nur diejenigen betrachtet, die im Diskurs zur formativen Zeit des Christentums im östlichen Mittelmeerraum einflussreich waren. Eine Konzentration in dieser Arbeit auf die griechische Philosophie (und nicht etwa auf die Dramatik oder Poetik) ist darin begründet, dass Plato, Aristoteles und viele stoische Philosophen bereits recht differenzierte, aus heutiger Sicht als „psychologisch“ auffassbare Be-

---

189 Wie sich zeigen wird, ist ein Nachweis aller Aspekte in den einzelnen Kapiteln weder sinnvoll noch möglich. Jede der für die vorliegende Arbeit leitenden Fragestellungen eignet sich m. E. als eigenständiger Forschungsgegenstand.

obachtungen über menschliches Erleben und Verhalten verschriftlichten. Derartige reflektierte Gedankengänge ermöglichen Einblicke in die historischen Rahmenbedingungen und schützen vor unhistorischen, naiven Betrachtungen zu diesem Themenbereich.

Zu (2): Was menschliche Einheit und Dissonanz in der hebräischen Bibel anbelangt, wird versucht, auf der Basis einer gewissen Bandbreite an unterschiedlichen Schriften zu argumentieren, was Verallgemeinerungen unumgänglich macht. Es können weder alle hebräischen Bibeltexte herangezogen werden, noch ist es möglich, dem jeweiligen Charakter einzelner Schriften immer gerecht zu werden. Im Wissen um die komplexe Textgeschichte der Biblia Hebraica und um die Rekonstruktionsschwierigkeiten des je zeitgenössischen Textbestandes orientiert sich meine Untersuchung pragmatisch am Masoretischen Text.[190]

Zu (3): Weil auf Griechisch niedergeschriebene Septuaginta-Schriften, und damit eben auch Texte, die wir heute zu den alttestamentlichen Apokryphen und Pseudepigraphen zählen, im Frühchristentum als „die Schrift" gelten bzw. zitiert werden konnten, weil sie sich also auf die Entstehung des Christentums (und dessen Theologien) auswirken konnten,[191] sollen Aussagen zu menschlicher Dissonanz und Einheit aus einigen ausgewählten LXX-Büchern ermittelt und ausgewertet werden. Zum Vergleich mit frühchristlichen Einheits- und Dissonanzkonzeptionen eignen sich aber auch solche Schriften des Frühjudentums, die in keine Septuaginta-Sammlung aufgenommen wurden, wie z. B. die ‚Testamente der zwölf Patriarchen'[192] und/oder solche, die auf Hebräisch abgefasst wurden, wie beispielsweise die Gemeinderegel der Qumran-Bewohner. Auch das Corpus Philonicum ist für vorliegende Arbeit von Interesse. Denn Philo von Alexandrien schrieb wie viele frühchristliche Verfasser in einem hellenisierten Umfeld bei gleichzeitiger Prägung durch biblische Traditionen, so dass die Auseinandersetzung mit seinem Werk Aufschluss darüber geben kann, wie variantenreich zur Zeit Jesu menschliche Einheits- und Dissonanzvorstellungen artikuliert werden konnten.

---

190 Der Masoretische Text dient – wie in der Forschung üblich – zugleich als Vergleichstext für entsprechende Bücher aus der Septuaginta, da die hebräischen Vorlagen der Septuaginta-Sammlungen nicht gesichert sind. „Septuaginta (LXX)" steht in dieser Arbeit für die gesamte griechische Bibel, auch wenn diese Bezeichnung ursprünglich nur für den Pentateuch verwendet wurde und auch wenn der Umfang der Septuagintaliteratur innerhalb der Handschriftentradition schwankt. Siehe dazu J. Dines, The Septuagint, Edinburgh 2004, 1–3; M. Karrer/W. Kraus, Umfang und Text der Septuaginta. Erwägungen nach dem Abschluss der deutschen Übersetzung, in: Dies. (Hg.), Die Septuaginta – Texte, Kontexte, Lebenswelten: Internationale Fachtagung veranstaltet von Septuaginta Deutsch (LXX-D), Wuppertal 20.–23. Juli 2006 (WUNT 219), Tübingen 2008, 8–63.

191 Vgl. Karrer/Kraus, Umfang, 10.23.

192 Zur Datierung der TestXII siehe S. 284 in dieser Arbeit.

Die Vorstellungen vom innerlich-harmonischen und v. a. dissonanten Menschen aus unterschiedlichen antiken literarischen Zeugnissen sowie aus Texten des Frühen Christentums und seiner Umwelt sollen ein Rahmenmosaik präsentieren, mit dessen „Bausteinen" sich der matthäische ‚Kleinglaube' sowie die ‚Zweiseeligkeit' des Jakobusbriefverfassers in Beziehung setzen lassen. Direkte Abhängigkeit der frühchristlichen Schriften von den ausgewählten nichtchristlichen Schriften wird nicht vorausgesetzt.

Im zweiten Teil des vorliegenden Forschungsvorhabens rücken anthropologische und psychologische Auffassungen des frühen Christentums in den Mittelpunkt. Kapitel VI stellt den Versuch dar, ein Wortfeld zu etablieren, mit dessen Termini im Neuen Testament und bei den Apostolischen Vätern Phänomene bezeichnet werden konnten, die sich als Ausdrucksmöglichkeiten innerer Dissonanz oder sogar des Zweifels verstehen lassen. Sofern belegt, wird für jede Lexemgruppe neben dem frühchristlichen Gebrauch auch der „pagane" sowie der frühjüdische Gebrauch umrissen.

Kapitel VII und VIII konzentrieren sich auf den Jakobusbrief und das Matthäusevangelium unter der Perspektive von Vorstellungen menschlicher Dissonanz und Einheit. Diese beiden Schriften entstammen der Zeit, in der sich das Christentum konstituierte, und eignen sich neben der zeitlichen Nähe ihrer Entstehung schon aufgrund ihrer Zugehörigkeit zu unterschiedlichen Ausprägungsformen des sogenannten Judenchristentums für eine Gegenüberstellung.[193] Im Einzelnen ist zu prüfen, inwieweit es gerechtfertigt sein kann, den Kleinglauben (ὀλιγόπιστος κτλ.) des Matthäusevangelisten einerseits und die ‚Zweiseeligkeit' (δίψυχος κτλ.) des Jakobusbriefes andererseits als ‚Zweifelskonzepte' aufzufassen. Keiner der Lexemverbünde ist als semantisch prägnante Äquivalenz für den deutschen Ausdruck ‚Zweifel' verstehbar; aber beide griechischen Wortfamilien können durch Anwendung historisch-kritischer Methoden, besonders durch die Analyse der sie jeweils umgebenden Textkonstituenten und/oder der Struktur der Gesamtschrift, als sachanalogische Phänomene des im Deutschen mit ‚Zweifel' Gemeinten veranschaulicht werden. Beide werden als Zuschreibungen innerer Dissonanz für Christen gebraucht. Sofern sinnvoll und möglich, sollen sowohl der Jakobusbrief als auch das Matthäusevangelium auf die bereits für den ersten Teil dieser Arbeit relevanten Gesichtspunkte hin befragt werden.

Im abschließenden Kapitel der vorliegenden Untersuchung (Kapitel IX) sind vorranging zwei Ziele gesteckt: Erstens sollen die beiden neutestamentlichen ‚Zweifelskonzepte' vergleichend gegenübergestellt werden. Dabei sind

193 Unter Judenchristen werden unterschiedliche Gruppen von Jesusanhängern der ersten Generationen verstanden, die von der jüdischen Tradition noch stark geprägt sind und daher mit dem synagogalen Judentum weiter in Verbindung stehen. Vgl. dazu J. Frey, Art. Judenchristentum, in: Das Wissenschaftliche Bibellexikon im Internet (https://www.bibelwissenschaft.de/stichwort/51882/, abgerufen am 11.07.2017).

Gemeinsamkeiten und Unterschiede von ὀλιγόπιστος κτλ. und δίψυχος κτλ. hinsichtlich der relevanten Dimensionen herauszuarbeiten: Welche Übereinstimmungen und Diskrepanzen treten bezüglich der jeweils im Hintergrund stehenden Ideen auf? Welche Bedeutungsähnlichkeiten und -unterschiede können auf der wortsemantischen Ebene erfasst werden? Liefert die Satzsemantik Hinweise auf unterschiedliche Verwendungszusammenhänge? Welche theologischen Aussagen des jeweiligen Verfassers können aus der Verwendung eines bestimmten Zweifelskonzepts in einer Schrift abgeleitet werden? Inwiefern korrelieren andere Aussagen der Glaubenswelt innerhalb einer Schrift mit dem jeweiligen Zweifelsverständnis? Gibt es je unterschiedliche Auffassungen bezüglich der Bewältigung dieser Defizite und damit auch der menschlichen Einheitsvorstellung? Zweitens sollen sowohl der Kleinglaube als auch die Zweiseeligkeit in den im ersten Teil dieser Arbeit entworfenen Rahmen gestellt werden: Ergeben sich Gemeinsamkeiten und Überschneidungen zwischen der jeweiligen neutestamentlichen Schrift mit den untersuchten nichtchristlichen Textzeugnissen in Bezug auf Vorstellungen der Dissonanz und Einheit des Menschen? Welche Unterschiede sind hinsichtlich der zur Sprache gebrachten Motive, Topoi, Auffassungen über Verhaltenskontrolle etc. erkennbar? Wo knüpfen die (im Folgenden als Matthäus und Jakobus bezeichneten) neutestamentlichen Verfasser an Vorhandenes an? Lassen sich Aussagen über die Bedeutsamkeit der innovativen Wortfamilien ὀλιγόπιστος κτλ. und δίψυχος κτλ. vor dem Hintergrund des griechisch-philosophischen, biblisch-hebräischen und frühjüdischen anthropologischen Diskurses machen?

Die vorliegende Arbeit will mithilfe eingehender Berücksichtigung lexikalischer Ausdrucksweisen bzw. Sachaussagen von Texten der Vergangenheit einen Einblick in die Vielfalt und Differenziertheit antiker Instrospektion vermitteln. Sie hofft u. a. herausstellen zu können, dass die für verhaltensrelevante Entscheidungen vorauszusetzenden Absichten, Qualitäten, Einstellungen etc. im Inneren des Menschen in der biblischen Tradition zunehmend in den Fokus gerückt wurden. Das frühe Christentum setzt damit eine Tendenz fort, die sich schon in den jüdischen Schriften der hellenistisch-römischen Zeit bemerkbar macht. Besonders interessant erscheint dabei, dass mit δίψυχος κτλ. und ὀλιγόπιστος κτλ. im Frühchristentum neue Ausdrücke aufkommen, die bedeutsam genug waren, um tradiert, festgehalten und eine bestimmte Zeitspanne lang gebraucht zu werden, weil sie scheinbar jeweils auf die Herausforderungen des Zusammenhangs von anspruchsvoller Ethik und Mensch-Gottes-Beziehung mit einem Wort Bezug nehmen konnten. Insofern sie jeweils den Kontrast zu Forderungen nach einer einheitlichen, an Gott orientierten Lebenszentrierung signalisieren, spiegeln sie zugleich den psychologischen Umstand wider, dass christliches Dasein in der Welt zu inneren Dissonanzen führen kann.

Erster Teil: Dissonanz und Einheit des Menschen in der vorchristlichen Antike und in der Umwelt des Neuen Testaments

Kapitel II: Hinführung zum Thema: Zur Entstehung des Einheitsverständnisses des Menschen in der Antike

Dass eine Person[1] ihr Erleben und Verhalten einem einheitlichen Zentrum zuschreibt, ist – wie ein Blick auf die Geschichte der Antike zeigt – keine Selbstverständlichkeit. Ein selbstreflexives Personzentrum, von dem alles Erkennen und Handeln ausgeht, musste erst „entdeckt" werden.[2] Die Vorstellung innerer Einheit ist insofern kein universelles, überzeitliches Phänomen, sondern das Produkt einer langen, schrittweisen Entwicklung, wobei die impliziten psychologischen Entwicklungsstadien in diversen antiken Werken Spuren hinterlassen haben. Die Konzentrierung aller psychischen Kräfte in ein Einheitszentrum konnte je nach Kulturraum unterschiedlich vor sich gehen. Im Folgenden werden anhand von Altem Israel auf der einen Seite und von antikem Griechenland auf der anderen Seite die Voraussetzungen für das jeweilige Einheitsverständnis des menschlichen Innenraums sowie – soweit möglich – anthropologische Entwicklungslinien nachgezeichnet, die den Weg zu dieser Einheit widerspiegeln.[3]

---

1 In dieser Arbeit geht es nicht um den neuzeitlichen Personbegriff, der als Resultat einer langen, sich zumeist im Rahmen griechisch-philosophischer Begrifflichkeit bewegenden Reflexion zu verstehen ist, sondern um die jeweils in den einzelnen Texten hervortretenden Grundaussagen über den Menschen als einer konkreten Einheit.

2 Vgl. J. Assmann (Hg.), Die Erfindung des inneren Menschen, 1993; G. Theissen, Erleben, 49–109.

3 Zwar ist in alttestamentlichen Schriften keine systematische Reflexion über den Menschen oder gar eine einheitliche Lehre vom Menschen aufzuspüren (das hat schon H. Wolff, Anthropologie, 24, erkannt), aber die Aussagen über menschliches Erleben und Verhalten lassen es dennoch zu, anthropologische Grundeinsichten in Schriften der hebräischen Bibel zu beschreiben. Ähnliches gilt für den griechischen Kulturraum bei den Epen Homers: Eine Theorie des Menschen begegnet bei dem Dichter und Kompilator des 8./7. vorchristlichen Jahrhunderts ebenfalls nicht. Gleichwohl lässt sich aus seinen Epen schlussfolgern, dass der Dichter eine „Psychologie des Menschen" überliefert hat, und zwar in dem Sinne, dass er Zustände bzw. psychologisch deutbare Aspekte im Inneren der Person beschreibt. Erst Plato und Aristoteles reflektieren menschliches Erleben und Verhalten samt der Bedingungen menschlichen Handelns systematisch, wenn auch in unterschiedlicher Weise. Die oben folgenden Ausführungen skizzieren Aspekte der Entstehung eines Einheitsverständnisses des Menschen im Alten Israel einerseits und im antiken Griechenland andererseits. In Kapitel III werden menschliche Dissonanz- und Einheitsvorstellungen ausgewählter antik-griechischer philosophischer Strömungen ausführlicher behandelt. In Kapitel IV wird u. a. erneut auf das in der hebräischen Bibel zum Vorschein kommende Ideal einer ganzheitlich-vollkommenen Ausrichtung eingegangen, und der Frage nachgegangen, ob im Tanach intrapersonale Dissonanzvorstellungen zum Ausdruck gebracht werden.

1. Die Zentrierung des ‚ganzen Menschen' auf Gott im Alten Israel

Die Person ist nach biblisch-hebräischem Verständnis ein unauflöslicher Organismus.[4] Denn der Mensch wird nach Gen 2,7 durch Gottes Einhauchen von Lebensatem zu einem lebendigen Wesen, dessen Dimensionen des Menschseins als Einheit bestehen. Für den Menschen als unteilbares psychosomatisches Ganzes können in Schriften des Tanach einzelne Organe – auch mehrere nebeneinander – stehen.[5] Die Totalität des Menschen kann also unter verschiedenen Aspekten zum Ausdruck gebracht werden.[6] Bei der jeweiligen Verwendung eines Körperteilausdrucks können auch andere Bedeutungen außer der im bestimmten Fall gemeinten mitschwingen.[7] Deshalb finden sich zahlreiche Belege in den biblischen Texten, an denen Organe als nahezu selbstständige Aktivitätszentren erscheinen, oder ihnen Eigenschaften zugeschrieben werden, die auch mit der Person als Ganzes assoziiert werden können.[8] Inso-

---

4 Allerdings hat das biblische Hebräisch keinen Ausdruck für den Körper als Einheit ausgebildet. Die Körperlichkeit des Menschen kann es dennoch anhand einer großen Zahl an Wörtern zur Sprache bringen. Vgl. Gruber/Michel, Art. Körper, 307: „Für das mit ‚Körper' Gemeinte gibt es in der hebräischen Bibel keinen einheitlichen und auch keinen umfassenden Terminus technicus. Während für lebende, aber sterbliche Körper *baśar* (Fleisch), daneben auch *ʿæṣæm* (Gebein, Knochen) und noch seltener *š*^{e}*ʾēr* (Fleisch) Leitbegriffe sind, steht insbesondere *baśar* für tote Körper grundsätzlich nicht zur Verfügung, dafür werden die Worte *g*^{e}*wija*, *pægær* und *n*^{e}*belah* (Leiche, Leichnam, Kadaver) gebraucht." Eine Studie von J. Oelsner aus dem Jahr 1960 hat ergeben, dass die hebräische Sprache des Alten Testaments ca. 250 unterschiedliche Körper- bzw. Körperteilbezeichnungen kennt, vgl. J. Oelsner, Benennung und Funktion der Körperteile im hebräischen Alten Testament, Diss. masch., Leipzig 1960.

5 Vgl. exemplarisch Ps 16,9; 73,21.

6 Vgl. z. B. Goeke, Menschenbild, 206. Die in der hebräischen Bibel vorherrschende aspektivische Ausdrucksweise menschlichen Erlebens und Verhaltens (mitunter auch ‚Prinzip der Stereometrie' genannt') ist nicht bloß poetischer Sprachstil (gegen A.R. Johnson, The Vitality of the Individual in the Thought of Ancient Israel, Cardiff 1964); ebenfalls unzutreffend ist die früher weit verbreitete Einschätzung der atl. Sprachweise als Beleg für primitive Denkkategorien im Hebräischen (vgl. exemplarisch Robinson, The Christian Doctrine of Man, 1911, 22f; Ders., The Hebrew Conception of Corporate Personality, 1935). Unter ‚synthetischem Denken' versteht H. Wolff das Selbe wie unter ‚stereometrischem Denken', vgl. Wolff, Anthropologie, 30. Zur Kritik an den Ausdrücken ‚Stereometrie' und ‚synthetisches Denken' siehe Wischmeyer, Kultur, 211, Anm. 36. Zur Herkunft und Bedeutung des Stereometrie-Begriffes siehe Wagner, Parallelismus, 11–13.

7 Häufig können Körperorgane im Hebräischen nicht auf ein einziges Merkmal innerhalb der psychosomatischen Einheit des Menschen reduziert werden. Ein gutes Beispiel für die differenziert wahrgenommene Gesamtheit des Menschen bietet das Nomen פָּנִים (*pānim*), das „Gesicht" bedeutet und immer im Plural steht, so als wollte das Hebräische die diversen Teile, aus denen ein Gesicht besteht, hervorheben bzw. die Pluralität der möglichen Ausdrucksweisen betonen. Vgl. Di Vito, Anthropologie, 140.

8 Vgl. Di Vito, Anthropologie, 139.

fern steht ein Lexem, das ein Körperorgan oder ein Körperteil bezeichnet, für dieses Organ selbst, für seine Funktion(en) und für deren psychosomatischen Auswirkungen auf den Menschen als Gesamtheit:[9] Die Nase (אַף;*'ap*) ist in Schriften der hebräischen Bibel beispielsweise Ort der Wut und des Zornes,[10] der Unterleib (רֶחֶם; *ræḥæm*) ist mit dem Erbarmen verbunden,[11] und der stechende Schmerz macht sich in den Nieren (כְּלָיוֹת; *keläjôt*) bemerkbar, weshalb die Nieren auch als Ort der Gewissensbisse aufgefasst werden können.[12]

Trotz der parallelen Verwendung diverser Körperorgane und trotz der perspektivischen Zugangsweise biblisch-hebräischer Schriften lässt sich dennoch eine Art „Zentrum" des Menschen ausmachen: Es ist das Herz (לֵב; *leb* bzw. לֵבָב; *lebāb*).[13] Blickt man auf die Verteilung der hebräischen Äquivalente im Tanach, zeigt sich die Bedeutsamkeit dieses Personzentrums für das alte Israel nicht nur, aber insbesondere in den Psalmen und Sprüchen, im Deuteronomium, bei Jesaja, Jeremia und Ezechiel.[14] Wie im Deutschen auch, so übersteigt der Begriff „Herz" im Hebräischen den Bedeutungshorizont über das physische Organ hinaus.[15] Im Unterschied zum heutigen Sprachgebrauch im Deutschen wird es allerdings nicht in erster Linie mit der affektiven Dimension des Menschen assoziiert. Vielmehr ist das Herz vorwiegend Sitz des Planens, Wollens und Überlegens. Damit teilen biblisch-hebräische Schriften eine Auffassung mit den meisten antiken griechischen Philosophen, nach der Vernunft und Verstand im Herzen – und nicht im Kopf – verortet werden.[16] Dennoch ist das Herz nach altisraelitischer Auffassung auch Ort des Fühlens; Freude, Jubel, Jähzorn, Verzweiflung, Staunen und Niedergeschlagenheit werden hier beispielsweise lokalisiert.[17] Als Zentralorgan steht es häufig für das gesamte Innere des Menschen im Gegensatz zum Äußeren des Menschen,[18] das an sichtbaren Körperteilen und -funktionen, wie z. B. dem Auge, dem Ohr

9 Vgl. Rösel, Mensch, 238; Schroer/Staubli, Körpersymbolik, 46.

10 Vgl. z. B. Ri 14,19; 1Sam 11,6.

11 Vgl. z. B. Jes 49,15; Ps 103,13.

12 Vgl. z. B. Hi 16,12f; Ps 16,7.

13 Vgl. Rusche, Herz, 201.

14 Vgl. z. B. Fabry, Art. לֵב leḇ/לֵבָב leḇaḇ, ThWAT 4 (1982), 420f.

15 Hinsichtlich der Bedeutung von לֵב *(leb)* einerseits und לֵבָב (lebāb) andererseits lässt sich in der hebräischen Bibel kein Unterschied feststellen. לֵב *(leb)* ist allerdings häufiger. Scheinbar wurde in späterer Zeit zunehmend לֵבָב (lebāb) gebraucht. Vgl. Lauha, Sprachgebrauch, 46; Fabry, Art., לֵב leḇ/לֵבָב leḇaḇ, ThWAT IV (1982), 420f.

16 Während Homer, Hesiod, Aristoteles und die Stoiker dem Herzen die Denkfähigkeit zuschreiben können, scheint Plato dazu zu neigen, das Denken im Kopf zu verorten, vgl. Schroer/Staubli, Körpersymbolik, 35. Auch das alte Ägypten sah im Herzen das Zentrum kognitiver Fähigkeiten, vgl. Bauer/Felber, Art. Herz, RAC 14 (1988), 1095ff.

17 Vgl. exemplarisch Ps 4,8; 13,3.6; 16,9; 1 Kön 10,5; Spr 14,29.

18 In davon abgeleiteter Bedeutung kann לֵב *(leb)* auch für die Mitte eines geographischen Phänomens stehen, wie beispielsweise die Tiefe des Meeres (Ex 15,8; Ez 27,4,25,26,27 u.ö.) oder das Innerste des Himmels (Dtn 4,11). Hier steht die Vorstellung der Verborgenheit des

oder den Worten, erkennbar ist. Gleichzeitig ist das menschliche Herz Ort der Gottesbeziehung: Hier geschieht die Stellungnahme zu Gottes Wort und Willen. Es kann auf Gott vertrauen, seine Worte annehmen, aber auch von Gott abfallen.[19]

Neben diesem im alten Israel zunehmend an Bedeutung gewinnenden Personzentrum[20] ist der Mensch fundamental von zwei dynamischen Kräften bestimmt, die sich durch ihre andersartige Attribuierung voneinander unterscheiden:[21] Während der ‚Geist' (רוּחַ; *rûªḥ*) ursprünglich den Wind bezeichnet, der von außen einwirkt,[22] ist die ‚Lebenskraft' (נֶפֶשׁ; *næpæš*)[23] im Hebräischen mit Atem assoziiert, der dem Rachen, also dem Inneren, entspringt.[24] Da die Kehle der „Knotenpunkt des Lebens"[25] ist, d. h. der Engpass, durch den Laute und Sprache sowie lebenserhaltender Atem,[26] Essen und Trinken gehen, ergeben sich von dieser Grundbedeutung aus weitere Bedeutungsfacetten. Neben der sicht- und hörbaren Kehle[27] steht נֶפֶשׁ *(næpæš)* auch für die begehrende

---

Herzens bzw. dessen Unzugänglichkeit oder Unerreichbarkeit *von außen* im Hintergrund, die auf das Meer bzw. den Himmel übertragen wird.

19 Vgl. z. B. Ps 7,10; 44,19; Spr 7,3; Ez 6,9.

20 Vgl. dazu Janowski, Herz, 36–39.

21 Vgl. Theissen, Erleben, 59.

22 Zu dem breiten Bedeutungsspektrum von רוּחַ *(rûªḥ)* vgl. exemplarisch Wolff, Anthropologie, 64–74. Im AT steht רוּחַ *(rûªḥ)* zumeist für die treibende Kraft im Menschen. Weil sie von außen kommt, bezieht sich רוּחַ *(rûªḥ)* anders als נֶפֶשׁ *(næpæš)* ursprünglich auf keinen bestimmten Körperbereich. Vgl. Frevel/Wischmeyer, Menschsein, 32.

23 נֶפֶשׁ *(næpæš)* geht auf eine gemeinsemitische Wurzel zurück. Das im Gebrauch ältere akkadische *napištu* bezeichnet u. a. das ‚Leben', die ‚Lebenskraft', ‚Vitalität', allgemeiner einen dem Tod entgegengesetzten Zustand; weiterhin ‚Gesundheit', das ‚Lebewesen' oder die ‚Person', aber auch die ‚Kehle', den ‚Hals' sowie ‚Lebensunterhalt' und ‚Vorräte'. Verwandt ist נֶפֶשׁ *(næpæš)* außerdem mit akkad. *napīšu* (‚Atem', ‚Geruch', ‚Duft') und dem Verb *napāšum* (u. a. ‚frei atmen', ‚aufatmen', ‚ausdehnen'). Vgl. Seebass, Art. נֶפֶשׁ næpæš, ThWAT 5 (1986), 533–535.

24 In der LXX wird das griechische Wort ψυχή in beinahe 90 % der Fälle verwendet, um den hebräischen Ausdruck נֶפֶשׁ *(næpæš)* zu übersetzen; πνεῦμα wird dagegen in 75 % der Fälle benutzt, um das hebräische Wort רוּחַ *(rûªḥ)* auszudrücken. Vgl. MacDonald, History, 2. Die – allerdings relativ seltene – konkreten und spezifischen Bedeutung ‚Kehle', ‚Rachen' oder ‚Gurgel' begegnen in Passagen, die sich mit der Nahrungsaufnahme zur Lebenserhaltung befassen (z. B. Spr 28,25). Im übertragenen Sinn kann es auch den Schlund der Unterwelt bezeichnen (z. B. Jes 15,9).

25 Schroer/Staubli, Körpersymbolik, 45.

26 In der Bedeutung des konkreten Atmungsorgans ist נֶפֶשׁ *(næpæš)* selten (Jer 2,24; 15,9; Hi 11,20 u. ö.). In den entsprechenden Verwendungszusammenhängen (Jer 2,24; 15,9 u. ö.) wird deutlich, dass das Hebräische bei der Verwendung von נֶפֶשׁ *(næpæš)* ‚Atem' mitdenken konnte (Vgl. z. B. 1 Kön 17,21 f; siehe dazu auch Seebass, Art. נֶפֶשׁ næpæš, ThWAT 5 [1986], 539).

27 Vgl. z. B. die Aufforderung zum Lobpreis Gottes („Halleluja") durch die נֶפֶשׁ *(næpæš)* am Ende von Psalm 104.

Kehle und wird zum „Symbol des bedürftigen, begehrenden Menschen".[28] נֶפֶשׁ *(næpæš)* repräsentiert damit ganz wesentlich die den Menschen steuernde Lebenskraft,[29] den nach Leben gierigen Menschen. Mit dem Tod schwindet diese Lebenskraft,[30] durch Stiftung derselben wird der Mensch zu einer lebendigen Einheit, wie die ältere Schöpfungserzählung zu berichten weiß: „Gott gestaltete den Menschen aus Staub vom Ackerboden und blies in seine Nase Lebensodem; so wurde der Mensch eine lebendige נֶפֶשׁ *(næpæš)*" (Gen 2,7). Demzufolge hat der Mensch nicht nur eine נֶפֶשׁ *(næpæš)*, er ist vielmehr eine נֶפֶשׁ *(næpæš)*.[31] Nach biblisch-hebräischer Auffassung ist der Mensch ein auf Beziehung angelegtes Wesen,[32] das immer und überall seine Abhängigkeit und Angewiesenheit auf Erfüllung sinnlicher und materieller Bedürfnisse durch Nahrung, Luft und soziale Beziehungen erfährt. Weil Gott das Leben schenkt, ist die menschliche נֶפֶשׁ *(næpæš)* darauf ausgerichtet, in Beziehung zu Gott treten zu wollen: Der in diesem hebräischen Ausdruck mitschwingende Aspekt des Begehrens ist somit „die entscheidendste Komponente des Menschen in Bezug auf Gott."[33]

Die hebräische Bibel kennt folglich keine „Seele" als eine vom Körper abzugrenzende innere Größe. Vielmehr kann das Lebensprinzip sogar mitunter external gedacht werden, wie Ps 42,7a zeigt: „Mein Gott, meine נֶפֶשׁ *(næpæš)* ist gebeugt *über mir* (עָלַי; *'ālaj*)." Die Präposition עַל *('al)* betont nach R. Di Vito an dieser Stelle die „niederdrückende Kraft oder das Gewicht" der Lebenskraft, so dass sie dem leidenden Menschen als außerhalb seiner selbst erscheint.[34] Die biblische Anthropologie vertritt einen ganzheitlichen Ansatz, bei dem sich die נֶפֶשׁ *(næpæš)* nicht von den sinnlichen und physischen Dimensionen

---

28 Schroer/Staubli, Körpersymbolik, 46. So umfasst נֶפֶשׁ *(næpæš)* eine große Spannweite an Bezeichnungen für die menschliche Bedürftigkeit und das Verlangen (vgl. Jes 26,9; Spr 21,10; 2Sam 3,21; 1Kön 11,37 u.m.).

29 Als Lebenskraft wird נֶפֶשׁ *(næpæš)* sodann mit dem Blut in Verbindung gebracht, das als Träger dieses Lebensprinzips vorgestellt wird (vgl. z. B. Dtn 12,23; Lev 17,11). Auffallend ist, dass diese Identifikation vor allem in priesterlichen Texten zum Vorschein kommt.

30 Vgl. z. B. Gen 35,18. Daraus ergibt sich folglich, dass נֶפֶשׁ *(næpæš)* für das Leben an sich (im Gegensatz zum Tod) stehen kann. In den späteren alttestamentlichen Büchern steht נֶפֶשׁ *(næpæš)* auch für das Selbst, so dass „meine נֶפֶשׁ *(næpæš)*" mit „ich" übersetzt werden kann.

31 Vgl. Wolff, Anthropologie, 33. Auch Tiere werden mit נֶפֶשׁ *(næpæš)* im Sinne eines lebendigen Wesens bezeichnet, vgl. Gen 7,21 f.

32 Der Mensch ist nach hebräischem Denken stark in seine soziale Umwelt eingebunden und auf seine Mitmenschen angewiesen. Jegliches Handeln und Verhalten des Einzelnen steht in einem unauflöslichen Bezug zu dem gesellschaftlichen Kontext, in dem es realisiert wird. Diese grundlegende Gemeinschaftsbezogenheit kommt in dem Begriff der ‚Konstellative' zum Ausdruck. Zum konstellativen Personbegriff vgl. Assmann, Tod, 13ff.34ff.54ff u.ö.; Janowski, Weltbild, 5f; Neumann, Art. Kultur und Mentalität, 38ff.

33 Schroer/Staubli, Körpersymbolik, 49.

34 Di Vito, Anthropologie, 141.

abgrenzen lässt: Als Ebenbild geschaffen ist der Mensch wie Gott eine unzerlegbare Einheit.[35] Dennoch sind die Grenzen, die die personale Identität des Einzelnen abstecken, durchlässig. Dieses „poröse" Körperkonzept[36] zeigt sich beispielsweise in der Vorstellung, dass die רוּחַ *(rûaḥ)* Gottes in Form externer Verhaltensimpulse in den Menschen hineinkommen und ihn zu Außergewöhnlichem befähigen, ja sogar zu einem „anderen Menschen" transformieren kann.[37] Die רוּחַ *(rûaḥ)* als Gabe Gottes wird eins mit dem Menschen und soll in Form des guten Geistes, der zur Realisierung des göttlichen Willens befähigt, nicht nur vorübergehend den Menschen erfassen, sondern zu einer intrinsischen Motivationsquelle werden.[38]

Diese Übersichtszusammenstellung wichtiger anthropologischer Größen weist bereits deutlich darauf hin, dass im Tanach die Innenseite des Menschen reflektiert wird. Innerhalb der Schriften der hebräischen Bibel lässt sich sogar eine Entwicklung zunehmender Verinnerlichung skizzieren. Dabei verlief die Entdeckung des ‚inneren Menschen', die literatur- und theologiegeschichtlich der späteren Königszeit, insbesondere aber der exilisch-nachexilischen Zeit zuzurechnen ist, zwar vermutlich keinesfalls linear; aber vereinfachend können mit B. Janowski drei Phasen unterschieden werden: (1) Einbindung des Einzelnen in die Gemeinschaft (Spr); (2) Verinnerlichung der Gottesbeziehung (Dtn) und (3) Herausbildung des Selbstbewusstseins in Gebet und Reflexion (Pss, Jer, Ez, Pred, Sir).[39]

Für die Verinnerlichung der Gottesbeziehung in dieser Entwicklungsgeschichte steht vor allem das Deuteronomium. Denn hier zeigt sich ein verstärktes Interesse an persönlicher Frömmigkeit und an ethischer Bewährung der individuellen Gottesbeziehung. Häufig wird daher im Umkreis der Theologie des Deuteronomiums die Liebe zu Gott gefordert, die ihren Ausdruck im Gesetzesgehorsam und in einer uneingeschränkter Loyalität dem einen Gott JHWH gegenüber findet (vgl. Dtn 6,4f; 10,12f; 26,16; 30,6 u.Ö.).[40] Der

---

35 Vgl. auch Erickson, Theology, 545: „The biblical data picture a human as a unitary being. Hebrew thought knows no distinction within human personality."

36 Die Gemeinschaftbezogenheit und Durchlässigkeit des alttestamentlichen Menschenbildes bestimmt Di Vito, Anthropologie, 217f, u. a. als wesentliche Merkmale des vormodernen Konzepts personaler Identität: „Das Subjekt ist (1) zutiefst eingebettet in seine soziale Identität bzw. eng damit verbunden. Es ist (2) vergleichsweise dezentriert und undefiniert im Blick auf die Grenzen seiner Person. Es ist (3) relativ transparent, ins gesellschaftliche Leben eingebunden und darin verkörpert (…). Und schließlich ist es (4) ‚authentisch' gerade in seiner Heteronomie, in seinem Gehorsam anderen gegenüber und in seiner Abhängigkeit von anderen."

37 Vgl. z. B. Ri 14,6; 1Sam 10,6. Der Geist Gottes kann den Menschen auch verlassen und mit einem „bösen Geist" ersetzt werden, der Kummer verursacht, vgl. 1Sam 16,14.

38 Vgl. Theissen, Erleben, 60f.

39 Vgl. Janowski, Herz, 36.

40 Vgl. dazu auch Janowski, Herz, 37.

ausschließlichen Zuwendung JHWHs zu Israel soll der Einzelne in seiner gesamten Existenz entsprechen.[41] So ist in Bezug auf die Pluralität der Kräfte, die menschliches Erleben und Verhalten formieren und bestimmen, entscheidend, dass jeder psychische Impuls, jede Motivationsquelle auf ein extrinsisches Zentrum ausgerichtet wird: auf Gott. Besonders deutlich zeigt sich die ganzheitliche Orientierung allen menschlichen Wollens, Begehrens und Handelns auf Gott in dem Zentralgebet Israels, dem Schᵉma Israel (Dtn 6,4f):[42] „Höre Israel: Der Herr ist unser Gott, der Herr allein! So liebe denn den Herrn, deinen Gott, mit deinem ganzen Herzen (בְּכָל־לְבָבְךָ), und mit deiner ganzen *næpæš* (וּבְכָל־נַפְשְׁךָ) und mit all deiner Kraft (וּבְכָל־מְאֹדֶךָ)!“[43] Ursprünglich nicht monotheistisch verstanden, zeugt das Schᵉma Israel selbst von dem Etablierungsprozess JHWHs. Denn es handelt sich primär um eine Aussage zur Ausschließlichkeit und Unvergleichbarkeit JHWHs. Diese ist in eine geschichtliche Entwicklung der JHWH-Verehrung einzuordnen, die von Monolatrie-Tendenzen der vorexilischen Königszeit zur programmatischen Monolatrie, zu anti-polytheistischer Kultkritik und zum exklusiven Monotheismus in exilisch-nachexilischer Zeit fortschreitet.[44] Vor allem bei Deuterojesaja wird das Gottesbild zu einer monotheistischen Konzeption weiterentwickelt,[45] die in Israel als „die wichtigste Voraussetzung für die Entstehung eines Personzentrums“ gelten kann.[46] Der Glaube an die Zugehörigkeit zu Gott im Diesseits wie im Jenseits sowie die Konzentration aller inneren Kräfte auf die Erfüllung der Toragesetze intensiviert in der Folgezeit die Vorstellung einer personalen Einheit, dessen konstituierende Instanzen in die Ausrichtung auf den einen Gott als externem Zentrum zu integrieren sind.[47] Insofern tritt in alttesta-

---

41 Vgl. dazu bes. Albertz, Religionsgeschichte, 330f.

42 Amstutz, ΑΠΛΟΤΗΣ, 88, nennt Dtn 6,4f „[e]ine der ausdrücklichsten Ganzheitsformeln des Alten Testaments“. Siehe ebd., 88–91, zu Interpretationen der Einheitsthematik des Schᵉma Israels im Judentum. Nach Crüsemann, Tora, 237f, formuliert das Schᵉma Israel die „Einheit Gottes und die umfassende Ganzheit der auf ihn bezogenen Liebe“.

43 Dtn 6,4f (In der hier zugrunde liegenden Übersetzung der Menge-Bibel wurde *næpæš* allerdings mit ‚Seele‘ wiedergegeben). Zu den in der heutigen Forschung vertretenen Übersetzungslösungen von Dtn 6,4b siehe z. B. T. Veijola, Höre Israel! Der Sinn und Hintergrund von Deuteronomium VI 4–9, VT 42 (1992), 528–541, hier: 529–536;

44 Vgl. dazu z. B. J. van Oorschot, „Höre Israel ...!“ (Dtn 6,4f) Der eine und einzige Gott Israels im Widerstreit, in: M. Krebernik/J. van Oorschot (Hg.), Polytheismus und Monotheismus in den Religionen des Vorderen Orients (AOAT 298), 113–135. Zur Entwicklungsgeschichte der JHWH-Verehrung siehe exemplarisch S. Petry, Die Entgrenzung JHWHs. Monolatrie, Bilderverbot und Monotheismus im Deuteronomium, in Deuterojesaja und im Ezechielbuch (FAT II 27), Tübingen 2007.

45 Vgl. exemplarisch Jes 44,6.

46 Theissen, Erleben, 61.

47 Zu der einheitsfördernden Vorstellung eines Weiterlebens nach dem Tod, bei dem Beziehungs- Auferstehungs- und Unsterblichkeitsglauben differenziert werden können, siehe Theissen, Erleben, 62f.

mentlicher Literatur die auf Gott ausgerichtete Ganzheitlichkeit des Menschen als theologisch geprägtes Einheitsideal in Erscheinung.

2. Das antike Griechenland auf dem Weg zur vernunftgesteuerten Seeleneinheit des Menschen

Im Gegensatz zu späteren Vorstellungen in der griechischen Kultur der Antike begegnet bei Homer noch keine Idee einer einzigen einheitlichen Seele als Ort des Denkens, Wollens und Fühlens.[48] Gleichwohl lässt sich beobachten, dass der berühmte Dichter eine beachtliche Bandbreite an Begriffen verwendet, die geistig-seelische Instanzen bezeichnen, also Orte im Inneren des Menschen, an denen kognitive, voluntative und emotionale Aktivitäten ausgeführt werden.[49] Homer verwendet dafür κῆρ, ἦτορ, κραδίη bzw. καρδίη, φρήν, θυμός, νόος,[50] nicht jedoch das Wort ψυχή. Ψυχή steht in Homers Epen nämlich für das, was im Zustand der Bewusstlosigkeit oder beim Tod davonfliegt bzw. was man in diesen Fällen aushaucht.[51] Die ψυχή kann daher als eine Art ‚Freiseele' verstanden werden.[52] Nachdem sie den Menschen durch den Mund oder eine Wunde verlassen hat,[53] ist sie nur im Traum sichtbar oder wenn man sich wie Odysseus in den Hades begibt,[54] denn dort verweilt die ψυχή eines jeden Verstorbenen. Zwar ist sie in der Unterwelt mit anthropomorphen Zügen ausgestattet und kann als Träger elementarer Aspekte der Persönlichkeit auf-

48 In den Epen Homers ist – wie in der hebräischen Bibel auch – kein Ausdruck vorhanden, der den lebendigen Körper als Ganzen bezeichnet. Das am Menschen äußerlich Sichtbare kann zwar durch χρώς, ‚Haut', zur Sprache gebracht werden, aber damit ist nicht das anatomische Organ gemeint, sondern die externe Oberfläche des Menschen als Träger distinktiver Merkmale wie zum Beispiel der Hautfarbe, vgl. Voegelin/Moulakis, Order, 171.

49 Die Erforschung der impliziten Anthropologie in Homers Epen wurde lange Zeit von den Versuchen bestimmt, spezifische psychische Akte bestimmten lokalisierbaren Innenrauminstanzen zuzuschreiben: „Es wurde weniger danach gefragt, wie die Menschen bei Homer wahrnehmen, erleben, fühlen, denken, verstehen, wollen usw., sondern wo sie dies zu tun glauben" (Latacz, Erschließung, 90).

50 Wie diese seelischen Instanzen zu systematisieren, benennen und voneinander abzugrenzen sind, ist umstritten. Zu den diversen Systematisierungstendenzen vgl. Katona, Evolution, 30ff.

51 Vgl. Homer, Il. V 696; XVI 856; XXII 467. Ψυχή ist etymologisch mit ψύχειν, ‚hauchen', ‚atmen' verwandt. Vgl. Dihle, Art. ψυχή im Griechischen, ThWNT 9 (1970), 606.

52 Vgl. Theissen, Erleben, 54.

53 Vgl. Homer, Il. IX 409; XIV 518f; XVI 505; XXII 467; Od. XXIV 348.

54 Vgl. Homer, Od. XI 35ff.

gefasst werden.[55] Aber weil die ψυχή als quasi „entmaterialisierter Leib" die Gesamtexistenz nur noch schattenhaft repräsentiert, erscheint sie lediglich als εἴδωλον, als ‚Abbild' des ehemals Lebenden.[56]

Während sich der Verstorbene also in der ψυχή manifestiert, bestimmt eine Vielzahl geistig-seelischer Instanzen das Innenleben des lebendigen Menschen: Dazu gehören der Thymos (θυμός), die Phrenes (φρένες: ‚Zwerchfell'), der Nóos (νόος: ‚Vernunft') und das im Brustbereich lokalisierte Herz (dafür stehen in der Sprache Homers die Wörter κῆρ, ἦτορ, κραδίη [bzw. am Versanfang καρδίη]).[57] Ursprünglich hatten alle diese Begriffe wahrscheinlich eine physische Bedeutung, d. h. sie bezeichneten spezifische Organe bzw. Körperteile oder deren primäre Funktion.[58] Zur Zeit Homers hatten sie Bedeutungserweiterungen erfahren oder aber ihre originäre physische Konnotation bereits verloren, wie es v. a. für den Nóos (νόος), das höchste Erkenntnisvermögen des Menschen, schlüssig erscheint. Im Gegensatz zu vielen modernen Gesellschaften, in denen eine klare Abgrenzung von Gefühl und Verstand postuliert wird, infolge derer Kognitionen und Emotionen zwei unterschiedlichen „Systemen" zugeschrieben werden, die angeblich nicht oder nur peripher in Verbindung stehen,[59] werden bei Homer einzelnen psychischen Instanzen keine eindeutig kognitiven oder affektiven Zuständigkeitsbereiche zugewiesen. Vielmehr eignen allen psychischen Aktivitätszentren, also dem Herzen, dem Thymos, den Phrenes etc., rationale, affektive und voluntative Aspekte

55 Die ψυχή ähnelt dem Verstorbenen von Statur und Gesicht über Stimme bis zur Kleidung. Ihr fehlen jedoch alle psychischen Instanzen, die dem lebendigen Menschen eigen sind. Allein einige wenige negative Affektausdrücke (Jammern, Weinen und Flehen) werden der ψυχή noch zugesprochen. Vgl. Homer, Il. XXII 338; XXIII 106; Od. XI 472 u.ö.

56 Entsprechend ist die Vorstellung eines Lebens nach dem Tode für Homer negativ gewertet (vgl. auch Homer, Od. XI 468–499: Achilles zieht ein Leben als einfacher Mann dem Leben in der Unterwelt vor). Von einer Unsterblichkeit der ψυχή wird allerdings nicht gesprochen. Erst in der Odyssee wird erstmals und auch nur ein einziges Mal das Ἠλύσιον πεδίον erwähnt, ein Ort, an dem wenige erwählte Helden in einem idealen Klima am Ende der Welt weiterleben dürfen statt zu sterben. Vgl. Od. IV 561–568.

57 Zu κραδίη vgl. z. B. Homer, Il. X 9f.94f; XIII 282; Od. IV 548f. Zu κῆρ: Il. XIV 140; Od. I 341; XVI 275. In Il. XVI 481 wird κῆρ zudem in unmittelbare Nähe des Zwerchfells gerückt. Zu ἦτορ vgl. Il. I 188f; XXII 452; Od. XVI 46f; als Sitz für ἦτορ wird daneben das Zwerchfell genannt: vgl. Il. VIII 413; XVI 242 u.ö. Weil sich die mit diesen Ausdrücken bezeichneten Größen einander nahe stehen, was ihre Funktionsweisen betrifft, können diese Lexeme mitunter miteinander gleichgesetzt werden, vgl. z. B. Il. X 9f.16; XVII 481.660; Od. IV 538f.

58 Vgl. Sullivan, Term, 14.

59 In den letzten Jahrzehnten setzt sich allerdings wieder zunehmend die antike Einsicht durch, dass Emotionen Rationalität eignen.

zugleich,[60] wenngleich Homers Gebrauch dieser inneren Größen auf Nuancierungen ihrer Aktivitätsweisen aufmerksam macht:[61]

Homer geht davon aus, dass es eine Instanz des Sich-Ereiferns, Sich-Empörens im Menschen gibt: den Thymos (θυμός). Er ist häufig als Sitz heftiger Affekte charakterisiert und kann als wie ein Herz schlagend beschrieben werden,[62] oder sich aber wie eine eigenständige Stimme äußern, die den Menschen bewegt und antreibt.[63] Während die Operationsweise dieses Vermögens immer auf ein Lust oder Unlust bereitendes Ziel fixiert ist, von dem der Mensch sich derart gefangen nehmen lässt, dass er sich allein auf das Erreichen dieses einen Aspekts konzentriert, erscheint die spezifische Weise des Denkens, Fühlen und Wollens der Phrenes (φρένες) als „rationaler", also weniger von einem einzigen Lust- bzw. Unlustaspekt bestimmt und damit weniger befangen als der Thymos. Allerdings bedeutet das Fehlen oder Zerstören des Thymos den Verlust des Lebens, während sich das Fehlen oder Ausbleiben der φρένες lediglich darin äußert, dass deren Funktionsweise beeinträchtigt ist: Ihre Rationalität weist defektive Züge auf, zugleich ist die Fähigkeit, unangemessene Affekte zu empfinden, gesteigert.[64]

Der Nóos (νόος) unterscheidet sich von allen weiteren psychischen Instanzen im Inneren des lebendigen Menschen dadurch, dass dieser in erster

60 Dass alle psychischen Aktivitätszentren bei Homer erkennen, fühlen und wollen hat T. Jahn, Zum Wortfeld ‚Seele-Geist' in der Sprache Homers (Zet. 83), München 1987, nachgewiesen. Zwar tritt das Herz vornehmlich als Sitz vielfältiger Emotionen zutage, weist aber auch rationale Fähigkeiten auf, denn das Herz kann denken und überlegen (vgl. z. B. Homer, Il. I 188f). Zu den diversen emotionalen Aspekten von κῆρ, ἦτορ und κραδίη sowie deren individuellen Besonderheiten siehe Berres, Personalität, 247–251. Assoziationen mit Liebe sind selten (vgl. z. B. Homer, Il. IX 117; Od. XV 245); in Verbindung mit Gott begegnen diese Begriffe nicht. Im ägyptischen sowie im hebräischen Denken galt das Herz als Sitz der geistigen Prozesse. Vgl. Bauer/Felber, Art. Herz, RAC 14 (1988), 1095ff. Der *Thymos* (θυμός) – eine starke Antriebskraft – vereinigt rationale, voluntative und emotionale Dimensionen in sich: Kognitive Prozesse des θυμός werden bei Homer entweder mit einem konkreten Verb des Denkens beschrieben (z. B. Homer, Il. I 193; II 36; X 355; XXI 137; XXIV 680; Od. XX 10), oder es wird durch ein Verb des Fühlens ausgedrückt, wozu dieses dem Thymos (θυμός) eigentümliche Denken geführt hat, also z. B. zur Furcht, zur Freude etc. (vgl. die Auflistung bei Berres, Personalität, 278, Anm. 144). Die Strebefähigkeit des *Thymos* kann u. a. durch βουλεύω (z. B. Homer, Il. II 5) oder ἐθέλω (z. B. Il. XXI 177) ausgedrückt werden. Auch den *Phrenes* (φρένες) werden voluntative, emotionale und rationale Züge zugeordnet. Das ‚Zwerchfell' kann nämlich nicht nur planen und wollen, sondern erscheint auch als Sitz vieler – z. T. sittlicher – Affekte. Zu den verstandesmäßigen Fähigkeiten dieses Organs zählen u. a. erkennen, wissen, überlegen, hoffen; als Affekte werden u. a. genannt: Zorn, Furcht, Mut, Stärke, Freude, Geduld, Schamgefühl, Kummer, Leid. Vgl. Berres, Personalität, 251f.

61 Der Gebrauch der Ausdrücke für innere Vermögen ist bei Homer nicht nur sprachlich-metrischen Gründen geschuldet, vgl. Schmitt, Moderne, 396, Anm. 418.

62 Vgl. bes. Homer, Il. VII 216; XIII 282.

63 Vgl. z. B. Homer, Od. IX 299ff.

64 Vgl. Schmitt, Selbständigkeit, 195–200.

Linie eine aktivierbare Fähigkeit bezeichnet und weniger eine mit einem Organ korrelierende Instanz. Daher kann der Nóos, ein spezifisch menschliches Vermögen, ganz allgemein in der Brustregion (στῆθος) lokalisiert werden, aber auch an das Zwerchfell (φρένες) oder den Thymos gebunden sein.[65] Seine Leistung ist zwar immer an konkret Wahrnehmbares oder Vorstellbares gebunden, aber er erfasst nicht den Gegenstand an sich, sondern dessen Funktion bzw. Bedeutung. D. h. die primäre Aufgabe des Nóos besteht in der Verarbeitung und Bewertung von Wahrnehmungen und Vorstellungsbildern. Solange dieses Vermögen uneingeschränkt funktionsfähig ist, vermag es einen Sachverhalt von allen Seiten zu betrachten und sich nicht von einem nur augenblicklichen Aspekt gefangen nehmen zu lassen. Entsprechend spricht Homer in Bezug auf den Nóos davon, dass er „nach vorne und nach hinten blicken" kann.[66]

Menschliches Handeln wird bei Homer durch die von verschiedenen Mikro-Akteuren im Menschen ausgehenden psychischen Aktivitäten beeinflusst und gesteuert. An eine Aufteilung der Seele oder gar mehrere Seelen im Inneren des Menschen ist hier jedenfalls nicht gedacht. Die in den homerischen Epen zu Tage tretenden inneren Kräfte können jede für sich aktiv werden, in einheitlicher Ordnung zusammenstimmen oder auch gegeneinander agieren. Zwar gibt es keinen Begriff, der in Analogie zum ‚Herzen' im alten Israel (und Ägypten) „über das ‚Innen' hinaus die Mitte, das personale Zentrum des Menschen bezeichnet",[67] aber dennoch existiert die Vorstellung einer einheitsstiftenden Instanz: Dem Nóos wird die Fähigkeit zugesprochen, eine einheitliche Ordnung des menschlichen Innenraums herzustellen.[68] Insofern kann diese freie, ungehinderte Einsicht als Mittel zur Lösung innerer Konflikte eingestuft werden.[69] Menschliches Verhalten kann unterschiedlich ausfallen, je nachdem, inwiefern der Einzelne der Stimme des Nóos folgt, bzw. die vielen

65 Vgl. z. B. Homer, Il. IV 309; XVIII 419; Od. XIV 490.

66 Vgl. Homer, Il. I 342 ff. Insbesondere G. Plamböck hat darauf aufmerksam gemacht, dass die Leistung des Nóos in erster Linie im Erfassen aller Momente eines Sachverhalts liegt, vgl. Plamböck, Erfassen, 39. Ein wichtiger Anhaltspunkt, um die Frage beantworten zu können, ob es bei Homer eine Trennung von Innen und Außen gab, also einen Unterschied zwischen dem äußerlich Wahrnehmbaren und einem nur im Inneren Erfahrbaren oder Fühlbaren, ist beispielsweise die homerische Auffassung des νόος als Fähigkeit zur weitsichtigen Einsicht, des ungehinderten Intellekts, ohne dass dessen Aktivitäten der Außenwelt kommuniziert werden müssen. Vgl. Il. I 362; XVI 19. Zur Differenz äußerer und innerer Erfahrung bei Homer siehe auch Schmitt, Selbständigkeit, 141–157 sowie Assmann, Geschichte, 82.

67 Assmann, Geschichte, 82.

68 Dafür hat A. Schmitt in seiner Monographie „Selbständigkeit und Abhängigkeit menschlichen Handelns bei Homer" überzeugend argumentiert (zu den Nachweisen vgl. bes. S. 181 ff; 188 ff; 211–217). Diese Auffassung, dass sich der Mensch schon bei Homer als Einheit erlebt, steht im Gegensatz zu älteren Forschungstendenzen, die von einer „Fragmentierung des Selbst" o. Ä. sprachen. Vgl. z. B. Snell, Auffassung, 17–42.

69 Innere Konflikte werden nicht als innerhalb einer und derselben Instanz ablaufend vorgestellt, sondern als ‚Dissoziationen' von Organ und Selbst, dem redenden „Ich". So kann

Handlungstendenzen miteinander zu vereinbaren vermag. Wird die geforderte Einheit nicht erreicht, ist der Mensch äußeren und inneren Einflüssen ausgeliefert.[70] Kann er jedoch das einheitliche Zusammenwirken der von den diversen Zentren ausgehenden Akten durch Folgeleisten des Nóos bewerkstelligen, wird er zu einem Einen, und zwar in dem Sinn, dass er sich seines eigentlichen Selbst gewahr wird und sein Handeln einen tatsächlichen Vorteil und Nutzen für sich selbst und für seine Gesellschaft bedeutet.[71]

Während bei Homer menschliches Erleben und Verhalten in unterschiedlichen psychischen Aktivitätszentren gründet, die zwar je spezifische Aufgaben übernehmen, aber – trotz der sich bereits anbahnenden Vorrangstellung der einheitsstiftenden Vernunft – noch als ungeordnete Größen nebeneinander zu agieren scheinen, kommt es in klassischer Zeit zu einer Strukturierung und Ordnung der vielen Größen, die für den Innenraum stehen können: Plato bündelt das Denken, Wollen und Fühlen in der Seele (ψυχή) als einem dynamischem, aber geordnetem Einheitszentrum des Menschen. Von hier aus wird Innenwelt genauso gesteuert und kontrolliert wie die Außenseite des Menschen, also sein Machen und Handeln. Mit Plato war insofern ein vorläufiger Endpunkt in der Entwicklung des Ausdrucks ψυχή erreicht, die darauf zielte, verschiedene psychische Kräfte im Inneren des Menschen in einen einheitlichen Seelenbegriff zu integrieren.[72] Es ist uns heute nicht mehr einsichtig, warum von allen geistig-seelischen Instanzen der Sprache Homers gerade der im lebenden Menschen unerheblichste Begriff, die ψυχή, die zudem negativ konnotiert war, zum Wesenskern oder Träger der Persönlichkeit wurde. Zwei ganz unterschiedliche Strömungen hatten jedenfalls daran Anteil: Zum einen bildete sich in der ionischen Naturphilosophie die ψυχή als aktives Prinzip aller Lebensäußerungen heraus – im Gegensatz zum homerischen Verständnis, nach dem die ψυχή im Zustand des Bewusstseins inaktiv gedacht war.[73] Zum anderen setzte sich in religiösen Kreisen, insbesondere bei den Orphikern und den Pythagoreern, die Lehre von einer adäquaten Vergeltung menschlichen Handelns im Jenseits durch.[74] Dies musste mit einer Auf- und Umwertung

---

z. B. das literarische Ich in seinem *Thymos* oder seinem Herzen einen Widerpart finden, vgl. z. B. Homer, Od. XI 404–407; XX 18.

70 Latacz, Erschließung, 93, zufolge lässt sich konstatieren, „daß auch für Homer die Menschen, die er sieht und darstellt, sich ihres einheitlichen Selbst durchaus bewußt sind, daß sie sich durchaus nicht als Spielball überirdischer Gewalten fühlen."

71 Vgl. Schmitt, Selbständigkeit, 182.191.213 u.ö.

72 Vgl. Gladigow, Bilanzierung, 94f: „Die Vereinheitlichung der Seelenvorstellung und die Verlagerung der ‚Seele' in das Innere des Menschen – beides wohl parallele Prozesse – sind für die griechische Religionsgeschichte zuerst im Horizont des 6. vorchristlichen Jahrhunderts zu beobachten." Zur Seelenvorstellung Platos siehe ausführlicher Kapitel III.1 dieser Arbeit.

73 Vgl. Seidl, Art. Seele. V., TRE 30 (1999), 749; Bennett, Development, 945f.

74 Vgl. Morgan, Plato, 236.

des homerischen ψυχή-Konzepts sowie einer Aufwertung der Lebens nach dem Tode einhergehen, denn die Idee einer jenseitigen ausgleichenden Gerechtigkeit konnte nur in Zusammenhang mit einer bewussten nachtodlichen Existenz Sinn ergeben.

Auch wenn ψυχή seit Homer ihre Grundbedeutung nie verliert, nämlich dass deren Präsenz im Körper Leben impliziert, ihre Absenz jedoch den Tod des physischen Menschen mit sich bringt, weicht das Konzept der ψυχή bei Plato signifikant von dem homerischen Verständnis ab.[75] Hier ist das ‚Ich' nicht mehr mit dem Körper verbunden, während die ψυχή als Negation des Lebens im Hades vegetiert. Stattdessen findet sich bei Plato die pythagoreische Vorstellung, dass das Ich an eine vom Körper abtrennbare ψυχή gebunden ist, die wertvoller als der Körper ist. Bei Plato begegnet insofern ein homogenes Interpretationsmodell der Person, dessen Wesenskern als ψυχή bezeichnet wird, in dem auch die Möglichkeit zur Erkenntnis gründet. Auch wenn Plato den Seelenbegriff dahingehend weiterentwickelt hat, entspricht seine Seelenteilungslehre der homerischen Sicht des inneren Menschen in zwei Punkten: Erstens sieht auch er das Innere in mehrere Vermögenskräfte geteilt, die miteinander konfligieren können, und zweitens beruht die Einheit der Person (bzw. „Seele") auch bei ihm auf dem Nus (νοῦς): Solange affektive bzw. affektiv geprägte Strebekräfte diesem Vernunftvermögen untergeordnet werden, bildet der personale Innenraum eine harmonische Einheit.[76] Das menschliche Einheitsideal Platos wird also durch eine auf die Vernunft ausgerichtete Seelenkonzeption repräsentiert. Im Unterschied zu der impliziten altisraelitischen und homerischen Anthropologie kann man spätenstens seit Plato von einer Architektur des Körperbildes sprechen, insofern die multifunktionale Psyche als hierarchisches Gefüge dargestellt wird.

3. Zusammenfassung

Während im antik-griechischen Kulturraum das menschliche Wesenszentrum zunehmend in einer nicht-körperlichen Komponente gesehen wird, gehen viele Schriften der hebräischen Bibel von der Körperlichkeit und Ganzheitlichkeit des Menschen mit dem Herzen als zentralem Aktivitätsorgan aus. Diesen beiden Ansichten entsprechen insofern zwei unterschiedliche religi-

---

75 Vgl. dazu auch Platos Kritik an den homerischen Aussagen über die ψυχή am Beginn des 3. Buches der ‚Politeia'.

76 Plato hat jedoch im Gegensatz zu Homer diese Sachverhalte durch theoretische Überlegungen fundiert. Zur Einheitsvorstellung und intrapsychischen Konflikten bei Plato vgl. das folgende Kapitel. Die Weiterentwicklungen der Vernunftdominanz im griechischen Denken werden in meinen Kapiteln zu Aristoteles und zur Stoa verdeutlicht.

onsgeschichtliche Grundtypen.[77] Im biblisch-hebräischen Denken kommt es dem Herzen als Personzentrum und primärem Ort der Gottesbeziehung zu, alle inneren Kräfte auf das äußere Zentrum ‚Gott' auszurichten. Nach alttestamentlicher Vorstellung ist die selbstgesteuerte Einheit der Person also external motiviert: Der Wille Gottes gibt vor, wie eine konsequent richtige Lebensweise und damit Integrität zu erlangen ist. In der griechisch-philosophischen Literatur der Antike lässt sich andererseits eine zunehmende Zentrierung aller psychischen Kräfte im Inneren beoachten, wobei der Vernunft die Voranggstellung einzuräumen ist, um Integrität bzw. ein harmonisches, einheitliches Inneres zu festigen: Zur Erlangung einer einheitlichen Lebensführung müssen alle psychischen Impulse der Vernunft untergeordnet werden. Bei allen Unterschieden ist beiden antiken Kulturräumen jedoch gemein, dass die Einheit des Menschen keine Selbstverständlichkeit, sondern eine zu bewältigende Aufgabe darstellt.[78]

Ausgehend von dem gemeinantiken Ideal eines einheitlichen, zentrierten Selbst soll im Folgenden dargestellt werden, wie sich diverse, kulturprägende Denkansätze, die zu neutestamentlicher Zeit Einfluss ausübten, die Bewältigung dieser Aufgabe vorgestellt haben. Zu diesem Themenkomplex gehört insbesondere die Frage danach, ob zur menschlichen Einheit konträre Auffassungen begegnen, die sich zusammenfassend als Vorstellungen intrapersonaler Dissonanz bezeichnen lassen, und wenn ja, in welcher Weise diese Phänomene zur Sprache gebracht werden.

---

77 Vgl. dazu den Aufsatz von B. Gladigow, ‚Tiefe der Seele' und ‚inner space', in: J. Assmann (Hg.), Die Erfindung des inneren Menschen, Gütersloh 1993, 114–132.

78 Vgl. Theissen, Erleben, 57.

Kapitel III: Dissonanz und Einheit des Menschen in ausgewählten philosophischen Strömungen der Antike

1. Dissonanz und Einheit des Menschen bei Plato

Plato (ca. 428/427–348/347 v. Chr.) hat sich intensiv mit der Problematik innerer Dissonanzen des Menschen sowie der Schwierigkeit, personale Einheit zu erlangen, auseinandergesetzt. Die Widersprüchlichkeit motivationaler Handlungsimpulse in der Seele spielt entsprechend in mehreren seiner Werke eine prominente Rolle. Es scheint sogar der Fall zu sein, dass die wirkmächtige Seelenteilungslehre überhaupt erst entworfen wurde, um intrapsychische Konflikte und die Existenz unterschiedlicher Charakterdispositionen in der Menschheit angemessen erklären zu können.[1] Da die Seele in vielen Schriften des antiken Philosophen als mehrteiliges Ganzes konzipiert ist, das bei Entscheidungskonflikten um die Herstellung oder Beibehaltung seiner harmonischen Einheit ringt, erscheint die Beschäftigung mit dieser Thematik insbesondere mit Blick auf die frühchristlichen Zwei-Seelen-Vorstellung (δίψυχος κτλ.) lohnend, zumal platonische Gedanken neben denen anderer philosophischer Strömungen den Diskurs zur Zeit der frühchristlichen Tradition und Redaktion maßgeblich geprägt haben.

Der Seelenbegriff ist bei Plato so entscheidend, dass der antike Autor als Begründer der philosophischen Psychologie gewertet werden kann.[2] Wie außerordentlich relevant die ψυχή als Ursprungsort menschlichen Verhaltens und als Ermöglichungsgrund der personalen Selbststeuerung für das platonische Gesamtwerk ist, zeigt sich dabei nicht nur in stetig wiederkehrenden Bezugnahmen auf intrapsychische affektive und motivationale Vorgänge, beispielsweise im Zusammenhang mit Fragen nach der Unsterblichkeit der Seele, der Möglichkeit der Selbstvervollkommnung oder der Glückseligkeit des Menschen.[3] Auch die Verhältnisbestimmung zwischen Körper und Seele verweist auf die Bedeutsamkeit des menschlichen Innenraums für den antiken Verfasser, insofern der unsterblichen, immateriellen Seele die Kontrolle über den Affekte erzeugenden, sterblichen, materiellen Leib zukommt.[4] Plato wertet den Körper gegenüber der Seele ab, denn er versteht die Leiblichkeit des

---

1 Ähnlich auch Forschner, Ethik, 137; Ricken, Philosophie, 119; Schmitt, Moderne, 285.298. Hinweise darauf gibt es im platonischen Werk selbst, vgl. Plato, rep. 603d; 604b u.ö.

2 Vgl. Erler, Grundriss, 378. Watson, Psychologists, 40.43, versteht hingegen Aristoteles als ersten „philosophical psychologist". Watson begründet diese Einschätzung mit dem Interesse des antiken Philosophen an Wissenschaft und Systematisierungen.

3 Vgl. Erler, Platon, 21.

4 Vgl. z. B. Plato, Tim. 34c. Um diese Auffassung zu veranschaulichen, spricht Plato metaphorisch vom Leib als ‚Gefährt' (ὄχημα) der Seele, vgl. Plato, Tim. 44e; 69c. Zum Unterschied zwischen Leib und Seele siehe auch Phaid. 80b.

Menschen als einen Störfaktor bei der Kontemplation und beim Erlangen von Wahrheit.[5] Schon deswegen wird der Leib bei Plato bekanntlich als Grab oder Gefängnis der Seele bezeichnet.[6] Aus dieser Hierarchisierung erklärt sich das psychologische Interesse Platos genauso wie sein Ethikverständnis, das wahre Tugendhaftigkeit in der größtmöglichen Distanzierung von unnotwendigen Strebeobjekten mittels psychischer Verhaltenskontrolle sieht.

Allerdings wird die Interpretation der platonischen Psychologie durch mehrere Faktoren erschwert: Zum einen hat Plato keine kohärente, systematische Abhandlung über die Seele geschrieben. Es kann v. a. deshalb keine umfassende und einheitliche Bestimmung des Begriffs ψυχή vorgenommen werden, da die über das Corpus Platonicum verteilten Aussagen über die Seele keineswegs homogen sind, sogar z. T. widersprüchlich erscheinen. Aussagen über die Seele werden zudem in unterschiedliche Argumentationskontexte integriert, beispielsweise wenn es um die Lehre der Wiedererinnerung, die Bestimmung von Tugenden oder die Zweiweltenlehre geht. Zum anderen begegnen unterschiedliche Bezeichnungen und Beschreibungen der einzelnen Seelenteile und ihrer Qualitäten, so dass eine auf Einheitlichkeit abzielende Darstellung der Seelenteilungslehre mit Schwierigkeiten behaftet ist.[7] Möglicherweise hat Plato unterschiedliche Modelle vertreten, oder aber eine Entwicklung durchlaufen.[8] Zu berücksichtigen ist jedoch auch, dass die Divergenzen bezüglich der Vorstellungen über die Seele dem jeweiligen Figureninventar des entsprechenden Dialogs geschuldet sein könnten, was bedeutet, dass nicht jede Aussage in Bezug auf die Seele ohne weiteres als Überzeugung des historischen Verfassers gewertet werden darf.[9] Aus diesen Gründen wird sich die folgende Darstellung auf die differierenden Modelle der mehrteiligen Seele in ausgewählten Dialogen beschränken, ohne dass zugleich der Versuch nach einer einheitlichen Erklärung unternommen wird.

In einem ersten Schritt werden die unterschiedlichen Seelenteile, die miteinander in Widerstreit geraten können, mitsamt ihren jeweiligen Charakteristika und Funktionen dargestellt. Davon ausgehend sollen in einem zweiten Schritt die diversen Möglichkeiten bzw. Typen intrapsychischer Dissonanzen skizziert werden. Anschließend werden angemessene und unangemesse Bewältigungsstrategien innerer Konflikte geschildert, wobei die platonische Auffassung der Akrateia, d. h. des Handelns gegen die bessere Einsicht, im

---

5 Vgl. Plato, Phaid. 65c; 66b–d.

6 Vgl. Plato, Phaidr. 250c.

7 Zu den Harmonisierungsversuchen in der Forschungsgeschichte sowie den Versuchen, eine Chronologie der entsprechenden Werke zu erstellen, siehe A. Graeser, Probleme der platonischen Seelenteilungslehre. Überlegungen zur Frage der Kontinuität im Denken Platons (Zet. 47), München 1969, bes. 1–11.

8 Zu den diversen Erklärungsversuchen vgl. z. B. Büttner, Literaturtheorie, 19f.

9 Vgl. dazu auch Erler, Platon, 21f.

Vordergrund stehen soll. Weil Plato häufig metaphorische Redeweise und bildhafte Illustrationen zur Veranschaulichung der seelischen Dynamik im Menschen verwendet, darf ein Blick auf entsprechende Darstellungen in diesem Kapitel nicht fehlen. Und in einem letzten Schritt soll die platonische Vorstellung menschlicher (Seelen-)Einheit erörtert werden: Wie ist psychische Einheit konzeptualisiert und umschrieben? Wie kann sie hergestellt und erhalten werden?

1.1. Die Teile der menschlichen Seele nach Plato: Anthropologische Voraussetzungen für intrapsychische Dissonanzen

Obwohl die ψυχή in beinahe allen Dialogen Platos Erwähnung findet, ist die Lehre von den drei Teilen der Seele nicht in allen seinen Schriften nachweisbar.[10] Diese trichotomische Seelenvorstellung beinhaltet, dass jeder Teil der Seele durch eine spezifische Lust, eine spezifische Erkenntnisweise und ein spezifisches Wollen charakterisierbar ist.[11] Dieser in der Vergangenheit öfters vernachlässigte oder missverstandene Sachverhalt steht im schroffen Gegensatz zu der verbreiteten Auffassung, die drei Seelenteile bei Plato respräsentierten drei separat agierende psychische Akteure oder Steuerungssysteme, nämlich Vernunft, Gefühl und Wille.[12] Für Plato hingegen ist die Entsprechung

---

10 Dass Plato die Vermögen der Seele als voneinander zu unterscheidende ‚Teile' auffasst, wird im Staat besonders deutlich: Dort bezeichnet er sie als μέρη (‚Teile') oder εἴδη (‚Formen'), vgl. Plato, rep. 435c; 435e; 437b; 439e; 440e; 442b–c; 444b; 581a u.ö. Als Befürworter einer tendenziell zweiteiligen Seelenlehre im Werk Platos ist vor allem E. Groag nennen (vgl. Groag, Platons Lehre von den Seelenteilen I, WSt 35 [1913], 323–352 und Ders., Platons Lehre von den Seelenteilen II, WSt 37 [1915], 118–141). Für eine weithin dreiteilige Seelenlehre ist insbesondere A. Grube eingetreten (vgl. Grube, Plato's Thought, London 1935, bes. 120–149), sodann auch A. Graeser, Probleme der platonischen Seelenteilungslehre (Zet. 47), München 1969. Ob das Spätwerk Platos, v. a. die Schrift ‚Nomoi', eine dichotomische oder trichotomische Seelenkonzeption beinhaltet, scheint besonders umstritten. Für eine Zweiteilung votiert z. B. D.A. Rees, Bipartition of the Soul in the Early Academy, JHS 77 (1957), 112–118; von einer Dreiteilung geht hingegen T.J. Saunders, The Structure of the Soul and the State in Plato's Laws, Eranos 60 (1962), 37–55, aus. Zu den Tendenzen der Forschung siehe z. B. Brinker, Art. Seele, 255. Büttner, Literaturtheorie, 18–121, hat sich mit verschiedenen modernen Interpretationsmöglichkeiten der platonischen Seelenteilungslehre intensiv auseinandergesetzt.

11 Ähnlich Silverman, Plato, 137; Hahmann, Vier, 72–74. Vgl. dazu z. B. Plato, rep. 580d; 581c; 583a. Schon in der Antike wurde Kritik an der Dreiteilung der Seele laut. Siehe dazu Burnyeat, Truth, 1. Aber auch Plato selbst wies darauf hin, dass die von ihm im vierten Buch der ‚Politeia' angewandte Methode für eine akkurate, wahrheitsgetreue Darstellung der Seele ungenügend ist. Vgl. Plato, rep. 611b–612a.

12 Dass die im 18. Jahrhundert eingeführte und noch immer wirkmächtige Unterscheidung von Vernunft, Gefühl und Wollen als drei separaten Vermögen für die Interpretation

zu der modernen Dreiteilung in Kognition, Emotion und Volition – grob gesprochen – innerhalb jedes einzelnen Seelenteils von Belang. Jeder Bereich der Psyche vereinigt diese drei Aspekte in sich, insofern Plato jedem Seelenteil kognitive, affektive und volitionale Tätigkeiten, oder genauer: Akte des unterscheidenden Erkennens, des Fühlens und des Strebens attestiert.[13] Diese funktionsintegrierende Sichtweise ist dem platonischen Verständnis dessen geschuldet, was Denken bzw. Rationalität bedeutet.

Denken wird nämlich von Plato als Unterscheiden (κρίνειν) von etwas Bestimmtem definiert[14] und steht somit der heutigen Auffassung des Denkens als bewusste Vergegenwärtigung der in das Gehirn eingespeisten Denkgegenstände oder Vorstellungsbilder deutlich entgegen.[15] Aus platonischer Perspektive ist Denken nicht primär Bewusstsein oder gar Urteilen im Sinne eines Willensaktes, sondern die Fähigkeit, Unterscheidbares zu unterscheiden, d. h. Unterschiede erfassen und auseinanderhalten zu können, und zwar ganz gleich, ob diese Unterscheidungsleistung bewusst oder unbewusst vollzogen wird.[16] Daher hat für den antiken Verfasser jeder psychische Akt auch eine je eigene Rationalität, denn es ist immer eine und dieselbe Unterscheidungsleistung, die beim Wahrnehmen, Fühlen, Vorstellen, Meinen usw. zum Tragen kommt.[17] Im der Konsequenz kann es bei Plato auch keine Kluft zwischen „rationalen" und „irrationalen" psychischen Akten geben, wohl aber zwischen

---

der platonischen Psychologie ungeeignet oder zumindest höchst problematisch ist, haben A. Schmitt und S. Büttner überzeugend dargestellt. Vgl. Büttner, Die Literaturtheorie bei Platon und ihre anthropologische Begründung, Tübingen/Basel 2000; Schmitt, Die Moderne und Platon. Zwei Grundformen europäischer Rationalität, 2., überarb. Aufl., Stuttgart/Weimar 2008, bes. 284–287.

13 Vgl. dazu Schmitt, Moderne, 283–285.

14 Auch Aristoteles versteht Denken in erster Linie als Unterscheidungsleistung, siehe z. B. Aristoteles, anima 424a5 f; 426b10.14; 427a19–21 u.ö.

15 Vgl. zum Unterschied zwischen dem neuzeitlichen Erkenntnisbegriff und dem Erkenntnisbegriff bei Plato und Aristoteles A. Schmitt, Zur Erkenntnistheorie bei Platon und Descartes, AuA 35 (1989), 54–82; ders., Kritische Anmerkungen zum neuzeitlichen Wissenschaftsbegriff aus der Sicht des Altphilologen, Gymnasium 98 (1991), 232–254.

16 Dieser platonische Begriff des Denkens als Unterscheiden von etwas Bestimmten im Kontrast zu dem neuzeitlichen, am Bewusstsein orientierten Rationalitätsverständnis ist nachvollziehbar und anschaulich beschrieben von Schmitt, Moderne, 270–282. Hier sei lediglich eine kurze Passage (ebd., 272 f) zitiert, in der die Position der platonischen Tradition besonders einleuchtend dargestellt und auf den Unterschied zur modernen Position bezogen ist: „Gerade beim eigentlichen Denken gibt es kein begleitendes Akt-Bewußtsein. Wer etwa ganz konzentriert rechnet oder liest, wird, je konzentrierter er ist, desto weniger Bewußtsein von seinem Tun haben. Aber er denkt sehr wohl dabei, denn er unterscheidet, vergleicht, verbindet, trennt das Unterschiedene, und er tut dies aktiv und spontan, es geschieht nicht einfach etwas in ihm, im Gegenteil: je konzentrierter er ist, desto mehr eigene Aktivität leistet er."

17 Vgl. Plato, rep. 523a–b; 524d–525a.

unterschiedlichen Strebeimpulsen.[18] Insofern jede Art von Erkenntnisleistung unmittelbar mit dem Bemerken von Lust (ἡδονή) oder Unlust/Schmerz (λύπη) verbunden ist, d. h. mit dem Gefühl, wie angenehm oder unangenehm etwas Bestimmtes für den Erfassenden ist,[19] führt die Erwartung der mit einer derartigen gefühlten Wertung behafteten Vorstellung zu einem Bewegungsimpuls, Entsprechendes zu erstreben oder aber zu vermeiden. Derartige Vorstellungen können dabei durch Wahrnehmung, Meinung oder vernünftiges Denken als Arten der Erkenntnis generiert werden, die jeweils auf unterschiedliche Erkenntnisgegenstände bezogen sind und mehr oder weniger befangen zu operieren vermögen.[20] Für die platonische Einteilung der menschlichen Seele bedeuten diese erkenntnis- und handlungstheoretisch relevanten Skizzierungen, dass die drei Seelenteile divergierende Möglichkeiten des Strebens darstellen. Sie sind unterschiedliche Formen des Wollens mit je eigenen Zielen und Erkenntniszugängen.[21]

Plato entfaltet die triadische Struktur der ψυχή in der ‚Politeia' und im ‚Timaios' mit besonderer Deutlichkeit.[22] In diesen Dialogen sind Anordnung,

---

18 Insofern trägt eine Analyse der Seelenteilungslehre letztlich nicht nur zur präziseren Erfassung des platonischen Menschenbildes, sondern auch der Erkenntnistheorie bei.

19 Zur Identifizierung der Lust mit dem Guten und Angenehmen sowie der Unlust mit dem Schlechten und Unangenehmen siehe Plato, Prot. 355a–c. Das Fühlen von Lust und Unlust ist kein eigenständiges seelisches Vermögen (gegen Zill, Meßkünstler, 172), sondern eine Begleiterscheinung jeglicher Erkenntnisleistung (mit Büttner, Literaturtheorie, 360; Schmitt, Selbständigkeit, 170). Lust und Unlust sind an sich nicht negativ zu werten. Sie erhalten ihren moralischen Wert vielmehr durch ihr jeweiliges Bezugsobjekt, durch die das Lust- bzw Unlustgefühl jeweils begleitende Erkenntnisweise sowie durch ihre jeweilige Intensität (daher kommt es auf die richtige Wahl zwischen Übermaß und Mangel an Lust bzw. Unlust, d. h. auf die Bestimmung der Angemessenheit dieser gefühlten Wertung an, vgl. Plato, Prot. 356–357). Lust und Unlust unterscheiden sich von anderen Affekten (die immer schon ein Strebemoment enthalten) dadurch, dass sie ein gegenwärtiges Gefühl darstellen, so dass die *Vorstellung* eines möglichen oder zukünftigen Mehr an Lust bzw. Unlust zu der unmittelbaren Erfahrung der Lust bzw. Unlust hinzukommen muss, damit eine Handlungsbestrebung entsteht.

20 Während man mit der Wahrnehmung Einzelnes erfasst und mit der Meinung Allgemeines am Einzelnen, erfasst man nur mit dem Verstand im Reinsinn Allgemeines für sich selbst. Vgl. dazu Schmitt, Moderne, 298.

21 Vgl. Plato, Tim. 47d–e, 69c–72d, 80b, 88a–b, 90b–d; rep. 580d ff, 474c ff. Siehe dazu auch Schmitt, Moderne, 285–287.

22 Die ‚Politeia' wird i. d. R. zu der mittleren Schaffensperiode Platos, der ‚Timaios' zu der späten gerechnet. Eine chronologische Nachzeichnung möglicher Entwicklungslinien hinsichtlich der Seelenteilungslehre kann aufgrund der unabgeschlossenen Forschung in Bezug auf die Einteilung platonischer Schriften und aufgrund der systematisierenden Intention der Darstellung platonischer Vorstellungen zur Einheit und Dissonanz des Menschen bzw. der Seele hier vernachlässigt werden. Zur Problematik, die Datierungsversuche des platonischen Gesamtwerks nach drei Schaffensperioden mit sich bringen, und zur diesbezüglichen Forschungskontroverse siehe z. B. Brandwood, The Chronology of Plato's Dialogues, Cambridge 1990; Young, Plato and Computer Dating, OSAP 12 (1994), 227–250.

Spezifika und Interrelationen der drei Strebevermögen – nämlich Logistikon, Thymoeides und Epithymetikon – beschrieben.[23]

Der Seelenteil, der nach Plato Epithymetikon (ἐπιθυμητικόν) genannt wird, ist vor allem durch seine Vielgestaltigkeit charakterisiert, die in einer großen Zahl an Begierden (ἐπιθυμίαι) zum Ausdruck kommt.[24] Es wird als derjenige Teil charakterisiert, „wodurch die Seele liebt, hungert, dürstet und von den Begierden umgetrieben wird."[25] Es zielt also auf „die sogenannten Lüste am Körper",[26] die durch die Wahrnehmung evoziert werden können,[27] wie z. B. das Liebesverlangen.[28] Die Erkenntnisleistung des Epithymetikons ist Schranken unterworfen, da die Wahrnehmung auf die Möglichkeiten des jeweils betroffenen Sinnesorgans beschränkt ist.[29] Aus dieser Befangenheit erklärt sich u. a., weshalb den im Epithymetikon entspringenden affektiven Strebeimpulsen nicht unreflektiert nachgegeben werden soll:[30] Aufgrund der Täuschungsanfälligkeit der Wahrnehmungsorgane machen uns Sinneseindrücke häufig glauben, das Streben nach der unmittelbaren situativ bedingten konkreten Lustbefriedigung bzw. Unlustvermeidung sei gut, obwohl sie in Wahrheit für die betroffene Person Risiken birgt oder sogar Nachteile bringt. Besondere

23 Vgl. bes. das vierte, achte und neunte Buch der Politeia sowie Plato, Tim. 69c–72a; 89e–90d. Auch wenn im ‚Timaios' die Benennung der Strebevermögen als Logistikon, Thymoeides und Epithymetikon nicht begegnet, stimmen doch die Attribute und Funktionsbeschreibungen der Seelenteile mit der Charakterisierung dieser Teile im ‚Staat' überein.

Weil die dreigliedrige Seele im Phaidrosdialog als eidetisches Modell begegnet, wird ihre Darstellung als ‚Seelenwagen' in demjenigen Unterabschnitt dieses Kapitels beleuchtet, der sich mit metaphorischen und bildhaften Analogien der dissonanten Seele befasst.

24 Vgl. Plato, rep. 580d.

25 Vgl. Plato, rep. 439d.

26 Ἁι περὶ τὸ σῶμα καλούμεναι ἡδοναί; vgl. Plato, rep. 442a–b; 585d.

27 Aus platonischer Sicht entsteht eine Begierde dann, wenn der Mensch eine Abweichung vom regulären Körperzustand wahrnimmt (er registriert beispielsweise Hunger). Wenn die im Erinnerungsvermögen verankerte Vorstellung vom angenehmen physischen Normalzustand (dem Sättigungsgefühl) durch die gegenwärtige Meinung verstärkt wird, das gewünschte Ziel in der Zukunft sei erstrebenswert und erreichbar, wird in der Seele ein begehrendes Streben ausgelöst, um die gewohnheitsgemäße physische Verfasstheit wiederherzustellen oder sogar um ein ‚Mehr' an dem Lustbereitenden zu erlangen. Dieser Vorgang wird besonders gut im Philebosdialog erläuert (vgl. bes. Plato, Phil. 34eff). Zum komplexen Zusammenwirken der psychischen Vermögen bei der Erzeugung einer Begierde vgl. Büttner, Literaturtheorie, 94–96.

28 Vgl. Plato, Tim. 69d.

29 Mit der Zunge kann man beispielsweise unterschiedliche Geschmacksrichtungen (wie süß oder bitter) wahrnehmen, nicht aber Töne oder Farben. Auf Fähigkeiten und Mängel der Wahrnehmung ist in Plato, rep. 523b–524d hingewiesen. Zur Wahrnehmungstheorie bei Plato siehe Büttner, Literaturtheorie, 66–88.

30 Vgl. dazu die Aufgabenbeschreibung in Plato, Tim. 70a, nach der der begehrende Seelenteil idealiter freiwillig auf die Vernunft hört. Nach Plato, Gorg. 493a ist er häufig durch Ungehorsam gezeichnet.

Vorsicht ist nach Plato daher Hunger- oder Durstbegierden entgegenzubringen, da die von ihnen ausgehende Intensität ausgesprochen mächtig erfahren werden kann.[31] Manche Begierden sind Plato zufolge unersättlich in ihrem Streben nach Bedürfnisbefriedigung und können sich sogar im Schlaf melden.[32] Weil der antike Philosoph das durch Wahrnehmungen ausgelösten Begehren als vernunftfern auffasst,[33] lokalisiert er das Epithymetikon im Timaiosdialog im Bauchbereich (also besonders weit von der im Kopf verorteten Vernunft entfernt)[34] und assoziiert es mit dem weiblichen Geschlecht,[35] das der Antike i. d. R. als besonders emotional und affizierbar gilt.[36]

Das Thymoeides (θυμοειδές) wird im Timaios körperlich oberhalb des Zwerchfells, d. h. in der Brust- und Herzgegend verortet. Es ist mit dem männlichen Geschlecht in Zusammenhang gebracht.[37] Zwar steht dieses Strebevermögen dadurch der Vernunft näher, ist ihr aber dennoch untergeordnet, denn es hat ihr Folge zu leisten. Entsprechend kommt dieser Komponente der Seele die Aufgabe zu, zwischen dem Epithymetikon (das nicht auf die Vernunftvorgabe hören kann) und dem uneingeschränkt vernünftigen, oberen Seelenteil (dem Logistikon) zu vermitteln.[38] Das Streben des Thymoeides zielt auf die Wahrung bzw. Wiederherstellung von Gerechtigkeit. Genauer geht es ihm darum, die Entwicklung und Verwirklichung der spezifischen Fähigkeiten des Einzelnen zu ermöglichen. Insofern gerecht ist, wer „das Seine" tut, bzw. wenn jemandem „das Seine" zukommt, erstrebt das θυμοειδές Gerechtigkeitsausgleich, Ansehen, Sieg und Ehre.[39] Seine spezifische Erkenntnisweise ist eine Meinung (δόξα).[40] Zwar basiert das Meinen auf rationalen Schlussfolgerungen, aber da diese aufgrund von wahrnehmbaren Merkmalen eines Einzelfalles gezogen werden, müssen die deduzierten Urteile nicht den Tatsachen entspre-

---

31 Vgl. Plato, rep. 437d.

32 Vgl. Plato, rep. 571c; 573d.

33 Vgl. Plato, Tim. 36. In Tim. 77b ist vom begehrenden Seelenteil ausgesagt, es werde von externen Reizen affiziert, und habe weder am Meinen, noch an rational-abstraktem Denken, noch an der Vernunft Anteil.

34 Die räumliche Distanz zu dem im Kopf verorteten Seelenteil, das vernünftige Handlungsmotivationen produziert, wird in Plato, Tim. 70e damit begründet, dass es so möglichst wenig „Unruhe und Lärm" verursache.

35 Vgl. Plato, Tim. 69e–70a.

36 Vgl. dazu P. von Gemünden, Die emotionale Frau und der vernünftige Mann? Die Affekte und der Logos in ihrer Zuordnung zu den Geschlechtern der Antike. Ein Kapitel historischer Psychologie, in: Dies., Affekt und Glaube. Studien zur Historische Psychologie des Frühjudentums und Urchristentums (NTOA/StUNT 73), Göttingen 2009, 138–159.

37 Vgl. Plato, Tim. 69e–70a.

38 Vgl. Plato, Tim. 70a. Zur Ausübung dieser Funktion agiert das Herz als helfendes Organ, vgl. Plato, Tim. 70a–b. Zum Thymoeides als „mediator" zwischen den beiden anderen Strebevermögen siehe z. B. Brennan, Nature, 123.

39 Vgl. Plato, rep. 410d; 550b; Tim. 70a; 90b.

40 Vgl. Plato, Tim 90b.

chen.[41] Deshalb ist v. a. der Zorn derjenige Affekt, der sich bei Aktivierung dieses Seelenteils hauptsächlich äußert, da er ja als Folge der (möglicherweise irrtümlichen) Meinung, ungerecht behandelt worden zu sein, auftritt.[42] Da eine δόξα aber die Situation nicht unter allen Blickwinkeln betrachtet, kann die auf eine ganz bestimmte Situation fixierte Meinung qualitativ nur zwischen dem Wissen des Logistikon und dem Wahrnehmen des Epithymetikon stehen. Entsprechend kann das Thymoeides im Gegensatz zum Epithymetikon dahigehend motiviert werden, für den Vorteil der sozialen Umwelt zu agieren, sofern es dazu geschult ist.

Das Logistikon (λογιστικόν) ist als derjenigen Seelenteil zu verstehen, der seine Energie auf die Freude am Lernen richtet. Weil sein Streben auf das Wissen nach Wahrheit und dem Guten zielt,[43] kann das Logistikon auch als das „Lernbegierige" oder „Weisheitsliebende" im Menschen bezeichnet werden.[44] Nach dem Timaiosdialog ist dieses Strebevermögen im Kopf lokalisiert.[45] Als Erkenntnisvermögen wirkt in ihm in erster Linie die Vernunft (νοῦς),[46] die alle Aspekte einer Sache zu erfassen vermag. Die Erkenntnis der Wahrheit ist unmittelbar mit einer Form von Lust verbunden, die Plato als die größte und wahrste aller Genussempfindungen bezeichnet, da sie ohne Einbeziehen des Körpers allein von der Seele ausgeht.[47] Aufgabe des Logistikon ist es, die Lust- und Unlustfaktoren der Bestrebungen aller Seelenteile gegeneinander abzumessen, so dass eine vernünftige Entscheidung für das menschliche Verhalten getroffen werden kann.[48]

---

41 Vgl. dazu SCHMITT, Moderne, 324–329. Nach Plato, Tht. 189e–190a vollzieht sich der Meinungs- und Vorstellungsbildungsprozess in der Seele, indem die Seele wie in einem Selbstgespräch Fragen stellt und Antworten findet.

42 Vgl. Tim 70a; rep. 586c. Entsprechend ist der Thymos nur schwer zu besänftigen, vgl. Tim. 69d. Um darzulegen, dass das Thymoeides vom Logistikon zu unterscheiden sei, führt Plato das Beispiel eines Kleinkindes an, das lange vor dem Zeitpunkt, da man ihm Vernunft zuschreiben könnte, bereits in Rage geraten kann. Vgl. Plato, rep. 441a–b. In Plato, leg. 863 wird der Zorneseifer (θυμός) als ‚unvernünftig' bewertet. Zur Funktion des Thymoeides siehe z. B. T. BRENNAN, Nature of the Spirited Part of the Soul and its Object, in: R. Barney/T. Brennan/C. Brittain (Hg.), Plato and the Divided Self, Cambridge 2012, 102–127.

43 Vgl. Plato, rep. 581b; Tim 90b–c. Die Erkenntnis der Wahrheit umschließt für Plato u. a. die Erkenntnis ethischer Prinzipien. Daher strebt dieser Seelenteil auch nach handlungsrelevanter Klugheit, vgl. auch Plato, rep. 528c8; 442c6; Tim 88a–b.

44 Vgl. Plato, rep. 581b.

45 Vgl. Plato, Tim 70a (in rep. 560b wird dieser Seelenteil als ‚Akropolis' bezeichnet).

46 Vgl. Plato, Tim 41c–d; 69c–d; 90a.

47 Vgl. Plato, rep. 485d–e; 583a–587b.

48 Plato beschreibt in rep. 602d die Schwierigkeit, dass viele Lüste der beiden „niederen" Seelenteile größer erscheinen als sie sind. Deshalb müsse das λογιστικόν durch Messen, Zählen und Abwägen (μετρεῖν, ἀριθμεῖν, ἱστάναι) den gerechten Ausgleich herstellen. Vgl. auch Plato, rep. 602e. In rep. 603a charakterisiert Plato denjenigen Teil der Seelen als den besten, der auf Maß (μέτρον) und Berechnung (λογισμός) vertraut (πιστεύω).

Will Plato die verschiedenartigen Weisen betonen, mittels derer der Mensch nach etwas streben kann, legt er eine Dreiteilung der Seele zugrunde. Steht hingegen der Unterschied zwischen den Erkenntnismöglichkeiten im Vordergrund, spricht er tendenziell von einer Zweiteilung der Seele.[49] So differenziert er zwischen einem ‚vernünftigen' (λογικόν) und einem ‚unvernünftigen' (ἄλογον) Teil der Seele.[50] Um zu verstehen, was damit gemeint sein könnte, muss man sich zunächst die platonische Auffassung über Rationalität vergegenwärtigen. Wie bereits dargelegt bedeutet Denken für Plato nämlich in erster Linie, Unterscheidungsleistungen vollziehen und dadurch einen Erkenntnissgewinn erlangen zu können. Idealiter sollten diese Erkenntnisse weder auf konkrete Wahrnehmungen noch auf irrtumsanfällige Schlussfolgerungen (‚Meinungen') angewiesen sein. Der ‚vernünftige' Teil der Seele erfüllt diese Maßgaben und ist entsprechend in seiner Erkenntnis- und Urteilsfähigkeit uneingeschränkt. Wenn Epithymetikon und Thymoeides hingegen als ‚unvernünftig' bezeichnet werden, dann heißt dies lediglich, dass ihrer Erkenntnisfähigkeit Grenzen gesteckt sind, weil sie in ihrer Anwendung gebunden sind. Der ‚unvernünftige' Seelenteil vermag aufgrund seiner affektiven Befangenheit nicht, einen Sachverhalt in abstrakter Weise und aus möglichst objektiver Perspektive zu reflektieren. Aufgrund seines Potentials, menschliches Verhalten fehlzuleiten, wird er auch als ‚schlechterer' Teil der Seele bezeichnet.[51]

Kombiniert man die Aussagen über die Seelenteile aus der ‚Politeia' und dem ‚Timaios', kann zusammenfassend zwischen drei Teilen der Seele differenziert werden, die sich in dem Grad der Freiheit (‚vernünftig') bzw. Befangenheit (‚unvernünftig') ihrer jeweiligen Erkenntnisfähigkeit unterscheiden. Die Teile sind jeweils in spezifischen Körperbereichen lokalisiert, physisch streng geschieden und zugleich hierarchisch angeordnet.

---

49 Dass für Plato trichotomische und dichotomische Auffassungen von der Seele vereinbar sind, wird besonders im ‚Timaios' evident. Denn in Plato, Tim. 69c–71a ist zunächst von einem unsterblichen, „vernünftigen" und einem sterblichen, „unvernünftigen" Seelenteil die Rede. Innerhalb der unvernünftigen Komponente wird dann zwischen dem Sitz für die Begierden einerseits und dem Sitz des Thymos andererseits differenziert. Auch Brinker, Art. Seele, 255, betont, dass in Bezug auf Aussagen über die Seele die jeweiligen Argumentationskontexte berücksichtigt werden sollten.

50 Vgl. nur Plato, rep. 571c.

51 Vgl. Plato, rep. 431a.

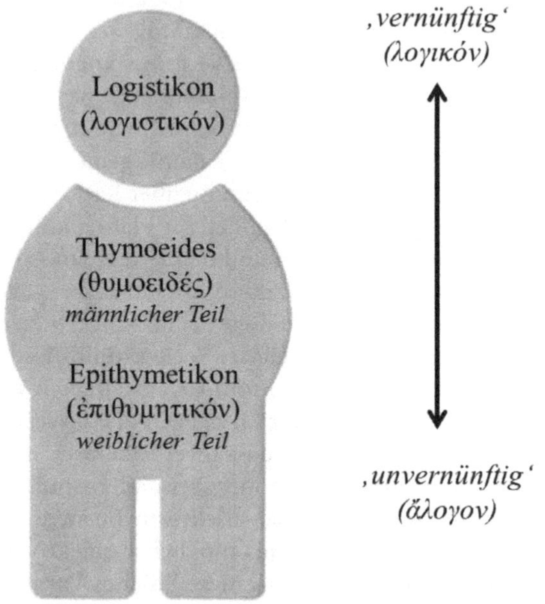

Abb. 1: Platos trichotomisches Seelenmodell
nach ‚Politeia' und ‚Timaios'

Die meisten Dissonanzen, die zwischen diesen Seelenteilen entstehen können, sind auf die nach Durchsetzung strebenden, potentiell risikoreichen affektiven Kräfte wie z. B. die Begierde, den Zorn oder die Furcht zurückzuführen. In Bezug auf die Affekte im platonischen Werk lässt sich jedoch keine durchgehend konsequente Definition und Bestimmung ermitteln. Allenfalls die begleitenden Werturteile als lust- oder schmerzbereitend können als gemeinsames Merkmal aller Affekte verstanden werden.[52] Die Mehrheit der behandelten Affekte bewertet Plato kritisch bis negativ, vor allem, wenn sie körperbezogene Ursachen haben und dadurch den wahren Charakter eines Sachverhalts oder einer Situation verkennen.[53] Zu letzterer Klasse gehören insbesondere diejenigen Affekte, die auf zukünftig erwartete Geschehen gerichtet sind, wie z. B. die Begierde oder die sinnliche Lust.[54]

---

52 Vgl. Plato, Phil. 35e–f.

53 So versteht Plato beispielsweise die aus der Wahrnehmung entspringende, auf die Zukunft gerichtete Lust als stärksten Köder des Schlechten, vgl. Plato, Tim. 69c. Von diesem Typus der Lust ist das jede Erkenntnisleistung unmittelbar bewertende Lustgefühl (bzw. Unlustgefühl) zu unterscheiden.

54 Begierden (πόθοι) und Lüste (ἡδοναί) stehen in leg. 633d neben denjenigen Mächten schmeichlerischer Reize, die den Thymos (θύμος) wie Wachs zum schmelzen bringen

1.2. Die dissonante Seele bei Plato: Typen intrapsychischer Konflikte nach der ‚Politeia'

Plato konstatiert in der Politeia, dass die Seele des Menschen unzählbare Selbstwidersprüche erfahren kann, die vor allem einander entgegengesetzten Anschauungen über ein und denselben Sachverhalt oder konfligierenden Handlungsimpulsen entspringen.[55] Weil im Menschen in Bezug auf ein und dieselbe Angelegenheit ein entgegengesetztes Streben (ἐναντία ἀγωγή) auftreten könne, müssten mehrere Seelenteile als Ursache dieser Dissonanz angenommen werden.[56] Aus der platonischen Vorstellung, die Seele des Menschen könne drei unterschiedliche Strebeformen entwickeln, erklärt sich die detaillierte Darstellung verschiedenartiger Konfliktkonstellationen zwischen den Seelenteilen in der ‚Politeia'.

Als Beispiel für einen Konflikt zwischen λογιστικόν und ἐπιθυμητικόν nennt Plato folgende Situation, die seiner Meinung nach recht häufig auftreten könne: Eine Person empfinde Durst, wolle (ἐθέλω) aber nicht trinken. Daraus sei zu folgern, dass im Menschen in Bezug auf dasselbe Tun zwei sich ausschließende, auseinandertreibende Impulse existierten: ein gebietender und ein verbietender. Der Bestrebung des Epithymetikon, die Begierde zu befriedigen, stehe die Bestrebung des Logistikon entgegen, das die Verlockung verhindern wolle.[57]

Das ‚Kämpfen' (πολεμεῖν) zwischen der sich gegen Unrecht ereifernde Kraft der Seele, also dem Thymoeides, und dem nach Befriedigung körperlicher Begierden strebendem Vermögen, also dem Epithymetikon, illustriert Plato anhand einer Erzählung:[58]

> Auf seinem Weg aus Piräus kam Leontius, Sohn des Aglaion, außerhalb der Nordmauer entlang und nahm Tote auf dem Henkersplatz liegend wahr (αἰσθάνομαι). Er begehrte sie anzusehen (ἐπιθυμέω ἰδεῖν), gleichzeitig aber wurde er zornig auf sich (δυσχεραίνω) und verabscheute sich. Eine Zeit lang kämpfte er mit sich (μάχομαι) und verhüllte sich, dann aber wurde er von seinen Begierden überwältigt (κρατούμενος ὑπὸ τῆς ἐπιθυμίας), riss die Augen weit auf, lief zu den Leichen hin und sagte: „Da schaut her, ihr von einem bösen Dämon Besessenen, sättigt euch an dem schönen Anblick!"

---

können. Sie streben mit List nach Durchsetzung ihrer Interessen, weshalb sie ein besonders mächtiges Potential zur Verursachung von Fehlhandlungen besitzen (leg. 863a; 870a). Zorn (ὀργή) und Furcht (φόβος) sind in Plato, leg. 632a beispielsweise bestimmt als durch Unglück hervorgerufene Erschütterungen (ταραχαί) der Seele. Nach leg. 863a sind Zorn und Lust imstande, den Menschen dazu zwingen, gegen sein vernünftiges Wollen (βούλησις) zu handeln.

55 Vgl. Plato, rep. 603d.

56 Vgl. Plato, rep. 604b.

57 Vgl. Plato, rep. 439c–d.

58 Vgl. Plato, rep 439e–440a (Übersetzung von mir, A.N.).

Die durch die visuelle Wahrnehmen entstandene Begierde, die Leichen näher zu betrachten, steht dem Bestreben des mit dem Logistikon verbundenen Thymoeides, den Toten das Ihre zukommen zu lassen, d. h. ihre Ehre durch Schaulustigkeit nicht zu kränken, gegenüber. Zunächst versucht Leontius noch, seine Augen zu verhüllen, doch die Begierde, die Hinrichtungsopfer zu begaffen, hat sich bereits fest verankert. Leontius verliert den Kampf gegen sein Thymoeides, und gibt der Begierde zur Leichenbetrachtung nach. Er handelt also trotz besseren Wissens falsch. Dass der Erzählfigur dies bewusst ist, zeigt nicht nur die Beschreibung der Szene als innerer Kampf, sondern auch die Selbstanrede, in der er seine Augen tadelt und sie als von bösen Dämonen besessen bezeichnet. Die Erzählung fungiert als Erweis der Ungleichheit von Epithymetikon und Thymoeides, die wie zwei Gegner miteinander zu kämpfen vermögen.[59]

Eine dritte Art von intrapsychischem Konflikt ist der zwischen Logistikon und Thymoeides. Plato zitiert einen Vers aus Homers Odyssee,[60] um diesen inneren Zwiespalt zu illustrieren: Nachdem Odysseus sich bei seiner Heimkehr von der Irrfahrt in seinem Ehrgefühl durch das Verhalten der Freier im Palast beschädigt sieht (so die Meinung seines Thymoeides), schilt er sein Herz und versucht im Selbstgespräch, seinen Zorn zu bändigen und das langfristige Ziel nicht aus den Augen zu lassen.[61] Hier zeige sich nach Plato, dass das Logistikon, charakterisiert durch das Nachdenken über das je Bessere und Schlechtere, von dem „unvernünftig Zürnenden" (ἀλογίστως θυμούμενον) zu unterscheiden sei.[62] Das Logistikon begutachtet also die Handlungsmöglichkeiten und ermittelt, was für jeden Seelenteil und den Körper als Ganzes das Beste ist. Plato deutete die Selbstermahnung des Odysseus als Argument dafür, dass der Mensch Herr über seine im Thymoeides entspringenden Affekte werden kann, d. h. den Bestrebungen und der kurzsichtigen Fixierung auf ein vermeintlich Gerechtigkeit wiederherstellendes Ziel nicht passiv ausgeliefert ist, sondern sie aktiv beherrschen kann.[63] Daher kann Odysseus als „Muster

---

59 Vgl. Plato, rep. 439e–440b.

60 Vgl. Homer, Od. XX 17.

61 Im Phaidon illustriert das gleiche Zitat die Herrschaft des Körpers über die Seele. Plato setzt in Phaid. 94d–e das bei Homer sprechende „Ich" mit der Seele gleich. Nach Schwabl, Homer, 30, zeigt die Wiederholung dieses Zitats im platonischen Werk, dass Plato intensiv über die entsprechende homerische Szene und die ihr zugrunde liegenden anthropologischen Vorstellungen nachgedacht habe und dass daher Homer für Plato auch bei der Entwicklung seiner Psychologie von Bedeutung gewesen sei.

62 Vgl. Plato, rep. 441c. Bereits in Plato, rep. 390d hatte Plato dieses Zitat zur Veranschaulichung der Selbstbeherrschung (καρτερία; ἐγκράτεια) herangezogen.

63 Dies stellt eine Übereinstimmung mit der homerischen Aussage dar. Auch Proklos hat in der Spätantike (5. Jh. n. Chr.) die Selbstanrede des Odysseus so interpretiert: Sie sei „das genaueste und klarste Indiz" dafür, dass das eigentliche Selbst des Menschen nicht mit seinen Leidenschaften, Begierden etc. identisch sei. Die eigentliche Seele sei die vernünftige, die sich

von Selbstbeherrschung" gewürdigt werden.[64] Das Verhältnis von vernünftigem Seelenteil und dem auf Wiederherstellung von Ehre zielenden Seelenteil soll ein hierarchisches sein, bei dem ersterer letzterem übergeordnet ist. Dann unterstützt das λογιστικόν die angemessene Lust des θυμοειδές, nämlich die Herstellung der gebührenden Ehre und gerechten Ordnung.[65]

1.3. Angemessene und unangemessene Bewältigungsstrategien innerer Konflikte

Den eben dargestellten Typen intrapsychischer Konflikte ist gemeinsam, dass sie die menschliche Zerrissenheit zu erklären vermögen. Die jeweiligen Alternativen sind nie gleichwertig; je unbefangener ein Seelenteil in seinem Erkennen fungieren kann, desto sittlicher ist die aus der entsprechenden Entscheidung resultierende Handlungskonsequenz. Daher gilt: Wie man mit einem inneren Konflikt umgeht, macht den Unterschied zwischen tugendhaft und moralisch schlecht, zwischen gerecht und ungerecht aus.[66] Plato differenziert dewegen auch zwischen angemessenen und unangemessenen Möglichkeiten des Umgangs mit inneren Dissonanzen, die i. d. R. durch affektive Bestrebungen ausgelöst werden.

Zunächst soll das Handeln wider die bessere Einsicht als Lösung eines psychischen Widerstreits betrachtet werden. Dieses Phänomen hat viele Denker der Antike, darunter auch christliche Schriftsteller wie z. B. den Verfasser des Jakobusbriefes, beschäftigt.[67] Die Frage, ob Plato ‚Unbeherrschtheit' oder ‚Willensschwäche' (ἀκράτεια) als unangemessene Bewältigungshandlung einer inneren Dissonanz für möglich hält oder nicht, lässt sich auf den ersten Blick nicht eindeutig beantworten. Denn in unterschiedlichen Werken Platos begegnen unterschiedliche Auffassungen hinsichtlich der Möglichkeit, dass der Einzelne, wenn er sich in einem intrapsychischen Konfliktzustand befindet, trotz Wissen um das Gute einem affektiven Handlungsimpuls nachgibt.[68] Freilich könnte diese Divergenz durch die Dialogpartner, die Plato jeweils auftreten

---

immerfort mit den sog. „seelischen" Kräften in einem Antagonismus befindet. Vgl. Proklos, rep. I 155.

64 Müller, Leib, 302.

65 Vgl. Büttner, Literaturtheorie, 105, Anm. 295.

66 Vgl. Plato, rep. 589b.

67 Vgl. Jak 4,17 (siehe dazu auch S. 425ff dieser Arbeit).

68 Hinter dem Ausdruck ‚Akrateia' (ἀκράτεια) steht genauer die Problematik, dass die Vernunft eine Maßgabe erteilt, die jedoch mit der Handlungsmotivation des affektgeleiteten Seelenteils kollidiert. Bei Aristoteles entspricht dem Willensschwäche-Phänomen der Ausdruck ‚Akrasia' (ἀκρασία).

Das Lexem ἀκρασία begegnet innerhalb christlicher Texte z. B. in 1Kor 7,5; Mt 23,25; 2Tim 3,3; Herm sim IX,15,3.

und miteinander sprechen lässt, bedingt sein. Im Protagoras-Dialog bestreitet der gesprächsführende Sokrates jedenfalls die Möglichkeit akratischen Handelns,[69] in Platos ‚Gesetzen' erscheint hingegen das Phänomen des Handelns gegen die bessere Einsicht als Umgangsoption mit konfligierenden Verhaltenstendenzen anerkannt zu werden.[70] Da der ‚Protagoras' zu den Frühwerken gerechnet wird, die Gesetze hingegen Platos vermutlich letztverfasstes Werk darstellen, könnte man auch eine Entwicklung der platonischen Auffassung in Bezug auf akratisches Handeln vermuten.

Im ‚Protagoras' wendet sich der platonische Sokrates gegen die damals scheinbar gängige Meinung, dass Menschen gegen ihr besseres Wissen handeln können, obwohl sie „das Bessere kennen" (γιγνώσκοντας τὰ βέλτιστα) und dieses in eine Handlung umzusetzen vermögen.[71] Oft scheine es so, als herrsche (ἄρχω) im Menschen nicht das Wissen (ἐπιστήμη) als Leitprinzip, sondern Zorn/Wut (θυμός), Lust (ἡδονή), Schmerz (λύπη), Liebe (ἔρως) oder Furcht (φόβος).[72] Entgegen der Auffassung, das Wissen könne sich von solchen Affekten wie ein Sklave ‚herumziehen' (περιέλκω) lassen, geht Sokrates davon aus, dass der Mensch durch keine andere Gewalt dazu gebracht werden könne, etwas anders zu tun, als es sein Wissen mit Hilfe der praktischen Vernunft (φρόνησις) gebiete, weil die Tugend der Weisheit (σοφία) und das theoretische Wissen (ἐπιστήμη) das Mächtigste (κράτιστος) unter den anthropologischen Faktoren sei.[73] Die Ansicht, man könne der Lust oder dem Schmerz bzw. sich selbst unterliegen (ἥττω εἶναι αὑτοῦ), sei ein weit verbreiteter Irrtum.[74] Das Gefühl, von Lüsten oder anderen affektiven Impulsen überwunden zu werden bzw. von der Lust angetrieben (ἄγομαι) und verwirrt (ἐκπλήττομαι) zu werden,[75] führt der platonische Sokrates darauf zurück, dass man in Wahrheit unwissend bezüglich dessen ist, was gut und angenehm ist: Zwar strebe die sinnliche Lust nach unmittelbarer Erfüllung, aber missachte die langfristi-

---

69 Mit der sokratischen These im Protagoras, nach der Handeln gegen die bessere Einsicht nicht möglich sei, hat Plato eine Diskussion angestoßen, die noch heute im Gang ist. Siehe dazu z. B. A.F. Walker, The Problem of Weakness of Will, Nous 23 (1989), 653–676; T. Spitzley (Hg.), Willensschwäche, Paderborn 2005.

70 Außerhalb des ‚Protagoras' und der ‚Gesetze' scheint das Phänomen des Handelns gegen die bessere Einsicht im Corpus Platonicum beinahe überall eine eher untergeordnete Rolle zu spielen. Es wird nur vereinzelt zum Thema gemacht, vgl. z. B. Plato, Gorg. 525a; rep. 461b.

71 Vgl. Plato, Prot. 352d–f.

72 Vgl. Plato, Prot. 352b.

73 Vgl. Plato, Prot. 352b–d.

74 Vgl. Plato, Prot. 352e–353a.

75 Vgl. Plato, Prot. 352e–353a; 355b. Vgl. auch die zusätzlichen Beispiele für Verlockungen in Prot. 353c.

gen Folgen des scheinbar Lustbringenden.[76] Wahres Tugendwissen hingegen könne erkennen, dass sich kurzfristige Erfüllung von damit einhergehenden langfristigen negativen Folgen unterscheidet und daher nichts Gutes bringen kann. Akratisches Handeln kann es dem Sokrates des Protagoras-Dialogs zufolge nicht geben. Das vermeintliche Handeln wider bessere Einsicht entspringt Unkenntnis bzw. Unwissen (ἀμαθία) über die Differenz zwischen dem tatsächlichen Guten und dem scheinbaren Guten.[77] An Stelle der „Macht des Scheins" (ἡ τοῦ φαινομένου δύναμις), die den Menschen zu täuschen (πλανάω) und seine Verhaltensabsichten und Entscheidungen ins Gegenteil zu verkehren (μεταμέλομαι) vermöge, müsse beim Tugendhaften die Messkunst (ἡ μετρητικὴ τέχνη) eingesetzt werden, um die rechte Mitte zwischen Übermaß (ὑπερβολή) und Mangel (ἔνδεια) zu bestimmen.[78] Denn die Messkunst könne die irrtümliche Einbildung (φάντασμα) zunichte machen, und der Seele durch Aufzeigen des wahren Sachverhalts Ruhe (ἡσυχία) verschaffen.[79] Weil es nichts Stärkeres als das Wissen gäbe, und weil das Wissen immer die Oberhand über die Lüste innehabe, könne der verständige Mensch seinen Lüsten gar nicht erliegen.[80] Wer sich falsch entscheide, handle aus Wissensmangel (ἐπιστήμης ἔνδεια) und damit zugleich Mangel an Tugend.[81] Insofern liegt im Protagoras kein synchrone innere Dissonanz zwischen vernünftiger Evaluation und affektiver Handlungsbestrebung vor.

Anders stellt sich dieser Sachverhalt in den ‚Gesetzen' dar. Es gäbe durchaus Menschen, die „wohl wissen, dass sie besser etwas anderes täten als das, was sie tatsächlich tun".[82] Entsprechend dieser Auffassung begegnet auch der Terminus technicus für das Handeln entgegen der besseren Einsicht, nämlich Akrateia (ἀκράτεια, bzw. ἀκρατής), in den ‚Nomoi' mit hoher Frequenz.[83]

---

76 Vgl. Plato, Prot. 353d.354b. Das „überwunden-Werden" durch Lust etc. heißt nach dem platonischen Sokrates, gegen geringes Gut mehr Schlechtes in Kauf zu nehmen. Vgl. Plato, Prot. 355e.

77 Vgl. Plato, Prot. 357d–e; 358c. u.ö.. Müller, Mensch, 50, resümiert: „Auch wenn im *Protagoras* der Begriff *akrateia* nicht fällt, ist unverkennbar, dass hier eine (…) kausale Deutung des Phänomens willensschwachen Handelns gegeben werden soll. Dieses entpuppt sich bei näherem Hinsehen nicht als zwanghafte Überwindung der Suprematie der rationalen Überlegung durch einen inneren Affektsturm – wie es v. a. die alte attische Tragödie oft modeliert hat –, sondern schlicht als ein Versagen der Vernunft selbst." Vernunftirrtum bzw. Unwissen als Ursache von vermeintlicher Willensschwäche bzw. Fehlhandlungen wird auch in Plato, soph. 228a–b, Tim. 86b–e; Phaid. 68e–f konstatiert.

78 Vgl. Plato, Prot. 356d; 357a.

79 Vgl. Plato, Prot. 356d–e.

80 Vgl. Plato, Prot. 357c.

81 Vgl. Plato, Prot. 357d; 358c. Sokrates fasst am Ende des Dialogs mit Protagoras als dem Hauptvertreter der Sophisten seine Position zur Tugend wie folgt zusammen: πάντα χρήματά ἐστιν ἐπιστήμε, καὶ ἡ δικαιοσύνη καὶ σωφροσύνη καὶ ἡ ἀνδρεία.

82 Vgl. Plato, leg. 902a.

83 Vgl. Plato, leg. 886a9; 908c2 u.ö.

Akratisches Handeln ist Plato zufolge auf eine innere Unstimmigkeit (διαφωνία) zwischen rationaler Evaluation des moralisch Richtigen auf der einen Seite und affektiven Handlungsmotivationen auf der anderen Seite zurückzuführen.[84] „[G]erade diese innere Dissonanz bewirkt dann die faktische Wirkungslosigkeit [der] moralischen Überzeugungen, wodurch der Weg frei ist für das [der] eigenen Überzeugung widersprechende Handeln."[85] Intrapsychische Konflikte können in den ‚Gesetzen' u.a. von der Lust (ἡδονή), der Unlust bzw. dem Schmerz (λύπη), dem Zorn (θυμός) oder der Begierde (ἐπιθυμία) evoziert werden.[86] Als Kontrahenten nennt Plato die Vernunft (λόγος/νοῦς), das Wissen (ἐπιστήμη), die der Vernunft entsprechende Meinung (κατὰ λόγον δόξα) und den vernünftigen Willen (βούλησις).[87] Wenn die eigenen rationalen Grundsätze in der inneren Auseinandersetzung mit Affekten, die in eine entgegengesetzte Richtung drängen, nicht durchgesetzt werden können, unterliegt sich die Person selbst.[88] Sie ist damit paradoxerweise zugleich Herrscher und Beherrschter. Fehlverhalten ist hier nicht wie im Protagoras auf Unwissenheit zurückzuführen, sondern auf den verlorenen Kampf gegen die Vernunfteinsicht. Nach Plato ist akratisches Handeln Ursache für ein unfrommes Leben und ein Problem der meisten Menschen.[89] Daraus scheint der antike Philosoph die Notwendigkeit für Gesetze in einer Gesellschaft überhaupt abzuleiten. Denn selbst wenn die Erkenntnis dessen, was für die Gesellschaft nützlich ist, vorhanden ist, besitzen viele Menschen weder die Kraft (δύναμις) noch das Wollen (ἐθέλειν), um das Beste zu realisieren.[90] Gerade der Gebrauch dieser Ausdrücke zeigt, dass die Umschreibung akratischen Handelns als ‚Willensschwäche' berechtigt sein kann.

Gleichbedeutend mit Unbeherrschtheit scheint für Plato Zügellosigkeit (ἀκολασία) zu sein, denn auch hier unterliegt sich die betroffene Person selbst (ἥττω ἑαυτοῦ).[91] Der Zügellose wird von der Lust beherrscht, ist dem affektiven Streben ausgeliefert.[92] Diese konträr zur Besonnenheit konzipierte Haltung, bei der das „kleine Bessere" von der „Menge des Schlechteren" beherrscht wird, findet sich dem antiken Philosophen zufolge insbesondere bei

---

84 Vgl. Plato, leg. 689a.

85 Müller, Mensch, 48.

86 Vgl. Plato, leg. 863d; 886a–b; 902a;

87 Vgl. z.B. Plato, leg. 689a; 863a; 875c. In leg 902a ist zudem das mittels des Lexems γιγνώσκω bezeichnete Wissen als Gegenspieler der Affektempfindungen genannt.

88 Vgl. Plato, leg. 626e–627b; 633e; 645b; 863d–e; 902a. Das Besiegtwerden durch die Lüste wird in den Gesetzen als tadelnswerter erachtet als das Unvermögen, Schmerzen standzuhalten, vgl. leg. 633e.

89 Vgl. Plato, leg. 734b; 886a–b.

90 Vgl. Plato, leg. 875a–c.

91 Vgl. Plato, rep. 431b1f. Aristoteles fasst Zügellosigkeit ebenfalls als Gegenteil der Besonnenheit auf. Vgl. Aristoteles, eth.Nic. VII.

92 Vgl. Plato, Phaid. 68e.

Kindern, Frauen, Dienstboten und unter den sogenannten Freien der unteren Stände.[93] Auch ein zügelloser Umgang entspricht nicht dem geforderten Ideal nach rationaler Affektregulierung, denn er macht die Seele schlecht.[94]

Worin besteht nun aber ein angemessener Umgang mit Affekten wie Zorn, Furcht und Begierde? Plato veranschaulicht die optimale Selbstkontrolle gerne anhand des Verhaltens von Figuren, die in seinen Dialogen in Interaktion miteinander treten. In Hinsicht auf implizite Schilderungen der richtigen Affektkontrolle ist in erster Linie das vorbildliche Verhalten Sokrates' in Anbetracht seines bevorstehenden Todes zu nennen.[95] Besonders am Ende des Phaidondialogs würdigt Plato seinen Lehrer als herausragendes Exempel für Einsicht, Gesetzestreue und Redlichkeit.[96] Auch im ‚Symposium' tritt Sokrates als Verkörperung der Besonnenheit und Selbstbeherrschung (καρτερία) in Erscheinung.[97] Neben diesen beiden Tugenden sollen bei ihm auch Tapferkeit und Klugheit in exzeptionellem Ausmaß vorhanden gewesen sein.[98] Dabei inkludiert das selbstbeherrschte Verhalten, Strapazen besser als andere aushalten zu können sowie Einfachheit und Bedürfnisminimierung im Lebenswandel.[99]

Was einen besonnenen Umgang mit affektiven Regungen ausmacht, hat Plato nicht nur anhand seines Figureninventars veranschaulicht, sondern auch mithilfe abstrakter Terminologie erläutert. Für den antiken Philosophen eignen sich zur richtigen Affekt- bzw. Dissonanzbewältigung die vernunftgeleiteten Tugenden der Beherrschtheit (καρτερία; ἐγκράτεια) und Besonnenheit (σωφροσύνη). Ihnen ist gemeinsam, dass jeweils die Vernunft die Kontrolle über den seelischen Innenraum innehat.[100] Im Gegensatz zu den Tugenden der Weisheit und der Tapferkeit, die jeweils einem bestimmten Seelenteil zu-

93 Vgl. Plato, rep. 431c1 ff.

94 Vgl. Plato, rep. 609b.

95 Vgl. dazu z. B. Erler, Grundriss, 25–27 sowie Inselmann, Freude, 59–70, die auch weitere, an Dialogpartnern des Sokrates dargestellten Möglichkeiten der Affektbewältigung im ‚Phaidon' mit einbezieht. Zur Gelassenheit des Sokrates beim Trinken des Schierlingsbechers im Gegensatz zu den emotionalen Reaktionen seines beiwohnenden Freundeskreises siehe Ebert, Phaidon, 459.

96 Vgl. Plato, Phaid. 118a.

97 Vgl. Plato, symp. 219d. Auch bei Xenophon besitzt Sokrates die Tugend der Selbstbeherrschung (ἐγκράτεια). Als Mittel zur Erlangung derselben werden psychisches und physisches Training genannt. In theoretischer Hinsicht sollten die entsprechenden Lehren immer wieder repetiert werden, damit die selbstbeherrschte Haltung nicht verloren gehen kann (Vgl. Xenophon, mem. I 2,1; 2,19ff; 6,7). Erst wer sich in Selbstbeherrschung geübt hat und Besonnenheit erlangt hat, kann das Gute als solches erkennen und es praktisch umsetzen (Vgl. Xenophon, mem. IV 5,6–12).

98 Vgl. Plato, symp. 219d.

99 Vgl. Plato, symp. 219dff. Die genannten Charaktereigenschaften der Selbstbeherrschung stellen Aspekte traditionellen Heldentums dar, wie sie zum Beispiel bei Odysseus zum Vorschein kommen. Vgl. Kroschel, Natur, 55.

100 Zur ἐγκράτεια siehe z. B. Plato, rep. 390d.

geordnet werden können, bezieht sich die Besonnenheit auf die ganze Seele, indem sie die stärksten, die schwächsten und die mittleren Seelenstrebungen in Übereinstimmung (συμφωνία) bringt.[101] Die Seelenteile sind also in richtiger Weise zusammengewachsen (συμφύω).[102] Plato definiert Besonnenheit deshalb als Ordnung (κόσμος) und Harmonie (ἁρμονία) einerseits, und als Beherrschung (ἐγκράτεια) gewisser Lüste und Begierden andererseits.[103] Das Herr-Sein (κρεισσόω) besteht für Plato darin, dass das Bessere (τὸ βέλτιον) der Seele über das Schlechtere (τὸ χεῖρον) der Seele herrscht,[104] dass die in ihrer Unterscheidungsleistung gebundeneren Strebevermögen Thymoeides und Epithymetikon also gleicher Meinung darüber sind, dass dem Logistikon, der frei über sich verfügenden Unterscheidungskompetenz, die Oberherrschaft zukommt.[105] Als psychologische Fähigkeit zur idealen Affektbewältigung auffassbar kann Plato die Besonnenheit als „Schmuck der Seele" des Weisen bezeichnen.[106] Insofern kann dieses Vermögen zur rationalen Regulierung affektiver Strebekräfte auch nur von Personen mit einem hohen Reifegrad, wie weisheitsliebenden und von ihrer Körperlichkeit distanzierten Philosophen erwartet werden.[107]

Alle eben behandelten Ausdrücke können als Haltungen zum Umgang mit intrapsychischen Dissonanzen verstanden werden, d. h. sie stellen (positiv oder negativ zu bewertende) habitualisierte Herangehensweisen in Bezug auf affektive Handlungsimpulse dar. Entsprechend weist Plato v. a. im ‚Staat' wiederholt auf die Relevanz hin, die der Erziehung und Gewöhnung der Seele zukommen, da von diesen Faktoren abhängt, welcher der Seelenteile das Verhalten des Einzelnen bestimmt.[108] Dies bedeutet, dass zwar jede Seele gleicher Zusammensetzung ist, das seelische Kräfteverhältnis aber je nach sozialem Einfluss und individueller Anstrengung verschieden ausfallen kann. Die Ausbildung entsprechender Charaktertypen[109] geht zumeist nicht ohne

101 Vgl. Plato, rep. 431e–432a.

102 Vgl. Plato, rep. 503b.

103 Vgl. Plato, rep. 430e.

104 Vgl. Plato, rep. 431a4ff.

105 Vgl. Plato, rep. 442d1; Vgl. auch Schmitt, Moderne, 376f.

106 Vgl. Plato, Phaid. 114e

107 Vgl. Plato, Phaid. 68c.

108 Vgl. z. B. Plato, rep. 423e–424a; 580e–581e; 606a–b. Die Moralerziehung muss idealiter in der frühen Jugend beginnen, vgl. rep. 378d; 386a; 395c; 401d; 402a. Auch die Naturanlagen des Menschen spielen eine Rolle. Besonders wichtig ist die Erziehung daher für denjenigen Menschen, dem von Natur aus ein schwaches Logistikon eignet, infolgedessen er nur schwerlich über die ‚Tiere' (θρέμματα) in ihm herrschen kann (Plato, rep 590b–c). Bildung erfolgt für Plato vor allem durch Internalisierung und Modelllernen, d. h. der Imitation von Stimmungen und Verhaltensweisen, mit denen man konfrontiert wird (Plato, rep. 395d).

109 Die der Organisation der Seelenteile entsprechenden Menschen- und Charaktertypen behandelt Plato im achten und neunten Buch der ‚Politeia'. Hier werden (wie beim dreiteili-

intrapsychische Aufstände, Widerstände und Krieg (στάσις καὶ ἀντίστασις καὶ μάχη) vor sich.[110]

Wenn der Thymoeides erschlafft und ihm zu viel Freiheit gelassen wird, neigt der Mensch nach Ansicht Platos zu Weichlichkeit (τρυφή/μαλακία), wenn diesem Seelenteil hingegen zugestanden wird, sich über das Maß zu erregen, folgt daraus Überheblichkeit (αὐθάδεια) und Verdossenheit (δυσκολία).[111] Wer also nur dem Streben dieses Seelenteils Folge leistet, ohne auf Überlegung und Vernunft (λογισμός καὶ νοῦς) Rücksicht zu nehmen, der steht – so Plato im ‚Staat' – in Gefahr, aus Ehrsucht neidisch, aus Siegeslust gewalttätig und aus Zorn verdrossen zu werden.[112] Welches Risikopotential der Thymoeides als Leitvermögen birgt, erwähnt der antike Philosoph auch in den ‚Gesetzen': Wenn dieser Seelenteil, dessen charakteristischer Affekt (der schwer zu beschwichtigende Zorn) von der Seele Besitz ergreift, könne das in Gewalttaten resultieren.[113]

Wer hingegen dem Epithymetikon – dem schlechtesten Seelenteil – die Führung in der Seele überlässt, muss Plato zufolge sein ganzes Leben lang mit körperlichen, quälenden Schmerzen (ὀδύναι) rechnen, da die meisten seiner Wünsche unerfüllt bleiben und er seine Leidenschaften nie völlig befriedigen kann.[114] Wie ein Stachel melden sich fortwährend die Begierden, bewirken Unruhe (ταραχή) im Inneren. Ihm fehlt es an Selbstbeherrschung und vernunftgeleitetem Wollen, die besten Teile seiner Seele befinden sich daher in Knechtschaft und Unfreiheit (δουλεία καὶ ἀνελευθερία).[115] Aus dem Folgeleisten der Impulse sinnlicher Begierden können sogar Kriege, Aufstände und Kämpfe, also soziale Dissonanzen, resultieren.[116]

Daher ist der beste Teil der Seele durch Vernunft in Wachsamkeit gegenüber den Affekten zu schulen.[117] Wenn das weisheitsliebende Logistikon nämlich die unangefochtene Führung innehat, ergibt sich daraus, dass jeder Seelenteil seine spezifischen Aufgaben zu erfüllen vermag. Der Thymoeides ist in diesem Fall besänftigt, die Begierden des Epithymetikons befinden sich im rechten Maß.[118] Infolge dieser intrapsychischen Gerechtigkeitsbalance kön-

---

gen Aufbau der Seele/der Polisgesellschaft) Makro- und Mikrokosmos (Staatsformen und Seelengefüge) in Analogie zueinander verstanden. Zum aristokratischen, timokratischen, oligarchischen, demokratischen und tyrannischen Menschen siehe z. B. Schmitt, Moderne, 514–519.

110 Vgl. Plato, rep. 560a; vgl. auch rep. 550a–b; 554d; 556e.

111 Vgl. Plato, rep 590a–b.

112 Vgl. Plato, rep 586c.

113 Vgl. Plato, leg. 863a–b.

114 Vgl. Plato, rep. 579d–e.

115 Vgl. Plato, rep. 577d–e. vgl. auch Plato, rep. 572e–574a.

116 Vgl. Plato, Phaid. 66b; vgl. auch Phaid. 66d–e.

117 Vgl. Plato, rep. 606a–b.

118 Vgl. Plato, rep. 571d–572a; rep 603e.

nen Dissonanzen verhindert werden.[119] Der ideale, weisheitsliebende Personentypus empfindet daher auch die angenehmsten Freuden und vermag das angenehmste Leben (im Vergleich zum sieg- und gewinnliebenden Menschentyp) zu führen.[120]

1.4. Metaphorik und sprachliche Bilder zur Illustration der dissonanten Seele

Plato zieht in extensiver Weise Bildfelder heran, um intrapsychische Seelendissonanzen zu veranschaulichen. Die verwendeten Übertragungen entstammen mannigfaltigen Lebensbereichen, wie dem Militär, der Athletik, der Natur oder dem Theater. Freilich kann hier nur ein Ausschnitt der von Plato zur Illustration der innerseelischen Konflikstruktur entworfenen, mitunter faszinierenden Bilderwelt präsentiert werden.

Eine ganz schlichte und keinem spezifischen gesellschaftlichen Bereich zuzuordnende Metapher liegt zunächst in rep. 503b9 f vor. Hier wird den meisten Menschen eine zerrissene (διασπάω) Natur attestiert. Die Bildlogik der Zerrissenheit verweist dabei auf eine geringestenfalls dichotomische Grundstruktur des Individuums. Plato erläutert, solchen Personen fehle es an Charakterfestigkeit (βεβαιότης), so dass sie wegen ihres raschen Temperaments (ὀξύτης) dorthin fortgerissen würden, wie es der Zufall wolle.[121] Die Metapher von der inneren Gespaltenheit weist insofern auf die Bedeutsamkeit psychischen Trainings und rechter Gewöhnung hin, denn nur dadurch kann der Mensch dem Ideal der vernunftbestimmten Seeleneinheit nahekommen.

Das Ringen des Menschen um die Vorherrschaft der Vernunft beschreibt Plato mit Hilfe von (Wett-)Kampfsmetaphern, und setzt damit eine vorsokratische Tradition fort.[122] So erscheint die Seele besonders im ‚Staat' als Schlachtfeld, in dem die einander entgegengesetzten Strebevermögen um Durchsetzung ihrer jeweiligen Interessen kämpfen (στασιάζω).[123] Sogar von intrapsychischen Aufständen und einem (Bürger-)Krieg (στάσις/μάχη) ist in diesem Zusammenhang die Rede.[124] Meinungen über ein und denselben Sachverhalt

119 Vgl. Plato, rep. 586e.

120 Vgl. Plato, rep. 581c.583a.

121 Vgl. Plato, rep. 503c5 ff.

122 Demokrit beispielsweise bezeichnet den Besieger seiner Lüste (ὁ τῶν ἡδονῶν κρέσσων) als tapfer, und hält es, wie schon Heraklit, für schwierig, gegen den eigenen Thymos zu kämpfen (θυμῷι μάχεσθαι μὲν χαλεπόν). Vgl. Heraklit DK 12 B 85; Demokrit DK 55 B 214.236. Wettkampfsmetaphern finden sich bei Plato beispielsweise auch in Prot. 335e–336a; 339e; rep. 403; rep. 410a–412a; leg. 647c–d. Zur Originalität, Bandbreite und Anschaulichkeit der platonischen Agon-Metaphorik siehe Brändl, Agon, 45–53; Pfitzner, Paul, 26 f.

123 Vgl. Plato, rep. 586e.

124 Vgl. Plato, rep. 444b; 560a; vgl. auch rep. 550a–b; 554d; 556e.

können in uns genauso widerstreiten (στασιάζω/μάχομαι) wie konträre Verhaltensimpulse.[125] Nur selten befindet sich der Mensch aus Sicht Platos in Selbstübereinstimmung (ὁμονοητικῶς).[126] Entsprechend konzidiert der platonische Sokrates, dass Selbstvervollkommnung eine schwierige Aufgabe darstellt, denn der Kampf (ἀγών) darum, ob man ein guter Mensch wird oder nicht, ist groß, sogar größer als es scheint.[127] Die Bemühung um einen tugendhaften Charakter zahle sich jedoch aus, denn als Kampf- oder Siegespreise (ἆθλα/νικητήρια) seien nicht nur Anerkennung durch die Mitmenschen, sondern auch göttliche Gaben zu Lebzeiten und nach dem Tod ausgesetzt.[128]

Der antike Philosoph überträgt des Öfteren das Herrschaftsverhältnis innerhalb der Polis auf die innere Struktur des Individuums, wobei die politische Metaphorik mit Analogien aus dem militärischen Bereich verbunden werden kann. In jedem von uns gäbe es einen Kampf (πόλεμος) gegen das eigene Selbst, so dass jeder von uns sein eigener Feind (πολέμιος) sei, lesen wir in den ‚Gesetzen'.[129] Mit diesen Formulierungen umschreibt Plato das Paradoxon eines in sich gespaltenen Selbst, das er auch im ‚Staat' problematisiert: Die Formulierung ‚sich selbst beherrschen' (κρείττω αὑτοῦ) setze die Existenz einer inneren Zweiteilung in eine bessere und eine schlechtere Komponente der Seele voraus und solle zum Ausdruck bringen, dass sich die eine und selbe Person als ‚Herrscher' und ‚Beherrschter' zugleich erfahre (ὁ ἥττων κρείττων).[130] Es kommt Plato zufolge entschieden darauf an, wie diese Auseinandersetzung gelöst wird: Während das Sich-selbst-Besiegen (τὸ νικᾶν αὐτὸν αὐτὸν) den besten aller Siege darstelle, sei das Sich-selbst-Unterliegen (τὸ ἡττᾶσθαι αὐτὸν ὑφ' ἑαυτοῦ) die schimpflichste Niederlage überhaupt.[131] Auch bei Zugrundelegung einer seelischen Trichotomie begegnen sprachlich vermittelte Referenzzusammenhänge zwischen der Makro- und der Mikroebene (Staat und Seele des Menschen). Dabei werden wiederum mehrere Bildfelder (nämlich Politik, häusliche Hierarchie, Gesellschaftskonflikte, Medizin) miteinander gekoppelt, um die Auswirkungen und Risiken zu verdeutlichen, die sich aus einer Umkehrung der natürlichen Seelenteilhierarchie als unangemessenem Umgang mit intrapsychischen Dissonanzen ergeben können: So

---

125 Vgl. Plato, rep. 603d.

126 Vgl. Plato, rep. 603d.

127 Vgl. Plato, rep. 608b: „μέγας γάρ, ἔφην, ὁ ἀγών, ὦ φίλε Γλαύκων, μέγας, οὐχ ὅσος δοκεῖ, τὸ χρηστὸν ἢ κακὸν γενέσθαι".

128 Vgl. Plato, rep. 608c.612a–614a. Die guten göttlichen Gaben und Fügungen infolge von Tugendhaftigkeit sind darin begründet, dass die Götter das wahre Wesen der Menschen zu erkennen vermögen, vgl. Plato, rep. 612e.

129 Vgl. Plato, leg. 626d–e.

130 Vgl. Plato, rep. 430e–431a.

131 Vgl. Plato, leg. 626e. Wie im Falle der dreigliedrigen Seele im ‚Staat' werden auch hier die Herrschaftsverhältnisse innerhalb der Einzelseele an denen der Polis gespiegelt, vgl. leg. 626c–627e.

äußert Plato im ‚Staat', dass es zwischen den drei Strebeformen der Seele zu einem ‚Bürgerkrieg' (στάσις) kommen könnte.[132] Ein derartiges Zerwürfnis innerhalb der ψυχή werde durch die Auflehnung eines untergeordneten Teiles gegen die Gesamtseele (τῷ ὅλῳ τῆς ψυχῆς) evoziert, was einer Einmischung in fremde Angelegenheiten gleichkäme. Denn der hier rebellierende Seelenteil sollte eigentlich dem führenden (ἀρχικός) Element ‚wie ein Sklave dienen' (δουλεύω). Aus dem Anzetteln eines Aufstandes (ἐπανάστασις) zum Zwecke der Herrschaftsübernahme resultiere innere Unordnung und Verwirrung (ταραχή καὶ πλάνη), was – auf der Ebene des Assoziationsfeldes der Ethik – Ungerechtigkeit, Zügellosigkeit, Feigheit, Unwissenheit, ja Schlechtigkeit überhaupt bedeute.[133] Und da Schlechtigkeit naturwidrig ist, spricht Plato in medizinischer Terminologie davon, dass die Seele im Zustand falscher Herrschaftsverhältnisse ihrer Teile untereinander schwach und krank ist.[134]

Auch das Bild der Seele als einem Mischwesen nach Art der Chimaira oder der Skylla verlebendigt die platonische Vorstellung von intrapersonalen Dissonanzen für die Rezipienten der ‚Politeia' (rep. 588c–590b). Die von außen einem Menschen gleichende Gestalt, die Plato hier skizziert, ist im Inneren aus drei Wesen zusammengesetzt: aus Mensch, Löwe und vielköpfigem Biest. Den größten Anteil nimmt dabei das mehrhäuptige Biest ein. Es trägt die Köpfe zahmer und wilder Tiere, kann sich verwandeln und die entprechenden Tiere aus sich selbst heraus erschaffen. Am zweitgrößten kommt der Löwe zu stehen, den geringsten Raum besetzt der ‚innere Mensch' (ὁ ἐντὸς ἄνθρωπος). Die drei Kreaturen vermögen aufgrund ihrer unterschiedlichen Bestrebungen einander zu widerstreiten (μάχομαι), wobei der innere Kampf so weit gehen kann, dass Löwe und Untier sich gegenseitig ‚beißen' und ‚auffressen', während der innere Mensch ‚verhungert' und schwach wird. Einem derartigen Konfliktpotential muss vorsorglich entgegengesteuert werden. Dies vermag zu erreichen, wer die beiden Tiere weder füttert noch stärkt, sie hingegen aneinander gewöhnt und miteinander befreundet. Der ‚innere Mensch' muss die Herrschaft über die beiden anderen Kreaturen übernehmen. Unter Zuhilfenahme des Löwen als Verbündetem soll er wie ein Landwirt die harmlosen Triebe domestizieren und die gefährlichen vom Wachsen abhalten. Übertragen auf die psychologische Ebene, auf die Plato mit dieser Analogie abzielt, bedeutet diese Konstellation, dass das Logistikon als führende Kraft die Harmonie der Gesamtseele herstellen soll. Indem mithilfe des nach Gerechtigkeit strebenden Thymoeides die angemessenen Begierden des Epithymetikons kultiviert und die schlechten

132 Vgl. Plato, rep. 444b.

133 Vgl. Plato, rep. 444b.

134 Vgl. Plato, rep. 444d5.10; 444e1 f.

Begierden gedrosselt werden, lassen sich potentiell schädliche intrapsychische Dissonanzen verhindern und bewältigen.[135]

Eine außerordentlich wirkmächtige Prägekraft hat die platonische Analogiesetzung der Seele mit einem Wagen, vor den zwei Rosse gespannt sind, aus dem Phaidrosdialog entwickelt (vgl. Phaidr. 246a–254e). Hier wird die dreiteilige Seele mit einer zusammengesetzten Kraft (σύμφυτος δύναμις) identifiziert,[136] die aus dem Wagenlenker (ἡνίοχος) einerseits und zwei konträr konzipierten Pferden andererseits besteht.[137] Das schöne Ross edler Abstammung wird vor allem durch Ehrliebe, Besonnenheit und Schamhaftigkeit charakterisiert. Weil es mit den wahren Vorstellungen vertraut ist (ἀληθινῆς δόξης ἑταῖρος), braucht es keine Peitsche, sondern gehorcht allein auf Befehl. Im Gegensatz dazu ist das schlechte Pferd nur sehr schwer überhaupt zu zügeln, da es Hochmut (ὕβρις) und Prahlerei (ἀλαζονεία) zu seinen Eigenschaften zählt.[138] Infolgedessen erweist es sich als äußerst widerspenstig und ungehorsam.[139] Aufgrund dieser zwei antagonistisch skizzierten Pferde ist die Lenkung des Gespanns für den Menschen schwierig und bewirkt Unzufriedenheit.[140] Jederzeit kann ihm die Kontrolle über das störrische Pferd entgleiten. Es ist daher Aufgabe des Einzelnen, die auseinandertreibenden Kräfte in eine gemeinsame Richtung zu zwingen, die von der vorausschauenden Vernunft (λόγος) vorgegeben wird.[141] Zwar wird dem Menschen die Möglichkeit zugesprochen, die aufgegliederte Seele in eine einheitliche Strebung zu integrieren, sofern die Vernunft steuert und der schlechte Teil der Seele richtig erzogen ist.[142] Häufig handelt der Mensch jedoch gegen seine Natur und lässt sich von der Jagd nach unmittelbarer Bedürfnisbefriedigung verleiten. Gelingt es, das Gespann zu zügeln, kann der Einzelne den gesamten Seelenwagen zum überhimmlischen Ort hinleiten[143] und dadurch Gött ähnlich werden.[144] Das Wagenlenkerbild

135 Vgl. dazu z. B. Slezák, Psyche, 25f; Keyt, Plato, 351. Zu dem möglichen Einfluss dieser Seelenanalogie auf spätere Verfasser der Antike siehe T. Heckel, Der innere Mensch: Die paulinische Verarbeitung eines platonischen Motivs (WUNT II/53) Tübingen 1993.

136 Vgl. Plato, Phaidr. 246a.253c.

137 Vgl. Plato, Phaidr. 246b.

138 Vgl. Plato, Phaidr. 253d–e.

139 Vgl. Plato, Phaidr. 254a–d.

140 Vgl. Plato, Phaidr. 246b.

141 Vgl. Plato, Phaidr. 254d–e. In Phaidr. 247c–d wird der Wagenlenker ebenfalls mit Rationalität assoziiert, indem ihm νοῦς, διάνοια und ἐπιστήμη zugeschrieben werden.

142 Vgl. Plato, Phaidr. 247b.

143 Diese dort beheimatete Welt der Ideen wird in Phaidr. 247d unter anderem mit dem Begriff der Besonnenheit assoziiert. Die dreiteiligen Seelenwagen fahren zum überhimmlischen Ort auf, wobei sich entscheidet, welches Schicksal eine Seele erleiden wird. Konnte der Lenker einer Seele genügend viel vom wahren Sein erblicken, bleibt ihm – eventuell für immer – der Kreis der Wiedergeburten erspart. Vgl. Plato, Phaidr. 248c.

144 Das Göttliche ist in Plato, rep. 382e durch Wahrhaftigkeit und Einfachheit charakterisiert („…ὁ θεὸς ἁπλοῦν καὶ ἀληθὲς ἔν τε ἔργῳ καὶ λόγῳ…“). Das Ziel der Gottähnlichkeit

wird zumeist als Illustration der Strebedynamik zwischen Logistikon, Epithymetikon und Thymoeides gedeutet,[145] obwohl die entsprechenden Lexeme nicht begegnen. Aber der explizite Verweis auf drei Seelenteile sowie die Attribute des mehrteiligen Pferdegespanns legen diesen Schluss nahe. Das Bild veranschaulicht die Mühen und den Kampf (ἄγων) der irdischen Seele infolge gegensätzlicher Kräfte in besonders plastischer Weise.[146] Es impliziert jedoch zugleich, dass affektive Strebungen (= die Rosse) eine Rolle bei der Zielerreichung spielen, insofern sie als motivationale „Zugkräfte" der Lenkungsintanz der Vernunft erst ermöglichen, vorwärts zu kommen.[147]

Auch aus dem bildspendenden Bereich des Theaters schöpft Plato, um die Dynamik innerer Dissonanzen illustrativ zu veranschaulichen. Diesbezüglich ist insbesondere das Marionettengleichnis zu nennen, das im ersten Buch der ‚Gesetze' begegnet (leg. 644d–645d) und das als „Mythos der Tugend" bezeichnet wird.[148] Es soll die psychologischen Phänomene der Beherrschtheit und der Unbeherrschtheit erklären, also intrapsychische Konflikte und deren Umgang verstehen helfen.[149] Der gesprächsführende Athener vergleicht den Menschen mit einer Gliederpuppe (θαῦμα),[150] deren Fäden oder Drähte für die disparaten Strebungen stehen, die den Einzelnen zu entgegengesetzten Handlungen hinziehen (σπάω).[151] Wer sich jederzeit von der Zugkraft der Vernunft bestimmen lässt, kann den affektiven Zugsträngen – nämlich Lust, Unlust bzw. Schmerz, Furcht und Hoffnung –[152] entgegenwirken und infolge dessen

kann Plato zufolge erreicht werden durch ein besonnenes Leben und die Setzung Gottes als Maßstab aller Handlungen. Die Imitation Gottes geschieht mithilfe von Introspektion und Ausrichtung an göttlichen Normen. Wie Gott zu werden ist mit Weisheit und Rechtschaffenheit gleichbedeutend. Vgl. Plato, leg. 716c–d; Tht.176a-b; rep. 619a; Phaidr. 249c; 253a. Zur Gottähnlichkeit bei Plato siehe z. B. Roloff, Gottähnlichkeit, 198–206; J.M. Armstrong, After the Ascent. Plato on Becoming Like God, OSAP 26 (2004), 171–183; D.C. Russell, Virtue as ‚Likeness to God' in Plato and Seneca, JHP 42 (2004), 241–260; S. Lavecchia, Die homoiōsis theōi in Platons Philosophie, in: W. Schrader u. a. (Hg.), Perspektiven der Philosophie: Neues Jahrbuch 2005, Amsterdam 2005, 321–391.

145 Vgl. z. B. Achtner, Willensfreiheit, 18; Frede, Mangel, 40; Slezák, Psyche, 25f.

146 Vgl. Plato, Phaidr. 247b.

147 Vgl. dazu auch Knuuttila/Sihvola, Analysis, 3. Zur Bedeutung der Affekte als motivationale Kräfte für das Streben nach dem Guten in Platos Phaidros siehe Nussbaum, Fragility, 200–234.

148 Plato, leg. 645b: ὁ μῦθος ἀρετῆς.

149 Vgl. Plato, leg. 644b.

150 Der gebräuchliche Terminus für Marionette ist νευρόσπαστον, auf den Plato durch den Gebrauch von νεῦρον anspielt. Vgl. leg. 644e.

151 Vgl. Plato, leg. 644e.

152 Vgl. Plato, leg. 644c–d. Lust (ἡδονή) und Unlust/Schmerz (λύπη) werden als zwei entgegengesetzte und uneinsichtige Ratgeber in unserem Inneren definiert (δύο δὲ κεκτημένον ἐν αὑτῷ συμβούλω ἐναντίω τε καὶ ἄφρονε). Zuversicht (θάρρος) und Furcht (φόβος) sind als Meinung und Erwartung einer zukünftigen Lust bzw. eines zukünftigen Schmerzes zu

als tugendhaft gelten.[153] Denn die Drahtschnur der vernünftigen Überlegung (λογισμός) soll als göttliche und beste der Marionettenfäden die Führung innehaben. Ihr Baustoff, geschmeidiges Gold, ermöglicht große Flexibilität.[154] Zugleich bedeutet die Biegsamkeit des goldenen Drahtes, dass zur Durchsetzung der rationalen Strebung Beistand gegen die affektiven Strebungen – vorgestellt als besonders starre Eisendrähte –[155] benötigt wird.[156] Was mit der angesprochenen Notwendigkeit zur Hilfe gemeint ist, wird an dieser Stelle nicht präzisiert, so dass der Kontext heranzuziehen ist. Möglicherweise ist daran gedacht, dass der Einzelne bei seiner Vernunftabwägung Unterstützung in Form der gesellschaftlichen Gesetze erhält.[157] Nur mit deren Hilfe für den λογισμός könnten die affektiven Kräfte, die nur ihren eigenen Nutzen im Blick haben, unter Kontrolle gebracht werden. Eine andere Verständnismöglichkeit besteht darin, den Beistand in den zwei ‚Ratgebern' Lust und Unlust/Schmerz zu sehen. Denn eine vernünftige Überlegung kann (wie alle anderen psychi-

---

verstehen. Bei allen vier Affekten wird explizit der bewertende Aspekt genannt (vgl. die Verwendung von „Ratgeber" einerseits und „Meinung" andererseits), der auch von modernen psychologischen Affekttheorien als grundlegender Aspekt von Emotionen betont wird (Vgl. dazu N.H. Frijda, The Emotions, Studies in Emotion and Social Interactions, Cambridge 1986; M. Hänze, Emotion, Ambivalenz und Entscheidungskonflikt [Psychologie – Forschung – aktuell Bd. 10], Weinheim/Basel 2002; Ulich, Art. Emotion, 602; A. R. Damasio, Descartes' Irrtum. Fühlen, Denken und das menschliche Gehirn, Berlin [7]2012). Während bei Plato Zuversicht und Furcht Affekte mit volitionaler Dimension und Zukunftgerichtetheit darstellen, beziehen sich Lust- und Unlust- bzw. Schmerzgefühle auf die Gegenwart. Letztere machen sich rein seelisch bemerkbar, und zwar unmittelbar bei jeder psychischen (Erkenntnis-)Leistung.

153 Vgl. Plato, leg. 644e.

154 Vgl. Plato, leg. 645a.

155 Affekte sind demnach mit einem Mangel an Flexibilität assoziiert. Womöglich soll mit dieser Starrheit betont werden, dass affektive Erwartungshaltungen wie Furcht oder Zuversicht auf bestimmte Aspekte der jeweiligen Situation festgelegt sind. Auch wenn ihnen sowohl eine affektive Beurteilung (Lust bzw. Schmerz/Unlust bereitend) als auch eine kognitive Urteilsdimension in Form einer Meinung (δόξα) eignet (vgl. Plato, Prot. 644c–d), fehlt ihnen im Gegensatz zur Vernunft die Fähigkeit, die gesamte Situation von Affekten unbefangen von allen Blickwinkeln einzuschätzen. Affekte können – anders als die vernünftige Überlegung – nicht von sich aus zwischen der je besseren oder schlechteren Handlungsalternative differenzieren (vgl. Prot. 644d). Ähnlich äußert Müller, Mensch, 55, mit der thematisierten Unbiegsamkeit könnte gemeint sein, dass affektive Strebekräfte „verhältnismäßig alternativlos auf die Handlungsmotivation in Richtung bestimmter Objekte oder Zustände hin festgelegt sind und nicht auf andere Ziele hin ausgerichtet werden können."

156 Dass im Marionettengleichnis lediglich zwischen zwei Arten von Drähten unterschieden wird, könnte als „Vereinfachung der psychologischen Konfliktstruktur zu einer Dichotomie" gewertet werden, so Müller, Mensch, 64f. Die Stellen, die für eine Aufrechterhaltung der Trichotomie in den ‚Nomoi' sprechen, sind aufgeführt bei Saunders, Structure, 38–41.

157 Vgl. Plato, leg. 645a. Diese Deutung wird z. B. von Müller, Mensch, 55, oder Frede, Mangel, 51, vertreten.

schen Funktionen des Menschen auch) nur dann in eine handlungsauslösende Strebung umgesetzt werden, wenn zu der mentalen Repräsentation des Abwägeergebnisses das auf die Gegenwart bezogene Gefühl der Lust hinzukommt. Damit der λογισμός eine Strebemotivation zur Zielerreichung ausbilden kann und dadurch die unangemessenen Affektimpulse außer Kraft zu setzen vermag, ist er also auf das Gefühl angewiesen, dass die Entscheidung für die Vernunfthandlung ein angenehmes Gut darstellt. Sich selbst zu beherrschen (τὸ κρείττω ἑαυτοῦ) bedeutet daher, der Vernunft zu gehorchen, sich selbst zu unterliegen (ἥττω εἶναι) hingegen, trotz der Zugkraft der Vernunft den Affekten nachzugeben.[158]

Das Gleichnis bildet die innere Dynamik unseres Seelenlebens im Falle der inneren Wahrnehmung voneinander divergierender Verhaltensimpulse eidetisch ab,[159] wenn auch von einzelnen „Seelenteilen" wie in der Politeia oder im Timaios nicht die Rede ist. Mit der Illustration der intrapsychischen Konflikstruktur als bewegliche Gliederpuppe, die dem bildspendenden Bereich des Theaters entnommen zu sein scheint, assoziieren wir eine Attribution der motivationalen Kräfte von außen, insofern die Drähtefigur ja eigentlich fremdgesteuert wird.[160] Damit aber wird fraglich, ob das Bild vom Menschen als einer Marionette eine echte selbstbestimmte Verhaltenskontrolle impliziert oder nicht. Anders formuliert: Ist mit dem Marionettengleichnis – wie in den bisher behandelten platonischen Modellen – von der Vorstellung autonomer Verhaltenskontrolle auszugehen oder wird damit suggeriert, der Mensch sei zur Innensteuerung auf heteronome Mächte angewiesen? Auch wenn in leg. 644d jeder lebendige Mensch als Marionette verbildlicht und als göttliches Geschöpf bezeichnet wird,[161] ist anzunehmen, dass Plato dennoch von der Möglichkeit selbstgesteuerten Handelns ausgeht.[162] Darauf weisen mehrere Indizien: Zum einen ist von den Göttern zunächst nur in Bezug auf die Erschaffung der Drahtpuppen die Rede (vgl. das Verb συνίστημι, leg. 644d), wohingegen die Tätigkeit des ‚(Faden-)Ziehens' ausdrücklich an die

158 Vgl. Plato, leg. 645b.

159 Vgl. dazu auch Mesch, Marionette, 102: „Das Bild von der Marionette ist deshalb so einleuchtend, eindringlich und einprägsam, weil es die statische Analyse verschiedener Affekte auf eine Weise dynamisiert, die unsere Erfahrung des Hin-und-her-gerissen-Seins in Konfliktsituationen geradezu perfekt veranschaulicht."

160 Vgl. dazu auch die literarischen Belege zur Verwendung des Marionettenbildes in antiken Schriften bei H.O. Schröder, Marionetten. Ein Beitrag zur Polemik des Karneades, RMP 126/1 (1983), 1–24.

161 Vgl. Plato, leg. 644d; 803c. Die Götter sind als Erfinder der „Marionetten" vorgestellt, aber nach Plato lassen sie uns Menschen darüber im Unklaren, ob sie uns als Spielzeug oder zu einem höheren Zweck geschaffen haben, vgl. leg. 644d.

162 Ähnlich auch Müller, Mensch, 59; Frede, Puppets, 116. Zu den unterschiedlichen Deutungsvorschlägen der Forschung in Bezug auf die Selbstbestimmungs- bzw. Determinismusproblematik dieses Bildes vgl. Müller, Mensch, 59–63.

Affekte (πάθη) bzw. Zugkräfte (ἕλξεις) im Inneren des Menschen attribuiert wird. Von göttlichen Puppenspielern, die unsere Entscheidungen beeinflussen oder gar bestimmen, verlautbart nichts.[163] Zum anderen ergeben die Aufforderungen, der vernünftigen Überlegung den Vorzug gegenüber den affektiven Motivationen zu geben, nur Sinn, wenn die Wahl zwischen den disparaten Strebeimpulsen in der Hand des Einzelnen liegt. Das gleiche gilt für die explizite Funktionsangabe seitens Platos für dieses intrapersonale hydraulische Kräftemodell: Gerade dessen Bezeichnung als ‚Tugendmythos' deutet auf die Absicht hin, dem Menschen eigenmächtiges Kontrollpotential im motivationalen Konfliktfall zu attestieren. Denn erstens sind Tugenden Plato zufolge erlernbare Dispositionen,[164] und zweitens setzt die im Marionettengleichnis implizierte Möglichkeit des Sich-selbst-Unterliegens, also akratischen Handelns als unangemessener Umgang mit inneren Dissonanzen, in den ‚Gesetzen' Freiwilligkeit voraus.[165] Der göttliche Einfluss ist womöglich lediglich indirekt vorzustellen, insofern die Götter die Gesetzgebung vermitteln.[166] Obwohl göttliche Geschöpfe ist es unsere Aufgabe, selbst zu entscheiden, von welchen Fäden bzw. Drähten wir uns leiten lassen. Voraussetzung dafür ist die Reflexion und Erziehung über die Natur der einzelnen Zugkräfte sowie das vernunftgespeiste Wissen um die angemessene Verhaltensalternative.[167] Der Umgang mit inneren Konflikten liegt demnach in unserer Macht.

---

163 In Plato, leg. 803c wird wie in leg. 644d auf die hinter der göttlichen Erschaffung des Menschen liegende Absicht hingewiesen (vgl. das Verb μηχανάομαι), indem die in leg. 644d erwogene Möglichkeit, der Mensch sei als παίγνιον der Götter gemacht, wieder aufgenommen wird. Wenn das Lexem παίγνιον in Plato, leg. 803c ‚Spielzeug' bedeuten sollte, dann könnte diese Ausdrucksweise auf die platonische Vorstellung eines heteronom gesteuerten Menschen zielen und die Götter als Fadenzieher zeichnen. Der Kontext lässt an die Wiedergabe von παίγνιον mit ‚Spielzeug' denken, insofern von Spielen und Wettkämpfen ausdrücklich die Rede ist, und auch die Charakterisierung der Menschen als ‚Marionetten' (Plato, leg. 804b) erneut begegnet. Allerdings zeigen die Abschnitte Plato, leg. 803–804, mithin der Gesamtentwurf der Schrift, dass dem Einzelnen die Selbststeuerung und eigenverantwortliche Verhaltenskontrolle nicht abgesprochen wird. Der Mensch ist vielmehr zur Gesetzesobservanz, Selbstverbesserung und zum Gunsterweis den Göttern gegenüber aufgefordert. Aus diesen Gründen ist es m. E. wahrscheinlich, dass die Formulierung, der Mensch sei eine Marionette bzw. ein παίγνιον, in erster Linie dazu dienen soll, die Angewiesenheit des Menschen auf die Götter sowie die Universalhierarchie zwischen Göttern und ihren Geschöpfen zu betonen, wobei dem Menschen gleichzeitig die Aufgabe zukommt, den Olymp zu unterhalten und ihn wohlgesinnt zu stimmen.

164 Nach Ansicht Platos basiert die Tugend zwar auf Naturanlagen, sei aber eine vom Menschen zu erlangende Disposition. Vgl. dazu die Beweisführung mittels mythischer und argumentierender Redeweise im Protagoras (Prot. 320c–328d).

165 Vgl. Plato, leg. 617e, wo davon die Rede ist, dass die Götter für menschliches Fehlverhalten nicht in Haftung genommen werden dürfen.

166 Ähnlich Mesch, Marionette, 103.

167 Vgl. Plato, leg. 645b; 653c.

Im Werk Platos wird von mannigfaltigen Metaphern und Bildern für uneinsehbare seelische Vorgänge Gebrauch gemacht. Dadurch erschließen sich unterschiedliche Perspektiven auf die Interaktionsmuster bzw. -möglichkeiten der potenziell widersprüchlichen seelischen Komponenten. Diese Darstellungen können aber nicht nur auf dissonante Seelenvorgänge hinweisen, sondern auch auf verschiedene Vorstellungen von Verhaltenskontrollmöglichkeiten, sowie auf das Problem, die Einheit der Seele zu erreichen.

1.5. Die platonische Vorstellung menschlicher (Seelen-)Einheit als Resultat einer idealen Bewältigung intrapsychischer Dissonanzen

Der Philosoph Plato geht davon aus, dass den meisten Menschen eine instabile, schwache, zerrissene Natur eignet. Im ‚Staat' ist ausgesagt, dass, wer den falschen Seelenteil herrschen lässt, gleichsam nicht ‚einer' (εἷς) sondern ‚doppelt' (διπλοῦς) sei.[168] Ziel des Menschseins bestehe jedoch nach rep. 554e darin, die wahre Tugend einer einheitlichen und ausgeglichenen Seele zu erlangen (ὁμονοητικῆς δὲ καὶ ἡρμοσμένης τῆς ψυχῆς ἀληθὴς ἀρετὴ). Trotz der Annahme diverser psychischer Strebemöglichkeiten versucht Plato (v. a. in Plato, rep. 443c–444a) zu demonstrieren, dass es dem Menschen möglich ist, die Einheit der Seele zu erreichen – auch wenn er klar legt, dass dieser Prozess schwer zu bewerkstelligen ist. Wie kann nun der Mensch nach Plato „vollständig Einer aus Vielen" (παντάπασιν ἕνα [...] ἐκ πολλῶν) werden?[169]

Zunächst kommt es dazu auf die richtige Erziehung und Seelenleitung an. Durch Gewöhnung, Übung und Situationsanalyse können Affekte, die den niederen Seelenteilen entspringen, rational reguliert werden, indem der Mensch das Epithymetikon, das wie ein Raubtier unersättlich erscheinen kann, weder verhungern lässt noch überfüttert, und indem das Thymoeides aktiv besänftigt wird.[170] Der weise Seelenteil muss zur Erreichung der Seelenharmonie alle Lüste und Unlüste gegeneinander abwägen und alle Faktoren der Situation im Blick behalten. Plato spricht davon, dass das Logistikon – wie der Philosoph im idealen Staat – als Retter und Lebensbewahrer (σωτῆρ) auftritt.[171] Durch Orientierung an Maß und Vernunft entsteht zugleich die vom weisen Seelenteil unterstützte richtige epithymetische Bestrebung. Der Einzelne kann in der Konsequenz zwischen notwendigen und nicht notwendigen Begierden, zwischen angemessenen und unangemessenen Affekten differenzieren.[172] Er begnügt sich nicht mit dem scheinbar Guten, sondern bildet eine feste

168 Vgl. Plato, rep. 554d.
169 Vgl. Plato, rep 443e.
170 Vgl. Plato, rep. 571e–572a; 603e.
171 Vgl. Plato, rep. 502d.
172 Vgl. Plato, rep. 571b.

Überzeugung (πίστις μονίμη) aus. Außerdem soll das Bemühen um Einfaches, Weniges zu einem alltäglichen Verhaltensprinzip werden.[173] Da die Meinungen des Weisen auf Wissen basieren, kann er das wahre Sein erfassen.[174] Wer sich nämlich allein auf die Erkenntnis des Intelligiblen und das Studium der Wissenschaften konzentriert, erreicht, dass seine Begierden nicht im Dienst der körperlichen Lüste stehen, sondern im Dienst der reinen Seelenlust. Dies mache den wahren Philosophen aus.[175] Er zeichnet sich durch Charakterfestigkeit (βεβαιότης) aus,[176] weswegen er sich als verlässlich (πιστός) erweist.[177] Insofern besitzt er Besonnenheit (σωφροσύνη), die Plato mit einer Übereinstimmung (συμφωνία) oder einer Harmonie (ἁρμονία) der Seelenteile vergleicht.[178] Wer mit besonnenem Verstand (νοῦς) und richtiger Meinung (δόξα ὀρθός) durch Überlegung (λογισμός) geleitet wird, gilt als gemäßigt (μέτριος) und einfach (ἁπλός),[179] da er „sein eigener Freund" (φίλον γενόμενον ἑαυτῷ) und „vollständig Einer aus Vielen geworden ist" (παντάπασιν ἕνα γενόμενον ἐκ πολλῶν).[180] Voraussetzungen dafür sind sowohl beste Naturanlagen als auch beste Erziehung, weshalb dies nur auf wenige zutrifft.[181] Solange affektive Bestrebungen in die Dominanz der Vernunft integriert werden, ist die Seele eine harmonischer Einheit. In diesem Zustand enspricht die Seele ihrem wahrsten Wesen (ἀληθεστάτη φύσις): Frei von Vielgestaltigkeit (ποικιλία), Ungleichheit (ἀνομοιότης) und Zwiespalt (διαφορά) ist sie schönster Zusammensetzung (καλλίστη συνθέσις).[182]

1.6. Zusammenfassung und Ertrag

Plato versteht die Seele als ein strukturiertes, aus unterschiedlichen Seelenteilen zusammengesetztes Zentrum des Menschen, dem alles Erleben und Verhalten entspringt. In seinem Werk begegnen je nach Argumentationsab-

---

173 Vgl. Kroschel, Natur, 81.

174 Vgl. Plato, rep. 505d–e; 506c.

175 Vgl. Plato, rep. 485d10ff.

176 Vgl. Plato, rep. 503c5. In rep. 503c9 gebraucht Plato dafür synonym „unveränderlicher Charakter" (ἦθος οὐκ εὐμετάβολος).

177 Vgl. Plato, rep. 503d1.

178 Vgl. Plato, rep. 430e3f.

179 Vgl. Plato, rep. 431c5f. Bei Plato ist ‚Einfachheit' mit ‚Wahrhaftigkeit' verbunden und steht zur Verschlagenheit im Gegensatz, vgl. Plato, Hipp.min. 365b. Während für Plato ‚Mannigfaltigkeit' (ποικιλία) zur Zügellosigkeit führen kann, bewirkt Einfachheit in der Lebensführung Gesundheit und Besonnenheit, vgl. Vischer, Leben, 54.

180 Vgl. Plato, rep 443e. Ähnlich ist in rep. 423d vom Staat ausgesagt, dass dieser ein „Einer" (ἕν), nicht viele (μὴ πολλοὶ) werde, sofern jeder Stand das ihm Entsprechende tue.

181 Vgl. Plato, rep. 431c6.

182 Vgl. Plato, rep. 611b.

sicht dichotomische und trichotomische Seelenstrukturen. Eine Gemeinsamkeit dieser unterschiedlichen Konzeptionen ist die Auffassung, dass die jeweiligen Komponenten aufgrund ihrer disparaten Strebeimpulse nicht leicht in Übereinstimmung zu bringen sind. Ein Ziel der seelischen Konfliktmodelle ist es, die Dynamik menschlichen Verhaltens zu veranschaulichen,[183] genauer: zu erklären, warum es innerseelische Dissonanzen gibt, warum wir manchmal ethisch korrekt handeln, manchmal aber auch einfach das tun, was uns im Moment als lustvoll erscheint, warum wir uns für das Schlechte entscheiden, obwohl wir wissen, dass wir dies nicht sollten; warum wir bei einer bestimmten Handlung Unlust verspüren, obwohl sie uns anfangs als Lust versprechend erschien usw. Indem insbesondere im ‚Staat' die diversen Bedingungen erörtert werden, die den Menschen dazu befähigen, ein gutes Leben zu führen und in seinen kognitiv-affektiven inneren Aktivitäten ganz zu sich selbst zu kommen, zeigt sich die psychologisch-ethische Ausrichtung der Seelenteilungslehre.

Angesicht der Tiefe und Breite, mit der Plato ethische Konfliktmöglichkeiten im Inneren des Menschen thematisiert, ist es doch erstaunlich, dass in den entsprechenden Zusammenhängen vom Zweifel bzw. von der Möglichkeit des Zweifelns explizit nicht die Rede ist. Das Ringen des Menschen um das richtige Urteil bei Entscheidungsfällen wird vielmehr als innerer Kampf zur Sprache gebracht. Als Kontrahenten, die um die Durchsetzung ihrer jeweiligen Interessen wettstreiten, kommen – vereinfacht ausgedrückt – die Vernunft auf der einen Seite und die Affekte auf der anderen Seite zu stehen. Präziser gefasst vollzieht sich die intrapsychische Dissonanz zwischen interagierenden Strebemöglichkeiten, die je auf unterschiedlichen Erkenntnisweisen und Erkenntnisobjekten basieren. Zwar muss der Mensch zeitlebens mit derartigen motivationalen, unumgänglichen Konflikten rechnen, aber die von Plato behandelten Typen innerer Zerrissenheit sind als situativ bedingt, d. h. von konkreten externen Ereignissen ausgelöst skizziert. Sie sind zudem als temporär begrenzt vorzustellen, da jeder interne Zwiespalt nach Auflösung drängt. Um die Konfliktlösung zu erreichen, kann der Einzelne auf angemessene oder unangemessene Bewältigungsstrategien zurückgreifen. Hier ist häufig von habitualisierten Verhaltensmechanismen die Rede, die der Mensch durch Erziehung und Gewöhnung ausbildet. Diese Haltungen können narrativ entfaltet werden oder mit expliziten Lexemen (wie beispielsweise σωφροσύνη, ‚Besonnenheit', oder ἀκράτεια, ‚Unbeherrschtheit') zum Ausdruck gebracht werden. Insofern nicht die konfliktauslösende Situation umgangen oder verändert werden soll, sondern der Mensch dazu aufgefordert ist, sich der problematischen Ausgangslage anzupassen und die aus ihr resultierenden Affekte zu regulieren, lässt sich in moderner Terminologie von emotionsbezogenen

183 So auch Kamtekar, Speaking, 176f. Kamtekar geht (ebd.) davon aus, dass die Reduktion der möglichen Motivationsquellen des Menschen auf eine kleine Zahl die Komplexität der motivationalen Dynamik reduzieren soll.

Copingstrategien sprechen.[184] Die zur Dissonanzlösung einzusetzenden Mittel (v. a. seine Vernunft und Urteilsfähigkeit) besitzt jeder erwachsene Mensch in sich. Er kann ganz auf seine rationalen Fähigkeiten, wie Vernunft, Maß und Vernunftüberlegung vertrauen (πιστεύω).[185] Weil er zur Selbststeuerung und Affektkontrolle nicht auf Hilfe von außen, z. B. durch die Götter, angewiesen ist, ist in Bezug auf die Kontrollierbarkeit intrapsychischer Dissonanzen von einem autodynamischen Ansatz auszugehen.[186]

Abschließend bleibt anzumerken, dass die Einheit der Seele in allen drei genannten Werken Platos nicht als Vorgabe, sondern als Aufgabe für den Menschen gedacht ist. Eine psychologisch kohäsive Verfassung des Menschen ist das Ideal, das es zu erreichen gilt. Plato spricht in seiner Abstraktheit indes eine ganz andere Schicht an, als dies für die Synoptiker oder andere frühchristliche Verfasser angenommen werden kann. Allerdings ist die dauerhafte Freiheit von intrapsychischen Dissonanzen und damit die konstante Seelenharmonie für den antiken Denker nur ganz wenigen Menschen vorbehalten.[187] Sind zu dieser kleinen Elite auch Frauen zu zählen? Die platonischen Aussagen in Bezug auf die Möglichkeit, das weibliche Geschlecht könne wahrlich Tugendhaftigkeit und fortwährende Selbstbeherrschung verwirklichen, erscheinen widersprüchlich. Plato hält es zumindest im ‚Staat' (rep. 454c–457c) für durchaus wünschenswert, auch Frauen in der Philosophie zu schulen,[188] vielleicht auch deswegen, weil ein unangemessener Umgang mit Affekten mit dem weiblichen Geschlecht assoziiert ist.[189] Dennoch kann zusammenfassend nur ein weiser Mensch die ideale Seeleneinheit erlangen, d. h. mit Plato gesprochen aus ‚vielen' ‚einer' werden bzw. seine ‚doppelte' Natur in eine ‚einfache' transformieren.

184 Zur hier verwendeten Terminologie siehe S. 58 der vorliegenden Arbeit.

185 Vgl. Plato, rep. 603a.

186 Zur hier verwendeten Terminologie siehe S. 59 dieser Arbeit.

187 Wahrhaft gerecht, besonnen und philosophisch vollkommen sind nur die allerwenigsten Menschen, vgl. Plato, rep. 490c–491b.

188 Plato lässt Menon im gleichnamigen Dialog die vorherrschende Ansicht der Antike zur Rolle der Frau als Hausfrau und ihrem Mann Untergebene artikulieren. Sokrates tritt allerdings dafür ein, dass auch Frauen ethische Vollkommenheit erreichen könnten (vgl. Plato, Men. 71e–73c). In vielen seiner Schriften äußert sich Plato hingegen kritisch über die Fähigkeit des weiblichen Geschlechts zur Selbstkontrolle (vgl. z. B. Plato, Phaid. 60a; 112d; 116b; apol. 356). Zum Standpunkt Platos bzgl. der Frauen siehe z. B. E.V. Spelman, Hairy Cobblers and Philosopher-Queens, in: B.-A. Bar On (Hg.), Engendering Origins. Critical Feminist Readings in Plato and Aristotle, New York 1994, 3–24.

189 Vgl. Plato, rep. 431c.

2. Dissonanz und Einheit des Menschen bei Aristoteles

Wie sein Lehrer Plato geht Aristoteles (384–322 v. Chr.) davon aus, dass infolge unterschiedlicher psychischer Strebekräfte und Impulse Dissonanzen in der menschlichen Seele auftreten können, die nach Lösung drängen. Die inneren Kontroversen sind – vereinfacht gesprochen – auf den Dissens zwischen der Vernunft und den Affekten zurückzuführen. Auch für Aristoteles werfen intrapsychische Konflikte erstens die Frage auf, wie diese bestmöglichst zu bewältigen sind. Zweitens steht damit zur Diskussion, wie ein Leben in Selbstübereinstimmung möglich wird, bzw. wie der Mensch personale Einheit zu erlangen vermag. Wie intensiv die Seele und die psychisch begründeten Funktionsweisen menschlichen Erlebens, Erkennens und Handelns den einflussreichen griechischen Forscher und Autor aus Stageira beschäftigt haben, zeigt sich schon daran, dass er der Seele als erster Philosoph überhaupt eine eigene Schrift widmete: ‚De anima' (περὶ ψυχῆς).[190] Aber auch die Nikomachische und die Eudemische Ethik bezeugen das aristotelische Interesse an psychologischen Themenstellungen, insbesondere an den Möglichkeiten des Menschen, mit intrapersonalen Dissonanzen umzugehen bzw. diese erfolgreich zu bewältigen. Die in diesen ethischen Hauptschriften zum Tragen kommenden Überlegungen führten zur Prägung von Termini und Konzepten, die den antiken moralpsychologischen Diskurs samt der Problematik produktiver Affektkontrolle und Steuerung der Seele maßgeblich beeinflussen sollten. Allerdings liegt der aristotelischen Reflexion über die psychischen Dissonanzen und über die Möglichkeiten, die Kohärenz der Seele herzustellen, eine von Plato abweichende Seelenvorstellung zugrunde. Um dieses spezielle Verständnis von intrapsychischer Dissonanzbewältigung zu verdeutlichen, müssen zunächst das Seelenmodell und die Tugendlehre als Axiome für die aristotelische Seelenleitung vorgestellt werden. Auch die an psychischen Dissonanzen beteiligten „Konfliktgrößen" der diversen Strebeimpulse bzw. der Vernunft und der Affekte sind dabei zu berücksichtigen. Anschließend soll eruiert werden, welche Typen intrapsychischer Konflikte Aristoteles behandelt. Davon ausgehend ist auf die wirkmächtige Systematik des Umgangs mit inneren Dissonanzen einzugehen, bevor dargestellt werden soll, welche Metaphorik Aristoteles zur Veranschaulichung der dissonanten Seele verwenden kann. Abschließend werden relevante Aussagen Aristoteles' zum menschlichen Einheitsideal referiert.

190 Auch in anderen Schriften setzt sich Aristoteles mit der Seele auseinander. ‚De sensu et sensibilibus' und ‚De motu animalium' bauen auf den Ergebnissen aus ‚De anima' auf. Vgl. dazu Corcilius, Streben, 25 f.

2.1. Anthropologische Voraussetzungen für Dissonanz- und Einheitsvorstellungen des Menschen: Zum aristotelischen Seelen-, Tugend- und Affektverständnis

Zwar übernimmt Aristoteles einige Vorstellungen Platos über die Seele und ihr Verhältnis zum menschlichen Körper, aber er entwickelt diese weiter. In der Konsequenz gelangt er zu einem Seelenmodell, das sich grundlegend von dem seines Lehrers unterscheidet. Da Aristoteles v. a. naturwissenschaftlich interessiert war, ist die Seele für ihn nämlich nicht immaterielle Ursache, die auf den materiellen Körper einwirkt, in dem sie gefangen ist. Sie ist für ihn vielmehr das nicht-körperliche „Prinzip der Lebewesen" (ἀρχὴ τῶν ζῴων),[191] d. h. sie liefert der Person die Voraussetzungen und Ermöglichungsgründe, damit der Körper verschiedene Tätigkeiten ausüben kann, die wiederum von der Seele kontrolliert und gesteuert werden.[192] Im Gegensatz zur platonischen Anschauung vergeht die Seele als Lebens- und Tätigkeitsprinzip des Gesamtorganismus mit dem Tod.[193]

Aristoteles geht aufgrund seiner individuellen Seelenvorstellung bzw. -definition[194] von einer Architektur der ψυχή aus, die von der platonischen Konzeption abweicht. Er streitet nämlich die platonische Vorstellung ab, die Seele habe einzelne Teile (μέρη) bzw. sei teilbar.[195] Vielmehr beinhalte sie als

191 Vgl. Aristoteles, anima 402a 6f.

192 Vgl. Aristoteles, anima 402a; 412a; 413b.

193 Da es in der aristotelischen Ontologie kein getrenntes intelligibles Sein gibt, entfällt die platonische Annahme einer lediglich temporären Verbindung der unsterblichen Seele mit einem materiellen Leib. Vgl. Aristoteles, metaph. 1045b7ff u.ö. Während Aristoteles in Frühschriften noch für die Seele als Ganzes Unsterblichkeit einräumt, scheint er dies später zu leugnen, obwohl er dem Nous, also dem Instrument des Denkvermögens, zugesteht, „unsterblich und ewig" zu sein. Vgl. Aristoteles, anima 415a 29. Vgl. auch Busche, Art. athanasia/Unsterblichkeit, 87f.

194 Aristoteles zufolge ist es außerordentlich schwierig, überhaupt irgendeine Gewissheit über die Seele zu erlangen (vgl. Aristoteles, anima 402a). Dennoch arbeitet er in Auseinandersetzung mit den ihm zugänglichen Seelenvorstellungen seiner Vordenker ein systematisches Seelenkonzept aus. Im ersten Buch der Schrift ‚De anima' wendet sich Aristoteles dezidiert von den meisten Vorstellungen früherer Philosophen ab, argumentiert u. a. gegen die Auffassungen der Seele als Harmonie, Mischungsverhältnis oder als eine sich selbst bewegende Zahl. Vgl. auch Katona, Evolution, 40. Ebenso entschieden weist Aristoteles die Idee zurück, der Mensch (bzw. das Tier) sei Sitz mehrerer Seelen, vgl. Aristoteles, anima 408a sowie S. 369 und 584 dieser Arbeit.

195 Zwar spricht Aristoteles mitunter ebenfalls von ‚Teilen' (μέρη/μόρια) der Seele, meint aber damit nicht abtrennbare (χωριστά) Untereinheiten, sondern hebt hervor, dass die Seele als Ganzes (ἡ ὅλη ψυχή) in Vermögen zu untergliedern (διαιρεταί) ist. Vgl. Aristoteles, anima 411b 25ff. Wann immer Aristoteles von ‚Teilen' der Seele spricht, meint er damit also begrifflich und funktional voneinander unterscheidbare Vermögen.

unteilbare Einheit unterschiedliche, aufeinander aufbauende Funktionen.[196] Ausdrücklich als Vermögen der Seele (δυνάμεις) nennt er immer wieder das vegetative Vermögen (θρεπτικόν bzw. φυτικόν),[197] das Wahrnehmungsvermögen (αἰσθητικόν),[198] das Strebevermögen (ὀρεκτικόν), das Bewegungsvermögen (κινητικόν)[199] sowie das Denkvermögen (νοητικόν).[200] Das vegetative Vermögen, zuständig für Ernährung und Wachstum,[201] ist die notwendige Grundlage für alle weiteren psychischen Anlagen.[202] Da es allein auf sich selbst bezogen ist, kann es seine lebenserhaltende Funktion unabhängig von anderen Vermögen erfüllen. Es ist für die Ethik irrelevant,[203] denn erst die „höheren" Seelenvermögen ermöglichen Intentionalität und damit die Bewältigung intrapsychischer Dissonanzen. Insofern diese hierarchisch höhergestellten Vermögen auf etwas anderes als sich selbst gerichtet sind, befähigen sie zum Streben nach dem Guten und Zuträglichen und der Ablehnung des Schlechten. Weil Bewegungsvermögen, Wahrnehmungsvermögen und Strebevermögen sich wechselseitig ergänzen und bedingen,[204] stehen sie im hierarchischen Gebäude unserer Seele auf der gleichen Stufe. Den obersten Rang nimmt das Denkvermögen

---

196 Weil Aristoteles in seiner Begrifflichkeit in unterschiedlichen Schriften variiert, gibt es mehrere Möglichkeiten, die Unterteilung der Seele vorzunehmen, d. h. die einzelnen Vermögen können je anders zusammengefasst werden.

197 Threptikon (θρεπτικόν) nennt es Aristoteles in ‚De anima' (z. B. Aristoteles, anima 413b), in der Nikomachischen Ethik auch Phytikon (φυτικόν, z. B. Aristoteles, eth.Nic. 1102a).

198 In Aristoteles, anima 432a wird zusätzlich das Vorstellungsvermögen (φαντασία) genannt. Eine Vorstellung kann entweder durch eine Wahrnehmung oder eine Schlussfolgerung erzeugt werden. Vgl. dazu auch Aristoteles, anima 413b 22ff; 414b 1f; 433b 29 sowie Corcilius, Streben, 53ff.

199 Vgl. Aristoteles, anima 413b; 414a. In der Regel bezeichnet er jedes dieser Vermögen mit dem Ausdruck δύναμις. Es kommt jedoch ebenso vor, dass er eine Wortverbindung mit dem Ausdruck ψυχή verwendet, um ein bestimmtes Seelenvermögen zu bezeichnen: z. B. θρεπτικὴ ψυχή für das Nährvermögen oder διανοητικὴ ψυχή für das Denkvermögen, vgl. Aristoteles, anima 415a; 431a. Beim Menschen sind alle oben genannten Vermögen vorhanden, während bei anderen Lebewesen oder Tieren nicht alle Leistungen existieren müssen, damit von einer Seele gesprochen werden kann.

200 Vgl. Aristoteles, anima 415a. In anima 413b wird es Dianoetikon (διανοητικόν) genannt.

201 Vgl. Aristoteles, eth.Nic. 1102a. Auch die Fortpflanzungsfähigkeit fällt unter diesen Begriff.

202 Fällt es aus oder wird es gehemmt, sind automatisch alle anderen Vermögen in der Ausübung ihrer jeweiligen Funktion eingeschränkt oder ausgeschaltet. Vgl. Aristoteles, anima 434a 25.

203 Vgl. Aristoteles, eth.Nic. 1102b.

204 In Aristoteles, anima 433b (u.ö.) bezeichnet Aristoteles das Strebevermögen (ὀρεκτικόν) auch als „das Bewegende und Bewegte" (κινοῦν καὶ κινούμενον), da das Streben eine Art Bewegung darstellt. Siehe dazu Corcilius, Streben, 53ff. Zum Verhältnis der einzelnen Vermögen zueinander vgl. auch Hilt, Ousia, 146–154.

ein. Dessen charakteristisches Instrument ist die Vernunft (= Nous; νοῦς); sie leitet und ordnet alle anderen Seelenvermögen.[205]

Zwar bestimmt Aristoteles die Seele in biologischer Hinsicht als ein in sich unteibares, wenn auch gegliedertes Ganzes mit spezifischen miteinander interagierenden Funktionsvermögen, differenziert jedoch mit Blick auf die Ethik zwischen zwei unterschiedlichen ‚Naturen' (φύσεις) der Seele. Eine davon nennt er ‚unvernünftig' (ἄλογον), die andere ‚vernünftig' (λογικόν).[206] Hier ist aber nicht an eine Seelendichotomie, d. h. eine kategoriale Zweiteilung der Seele gedacht, sondern an eine Klassifikationsmöglichkeit der psychischen Vermögen. Plato folgend bedeutet dies keine Unterscheidung in rational vs. irrational mit den Konnotationen des heutigen Sprachgebrauchs, sondern weist darauf hin, dass manche Seelenvermögen in der Lage sind, für sich und aus sich selbst heraus Unterscheidungsleistungen zu vollziehen,[207] während andere in ihrer freien Ausübung der Unterscheidungstätigkeit eingeschränkt sind.[208] Die Limitierung ist mit Befangenheit zu erklären, da z. B. ein Affekt anders urteilt als die Vernunft im Reinsinn, die mit Hilfe der rechten Einsicht (ὀρθὸς λόγος) immer das Zutreffende bzw. Richtige erfasst. Dass die Zuweisung rational vs. irrational so nicht für die aristotelische Begrifflichkeit zutreffen kann, zeigt auch seine Auffassung, bestimmte Vermögen könnten auf die Vernunft hören „wie auf einen Vater",[209] wenn sie auch nicht im engen Sinn als „vernünftig" zu klassifizieren sind. M.E. passt eine begriffliche Differenzierung in logisch operierende und unlogisch tätige Naturen der Seele am besten zu dem von Aristoteles Gemeinten, da Kognitionen in beiden Seelennaturen von

---

205 Der Nous ist bei Aristoteles ein einheitsstiftendes Vermögen, denn mit der Vernunft nimmt der Einzelne wahr, denkt, fühlt, meint, begehrt und strebt. Allerdings ist die Fähigkeit des einen und selben Verstandes je nach Seelenvermögen auf die spezifischen Fähigkeiten desselben beschränkt. Der an die Wahrnehmung gebundene Nous leistet demnach anderes als der auf die Bewegung konzentrierte Nous. Vgl. dazu Aristoteles, anima 424a–429a sowie z. B. Schmitt, Aristoteles, 473; Zur Rationalität bei Aristoteles siehe Schmitt, Moderne, 215–222. 270.

206 Vgl. Aristoteles, eth.Nic. 1102b. Dass die diversen Seelen*vermögen* für die *biologische* Sicht auf den Menschen, die beiden *Naturen* der Seele für die *ethische* Dimension des Menschen relevant sind, hat Fortenbaugh, Aristotle, 23–44, betont.

207 Plato und Aristoteles ist gemeinsam, dass sie Denken in erster Linie als Fähigkeit, Bestimmtes zu unterscheiden definieren. Zum einen erfasst das Denken unmittelbar einen Unterschied (oder: die Bestimmtheit einer Sache), zum anderen ermöglicht es die Verbindung und Trennung von Unterschiedenem. Nach aristotelischer Auffassung ist Denken also Unterscheiden (κρίνειν). Vgl. Aristoteles, anima 424a 5f; 426b 10.14. Das Unterscheiden von Bestimmtem ist grundlegend für alle kognitiven Akte, also für das begriffliche Denken ebenso wie für das Wahrnehmen, Meinen und Vorstellen.

208 Wie Aristoteles die Wörter ἄλογον und λογικόν verstanden haben könnte, erläutert Philoponos (6. Jh. n. Chr.) in seinem Kommentar, vgl. Philoponos, de an. 574,13–20. Vgl. dazu auch Cessi, Erkennen, 95f.

209 Aristoteles, eth.Nic. 1102b–1103a. Vgl. auch eth.Nic. 1098a 4.

Bedeutung sind.[210] Weil sich die Bezeichnung der psychischen Dimensionen als ‚vernünftig' und ‚unvernünftig' jedoch fest in der einschlägigen modernen Literatur etabliert hat,[211] wird auch in dieser Arbeit daran festgehalten.

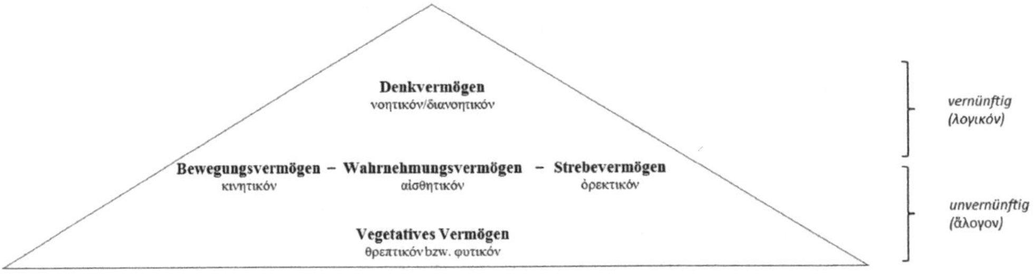

Abb. 2: Der Aufbau der Seele nach Aristoteles

Mit der aristotelischen Differenzierung zwischen einer ‚vernünftigen' und einer ‚unvernünftigen' Natur der Seele korrespondiert die Unterscheidung zwischen unterschiedlichen Arten der Tugend (ἀρετή).[212] Während die zur vernünftigen Seelendimension gerechneten dianoetischen oder intellektuellen Tugenden – nämlich in erster Linie die Weisheit (σοφία) und die Klugheit (φρόνησις) –[213] der Vollendung des menschlichen Verstandes dienen und gelehrt werden können,[214] müssen die der unvernünftigen Natur der Seele zugehörigen ethischen Tugenden kontinuierlich entwickelt werden, da sie das Resultat von Gewohnheit (ἔθος) sind.[215] Den Verstandestugenden und den

210 Zur emotionalen Rationalität bei Aristoteles siehe Cessi, Erkennen, 127 ff; Schmitt, Moderne, 362 ff.

211 Vgl. z. B. Price, Conflict, 109 f; Grandjean, Theorie, 179; Dieter, Luther, 41 u. v. m. Zur Rolle kognitiver Prozesse in den beiden Naturen der Seele vgl. z. B. Fortenbaugh, Antecedents, 53 f.

212 Vgl. Aristoteles, eth.Nic. 1102b 13–18 u.ö.

213 Weisheit, bestehend aus Nous und Wissen (ἐπιστήμη), ist die Tugend des Epistemonikon, das sich mit ewigen Wahrheiten und unveränderlichen Sachverhalten beschäftigt (Aristoteles, eth.Nic. 1141b 3 f; vgl. dazu auch Wenz, Mann der Mitte, 321). Handlungsrelevant ist hingegen die Klugheit. Sie ist die Tugend des Logistikon, also desjenigen Seelenvermögens, mit dem Abwägungen getroffen werden, und ist definiert als „ein mit richtiger Vernunft verbundenes Verhalten (…) in Bezug auf das, was für den Menschen gut oder schlecht ist" (Aristoteles, eth.Nic. 1140b 4 ff). Klug sein heißt demnach für Aristoteles, gut abwägen zu können. Dies schließt die Fähigkeit zum Erkennen des für eine Tätigkeit erforderlichen angemessenen Ziels und der angemessenen Mittel ebenso ein, wie die Fähigkeit, das Erstrebte im Handlungsvollzug zu realisieren. Zur Differenzierung von praktischer und theoretischer Vernunft siehe auch Aristoteles, pol. 1333a 24 ff.

214 Aristoteles, eth.Nic. 1103a 5.15 f. Zum Erwerb von dianoetischen Tugenden ist Zeit und Erfahrung vonnöten, vgl. Aristoteles, eth.Nic. 1103a 15 f.

215 Aristoteles, eth.Nic. 1103b 14. Im Unterschied zu den Tugenden sind die Anlagen zum moralischen Handeln und Fähigkeiten wie Intelligenz oder Gedächtnis angeboren. Ethische Tugenden können daher auch wieder verloren gehen, d. h. sich zurückbilden. Zu der

ethisch relevanten Tugenden ist gemeinsam, dass ihnen der Wert eines höchsten Gutes eignet und dass sie am Maßstab der „Mitte“ (Mesotes; μεσότης) ausgerichtet sind.[216] Es kann insofern kein Übermaß an Tugend geben. Dieses Verständnis von Tugend impliziert zugleich, dass Verhaltensweisen, die sowohl ein Mehr als auch ein Weniger der rechten Mitte aufweisen, dem Wert nach unter der Tugend zu stehen kommen. D. h. jegliche Übertreibung (ὑπερβολή) oder jedes Zurückbleiben (ἔλλειψις) hinter der Tugend verhindert, dass der Einzelne sein Wesen zur Vollendung bringen kann.[217] Eine Tugend kommt immer in der Mitte zwischen zwei Extremen zu stehen.[218] Weil die Anforderungen des maßvoll Gebotenen in jeder Situation andere sind, nennt Aristoteles den Suchprozess der Mitte deshalb ausdrücklich ‚Arbeit‘ (ἔργον)[219] – nicht aber ‚Zweifel‘, wie man aus moderner Perspektive möglicherweise erwarten könnte. Aristoteles zufolge sind Tugenden reflektierte Entscheidungen oder haben Entscheidungen zumindest zur Grundlage.[220] Sie betreffen alle Aktivitäten, bei denen der Mensch Wahlmöglichkeit hat und die demnach in seiner Macht stehen.[221] So ist die Tugend der Tapferkeit beispielsweise das Ergebnis der Entscheidung für die Mitte zwischen den jeweiligen Opposita der Schlechtigkeiten (κακία)[222] Feigheit und Tollkühnheit, d. h. Tapferkeit ist die Synthese aus Standhaftigkeit (ὑπομονή) und Besonnenheit (σωφροσύνη).[223]

Differenzierung von moralischen und intellektuellen Tugenden siehe auch Fortenbaugh, Antecedents, 49.

216 Damit ist eine Interpretation der Mesotes als „Mittelmäßigkeit“ ausgeschlossen. In Aristoteles, eth.Nic. 1107a 6ff bringt Aristoteles zum Ausdruck, dass die Tugend ontologisch Mitte (μεσότης) sei, nach ihrer axiologischen Dimension aber den Wert eines höchsten Gutes (εὖ ἀκρότης) habe. Akrotes (ἀκρότης) kann neben ‚das Höchste‘ auch ‚Extrem‘, ‚Äußerstes‘ oder ‚Gipfelpunkt‘ bedeuten.

217 Aristoteles definiert nämlich die Arete auch als τελείωσις, womit zum Ausdruck gebracht ist, dass sie Wesens-Verwirklichung und Seins-Vollendung eines jeden Seienden ist. Arete ist demnach nicht auf den Menschen beschränkt. Vielmehr hat jedes Seiende sein Ziel bzw. seinen Zweck (τέλος) und folglich seine ihm eigentümliche Arete als Seins-Vollendung. Vgl. Aristoteles, phys. 246a 13; metaph. 1021b 20.

218 Wahrscheinlich hat Aristoteles das Mesotes-Prinzip als wissenschaftliches Prinzip in den Hippokratischen Schriften vorgefunden und es in die Ethik übertragen, bevor er es auf seine politischen Ansichten anwendete. Vgl. Schilling, Ethos, 14–17.

219 Vgl. Aristoteles, eth.Nic. 1109a 24.

220 Vgl. Aristoteles, eth.Nic. 1106a 3f.

221 Vgl. Aristoteles, eth.Eud. 1223a 4f.

222 Da der griechische Ausdruck κακία bei Aristoteles mehr als nur eine moralische Bedeutung hat, ist eine Übersetzung mit „Laster“ häufig unpassend. Vgl. dazu z. B. Höffe, Art. kakia/Schlechtigkeit, 294f.

223 Auch die intellektuellen Tugenden, oder dianoetischen Tugenden, können als Mitte zwischen Extremen bestimmt werden, φρόνησις ist z. B. die Mitte zwischen Verschlagenheit (πανουργία) und Naivität (εὐήθεια). Vgl. Aristoteles, eth.Eud. 1221a 12. Die oben folgende Graphik zur Illustration der ethischen Tugend der Tapferkeit als Beispiel für die aristoteli-

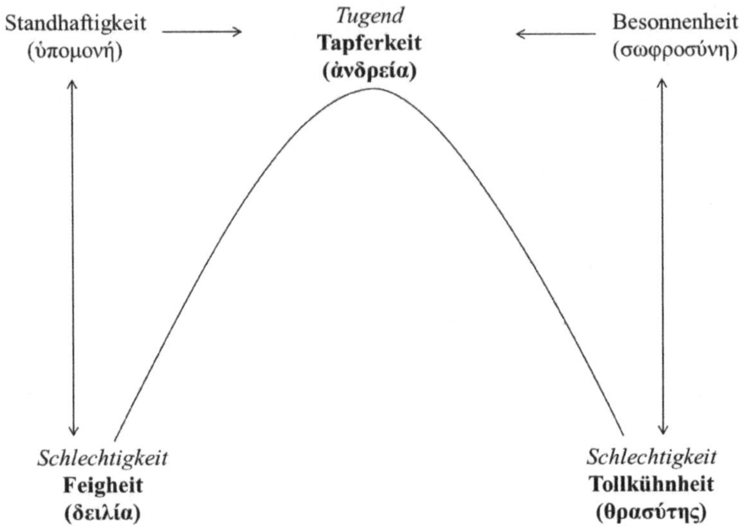

Abb. 3: Graphische Darstellung des aristotelischen Tugendverständnisses am Beispiel der Tapferkeit

Nach Aristoteles soll der Mensch jede handlungsrelevante Entscheidung an dem einheitlichen Bewertungsmaßstab der Mesotes ausrichten.[224] Da Affekte

---

sche Mesotes-Lehre ist leicht modifiziert von HARTMANN, Einführung, 148, übernommen, der das aristotelische Tugendverständis besonders einleuchtend dargestellt hat.

224 Es liegt Aristoteles daran, klar zu machen, dass die zu wählende Mitte immer von der Einzelsituation abhängt. Mehr noch, sie hängt von dem einzelnen Menschen ab (deswegen bezeichnet Aristoteles diese Mitte als μεσότης πρὸς ἡμᾶς; eth.Nic. 1106a 28–b 7): Was für den einen eine große Menge Essen darstellt, kann für jemanden anderen wiederum zu wenig sein. Je nach Entwicklungsstand, Reifestufe, persönlichen Umständen etc. kann der Orientierungsmaßstab der Mesotes *variieren* (vgl. eth. Nic 1106a). Weil die Jugend nach Aristoteles Überzeugung zur Übertreibung tendiere, falle Jugendlichen die Ausgewogenheit der Lebensführung schwer. Andererseits neige der alternde Mensch zu einem ‚Zuwenig' an Tugend, da er, vom Leben enttäuscht, entmutigt sei und er deshalb Mühe habe, sich für die Mitte zwischen Extremen zu entscheiden. Deshalb trügen alte Menschen oftmals Züge von Geiz, Feigheit usw. In der Lebensmitte dagegen ließe sich das Ideal des Mesotes-Ethos am einfachsten halten. Vgl. Aristoteles, rhet. 1389a 2ff; 1389b 13ff; 1390a 29ff; 1390b 7. Dies alles gilt für Frauen nur eingeschränkt: Zwar spricht Aristoteles ihnen das Vermögen, vernünftig abwägen zu können, zu, sagt aber, dass es ohne Autorität bleibe (vgl. Aristoteles, pol. 1260a 12f). Ihre Fähigkeit zur Affektkontrolle ist gegenüber der von Männern also begrenzt. Auch Tapferkeit, Besonnenheit und Gerechtigkeitssinn seien je nach Geschlecht unterschiedlich (vgl. pol. 1260a 21f). Damit widerspricht er explizit der Auffassung Sokrates'. Vgl. Aristoteles, pol. 1260a 22f. Zu Aristoteles' Sicht auf das weibliche Geschlecht vgl. z. B. W.W. FORTENBAUGH, Aristotle on Slaves and Women, in: Ders. (Hg.), Aristotle's Practical Side. On his Psychology, Ethics, Politics and Rhetorics, Leiden/Boston 2006, 241–248.

Handlungen verursachen oder hemmen können, ist die Bestimmung der rechten Mitte nicht nur in Bezug auf ethische Tugenden, die die Affektregulierung betreffen, sondern auch in Bezug auf Affekte selbst relevant. Insofern kann es auch bei jedem einzelnen Affekt ein ‚Zuviel' und ein ‚Zuwenig' geben.[225] Daraus ergeben sich zwei Konsequenzen. Die erste betrifft den Umgang mit Affekten, die zweite die aristotelische Bewertung von Affekten. Als Idealvorstellung des Umgangs mit Affekten kommt im Werk Aristoteles' die Metriopathie (μετριοπάθεια) zu stehen, was der Forderung nach einem kontrollierten Umgang mit den natürlich veranlagten Affekten gleichkommt, der zwar Übung erfordert, aber zur Besonnenheit und Mäßigung führen kann.[226] Das Austarieren zwischen affektiven Extremen ist ein Entscheidungsfindungsprozess, der je nach Einzelfall anders verläuft.[227] Grundsätzlich ist es jedoch dazu nötig, dass die Vernunft den einzelnen Affekt steuert und reguliert und ihn auf das Gute hin ausrichtet, ihn mäßigt.[228] Weil affektive Regungen also angemessen oder unangemessen sein können, sind die meisten Affekte nach aristotelischem Verständnis weder ausschließlich positiv oder aber negativ konnotiert. Ethisch indifferent sind beispielsweise sogar der Zorn oder die Furcht, die jeweils Vor- und Nachteile bergen können.[229] Wie Zorn und Furcht sind auch Lust und Schmerz bei Aristoteles im Unterschied zur Stoa nicht per se negativ aufzufassen. Dies hängt damit zusammen, dass jede Erkenntnisleistung der aristotelischen Ansicht nach unmittelbar durch ein Gefühl der Lust (ἡδονή) oder der Unlust/des Schmerzes (λύπη) begleitet ist, d. h. durch das Gefühl, wie gut oder schlecht bzw. wie angenehm oder unangenehm das Wahrgenommene oder Erfasste für den Erkennenden ist.[230] Positiv kann die körperliche Lust beispielsweise gewertet werden, wenn sie auf Grundbedürfnisse hinweist (wie Hunger oder Durst); insofern kann sie einen naturgemäßen Zustand wieder

---

225 Vgl. Aristoteles, eth.Nic. 1108a. Die Mesotes-Lehre kann nicht nur auf Tugenden und Affekte angewandt werden, sondern auch auf die *physischen Symptome* der damit verbundenen Affekte: Eine zu wässrige Mixtur im Herzen ebnet den Weg für Zorn; ein zu großes Herz kühlt das Blut ab, so dass Furcht leichter entstehen kann. Vgl. Aristoteles, part. an. 650b 27–30; 667a 15–18.

226 Vgl. Aristoteles, eth.Nic. 1107b–1108a. Zum Metriopathie-Ideal siehe auch J.M. Dillon, Metriopatheia and Apatheia: Some Reflection on a Controversy in Later Greek Ethics, in: J.P. Anton/A. Preus (Hg.), Essays in Ancient Greek Philosophy, Bd. 2, Albany 1983, 508–517.

227 Vgl. Aristoteles, eth.Nic. 1107a 28ff.

228 Vgl. von Gemünden, Umgang, 166; Bäumer, Bestie, 54. Während Aristoteles zufolge Frauen zwar wie Männer über Vernunft verfügen, besteht der Unterschied zwischen den Geschlechtern darin, dass die Vernunft der Frau im Gegensatz zu der des Mannes unfähig zur Affektkontrolle sei, vgl. Aristoteles, pol. 1260a; vgl. dazu auch Fortenbaugh, Aristotle, 60.

229 Vgl. Aristoteles, eth.Nic. 1105b; 1106a.

230 Vgl. Aristoteles, eth.Nic. 1174b 20–22.

herstellen helfen.[231] Die meisten Affekte gehören nach Aristoteles also zu den natürlichen Anlagen des Menschen, so dass es auf den rechten Umgang mit dem jeweiligen Affekt ankommt, denn der jeweilige Affekt muss für die jeweilige Situation angemessen sein.[232] Manche Affekte sind jedoch von sich aus schlecht.[233] Insbesondere die Begierde wird im aristotelischen Werk häufig negativ beurteilt, denn weil sie nach unmittelbarer Befriedigung ohne Rücksicht auf äußere Umstände verlangt, kann sie potentiell risikoreiche intrapsychische Konflikte auslösen.[234]

2.2. *Die dissonante Seele: Intrapsychische Konflikte bei Aristoteles*

Nach aristotelischem Verständnis kann es innerhalb der Seele zu Dissonanzen und Konflikten kommen. Dies ist auf die diversen Seelenvermögen mit je unterschiedlichen Funktionsbereichen bzw. auf die konträr vorgestellten Seelennaturen zurückzuführen. Zwar können sich auch rein kognitive Dissonanzen ergeben, z. B. wenn unterschiedliche Meinungen innerhalb der Seele miteinander konfligieren,[235] aber zumeist geht Aristoteles auf Inkongruenzen zwischen einer vernunftorientierten und einer affektiv geprägten Verhaltensalternative ein.

---

231 Vgl. Aristoteles, eth.Nic. 1173b–1174a. Im Unterschied zur Stoa ist die Lust bei Aristoteles (in Übernahme platonischer Ansichten zur Lust) nicht per se negativ konnotiert, auch wenn die Lust weder ein Gut ist, noch alle Arten der Lust begehrenswert sind. Vgl. zu den verschiedenen positiv und negativ konnotierten Lustkonzepten bei Plato und Aristoteles Fortenbaugh, Rhetoric, 43 ff. Im Neuen Testament wird die Lust von Lukas äußerst negativ gesehen und einem inneren Zustand gegenübergestellt, der durch Dauerhaftigkeit charakterisiert ist, vgl. Lk 8,14; vgl. zur negativen Bewertung der Lust auch Lk 15,13–16; Jak 4,1; Tit 3,3.

232 Vgl. Aristoteles, eth.Nic. 1106b 21 ff. Vgl. dazu auch Zill, Meßkünstler, 288. Zur Bestimmung der Angemessenheit eines Affekts nennt Aristoteles in eth.Nic. 1106b einige Parameter. Zu entscheiden sei v. a. über den richtigen Zeitpunkt und den angemessenen Anlass eines Affekts, über das richtige Bezugsobjekt des Affekts, über die angemessenen Ziele des affektiven Strebens sowie über die Person, gegenüber der ein Affekt demonstriert wird.

233 Vgl. Aristoteles, eth.Nic. 1107a; 1153b.

234 Aristoteles, eth.Nic. 1105b. Zum Unterschied zwischen schlechten und ehrbaren Begierden vgl. z. B. Aristoteles, eth.Nic. 1145b 12 mit 1146a 14–18. Sprachgeschichtlich leitet sich die Begierde (ἐπιθυμία) vom Ausdruck θυμός her, einer Gemütsbewegung, die im späteren profanen und dem neutestamentlichen Sprachgebrauch vor allem einen aggressiven Affekt (Zorn oder Wut) ausdrückt, vgl. Lk 4,28; Apg 19,28. Auch bei Plato, dem zufolge das begehrende Strebevermögen (Epithymetikon) im Gegensatz zum ‚vernünftigen' Strebeteil der Seele nicht auf göttliche Schaffenskraft zurückgeht, trägt das Begehren affektive Konnotationen. Vgl. z. B. Plato, Tim. 69c–e; 42d – e.

235 Das liegt nicht zuletzt daran, dass die Meinung im Unterschied zum sicheren Wissen wahr oder falsch sein kann. Vgl dazu Horn, Art. doxa / Meinung, 138 f.

Insbesondere in seiner Nikomachischen Ethik thematisiert Aristoteles das Problem der dissonanten Seele. So können beispielsweise das Begehren (ἐπιθυμέω) und das Wollen (βούλομαι) miteinander konfligieren.[236] Es ist anzunehmen, dass hier nicht bloß von zwei konträren Volitionen die Rede ist, die lediglich aus Gründen der Stilistik bzw. aus dem Interesse an abwechslungsreicher Sprache mittels verschiedener Lexeme zum Ausdruck gebracht werden. Wahrscheinlich steht vielmehr die aristotelische Unterscheidung zwischen dem ‚vernünftigen' und den ‚unvernünftigen' Seelenvermögen im Hintergrund. Der antike Universalgelehrte geht nämlich davon aus, dass es vernünftige und weniger vernünftige Möglichkeiten gibt, nach etwas zu streben. So differenziert er zwischen der Begierde (ἐπιθυμία), dem vorschnellen Eifer (θυμός)[237] und dem vernünftigen Willen (βούλησις).[238] Im Unterschied zu Plato geht Aristoteles nicht von drei voneinander zu trennenden Grundformen des Strebens aus, die je in einem anderen Seelenteil verortet werden, sondern von einem als Einheit verstandenen Strebevermögen (ὄρεξις), das sich jedoch in drei potentiell ineinandergreifenden Aspekten aktualisieren kann.[239] So wie der Seele ein einheitliches erkenntnisfähiges Vermögen (νοῦς) eignet, das sich als Vorstellung (φαντασία), Wahrnehmung (αἴσθησις) oder Dianoia (διάνοια)[240] äußern kann, entsteht das Streben in einer von drei Formen, je nachdem, ob es einer Wahrnehmung, einer Vorstellung, oder aber einem abwägend-synthetischen Denken (διάνοια) folgt. Die Arten des Strebens ergeben sich demnach aus unterschiedlichen Formen der Erkenntnis sowie den mit der jeweiligen Erkenntnis unmittelbar verbundenen Lust- bzw. Unlusterfahrungen. Wie bei Plato definiert sich bei Aristoteles eine Begierde dadurch, dass sich die ihr inhärente Lust auf die Gegenwart richtet.[241] So entsteht eine

---

236 Aristoteles, eth.Nic. 1166b.

237 Zwar wird θυμός im Deutschen i. d. R. mit ‚Mut' oder ‚Zorn' wiedergegeben, aber der Ausdruck ist nahezu unübersetzbar; am ehesten lässt sich das mit θυμός bezeichnete Streben durch eine vorschnell agierende, dem Eifer ähnliche Strebung umschreiben.

238 Vgl. Aristoteles, anima 432b 5ff; eth.Eud.1223a 26f; b 26f; 1225b 25f u.ö.

239 Vgl. Aristoteles, anima 432b.

240 In der Regel unterscheiden sich Nous und Dianoia dadurch, dass der Nous als rein theoretisches Denken – im Unterschied zu der auf einen Einzelgegenstand gerichteten Wahrnehmung – das Allgemeine erkennt, und deshalb unabhängig von einer momentanen Wahrnehmung frei über das einmal erkannte Allgemeine verfügen kann, d. h. aus sich selbst heraus tätig werden kann. Vgl. Aristoteles, anima 429b 7. Im Unterschied dazu ist die Dianoia ein synthetisierendes Erkenntnisvermögen, kann also beispielsweise die Kategorie der Zeit zu einer vom Nous erkannten Einheit hinzufügen und sich aufgrund solcher Synthesen täuschen. Vgl. Aristoteles, anima 427b 13f. Dianoia und Nous weichen zudem voneinander ab, was ihre Handlungsrelevanz betrifft. Das theoretische Denken „sagt nichts aus über das, was man meiden oder erstreben soll", das praktische Denken (Dianoia) hingegen kann eine Bewegung verursachen. Vgl. Aristoteles, anima 432b 27f; 433a 18f.

241 Vgl. z. B. Aristoteles, anima 433b 8–10. Anders als in der LXX, wo ἐπιθυμέω meist im ethisch neutralen Sinn begegnet, wird die Begierde (ἐπιθυμία) im NT fast ausschließlich im

Begierde (ἐπιθυμία) unmittelbar infolge einer Wahrnehmungstätigkeit. Da die Wahrnehmung aber an die Gegenwart gebunden ist, wird das, was sie als Gutes erkennt, vom Vorstellungsvermögen als das wahrhaft Gute überhaupt dargestellt und deshalb erstrebt. Im Unterschied dazu beschränkt sich die Dianoia nicht auf das nur momentan als gut oder schlecht Erscheinende, sondern kann die Dimension des Zukünftigen berücksichtigen. Aus dieser von der Vernunft geleiteten Vorstellung des Guten entsteht dann eine βούλησις. Je nachdem, ob sich das Vorstellungsvermögen von der Vernunft leiten lässt oder von der momentanen Wahrnehmung allein, entsteht ein vernünftiger Wille oder aber eine Begierde.[242]

Wenn Aristoteles also davon spricht, dass der zwischen Begehren und (vernünftigem) Wollen hin- und hergerissene Mensch mit sich selbst streite (διαφέρεται ἑαυτῷ),[243] dann geht es ihm zugleich um den inneren Konflikt zwischen Lust und Unlust/Schmerz. Denn innerhalb der Seele stünden sich die Empfindung von Schmerz über Entbehrungen und Freude über dieselben gegenüber. Die Seele werde in zwei Richtungen zugleich gezogen. Die entstandene innere Spannung ist derart groß, dass die Seele beinahe auseinanderreißt (διασπάω).[244] Aristoteles verwendet damit eine Metapher, die schon Plato für das Bild der Zerstörung der Polis-Einheit gebrauchte.[245]

Dass affektive Strebungen (ὀρέξεις) und die vernünftige Überlegung (λογισμός) intrapsychische Dissonanzen hervorrufen können, wird sowohl in der Nikomachischen als auch in der Eudemischen Ethik veranschlagt.[246] Diese beiden psychischen Größen seien voneinander zu unterscheiden (χωρίζω), sie setzten einander gleichsam außer Gefecht (ἐκκρούω).[247] Dass die Vernunft (λόγος) und die Begierden (ἐπιθυμίαι) zueinander gegensätzliche (ἐναντίαι) Strebeimpulse entwickeln können, äußert Aristoteles auch in seiner Schrift ‚De anima'.[248] Er begründet diese Dissonanz damit, dass das Vernunftvermögen mit Rücksicht auf die zukünftigen Folgen befehle, sich zurückzuhalten, die Begierde hingegen die Zukunft unbeachtet lasse und nach dem strebe, was momentan lustversprechend erscheine.

Nicht nur das begehrende Strebevermögen kann Aristoteles zufolge mit dem vernünftigen Wollen konfligieren. Auch zwischen der Vernunft (λόγος)

---

negativen Sinn verwendet. Im paulinischen Schrifttum und im Jakobusbrief begegnet sie als bedeutender theologischer Terminus technicus. Vgl. dazu Hübner, Art. ἐπιθυμία κτλ., EWNT² 2 (1992), 68–71.

242 Vgl. Schmitt, Selbständigkeit, 171.

243 Vgl. Aristoteles, eth.Nic. 1166b 6f. Das Verb διαφέρω kann im Medium für ‚uneins sein', ‚streiten' stehen, vgl. Liddell/Scott, s.v. διαφέρω.

244 Vgl. Aristoteles, eth.Nic. 1166b.

245 Vgl. Plato, rep 462a 8–b 1; 464c 7f; leg. 875a 7.

246 Vgl. Aristoteles, eth.Nic. 1119b; eth.Eud. 1224b.

247 Vgl. Aristoteles, eth.Eud. 1224b.

248 Vgl. Aristoteles, anima 433b.

und den Affekten (πάθη) kann es zu einem Konflikt innerhalb der Seele kommen.[249] Als Beispiel für einen internen Streit nennt er in der Nikomachischen Ethik auch die Dissonanz zwischen Furcht (δειλία) und der angemessenen Verhaltensalternative.[250]

Ausdrücklich lehnt Aristoteles die Ansicht ab, zwei Begierden könnten einander widerstreiten.[251] Er scheint darauf abzuheben, dass der Mensch sehr wohl zwei unterschiedlich orientierte Strebungen in seinem Inneren wahrnehmen könne, nicht jedoch ein und dasselbe Bezugsobjekt gleichzeitig anstreben und vermeiden wollen könne.[252]

2.3. Möglichkeiten des Umgangs mit und der Bewältigung von intrapsychischen Konflikten

Im ersten Teil des Siebten Buches der Nikomachischen Ethik beschäftigt sich Aristoteles mit Verhaltensweisen (ἕξεις) des Bereichs der praktischen Ethik sowie insbesondere mit Möglichkeiten, Zustände intrapsychischer Ambivalenz zu handhaben. Allen behandelten Dispositionen ist gemeinsam, dass sie es mit Lust und Schmerz zu tun haben,[253] betreffen genauer diejenigen Lust bzw. Schmerz erzeugenden Dinge und Situationen, die für den Menschen Notwendigkeit (ἀναγκαῖα) haben.[254] Diese sind jedoch nur im Bereich der Geschmacks- und Tasterfahrungen anzusetzen, betreffen also z. B. Nahrung oder körperliche Genüsse inkl. Sexualität, bei denen Ausgewogenheit tugendhaft, ein Übermaß oder ein Mangel jedoch tadelnswert sei.[255] Die zum Sehsinn, Hörsinn oder Geruchssinn gehörigen Lust- bzw. Schmerzerfahrungen können Aristoteles zufolge gar nicht gegen irgendein angemessenes Maß verstoßen; sie sind subjektiv, da jeder Mensch andere Gerüche, Abbildungen oder Töne als angenehm bzw. unangenehm erlebt. Aristoteles setzt in der folgenden Argumentation den Schwerpunkt auf diejenigen Affekte bzw. Begierden, „die nach dem Übermaß und dem nicht Notwendigen verlangen,“[256] was Handeln aus schimpflicher Lust gleichkomme.[257]

249 Vgl. Aristoteles, m. mor. II 6,39.

250 Vgl. Aristoteles, eth.Nic. 1166b.

251 Vgl. Aristoteles, eth.Nic. 1111b 15f.

252 Ähnlich auch Price, Conflict, 107.

253 Vgl. Aristoteles, eth.Nic. 1148a 15f; 1152b 4–7.

254 Vgl. Aristoteles, eth.Nic. 1147b 24.

255 Vgl. Aristoteles, eth.Nic. 1148a 6–9. Ausgenommen sind Verhaltensweisen, die natur- oder krankheitsbedingt sind. Die Argumentation bezieht sich also auf den gesunden Menschen mit guten Naturanlagen. Vgl. Aristoteles, eth.Nic. 1148b 17ff.24f.

256 Vgl. Aristoteles, eth.Nic. 1149b 7f.

257 Vgl. Aristoteles, eth.Nic. 1151b 22.

Die ausführlichste Betrachtung erfährt dabei die Akrasia (ἀκρασία), ein Phänomen, das sich auf Lusterfahrungen bezieht und das in Übersetzungen i. d. R. mit „Unbeherrschtheit" oder „Willensschwäche" wiedergegeben wird.[258] Wörtlich bedeutet der griechische Begriff „Nicht-Herrschaft" (der Vernunft). Gemeint ist mit Akrasia ein Zustand, in dem der Einzelne sich nicht für die Leitung der Vernunft entscheidet, wenn er sich den Strebungen zweier Impulse ausgesetzt fühlt, obwohl dem Verstand die Oberherrschaft obliegen sollte.[259] Dieses für die aristotelische Ethik ausgesprochen wichtige Phänomen[260] wird später auch im frühen Christentum thematisiert.[261]

Der Akratiker ist dadurch charakterisiert, dass er weiß, dass das, was er tut,

---

258 Aristoteles zufolge muss zwischen „schlechthin unbeherrscht" (ἁπλῶς ἀκρατής) und Unbeherrschtheit in Bezug auf Geld, Ehre, Gewinn oder Zorn differenziert werden. Sieg, Ehre und Ruhm gehören nämlich zu denjenigen Lust erzeugenden Dingen, die nicht notwendig, aber wünschenswert sind (Aristoteles, eth.Nic. 1147b 29–35). Unbeherrschtheit in Bezug auf Zorn behandelt der antike Denker in Aristoteles, eth.Nic. 1149a–b. Von seiner weiteren Argumentation ausgenommen sind zudem jene Arten von Unbeherrschtheit oder Beherrschtheit, die falsche Meinungen oder ehrbare Begierden zum Gegenstand haben. So kann Unbeherrschtheit durchaus tugendhaft sein, wenn sie dazu führt, dass falsche Meinungen aufgegeben werden und Beherrschtheit tadelnswert, wenn sie bewirkt, dass auf falschen Meinungen beharrt wird, oder wenn ehrbaren Begierden, die ja auch zum rechten Handeln motivieren können, nicht gefolgt wird. Vgl. Aristoteles, eth.Nic. 1146a 14–18. Alle Arten von (Un-)Beherrschtheit, die nicht als „schlechthin" klassifizierbar sind, nennt Aristoteles Unbeherrschtheit im metaphorischen Sinne (κατὰ μεταφοράν). Vgl. Aristoteles, eth.Nic. 1149a 23.

259 Innerhalb des heutigen Akrasia-Diskurses, der v. a. in der Philososphie geführt wird und in dem die Möglichkeit dieses Phänomens höchst umstritten ist, liefert Oksenberg Rorty, Self-deception, 121, eine Erklärung für akratisches Handeln. Dieses könne einen Ausweg aus einem intrapsychischen Konflikt darstellen, falls keine anderen Konfliktlösungsstrategien bereit stehen. Für einen Überblick über zustimmende, skeptische oder ablehnende Auffassungen in Bezug auf die „Willensschwäche" aus heutiger Sicht siehe z. B. A.F. Walker, The Problem of Weakness of Will, Nous 23 (1989), 653–676; W. Charlton, Weakness of Will, Oxford 1988; T. Spitzley (Hg.), Willensschwäche, Paderborn 2005.

260 Vgl. Engberg-Pedersen, Sünde, 44: „Aristoteles hat (…) den Begriff *akrasia* zu einem Kernbegriff seiner Ethik gemacht."

261 Explizit wird das Nomen Akrasia in 1Kor 7,5 erwähnt: „… damit euch der Satan nicht wegen eurer Unbeherrschtheit (ἀκρασία) versucht." Da der Satz im Kontext zu Ausführungen über das Eheleben steht, geben viele Übersetzer die Passage wieder mit „…damit der Satan auch nicht versucht, wenn ihr euch nicht enthalten könnt". Das Lexem ἀκρασία steht auch in Mt 23,25, hier im Zusammenhang mit der Heuchlerei der Pharisäer und Schriftgelehrten. Hermas verwendet den Begriff in Herm sim IX, 15,3 in einer Reihe mit Unglauben, Ungehorsam und Betrug; oppositioneller Begriff ist – wie bei Aristoteles – die Selbstbeherrschung (ἐγκράτεια). Das Adjektiv ‚unbeherrscht' (ἀκρατής) findet sich in 2Tim 3,3 innerhalb des auf die Endzeit bezogenen Lasterkatalogs. Der Sache nach begegnet dieses Phänomen in Röm 7,19, Jak 4,17 und Lk 12,47. In den Psalmen Salomons kommt Akrasia in Verbindung mit der Sünde (ἁμαρτία) vor (PsSal 4,3^{LXX}).

schlecht ist, und dennoch, aufgrund eines Affekts (πάθος),[262] sein eigentliches Wissen über das Wahrhaft Gute nicht betätigt und die der Vernunft widersprechende Handlung ausführt.[263] D. h. das Handlungsprinzip, das im Normalfall Anwendung findet, ist beim Unbeherrschten prinzipiell vorhanden, wird aber für den Moment nicht befolgt, weil der Affekt ihn wider die rechte Einsicht (ὀρθὸς λόγος) erregt.[264] Das vernunftgeleitete Streben wird von einem anderen, kurzfristig Lust bereitenden Streben besiegt.[265] Dabei empfindet der Akratiker einen seelischen Zwiespalt, bzw. erlebt sein Inneres als uneinheitlich: Eine eigentümliche Mischung aus Freude und Unlust kennzeichnet diesen Zustand: Auf der einen Seite wird die Begierde erfüllt, weshalb die Konsequenz Freude ist. Auf der anderen Seite resultiert aus der Ahnung, nicht richtig zu handeln, Unlust bzw. Schmerz. Da aber sowohl die Vernunft als auch die Begierde angeborene Anlagen sind, ist das Handeln als gemäß der Natur und gegen die Natur zugleich zu klassifizieren.[266]

---

262 Die Begierde (ἐπιθυμία) zählt zu den Affekten (πάθη). In der Eudemischen Ethik verwendet Aristoteles häufig die Begierde im Besonderen, während er in der Nikomachischen Ethik i. d. R. allgemeiner vom πάθος als dem der Vernunft entgegengesetzten Impuls spricht. Unbeherrschtheit in Bezug auf Zorn / Eifer (Thymos; θυμός) behandelt Aristoteles gesondert. Dies sei weniger zu tadeln als Akrasia, die Begierden (ἐπιθυμίαι) nachgibt. Während die auf das Gegenwärtige fixierte Begierde, sobald sie etwas Angenehmes wahrnimmt, darauf losstürmt (ὁρμάω), hört der Zorn / Eifer wenigstens teilweise auf die Vernunft (λόγος), aber eben nicht richtig: Vernunft (λόγος) oder Vorstellungsvermögen (φαντασία) haben ihm zwar gemeldet, dass geringschätzige Behandlung vorliegt. Da aber der Zorn / Eifer nicht derart umsichtig in die Zukunft blicken kann wie der Nous, ist vorschnelles Handeln die Folge: Er verselbständigt sich, weil er meint, gegen die demütigende Behandlung vorgehen zu müssen. Deshalb nimmt er auch gegenwärtigen Schmerz in Kauf, um später die entsprechende Lust genießen zu können. Vgl. Aristoteles, eth.Nic. 1149a 25–30. Dem Zorn / Eifer zu folgen ist auch deswegen verzeihlicher, weil er natürlicher ist als Begierden im Übermaß (vgl. Aristoteles, eth.Nic. 1149b 6ff) und weil ihm im Gegensatz zu Begierden keine Hinterlist eignet (ἐπίβουλος; vgl. Aristoteles, eth.Nic. 1149b 14). Schon Plato bewertete den Thymos positiver als die Begierde, wie die Leontius-Erzählung demonstriert (Plato, Rep. 439e–440a). Vgl. zu dieser Problematik auch Cessi, Erkennen, 246f.

263 Vgl. Aristoteles, eth.Nic. 1145b 11f; eth.Eud. 1223a 37–1223b 3.7ff; Damit weist Aristoteles ausdrücklich den sokratischen Satz zurück, nach dem Akrasia auf Unwissenheit (ἄγνοια) zurückgeht. Vgl. Aristoteles, eth.Nic. 1145b 26ff. Aristoteles überliefert, Sokrates habe geäußert, es wäre schrecklich, wenn jemand Wissen besäße, und doch etwas anderes stärker wäre, das ihn wie einen Sklaven (ἀνδράποδον) hin- und herziehe (περιέλκειν). Vgl. Aristoteles, eth.Nic. 1145b 20. Aristoteles ist in Hinsicht auf akratisches Handeln pessimistischer als Sokrates.

264 Vgl. Aristoteles, eth.Nic. 1151a 20f.

265 Vgl. Aristoteles, anima 434a 11ff.

266 Vgl. Aristoteles, eth.Eud. 1224b 28–36. Ähnlich äußert Aristoteles in eth.Nic. 1104b 8–13, dass man häufig das Schlechte tut, weil es Lust bereitet, das Gute aber meidet, weil man weiß, dass es Leid mit sich bringt. Hartmann, Einführung, 116, beschreibt diesen Zwiespalt als Kampf zwischen Pflicht und Neigung, welche jeweils darauf abzielen, den Verlauf ein und derselben Handlung festzulegen.

Aristoteles unterscheidet zwei Arten von Akrasia:

> „Die eine Art von Unbeherrschtheit ist Überstürzung (προπέτεια), die andere Schwäche (ἀσθένεια). Die einen nämlich [= Akratiker aufgrund von Schwäche] fassen einen Entschluss (βουλευσάμενοι), beharren (οὐκ ἐμμένουσιν) aber infolge des πάθος nicht bei dem, wozu sie sich entschlossen haben. Die anderen [= Akratiker aufgrund von Überstürzung] werden, weil sie keinen Entschluss gefasst haben, vom Affekt (πάθος) hingerissen (ἄγονται)."[267]

Anders als bei der Unbeherrschtheit, die auf überstürztes Handeln zurückgeht, ist das Handlungsziel im Fall der Akrasia aufgrund von Schwäche schon rational definiert.[268] Die Entscheidung müsste eigentlich aufrechterhalten werden, gegen die vom Affekt (πάθος) ausgelöste Handlungstendenz und Lust verteidigt werden. Gelingt dies nicht, gibt der Akratiker seine Vernunftüberlegung auf (ἐκστατικὸς τοῦ λογισμοῦ),[269] da der Affekt eine falsche Meinung bewirkt,[270] und zieht somit das kurzfristig Angenehme vor. Die ursprüngliche Absicht wird durch einen affektgeleiteten Impuls ersetzt. Die Verantwortung der Unbeherrschtheit liegt beim Menschen selbst: Denn laut Aristoteles hätte er ja bei der Vernunftentscheidung bleiben (ἐμμένω) können.[271] Aus diesem Grund bezeichnet Aristoteles diese Art der Akrasia explizit als Schwäche. Insgesamt ist charakterliche Schwäche als Ursache der Akrasia tadelnswerter als Akrasia aufgrund von Übereilung, da ein kleineres Quantum an Affekt bzw.

267 Aristoteles, eth.Nic. 1150b 19–22. Zur Erklärung der Akrasia aus einem defektiven Syllogismus vgl. z. B. J. Timmermann, Impulsivität und Schwäche. Die Argumentation des Abschnitts Eth. Nic. 1146b 31–1147b 19 im Licht der beiden Formen des Phänomens „Akrasia", Zeitschrift für philosophische Forschung 54/1 (2000), 47–66.

268 Vgl. die Verwendung von βουλεύω zum Ausdruck der vernunftbestimmten Absicht in Aristoteles, eth.Nic. 1150b 21. Im Fall der Akrasia, die der Überstürzung gleicht, kommt es gar nicht erst zur vernunftgeleiteten Entschlussfassung. Der intrapsychische Konflikt ist allenfalls unbewusst, denn nach Aristoteles besitzt die Person auch in diesem Fall die Kenntnis darüber, was richtig ist, denkt aber gar nicht erst daran, bzw. stellt überhaupt keine vernünftige Überlegung an. Eine echte Auseinandersetzung mit dem erstrebenswerten Ziel findet nicht statt. Stattdessen wird die Handlung impulsiv und vorschnell realisiert. Der Gebrauch des Verbes ἄγω im Passiv könnte indizieren, dass das handelnde Subjekt den widerrrationalen Handlungsimpuls als Macht interpretiert, die ihn gleichsam überwältigt. Durch diese Formulierung *erscheint* der Handelnde entschuldigt, da er seinen Affektimpuls einer quasi-externen Ursache zuschreibt, statt die Verantwortung für sein vorschnelles, überstürztes Handeln (προπέτεια) zu übernehmen. Dennoch betont Aristoteles ausdrücklich, dass er für sein verfehltes Verhalten in Haftung zu nehmen ist. Besonders disponiert für diesen Typ der Unbeherrschtheit sind nach Aristoteles Hitzköpfe und Melancholiker. Weil sie daran gewohnt sind, sich von ihrem Vorstellungsvermögen leiten zu lassen, warten sie aufgrund der ihrem Wesen eigenen Raschheit bzw. Heftigkeit den Vernunftimpetus nicht ab und handeln voreilig. Vgl. besonders Aristoteles, eth.Nic. 1146b 33; 1150b 25ff; 1152a 19.

269 Vgl. Aristoteles, eth.Nic. 1145b 11f.

270 Vgl. sinngemäß Aristoteles, eth.Nic. 1145b 30.

271 Vgl. Aristoteles, eth.Nic. 1145b 11.

Begierde ausreicht, um den Vernunftentschluss zu untergraben.[272] Deshalb vergleicht Aristoteles den so Handelnden mit einem, der weitaus weniger verträgt als die Mehrheit und deshalb rasch betrunken wird.[273]

Zwar stellt akratisches Handeln selbst ein Mittel zum Umgang mit inneren Dissonanzen zwischen der Vernunft und einem Affekt dar, aber dieser Ansatz ist unangemessen. Er lässt sich jedoch korrigieren.[274] Aristoteles äußert, dass Unbeherrschtheit aufgrund von Charakterschwäche heilbar sei, da die betroffene Person zwar gegen die rechte Einsicht, aber unvorsätzlich handelt.[275] Im Allgemeinen empfiehlt Aristoteles zur Therapie der Unbeherrschtheit ein Training in Antizipation:[276] Indem man sich selbst und seinen Verstand wachruft, kann man einüben, im Voraus zu merken und zu sehen, wann eine entsprechende Gefahrensituation auftritt.[277] Aristoteles vergleicht diese Methode mit einem, der sich selbst kitzelt, bis er keinen Kitzel mehr empfindet.[278]

„Beherrschtheit" oder „Selbstbeherrschung" (ἐγκράτεια) ist das Gegenteil von Akrasia. Auch bei diesem Begriff geht es um die Frage des Umgangs mit affektiven, lustversprechenden Verlockungen.[279] Das Lexem ἐγκράτεια samt fundamentalen Elementen seines semantischen Gehalts blieb (wie im Fall der Akrasia) über einen langen Zeitraum hinweg relevant, wie insbesondere das recht breit gestreute Vorkommen in der frühjüdischen und frühchristlichen

---

272 Vgl. Aristoteles, eth.Nic. 1151a 1 ff.

273 Vgl. Aristoteles, eth.Nic. 1151a 3 ff.

274 Bestimmten Formen der Akrasia ist dabei nach Aristoteles leichter beizukommen als anderen, vgl. Aristoteles, eth.Nic. 1152a 25–35.

275 Vgl. Aristoteles, eth.Nic. 1151a 7 f.

276 Da der Akratiker zur Reue fähig ist, kann seine Disposition geheilt werden. Vgl. Aristoteles, eth.Nic. 1150b 30. Aus entscheidungspsychologischer Sicht stellt sich Reue ein, wenn postdezisional festgestellt wird, dass die nicht gewählte Alternative die bessere gewesen wäre. Sie resultiert also aus dem Vergleich mit verpassten Konsequenzen. Vgl. Jungermann/Pfister/Fischer, Psychologie, 232. Während Enttäuschung öfter in Aufgabe des vor dem Entscheidungsprozess festgesetzten Ziels resultiert, führt Reue häufig dazu, dass das vorher gefasste Ziel im Auge behalten wird. Diese Beobachtung könnte eventuell dazu beitragen, die aristotelische Wertung, nach der Reue eine Voraussetzung für den persönlichen Fortschritt darstellt, besser zu verstehen.

277 Vgl. Aristoteles, eth.Nic. 1150b 20 ff.

278 Vgl. Aristoteles, eth.Nic. 1150b 20 ff.

279 Schon bei Xenophon bezieht sich die Haltung der ἐγκράτεια auf körperliche Lusterfahrungen. Für den xenophontischen Sokrates stellt die Selbstbeherrschung das Fundament aller Tugenden dar, das in der Seele zu errichten ist (Xenophon, mem I 5,4: ἆρά γε οὐ χρὴ πάντα ἄνδρα, ἡγησάμενον τὴν ἐγκράτειαν ἀρετῆς εἶναικρηπῖδα, ταύτην πρῶτον ἐν τῇ ψυχῇ κατασκευάσασθαι;). Diese Basisfähigkeit ermöglicht erst, überhaupt Gutes zu erlernen und dieses Wissen richtig in die Praxis umzusetzen (Xenophon, mem. I 5,5: τίς γὰρ ἄνευ ταύτης ἢ μάθοι τι ἂν ἀγαθὸν ἢ μελετήσειεν ἀξιολόγως;). Das Gegenteil der Selbstbeherrschung ist es, „den Lüsten versklavt" zu sein (Xenophon, mem. I 5,5: ταῖς ἡδοναῖς δουλεύων).

Literatur belegt.[280] Während der Ausdruck bei christlichen Autoren jedoch häufig auf die Sexualität verengt erscheint, verwendet Aristoteles ἐγκράτεια noch umfassender, und zwar auf körperliche Lusterfahrungen im Allgemeinen bezogen.

Dem antiken Philosophen zufolge entsteht beim Beherrschten (ἐγκρατής) – im Unterschied zum Akratiker – das Streben aus der von der Vernunft geleiteten Vorstellung heraus, die sich nicht von der unmittelbaren Erfüllung einer Begierde ablenken lässt:[281] „Wenn der Beherrschte aber die Einsicht hat, dass seine Begierden schlecht (φαῦλαι αἱ ἐπιθυμίαι) sind, folgt er ihnen nicht wegen seiner Vernunft (λόγος)."[282] Im Falle eines inneren Konfliktes, der sich in gegensätzlichen Strebungen bemerkbar macht, folgt er demjenigen Streben, das aus einer vernunftgeleiteten Erkenntnis entsteht, da seine Vernunft ihm das zukünftige Gute darzustellen und als dem nur gegenwärtig vorteilhaften Begehren überlegen zu zeigen vermag. Er steht zu seiner einmal angestellten Überlegung (ἐμμενετικὸς τῷ λογισμῷ)[283] und kann unangemessene Begierden abwehren. Leicht fällt ihm dies jedoch nicht: Nur schmerzlich kann er sich „von den Lustversprechungen der Begierde losreißen".[284] Gerade beim Beherrschten macht sich der innere Zwiespalt deutlich bemerkbar. Denn einerseits empfindet er Unlust, indem er gegen seine Begierde handelt; andererseits jedoch freudige Erwartung, da ihm seine Entscheidung gegen die Begierde auf lange Sicht nutzt.[285]

Von Beherrschtheit sowie Unbeherrschtheit unterschieden sind standhaftes Ausdauern (καρτερία) und Weichlichkeit (μαλακία),[286] da sich erstere auf Lusterfahrungen beziehen, letztere jedoch den Schmerz zum Gegenstand haben. Ausdauernd bzw. standhaft ist derjenige, der dem Schmerz bereitenden Affekt widerstehen (ἀντέχειν) kann und seiner ursprünglichen Entscheidung

280 Während das Lexem ἐγκράτεια bei Philo sehr häufig Verwendung findet, kommt sie in der LXX nur an wenigen Stellen innerhalb der Weisheitsliteratur vor (z. B. Sir 18,30^{LXX}; 4 Makk 5,34). In den ntl. Evangelien fehlt das Wort; im restlichen NT sind 7 Vorkommen der Wortgruppe ἐγκρατής κτλ. belegt (Apg 24,25; Gal 5,23; 2Petr 1,6 [2mal]; 1Kor 7,9; 9,25; Tit 1,8), in den Apostolischen Vätern steht es in 1Clem 30,3; 35,2; 62,2; 64; Barn 2,2; Herm mand VIII,1 ff.

281 Vgl. Aristoteles, anima 433b 7 ff; eth.Eud. 1223b 13 ff.

282 Aristoteles, eth.Nic. 1145b 12. Vgl. auch Aristoteles, anima 433a 6 ff.

283 Aristoteles, eth.Nic. 1145b 10 f.

284 Aristoteles, eth.Eud. 1224a 34 ff. Vgl. dazu z. B. Rapp, Aristoteles, 60.

285 Vgl. Aristoteles, eth.Eud. 1224b 15–19. Folglich handelt nicht nur der Unbeherrschte, sondern auch der Beherrschte gleichzeitig gegen deren Natur und ihrer Natur gemäß. Vgl. Aristoteles, eth.Eud. 1224b 35 f.

286 Das Verb καρτερέω steht im NT in Hebr 11,27; das Substantiv μαλακία findet sich nur in Mt in der Wendung „jede Krankheit und jedes Gebrechen" (πᾶσαν νόσον καὶ πᾶσαν μαλακίαν): Mt 4,23; 9,35; 10,1; das Adjektiv μαλακός bezieht sich in drei von vier Vorkommen innerhalb des NT auf die weiche Kleidung vornehmer Leute, einmal steht es im Zusammenhang mit Homosexualität (1Kor 6,9).

treu bleibt.[287] Aristoteles bewertet Beherrschung höher als Ausdauer und begründet dies so: „Standhaft sein (καρτερεῖν) besteht im Widerstehen, die Beherrschtheit aber im Herrschen. Widerstehen und Herrschen sind verschieden, wie auch das Nicht-Besiegt-Werden vom Siegen."[288] Das aktive Bezwingen eines Verlangens ist dem lediglich passiven Standhalten also vorzuziehen.

Auf der anderen Seite gilt als weichlich (μαλακός) oder verwöhnt (τρυφῶν), wer nicht widerstehen kann und darin versagt, die vernünftige Überlegung aufrecht zu halten.[289] Er zieht das Leiden vor. Aristoteles betont, dass es sich dabei um ein Leiden oder einen Schmerz handelt, dem sich die meisten Menschen ohne Schwierigkeiten widersetzen könnten, sofern sie nicht krank oder von Natur aus dazu indisponiert seien.[290]

Somit ergeben sich für Aristoteles vier Möglichkeiten, intrapsychische Konflikte im Bereich der Lust- und Schmerzerfahrungen körperlicher Affekte bzw. Begierden zu lösen:

	Lust	Schmerz
Meiden	**Beherrschtheit/ Selbstbeherrschung (ἐγκράτεια)**	**Ausdauer (καρτερία)**
Begehren	**Unbeherrschtheit/ Akrasia (ἀκρασία)**	**Weichlichkeit (μαλακία)**

Abb. 4: Intrapsychische Konfliktlösungsalternativen nach Aristoteles

2.4. Zwischenfazit und Darstellung möglicher Umgangsweisen mit Affekten

Der Vollständigkeit halber soll nun das aristotelische Verständnis der idealen sowie der inadäquaten Möglichkeiten des Umgangs mit lust- und schmerzbezogenen Affekten skizziert werden. Während der angemessene Umgang mit Lust und Schmerz als Tugend der Besonnenheit (σωφροσύνη) zur Sprache gebracht wird, stellen ‚Zügellosigkeit' (ἀκολασία) und ‚Empfindungslosigkeit' (ἀναισθησία) verfehlte Ansätze der Handhabung von entsprechenden Affekten dar: Sie sind lasterhafte Schlechtigkeiten und daher zu tadeln. Sowohl die

287 Vgl. Aristoteles, eth.Nic. 1150a 34.

288 Aristoteles, eth.Nic. 1150a 34.

289 Vgl. Aristoteles, eth.Nic. 1150b2. Aristoteles sieht in der Verwöhntheit eine Art von Weichlichkeit.

290 Vgl. Aristoteles, eth.Nic. 1150b 9–11.

Besonnenheit als auch die zu ihr oppositionellen Dispositionen der Zügellosigkeit und der Empfindungslosigkeit unterscheiden sich von den oben dargestellten Haltungen (Unbeherrschtheit, Beherrschtheit, Ausdauer, Weichlichkeit), insofern nur bei letzteren innere Dissonanzen zwischen Affekt und Vernunft vorauszusetzen sind.

Besonnenheit (σωφροσύνη) stellt das Ideal innerhalb der möglichen Verhaltensweisen dar, die den Umgang mit körperlicher Lust und Schmerz zum Gegenstand haben. Der Besonnene (σώφρων) zeichnet sich dadurch aus, dass er keine Dissonanzen in seinem Inneren evoziert. Er kann sein Unterscheidungsvermögen richtig anwenden, weil bei ihm das wahrhaft Gute mit dem, was ihm als Gutes erscheint, übereinstimmt. Bei ihm betätigt sich allein der Verstand, der gelernt hat, sein Augenmerk auf das allgemein Angenehme und das für die Zukunft Relevante zu richten.[291] Besonnenheit ähnelt der Beherrschtheit aber insofern, als in beiden Fällen keine Handlung wider die Vernunft aus sinnlicher Lust heraus zustande kommt. Der Besonnene empfindet nämlich weder heftige noch schlechte Begierden, noch eine der Vernunft entgegengesetzte Lust.[292] „Beim Besonnenen müssen das Vermögen des Begehrens (Epithymetikon) und der λόγος übereinstimmen. Denn beide haben das Schöne als Ziel, und der Besonnene begehrt das, was richtig ist, und wie und wann. Und so befiehlt auch der λόγος."[293] Er hat sich über die Zeit Tugend erworben, so dass er nun rechte Ansichten über Handlungsprinzipien besitzt.[294] Nur wer sich allerdings des Genusses mit Freude enthält, ist besonnen. Zudem muss er Klugheit besitzen, d. h. die Fähigkeit, bei Handlungsentscheidungen die rechte Mitte zu treffen.

Eine der Verhaltensweisen, die der Tugend der Besonnenheit diametral gegenübersteht, ist die „Zügellosigkeit" oder „Ausschweifung" (ἀκολασία).[295] Zügellosigkeit kommt qualitativ eine Stufe niedriger als Unbeherrschtheit zu stehen,[296] denn während der Akratiker gegen seinen Vorsatz bzw. seine bewusste Wahl und gegen sein besseres Urteil handelt,[297] bedeutet ausschweifend (ἀκόλαστος) zu sein, immer mit Vorsatz dem Übermaß der gegenwärtigen

291 Vgl. Aristoteles, anima 433b 7 ff.

292 Vgl. Aristoteles, eth.Nic. 1146a 12; 1152a 1 ff.

293 Aristoteles, eth.Nic. 1119b 15–18.

294 Der Besitz richtiger Meinungen über die Prinzipien kann auch eine naturgegebene Tugend (ἀρετὴ φυσική) sein. Vgl. Aristoteles, eth.Nic. 1151a 18 f.

295 Im hellenistischen Judentum begegnet der Begriff in 4 Makk 13,7 sowie in den TestJos 7,1 und TestJos 9,2.

296 Vgl. Aristoteles, eth.Nic. 1151a 23 ff.

297 Vgl. Aristoteles, eth.Nic. 1148a 10. Unbeherrschtheit ist zwar keine Schlechtigkeit an sich, aber ihr ähnlich. Aristoteles spricht von verschiedenen Gattungen (ἕτερον γένος). Vgl. Aristoteles, eth.Nic. 1150b 35 f. Weil die Absicht des Akratikers sittlich gut (ἐπιεικής) ist, ist er nur halb-schlecht (ἡμιπόνηρος). Vgl. Aristoteles, eth.Nic. 1152a 17.

Lust nachzulaufen oder die Lust in übermäßiger Weise zu suchen.[298] Das Mehr des an-sich Notwendigen wird um dessen selbst willen verfolgt, nicht aber, um etwas anderes damit zu erreichen.[299] Insofern stellt Zügellosigkeit eine Schlechtigkeit (κακία) dar, denn schlechtes Handeln ist dadurch definiert, dass aus Überzeugung der Lust an übermäßigen und der rechten Vernunft zuwiderlaufenden Sinnesgenüssen nachgegangen wird. Somit verletzt der Zügellose grundsätzlich das eigentlich zu beherzigende Prinzip und kann auch nicht umgestimmt werden.[300] Er wird mit einer Stadt verglichen, die schlechte Gesetzgebung aus Überzeugung anwendet.[301] Aristoteles beschreibt ihn als der Reue unfähig, denn er bleibt bei seiner einmal gefällten Entscheidung.[302] Deshalb ist er als „unheilbar" einzustufen, da Reue die Voraussetzung für Besserung darstellt.[303]

Die andere Disposition, die einen Gegenpol zur Tugend der Besonnenheit darstellt, ist ist Stumpfheit oder Empfindungslosigkeit (ἀναισθησία), die dadurch definiert ist, dass man den entsprechenden Lustformen gegenüber unbewegt (ἀκινήτως) bleibt.[304] Empfindungslose verspüren weniger Lust als sie sollten, kommen also unter dem Maß der angemessenen Lust- und Schmerzempfindungen zu stehen.[305] Die Haltung der ἀναισθησία ist im Gegenzug zur Zügellosigkeit weder sonderlich bekannt noch verbreitet, sagt Aristoteles.[306] Komödiendichter ließen diesen Charaktertyp auf der Bühne durch Bauern verkörpern, die nicht einmal in gemäßigten und notwendigen Dingen Lust verspüren.[307]

Insgesamt gibt es Aristoteles zufolge sieben Möglichkeiten des Umgangs mit lust- bzw. schmerzbegleitenden Affekten: Während Unbeherrschtheit und Beherrschtheit ein Gegensatzpaar im Bereich der Lusterfahrungen bilden, bezeichnen Ausdauern und Weichlichkeit die entsprechenden Verhaltensweisen in Bezug auf den Schmerz. Dabei stehen Beherrschtheit und Ausdauern eher der Tugend der Besonnenheit näher, Unbeherrschtheit und Weichlichkeit sind dagegen jeweils einer der beiden Schlechtigkeiten (Zügellosigkeit und Stumpfheit) ähnlich, die als Gegenteile der Besonnenheit gelten.

298 Vgl. Aristoteles, eth.Nic. 1146b 22.
299 Vgl. Aristoteles, eth.Nic. 1150a 19ff.
300 Vgl. Aristoteles, eth.Nic. 1151a 10ff.
301 Vgl. Aristoteles, eth.Nic. 1152a 24.
302 Vgl. Aristoteles, eth.Nic. 1150b 30.
303 Vgl. Aristoteles, eth.Nic. 1150a 22f.
304 Vgl. Aristoteles, eth.Eud. 1230b 13.
305 Vgl. Aristoteles, eth.Eud. 1231a 20ff.
306 Vgl. Aristoteles, eth.Eud. 1230b 15–18. Vgl. auch eth.Eud. 1234b 9.
307 Vgl. Aristoteles, eth.Eud. 1230b 19f.

Auf das Schema der Mesotes-Lehre angewandt, lassen sich alle Verhaltensweisen wie folgt darstellen:[308]

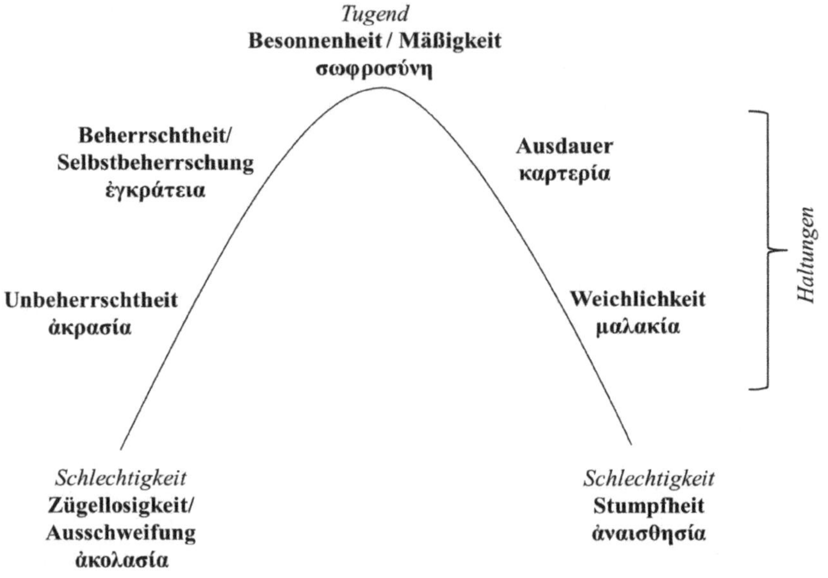

Abb. 5: Möglichkeiten des Umgangs mit lust- bzw. schmerzbegleitenden Affekten nach Aristoteles

Aristoteles zufolge sind die Verhaltensweisen der meisten zwischen Beherrschtheit und Unbeherrschtheit anzusiedeln, „denn der eine beharrt mehr, der andere weniger, als es in der Macht der meisten liegt."[309] Leider geht er darauf nicht näher ein und verwendet für dieses Mehrheitsverhalten auch keinen eigenen Terminus. Was kann daraus geschlossen werden? Verharrt Aristoteles zufolge das Gros der Menschen in einem Zustand des Zweifels oder der Handlungsunfähigkeit, da sich rechte Einsicht und affektives Streben die Waage halten?

308 Auch hier demonstriert die Graphik, dass es zwischen Tugend und Schlechtigkeiten viele mögliche Verhaltensweisen gibt, die von Aristoteles als „Zwischenglied zwischen Gut und Schlecht" (μεταξὺ ἀγαθοῦ καὶ κακοῦ) bezeichnet werden. Sie sind also das, was die Arete nicht ist: Wertmittleres, Kompromiss, weder gut noch schlecht. Vgl. z. B. Aristoteles, top. 123b 18. Zur graphischen Darstellung der aristotelischen Mesotes-Lehre siehe auch Anm. 223 in diesem Kapitel.

309 Vgl. Aristoteles, eth.Nic. 1152a 26f. Humes Ansicht in Bezug auf Tugend und Schlechtigkeit im Allgemeinen kommt dieser Auffassung nahe: „Heaven and hell suppose two distinct species of men, the good and the bad. But the greatest part of mankind float between vice and virtue." Hume, Dialogues, 94.

Es lässt sich m. E. sicher daraus folgern, dass der Zustand der Seele bei diesem Verhaltensbereich uneinheitlich ist, denn auch das Ideal der Einheit, das beim Besonnenen erfüllt wird, ist hier nicht erreicht. Insofern ähnelt diese terminologisch unbezeichnete Haltung den vier Verhaltenstypen, die intrapsychische Konflikte zur Ausgangslage haben: Das Subjekt erlebt in seinem Inneren einen Zwiespalt zwischen zwei Handlungsimpulsen. Der Zustand der Seele ist dabei uneinheitlich, da ein Vermögen zufrieden ist, ein anderes aber unbefriedigt, so dass beide den Einzelnen in entgegengesetzte Richtungen ziehen. Wie das Problem der gegensätzlichen Strebungen (vernunftgeleitet vs. affektgeleitet) gelöst wird, steht ganz in der Macht und Verantwortung des Einzelnen.

2.5. Metaphern und bildliche Sprache zur Illustration intrapsychischer Konflikte und der Personeinheit

Aristoteles verwendet bildliche Vergleiche im Kontext der Diskussion diverser Möglichkeiten, intrapsychische Konflikte zwischen vernünftigem und affektivem Streben aufzulösen. Zu den tadelswerten Umgangsmöglichkeiten mit Vernunft-Lust-Dissonanzen gehört die Akrasia. Der antike Autor vergleicht dieses Verhalten, bei dem der affektiv geleiteten Alternative der Vorzug gegenüber der vernünftigen Alternative gegeben wird, mit einem Staat, in dem hervorragende Gesetze bestehen, aber nicht angewendet werden.[310] An anderer Stelle äußert Aristoteles, der Unbeherrschte gleiche einem Gelähmten, dessen handlungsunfähige Körperteile sich der bewusst entschiedenen Bewegungsrichtung widersetzen.[311] Wie Plato so greift also auch Aristoteles auf den politischen und medizinischen Bereich zurück, um die dissonante Seele zu veranschaulichen. Mit seinem Lehrer teilt der antike Philosoph aus Stageira dabei zudem die Vorstellung, dass sich Mikrokosmos (Seele) und Makrokosmos (Staat) gut vergleichen lassen.

Um die Gefährlichkeit von potentiell dissonanzauslösenden Begierden zu verdeutlichen, zieht Aristoteles zwei Verse aus der Überlieferung heran. Sowohl ein womöglich auf Sappho zurückgehendes[312] als auch ein von Homer tradiertes Zitat[313] werden gebraucht, um die Verschlagenheit der Begierde (ἐπιθυμία) zu betonen. Die Begierde sei wie die ‚listenwebende' (δολοπλόκος) Aphrodite und würde wie deren betörendes Hüftband die Vernunft (νόος) täuschen, selbst die der besonnensten Menschen. Mit diesen Vergleichen aus der Mythologie wird unterstrichen, dass die Begierde vor allem deshalb so

310 Vgl. Aristoteles, eth.Nic. 1152a 20f.

311 Vgl. Aristoteles, eth.Nic. 1102b.

312 Vgl. Aristoteles, eth.Nic. 1149b 16 mit Sappho, fr. 1,1f [LP].

313 Vgl. Aristoteles, eth.Nic. 1149b 17f; Homer, Il. XIV 217.

problematisch für den Menschen ist, weil sie die angemessene Betätigung der kognitiven Fähigkeiten manipuliert. Dadurch steigert sich die Wahrscheinlichkeit akratischen Handelns.

Auch der Zorn/der wütende Eifer (θυμός) ist nach Aristoteles für den Menschen mit großen Risiken behaftet, nicht zuletzt deshalb, weil er intrapsychische Dissonanzen auslösen und akratisches Handeln nach sich ziehen kann. Rachefeldzüge und Kriegslust können die negative Konsequenz sein, d. h. soziale Dissonanzen verursachen. Dies sei zu vermeiden.[314] Zwar ist der θυμός gegenüber der Begierde positiver zu bewerten, da er zu einem gewissen Grad auf die Vernunft (λόγος) hört. Aber die Aufmerksamkeit ist nachlässig, der Zorn verhört sich (παρακούω) aufgrund seiner inhärenten Hitzigkeit und Überstürztheit (θερμότης καὶ ταχυτής).[315] Eilig will er gegen vermeintlich erfahrene Demütigungen ankämpfen (πολεμέω).[316] Wie Plato nimmt Aristoteles hier zur Verlebendigung intrapsychischer Phänomene auf den bildspendenden Bereich des Militärs Bezug. Zur Illustration des vorschnellen Handlungsimpulses des Zornes führt er zwei Vergleiche aus dem häuslichen Leben an. Das unvollstände Zuhören des θυμός gleiche überhasteten Hausdienern, die schon aus dem Zimmer rennen, bevor sie ihren Auftrag vollständig vernommen haben. Es könne auch verglichen werden mit Wachhunden, die bereits bellen, bevor sie gewahr werden, ob es sich bei dem Näherkommenden um einen Freund oder einen Feind handle.[317]

Menschen, die sich bei einem intrapsychischen Konflikt zwischen der Vernunftalternative und der Schmerz bzw. Leiden bereitenden Verhaltensalternative für letztere entscheiden, obwohl es sich um eine leicht zu bewältigende Beschwernis handelt, bezeichnet Aristoteles als weichlich oder verwöhnt. Der antike Philosoph gebraucht auch für die Weichlichkeit (μαλακία) als tadenlswerte Umgangsmöglichkeit mit inneren Vernunft-Affekt-Dissonanzen bildliche, einprägsame Vergleiche. Aristoteles nimmt hier Anleihen aus der Medizin und dem Alltag: Wer das Leiden anstelle der Vernunft wähle, entspäche demjenigen, der nur vorgibt (μιμέομαι), krank zu sein, ohne zu begreifen, dass dieses Vortäuschen des Elends ihn zu einem erbärmlichen Menschen mache. Zu vergleichen sei dieser Charaktertyp, der sich nicht einmal besonders anstrenge, dem Schmerz oder Leiden tatsächlich etwas entgegenzusetzen mit einer Person, die lieber ihr Obergewand mühevoll hinter sich her schleift, als sich die Situation zu erleichtern, indem sie es aufhebt.[318]

Das Ideal menschlicher Lebensführung beinhaltet nach Aristoteles, nicht nur dem vernunftgeleiteten Streben gegenüber den affektiven Strebeimpulsen

314 Vgl. Aristoteles, eth.Nic. 1149a 25–27.

315 Vgl. Aristoteles, eth.Nic. 1149a 20–24.

316 Vgl. Aristoteles, eth.Nic. 1149a 25–30.

317 Vgl. Aristoteles, eth.Nic. 1149a 21–23.

318 Vgl. Aristoteles, eth.Nic. 1150b 3ff.

den Vorzug zu geben, sondern auch bei notwendigerweise auftretenden Affekten jederzeit den ausgeglichenen Mittelweg zu finden. Da zur Bestimmung der rechten Mitte eine Entscheidung zwischen mehreren Alternativen getroffen werden muss, kann es zu intrapsychischen Dissonanzen darüber kommen, wo diese Mitte zu finden ist. Um zu erhellen, wie dieser Such- und Entscheidungsprozess zu praktizieren ist, gebraucht Aristoteles erneut Bildersprache. Sie ist in diesen Zusammenhängen von der Mythologie und der Seefahrt inspiriert: Wie Kalypso Odysseus geraten habe, sein Schiff sowohl von der Gischt als auch von der Brandung fernzuhalten, so müsse man zur Bestimmung der Tugend als Mitte die Extreme vermeiden.[319] Der antike Denker zitiert hier aus dem Gedächtnis (?) die Stelle aus Homers Odyssee, wo Circe dem Helden empfahl, sein Schiff zwischen dem Revier des sechsköpfigen Meeresungeheuers Skylla einerseits und dem felsigen Wohnplatz der gefräßigen Bestie Charybdis hindurch zu navigieren.[320] Indem Aristoteles an dieser Stelle das Bild vom Steuermann einsetzt, betont er die Leitungsfunktion der Vernunft, die zwischen zwei extremen Affekten bzw. Schlechtigkeiten das rechte Maß finden muss.[321]

Intrapsychische kognitive Konflikte können auch angesichts zweifelhafter (διστάζω) Überlegungen darüber enstehen, welches Mittel für ein bestimmtes Ziel am besten ist.[322] Wie derartige Dissonanzen im Prozess der Ausbildung eines vernünftigen Willens (βούλησις) ablaufen und bewältigt werden können, thematisiert Aristoteles in eth.Nic. 1112b–1113a.[323] Die Suche nach der angemessenen Handlungsalternative ist beendet, wenn der Ursprung des handlungsleitenden Wollens bestimmt ist. Dieser Ursprung liegt im führenden Teil des menschlichen Selbst (τὸ ἡγούμενον), denn dort würde jede vernunftgeleitete Entscheidung (προαίρεσις) getroffen. Für diesen von außen uneinsichtigen Vorgang steht der Rat der Ältesten oder der Monarchen im Epos Modell:[324] Wie die Könige die von ihnen gefällten Entschlüsse dem Volk bekannt gäben, so kommt der vernünftigen Reflexion die Führungsrolle in der inneren Beratungsdynamik zu. Durch Hierarchisierung der reflektierten möglichen Mittel, das Ziel einer Handlung zu erreichen, muss am Ende die vernunftgetragene Entscheidung über die beste Alternative den untergeordneten Teilen des Selbst

319 Vgl. Aristoteles, eth.Nic. 1109a 30–32.

320 Vgl. Homer, Od. XII 219.

321 Das Steuermannbild verwendet Aristoteles auch in pol. 1276b und eth.Eud. 1247a, jedoch in Argumentationskontexten, die nicht in erster Linie den Umgang mit Affekten thematisieren.

322 Vgl. Aristoteles, eth.Nic. 1112b.

323 Die βούλησις kann sich dabei nur auf Dinge beziehen, die in unserer Macht stehen und die zur Ausführung gelangen können. Unverfügbares und Unvorhersehbares sowie Zufälle gehören u. a. nicht dazu.

324 Vgl. dazu auch Zill, Meßkünstler, 294.298.

vermittelt werden.[325] Da mit dem angeführten politischen Vergleich auch die Perspektive auf das Gemeinwohl impliziert ist, handelt es sich um eine Entscheidung, die das Gute für den gesamten Menschen berücksichtigt.

Neben den bereits angeführten Vergleichen, die Aristoteles für die einzelnen Haltungen in Bezug auf Lust- und Schmerzerfahrungen gibt, verwendet er vor allem Terminologie aus dem (Wett-)Kampfsdiskurs, um intrapsychische Konflikte sowie seine Forderung nach Seeleneinheit und nach Bestimmung des Guten als Mitte zwischen Extremen zu illustrieren. So ist des Öfteren davon die Rede, dass die affektiv geprägten Antriebe (ὁρμαί) bzw. die Affekte (πάθη) gegen die Vernunft kämpfen (μάχομαι).[326] Der nach Tugend Strebende kann mit einem professionellen Läufer oder Ringer verglichen werden, der sowohl übermäßiges als auch ungenügendes Training vermeidet.[327] Um ein schönes und gutes Leben zu erlangen, sind Schönheit und Kraft unnütz;[328] vielmehr muss um die Entscheidung zur richtigen Handlung geradezu gekämpft (ἀγωνίζομαι) werden.[329] Auch das Ziel des Tugendstrebens wird mit agonistischer Metaphorik belegt: Siegespreis (ἆθλον) im Kampf um die Selbstvervollkommnung sei die Glückseligkeit.[330]

Agon-Metaphorik wird von den antiken Philosophen auch eingesetzt, um die innere Zerrissenheit des moralisch schlechten Menschen (ὁ πονηρός oder φαῦλος) anschaulich zu machen. Dessen Seele befinde sich in einem Zwiespalt (στασιάζω),[331] denn ein Teil empfinde Schmerz über Entbehrungen und ziehe die Seele in die eine Richtung, ein anderer Teil freue sich über dasselbe und ziehe sie in eine andere Richtung. Wie beim Unbeherrschten widersprechen sich also vernünftiger Wille und begehrendes Streben.[332] Der Schlechte will

325 Vgl. Aristoteles, eth.Nic. 1113a; vgl. auch eth.Nic. 1112a zum rationalen Aspekt der Willensentscheidung.

326 Z. B. Aristoteles, eth.Nic. 1102b; m. mor. II 6,39. Im Kontrast zu Plato erscheinen die Vergleiche bei Aristoteles eher blass, was als Hinweis darauf gesehen werden kann, wie stark sich die agonistische Metaphorik in der griechischen Tradition um die Mitte des 4. Jh. v.C. bereits etabliert hatte. Vgl. Brändl, Agon, 54.

327 Vgl. Aristoteles, eth.Nic. 1104a 15f; 1106b 4f.

328 Vgl. Aristoteles, eth.Nic. 1149a.

329 Vgl. Aristoteles, eth.Nic. 1099a 3–7. Vgl. auch eth.Nic. 1117b 2ff; 1119b 16.

330 Vgl. Aristoteles, eth.Nic. 1099b 17 mit Philo, Spec. II 259 (Glückseligkeit wird ermöglicht durch das Streben nach Wahrheit, dessen Siegespries die Wahrheit selbst ist).

331 Vgl. Aristoteles, eth.Nic. 1166b 19. Auch Plato spricht in diesem Zusammenhang von στάσις, vgl. z. B. Rep. 444b 1; 545d 2.6.

332 Vgl. Aristoteles, eth.Nic. 1166b 7f. Die hier beschriebene innere Zerrissenheit des Schlechten steht in Widerspruch zu der von Aristoteles sonst durchgehaltenen Unterscheidung zwischen Tugend und Schlechtigkeit, sowie deren Zwischenzuständen. Danach sind nur der Beherrschte und der Unbeherrschte innerlich gespalten, weil sie zwar das richtige Handlungsprinzip kennen, aber hiervon abweichende Strebungen haben (Aristoteles, eth.Nic. 1166b 8; eth.Eud. 1240b 13). Der Schlechte handelt hingegen mit Vorsatz schlecht. Vgl. dazu auch Wolf, Sinn, 95. Die einzige Möglichkeit, diesen Widerspruch aufzulösen,

die Gesellschaft anderer Menschen, flieht aber vor sich selbst.[333] Weil er nichts Liebenswertes an sich hat, kann er mit sich selbst nicht befreundet sein.[334] Er ist vielmehr sein eigener Feind (ἐχθρός), schreibt Aristoteles,[335] denn er streitet mit sich selbst (διαφέρεται ἑαυτῷ)[336] und ist ständig voller Reue.[337] Er ist nicht mit sich selbst in Einklang (διαφωνέω),[338] weshalb er nicht „einer", sondern „viele" ist.[339] Damit meint Aristoteles, dass ein solcher Mensch wankelmütig (ἔμπληκτος) ist, und von einem Tag auf den nächsten als andere Person aufzutreten scheint.[340]

Die dargestellte Übersicht über die metaphorische und bildhafte Redeweise, die Aristoteles im Kontext intrapsychischer Dissonanzen zur Veranschaulichung einsetzt, lässt erkennen, dass er auf unterschiedliche bildspendende Felder zurückgreift. Zu diesen gehören v. a. der Mythos, die Politik, die Medizin, die Schiffahrt und die Athletik. Diese Bandbreite an Bereichen des antiken Lebens im Mittelmeerraum begegnet schon im platonischen Werk in versinnbildlichender Funktion. Mit dem Rekurs auf die Seefahrt im Kontext der Entscheidungsproblematik ist ein Assoziationsfeld angesprochen, das auch in biblischer Tradition bedient wird (z. B. 4 Makk); sowohl der Verfasser des Jakobusbriefes als auch der Matthäusevangelist setzen ihre jeweiligen schriftprägenden Ausdrücke zur Bezeichnung einer dissonanten Haltung in Bezug auf die Gottesbeziehung (‚Zweiseeligkeit' bzw. ‚Kleinglaube') in nautischen Zusammenhängen ein. Für Plato und Aristoteles gilt: Gerade weil es bei der Seele und den in ihr potentiell auftretenden Dissonanzen um das von außen uneinsichtige Innere geht, dient eine vielgestaltige Metaphorik in jedem Fall der rezipientenorientierten Hermeneutik.

---

besteht m.E darin, von Aristoteles' Auffassung auszugehen, nach der es der Natur des Menschen entspricht, zu sich selbst gut zu sein, wohingegen Schlechtigkeit gegen die Natur ist (Aristoteles, eth.Eud. 1240b 20f). So kann der Schlechte innerlich gespalten sein, ohne es zu wissen, d. h. ohne Bewusstsein dieser inneren Zerrissenheit.

333 Vgl. Aristoteles, eth.Nic. 1166b 13f.

334 Vgl. Aristoteles, eth.Nic. 1166b 17f.

335 Vgl. Aristoteles, eth.Eud. 1240b 13f.

336 Vgl. Aristoteles, eth.Nic. 1166b 6f.

337 Vgl. Aristoteles, eth.Nic. 1166b 24f.

338 Vgl. Aristoteles, eth.Eud. 1240b 12f.

339 Vgl. Aristoteles, eth.Eud. 1240b 16f. Verbindet man die Aussagen über Tugendhaftigkeit, insb. Besonnenheit, mit dem Ideal, „einer" statt „viele" zu sein, legt sich ein Vergleich mit Mk 5,15 und Mk 5,9 nahe: Hier wird der Gerasener als von Legion besessen dargestellt, dessen Name ausdrücklich die große Zahl der innewohnenden Dämonen begründet. Der gesunde Geisteszustand des Geheilten wird hingegen durch σωφρονέω ausgedrückt.

340 Vgl. Aristoteles, eth.Eud. 1240b 17.

2.6. Die Herstellung und Bewertung der personalen Einheit des Menschen

Aus aristotelischer Sicht ist die Bildung eines tugendhaften Charakters und damit zugleich einer kohärenten Seeleneinheit ein Lernprozess. Denn wer als moralisch guter Mensch bezeichnet werden und innere Einheit erlangen will, muss seine ethischen Tugenden vervollkommnen. Derartige sittliche Dispositionen kommen aus einer Reihe bewusst gewählter, moralisch guter Handlungen zustande, bedürfen also des Trainings und sind nicht zufälligen Faktoren zu überlassen. Ausdrücklich weist Aristoteles die Ansicht zurück, eine einzelne tugendgeleitete Tat könne jemanden schon tugendhaft machen.[341] Zum guten Menschen wird erst, wer sein Verhalten wissentlich und konstant an dem Maßstab der ethischen Tugenden ausrichtet und dies mit Lust tut.[342] Eine sittliche Handlung ist neben der Forderung, dass man sie gerne tun soll, dadurch qualifiziert, dass man sie erstens wissentlich (εἰδώς), zweitens nach bewusster Wahl (προαιρούμενος), drittens nicht sofort (ἐξαίφνης) und viertens fest (βεβαίως) und ohne Schwanken (ἀμετακινήτως) ausführt.[343] An dieser Stelle schließt Aristoteles ein unsicheres, zweifelndes Tun aus: Der Mensch ist aufgefordert, durch bedachte Reflexion das Richtige zu erkennen, so dass er jederzeit die beste Handlung wählt.[344] Alle inneren Antriebe stehen idealiter mit der Vernunft in Einklang (ὁμοφωνέω).[345] Der Gute (ὁ σπουδαῖος) ist mit sich selbst befreundet, ist unteilbar (ἀδιαίρετος),[346] d. h. eins mit sich selbst bzw. befindet sich mit sich selbst in Übereinstimmung (ὁμογνωμονέω).[347] Da er mit seiner ganzen Seele nach den „gleichen Dingen" strebt,[348] erleidet er keine intrapsychischen Konflikte, bei denen seine vernünftigen Überlegungen diversen Wünschen oder Begierden widersprechen.[349] Er kann also seine Strebungen mit seiner Vernunft in Einklang bringen, d. h. er lässt sich immer von seinem Denkvermögen leiten, das seinem eigentlichen Selbst entspricht.[350] Daher weiß er auch, wie das Gute zu bestimmen ist, entscheidet also immer richtig und ohne darüber zu zweifeln, welche Option die beste ist. Weil er das Gute um seiner selbst willen verwirklicht, was innere Dissonanzen verhindert,

341 Vgl. Aristoteles, eth.Nic. 1105b 5.

342 Vgl. Aristoteles, eth.Nic. 1099a 15–19.

343 Vgl. Aristoteles, eth.Nic. 1105a 31 f; eth.Eud.1224a 4.

344 Vgl. sinngemäß Aristoteles, eth.Nic. 1105a 31.

345 Vgl. Aristoteles, eth.Nic. 1102b 28.

346 Vgl. Aristoteles, eth.Eud. 1240b 15.

347 Vgl. Aristoteles, eth.Nic. 1166a 13.

348 Aristoteles, eth.Nic. 1166a 14: ὀρέγεται κατὰ πᾶσαν τὴν ψυχήν.

349 Auch Rapp, Aristoteles, 67, betont diesen Aspekt: Der Tugendhafte zeichne sich durch die Abwesenheit von Zielkonflikten zwischen vernünftigen und unvernünftigen Handlungsimpulsen aus.

350 Vgl. Aristoteles, eth.Nic. 1166a 15–20.

ist der Tugendhafte glücklich und ‚vollkommen' (τέλειος)[351] – entsprechend der aristotelischen Definition von Tugend als einer ‚Vollkommenheit' (τελείωσις).[352] Insofern ist er ein Beispiel für andere, ein Richtmaß, an dessen Verhalten sich andere orientieren können.[353]

2.7. Zusammenfassung und Ertrag

Nach Aristoteles gehören verschiedene Strebungen, Affekte und Wünsche und die Vernunft zum psychischen Inventar des Menschen.[354] Der Einzelne hat die Aufgabe, seine diversen Affekte und Strebungen zu ordnen und zu organisieren. Ähnlich wie Plato begreift Aristoteles die menschliche Seele als „Schlachtfeld" antagonistischer Strebungen, die je nach Kräfteverhältnis die Handlung im Einzelfall und den Charakter im Allgemeinen bestimmen.[355] Zwar birgt die menschliche ψυχή seiner Meinung nach keine „Teile" (wie bei Plato), aber weist doch spezifische Funktionsvermögen auf, die voneinander abhängen, miteinander interagieren und intrapsychische Konflikte verursachen können. Das Problem der dissonanten Seele des Menschen nimmt in einigen zentralen Schriften Aristoteles' eine bedeutende Rolle ein. Die darin thematisierten intrapsychischen Konflikte sind im Bereich der Ethik zu verorten und werden in der Regel auf die widerstreitenden Interessen der Vernunft bzw. der vernünftigen Seelennatur auf der einen Seite und der Bestrebungen der Affekte bzw. der unvernünftigen Seelennatur auf der anderen Seite zurückgeführt. Weil sie vor allem aufgrund von Wahrnehmungstätigkeiten und infolge des menschlichen Strebens nach Lust ausgelöst werden, gleichzeig indes nach Auflösung drängen, sind innere Dissonanzen zumeist situativ bedingt und temporär begrenzt zur Sprache gebracht. Der Mensch ist weder seinen Affekten noch den daraus resultierenden intrapsychischen Konflikten hilflos ausgeliefert. Er besitzt mit seinen kognitiven Fähigkeiten von Natur aus alle Anlagen zur Affektregulierung und Konfliktlösung und ist nicht auf externe

---

351 Vgl. Aristoteles, eth.Eud. 1237a 30; 1249a 16; m. mor. 1185a;

352 Aristoteles, phys. 246a 13; metaph. 1021b 21; vgl. dazu auch Aristoteles, eth.Nic. 1106a 15.

353 Vgl. Aristoteles, eth.Nic. 1166a 12.

354 Vgl. Aristoteles, eth.Eud. 1247b 18ff.

355 Der Charakter einer Person ist auch deswegen so wesentlich, weil er in Gefahrensituationen, in denen keine Zeit zur Überlegung und Reflexion bleibt, entscheidend verantwortlich dafür ist, wie eine Entscheidung getroffen wird. Vgl. Aristoteles, eth.Nic. 1117a 17–22. Schon Homer hat narrativ den Unterschied dargestellt zwischen Entscheidungssituationen, die eine Affektkontrolle ermöglichen, und Entscheidungssituationen, die aufgrund ihrer Unvorhersehbarkeit und der Plötzlichkeit ihres Auftretens keine Zeit zur Selbstbeherrschung und zum Abwägen der Optionen lassen. Vgl. z. B. Homer, Od. XVII 291–305 mit Od. XVII 235–238.

Hilfe zur Bewältigung innerer Dissonanzen angewiesen. Insofern lässt sich in Bezug auf die aristotelische Auffassung über die Kontrollierbarkeit intrapersonaler Konflikte von einer autodynamischen Verhaltenssteuerung sprechen. Affekte sowie innere Dissonanzen zwischen vernunftgeleiteten Strebungen und affektiv geprägten Strebungen können vom Menschen indes angemessen oder unangemessen gehandhabt werden. Auf entsprechende Umgangs- und Bewältigungsmöglichkeiten geht Aristoteles detailliert ein. Seine diesbezügliche Terminologie bietet nicht nur sprachlich griffige Erklärungensansätze für das Phänomen des Handelns gegen die bessere Einsicht, sondern zeugt auch von seiner Überzeugung, dass besonnenes Verhalten und Selbstbeherrschung erreicht werden kann. Das Ideal der Affektkontrolle nennt Aristoteles Metriopathie, d. h. der optimale Umgang mit affektiven Regungen besteht in einer vernunftgeleiteten Mäßigung derselben. Auch in Hinsicht auf auszubildende Dispositionen gilt das Prinzip der goldenen Mitte: In der Mesotes-Lehre bündelt sich die aristotelische Vorstellung von dem idealen Umgang mit inneren Impulsen und Strebungen. Da es prinzipiell, aber insbesondere im Fall intrapsychischer Dissonanzen darauf ankommt, den eigenen kognitiven bzw. unbefangen operierenden Instrumenten des Denkvermögens Folge zu leisten bzw. gegenüber Affekten aktiv einzusetzen, lassen sich die idealen Bewältigungsstrategien als emotionsbezogene Copingmechanismen klassifizieren.

Als Adressaten der aristotelischen Äußerungen bezüglich psychologischer und ethischer Verhaltensbeschreibungen bzw. -empfehlungen sind wohl – wie in der Antike üblich – männliche freie Polis-Bürger intendiert. Dass der antike Philosoph vorwiegend Männer anspricht, zeigt sich nicht zuletzt in seiner Auffassung, Frauen seien von Natur aus zur Selbstbeherrschung weniger fähig als Männer.[356]

Vielleicht noch mehr als sein Lehrer Plato betont Aristoteles den Aspekt der persönlichen Charakterentwicklung; die Fähigkeit zur inneren Affekt- und Konfliktkontrolle ist für den Philosophen aus Stageira vor allem ein Produkt der Erziehung, der persönlichen Anstrengung und der konstanten Übung. Mit der Zeit lernt der Mensch herauszufinden und zu bestimmen, was gut für ihn ist und wie seine Vernunft einerseits und seine Wünsche und Begierden andererseits in einen harmonischen Zustand gebracht werden können. Täglich bietet sich die Gelegenheit, Zweifel hinsichtlich der richtigen Handlungsentscheidung auszuräumen sowie die Fähigkeit auszubilden, angemessene von unangemessenen Affekten und Begierden zu unterscheiden und konstruktiv und reflektiert mit unseren inneren affektiven Impulsen umzugehen. Aus diesem Erfahrungswissen kann im Menschen so etwas wie eine einheitliche Lebenskonzeption entstehen, an der er sein Handeln auszurichten vermag.[357] Im

356 Vgl. dazu auch die Fußnoten 224 und 228 in diesem Kapitel.

357 Vgl. Aristoteles, eth.Eud. 1214b 7 ff.

besten Fall wird er, ohne zu schwanken, jederzeit die angemessene Entscheidung treffen und von intrapsychischen Konflikten frei sein. Wem es durch Optimierung und Ausbildung seiner Anlagen mithilfe der Vernunft gelingt, personale Einheit und Selbstübereinstimmung zu erreichen, kann ein guter Mensch werden, der sich auf dem besten Weg zur Glückseligkeit und Gottähnlichkeit befindet.[358] Die Realisierung der standhaften und besonnenen Verfolgung der gewollten Lebensweise führt zu einem integeren und zufriedenen Leben.[359] Und genau in einer solchen einheitlich-reflektierten Lebenskonzeption, die praktisch umgesetzt wird, besteht das glückliche Leben (Eudämonie), dessen Erreichen nach Aristoteles das eigentliche Ziel des Menschen ist.

3. Dissonanz und Einheit des Menschen in der Stoa

Insofern die Stoa von der fundamentalen Einheit der Seele als menschlichem Steuerzentrum ausgeht, ist eine Beschäftigung mit Artikulationen bzw. Vorstellungen personaler Einheit naheliegend. Der propagierte Seelenmonismus beinhaltet, dass die Seele unzerlegbar ist; sie hat weder zwei oder mehr Teile, noch ist sie hierarchisch strukturierbar. In dieser Hinsicht unterscheidet sich die Stoa grundsätzlich von der platonisch-aristotelischen Tradition. Aus stoischer Sicht agiert die eine Seele des Menschen entweder völlig der Natur entsprechend, wenn sie von der Vernunft geleitet ist, oder aber gänzlich falsch und widernatürlich, wenn ein affektiver Strebeimpuls in eine Handlung umgesetzt wird. Auf den ersten Blick könnte man aus solchen stoischen Anschauungen schlussfolgern, dass in dieser im Hellenismus aufkommenden philosophischen Strömung weder Konflikte zwischen Affekt und Vernunft, noch zwischen diversen Seelenteilen oder -vermögen denkbar waren. Ob diese erste Einschätzung zutrifft, soll im Folgenden v. a. auf Grundlage der antiken stoischen Zeugnisse eruiert werden. Allerdings stellt sich die Überlieferungslage als besondere Herausforderung für die Forschung dar, denn eine ganze Reihe von Schriften stoischer Verfasser gelten als verloren, viele sind nur in Teilen erhalten. Zudem können stoische Lehren häufig nur aus sekundären, nicht selten fragmentarischen, Berichten und Kommentaren rekonstruiert werden. Erschwerend kommt hinzu, dass die überlieferten, teils sehr kritischen

---

358 Das Göttliche ist bei Aristoteles – wie schon bei Plato – Richtmaß der Ethik. Zum Gedanken der Gottähnlichkeit im Vollzug des theoretischen Denkens vgl. Aristoteles, eth.Eud. 1248a; 1249b und pol. 1284a10. Zur Vorstellung der Gottähnlichkeit bei Aristoteles, vgl. D. Sedley, The Ideal of Godlikeness, in: G. Fine (Hg.), Plato, Bd. 2: Ethics, Politics, Religion, and the Soul (ORPh), Oxford 1999, 309–328.

359 Vgl. dazu auch Wenz, Mann der Mitte, 324.

Darstellungen stoischer Lehrmeinungen durch mitunter missverständliche, platonisch-peripatisch geprägte Ergänzungen modifiziert wurden.

Die Lehre der Stoa ist zudem über weite Strecken uneinheitlich. Innerhalb der philosophischen Strömung existierten lebhafte Diskurse und unterschiedliche Ausprägungen der stoischen Lebensphilosophie. Zur Kaiserzeit drückte Numenios es so aus: „Meinungskämpfe herrschen in der Stoa seit der Zeit der Gründer bis auf die Gegenwart.“[360] Besonders die Affektenlehre, die das Problem einer dissonanten Seele tangiert, gehört zu den umstrittensten Bereichen stoischen Denkens, und zwar schon in der vorchristlichen Antike. Divergenzen in der Forschung sind aber auch heute noch laufend zu beobachten, nicht zuletzt wenn über stoische Vorstellungen intrapsychischer Dissonanzen nachgedacht wird.[361] So gibt es beispielsweise Tendenzen in der Forschung, das Zustandekommen eines jeden Affekts als einen Fall von Akrasia zu deuten, d. h. als ‚unbeherrschtes‘ oder ‚willensschwaches‘ Handeln infolge eines inneren Konflikts.[362]

Bevor diese Auffassung näher beleuchtet werden kann, ist es jedoch notwendig, sowohl auf das Seelenverständnis als auch die Handlungs- und Affekttheorie der Stoa einzugehen, da sich der Unterschied zwischen vernunft- und affektgeleitetem Verhalten nur im Zusammenhang mit der Lehre der Zustimmung zu Handlungsimpulsen erklären lässt.

Im Anschluss daran ist auf die Entwicklungstendenzen der mittleren Stoa einzugehen, da ihre Hauptvertreter, Panaitios und Poseidonius, den Seelenmonismus als offenbar unzureichend für die Erklärung widernatürlichen, affektiven Verhaltens verstanden: Sie führten nämlich eine Seelenteilungslehre ein, denn eine segmentierbare Seele konnte ihrer Ansicht nach innere Dissonanzen viel besser erklären.

Aber auch schon die frühe Stoa ging m. E. von intrapsychischen Dissonanzen aus. In diesem Kapitel soll daher u. a. gezeigt werden, dass innere Konflikte dabei nicht auf disparate Seelenvermögen zurückzuführen sind, sondern auf falsche Meinungen und Bewertungen. Im Anschluss daran ist darzulegen, welche Methoden die Stoa zur Affekt- und Dissonanzbewältigung empfehlen konnte, und wie die Gefährlichkeit von Affekten und inneren Dissonanzen metaphorisch und bildhaft zum Ausdruck gebracht werden konnte. Abschlie-

---

360 Vgl. SVF II,20 (Übers.: Pohlenz).

361 Uneinigkeit besteht in der Forschung v. a. darüber, ob die Möglichkeit akratischen Handelns mit der stoischen Theorie vereinbar sei oder nicht. Von der Vereinbarkeit geht z. B. aus B. Guckes, Akrasia in der älteren Stoa, in: Dies. (Hg.), Die Ethik der älteren Stoa, Göttingen 2004, 94–122, die auch auf die Problemlage der Forschung eingeht. Zur Möglichkeit intrapsychischer Konflikte und Akrasia in der Stoa siehe das entsprechende Unterkapitel in dieser Arbeit ab S. 150.

362 Vgl. T. Engberg-Pedersen, Von der ‚Sünde‘ zur ‚Tugend‘: Worum geht es eigentlich bei Paulus?, ZNT 32 (2013), 37–47.

ßend soll das Ideal einer unerschütterlichen Seeleneinheit präsentiert werden, das dem weisen Menschen aus stoischer Sicht eignet.

3.1. Anthropologische Voraussetzungen für die Frage nach psychischer Dissonanz in der Stoa: Zur Seelen-, Handlungs- und Affekttheorie

Im klaren Gegensatz zu Platos Vorstellung der Unsterblichkeit der Seele und explizit in Abgrenzung zu dessen Seelenteilungslehre entwickelt[363] geht die antike Stoa von einem psychologisch-materiellen Monismus aus, d. h. von der grundsätzlichen Einheit der vergänglichen Seele.[364] Trotz ihrer Unteilbarkeit[365] beinhaltet die im Herzen lokalisierte Seele[366] acht Vermögen: die fünf Sinne, Sprachkompetenz, Fortpflanzungspotential und das Hegemonikon (ἡγεμονικόν).[367] Weil das Hegemonikon alles Denken und Handeln bestimmt, alle Aktivitäten der Seele kontrolliert, wird es häufig mit der „Seele" als Ganzer identifiziert. In diesem seelischen Leitprinzip selbst sind weitere Fähigkeiten (δυνάμεις) verortet, nämlich die Vorstellungskraft (φαντασία), die Vernunft (λόγος), die Zustimmungsfähigkeit (συνκατάθεσις) und die Antriebskraft (ὁρμή).[368] Entsprechend der stoischen Auffassung von der Materialität allen Seins verbreiten sich die die Seele konstituierenden Pneumaströme vom Hegemonikon aus in ihre je spezifischen Organe hinein,[369] „wie in die Arme des Polypen",[370] wie das Netz einer Spinne oder wie die Äste eines Baumes.[371] Das Hegemonikon empfängt und ordnet alle auf den Menschen einströmen-

---

363 Vgl. z. B. SVF III,462 und SVF II,823.

364 Dieser Einheitsvorstellung entspricht die Bezeichnung des Menschen als „einzige Seele" seitens Kleanthes (4./3. Jh. v. Chr.), vgl. SVF I,538 = Nickel § 410.

365 Galen zufolge kann es nur *eine ungeteilte* Seele geben, wenn man die Arete als Höchstform des menschlichen Wesens definiere und diese Höchstform in der Vernunft sehe. Vgl. SVF III,260 = Nickel § 577.

366 Vgl. Diogenes Laert. VII 159 = SVF II,837 = Nickel § 372; Galen, SVF II,885 = Nickel § 373. Galen zufolge waren sich die Stoiker allerdings uneins über den Sitz des Hegemonikons: SVF II,885 = Nickel § 374. Siehe dazu schon Stein, Psychologie, 133–139.

367 Vgl. SVF II,827 = Nickel § 390; SVF I,143 = Nickel § 398.

368 Vgl. SVF I,143 = Nickel § 399.

369 Vgl. SVF I,518 = Nickel § 359 und §360; SVF I,137 = Nickel § 363. Die Stoiker verstanden die Seele als Pneuma, als Lebensstrom, das den ganzen Körper durchdringt und zusammenhält, so wie die göttliche Vernunft den Kosmos durchwaltet und ordnet. Vgl. SVF I,134–143; 216–223; 518–26; SVF II,885 = Nickel § 389 u.ö. Dabei ist das Pneuma gestaltlos, kann sich aber beliebig verwandeln und anpassen. SVF II,1009 = Nickel § 434. Zum Pneuma siehe auch Forschner, Ethik, 54–61.

370 Vgl. SVF II,827 = Nickel § 390. Die fünf „Sinnestentakeln" führen dabei zum Hegemonikon hin, die anderen drei von ihm weg.

371 Vgl. SVF II,836.879.

den Informationen, verarbeitet diese und sendet von dort wieder Impulse in alle Körperteile aus.[372] Mit dieser zentralisierten Seelenstruktur korrespondiert das dezidiert kognitive Seelenkonzept der Stoa. Jede Vorstellung, jedes Überlegen, jedes Begehren etc. kann als psychisch-pneumatische Modifikation und damit als spezifischer Zustand des Hegemonikons aufgefasst werden.[373] Befindet es sich im optimalen pneumatischen Spannungszustand, gilt die Seele als gänzlich rational,[374] so dass sie körperunabhängig agieren kann.[375]

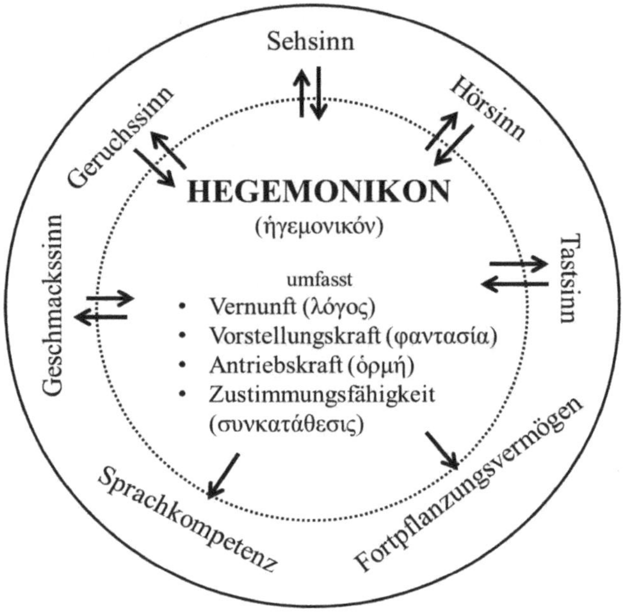

Abb. 6: Das zentrisch-monistische Seelenverständnis der Stoa

Ausgangspunkt für die stoische Handlungstheorie ist das Vorstellungsbild (φαντασία), das durch die Sinneswahrnehmung in der menschlichen Seele entsteht und auf dem unsere Erkenntnis der externen Welt beruht. Die an

372 Vgl. SVF II,837 = Nickel § 372.

373 Vgl. Sextus Empiricus, adv.math. VII 228–231; Diogenes Laert. VII 159; SVF II,836.

374 Dies trifft jedoch nach stoischer Auffassung nur auf Personen über 14 Jahren zu, da einem Menschen erst mit diesem Alter Rationalität und damit die Fähigkeit zur Reflexion zugesprochen werden kann, d. h. erst wenn der Logos so weit ausgebildet ist, vermag er das Handeln vernünftig zu leiten und zu kontrollieren. Der Übergang von ἄλογον zu λογικόν wurde als plötzliches Geschehen vorgestellt. Vgl. SVF II,764; Stobaeus II 70,21 = SVF II, 104; SVF III,537; SVF III,229a = Nickel § 581. Einige Stoiker gingen davon aus, dass sich dieser Umbruch bereits mit 7 Jahren ereignet. Vgl. dazu auch LUSCHNAT, Problem, 204.

375 Vgl. SVF II,857 = Nickel § 392.

unterschiedliche Körperorgane gebundenen Sinneswahrnehmungen werden durch von außen kommende Bewegungen in Form von spezifischen Pneumaströmungen affiziert.[376] Diese Informationen werden an das Hegemonikon übermittelt, das mit einer Spinne vergleichbar ist, die sofort bemerkt, wenn etwas ihr Netz berührt.[377] Durch diesen Transfer kommt ein Vorstellungsbild (φαντασία) mit propositionalem Gehalt zustande. Zenon verstand es als Abdruck im Hegemonikon der Seele (τύπωσις ἐν ἡγεμονικῷ),[378] Chrysipp als qualitative Veränderung dieses Zentralprinzips (ἑτεροίωσις oder ἀλλοίωσις τοῦ ἡγεμονικοῦ).[379] Weil der Mensch keinen Einfluss darauf hat, mit welchen Eindrücken er konfrontiert wird, ist der angemessene Umgang mit ihnen ausschlaggebend. Aus stoischer Perspektive ist in Vorstellungen nämlich bereits eine erste Gefühlsregung (προπάθεια) integriert.[380] Sie ähnelt körperlichen Reflexen, die der vernünftigen Steuerung entzogen sind.[381] Dieser noch unwirksame Vor-Affekt gibt eine bestimmte Richtung vor, indem er in gewisser Weise mit einem Pro-Impuls gekoppelt ist.[382]

Das Hegemonikon prüft nun kraft seiner Vernunft (λόγος) diese zwar noch nicht handlungsauslösende, aber bereits mit einer ersten Einschätzung des Sachverhalts verbundene Vorstellung. Diese kann entweder verworfen werden, oder aber zu einem Urteil (ἀξίωμα) führen, das auf zwei alternativen Weisen ausfallen kann: Bedeutungslos bleibt das Vorstellungsbild, wenn die Entscheidung zugunsten der Ablehnung (τὸ ἀπαρνεῖσθαι) ausfällt. Nur wenn jedoch eine Zustimmung (συγκατάθεσις) erfolgt, entsteht aus einer mit einer Vorbewertung gekoppelten Vorstellung die Annahme, dass die spontane Einschätzung zutreffend war.[383] Diese Annahme oder dieses Urteil kann für das

---

376 Die Auffassung von der Wahrnehmung als einem bloß rezeptiven Vermögen hat sich auf das moderne Denken ausgewirkt, vgl. dazu Cessi, Erkennen, 100.

377 Vgl. SVF II,879 = Nickel § 391.

378 Vgl. SVF I,58; SVF II,56.

379 Vgl. SVF II,56.

380 Der detaillierteste Beleg für die Propatheia-Lehre findet sich in einer Passage bei Epiktet. Aulus Gellius zufolge entsprechen dessen Ausführungen den Auffassungen Chrysipps und Zenons. Eine Rekonstruktion der Urheber der Propatheia-Lehre wird derzeit in der Forschung als undurchführbar bewertet. Als Begründer werden neben Zenon auch Poseidonius und Seneca erwogen. Vgl. Abel, Das Propatheia-Theorem. Ein Beitrag zur stoischen Affektenlehre, Hermes 111/1 (1983), 78–97; Inwood, Ethics, 175–181; Halbig, Affektenlehre, 57. Nach Knuuttila/Sihvola, Analysis, 13 f, stellt die Pro-Affekt-Lehre eine späte Entwicklung innerhalb der stoischen Strömung dar.

381 Zu diesen Reflexen zählen z. B. Erbleichen, Erröten etc., aber beispielsweise auch das Gefühl, Unrecht erlitten zu haben, welches durch Zustimmung zum Affekt des Zorns ausreifen kann. Vgl. Seneca, ira II 3,5; 4,2.

382 Dieser Vor-Affekt kann von selbst wieder abklingen, ohne dass ein Urteil notwendig wird. Vgl. Seneca, epist. 57,4.

383 Aufgrund der stoischen Auffassung, dass menschliches Verhalten (sofern es nicht instinktgeleitet ist) auf der bewussten Zustimmung zu vorstellungsbasierten Meinungen

Handeln wirksam werden.[384] In jedem dieser Fälle kann das Urteil allerdings wahr oder falsch sein.

Die alles entscheidende Zustimmung ist abhängig vom Begreifen der Bedeutung des Vorgestellten.[385] Im Idealfall ist einer Wahrnehmung erst dann zuzustimmen, wenn die Vorstellung deutlich im Bewusstsein repräsentiert ist.[386] In diesem Fall sprechen die Stoiker von einer starken und wahren Erkenntnis des Wahrgenommenen. Verfährt man dagegen voreilig, ohne die offenkundige Klarheit im Bewusstsein abzuwarten, ist die Zustimmung schwach und falsch (ἀσθενὴς καὶ ψευδὲς συγκατάθεσις)[387] und dann als Meinung (δόξα) zu klassifizieren.[388]

Mit der Autorisierung eines praktischen, also Handlungen betreffenden Gedankenbildes[389] geht in jedem Fall ein Handlungsimpuls (ὁρμή) einher.[390] Zustimmung und Impuls werden als so stark verkoppelt vorgestellt, dass nichts zwischen ihnen stehen kann. Deswegen werden sie bisweilen auch gleichge-

oder Urteilen beruht, spricht SCHMITT, Moderne, 295, von einer „Willenskonzeption", die Ähnlichkeiten mit neuzeitlichen philosophischen Ansätzen aufweise.

384 Beispielsweise stimmen wir erst zu, dass etwas bedrohlich ist, wenn wir meinen, dass es bedrohlich ist und meiden es daher. SCHMITT, Selbständigkeit, 165, hat darauf aufmerksam gemacht, dass die willkürliche Zustimmung zu einer Erkenntnis oder die bewusste Weigerung, ihr zu folgen, die man in der Forschung bei Homer immer wieder vermisst hat, erst in der Stoa thematisiert wurde.

385 Vgl. HALBIG, Affektenlehre, 40.

386 In eindeutiger Opposition zu Plato geht die antike Stoa davon aus, dass die Einheit des Erkenntnisprozesses von der deutlichen Repräsentation gegebener Vorstellungen gestiftet wird, also von dem, was wir heute mit dem Begriff des Bewusstseins bezeichnen. Diese Auffassung fußt auf der Lehre der Selbstaneignung bzw. Selbsterhaltung (οἰκείωσις), die besagt, dass das Streben nach Selbsterhalt natürlich und damit allen Lebewesen gemeinsam ist. Sie soll nach SCHMITT, Moderne, 294, darlegen, „wie es möglich ist, die Einheit und das Zusammenstimmen der ‚Triebe' und Bestrebungen im vorrationalen Verhalten eines Subjekts mit bewußten, rationalen Handlungen dieses selben Subjekts zu erklären. Es geht also um eine Theorie des Ich bzw. des Subjekts angesichts des Faktums, daß es sowohl bewußte als auch unbewußte seelische Phänomene und Verhaltensweisen gibt." Siehe dazu auch FORSCHNER, Glück, 47–50.

387 Vgl. SVF I,67 = Nickel § 765. BRENNAN, Theory, 28, betont, dass die Unterscheidung von starker und schwacher Zustimmung nicht mit hartnäckig/stur („obstinate") bzw. zögerlich („hesitant") zu verwechseln ist.

388 Vgl. Sextus Empiricus, adv.math. VII 151 = SVF I,67 = Nickel § 765.

389 Rein theoretische Vorstellungen beziehen sich zwar auch auf Adiaphora, aber nur auf solche, die keine Bewegung des Anstrebens oder Vermeidens evozieren können. Vgl. SVF III,118. Weitere Belege bei FORSCHNER, Ethik, 117 Anm. 21.

390 Chrysippus definierte ὁρμή als die Vernunft des Menschen, die ihn zur Handlung bewegt. Vgl. Plutarch, De Stoicorum repugnantiis, mor. 1037f = SVF III,175. Zur kognitiven Dimension des Impulses siehe z. B. LONG, Concept, 80. Stobaeus hat eine Liste festgehalten, die verschiedene Ausformungen (εἴδη) des praktischen Handlungsimpulses (πρακτικὴ ὁρμή) wiedergibt. Dazu gehören u. a. die ‚Entscheidung' (αἵρεσις/προαίρεσις) und der vernünftige Wille (βούλησις/θέλησις). Vgl. Stobaeus II 87,14 = SVF III,173.

setzt.[391] Da die Entscheidung zur Zustimmung ganz in unserer Macht (ἐφ' ἡμῖν) steht,[392] bildet sie den Schutzwall gegen den oft erhobenen Vorwurf, die Schicksalslehre der Stoa führe zu einem unausweichlichen Determinismus selbst menschlichen Verhaltens und Handelns.[393]

Sobald die Zustimmung erst einmal gegeben ist, kann nichts mehr zwischen Handlungsimpuls und Handlung treten.[394] Da dieser handlungsauslösende Impuls weder ein Trieb ist, der der menschlichen Kontrolle entzogen ist, noch die Tätigkeit eines nicht-logischen Seelenvermögens, sondern vielmehr als Folge der bewussten Zustimmung seitens der unteilbaren, gänzlich rational gedachten Seele aufgefasst wird, scheint eine unbewusste oder unterbewusste Handlungssteuerung im stoischen System außer Frage zu stehen.[395] Entscheidend ist aus stoischer Sicht: Nur reflektierten und vernunftgeprüften Urteilen sollte zugestimmt werden. Prinzipiell ist der Mensch dazu in der Lage, weil er Anteil am göttlichen Logos, an der den gesamten Kosmos durchdringenden Weltvernunft hat.[396] Exzessive Affektimpulse sind hingegen dem Idealbild der Stoa, dem wahren Weisen, unwürdig. Um dieses schroffe Entweder-Oder nachvollziehen zu können, ist ein Blick auf das stoische Affektverständnis geboten.

Im Unterschied zu Plato und Aristoteles geht die Stoa davon aus, dass Affekte (πάθη) im Leitprinzip der Seele (Hegemonikon) entstehen. Ursache des Affekts ist, dass der Mensch von seinem Vernunftpotential nicht Gebrauch macht, sich vom Logos gleichsam ‚abwendet',[397] indem er zu falschen Vorstellungen über die Essenz eines Sachverhaltes seine Zustimmung gibt und zugleich fälschlicherweise annimmt, die affektive Reaktion sei der jeweiligen

---

391 Vgl. Stobaeus II 88, 2–6 = SVF III,171. Durch Erinnerung wird diese Vorstellung dann festgehalten und durch das häufige Auftreten gleicher Erinnerungsbilder entsteht Erfahrung. Zwar hat auch das Tier solche Vorstellungen, der Mensch allein ist aber im Besitz der Vernunft, mit dem er sie logisch verarbeiten kann. Allein er hat die Fähigkeit zur Zustimmung oder Ablehnung einer Vorstellung. Vgl. POHLENZ, Stoa, 56.

392 Vgl. SVF II,115.974.992.

393 Die Frage nach dem Spielraum des freien Willens angesichts unausweichlicher Vorbestimmung ist schon in der Antike viel diskutiert worden. Chrysipp hat angesichts der Kritik an der stoischen Vereinbarkeitsannahme von menschlicher Verantwortung und göttlicher Determiniertheit beachtenswerte Lösungsvorschläge vorgelegt, vgl. z. B. SVF II,1000 = Nickel § 498; SVF II,977 = Nickel § 504; SVF II,978 = Nickel § 505 u. v. m.

394 Vgl. GUCKES, Ethik, 15f.

395 Vgl. FORSCHNER, Ethik, 137; MÜLLER, Willensschwäche, 160f.

396 Vgl. u. a. SFV I,160 = Nickel § 475; SVF II,441.473.1021. Siehe dazu z. B. auch POHLENZ, Stoa, 115–118.

397 Deshalb soll Chrysipp nach Galen gesagt haben, der krankhafte Zustand der Seele sei eine Bewegung/Ablenkung (φορά), weil man sich vom Affekt hinreißen (φέρεσθαι) lasse. Diese ‚Abwendung' (ἀποστρέφω/ἀποστροφή) von der Vernunft gilt daher als ‚unvernünftig' (ἄλογος). Vgl. SVF III,475 = Nickel § 774.

Situation angemessen.[398] Der mit dieser unangebrachten Zustimmung einhergehende propositionale Antrieb (ὁρμή) kann aus stoischer Sicht als unvernünftige und naturwidrige Bewegung der Seele (ἡ ἄλογος καὶ παρὰ φύσιν ψυχῆς κίνησις) bzw. als exzessiver Handlungsimpuls (ὁρμὴ πλεονάζουσα) bezeichnet werden.[399] Das Maß, an dem die Exzessivität des Impulses gemessen wird, ist jedoch nicht die dem Menschen eigene Fähigkeit zur Rationalität, sondern die objektive Vernunft als kosmisches Ordnungsprinzip, an der der Mensch teil hat und mit der er sich idealerweise in Einklang befindet. Der Mensch erstrebt also etwas Falsches, wodurch er sich nicht in Übereinstimmung mit der göttlichen Weltvernunft befindet und entgegen seiner natürlichen Bestimmung handelt.[400] Affekte als Meinungen sind immer defizitär, da ihnen eine sichere Erkenntnisgrundlage fehlt.[401] Im Unterschied zu Irrtümern, die ausgeräumt werden können, sind Affekte außerordentlich gefährlich, da sie dazu tendieren, im Menschen zu verharren und sich sogar so weit zu steigern, dass sie einen Menschen völlig beherrschen können.[402]

Die Stoiker gingen von vier Hauptaffekten aus: Lust (ἡδονή), Schmerz (λύπη), Begierde (ἐπιθυμία) und Furcht (φόβος).[403] Sie konnten in mehrfacher Hinsicht kategorisiert werden: Zum einen nach dem zugrundeliegenden Werturteil, zum anderen nach der zeitlichen Dimension,[404] denn ein Affekt wird

---

398 Vgl. SVF III,461 = Nickel § 771; Cicero, Tusc. IV 14f; Stobaeus II 90,14–18. Gegen die viel zitierte, Chrysipp zugeschriebene Identifikation des Affekts mit einem Urteil wendet sich Vogt, Theorie, 81–85.

399 Vgl. SVF I,205 = Nickel § 760; SVF III,462 = Nickel § 769.

400 Zum Problem der Exzessivität von Affekten und der Definition von „unvernünftig" (ἄλογον) siehe Halbig, Affektenlehre, 45–49, bes. 45f.

401 Präziser ausgedrückt ist ein Affekt eine Meinung, die als Folgeerscheinung der Bewertung eines Sachverhaltes als gut oder schlecht, was in Wahrheit zu den indifferenten Dingen (ἀδιάφορα) zählt, auftritt. Vgl. z.B. Diogenes Laert. VII 103–106. Nicht zu den Affekten zählen Reflexe, bloße Stimmungen, Phänomene wie sexuelle Erregung oder Dispositionen zu spezifischen emotionalen Reaktionen, da sie einer Person ohne die Möglichkeit zur Zustimmung widerfahren. Vgl. Vogt, Theorie, 69; Halbig, Affektenlehre, 39.

402 Vgl. SVF III,389. Hat ein Affekt erst einmal von einem Menschen „Besitz ergriffen", scheint er dessen Macht gänzlich ausgeliefert. Die mit dem Affekt einhergehende ‚Verkrampfung' lasse aber im Laufe der Zeit nach, obwohl die Vorstellung über das erlittene Übel in bestimmten Fällen bestehen bleibe, vgl. SVF III,466 = Nickel § 781. Nach Galen war Chrysipp der Ansicht, dass die Vernunft nach einiger Zeit wieder „hineinschlüpft" (εἰσδύνω), sozusagen Platz nimmt und sich die Unvernünftigkeit des Affekts bewusst macht (vgl. Galen, SVF III,467 = Nickel § 782.).

403 Zu den vier Hauptaffekten und weiterer Unterarten siehe SVF III,397.401.409.414.

404 Drittens können Affekte auch nach ihrer physiologischen Erscheinungsform auseinander gehalten werden: Affekte wirken sich nämlich körperlich aus, indem sich die Spannung (τόνος) der das Seelenpneuma konstituierenden Elemente verändert. Eine Expansion (ἔπαρσις) des Seelenpneumas wird als Lust erfahrbar, ein Schmerz äußert sich durch Schrumpfung (μείωσις) oder Kontraktion (συστολή). Im Falle der Furcht beschreiben Stoiker die resultierende physiologische Bewegung als Ausweichen bzw. Abwendung (ἔκκλισις), im Falle

durch die Vorstellung eines vermeintlichen Übels oder eines Gutes ausgelöst, die sich auf die Gegenwart oder aber die Zukunft beziehen kann. So entsteht durch die (falsche) Annahme, dass gegenwärtig ein Gut vorhanden sei, Lust. Umgekehrt bewirkt die Vorstellung eines gegenwärtigen Übels Schmerz. Erwartet man ein Gut in der Zukunft, äußert sich dies durch die Begierde, während die Aussicht auf ein zukünftiges Übel Furcht hervorruft.[405]

Während die Peripatiker von der Naturgegebenheit affektiver Regungen sowie der Nützlichkeit gemäßigter Affekte zur Erlangung der Tugend ausgehen,[406] halten die Stoiker alle Affekte für schlecht und widernatürlich, weshalb sie die Apathie (ἀπάθεια), die Affektfreiheit, forderten. Da dieser Umgang mit Affekten schon in der Antike heftig kritisiert wurde,[407] reagierte die Stoa mit Beteuerungen, die Apathie würde die menschliche Leistungsfähigkeit nicht überfordern. Außerdem wurde die Affektlehre durch die Lehre von den guten Gefühlszuständen, den Eupatheiai (εὐπάθειαι), präzisiert und konkretisiert.[408] Diese besondere Klasse von angemessenen Gefühlen ersetzt beim Weisen die Affekte. Sie entstehen durch Zustimmung auf Basis von Wissen, nicht defizitären Meinungen, und werden daher als Gegenteile bestimmter Leidenschaften definiert: die Freude (χαρά) ist der Lust entgegengesetzt und stellt eine gerechtfertigte Pneumaexpansion (ἔπαρσις) dar; Gegenstück zur Furcht ist die Vorsicht (εὐλάβεια) als ein vernünftiges Ausweichen (ἔκκλισις) vor Gefahren, und der gute Wille (βούλησις) – ein vernunftgeleitetes Streben (ὄρεξις) – ist der Begierde entgegengesetzt.[409] Durch die Integration der Eupatheiai in die stoische Handlungstheorie konnten bestimmte wohlbegründete Affekte positiv gewürdigt werden.

---

der Begierde als vernunftlose Strebung (ὄρεξις), denn etwas begehren bedeute ja, es auch anzustreben. Vgl. SVF I,209 = Nickel § 767; SVF III,473 = Nickel § 794; SVF III,471 = Nickel § 795. Vogt, Theorie, 88–92, hat sich eingehender mit der hier verwendeten Terminologie auseinandergesetzt.

405 Vgl. Stobaeus II 90,7–91,9 = SVF III,394 = Nickel § 786.

406 Vgl. Cicero, Tusc. IV 38.43.57 = Nickel § 787–788.789.

407 Vgl. z. B. SVF III,450. Vgl. dazu auch Irwin, Stoic Inhumanity, in: J. Sihvola/T. Engberg-Pedersen (Hg.), The Emotions in Hellenistic Philosophy (NSyHL 46), Dordrecht/Boston/London 1998, 219–241; Knuuttila/Sihvola, Analysis, 17.

408 Vgl. SVF III,431–442; Diogenes Laert. VII 115 = SVF III,431; Ps.-Andronicus, Περὶ παθῶν, 6 = SVF III,432; Plutarch, De virtute morali, mor. 449b; Cicero, Tusc. IV 12–14 = SVF III,438. Vgl. dazu auch Halbig, Affektenlehre, 65; Vogt, Theorie, 76f.

409 Vgl. SVF III,431 = Nickel § 823. Keine positive Entsprechung hat der Schmerz. Überlegungen zu dieser „Leerstelle" finden sich bei Brennan, Theory, 35.

3.2. Die dissonante Seele in der Stoa: Zur Möglichkeit intrapsychischer Konflikte und akratischen Handelns in der Stoa

Es ist offensichtlich, dass es in der stoischen Lehre aufgrund des Seelenmonismus und der Unteilbarkeit der Seele weder eine Zwei-Seelen-Vorstellung noch Konflikte zwischen diversen Strebevermögen oder Seelenteilen geben kann.[410] Bald zeigte sich, dass dieses radikale Einheitskonzept als unbefriedigende Begründung für innerseelische Dissonanzen bewertet werden konnte. Die antike Stoa hatte aus Sicht einiger stoischer Philosophen die Differenzen innerhalb der Einheit der Person nicht ausreichend berücksichtigt und die platonisch-aristotelische Lehre von verschiedenen Teilen bzw. Vermögen innerhalb der Seele dahingehend interpretiert, dass diese Pluralität im Inneren die Einheit der Person auflöse.

So sah sich die Stoa am Übergang von der griechischen zur römischen Tradition dann doch gezwungen, unvernünftige Kräfte (δυνάμεις ἄλογοι) neben der Vernunft in der Seele anzunehmen.[411] Entsprechend zeigt sich in der sog. mittleren Stoa der Einfluss platonischer und aristotelischer Psychologie deutlich.[412] Möglicherweise führten die Hauptvertreter dieser Schule, nämlich Panaitios von Rhodos und Poseidonios von Apamea, irrationale Seelenvermögen deshalb ein, weil sie darin eine überzeugendere Erklärung für den Ursprung der Affekte bzw. innerer Inkongruenzen erkannten und infolgedessen eine graduellere Entwicklung von Tugend lehren konnten.[413] An der Vernunft als einzigem Kriterium für die Erlangung von wahrhaftiger Weisheit hielten beide Philosophen indes fest.

Panaitios von Rhodos (185–98 v. Chr.), der lange Zeit in Rom lebte und Cicero offenbar stark beeinflusst hat, insistierte auf der Einheit und Unteilbarkeit der Seele, reduzierte aber die Zahl der Seelenvermögen auf sechs,[414] indem er die Sprachfähigkeit und das Reproduktionsvermögen wegließ.[415] Anders als für die Begründer der Stoa sind für Panaitios Affekte wie der Kummer, der Zorn oder die Begierde keine Manifestationen des fehlgeleiteten Hege-

---

410 Damit grenzt sich das stoische Denken eindeutig von der platonisch-aristotelischen Tradition ab. Galen überliefert, dass Chrysipp die Existenz von Seelenteilen wie dem platonischen Epithymetikon (ἐπιθυμητικόν) und Thymoeides (θυμοειδές) bestreitet. Vielmehr sei die menschliche Seele als Ganze in ihrem eigentlichen Zustand vernunftbestimmt, vgl. Galen, plac. IV 4, 252,3 ff = SVF III,462 = Nickel § 770.

411 Vgl. SVF I,209 = Nickel § 767.

412 Vgl. Nickel § 944.

413 Vgl. Colish, Tradition, 29. Für Poseidonios sind Urteile weder notwendige noch hinreichende Bedingungen von Affekten. Zu dessen Argumentation vgl. Halbig, Affektenlehre, 53–57.

414 Vgl. Nickel § 1003d.

415 Das Fortpflanzungsvermögen zählt für Panaitios nicht zur Seele, sondern zur vegetativen Natur des Menschen, vgl. Nickel § 1003a, 1003b und 1003c.

monikons, sondern irrationale Impulse, die von der Vernunft zu abstrahieren sind.[416] Denn die Natur der Seele ist für ihn zweifach: Auf der einen Seite gäbe es die Macht des Triebes (ὁρμή), die den Menschen fortreißen könne, auf der anderen Seite die Vernunft, die zwischen Handlungsausfürung und -unterlassung zu unterscheiden wisse und daher als Kommandant über die Impulse fungiere.[417] Mit dieser seelischen Zweiteilung ist im Unterschied zur altstoischen Einheitsseele die Grundlage für intrapsychische Konflikte zwischen konträren Vermögen gelegt. Ob der antike Philosoph jedoch derartige Vernunft-Trieb-Dissonanzen formuliert hat, lässt sich aus den erhaltenen Fragmenten über seine Lehre aus zweiter Hand nicht ablesen. Allerdings gibt es Indizien dafür, dass Panaitios über kognitiven Dissonanzen in der Seele nachgedacht hat. Von Cicero wissen wir nämlich, dass sich Panaitios mit den Kriterien befasst hat, die vor einer Entschlussfassung Anwendung finden müssen. Panaitios soll in Bezug auf ethische Entscheidungen davon gesprochen haben, dass Menschen häufig zwischen entgegengesetzten Auffassungen darüber schwanken, ob eine in Erwägung gezogene Handlung moralisch oder unmoralisch ist. Ins Zweifeln (dubitare) könne man auch geraten, wenn man darüber reflektiere, ob das, was nützlich scheine, mit dem moralisch Angemessenen vereinbar sei oder nicht.[418] Entsprechende Zweifel kämen zwar vor, seien aber zu vermeiden.[419] Cicero hat interessanterweise explizit darauf hingewiesen, dass Panaitios nicht auf die Frage eingegangen sei, wie man entscheiden könne, welche von zwei angemessenen Handlungen moralischer sei als die alternative Verhaltensweise.[420] Damit sind im Unterschied zu den bisher dargestellten Ausführungen über intrapsychische Konflikte bei Plato und Aristoteles sogar sog. moralische Dilemmata thematisiert, also Entscheidungskonflikte zwischen zwei moralisch gleichermaßen akzeptablen Verhaltensalternativen!

Poseidonius von Apamea (135–51 v. Chr.), ein Schüler des Panaitios,[421] hat offenbar nicht nur die platonische Seelenteilungslehre sondern auch Platos

---

416 Vgl. Cicero, Tusc. I 79–80 = Nickel § 964. Allerdings scheint Panaitios machen Affekten einen Nutzen attestiert zu haben (vgl. Nickel § 998; Sextus Empiricus, adv.math. XI 73). Möglicherweise ist darin der Grund für seine ablehnende Haltung gegenüber der Apathie, also der Affektfreiheit (vgl. Nickel § 996; § 998), zu sehen. Zu Panaitios' Auffassung über die natürlichen Triebe siehe z. B. Pohlenz, Stoa, 198–200.

417 Vgl. Cicero, off. I 101. Zur Anthropologie und Psychologie des Panaitios siehe z. B. Prost, La psychologie de Panétius: Réflexions sur l'évolution du stoïcisme à Rome et la valeur du témoignage de Cicéron, REL 79 (2001), 37–53, bes. 46f; van Straaten, Notes on Panaetius' Theory on the Constitution of Man, in:F. Bossier u. a. (Hg.), Images of Man in Ancient and Medieval Thought. Studies presented to G. Verbeke, Leuven 1976, 93–109.

418 Vgl. Cicero, off. I 7.9; III 7–11 = Nickel § 1008; 1011.

419 Vgl. Cicero, off. III 18.

420 Vgl. Cicero, off. I 152 = z. T. Nickel § 1049.

421 Vgl. Nickel § 985.

Affektbewältigungsempfehlungen geschätzt.[422] Nach Galen, einem Hauptzeugen für die Anschauungen der mittleren Stoa, war Poseidonius der bedeutendste stoische Gelehrte.[423] Galen merkt an, Poseidonius habe die frühstoische Definition von Affekten zurückgewiesen, insbesondere weil Chrysipps Affektverständnis zu den „offenkundigen Tatsachen" (τὰ σαφῶς φαινόμενα) in Widerspruch stehe.[424] Poseidonios sah demnach in Affekten keine Fehlurteile oder falschgeleiteten Zustimmungen des Hegemonikons, sondern bestimmte Bewegungen anderer alogischer Kräfte in der Seele, die sich gegen die Führung des Vernunftvermögens (λογιστικόν) stemmen. In Aufnahme der platonischen Einteilung und Terminologie bezeichnete er diese affektverursachenden Seelenvermögen als Epithymetikon (ἐπιθυμητικόν) und Thymoeides (θυμοειδές).[425] Beide bilden zusammen das Pathetikon (παθητικόν).[426] Sowohl das vernünftige (λογικόν) Seelenvermögen als auch die unvernünftigen (ἄλογον) psychischen Kräfte können eigenständig Impulse (ὁρμαί) hervorbringen, die zu entsprechenden Handlungen motivieren.[427] Nach Poseidonios erzeugen die affektiven Regungen einen solch starken Druck, dass der vernünftige Wille sich nicht dagegen behaupten kann. Die Vernunft gerät mit dem Affekt in einen Kampf und Widerspruch (μάχη καὶ διαφορά), der zugunsten der affektgeleiteten Handlungsbestrebung ausfallen kann.[428] Nur so lasse sich erklären, wie es dazu kommt, dass jemand gegen seinen Willen einen Affekt entwickelt, also z. B. unwillkürlich zu weinen beginnt, obwohl er dies nicht zu tun wünscht (βούλομαι).[429] Diese Erklärung impliziert einen synchronen Konflikt, der zwi-

422 Vgl. Nickel § 1253. Nach Schmitt, Individualität, 120, hat Poseidonius bei seiner Aufnahme der platonischen Seelenteilung diese missverständlich interpretiert.

423 Vgl. Nickel § 1263. Alle in Bezug auf die Lehre des Poseidonius genannten Belege nach Nickel sind – wenn nicht ausdrücklich anders angegeben – Zitate aus Galens Schrift ‚De placitis Hippocratis et Platonis'.

424 Vgl. Galen, plac. IV 258,19–25 = Nickel § 1085; Galen, plac. VIII 482,33–484,4 = Nickel § 1086.

425 Vgl. SVF I,209 = Nickel § 767; vgl. auch Nickel § 1263. Tertullian überliefert, Poseidonius habe innerhalb der Gesamtseele 17 Vermögen unterschieden, vgl. Tertullian, anima 14,2. Nach Galen soll schon Kleanthes eine platonische Dreiteilung der Seele vertreten haben. Vgl. Galen, plac. VIII 482,33–484,4 = Nickel § 1086, siehe auch Nickel § 1263. Nach Pohlenz, Stoa, 226, hat Poseidonius die platonische Bezeichnung ‚Seelenteile' abgelehnt und stattdessen von ‚Vermögen' (δυνάμεις) gesprochen.

426 Vgl. Nickel § 1257.

427 Vgl. Nickel § 1260.

428 Vgl. Nickel § 1263.

429 Vgl. Nickel § 1253. Nimmt man konfligierende Seelenvermögen in Menschen an, könne man auch nicht in die Schwierigkeit geraten, Kindern Affekte gänzlich abzusprechen, vgl. SVF III,229a = Nickel § 1260. Galens Zeugnis zufolge unterstellt Poseidonios, Chrysipp habe die Bestreitung der Existenz von Affekten bei Kindern aus einem Systemzwang heraus postulieren müssen, der sich aus dem unbedingten Festhalten an der zugrundegelegten Prämisse, Affekte seien Urteile, ergeben musste. Vgl. ebd.

schen entgegengesetzten Seelenvermögen Spannung aufbaut. Wenn Galen die Position des antiken Denkers aus Apamea korrekt wiedergegeben hat, lässt sie sich als Umschreibung des Akrasia-Phänomens auffassen, insofern ein Konflikt zwischen Vernunft und Affekt vorliegt, bei dem sich die affektiven Bestrebungen nicht vom vernünftigen Wollen beherrschen lassen.

In der mittleren Stoa kann es – wie dargestellt – aufgrund der seelischen Differenz zwischen vernünftigen und unvernünftigen Kräften, die je spezifische Strebungen hervorbringen können, zu intrapsychischen Konflikten kommen. Panaitios scheint sich sogar mit dem Zweifel als rein kognitiver Dissonanz auseinandergesetzt zu haben. Aber es lassen sich m. E. bereits bei frühen Stoikern trotz des Unteibarkeit-Axioms der Seele Indikatoren für die Vorstellung psychischer Dissonanzen aufspüren. Schon die Zenon zugeschriebene Metapher von einem Affekt als „Flattern der Seele" (πτοία ψυχῆς) verweist darauf, dass die Seele bei einer verkehrten Zustimmung einem Unruhezustand preisgegeben wird.[430] Denn Affekte sind aus stoischer Sicht ständig in Bewegung, ihre zugrundeliegenden Meinungen und Vermutungen schwirren ruhelos in der Seele umher und versetzen sie in Erregung.[431] Auch die Aussage, Affekte bewirkten eine Assymmetrie innerhalb der Seele,[432] impliziert eine Unstimmigkeit im Inneren der Person. Dass sich die Stoa intrapsychische Dissonanzen infolge affektiver Impulse durchaus vorstellen kann, wird besonders nachvollziehbar, wenn man an dem Punkt ansetzt, an dem es dem stoischen Denken zufolge noch möglich ist, dem Affektimpuls die Zustimmung zu verweigern: Dies ist dann der Fall, wenn sich der Mensch davon ablenken (φέρεται) lässt, sich seiner Bestimmung gemäß von der Vernunft leiten zu lassen. Diese „Ablenkung" (φορά)[433] wirkt sich dann derart aus, dass der Einzelne in eine falsche Richtung gestoßen wird (ὠθεῖσθαι), die nach Zustimmung verlangt. Nur an diesem Punkt kann der Einzelne noch Einfluss auf einen Affekt ausüben, denn die Zustimmung zu einer solchen falschen Meinung steht ihm ja nach stoischer Auffassung frei. Wenn das Ablenkungsmanöver Erfolg hat, lässt sich die betroffene Person dazu hinreißen, den unvernünftigen Impulsen nachzugeben.[434] Schließlich verdeutlichen mehrere der stoischen Idealvorstellungen, dass die Seele im affektiven Zustand dissonant aufzufassen ist: Wenn Seelenruhe bzw. ‚Windstille' der Seele (γαλήνη) und Unerschütterlichkeit (ἀταραξία) als Merkmal des stoischen Weisen gelten, dann lässt sich daraus schließen, dass die Seele des gewöhnlichen Menschen unruhig, erregt

430 Vgl. Stobaeus II 39,5–9 = SVF I,206 = Nickel § 764. Vom ‚Flattern' ist zu sprechen, weil sich die Beweglichkeit der Affekte mit den Bewegungen der Vögel vergleichen lasse.

431 Vgl. Nickel § 803.

432 Vgl. Nickel § 797.

433 Φορά kann neben Ablenkung auch ‚Bewegung', ‚Schwung' o. Ä. bedeuten. Vgl. Liddell/Scott, s.v. φορά.

434 Vgl. Galen, plac. VI 2 = SVF III 462 (= Nickel § 769).

und erschüttert gedacht wird. Auf entsprechende Formulierungen stößt man bei der Lektüre stoischer Texte immer wieder. Auch ohne die Seele in nebeneinander existierende vernünftige und unvernünftige Vermögen zu unterteilen kann das stoische Denken von intrapsychischen Dissonanzen ausgehen; diese sind aber nicht binärer Struktur. Der Affekt ist Ursache aller intrapsychisch-diffusen Unbeständigkeit.[435]

Da das Handeln des Menschen entweder von der Vernunft oder einem Affekt als Umkehrung der Vernunft bestimmt ist, gibt es in der alten Stoa allerdings keinen Raum für einen Konflikt zwischen diesen beiden. Kann daraus geschlossen werden, dass die Stoa aufgrund ihrer Handlungstheorie die Möglichkeit akratischen Handelns, d. h. unbeherrschten Verhaltens, ebenfalls negiert hat? Entsprechende Terminologie scheint jedenfalls bereits Chrysipp (3. Jh. v. Chr.) verwendet zu haben,[436] und auch Epiktet als Vertreter der späteren Stoa (1./2. Jh. n. Chr.) hat sich mit der Akrasia (ἀκρασία) auseinandergesetzt.[437]

Zur Beantwortung der Frage, was dieses Phänomen in der Stoa zum Inhalt hat, scheint mir zunächst wichtig, auf die Bemerkungen Aristoteles' zum Akrasia-Phänomen einzugehen. Aristoteles hat nämlich zwischen zwei Formen von Akrasia differenziert:[438] Einerseits gäbe es Akrasia aufgrund von Schwäche (ἀσθένεια), bei der die betroffene Person ihren bereits gefassten Vernunftentschluss nicht gegen die kurzfristig lustversprechende affektive Bestrebung verteidigt. Diese Form von „Willensschwäche" ist das Resultat eines wahrgenommenen inneren Konflikts zwischen Affekt und vernünftigem Wollen. Andererseits gibt es nach Aristoteles Akrasia aufgrund von Überstürzung (προπέτεια), bei dem die betroffene Person von einem Affekt fortgerissen (ἄγονται) werde, weil sie gar nicht erst einen vernünftigen Entschluss gefasst habe. Dieser Akrasia-Typ ist womöglich am besten mit der wortwörtlichen Bedeutung des Lexems ἀκρασία wiederzugeben: Das überstürzte und affektgeleitete Handeln ist schlicht die „Nicht-Herrschaft (der Vernunft)". Aristoteles betont, dass die Person auch in diesem Fall Kenntnis über das Gute besitze, aber dieses Wissen nicht aktiviere, sich vielmehr von der Vorstellung des Lustversprechenden übereilt leiten lasse, ohne dass der Vernunft die Gelegenheit

---

435 Dass Unbeständigkeit für die Stoiker auf Affekten fußt, betont z. B. auch Grätz, Seneca, 752.

436 Vgl. Galen, plac. IV 4,24

437 Vgl. Epiktet, dissertationes II 18. Epiktet war ein Schüler des Musonius Rufus und gilt neben Seneca als wichtigester Repräsentant der stoischen Ethik in der frühen Kaiserzeit. Für eine Einführung zu Leben, Werk und Überlieferung Epiktets siehe Long, Epictetus: A Stoic and Socratic Guide to Life, Oxford 2002; Schmeller, „Einführung in die Schrift", in: S. Vollenweider (Hg.), Epiktet: Was ist wahre Freiheit? Diatribe IV (Sapere 22), Tübingen 2013, 7–19.

438 Vgl. bes. Aristoteles, eth.Nic. 1150b 19–22; vgl. auch eth.Nic. 1145b–1152a sowie S. 124–127 dieser Arbeit.

zur Reflexion gegeben werde. Diese Form von Akrasia impliziert daher keinen wahrnehmbaren Konflikt zwischen Vernunft und Affekt. Da der aus Überstürzung handelnde jedoch im Gegensatz zum unmäßigen Menschen (ἀκόλαστος) Reue über sein Verhalten empfinden kann, ist er aus Sicht Aristoteles' zur Besserung fähig, weil er prinzipiell Einsicht in das Gute hat.

Kann diese aristotelische Differenzierung in Bezug auf stoischen Aussagen zur Akrasia weiterhelfen? Betrachtet man die entsprechenden Passagen bei Chrysipp einerseits und bei Epiktet andererseits, lassen sich Hinweise darauf finden, dass beide Akrasia als vorschnell realisiertes, unreflektiertes affektgeleitetes Handeln auffassen, d. h. im Sinne der aristotelischen Akrasia aufgrund von Übereilung: In Bezug auf Chrysipp ist dies einem Zitat zu entnehmen, das Galen überliefert. Danach definiert Chrysipp das akratische (ἀκρατής) Verhalten als eine Disposition, bei der sich die betroffene Person nicht selbst beherrscht (οὐ κρατέω ἑαυτῷ), sondern hingerissen (ἐκφέρομαι) wird. Dies sei mit einem Läufer vergleichbar, der nicht mehr willentlich abrupt anhalten und seine Richtung ändern könne, wenn er sich erst einmal in Bewegung gesetzt habe.[439] Während die Entscheidung, loszulaufen, in der Macht des Läufers steht, laufen bei der Umsetzung dieser Entscheidung Gesetzmäßigkeiten ab, die eine Richtungsänderung unmöglich machen. Angewandt auf die stoische Affektenlehre heißt das: Ist erst einmal ein Affekt vorhanden, kann sich die Seele nicht mehr in den vernunftgemäßen Zustand zurückverwandeln, da der Mensch dann schon die Kontrolle über sich verloren hat. Dass auch Epiktet Akrasia als übereiltes Handeln unter Steuerung des Affekts versteht, implizieren Passagen in dessen Lehressay ‚Wie man gegen die Vorstellungsbilder ankämpft'.[440] Epiktet grenzt dieses Phänomen scharf von der singulären Verfehlung ab: Es stellt für ihn keine einmalige Niederlage (μία ἧττα) dar, sondern vielmehr eine Haltung (ἕξις), d. h. eine psychische (ψυχικός) Disposition, die durch Wiederholung entsprechender Verhaltensweisen verfestigt wird.[441] Unbeherrschtes Handeln ist dann der Fall, wenn man gewohnheitsgemäß dazu neigt, sich von einer Begierde (ἐπιθυμία) fortziehen (ἕλκω) zu lassen bzw. von der Heftigkeit einer verführerischen Vorstellung (φαντασία) fortreißen zu lassen.[442] Weder für Chrysipp noch für Epiktet muss akratisches Handeln also die Wahrnehmung eines inneren Konflikts zwischen Vernunft und Affekt involvieren.[443] Nun hat jüngst T. Engberg-Pedersen geäußert, die von den Stoi-

---

439 Vgl. Galen, plac. IV 4,24.

440 Vgl. Epiktet, dissertationes II 18.

441 Vgl. Epiktet, dissertationes II 18,1–7.

442 Vgl. Epiktet, dissertationes II 18,23f.

443 Schwierigkeiten bereiten der Forschung jedoch Formulierungen, die Chrysipp und anderen frühen Stoikern zugeschrieben werden, und die einen internen Widerstreit zwischen Affekt und Vernunft implizieren. So ist in entsprechenden Zeugnissen davon die Rede, dass ein Affekt entstehe, weil man sich von der Vernunft abwende und sich von einem Affekt

kern stark kritisierten „Passionen" wären „als Fälle von akrasia zu verstehen", insofern die affektgeleitete Person „eigentlich das Gute im Allgemeinen erfasst hatte, dennoch aber etwas anderes tat".[444] Diese Formulierung Engberg-Pedersens impliziert also einen Konflikt zwischen dem Wissen um das Gute und der ausgeführten Handlung, die mit diesem Wissen in Widerspruch steht. Er geht bei seiner Einschätzung, die Stoiker hätten Affekte als Akrasia verstanden, davon aus, dass die alles entscheidende richtige Einsicht in das Gute bei der betroffenen Person zwar vorhanden ist, aber durch die in der konkreten Situation wahrgenommenen Objekte relativiert werde, bzw. außer Kontrolle gerate.[445] Setzt man jedoch voraus, dass die Stoa die Seele als entweder ver-

---

hinreißen (φέρεσθαι) lasse, oder dass der exzessive Antrieb das vernunftgemäße Maß überschreite und der Affekt der Vernunft gegenüber gegenüber nicht mehr gehorche (ἀπειθῆ), vgl. z. B. SVF III,475 = Nickel § 774; SVF III,462 = Nickel § 769; vgl. auch SVF I,205 = Nickel § 763. Wie sind diese Aussagen mit dem monistischen Seelenverständnis zu vereinbaren? R. Sorabji hat sich mit den Widersprüchlichkeiten auseinandergesetzt, die auch schon in der Antike aufgefallen waren (siehe Sorabji, Emotion, 55–65; Sorabji, Chrysippus – Posidonius – Seneca: A High-Level Debate on Emotion, in: Sihvola/Engberg-Pedersen [Hg.], The Emotions in Hellenistic Philosophy [NSyHL 46], 1998, 149–169). Zu den inkonsequent erscheinenden Aussagen aus zweiter Hand bzgl. des Affektverständnisses Chrysipps kommt noch erschwerend hinzu, dass dieser frühe Stoiker offenbar den berühmten Entscheidungskonflikt der Medea (zwischen Thymos und Wollen [βουλεύω], vgl. Euripides, Med. 1077–1080) behandelt, um seine Affekttheorie zu untermauern. Die Selbstwidersprüche, in die sich Chrysipp damit zu verwickeln scheint, sind schon in der Antike kritisch rezipiert worden. B. Guckes hat, ausgehend von Überlegungen zu Medeas moralischem Dilemma, versucht zu analysieren, ob die alte Stoa für die Möglichkeit der Akrasia offen war oder nicht. Sie votiert dafür, muss aber zwei Annahmen machen, um ihre Theorie überhaupt nachvollziehbar darzustellen: Erstens muss Guckes davon ausgehen, dass die Propetheia-Lehre bereits von Chrysipp etc. vertreten worden ist (was stark umstritten ist, vgl. dazu Anm. 380 in diesem Kapitel), und zweitens muss sie spekulieren, es habe dabei eine Unterscheidung von exzessiven und nicht-exzessiven Pro-Impulsen gegeben. Vgl. Guckes, Akrasia, v.a 120 f. Gill, Chrysippus, 142, will Chrysipps widersprüchliche Aussagen harmonisieren. Zu diesem Zweck geht er davon aus, Chrysipp könnte Medeas konfligierende Handlungsimpulse nicht als Streit zwischen Affekt und Vernunft verstanden haben, sondern als Konflikt zwischen zwei möglichen, ganzheitlichen Erscheinungsweisen ihrer Persönlichkeit, die beide jeweils vernünftige und affektive Anteile haben. Zur Akrasia in der frühen Stoa siehe auch Joyce, Early Stoicism and Akrasia, Phronesis 40/3 (1995), 315–335. M.E. ist die Beantwortung der Frage danach, ob die frühe Stoa von der Möglichkeit akratischen Handelns ausgegangen ist, nicht zuletzt abhängig von der Verhältnisbestimmung im stoischen Denken zwischen Vernunft (λόγος) einerseits und Hegemonikon andererseits sowie von der Einschätzung der literarischen Zeugnisse hinsichtlich derer Zuverlässigkeit seitens der Exegese. Dazu kommt das Problem der Ambiguität des Akrasiabegriffs in der Antike ebenso wie in der Moderne.

444 Engberg-Pedersen, Sünde, 44.

445 Die Argumentation Engberg-Pedersens sei zur Klarheit im Wortlaut zitiert: „Wenn man wirklich das Gute sah und verstand, dann wollte man auch danach leben. Um so problematischer war es dann auch, wenn eine Person eigentlich das Gute im Allgemeinen erfasst hatte, dennoch aber etwas anderes tat – also (…) das Phänomen *akrasia*. Die stoische Erklärung dieses Phänomens bestand darin, auf eine Art Relativierung der noch-nicht-guten

nunftbestimmt oder affektbestimmt auffasst, dann müsste daraus folgen, dass die Einsicht in das Gute in der konkreten Situation eben nicht vorhanden ist, weil das Hegemonikon sich in seinem Zustimmungsurteil zum Affekt verkalkuliert. Dennoch lassen sich Engberg-Pedersens Überlegungen zum stoischen Affektverständnis mit den eben dargestellten aristotelischen Aussagen vereinbaren. Denn im Falle akratischen Handelns aufgrund von Überstürzung ist die Einsicht in das Gute bei der betroffenen Person ja im Prinzip vorhanden, nur wird sie aufgrund des übermächtig empfundenen Lustversprechens der affektiven Verhaltensalternative überhaupt nicht aktualisiert. Im Nachhinein kann dem überstürzt agierenden Akratiker bewusst werden, dass er besser anders hätte handeln sollen.

Auch wenn die Stoiker keinen inneren Widerstreit zwischen Affekt und Vernunft angenommen haben sollten, kennt schon die alte Stoa intrapsychische Konflikte: Diese können auf der Ebene von Vorstellungen und auf der Ebene von Meinungen entstehen, d.h. zu einem Zeitpunkt, an dem der stoischen Handlungstheorie zufolge noch nicht zu einem handlungsauslösenden Impuls die Zustimmung erteilt wurde. Entsprechende Aussagen finden sich beispielsweise bei Plutarch sowie in Ciceros ‚Gesprächen in Tusculum', in denen sich der antike Schriftsteller mit dem stoischen Denken auseinandersetzt. Cicero gibt in Tusc. IV 23f den Standpunkt der Stoiker wieder, nach dem Meinungen in der Seele einander widerstreiten (repugnare) könnten und dadurch die Seele in Erregung setzten. Die inkonsistenten und wirren Meinungen würden im Inneren des Menschen hin und her geworfen (iactare), bewirkten Unruhe und Turbulenzen (perturbationes). Ausgehend von Plutarchs Überlieferungen beschäftigten sich die Stoiker mit widersprüchlichen Vorstellungsgehalten, die den Verstand (διάνοια) in entgegengesetzte Richtungen zerren (περισπάω) können.[446] Wenn dies dem Menschen bewusst ist, kommt es entschieden darauf an, wie man mit diesen divergierenden Eindrücken umgeht: Stimmt man einem von beiden einfach zu, statt sich des Urteils zunächst zu enthalten, gilt diese durch voreilige Einwilligung ausgelöste Handlung als Verfehlung (ἁμαρτάνω).[447] Plutarchs Schrift ‚Über die

---

Sichtweise hinzuweisen, die damit zusammenhängt, dass diese ursprüngliche Sichtweise stark angewöhnt war, und auch damit, dass sie von der ‚Frische' der in der konkreten Situation wahrgenommenen Objekte direkt relativiert wurde. Genauer heißt das, dass die konkret wahrgenommenen Objekte Anstoß zu den von den Stoikern so stark kritisierten ‚Passionen' gaben. Denn diese waren genau als Fälle von *akrasia* zu verstehen, wo die richtige Einschätzung der wahrgenommenen Objekte, nämlich als ‚zu bevorzugende, gleichgültige Dinge', ‚außer Kontrolle geriet'." Deshalb seien Menschen an die Einsicht in das Gute zu erinnern. Vgl. Engberg-Pedersen, Sünde, 44f.

446 Vgl. Plutarch, De Stoicorum repugnantiis, mor. 1056e–f.

447 Vgl. Plutarch, De Stoicorum repugnantiis, mor. 1056f. Die Stoiker scheinen drei solcher Fehlhandlungen unterschieden zu haben, je nachdem, welche Qualität die der Weltvernunft widersprechenden Vorstellungen haben. Vgl. ebd.

moralische Tugend' ist zudem zu entnehmen, die Stoiker hätten bestritten, es gäbe eine Unstimmigkeit in der Seele gegen die Begierden (ἐπιθυμίαι), so als ob etwas mit ihnen streite (μάχομαι) und ihnen widerspräche. Aus stoischer Sicht gäbe es zwischen Vernunft (λόγος) und Affekt (πάθος) keinen Unterschied (διαφορά) und keinen Streit (στάσις). Ob man etwas begehre oder fürchte, ob man jemandem zürne, ob man sich der Lust zuwende oder ob man jeder dieser affektiven Bestrebungen jeweils Einhalt gebiete, sei vielmehr auf die ‚Hinwendung' (τροπή) der einen Vernunft nach zwei Seiten (ἐπ' ἀμφότερα) zurückzuführen. Diese Alternation (μεταβολή) entgehe unserer Wahrnehmung jedoch, da sie sich schnell und plötzlich vollziehe. Insofern Plutarch hier die stoische Anschauung von Affekten als Fehlurteilen oder falschen Meinungen widergibt, lässt sich annehmen, dass sich der mit μεταβολή bezeichnete Umschlag der Gesamtseele auf der Ebene von Meinungen bzw. Urteilen abspielt, d. h. dass die Seele zwischen disparaten Propositionen oszilliert. Dieses Oszillations-Modell impliziert aber keine Gleichzeitigkeit der Propositionen, sondern einen diachronen Wechsel im seelischen Leitvermögen, entsprechend der stoischen Auffassung, dass jedes Meinen, jedes Begehren, jedes Urteilen einen jeweils spezifischen psychisch-pneumatischen Zustand des Hegemonikons darstellt.[448] Das Pendeln zwischen diesen zwei konträren Beurteilungen kann zwar wie ein innerer Konflikt erfahren werden, ersetzt aber bei genauerer Betrachtung die Vorstellung von einem intrapsychischem Konflikt, dessen Ergebnis es sein kann, dass der Einzelne gegen das bessere Urteil handelt.[449] R. Sorabji vermutet, dass dieses Schwanken die Ursache dafür sein könnte, weshalb die Stoiker den Affekt als πτοία, ‚Flattern', ‚Unruhe', bestimmten, auch wenn diese Definition schon in vorstoischer Zeit nachzuweisen ist.[450]

Zusammenfassend lässt sich schlussfolgern: Allein der Weise ist aus stoischer Perspektive in der Lage, fortwährend sichere Urteile zu fällen, so dass ein solches Schwanken zwischen divergierenden Urteilen gar nicht erst auftreten kann. Die frühe und späte Stoa scheint in Bezug auf den gewöhnlichen Menschen jedoch weniger einen synchronen Konflikt zwischen Seelenteilen, Seelenvermögen oder zwischen Affekt und Vernunft vertreten zu haben[451] als vielmehr eine diachrone Alternation von disparaten Werturteilen. Möglicherweise ist darin auch der Grund zu sehen, weshalb in den entsprechenden Texten vom Zweifel explizit nicht die Rede ist.[452] Im Zusammenhang mit

---

448 Vgl. Sextus Empiricus, adv.math. VII 228–231; Diogenes Laert. VII 159; SVF II,836.

449 Ähnlich auch Joyce, Early Stoicism and Akrasia, Phronesis 40/3 (1995), 315–335; Halbig, Affektenlehre, 36.

450 Vgl. Sorabji, Emotion, 313.

451 Für Plutarch widersprach diese Negierung den klaren Beweisen der Wahrnehmung (Plutarch, De virtute morali, mor. 447b).

452 Gleichwohl sind außer den im Folgenden genannten eine ganze Reihe weiterer Lexeme in den uns bekannten stoischen Fragmenten belegt, die mangelndes Vertrauen, Unsicherheit

der Untersuchung von Zweifelskonzepten ist allerdings besonders interessant, dass Chrysipp das Zögern oder Bedenken (ὄκνος) eigens als Unterart des Furchtaffekts erwähnt.[453] Das Bedenken ist als „Furcht vor einer zukünftigen Tätigkeit" definiert.[454] In Anwendung der oben genannten Kategorien zur stoischen Affektsystematik kann es als Seelenbewegung der Abwendung verstanden werden, die zukünftig Schlechtes zu vermeiden sucht. Nahezu synonym zum Zögern ist das Zaudern (μέλλησις), wie die Definitionen im griechischen Originallaut zeigen. Chrysipp zufolge ist μέλλησις nämlich definiert als Zögern (ὄκνος) vor der Entscheidung, wie man handeln soll.[455] Weil Chrysipp alle Affekte als exzessive Impulse bzw. unvernünftige Urteile begreift, die verwerflich und daher zu eliminieren sind, tritt als Ideal eine beständige, urteilssichere Verhaltensweise ans Licht, die jegliches Zweifeln, Zögern oder Zaudern ausschließt. Die Exzessivität und Unvernünftigkeit stellen dabei auch diejenigen Merkmale dar, die ὄκνος und μέλλησις von der ‚Vorsicht' (εὐλάβεια) als wissensgestützer Haltung einerseits und derjenigen „Unentschlossenheit" andererseits unterscheiden, die insbesondere von den späten Stoikern angeraten werden konnte: Der Weise soll sich nämlich eines Urteils enthalten, sofern er einen konkreten Sachverhalt nicht in jeder Beziehung durchschauen und ermessen kann. Urteilssuspension im Falle von Unsicherheit der Erkenntnis und dispositionelle Gefahrenvermeidung sind demnach im Unterschied zu vernunftlosen Urteilen angemessene psychologische Verhaltensweisen.[456]

3.3. Zum angemessenen und unangemessenen Umgang mit den Affekten aus stoischer Sicht: Prophylaxe und Therapiemöglichkeiten

Da alle Affekte aus stoischer Sicht eine Unordnung, Unruhe oder Oszillation innerhalb der Seele produzieren, die eine konsistente und harmonische Seeleneinheit und damit das menschliche Höchstziel der Glückseligkeit sabotieren, kann sich die folgende Übersicht über die von den Stoikern propagierte

---

oder Schwanken zum Ausdruck bringen. Vgl. nur διστάζω in Chrysipp, SVF II,1015 oder ἐπαμφοτερίζω in Epiktet, dissertationes IV 2,4.

453 Vgl. Stobaeus II 90,7–91,9 = SVF III,394 = Nickel § 786; Diogenes Leart. VII 112. In unmittelbare Nähe der Furcht hatte schon Homer das Zögern gerückt, vgl. Homer, Il. V 817.

454 Vgl. Chrysipp, SVF III,409,2: ὄκνος μὲν ἐστι φόβος μελλούσης ἐνεργείας. Diese Definition ist auch zitiert bei Diogenes Leart. VII 112. Der ‚Duden' definiert Bedenken als eine aufgrund von vorhandenen Zweifeln, Befürchtungen oder Vorbehalten angestellte Überlegung, die es ratsam erscheinen lässt, mit der Zustimmung noch zu zögern oder den Plan o. Ä. neu zu durchdenken (http://www.duden.de/rechtschreibung/Bedenken, abgerufen am 15.12.2015).

455 Vgl. Chrysipp, SVF III,409,12: μέλλησις δὲ ὄκνος διεγνωκότος ποιεῖν.

456 Vgl. dazu z. B. SVF I,69; SVF III,175.548.565; Epiktet, dissertationes I 17,7f.

Seelenleitung nicht allein an Empfehlungen zur Bewältigung bzw. Verhinderung widersprüchlicher Werturteile des Hegemonikons orientieren, sondern muss Strategien einbeziehen, die eine Affektprophylaxe und -therapie im Allgemeinen nahelegen. Zwar kann angenommen werden, dass Überlegungen über die Therapierbarkeit affektiven Fehlverhaltens zu einer Intensivierung der philosophischen Affektanalyse beitrugen.[457] Allerdings sah sich die Stoa auch der Kritik von außen ausgesetzt, sie würde sich mehr mit Definitionen und Klassifizierungen von Affekten auseinander setzen, als mit Methoden, wie diesen Leidenschaften zu begegnen ist.[458] Gleichwohl ist den literarischen Fragmenten zur stoischen Ethik und insbesondere zur Affektbewältigung und -prophylaxe ein facettenreiches Methodenbündel zu entnehmen. Neben abstrakter Terminologie zur Bezeichnung angemessener und unangemessener Umgangsweisen mit den Affekten formulieren viele stoische Denker ihre Empfehlungen zur Verhinderung oder Bewältigung einer dissonanten Seele auf deskriptive Weise.

Geradezu als Aushängeschild der Stoa kann die Forderung nach Apathie (ἀπάθεια), d. h. nach Affektfreiheit, aufgefasst werden. Die Stoa hat damit das peripatische Leitmodell der Metriopathie, nach dem Affekte gemäßigt werden müssen, aufgegeben.[459] Voraffekte sind davon jedoch ausgeschlossen. Hinsichtlich aller Affekte, die per definitionem schlecht sind, ist deren Abtötung anzustreben. Da sie als Krankheiten verstanden werden, kann Mäßigung nicht ausreichen; vielmehr ist eine Komplettheilung erforderlich. Allerdings verwehrten sich die Stoiker explizit gegen das Missverständnis, die geforderte Abtötung der Affekte als Gefühllosigkeit (ἀναισθησία) oder Härte aufzufassen.[460] Schließlich seien bestimmte gute Gefühlszustände dem Weisen durchaus angemessen.[461] Die Annahme, Affekte als Fehlurteile des Hegemonikons könnten vollständig beseitigt werden, stieß allerdings auf Kritik von innen und außen. Unmenschlich und unrealistisch sei diese Empfehlung zur Affekunterbindung. Besonders in der mittleren Stoa wurde daher das monistische Seelenverständnis und die Möglichkeit zur Apathie angegriffen. Panaitios und Poseidonius scheinen aufgrund ihrer platonisch inspirierten Seelenteilungs-

---

457 Vgl. Halbig, Affektenlehre, 61. Chrysipp hat neben philosophischen Affekttheorien auch ein Werk über ihre Therapie verfasst. Vgl. SVF III,457.

458 So konstatierte bereits Galen, die alte Stoa habe versäumt, ausreichende Heilungsstrategien von Affekten oder vorbeugende Maßnahmen gegen deren Entstehung nahezulegen. Vgl. Galen, plac. V 4,5.

459 Vgl. Seneca, epist. 116,1.

460 Vgl. Diogenes Leart. VII,117.

461 Vgl. Diogenes Leart. VII,115 = SVF III,431 u.ö. Zu den Aporien, in die sich die Stoa mit der Apathieforderung begab vgl. Halbig, Affektenlehre, 65–68.

lehren deshalb - wie schon die Peripatiker - die Metriopathie wieder als angemessenen Umgang mit den Affekten propagiert zu haben.[462]

Schon seit der Zeit der Begründung der Stoa nimmt der Tugendbegriff im psychologisch geprägten Diskurs bezüglich des angemessenen Umgangs mit Affekten eine maßgebliche Rolle ein. Die Tugend stellt die Verwirklichung des höchsten menschlichen Ziels dar, insofern sie als als Zustand (διάθεσις) der Übereinstimmung (συμφωνία) mit der Natur und damit der kosmischen Vernunft definiert werden kann.[463] Daher ist die Tugend das lehrbare, verfestigte Wissen um das, was man tun muss und was man nicht tun darf.[464] Es geht demnach um die richtige praktische und konsistente Lebensführung.[465] Neben Standhaftigkeit (ὑπομονή), Zuversicht (εὐψυχία) und standhaftem Ausdauern (καρτερία) ist insbesondere die Tugend der Besonnenheit (σωφροσύνη) für die Stoa eine angemessene Möglichkeit zur Impulskontrolle.[466] Letztere kann

462 Nach Pohlenz, Stoa, 236, lässt sich auch bei Poseidonius eine Forderung nach Apathie ablesen, sofern diese als Freiheit von *übermäßigen* Affekten aufgefasst wird. Weil die mittlere Stoa vor allem platonisch inspiriert ist, kann Poseidonius beispielsweise auch empfehlen, die irrationalen Seelenteile durch ‚irrationale' Beeinflussung wie durch Musik zu beruhigen, vgl. Nickel § 1257. Die spätere Stoa wendet sich von der Metriopathie wieder ausdrücklich ab, denn sie versteht dieses Affektbewältigungideal als „weichliche" und „schwächliche" Lehre, vgl. Cicero, Tusc. IV 38 = Nickel § 787.

463 Vgl. Diogenes Laert. VII 87 = SVF I,179 = Nickel § 523; Stobaeus II 75,11–76,8 = Nickel § 537. Anders ausgedrückt muss eine Übereinstimmung des in einem wirkenden Dämon (δαίμων) mit dem Willen der allumfassenden Vernunft, die den Kosmos ordnet und lenkt, erreicht werden. Diogenes Laert. VII 88 = Nickel § 538.

464 Vgl. SVF II,1005 = Nickel § 499. Nicht aus äußerlichen Gründen, aus Angst oder Hoffnung, sondern allein um ihrer selbst willen ist die Tugend zu erstreben. Sie ist freiwillig wählbar (αἱρετός), vgl. Nickel § 538. Die Lehrbarkeit der Tugend wurde mit der nachvollziehbaren Erfahrung begründet, dass aus schlechten Menschen gute Menschen werden können, vgl. Diogenes Laert. VII 91 = Nickel § 1209. Von Diogenes Laertius ist überliefert, dass Kleanthes meinte, die Tugend sei unverlierbar aufgrund der fest verankerten Vorstellungen, wohingegen Chrysipp lehrte, dass sie durch Trunkenheit oder Wahnsinn verloren gehen könne. Vgl. Diogenes Laert. VII 127 = SVF I,568 = Nickel § 629. Zur traditionellen Auffassung von Tugend als Wissen vgl. Xenophon, mem. III 9,5; Plato, Prot. 356dff.

465 Diese konsistente Lebenshaltung kann sich in einer der vier traditionellen Kardinaltugenden (Klugheit, Besonnenheit, Gerechtigkeit, Tapferkeit) manifestieren. Da alle Tugenden dasselbe Ziel haben, und sich somit wechselseitig bedingen, sind sie untrennbar. Wer also eine Tugend besitzt, besitzt sie alle. Unterschieden sind sie in Bezug auf ihren Gegenstandsbereich. Vgl. SVF III,264 = Nickel § 610; Diogenes Laert. VII 225; SVF III,296 = Nickel § 617; Stobaeus II 63,6–15 = SVF III,280 = Nickel § 615. Ariston scheint dem widersprochen zu haben und nur eine einzige Tugend, nämlich das Wissen um Gut und Böse, postuliert zu haben, die unterschiedliche Erscheinungsformen haben kann. Vgl. Nickel § 620.621. Schon Plutarch wies auf die Widersprüchlichkeiten bzgl. der stoischen Tugenddefinitionen hin. Vgl. Plutarch, De stoicorum repugnantiis, mor. 1034c–d; De virtute morali, mor. 441af.

466 Stobaeus nennt zudem Unverzagtheit (θαρραλεότης) und Einsatzbereitschaft (φιλοπονία), vgl. Stobaeus II 60,9–62,14 = SVF III,264 = Nickel § 610.

durch Selbstbeherrschung (ἐγκράτεια),[467] die Fähigkeit, alles zur rechten Zeit zu tun (εὐταξία), Zurückhaltung (αἰδημοσύνη) und Anstand (κοσμιότης) erreicht werden.[468] Angemessenes Handeln beruht auf der Tugend der Klugheit (φρόνησις). Sie kann u. a. durch Einsicht (εὐβουλία), Zielsicherheit (εὐστοχία) und Überlegung (εὐλογιστία) gefördert werden.[469]

Der scharfen psychologischen Beobachtungsgabe der Stoiker ist es nicht entgangen, dass Affekte mit der Zeit nachlassen und verschwinden können. Ein Affekt der Lust oder des Schmerzes bleibt so lange bestehen, wie die zugrunde liegende falsche Meinung „frisch" ist (δόξα πρόσφατος/opinio recens).[470] Damit ist gemeint, dass sie im Bewusstsein lebendig und präsent ist, was allerdings von dem zurückliegenden, das Ereignis auslösenden Zeitpunkt unabhängig ist:[471] Solange man beispielsweise meint, dass es sich beim Tod eines geliebten Menschen um ein Übel handelt, und dass eine entsprechende Verhaltensweise adäquat ist, empfindet man Schmerz und Trauer.[472] Wenn

---

467 Zur Selbstbeherrschung als nützlicher Einstellung, um das Entstehen von seelischen Krankheiten zu verhindern, siehe z. B. Plutarch, De tranquilitate animi, mor. 476a = Nickel § 1081. Unter seinen Zeitgenossen soll Zenon als Inbegriff der Selbstbeherrschung (ἐγκράτεια) gegolten haben, vgl. SVF I,5f.

468 Vgl. Stobaeus II 60,9–62,14 = SVF III,264 = Nickel § 610. Siehe dort auch zu den der Gerechtigkeit nützenden Qualitäten. Anders als Aristoteles, der Ausdauern und Selbstbeherrschung als mögliche Haltungen zwischen Tugend und Schlechtigkeit ansieht, scheint die Stoa diese Begriffe als Hilfsdispositionen jeweils einer der Tugenden zu bestimmen. Zudem unterscheidet sich die stoische Position von der aristotelischen, insofern Ausdauern und Selbstbeherrschung als Arten von Wissen (ἐπιστήμη) definiert werden: Selbstbeherrschung als unüberwindliches Wissen im Bereich der rechten Einsicht, standhafte Ausdauer als das Wissen, das an richtigen Urteilen festhält (vgl. Stobaeus II 60,9–62,14 = SVF III,264 = Nickel § 610). Abgesehen von der Auffassung als Wissen steht letztere Definition der inhaltlichen Bestimmung des Aristoteles nahe, denn auch er sieht im Ausdauern die Fähigkeit, an einer Entscheidung festzuhalten (vgl. Aristoteles, eth.Nic. 1150a34). Die Stoiker gehen zudem davon aus, dass alle Schwierigkeiten zu bewältigen vermag, wer Seelengröße (μεγαλοψυχία) besitzt. Im Unterschied zur aristotelischen Vorstellung der Megalopsychia als eigene, ganz besondere Tugend, stellt sie nach stoischer Auffassung jedoch einen Teil der Tugend der Tapferkeit dar (vgl. Diogenes Laert. VII 127 = Nickel § 562).

469 Damit ist abwägendes Wissen gemeint, das die Konsequenzen einer Handlung berücksichtigt. Vgl. Stobaeus II 60,9–62,14 = SVF II,264 = Nickel § 610, wo weitere Eigenschaften genannt werden, die der Klugheit dienlich sind.

470 Vgl. Ps-Andronicus, Περὶ παθῶν, 1 = SVF III,391; Cicero, Tusc. III 75. In nahezu allen Quellen, die das Problem der Affektfrische behandeln, bezieht sich die Frische nur auf die beiden Hauptaffekte der Lust und des Schmerzes. Zu den Ausnahmen vgl. B. Inwood, Ethics, 147, Anm. 85.

471 In diesem Sinne die Überlieferung von Cicero, Tusc. III 75; Galen geht dagegen davon aus, die Frische beziehe sich auf das auslösende Ereignis (Galen, plac. IV 7,4 = SVF III,481), argumentiert aber gegen Chrysipp, so dass hier mit absichtlicher Verzerrung zumindest zu rechnen ist.

472 Vgl. Guckes, Ethik, 25.

dagegen das Werturteil in gewisser Weise beibehalten wird,[473] aber die Bewertung der Angemessenheit der Reaktion revidiert wird, schwächt sich die affektive Regung ab.[474] Die Tatsache nachlassender Leidenschaften impliziert jedoch nicht zugleich, dass die ihnen zugrundeliegenden falschen Werturteile ebenfalls nicht mehr vorhanden sind.[475] Deshalb muss eine Therapie darauf abzielen, die Voraussetzungen für einen Affekt zu modifizieren. Kleanthes zufolge geschieht dies vorrangig durch Korrektur der Bewertung, dass ein vermeintliches Gut bzw. Übel in Wirklichkeit gar kein solches ist.[476] Chrysipp setzte dagegen bei der Berichtigung der vermeintlichen Angemessenheit einer Reaktion an.[477] Er empfiehlt, sich dafür einen ruhigen Moment zu suchen, da Therapieversuche im Zustand des Affekts zum Scheitern verurteilt sind. Nimmt man sich dagegen Zeit, mögliche affektverursachende Umstände sowie die eigenen Reaktion darauf zu imaginieren, kann man im Ernstfall auf dieses Antizipations-Training zurückgreifen, da man vor Überraschungen gefeit ist.[478] Bei beiden Vorschlägen handelt es sich – in heutiger Terminologie – um Arten der kognitiven Therapie. Ihre Basis ist es, aufzuzeigen, dass die rechte Einsicht in die göttliche Vernunft – als „Art sokratische Medizin" bezeichnet – das einzig probate, weil allein dauerhaft wirkende Heilmittel gegen Affekte darstellt.[479]

Die späteren Stoiker haben ebenfalls kognitive Strategien zur Affektprophylaxe und -bewältigung propagiert. So kann in Bezug auf die Vor-Affekte, die Propatheiai, empfohlen werden, die eigene Beobachtungsgabe zu schärfen, um zwischen diesen ersten Gefühlsregungen und echten Affekten unterscheiden zu können. Wem bewusst ist, dass es sich bei gewissen Anzeichen um einen Vor-Affekt handelt, kann die nötige Distanz erlangen, die ihn in die Lage versetzt, sich von einem Werturteil fernzuhalten, so dass der zu vermeidende

---

473 M. Nussbaum hat gezeigt, dass das Urteil nicht in gleicher Weise beibehalten werden kann, um ein Nachlassen des Affekts zu bewirken, da sich sonst nicht erklärt, wie sich ein Urteil über die angemessene Reaktion allein aufgrund des Verstreichens von Zeit ändern sollte. Vielmehr müsse es modifiziert werden, so dass kognitive Dissonanzen innerhalb des Überzeugungssystems vermindert werden. Vgl. Nussbaum, Therapy, 382. Zu den Schwierigkeiten moderner Rekonstruktionen des affektiven Frische-Theorems siehe Halbig, Affektenlehre, bes. 44f.

474 Dies hat B. Inwood, Ethics, 146–155, überzeugend dargestellt.

475 Vgl. Galen, plac. IV 7,12.

476 Cicero hat an dieser Strategie Kritik geübt. Vgl. Cicero, Tusc. III 76.

477 Vgl. Cicero, Tusc. III 76; Vgl. auch Guckes, Ethik, 26.

478 Vgl. SVF III,474.482.484. Vgl. dazu auch Halbig, Affektenlehre, 62f. Auch für Poseidonios ist die Antizipation zukünftiger Geschehnisse eine empfehlenswerte Methode, um Affekte gar nicht erst zum Ausbruch kommen zu lassen. Er tritt für die Habitualisierung des vorbeugenden Umgangs mit leidenschaftlichen Gefühlsregungen ein (vgl. Galen, plac. VII 8).

479 Vgl. SVF III,424.

Affekt tatsächlich nicht eintritt.[480] Insofern ist Prophylaxe durch Selbsterkenntnis ein erster Schritt zur Affektvermeidung.

Epiktet geht auf die Gefahr der falschen Habitualisierung ein. Jede falsche Zustimmung nähre (τρέφω) unangemessene Haltungen des Umgangs mit Affekten.[481] Epiktets Beschreibung dieses Mechanismus ähnelt der modernen psychologischen Auffassung der Konditionierung. Allerdings kann diese Konditionierung wieder gelöscht werden.[482] Der antike Philosoph liefert ein detailliertes Rezept, wie eine solches Krankheit (ἀρρώστημα) geheilt (θεραπεία) bzw. eine entsprechende Gewohnheit abgebaut werden kann: Jede Vorstellung sollte aufgrund ihres Potentials, die Vernunft temporär annullieren zu können, zuerst gründlich geprüft werden (δοκιμάζω). Handelt es sich um eine gefährliche, falsche Vorstellung, dürfe man nicht zulassen, dass diese Vorstellung Raum bekomme und das Verlangen mental ausgemalt werde.[483] Um sie zu besiegen solle man stattdessen aktiv eine gute, tugendhafte Vorstellung dagegen einsetzen, so dass sie die schädliche Vorstellung verjagt.[484] Bemerkenswert ist, dass Epiktet in Bezug auf Affekte neben kognitiven Bewältigungsstrategien sogar ein religiöses Coping nennt: Auch Gott könne als Helfer und Beistand angerufen werden, wie Seeleute Dioskur um Hilfe bäten, um den Sturm zu überstehen.[485]

Zusammenfassend lässt sich festhalten, dass die Stoa mit ihren Empfehlungen zur Affektvorbeugung und -bewältigung Ansatzpunkte für die moderne kognitiv orientierte Psychotherapie entwickelt hat. Denn die stetige kognitive Auseinandersetzung mit der Gefährlichkeit der dissonanzentfachenden Affekte und mit den Vorzügen der Vernunft konnten genauso empfohlen werden wie die Einsicht in die Ursachen und Mechanismen der Affektentstehung. Damit sich ein positiver Gewohnheitseffekt einstellt, propagierten die Stoiker eine stete Vergegenwärtigung der Lehre, die dann in der Praxis Berücksichtigung finden muss. Die praktische Anwendung ist jedoch der theoretischen Beschäftigung vorzuziehen.[486] Stoischem Denken zufolge sind die Anlagen und Mittel (ἀφορμαί) zu allen diesen Verhaltensweisen oder Charakteristika dem Menschen von Natur aus gegeben, so dass er befähigt ist, das Angemessene (καθήκοντος) zu finden, die Impulse (ὁρμαί) zu beruhigen, Standhaftigkeit (ὑπομονή) zu zeigen und das ihm Entsprechende zu erfassen.[487]

---

480 Vgl. Cicero, De ira II 3,2.

481 Vgl. Epiktet, dissertationes II 18,6.

482 Vgl. Epiktet, dissertationes II 18,11–13.

483 Vgl. Epiktet, dissertationes II 18,16.24f.

484 Vgl. Epiktet, dissertationes II 18,23ff.

485 Vgl. Epiktet, dissertationes II 18,29.

486 Vgl. Bonhöffer, Epictet, 6 mit Verweis auf Epiktet, dissertationes I 11,40; III 9,11; I 20,13; vgl. auch Seneca, epist. 111,4.

487 Vgl. Stobaeus II 60,9–62,14 = SVF III,264 = Nickel § 610.

3.4. Metaphern und sprachliche Bilder für dissonanzauslösende Affekte und für den Umgang mit unvernünftigen Seelenbewegungen

Weil die Vertreter der mittleren Stoa von Plato und dessen Seelenteilungslehre beeinflusst waren, wundert es nicht, dass sie auch bildhafte Analogien platonischer Prägung einsetzen, um die Konfliktdynamik der Seele zu veranschaulichen. Von Galen ist überliefert, dass Poseidonius die Seelenteile als Pferdegespann skizziert, das von einem Lenker gesteuert werde.[488] Aufgabe des Reiters ist es, die Pferde zu beherrschen und zu kontrollieren (κρατέω καὶ ἄρχω), Aufgabe der Pferde hingegen, dem Lenker zu gehorchen. Damit die Tiere ihrem Herrn Foge leisten, kommt es entschieden darauf an, sie in richtiger Weise zu erziehen. Sie dürfen weder zu stark noch zu schwach, weder zu träge noch zu ungehorsam sein. Auf die Seele übertragen bedeutet dies, dass das Pathetikon – Sitz von ἐπιθυμία und θυμός – ein adäquates (σύμμετρος) Verhältnis zu seinen affektiven Bewegungen gewinnen muss und so zu schulen ist, dass es für die Befehle des Logistikons als Sitz der Vernunft empfänglich wird. Auch wenn ein Kampf oder Konflikt zwischen Logistikon und Pathetikon nicht explizit zum Ausdruck gebracht wird, verweist die Redeweise vom potentiellen Ungehorsam der Pferde einerseits und von der Herrschaftsfunktion des Lenkers andererseits auf die Möglichkeit eines Antagonismus. Die mit dem Pferdegespann verglichene Seele ist in ein symmetrisches Verhältnis ihrer Teile zu bringen. Wie schon Plato betont Poseidonius mit diesem Bild aber auch, dass in den ‚unvernünftigen' Seelenteilen Affekte entstehen können, die eine tugendhafte Zielerreichung unterstützen. Besonders deutlich kommt dieser Aspekt in der Empfehlung zum Tragen, den ‚Pferden' dürfte weder Trägheit noch übermäßige Schwäche eignen. Affekte können nach Poseidonius, sofern sie das rechte Maß nicht überschreiten, für den Menschen förderlich sein![489]

Für die stoischen Auffassungen der Gründerzeit und der Kaiserzeit ergibt sich ein ganz anderes Bild. Denn die frühen und späten Stoiker fassten Affekte zumeist als naturwidrige Seelenbewegungen auf, die restlos zu beseitigen sind. Entsprechend begegnen in diesbezüglichen Zeugnissen sprachliche Bilder und Metaphern, die von der Unangemessenheit jeglicher Affekte zeugen. Die Stoiker weisen nämlich gerne auf die Bedrohung hin, die von Affekten ausgeht. In erster Linie bergen diese unvernünftigen Seelenbewegungen das Risiko, die innere Einheit der Seele zu erschüttern. Bedrohlich und gefährlich ein Affekt deshalb, weil er – sofern die Zustimung dazu einmal erteilt ist – unwiderruflich ist. Um diesen Affektautomatismus zu veranschaulichen, greifen stoische Philosophen auf unterschiedliche Bildfelder zurück. So soll Chrysipp den Affekt

488 Vgl. Nickel § 1262.

489 Zur förderlichen Funktion der Affekte und Triebe aus Sicht des Poseidonius siehe Pohlenz, Stoa, 236.

als übersteigerten Handlungsimpuls mit einem Läufer verglichen haben: Hat der Athlet erst einmal Laufgeschwindigkeit aufgenommen, kann er nicht ohne weiteres unverzüglich anhalten und die Richtung ändern.[490] Auch Cicero betont die Irreversibilität der Affekte mithilfe anschaulicher Redeweise: Wer für ein Fehlverhalten ein Maß sucht, handle wie jemand, der sich vom Leukadischen Felsen stürzt und glaubt, willentlich den Sturz aufhalten zu können. Dies sei aber nicht möglich, denn eine erst einmal fäschlich in Bewegung gesetzte Seele könne sich nicht mehr zusammennehmen und den Affekt anhalten.[491] Mithilfe diesem heute Kap Ducato genannten Felsen konnten u. a. juridische Assoziationen geweckt werden, denn von dort stürzte man im Altertum jährlich einen Verbrecher ins Meer.

Mit der stoischen Auffassung von Affekten als körperliche Phänomene korrespondiert die gebräuchliche medizinische Metaphorik verschiedener Vertreter dieser philosophischen Strömung, denn Affekte gelten als Krankheiten (νόσοι), die zu therapieren sind.[492] Eine psychische Krankheit kann aus stoischer Perspektive als „Meinung des Begehrens, die in einem Habitus eingeflossen ist und sich verfestigt hat" aufgefasst werden.[493] Der gewöhnliche Mensch kann daher, wenn bzw. weil er affektbestimmt lebt, geradezu chronisches Fehlverhalten entwickeln und sogar als Wahnsinniger bezeichnet werden.[494] Anders als die peripatische Schule verstehen die Stoiker Affekte also als schädlich und naturwidrig, und dieser Aspekt wird in dem Bild der an Affekten erkrankten Seele besonders drastisch illustriert.[495] Eine gesunde Seele bestehe hingegen in einer guten Mischung aus den richtigen Meinungen und Überzeugungen.[496] Um diesen psychischen Gesundheitszustand zu erreichen, empfehle sich in erster Linie die Vernunft als „sokratische Medizin" (Socratica medicina).[497]

Weil Affekte das harmonische Gefüge der Seele zerstören, müssen sie vollständig verhindert bzw. beseitigt werden. Um die Forderung nach Apathie in Distanz zum peripatischen Metriopathie-Ideal zu unterstreichen, verwenden stoische Denker mitunter botanische Vergleiche.[498] Da nach stoischer Lehre

490 Vgl. Galen, plac. IV 2,10–18 (teilw. SVF III,462).

491 Vgl. Cicero, Tusc. IV 41 = Nickel § 787.

492 Vgl. z. B. Plutarch, De tranquilitate animi, mor. 476a = Nickel § 1081; Cicero, Tusc. III 10.23; IV 24; SVF III,421; Seneca, epist. 75,11.

493 Vgl. Stobaeus II 931–12 = SVF III,521 (Übers.: Vogt, Theorie, 80).

494 Vgl. Alexander Aphr., fat. 199,14–22.

495 Vgl. SVF III,471a = Nickel 797.

496 Vgl. Stobaeus II 7,5b4 (Wachsmuth).

497 Vgl. Cicero, Tusc. IV 24.

498 Im Vergleich zu anderen Bidfeldern nimmt Vegetationsmetaphorik in den stoischen Zeugnissen eine untergeordnete Rolle ein, vgl. von Gemünden, Vegetationsmetaphorik, 354 (vgl. ebd., 350–375 zu den realisierten Metaphern aus dem botanischen Bildspendebereich in der Stoa im Vergleich zum NT); Rolke, Vergleiche, 507.

ein Übermaß nicht nützlich sein kann, müssen die „Wurzeln" der Affekte wie Unkraut ausgerissen werden; sie lediglich zu beschneiden oder stutzen reicht nicht aus.[499] Dass der Mensch zu dieser Affektliquidierung imstande ist, liegt aus Sicht der Stoiker daran, dass der Logos, der von Natur aus in den Menschen eingepflanzte Keim, Einsicht in das Gute und ethischen Fortschritt ermöglicht.[500]

Die Stoa knüpft aber auch an die platonisch-aristotelische Tradition der agonistischen und militärischen Metaphorik zur Illustration ethischer Lehren an.[501] Um die Beherrschbarkeit eines noch nicht durch Zustimmung zu einem krankhaften Affekt gereiften Vor-Affekts zu veranschaulichen, nennt Seneca das Beispiel eines Soldaten vor Beginn der Schlacht. Nachdem er das Schlottern seiner Knie wahrnimmt, kann er durch Reflexion das Entstehen des eigentlichen Affekts vermeiden, um tapfer zu Felde zu ziehen. Das athletische Bildfeld wird vor allem von den späten Stoikern gebraucht. Einerseits begegnet die traditionelle Rede vom Ringen um Tugend (ἀρετή),[502] Glückseligkeit (εὐδαιμονία)[503] und Selbstbeherrschung.[504] Als Vorbilder dieses Bemühens werden Sokrates, Diogenes und Herakles vorgebracht.[505] Andererseits tritt anstelle des Kampfes des Staatsbürgers für Gerechtigkeit, Wissen und Besonnenheit nun insbesondere die Unerschütterlichkeit (ἀταραξία) und Affektfreiheit (ἀπάθεια) als individuell zu erstrebendes Ziel in Erscheinung.[506] So geht die Stoa davon aus, dass philosophische Betätigung durch Anfeindungen gefördert wird, da durch Tadel, Verlachen und Beschimpfungen Geduld, Sanftmut und Selbstbeherrschung trainiert (γυμνάζω) werden können.[507] Selbst der

499 Vgl. Cicero, Tusc. IV 57 = Nickel § 789. Vgl. auch Cicero, Tusc. III 83; IV 43.

500 Vgl. Seneca, benef. IV 6,6; epist. 108a; 1204; Cicero, fin. IV 18; V 43; Pohlenz, Stoa, 58.

501 Insgesamt bewerteten die Stoiker die Athletik differenziert. Auf der einen Seite kritisierten sie, dass sich eine starre Beachtung athletischer Beschäftigung nachteilig auf die geistige und moralische Ausbildung auswirkt (vgl. z. B. Seneca, epist. 15,1–3). Auf der anderen Seite gehört ein gemäßigtes Trainingsprogramm durchaus zum Alltag des stoischen Philosophen (vgl. z. B. Seneca, epist. 15,4f; 83,3ff; Epiktet, dissertationes I 1,29). In jedem Fall ist der Körper gegenüber der Vernunft abzuwerten bzw. als wesentlich weniger bedeutend anzusehen (vgl. Mark Aurel Τὰ εἰς ἑαυτόν III 3; Seneca, epist. 65,22; Epiktet, ench. 41).

502 Zur Illustration der Tugendlehre mithilfe von Bildern aus dem Bereich der Spiele siehe Pfitzner, Paul, 29.

503 Vgl. Epiktet, dissertationes III 25,2–5.

504 Vgl. Epiktet, dissertationes II 18,27

505 Sokrates: Epiktet, dissertationes II 18,22; III 22,26; Diogenes: Epiktet, dissertationes I 24,6ff; III 22,24.57; Ench. 15; Herakles: Epiktet, dissertationes I 6,30ff; III 22,57 (γυμναζόμενος); 26,31 (ἐπόνει καὶ ἐγυμνάζετο); IV 10,10 (μεῖζον ἆθλον ἀθλήσεις); Ench. 15. Schon in der kynischen Tradition, die sich allerdings wesentlich polemischer gegenüber der Athletik erweist, begegnen dieselben Vorbilder. Vgl. dazu Brändl, Agon, 54–59.

506 Vgl. z. B. Epiktet, dissertationes III 25,3; Dio Chrys. 8,15.

507 Vgl. Epiktet, dissertationes III 20,9–11.

stoische Weise hat kontinuierlich mit Feinden von innen und von außen zu kämpfen, wobei zu den inneren Gegenspielern Leidenschaften, Begierden, und vor allem die eigenen Vorstellungen zählen, die den Einzelnen dazu verleiten, sich von Wünschen abhängig zu machen, deren Verwirklichung nicht in seiner Macht stehen.[508] Um gegen die Affekte vorzugehen und ein Leben gemäß der Natur zu verwirklichen, werden viel Übung (ἄσκησις) und Kampf (μάχη) empfohlen.[509] Ziel des „größten Kampfes" (μέγιστος ἄγων) ist neben Freiheit und Glück insbesondere sittliche Vollkommenheit, Selbstbeherrschung, völlige Anspruchslosigkeit und Unerschütterlichkeit.[510] Entsprechend besteht der beste Sieg überhaupt darin, sich selbst zu bezwingen (μάχομαι σαυτῷ).[511] Das Ringen um Tugend und Glückseligkeit ist aus stoischer Sicht immer wieder aufzunehmen, wobei es ratsam sei, sich an frühere Fehler zu erinnern, damit man den gleichen nicht zweimal mache.[512] Zwar sei die Bewältigung der Begierde ein großer Kampf,[513] aber bei erfolgreicher Beherrschung des eigenen Innenraums sei es möglich, mit sich selbst und vor Gott ins Reine zu kommen.[514]

Ausgesprochen wichtig ist es nach der Stoa daher auch, angesichts von äußeren Widerständen und Schicksalsschlägen innerlich gelassen zu bleiben. In hellenistischer Zeit konnte dieses Ziel einer weisen Lebensführung insbesondere durch Rückgriff auf den bildspendenden Bereich der Seefahrt mittels der Metapher der Windstille (γαλήνη) zum Ausdruck gebracht werden. Diese Übertragung verweist durch die Assoziation mit der spiegelglatten Wasseroberfläche auf die empfohlene Unerschütterlichkeit der Seele. Daher wird das Lexem γαλήνη häufig mit ‚Seelenruhe' treffend übersetzt. Um zu erreichen, dass die Seele durch nichts mehr erschüttert werden könne, selbst wenn es auf dem Meer noch so donnere und blitze, müsse sich der Mensch nach Epiktet von der Todesangst frei machen. Dies stelle jedoch eine große Herausforderung dar, weil kaum etwas mächtiger sei als der Sturm (χειμών), der durch heftige Vorstellungen ausgelöst werde und der die Vernunft zu vertreiben vermöge.[515] Bei entsprechender Willensanstrengung und Übung können Seelenruhe (γαλήνη) und Unerschütterlichkeit (ἀταραξία) jedoch erlangt wer-

508 Vgl. Seneca, epist. 13,2f; Seneca, dial. I 2,2; 4,1f; Seneca, dial. II 2,2; Epiktet, dissertationes I 24,1; II 18,27; ench. 34; u. a.

509 Vgl. z. B. SVF I,370.

510 Seneca, dial. IX 9,1–3; epist. 13,2; 78,16; 90,46; Epiktet, ench. 29; dissertationes II 18,28; I 18,21ff; III 25,3 u. v. m.

511 Vgl. Epiktet, dissertationes IV 9,11.

512 Vgl. Epiktet, dissertationes III 25, 6–10.

513 Vgl. Epiktet, dissertationes II 18,28: „(…) μέγας ὁ ἀγών ἐστιν (…)."

514 Vgl. Epiktet, dissertationes II 18,19: „(…) ἐπιθύμησον καθαρὸς μετὰ καθαροῦ σαυτοῦ γενέσθαι καὶ μετὰ τοῦ θεοῦ."

515 Vgl. Epiktet, dissertationes II 18,29f.

den.[516] Aus Plutarchs Sicht kann die Seelenruhe als richtige Haltung (διάθεσις) aufgefasst werden, die jeder Handwerkskunst (τέχνη) überlegen ist.[517] Denn während der Steuermann (κυβερνήτης) angesichts sich auftürmender Wellenberge ins Zittern gerate, aber weder die Meereswogen noch den Wind zu beruhigen vermöge, sondern zu seiner eigenen Rettung lediglich von seinen nautischen Fertigkeiten Gebrauch machen könne, ist der vernunftgeleitete Mensch aufgrund seiner inneren Haltung im Vorteil: Die durch Beherrschtheit (ἐγκράτεια) und maßvolle Anstrengungen (μέτριοι πόνοι) erreichbare Seelenruhe (γαλήνη) verhindert bereits das Enstehen von Affekten.[518]

Die hier in Auswahl genannten bildhaften Sprachmittel unterstreichen die Bedeutung der kognitiven, aktiven Selbstkontrolle in der stoischen Philosophie und die positive Wertung des Logos gegenüber den Affekten. Mithilfe metaphorischer Sprache kann darauf aufmerksam gemacht werden, welche Schwierigkeiten affektgeleitete Handlungen mit sich bringen und dass eine dissonanzfreie Seele besonders hoch zu schätzen ist.

3.5. Das stoische Ideal der unerschütterlichen Seeleneinheit als Merkmal des Weisen

Zwar wird die Einheit der Seele im stoischen Denken für jeden Menschen vorausgesetzt, aber die Beschaffenheit dieser Einheit entscheidet über Tugendhaftigkeit oder Schlechtigkeit. Entsprechend der zumeist konsequent durchgehaltenen Polarität in Bezug auf ethische Kategorien kann der Einzelne entweder vernunftbestimmt oder affektbestimmt handeln – eine Zwischenstufe kann es aufgrund des stoischen Seelenverständnisses nicht geben. So findet sich auch im Bezug auf Menschengruppen eine Tendenz, die gegenseitig ausschließende Typen kategorisiert. Im Gegensatz zu Aristoteles, der von Zwischenstufen zwischen den Polen Tugend und Laster ausgeht,[519] scheinen die Stoiker gelehrt zu haben, dass Tugend (ἀρετή) und Schlechtigkeit (κακία) zwei sich ausschließende Alternativen darstellen, zwischen denen es keine Abstufungen gibt.

Dem „Toren", d. h. dem gewöhnlichen Menschen, wird die Befähigung zur Selbstbeherrschung abgesprochen, da er sich von Affekten bestimmen lässt.[520] Diese Machtübernahme durch den Affekt bedeutet für den Einzelnen, dass er nicht mehr „bei sich" und nicht mehr „in sich" ist.[521] Er entferne sich so weit

516 Vgl. Epiktet, dissertationes II 18,28.30.
517 Vgl. Plutarch, De tranquilitate animi, mor. 475f = Nickel § 1081a.
518 Vgl. Plutarch, De tranquilitate animi, mor. 476a = Nickel § 1081a.
519 Vgl. S. 117f sowie 131f im Aristoteles-Kapitel dieser Arbeit.
520 Vgl. Stobaeus II 102, 11–19 = SVF III,615 = Nickel § 854.
521 Vgl. SVF III,475 = Nickel § 774.

von sich selbst, dass es erscheint, als ob er ein anderer geworden sei.[522] Ein von Affekt geleiteter Mensch handelt also nicht mehr seinem eigentlichen Ich entsprechend.[523] Er lässt sich von Meinungen statt gesicherten Wissensgehalten leiten, was impliziert, dass er in seiner Annahme darüber, was gut und nützlich bzw. schlecht und schädlich für ihn ist, schwankt.[524] Diese Unsicherheit in der Fähigkeit, angemessene Werturteile zu fällen, führt hin zu affektivem Handeln und fort von einem naturgemäßen und tugendhaften Leben.

Zwar machen alle Durchschnittsmenschen bzw. „Toren" Fehler und handeln falsch. Aber schon Zenon trug der Tatsache, dass es dennoch qualitative Unterschiede bei den Schlechten gibt, dadurch Rechnung, dass er die Lehre vom moralischen Fortschritt (προκοπή) einführte, nach der es unterschiedliche Stufen von Torheit gibt, die dem Einzelnen auf seinem Weg zur Weisheit zugänglich sind.[525] Prokope als psychischer und physiologischer Terminus bezeichnet also die qualitative Verbesserung in Richtung Tugend.[526] Somit ergab sich ein kaum zu lösender Widerspruch zwischen der Auffassung des moralischen Fortschreitens und der Lehre, dass es nichts Mittleres zwischen Gutsein und Schlechtsein als extremen Beschaffenheiten (διαθέσεις) gibt.[527] Weder die von außen geübte Kritik an diesem Paradoxon[528] noch die Wahrnehmung dieser Unstimmigkeiten innerhalb der stoischen Bewegung hielten Anhänger davon ab, den eigenen sittlichen Fortschritt zu verfolgen. Dies geschah nicht zuletzt deswegen, weil auch in anderen Bereichen theoretisch zwei scheinbar unvereinbare Gegensätze gelehrt wurden, die aber in der Praxis Milderung durch eine Relativierung des Entweder-Oder-Maßstabs erfahren mussten, z. B.

---

522 Vgl. SVF III,478 = Nickel § 777.

523 Sowohl von Stobaeus als auch von Cicero ist überliefert, dass die Stoiker demjenigen, der weder sich selbst noch die Dinge, die ihn betreffen, kennt, (d. h. dem Toren) sogar Geisteskrankheit (μανία) attestierten. Vgl. Stobaeus II 68,18–23 = SVF III,663 = Nickel § 833; Cicero, Tusc. IV 54 = SVF III,665 = Nickel § 834.

524 Vgl. Guckes, Ethik, 24.

525 Vgl. Zenon, SVF I,234

526 Vgl. Chrysipp, SVF III,539; 672; 674. Die Fähigkeit zum moralischen Fortschritt ist uns von Natur aus gegeben. Vgl. SVF III,217 = Nickel § 586. Diese Anlage wird bei besonders herausragenden Menschen εὐφυία genannt, die als ἕξις καθ' ἣν εὐανάληπτοι ἀρετῆς εἰσί τινες definiert ist. Vgl. Stobaeus II 108,2 = SVF III 366.

527 Vgl. zu dieser Problematik Luschnat, Das Problem des ethischen Fortschritts in der alten Stoa, Philologus 102 (1958), 178–214, bes. 179. Luschnat hat darauf aufmerksam gemacht, dass den Stoikern diese Paradoxie durchaus bewusst war. (vgl. ebd, 211): Die Fortschreitenden können „nie in der Weise von den φαῦλοι getrennt gedacht werden (…), daß man sie als im Gegensatz zu ihnen stehend bezeichnen könnte; sie sind eben in der κακία und stehen nur zu den σπουδαῖοι im Gegensatz. So steht auch die προκοπή selbst nur zur ἀρετή im Gegensatz, da sie in den Bereich der κακία gehört."

528 Vgl. Plutarch, De profectibus in virtute, mor. 75f; Diogenes Laert. VII 127 = SVF III,536.

im Bereich der Werte, Güter und Pflichten.[529] Selbst wenn sich der Einzelne auf dem Weg zum moralischen Fortschritt befindet, ist er als ‚Tor' zu klassifizieren, denn er hat noch nicht die Reifestufe eines wahren Weisen erreicht. Das stilisierte Ideal des stoischen Weisen dient v. a. als Vorbild, da solche Vollkommenheit unerreichbar zu sein scheint. Schon in der Antike wurde – von Anhängern der Stoa selbst sowie von ihren Gegnern – eingeräumt, dass ein Weiser äußerst selten vorkommt.[530] Was aber macht eine wahrhaftig weise Person aus?

In erster Linie zeichnet sich eine weise Person durch Affektfreiheit (Apathie) aus. Nur sie gilt als vollkommen (perfectus), da sie eine gesunde Seele und eine feste Haltung (constantia) vorweisen kann.[531] Der Weise handelt seinem eigenen Ich entsprechend, empfindet innere Einheit, die konstant bleibt. Deshalb muss er sich auch niemals ändern oder seinen Standpunkt wechseln.[532] Weil der Weise bei einem einmal gefassten Entschluss bleibt, muss er auch nichts bereuen, denn er entscheidet immer so, wie es am besten ist. An unsichere bzw. mit Zweifel behaftete Situationen geht er mit Vorbehalt (exceptio) heran, d. h. er plant voraus und sieht mögliche Beeinträchtigungen, die sein Vorhaben behindern könnten, voraus.[533] Weder kontradiktorische Meinungen noch konfligierende Begierden sind im Inneren des weisen Menschen auszumachen.[534] Er äußert keine Meinungen, sondern urteilt sicher (ἀσφαλῶς) und zuverlässig (βεβαίως), da er einer Sache erst dann zustimmt, wenn er sie in jeder Hinsicht klar erfasst hat.[535] Anderenfalls enthält er sich des Urteils.[536] Im Gegensatz zum Durchschnittsmenschen ist er also im Besitz von Wissen. Einzig er allein ist wahrlich frei, denn er lässt sich von niemandem beherrschen und unterwirft sich keiner Forderung eines Affekts oder einer Begierde. Der Weise verliert nie die Selbstkontrolle, weil seine Vernunft das richtige Maß der natürlichen Antriebskraft bestimmt. Selbst in Fesseln gelegt bleibt seine Seele autark.[537] Insofern besitzt er eine unerschütterliche Seeleneinheit, wobei der Besitz von Seelenruhe (γαλήνη) als Freiheit von schlechten Taten und Wünschen definiert werden kann und daher einem unerschütterlichen und makellosen Charakter (ἀτάραχον καὶ ἀμίαντον ἦθος) gleichkommt.[538] Der tugendhafte Mensch ist aus stoischer Perspektive glaubwürdig, hat das Gespür

529 Vgl. Schneider, Kulturgeschichte, 584.
530 Vgl. SVF III,619 = Nickel § 856;
531 Vgl. Cicero, Tusc. IV 43 = Nickel § 787.
532 Vgl. SVF III,548 = Nickel § 838.
533 Vgl. Seneca, benef. IV 34,4 = SVF III,565 = Nickel § 841.
534 Ähnlich auch Brennan, Theory, 22.
535 Vgl. Stobaeus II 111,18–113,11 = SVF III,548 = Nickel § 838.
536 Vgl. Epiktet, dissertationes I 17,7 f.
537 Vgl. Cicero, fin. III 75 = SVF III,591 = Nickel § 860.
538 Vgl. Plutarch, De tranquilitate animi, mor. 477a–b = Nickel § 1081b.

für den rechten Augenblick, ist geistesgegenwärtig, ungekünstelt, natürlich und verstellt sich nicht: Seine Innenseite und seine Außenseite entsprechen sich: Er gilt damit im wahrsten Sinne des Wortes als ‚einfach' (ἁπλοῦς).[539]

3.6. Zusammenfassung und Ertrag

Die ethisch-psychologischen Zeugnisse über Vorstellungen psychischer Dissonanz und Einheit in der Stoa zeigen, dass selbst innerhalb dieser philosophischen Strömung unterschiedlichen Lösungsversuchen Ausdruck verliehen wurde, um die Frage nach der Einheit des Menschen angesichts innerer antagonistischer Kräfte zu beantworten. Während die frühen und wichtige lateinische Stoiker von der Unteilbarkeit der gänzlich rational gedachten Seele ausgingen,[540] rezipierten Vertreter der mittleren Stoa platonisch-aristotelische Auffassungen von der dissonanten Seele und konnten daher verschiedene Seelenvermögen als Ursache von intrapsychischen Konflikten vertreten. Panaitios verstand die Affekte als irrationale Kräfte, die sich durch die Leitung der Vernunft bewältigen lassen. Er hat sich offenbar sogar mit rein kognitiven Dissonanzen beschäftigt, denn für ihn kann der Mensch nicht nur in Zweifel darüber geraten, ob eine in Erwägung gezogene Handlung moralisch sei oder nicht, und ob das Moralische dem Nützlichen entpreche, sondern auch darüber, welche von zwei moralisch gleichwertigen Alternativen vorzuziehen sei. Und von Poseidonius ist überliefert, dass es zu intrapsychischen Kämpfen zwischen Vernunft und Affekt kommen kann.

Aber schon seit der Zeit der Begründung der Stoa war trotz der Annahme eines Seelenmonismus von der dissonanten Seele die Rede, denn alle Affekte bewirken eine Unstimmigkeit des pneumatischen Seelenzustandes. Die innere Unruhe ist indes strukturlos, d. h. sie ist in sich nicht weiter differenzierbar. Darüber hinaus kann die Seele bereits vor der entscheidenden Zustimmung zu einer vernunft- oder affektgeleiteten Handlung in Dissonanz geraten: Vorstellungen, Meinungen und Urteile können einander widersprechen. Offenbar gingen die Stoiker dabei jedoch nicht von einem synchronen intrapsychischen Konflikt aus, sondern von einem dynamischen, diachronen Oszillieren zwischen Werturteilen. Ausgelöst sind diese Schwankungen von externen konkreten Vorstellungen. Während der Mensch nicht beeinflussen kann, mit welchen (Sinnes-)Eindrücken er konfontiert wird, steht es ihm aus stoischer Sicht frei, wie er mit diesen Vorstellungsbildern umgeht: Bewertet er sie fälschlicherweise als zulässig und die auszuführende Handlung als angemessen, verliert er die

539 Vgl. Stobaeus II 108,5–25 = SVF III,630 = Nickel § 748.

540 Während in der lateinischen Stoa Seneca als platonisierender Stoiker gilt, nehmen z. B. Epiktet und Mark Aurel alte Dogmen der Schule wieder auf. Guckes, Ethik, 8, beschreibt die Philosophie der römischen Stoa als „eklektisch".

Kontrolle über sich selbst und handelt damit nicht mehr seinem eigenen Selbst entsprechend. Weil die meisten Menschen häufig falsche Zustimmungen zu Vorstellungen erteilen und infolgedessen affektive seelische Dissonanzen erleiden, muss eine Affektprophylaxe und -therapie aus Sicht der Stoiker bei den Affekten zugrundeliegenden Werturteilen ansetzen. Aus moderner Sicht kann diesbezüglich von emotionalen Copingstrategien gesprochen werden. Obwohl Tugend sich in äußeren Handlungen manifestiert, dreht sich bei der Ethik alles um die inneren Motivationen bzw. um die Handlungsimpulsen vorausgehenden Urteile, die gänzlich der bewussten Kontrolle des Einzelnen unterliegen. Insofern kann von einer „radikalen Internalisierung" der Ethik gesprochen werden.[541]

Im besten Fall kann der Einzelne durch Übereinstimmung mit dem göttlichen, allumfassende Vernunftsprinzip, durch entsprechende kognitive Therapiemethoden und philosophische Beschäftigung erreichen, dass er konstant schwankungsfrei und sicher urteilt, in Anbetracht von Schwierigkeiten und Schicksalsschlägen gelassen bleibt, und die Ideale der Apathie, der Unerschütterlichkeit und der Seelenruhe verkörpert.[542] Diese Charakteristika machen einen tugendhaften, gänzlich rational gesteuerten Menschen aus. Nur der Weise kann seiner Bestimmung, in Einklang mit der Natur zu leben, entsprechen. Er weist eine konstante, dissonanzfreie innere Einheit auf. Zwar räumten die Stoiker ein, dass diese Idealvorstellung nur äußerst schwierig erreicht werden kann, aber sie gingen doch davon aus, dass jeder Mensch prinzipiell dazu fähig ist, denn der Mensch bringt von Natur aus alle Anlagen mit, die ihn zu einer optimalen Seelenleitung und Dissonanzbewältigung befähigen: Eine autodynamische Selbstkontrolle ist bei entsprechender Erziehung, Anstrengung und Übung aus stoischer Perspektive möglich.

Zwar hat sich die Stoa, soweit die problematische Quellenlage diesen Schluss zulässt, eher mit Urteilen und Zustimmungen beschäftigt als mit Abwägeprozessen und Entscheidungskonflikten.[543] Dennoch haben einige stoische Philosophen offenbar die Phänomene des Zögerns, des Bedenkens und des Zweifelns reflektiert.

---

541 Colish, Tradition, 43.

542 Nach Olligschläger, Gesundheit, 104–106, hat die Stoa mit der Forderung nach Einordnung in das göttliche, allumfassende Vernunftsprinzip eine Vertrauensbasis vermittelt, die insbesondere Angstreduktion ermöglicht.

543 Vgl. ähnlich Long, Concept, 92.

Exkurs: Einheit und Dissonanz des Menschen in der antiken Skepsis?

Die Entwicklung skeptischer Philosophien beruht auf der Erkenntnis der Differenz von Sein und Schein. Schon in klassischer Zeit wurde reflektiert, dass Dinge und Menschen anders erscheinen als sie wirklich sind.[544] Aber erst im Hellenismus gelangten die zwei großen Ausprägungen der antiken Skepsis, der Pyrrhonismus und die Neue Akademie, zu ihrer Blüte.

Wenn man die Quellentexte zur antiken Skepsis für Aussagen über menschliche Einheits- und Dissonanzvorstellungen auswerten will, muss man sich einiger Schwierigkeiten bewusst sein. Erstens können wir lediglich aus den Schriften des Sextus Empiricus und des Diogenes Laertius, sowie aus dem Werk Ciceros detailliertere Informationen zur Skepsis gewinnen. Auch bei Philo von Alexandrien werden Gedanken antiker Skepsis aufgegriffen.[545] Hier verbinden sich biblische Traditionen direkt mit der Skepsis. Zweitens steht einer differenzierten Analyse entgegen, dass die meisten Werke antiker Skeptiker verloren oder nur bruchstückhaft überliefert sind.[546] Dennoch liefern die erhaltenen Quellen ein interessantes Zeugnis für die hohe Reflexionsstufe der Skepsis über Erkenntnisprobleme und ethische Fragestellungen. Die Quellentexte zeigen zudem, dass die Skepsis – wie andere Ethiksysteme der hellenistischen Zeit – auf das Erreichen eines subjektiv erlebbaren psychologischen Zustands innerer Einheit und Störungsfreiheit in einer Zeit des zunehmenden Individualismus und der damit einhergehenden Verunsicherung abzielt.[547] Insbesondere in dem pyrrhonischen Ideal der Ataraxie (ἀταραξία), der inneren Unerschütterlichkeit, wird die erwünschte Dissonanzfreiheit und Seelenruhe konkret greifbar. Aber schon die von beiden Hauptrichtungen der antiken Skepsis als Maßstab gelingender Lebenspraxis geforderte Epoché (ἐποχή), die ‚Zurückhaltung' oder ‚Urteilsenthaltung', macht deutlich, dass es diesen philosophischen Strömungen um die Wahrung einer skeptischen Distanz zur verunsichernden, irritierenden Wirklichkeit geht. Angesichts der großen Bedeutung, die der Infragestellung menschlicher Erkenntnisfähigkeit in der akademischen Skepsis beigemessen wird, und

544 Vgl. Gabriel, Skepsis, 15–39.

545 Vgl. Philo, Ebr. 166–205. Philo von Alexandrien gilt als der früheste Zeuge für die innerhalb dieses Abschnitts enthaltenen Tropen des Ainesidemos (vgl. Ryu, Knowledge, 61), eines pyrrhonischen Skeptikers, der im 1. Jh. v. Chr. in Alexandrien lehrte.

546 Zu den erhaltenen Quellenschriften der pyrrhonischen bzw. der akademischen Skepsis siehe Hossenfelder, Philosophie, 147 f. 191 f.

547 Zur existentiellen Verunsicherung im Hellenismus siehe z. B. Hossenfelder, Philosophie, 193.201–204.

angesichts der grundlegenden Forderung des Pyrrhonismus, zu jeder Meinung eine konträre Meinung zu gleicher Überzeugungskraft zu bringen, mag es auf den ersten Blick erstaunen, dass sich in den erhaltenen Textquellen nur vergleichsweise wenige Erfahrungen innerer Dissonanz oder gar des Zweifelns explizit widerspiegeln[548] und dass auch bildhaft-metaphorische Umschreibungen intrapersonaler Konflikthaftigkeit Randphänomene bleiben. Zwar könnte dieser Befund den zufällig erhaltenen Quellen geschuldet sein. Allerdings ist zu beachten, dass schon das dem Ausdruck Skepsis zugrundeliegende Verb σκέπτομαι keineswegs in erster Linie ‚zweifeln', sondern ‚genau hinsehen', ‚untersuchen' etc. bedeutet, und der Fokus skeptischer Reflexionen hellenistischer Zeit entsprechend vor allem darauf liegt, „eine voreilige Überzeugungsbildung zu vermeiden."[549] In der vorschnellen Festlegung auf vermeintliche Gewissheiten erkennen beide Ausprägungen der antiken Skepsis ein Hauptproblem anderer zeitgenössischer Philosophien, denen sie „Dogmatismus" attestieren.[550] Die Neue Akademie und die pyrrhonische Skepsis setzen jedoch trotz ihrer geistigen Verwandtschaft unterschiedliche Akzente in Bezug auf das, was der Skepsis zu unterwerfen ist:

In der skeptischen Phase der platonischen Akademie (3.–1. Jh. v. Chr.) wird gefordert, die eigene Wahrnehmung gezielt infrage zu stellen.[551] Weil die Vernunft bisweilen selbstwidersprüchlich operiere, nicht zuletzt aufgrund ihrer Abhängigkeit von den Sinnesorganen, müsse prinzipiell immer damit gerechnet werden, dass der Einzelne sein Vertrauen in eine falsche Überzeugung anstelle einer wahren setze.[552] Da die Möglichkeit der Täuschung nie ausgeschlossen werden kann, bedarf es nach Ansicht der Neuen Akademie der bewussten Zurückhaltung (ἐποχή) der Zustimmung zu jeglichem Sachverhalt. Die gebotene Vorsicht vor der Annahme, sichere Erkenntnis bzw. das Wahre könne erreicht werden,[553] findet auch

---

548 Vgl. auch Lorenz, Art. Zweifel, 1520, zum sprachlichen Befund: „Wie bei Sextus Empiricus, der nur beiläufig von ἀμφισβητούμενα (‚zweifelhaften Meinungen') spricht, sind die Ausdrücke für Z[weifel] auch sonst nur spärlich belegt. (…) Der akademische Skeptiker Karneades zieht den Terminus ‚unwidersprochen' (ἀπερίσπαστος) dem ebenfalls möglichen – und bereits bei Aristoteles belegten – Ausdruck ἀναμφισβήτητος (‚unbezweifelbar') vor, um einen bestimmten Grad der Wahrscheinlichkeit begrifflich zu fixieren."

549 Gabriel, Skepsis, 55. Vgl. dazu auch Lorenz, Art. Zweifel, 1520: „Die Epoché dient dem therapeutischen Ziel der pyrrhonischen Skepsis, die Seelenruhe (…) herbeizuführen, also einen Zustand, der dem ‚Hin- und Hergerissensein' des Z[weifels] geradezu entgegengesetzt ist."

550 Vgl. Gabriel, Skepsis, 43–49. Siehe dazu besonders Sextus Empiricus, adv.math. VII 163–167.

551 Zur Differenzierung zwischen den Positionen moderater und radikaler Skeptiker innerhalb der Akademie siehe Allen, Skepticism, 2588–2597.

552 Vgl. Cicero, ac. II 77.84ff.99.103; Sextus Empiricus, adv.math. VII 164f.402ff.

553 Vgl. Cicero, ac. II 66; ac. I 45.

in Bildersprache ihren Ausdruck, wenn die Epoché sowohl mit der wachsamen Verteidigungshaltung eines Faustkämpfers als auch mit einem seine Pferde zügelnden Wagenlenker verglichen wird.[554] Zwar sind der akademischen Skepsis zufolge endgültige Urteile aufgrund der Unzulänglichkeit des Menschen bzw. seiner Erkenntnisfähigkeit nicht möglich; aber das anstelle einer absoluten Wahrheit gesetzte Kriterium des ‚Glaubwürdigen'/‚Wahrscheinlichen' (πιθανόν) bzw. der ‚Glaubhaftigkeit' (πιθανότης) kann im praktischen Leben zum leitenden Axiom werden.[555] Wer nach dem Glaubhaften und nach dem ‚Vernünftigen' (εὔλογον) handelt und sich dabei stets vergegenwärtigt, dass Gewissheit unzugänglich ist, kann Eudämonie erreichen.[556]

Der Pyrrhonismus – einflussreich im 4./3. Jh.v.Chr., dann wiederaufgeflammt zwischen dem 1. und 3. Jh.n.Chr – unterwirft zwar ebenfalls die menschliche Erkenntnisfähigkeit der Skepsis,[557] aber er rechnet nicht damit, Glaubhaftes von weniger Glaubhaftem unterscheiden zu können.[558] Zwar seien wir darauf angewiesen, unseren Vorstellungen zu vertrauen, so wie sie uns erscheinen, weil sie sich unwillkürlich ereignen. Aber dennoch ist immer zu hinterfragen, ob der jeweilige Schein auch dessen jeweiligem Sein entspreche.[559] Auch Beweisführungen werden von der pyrrhonischen Skepsis abgelehnt, da Beweise entweder aus erweisbaren Dingen konstruiert seien, die jedoch ihrerseits wieder einen Beweis erforderten et sic ad indefinitum; oder aus nichterweisbaren Dingen, die aber per se angezweifelt (διστάζω) werden müssten.[560] Noch stärker als in der akademischen Skepsis wird daher die Notwendigkeit zur Unentschiedenheit in allen Urteilen betont. Mittel dazu ist die Herbeiführung eines ‚gleichwertigen Widerstreites' (ἰσοσθενής διαφωνία) von Vorstellungen, Meinungen o. Ä. Weil dieser nicht zu entscheiden (ἐπικρίνω) sei, halte der Skeptiker inne, woraufhin sich Seelenruhe (ἀταραξία) akzidentiell einstelle.[561] Die Fokussierung auf die Isosthenie, die Gleichwertigkeit von Aussagen, als Voraussetzung

554 Vgl. Cicero, Att. XIII 21,3.

555 Vgl. den Bericht von Sextus Empiricus, adv.math. VII 184–189. Unter Karneades und Kleitomachos scheint die Neue Akademie verschiedene Grade an Glaubwürdigkeit von Vorstellungen vertreten zu haben, die durch die Stärke der subjektiven Empfindung bestimmt sind. Vgl. Sextus Empiricus, P.H. I 227–230. Siehe dazu auch Ricken, Skeptiker, 55–63.

556 Vgl. Sextus Empiricus, adv.math. VII 158.

557 Vgl. z. B. Sextus Empiricus, P.H. I 59–61.92f.99.112f.125–128.

558 Siehe dazu Gabriel, Skepsis, 51f.

559 Sextus Empiricus, P.H. I 22: „Deshalb wird niemand vielleicht zweifeln (ἀμφισβητέω), ob der zugrundeliegende Gegenstand so oder so erscheint. Ob er dagegen so ist, wie er erscheint, wird infrage gestellt (ζητέω)." (Übersetzung: Hossenfelder). Vgl. dazu auch Sextus Empiricus, P.H. II 95f.

560 Diogenes Laert. IX 90. Vgl. auch Sextus Empiricus, P.H. II 144f.

561 Sextus Empiricus, P.H. I 8.26.28f.

innerer Störungsfreiheit weist darauf hin, dass es der pyrrhonischen Skepsis um ein bewusstes Nicht-Entscheiden geht – und nicht etwa um einen sich einschleichenden Zweifel angesichts der Problematik, sich zwischen mehreren Alternativen nicht entscheiden zu können. Als Methode zur geforderten Herstellung gleich stark überzeugender Argumente, der nur die Urteilsenthaltung (ἐποχή) folgen kann, eignet sich die Isosthenie jedoch nicht immer. In ethischen Belangen geht es nämlich darum, die Indifferenz aller vermeintlichen Güter und Übel zu erkennen. Reichtum, Ruhm, Tapferkeit und Schönheit beispielsweise zählten zu denjenigen Dingen, die ihren Wert (gut bzw. schlecht) nur durch Pervertierung der Vernunft (διαστροφή τοῦ λόγου) und falsche affektive Urteile erhielten. Sie lösen Strebungen und Begehrlichkeiten aus und führen dazu, dass der Mensch niemals Ruhe (ἠρέμησις) findet[562] sondern sich bekümmert (συνέχω) und betrübt (ἐπιλυπέω).[563] Sich vermeintlichen Gütern oder Übeln gleichgültig gegenüber zu verhalten ist jedoch bei Phänomenen, die unvermeidliche affektive Lust- bzw. Unlustwertungen beinhalten (wie z. B. Hunger oder andere körperliche Begehren), nicht möglich, da diesbezüglich keine völlige Störungsfreiheit im Inneren erreicht werden kann. Zur Herstellung innerer Ruhe ist es in diesen Fällen angebracht, nichts übermäßig zu erstreben oder zu meiden,[564] weshalb sich hier die Metriopathie empfiehlt.[565]

Es ist bemerkenswert, dass man sich im Pyrrhonismus über die Konsequenzen der Skepsis für die Religiosität vertieft Gedanken gemacht hat.[566] Sowohl im ‚Grundriss der pyrrhonischen Skepsis' (P.H. III 2–12) als auch in der Schrift ‚Gegen die Wissenschaftler' (adv.math. IX 11–194) notiert Sextus Empiricus Argumente für und gegen die Existenz der Götter und behauptet jeweils, dass der Skeptiker, der sich diesbezüglich eines Urteils enthalte, seine Religion im Alltag problemlos leben könne. Im alltäglichen Leben übe er seine Religiosität entsprechend der Tradition und der Sitten aus und stimme damit ‚undogmatisch' (ἀδόξαστος) der Existenz Gottes zu, gleichzeitig bestreite er die Existenz Gottes jedoch in der philosophischen

562 Sextus Empiricus, P.H. I 27.237; adv.math. XI 116.

563 Sextus Empiricus, adv.math. XI 127. Zu den vermeintlichen Übeln und deren Konsequenzen siehe Sextus Empiricus, adv.math. XI,117.

564 Sextus Empiricus, P.H. I 28.238.

565 Sextus Empiricus, P.H. I 25.30

566 Auch die akademische Skepsis scheint sich mit der Frage nach der Existenz Gottes/der Götter beschäftigt zu haben. Es lässt sich heute allerdings nicht mehr mit Sicherheit feststellen, ob sie entweder davon ausging, man könne niemals in Erfahrung bringen, ob Götter existierten, oder ob sie vertrat, man solle sich in dieser Hinsicht eines Urteils enthalten. Vgl. Knuuttila/Sihvola, Scepticism, 141, Anm. 2. Von Sextus Empiricus sind 18 Argumente gegen die Existenz von Göttern überliefert, die vermutlich auf Karneades zurückgehen und die Inkohärenz der stoischen Vorstellung über das Göttliche/die Götter aufdecken sollten, vgl. Sextus Empiricus, adv.math. IX 138–181, sowie Knuuttila/Sihvola, Scepticism, 131 f.

Auseinandersetzung.[567] Aus moderner Perspektive scheinen sich diese Positionen zu widersprechen, scheint die skeptische Haltung mit der Annahme der Existenz Gottes unvereinbar. In der Forschung wurde deshalb vorgeschlagen, der von Sextus Empiricus geschilderte Skeptiker, der die Existenz Gottes negiert, könne nur als Heuchler die Alltagsreligion befolgen.[568] J. Annas hat hingegen vorgeschlagen, die Unterscheidung zwischen kulturspezifischen Annahmen über die Götter einerseits und universellen, transkulturellen theologischen Überzeugungen zur Grundlage zu nehmen, um die Vereinbarkeit der oben dargestellten Positionen zu erklären: Erstere seien im Gegensatz zu letzteren in der Antike keinesfalls als Dogmen aufgefasst worden. Annas belegt dies anhand verschiedener Philosophen (Plato, Aristoteles, Stoiker), deren theoretischen, philosophischen Vorstellungen über das Göttliche nirgends mit deren Akzeptanz lokaler Kulte bzw. kulturell geprägter Religiosität zu konfligieren scheinen.[569] Anders als in der Moderne, in der Religion das Fürwahrhalten bestimmter theologischer Dogmata per se inkludiere,[570] begreife der antike Skeptiker Alltagsreligiosität und philosophisches Nachdenken über das Göttliche als zwei getrennte Bereiche. Entsprechend könne Sextus fordern, sich in philosophisch-theologischen Fragen eines Urteils zu enthalten, in der alltäglichen Praxis der Götterverehrung jedoch den gesellschaftlichen Sitten zu folgen.[571] Diese Argumentation hat nicht zuletzt darin einen Anhalt, dass die alltägliche Religiosität zu denjenigen Lebensbereichen zählt, für die Sextus undogmatische Handlungsentscheidungen als notwendig ansieht: Gemäß der Lebenserfahrung und der überlieferten Sitten und Gesetze, die Orientierung bieten und vor Handlungsunfähigkeit (ἀπραξία) bewahren, gelte Unfrommheit (ἀσεβεῖν) als ein Übel, Frömmigkeit (εὐσεβεῖν) hingegen als ein Gut.[572]

Weder scheint philosophischer Agnostizismus bei gleichzeitiger Alltagsreligiosität ein Widerspruch für die pyrrhonische Skepsis gewesen zu sein, noch die geforderte absichtliche Unentschiedenheit in allen Belangen den Skeptiker gequält zu haben oder ihn handlungsunfähig gemacht zu haben. Das Nebeneinanderstellen von Positionen, der ‚gleichwertige Widerstreit' (ἰσοσθενὴς διαφωνία), ist der Skepsis Programm. Hier wird eine Dissonanzerfahrung direkt als ‚Widerstreit' expliziert, aber kennzeichnenderweise durch den Gleichgewichtsgedanken aufgelöst. Gleich starke Überzeugungen auszubilden führt zu innerer Einheit und Ruhe und ist kei-

567 Vgl. Sextus Empiricus, P.H. III 2; adv.math. IX 49.
568 Vgl. Mates, Skeptic Way, 289; Bailey, Sextus, 193.
569 Vgl. Annas, Scepticism, 74–82. Vgl. dazu auch Sihvola, Autonomy, 93–96.
570 Vgl. Annas, Scepticism, 83; siehe aber Sihvola, Autonomy, 97.
571 Vgl. zur Argumentation des Sextus auch Sihvola, Autonomy, 96.
572 Vgl. Sextus Empiricus, P.H. I 22–24. Vgl. auch Sextus Empiricus, P.H. I 17.

nesfalls mit problematischen Entscheidungskonflikten oder unangenehmen Innendissonanzen verbunden. Gerade von innerer Erschütterung will der Pyrrhonismus befreien. Die Skepsis ist als Lebensphilosophie und -therapie gezeichnet,[573] die Beunruhigung (ταραχή) infolge erkenntnistheoretischer und ethischer Fehlurteile zu beseitigen verspricht.[574] Bei Befolgung der skeptischen Methoden könne Ataraxie (ἀταραξία), gleichbedeutend mit ‚Ungestörtheit' (ἀοχλησία) und ‚Meeresstille' (γαληνότης) der Seele,[575] wie von selbst erreicht werden.[576] Ein derartiger Zustand innerer Dissonanzfreiheit infolge der rechten inneren Einstellung, mit deren Hilfe die Innenwelt des Menschen kontrolliert werden kann, gilt als höchstes Ideal gelingender Lebensführung,[577] nicht zuletzt deshalb, weil nach Ansicht der Skepsis alles Unglück durch innere Beunruhigung (ταραχή) entsteht.[578] Zusammenfassend lässt sich sagen, dass für die Skepsis weniger Dissonanzverarbeitung und Dissonanzbewältigung von Interesse sind, als vielmehr das Ideal der Dissonanzfreiheit, der Ataraxie. Daher werden Dissonanzerfahrungen oft nur indirekt thematisiert.

---

573 Nach Gabriel, Skepsis, 38, ist für den Pyrrhonismus die Auffassung der Skepsis als einer Einstellung/Lebensform entscheidend, die über die rein kognitive Beschäftigung mit epistemologischen und ethischen Fragen hinausgeht. Wichtiger als die Bestimmung einer absoluten Wahrheit sei, dass das Verhalten des Menschen mit seiner inneren Haltung kongruiere. Vgl dazu auch Sextus Empiricus, P.H. I 4.16f.

574 Vgl. z. B. Sextus Empiricus, P.H. I 12.27.237; adv.math. XI 116.

575 Sextus Empiricus, P.H. I 10.

576 Vgl. Sextus Empiricus, P.H. I 8; vgl. dazu auch P.H. I 25–30. Der Namensgeber dieser Form der antiken Skepsis Pyrrhon von Elis (ca. 365–275 v. Chr.) war offenbar für seine Unerschütterlichkeit bekannt: So soll er beispielsweise bei einem Sturm auf hoher See als einziger an Bord seelenruhig (γαληνός) geblieben sein, und selbst bei starken Schmerzen keine Regung gezeigt haben, vgl. Diogenes Laert. IX 67f.

577 Vgl. Sextus Empiricus, P.H. I 25.

578 Sextus Empiricus, adv.math. XI 112.

Kapitel IV: Dissonanz und Einheit des Menschen in der hebräischen Bibel

Im Unterschied zur platonisch-aristotelischen Tradition sind innere Dissonanzen und Konflikte des Menschen in biblischen Schriften nicht bereits in entsprechenden Menschenbildern angelegt. Denn anders als anthropologische Konzeptionen griechischer Philosophen ist der Mensch Aussagen der hebräischen Bibel zufolge als ganzheitliches Wesen, als personale Einheit von Gott geschaffen (vgl. Gen 2,7). Schriften des Tanach bezeugen weder implizit noch explizit dichotomische (Leib – Seele) oder trichotomische (Leib – Seele – Geist) Strukturen. Eine funktional-terminologische Differenzierung in das Physische und das Psychische wird nicht vorgenommen. Im Gegensatz zu der platonisch-aristotelischen Seelenauffassung ist der menschliche Innenraum nach biblisch-hebräischer Auffassung auch nicht in diverse hierarchisch geordnete Strebevermögen untergliederbar. Von philosophischen Menschenbildern der Antike, die häufig eine Trennung von unsterblicher Seele und sterblichem Leib und innerhalb der Seele vernünftige und unvernünftige Kräfte annehmen, unterscheidet sich die hebräische Auffassung vom Menschen grundlegend. Denn erstens steht im Zentrum alttestamentlicher Anthropologie die Vorstellung des Menschen als psychosomatischer Ganzheit (ohne dass jedoch ein entsprechender Ausdruck dafür existiert). Und zweitens wird im biblisch-hebräischen Denken die Angemessenheit menschlichen Verhaltens nicht am Maßstab des (göttlichen) Logos bemessen, sondern an der Entsprechung zum Willen Gottes.[1]

Erst in neuerer Zeit scheint die biblische Forschung darauf aufmerksam geworden zu sein, dass es für das, was wir im Deutschen mit dem Zweifel bezeichnen, in der hebräischen Bibel kein lexikalisches Äquivalent gibt.[2] Wie verändert sich dieser Befund, wenn man den heuristischen Rahmen erweitert und statt nach Ausdrücken für den Zweifel etwas allgemeiner nach Formulierungen in den hebräischen Schriften sucht, die innere Dissonanzen des Menschen bezeichnen? Um dieser Fragestellung nachgehen zu können, liegt es nahe, zunächst einige Voraussetzungen dafür zu betrachten, dass Dissonanzen im Inneren des Menschen wahrgenommen und zur Sprache gebracht werden können. Anschließend sollen alttestamentliche Aspekte eines idealen Got-

---

1 Zur alttestamentlichen ‚ganzheitlichen' Anthropologie siehe z. B. B. Janowski, Der „ganze Mensch". Zur Geschichte und Absicht einer integrativen Formel, in: Ders. (Hg.), Der ganze Mensch. Zur Anthropologie der Antike und ihrer europäischen Nachgeschichte, Berlin 2012, 9–21; siehe auch Kap. II.1 dieser Arbeit.

2 Vgl. T. Krüger, Art. Zweifel (Z.), in: HGANT[2], Darmstadt 2009, 435–437; P. Altmann, There will be doubt, but when is doubt „good"? Reflections from an Old Testament perspective, Hermeneutische Blätter 1/2011, 65–79.

tesverhältnisses notiert werden. In Anbetracht einer geprägten sprachlichen Wendung der deuteronomistischen Theologie, der Forderung nach Hinwendung zu Gott ‚aus ganzem Herzen' (vgl. z. B. Dtn 6,5.30), wäre es aus heutiger Sicht zumindest denkbar, dass die hebräische Sprache der Bibel ein ‚geteiltes Herz' als Ausdruck des Zweifels oder ähnlicher Phänomene explizit macht.[3] Sodann ist die vor allem in der Forschung zum Neuen Testament und den Apostolischen Vätern öfters postulierte und zumeist unbegründete These zu überprüfen, wonach das erst seit neutestamentlicher Zeit belegbare Lexem δίψυχος (wörtlich etwa ‚zweiseelig'/‚zwei Seelen habend') und seine Derivate διψυχία und διψυχέω in der alttestamentlichen Vorstellung vom ‚doppelten Herzen' (בְּלֵב וָלֵב; b^{e}*leb wāleb*; wörtl.: ‚mit Herz und Herz') ein semantisches oder zumindest sachanalogisches Antezendens hat, also wie δίψυχος κτλ. auf eine innere Zwiespältigkeit verweist.[4] In einem nächsten Schritt soll untersucht werden, ob daneben im Tanach Wendungen bzw. Ausdrücke oder Metaphern begegnen, die Dissonanzphänomene im Inneren des Menschen oder sogar den Zweifel implizieren. Die in Schriften der hebräischen Bibel häufig geforderte Umkehr ist ebenfalls ein Ansatzpunkt für die Frage nach Dissonanzen und Zweifelsgedanken im Inneren des Menschen, insofern eruiert werden kann, welcher Art das Defizit ist, das durch die immer wieder geforderte Umkehr überwunden werden soll. Modern formuliert: Ist die durch Umkehr zu bewältigende Disposition des Menschen ein psychologisches Dissonanzphänomen? Abschließend sollen einige Überlegungen skizziert werden, die sich mit der Problematik auseinandersetzen, weshalb im biblischen Hebräisch keine Ausdrücke existieren, die als lexikalisch prägnante Äquivalente für Unsicherheit, intrapersonale Dissonanz oder Zweifel aufgefasst werden könnten. In der Forschung wurde dies bislang auffallend wenig reflektiert.

---

3 Dies gilt um so mehr, als Wörter für ‚Hälfte' im biblischen Hebräischen existierten (z. B. מֶחֱצָה/חֲצִי, vgl. dazu die entsprechenden Einträge in Gesenius, Handwörterbuch). Der Ausdruck ‚halbes Herz' wäre insofern zumindest im Ausdrucksrepertoire der hebräischen Sprache eine Möglichkeit.

4 Vgl. dazu in der vorliegenden Arbeit z. B. S. 26ff sowie Anm. 45 in diesem Kapitel und Anm. 170 in Kap. V.2.

1. Voraussetzungen für die Wahrnehmung und Artikulation anthropologischer Dissonanzerfahrungen im Inneren des Menschen

Um Unstimmigkeiten, Entscheidungskonflikte etc. im Innenraum bewusst erleben zu können, muss sich der Mensch als eine Person begreifen, die ihr eigenes „Innen" introspektiv wahrnehmen sowie ihr Erleben und Verhalten beobachten und reflektieren kann.[5] Neben der Vielzahl an Ausdrücken für Körperteile und -organe im Inneren des menschlichen Körpers existieren in der hebräischen Bibel mehrere Wörter, die Innerlichkeit signalisieren, wie beispielsweise die Rede von dem ‚Inneren' (קֶרֶב; *qæræb*),[6] den ‚inneren Bereichen' (טֻחוֹת; *ṭuḥôt*),[7] oder den ‚inneren Kammern' (חַדְרֵי בָטֶן; *ḥad^erej bæṭæw*).[8] Zudem können im Tanach Emotionen auf vielfältige Art und Weise zur Sprache gebracht werden: So begegnen Beschreibungen von physiologischen Manifestationen emotionaler Zustände (z. B. das Zittern als sichtbarem Ausdruck von Furcht),[9] von nonvokalen nonverbalen emotionalen Reaktionen (d. h. v. a. von Mimik und Gestik)[10] und von vokalen nonverbalen Emotionsmanifestationen (z. B. Stöhnen und Seufzen als Ausdruck des Leids).[11] Emotionen und ihre von außen beobachtbaren Symptome können auch mithilfe spezifischer Lexeme benannt werden (wie hassen [שׂנא], freuen [שׂמח], lieben [אהב], weinen [בכה] usw.).[12] Insofern kann zunächst festgehalten werden, dass in der hebräischen Bibel zumindest potentiell die Beschreibung vielgestaltiger psychologischer Phänomene im Inneren des Menschen vorstellbar ist.

Vorauszusetzen ist für die Wahrnehmung innerer Unstimmigkeiten auch, dass sich der Mensch der Differenz zwischen seiner Innenseite und seiner Außenseite bewusst ist, d. h. dass er seine inneren Prozesse von seinem Ver-

---

5 R. Di Vito hat darauf hingewiesen, dass zwar explizite sprachliche Ausdrücke zur Bezeichnung des ‚Selbst', des Innenlebens und des Selbst-Bewusstseins in atl. Schriften weitgehend fehlen mögen, dass daraus aber nicht gefolgert werden dürfe, das alte Israel habe kein Verständnis vom ‚Selbst' gehabt. Vgl. R.A. Di Vito, Here One Need Not Be Oneself: The Concept of ‚Self' in the Hebrew Scriptures, in: D.E. Aune/J. McCarthy (Hg.), The Whole and Divided Self, New York 1997, 49–88.

6 Vgl. exemplarisch Gen 18,12; 1Kön 17,21; Ps 39,4; Ps 62,5. Wolff, Anthropologie, 108, bestimmt קֶרֶב als „Raum für die inneren Organe des Körpers". Zum Innenraum des Menschen aus atl. Sicht siehe auch M.S. Smith, The Heart and the Innards in Israelite Emotional Expressions. Notes from Anthropology and Psychobiology, JBL 117 (1998), 427–436.

7 Vgl. Ps 51,8.

8 Vgl. Spr 18,8; 20,27; 26,22.

9 Vgl. z. B. Ex 15,15; Ez 7,17; Nah 2,11.

10 Vgl. z. B. Gen 4,5.6; Jer 3,12; Hi 27,23.

11 Vgl. z. B. Jer 51,42; Ez 9,4; Klgl 2,16.

12 Zu den diversen Darstellungsmöglichkeiten von Emotionen im AT siehe Gillmayr-Bucher, Emotion, 282–285.

halten, das von Außenstehenden beobachtet werden kann, abgrenzen kann. Allerdings dokumentieren biblische Aussagen eine Körperauffassung, die von der modernen abweicht. Denn Körperlichkeit, Gemeinschaftlichkeit und Innerlichkeit sind ineinander verwoben zu denken, insofern von der Gestaltung personaler Beziehungen abhängt, wo die Grenzen des eigenen Körpers verlaufen.[13] Das damit angesprochene poröse Körperverständnis zeigt sich beispielsweise im Psalter, wenn davon die Rede ist, dass sich die äußeren Grenzen und die innere Struktur des menschlichen Körpers gleichsam auflösen.[14] Dass die Grenzen des menschlichen Körpers durchlässig sind, wird zudem deutlich, wenn der von außen kommende Geist Gottes den Menschen innerlich erfüllen und bestimmen, ihn aber auch wieder verlassen kann.[15]

Weiterhin kann die Möglichkeit zur Entscheidung als Voraussetzung für die Reflexion über innere Dissonanzen bestimmt werden. Denn erst wenn der Mensch zwischen mehreren Alternativen wählen kann, sind dissonante Strebeimpulse, Entscheidungskonflikte und Zweifel überhaupt denkbar. Schon in der älteren Schöpfungserzählung der Bibel wird deutlich, dass dem Menschen die Freiheit zugestanden wird, sich sogar auch gegen göttliche Gebote aufzulehnen (vgl. Gen 3). In Schriften der hebräischen Bibel kann vom Menschen der Gehorsam gegenüber seinem Schöpfer gefordert werden. Um die Notwendigkeit und Konsequenzen einer Entscheidung für oder gegen Gott zu illustrieren, begegnen wiederholt antithetische Aussagen, häufig innerhalb des Parallelismus membrorum, die mitunter auch das Wegmotiv aufgreifen können, z. B. zur Darstellung der zu Gott konträren Wege (z. B. Spr 28,6.18).[16] Gelingendes Leben kann metaphorisch als ‚gerader' oder ‚ebener' Weg zur Sprache gebracht werden, für ein gottwidriges Leben steht häufig der ‚krumme' oder ‚ungeebnete' Weg.[17] Es begegnen jedoch auch Bibelverse, in denen von zwei diametral entgegengesetzten Wegen zugleich die Rede ist. Besonders in der Weisheitsliteratur ist dies der Fall,[18] z. B. in Psalm 1,6, wo der Weg der Gerechten mit dem Weg der Gottlosen kontrastiert wird. Der gerade Weg Got-

---

13 Vgl. Bester/Janowski, Anthropologie, 30.

14 Vgl. Ps 22,15.

15 Vgl. z. B. Ri 14,6; 1Sam 10,6; 16,14.

16 Die berühmte Erzählung über Herakles am Scheideweg ist in den Reden der Frau Weisheit und der Frau Torheit in Spr 9 verarbeitet, vgl. dazu Neher, Wesen, 53–58.

17 Vgl. zum ‚krummen' Weg z. B. Spr 10,9; 14,2; 28,6.18; Weish. 2,15; Jes 59,8; Jer 3,51; Mi 3,9; Ps 125,5; zum ‚geraden' Weg z. B. Ps 27,11; Weish. 2,9; 4,11.26. Vgl. dazu auch W. Dietrich, Krumm und gerade, holprig und eben. Wege zwischen dem Alten und dem Neuen Testament, in: P. Lampe/M. Mayordomo/M. Sato (Hg.), Neutestamentliche Exegese im Dialog. Hermeneutik – Wirkungsgeschichte – Matthäuevangelium. FS U. Lutz, Neukirchen-Vluyn 2008, 3–15, sowie Nötscher, Gotteswege, 47–64.

18 Vgl. z. B. Ps 119; Ps 139,24; Spr 4,18–19; Spr 15,19.

tes zeichnet die gute, gerechte Lebensführung (= Geradheit) vor;[19] zu einem „schlechte[n], ungerechte[n] ‚Weg des eigenen Herzens'" wird er jedoch, wenn der Mensch den Weg JHWHs verlässt.[20] Zwar ist an den Stellen, an denen der gute und der schlechte Weg einander gegenübergestellt werden, von einer Wahl zwischen zwei Wegen nicht explizit die Rede.[21] Aber es ist doch plausibel, dass der Mensch hier zu seinem eigenen Heil zum Verfolgen des göttlichen Willens motiviert werden soll. Ob er den ihm von JHWH gezeigten, guten Weg jedoch verfolgt, steht dem Einzelnen letztlich frei.

Bei allen diesen Kriterien, die als Voraussetzungen für innere Dissonanzerfahrungen aufgefasst werden können, ist folgendem Aspekt besondere Aufmerksamkeit zu widmen: Selbst wenn die Prämissen mit den genannten Dimensionen als erfüllt gelten können, um innere Widersprüche erleben und artikulieren zu können, kann aus den gegebenen Axiomen nicht deduziert werden, dass innere Dissonanzen auch sprachlich zum Ausdruck gebracht werden müssen. Wenn auch auf den ersten Blick keine Lexeme im Tanach begegnen, die innere Dissonanzen oder gar den Zweifel explizit zur Sprache bringen, lässt sich daraus nicht schlussfolgern, dass Menschen zur Zeit des alten Israel keine derartigen intrapersonalen Konflikte wahrnehmen oder erfahren konnten. Das Fehlen entsprechender Terminologie verweist nicht darauf, dass das Bewusstsein für entsprechende Sachverhalte nicht vorhanden war. Insofern lassen sich die Aspekte der freien Wahl, des Innenbewusstseins sowie der Differenzierung zwischen der eigenen Innen- und der Außenseite als notwendige aber nicht hinreichende Voraussetzungen für die Artikulation innerer Dissonanzen begreifen.

---

19 Vgl. z. B. Spr 2,9; 4,11 oder Jes 26,7: „Der Weg des Gerechten ist gerade, /du ebnest dem Gerechten die Bahn (EÜ)." Möglicherweise ist die Rede vom geraden Weg eine metaphorische Reflexion auf die Tempelarchitektur, genauer: auf die Prozessionsstraße zum Heiligtum, vgl. Staubli, Konstellationen, 91, Anm. 74.

20 Vgl. Weinberg, Chronist, 260. Zu den Wegen siehen auch F. Nötscher, Gotteswege und Menschenwege in der Bibel und in Qumran (BBB 15), Bonn 1958. Eine Darstellung über das „semantische Profil der hebräischen Weg-Lexeme" findet sich bei M.D. Zehnder, Wegmetaphorik im Alten Testament. Eine semantische Untersuchung der alttestamentlichen und altorientalischen Weg-Lexeme mit besonderer Berücksichtigung ihrer metaphorischen Verwendung (BZAW 268), 1999, bes. 293–472.

21 Vgl. aber Jer 21,8, wo es allerdings nicht um den Lebenswandel im Allgemeinen geht. In Dtn 30,15.19 ist von der Wahl zwar die Rede, aber hier fehlt das Wegemotiv.

2. Aspekte eines alttestamentlichen Frömmigkeitsideals: Zur ganzheitlich-vollkommenen Ausrichtung auf Gott

In Bezug auf die Gottesbeziehung des Menschen begegnet in der hebräischen Bibel eine Wortgruppe, die die rechte Lebenshaltung des Frommen zum Ausdruck bringt, indem sie dessen Ganzheit bzw. Vollkommenheit betont: Es handelt sich hier um Derivate der Wurzel תמם (*tmm*),[22] die in der Septuaginta u. a. mit Lexemen der Wortfamilie τέλειος (‚vollkommen') oder ἁπλοῦς (‚ganz', ‚einfach', ‚vollkommen') wiedergegeben werden konnten.[23] Der semantische Gehalt der Wurzel תמם (*tmm*) umfasst sowohl einen quantitativen als auch eine qualitativen Aspekt, insofern es die Ganzheit und Unversehrtheit einerseits und das moralische Ideal andererseits implizieren kann. Diese Doppeldimension kann man übrigens auch hinter dem deutschen Äquivalent, der Vollkommenheit, entdecken.

In der biblischen Literatur, die ins Griechische übersetzt wurde, und in frühjüdischen Schriften, die auf Griechisch verfasst wurden, kennzeichnen die Wortfamilien τέλειος κτλ. und ἁπλοῦς κτλ. gelegentlich die moralische Integrität von Figuren(-gruppen).[24] Dieses Motiv der Vollkommenheit (Teleiotes; τελειότης) bzw. Einfachheit (Haplotes; ἁπλότης) begegnet sowohl in der frühjüdischen als auch in der frühchristlichen Literatur mitunter im Kontext von Ausdrücken, die zum Wortfeld der intrapersonalen Dissonanz bzw. des Zweifelns i. w. S. zählen: Im Jakobusbrief ist die ‚Einfachheit' Gottes kontextuell dem ἀνὴρ δίψυχος, dem ‚Zweiseeler', gegenübergestellt (vgl. Jak 1,5–8); in der Schrift ‚Der Hirt des Hermas' kann die ‚Einfachheit' des Menschen geradezu als Gegenkonzept zum Zweiseelenzustand (διψυχία; Dipsychia) erklärt

---

22 Die Wurzel תמם (*tmm*) hat die Grundbedeutung ‚zu einem Abschluss bringen bzw. gelangen' und erscheint im Alten Testament in über 200 Derivaten. Als Verb (63 Mal im AT belegt) bedeutet תמם dann u. a. ‚vollbringen', ‚vollenden', ‚aufhören', ‚sterben', ‚vollkommen sein'. Das Substantiv תֹּם (*tom*) kann mit ‚Vollständigkeit', ‚Ganzheit', ‚Unbeschädigtsein', ‚Frömmigkeit' oder ‚Einfalt' übersetzt werden. Als Adjektiv תָּם (*tām*) oder תָּמִּים (*tāmmîm*) (‚ganz', ‚vollständig', ‚vollendet' und ‚rechtschaffen') ist es am häufigsten belegt. Vgl. Gesenius, Handwörterbuch, 880–882; Kedar-Kopfstein, Art. תָּמַם, ThWAT 8 (1995), 688–701. Zusätzlich ist darauf hinzuweisen, dass die hebräische Wurzel *tmm* zu denjenigen Wörtern gehört, die sowohl eine Tat als auch ein Ergehen zum Ausdruck bringen können: „תם ist die Vollkommenheit als Lauterkeit des Handelns 1Kön 9,4 und als Glück Hi 21,23, das dazu gehörige (Adjektiv) תמים heißt ‚untadelig' (Gen 6,9) und ‚heilvoll' Ps 18,33; Prov 1,12." Koch, Vergeltungsdogma, 90.

23 In der LXX begegnen als griechische Äquivalente der hebräischen Wurzel תמם (*tmm*) daneben ἄμωμος, ἄμεμπτος, ὅσιος, καθαρός, ἀθῷος, ἄκακος, ἀληθής, ἄπλαστος, δίκαιος. Vgl. Bacht, Art. Einfalt, RAC 4 (1959), 826; Amstutz, ΑΠΛΟΤΗΣ, 39f.

24 Vgl. die Verwendung von ἁπλότης in 2Sam 15,11^{LXX} (hier als Wiedergabe der hebräischen Wurzel *tmm*), in 1Chr 29,17^{LXX} (im MT steht בְּיֹשֶׁר לְבָבִי [*bᵉjošær lᵉbābî*]; ‚mit Geradheit meines Herzens'), in 1Makk 2,37.60^{LXX} (hier zur Charakterisierung der Märtyrer sowie Daniel). Des Weiteren begegnet das Wort z. B. in 3Makk 3,21^{LXX}; SapSal 1,1^{LXX}.

werden.[25] Deshalb lohnt sich ein Blick auf die zugrunde liegende hebräische Wortgruppe in Schriften des Tanach.

So tragen einige besonders wichtige biblische Persönlichkeiten das Prädikat, tam oder *tāmmîm* zu sein, werden also als ‚integer' und ‚vollkommen' charakterisiert. Diese Charakterisierung kann dabei mit der Zuschreibung von Gerechtigkeit verbunden sein.[26] Zu solchen moralisch beispielhaften Figuren zählt z. B. Noah, der u. a. wegen dieser Eigenschaften von der Sintflut verschont wird (Gen 6,9).[27] Wie bei Noah, so steht das Adjektiv auch in den Abrahamsgeschichten in Verbindung mit dem Bundesschluss. In Gen 17,1f fordert Gott von Abraham, vor ihm zu wandeln und *tāmmîm* (תָּמִים) zu sein, da er einen Bund zwischen ihnen errichten will – und das, obwohl Abraham narrativ durchaus als ambivalente Figur innerhalb des komplexen Erzählzyklus gezeichnet wird. Alle Eigenschaften, die Gott von Abraham erwartet, sind in dem Ausdruck *tāmmîm* gebündelt.[28] Besonders häufig sind die Adjektive in der Weisheitsliteratur belegt. Allein im Hiobbuch spielt das Wort mehrfach eine wichtige Rolle, da es wiederholt auf Hiobs vorbildliche Einstellung angesichts seiner harten Erprobungen verweist (z. B. Hi 1,3; 2,3.9 u.ö.).[29]

Tām und seine Derivate drücken als Attribut herausragender biblischer Gestalten eine moralische Qualität aus, die den Aspekt der Selbstverpflichtung Gott gegenüber beinhaltet. Der Ausdruck schließt die Vorstellung absoluter Loyalität gegenüber dem Schöpfer ein, sowie ethische Integrität, ohne jedoch unrealistische Erwartungen von Sündlosigkeit zu wecken.[30] Vielmehr ist eine Verhaltensweise gemeint, in der Wort, Absicht und Tat übereinstimmen, wobei

---

25 Siehe dazu S. 589f in dieser Arbeit.

26 Nach von Rad, Theologie, 394, kommt es in nachexilischer Zeit zu einer Steigerung der israelitischen Gerechtigkeitsvorstellung, insofern sie durch „psychologische Vollkommenheitsaussagen" ausgestaltet werde.

27 Die Sintflut-Erzählung hebt zwei Eigenschaften Noahs hervor, die seine Verschonung durch die Gnade (חֵן; *ḥew*) Gottes begründen: Er wird als gerecht (צַדִּיק; *ṣadîq*) und vollkommen (תָּמִים; *tāmmîm*) beschrieben, weil er Gott folgt (הלך) – klar im Gegensatz zu allen anderen Lebewesen, deren Verhalten von Bosheit (רַע), Gewalt (חָמָס) und Verderben (מַשְׁחִית) geprägt ist.

28 Ein weiteres Beispiel für den Gebrauch von *tmm* steht in Gen 25,27. Im Kontext werden die Zwillinge Esau und Jakob gegenübergestellt. Während Esau als geübter Jäger über die Felder streift, bleibt Jakob in den Zelten und ist als „vollkommener Mann" (אִישׁ תָּם) beschrieben.

29 Hiobs *tmm*-Sein wird beispielsweise gleich zu Beginn des Buches (Hi 1,1) dahingehend präzisiert, dass er ein aufrichtiger (יָשָׁר) Mann sei, der Gott fürchte (ירא) und sich vom Bösen fernhalte (סור). Im Gespräch mit Satan wiederholt Gott dieselben Prädikate in Bezug auf Hiob. Es gäbe niemanden auf der Erde, der so aufrichtig, integer und gottesfürchtig sei, vgl. Hi 1,8. Nach der ersten Prüfung durch den Satan äußert Gott diese Eigenschaften in Bezug auf Hiob abermals, vgl. Hi 2,3. Hiob werden die Ausdrücke gerecht (צַדִּיק) und vollkommen (תָּמִים) auch als Selbstaussage in den Mund gelegt, vgl. Hi 27,5.

30 Vgl. von Rad, Theologie, 426f.

gleichzeitig die Normen des sozialen Miteinanders beachtet werden müssen. Alttestamentliche Texte erwarten diese eindeutige Haltung von den Glaubenden und halten deren Umsetzung für möglich.

Um die geforderte Zentrierung des Menschen auf den einen Gott hin auszudrücken, spricht die deuteronomistische Theologie von der allumfassenden Hingabe an Gott unter Beteiligung der ganzen Person, wie das nach seinen Anfangsworten benannte Schᵉma-Israel-Gebet („Höre Israel", Dtn 6,4–9) zeigt:[31] „Höre, Israel: Der Herr ist unser Gott, der Herr allein! So liebe denn den Herrn, deinen Gott, mit deinem ganzen Herzen (בְּכָל־לְבָבְךָ), mit deiner ganzen *næpæš* (בְּכָל־נַפְשְׁךָ) und mit all deiner Kraft (בְּכָל־מְאֹדֶךָ)!"[32] Die Imperative können als Mahnung zu vollkommener Übereinstimmung zwischen Innen und Außen, als „Forderung nach Aufrichtigkeit und vorbehaltloser Gefolgschaft" verstanden werden.[33] Dass Gott den ganzen Menschen fordert und beansprucht, wird nicht nur an den Bezugnahmen auf das Herz als Sitz bewussten Wollens[34] und auf menschliche Vitalität und begehrende Lebenskraft deutlich, sondern auch schon am Gebrauch von כֹּל (*kol*; ‚vollständig', ‚ganz'),[35] das jeden der genannten Aspekte des Menschen qualifiziert. Das Gebot, Gott mit allen Dimensionen des Menschseins zu lieben, konkretisiert sich dabei in der Toraobservanz.[36] Auch in anderen Passagen des Deuteronomiums be-

31 Diese Komposition kondensiert nicht nur theologische Reflexionen deuteronomistischer Zeit, sondern fordert auch eine Selbstverpflichtung JHWH gegenüber und die Toraunterweisung der nachfolgenden Generationen. (Der einleitende Aufforderungssatz wird aufgrund seiner Syntax in der alttestamentlichen Exegese viel diskutiert; zu den Auslegungstendenzen siehe z. B. W. Herrmann, Jahwe und des Menschen Liebe zu ihm. Zu Dtn. VI 4, VT 50/1 [2000], 47–54; J. Kraut, Deciphering the Shema: Staircase Parallelism and the Syntax of Deuteronomy 6:4, VT 61/4 [2011], 582–602). Dtn 4,35 ist charakteristisch für die deuteronomistische Lehre von der Einzigkeit des Gottes Israels: „JHWH ist der (eine) Gott, es gibt keinen außer ihm allein." Dieser Gedanke wird bei Deuterojesaja verschärft und des Öfteren zur Sprache gebracht (vgl. Jes 44,6; 45,5.21; 46,9). Gemeinhin gelten diese Aussagen als Ausdruck der Forderung nach Monolatrie bzw. nach Monotheismus (vgl. z. B. Höllstrung, Nabal, 172; S. Kreuzer, Entstehung und Entwicklung des monotheistischen Gottesbildes im Alten Israel und im Alten Testament, in: FS W. Eckey, Wuppertal 2000, 48–66; M. Bauks, Art. Monotheismus [AT], in: Das Wissenschaftliche Bibellexikon im Internet [https://www.bibelwissenschaft.de/stichwort/27997/, abgerufen am 11.10.2015]). Das deuteronomistische Tempelweihgebet (1Kön 8) schreibt diese Überzeugung sogar der ganzen Menschheit zu: „Damit alle Völker der Erde erkennen, dass niemand Gott ist als der Herr allein (EÜ)." (vgl. 1Kön 8,60).

32 Vgl. Dtn 6,4f, (In der hier zugrunde liegenden Übersetzung der Menge-Bibel wurde *næpæš* allerdings mit ‚Seele' wiedergegeben).

33 Assmann, Vorwort, 10.

34 Vgl. dazu Wolff, Anthropologie, 93f.

35 Zum Gebrauch von כֹּל im Alten Testament siehe H. Ringgren, Art. כֹּל kol, in: ThWAT 4 (1982), 145–153.

36 Vgl. auch Spr 3,1–6, wo im Kontext der Ermahnung, die Weisungen zu internalisieren, die Forderung begegnet: „Vertraue Gott von ganzem Herzen (כָל־לִבֶּךָ)." Dass in Verbindung

gegnet die Verbindung von Gehorsamsforderung gegenüber dem göttlichen Willen und Aufruf zu unbeirrter Hinwendung der ganzen Person:[37] Dtn 10,12f setzt die ganzheitliche Gottesliebe mit ganzheitlichem Gottesdienst gleich und fordert darüber hinaus die Gottesfurcht sowie den Wandel auf allen Wegen JHWHs. Und Dtn 30,6.10 verknüpft die alle Lebensregungen und -motivationen umfassende, liebende Zuwendung zu Gott und seinen Weisungen mit eschatologischen Verheißungen.[38] Alle genannten Verse verlangen Integrität bzw. den aufrichtigen Gehorsam Gott gegenüber ohne jegliche Vorbehalte. Die Umsetzung scheint dabei in erster Linie dem Herzen zugeschrieben zu werden, denn hier sollen die göttlichen Willensbekundungen nach Dtn 6,6 eingeschrieben werden.[39]

Die geforderte Integrität des Menschen, die eine ganzheitliche Hingabe an Gottes Willen beinhaltet, kann im Alten Testament auch anhand der ‚Aufrichtigkeit des Herzens' ausgedrückt werden. Im Hebräischen steht dafür häufig בְּיֹשֶׁר לֵבָב (*b^ejošær l^ebāb*; wörtl. etwa ‚mit Geradheit des Herzens').[40] In der Septuaginta kann die verlangte Aufrichtigkeit durch die Ausdrücke εὐθύτης (‚Geradheit') oder ἁπλότης wiedergegeben werden, wobei ἁπλότης die ‚Einfachheit' und ‚Ungeteiltheit' der willentlichen Hingabe an Gott besonders gut zum Ausdruck bringt.[41]

In Reziprozität zu der erwarteten aufrichtigen Lebensführung garantiert Gott nach Auffassung der hebräischen Bibel Stabilität. Insbesondere der Psalter akzentuiert entsprechende Aussagen über Gott: Während Mensch und Erde ins Wanken geraten können, ist Gott mit Festigkeit und Stärke assoziiert.[42] Deshalb kann Gott demjenigen, der Barmherzigkeit und Gerechtigkeit übt, der die göttlichen Weisungen erfüllt, weil sein Herz ‚fest' ist, Sicherheit und Stabilität verleihen.[43]

---

mit dem Gedanken, Gott mit ganzem Herzen zu vertrauen, in Spr 3,5 nicht wie sonst אמן, sondern singulär בטח verwendet wird, betont Schumacher, Entstehung, 236, Anm. 998. Vgl. hierzu auch Wildberger, Glauben, 191.

37 Vgl. auch Dtn 4,29; 5,6f.33.; 6,5; 10,12; 11,13 u.ö.

38 Dass in Dtn 30,6 und 30,10 ‚lieben' als identisch mit ‚sich zu Gott aus ganzem Herzen und ganzer Seele hinwenden' zu verstehen ist, betont Rusche, Erbarmer, 245 Anm. 8.

39 Vgl. auch Spr 23,26, wo gefordert wird, das Herz an Gott zu übergeben.

40 Vgl. z.B. 1Chr 29,17; 1Kön 3,6; Ps 119,7. 1Kön 9,4 variiert diese Wendung; hier ist der Gehorsam Gott gegenüber ‚mit Vollkommenheit des Herzens und Aufrichtigkeit' (בְּתָם־לֵבָב וּבְיֹשֶׁר) zu leisten. 1Chr 29,17 steht innerhalb eines öffentlichen Gebets des Königs David an JHWH. Die Aufrichtigkeit des Herzens ist hier der vom Menschen umzusetzenden Gerechtigkeit beigeordnet.

41 Im Alten Testament ist ‚Geradheit' oft mit Gesetzesgehorsam konnotiert, bzw. dem wahren Dienst an Gott, der Götzendienst ausschließt, vgl. Jos 24,14; 1Kön 3,6ff; 9,4ff; Ps 119,7 u.ö.

42 Vgl. bes. Ps 46,3–6; Jes 54,10.

43 Vgl. Ps 16,8; 17,5; 37,31; 55,23; 66,9; 112,6; 125,1 u.m. Das für den Frommen ausgeschlossene ‚Wanken' wird zumeist mittels der Wurzel מוט ausgedrückt.

Fazit: In der hebräischen Bibel werden Vorstellungen, die eine innere Einheit des Menschen implizieren oder sogar sprachlich explizit machen, mithilfe unterschiedlicher Wendungen zum Ausdruck gebracht. Dabei gilt: Der Mensch ist ‚ganz', ‚vollkommen', ‚gerade' und ‚heil', wenn er Gottes Willen entspricht und alle Dimensionen seines Daseins auf Gott als externem Zentrum ausrichtet. Schon die Identifikation der Person mit der נֶפֶשׁ *(næpæš)* verweist auf die theologisch geprägte Ganz- bzw. Einheitsvorstellung des Menschen, denn sie ist im Schöpfer begründet.

3. Vorstellungen intrapersonaler Dissonanz in der hebräischen Bibel?

In der Forschung lässt sich eine Tendenz erkennen, das hebräische Konzept des doppelten Herzens (בְּלֵב וָלֵב; *b^e^leb wāleb*; wörtl. ‚mit Herz und Herz')[44] als Vorstufe (oder zumindest Entsprechung) zu der erst seit neutestamentlicher Zeit belegten Wortgruppe δίψυχος κτλ. (‚mit doppelter Seele') aufzufassen.[45] In der entsprechenden exegetischen Literatur wird dabei entweder implizit angenommen oder explizit geäußert, dass sowohl das doppelte Herz als auch die Zweiseeligkeit eine innere Gespaltenheit zum Ausdruck bringen. Um diese These zu überprüfen, liegt es nahe, sich zunächst die Denotationen und Konnotationen der hebräischen Lexeme für das ‚Herz' (לֵב; *leb* bzw. לֵבָב; *lebāb*) zu vergegenwärtigen.

Das Herz ist nach Aussagen der hebräischen Bibel die zentrale Instanz, mit der der Mensch seinen Mitmenschen und Gott verantwortlich gegenübertreten kann. Es ist nämlich der Ort des Erkennens, Planens, Strebens, Wollens aber auch des Fühlens, und steht häufig für das gesamte ‚Innere' des Menschen. Dem Herzen wird das Vermögen, aufgrund erkennbarer Sachverhalte Urteile zu fällen, zugesprochen. Damit ist auch die Fähigkeit, zwischen gut und böse zu unterscheiden, sowie zwischen Gehorsam und Ungehorsam zu entscheiden, eingeschlossen,[46] womit *leb/lebāb* der Bedeutung Gewissen an

44 Vgl. 1Chr 12,34; Ps 12,3; 1QH XII,14.

45 Vgl. z. B. Seitz, Antecedents, 212–214; Bertram u. a., Art. ψυχή κτλ., ThWNT 9 (1973), 666; Adamson, Epistle, 60: „The OT notion of the double heart [...] obviously lies at the root of James's locution (see Ps. 12:3; 1Chr. 12,23; Sir. 2:12–14)"; Tamez, Message, 58; Richardson, James, 68; Hartin, James, 61; McKnight, James, siehe zu Jak 1,7; Moo, James, 88; Bullock, Psalms, siehe zu Ps 12:2. Zum Forschungsstand diesbezüglich siehe auch S. 26ff in der vorliegenden Arbeit.

46 Vgl. z. B. Dtn 5,29; 8,14; 9,5; 15,9. Zum Herzen in der hebräischen Bibel siehe auch S. 69f in dieser Arbeit.

mancher Stelle durchaus nahe kommen kann.[47] Deshalb ist das Herz als innere Orientierungshilfe zu behüten und seinem Urteil zu folgen.[48]

Das Herz ist das unsichtbare Innere des äußeren Erscheinungsbildes; als Sitz der Geheimnisse ist es anderen Menschen nicht zugänglich.[49] Da das nach außen gezeigte Verhalten nicht immer mit dem inneren Empfinden übereinstimmt, d. h. mit Verstellung und Täuschung gerechnet werden muss, sollte der Einzelne einerseits Vorsicht walten lassen.[50] Andererseits „kann man es als Zeichen der Weisheit betrachten, wenn ein Mensch die Unterscheidung zwischen seinem Inneren und seinem Äußeren bewusst pflegt und nicht immer und überall sein Inneres nach außen kehrt."[51] Der Mensch hat die Wahl, ob er sein Inneres nach außen abschirmt oder es offenlegt. Gott gegenüber bleibt jedoch nichts verborgen, denn er hat Einsicht in dieses Personzentrum und weiß um dessen Geheimnisse. Weil er insofern keinen Unterschied zwischen Innen und Außen kennt,[52] besitzt er von seinem Wesen her die Kardiognosie.[53]

Ist es voll funktionsfähig, ermöglicht das Herz, sich für den Willen Gottes zu entscheiden und diesen im Lebensvollzug umzusetzen. Wenn hingegen von einem ‚verstockten Herzen' die Rede ist, dann erweist es sich göttlichen Handlungsaufforderungen gegenüber immun.[54] Verstockung kann nämlich definiert werden als „eine jeweils aktuell und längerfristig wirksame vorgängige Festlegung des Verhaltens von Menschen durch Gott zu deren Unheil."[55] Da das Herz die Informationen, die es von den Sinneswerkzeugen erhält, versteht, verarbeitet und daraus Handlungskonsequenzen ableitet, ergibt sich aus der Rede des verstockten Herzens, dass eine so beschaffene Leitungsinstanz in gewisser Weise funktionsunfähig wird.[56] Daraus darf jedoch weder abgeleitet werden, dass die betroffene Person keinen Eigenanteil am Verstockungsprozess hätte,[57] noch, dass sie durch das Einwirken Gottes der Verantwortung für

---

47 Vgl. z. B. 1Sam 24,6; 2Sam 24,10. Vgl. auch Schroer/Staubli, Human, 12.

48 Vgl. 2Sam 7,3; Spr 4,23.

49 Vgl. die Erzählung in Ri 16,15ff nach der Samson seiner Frau Delila das Geheimnis seiner Unbezwingbarkeit, an dem sein Leben hängt, preisgibt.

50 Vgl. exemplarisch Spr 26,24f.

51 Krüger, Herz, 95. Vgl. dazu auch Spr 12,23.

52 Vgl. Shaked, Innen, 16.

53 Vgl. 1Sam 16,7; Ps 44,22; 139,23; Spr 24,12 u.ö.

54 Vgl. z. B. Ex 7,13.22; Ex 10,20.27. Zur Veranschaulichung der Verstockung verwendet das biblische Hebräisch unterschiedliche Ausdrücke, vgl. dazu Fabry, Art. לֵב leḇ/לֵבָב leḇaḇ, ThWAT 4 (1982), 441f.

55 Röhser, Prädestination, 41.

56 Vgl. Krüger, Herz, 99f.

57 Zu der komplexen Relation zwischen Selbstverstockung und Verstockung des Herzens durch Gott im AT siehe Röhser, Prädestination, 40–62. In Bezug auf Jes 6,1–13, wo Verstockung als Strafhandlung Gottes für den Ungehorsam des Volkes konzipiert ist, formuliert Kaiser, Jesaja, 133: „Wer sich selbst verstockt, dessen Verstockung vollendet Gott."

sein negatives Verhalten entzogen wäre.[58] Insofern hat die Rede vom verstockten Herzen erklärende Funktion: Sie soll zeigen, warum Mensch sich nicht so verhält wie Gott es will und warum das Herz als Leitungs- und Orientierungsinstanz seinen Aufgaben nicht immer angemessen nachkommen kann.

Wenn nun ein ‚verstocktes' Herz in Schriften des Tanach mit frevlerischem Verhalten assoziiert ist, ein ‚reines' oder ‚gerades' Herz hingegen auf einen guten Charakter verweist,[59] und ein ‚weites' oder ‚hohes' Herz Hochmut zum Ausdruck bringen kann,[60] was ist dann mit einem ‚doppelten Herzen' gemeint? Lässt sich diese Vorstellung tatsächlich als eine Art innerer Zerrissenheit interpretieren? Zunächst fällt auf, dass die Vorstellung vom doppelten Herzen in den hebräischen Bibelschriften nur zwei Mal begegnet. In 1Chr 12,34 wird von einigen Israeliten, die sich um David vor dessen Königswahl versammeln, ausgesagt, dass sie sich ‚ohne doppeltes Herz' kampfbereit aufstellten. Und in Ps 12,3 steht die Wendung ‚mit doppeltem Herzen sprechen': „Hilf doch, o Herr! Denn dahin sind die Frommen und die Treuen ausgestorben inmitten der Menschenwelt! Falschheit reden sie jeder mit dem andern, mit glatten Lippen, mit doppeltem Herzen reden sie."[61] Sind diese Wendungen tatsächlich als Umschreibung für einen inneren Zwiespalt zu verstehen? Der jeweilige Kontext könnte Aufschluss darüber geben.

In 1Chr 12,39 stehen zwei Wortverbindungen, die synonym zum Ausdruck ‚ohne doppeltes Herz' in 1Chr 12,34 verwendet zu sein scheinen: „Alle diese Kriegsleute, in Heeresordnung, kamen ‚von ganzem Herzen' (בְּלֵבָב שָׁלֵם; *b^elebāb šālem*) nach Hebron, um David zum König zu machen über ganz Israel. Auch war das ganze übrige Israel ‚eines Herzens' (לֵב אֶחָד; *leb 'æḥād*), dass man David zum König machte."[62] Während die Einmütigkeit der Gesinnung, die hier anscheinend thematisiert ist, im ersten Fall durch die Wurzel שׁלם (*slm*) (‚unversehrt', ‚heil', ‚ganz') in Verbindung mit dem Herzen ausgedrückt wird, ist im zweiten Fall das Zahlwort ‚eins' mit dem Herzen verknüpft. Aufgrund dieses Gebrauches lässt sich zunächst vermuten, dass die Redeweise ‚ohne doppeltes Herz' ebenfalls Gleichgesinntheit meint. Kann man daraus folgern, dass ein verdoppeltes Herz entsprechend eine gespaltene Gesinnung bezeichnet? Diese Konklusion liegt nahe. Allerdings ist das doppelte Herz in 1Chr 12 nicht auf eine einzelne Person bezogen, so dass allenfalls von einem Zwiespalt innerhalb der jeweiligen Bezugsgruppe die Rede sein könnte, d. h.

58 Vgl. W. Dietrich, Art. Verstockung (AT), in: Das Wissenschaftliche Bibellexikon im Internet (http://www.bibelwissenschaft.de/stichwort/34167/, abgerufen am 21.03.2015).

59 Vgl. z. B. Ps 51,12; 1Kön 3,6.

60 Vgl. z. B. Spr 21,4; Ezech 28,5. Zum Bedeutungsspektrum von לֵב; *leb* bzw. לֵבָב; *lebāb* siehe z. B. Gesenius, Handwörterbuch, s.v. לֵב; Fabry, Art. לֵב leḇ/לֵבָב leḇaḇ, ThWAT 4 (1982), 413–451.

61 Ps 12,2–3; Übersetzung: Menge-Bibel.

62 Übersetzung: Lutherbibel 1984 und 2017.

dass es innerhalb einer Gruppe zwei unterschiedliche Auffassungen gäbe. Für die Bedeutungsbestimmung des zweifachen Herzens ist jedoch auch der Dialog zwischen David einerseits und den Kriegern aus den Stämmen Benjamin und Judäa in 1Chr 12,18f aufschlussreich. In der wörtlichen Rede geht es nämlich um den Aufweis der Treue dieser Israeliten David gegenüber. Der Thronanwärter will wissen, ob die Krieger ihm als Freunde oder als Feinde Unterstützung anböten. Kämen sie ‚in Frieden' (לְשָׁלוֹם; *lᵉšālôm*), werde sein Herz ‚in Gemeinschaft' (לְיָחַד; *lᵉjāḥad*) mit ihnen verbunden sein, kämen sie aber in Täuschungsabsicht, werde Gott über sie richten. Daraufhin sichern die Krieger ihre Unterstützung und ihr Vertrauen in Davids Legitimität als Thronfolger zu. Bezieht man diese Aussagen mit ein, könnte mit der Negierung des doppelten Herzens der Akzent auf einer unverbrüchlichen Loyalität gelegt sein.

Der Treueaspekt ist auch in Psalm 12 im Blick (vgl. V. 2.8). Denn in Ps 12,1 beklagt der Betende den Mangel an treuen Menschen (אֱמוּנִים; *ʾᵆmûnîm*), und in Ps 12,3–5.7–8 wird die Verlässlichkeit und der Bestand der Worte JHWHs mit der unwahrhaftigen menschlichen Rede kontrastiert. Allerdings scheint in Ps 12,3 genausowenig wie in 1Chr 12,34 mit der Nennung des doppelten Herzens eine intrapersonale Dissonanz in Bezug auf ein und dieselbe Person angesprochen zu sein. Denn Ps 12,2f stellt das doppelte Herz als Phänomen dar, bei dem ‚Innen' und ‚Außen' des Menschen nicht übereinstimmen. Besonders deutlich wird dies in den das doppelte Herz präzisierenden Aussagen, man dürfe nicht ‚mit Falschheit' und ‚mit glatten Lippen reden'. Die damit thematisierte Verstellung oder Unaufrichtigkeit verweist auf eine Inkongruenz von innerer Gesinnung und sich äußerlich manifestierender verbaler Äußerung. Es handelt sich bei der Rede vom doppelten Herzen also nicht um eine im Inneren der Person von ihr selbst wahrnehmbare Haltung, sondern um ein Phänomen, das einem Menschen attribuiert wird, bei dem Überzeugungen, Haltungen, Einstellungen etc. im Inneren nicht mit dem von ihm nach außen gezeigten Verhalten übereinstimmen. Die Vorstellung des zweifachen Herzens lässt sich daher als eine Innen-Außen-Dissonanz klassifizieren.[63] Vielleicht erklärt sich aus der implizierten Idee, dass der Doppelherzige zwei Rollen spielt,[64] weshalb hier nicht etwa von einer Teilung oder Halbierung des Herzens die Rede ist, sondern von einer Verdopplung.

Es gibt in der hebräischen Bibel allerdings einige Passagen, die zumindest auf den ersten Blick in die Nähe dessen rücken, was mit Unentschiedenheit gemeint ist. Unter diesen sticht Gen 19,1–29 hervor, denn hier ist explizit vom ‚Zögern' Lots die Rede. Als zwei Boten Gottes in Sodom nach gerechten Menschen suchen, die vor der drohenden Zerstörung der Stadt bewahrt werden

---

63 Zur Terminologie siehe S. 57 dieser Arbeit.

64 Vgl. dazu Rusche, Herz, 202: „Ein doppeltes Herz hat einen doppelten Willen. Es schaut nach zwei Seiten und richtet sich nicht allein mehr auf Gott und seinen Willen aus. Es will sich ihm nicht allein übergeben."

sollen, nimmt Lot die beiden bei sich auf und gewährt ihnen dadurch Schutz vor den Nötigungsversuchen der Sodomiter. Die Fremden verkünden ihrem Gastgeber das Vernichtungsvorhaben Gottes und fordern ihn auf, den Ort mitsamt seiner Familie zu verlassen. Zwar übermittelt Lot die Botschaft zunächst seinen Angehörigen, muss aber am folgenden Morgen von den beiden Männern erneut zum eiligen Aufbruch gedrängt werden. Daraufhin ist vom Zögern Lots die Rede (Gen 19,16). Es wird durch die Wurzel מהה (*mhh*) zum Ausdruck gebracht, die Abwarten und Handlungsaufschub signalisiert.[65] In Reaktion auf dieses Zaudern führen die Boten Lot und seine Familie in Sicherheit. Der Text lässt mehrere Aspekte offen: Zum einen wird auf der Textebene nicht klar, wodurch das Zögern Lots motiviert ist. Hat er Bedenken, sein Hab und Gut hinter sich zu lassen? Oder gerät er etwa ins Zaudern, weil seine Schwiegersöhne Lots Weitergabe der Unheilsnachricht nicht ernst nehmen (vgl. V.14)? H.-J. Fabry geht davon aus, dass Lots Zögern als unmittelbare Folge fehlenden Glaubens zu werten ist[66] – und das, obwohl Gen 19 den Glauben oder das Vertrauen nicht erwähnt. Zum anderen bleibt unerwähnt, ob und wann Lot die beiden Boten als solche erkennt. Misstraut er etwa deren Legitimität als göttliche Gesandte? In diesem Fall wäre allerdings nicht erklärbar, weshalb Lot die erste Aufforderung zum Verlasssen Sodoms scheinbar unverzüglich an seine Angehörigen weiterleitet. Unabhängig von möglichen Deutungen des ausdrücklich thematisierten Zögerns stellt Gen 19 klar, dass JHWH „sein Rettungswerk ohnehin nicht durch menschliches Zaudern blockieren" lässt.[67]

Vom ‚Zögern' ist auch in Psalm 119,60 die Rede, hier im Zusammenhang mit der Aussage des Sprechers, nicht in Bezug auf die Gebotserfüllung zu zögern (מהה; *mhh*). In einigen Bibelübersetzungen lesen wir zudem zu Ps 119,113 von „Wankelmütigen" oder „Doppelherzigen", so dass es naheliegend erscheint, die Formulierung dafür in der Ausgangssprache zu prüfen. Dort spricht der Betende: „Die סֵעֲפִים hasse ich, aber dein Gesetz liebe ich". סֵעֲפִים (*seʿapîm*) ist die substantivierte Pluralform des sonst nicht belegten Adjektivs סֵעֵף (*seʿep*). Etymologisch verwandt sind wohl die Bedeutungen „Zweige bilden" im Syrischen und „spalten" im Arabischen.[68] Die zugrunde liegende Wurzel ist סעף (*sʿp*) und wird im Jesajabuch (Jes 10,33) für das ‚Abhauen' der Zweige benutzt. Insofern könnte סֵעֲפִים in Ps 119 tatsächlich auf eine Vorstellung von Zwiespältigkeit bzw. Gespaltenheit verweisen.[69] Obwohl

---

65 Zu Gebrauch und Bedeutung von מהה im AT siehe H.-J. Fabry, Art. מהה *mhh*/אחר *'ḥr*, ThWAT 4 (1982), 709–713.

66 Fabry, Art. מהה *mhh*/אחר *'ḥr*, ThWAT 4 (1982), 711. Ähnlich auch Mbuvi, Jude, 111.

67 Fabry, Art. מהה *mhh*/אחר *'ḥr*, ThWAT 4 (1982), 711.

68 Vgl. Gesenius, Handwörterbuch, 548.

69 H. Donner (vgl. W. Gesenius, Hebräisches und Aramäisches Handwörterbuch über das Alte Testament, begonnen von D.R. Meyer, bearbeitet und hg. v. H. Donner, 18. Aufl., Supplementband. Deutsch-hebräisches und – aramäisches Wörterverzeichnis, Abkürzungs-

im hebräischen Text nicht eindeutig auf Menschen bezogen, übersetzen die Lutherbibel und die Züricher Bibel dieses Wort beispielsweise mit „die Wankelmütigen", in der Menge-Bibel steht dafür „die Doppelherzigen" und die Einheitsübersetzung spricht von „zwiespältigen Menschen". Besonders nah am Hebräischen scheint mir die Buber-Rosenzweig-Übersetzung der hebräischen Bibel zu sein, denn sie gibt den Psalmvers wie folgt wieder: „Ich hasse die Zwiegegabelten, aber ich liebe deine Weisung." Eine möglicherweise im Hintergrund stehende Gespaltenheitsauffassung dieses wahrscheinlich nachexilischen Psalms geht mit der LXX-Übersetzung jedenfalls verloren, denn in Ps 118,113^{LXX} wird παράνομοι verwendet, was eher „Gesetzlose" meint.[70] Vielleicht hat man sich für dieses Wort entschieden, weil damit der in dem Vers enthaltene Gegensatz auch durch die gewählten Nominalausdrücke dargestellt wird und ein etymologisches Wortspiel entsteht:[71] „Ich hasse die Gesetzlosen (παράνομοι), und liebe dein Gesetz (νόμος)."

Im Zusammenhang mit der Ermittlung von Ausdrucksweisen für innere Dissonanzen, den Zweifel oder Unentscheidenheit des Menschen in biblisch-hebräischen Texten ist der geschlossenen Kompositionseinheit 1Kön 18,16–39 innerhalb der Elia-Erzählungen (1Kön 17–19.21) Aufmerksamkeit zu zollen, in der es um die Forderung nach Entscheidung zwischen JHWH und Baal geht.[72] Hier begegnet eine Ableitung der Wurzel סעף (*s'p*) ein weiteres Mal. Elias Engagement und Eintreten für die Alleinverehrung JHWHs sowie seine Ablehnung der Baalsverehrer „kann als Höhepunkt der Auseinandersetzung

verzeichnis, Errata et Corrigenda, Heidelberg et al. 2012, 1547–1624) gibt סֵעֲפִים mit „Zwiespältiges" wieder.

70 Dass hier Ausdrücke aus dem juristischen Bereich die ursprüngliche hebräische Bedeutung überdecken, entspricht der generellen Tendenz der Septuaginta-Übersetzer, die Religion in Rechtsbegriffe zu fassen, vgl. Koch, Vergeltungsdogma, 100.

71 Diese Angleichung lässt sich womöglich erklären durch die Tendenz zur „etymologischen Komplementärübersetzung/Koppelung" im Buch der Sprichwörter („couplage étymologique", D'Hamonville, Proverbes, 69f; 161).

72 Nach Beck, Elia, 81f.85. handelt es sich bei 1Kön 18,21–40 um eine theologische Lehrerzählung als Ausdruck des Monolatrie-Glaubens, die in erster Linie darauf abzielt, „anhand der Auseinandersetzung mit den Baal-Propheten vor den Augen des Volkes die alleinige Existenz Jahwes zu demonstrieren." Würthwein, Opferprobe, 138, spricht von einem „Stück narrativer Theologie".

Von der weitgehenden Einheitlichkeit der Erzählung geht die Mehrheit der Forschung aus, vgl. dazu exemplarisch Beck, Elia, 74; W. Thiel, Zur Komposition von 1Könige 18. Versuch einer kontextuellen Auslegung, in: E. Blum/C. Macholz/E.W. Stegemann (Hg.), Die Hebräische Bibel und ihre zweifache Nachgeschichte. FS f. R. Rendtorff zum 65. Geb., Neukirchen-Vluyn 1990, 215–223.

Weil sich in der Erzählung über den Götterwettstreit „eine weit fortgeschrittene Stufe in der Reflexion über das Verhältnis Jahwes zu der außerisraelitischen Götterwelt" widerspiegelt (Würthwein, Opferprobe, 283), ist eine relativ späte, d.h. nachexilische Entstehungszeit der Episode anzusetzen, vgl. dazu Otto, Jehu, 174f; Fritz, Könige, 170ff; Beck, Elia, 85ff.190.

des Glaubens Israels mit den religiösen Vorstellungen seiner Umgebung verstanden werden."[73] Ausgangssituation für diese Szene ist eine Notlage: Im Land herrscht bereits seit drei Jahren Dürre. Im Zentrum der Narration steht die Entscheidungsfrage, die in narrativer Theologie entfaltet wird und die intendiert, JHWHs Überlegenheit über Baal zu erweisen.[74]

Zu Beginn der Erzählung über das Gottesurteil auf dem Karmel ist es Elia, der die Initiative ergreift, indem er das Volk und die Baalspropheten auf dem Berg versammeln lässt. Ahab hatte die Israeliten zur Verehrung des Baal verführt und dadurch die Gebote JHWHs missachtet (1Kön 18,18). Elias Herantreten an die Menge wird im Hebräischen durch die Wurzel נגשׁ (*ngš*) ausgedrückt, und signalisiert hier wie auch sonst häufig im Tanach,[75] dass sich eine Kontroverse oder Entscheidung abzeichnet.[76] Der Gottesprophet stellt nun die Frage, wie lange die Israeliten noch im Zustand der Unentschiedenheit zwischen JHWH und Baal zu verharren gedächten (1Kön 18,21). Für diese Unschlüssigkeit wird eine Wendung gebraucht, die aus der (eine Bewegung ausdrückenden) Wurzel פסח (*psḥ*; hier etwa ‚hinken', ‚hüpfen'),[77] der Präposition עַל (*'al*) und dem Präpositionalobjekt הַסְּעִפִּים שְׁתֵּי (*hasᵉ'ipîm šᵉtê*) besteht. Insbesondere aufgrund des seltenen Vorkommens der Wurzel סעף (*s'p*) ist es schwierig, diesen Ausdruck angemessen ins Deutsche zu übertragen.[78] Die Frage Elias könnte etwa übersetzt werden mit: „Wie lange wollt ihr hinken an zwei Krücken?"[79] oder „Wie lange wollt ihr auf zwei Zweigen

---

73 Sauer, Elia, 35.

74 Baal fungiert im Alten Testament gelegentlich als „Chiffre für die Fremdgötterverehrung überhaupt", so Beck, Elia, 85.

75 Vgl. z. B. Gen 18,23; 27,21; 45,4; Jos 14,6; 21,1; 1Sam 14,38.

76 Vgl. DeVries, 1 Kings, 228.

77 Vgl. Gesenius, Handwörterbuch, s.v. פסח. de Vries, 1 Kings, 229, geht von der Bedeutung ‚lahm sein', ‚schwanken' aus. Weil die Wurzel פסח in 1Kön 18,26 für den Ritualtanz gebraucht ist, lässt sich annehmen, dass 1Kön 18,21 darauf anspielt. Vgl. zum Ritual auch Ps 26,6.

78 Im deutsch-hebräischen Wörterverzeichnis von H. Donner (vgl. W. Gesenius, Hebräisches und Aramäisches Handwörterbuch über das Alte Testament, begonnen von D.R. Meyer, bearbeitet und hg. v. H. Donner, 18. Aufl., Supplementband. Deutsch-hebräisches und – aramäisches Wörterverzeichnis, Abkürzungsverzeichnis, Errata et Corrigenda, Heidelberg et al. 2012, 1547–1624) wird סְעִפִּים mit „Zwiespältiges" wiedergegeben.

79 Fohrer, Elia, 13. Fohrer identifiziert diese Frage als einen Vorwurf und paraphrasiert diese Anfrage (ebd, 14): „Wie lange wollt ihr so humpeln wie einer, der sich auf zwei Krücken stützen muss?" Er geht davon aus, dass es sich bei dieser Wendung um eine sprichwörtliche Redensart handelt, die für den erbrachten Vergleich auf das Bildfeld von Verwundeten oder Behinderten zurückgreift: „Wie ein solch Behinderter zum Gehen Krücken benötigt, so benutzt Israel sowohl seinen Gott als auch Baal als solche Krücken und humpelt an ihnen durchs Leben, anstatt sich eindeutig zu einem von ihnen zu bekennen. Daraus ergibt sich die Forderung zur Entscheidung: Jahwe oder Baal!" Auch Rendtorff, Theologie, 210, spricht vom „Hüpfen auf zwei Krücken". Die LXX gibt die Frage in 1Kön 18,21[LXX] mit „Ἕως πότε

hüpfen?“[80] Unabhängig davon, wie diese Frage am besten zu übersetzen ist, legt der Kontext klar, dass Elia dem Volk Israel Wankelmut oder Unentschiedenheit zu unterstellen scheint, insofern es sich nicht eindeutig auf JHWH oder den Konkurrenten Baal festzulegen gedenkt. Für die Eliafigur stellen JHWH und Baal zwei sich ausschließende Alternativen dar. Ein Nebeneinander ist aus seiner Sicht nicht möglich. Eine sachliche Nähe zum abgemahnten Doppeldienst in Mt 6,24 zwischen Gott und dem Mammon scheint insofern gegeben.[81] Bemerkenswerterwiese bleibt eine Reaktion Israels auf den Vorwurf der Zweigleisigkeit aus: Es antwortet nicht (hebr. ענה; *'nh*).[82] Könnte diese Stummheit erneut eine Art Zweifel suggerieren bzw. die in der Frage Elias implizierte Unschlüssigkeit bestätigen? Soll womöglich ausgesagt werden, die Israeliten stellten die Glaubwürdigkeit Elias als wahrem Propheten infrage? Oder ist eher an eine Unentschiedenheit zu denken, welche von beiden Gottheiten als wahrer „Gott“ zu gelten hat? Auf der Textebene wird diesbezüglich jedenfalls keine Aussage gemacht. Allerdings könnte das Ausbleiben einer hör- und sichtbaren Reaktion auf Elias Frage auch rein narrative Funktion haben, denn im Folgenden wird von einem „Wettkampf“ zwischen Baal und JHWH berichtet, der sich als Entscheidungshilfe für das Volk Israel erweist.[83] Dass Elia von der Überlegenheit JHWHs ausgeht, zeigt v. a. sein polemischer Aufruf an die Baalspropheten, ihren vermeintlichen Gott durch Lärm aus seiner Handlungsverweigerung bzw. seinem Schlaf zu locken, um das Stieropfer zum Brennen zu bringen.[84] Während Baal den Gebeten und Kultritualen seiner Propheten keine Taten folgen lässt, legitimiert sich JHWH durch sofortige Gebetserhörung als wahrer Gott, der die Fähigkeiten der Götter des Kulturlandes bei weitem übersteigt.[85] Das Volk Israel reagiert endlich und bekennt sich zu JHWH als dem einzigen Gott (1Kön 18,39). Durch Niederfallen wird die-

---

ὑμεῖς χωλανεῖτε ἐπ' ἀμφοτέραις ταῖς ἰγνύαις·“ wieder, wörtlich etwa „Wie lange lahmt ihr noch auf beiden Schenkeln?“

80 Beck, Elia, 72; Werlitz, Könige, 172.

81 Zu Mt 6,24 siehe auch S. 452ff dieser Arbeit.

82 Fohrer, Elia, 14, merkt zu dem Schweigen des Volkes an: „[W]ie so oft in der Geschichte kann oder will es sich nicht entscheiden.“

83 Dass das Volk Israel nach Darstellung des ersten Königsbuches erst einen visuellen Beweis benötigt, um zu einer Entscheidung zwischen JHWH und Baal zu kommen, statt sich auf die bereits erfahrene Macht seines Gottes zu verlassen, erinnert an die Szene in Joh 20,19–29. Denn der Jünger Thomas bekundet, er könne erst glauben, wenn er die Wundmale Jesu gesehen und berührt habe.

84 In einigen altorientalischen Religionen gab es die Vorstellung, dass die Gottheit nachts schläft. Vgl. DeVries, 1 Kings, 229; Mrozek/Votto, The Motif of the Sleeping Divinity, Bib. 80/3 (1999), 415–419.

85 Dass JHWH sich allein auf das Wort Elias hin als wirkmächtig erweist, Baal jedoch trotz kultischer und ritueller Handlungen, trotz Tanz und Kasteiung untätig bleibt, wird ebenfalls betont in Krieg/Schmidt (Hg.), Erklärt – Der Kommentar zur Züricher Bibel. Bd. 1, Zürich ^{2}2011, 793.

ses Bekenntnis auch in einer non-verbalen Handlung ausgedrückt.[86] Mittels narrativer Theologie wird insofern die von Ahab eingeführte Baalsverehrung revidiert und Elia als Figur gezeichnet, die den Zustand der intakten JHWH-Verehrung wiederherstellt.[87]

Zusammenfassend lässt sich festhalten: 1Kön 18,16–39 ist als Götterwettkampf stilisiert und hat damit typologische Funktion, denn der Text könnte in dem Aufeinanderprallen zweier Götterkulte und den daraus resultierenden Spannungen einen historischen Kern haben.[88] Die Erzählung will zeigen, dass der JHWH-Glaube auf einer eindeutigen Entscheidung beruht, die eine gleichzeitige Zugehörigkeit zu einer anderen Religion ausschließt. Es geht allerdings nicht um den Existenzerweis Gottes! Für die Frage nach Vorstellungen intrapersonaler Dissonanz im Alten Testament ist aufschlussreich, dass die thematisierte Unentschiedenheit zwischen zwei Gottheiten nicht als innerlich wahrnehmbarer Zustand im Sinne eines intrapersonalen Entscheidungskonflikts beschrieben ist, sondern aus der Außenperspektive als eine metaphorisches ‚Springen' oder ‚Hüpfen' zwischen zwei Alternativen.

Hos 10,2 ist in Bezug auf die Frage nach inneren Dissonanzen in der hebräischen Bibel ebenfalls aufschlussreich, denn hier begegnet die Wendung לִבָּם חָלַק (*ḥālaq libām*) im Kontext der Götzenaltäre, die Israel errichtete: „Glatt war ihr Herz (חָלַק לִבָּם): jetzt sollen sie es büßen! Ihre Altäre wird er zertrümmern, ihre Malsteine zerschlagen." W. Gesenius geht davon aus, dass חָלַק (*ḥālaq*) auf die Bedeutung ‚glatt'/‚glätten' der Wurzel חלק (*ḥlq*) zurückzuführen sei, dass also hier (ähnlich wie חָלָק als Attribut der Zunge in Ps 5,10; Spr 28,23 u.ö. gebraucht) von einem „trügerischen" Herzen die Rede sei.[89] Damit wäre eine Innen-Außen-Dissonanz angesprochen. Er notiert jedoch in seinem Lexikoneintrag, andere alttestamentliche Exegeten würden eine Ableitung von חלק mit der Bedeutung ‚verteilen'/‚mit jemandem teilen' bevorzugen. Dann wäre in Hos 10,2 also von einem „geteilten Herzen" die Rede. In diesem Sinne scheinen

86 Der in der Erzählung implizierte Appell zur Alleinverehrung JHWHs wird durch die Figur Ahabs intensiviert: Wenn sogar der als Baalsverehrer bekannte König in die Wiederherstellung der alten Ordnung involviert ist, „dann wird jedem, der zwischen Jahwe und Baal schwankte, gezeigt, daß eine Bekehrung zu und Versöhnung mit dem einzigen Gott Jahwe möglich ist." Vgl. Otto, Jehu, 177f.

87 Auch der Hinweis auf den nun einsetzende Regen soll zeigen, dass JHWH die Gewalt über die Naturmächte innehat. Elia wird damit zudem als wahrer Prophet charakterisiert, der sich im Recht befand, als er Ahabs Vorwurf, Verderben über Israel gebracht zu haben, zurückwies und vielmehr Ahabs Nachlaufen der Baalsgötter und damit das Verlassen der rechten JHWH-Verehrung als Ursache für die Notsituation postulierte (vgl. 1Kön 18,17f).

88 Von einer „typologische[n] Dimension" der Textpassage geht auch Werlitz, Könige, 162, aus. Die Erzählung spielt wohl im 9. Jh. v.Chr, laut Bibel einer Zeit des moralischen Verfalls, in der die Bevölkerung des Nordreichs für die Verehrung fremder Gottheiten anfällig gewesen sein könnte. Zahlreiche außerbiblische Quellen belegen, dass es zu dieser Zeit einen Baalskult gab. Vgl. dazu Rusak, Clash, 39ff.

89 Gesenius, Handwörterbuch, 236.

die Übersetzer der Septuaginta jedenfalls den hebräischen Text verstanden zu haben, denn Hos 10,2^{LXX} gibt חָלַק לִבָּם mit „ἐμέρισαν καρδίας αὐτῶν" („sie teilten ihre Herzen") wieder.[90] Für eine Interpretation der hebräischen Formulierung mit „trügerisch" spricht jedoch der Kontext, denn in Hos 10,4 ist vom nichtigen Bündniseid, von einer Art Lippenbekenntnis ohne Umsetzung in ein entsprechendes Verhalten die Rede.[91]

Es lässt sich sodann auch hier festhalten: In unzweideutiger Begrifflichkeit wird innere Dissonanz und Zweifeln in der hebräischen Bibel nicht zum Ausdruck gebracht. Allenfalls das von außen beobachtbare Phänomen des Zögerns findet vereinzelt Verwendung. Ansonsten lassen sich lediglich semantische Ansätze für eine innere Gespaltenheit erkennen. Dieser Befund ist insofern überraschend, als bei einem Menschenbild, das von der Ganzheit als Ideal ausgeht und für verschiedene Aspekte (physische, moralische, psychische) dieser Ganzheitlichkeit mehrere Ausdrücke kennt, zu erwarten wäre, dass sich der Mangel an personaler Einheit sprachlich in Gespaltenheitsphänomenen manifestiert.[92] Dies trifft allerdings im Großen und Ganzen nicht zu.

In thematischer Hinsicht könnten jedoch einige Stellen Hinweise darauf enthalten, dass die hebräische Bibel den Zweifel bzw. die innere Dissonanz der Sache nach kennt: Die Schlange (Gen 3,1) mag den Zweifel an Gottes Wort in die Welt gebracht haben,[93] Abrahams Lachen in Gen 17,17 könnte Ausdruck

---

90 Dass im gleichen LXX-Vers das Verb ταλαιπωρέω begegnet, ist in Hinblick auf den frühchristlichen Gebrauch von δίψυχος κτλ. von Interesse, denn dort wird diese Wortgruppe häufig in die Nähe von ταλαιπωρέω κτλ. gestellt, vgl. z. B. Herm vis III,7,1; 1Clem 23,3; 2Clem 11,2. Siehe dazu auch Allison, Eldad and Modad, JSPE 21/1 (2011), 99–131.

91 Die Bedeutung der hebräischen Formulierung ist nicht zuletzt deswegen für eine Untersuchung innerer Dissonanzen und ähnlicher Phänomene in der Bibel relevant, weil M. Gertner, Midrashim, 283–291 vorgeschlagen hat, den Jakobusbrief (wo erstmalig δίψυχος, ‚zweiseelig' belegt ist) als eine Midraschim-Homilie über Ps 12,1–5 zu verstehen, wobei der Psalmist die Wurzel חלק aus Hos 10,2 übernommen habe. In Ps 12,2 seien beide Bedeutungsnuancen des Wortes, nämlich ‚glatt' und ‚geteilt' zugleich angesprochen. Durch die Nennung von ‚Geteiltheit', ‚Lippen', ‚Herz' und ‚Vertrauen' in Ps 12,1–2 sei damit der Nährboden für den Verfasser des Jakobusbriefes gelegt gewesen, diese Motive auf seine Situation anzuwenden und zu entfalten. Die Wendung Hoseas חָלַק לִבָּם habe indes weitreichenden Einfluss ausgeübt: „In the course of time this verse of Hosea became the doctrinal basis and metaphorical pattern for the universally accepted, theological and psychological, conception of the dualistic nature of the human spirit." (Gertner, Midrashim, 290). Bezieht man Jak auf Hos 10,2, ist indes zu beachten, dass bei Hosea von Fremdgöttern die Rede ist – ein Motiv, das im Jakobusbrief in Bezug auf Gespaltenheitsaussagen fehlt. Allerdings könnte die in Jak 4,4 genannte ‚Welt' als Kontrapunkt zu Gott dafür eingetreten sein. Zum Dipsychia-Konzept des Jak siehe mein Kap. VII.4.

92 Vgl. Di Vito, Anthropologie, 141.

93 So Dietz, Wahrheit, 61ff: Gen 3 ist der „älteste Beleg dafür, daß der Zweifel sich auf das richten kann, was von sich aus gewiß sein sollte: Gottes Wort, seine Weisung, seine Warnung

seines Zweifels an Gottes Verheißung sein,[94] Saras Lachen (vgl. Gen 18,12) mag aus heutiger Sicht sogar als „Chiffre" für den Zweifel bezeichnet werden.[95] Die Israeliten und Mose selbst scheinen auf der Wüstenwanderung mangelndes Vertrauen in die Macht und die guten Absichten Gottes zu haben (Ex 4,1; Num 11,21f u.ö.). In Bezug auf das Volk Israel wird deren ablehnende Haltung dabei lediglich mithilfe von außen beobachtbarer (verbaler) Verhaltensweisen zur Sprache gebracht (Murren, Protest usw.).[96] In der prophetischen Literatur wird die Zuverlässigkeit der Ankündigungen kritisch thematisiert (Jes 5,19; Jer 17,15; Ez 12,22)[97] und weisheitliche Schriften scheinen zweifelnde Anfragen an das Wirken Gottes für eine gerechte Weltordnung zu offenbaren (z. B. Hi 21,17; 22,13f).[98] Möglicherweise implizieren all diese Passagen den Zweifel als anthropologische Grunderfahrung narrativ; da er jedoch zum einen nicht in eindeutige Termini gefasst wird und zum anderen bestimmte Erzählungen bereits in der Antike auch anders gedeutet werden konnten,[99] muss diese Annahme im Bereich des Hypothetischen bleiben. Sofern bestimmte sprachliche und nicht-sprachliche Handlungen, die im Alten Testament beschrieben werden, überhaupt als mögliche Ausdrucksweisen für den Zweifel interpretiert werden können (z. B. Lachen, Lamentieren, Murren o. ä.), darf jedoch eines nicht aus dem Fokus geraten: Hier handelt es sich dann nicht um

---

und Verheißung. Der Zweifel wird dabei zum Medium einer Vergewisserung, die der Mensch durch die Reflexion auf das ihm Mögliche vollzieht."

94 So Altmann, Doubt, 65.72; Brueggemann, Genesis, 158. Jeremias, Theologie, 76; u. v. m.

95 So Böhm, Rezeption, 2. Schon Martin Luther hat Saras Lachen als Ausdruck des Zweifelns verstanden, vgl. Luther WA 24, 335,11–14. Für Interpretationen des Lachens Saras als Zweifel siehe z. B. auch Ellis, But Some Doubted, 578; Jeremias, Theologie, 76.315; u. v. m. Altmann, Doubt, 77 legt sich nicht fest und fragt stattdessen: „is it Sarah who doubts, or rather the reader who doubts?" Kampling, Vorwort, 9, äußert zum Lachen Saras: „Für die einen mag es ein Lachen des Zweifels sein, für die anderen ein Lachen aus gutem Grund." Ellis, But Some Doubted, 578, geht davon aus, dass der Zweifel in Gen 18,12 (Saras Lachen), in Ri 6,11–24 (in Bezug auf Gideon) und in Ri 13,8 (in Bezug auf Manoah) als Gegenkonzept zum Vertrauen begegnet.

96 Für Feldt, Signs, 327, repräsentiert Ex 1–18 einen „discourse of ambivalence or doubt". Jeremias, Theologie, 112, sieht im Zentrum der Murrgeschichten „die Infragestellung des Sinnes der Herausführung Israels aus Ägypten (…); Israel erträgt seine ungesicherte Existenz nicht, und ist unfähig, mit Gottes Hilfe zu rechnen. Damit wird ein grundlegender Zweifel am Heilshandeln Gottes überhaupt laut. Für die späteren Theologen bestimmt dieser Zweifel schon die Haltung des Gottesvolkes während seiner Rettung am Schilfmeer (…)." Die Erzählungen von der Wüstenwanderung seien „zu *Zeugnissen des Klein- und Unglaubens* Israels geworden, der einen wirkungsvollen Kontrast zu den Erfahrungen der Hilfe und der Rettung Gottes bildet." (Hervorhebung von mir, A.N.).

97 Vgl. dazu auch Jeremias, Theologie, 350.

98 Altmann, Doubt, 69–71 deutet z. B. Klgl 5,19–22 als Artikulation des Zweifels.

99 Philo von Alexandrien hat das Lachens Saras ausdrücklich vom Zweifel distanziert; für ihn ist es Ausdruck der Freude, vgl. Siegert, Sara, 122f; Inselmann, Freude, 128.

die Bezweiflung der Existenz Gottes, sondern lediglich um die Infragestellung der Bereitschaft Gottes, in die Geschichte des Volkes Israel oder das Leben Einzelner einzugreifen.[100]

Weil die Bibel den Menschen vor klar erkennbare Alternativen stellt,[101] und ihn zur eindeutigen Entscheidung für Gott und seinen Willen auffordert, ist zumindest denkbar, dass in entsprechenden Zusammenhängen von Dissonanzen, inneren Zwiespaltserfahrungen oder dem Zweifel gesprochen wird. Gut oder böse, Toraobservanz oder Frevel, Gehorsam oder Ungehorsam werden jeweils als sich einander ausschließende Alternativen thematisiert; von Zwischenpositionen, vom Zweifel, von Entscheidungsunsicherheit oder inneren Dissonanzen verlautbart in entsprechenden Zusammenhängen jedoch nichts. Selbst in weisheitlicher Literatur lassen sich keine Spuren expliziter Zwiespaltsterminologie erkennen, was aus heutiger Perspektive nicht nur wegen der Darlegung klarer Alternativen in immer neu formulierten Begriffen verwundern mag, sondern auch deshalb, weil gerade in weisheitlichen Texten Alltagserfahrungen zur Sprache kommen. Allerdings zeichnen sich diejenigen Texte der Bibel, denen eine paränetische Funktion zukommt, gerade dadurch aus, dass sie im Gegensatz zu ethischen Texten nicht an klaren Definitionen moralischen Verhaltens interessiert sind, sondern die Adressaten zum Tun des Guten im Allgemeinen ermahnen wollen.[102]

Man kann sich in der hebräischen Bibel auf die Suche nach expliziten oder impliziten Formulierungen des Zweifels bzw. der inneren Dissonanz des Menschen begeben, indem Passagen analysiert werden, die aus der homodiegetischen Erzählperspektive dargestellt sind. Innere Monologe werden immer wieder gebraucht, um Einblicke in innere Prozesse einzelner Figuren zu ermöglichen. In Selbstgesprächen wäre aus heutiger Sicht zu vermuten, dass innere Konflikte, Gespaltenheit und Zerrissenheit zur Sprache gebracht werden. Insbesondere in den Psalmen finden sich Formen der Selbstanrede, die eine Selbstreflexion auf den Gefühlszustand des Sprechers ausdrücken, z. B. in Psalm 42,6: „Was betrübst du dich, meine *næpæš*, und bist so unruhig in mir?“[103] Auch die Anklage Gottes wird im Psalter im Zusammenhang

100 Vgl. von Rad, Theologie, 467. Zum Topos des Sich-Auflehnens gegen Gott siehe z. B. Num 20,13; 26,9; Jer 2,29; Jes 45,9; Hi 40,2. Zum murrenden Volk siehe bes. Ex 17,2f; Num 20,3.

101 Dies hat bereits Wolff, Anthropologie, 84, betont.

102 Vgl. dazu Koenen, Art. Paränese (AT), in: Das Wissenschaftliche Bibellexikon im Internet (http://www.bibelwissenschaft.de/stichwort/29983/, abgerufen am 26.03.2015).

103 Weiteres Beispiel: Ps 116,7 „Sei nun wieder zufrieden, meine *næpæš*, denn der Herr tut dir Gutes“. In den zugrunde liegenden Übersetzungen der Luther-Bibel (1984) wurde *næpæš* jeweils mit ‚Seele‘ wiedergegeben.

mit der Dringlichkeit von Leiderfahrungen thematisiert.[104] Aber selbst hier wird Zerrissenheit und Zweifel nicht explizit zum Ausdruck gebracht oder ein Entscheidungsfindungsprozess bei alternativen Verhaltensmöglichkeiten reflektiert.

Im Kontext von Berufungs- und Erwählungserzählungen stehen häufig Einwände seitens der von Gott adressierten Figur, die aus heutiger Sicht auf den ersten Blick einen Selbstzweifel suggerieren mögen.[105] Die Frage „Wer bin denn ich, (dass ich)...?" begegnet in solchen Zusammenhängen im Tanach fünf bzw. sechs Mal[106] und ist einigen wenigen herausragenden Figuren in den Mund gelegt, darunter v. a. Mose und David. Eine genauere Betrachtung lässt erkennen, dass es sich bei dieser (rhetorische) Frage weniger um einen zweifelnden Widerspruch handelt, als eher um einen Ausdruck der Selbstminderung, der die Vorstellung der geringen Bedeutung der Einzelperson ebenso beinhalten kann wie die Anerkennung der Tatsache, dass die Amtsübertragung allein auf Gottes Geheiß stattfindet. K. Schiffner hat sich mit dieser „Wer-bin-ich"-Frage in alttestamentlichen Schriften auseinandergesetzt und gezeigt, inwiefern diese Ausdrucksweise narrative bzw. theologische Funktionen einnimmt. Vorwiegend kann sie als Mittel zur Inszenierung vor anderen Menschen dienen, um eigene Pläne angesichts widriger Umstände durchsetzen zu können, oder auch als selbstmindernde Demutsbezeugung vor Gott.[107] Nur für Moses Frage in Ex 3,11 nimmt Schiffner an, dass hier echter Selbstzweifel des Sprechenden ausgedrückt werden soll.[108] Zwar legt der Kontext dies zumindest nahe, aber ob ursprünglich tatsächlich Moses Zweifel an seiner Qualifikation für den göttlichen Auftrag gemeint war, oder ob die Wendung eher eine feste narrative bzw. literarische Funktion innerhalb einer bestimmten Gattung (hier: der Berufung) hatte, ist zu bedenken. Da biblische Berufungsgeschichten jedoch i. d. R. einen Einwand formulieren, der als Fingerzeig auf die göttliche Vollmacht zur Amtseinführung fungiert und die Eigenbestrebung zu

104 Die in individuellen und kollektiven Klageliedern wiederkehrenden, an Gott gerichteten Fragen (im Sinne von „Warum?", „Wie lange?") spiegeln nach Jeremias, Theologie, 36f, „keinen intellektuellen Zweifel" wider, wohl aber „einen Zweifel *aus* dem Glauben".

105 Das Gattungselement des ‚Einwandes' wird in der einschlägigen Literatur häufig als ‚Zweifel' verstanden, vgl. Kreuzer, Frühgeschichte, 97; Levin, Jahwist, 331; Stuhlmacher, Theologie 1, 215, u. v. m. Jeremias, Theologie, 99, spricht von einem „legitimen Zweifel", der (vgl. ebd., Anm. 63) von Gott mit einem Zeichen begegnet werde, um zu zeigen, dass die „Berufung kein kühnes Glaubenswagnis ist".

106 Ex 3,11; 1Sam 18,18; 2Sam 7,18; 1Chr 17,16; 29,14; LXX zusätzlich Jdt 12,14[LXX]. Im Hebräischen stehen für diese Frage die Wendungen מִי אֲנִי und מִי אָנֹכִי (כִּי).

107 Vgl. K. Schiffner, „Wer bin ich, dass ich …?!" (Ex 3,11) – fragende Annäherung an eine (rhetorische?) Frage zwischen Selbstzweifel und Inszenierung, in: K. Schiffner/S. Leibold u. a. (Hg.), Fragen wider die Antworten, Gütersloh 2010, 222–239.

108 Vgl. Schiffner, Annäherung, 227.

der entsprechenden Position negieren soll,[109] ist m. E. eher unwahrscheinlich, dass Ex 3,11 als Ausdruck eines Selbstzweifels zur Veranschaulichung der individuellen Gefühlslage des Moses intendiert war.

Zu erwarten wäre, dass der Zweifel oder Formen menschlicher Zerrissenheit im Kontext der Frage nach Gottes Gerechtigkeit zum Thema gemacht werden. Bot der sog. Tun-Ergehen-Zusammenhang scheinbar über eine lange Zeit hinweg eine ausreichende Erklärung für die Erfahrung von Heil und Unheil, wurde er später zunehmend problematisiert. Insbesondere das Hiobbuch und Kohelet reflektieren die Inkongruenz zwischen Tun und Ergehen und bieten alternative Wirklichkeitsbewältigungsstrategien an.[110] An der Existenz Gottes wird weiterhin festgehalten; auf dem Prüfstand steht indes das traditionelle Gottesbild mitsamt der Vorstellung göttlicher Nähe und Gerechtigkeit. So können die vorbehaltslosen Fragestellungen und Nichtigkeitsformeln aus moderner Perspektive zwar durchaus als ‚Zweifel' oder ‚Skepsis' gedeutet werden,[111] aber entsprechende explizite Terminologie scheint zu fehlen. Gerade wo die traditionelle biblische Weisheit zu Aporien führen kann, wo z. B. der Zusammenhang von eigenem Verhalten und daraus resultierender Konsequenzen als nicht mehr selbstverständlich wahrgenommen wird, wäre aus heutiger Sicht mit Begrifflichkeit für psychische Dissonanzen zu rechnen. Die hebräische Bibel geht indes andere Wege.[112]

---

109 Vgl. dazu z. B. A. Schart, Art. Berufung/Berufungsbericht (AT), in: Das wissenschaftliche Bibellexikon im Internet (http://www.bibelwissenschaft.de/stichwort/15008/, abgerufen am 16. 11. 2015).

110 Vgl. G. Freuling, Tun-Ergehen-Zusammenhang, 156–214.231-267, geht in Bezug auf das Hiobbuch von einer Überwindung des Tun-Ergehen-Zusammenhangs aus, in Bezug auf Kohelet von einer Relativierung desselben. In hellenistischer Zeit setzt sich auch die Weisheit Salomos mit grundsätzlichen Infragestellungen eines „gerechten", von vorbehaltlosem Vertrauen auf JHWH getragenen Lebens auseinander: U.a. Unterdrückung, Kinderlosigkeit und früher Tod werden in SapSal 3–4^{LXX} zum Thema.

111 Vgl. K.J. Dell, The Book of Job as Sceptical Literature, Berlin u. a. 1991; H.M. Wahl, Zweifel, Freude und Gottesfurcht als Glaubensgewissheit. Zum aspektivischen Denken Kohelets, ThZ 56/1 (2000), 1–20; H. Reventlow, Skepsis und Klage. Zur Komposition des Hiobbuches, in: A. Graupner et al. (Hg.), Verbindungslinien. FS f. W.H. Schmidt zum 65. Geb., Neukirchen-Vluyn 2000, 281–294; A. Schmitt, Skepsis, Bedrängnis und Hoffnung in Weish 1,16–2,24: „Und danach werden wir sein, als wären wir nie gewesen" (Weish 2,2), BiKi 52 (1997), 166–173, u. v. m.

von Rad, Theologie, 467, hat betont, die spezifische Form der Skepsis, die sich im Alten Israel herausbildete, habe keinesfalls zum Zweifel an der Existenz und Macht JHWHs geführt; es gehe vielmehr um den Zweifel an der Bereitschaft zur Intervention Gottes in die Geschichte oder das Leben Einzelner.

112 Analoges gilt auch für alttestamentliche Aussagen, in denen Ansichten eines praktischen Atheismus zur Sprache gebracht werden, wie beispielsweise in Psalm 14 (vgl. dazu z. B. Fohrer, Grundstrukturen, 143, der das Thema von Ps 14 als „Zweifel an [Gottes] Existenz überhaupt" bestimmt). Auch hier fehlt explizites Vokabular zur Bezeichnung von Zweifels- oder Dissonanzerfahrungen.

Summa summarum lässt sich festhalten, dass Aussagen biblisch-hebräischer Schriften, die aus heutiger Perspektive von außen nicht einsehbare Dissonanz- und Zweifelserfahrungen suggerieren, nicht in entsprechend explizite Terminologie gekleidet werden. Dass allerdings ambivalentes Erleben im Inneren des Menschen wahrgenommen und beschrieben werden konnte, zeigen Belege im Hohelied (Hhld 2,5; 5,8), wo die Wurzel חלה (*ḥlh*) im übertragenen Sinn verwendet wird, um die Wendung „krank vor Liebe" zum Ausdruck zu bringen. Nach S. Paganini verweist diese Formulierung auf eine „innere Sehnsucht und Spannung".[113] Dennoch verbalisiert die hebräische Bibel keine Entscheidungsunsicherheit, innere Gespaltenheit, oder gar spannungsgeladene Zerrissenheit des Menschen,[114] jedenfalls nicht mithilfe von Ausdrücken, die unzweideutige, prägnante Äquivalente für derartige individuell erfahrbare Innenphänomene darstellen. Aus biblisch-hebräischer Perspektive steht eher das strikte Entweder-Oder von göttlichem Willen und Frevel im Vordergrund. Alles mit Gott zu Assoziierende wird dabei als gesund, heil, vollkommen oder gerade verstanden, alles, was davon abweicht hingegen als ungerade, krumm und frevlerisch. Wer sich für widergöttliche Verhaltensweisen bzw. den falschen Lebensweg entscheidet, soll idealiter zu Gott zurückkehren. Die Umkehr steht jedem Menschen genauso frei, wie die Wahl der handlungsleitenden Grundsätze und Maßstäbe, wenngleich von jeglichem Verhalten, das dem göttlichen Willen nicht entspricht, eindringlich abgeraten wird.

4. Zur Umkehr als normativer Entscheidung und Bewältigung unangemessenen Verhaltens

Biblisch-hebräische Forderungen zur Umkehr setzen das Bewusstsein voraus, dass sich Menschen von Gott entfernen, aber auch zu ihm zurückkehren können.[115] Dabei erfordert Umkehr eine bewusste Entscheidung, und zwar für die Option einer ganzheitlichen Ausrichtung an Gottes Willen und gegen die Option eines gottfernen Lebens. Man kann sie auch als normative Re-Orientierung verstehen, die innerhalb eines und desselben Überzeugungssystems vollzogen wird.[116] Bei der Umkehr geht es um die Neuverwirklichung bereits

---

Irvine, Note, 465 Anm. 13, zufolge begegnet in Ps 12, der Ps 14 in thematischer und struktureller Hinsicht ähnlich ist, mit V. 5 eine implizite Leugnung der Zuständigkeit Gottes für menschliche Angelegenheiten. Insofern sei dieser Gedanke mit den Äußerungen des praktischen Atheismus in Ps 14,1.4 vergleichbar.

113 Paganini, Krankheit, 294.

114 Vgl. Di Vito, Anthropologie, 141 f.

115 Vgl. Theissen, Heft, 4.

116 G. Theißen hat vorgeschlagen, H. Thomaes Unterscheidung zwischen normativen und existentiellen Entscheidungen bzw. Konflikten auf Umkehr und Bekehrung anzuwenden.

verinnerlichter Werte und Normen der Person, um die Forderung, „das Gottesverhältnis wiederherzustellen", wobei die Überahme von Verantwortung für das verkehrte Handeln in der Vergangenheit seitens der betroffenen Person bzw. Personengruppe impliziert ist.[117]

In entsprechenden Schriften der hebräischen Bibel verlangen die Propheten vom ganzen Volk eine solche Neuausrichtung, die anfangs eher als Hinwendung zu Gott denn als Rückkehr zu ihm zu deuten ist.[118] Im Hinblick auf hereinbrechende Katastrophen rufen sie eindringlich zur Umkehr auf. Hier geht es um die „Um-Wendung des Menschen (...) hin zum Wandel vor dem lebendigen Gott".[119] Vorexilisch begegnet dies als Forderung nach kollektiver Umkehr, als Lamentation über eine verpasste Chance, wie im Refrain des Amos (Am 4,6–11) deutlich wird: „Dennoch bekehrt ihr euch nicht zu mir!"[120] Jeremia kleidet den Abfall Israels in eherechtliche Sprache, wenn er davon spricht, dass das Volk Gott verlassen habe wie eine untreue Ehefrau ihren Ehepartner (vgl. Jer 3,1).[121] Allerdings sind diese negativen Aussagen bezüglich der Umkehrmöglichkeit nicht derart absolut zu interpretieren, wie es auf den ersten Blick scheint, da Gott Israel eine zweite Chance gibt, zu Gott zurückzufinden.[122] Die geforderte Umkehr muss allerdings ‚aus ganzem Her-

---

Demnach wäre eine normative Re-Orientierung eine „Umkehr", eine existentielle Umorientierung eine „Bekehrung". Vgl. Theissen, Heft, 4; Theissen, Aspekte, 259–262; H. Thomae, Konflikt, Entscheidung, Verantwortung. Ein Beitrag zur Psychologie der Entscheidung, Stuttgart et al. 1974, 120–158. Auch Wolff, Umkehr, 134, betont, es gehe bei der Umkehr (in der atl. Prophetie) in erster Linie um die personale *„Rückkehr* in das *ursprüngliche* Jahweverhältnis" (Hervorhebungen von mir, A.N.).

117 O.V., Art. Umkehr/Reue, in: Das wissenschaftliche Bibellexikon im Internet (https://www.bibelwissenschaft.de/stichwort/33722/, abgerufen am 03.01.2016).

118 Vgl. Theissen, Erleben, 206.

119 März, Art. Umkehr I., LThK^3 10 (2001), 364. Vgl. dazu z.B. Am 8,2; Jes 6,10; 9,12f; Hos 2,8.

120 Übers.: Lutherbibel 1984. Hosea bestimmt böse Taten als Grund für die Aussichtslosigkeit auf Umkehr, vgl, Hos 5,4. Umstritten ist, ob die Redaktoren des Amosbuchs die Unmöglichkeit der Umkehr nach eingetroffener Katastrophe rückwirkend behauptet haben, oder ob sie im Blick auf ihre eigene Gesellschaft die Möglichkeit zur Umkehr betont haben. Vgl. Theissen, Erleben, 206; Ders., Heft, 4.

121 Auch im Jakobusbrief begegnet entsprechende Metaphorik im Kontext einer Umkehrforderung. Die getadelten ‚Zweiseeler' (δίψυχοι; vgl. Jak 4,8) erscheinen im näheren kontextuellen Umfeld als ‚Ehebrecher' (μοιχαλίδες, vgl. Jak 4,4) adressiert. Vgl. dazu S. 435 dieser Arbeit. Sowohl Ezechiel als auch Jeremia verweisen auf die zukünftige grundlegende innere Verwandlung, wenn sie von der Hoffnung auf Substituierung des steinernen Herzens durch ein Herz aus Fleisch sprechen (vgl. Ez 36,26f; 11,19; Jer 24,7. Zum steinernen Herz siehe z.B. Wolff, Anthropologie, 95). Ein neues Herz und ein neuer Geist soll die Menschen in ihrem Wesen verändern. Ezechiel verheißt Leben im Fall der Umkehr, Jeremia betont stärker den neuen Bund als Internalisierung der alten Gesetze, die sich im Herzen vollzieht, vgl. Ez 18,31; Jer 31,31–34.

122 Vgl. Theissen, Erleben, 206.

zen' erfolgen, was Trug und Heuchelei ausschließt.[123] Sie muss einer Prüfung standhalten können.[124]

Auch in Bezug auf die Umkehr zeigt sich die Außenperspektive alttestamentlicher Narration, insofern der erneute Entschluss zur ganzheitlichen Ausrichtung auf Gott nach begangenem Fehlverhalten metaphorisch als äußerlich sichtbare Handlung umschrieben wird: Der Einzelne muss auf dem fälschlicherweise eingeschlagenen Weg eine radikale Kehrtwendung vollziehen.[125] Dieses Umkehren wird nötig, wenn sich der Mensch falsch verhält, indem er z. B. fremde Götter verehrt, den Bund mit Gott bricht, ein doppeltes Herz aufweist oder auf dem ‚krummen' Weg wandelt. Alle unangemessenen Verhaltensweisen, die eine derartige Kurskorrektur erfordern, sind ebenfalls als von außen beobachtbare Handlungen beschrieben – die zur Sünde führenden Neigungen im Inneren der Person, d. h. das, was wir in moderner Terminologie als psychologische Dispositionen oder Auslöser bezeichnen, werden hingegen nicht thematisiert.

123 Vgl. Jer 3,10; 29,13; Joel 2,12.

124 V.a. der Deuteronomist verlangt den aufrichtigen Willensentschluss für und die ungeheuchelte Umkehr zu JHWH ‚von ganzem Herzen', vgl. Wolff, Anthropologie, 94f.98.

125 Ein neuer Akzent kommt in der hellenistischen Zeit zu dem Erlebens- und Verhaltensmodell der Umkehr hinzu: Die Wiederherstellung des Gottesverhältnisses wird individualisiert, der Blick nach ‚innen' wird wichtig. Dies zeigt sich v. a. in dem verwendeten griechischem Vokabular, das den kognitiven Aspekt der Neuausrichtung betonen kann, nämlich u. a. den Lexemfamilien μετανοέω κτλ. (‚um*denken*', ‚nachher *erkennen*' z. B. Weish 11,23; Mt 3,2.8; 11,20), μεταμέλομαι (‚bereuen' z. B. 2Kor 7,10; Mt 21,32). Vgl. dazu auch S. 462 dieser Arbeit. Zur Umkehr in biblischer Tradition siehe Behm/Würthwein, Art. νοέω κτλ., ThWNT 4 (1942), 972–1016.

Eine Analogie der griechischen Philosophie zu dem Verhaltensmodell der Umkehr kann in Platos Höhlengleichnis gesehen werden, wo eine Umwendung vom Irrtum zur Wahrheit gefordert wird (Plato, rep. 514a–521b). Den eigenen philosophischen Erkenntnisgewinn charakterisiert Plato als plötzliches Seelengeschehen, „wie wenn ein Licht sich an einem flackernden Feuer entzündet." (Plato, epist. 341c–d; vgl. auch ebd. 340b). Der Kontakt mit vorher unbekannten Personen kann zu einer als nahezu existentiell zu bezeichnenden Neuorientierung führen, wie sich an Alkibiades im Symposion zeigt: Plato lässt ihn seine Empfindungen beschreiben, die Sokrates Weisheit in ihm evoziert hat: „So wie ich war, schien mir das Leben unerträglich." (Plato, symp. 215e).

5. Wie lässt sich das Fehlen eindeutiger hebräischer Äquivalente für innere Dissonanz- oder Zweifelsphänomene im Alten Testament erklären?

Begibt man sich sodann auf die Suche nach Artikulationen innerer Zerrissenheit, nach Dissonanzerfahrungen bzw. dem Zweifel oder inneren Konflikten in Texten der hebräischen Bibel, gelangt man bald zu der Einsicht, dass sich eine solche heuristische Fragestellung als Sackgasse erweist. Vorstellungen intrapersonaler Dissonanz, wie sie in der paganen griechischen Antike, in den Qumran-Schriften oder im Frühchristentum thematisiert werden, finden im Tanach nirgends markant greifbar Erwähnung.[126] Auch vorwiegend kognitive Dissonanzen werden nicht zum Thema gemacht oder expliziert.[127] Diese lexikalische Leerstelle im belegbaren biblischen Hebräisch mag einen Erklärungsansatz dafür liefern, weshalb der Zweifel in einschlägigen theologischen Nachschlagewerken und exegetischen Untersuchungen fehlt.[128] Daraus folgt indes nicht logisch unabdingbar, dass die israelitische Kultur das entsprechende Phänomen nicht kannte, denn man kann ja auch „von einer Sache zwischen

---

126 In Bezug auf das *Gottesverhältnis* konstatiert auch F.G. Untergassmair, Art. Zweifel, NBL 3 (2001), 1230: „Z[weifel] als exakte Begrifflichkeit für ein Phänomen, das eine zweifelnd-ablehnende Haltung des Menschen Gottes Wort und Verheißung gegenüber beinhaltet, gibt es im AT noch nicht."

Allerdings ist mit dem (selten thematisierten) ‚Zögern' ein Handlungsaufschub erwähnt, der innere Unsicherheit über das nachfolgende Verhalten suggeriert (siehe oben in diesem Kapitel). Sofern Hos 10,2 auf den Aspekt der ‚Geteiltheit' der Herzen abzielt, dann bezieht sich diese in jedem Fall nicht auf eine Einzelperson, denn das mit dem ‚Herzen' verbundene Suffix zeigt die Pluralform an. Zudem wird aus dem Kontext nicht klar, worin diese etwaige Gespaltenheit bestehen soll. Dass Israel zwischen den Fremdgöttern und JHWH innerlich zerrissen sein könnte, kommt in Hos 10 nicht zum Ausdruck. Die Geteiltheit lässt sich auch anders deuten: Das Herz als Zentrum der Gottesbeziehung könnte auch wie die Steinmale und Altäre als geteilt im Sinne von ‚zerstört' zu denken sein, denn mit den Götzenbildern hat Israel den Bund gebrochen.

127 In Bezug auf die Septuaginta ist es ebenfalls wenig ertragreich, bei griechischen Ausdrücken anzusetzen, die in frühchristlichen Texten Gespaltenheit, Unsicherheit oder Zweifel zum Ausdruck bringen: In der LXX finden sich für beinahe alle entsprechenden Lexeme so gut wie keine Belege. Vgl. Kap. VI dieser Arbeit; siehe auch Altmann, Doubt, 65.

128 Während in RGG und ABD kein Eintrag zum Zweifel existiert, behandelt die TRE diesen zwar, aber nur aus systematischer und praktisch-theologischer Perspektive. (Vgl. Beiner/Bieler, Art. Zweifel, TRE^3 36 [2004], 767–776). Eine Ausnahme stellt auch dar T. Krüger, Art. Zweifel (Z.), in: A. Berlejung/C. Frevel (Hg.), HGANT^2, 2009, 435–437. Allerdings werden nur implizite Belege des Zweifelsphänomens genannt. Der Zweifel ist auch nicht als Stichwort aufgeführt im deutsch-hebräischen Wörterverzeichnis von Donner (vgl. Gesenius, Handwörterbuch, 18. Aufl. [2012] Supplementband), wenngleich dieser Index ausdrücklich nicht auf Vollständigkeit angelegt ist.

den Zeilen reden oder die Sache ‚hinter' etwas oder in anderen Zuständen, als sie uns bekannt sind, entdecken."[129]

Welche Gründe könnten indes verantwortlich dafür sein, dass es im biblischen Hebräisch keine expliziten Äquivalente für innere Dissonanzen, Gespaltenheit, Zweifeln etc. gibt? Im Folgenden werden zur Annäherung an diese semantische Leerstelle einige Vermutungen angestellt, die hypothetisch bleiben müssen, keinesfalls Vollständigkeit beanspruchen und sich lediglich als Ansätze für weiterführende Überlegungen verstehen.

Das Fehlen expliziter Ausdrücke für den Zweifel oder anderer Formen innerer Konflikte könnte in dem Tradierungsprozess biblisch-hebräischer Texte begründet sein. Denn für viele dieser Texte ist von sehr lange dauernden Verbesserungs- und Ausgestaltungsprozessen auszugehen, die jene ursprünglich mündlich überlieferten Erzählungen durchlaufen haben, bevor sie schriftlich niedergeschrieben wurden. Eine Erzählung, die mündlich überliefert und vorgetragen wird, verfolgt jedoch zumeist ganz andere Interessen als ein schriftlicher Text und unterscheidet sich zudem in den Voraussetzungen, die zur Weitergabe des Inhalts gegeben sein müssen. Beispielsweise eignen sich jene Geschichten besser zum mündlichen Erzählen, die sich auf die Handlung(en) konzentrieren und sich nicht in langen inneren Monologen oder detaillreichen Beschreibungen verlieren. Sie haben so für die Hörer nämlich einige Vorteile: Zuhörer verlieren den roten Faden einer Geschichte nicht, die Reduktion auf Handlungsabfolgen steigert die Spannung. Das Auslassen von Beschreibungen des Innenlebens einer Figur kann außerdem dazu beitragen, dass die Hörer sich an der Gestaltung der Erzählung beteiligen können, indem sie ihre eigenen Erfahrungen eintragen oder selbst zum Nachdenken über Handlungsmotive der Erzählcharaktere angeregt werden. Bei der schriftlichen Fixierung solcher Geschichten kann es dann dazu kommen, dass die mündliche Version (bzw. mündliche Erzählvariante) in einer Form festgehalten wird, die Darstellungen des Innenraums oder Skizzen innerer Monologe nicht enthält. Selbstverständlich wäre vor dem Hintergrund weiterer Redaktionsprozesse denkbar, dass derartige Innenbeschreibungen nachträglich eingefügt wurden. Dennoch führt auch diese Spur ins Leere: Innere Konflikte scheinen entweder nicht primär zu den erzählerischen Absichten des alten Israels gehört zu haben. Oder sind entsprechende Formulierungen womöglich auf einer gewissen Stufe der Textredaktion getilgt worden?

Das Fehlen expliziter Dissonanz- oder Zweifelsterminologie könnte auch mit den Besonderheiten der hebräischen Sprache im Zusammenhang stehen. Eine solche Besonderheit des semitischen Sprachraums stellt der Merismus dar, der in Prosa und Poesie Verwendung fand. Als Merismus („Teilung", „Zergliederung") bezeichnet die Sprachwissenschaft eine Sonderform der rhe-

129 Wagner, Mensch, 81.

torische Figur der Synekdoche, die eine Gesamtheit anhand von zwei meist konträren Komponenten ausdrückt, wobei dieses Wortpaar auf etwas Umfassenderes als die Addition der Oppositionsbegriffe Bezug nimmt.[130] Was wir heute als Gegensatz auffassen würden, kann im biblischen Hebräisch demnach eine Einheit implizieren. Ein Beispiel findet sich bereits im ersten Satz der Bibel, wenn Gottes Schöpfung von „Himmeln und Erde" (Gen 1,1) für dessen Erschaffung des ganzen Universums steht. Und auf die gesamte Erde kann beispielsweise verwiesen werden, indem „das Meer und das Trockene" genannt werden (Jon 1,9). Wenn nun der Zweifel als ein Wort, als expliziter Terminus, nirgends in der hebräischen Bibel zu finden ist, könnte daher zunächst vermutet werden, dass das zugehörige Konzept im Hebräischen durch die Zusammenstellung zweier gegensätzlicher Ausdrücke Erwähnung findet. Bei der Durchsicht der Zusammenstellung semitischer meristischer Topoi von J. Krašovec sowie der umfangreichen Materialsammlung der im Tanach durch waw zusammengestellten nominalen, hauptsächlich zweigliedrigen Wendungen von B. Hartmann zeigt sich jedoch, dass Merismen im Hebräischen i. d. R. anhand von Konkreta, von (moralischen) Qualitäten oder beobachtbarer Handlungen und Vorgängen dargestellt werden.[131] Von außen uneinsehbare Vorgänge im Inneren des Menschen oder gar konträre Gedanken einer Person hingegen werden nicht durch meristische Wendungen zum Ausdruck gebracht. Das Phänomen des Zweifels wird durch die rhetorisch-stilistische Figur des Merismus in Schriften der hebräischen Bibel also offenbar nicht erfasst.

Dass es für Phänomene innerer Zerrissenheit keine spezifischen Ausdrücke im Tanach gibt, könnte auch an derjenigen Besonderheit des alttestamentlichen Verständnisses liegen, das die Funktionalität oder Wirkung einer Sache betrachtet, sich auf die Form oder das Aussehen hingegen nicht konzen-

---

130 Die Nicht-Gleichsetzung bzw. Unterscheidung der beiden Binärbegriffe kann jedoch zugleich intendiert sein. Krašovec, Merismus, 3, beschreibt das Charakteristische dieser rhetorisch-stilistischen Figur wie folgt: „Beim Merismus ist (…) wichtig, dass die Termini aufgezählt und eventuell entgegengesetzt werden, mehr aber noch, dass sie durch einen gemeinsamen Aspekt zusammengebracht werden können, wie etwa durch den kosmisch-geographischen Aspekt, durch Qualitäten, Aktivitäten usw. Der Merismus drückt also eine Ganzheit, eine Totalität aus. Dadurch wird die symbolische Gegebenheit des Merismus evident: Die einzelnen Termini besitzen nicht eine realistische Bedeutung, sondern stehen symbolisch-stellvertretend für die gesamte Realität oder Gattung einer gegebenen Ebene." Eine gute Definition des Merismus fndet sich z. B. bei Honeyman, Merismus, 13f: „Merismus, which is a figure of speech akin in some respects to synecdoche, consists in detailing the individual members, or some of them – usually the first and last, or the more prominent – of a series, and thereby indicating either the genus of which those members are species of or the abstract quality which characterises the genus and which the species have in common."

131 Vgl. J. Krašovec, Der Merismus im Biblisch-Hebräischen und Nordwestsemitischen (BibOr 33), Rom 1977, bes. 73–158; B. Hartmann, Die nominalen Aufreihungen im Alten Testament, Zürich 1953.

triert.[132] Weil Erkenntnis im Alten Orient grundsätzlich anders als in der griechisch-europäischen Tradition organisiert ist, begegnen in biblisch-hebräischen Schriften keine systematischen Erörterungen oder philosophisch-reflexiven Begriffsbestimmungen.[133] In der hebräischen Sprache der Bibel gibt es scheinbar auch keine Trennung zwischen dem menschlichen Denken, und der Umsetzung des Gedankens in eine Handlung,[134] so dass der Zweifel als Zwischenstufe zwischen gedanklicher Vorstellung und Handlungsausführung schon aufgrund dieser nicht vorgenommenen Differenzierung fehlen könnte. In der Regel sind Abstrakta im biblischen Hebräisch nicht ohne jeweils dazugehörige Konkreta benannt (z. B. Macht – Hand),[135] und der kognitive Akt des Denkens wird durch die Wendung „Sprechen im Herzen" (z. B. Ps 14,1) zum Ausdruck gebracht. Wenn schon die abstrakte Aktivität des Denkens umschrieben werden muss, weil ein exakter Begriff dafür im Hebräischen nicht vorhanden ist,[136] wie soll es dann erst ein Lexem für den Zweifel geben können?

Ähnliche Anfragen ergeben sich auch aus dem Faktum, dass es im biblischen Hebräisch weder einen einheitlichen, noch einen umfassenden Terminus technicus für das gibt, was wir mit ‚Glaube/glauben' zum Ausdruck bringen wollen. Zwar ist im Tanach vom Glauben als einer die Gottesbeziehung begründenden Haltung vergleichsweise selten die Rede, aber die Relevanz des Gehorsams und Vertrauens dem einen Gott gegenüber, insbesondere als Antwort auf dessen Wort und Tat, ist auch ohne entsprechende Terminologie erkennbar.[137] Sofern der Glaube begrifflich gefasst wird, greifen Verfasser zumeist auf die Wurzel אמן (*'mn*), ‚fest/sicher/zuverlässig sein', zurück, um die Verankerung in Gott und seinem Wort als verlässlichen Halt zu betonen. Als semantische Opposition begegnet daher auch nicht in erster Linie der Unglaube, sondern die Haltlosigkeit bzw. das Fehlen einer sicheren Lebensgrundierung. Im Gegensatz zur Moderne erscheint die Überzeugung von Gottes

132 Vgl. Schroer/Staubli, Körpersymbolik, 21: „Das semitische Denken ist, was sich in Sprache und Bildkunst gleichermaßen zeigt, niemals an Formen, Aussehen und Perspektiven orientiert, sondern immer an der Dynamis, an der Wirkung, die etwas hat."

133 Vgl. dazu Wagner, Mensch, 79.

134 Vgl. Hirsch, Rabbinic Psychology, 66.

135 Vgl. Schroer/Staubli, Körpersymbolik, 21.

136 Das Hebräische kennt alledings eine ganze Reihe an Ausdrücken, die ‚an etwas denken', ‚gedenken' etc. bedeuten können. Aber zumeist tragen die entsprechenden Wurzeln sinnliche oder intentionale Konnotationen. Vgl. z. B. Janowski, Anthropologie, 79. Pedersen, Israel, 106.126f hat betont, dass dem biblischen Denken theoretisch-abstrakte Reflexionen fremd seien; Denken sei von seinem praktischen Bezug nicht zu trennen und meine, eine Ganzheit zu erfassen.

137 Vgl. Seckler/Berchthold, Art. Glaube, NHThG^2 2 (1991), 232f; R. Brandscheidt, Art. Glauben (AT), in: Das wissenschaftliche Bibellexikon im Internet (https://www.bibelwissenschaft.de/stichwort/19652/, abgerufen am 10.04.2015).

Existenz und Treue indes als Selbstverständlichkeit,[138] weshalb damit korrespondierende Zweifelsbekundungen in biblisch-hebräischen Texten kaum zu erwarten sind. Während in heutiger Zeit eine Tendenz zur Wertschätzung des Infragestellens und der Skepsis zutage tritt, scheint die israelitische Tradition den Glauben im Sinne von Vertrauen und Gehorsam gegenüber göttlichen Willensbekundungen und Verheißungen zu würdigen, weshalb insbesondere Abraham als Vorbild für Frömmigkeit skizziert wird. Allerdings kennt die biblische Tradition den Ungehorsam, den das Volk Israel auf der Wanderung in das verheißene Land demonstriert. Vor allem im Topos des Murrens gegen die göttlichen Mittlerfiguren wird diese Widerspenstigkeit narrativ aus Perspektive eines auktorialen Erzählers entfaltet.[139] Von inneren Dissonanzen ist in entsprechenden Zusammenhängen nicht die Rede. Dies könnte mit der Annahme zusammenhängen, dass man damals die Beziehung zu seinem Denken anders wahrnahm, als wir das heute tun: Statt modernes Begriffsdenken dominiert im Hebräischen der Bibel eher die Bildersprache.[140] Diese auf Konkreta, nicht Abstrakta, fokussierende Darbietungsweise, die per se das Potential zur Mehrdeutigkeit birgt, ist freilich auch der dominierenden Textsorte in der hebräischen Bibel geschuldet: Da es sich weitgehend um erzählende Texte handelt, denen zudem häufig ein Dialogcharakter eignet, könnte man auch vermuten, dass das Phänomen des Zweifelns in einem Frage-Antwort-Schema bzw. in der Darstellung divergierender Sichtweisen auf ein und denselben Sachverhalt zur Sprache gebracht wird. Selbst wo dies der Fall sein könnte, ist jedoch darauf zu achten, dass nicht moderne Vorstellungen in die biblischen Texte eingetragen werden.

In Schriften der hebräischen Bibel gibt es auch keine Belege für einen inneren Widerstreit zwischen Wissen und Wollen, wie er häufig als Grundlage für Röm 7,15–19 im Besonderen oder für das in der griechischen Philosophie diskutierte Phänomen der Akrasia im Allgemeinen, d. h. des Handeln gegen

---

138 Vgl. R. Brandscheidt, Art. Glauben (AT), in: Das wissenschaftliche Bibellexikon im Internet (https://www.bibelwissenschaft.de/stichwort/19652/, abgerufen am 10.04.2015).

139 Vgl. z. B. Ex 15,24; 17,3; Num 14,2.27.36; Jos 9,18. Zu den Murr-Erzählungen siehe G.W. Coats, Rebellion in the Wilderness. The murmuring motif in the wilderness traditions of the Old Testament, Nashville/New York 1968; D. Frankel, The Murmuring Stories of the Priestly School. A Retrieval of Ancient Sacerdotal Lore (VT.S 99), Leiden u. a. 2002. Siehe dazu auch S. 218 in diesem Kapitel.

140 Vgl. J. Krispenz, Art. Bildworte/Bildreden (AT), in: Das wissenschaftliche Bibellexikon im Internet (https://www.bibelwissenschaft.de/de/stichwort/15369/, abgerufen am 22.11.2015).

die bessere Einsicht, angenommen wird.[141] Auf diese fehlende „dramatische Zerrissenheit" hat R. Di Vito hingewiesen:[142]

> „Tatsächlich finden wir gerade das Gegenteil, insofern nämlich die Unterscheidung zwischen Wissen und Willen zumeist nicht eine ist, die sprachlich explizit gemacht würde. Demzufolge wird šm̂ im Alten Testament sowohl für ‚hören' als auch ‚gehorchen' gebraucht, und jd̂ sowohl für ‚wissen' als auch für ‚wählen'. Mit einem Wort: Jeremia mag sich bitter beklagen über sein Los als Prophet, indem er Gott vorwirft, er habe ihn ‚getäuscht' und ‚verführt', ja ‚überwältigt' (Jer 20,7a), aber seine Klage erreicht in all ihrer Bitterkeit doch nie den Punkt, an dem Jeremia seine Frustration als ‚Selbst-Konflikt' oder ‚Selbst-Zweifel' erfährt.[143] Seine Anklage richtet sich schließlich nicht an ihn selbst oder liegt gar innerhalb seiner selbst, wie die Zwischenüberschrift der NAB für 20,7–18, ‚Jeremia's Interior Crisis', irrtümlich suggeriert. Vielmehr richtet sich seine Klage schlicht an seinen Gott. Es ist nicht Jeremias Botschaft, die in 20,7–9 in seiner Brust zerbirst, sondern das Wort JHWHs selbst."[144]

---

141 Der Jakobusbrief bestimmt die Nichtumsetzung des Guten als Sünde (Jak 4,17). Zum Akrasia-Phänomen siehe S. 93.124–127.154–157, zu Jak 4,17 und Röm 7 S. 425ff in dieser Arbeit.

142 Für Di Vito, Anthropologie, 141.146, hängt das Vorhandensein innerer Konflikte „von einer Vorstellung von Innerlichkeit und Introvertiertheit ab, wie sie (...) mit der Herausbildung des modernen Selbstverständnisses grundlegend verbunden ist." Zwar gäbe es im Hebräischen Wörter für den menschlichen Innenraum, aber dem Tanach gehe es dabei in erster Linie um das nicht nach außen Sichtbare, das anderen Augen verborgen bleibt, und weniger um eine Beschreibung „innerer Tiefen" wie sie in der Neuzeit postuliert werden, die dem Menschen gar nicht bewusst wären und erst entdeckt werden müssten. Allerdings existieren schon im Alten Testament einige Aussagen, die darauf hinweisen, dass der Mensch sich nicht allem bewusst ist, was in seinem Inneren vorgeht, vgl. Jer 17,9^{LXX} und Theissen, Menschenbild, 282. Zwar ist mit K. Neumann, Blick, 301, auch noch für das Neue Testament und seine Umwelt davon auszugehen, dass zeitgenössische Aussagen über das ‚Selbst' in „kollektivistischen" Diskursen zu verorten sind (wo das Individuum also der Gruppe untergordnet ist), aber schon Paulus kennt, wenn man so will, ‚innere Tiefen', und zwar in dem Sinne, dass er von etwas ‚Verborgenem' in sich selbst spricht (1Kor 4,3–5), „das eindeutig seiner Selbstreflexion entzogen ist, aber das dennoch von Gott gesehen wird." (Theissen, Menschenbild, 282). P. von Gemünden, Affekte, 321, hat darauf hingewiesen, dass es auch in der frühchristlichen Schrift ‚Der Hirt des Hermas' „Ansätze zu einer Tiefendynamik [gibt], die von einem weiteren Schritt hin zur Introspektion zeugt: Im Menschen werden Affekte lokalisiert, die diesem gleichwohl nicht gänzlich bewusst sind und die er folglich nicht völlig im Griff hat." Der Bewusstmachung „unbewusster" Anteile im Menschen bei Paulus und Hermas entspricht dann auch, dass die „dramatische Zerrissenheit" (die in biblisch-hebr. Texten noch zu fehlen scheint) in frühchristlicher Zeit anschaulich beschrieben werden kann (vgl. v. a. Röm 7) bzw. in expliziten Ausdrücken zur Sprache gebracht wird (vgl. die ausgesprochen häufig belegte Wortfamilie δίψυχος κτλ. im Pastor Hermae; dazu auch S. 376 und 589f dieser Arbeit).

143 Di Vito, Concept, 63, resümiert: „(...) even Jeremiah's impassioned complaints fail to provide a biblical analogy to modernity's tortured self-conflicts."

144 Di Vito, Anthropologie, 141f.

Wenn im hebräischen Denken aus dem Hören das Gehorchen folgt, aus dem Wissen das Wählen, dann erinnert dies durchaus an die sokratischer Auffassung des Tugendwissens einerseits und die in einigen stoischen Kreisen offenbar verbreitete Auffassung andererseits, nach denen der Mensch, wenn er Einsicht in das Gute hat, auch danach handelt. Schon in entsprechenden philosophischen Texten ist vom Zweifel nicht die Rede. Die eben genannten Beispiele aus dem hebräischen Vokabular, bei denen zwischen für uns heute als separat aufzufassenden Konzepten nicht unterschieden wird (wie z. B. hören und gehorchen), können durch weitere Beispiele ergänzt werden.[145] Immer wieder zeigt sich dabei, dass die Handlung semantisch nicht von der Handlungskonsequenz getrennt erscheint: Dieser Konnex wird in der alttestamentlichen Forschung als Tun-Ergehen-Zusammenhang bezeichnet und könnte zugleich darauf hinweisen, dass Verfasser biblisch-hebräischer Schriften die Aufmerksamkeit auf das beobachtbare Verhalten, die Außenseite des Menschen, richten. Denn aus alttestamentlicher Sicht ist das ‚wahre Selbst' das ‚öffentliche Selbst'.[146] Im Fokus vieler hebräischer Bibeltexte steht die Gemeinschaft und die Solidarität mit der sozialen Bezugsgruppe, weniger der Nutzen für das Individuum.[147] Wenn die Gemeinschaft einen derart hohen Wert darstellt, dann sind möglicherweise kollektive Vorstellungen und Überzeugungen für die Aussageintention der Texte einer idealiter homogenen Gesellschaft eher leitend als individuelle Befindlichkeiten und Fragestellungen.[148] Selbst denjenigen Psalmen, die Ausdruck einer persönlichen Gottesbeziehung sind, eignen zumeist überindividuelle Aussagen.[149] Dass im Tanach keine Zweifelsbegrifflichkeit oder Artikulation innerer Dissonanzen auftaucht, könnte also an der Intention der Texte liegen: es geht nicht um die Beschreibung einer religiösen Anthropologie oder gar Psychologie. Die Geschichte Israels wird vielmehr theologisch gedeutet; der Erkenntnisprozess des Einzelnen steht genausowenig im Zentrum wie individuelle Vertrauenskrisen bzw. Schwierigkeiten mit vermeintlichen Glaubensgewissheiten. Viele biblische Schriften sind nämlich fundamental von einem heilsgeschichtlichen Interesse bestimmt. Damit hängt auch die Tatsache zusammen, dass das Dogma in der israelitischen Religion eine untergeordnete Rolle spielt: Weil Auffassungen der hebräischen Bibel in erster Linie eine orthopraktisch orientierte Religiosität bezeugen, tritt „[a]lle

---

145 Zu dem alttestamentlichen Phänomen, dass eine ganze Reihe von hebräischen Wortstämmen doppelsinnig sind bzw. sowohl eine Tat als auch ein Ergehen zum Ausdruck bringen, siehe die lexikographische Untersuchung von K.H. Fahlgren, Ṣedāḳā, nahestehende und entgegengesetzte Begriffe im Alten Testament, Uppsala 1932, sowie Koch, Vergeltungsdogma, bes. 88–90.

146 Vgl. Di Vito, Concept, 66.

147 Vgl. dazu auch Brown, Person, 253; Shedd, Man, 3.

148 Die Frage nach der individuellen Verantwortung bleibt hier unberührt.

149 Vgl. z. B. Obermann, Erfüllung, 188.198.

Betrachtung über den Glauben [...] vor dem einfachen Tun zurück."[150] Könnte der Zweifel erst mit der Herausbildung des Glaubens als zentralem Merkmal der Frömmigkeit relevant geworden sein?

Der bereits erwähnte Tun-Ergehen-Zusammenhang ist in Bezug auf die Beobachtung, dass Zweifels- und Dissonanzphänomene nicht begrifflich-abstrakt formuliert werden, auch deshalb zu beachten, weil er Leid und Gottesferne offenbar über einen langen Zeitraum zu erklären vermochte. Wenn das Unglück kulturell nicht Gott, sondern dem eigenen Handeln (oder in spätalttestamentlicher Zeit dem Teufel)[151] zugeschrieben wird, erscheint es nicht notwendig, an der Macht und Güte Gottes zu zweifeln. Der Ansatzpunkt zu einem produktiven Umgang mit Kummer und Last liegt beim eigenen Verhalten, so dass es naheliegt, das persönliche Verhältnis zu Gott zu überprüfen. Möglicherweise verlief nicht nur eine diesbezügliche Attribuierung anders als im Denken der Moderne; andere Attribuierungsmechanismen könnten ebenfalls die Notwendigkeit zum Infragestellen des göttlichen Wirkens umgangen haben oder zumindest eine Wirklichkeitsdeutung bereit gestellt haben, die mit einem erschütterten Gottvertrauen umzugehen verhalf.

Die Abwesenheit expliziter Terminologie für Gespaltenheit, Zweifel und innere Konflikte könnte auch damit zu erklären sein, dass Schriften der hebräischen Bibel tendenziell eine andere Wertordnung zugrunde liegen als der Moderne. Dabei wird jedoch als vorausgesetzt angenommen, dass Moderne und Altes Israel eine ganze Menge von Werten zu einem gewissen Grad miteinander teilen, wenngleich die Hierarchie dieser Werte unterschiedlich aussieht und sie sich auch in dem Grad, in dem diese Werte explizit zum Ausdruck kommen, unterscheiden.[152] Die Ursache für den Mangel an Ausdrücken, die innere Dissonanzen zur Sprache bringen, könnte daher darin liegen, dass das Infragestellen, das Zweifeln oder die Introspektion allgemein nicht besonders hoch geschätzt oder gar vollends abgelehnt wurde, weshalb sich diese Phänomene sprachlich nicht in den Texten niedergeschlagen haben. In dieser Hinsicht sind kontextualistisch bzw. kulturpsychologisch geprägte Ansätze der Emotionsforschung weiterführend, denn diese untersuchen die kulturelle Kontextabhängigkeit menschlichen Erlebens und Verhaltens.[153] Nicht nur der Anlass einer Verhaltensweise und deren Interpretation seien kulturell defi-

---

150 Bousset, Religion, 191.

151 Zur Zurückführung des Bösen auf den Satan siehe G. Theissen, Monotheismus und Satansglaube. Entstehung und Psychologie des biblischen Satansmythos, in: N. Vos/W. Otten (Hg.), Demons and the Devil in Ancient and Medieval Christianity (Suppl. VigChr 108), Leiden 2011, 37–69.

152 Dass Schriften des Alten Testaments möglicherweise eine andere Wertordnung widerspiegeln als die Moderne hat R. DiVito im Zusammenhang mit dem Fehlen expliziter Ausdrücke für das „Selbst" in der hebräischen Bibel aufgeworfen. Vgl. Di Vito, Concept, 50.

153 Vgl. z. B. M. Holodynski/W. Friedlmeier, Emotionale Entwicklung und Perspektiven ihrer Erforschung, in: Dies. (Hg.), Emotionale Entwicklung. Funktion, Regulation und

niert. Auch die Frage, ob ein bestimmtes mentales Erlebnis zum Ausdruck gebracht werden darf, ist kulturspezifisch zu beantworten.[154] Daher wäre denkbar, dass im Alten Israel der Zweifel als Intimerfahrung verborgen bleiben musste. Möglicherweise begegnet der Zweifel in der jüdischen Literatur erst infolge des Kontakts des Judentums mit den Griechen, die den Zweifel anders bewerteten.

Man könnte sich dem Fehlen von Zweifelsterminologie im Tanach auch annähern, wenn man Festingers Theorie der kognitiven Dissonanz heranzieht. Nach Festinger entsteht Dissonanz, wenn eine Person Informationen ausgesetzt ist, die mit ihren vorhandenen Überzeugungen nicht übereinstimmen.[155] Eine besonders starke Dissonanz ist zu erwarten, wenn ein System von Überzeugungen, das einen beträchtlichen Teil der Existenz durchdringt, das also relativ widerstandsfähig gegen eine Änderung ist, mit konfligierenden Kognitionen konfrontiert wird.[156] Angenommen, man wurde im alten Israel mit einer fremden Religion (wie beispielsweise dem Baalskult) konfrontiert, könnte dies dazu geführt haben, dass man seine eigene religiösen Überzeugungen in Frage stellt. Dies hätte sich dann in entsprechenden Wendungen und Ausdrücken sprachlich niederschlagen können. Wird die entstandene Dissonanz jedoch nicht reduziert, indem eigene Überzeugungen Modifizierung erfahren, könnten andere Prozesse eingesetzt werden, um dieses Unbehagen zu beseitigen: Die betroffene Person könnte die neue Information ablehnen, sie widerlegen oder ganz verdrängen bis zum Vergessen.[157] Letzteres ist besonders dann wahrscheinlich, wenn die betroffene Person keine Unterstützung im sozialen Umfeld findet, die solchen Überzeugungen, die mit den bisherigen inkonsistent sind, zustimmt. Aufgrund der relativ großen Homogenität der israelitischen Kultur, die sich tendenziell für die Abfassungszeit der hebräischen Bibel voraussetzen lässt, könnten kontradiktorische kognitive Elemente gar nicht erst Einzug gefunden haben oder keine Bedeutung erlangt haben.[158]

---

soziokultureller Kontext von Emotionen, Heidelberg/Berlin 1996, 1–26; C. Ratner, Eine kulturpsychologische Analyse der Emotionen, in: M. Holodynski/W. Friedlmeier (Hg.), Emotionale Entwicklung. Funktion, Regulation und soziokultureller Kontext von Emotionen, Heidelberg/Berlin 1996, 243–258; S. Gordon, The Sociology of Sentiments and Emotion, in: M. Rosenberg/R. Turner (Hg.), Social Psychology: Sociological Perspectives, New York 1981, 562–592.

154 Vgl. dazu Zimbardo/gerrig, Psychologie, 457–459; P. von Gemünden, Methodische Überlegungen zur historischen Psychologie exemplifiziert am Themenkomplex der Trauer, EvTh 65 (2005), 86–102.

155 Vgl. z. B. Harmon-Jones/Mills, Introduction, 6.

156 Vgl. Festinger, Theorie, 197.

157 Zu den möglichen Mechanismen, solche Glaubensüberzeugungen betreffenden Dissonanzen zu reduzieren vgl. Harmon-Jones/Mills, Introduction, 6f.

158 Für die Theodizeethematik gilt dies nicht in gleicher Weise, denn entsprechende Inkonsistenzen innerhalb des eigenen Glaubenssystems wurden in spätalttestamentlicher Zeit

Der sogenannte Bumerang-Effekt könnte ebenfalls erhellen, weshalb etwaige Zweifel an religiösen Überzeugungen im Vokabular der hebräischen Bibel fehlen. Nach dieser Theorie festigt sich eine ursprünglich vertretene Meinung unter bestimmten Umständen, sofern diese bereits vor Konfrontation mit Kognitionen, die der Glaubensüberzeugung scheinbar widersprechen, stark verankert und daher relativ änderungsresistent war:[159] Wenn einer Person neue Informationen präsentiert werden, die deren religiöse Überzeugung zu widerlegen scheinen, lässt sich keine Änderung der Glaubensintensität nachweisen, sofern die betroffene Person den neuen Informationen kritisch gegenübersteht.[160] Wird die neue Information jedoch als glaubhaft angesehen, macht sich bei manchen damit konfrontierten Personen bemerkenswerterweise eine Zunahme an Glaubensintensität bemerkbar.[161] Im Falle des alten Israels könnten daher Begegnungen mit konkurrierenden Religionssystemen sogar zu einer Intensivierung der eigenen Überzeugungen geführt haben, sofern diese ursprünglich bereits fest verankert waren. Scheinbar dissonante Informationen könnten daher nicht Zweifel an eigenen Anschauungen ausgelöst haben, sondern das vorhandene Vertrauen in den eigenen Gott gestärkt haben.

Schlussendlich sei noch darauf verwiesen, dass das Infragestellen der Wirkmacht Gottes für die israelitische Kultur vermutlich mit negativen Konsequenzen verbunden war, insofern soziale Isolation daraus folgen konnte. Zu hinterfragen, auf welche Weise Gott handelt, käme nach israelitischer Auffassung Hochmut sowie Unglauben an Gottes Allmacht gleich.[162] Gottes Verhalten und Offenbarungsweisen nicht in Frage zu stellen habe nach P. Heger als Modell gläubiger Israeliten gegolten und gelte auch noch für viele Juden heute.[163]

---

in Ansätzen reflektiert: Die Güte Gottes scheint mitunter mit schlimmen Schicksalsschlägen und Katastrophen nicht vereinbar zu sein. Weil sich derartige Krisen aber innerhalb des eigenen Wirklichkeitsdeutungssystems vollziehen, werden derartige Dissonanzen sprachlich artikuliert, wenngleich freilich nicht in explizit-prägnanter Terminologie.

159 Vgl. Festinger, Theorie, 347–349.

160 Vgl. Festinger, Theorie, 351.

161 Vgl. Festinger, Theorie, 351.

162 So Heger, Dualism, 49, Anm. 35.

163 Vgl. Heger, Dualism, 50, Anm. 35.

6. Zusammenfassung und Ertrag

Alles, insbesondere menschliches Erleben und Verhalten, erscheint in hebräischen Bibeltexten auf Gott bezogen. Der göttliche Wille ist der Bewertungsmaßstab für gelingendes Leben und die Forderung nach Integrität. Personale Ganzheit, moralische Unversehrtheit und eine alles umfassende Ausrichtung auf Gott gehen für das Alte Israel Hand in Hand. Vermutlich aus diesem Grund werden Abweichungen vom gottgefälligen Verhalten vornehmlich aus der Außenperspektive beschrieben, also auch aus heutiger Sicht ‚psychologische' Phänomene mithilfe von Bildern aus Sicht eines „Beobachters" dargestellt. Zwar kann das Zögern als Unschlüssigkeitsphänomen thematisiert werden, aber im Zusammenhang mit göttlichem Handeln sind Belege selten und ohne Angabe damit einhergehender ‚psychologisch' deutbarer Beschreibungen. Für die Entscheidungsunsicherheit des Menschen in Bezug auf die Alternativen JHWH oder Baal kann in der hebräischen Bibel das ‚Hinken auf zwei Krücken' stehen. Auch hier wird ein ‚psychologisches' Phänomen durch ein aus Außensicht beobachtbares Verhalten metaphorisch umschrieben. In erster Linie werden Disloyalität und Treuebruch dem göttlichen Willen gegenüber, d. h. die Dissonanz zwischen Mensch und Gott, als Innen-Außen-Dissonanzen zur Sprache gebracht, wie z. B. an der metaphorischen Rede vom doppelten Herzen besonders deutlich erkennbar wird: Die Kenntnis des Guten wird nicht in die Praxis umgesetzt, der Mensch bzw. seine Sprache ist unaufrichtig oder voller Trug, weil sein ‚Innen' und sein ‚Außen' nicht deckungsgleich sind. Idealiter sollte das Herz als inneres Zentrum des Menschen dem externen Zentrum, nämlich Gott, entsprechen, genauso wie die Lebensführung des Einzelnen zum Weg Gottes parallel verlaufen sollte. Sofern dies nicht der Fall ist, wenn der Mensch also vom ‚rechten' Weg auf den ‚krummen' abgleitet, muss er sein Verhalten durch Umkehr korrigieren.

Der Mensch existiert nach biblisch-hebräischen Auffassungen nur als komplexes Gefüge sämtlicher für ihn konstitutiven inneren Dimensionen und Instanzen sowie seiner Körperteile und seiner Außenbeziehungen. Der Mensch ist daher kein hierarchisches Gefüge anthropologischer Grundkategorien, eine Architektur seines Innenraums in Entsprechung zu platonisch-aristotelischer Terminologie lässt sich nicht auf Menschenbilder biblisch-hebräischer Schriften anwenden. Stattdessen begegnen Ausdrücke für die Unreduzierbarkeit des Menschen. Th. Krüger sieht in dem Menschenbild des Tanach sogar einen Vorteil, was das Verständnis der Einheit der Person betrifft, da die Vorstellung der Person als eine konstellative und relationale Größe leichter mit einer Einheitsauffassung zu vereinbaren sei, als zentralistische Konzeptionen einer „Seele" oder eines „Selbst".[164] In der biblischen Tradition gibt es dabei indes

164 Vgl. Krüger, Verlust, 89.

keine Einheitsvorstellung, die ohne Bezug auf Gott bliebe. Alle Einheitsaussagen, allen voran das mit der Wurzel תמם (*tmm*) zum Ausdruck gebrachte Vollkommenheitsideal, sind theologisch geprägt, beziehen sich aber nicht auf eine Ganzheit im Gegensatz zu einer zu therapierenden Konflikthaftigkeit, sondern auf eine Ganzheit im Sinne von der Ausschließlichkeit des Gottesdienstes.[165] Dissonanzen werden entsprechend auch nicht als Konflikte der biblischen Figur/des Sprechenden mit dem eigenen Selbst dargestellt, sondern als „interpersonale" Konflikte mit Gott – allerdings ohne dass diese dabei mithilfe von Ausdrücken innerer Dissonanz sprachlich gefasst werden. Die Außenperspektive der Narration herrscht dabei i. d. R. vor: Der Mensch streitet mit Gott oder murrt gegen seinen (durch Mittler geäußerten) Willen. Möglicherweise haben Darstellungen der Klage, des Murrens und der Furcht als Ausdrucksweisen für eine innere Befindlichkeit der Unzufriedenheit oder der Sorge, für das infragegestellte Vertrauen ausgereicht.

Für die Verfasser hebräischer Bibelschriften scheinen innere Konflikte nicht im Fokus zu stehen. Vielmehr lässt sich in Bezug auf biblisch-hebräischer Texte von einer theozentrischen, holistischen Anthropologie sprechen, d. h. von einem Menschenbild, das die ganzheitliche Ausrichtung des Menschen auf Gott betont. Wegen dieser Ganzheitsvorstellung mag die innere Gespaltenheit des Menschen nur ansatzweise von Interesse gewesen zu sein. Erst in der frühjüdischen Literatur, womöglich infolge der Hellenisierung des Mittelmeerraumes, lassen sich zwei Entwicklungslinien einer „Verinnerlichung" anthropologischer Konzeptionen erkennen: Einerseits wird nun das Innere zu einer vom Leib unterschiedenen Größe, die den Körper zu kontrollieren vermag, andererseits kommt es zu einer „Remythisierung des Inneren", insofern das Innere des Menschen zu einem Kampfplatz metaphysischer Mächte stilisiert werden kann.[166] Dies soll im Folgenden exemplarisch verdeutlicht werden.

165 Vgl. Di Vito, Concept, 63.

166 Vgl. Theissen, Menschenbild, 273. Di Vito, Concept, 61, merkt an, dass alttestamentliche Texte noch nicht „the tortured subjectivity or the psychological-ethical dualism of the Qumran sectarians" demonstrierten.

Kapitel V: Dissonanz und Einheit des Menschen in jüdischen Schriften aus hellenistisch-römischer Zeit

In der frühjüdischen Literatur, und zwar nicht nur in den Apokryphen und Pseudepigraphen des Alten Testaments, ist eine deutliche Tendenz erkennbar, Dissonanzphänomene zu thematisieren und Bewältigungsstrategien zu empfehlen. Aber auch die Problematik, wie Integrität bzw. eine innere Einheit der Person hergestellt werden kann, wird aus verschiedenen Blickwinkeln und von unterschiedlichen jüdischen Verfassern reflektiert.

In vielen, wenn auch nicht allen Fällen können diese Entwicklungen v. a. durch die Begegnung mit der griechischen Kultur erklärt werden: Bei dem Aufeinandertreffen und Austausch unterschiedlicher Sprachgemeinschaften kommt es unweigerlich zu gegenseitigen Einflussnahmen. Die damals zunehmende Geltung des Griechischen im östlichen Mittelmeerraum wirkt sich auf viele Gruppen und Gemeinden des Frühjudentums aus: Zum einen beeinflusst die griechische Sprache auch in den jüdisch geprägten Orten und Regionen Palästinas den Alltag und das Denken der Bevölkerung. Zum anderen entsteht, v. a. in der Diaspora, die Notwendigkeit, die hebräische Traditionsliteratur in der dortigen Alltagssprache zugänglich zu machen, was wiederum Auswirkungen auf das Schrifttum hat. Schon der Enkel Jesus Ben Sirachs macht im Prolog seiner Übersetzung des hebräischen Sirachbuches ins Griechische auf diesen Zusammenhang aufmerksam: „Denn dasselbe ist in sich nicht gleichbedeutend, wenn es in Hebräisch gesagt ist und wenn es in eine andere Sprache übertragen wird. Nicht allein aber nur das, sondern auch das Gesetz selbst und die Prophezeiungen und die sonstigen Bücher haben einen nicht geringen Unterschied in Bezug auf das in ihnen Gesagte.“[1] In dem aufgrund seiner Entstehungs- und Überlieferungsgeschichte in sich vielfältigen und sprachlich diversen Textkorpus, das wir heute als Septuaginta verstehen,[2] haben u. a.

1 Sir, Prolog 21–26 LXX–D. Zu den Besonderheiten des Sirach-Prologs vgl. Prestel, Diversität, 40–42.

2 Siehe dazu Prestel, Diversität, 39: „Das Textkorpus (...) vereinigt in sich verschiedene Textgattungen und – sorten, es erfährt schon in der Entstehungszeit verschiedene Revisionen, die zu divergierenden Parallel-Versionen geführt haben, es enthält aus dem Hebräischen (oder Aramäischen) übersetzte Texte, die auf vom Masoretischen Text abweichenden Vorlagen beruhen können, und es enthält original auf Griechisch verfasste Texte; auch einige der übersetzten Texte enthalten original griechische Zusätze.“

theologische[3] und angelologische Vorstellungen[4] neue Akzente erhalten. Dass sich infolge der Übersetzungstätigkeit sodann auch Sinnverschiebungen im Zusammenhang mit anthropologischen Aussagen ergeben, betont die neuere Forschung zur Septuaginta.[5] Dies liegt nicht zuletzt daran, dass das zeitgenössische Griechisch im Unterschied zum Hebräischen umfangreichere „introspektive" bzw. „psychologische" Ausdrucksmöglichkeiten bereithielt.

Bemerkbar machen sich derartige Akzentuierungen beispielsweise schon auf der Wortebene, denn die Wortwahl des griechischen Äquivalents für einen hebräischen Ausdruck hat Konsequenzen für die Bedeutung des Gemeinten. So wurde z. B. das hebräische Wort ‚Šeʾôl' (שְׁאוֹל) in einigen Septuaginta-Büchern mit ‚Hades' (ᾅδης) übersetzt (vgl. etwa Gen 37,35^{LXX}; Ps 9,18^{LXX}; Jon 2,3^{LXX}). Letzteres impliziert aufgrund zeitgenössischer Konnotationen ein existierendes Bewusstsein des Menschen in der Unterwelt – eine Vorstellung, die für die hebräische Vorstellung des Todesreiches Scheol auszuschließen ist.[6] Was die Eschatologie angeht, ist zudem interessant, dass sich innerhalb der Septuaginta-Schriften eine Entwicklung im Zusammenhang mit der individuellen Auferstehungshoffnung abzeichnet.[7]

Dass es bei der Übertragung ins Griechische nicht zwingend zu Bedeutungsveränderungen kommen muss, eine Wiedergabe mit oder ohne neuartigen Akzentuierungen vielmehr vom jeweiligen Übersetzer und vom jeweiligen Text abhängt, zeigt der Umgang der Übersetzer mit dem für die Anthropologie so wichtigen polysemen Wort נֶפֶשׁ *(næpæš)*. Im Hebräischen kann es u. a. für ‚Atem', ‚Kehle', ‚Verlangen', oder ‚Lebenskraft' stehen. Zwar wurde נֶפֶשׁ *(næpæš)* recht konsequent mit ψυχή übersetzt, das zu hellenistischer Zeit wohl v. a. im Sinne eines vom Körper zu unterscheidenden, erlebens- und verhaltensrelevanten Personzentrum verstanden wurde.[8] Aber an einigen Stellen der LXX scheint ψυχή den hebräischen Vorstellungen, die mit נֶפֶשׁ konnotiert sein

---

3 Vgl. exemplarisch C. Fritsch, The Anti-Anthropomorphisms of the Greek Pentateuch (POT 10), Princeton 1943; M. Rösel, Theo-Logie der griechischen Bibel. Zur Wiedergabe der Gottesaussagen im LXX-Pentateuch, VT 48 (1998), 49–62; F. Siegert, Zwischen Hebräischer Bibel und Altem Testament. Eine Einführung in die Septuaginta (MJSt 9), Münster 2001, 247–250.

4 Vgl. M. Rösel, Die himmlische Welt der Septuaginta. Angelologische Akzentuierungen am Beispiel des Danielbuches, in: S. Kreuzer / M. Meiser / M. Sigismund (Hg.), Die Septuaginta – Orte und Intentionen. 5. Internationale Fachtagung veranstaltet von Septuaginta Deutsch (LXX-D), Wuppertal 24.–27. Juli 2014 (WUNT 361), Tübingen 2016, 232–243.

5 Vgl. zusammenfassend M. Rösel, Von der Kehle zur Seele. Neue Akzente im Menschenbild der Septuaginta, BiKi 67 (2012), 30–35, vgl. auch M. Rösel, Der hebräische Mensch im griechischen Gewand. Anthropologische Akzentsetzungen in der Septuaginta, in: E. Herms (Hg.), Leben – Verständnis. Wissenschaft. Technik (VWGTh 24), Gütersloh 2004, 238–254.

6 Vgl. dazu Rösel, Übersetzung, 246 f; McLay, Theology, 617.

7 Vgl. dazu Karrer/Kraus, Umfang, 51–53.

8 Vgl. Rösel, Kehle, 32.

können, näher zu kommen als den platonischen oder aristotelischen Auffassungen.[9] Ob dies freilich von den damaligen Rezipienten so wahrgenommen wurde ist fraglich, v. a. bei Einsprachigkeit, denn angesichts des Koine-Griechisch ist anzunehmen, dass die zeitgenössischen Konnotationen für ψυχή assoziiert wurden.[10]

Im Zusammenhang mit der Frage nach Dissonanzphänomenen oder -konzepten muss ein mit ψυχή gebildeter Lexemverbund, der in der Septuaginta öfters begegnet, interessieren: Es handelt sich dabei um die vorhellenistisch selten belegten Ausdrücke ὀλιγόψυχος, ὀλιγοψυχία, ὀλιγοψυχέω. Auf den ersten Blick fällt diese Wortfamile auch deshalb ins Auge, weil sie in Bezug auf die Wortbildung den erst neutestamentlich bezeugten Wörtern ὀλιγόπιστος und ὀλιγοπιστία ähnelt. Insofern der neutestamentliche ‚Kleinglaube' in dieser Arbeit als frühchristliches Zweifelskonzept plausibel gemacht werden soll,[11] stellt sich die Frage, ob mit ὀλιγόψυχος κτλ. in der Septuaginta bereits ein ähnlich gelagertes psychologisch relevantes Phänomen zum Ausdruck gebracht wird, was angesichts des enthaltenen Wortstammes ψυχ- zunächst schlüssig erscheinen mag.

Bei der Durchsicht der Belege lässt sich feststellen, dass die Wortfamilie ὀλιγόψυχος κτλ. von Übersetzern unterschiedlicher LXX-Bücher eingesetzt wurde, was auf eine zur Zeit der Septuaginta-Übersetzungen bereits erfolgte Etablierung dieser Ausdrücke in der hellenistischen Koine hinweisen könnte.

Vielsagend scheint, dass ὀλιγόψυχος κτλ. schon in der Pentateuch-Septuaginta begegnet, einmal im Buch Exodus und einmal im Buch Numeri. In Ex 6,9^{LXX} dient das Nomen ὀλιγοψυχία – wie auch die parallel stehenden ‚harten Arbeiten' – als Begründung dafür, dass die Israeliten nicht auf Moses hören, als er ihnen die Verheißung JHWHs von der kommenden Rettung aus dem Frondienst und der künftigen Landnahme verkündet. Und in Num 21,4^{LXX} steht das Verb ὀλιγοψυχέω im Zusammenhang mit der Wüstenwanderung des Volkes Israel, hier also sogar innerhalb einer der sogenannten Murr-Erzählungen. Weil in den Wüstenerzählungen bekanntlich von mehrmaligen Protest- und Unmutsäußerungen des Volkes gegen Gott und seine Mittler Moses und Aaron die Rede ist, scheint zumindest der Rahmen gegeben, innerhalb dessen Zweifelsäußerungen aus heutiger Sicht vorstellbar sind. Auf dem Weg zum roten Meer klagen (καταλαλέω) die Israeliten ‚gegen Gott und gegen Moses', da sie fürchten, in der Wüste umzukommen. Ihre Verfasstheit wird durch die Verbform ὠλιγοψύχησεν zum Ausdruck gebracht. Ist in Anbetracht des jeweili-

9 Siehe dazu die Ergebnisse von N. Bratsiotis, נֶפֶשׁ – ψυχή. Ein Beitrag zur Erforschung der Sprache und der Theologie der Septuaginta, in: G.W. Anderson et al. (Hg.), Volume du Congrès Genève 1965 (VT.S 15), Leiden 1966, 58–89; D. Lys, The Israelite Soul according to the LXX, VT 16 (1966), 181–228.

10 Vgl. Rösel, Mensch, 248.

11 Vgl. dazu Kap VIII und Kap IX.1 in diesem Buch.

gen Kontextes sowohl in Ex 6,9^{LXX} als auch in Num 21,4^{LXX} davon auszugehen, dass mit ὀλιγοψυχία bzw. ὀλιγοψυχέω ein innerer Dissonanzzustand oder gar ein Zweifeln zum Ausdruck gebracht werden soll? Wörtlich übersetzt kann die Wortfamilie eine ‚kleine' oder ‚verminderte ψυχή' meinen, was an sich noch keinen Zweifel impliziert. Man könnte ebenso gut annehmen, mit ὀλιγοψυχία bzw. ὀλιγοψυχέω solle ausgesagt werden, die Israeliten wären ‚niedergeschlagen', ‚bekümmert', oder ‚mutlos', was angesichts der Schwerstarbeit in Ägypten bzw. angesichts der beschwerlichen Wüstenwanderung nachvollziehbar wäre. Die Wortfamilie bezeichnet dann in Ex 6,9^{LXX} und Num 21,4^{LXX} zwar eine Gemütsverfassung (vgl. auch die im Wortstamm enthaltene ψυχή), aber keine innere Gespaltenheit oder Zerrissenheit. Dies gilt m. E. auch dann, wenn man bedenkt, dass die ψυχή hier als eine Größe erscheint, die sich graduieren lässt, dass also prinzipiell ein Zwischenzustand zwischen einer ‚großen/vollständigen ψυχή' und einer ‚fehlenden ψυχή' gemeint sein könnte.

Ein Vergleich des Septuagintatextes mit der masoretischen Textversion des Tanach in Ex 6,9 und Num 21,4 lässt vermuten,[12] dass ὀλιγοψυχία bzw. ὀλιγοψυχέω relativ textnahe Versuche der Wiedergabe entsprechender hebräischer Wendungen sind: In Ex 6,9^{MT} ist vom der ‚Kürze der *rûaḥ*' (קֹ֫צֶר ר֫וּחַ) die Rede, in Num 21,4^{MT} von dem ‚Kurzwerden der *næpæš*' (וַתִּקְצַר נֶפֶשׁ).[13] Im Hebräischen könnte also die Vorstellung einer abnehmenden Motivationskraft bzw. eines/r verminderten Lebensatems/Lebenskraft im Hintergrund stehen, was ebensowenig wie die griechische Wortfamilie ὀλιγόψυχος κτλ. auf ein dissonantes Inneres verweisen muss, wenngleich ein negativer Erlebenszustand sowohl im Griechischen als auch im Hebräischen gemeint sein dürfte.[14] Eine exakte Bedeutungsklärung kann freilich hier wie dort nicht erfolgen, schon allein deshalb, weil sowohl bei den hebräischen Wendungen als auch bei den griechischen Äquivalenten von metaphorischer Sprache auszugehen ist.

Auch an anderen Stellen der Septuaginta außerhalb des Pentateuchs scheinen Übersetzer Formen von ὀλιγόψυχος, ὀλιγοψυχία oder ὀλιγοψυχέω benutzt zu haben, um hebräische Wendungen, die רוּחַ *(rûaḥ)* bzw. נֶפֶשׁ *(næpæš)* enthalten, wiederzugeben. Diese anthropologischen Schlüsselwörter können in Verbindung mit Wurzeln stehen, die ‚Kürze' (קצר),[15] ‚Niedergeschlagen-

12 Hier sei nochmals darauf verwiesen, dass wir heute nicht mehr rekonstruieren können, welche hebräische(n) Vorlage(n) den Übersetzern ins Griechische jeweils zur Verfügung standen.

13 Für Gesenius, Handwörterbuch, 722, steht für beide Stellen die Idee der ‚Ungeduld' im Hintergrund der hebräischen Wendungen. Scharbert, Fleisch, 133, übersetzt Num 21,4 mit „der Atem des Volkes wurde kurz".

14 Auch Scharbert, Fleisch, 124, geht für Ex 6,9 von der Wiedergabe eines „negativen Gemütszustands" aus.

15 Vgl. Spr 14,29^{LXX}; Ri 10,16^{LXX}; Ri 16,16^{LXX}.

heit' (נכא),[16] ‚Betrübtheit' (עצב),[17] ‚Niedrigkeit' (שׁפל)[18] oder ‚Kraftlosigkeit' (עטף)[19] artikulieren. Für ὀλιγόψυχος κτλ. als Umsetzung einer hebräischen Metapher in ein Kompositum[20] stehen im masoretischen Text also eine ganze Reihe an unterschiedlichen Wendungen und Ausdrücken,[21] und zwar fast ausschließlich, um damit biblische Figuren oder Figurengruppen zu charakterisieren. Nur ein einziges Mal wird die Wortfamilie in Bezug auf Gott gebraucht, nämlich in Ri 10,16^{LXX}. Hier wird dessen inneres Erleben beschrieben, nachdem er den Israeliten zunächst angedroht hatte, sie nicht länger erretten zu wollen, und als Reaktion auf die an diese Drohung anschließende Einsicht des Volkes Israel, mit der Fremdgötterverehrung gesündigt zu haben.

Insgesamt fällt auf, dass ὀλιγόψυχος, ὀλιγοψυχία oder ὀλιγοψυχέω in der Septuaginta psychische und somatische Konnotationen tragen kann, wobei je nach Kontext auch eine der Bedeutungskomponenten überwiegen kann. So scheint die Wortfamilie oft entweder körperliche Erschöpfung oder Mutlosigkeit zu transportieren. In den Proverbien (Spr 14,29^{LXX}; 18,14^{LXX}) steht ὀλιγόψυχος im Zusammenhang mit fehlender Affektkontrolle. An keiner der genannten Belegstellen der LXX bringt der Lexemverbund notwendigerweise einen inneren Zwiespalt, eine innere Dissonanz oder gar den Zweifel zum Ausdruck. Ob dies ebenfalls für die Vorkommen im griechischen Sirachbuch zutrifft (Sir 4,9^{LXX}; 7,10^{LXX}), wird innerhalb meines Kapitels zu dieser Schrift (siehe Kapitel V.2) erörtert. Trotz der Wirkmacht der griechischen Sprache in den Übersetzungen bleibt auffällig, dass auf die gesamte Septuaginta bezogen bestimmte Schlüsselbegriffe der griechisch-philosophischen Ethik, wie z. B. ‚Tugend' (ἀρετή) oder ‚Besonnenheit' (σωφροσύνη), äußerst selten oder gar nicht Verwendung finden.[22] Jedoch gilt dies nicht uneingeschränkt für Ausdrücke, die in philosophischen Texten im Zusammenhang mit Charakterisierungen von seelischen Zuständen oder Haltungen, oder aber mit der Beschreibung von psychischen Vermögen oder Prozessen begegnen, wie beispielsweise die septuagintische ‚Sapientia Salomonis' zeigt:

---

16 Vgl. Spr 18,14^{LXX}.

17 Vgl. Jes 54,6^{LXX}.

18 Vgl. Jes 57,15^{LXX}.

19 Vgl. Ps 76,4^{LXX}.

20 Vgl. Siegert, Zwischen, 260.

21 Vgl. zusätzlich z. B. Jon 4,8^{LXX}, wo der hebräische Text ‚Ohnmacht' schildert, oder Ri 8,4^{LXX} und Hab 2,13^{LXX}, wo von ‚Erschöpftheit' die Rede zu sein scheint.

22 Vgl. E. Bons, Ἀκακία, 491. Vgl. aber Siegert, Zwischen, 252, zu Übersetzungstendenzen in der LXX: „Wie weit haben die Übersetzer philosophische Sprache gebraucht und vielleicht gar philosophisch gedacht? – Im Falle der Anthropologie und Ethik ist der Befund oft positiv; er ist jedoch negativ, was Logik und Metaphysik betrifft." Siehe dazu auch ebd., 252–258.

Die ‚Weisheit Salomos' (2./1. Jh. v. Chr.) kennt nämlich den Gegensatz zwischen Vernunft und Affekten.[23] Allerdings wird er nicht – wie in der griechischen Philosophie durchaus üblich – als Kampf oder Konflikt im Inneren der Person zur Sprache gebracht.[24] Zwar setzt sich die Weisheit Salomons durchaus mit der Frage nach menschlicher Selbstbeherrschung auseinander, aber bietet keine Artikulationen intrapsychischer Konflikte. Auch die wenigen allegorischen Ansätze lassen keine tiefergehenden psychologischen Beobachtungen des Menschen zu.[25] Wenn die Schrift jedoch vor ‚Falschheit' (δόλος) warnt (SapSal 1,5^{LXX}), dann ist damit eine Inkongruenz zwischen der inneren Gesinnung und dem nach außen dargestellten Verhalten gemeint. Als Kontrast zu einer solchen mangelnden Übereinstimmung zwischen ‚Innen' und ‚Außen'

23 In der Weisheit Salomos wird daneben die Ambivalenz des Daseins wiederholt zum Thema gemacht: Dem verwendeten Parallelismus membrorum entsprechend werden Personengruppen, Eigenschaften und Verhaltensbündel kontrastiert, ohne jedoch spezifische Ausdrücke für diese Polaritäten zu gebrauchen. Vgl. Georgi, Weisheit, 391: „Polarisierungen von Bildern, Werten, Begriffen, Personen, Gruppen, Zeiten und Orten erfolgen nahezu pausenlos." Dass die Sorge ebenfalls zur menschlichen Existenz dazugehört und von der Weisheit zum Verschwinden gebracht werden kann, findet des Öfteren Erwähnung (SapSal 6,15^{LXX}; 7,23^{LXX}; 8,9^{LXX}; 9,15–18^{LXX}). Aber der innere Zustand des von Besorgnis geplagten Menschen ist nicht als innere Zerrissenheit o. ä. zur Sprache gebracht.

24 Vgl. SapSal 17,11^{LXX}. Die Macht der Begierde ist in SapSal 4,12^{LXX} angedeutet, löst jedoch keinen inneren Zwiespalt aus, sondern pervertiert selbst den unschuldigen Sinn (νοῦς). Insofern innere Konflikte zwischen unterschiedlichen Strebungen, Größen oder Verhaltensoptionen in der Weisheit Salomos nicht ausdrücklich mit einem Lexem belegt sind und auch nicht umschrieben werden, ähnelt der Sprachgebrauch der Schrift in Bezug auf das empfohlene Verhalten des Menschen mitunter dem des Alten Testaments: Weil ‚verkrümmte' Gedanken von Gott trennen (SapSal 1,3^{LXX}), ist es notwendig, dass der Gerechte sich von schlechten Verhaltensweisen ‚abwendet' und die Gelegenheit zur ‚Umkehr' (μετάνοια) wahrnimmt (SapSal 12,10.19f^{LXX}). Agonistische Termini kommen zwar vereinzelt vor (ἀγών: SapSal 4,2^{LXX}; 10,12^{LXX}; πόλεμος: SapSal 14,22^{LXX}), bezeichnen jedoch keinen inneren Konflikt zwischen diversen Größen im Inneren des Menschen. Auch der zum antiken Diskurs der Affektkontrolle gehörende Ausdruck σωφροσύνη (‚Besonnenheit') wird in SapSal 8,7^{LXX} genannt, aber anders als bei Aristoteles nicht als ideale Bewältigungsmöglichkeit innerer Konflikte zwischen psychischen Impulsen expliziert (vgl. Aristoteles, eth.Nic. 1119b; 1146a; 1152a). Hay, Psychology, 889, fasst den Befund hinsichtlich der Anthropologie dieser jüdischen Schrift aus dem 2./1. Jh. v. Chr. wie folgt zusammen: „Despite its author's considerable acquaintance with Greek philosophy and culture, the ‚Wisdom of Solomon' offers an anthropology (doctrine of man) rather than a psychology (implying analysis of intra-personality elements and processes)." Zur Agon-Metaphorik bei Plato bzw. Aristoteles in Bezug auf die Affektkontrolle vgl. z. B. Plato, rep. 440b 444b; 545d; Aristoteles, eth.Nic. 1099a; 1117b; 1166b. Siehe dazu auch S. 100f.136f dieser Arbeit.

25 Die Salzsäule wird z. B. allegorisch als Unglaube gedeutet (SapSal 10,7^{LXX}), Schirmdecke und Sternenleuchte stehen für Weisheit (SapSal 10,17^{LXX}), und Aarons Mantel symbolisiert den Kosmos (SapSal 18,24^{LXX}).

der Person fordert der Autor daher nachdrücklich dazu auf, die Gerechtigkeit zu lieben und Gott in ‚Herzenseinfalt' (ἐν ἁπλότητι καρδίας) zu suchen.[26]

Auch der ‚Aristeasbrief' aus dem 2. Jh. v. Chr. (?) spiegelt den zeitgenössischen Diskurs um die dissonante und konsonante Existenz des Menschen wider.[27] Innerhalb des Berichts über die am ägyptischen Königshof gehaltenen Symposien begegnen einerseits Dialoge, die sich um das Erreichen von Seelenruhe, also dem konfliktfreien Zustand der Seele, drehen,[28] und andererseits Dialoge, die von tugendhafter Selbstbeherrschung handeln. Hier verwendet der Verfasser wiederholt Termini, die in der antiken Philosophie Bewältigungsstrategien für innere Dissonanzen bezeichnen: Selbstbeherrschung (τὸ κρατεῖν ἑαυτοῦ) wird hier als die beste Form der Herrschaft bezeichnet und besteht darin, im Falle eines inneren Konflikts richtig zu überlegen, welche Schäden Begierden (ἐπιθυμίαι) anrichten können, so dass man nicht seinen inneren Antrieben (ὁρμαί) nachgibt.[29] Weil alle Menschen von Natur aus den Lüsten (ἡδοναί) zugeneigt und unbeherrscht (ἀκρατεῖς) seien, empfiehlt der antike Verfasser Besonnenheit (σωφροσύνη), Selbstbeherrschung (ἐγκράτεια) und Mäßigung (μετριότης; μετριοπαθής) in allen Dingen.[30]

Weil das Textkorpus derjenigen Werke, die zwischen dem 3. Jh. v. Chr. und dem 2. Jh. n. Chr. entstanden sind, äußerst umfangreich ist, kann der Diskurs über menschliche Dissonanz- und Einheitsvorstellungen im Rahmen dieser Arbeit nicht in aller Ausführlichkeit thematisiert werden. Daher ist es sinnvoll, einige Schriften aus dieser frühjüdischen Produktionsphase herauszugreifen, die m. E. für eine entsprechende Betrachtung dissonanter und konsonanter Existenz des Menschen besonders ertragreich erscheinen. Dazu gehören die in hebräischer Sprache abgefasste qumranische Gemeinderegel (1QS), das Buch Jesus Sirach und das Vierte Makkabäerbuch als Beispieltexte aus der Sammlung der Septuaginta,[31] sowie die auf Griechisch verfassten ‚Testamente

---

26 Die Zusammenstellung von ἁπλότης und δικαιοσύνη in SapSal 1,1^{LXX} erinnert an viele Texte des hebräischen bzw. griechischen Alten Testaments, die Derivate der Wurzel *tmm* (תמם) bzw. deren griechische Äquivalente mit Lexemen, die ‚Gerechtigkeit' (zumeist hebr. *zdq* [צדק] bzw. griech. δικαιοσύνη) zur Sprache bringen, miteinander verknüpfen, z. B. Ps 15,2; Gen 6,9; Hiob 1,1; 1,8; 2,3. Vgl. auch die Gegenüberstellung von Rechtsprechung und der Wendung ‚mit Geradheit der Seele' [ἐν εὐθύτητι ψυχῆς] in SapSal 9,3^{LXX}).

27 Zu den Einleitungsfragen bezüglich der (umstrittenen) Entstehung und Datierung des Aristeasbriefes siehe Meisner, Aristeasbrief, 37–44; Shutt, Letter of Aristeas, 7–11.

28 Vgl. Arist 261 (ψυχῆς εὐστάθειά ist eines der Produkte der Weisheit und der Frömmigkeit); Arist 273 (κατὰ ψυχὴν … εἰρηνικῶς zu sein ist selbst im Krieg möglich, solange Gerechtigkeit gegenüber den Untertanen des Königs herrscht).

29 Vgl. Arist 211.221 f.256.

30 Vgl. Arist 108.223.237.256.277 f. Dass der Mensch von Natur aus den Lüsten zugeneigt ist, postuliert Aristoteles in eth.Nic. 1109a ebenfalls.

31 Nicht alle wichtigen Codices des 4./5. Jh. enthalten 4Makk (in א und A, nicht in B). Daher ist dieser Traktat eher am Rand der Septuaginta denn als Kernschrift derselben einzuordnen, vgl. Karrer, Septuaginta, 5.

der zwölf Patriarchen', weil in diesen Texten entweder gegenüber Schriften des hebräischen Kanons innovative Auffassungen dargestellt werden, weil die Thematik menschlicher Dissonanzphänomene besonders facettenreich zur Sprache gebracht wird, oder weil infolge der auch das Diasporajudentum ergreifenden Hellenisierung Vorstellungen innerer Konflikte zu Tage treten, die sich mit vergleichbaren Anschauungen der griechisch-philosophischen Tradition in Beziehung setzen lassen. Vorstellungen menschlicher Einheit und Dissonanz im Corpus Philonicum werden anschließend an die Untersuchung dieser vier Schriften (1QS; Sir; 4Makk; TestXII) ausführlicher behandelt. Dies scheint schon in Anbetracht der Bandbreite an Schriften, die von Philo von Alexandrien verfasst wurden, und in Anbetracht der Bedeutung dieses jüdischen Denkers als Zeitgenossen Jesu gerechtfertigt.

Die folgende Untersuchung ist insbesondere deshalb auf die genannten weisheitlichen und paränetischen Texte fokussiert, da die im zweiten Teil dieses Buches zu analysierenden Belege für δίψυχος κτλ. bzw. ὀλιγόπιστος κτλ. im Neuen Testament ebenfalls zumeist in entsprechenden Textgattungen begegnen und von daher Gemeinsamkeiten und Unterschiede menschlicher Dissonanzvorstellungen besser gewürdigt werden können.[32] Andererseits kann sich eine Darstellung von Dissonanz- und Einheitsvorstellungen des Menschen, wie sie in 1QS, bei Ben Sira, in TestXII und in 4Makk begegnen, lohnen, weil die hinter δίψυχος κτλ. und ὀλιγόπιστος κτλ. stehenden Konzepte der ‚Zweiseeligkeit' bzw. des ‚Kleinglaubens' nicht nur im Rahmen biblisch-hebräischer Auffassungen und antiker philosophischer Diskurse über die Zerrissenheit des Menschen und deren Bewältigung nachvollzogen werden sollen, sondern sich auch im zeitgenössischen Judentum verorten lassen.

---

32 Der Ausdruck δίψυχος findet sich zwei Mal im Jakobusbrief (Jak 1,8; 4,8), einer frühchristlichen Paränese. Die Wortfamilie ὀλιγόπιστος κτλ. begegnet als Übernahme eines Ausdrucks aus der Logienquelle sowohl in der lukanischen Feldrede als auch in der matthäischen Bergpredigt (Mt 6,30 par. Lk 12,28). Beide Reden sind redaktionell geschaffene Lehrvorträge Jesu, wollen also die Adressaten zu bestimmten Verhaltensweisen ermahnen. Die sonstigen Belege für ὀλιγόπιστος κτλ. (Mt 8,26; 14,31; 16,8; 17,20) hat Matthäus immer in solche Perikopen eingefügt, die Lernsituationen für den Jüngerkreis darstellen. Auf der Ebene der erzählten Welt sollen die Jünger von Jesu Verhalten und Worten lernen; in Bezug auf die Adressaten kann der an seine Schüler gerichtete Tadel Jesu, nicht ‚kleingläubig' zu sein, ebenfalls paränetische Intentionen verfolgen.

1. Dissonanz und Einheit des Menschen in der qumranischen Gemeinderegel (1QS)

Aus der umfangreichen Literatur, die von der Qumran-Gemeinde rezipiert und verfasst wurde,[33] bietet sich für eine Betrachtung menschlicher Dissonanz- und Einheitsvorstellungen insbesondere die sog. ‚Gemeinderegel' an.[34] Denn dieses Werk beinhaltet nicht nur Anweisungen zum Erlangen von ‚Vollkommenheit' (vgl. Derivate der Wurzel תמם; *tmm*) sowie Warnungen vor bewusst zweigleisigen Verhaltensweisen (die als Gegenteil eines vollkommenen Lebenswandels zu verstehen sind), sondern auch eine gegenüber der biblisch-hebräischen Tradition innovative anthropologische Konzeption:[35] 1QS enthält eine Zwei-Geister-Lehre (1QS III,13–IV,26), die jedoch wahrscheinlich vor Gründung des ‚*Jaḥad*' verfasst wurde.[36] Dafür sprechen insbesondere literar-

33 Die Frage nach dem Verhältnis der Bewohner von Qumran und der Essenergruppe kann hier nicht im Detail erörtert werden. Zu den gewichtigen Faktoren, die für eine Identifizierung der Qumrangemeinde mit den Essenern sprechen, zählen beispielsweise die zahlreichen Parallelen zwischen den antiken Angaben über die essenische Strömung (v. a. bei Flavius Josephus und Plinius d. Ä.) und den Aussagen der qumranischen Schriftrollen. Vgl. Josephus, bell. 2,119–166; ant. 13, 171–173; 15,371 f; 18, 11–25; Plin. nat. 5,73. Siehe auch CALLAWAY, Dead Sea Scrolls, 37–40. Die unterschiedlichen Identifizierungshypothesen innerhalb der Qumranforschung referiert knapp HEMPEL, Art. Qumran Community, EncDSS 2 (2000), 748–750. FABRY u. a., Anthropologische Texte, 347, äußern, dass eine „Basis-Hypothese – wer denn die Qumraner eigentlich sind – gegenwärtig kaum konsensfähig" sei.

34 Aufgrund der noch stark umstrittenen Forschungslage in Bezug auf ‚genuine' und ‚nicht-genuine' Texte der Qumrangemeinde ist eine Fokussierung auf 1QS im Rahmen dieser Arbeit sinnvoll. Denn auch wenn es sich bei der ‚Gemeinderegel' um eine Sammlung verschiedener Texte unterschiedlicher Herkunft mit einem vielschichtigen und komplexen Redaktionsprozess handelt, wird dieser Text von der Mehrheit der Forschung als eines jener Dokumente angesehen, die das Selbstverständnis der Bewohner von Qumran besonders prägnant widerspiegeln. Die Schriftrolle 1QS bietet den längsten und best erhaltenen Text dieser Gemeinderegel. Vgl. STEGEMANN, Textbestand, 96–100; METSO, The Textual Traditions of the Qumran Community Rule, in: M. Bernstein u. a. (Hg.), Legal Texts and Legal Issues. Proceedings of the Second Meeting of the International Organization for Qumran Studies Cambridge 1995, Leiden u. a. 1997, 141–147; VANDERKAM, Einführung, 78–80. P. Heger führt die Schwierigkeit, kohärente anthropologische und theologische Konzeptionen in den Qumranschriften aufzudecken, auf die zum Teil rätselhaft erscheinende Sprache und widersprüchliche Aussagen zurück. Das Interesse der Gemeinschaft habe nicht der Lösung komplexer theologischer oder anthropologischer Probleme gegolten; vielmehr spiegle die Bandbreite an nebeneinander existierenden Vorstellungen ad hoc Versuche wieder, auftretende Dilemmata zu erklären. Vgl. HEGER, Challenges, 259 sowie 288, Anm. 248.

35 Zwar scheint die Vorstellung zweier Geister im Menschen ein Novum im jüdischen Denken der damaligen Zeit zu sein, könnte jedoch J. Frey zufolge eine Weiterentwicklung der Weisheitstradition unter Einwirkung der Angelogie des frühen 2. Jh.s v. Chr. darstellen. Vgl. FREY, Patterns, 300.

36 ‚*Jaḥad*' (יַחַד: ‚Einung', ‚Gemeinde') ist die Selbstbezeichnung der Bewohner von Qumran. Zu unterschiedlichen Möglichkeiten, die Zwei-Geister-Lehre zu strukturieren, siehe POPOVIĆ, Light, 149–153.

kritische und semantische Gründe.[37] Als ursprünglich literarisch eigenständiger Text wurde die Zwei-Geister-Lehre vermutlich im 2. Jh. v. Chr.[38] in die ‚Gemeinderegel' der am Toten Meer ansässigen Gruppe aufgenommen,[39] in eine Schrift also, die vermutlich die Identität dieser Gemeinschaft besonders

---

37 Für die Ansicht der neueren Forschung, dass die Zwei-Geister-Lehre auf eine vorqumranische, nicht mehr erhaltene Quelle (des ausgehenden 3. Jh.s v. Chr. ?) zurückgeht, können mehrere Argumente genannt werden: Erstens ist auffällig, dass 1QS III,13–IV,26 nicht in allen Handschriften, die Texte aus 1QS enthalten, belegt ist (insbesondere nicht in der ältesten Parallelhandschrift 4QS^{b}). Zweitens setzt sich die Zwei-Geister-Lehre erkennbar von den sie umgebenden Anweisungen an die Qumrangemeinde ab, vor allem in Bezug auf die behandelten Themen und das Vokabular. Weitere Anhaltspunkte referieren Lange, Weisheit, 128–132; Metso, Serekh Texts, 8–9.

Stegemann, Essener, 154, geht davon aus, dass diese Zwei-Geister-Lehre sicher „vor-essenischer Herkunft" und vom babylonischen Judentum beeinflusst ist. Häufig wird die Weisheitstradition als wichtige Quelle für „Dualismen" in der Zwei-Geister-Lehre behauptet, vgl. z. B. Otzen, Wisdom Literature, bes. 152f; Duhaime, Dualisme, bes. 416. V.a. bald nach Bekanntwerden von 1QS gingen Wissenschaftler dagegen davon aus, dass die Zwei-Geister-Lehre unter persischem Einfluss entstanden sei, vgl. J. Duchesne-Guillemin, Le Zervanisme et les manuscrits de la mer morte, IIJ 1/1 (1957), 96–99; Winston, Component, bes. 200–205. Aber auch in neuerer Zeit wird eine solche Beeinflussung nicht ausgeschlossen. Stroumsa, Two Souls, 202: äußert z. B. „An Iranian influence upon such an anthropology is more than plausible." Er begründet dies damit, dass seit hellenistischer Zeit iranische Vorstellungen, die die Anthropologie betreffen, einen starken Einfluss auf jüdische Konzeptionen gehabt hätten (ebd. 201). Vgl. dazu auch Shaked, Qumran and Iran: Further Considerations, IOS 2 (1972), 432–446. Möglicherweise sind die Ähnlichkeiten als parallel ablaufende Entwicklung im hebräischen Denken auf der einen Seite und im persischen Denken auf der anderen Seite erklärbar. In der neueren Forschung werden die beiden meist genannten Einflussmöglichkeiten, Zoroastrianismus und Weisheitstradition, mitunter kritisch eingeschätzt und dualistische Tendenzen in qumranischen Texten auch ohne fremden Einfluss erklärt. Vgl. z. B. M. Goff, Looking for Sapiential Dualism at Qumran, in: G.G. Xeravits (Hg.), Dualism in Qumran (LSTS 76), London/New York 2010, 20–38. Heger, Dualism, 40, resümiert zur Forschungsgeschichte: „[T]he likelihood of inner Israelite religious development was overpowered be the search for foreign influence." Eine Übersicht zu der Forschungsgeschichte hinsichtlich des Hintergrundes des Dualismus in der Zwei-Geister-Lehre bietet Duhaime, Reworking, bes. 35–39.

38 Eine Datierung nach 150 v. Chr. ist A. Lange zufolge auszuschließen, weil die Zwei-Geister-Lehre in dem wahrscheinlich nicht von der Qumrangemeinde verfassten Text 4Q502 (16) zitiert ist und weil sie in 1QS an die Liturgie zum Bundesfest angehängt wurde, d. h. schon um 100 v. Chr. als „Traditionsliteratur" galt. Vgl. Lange/Lichtenberger, Art. Qumran, TRE 28 (1997), 57. Zu den Gründen, die gegen eine Abfassung von 4Q502 (16) sprechen siehe Lange, Weisheit, 132 Anm. 50. Zur Datierung vgl. ebd., 130.

39 Vgl. Frey, Patterns, 289f; Stegemann, Textbestand, 99. Zu den Merkmalen der Zwei-Geister-Lehre, die eine Kohärenz mit den Vorstellungen der restlichen Gemeinderegel bezeugen, siehe Hempel, Treatise, 118f. Die Notwendigkeit literarkritischer Textscheidung wurde demgegenüber in der früheren Forschungsgeschichte betont, s. exemplarisch P. von der Osten-Sacken, Gott und Belial: Traditionsgeschichtliche Untersuchungen zum Dualismus in den Texten aus Qumran (StUNT 6), Göttingen 1969, 17–28; Duhaime, L'Instruction, 567f.

deutlich zum Ausdruck bringt.[40] In 1QS begegnen nämlich zentrale Grundsätze, die für diese am Toten Meer ansässige Sondergemeinschaft innerhalb des Judentums zur Zeit des zweiten Tempels als konstitutiv gelten.[41] Dazu gehört u. a. das Festhalten am Monotheismus, an der tradierten religiösen Literatur Israels und an den Torageboten.[42] Aber auch die betonte Distanzierung von anderen jüdischen Gruppen sowie das Selbstverständnis als Überrest des erwählten Israels, als „Söhne des Lichts" bzw. „Söhne der Gerechtigkeit", die als einzige den Bund mit Gott nicht gebrochen haben, zählen zu den charakteristischen Merkmalen des *Jaḥad*.[43]

Im Folgenden soll zunächst die Zwei-Geister-Lehre als Reflexion auf das Phänomen innerer Differenzen im Menschen genauer in den Blick genommen werden.[44] Eine Fokussierung auf diese Dissonanzkonzeption im Inneren des Menschen ist v. a. deshalb gerechtfertigt, weil einige frühjüdische und frühchristlichen Schriften ähnliche Vorstellungen aufweisen. In erster Linie sind diesbezüglich die ‚Testamente der Zwölf Patriarchen' und ‚Der Hirt

---

40 Zu den Schriften, in denen das Selbstverständnis der Qumrangemeinde in besonderem Maße transparent wird, gehören neben der ‚Gemeinderegel' auch die Hodayot (1QH^{a}), die Damaskusrolle (CD) und die Kriegsrolle (1QM), die allesamt mit großer Wahrscheinlichkeit von der in Qumran ansässigen Gemeinde selbst verfasst wurden. Vgl. dazu Puech, Art. Hodayot, EncDSS 1 (2000), 368; Hempel, Art. Qumran Community, EncDSS 2 (2000), 747.

41 Siehe dazu J. Maier, Art. Religious Beliefs, Qumran Sect, EncDSS 2 (2000), 753–757.

42 Vgl. 1QS V,1.8–11.15.17.21f; VI,6; VIII,1f.14–16 u.ö.

43 Vgl. z. B. 1QS V,2f; IX,14. Aufgrund ihrer scharfen Selbstabgrenzung nach außen, ihrem besonders wörtlichen Verständnis der Tora, ihrem Selbstverständnis als auserwählte Gruppe und ihrer apokalyptischen Weltsicht kann man die Qumrangemeinde als fundamentalistische Gruppierung bezeichnen, vgl. Y. Elman, Zoroastrianism and Qumran, in: L.H. Schiffman / S. Tzoref (Hg.), The Dead Sea Scrolls at 60. Scholarly Contributions of New York University Faculty and Alumni (StTDJ 89), Leiden / Boston 2010, 91–98; Heger, Challenges, 228.235.258.312.319.

44 Mitunter werden die sogenannten Horoskope (4Q186 und 4Q561) zur Interpretation der Zwei-Geister-Lehre herangezogen, da in ihnen eine Unterteilung des Menschen in Anteile am „Haus des Lichts" bzw. am „Haus der Finsternis" begegnet. M.E. lassen sich die erhaltenen Fragmente, die zudem stark beschädigt sind, nicht für meine Fragestellung fruchtbar machen, und zwar aus mehreren Gründen: Erstens liegt der Ursprung dieser physiognomisch-astrologischen Texte im Dunkeln. Da ihr Inhalt kaum mit den theologischen und anthropologischen Auffassungen anderer Qumranschriften kompatibel erscheint, ist es zweitens fraglich, ob diese Fragmente zu den Schriften zu zählen sind, die von der Qumrangemeinde selbst verfasst wurden. Drittens widersprechen die in den Horoskopen zum Tragen kommenden Vorstellungen der biblischen Ablehnung von Astrologie und Weissagungen (vgl. z. B. Dtn 18,9–14; Jes 47,13). Es lassen sich keine Gründe finden, weshalb eine Gruppe wie die Qumrangemeinde, die für ein striktes Festhalten an den tradierten Schriften steht, diese biblische Absage an solche Formen von Gegenwarts- und Zukunftsdeutung über Bord geworfen haben sollte. Dazu und zu weiteren Beispielen, die gegen eine Einordnung der Horoskope als authentische Texte des *Jaḥad* sprechen, siehe Heger, Challenges, 308f.328. Anders jedoch M. Hengel, Judaica, 77: „Astrologie, Mantik und Magie haben im Judentum der Zeitenwende keine geringere Rolle gespielt als in der heidnischen Umwelt."

des Hermas‘ zu nennen. Möglicherweise bestehen zwischen diesen diversen Texten, die von einer Einflussnahme konträr konzipierter Geister auf den menschlichen Innenraum ausgehen, literarische Zusammenhänge.[45] An die Untersuchung der qumranischen Zwei-Geister-Lehre anschließend folgt eine Darstellung weiterer Auffassungen menschlicher Dissonanz innerhalb der ‚Gemeinderegel‘, bevor die Frage nach dem Vorkommen einer Einheitsvorstellung des Menschen erörtert wird.

1.1. Die Zwei-Geister-Lehre als Dissonanzvorstellung im Inneren des Menschen

1.1.1. Charakterisierung und Funktionen der zwei Geister

Der als Belehrung für alle „Söhne des Lichts“ bezeichneten Zwei-Geister-Lehre zufolge[46] werden der Geist der Wahrheit (רוּחַ הָאֱמֶת; *rûaḥ hāʾæmæt*) und der Geist des Frevels (רוּחַ הָעָוֶל; *rûaḥ hāʿāwæl*) vom Schöpfergott in das Innere der Person „eingesetzt“.[47] Diese beiden Geister gehören demnach zur göttlich intendierten Grundkonstitution des Menschen.[48] Dass sie diametral zueinander stehend aufzufassen sind, geht bereits aus ihrer Namensbezeichnung hervor:

---

45 Dass solche Zusammenhänge bestehen, ist zumindest denkbar, denn falls die Zwei-Geister-Lehre als ursprünglich eigenständiger Text im zeitgenössischen Judentum zirkulierte, könnte ein gegenüber der Qumrangemeinde weiter gefasster Adressatenkreis die Vorstellung zweier einander entgegengesetzten Geister im Inneren des Menschen tradiert haben. Vgl. dazu Audet, Affinities, 146; Lange, Weisheit, 132 Anm. 50; Frey, Herrlichkeit, 182. Die Hauptvertreter der These, christliche Zwei-Wege-Lehren stünden in einem literarischen Zusammenhang mit der Zwei-Geister-Lehre der Qumran-Gemeinde-Regel sind Jean-Paul Audet und Jean Daniélou. Vgl. exemplarisch J.-P. Audet, Affinités littéraires et doctrinales du Manuel de discipline, RB 59 (1952), 219–238; Ders., Affinities, 146; Daniélou, source, 127ff; Ders., Theology, 28ff; 315ff.

46 Das in diesem Lehrstück übermittelte Wissen beinhaltet nach 1QS III,13–15 temporale Informationen (über die Geschichte der Menschheit) und atemporale Informationen (über das universelle Wesen des Menschen), vgl. Newsom, Self, 82. Wenn hier und im Folgenden vom „Menschen“ gesprochen wird, ist dabei der Adressatenkreis der *Gemeinderegel* vorausgesetzt: 1QS richtet sich an die Mitglieder der Qumrangemeinde. Es gibt Indizien dafür, dass die Zwei-Geister-Lehre vor ihrer Rezeption durch die Qumrangemeinschaft als eigenständiger Text im zeitgenössischen Judentum zirkulierte, womit *ursprünglich* ein weiter gefasster Adressatenkreis anzunehmen ist. Zu den direkten und indirekten Adressaten der Geisterlehre vgl. Lange, Weisheit, 144–148. P. van der Horst, Evil Inclination, 318, äußert, dass 1QS III,13–14 möglicherweise der rabbinischen Lehre von den zwei Trieben den Weg bereitet haben könnte.

47 Vgl. 1QS III,18; Für Gottes ‚Einsetzen‘ bzw. ‚Platzieren‘ der zwei Geister im Menschen steht im Hebräischen ישם. de Bruin, Controversy, 190, Anm. 82, weist eigens darauf hin, dass diese beiden Geister nicht mit der רוּחַ *(rûaḥ)* und der נֶפֶשׁ *(næpæš)*des Menschen zu identifizieren sind.

48 Gleichzeitig kann damit die in der Forschung häufig postulierte Vorstellung eines „kosmischen Dualismus“ der beiden Geister (z. B. Lange/Lichtenberger, Art. Qumran,

Durch Wahrheit (אֱמֶת; *ʾæmæt*) und Frevel (עָוֶל; *ʿāwæl*) im Sinne von positivem bzw. negativem Verhalten[49] sind die beiden Geister ethisch bestimmt. Auch die Zuordnung zu den gegensätzlichen Symbolbereichen von Licht bzw. Finsternis (1QS III,19–21) indiziert ihre polare Gegensätzlichkeit. Offenbar hat die Qumrangemeinde Licht und Finsternis im Anschluss an alttestamentliche Auffassungen als Metaphern für diverse Vorstellungen von gutem bzw. bösem Verhalten verstanden.[50] Die Assoziation des Bösen und Negativen mit der Finsternis bzw. die Assoziation des Guten und Positiven mit dem Licht können als universelle Axiome gewertet werden, die in der biblischen Tradition mit dem Göttlichen bzw. Widergöttlichen ausgesprochen eng verknüpft sind und emotional besetzte tradierte Werte evozieren.[51] Ausgesagt wird mit 1QS III,19–21 also, dass jegliches moralisch gute Verhalten – symbolisch repräsentiert durch den Begriff des Lichts – Gottes Willen entspricht, frevelhafte Handlungen jedoch dem gottesfeindlichen Bereich entspringen. Insofern sind die beiden Geister auch durch ihre Zugehörigkeit zur Licht- bzw. Finsternissphäre moralisch qualifiziert.

Dass die zwei Geister eine ethische Dimension bergen, wird zudem in der Rede von den nach außen hin sichtbaren ‚Zeichen' (אותות; *ʾôtôt*) der Geister besonders deutlich.[52] Der Geist der Wahrheit kann sich der Gemeinderegel zufolge im Menschen als Demut, Langmut, Barmherzigkeit und Güte mani-

---

TRE 28 (1997), 57; Elgvin, Wisdom, 34; Merrill, Qumran, 52) in Frage gestellt werden, denn die beiden Geister sind keine kosmischen antagonistischen Mächte, sondern *im* Menschen lokalisiert und werden *beide* auf Gott zurückgeführt, vgl. 1QS III,17ff.

49 Die Lexeme Wahrheit (אֱמֶת; *ʾæmæt*) und Frevel (עָוֶל; *ʿāwæl*), die in 1QS III,23.24; V,10 und VI,15 als semantische Opposita begegnen, können schon in der hebräischen Bibel als umfassende Konzepte jeglichen guten/rechschaffenen bzw. negativen/ungerechten Verhaltens gebraucht werden. Vgl. exemplarisch Gen 24,48; Dtn 32,4. Die Gegenüberstellung beider Begriffe findet sich z. B. in Mal 2,6. Daher ist mit Heger, Challenges, 293, davon auszugehen, dass Wahrheit für die Qumrangemeinde nicht auf „etwas wahres sagen" reduziert werden kann, sondern als „all-embracing concept that includes all the virtuous attributes of humankind and the antithesis of wickedness" zu verstehen ist. Ähnliche Terminologie wie in 1QS III,19 begegnet auch in den TestXII (TestJud 20,1–5), wo der Geist der Wahrheit (τὸ πνεῦμα τῆς ἀληθείας) mit dem Geist des Irrtums (τὸ πνεῦμα τῆς πλάνης) kontrastiert ist.

50 Die Metaphorik von Licht und Finsternis kann in den Qumranschriften u.a für den Gegensatz von Weisheit und Torheit (1QS IV,3) gebraucht werden. Zu Licht und Finsternis in der hebräischen und jüdischen Literatur vgl. S. Aalen, Die Begriffe ‚Licht' und ‚Finsternis' im Alten Testament, im Spätjudentum und im Rabbinismus, Oslo 1951; R. Syrén, The metaphorical use of ‚light' and ‚darkness' in some biblical and post-biblical traditions, in: J. Neusner u. a. (Hg.), Ancient Israel, Judaism, and Christianity in Contemporary Perspective. Essays in Memory of K.-J. Illman, Langham, Md. 2006, 409–418.

51 Vgl. Licht, Analysis, 92. Learey, Rule, 37f betont die narrative Dimension solcher Metaphorik, die in vielen Formen von Dichtung und religiös-philosophischen Schriften einen grundlegenden Kontrast zum Ausdruck bringt.

52 Vgl. 1QS III,14.

festieren.[53] Er bewirkt u. a. Erkenntnis, Einsicht und Weisheit.[54] Im Gegensatz dazu gehören beispielsweise Habgier, Frevel, Lüge, Stolz, Grausamkeit und Hurerei zum Geist des Frevels. Auch Gottlosigkeit und Torheit sind mögliche Ausdrucksformen dieser inneren Negativkraft.[55] Insofern werden Handlungen, Einstellungen und Charaktereigenschaften des Menschen auf das Wirken der beiden Geister im Menschen zurückgeführt.[56] Jeder der beiden Geister übernimmt also spezifische Funktionen: Während der Geist der Wahrheit Menschen dazu motiviert, Gutes zu tun und Gerechtigkeit zu üben, regt der Geist der Täuschung zu bösen Taten an (1QS IV,2–11).[57] Den genannten tugend- bzw. lasterhaften Eigenschaften, Haltungen und Verhaltensweisen sind außerdem zwei Wege zugeordnet, die mit dem Charakter des jeweiligen Geistes korrespondieren. Ihnen entsprechend kann der Mensch „wandeln", d. h. seine Lebensführung gestalten.[58]

Aus dem bisher Dargestellten lässt sich daher schlussfolgern, dass die zwei Geister „die beiden Grundmöglichkeiten menschlichen Verhaltens" bilden,[59] so dass der für ‚Geist' verwendete hebräische Ausdruck רוּחַ *(rûaḥ)* hier weniger als personhafte Größe zu verstehen ist, sondern im Anschluss an alttestamentliche Vorstellungen als Kraft, die sich bewegt und anderes in Bewegung versetzen kann bzw. modifizierenden Einfluss auf den Menschen ausüben kann.[60]

---

53 Vgl. 1QS IV,3.

54 Vgl. 1QS IV,3.

55 Vgl. 1QS IV,9–11.

56 Vgl. die Auflistung der Kennzeichen dieser beiden Mächte und der mit ihnen jeweils assozierten Tugenden bzw. Laster in 1QS IV,3–6.9-11. Nach von der Osten-Sacken, Gott und Belial, 158, könnte der Verfasser „unter Rückgriff auf den Sprachgebrauch des Alten Testaments und seiner eigenen Gemeinde und vielleicht in Anlehnung an griechisch-hellenistische Vorbilder in freier Weise solches Gut zusammengestellt [haben], das die Gegensätzlichkeit der beiden Geister und ihrer Anhänger am eindrücklichsten vor Augen zu führen vermochte".

57 Die literarische Gattung von 1QS IV,2–6.9-11 ist als Tugend- und Lasterkatalog zu bestimmen. Lichtenberger, Studien, 136, äußert zu ihren Funktionen: „einerseits haben sie imperativischen Charakter, indem sie den Frommen das rechte Verhalten aufzeigen, andererseits geben sie aber auch sichere Merkmale dafür, Fromme von Frevlern zu unterscheiden. Und schließlich zeigen sie die Heils- bzw. Unheilsperspektive für rechtes und frevlerisches Verhalten auf."; ähnlich auch Fabry u. a. Anthropologische Texte, 335. Zur Verwendung atl. und frühjüdischer Motive in den Tugend- und Lasterkatalogen der Gemeindregel siehe Wibbing, Tugend- und Lasterkataloge, 45–61.

58 Vgl. 1QS III,20.

59 Lichtenberger, Studien, 127.

60 Vgl. H. Schüngel-Straumann, Art. Geist (AT), in: Das wissenschaftliche Bibellexikon im Internet (https://www.bibelwissenschaft.de/stichwort/19184/, abgerufen am 22.07.2014). Stegemann, Textbestand, 111, Anm. 59, spricht von „Handlungsprinzipien" in Bezug auf die beiden Geister. Wernberg-Møller, Reconsideration, 413, geht davon aus, dass die Geister psychologisch zu verstehen sind, und zwar als zwei radikal entgegengesetzte

Aus moderner Sicht könnte man die Geister als psychologische Impulse oder innere Antriebe ethischer Prägung verstehen.[61]

In der Forschungsgeschichte zur Zwei-Geister-Lehre zeichnet sich eine Entwicklung hinsichtlich der Frage nach den jeweiligen Geistanteilen im Menschen ab: Während bald nach Bekanntwerden der Schriftfunde vom Toten Meer noch angenommen wurde, dass jede Person beide Geister zu gleichen Anteilen besitzt,[62] scheint sich in neuerer Zeit die Ansicht durchzusetzen, dass ein Geistanteil den anderen quantitativ überragt.[63] Diese Deutungsdivergenzen entspringen 1QS IV,25, wo davon die Rede ist, dass Gott die beiden Geister „zu gleichen Teilen" (בַּד בְּבַד; *bad b^ebad*) gesetzt habe,[64] sowie 1QS IV,15f, wo es heißt: „In diesen [beiden Geistern] befinden sich die Generationen aller Menschen, und an ihren Bereichen haben Anteil alle ihre Scharen in ihren Geschlechtern. Auf ihren Wegen wandeln sie, und alles Tun ihrer Werke geschieht in ihren Bereichen *entsprechend dem Anteil eines jeden, sei es viel, sei es wenig* (לְפִי נַחֲלַת אִישׁ בֵּין רוֹב לְמוּעָט) für alle ewigen Zeiten. Denn Gott hat sie gesetzt *zu gleichen Teilen* (בַּד בְּבַד) bis zur letzten Zeit."[65] M.E. ist davon auszugehen, dass diese Passagen auf unterschiedliche Geistanteile im Menschen schließen lassen, d.h. ein Geist den anderen proportional überwiegt. Wenn jede Person hingegen zwei gleichmächtige Geister in seinem Inneren besäße, wäre eine Einteilung der Menschen in Vollkommene und Frevler unverständlich. Gleichzeitig bedeutet die Aussage, dass Gott die Geister zu gleichen Teilen gesetzt habe, dass auf die Gesamtheit der Menschheit verteilt ein überindividuelles Gleichgewicht von guten und bösen Geistern existiert.[66] Die Machtsphären von Licht und Finsternis „mögen in den individuellen Menschen mal mehr,

---

Dispositionen im Menschen. FREY, Patterns, 292, bezeichnet die Geister als „ethical convictions". Vgl. dazu auch BURROWS, Dead Sea Scrolls, 291.

61 Trotz dieser Bedeutungsnuancen wird der Ausdruck ‚Geist' im Folgenden beibehalten, da er sich in der Forschung fest etabliert hat; auch wegen der Analogien der Zwei-Geister-Terminologie mit weiteren Schriften der intertestamentarischen Zeit und des Frühchristentums, wo πνεῦμα begegnet, bietet sich diese Übersetzung an.

62 Vgl. SCHUBERT, Stand der Erforschung, 504; WERNBERG-MØLLER, Reconsideration, 433, allerdings widersprüchlich: „(...) it appears that the two ‚spirits' are distributed in different quantities to different persons, but that at the same time their measures or sizes or amounts are always identical within every individual; in other words: man was created with two inclinations in perfect balance and equally strong."

63 Vgl. z.B. STEGEMANN, Textbestand, 117; HEGER, Challenges, 244 Anm.60; LANGE/LICHTENBERGER, Art. Qumran, TRE 28 (1997), 57; LICHTENBERGER, Der ‚gespaltene Mensch', 231; DUPONT-SOMMER, L'instruction, 29.

64 Die Bedeutung „zu gleichen Teilen" von בַּד בְּבַד in 1QS IV,25 lässt sich aufgrund des Vorkommens dieser Wendung in Ex 30,34 unter Einbezug des Kontextes erschließen.

65 Übersetzung: LOHSE (Hg.), Texte aus Qumran, 15, (Hervorhebung von mir, A.N.).

66 Ähnlich betont STEGEMANN, Textbestand, 117, das Einsetzen der Geister zu gleichen Anteilen könne nur bedeuten, dass es quantitativ in der Welt gleich viel Gutes wie Böses gebe. Die beiden Größen hielten sich prinzipiell die Waage, aber für den Einzelnen Menschen

mal weniger stark anteilig vertreten sein, im Blick auf die Gesamtmenschheit und ihre Generationen sind sie jedoch ausgeglichen verteilt."[67]

1.1.2. Zur Relation zwischen den beiden Geistern als innere Konfliktvorstellung

Das Verhältnis der beiden Geister zueinander ist bereits durch deren Attribute und Zugehörigkeiten implizit als oppositionell bestimmbar. Aber in dieser Zwei-Geister-Konzeption wird kein statischer Zerrissenheitszustand greifbar, sondern ein dynamischer Dissonanzvorgang im Inneren des Menschen. Denn in 1QS IV,23–26 ist davon die Rede, dass sich diese beiden Geister im Herzen eines jeden Menschen bekriegen.[68] Explizit ist von ewiger Feindschaft zwischen ihren Bereichen und fehlenden Gemeinsamkeiten zwischen den zwei Geistern die Rede.[69] Weil sie „nicht gemeinsam wandeln" können, kommt es bei jedem Menschen zum Konflikt zwischen den Geistern.[70] Dies stellt einen gewichtigen Unterschied zu dem alttestamentlich-anthropologischen Gebrauch des Lexems רוּחַ dar: Zwar kennt die hebräische Bibel diverse ‚Geister', die mit Tugenden, Lastern o. Ä. assoziiert sind.[71] Nirgends ist jedoch davon zu lesen, dass ein Mensch zwei solcher ‚Geister' gleichzeitig besitzt oder

---

könne dies nicht gelten, da sonst eine Zuordnung der Menschen zu den Gerechten oder Sündern nicht möglich wäre. Vgl. auch de Bruin, Controversy, 195, Anm. 99.

67 Fabry u. a., Anthropologische Texte, 335.

68 Die Vorstellung von dem Kampf der beiden Geister im Inneren der Person wird in der Forschung des Öfteren als „ethischer" oder „anthropologischer Dualismus" bezeichnet. Vgl. exemplarisch Otzen, Wisdom Literature, 147; Fabry u. a., Anthropologische Texte, 334. Wright, Origin, 168, versteht die Zwei-Geister-Lehre als „multi-faceted dualistic document that contains three possible categories: cosmic, ethical, and psychological". P. Heger schlägt vor, statt von „ethischem" oder „anthropologischem" Dualismus in der Zwei-Geister-Lehre besser von *Polarität* zu sprechen. Damit könnten Missverständnisse umgangen werden, da mit dem Begriff Dualismus eine umfassende Form der Welterklärung verbunden sei, die die Vorstellung zweier antagonistischer Mächte bzw. Prinzipien berge. Zoroastrismus und Manichäismus sind Beispiele eines solchen kosmischen Dualismus, der das Böse so weit wie möglich von Gott distanziert. In der Zwei-Geister-Lehre gehe es jedoch – erstens – nicht um eine Erklärung des Bösen in der Welt: Wahrscheinlich hielt die Qumran-Gruppe an der Auffassung fest, Gott schaffe das Gute und das Böse, wie es beispielsweise Jes 45,7 zur Sprache bringt. Gott ist im hebräischen Denken letztlich der Urheber des Bösen, so auch in den Qumranschriften: Er erschafft nicht nur den guten, sondern eben auch den bösen Geist. Zweitens gehe es nach Heger in der Zwei-Geister-Lehre primär um den Innenraum des Menschen, und nicht um den Kosmos. Vgl. Heger, Challenges, 237–241.245 u.ö.

69 Vgl. 1QS IV,17f.

70 Vgl. 1QS IV,17f.

71 Vgl. beispielsweise die Rede vom Geist des Neides in Num 5,14 oder vom Geist der Weisheit in Ex 28,3; Dtn 34,9; Jes 11,2; Jes 29,24. Wenn sich also die innere Verfasstheit, das Fähigkeitspotential oder der Gemütszustand eines Menschen ändert, wird dies anhand von רוּחַ umschrieben. Im Hintergrund steht die Vorstellung, dass eine solche Kraft temporär bei einem Menschen verweilen kann, nicht jedoch, dass sie den Menschen grundsätzlich

gar zwei derartige, konträr gepolte Kräfte in seinem Inneren miteinander in einen Konflikt treten.[72]

Der Zwei-Geister-Konflikt wird in 1QS III,20–23 dadurch dramatisiert und in seiner Komplexität erhöht, dass die verfeindeten Geister bei ihrem Versuch, den Menschen zu bestimmten Verhaltensweisen zu bewegen, jeweils Unterstützung von einem ihm zugeordneten Engel erhalten.[73] Als Fürst der Lichter (שַׂר אוֹרִים; *śar ʾôrîm*) und als Engel der Finsternis (מַלְאַךְ חוֹשֶׁךְ; *malʾak ḥôšæk*) bezeichnet sind sie den „Söhnen der Gerechtigkeit" bzw. den „Söhnen des Frevels" vorgesetzt.[74] Zwar ist von einem Krieg zwischen diesen beiden Engelswesen nicht ausdrücklich die Rede,[75] aber da nach 1QS IV,17f ewige Feindschaft zwischen den zwei Geistern und ihren jeweiligen Bereichen herrscht, ist zumindest an eine gottgewollte Inkompatabilität zwischen diesen Mächten zu denken. Die Funktion von Lichterfürst und Finsternisengel besteht in dem Versuch einer konkurrierenden Einflussnahme auf die Geister im Inneren der Person, also auf die ethische Orientierung des Menschen. Dies geschieht indirekt und unsichtbar, nämlich unter Zuhilfenahme ihnen jeweils

---

und immer bestimmt – auch wenn letzteres im Falle einer positiv konnotierten רוּחַ als Idealvorstellung gesehen werden kann (vgl. dazu THEISSEN, Erleben, 61).

72 Zwar nennt 1Sam 16,14f ebenfalls zwei Geister, die jeweils auf Gott zurückgeführt werden. Aber da ein böser Geist (רוּחַ־רָעָה) den Geist JHWHs (רוּחַ יְהוָה) *ablöst*, kann weder davon gesprochen werden, dass beide gleichzeitig in Saul wirken, noch, dass sie in Konflikt miteinander treten. Gegen SEITZ, Two Spirits, 87, der postuliert, in 1Sam 16,14 werde „the germ of a doctrine of two antithetic spirits" explizit dargestellt.

73 Die Geister sind mit den jeweiligen Engelswesen nicht gleichzusetzen (gegen SCHWEIZER, Art. πνεῦμα κτλ., ThWNT 6 [1959], 388; LANGE, Weisheit, 156; FREY, Patterns, 291; DAVIDSON, Angels, 146f; RUSSELL, Biographie, 44.). Dies geht bereits aus den unterschiedlichen Bezeichnungen in 1QS III,18–21 hervor und wird durch die Unterordnung der Geister unter die jeweiligen Engelswesen in 1QS III,23f ebenfalls deutlich. Keine Identifizierung von Geistern und Licht- und Finsterniswesen vertreten z. B. TREVES, Two Spirits, 450; FABRY u. a., Anthropologische Texte, 334f.

74 Siehe 1QS III,19–21: „In der Hand des Fürsten des Lichts (שַׂר אוֹרִים) ist die Herrschaft über alle Söhne der Gerechtigkeit, die auf den Wegen des Lichts wandeln, und in der Hand des Engels der Finsternis (מַלְאַךְ חוֹשֶׁךְ) ist alle Herrschaft über die Söhne des Frevels, und sie wandeln auf den Wegen der Finsternis." Vermutlich war der Engel der Finsternis unter mehreren Namen bekannt; u. a. begegnen in den Qumranschriften Mastema und Belial als weitere Bezeichnungen dieses Anführers der bösen Mächte. Vgl. dazu HEGER, Challenges, 279. Außerhalb der Gemeinderegel wird über diese beiden Anführer ausgesagt, sie könnten weder göttliche Vorhaben verändern noch unabhängig von Gott ihre Macht über den Licht- bzw. Finsternisbereich ausüben, siehe dazu z. B. WRIGHT, Origin, 1.

75 Gegen FREY, Patterns 288; ELGRIN, Wisdom, 34. Dass sich die zwei Geister im Menschen bekriegen, nicht jedoch die zwei Engelsführer hat P. Heger überzeugend dargestellt. Damit muss die häufig in der Forschung vertretene Postulierung eines „kosmischen Dualismus" in Frage gestellt werden, oder zumindest diese Bezeichnung überdacht werden, denn Lichtfürst und Finsternisengel sind beide Gott untergeordnet. Vgl. HEGER, Challenges, 270.277f.

untergeordneter Geister.[76] Aufgabe der dem Engel der Finsternis unterstellten bösen Geister ist es, die Söhne des Lichts zum Sündigen zu verleiten.[77] Die Dissonanz im Inneren des Menschen wird insofern durch die Engel und ihre jeweiligen Geister noch verstärkt.

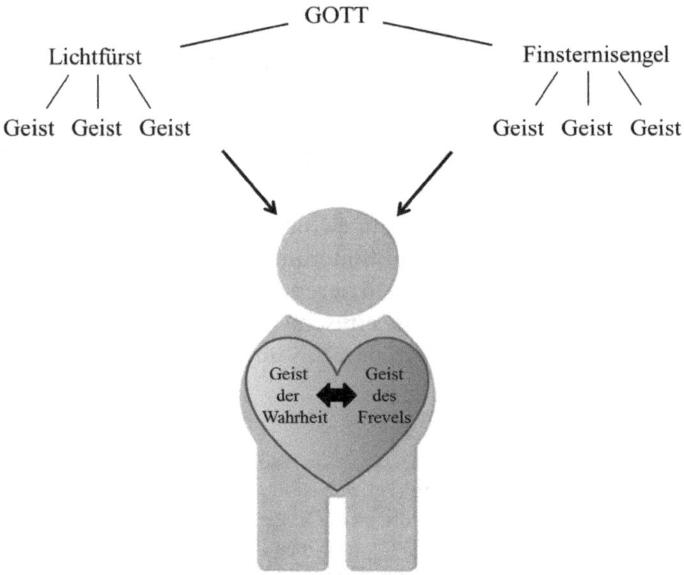

Abb. 7: Gaphische Darstellung der Relationen zwischen Gott, Mensch, Geistern und Engeln nach 1QS III,13–IV,26

76 1QS III,24 spricht deutlich von Geistern, die außerhalb des Menschen dem Engel der Finsternis zugeordnet sind. Ob dem Lichtfürsten analog dazu ebenfalls entsprechende Geister unterstellt sind, wird in der Forschung unterschiedlich beantwortet. Keine Hinweise auf derartige externe Geister des Lichtbereichs können z. B. Wright, Origin, 169 oder Tukasi, Determinism, 42, erkennen. Andere gehen hingegen von einer entsprechenden Gefolgschaft des Lichterfürsten aus, z. B. Frey, Patterns, 292f oder Heger, Challenges, 270, der die Beziehung zwischen den inneren Neigungen des Menschen und den external gedachten Engelswesen als symbolisch-spirituelle Verbindung bezeichnet. M.E. geht aus der verwendeten Pluralform für ‚Geister' (רוחות) in Verbindung mit dem ‚Licht' auf der einen und der ‚Finsternis' auf der anderen Seite in 1QS III,25 hervor, dass für 1QS außerhalb des Menschen sowohl Geister des Lichts als auch Geister der Finsternis zu veranschlagen sind.

77 Vgl. 1QS III,24. Im Hebräischen wird dies durch להכשיל (Hiphil) ausgedrückt und impliziert Versuchung (vgl. Lev 19,14: מכשל). Auch außerhalb der Gemeinderegel begegnet die Vorstellung, dass böse Geister den Menschen angreifen und quälen können, vgl. z. B. 1QS20 [1QSGenAp] II,16–21. Unreine Geister können Schmerz und Krankheit verursachen, vgl. 11QP$_{sa}$ 19,1–18.

1.1.3. Die Frage nach der Bewältigungsmöglichkeit innerer Konflikte in 1QS

Auf die Gesamtheit der menschlichen Existenz bezogen ist eine vollständige Bewältigung des Kampfes zwischen den beiden Geistern nach 1QS III,13–IV,26 nicht möglich, da Gott die Feindschaft zwischen ihnen auf Ewigkeit festgesetzt hat.[78] Aus dem Bisherigen wird deutlich, dass die Zwei-Geister-Lehre mit vielen unterschiedlichen polaren Begriffen und semantischen Opposita aufzeigen will, welche Alternativen dem Menschen in seiner Lebensführung zur Verfügung stehen. Graubereiche im Bereich der Ethik nennt der Text ebensowenig wie die Möglichkeit der Entscheidungsunsicherheit in Einzelfällen. Vielmehr wird durch evokative Metaphorik und Aufnahme tradierter Kontrastbegriffe kein Zweifel daran gelassen, welches Verhalten gottgefällig ist und welches zur Verdammnis führt. Einzelne Entscheidungskonflikte werden zwar nicht thematisiert, aber es gibt sowohl innerhalb als auch außerhalb des Zwei-Geister-Traktats Indizien, die auf die Möglichkeit einer Konfliktlösung im Einzelfall hinweisen. Zu diesen Hinweisen gehört erstens die Aussage, dass der Engel der göttlichen Wahrheit und seine Gefolgschaft nicht alleine den Gerechten dabei helfen können, den Anstiftungen zum Bösen seitens der bösen Geister zu widerstehen und dass deshalb seitens der Lichtsöhne mit Gottes Unterstützung gerechnet werden darf, um die durch Geister und Engel intensivierte innere Dissonanz im Menschen zu bewältigen.[79] Hierbei handelt es sich also um eine theologisch gedeutete Bewältigung des Geisterkampfes. Zweitens ist in 1QS III,17f davon die Rede, dass die Bestimmung des Menschen – neben der Herrschaft über die Erde – darin besteht, gemäß dieser Geister zu wandeln, d. h. seine Lebensführung zu gestalten. Dies könnte als indirekter Aufruf zur individuell verantwortbaren Entscheidung zwischen diesen Geistern verstanden werden. Drittens besteht nach 1QS IV,2f die Funktion der Instruktion über die zwei Wege (1QS IV,1–8) darin, das Herz der Menschen zu erleuchten in Bezug auf das, was Gerechtigkeit ausmacht, bzw. das Herz zu erschrecken in Hinblick auf das kommende Gericht Gottes. Den Rezipienten wird zukünftiger Lohn für das „Wandeln im Geist der Wahrheit" bzw. Strafe für das „Wandeln im Geist des Frevels" in Aussicht gestellt. Neben substanziellen Verheißungen, wie Nachkommenschaft, Segen bzw. Verdammnis oder Unheil,[80] werden emotionale Zustände als Konsequenzen erwähnt. Wenn insofern die Adressaten über das geforderte bzw. zu vermeidende Verhalten konsequenzbezogen, also extrinsisch unterwiesen werden, indem ihnen das eschatologische Gericht bzw. Heil vor Augen gestellt wird, verweist dies ebenfalls auf die individuelle Verantwortung für das Verhalten bzw. die Handlungskonsequen-

78 Vgl. v.a 1QS IV,16–18.

79 Vgl. 1QS III,24f.

80 Vgl. 1QS IV,7.12–14.

zen. Entsprechend kann nach der Zwei-Geister-Lehre die Annahme einer – zumindest temporären – Bewältigungsmöglichkeit innerer Dissonanzen und Konflikte deduziert werden. Außerhalb des Zwei-Geister-Traktats bringt die Gemeinderegel zudem viertens mehrere Vorstellungen zur Sprache, die auf die Verantwortung des Einzelnen für sein Handeln hinweisen. Dazu gehört beispielsweise die Vorstellung, dass der Mensch freiwillig sündigt (1QS V,12), dass er sich nach eigenem Belieben den Gerechten oder den Bösen anschließen kann (1QS V,1.8–10),[81] und dass Gottes Gunst die Konsequenz guter Taten einer Person ist (1QS III,10–11). Die Vorstellung von der Möglichkeit zur Umkehr, die allen Sündern offen steht, signalisiert ebenfalls, wie sich die jüdische Gruppe zur Handlungsfreiheit positionierte.[82] Wiederholt wird ausdrücklich gefordert, die Gebote Gottes nicht zu übertreten, sich vom Bösen fernzuhalten und vor Gott vollkommen zu wandeln.[83] Solche Anweisungen ergeben jedoch nur dann Sinn, wenn dem Einzelnen trotz der in seinem Inneren streitenden Geister, trotz der versuchten Einflussnahme durch Lichtfürst und Finsternisengel mitsamt ihrer jeweiligen Geistergefolgschaft und trotz der prädestianischen Tendenzen der Gemeinderegel Wahlfreiheit im Falle konfligierender Verhaltensmöglichkeiten zugestanden wird.[84] Alle die eben erwähnten Aspekte deuten m. E. darauf hin, dass der Mensch nach Auffassung der Gemeinderegel selbst verantwortlich dafür ist, welche Einflussnahme seitens der zwei Geister, der zwei Engel und ihrer jeweiligen untergeordneten Geister

---

81 Die Freiwilligkeit kommt in der hebräischen Wurzel נדב zur Sprache, vgl. Gesenius, Handwörterbuch, 486. Nach Stegemann, Textbestand, 112, verdeutlicht die Aussage in der Zwei-Geister-Lehre, Gott habe auch das Böse geschaffen, dass gut und böse dem Menschen als Alternativen zur Verfügung stehen, und es die Freiheit zu bösen Handlungen geben muss, „[d]enn sonst gäbe es für Gott keine Möglichkeit die Welt zu ‚überprüfen'."

82 Vgl. z. B. CD XV,12; XVI,1,4; 1QS V,1,8,22; VI, 15; X,11. „Umkehren" wird im Hebräischen häufig durch die Wurzel שוב ausgedrückt.

83 Vgl. 1QS 1,1–18; II,25 f; III,9–11; V,1 u.ö.

84 Die Gleichzeitigkeit der Gültigkeit von Wahlfreiheit und Prädestination ist von der Redaktion der Gemeinderegel offenbar nicht als Widerspruch empfunden worden, vgl. 1QS III,15–18. Ähnlich bereits Treves, Two Spirits, 450. Fabry u. a., Anthropologische Texte, 334.346, sprechen von einer „inkonsequenten" Prädestination, bzw. von einer Dynamisierung der Prädestination durch den ethischen Dualismus in Form der zwei sich bekriegenden Geister. Das Nebeneinander von der göttlich vorgängigen Festlegung geschichtlicher Ereignisse und menschlicher Wahlfreiheit und Verantwortung scheint auch außerhalb der Gemeinderegel keine kognitiven Dissonanzen ausgelöst zu haben, denn in der uns erhaltenen umfangreichen qumranischen Literatur sind keine Anzeichen möglicher theologischer Zweifel diesbezüglich zu finden. Problematische Erfahrungen oder enttäuschte Erwartungen – sofern in den Schriften darauf angespielt wird – wurden als von Gott intendiert verstanden, entsprechend seines dem Menschen uneinsichtigen Wirkens. Vgl. Heger, Challenges, 321. Zur Vorstellung der Prädestination der Qumrangemeinde vgl. z. B. Merrill, Qumran and Predestination. A Theological Study of the Thanksgiving Hymns (StTDJ 8), Leiden 1975. Zu weiterführenden Überlegungen in Bezug auf die Prädestinationsvorstellung der Qumrangemeinde siehe Fabry u. a., Anthropologische Texte, 336.338 f.341.346.

er zulässt. Daher kann von einer individuellen Bewältigungsmöglichkeit des Kampfes im Herzen gesprochen werden.

Ob das prinzipiell jedem Menschen eignende Potential zur Dissonanzlösung und damit gottgefälligen Entscheidung aber auch in angemessener Weise aktiviert werden kann, hängt vom Grad an Weisheit und Wahrheitsliebe ab,[85] der von Person zu Person variiert, wie aus 1QS IV,15–16 abzulesen ist. Weisheit meint dabei die Fähigkeit, zwischen gut und böse unterscheiden zu können, bzw. zu erkennen, was Gott vom Menschen verlangt und wie ein gottgefälliges Leben möglich ist.[86] Während der Besitz von Weisheit als Eigenschaft des Geistes der Wahrheit die Distanzierung von bösen Neigungen ermöglicht, liegt die Wurzel des Bösen im Gegensatz dazu im Mangel an Weisheit begründet.[87] Selbst innerhalb der Qumrangruppe, die sich selbst als „Söhne des Lichts" versteht, differiert die Qualität menschlichen Verhaltens, denn auch der Gerechte hat Anteil an beiden Geistern;[88] seine Erwählung und Zugehörigkeit zu den „Söhnen des Lichts" bewahrt ihn nicht vor der möglichen Gebotsübertretung.[89]

Zusammenfassend lässt sich die Frage nach der Bewältigung innerer Konflikte wie folgt beantworten: Der Mensch muss der Gemeinderegel zufolge mit einem konstanten inneren Krieg zwischen zwei konträr konzipierten Geistern rechnen. Allerdings scheint ihm die Möglichkeit zugesprochen zu werden, sich mithilfe der Weisheit nach dem guten Geist zu richten und sich vom bösen Geist zu distanzieren, so dass er gottgefälliges Verhalten ausbilden und zeigen kann. Der Frevelgeist kann jedoch weder vollständig unterdrückt noch beseitigt werden. Erst am künftigen Ende der Zeiten wird Gott nach qumranischer Vorstellung eine Bestandsaufnahme alles bis dahin Gewesenen durchführen, und zudem alles, was zum Bereich der Finsternis gehört, vernichten.[90] Der Einfluss des Engels der Finsternis mitsamt seiner bösen Geister ist also zeit-

---

85 Ähnlich bereits Schubert, Stand der Erforschung, 504.

86 Dass Weisheit zum korrekten Erkennen dessen, was gut und was böse ist, notwendig ist, betont auch 1QS IV,24–26.

87 Vgl. 1QS IV,3–6.9-11. Im Jakobusbrief begegnet später ebenfalls die Vorstellung, dass der Mangel an (göttlicher) Weisheit den Menschen zur Sünde verleitet, vgl. Kap. VII in dieser Arbeit. Der Gemeinderegel zufolge bestimmt das Niveau an Weisheit darüber, welchen Status ein Mensch in der Gemeinschaft innehat. Der Status ist jährlich von der Gemeinschaft zu überprüfen und kann je nach Grad an Einsicht und an Vollkommenheit des Lebenswandels auf- oder abgewertet werden, vgl. 1QS V,21.24.

88 Vgl. 1QS II,20. Diese Passage macht auch deutlich, dass es nicht um eine Aufteilung der beiden Geister auf je unterschiedliche Gruppen geht: Nicht einmal die Söhne des Lichts bzw. der Gerechtigkeit haben einen und denselben Geist.

89 Auch aus CD – A III,16-18 kann abgeleitet werden, dass die Mitglieder der Gemeinschaft gesündigt und Vergebung nach Buße erfahren haben.

90 Dass das Licht und damit das Gute sich letztendlich durchsetzen wird, wird aus der Passage über die eschatologische Erneuerung (1QS IV,18–23a) ersichtlich.

lich limitiert, aber erst im Eschaton zu erwarten.[91] Nachdem jeglicher Geist des Frevels aus den Gliedern der Erwählten eliminiert sein wird, werden die Söhne des Lichts durch den Geist der Wahrheit verwandelt, so dass Sünde zur Unmöglichkeit wird.[92] „Diese künftige Neuschöpfung ist eine wesentliche Zielaussage der Zwei-Geister-Lehre."[93] Sie sichert den Qumranmitgliedern insofern eine eschatologische Lösung der kontradiktorischen menschlichen Existenz zu.

1.2. Weitere Dissonanzvorstellungen in 1QS

Neben der Zwei-Geister-Konzeption als Form einer Dissonanz im menschlichen Inneren begegnet in der Gemeinderegel zudem eine Dissonanzvorstellung, bei der ‚Innen' und ‚Außen' des Menschen nicht deckungsgleich sind: Es handelt sich hierbei um d ęn Bereich des Betruges und der Täuschung. So begegnen beispielsweise die Ausdrücke שֶׁקֶר (*šæqær*; ‚Lüge'),[94] כַּחַשׁ (*kaḥaš*; ‚Betrug'), und רְמִיָּה (*r^emîjāh*; ‚Täuschung'),[95] sowie עָרְמָה (*'ār^emah*; ‚Hinterlist'), כָּזָב (*kāzāb*; ‚Lüge') und מִרמוֹת (*mirmôt*; ‚Betrug') zur Bezeichnung von Verhaltensweisen, bei denen das offenbarte Handeln von dem nur der betroffenen Person bekannten Gesinnung abweicht.[96] Diese Inkongruenz wird allerdings nicht näher beschrieben. Vor derartigen undurchsichtigen Handlungsweisen wird wiederholt gewarnt, denn als Manifestationen des Frevelgeistes gehören sie zum Weg der Finsternis, der unweigerlich in Gottes Gericht und Verderben endet.[97] Der Verfasser der Gemeinderegel schreibt den außerhalb der Gemeinschaft stehenden Personen zudem einen ‚Geist des Verbergens' (רוּחַ הַסֵּתֶר; *rû^aḥ has^eter*) zu.[98] Diese Formulierung deutet ebenfalls auf eine unangemessenes Verhalten hin, bei dem der Öffentlichkeit die wahre Absicht nicht preisgegeben wird. Von Personen, die solche Zweigleisigkeit in Form von Innen-Außen-Dissonanzen an den Tag legen, soll sich jeder Adressat deutlich distanzieren.

---

91 So ausdrücklich 1QS IV,16.

92 Bei den Söhnen des Lichts zeigt sich Gottes künftiges Heilshandeln durch die moralische Reinigung, die in der Zwei-Geister-Lehre durch rituelle Reinigungsterminologie ausgedrückt wird, vgl. 1QS IV,20–22.

93 Stegemann, Essener, 155.

94 Vgl. 1QS IV,9.21. In 1QS V,15 steht der Ausdruck שֶׁקֶר innerhalb eines zitierten Toragebotes (Ex 23,7), das zur Distanzierung von ‚jeder betrügerischen Sache' aufruft. 1QS VII,3 erwähnt zudem die absichtliche Lüge (hier ist die Lüge mit der Wurzel כחס zum Ausdruck gebracht).

95 Vgl. 1QS IV,9; IX,8; X,22.

96 Vgl. 1QS IV,11; X,22.

97 Vgl. 1QS IV,11–14.

98 Vgl. 1QS IX,22.

1.3. Gibt es eine Vorstellung menschlicher Einheit in 1QS?

Um der Existenz einer Einheitsvorstellung des Menschen in 1QS nachzuspüren, bietet es sich an, beim Vollkommenheitsbegriff anzusetzen. Denn die Wortgruppe *tām/tāmmîm* (Derivate der Wurzel תמם) trägt im Hebräischen nicht nur die Konnotation der ‚Ganzheit', (und zwar auch in Bezug auf den Menschen), sondern bezeichnet im biblischen Hebräisch zudem das ethische Maximalideal, durch das in erster Linie die Kongruenz zwischen Absicht, Wort und Tat zur Sprache gebracht wird.[99] ‚Vollkommenheit' kann als die zentrale ethische Forderung in den Qumranschriften gesehen werden.[100] Denn neben dem Ausdruck „Söhne des Lichts" begegnen die Wendungen „Männer der (vollkommenen) Heiligkeit" und „Haus der Vollkommenheit" als Selbstbezeichnung der Gemeindemitglieder wiederholt.[101] Zu ihnen darf sich zählen, wer „vollkommen wandelt" (הלך תְּמִים; *hlk tāmmîm*).[102] Diese Forderung kann umgesetzt werden, indem die Satzungen der Gemeinschaft befolgt werden, die ihr als Auslegung der Tora geoffenbart wurden. Von diesen „Wegen Gottes" soll der Einzelne weder nach rechts noch nach links abweichen.[103] Trug, Täuschung und Lüge sind als derartige Abweichungen zu verstehen, denn diese Verhaltensweisen werden ausdrücklich in Opposition zu Vollkommenheit und Heiligkeit gesehen.[104] Der qumranische Vollkommenheitsbegriff ist zudem eng mit Reinheitsvorstellungen verknüpft:[105] Wer daran scheitert, sich an Gottes Weisungen auszurichten, wird als unrein angesehen und – zumindest temporär – nicht zu den Vollkommenen gezählt.[106] Bis er seinen Lebenswandel wieder vollständig auf Gott hin zentriert, kann er von gewissen Riten ausgeschlossen werden.[107] Das Ideal der Vollkommenheit – gegenwärtige Erwartung und zukünftiges Ziel zugleich – begründet darüber hinaus die Absonderung von dem aus Sicht der Gemeinde falschgeleiteten Rest Israels,[108] ist also nicht nur ethisch und rituell, sondern auch soziologisch relevant:[109]

---

99 Vgl. dazu Kedar-Kopfstein, Art. תָּמַם tāmam, ThWAT 8 (1995), 688–701.

100 Die Wurzel תמם (*tmm*) umfasst wie im biblischen Sprachgebrauch sowohl die Reinheit der Gesinnung als auch Ganzheitlichkeit der Ausrichtung auf Gott. Meiser, Vollkommenheit, 196, spricht von Vollkommenheit als „zusammenfassende Benennung des erwünschten Verhaltens der Gemeindemitglieder". Vgl. dazu auch den ‚Katalog der Vollkommenheit' 1QS I,2–11.

101 Vgl. z. B. 1QS V,13; VIII,9.17.20.21.23.

102 Vgl. 1QS II,2; III,9; IX,9.19 u.ö.

103 Vgl. 1QS III,9–11.

104 Vgl. 1QS IX,8f; X,22f.

105 Vgl. dazu Newton, Concept, 39f.

106 Vgl. 1QS III,3.5.

107 Vgl. 1QS VIII,25; IX,2.

108 Vgl. 1QS IX,3–9.

109 Vgl. Garleff, Identität, 141.

Die Selbstbezeichnungen als „Vollkommene“, „Söhne des Lichts“ und „Söhne der Gerechtigkeit“ dienen als ‚identity marker‘, als gemeinschaftsstabilisierendes Medium der Abgrenzung von Andersgläubigen.

Diese Beobachtungen zeigen: Vollkommenheit bedeutet in der Gemeinderegel moralische Geradlinigkeit und Reinheit, ganzheitliche Ausrichtung am Willen Gottes und damit u. a. die Unterlassung von Lug, Trug und Täuschung. In erster Linie ist damit eine menschliche Einheitsvorstellung angesprochen, die eine Übereinstimmung von ‚Innen‘ und ‚Außen‘ erwartet, insofern das Wissen um das gottgefällige Verhalten auch entsprechend umgesetzt werden muss. Eine Reduktion der zwei antagonistischen Geister auf einen einheitlichen Geist wird hingegen nicht propagiert, denn die Existenz beider Geister im Herzen des Menschen ist konstitutiv für die Gemeinschaft, selbst für diejenigen Mitglieder, die niemals vom vollkommenen Wandel abweichen.

1.4. Zusammenfassung und Ertrag

Affekte und Einstellungen werden in der Zwei-Geister-Lehre je nach ihrer positiven oder negativen Bewertungsstruktur einem guten oder einem bösen Geist zugeordnet. Als quasi-heteronome Größen bestimmen diese Geister den Menschen in seinem Verhalten. Das wahrgenommene Phänomen, dass kein Mensch vollständig moralisch gut oder aber böse ist, dass Ambivalenz und konträre Neigungen grundsätzlich zum Dasein gehören, deuteten die Verfasser der Zwei-Geister-Lehre als Streit zweier Geister im Herzen der Person.[110] Der Mensch erlebt den Konflikt widersprüchlicher Neigungen als von seinem Selbst zu unterscheidenden Kräften, die in seinem Inneren um Einflussnahme ringen. Die Zwei-Geister-Lehre zeugt insofern von einer Sensibilität für das Phänomen innerer Konflikte, die durch den Entscheidungsdruck, ethischen Prinzipien Folge zu leisten, enstehen können.

Durch die Aufnahme der Zwei-Geister-Lehre in ihre Gemeinderegel akzeptierten die qumranischen Gemeindemitglieder deren anthropologische und theologische Grundaussagen: Die innere Polarität des Menschen ist von Gott gemacht und gewollt. Der Einzelne muss mit der inneren Zerrissenheit, die aus dem Streit zwischen den heteronom gedachten konträr gepolten Geistern ent-

110 Vorrangig behandelt die Zwei-Geister-Lehre ein menschliches Dilemma, das auch in späteren jüdischen Kreisen anhand der rabbinischen Zwei-Triebe-Lehre (יצר הטוב und יצר הרע) behandelt wurde, nämlich die Frage danach, warum der Mensch trotz Kenntnis der göttlichen Gebote sündigt. Dass es vorrangig um die Erfahrung gegenwärtiger Anfeindungen und Leiden sowie um das Problem geht, dass Sünde auch innerhalb der Gemeinschaft der Frommen vorkommt (1QS III,21f), unterstreichen auch Frey, Patterns, 291, und Lichtenberger, Studien, 141f. Eine Parallelität zwischen den widerstreitenden Geistern der qumranischen Gemeinderegel und der rabbinischen Lehre von den zwei Trieben sieht beispielsweise Ladd, Dualism, 270.

steht, zurechtkommen,[111] was jedoch zugleich Eigenverantwortlichkeit und Autonomie des Menschen voraussetzt. Insofern könnte man das Menschenbild der Zwei-Geister-Lehre als Kombination autonomer und heteronomer Verhaltenssteuerung bezeichnen: Der Mensch kann autodynamisch darüber entscheiden, von welcher heterodynamischen Größe er sich bestimmen lassen will.[112] Als Verhaltensideal gilt, sich vom guten Geist bestimmen zu lassen, wodurch Vollkommenheit erreicht werden kann. Auch wenn dies gelingt, ist der Mensch ständig davon bedroht, den Verlockungen des bösen Geistes nicht widerstehen zu können. Indem der Mensch auf dem Weg des Guten wandelt, und/oder sich vom Bösen distanziert, kann der Einflussbereich des bösen Geistes jedoch minimiert werden. Die Gespaltenheit des Menschen ist nach dieser Lehre der Normalzustand, die die personale Identität des Einzelnen konstituiert. Durch Umkehr zu den „Söhnen den Lichts“ vermag sie – zumindest temporär – aufgelöst werden. Erst im Eschaton jedoch kann die Zwiespältigkeit des Mensch-Seins bleibend überwunden werden: Wenn Gott den Engel der Finsternis bzw. des Frevels und alle zugehörigen Geister ausgelöscht hat, kann der Mensch die vollständige und bleibende innere Einheit erlangen.

2. Dissonanz und Einheit des Menschen bei Jesus Sirach

Das Buch Jesus Sirach bezeugt Reflexionen auf menschliches Dissonanzerleben, auf inkohärentes Verhalten und auf die personale Einheit des Menschen. Anders als im Großteil der jüdischen Literatur der hellenistisch-römischen Zeit sind uns im Sirachbuch manche anthropologische Vorstellungen sowohl auf Hebräisch als auch auf Griechisch überliefert, denn die ins 2. Jh. v. Chr. zu datierende hebräische Version des Buches Jesus Sirach wurde vermutlich in Jerusalem verfasst[113] und zwei Generationen später vom Enkel des Ver-

111 Zusammenfassend kann die Intention der Zwei-Geister-Lehre, wie sie vom *Jaḥad* rezipiert wurde, zum einen darin gesehen werden, menschliches Fehlverhalten und Bosheit zu *erklären*, zum anderen darin, auf dieses Verhalten der Qumrangemeinschaft konstruktiv einzuwirken bzw. es zu *korrigieren*.

112 Gleichzeitig lassen sich in den qumranischen Schriften Tendenzen ausmachen, die auf eine Reduktion der Autodynamik des Menschen schließen lassen, wenn nämlich z. B. davon die Rede ist, dass Vollkommenheit und Geradheit des Herzens (ישור לבב) in der Hand Gottes liegen (1QS XI,2f).

113 Es herrscht weitgehender Konsens darüber, dass das Buch zwischen ca. 190–175 v. Chr. verfasst wurde, also in jedem Fall vor Beginn der Verfolgungen unter Antiochus IV., vgl. z. B. Maier, Mensch, 24f; Marböck, Weisheit, 9; van Kooten, Anthropology, 8; Marttila, Foreign Nations, 4–7. Zu Datierung und verwendeten literarischen Genres siehe auch Bellia, Reading, 51–55.

fassers in Alexandrien für die dortige Gemeinde ins Griechische übertragen, wie aus der Vorrede zu entnehmen ist.[114] Nur die griechische Fassung ist vollständig erhalten. Ben Sira wollte sein Weisheitsbuch nicht als spezifisch theologischen, sondern v. a. pädagogischen Text verstanden wissen.[115] Daher wundert es nicht, dass der Großteil der Schrift einerseits paränetische Aussagen und Mahnungen enthält, die angemessene Verhaltensweisen für die Mensch-Gott-Beziehung und für die zwischenmenschlichen Ebene anempfehlen, und andererseits solche, die den Adressaten verdeutlichen, wie sie ihren personalen Innenraum bestmöglich gestalten und strukturieren können. Die damit zugleich gestellte Frage nach der Kultivierung der Seele erinnert an die Problematik der Seelenleitung in der griechischen Philosophie, deren Hauptanliegen in einer rationalen Steuerung innerer Kräfte (und der Herstellung einer harmonischen Personeinheit) gesehen werden kann. Im Folgenden soll zum einen eruiert werden, wie sich Ben Sira seine Methode der „Seelenleitung" vorgestellt hat, und zwar im Hinblick auf die Bewältigung dissonanten Erlebens und Verhaltens, d. h. von aus heutiger Sicht psychologischer Phänomene, bei denen sowohl das Innen des Menschen als auch die Relation zwischen dem Innen des Menschen und dem Außen des Menschen als inkongruent zu verstehen sind. Zu berücksichtigen ist dabei auch, inwiefern der siracidische Ansatz von vergleichbaren Konzepten griechischer Philosophieschulen abweicht. Zum anderen ist zu prüfen, ob zum Ausdruck gebracht wird, wie die thematisierten Dissonanzen in ein einheitliches Erleben und Verhalten zu überführen sind und ob das Resultat dieses Vorgangs mithilfe entsprechender Einheitsterminologie zur Sprache gebracht wird.[116]

---

114 Sir, Prolog, bes. 4–12^{LXX}; 27–36^{LXX}.

115 Vgl. bes. Sir 1,27^{LXX} (sowie der nur in einigen Handschriften belegte Vers Sir 19,19). Die Erziehung (παιδεία) wird ausgesprochen häufig thematisiert, vgl. Sir 4,17.24^{LXX}; 6,18^{LXX}; 8,8^{LXX}; 9,1^{LXX}; 16,25^{LXX}; 18,14^{LXX}; 21,19.21^{LXX} u.ö.

116 Basis dieser Untersuchung ist der Septuaginta-Text des Sirachbuches. Denn: „Angesichts des fragmentarischen Charakters der hebräischen Belege ist die Beschreibung des Buches Sira auf die Septuaginta angewiesen, die die älteste ‚vollständig' erhaltene, schon in vorchristlicher Zeit erstellte griechische Übersetzung bietet." F.V. Reiterer, Art. Jesus Sirach/Jesus Sirachbuch, in: Das wissenschaftliche Bibellexikon im Internet (http://www.bibelwissenschaft.de/stichwort/22500/, abgerufen am 24.02.2015). Die verfügbaren hebräischen Handschriften müssten in Bezug auf Vorstellungen menschlicher Einheit und Dissonanz gesondert betrachtet werden. Wenn im Folgenden von ‚Ben Sira' oder ‚Jesus Sirach' die Rede ist, so ist damit auf die griechische Textversion Bezug genommen. Die Zählung erfolgt nach der von A. Rahlfs und R. Hanhart herausgegebenen Druckausgabe der Septuaginta, Stuttgart 2006.

2.1. Voraussetzungen für die Vorstellung dissonanten Erlebens und Verhaltens bei Ben Sira

Jede Ethik, die in einer bestimmten Schrift greifbar wird, setzt eine spezifische Anthropologie voraus. Auch im Buch Jesus Sirach hängt die Durchsetzungsfähigkeit ethisch-paränetischer Anweisungen von anthropologischen Vorstellungen ab, die ein Raster für die Einordnung, Einschätzung und Korrektur von Verhaltensweisen vorgeben.[117] Nur wenn wenn der Mensch frei zwischen ethischen Optionen wählen bzw. sich für oder gegen Gott entscheiden kann, ist denkbar, dass er in seinem Inneren in einen Zwiespalt mit sich selbst gerät. Im Folgenden sollen daher zunächst die anthropologischen Rahmenbedingungen für Vorgänge im menschlichen Inneren und für die Wahlmöglichkeiten des Menschen aufgezeigt werden.

Ursprungsort ethischer Entscheidungen ist der Innenraum des Menschen, auf den mittels verschiedener Lexeme Bezug genommen werden kann, wie z. B. σπλάγχνα (‚Gebämutter', ‚das Innere'),[118] ἔγκατα (‚das Innere', ‚Innereien'),[119] κοιλία (‚Bauch', ‚das Innere'),[120] ἔντερον (‚das Innere', ‚Innereien').[121] Bei Betrachtung aller entsprechender Belegstellen fällt auf, dass diese Ausdrücke beinahe ausschließlich psychologisch konnotiert erscheinen,[122] beispielsweise wenn davon die Rede ist, dass das Innere des Menschen in Unrast geraten bzw. erregt werden kann, wenn es wie Feuer brennend beschrieben wird oder wenn Strebekräfte in der Bauchgegend lokalisiert werden.[123] Zu den Koordinaten des menschlichen Innenraums gehören neben Strebungen (ὀρέξεις), dem Verstand (διάνοια), der Vernunftkraft (λογισμός), der Vermutung (ὑπόνοια), den Gedanken (ἐνθυμήματα), der Abwäge- und Entscheidungsinstanz (διαβούλιον) und der Entschlusskraft (βουλή) verschiedenste Affekte.[124] Letztere werden zwar im Gegensatz zu griechisch-philosophischen Schriften bei Ben Sira nicht eigens definiert, aber dennoch liegt im siracidischen Werk ein recht nuanciertes Affektverständnis vor. Denn erstens werden positive, gottgefällige von

117 Vgl. van Kooten, Art. Human Being, 394.

118 Vgl. Sir 30,7^{LXX}; 33,5^{LXX}.

119 Vgl. Sir 21,14^{LXX}.

120 Vgl. Sir 19,12^{LXX}; 23,6^{LXX}; 36,18^{LXX}; 40,30^{LXX}; 51,21^{LXX} (in Sir 51,5^{LXX} begegnet κοιλία erneut, ist hier jedoch nicht als anthropologischer Ausdruck, sondern metaphorisch in Bezug auf die Unterwelt gebraucht).

121 Vgl. Sir 31,20^{LXX}.

122 Ausnahmen stellen Sir 31,20^{LXX} und Sir 36,18^{LXX} dar, wo es um das angemessene Essverhalten geht.

123 Vgl. Sir 30,7^{LXX}; 40,30^{LXX}; 51,21^{LXX}.

124 Vgl. z. B. Sir 3,24^{LXX}; 15,14^{LXX}; 29,16^{LXX}; 23,6^{LXX}; 27,6^{LXX}. Ben Sira kann in Bezug auf solche inneren Regungen einerseits das Innere des Menschen selbst explizit benennen, z. B. durch σπλάγχνα, ἔγκατα, καρδία, κοιλία, ἔντερον, andererseits kann er durch Verwendung des Ausdrucks ψυχή auch den ganzen Menschen ansprechen.

negativen, gefährlichen Affekten unterschieden,[125] und zweitens kann ein und derselbe Affekt mitunter sowohl positiv als auch negativ gewertet werden. So erscheint die Begierde (ἐπιθυμία) des Weisen in Sir 3,29^{LXX} beispielsweise positiv konnotiert, während sie z. B. nach Sir 18,30f^{LXX} eine Macht entfalten kann, die der betroffenen Person zum Schaden gereicht: Wer der Begierde nachgibt, muss damit rechnen, zum Gespött seiner Feinde zu werden. Auch der Furchtaffekt trägt bei Ben Sira nicht ausschließlich negative Konnotationen: Sofern die Furcht (φόβος) auf Gott bezogen ist, kommt sie der Weisheit gleich[126] und schützt den Menschen vor schädlichen Angstzuständen.[127] Während sich Gottesfurcht als Vertrauen (πιστεύω) auf den Herrn oder Hoffnung (ἐλπίζω) auf das Gute bestimmen lässt,[128] vermag ein furchtsam disponiertes Herz keinem Schrecken standzuhalten.[129]

Der Gelehrte Jude Jesus Sirach betont nicht nur die unterschiedlich wirkenden Bezugsobjekte der Affekte, sondern auch, dass es auf den angemessenen Umgang mit affektiven Regungen ankommt, denn viele derselben sollten nur nach reflektierter Prüfung in entsprechende Verhaltensweisen umgesetzt werden. Dass man überhaupt seine Affekte steuern kann, sich richtig entscheiden kann, kurz: sich moralisch angemessen verhalten kann, ist nach Sir 17,6f^{LXX} Gott zu verdanken, denn er hat den Menschen mit Zunge und Augen, mit Herz und Entscheidungsfähigkeit ausgestattet. In Anschluss an alttestamentliche Schriften bezeichnet das Herz bei Ben Sira in erster Linie das Verstehens-, Erkenntnis- und Planungszentrum des Menschen. Entsprechend ist die kognitive Hauptfunktion des Herzens explizit erwähnt: Es befähigt den Menschen dazu, Überlegungen anzustellen (διανοέω).[130] Zudem hat Gott der Menschheit Gut und Böse ‚gezeigt' (ὑποδείκνυμι), sowie das Wissen des Einsichtsvermögens (ἐπιστήμη συνέσεως) verliehen.[131] Diese ἐπιστήμη συνέσεως kann verstanden werden als „das Willens- und Einsichtszentrum, von dem aus die inneren Kräfte des Menschen gelenkt werden, die dann auch seine Erscheinungsformen nach außen hin bestimmen."[132] Wichtig ist im Zusammenhang mit der Frage nach der Wahlfreiheit des Menschen bei Ben Sira vor allem die Rede vom διαβούλιον, dessen Betätigung Sir 15,14^{LXX} zufolge ausdrücklich in der Hand

---

125 Positiv assoziiert sind beispielsweise neben der Gottesfurcht die Sanftmut (πραότης) und die Demut (ταπεινότης), unvorteilhaft hingegen der Zorn/die Wut (ὀργή/θύμος) oder der Trübsinn/die Trauer (λύπη). Vgl. z. B. Sir 1,14.27.28^{LXX}; 2,8^{LXX}; 3,17^{LXX}; 10,28^{LXX}; 13,20^{LXX} mit Sir 1,22^{LXX}; 10,18^{LXX}; 30,21.23^{LXX}.

126 Vgl. Sir 1,27^{LXX}.

127 Vgl. Sir 34,14^{LXX}.

128 Vgl. Sir 2,8f^{LXX}.

129 Vgl. Sir 22,18^{LXX}.

130 Vgl. Sir 17,6^{LXX}, vgl. auch Sir 3,29^{LXX}; 14,21^{LXX}; 16,20^{LXX}.

131 Vgl. Sir 17,7^{LXX}.

132 Wischmeyer, Kultur, 203.

des Einzelnen liegt.[133] Auch wenn eine präzise Wiedergabe dieses Ausdrucks im Deutschen schwierig ist – διαβούλιον in der Septuaginta wird gewöhnlich mit ‚Trieb' oder ‚Trachten' übersetzt –,[134] wird aus dem Kontext doch deutlich, dass es sich um eine Schöpfungsanlage des Menschen handelt, die ihn dazu befähigt, frei zu entscheiden, welcher Neigung er in seinem Inneren nachgeben will und die ihn für seine Entscheidungen verantwortlich werden lässt. Διαβούλιον ist also eine handlungsrelevante Instanz, die sich zum Guten oder zum Bösen neigen kann, bezeichnet insofern eine neutrale Fähigkeit[135] aber keine inneren Gespaltenheit.[136] Ob man Gottes Gebote befolgen will oder nicht, ob man Feuer oder Wasser, Leben oder Tod wählt, hängt vom Willen (vgl. ἐθέλω in Sir 15,15^LXX^) des Menschen ab.[137] Im Spannungsfeld zwischen Gut

133 Es wird zumeist angenommen, dass διαβούλιον den hebräischen Ausdruck יֵצֶר (*jeṣær*) wiedergibt (vgl. exemplarisch Brand, Evil, 98–103), auch wenn der hebräische Text zu dieser Stelle nicht erhalten ist. יֵצֶר wird im Deutschen i. d. R. mit „Trieb" wiedergegeben. Das Lexem יֵצֶר kommt in der hebräischen Bibel 44 Mal als Verb vor, besonders häufig bei Jesaja. Neun Mal begegnet das Wort als Nomen innerhalb der hebräischen Bibel, wobei zwei Belege auf das Buch Genesis entfallen: in Gen 6,5 und Gen 8,21 wird vom יֵצֶר ausgesagt, dass er böse sei.

134 Vgl. Muraoka, Lexicon, 114; Lust/Eynikel/Hauspie, Lexicon, 136.

135 Kaiser, Glück, 45, vermutet, dass Jesus Ben Sira bei der Rede von dieser inneren Strebekraft von dem griechischen und v. a. in der Stoa populären ὁρμή-Konzeption beeinflusst gewesen sein könnte, nicht zuletzt deshalb, weil Ausdrücke, die das Trachten und Streben in hebräischen und griechischen Versionen des Alten Testaments zur Sprache bringen, auffallend spät Verwendung finden. Ob mit Sir 15,14^LXX^ tatsächlich der Ansatzpunkt für die spätere rabbinische Lehre von den zwei Trieben (יֵצֶר הַטּוֹב und יֵצֶר הָרַע) gegeben ist, wird in der Forschung divergent beurteilt (affirmativ z. B. Thyen, Studien, 69, Anm. 1; Davies, Paul, 20). Nach Ansicht von Hengel, Judentum, 255 f, erhält das Wort *jeṣær* im Sirachbuch erstmalig „seine zentrale anthropologische Bedeutung im Sinne von ‚Charakter', ‚Antrieb', wobei von vornherein die Tendenz zur Beurteilung als ‚bösem Trieb' besteht, den es gilt, im Zaume zu halten." Dass *jeṣær* bei Ben Sira a priori negativ konnotiert ist, lehnt Haspecker, Gottesfurcht, 145, Anm. 46, ab: „Dem Zusammenhang nach ist *jṣr* hier nicht einseitig der böse Trieb, schon gar nicht als Zwang zum Bösen, sondern die innerste Wurzel der Entscheidungen des Menschen (…)." Von einer „neutral capacity" geht in Bezug auf den Gebrauch des Ausdrucks διαβούλιον bei Ben Sira z. B. auch Brand, Evil, 101, aus; ähnlich Kaiser, Gott, 53.

136 So auch Paretsky, Two Ways, 313, Anm. 19.

137 Vgl. Sir 15,15–17^LXX^. Sir 15,11–20^LXX^ steht nur scheinbar in Widerspruch zu den Aussagen in Sir 33,10–13^LXX^, wo es u. a. heißt, Gott habe den Menschen verschiedene Geschicke zugewiesen. Hier geht es nach Heger, Challenges, 334, aber nicht in erster Linie um Prädestination, sondern um die Hervorhebung der Hoheit Gottes im Gegensatz zur Niedrigkeit des Menschen. Wicke-Reuter, Providenz, 87, hat klargelegt, dass Ben Sira keine Spannung zwischen der göttlichen Vorsehung und der Eigenverantwortung des Menschen sah: „Das Gegenteil ist vielmehr der Fall: Gott setzt bei der Einrichtung der Schöpfung und ihrer Elemente die Verantwortung des Menschen voraus. Ohne die *Möglichkeit*, Böses zu tun, fehlte jedoch eine grundsätzliche Bedingung menschlicher Verantwortung: die Freiheit. Sie kann mithin als Teil des Schöpfungsplans angesehen werden, wenngleich dem Siraciden der Begriff ‚Freiheit' selbst fremd ist."

und Böse stehend besitzt der Mensch mit seinen Schöpfungsanlagen insofern alle Voraussetzungen, um sein Verhalten angemessen zu steuern und über die ihm zugestandene Wahlfreiheit zu verfügen.[138] Entsprechend deutlich lehnt der Sirazide die Ansicht ab, Gott sei für die Sünde in Haftung zu nehmen. Der Mensch bringt sich durch sein Handeln vielmehr selbst zu Fall.[139] Besonders anschaulich ist die Ansicht, dass der Einzelne für sein Fehlverhalten selbst verantwortlich ist und sich damit selbst schadet, in Sir 10,29^{LXX} zum Ausdruck gebracht: Wer eine Sünde begeht, handelt seiner eigene Psyche zuwider (εἰς τὴν ψυχὴν αὐτοῦ)[140] und beweist, dass er sein eigenes Leben nicht wertschätzt.[141] Weil der Mensch im Buch Jesus Sirach also die Sünde oder gottgefälliges Verhalten bzw. ein Leben gemäß des Gesetzes wählen kann, sind prinzipiell die Vorbedingungen erfüllt, die eine einheitlich an Gottes Willen orientierte Innenwahrnehmung und Lebensführung ermöglichen, wobei die Abweichung davon als dissonantes Erleben und Verhalten beschrieben werden kann.

2.2. Vorstellungen innerer Dissonanz bei Ben Sira

Aus anthropologischen Aussagen des Buches Jesus Sirach ist zu entnehmen, dass der Innenraum des Menschen ein komplexes Gefüge darstellt, in dem insbesondere Affekte, Gedanken, Strebungen und das Wollen bzw. Begehren wahrgenommen und verarbeitet werden. Weil alles in der Welt in Paaren vorkommt, alles zwei Seiten hat,[142] ist auch die menschliche Existenz geprägt von Annehmlichkeiten und Freuden des Lebens auf der einen Seite (zu denen

---

138 Zur Wahlfreiheit bei Ben Sira vgl. z. B. A.A. Di Lella, Free Will in the Wisdom of Ben Sira 15:11–20. An Exegetical and Theological Study, in: I. Fischer/U. Rapp/J. Schiller (Hg.), Auf den Spuren der schriftgelehrten Weisen. FS f. J. Marböck, Berlin 2003, 253–264.

139 Vgl. z. B. Sir 15,11–20^{LXX}, vgl. auch Sir 21,2^{LXX}.

140 Wischmeyer, Kultur, 229, versteht dieses Phänomen als „Paradoxie des doppelten Selbst".

141 Vgl. dazu auch Sir 21,27^{LXX} (man kann seine eigene ‚Psyche' verfluchen) und Sir 14,2^{LXX} (die ‚Psyche' kann ihren Besitzer anklagen).

142 Der jüdische Weisheitslehrer Jesus Ben Sira hat sich – möglicherweise auch infolge einer gewissen skeptischen Tendenz des zeitgenössischen Judentums – mit der Ambivalenz des Daseins auseinandergesetzt, und zwar sowohl in Bezug auf die Schöpfung als Ganze, als auch in Bezug auf die menschliche Existenz. So äußert er wiederholt, dass alles in der Welt in Paaren vorkommt (Sir 33,14–15^{LXX}: „[…] δύο δύο, ἓν κατέναντι τοῦ ἑνός." Sir 42,24–25^{LXX}: „πάντα δισσά […]."). Gut und Böse, Leben und Tod, Fromme und Sünder – beide Extreme sind jeweils von Gott intendiert und als gegeben zu akzeptieren (Sir 33,14f^{LXX}). Weil der Kosmos nach polaren Strukturprinzipien geordnet sei, fehle der Schöpfung nichts; nichts in ihr sei überflüssig (Sir 42,24f^{LXX}). Die Vorstellung von der Polarität des Kosmos hat Ähnlichkeiten mit dem griechischen Denken, insbesondere mit dem u. a. bei Heraklit und Chrysipp begegnenden Gedanken, dass jede Sache durch ihren Gegensatz bestimmt und daran gebunden ist, weshalb z. B. das Gute bzw. Nützliche in der Welt ohne das Böse bzw. Schädliche nicht zu erkennen sei. Vgl. Heraklit DK 12 B 10 nach Aristoteles, mund.

beispielsweise die Weisheit, Musik und Schönheit gehören), von Schattenseiten und Schwierigkeiten auf der anderen Seite.[143] Daraus folgt, dass der Mensch sowohl positive als auch negative Affekte erleben kann, dass er inneren Frieden (ἀνάπαυσις) erlangen kann,[144] aber auch mit inneren Dissonanzen zurechtkommen muss. Trotz der Möglichkeit, Vergnügen und Genuss zu kosten, muss der Einzelne mit Mühen und Nöten rechnen, deren Auswirkungen der jüdische Weisheitslehrer zum Teil als konkrete Symptome, zum Teil als psychologische Qualen beschreibt: Negative Einzelaffekte wie Furcht (φόβος), Wut (θυμός), Eifer (ζῆλος) werden genauso aufgelistet wie beunruhigende Gedanken (διαλογισμοί) und unspezifische innere Unruhezustände, die anhand der Lexeme σάλος (‚Wanken') und ταραχή (‚Beunruhigung') zur Sprache gebracht werden.[145] Σάλος und ταραχή können als Ausdrücke für Dissonanzen im Inneren des Menschen verstanden werden, da mit beiden Wörtern eine innere Dynamik illustriert wird, die auf ein unharmonisches oder ungeordnetes Erleben verweisen. In diesem psychologischen Sinn können auch griechische Schriftsteller der klassischen und hellenistischen Ära die Lexeme σάλος und ταραχή gebrauchen.[146] Wie in der paganen Literatur bisweilen der Fall, so erscheinen σάλος und ταραχή in Sir 40,4^{LXX} affektiv und negativ zugleich konnotiert, insofern diese Lexeme unmittelbar neben unangenehme Affekte gestellt sind. Als konkrete Auslöser dieser Dissonanzen im Menschen nennt Ben Sira die Konfrontation mit der eigenen Sterblichkeit.[147] Die kognitive Dimension dieses Dissonanzerlebens wird insbesondere in dem griechischen Ausdruck διαλογισμοί greifbar; dass hier nicht Gedanken im neutralen Sinn gemeint sind, sondern auf die Zukunft gerichtete negative, beunruhigende Gedanken, wird durch die Zusammenstellung dieses Lexems mit der Wendung ‚Furcht des Herzens' (φόβος καρδίας) evident. Selbst in der Nacht setzt sich die innere Beunruhigung fort:[148] Angesichts der Gedanken an den Tod wird

---

5, 396b; Chrysipp, SVF II,1169.1184. Zu Chrysipps Argumentation vgl. z. B. Kaiser, Glück, 132 ff.

143 Vgl. Sir 40^{LXX}. Vgl. auch Sir 32, 3 f^{LXX}; 47,9 f^{LXX}.

144 Vgl. Sir 28,16^{LXX}; 51,27^{LXX}.

145 Vgl. besonders Sir 40,1–4^{LXX}.

146 Plutarch spricht beispielsweise von dem ‚Wanken der Seele' (σάλος τῆς ψυχῆς) im Zusammenhang mit prophetischer Entzückung (Plutarch, amatorius, mor. 758e.763a.), Philo von Alexandrien von der psychischen Unruhe (σάλος) infolge von Lastern, die eine Entfernung von Gott implizieren (Philo, Cher. 12). Plato gebraucht die Wortfamilie ταράσσω κτλ. negativ konnotiert in Verbindung mit furchterweckenden visuellen Wahrnehmungen und psychischen Täuschungen, vgl. z. B. Plato, rep. 444b; 602d. Die Zusammenstellung von ταραχή mit dem Furchtaffekt begegnet z. B. bei Aischylos (Aischylos, Choeph. 289), bei Aristophanes (Aristophanes, Equ. 66), aber auch bei Xenophon (Xenophon, mem. II 4.6).

147 Vgl. Sir 40,2^{LXX}.

148 Vgl. zum oben Folgenden Sir 40, 5–7^{LXX}. Dass es in Sir 40,3–9^{LXX} um innere Unruhe geht, betont auch Sauer, Jesus Sirach, 276.

der Sinn verwirrt (ἀλλοιόω), so dass er nur wenig oder gar nicht zur Ruhe kommen kann (ἀναπαύω). Mit einem Vergleich konkretisiert der Verfasser des griechischen Textes die psychische Verfasstheit infolge einer entsprechenden mentalen Repräsentation (ὅρασις), die im Herzen verortet wird: Wie ein durch den Krieg (πόλεμος) verfolgter Flüchtling (ἐκπεφευγώς) fühlt sich der schlaflos auf seinem Bett liegende Mensch. Die psychische Irritation wird in dieser Charakterisierung durch das Lexem θορυβέω zum Ausdruck gebracht, das im übertragenen Sinn auch in profanen antiken Werken innere Verwirrtheit und Erregung bezeichnen kann.[149] Sir 40,1–7^LXX^ gebraucht insofern eine ganze Reihe an Wörtern zur Illustration der psychischen Unrast infolge des Denkens an den unvermeidlichen Tod des Menschen:[150] Insbesondere διαλογισμοί, σάλος, ταραχή und θορυβέω verweisen dabei auf das Erleben innerer Dissonanzen.

Nicht nur das Nachdenken über die eigene Sterblichkeit verursacht Ben Sira zufolge einen internalen Unfrieden. Auch beim Weisheitserwerb kann es zu psychischen Dissonanzen kommen. In Sir 4,17^LXX^ ist die Weisheit mit personalen Zügen dargestellt, erscheint hier gleichsam als eine personifizierte Gegnerin des Menschen, der sie zu erlangen sucht. Der Verfasser äußert, die Weisheit würde sich zunächst verstellen (διαστρέφω) und den Menschen versuchen/prüfen (πειράζω). Auch wenn auf der Textebene nicht explizit beschrieben, ist mit einer derartigen Prüfung prinzipiell ein innerer Abwägevorgang impliziert, bei dem darüber entschieden werden muss, ob dem Versuchungsanreiz nachgegeben werden soll oder nicht. Dass diese Wahl zwischen zwei konträren Verhaltensalternativen mit Schwierigkeiten behaftet ist, zeigt in Sir 4,17^LXX^ der Ausdruck πειράζω: Wäre die Entscheidung einfach, wäre sie keine Prüfung bzw. Versuchung. Es kann bei einer solchen aus der Außenperspektive als ‚Prüfung' bezeichneten Situation also durchaus zu inneren Dissonanzen oder gar Konflikten kommen.[151] Auf die Schwierigkeit, diese Bewährungsprobe zu bestehen, verweist auf der Ebene des Textes zudem die Beschreibung der Erzeugung von Furcht und Verzagtheit (φόβος καὶ δειλία) durch die Weisheit, bis sie selbst Vertrauen (ἐμπιστεύω) zu ihrem Anwärter gefasst hat, sowie die

---

149 Vgl. z. B. Plato, Phaidr. 245b; Thukydides III 77,1; Diogenes Laert. VII 112; vgl. auch Apg 20,10.

150 Vgl. dazu auch Wischmeyer, Theologie, 25f: „Das weisheitliche Lehrgedicht über die Mühsal des Menschen 40,1–10 präzisiert und verengt die anthropologische Perspektive ins Psychologische. Denn die im Alten Orient bekannte Rede von der Mühsal des Menschen, die von Melancholie und Pessimissmus zeugt, wird hier in jeder Hinsicht ins Psychologische gewendet. Das Leben des Menschen ist von psychischer Unrast und von Angst gekennzeichnet."

151 In Bezug auf den hebräischen Text, der diesen Prüfungsprozess ebenfalls zur Sprache bringt, äußert Sauer, Jesus Sirach, 72, es gehe um die Prüfung der „Haltung der *Unsicherheit* der Weisheit gegenüber, die sich nicht sofort dem Menschen mitteilt". (Hervorhebung von mir, A.N.)

Rede von dem Quälen (βασανίζω) der betroffenen Person mittels Zucht (παιδεία). In Sir 6,21^{LXX} wird die Weisheit entsprechend mit einem ‚Prüfungsstein' (λίθος δοκιμασίας) verglichen, der schwer auf dem Weisheitsanwärter lastet. Dass beim Prozess des Weisheitserwerbs mit internen Konflikten und Hindernissen, mit Rückfällen und ethischen Verfehlungen zu rechnen ist, macht zudem Sir 51,19^{LXX} deutlich: Weisheit ist etwas, das von der Seele erkämpft (διαμάχομαι) werden muss.

Das eben bereits angesprochene Phänomen der Versuchung thematisiert Ben Sira bereits zu Beginn seines Buches. Jeder, der sich dazu entschließt, dem Herrn zu dienen, müsse darauf gefasst sein (ἑτοιμάζω), in Versuchungen (πειρασμοι) zu geraten.[152] Wie der Verfasser des Jakobusbriefes (in dem die Prüfung/Versuchung zum Wortfeld um das Lexem δίψυχος, ‚mit zwei Seelen', gerechnet werden kann),[153] betont auch Ben Sira, dass Anfechtungen zu einem gottesfürchtigen Leben dazugehören. Sie dienen der Prüfung (δοκιμάζω).[154] Indem der Mensch mit Gold verglichen wird, dessen Reinheit im Feuer festgestellt werden könne,[155] erscheint die Versuchung als Prüfung der ethischen Qualität des Einzelnen. Auch wenn im Text nicht ausdrücklich erläutert, können solche Versuchungen für den Menschen einen inneren Konflikt beinhalten,[156] da er mit zwei konträren Impulsen konfrontiert ist. Während dieser innere und Dissonanzen beinhaltende Abwägeprozess nicht sprachlich zum Ausdruck gebracht wird, nennt der Verfasser jedoch die auf dem Spiel stehenden Alternativen, zwischen denen bei einer Versuchung gewählt werden muss, ausdrücklich: Es geht in solchen Zeiten der Verlockung (ἐν καιρῷ ἐπαγωγῆς) um die Entscheidung zwischen dem Abfall von Gott (ἀποστάζω) und dem Sich-Festhalten (κολλάω) an Gott.[157]

Auch beim Erleben von Affekten ist der Mensch Ben Sira zufolge aufgefordert, eine Entscheidung darüber zu treffen, ob er sich von dem ‚Wollen der Seele' (βουλή ψυχῆς) erregen lässt oder nicht.[158] Zwar ist kontextuell nicht explizit von Affekten (πάθη) die Rede, aber dass es um affektive Strebungen geht, denen nicht unreflektiert nachgegeben werden darf, wird auch in

152 Vgl. Sir 2,1^{LXX}.

153 Vgl. dazu Kap. VI dieser Arbeit.

154 Die Prüfung des Menschen kann als ein Hauptthema des Sirachbuches bestimmt werden, vgl. N. Calduch-Benages, Trial Motif in the Book of Ben Sira with Special Reference to Sir 2,1–6, in: P.C. Beentjes (Hg.), The Book of Ben Sira in Modern Research. Proceedings of the First International Ben Sira Conference 28–31 July 1996 Soesterberg, Netherlands (BZAW 255), Berlin/New York 1997, 135–151.

155 Vgl. Sir 2,5^{LXX}.

156 Ähnlich auch Calduch-Benages, Trial Motif, 135.

157 Vgl. Sir 2,2f^{LXX}.

158 Vgl. Sir 6,2^{LXX}.

der einschlägigen Literatur zu Sir 6,2–4^{LXX} häufig veranschlagt.[159] Deutlich wird der Bezug zum Gefühlsleben des Menschen zudem in Sir 5,2^{LXX}, wo die Adressaten ermahnt werden, nicht ihrer ψυχή zu folgen, und ihr Leben nicht gemäß der ‚Begierden des Herzens' (ἐπιθυμίαι καρδίας) zu gestalten. Die affektive Dimension könnte auch im Gebrauch des Lexems ψυχή zum Vorschein kommen, denn ψυχή kann im Buch Jesus Sirach nicht nur den Menschen als solchen bezeichnen, sondern auch im engeren Sinn – der alttestamentlichen Anthropologie folgend – für die Kraft des menschlichen Begehrens stehen.[160] Letzteres ist m. E. in Sir 6,2^{LXX} (wie auch in Sir 5,2^{LXX}) der Fall,[161] so dass die Wendung βουλή ψυχῆς mit „Wollen der begehrenden Lebenskraft" wiedergegeben werden könnte. Dem entspricht, was O. Wischmeyer über die ψυχή (hebr. נֶפֶשׁ; *næpæš*) bei Ben Sira äußert: Sie sei das „Tätigkeits- und Neigungszentrum, das zwischen den Polen des Sich-Zugrunde-Richtens (...) und des Sich-der-Weisheit-Hingebens (...) hin- und hergerissen" werde. Die נֶפֶשׁ (*næpæš*) sei „ganz Strebung, Richtung – woraufhin ist offen."[162] Auch wenn dieses Hin- und Hergerissen-Sein im Kontext mit Affekten nicht sprachlich expliziert wird, kann doch davon ausgegangen werden, dass der Verfasser den antik-gemeinphilosophischen Gegensatz zwischen Vernunft und Affekten, der in einschlägigen Darstellungen häufig in inneren Konflikten bzw. Dissonanzen kumuliert, voraussetzt. Darauf deutet die kognitiv konnotierte Terminologie, die zur Forderung nach Selbstkontrolle eingesetzt wird,[163] genauso hin, wie die Äußerungen in Bezug auf die Gefährlichkeit intensiver bzw. exzessiver Affekte, wie der der Begierde oder des Zornes.[164] In dieser Hinsicht erinnert das Buch Jesus Sirach an die paganen philosophischen Strömungen der Griechen, die Affekte, insbesondere negativ zu bewertende, und deren Bewältigung zum Gegenstand gründlicher Diskussionen erhoben. Jesus Sirach zufolge stellen Affekte indes nicht nur eine Bedrohung nach innen dar (d. h. für die eigene Person), sind also nicht nur relevant für das Gottesverhältnis und das Heil des Einzelnen,[165] sondern bedrohen ebenso die Mitwelt der betroffenen Person, denn sie haben Konsequenzen für den sozialen Zusammenhalt der Gesellschaft, wirken sich also nach außen aus: Der Zorn beispielsweise entzweit Freunde,[166] stiftet sogar unter friedfertigen Menschen Zerwürfnis,[167] und ent-

---

159 Vgl. z. B. Bellia, Reading, 66; Balla, Ben Sira, 156–168. Di Lella, Use, 34, bestimmt Sir 6,2–4 als „short poem on unruly passions".

160 Zum Gebrauch von ψυχή/נֶפֶשׁ im Sirachbuch vgl. Wischmeyer, Kultur, 210f.

161 So auch Balla, Ben Sira, 157.

162 Wischmeyer, Kultur, 210.

163 Vgl. Bellia, Reading, 70.

164 Vgl. Sir 1,22^{LXX}; 5,2^{LXX}; 18,30^{LXX}; 23,5^{LXX}; 27,30^{LXX} u.ö.

165 Vgl. z. B. die Rede von der Sünde in Sir 28,8^{LXX}.

166 Vgl. Sir 28,9^{LXX}: ταράξει φίλους.

167 Vgl. Sir 28,9^{LXX}: ἐμβαλεῖ διαβολήν.

facht Streit (μάχη), der sich bis zum Blutvergießen hochschaukeln kann.[168] Destruktive Affekte können also soziale Dissonanzen evozieren.

In Bezug auf menschliche Dissonanzphänomene im Buch Jesus Sirach ist zuletzt ein Blick auf Sir 4,9^{LXX} und Sir 7,10^{LXX} wichtig, denn hier werden Formen des Verbs ὀλιγοψυχέω gebraucht. Dies wirft die Frage auf, ob damit ein innerer Zwiespalt, eine innere Dissonanz oder gar der Zweifel zum Ausdruck gebracht werden soll. Der Gebrauch des Lexemverbundes ὀλιγόψυχος κτλ. in der sonstigen Septuaginta scheint dem zu widersprechen; die Bedeutung changiert je nach Kontext zwischen dem Körperlichen und dem Psychischen und kann mitunter die Mutlosigkeit meinen, die aus heutiger Sicht als Nährboden für Bedenken o. Ä. verstehbar ist. Eine explizite Innendissonanz ist jedoch nicht offengelegt.[169] In Sir 4,9^{LXX} steht das Gebot μὴ ὀλιγοψυχήσῃς im Zusammenhang mit dem Richten: ἐξελοῦ ἀδικούμενον ἐκ χειρὸς ἀδικοῦντος καὶ μὴ ὀλιγοψυχήσῃς ἐν τῷ κρίνειν σε. Mit ὀλιγοψυχέω wird eine innere Einstellung beim Urteilssprechen betont, die wohl nicht ‚zaghaft' o. Ä. sein soll. Wenn damit ausgesagt werden soll, dass man in sein eigenes Rechtsverständnis Vertrauen haben und daher unerschrocken urteilen soll, dann ist damit zwar kein explizites intrapersonales Dissonanzphänomen angesprochen, aber die semantische Nähe zum Zweifel ist zumindest aus moderner Perspektive denkbar. Ähnlich verhält es sich mit Sir 7,10^{LXX}: μὴ ὀλιγοψυχήσῃς ἐν τῇ προσευχῇ σου καὶ ἐλεημοσύνην ποιῆσαι μὴ παρίδῃς. Hier wird vor einer bestimmten inneren Haltung beim Gebet gewarnt. In modernen Bibelübersetzungen kann der erste Halbvers lauten: „Sei nicht mutlos/kleinmütig/halbherzig beim Gebet." Die fehlende innere Überzeugungskraft, die ὀλιγοψυχέω transportiert, ist zwar ebensowenig wie in Sir 4,9^{LXX} mit dem Zweifel oder einer anderen Form von innerer Dissonanz gleichzusetzen. Für den modernen Leser scheint die Assoziation, man solle weder beim Richten noch beim Beten nicht zweifeln, jedoch vorstellbar.

2.3. Innen-Außen-Dissonanzen bei Ben Sira

Neben Dissonanzerfahrungen im Inneren der Person spiegelt das Buch Jesus Sirach Überlegungen über Verhaltensweisen wider, die als Innen-Außen-Dissonanzen klassifizierbar sind.

In der einschlägigen Forschungsliteratur wird mitunter konstatiert, dass das frühchristliche Lexem δίψυχος eine Vorstufe im israelitisch-jüdischen Bild vom doppelten Herzen hat, was eine innere Zerrissenheit impliziere.[170] Auch

---

168 Vgl. Sir 28,8.11^{LXX}.

169 Vgl. dazu S.221ff dieser Arbeit.

170 Vgl. exemplarisch Seitz, Antecedents, 212–214; Wolverton, Double-Minded Man, 168, siehe dazu auch S. 26ff.584 sowie Anm. 45 (Kap. IV) dieser Arbeit.

Ben Sira kennt die Vorstellung vom doppelten Herzen. Daher ist ein Blick auf den Gebrauch dieser Metapher bei Ben Sira geboten. Für das Alte Testament konnte bereits gezeigt werden, dass diese Redeweise nicht als Analogie zu dem mit δίψυχος κτλ. Gemeinten verstanden werden sollte, da mit dem doppelten Herzen eine Innen-Außen-Dissonanz umschrieben wird, δίψυχος κτλ. jedoch eher auf eine Dissonanz im Inneren des Menschen verweist.[171] Gilt die Einordnung des doppelten Herzens als Inkongruenz zwischen der Innen- und der Außenseite des Menschen gleichermaßen für den hellenistischen Raum? Im Sirachbuch wird die Vorstellung vom doppelten Herzen – anders als in Ps 11,3^{LXX} –[172] mit der Wendung καρδία δισσή (‚doppeltes Herz'; Sir 1,28^{LXX}) zum Ausdruck gebracht.[173] Damit bezeichnet der Verfasser die unangemessene Haltung dessen, der sich der Furcht Gottes – dargestellt als quasi-personale Größe – annähern will, die wiederum Voraussetzung zum Erlangen von Weisheit ist (Sir 1,27f^{LXX}). Dieser Größe darf kein Ungehorsam entgegengebracht werden und eben auch kein „doppeltes Herz". Einen Hinweis darauf, dass Jesus Sirach diese Metapher im Sinne des Alten Testaments verstand, also als tadelnswerte Verhaltensweise, bei der die Innenseite des Menschen nicht seiner Außenseite entspricht, liefert Sir 1,28–30^{LXX}, denn die Mahnung, ohne zweifaches Herz zu sein, geht nahezu nahtlos in den Prohibitiv über, nicht zu heucheln (μὴ ὑποκριθῇς). Heuchelei bezeichnet i. d. R. die absichtliche Verfälschung der inneren Verfasstheit gegenüber der Umwelt, betrifft demnach die interpersonale Sphäre. Dass Ben Sira Heuchelei in diesem Sinne und zugleich mit dem Doppelherz sinnverwandt versteht, signalisieren die Aussagen in Sir 1,30^{LXX}. Hier wird davor gewarnt, sich der Gottesfurcht zu nähern, wenn das Herz von Trug (δόλος) erfüllt ist. Die Rede vom doppelherzigen Menschen ist insofern eine Umschreibung für einen Menschen mit einem Herzen voller Trug. Dieser versucht – allerdings vergebens –, die ‚verborgenen Dinge' (τὰ κρυπτά) vor Gott geheim zu halten;[174] sein ‚Innen' und sein ‚Außen' stimmen demnach nicht überein. Mit dem Bild vom doppelten Herzen wird hier

---

171 Jak 4,8: Die Zweiseeler sollen ihre *Herzen* heiligen.Vgl. dazu genauer Kap. VII dieser Arbeit; zur Vorstellung vom zweifachen Herzen in Schriften der hebräischen Bibel siehe S. 192ff; zur Verwendung des Ausdrucks ‚Innen-Außen-Dissonanz' siehe S. 57.

172 Ps 11,3^{LXX}: ἐν καρδίᾳ καὶ ἐν καρδίᾳ.

173 Der ursprüngliche Text auf Hebräisch ist an dieser Stelle nicht erhalten. Schon Seitz, Relationship, 135, ging davon aus, dass der Enkel Ben Siras mit ἐν καρδίᾳ δισσῇ die hebräische Wendung בְּלֵב וָלֵב (*b^{e}leb wāleb*; wörtl. ‚mit Herz und Herz') wiedergibt. Hier (Sir 1,28^{LXX}) trägt δισσός eine Negativkonnotation – im Unterschied zu Sir 42,24^{LXX}, wo das gleiche Lexem zum Ausdruck der Doppelstruktur aller Dinge neutral bzw. positiv konnotiert ist.

174 Sauer, Jesus Sirach, 53, interpretiert τὰ κρυπτά σου (Sir 1,30^{LXX}) als „das, was dir verborgen ist". Während eine Wiedergabe mit „dein Verborgenes" gut zum Wortfeld von Lug und Trug und Heuchelei passt, impliziert die Übersetzung „das, was dir verborgen ist", dass Ben Sira hier auf das ‚Unbewusste' der betroffenen Person Bezug nimmt.

wie schon im Alten Testament ein Phänomen versinnbildlicht, das – neben der betroffenen Person selbst – nur von einem allwissenden Außenstehenden (sei es Gott als Kardiognostiker, sei es eine auktoriale Erzählstimme) erkannt werden kann. Dass damit jedoch ein Mensch gemeint sein könnte, der im Sinne einer Dissonanz im Inneren „an der Richtigkeit der Weisheit Gottes zweifel[t]“,[175] ist m. E. abzulehnen, denn dies wird von Ben Sira nicht zum Ausdruck gebracht.[176] Doppelherzige Heuchelei kann zwar womöglich mit Unsicherheit und Zweifeln einhergehen oder dadurch motiviert sein; in erster Linie drückt eine solche Verhaltensweise jedoch aus, dass sich das, was die Person im Inneren denkt und fühlt, von dem nach außen gezeigten Handeln unterscheidet.[177] Von Unsicherheit und Zweifeln ist auf der Textebene nicht die Rede. Der doppelherzige Mensch „verfolgt im Innern und Äusseren zwei ganz verschiedene Wege“;[178] er zerfällt quasi in zwei Seiten, die einander nicht entsprechen und versucht, etwas vor der Öffentlichkeit bzw. vor Gott zu verbergen.[179] Da Gott jedoch die innersten menschlichen Tiefen kennt, ist der ‚Fall‘ (πίπτω) des doppelherzigen Menschen unausweichlich: Gott wird das Verborgene der Öffentlichkeit preisgeben.[180]

Vom Heucheln – einem Thema, das später auch im Matthäusevangelium eine wichtige Rolle spielt – ist erneut in Sir 33,2^{LXX} die Rede. Hier wird der Heuchler (ὁ ὑποκρινόμενος) mit dem Weisen in Kontrast gesetzt. Dies ist zunächst auffällig, da der Weise bei Ben Sira sonst immer dem Toren gegenübergestellt wird.[181] Der Heuchler wird in Sir 33,2^{LXX} zudem mit einem Boot im Sturmwind (καταιγίς) vergleichen. Mit diesem nautischen Bild ist ein gefähr-

175 So Sauer, Jesus Sirach, 53, der ἐν καρδίᾳ δισσῇ im Deutschen wiedergibt mit der Wendung „mit zweifelndem Herzen“ (vgl. ebd., 51). In die richtige Richtung geht jedoch m. E. G. Sauers Äußerung, dass hier ein Heuchler angesprochen ist, der den *Anschein erwecken* wolle, die Furcht Gottes zu kennen, vgl. ebd., 53.

176 Auch Stuckenbruck, Interiorization, 151, Anm. 16, sieht m. E. richtig, dass es sich beim doppelten Herzen nicht um einen ‚psychologischen Dualismus‘ („psychological dualism“) handle.

177 Haspecker, Gottesfurcht, 212f, geht davon aus, dass ein Verständnis zu kurz greift, das die zwei Herzen deutet „als das Fehlen einer letzten Ganzheit, als Lässigkeit und Zögern der inneren Entscheidung (2,12a), die wohl ernsthaft nach Gottesfurcht streben möchte, aber andersgerichtete Tendenzen noch nicht resolut überwinden kann.“ Hier werde vielmehr ein Mensch gezeigt, „dessen Streben (nur oder vorwiegend) dahin geht, die Gottesfurcht als günstige Fassade vor den Menschen zu benützen, ohne sie innerlich zu akzeptieren. So wird Frömmigkeit zur äusseren Technik und zum Mittel für selbstsüchtige Zwecke herabgewürdigt.“

178 Haspecker, Gottesfurcht, 245; Hier definiert Haspecker Heuchelei als „überlegte Zweigleisigkeit“.

179 Heucheln wird sowohl Gott gegenüber als auch Menschen gegenüber verurteilt, vgl. Sir 1,28^{LXX} und Sir 1,29^{LXX}.

180 Vgl. Sir 1,30^{LXX}.

181 Vgl. z. B. Sir 20,13–17.27–31^{LXX}; 21,11–28^{LXX}.

liches Schwanken angedeutet.[182] Ist diese suggerierte Unbeständigkeit oder Haltlosigkeit im Gegensatz zu den bisherigen Aussagen im Zusammenhang mit der Heuchelei ausschließlich auf das Innere des Menschen zu beziehen? Der Heuchler ist in Sir 33,2f^{LXX} durch den Kontext als Mensch charakterisiert, den ein ausgesprochen negatives Verhältnis zum Gesetz kennzeichnet: Er hasst es. Im Gegensatz zum verständigen Menschen setzt der Heuchler kein Vertrauen (ἐμπιστεύω) in das Wort Gottes. Hass und Vertrauenslosigkeit (nicht Misstrauen!) gegenüber Gott und seinem Willen erscheinen als Ursache für das Schwanken. Insofern wird mit dem Heuchler hier ein Mensch bezeichnet, der das Gesetz ablehnt und sich nicht daran halten will. Die stabilisierende Funktion des Gesetzes kann er daher nicht erfahren. Ob das Gesetz nun Ben Sira zufolge dem Erleben (der Innenseite des Menschen) oder aber dem Verhalten (der Außenseite des Menschen)[183] Festigkeit verleiht, wird auf der Ebene des Textes nicht deutlich. Möglicherweise sind beide Aspekte des Menschseins impliziert.

Dass eine Diskrepanz zwischen ‚Innen' und ‚Außen' nach Auffassung Ben Siras vermieden werden soll, zeigt sich zudem in der Verurteilung der Lüge.[184] Im Gegensatz zu den Phänomenen der Heuchelei und des Doppelherzens betrifft die Lüge jedoch nur einen spezifischen Bereich des menschlichen Verhaltens, nämlich den der verbalisierten Sprache. Nach Jesus Sirach ist Unehrlichkeit ein Zeichen für mangelnde Bildung, und zieht negative Konsequenzen nach sich.[185] Wie sehr der Verfasser die Falschaussage abwertet, zeigt Sir 20,25^{LXX}: Selbst ein Dieb sei besser als ein Lügner. Das Ersinnen und Aussprechen von Unwahrheiten ist zudem deshalb zu vermeiden, weil es zur Gewohnheit (ἐνδελεχισμός) reifen könne, was für die betroffene Person nicht im Guten enden werde.[186]

Wichtig für die Thematik der Nichtentsprechung von Innen und Außen ist im Sirachbuch insbesondere die Vorstellung von der Doppelzüngigkeit. Wie bei der Lüge rekurriert der Verfasser hier auf die Sprachethik. Das Lexem δίγλωσσος, das in der Septuaginta außerhalb des Sirachbuches nur in Spr 11,13a^{LXX} begegnet, steht in Sir 28,13f^{LXX} neben dem Wort für ‚Verleumder' (ψίθυρος) und neben der „dritten Zunge" (γλῶσσα τρίτη), ein Ausdruck,

182 Vgl. auch Sauer, Jesus Sirach, 230.

183 Freilich entspringt menschliches Verhalten dem Inneren des Menschen; aber man kann auch handeln, ohne dass dem ausgeführten Verhalten im Vorfeld innerlich Reflexionen vorausgehen.

184 Vgl. Sir 7,12.13^{LXX}; 20,24–26^{LXX}. Auch der Jakobusbrief und das Matthäusevangelium fordern die Eindeutigkeit der Rede, vgl. Mt 5,37; Mt 12,36; Jak 5,12 u.ö. Zu dieser Thematik siehe bes. S. Luther, Sprachethik im Neuen Testament. Eine Analyse des frühchristlichen Diskurses im Matthäusevangelium, im Jakobusbrief und im 1. Petrusbrief (WUNT II 394), Tübingen 2015.

185 Vgl. Sir 20,24–26^{LXX}.

186 Vgl. Sir 7,12.13^{LXX}.

der wohl einen „Zwischenträger“ bezeichnet, also eine Person, die etwas, was sie von jemandem über jemanden erfahren hat, einem anderen zuträgt.[187] Als doppelzüngig und damit als Sünder gilt, wer seine Zunge je nach Situation unterschiedlich gebraucht,[188] insbesondere mit unlauteren Absichten und Hinterlist.[189] Insofern bringt das Wort δίγλωσσος ebenfalls das tadelnswerte Phänomen zum Ausdruck, dass innere Einstellung und Gedanken nicht mit dem in der Öffentlichkeit demonstrierten Verhalten übereinstimmen. In Sir 5,9^{LXX} wird ein solcher Mensch zudem als jemand gezeichnet, der bei jedem Wind worfelt und auf jedem Weg wandelt, der also gleichsam als „Fahne im Wind“ bezeichnet werden kann, da er Unglaubwürdigkeit in Kauf nimmt, um je nach Situation seinen eigenen Vorteil zu erreichen.[190] Wie in Bezug auf die Vorstellung vom doppelten Herzen auch impliziert die Doppelzüngigkeit keine interne Gespaltenheit des Menschen, keine Innendissonanz,[191] so dass die These dieser beiden Phänomene als strukturelle Vorlage zur frühchristlichen Dipsychia-Vorstellung fragwürdig erscheint.[192]

Doppelmoral wird im Sirachbuch auch sonst öfters verurteilt. Ben Sira warnt grundlegend davor, Gutes zu tun oder gute Gaben zu spenden, aber dem Empfänger seiner Handlung gleichzeitig verletztende Worte zuzufügen.[193] Als Negativbeispiel erwähnt er in Sir 5,5^{LXX} das (bewusste) Anhäufen von Sünden bei gleichzeitiger Erwartung darauf, dass Gott Vergebung erteilen werde. An anderer Stelle tadelt Ben Sira Menschen, die durch äußere Merkmale und durch ihr Verhalten Trauer vortäuschen, im Inneren aber voll List (δόλος) und

187 Vgl. auch DI LELLA, Doctrine, 248.

188 Vgl. Sir 5,9.13f^{LXX}.

189 Vgl. die Verwendung des Verbs ἐνεδρεύω, ‚nachstellen‘/‚auflauern‘ in Sir 5,15^{LXX}. Zu Sir 5,9–15^{LXX} siehe auch MARBÖCK, Jesus Sirach 1–23, 106. Zeitlich vor dem Sirachbuch ist für δίγλωσσος nur die Bedeutung ‚bilingual‘ oder ‚Übersetzer‘ belegt (vgl. LIDDELL/SCOTT, s.v. δίγλωσσος).

190 Zum Hintergrund des Worfelns und der hier benutzten Wendung siehe z. B. SAUER, Jesus Sirach, 78. Zu Sir 5,9 ist der hebräische Text erhalten, allerdings nicht der Halbvers „So tut es der doppelzüngige Sünder.“ Der in Sir 5,14 erneut erwähnte doppelzüngige Mensch, der im griechischen Text mit δίγλωσσος zum Ausdruck gebracht wird, ist indessen in den hebräischen Fragmenten belegt. Hier wird der Doppelzüngige mit der Wendung בעל שתים (‚Herr der Zwei / Zweiheit‘) wiedergegeben.

191 Ähnlich auch STUCKENBRUCK, Interiorization, 151f, zum doppelten Herzen und der doppelten Zunge: „In neither case is there any hint that the wicked experience an inner moral conflict, that is, a struggle between good and evil within their nature. Dividedness here is not about inner turmoil, but rather in itself describes a human who *in this state* cannot be holistically conceived.“ Vgl. dagegen PARETSKY, Two Ways, 312, der zu diesem Lexem in der griechischen Version des Sirachbuches äußert: „The Greek translator of Sirach obviously adapted the already existing word for a new meaning, suggesting a sense of *inner division* that went beyond the traditional Hebrew ways of expressing the source of sinfulness from within.“ (Hervorhebung von mir, A.N.)

192 Siehe dazu u. a. S. 584f dieser Arbeit.

193 Vgl. Sir 18,15^{LXX}.

bösen Gedanken sind.[194] Und in Sir 34,26^{LXX} wird auf die Sinnlosigkeit des Gebarens hingewiesen, als Zeichen der Reue zu fasten und dann doch wieder die gleichen Fehler zu begehen wie vorher. Auch die Erwartung göttlicher Heilung (ἴασις) bzw. Sündenvergebung bei gleichzeitiger Versagung der Vergebung gegenüber Mitmenschen[195] beweist keine „Übereinstimmung zwischen äußerem Handeln und innerer Haltung".[196] Derartige Verhaltensweisen entsprechen nicht dem Ideal einer eindeutigen Orientierung am göttlichen Willen, weshalb sich die betroffene Person nicht zu wundern brauche, wenn ihr Gebet nicht erhört werde.[197] Verhaltensinkongruenz in der Lebensführung verhindert Ben Sira zufolge insofern sowohl den Erhalt von göttlicher Vergebung als auch die göttliche Erfüllung von Bitten.

Einmalig in der vorchristlichen Literatur ist Ben Siras Gleichsetzung des Sünders mit einem Menschen, der auf zwei Wegen (δύο τρίβοι) gleichzeitig geht.[198] Verweist auch diese Formulierung auf eine Innen-Außen-Dissonanz? Zunächst lässt sich konstatieren, dass die Formulierung vom gleichzeitigen Wandel auf zwei Wegen bemerkenswert ist, da traditionell der gottgefällige Weg dem verkehrten Weg gegenübergestellt wird, um zur Entscheidung zwischen diesen beiden zu appellieren.[199] Von einem Simultanwandel auf beiden Wegen verlautet hingegen im hebräischen Alten Testament nichts. Könnte diese Wendung daher tatsächlich etwas Neues implizieren, nämlich die Vorstellung der Unentschiedenheit darüber, ob man den Weg Gottes mit allen seinen Konsequenzen gehen will oder nicht?[200] In diesem Sinne scheinen einige Exegeten Sir 2,12^{LXX} zu deuten. G. Sauer nimmt an, dass der angesprochene Sünder sich nicht zwischen dem ‚Weg der Weisheit' und dem ‚Weg der Welt' entscheiden kann.[201] N. Peters spricht vom ‚Weg des Gesetzes' und vom ‚Weg der Sünde'.[202] M.E. gehen diese Interpretationen zwar in die richtige Richtung, insofern vermutet werden kann, dass Ben Sira hier von zwei ‚Wegen'

194 Vgl. Sir 19,26f^{LXX}.

195 Vgl. Sir 28,1–7^{LXX}.

196 Urbanz, Emotionen, 140.

197 Vgl. Sir 34,26^{LXX}. Marböck, Jesus Sirach 1–23, 31, zufolge ist die zentrale Rolle des Gebets im Sirachbuch „[f]ür eine Weisheitsschrift erstmalig und in dieser Ausführlichkeit einmalig", vgl. dazu Sir 22,27–23,6^{LXX}; 51,1–12^{LXX}; 36,1–22^{LXX}.

198 Vgl. Sir 2,12^{LXX}: ἐπιβαίνω ἐπὶ δύο τρίβους. Im Zusammenhang mit der Frage nach der Wahlfreiheit im Buch Jesus Sirach schreibt Hengel, Judentum, 255: „Es ist gewiß kein Zufall, daß bei Sirach erstmalig expressis verbis der Begriff der ‚zwei Wege' (δύο τρίβους 2,12) auftaucht, wobei dieser allerdings in einer etwas abgewandelten Form von der Zwiespältigkeit des Sünders, der gleichzeitig auf 2 Wegen wandelt, gebraucht wird. Die Vorstellung gewinnt von jetzt ab in der weisheitlichen wie in der apokalyptischen Literatur an Bedeutung."

199 Vgl. Jer 21,8; Ps 1,6; u.ö.; siehe auch S. 232.237.294f dieser Arbeit.

200 Angedeutet ist diese Interpretation bei Sauer, Jesus Sirach, 58.

201 Vgl. Sauer, Jesus Sirach, 55, vgl. auch ebd., 58.

202 Vgl. Peters, Jesus Sirach, 24.

als Lebensweisen spricht, die sich eigentlich nicht vereinbaren lassen.[203] Damit wäre zumindest eine gewisse Analogie zu der Vorstellung des ἀνὴρ δίψυχος (Jak 1,8) gegeben, der sich auf allen seinen Wegen als unbeständig erweist. Weniger ist hingegen der Deutung von Sir 2,12^{LXX} als Bezugnahme auf die Unentschiedenheit oder „Zwiespältigkeit des Sünders"[204] zuzustimmen: Zwar könnte die Rede vom Wandel auf zwei Wegen durchaus eine Unsicherheit darüber implizieren, welchem Weg zu folgen ist; aber in Anbetracht der häufig verurteilten Doppelmoral im Sirachbuch ist es m. E. wahrscheinlicher, dass auch hier eine bewusste Zweigleisigkeit abgelehnt wird. Auf diesen Aspekt scheint C. Spicq abzuzielen, wenn er äußert, der Wandel auf zwei Wegen bezeichne eine mangelnde Übereinstimmung zwischen Verhalten und Glauben.[205] Deutlicher wird diese Innen-Außen-Dissonanz von L. Stuckenbruck zum Ausdruck gebracht, der die Rede vom Wandel auf den zwei Wegen – m. E. zutreffend – wie Spicq nicht als ein Innenphänomen versteht: Im Unterschied zur qumranischen Zwei-Geister-Lehre behandle die Rede vom zweifachen Weg und vom doppelten Herzen bei Ben Sira nicht „the duality of paths within a human being", sondern das Problem der Heuchelei.[206]

Dass indessen die an das Innere des Menschen zu attribuierende Ursache für diese Inkongruenz zwischen Innen und Außen in einem nicht vorhandenen Gottvertrauen zu suchen ist, zeigt der Kontext, denn die Vorstellung vom Synchronwandel ist mit den Metaphern eines furchtsamen Herzens und erschlafften Händen verbunden.[207] Eventuell besteht in der genannten Kraftlosigkeit von Herz einerseits und Hand andererseits ein intendierter Zusammenhang, insofern sich der innere Zustand des Personzentrums (ein sich fürchtendes Herz) auf den ganzen Menschen auswirkt (hier exemplarisch an den erschlafften Händen ersichtlich).[208] Die Wurzel der sich auch im Verhalten äußernden unaufrichtigen Zweigleisigkeit ist insofern in einem instabilen, schwachen Inneren des Menschen zu sehen.

---

203 Shekan/Di Lella, Wisdom, z.St., scheinen Sir 2,12^{LXX} in diesem Sinne zu deuten, denn sie beziehen den Doppelwandel auf die jüdische Diasporasituation im hellenistischen Zeitalter, insofern sie den Versuch der Vereinbarkeit von Judentum und profanem Hellenismus im Hintergrund dieser Formulierung vermuten.

204 So Hengel, Judentum, 255.

205 So Spicq, L'Ecclésiastique, z. St.: „sa conduite n'est pas en harmonie avec sa croyance".

206 Vgl. Stuckenbruck, Interiorization, 164.

207 Vgl. Sir 2,12^{LXX}: Οὐαὶ καρδίαις δειλαῖς καὶ χερσὶν παρειμέναις; Sir 2,13^{LXX}: οὐαὶ καρδίᾳ παρειμένῃ. Herz und Hände sind auch in Jak 4,8 zusammen gestellt. Anstelle des verzagten Herzens (Sir 2,12^{LXX}) bietet die syrische Version des Sirachbuches (und die von ihr abhängigen Übersetzungen ins Lateinische und Äthiopische) die Vorstellung des doppelten Herzens, vgl. Ellis, Hermeneutics, 85, Anm. 35.

208 Ähnlich Haspecker, Gottesfurcht, 245.

2.4. Umgang mit Dissonanzen im Bereich menschlichen Erlebens und Verhaltens im Sirachbuch

Ben Sira thematisiert – wie dargestellt – psychologische Dissonanzzustände im Inneren der Person und Inkongruenzen zwischen der Innen- und der Außenseite des Menschen. Paradigmatisch für derartige Phänomene kommt der Tor zu stehen. Ihn zeichnen Instabilität, Schwäche und Uneinheitlichkeit aus. Entsprechend ist der Tor auch als Negativbeispiel für den Umgang mit Dissonanzen verstehbar. Das Innere des Törichten gleicht dem Sirachbuch zufolge einer zusammengestürzten Zisterne, da es ihm an Erkenntnis (γνῶσις) fehlt.[209] Seine Erfahrungen und Kenntnisse versickern. Der Tor ist daher unbesonnen und unbeherrscht,[210] unzuverlässig und unbeständig ‚wie ein rollendes Wagenrad',[211] und seine Rede ähnelt dem wechselhaften Mond.[212] Ben Sira geht jedoch davon aus, dass diese Defizite ausgeglichen werden können. Daher nennt er auch Möglichkeiten zum Umgang mit dissonantem Erleben und Verhalten. Als Ziel der geforderten Bewältigung erscheinen v. a. die Stabilisierung der rechten Einstellung Gott gegenüber und die Erlangung innerer Ruhe, wie sie einen Weisen auszeichnen.[213]

In Bezug auf die Versuchungen und Prüfungen, die bei einem gottesfürchtigen Leben einzukalkulieren sind, kommt es nach Ben Sira entschieden darauf an, wie man mit solchen Herausforderungen umgeht. Dies erläutert der jüdische Gelehrte ausführlich im zweiten Kapitel seines Lehrbuchs. Eine mögliche negativ bewertete Handlungsoption besteht darin, der Versuchung nachzugeben bzw. der Anfechtung nicht standzuhalten. Wer diese Alternative wählt, weist Sirach zufolge ein furchtsames (δειλός)[214] bzw. schwaches (παρειμένη)[215] Herz auf, das durch die Abwesenheit von Vertrauen (οὐ πιστεύει)[216] – nicht durch Misstrauen! – und Verlust der Ausdauer (ὑπομονή)[217] gekennzeichnet ist. Die zweite Handlungsalternative, die dem Menschen in solchen Erprobungssituationen offen steht, umfasst mehrere zusammengehörig gedachte Handlungen, insbesondere Akzeptanz der herausfordernden Situation sowie

209 Vgl. Sir 21,14^{LXX}. Zu diesem Bild siehe z. B. Ueberschaer, Weisheit, 343 f.

210 Vgl. Sir 8,15^{LXX}; 10,3^{LXX}.

211 Vgl. Sir 33,5^{LXX}.

212 Vgl. Sir 27,11^{LXX}.

213 Vgl. z. B. Sir 4,15^{LXX}; 28,16^{LXX}.

214 Vgl. Sir 2,12^{LXX}.

215 Vgl. Sir 2,13^{LXX}.

216 Vgl. Sir 2,13^{LXX}. Nach Haspecker, Gottesfurcht, 245, ist die „Verzagtheit (…) hier wohl mehr als Folge des fehlenden Vertrauens gesehen, nicht als dessen Grund, insofern zum Vertrauen Mut, Glaubensmut gehört."

217 Vgl. Sir 2,14^{LXX}.

der Erweis von Geduld und Ausdauer.[218] Für die richtige Handhabung solcher zur Sünde verlockenden Situationen ist es zudem wichtig, dass der Einzelne sein Herz gerade macht (εὐθύνω) und in Bereitschaft versetzt (ἑτοιμάζω), d. h. sich darauf vorbereitet, dass Erprobungen zum Glauben an den einen Gott dazugehören,[219] was – modern ausgedrückt – einer Forderung nach mentaler Antizipation von Schwierigkeiten ähnelt.[220]

Ben Siras paränetische Ausführungen zeugen davon, dass ihm – wie seiner zeitgenössischen griechischen Umwelt – die Schwierigkeit der Selbstkontrolle bewusst war. Sie ist jedoch im Falle des Auftretens negativer, destruktiver Affekte als Notwendigkeit gezeichnet, da psychische Strebungsimpulse zur Sünde führen können und da aggressive affektive Regungen soziale Dissonanzen auszulösen vermögen. Jesus Sirach propagiert daher eine ganzheitliche Verhaltenskontrolle, die durch Rationalität, Weisheit, Toraobservanz und Gottesfurcht motiviert und gesteuert sein soll. Er ruft zwar mitunter zur Mäßigung ‚bei allen Handlungen' (ἐν πᾶσι τοῖς ἔργοις) auf,[221] entwickelt jedoch kein systematisches Metriopathie-Konzept aristotelischer Prägung. Im Unterschied zur Forderung der Stoiker nach Apathie sollen destruktive Affekte nicht vollständig ausgerottet werden, sondern kontrolliert, vermieden oder gar ins Positive transformiert werden.[222] Weil diese jüdische Weisheitsschrift weitgehend die traditionelle Terminologie und Metaphorik der altisraelitischen Anthropologie bzw. der Septuaginta verwendet, um ihren ethischen Ansatz zum Ausdruck zu bringen, begegnet auch keine unterteilbare ‚Seele' im Sinne eines multifunktionalen psychischen Zentrums, dessen Komponenten miteinander in Konflikt treten könnten (wie bei Plato oder Aristoteles) oder das allein im Zustand allumfassender Rationalität als qualitativ wertvoll gilt (wie in der Stoa).

Dennoch wird der Rationalität im Buch Jesus Sirach eine bedeutende Position eingeräumt. Der Verfasser fordert eine kognitive Kontrolle des eigenen Innenraums: Er geht wiederholt ausführlich auf den Vorteil der Vorsicht ein[223] und rät dazu, jeder Handlung reifliche Überlegungen (βουλή/διανοέω) voran-

---

218 Vgl. Sir 2,2.4^{LXX}. Die Aufforderung an den Frommen, Geduld/Ausdauer als Haltung an den Tag zu legen, begegnet schon im AT häufig, vgl. exemplarisch Spr 3,11 f; 17,3; Ps 40,18; Jes 48,10.

219 Vgl. Sir 2,1–5^{LXX}.

220 Auch in der Stoa wurde das Antizipieren potentiell schwieriger Situationen empfohlen, vgl. exemplarisch SVF III,482.

221 Vgl. z. B. Sir 31,22^{LXX}: γίνου ἐντρεχής (wörtl.: ‚werde geübt/gewandt') und bes. Sir 31,27^{LXX}: ἐν μέτρῳ (‚in Maßen').

222 Vgl. exemplarisch Sir 27,30^{LXX}; 28,6f^{LXX}; 30,21^{LXX}. Zur Umkehrbarkeit von Affekten siehe Sir 5,15^{LXX}; 30,21–25^{LXX} sowie Wischmeyer, Kultur, 215.238.

223 Vgl. Sir 6^{LXX} sowie Sir 13,13^{LXX}; 18,24–27^{LXX}; 19,4^{LXX}; 21,7^{LXX}; 32,22f^{LXX}. Der stoische Terminus technicus für Vorsicht, εὐλάβεια, begegnet bei Ben Sira jedoch nicht. Lediglich an einer der Stellen, an denen der Wortstamm εὐλάβ* im Sirachbuch verwendet wird, hat das

gehen zu lassen.[224] Mit den iterativen Mahnungen zur Vorsicht in allen Lebenslagen ist ein Topos angesprochen, der von der Stoa als wichtig angesehen wurde. Für die Stoiker zählte nämlich die Vorsicht (εὐλάβεια) zu denjenigen guten Gefühlszuständen (εὐπάθειαι), die im Gegensatz zu allen anderen Affekten dem Weisen angemessen sind, da sie Rationalität und Selbstkontrolle voraussetzen.[225] Auch für Ben Sira ist Vorsicht als dauernde Überprüfung des eigenen Verhaltens ein Charakteristikum des Weisen.[226] Ben Siras Wertschätzung rationaler Selbstkontrolle lässt sich auch daran ablesen, dass das Wortfeld um das Lexem λόγος neben dem semantischen Feld zur Weisheit ausgesprochen extensiv zu Tage tritt.[227]

Die Aufforderungen zur Vorsicht und dazu, vor jeder Reaktion mit sich selbst zu Rate zu gehen, begründet Ben Sira mit der Aussicht auf das Ausbleiben zukünftiger negativer Erfahrungen: Wer rational abwägt, bevor er handelt, braucht später auch nichts zu bereuen (μεταμέλομαι).[228] Dass sich das Resultat einer Entscheidung i. d. R. auf die Gefühlslage der betroffenen Person auswirkt – diesen Zusammenhang betont auch die moderne Entscheidungsforschung: Negative Folgen einer gewählten Handlung können postdezisionale Emotionen, vor allem Reue und Enttäuschung, nach sich ziehen.[229] Indem Ben Sira diese Konsequenz seinen Adressaten vor Augen führt und somit geistig vorwegnimmt, versucht er pädagogisch auf sie einzuwirken; es ist anzunehmen, dass er dabei von der Hoffnung getragen ist, dass seine Worte zu angemessenen Verhaltensweisen motivieren, die nicht bereut werden müssen. Insofern spricht er auch damit einen Mechanismus an, der in der heutigen Zeit Gegenstand der wissenschaftlichen Erforschung ist: Aus Sicht der Psychologie spielen prädezisional antizipierte Emotionen keine zu vernachlässigende Rolle in ethischen Wahlsituationen, denn die Erwartung von Reue und Enttäuschung vor dem Entschluss kann das Abwägeverhalten insofern

---

Lexem die Bedeutung ‚vorsichtig sein' (Sir 18,27^{LXX}); sonst bezeichnet es eher ‚sich fürchten', ‚sich scheuen' u.ä.; vgl. Sir 7,6^{LXX}; 7,29^{LXX}; 23,18^{LXX}; 26,5^{LXX} u.ö.

224 Vgl. Sir 32,19^{LXX}: ἄνευ βουλῆς μηθὲν ποιήσῃς; Sir 31,15^{LXX}: ἐπὶ παντὶ πράγματι διανοοῦ. Vgl. auch Sir 37,16^{LXX}. Auch sonst sind in der Schrift Jesus Ben Siras Tugenden angesprochen, die eine rationale Verhaltenskontrolle erfordern, wie z. B. Behutsamkeit (Sir 4,3 f^{LXX}) oder Bescheidenheit (Sir 7,16 f^{LXX}; 10,12 f^{LXX}; 31,19^{LXX}; 32,10^{LXX} u.ö.). In einer später hinzugefügten Überschrift vor Sir 18,30 ff wird zudem die ‚Selbstbeherrschung der Seele' (ἐγκράτεια ψυχῆς) genannt. Nicht nur die Verwendung des Wortes ἐγκράτεια, sondern v. a. der Inhalt von Sir 18,30 ff^{LXX} weisen eine Nähe zur aristotelischen Ethik auf, vgl. Wischmeyer, Kultur, 228 f.

225 Vgl. Diogenes Laert. VII 116; Ps.-Andronicus, Περὶ παθῶν, 6; Plutarch, De virtute morali, mor. 449b; Cicero, Tusc. IV 12. Vgl. dazu auch Vogt, Theorie, 76 f.

226 Vgl. Sir 19,27^{LXX}; vgl. auch Sir 20,7^{LXX}.

227 Vgl. Bellia, Reading, 70.

228 Vgl. Sir 32,19^{LXX}. Umkehr ist in Sir 17,24 f^{LXX} als Abwendung von der Sünde bestimmt.

229 Vgl. z. B. M. Zeelenberg u. a., On Bad Decisions and Disinformed Expectancies: The Psychology of Regret and Disappointment, Cognition and Emotion 14/4 (2000), 521–541.

beeinflussen,[230] als die Motivation, Reue und Enttäuschung zu vermeiden, dazu führt, dass Entscheidungen in einer Art und Weise getroffen werden, die die Wahrscheinlichkeit des Auftretens dieser Emotionen minimiert.[231]

Neben der Antizipation von Reue erwähnt der Sirazide weitere Möglichkeiten, die den Menschen von Fehlhandlungen abhalten soll: So heißt es z. B. in Sir 7,36^{LXX}, wer sein eigenes Ende bei jeder Denkoperation bedenke, werde nicht sündigen. Insofern lässt sich das Bewusst-Machen der eigenen Sterblichkeit als kognitives Präventionsmittel verstehen, das unrechtes Tun zu verhindern hilft. Ebenfalls zur Überwindung von Sünden eignet sich die Gottesfurcht, die als „umfassende Grundorientierung des Lebens“[232] und bestimmte religiöse Haltung Gott gegenüber dem Einzelnen dazu verhilft, sich gegen Zorn und Furcht zu behaupten.[233] In Sir 26,28–27,3^{LXX} tritt die Gottesfurcht besonders deutlich als eine Grundhaltung zutage, für die man sich – wie für die Sünde, die hier ebenfalls als Haltung gezeichnet ist – entscheiden kann.[234] Diese von Ehrfurcht, Liebe und Demut Gott gegenüber getragene Beziehungsqualität[235] ist (zusammen mit der Toraobservanz) Voraussetzung für den Erhalt der Weisheit,[236] die das beste Bollwerk schlechthin darstellt, um nicht vom rechten Weg abzukommen. Denn wer auf sie hört, brauche sich nach Sir 24,22^{LXX} nie zu schämen, und wer sein Handeln nach ihr aus-

---

230 Vgl. Schwarz, Emotion, 436; Jungermann/Pfister/Fischer, Psychologie, 232.

231 Vgl. D.E. Bell, Regret in decision making under uncertainty, Operations Research 30 (1982), 961–981; Ders., Disappointment in decision making under uncertainty, Operations Research 33 (1985), 1–27; G. Loomes/R. Sugden, Regret theory: An alternative theory of rational choice under uncertainty, Economic Journal 91 (1982), 805–824; G. Loomes/R. Sugden, Disappointment and dynamic inconsistency in choice under uncertainty, Review of Economic Studies 53 (1986), 271–282.

232 Marböck, Jesus Sirach 1–23, 132.

233 Vgl. Sir 1,20f^{LXX}; 34,13–15^{LXX}.

234 Vgl. Haspecker, Gottesfurcht, 172.

235 Schon für das Dtn umfasst die rechte Haltung Gott gegenüber sowohl Furcht als auch Liebe (vgl. Dtn 6,2f.4f; 10,12–15.20–11,1), d. h. Gott fürchen und lieben sind zwei Aspekte einer einzigen Haltung. Dass der Gottesfurcht in biblischen Texten diese Ambivalenz von (Ehr-)Furcht und Liebe eignet, wird bei Ben Sira besonders deutlich, denn beide Anforderungen einer rechten Gottesbeziehung sind explizit aufeinander bezogen. Vgl. Sir 2,15f^{LXX} und Theissen, Erleben, 170. Zur Gottesfurcht vor Jesus Sirach vgl. z. B. auch Balz/Wanke, Art. φοβέω, ThWNT 9 (1973), 186–200; J. Becker, Gottesfurcht im Alten Testament (AnBib 30), Rom 1965.

236 Vgl. zur Entsprechung von Tora und Weisheit Sir 15,1^{LXX}; 19,20^{LXX} u.ö. Weisheit und Gesetz waren auch für die Stoiker zentrale Begriffe. Insofern konnte sich Ben Sira womöglich auch außerhalb Israels Gehör verschaffen. Zur „mehrdimensionale[n] Konzeption von Weisheit“ in Sirachs Werk vgl. F. V. Reiterer, Art. Jesus Sirach/Jesus Sirachbuch, in: Das wissenschaftliche Bibellexikon im Internet (http://www.bibelwissenschaft.de/stichwort/22500/, abgerufen am 24.02.2015); vgl. dazu auch Kaiser, Glück, 30–38. Die Relation zwischen Weisheit und Gesetz erläutern z. B. Schnabel, Law, bes. 89–92; J. Marböck, Gesetz und Weisheit. Zum Verständnis des Gesetzes bei Jesus Ben Sira, in: BZ 20 (1976), 1–21.

richte, sündige nicht. Insofern rät Ben Sira zur „persönlichen Aneignung der im Gesetz geschenkten göttlichen Weisheit und von der mit ihr gegebenen Sicherung des Lebens."[237] Gottesfurcht und Weisheit als tragende Säulen der Schrift ermöglichen die richtige, gottgefällige Lebensführung.

Dies gilt auch für Innen-Außen-Dissonanzen, also Verhaltensweisen, bei denen eine bewusste Zweigleisigkeit an den Tag gelegt wird. Die tadelswerte Doppelzüngigkeit und Heuchelei ist aus dem Verhaltensrepertoire zu bannen. An Stelle von einer unbeständigen Lebensführung und einem schnellen Meinungswechsel, wie sie den Doppelzüngigen auszeichnet, fordert Ben Sira, sich von Ungerechtigkeit zu distanzieren, sich an die bereits angeeigneten Gesetzesvorschriften zu halten, und bei dieser eigenen ‚Einsicht'/‚Auffassung' (σύνεσις) zu bleiben.[238] Insofern soll der Einzelne eine beständige und eindeutige Haltung ausbilden, um innere Stabilität zu erreichen.

In Bezug auf die zweigleisige Lebensführung des Sünders konnte eruiert werden, dass die Ursache des Simultanwandels auf zwei Wegen in einer inneren Instabilität und einem Mangel an Anstrengung zur eindeutigen Verhaltensorientierung liegt.[239] Entsprechend muss das Innere der Person und dessen Verhalten justiert werden, so dass Sünden und zweigleisige Doppelmoral überwunden werden können: Die Hände und das Herz sind ‚gerade zu richten' (εὐθύνω).[240] Zwischen Außen und Innen muss also eine Kongruenz hergestellt werden. Dass das Herz für Ben Sira als Koordinationszentrale der menschlichen Innenkräfte korrekturfähig ist,[241] demonstrieren die Forderungen, sein Herz ‚umzukehren' (ἐπιστρέφω),[242] dieses Personzentrum zu ‚reinigen' (καθαρίζω)[243] und durch einen ‚überlegten Willen' (ἐπι διανοήματος βουλῆς) und ‚einsichtige Überlegungen' (ἐπι διανοίας συνέσεως) zu ‚befestigen' (στηρίζω).[244] Gefordert wird demnach eine rationale Stabilisierung des menschlichen Innenraums zur Vermeidung dissonanten Erlebens und Verhaltens. Weil sich das

---

237 Haspecker, Gottesfurcht, 176. Auch Sauer, Jesus Sirach, 45, betont den Geschenkcharakter der Weisheit im Sirachbuch, insofern sie etwas ist, das von Gott gegeben bzw. empfangen werden kann, vgl. Sir 1,2–10^{LXX}; 17,7–11^{LXX}. Die Weisheit tritt bei Ben Sira nicht als Hypostase oder als Mittelwesen zwischen Gott und Schöpfung in Erscheinung, sondern ist eine „dichterische Personifikation", deren Wirken und Sein mit der Person Gottes kongruieren, vgl. Marböck, Weisheit, 129.

238 Vgl. Sir 5,8–10^{LXX}.

239 Vgl. Sir 2,12^{LXX}.

240 Vgl. Sir 38,10^{LXX}, vgl. auch Sir 2,2^{LXX}.

241 Zum Gebrauch von לֵב (*leb*)/לֵבָב (*lebāb*) bzw. καρδία bei Jesus Ben Sira vgl. Wischmeyer, Kultur, 212 f.

242 Vgl. Sir 21,6^{LXX}. Zur Umkehr, die im Sirachbuch sowohl durch ἐπιστρέφω κτλ. als auch μετανοέω κτλ. zur Sprache gebracht werden kann, siehe auch Sir 5,7^{LXX}; 17,24–29^{LXX}; 44,16^{LXX} u.ö.

243 Vgl. Sir 2,2^{LXX}; 38,10^{LXX}.

244 Vgl. Sir 22,16 f^{LXX}.

Herz von Gott abwenden oder aber zuwenden kann,[245] ist es Ort der Gottesbeziehung und der religiösen Entscheidung. Die verwendete Terminologie weist darauf hin, dass die positive Beziehung zu Gott aktiv aufrecht erhalten werden muss und nicht vernachlässigt werden darf. Durch Erinnerung an die Vergangenheit einerseits und durch Verheißungen für die Zukunft andererseits werden die Adressaten wiederholt zur Ausbildung und Wahrung der für die Seelenleitung notwendigen rechten Einstellung Gott gegenüber motiviert.[246]

2.5. Menschliche Einheitsvorstellungen bei Ben Sira

Im Buch Jesus Sirach fehlen Ausdrücke, die in biblisch-hebräischer, frühjüdischer und frühchristlicher Tradition ‚Ganzheit' oder ‚Vollkommenheit' zur Sprache bringen, wie hebräisch *tām/tāmmîm* (תָּם/תָּמִים), oder griechisch τέλειος κτλ. bzw. ἁπλοῦς κτλ.[247] Die angemessene Seelenleitung und das am Maßstab der Tora orientierte ethische Verhaltensideal bündeln sich vielmehr in weisheitlicher Terminologie:[248] Der Weise (ἄνθρωπος σοφός/ὁ σοφός) fürchtet allein Gott, befolgt das Gesetz, begeht keine Sünde, behandelt seine Mitmenschen gut, verhält sich in der Öffentlichkeit gesittet, lebt in Einklang mit der Schöpfung, hat ein in Gott begründetes stabiles Personzentrum und zeigt weder innere Unruhe noch Verhaltensweisen, die als Doppelmoral aufzufassen sind.[249] Für Ben Sira ist der Weise das „Non-plus-ultra menschlicher Möglichkeiten vor Gott und den Mitmenschen".[250] Entsprechend kann der Mensch im Besitz von Weisheit Beständigkeit ohne Schwankungserscheinungen vorweisen.[251]

Um die von jeglicher Falschheit freie Ausschließlichkeit und Eindeutigkeit der Hingabe an Gottes Willen zur Sprache zu bringen, gebraucht Ben Sira die Terminologie des Sch^{e}ma-Israel-Gebets: Der Mensch ist aufgefordert, den Schöpfer ‚mit ganzem Herzen' (ἐν ὅλῃ ψυχῇ) zu fürchten, ihn ‚mit ganzer Kraft' (ἐν ὅλῃ δυνάμει) zu lieben.[252] Angesichts der Vollkommenheit der Schöpfung darf Gott ‚mit ganzem Herzen und Mund' (ἐν πάσῃ καρδίᾳ καὶ στόματι) beju-

---

245 Vgl. z. B. Sir 7,29^{LXX}; 10,12^{LXX}; 47,8^{LXX}.

246 Vgl. z. B. Sir 2,3.6.8–10^{LXX}.

247 Einzige Ausnahme ist die Charakterisierung Noahs als τέλειος (‚vollkommen') neben δίκαιος (‚gerecht') in Sir 44,17^{LXX}.

248 Mehr als 100 Mal werden in der Schrift Ausdrücke für ‚Weisheit'/‚weise'/‚weise sein' verwendet. Siehe dazu die Übersicht bei Reiterer, Verhältnis, 100–103.

249 Vgl. z. B. Sir 18,27–29^{LXX}; 20,7.13.27^{LXX}; 33,2^{LXX}; 37,24^{LXX}. Zum siracidischen Verständnis des Weisen siehe z. B. Ueberschaer, Weisheit, 367–391.

250 Löhr, Bildung, 109.

251 Vgl. Sir 15,4a^{LXX}: στηριχθήσεται ἐπ' αὐτὴν καὶ οὐ μὴ κλιθῇ.

252 Vgl. Sir 7,29f^{LXX}.

belt werden.[253] Der Weisheit ist die gleiche Intensität der Hingabe wie Gott entgegen zu bringen: ‚Mit ganzer Seele' (ἐν πάσῃ ψυχῇ) soll der Mensch an sie herantreten und ihre Wege ‚mit ganzer Kraft' (ἐν ὅλῃ δυνάμει) befolgen.[254] Indem der Sirazide das deuteronomische Zentralmotiv ganzheitlicher, inniger Ausrichtung auf den einen Gott variiert, akzentuiert er seine Auffassung, dass der ganze Mensch, inklusive seiner Organe und inneren Kräfte, in Gott einen externalen Angelpunkt, ein äußeres Zentrum haben muss. Ist diese Voraussetzung erfüllt, kann der Mensch Kohärenz zwischen seiner Innenseite und seiner Außenseite sowie innere Einheit erlangen.[255]

2.6. Zusammenfassung und Ertrag

In der Schrift des Jesus Sirach begegnet ein Frömmigkeitsideal, bei dem neben der Forderung nach fest stehendem Vertrauen in Gott und nach Gottesfurcht die Erwartung von Ganzheit und damit Eindeutigkeit der Hingabe an Gott und seinen Willen dominiert. Wie in deuteronomistischen Passagen des Alten Testaments wird dies durch den Aufruf, Gott bzw. die Weisheit von ganzem Herzen und ganzer Kraft zu lieben zum Ausdruck gebracht.[256] Anders als in den ‚Testamenten der zwölf Patriarchen' oder später im Jakobusbrief und im Matthäusevangelium beispielsweise haben sich jedoch weitere Ausdrücke, die diese vollkommene vorbehaltlose innere Orientierung des ganzen Menschen bezeichnen können – wie die Wortfamilien zu ἁπλοῦς oder τέλειος – sprachlich nicht ausdrücklich niedergeschlagen. Denoch kann das Ich bei Jesus Sirach „untheoretisch als Einheit mit vielfältigen Wirkungen und Erscheinungsformen"[257] aufgefasst werden.

In Bezug auf Dissonanzphänomene im Inneren des Menschen ist festzuhalten, dass Ben Sira keine Zustände beschreibt oder explizit macht, die eindeutig als innere Zwiespalts-, Zweifels- oder Zerrissenheitserfahrungen interpretierbar wären. Dass derartige Phänomene, bei denen sich der Mensch mit zwei konfligierenden Impulse oder Alternativen konfrontiert sieht, jedoch impliziert sein könnten, ist für der Rede von den Versuchungen, auf die sich der Fromme immerfort (als JHWH-Gläubiger und als Weisheitsanwärter) gefasst

253 Vgl. Sir 39,35^{LXX}. Siehe dazu auch J. Liesen, ‚With all your Heart': Praise in the Book of Ben Sira, in: R. Egger-Wenzel (Hg.), Ben Sira's God. Proceedings of the International Ben Sira Conference. Durham – Ushar College 2001 (BZAW 321), Berlin/New York 2002, 199–213.

254 Vgl. Sir 6,26^{LXX}.

255 Vgl. dazu auch schon Bousset, Religion, 418: „Auf die einheitliche ethische Gesinnung wird beim Siraziden der größte Wert gelegt."

256 Vgl. Sir 6,26^{LXX}; 7,29f^{LXX}.

257 Wischmeyer, Kultur, 214.

machen muss, in Erwägung zu ziehen.[258] Weder werden kognitive Dissonanzen sprachlich explizit gemacht, noch ist der Gebetszweifel thematisiert. Allerdings kennt Ben Sira das Phänomen der ‚Mutlosigkeit' beim Gebet, das durch das Lexem ὀλιγοψυχέω zur Sprache gebracht wird (Sir 7,10^LXX^).[259] Dennoch kennt das Sirachbuch innere Dissonanzerfahrungen: Beunruhigende Gedanken, inneres Wanken, interne Unrast und Unruhe werden mithilfe der Lexeme διαλογισμοί, σάλος, ταραχή und θορυβέω z. B. in Sir 40,1–7^LXX^ angesprochen. Diese Ausdrücke verweisen jedoch nicht ausdrücklich auf Entscheidungskonflikte bzw. auf eine aktuell vorliegende duale Binnenstruktur des menschlichen Innenraums. Vielmehr bezeichnen sie eine negativ konnotierte unspezifische innere Dynamik, die zumeist durch konkrete Ereignisse ausgelöst wird: Vor allem der Gedanke an die eigene Sterblichkeit ist hier zu nennen, d. h. es liegt eine internale Veranlassung vor.

Die Rede vom ‚doppelten Herzen' sowie von der ‚doppelten Zunge' hingegen weist nicht auf innere Konflikt- oder Dissonanzphänomene hin; denn auch wenn hier eine Art ‚Gespaltenheit' des Menschen ausgedrückt wird, ist diese Gespaltenheit anders gelagert als eine Dissonanzerfahrung im Inneren der Person: Hier geht es nämlich um das Phänomen, dass ‚Innen' und ‚Außen' des Menschen voneinander divergieren, und nicht etwa darum, dass Organe im Menschen, Kognitionen oder gar Seelenteile im Inneren des Einzelnen miteinander konfligieren. Die als ‚doppelt' bezeichneten Körperteile sind deshalb so beschrieben, weil sie nicht in eindeutiger und ehrlicher Weise für Gottes Willen eingesetzt werden. Die thematisierte Heuchelei und die Lüge können ebenfalls als Innen-Außen-Dissonanzen klassifiziert werden, da die innere Haltung, Gesinnung oder Absicht bewusst nach außen verborgen wird. Doppelherzigkeit, Doppelzüngigkeit, Heuchelei und Lüge werden prinzipiell abgemahnt; von einer bestimmten Dauer oder von spezifischen Auslösern dieser Verhaltensweisen ist nicht die Rede.

Wie in psychologisch-ethischen Lehrstücken des paganen griechischen Denkens ist bei Jesus Sirach der Umgang mit Affekten und die kognitive Selbstkontrolle des eigenen Verhaltens ebenfalls ein zentrales Thema. Anders als die Mehrheit derjenigen Philosophen, die zu den Hauptströmungen der griechischen Philosophie zählen, erwähnt Ben Sira keine möglicherweise auftretenden Spannungen zwischen Affekten und der Vernunft in expliziter Terminologie. Dennoch kennt und propagiert der jüdische Verfasser eine rational gesteuerte ‚Seelenleitung'. Jedoch ist sie in erster Linie durch Gottesfurcht und

---

258 Dies könnte auch für die einmalige Erwähnung des ‚Zögerns' (ὀκνέω) in Sir 7,35^LXX^ veranschlagt werden, wo die Adressaten ermahnt werden, Kranke ‚ohne zu zögern' zu besuchen.

259 Sir 7,10^LXX^: „Sei nicht mutlos bei deinem Gebet" (μὴ ὀλιγοψυχήσῃς ἐν τῇ προσευχῇ σου). Zur Frage, ob mit ὀλιγοψυχέω ein innerer Zwiespalt, eine innere Dissonanz oder gar der Zweifel zum Ausdruck gebracht wird siehe Seite 253.

göttliche Weisheit motiviert. Die Erkenntnis, selbst Sünder zu sein sowie die Observanz der Tora ermöglichen die Beherrschung negativer Affekte gegenüber Mitmenschen. Ethik und die Mensch-Gottes-Beziehung sind zugleich angesprochen. Insofern kann von einer „Theologisierung" der Affektbeherrschung gesprochen werden.[260]

Das Buch Jesus Sirach ist hinsichtlich der Möglichkeit des Menschen, seine Doppelmoral und zweigleisigen Verhaltensweisen sowie seine destruktiven Leidenschaften und Begierden in den Griff zu bekommen, durchaus optimistisch, sofern die Voraussetzung der Befolgung des Gesetzes und der Gottesfurcht erfüllt sind. Anzustreben sind eine ideale Affektsteuerung, eine eindeutige Orientierung an Gott und Wahrhaftigkeit der Gesinnung. Exemplarisch für dissonanzfreies Erleben und Verhalten kommt der Weise zu stehen. Das Ideal des Weisen wird dabei mittels Metaphern und Bildern lanciert, die Stabilität, Stärke und innere Ruhe zum Ausdruck bringen.

Insofern die Kultivierung der Seele die Ermöglichungsmittel (insbesondere die Weisheit) von Gott genauso erfordet wie Eigenverantwortung und aktives Streben nach Weisheit, beinhaltet Ben Siras Methode der „Seelenleitung" interdependente autodynamische und heterodynamische Aspekte.[261] Allerdings – und dies ist ein bedeutsamer Aspekt – richtet sich Siras „Erziehung zum Leben"[262] an künftige Religionsspezialisten, an junge Männer der gehobenen Schicht.[263] Im Gegensatz zu der durch Jesus vermittelten Lehre ist Weisheit und Bildung in den jüdischen Kreisen um Ben Sira nur der männlichen Elite zugänglich – wie in der Antike normalerweise der Fall.

Viele der paränetischen Abschnitte und psychologischen Ansätze im Werk Ben Siras demonstrieren, dass entscheidende Themen und Motive der griechischen Philosophie im jüdischen Kontext zu hellenistisch-römischer Zeit behandelt werden konnten, ohne jedoch das systematische oder vertiefte Niveau der zeitgenössischen Philosophen zu erreichen. Die jüdische Weisheitsschrift aus dem 2. Jh. v. Chr. zeugt erstens von einem zunehmenden Interesse an ‚psychologischen' Phänomenen und Verhaltensweisen und zweitens von der Tendenz zur Verinnerlichung, die viele jüdischen Schriften der hellenistischen Zeit auszeichnen.[264] Auch wenn zur Beschreibung dieser beiden Aspekte durchaus innovative Wendungen und Vorstellungen Verwendung finden, ist

260 Vgl. von Gemünden, Affekte, 314, vgl. auch ebd., 312.

261 Wischmeyer, Theologie, 27, äußert, es handle sich um eine „theologisch begründete heteronom-referentielle Anthropologie".

262 Vgl. Sir 19,19; der Vers ist nicht im griechischen Hauptzeugen des Buches belegt.

263 Vgl. z. B. Wischmeyer, Kultur, 50–52; 298. Bellia, Reading, 61, versteht die Rolle der durch das Buch Ben Sira auszubildenden Religionsspezialisten in der Unterweisung der Jungen und Zweifenden („doubtful"), die die Lebensalternativentwürfe verstehen lernen sollen.

264 Vgl. dazu L.T. Stuckenbruck, The Interiorization of Dualism within the Human Being in Second Temple Judaism. The Treatise of the Two Spirits (1QS III:13–IV:26) in its

O. Wischmeyer weitgehend darin zuzustimmen, Sirach sei „an der Entdeckung der Innenseite des Menschen in ihrer Komplexität beteiligt, ohne begrifflich über das traditionelle Vokabular Israels hinauszugehen.“[265]

3. Dissonanz und Einheit des Menschen im Vierten Makkabäerbuch

Der Fokus des Vierten Makkabärbuchs ist ganz auf das Thema innerer Konflikte zwischen der denkenden Vernunft und den Affekten konzentriert, weshalb es auch unter dem Titel „Über die Selbstherrschaft der Denkkraft“ (Περὶ αὐτοκράτορος λογισμοῦ) bekannt war.[266] Wahrscheinlich um 100 n. Chr. in der jüdischen Diaspora in griechischer Sprache verfasst[267] will dieser philosophisch-epideiktische Text zeigen, dass der JHWH-Glaube die Adressaten dazu befähigt, die auch von der griechisch-römischen Philosophie geforderten höchsten ethischen Ideale zu erreichen.[268] Indem der Autor versucht, die Tora als zuverlässigstes Fundament für das Streben nach ethischer Perfektion darzustellen, vermittelt er den Adressaten Bestätigung und Selbstrespekt innerhalb der ihnen gegenüber häufig kritisch bis feindlich eingestellten Mehr-

Tradition-Historical Context, in: A. Lange/E.M. Meyers/B.H. Reynolds III/R. Styers (Hg.), Light Against Darkness. Dualism in Ancient Mediterranean Religion and the Contemporary World, Göttingen 2011, 145–168.

265 Wischmeyer, Kultur, 202, Anm. 1. Ähnlich äußerte schon Hirsch, Rabbinic Psychology, 94, es seien keine Hinweise im Buch Sirach erkennbar, die darauf hinweisen, dass Sira von psychologischen Vorstellungen der biblisch-hebräischen Schriften abweiche.

266 Vgl. Klauck, 4. Makkabäerbuch, 647. Auch wenn dieser Titel nicht dem Verfasser zugeschrieben werden kann, entspricht es der antiken Praxis, ein Schriftwerk nach seinem Leitgedanken zu erwähnen. Vgl. auch deSilva, 4 Maccabees, xi–xiv. Da Euseb das Vierte Makkabäerbuch fälschlicherweise Josephus zuschrieb (Euseb, h.e. III 10), wird der Verfasser mitunter Pseudo-Josephus genannt. Vgl. Freudenthal, IV Makkabäerbuch, 117–127; u. a. Den folgenden Ausführungen liegt die Edition des griechischen Textes von A. Rahlfs, bearb. v. R. Hanhart, Stuttgart 2006, zugrunde.

267 Die Mehrheit der Forschung geht von einem Datierungszeitraum zwischen Mitte des ersten und dem frühen zweiten Jahrhundert n. Chr. aus. Vgl. z. B. Klauck, 4. Makkabäerbuch, 669; van Henten, Maccabean Martyrs, 73–81. Als Abfassungsorte werden Alexandria, Antiochien oder eine andere Stadt Syriens oder Kleinasiens diskutiert, vgl. Klauck, 4. Makkabäerbuch, 667. Für eine Entstehung im syrischen Antiochia spricht vor allem die Verehrung der makkabäischen Märtyrer dort.

268 Dem Verfasser zufolge handelt es sich um eine „überaus philosophische Rede“ (φιλοσοφώτατον λόγον), mit deren Hilfe er aufweisen will (ἐπιδείκνυσθαι μέλλων), dass die Urteilskraft die Affekte zu beherrschen vermag. Vgl. 4Makk 1,1. Zur Gattungsfrage vgl. auch Klauck, 4. Makkabäerbuch, 659–662 sowie deSilva, 4 Maccabees, xxi–xxv.

heitskultur.[269] Damit steht der Verfasser in der Tradition hellenistisch-jüdischer Autoren, die aufzeigen wollen, dass ihre Religion auf Augenhöhe mit griechisch-römischen Auffassungen bzw. darüber steht und zu diesem Zweck eklektisch Anleihen bei diversen philosophischen Strömungen nehmen.[270] Entsprechend birgt das Vierte Makkabäerbuch eine Fülle an einschlägigen Ausdrücken und Formulierungen zur Bezeichnung von menschlichen Dissonanzvorstellungen sowie von Tugenden, die den Umgang mit Affekten ermöglichen. Diese sollen im Folgenden dargestellt werden. Dabei sind die im Vierten Makkabäerbuch zum Tragen kommenden Modifizierungen ebenso zu berücksichtigen, wie die Frage nach propagierten Bewältigungsstrategien innerer Konflikte. Abschließend wird die Frage beantwortet, ob im Vierten Makkabäerbuch für ein menschliches Einheitsideal geworben wird.

3.1. Innere Dissonanzen und Konflikte im Vierten Makkabäerbuch: Theoretische Begrifflichkeit und bildersprachliche Darstellung

Bevor der Verfasser seine These, die fromme Denkkraft befähige zur Affektkontrolle,[271] anhand von historischen Exempla, nämlich insbesondere den makkabäischen Märtyrern aus 2Makk 6–7, veranschaulicht (4Makk 3,19–17,6),[272] definiert er innerhalb des ersten Hauptteils seiner Schrift (4Makk 1,13–3,18) diejenigen inneren Größen, die in Widerstreit zueinander geraten können, nämlich die Denk- oder Urteilskraft (λογισμός)[273]

269 Vgl. die Forderung des Tyrannen Antiochos in 4Makk 8,8 nach Aneignung der griechischen Lebensweise und Lebensgewohnheiten. Klauck, 4. Makkabäerbuch, 666, zufolge will der Autor „Auflösungstendenzen in assimilationswilligen jüdischen Kreisen seiner Umgebung" begegnen. Der Einsatz griechisch-philosophischer Terminologie und die Darstellung der Märtyrer als Repräsentanten griechischer Tugendideale stellen D.A. deSilva zufolge narrative Strategien des Widerstandes gegen die imperialistische Mehrheitskultur dar, vgl. deSilva, Using the Master's Tools to Shore up Another's House: A Postcolonial Analysis of 4 Maccabees, JBL 126/1 (2007), 99–127. Zu den Intentionen des Verfassers vgl. auch Hay, Psychology, 884.

270 Vgl. Renehan, Background, 227.231. Vgl. auch Breitenstein, Beobachtungen, 158–167.

271 4Makk 1,1.7.13 u.ö.

272 Zur Frage nach der literarischen Abhängigkeit von 2Makk und 4Makk vgl. van Henten, Maccabean Martyrs, 70–73.

273 Das Lexem λογισμός weist ein breites Bedeutungsspektrum auf. Es kann das ‚Zählen' und jegliche Form der ‚Berechnung' bezeichnen, im philosophischen Kontext das ‚Urteilen', die ‚Vernunft', ‚Überlegung', ‚Absicht', ‚Folgerung', sowie die ‚Denk- oder Urteilskraft'. Vgl. Bauer, Wörterbuch, 967f; Gemoll, Handwörterbuch, 475; H.W. Heidland, Art. λογίζομαι, λογισμός, ThWNT 4 (1942), 287–295. In der Stoa kann es äquivalent zum ἡγεμονικόν (dem Leitvermögen der Seele) gebraucht werden, vgl. Klauck, 4. Makkabäerbuch, 686; Pearson, Fragments, 306.

auf der einen Seite, die unterschiedlichen Affekte (πάθη) auf der anderen Seite.

Die Denkkraft (λογισμός) ist dem Verfasser zufolge definiert als Vernunftvermögen (νοῦς), das „mit richtigem Urteil (μετὰ ὀρθοῦ λόγου) das Leben der Weisheit wählt".[274] In Hinsicht auf die diversen Affekte, die mit der Vernunft konfligieren können, bestimmt der Verfasser drei Unterscheidungskriterien: erstens können sie systematisiert werden anhand ihrer jeweiligen Begleiterscheinung (Lust [ἡδονή] oder Schmerz [πόνος]), zweitens anhand ihrer physiologischen Zuordnung (auf den Körper oder die Seele bezogen) und drittens anhand ihres jeweiligen zeitlichen Bezuges.[275] Weil das Vierte Makkabäerbuch den Kanon der vier Kardinaltugenden, wie er beispielsweise von Plato und der Stoa vertreten wurde, übernahm,[276] lassen sich die Affekte nach 4Makk 1,3f zudem dahingehend differenzieren, welche Tugend sie jeweils zu behindern vermögen: Besonnenheit kann durch die Begierde (ἐπιθυμία) oder die Völlerei gehemmt werden, Gerechtigkeit u. a. durch Bosheit/die böse Gesinnung (κακοήθεια [V.4]/κακοήθης διάθεσις [V.25]), und Tapferkeit durch den θυμός (Zorn/Wut/Eifer), Furcht (φόβος) und Schmerz (πόνος). Für die Klugheit hinderliche Affekte werden nicht gesondert erwähnt. Möglicherweise geht der Verfasser des 4Makk davon aus, dass alle Affekte die Klugheit potentiell unterbinden können. Im Unterschied zur platonisch-aristotelischen Tradition las-

274 4Makk 1,15.

275 Vgl. 4Makk 1,20–24: Als Begleiterscheinungen sind grundsätzlich zwei Möglichkeiten genannt: Ein Affekt kann entweder mit Lust (ἡδονή) oder aber mit Schmerz (πόνος) einhergehen. Eine Ausnahme stellt der Zorn bzw. Eifer (θυμός) dar, weil er mit Lust- und Schmerzgefühlen gleichermaßen verbunden ist. Bezugsobjekt eines jeden Affekts ist entweder der Körper (σῶμα) oder die Seele (ψυχή). In zeitlicher Hinsicht lassen sich die Affekte wie folgt differenzieren: Die Begierde (ἐπιθυμία) geht der Lust voraus, die Freude (χαρά) hingegen entsteht aus der Lust. Furcht (φόβος) ist dem gegenüber dem Schmerz zeitlich vorgeordnet, während Trauer (λύπη) dem Schmerz folgt. Nicht nur Klauck, 4. Makkabäerbuch, 691, hat darauf hingewiesen, dass diese Auffächerung der Affekte mit keinem System hellenistischer Philosophie übereinstimmt, wenn auch Parallelen zu traditionellen Affektenlehren erkennbar sind. Die antithetischen Ausdrücke ἡδονή und πόνος sind v.a im Epikuräismus relevant, während Platonismus und Peripatos die Lust eher mit einem anderen Ausdruck für Schmerz, nämlich λύπη, kontrastieren. In der Stoa begegnet ein Viererschema der Affekte: Lust (ἡδονή), Schmerz (λύπη), Begierde (ἐπιθυμία) und Furcht (φόβος); sie können ähnlich wie in 4Makk u. a. nach ihrer zeitlichen Abfolge geordnet werden. Zum Einfluss diverser philosophischer Schulen auf das Affektverständnis des 4Makk vgl. Breitenstein, Beobachtungen, 131.135.158.

276 Der Verfasser nennt neben der Besonnenheit (σωφροσύνη) auch die anderen drei Kardinaltugenden Klugheit (φρόνησις), Tapferkeit (ἀνδρεία) und Gerechtigkeit (δικαιοσύνη), vermittelbar durch die Tora (vgl. 4Makk 1,1–4.6.18; 5,23f; 5,34). In 4Makk 5,24 wird ‚Klugheit' durch ‚Frömmigkeit' ersetzt, vielleicht da Klugheit in 4Makk 1,30 mit Vernunft nahezu identisch betrachtet wird und der Autor die Leerstelle mit dem für ihn wichtigen Begriff der Frömmigkeit füllen möchte. Vgl. deSilva, 4 Maccabees, 136. Vgl. auch die ähnliche Tendenz in Philo, Decal. 119; Leg. I 71 und Spec. IV 147.

sen sich die Affekte im Vierten Makkabäerbuch allerdings keinem bestimmten Seelenvermögen zuordnen, da eine Unterteilung der Seele nicht vorgenommen wird.[277] Allerdings ist die Seele auch hier Quelle der Begierden und Ort, an dem inneren Impulse geordnet werden müssen.[278]

Dem Verfasser des Vierten Makkabäerbuches zufolge gehören sowohl affektive Regungen und Reaktionen als auch Charaktereigenschaften (ἤθη) zur Natur des Menschen, denn sie sind gottgegebene Schöpfungsanlagen.[279] Anders als in der Stoa sind daher auch nicht alle Affekte negativ zu werten,[280] wie die am Ende der Schrift erwähnte Wertschätzung des Mitgefühls (συμπάθεια), der Liebe (στοργή), der tiefen Zuneigung (φιλοστοργία) sowie der von der Natur vorgesehenen Kinderliebe (φιλοτεκνία) dokumentiert.[281] Dennoch sind selbst diese positiv zu würdigenden Affekte der Denkkraft gegenüber qualitativ abgewertet, beispielsweise wenn die Verteidigung der eigenen Religionszugehörigkeit und damit der jüdischen Frömmigkeit notwendig ist.[282] Insofern können alle Affekte, sowohl körperliche als auch seelische, mit dem Vernunftvermögen in Konflikt geraten.[283]

277 Gegen Hadas, Books of Maccabees, 116, der postuliert, der Verfasser des 4Makk habe die Lehre von den zwei Seelenteilen direkt von Plato übernommen. Allerdings gibt M. Hadas keinen Beleg dafür an, wo er diese platonische Vorstellung im 4Makk erkennt.

278 Vgl. 4Makk 2,1; 14,6. Das Seelenkonzept des Vierten Makkabäerbuches erscheint von atl. Vorstellungen und griechisch-philosophischen Ideen gleichermaßen beeinflusst. Denn einerseits wird der Ausdruck ψυχή sowohl in der Bedeutung ‚Leben' als auch in der Bedeutung ‚Seele' gebraucht. Vgl. z. B. 4Makk 9,7 mit 4Makk 1,32; 2,1 oder auch 14,6. Siehe dazu auch Klauck, 4. Makkabäerbuch, 672f.

279 Vgl. 4Makk 2,21. Vgl. auch Hay, Psychology, 890.

280 Vgl. dazu auch Hirsch, Rabbinic Psychology, 116.

281 Diese Affektausdrücke begegnen innerhalb der Ausführungen über die Macht der Mutterliebe in 4Makk 14,11–15,12.

282 Vgl. die Beschreibung des Verhaltens der Mutter angesichts der tyrannischen Bedrohung, die zugunsten der auf dem Spiel stehenden Frömmigkeit und Gottesfurcht ihre Liebe und Zuneigung zu ihren Kindern tapfer ignoriert, ja die sieben Söhne im Wissen um das von Gott zugesprochene, rettende ewige Leben sogar zum Märtyrertod ermuntert, (vgl. 4Makk 14,11–17,6).

283 Die innerhalb des folgenden Schemas dargebotene *Affektkonzeption* ist angelehnt an die Graphik bei Klauck, 4. Makkabäerbuch, 691.

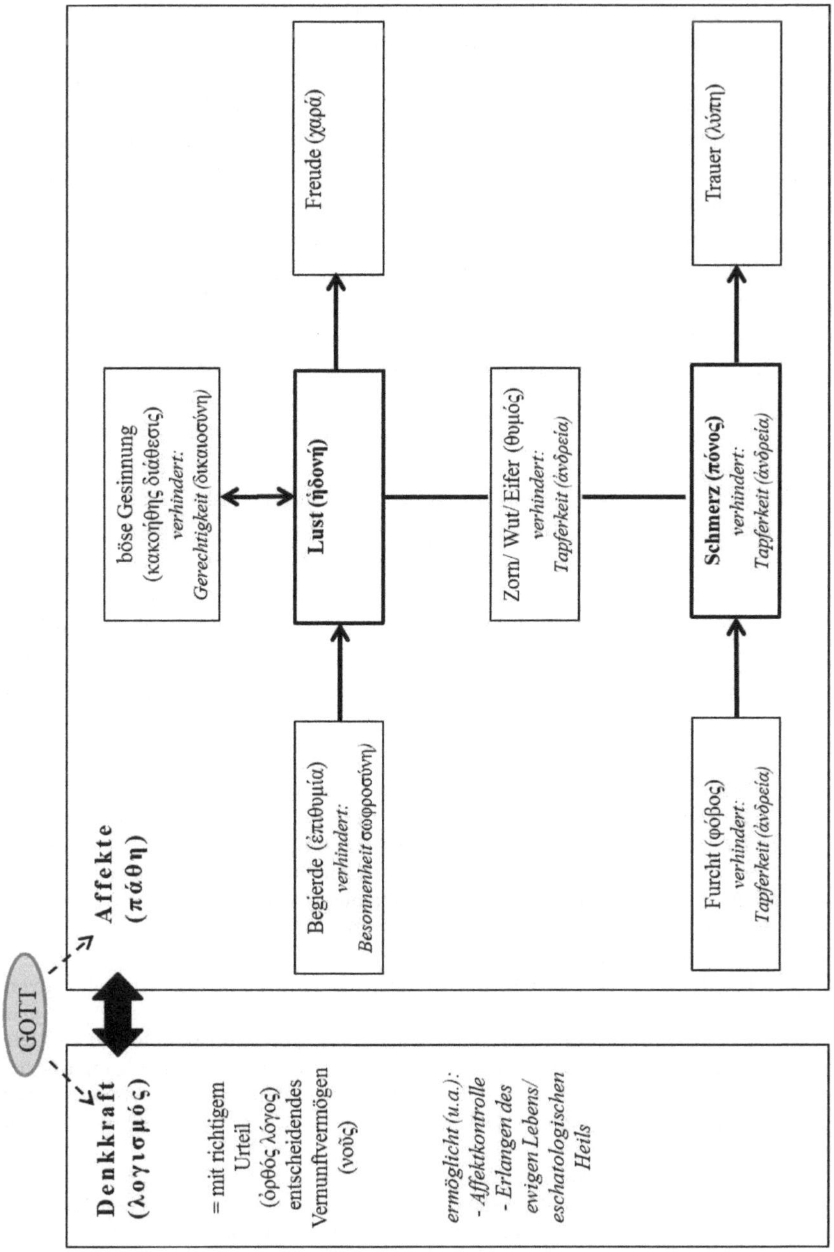

Abb. 8: Konzeptualisierung des Vernunft-Affekt-Antagonismus nach 4Makk

Bildersprachliche Beispiele und Metaphern für derartige innere Dissonanzsituationen begegnen im Vierten Makkabäerbuch (der zu beweisenden Ausgangsthese entsprechend) gehäuft. So kann der durch Affekte ausgelöste Spannungszustand, der nach einer Lösung drängt, anhand von Feuerqualen im Inneren illustriert werden.[284] In 4Makk 7,14 verweist der Ausdruck πολυκέφαλος (‚vielköpfig') auf den konfliktreichen inneren Zustand des greisen Eleazar.[285] Der durch den Zwang des Tyrannen ausgelöste innere Konflikt der Märtyrer wird mitunter als ‚Kampf' (στρατεία) oder ‚Wettstreit' (ἀγών) bezeichnet.[286] Eine besonders anschauliche Schilderung eines solchen „Kampfes (ἀγών) im Inneren"[287] des Menschen findet sich innerhalb des Martyriumberichts der Familienmutter (4Makk 14,11–17,6). Als ihre Söhne gefoltert wurden, habe ihr dem Versprechen des Despoten Antiochos nach die Möglichkeit zur Verfügung gestanden, ihre Kinder jeweils gegenwärtig vor dem Tod bewahren zu können. Insofern stand ihr zweierlei (δυεῖν) zur Wahl: die zeitweilige Rettung ihrer Söhne vor der Folter aus Liebe zu ihren Kindern oder aber Ablehnung des Rettungsangebots um der Frömmigkeit (εὐσέβεια) und Loyalität zu JHWH willen.[288] Dem Verfasser zufolge spielt sich der Abwägeprozess in der Seele (ψυχή) der Mutter ab, die einer Ratsversammlung (βουλευτήριον) gleiche.[289] Die für die Entscheidungsfindung relevanten Einflussgrößen Natur, Mutterschaft, Kinderliebe oder aber Folterung der Söhne werden mit mächtigen Anwälten (σύμβουλοι) verglichen.[290] In Fortsetzung dieses gerichtlich-politischen Bildfeldes beschreibt der Verfasser die beiden

---

284 Vgl. 4Makk 3,6–18 als ‚psychologischen' Kommentar zu 2Sam 23,13–17 par. 1Chr 11,15–19: Hier wird die Macht des Begehrens, die König David einmal während des Kampfes gegen die Philister erfasste, mit einer Flamme verglichen: Die Begierde kann das Innere der Person mit sich steigernder Intensität entflammen und bis zur Erschöpfung verzehren (4Makk 3,11: „[...] ἐπιθυμία [...] ἐπιτείνουσα συνέφρυγεν καὶ λύουσα κατέφλεγεν"). Vgl. auch die Wendung σβέσαι τὰς τῶν οἴστρων φλεγμονὰς in 4Makk 11,17.

285 Vgl. dazu deSilva, 4 Maccabees, 154.

286 Vgl. z. B. 4Makk 9,23.24; 11,20; 16,16. Mit Einschüchterung und unter Androhung von Folter fordert der Tyrann Antiochus die Männer zur Aufgabe ihrer jüdische Lebensweise im Allgemeinen (4Makk 8,8) und zum Verzehr unreiner Speisen im Besonderen auf. Die Speisegesetzgebung hat im Vierten Makkabäerbuch hohe Relevanz. Ihre Befolgung war für die angesprochenen Juden durchaus eine Herausforderung, weil unreine Speisen offenbar Lust (ἡδονή) bereiten konnten (vgl. 4Makk 1,33). Vgl. dazu z. B. von Gemünden, ἐπιθυμία, 121 ff.

287 Der mütterliche Innenraum ist hier mit dem Ausdruck σπλάγχνα zur Sprache gebracht. Eigentlich die ‚Eingeweide' bezeichnend steht das Wort in der biblischen Tradition vor allem für das die innersten Tiefen erfassende Erbarmen. Vgl. dazu E. C. B. Mac Laurin, The Semitic Background of Use of „en splanchnois", PEQ 103, 1971, 42–45.

288 Vgl. 4Makk 15,2 f.

289 Vgl. 4Makk 15,25.

290 Auf die ‚Natur' (φύσις), Leitprinzip der Stoa, beruft sich in 4Makk 5,8 f auch Antiochos, wenn er den für die Märtyrer gesetzeswidrigen Fleischverzehr fordert.

zur Wahl stehenden Handlungsalternativen als ‚Stimmsteine' (ψῆφοι) in der Hand der Mutter.[291] Indem die Mutter ihre Kinderliebe zu ignorieren vermag und sich für den todbringenden ‚Stimmstein' entscheidet, der jedoch ewiges Leben bei Gott verheißt, erweist sie sich über das ‚Erdbeben' (σεισμός) in ihrem Inneren erhaben[292] und als als ‚Verfechterin des Gesetzes, Beschirmerin der Frömmigkeit und preisgekrönte Siegerin' ihres inneren Kampfes.[293]

Diese Übersicht zeigt, dass der Verfasser des Vierten Makkabäerbuches auf unterschiedliche Lebenszusammenhänge zurückgreift, um innere Dissonanzen und Konflikte zu illustrieren. Als bildspendende Bereiche begegnen die Natur, die Agonistik und die Politik. Die Illustration innerer Vorgänge durch bildhafte Mittel aus dem Lebensumfeld dürfte dabei auch mit psychologischer Intention angelegt sein, da emotionale Gehalte übermittelt werden, die Empathie wecken und die Nachvollziehbarkeit des Geschilderten erleichtern.

3.2. Propagierter Umgang mit Affekten und Bewältigung von inneren Konflikten im Vierten Makkabäerbuch: Bildersprache und abstrakte Begriffe

In Bezug auf das Verhältnis von Vernunft und Affekten weist 4Makk eine klare Hierarchiestruktur auf: Die fromme Denkkraft ist den affektiven Kräften übergeordnet. Weitgehend am Vorbild griechischer Philosophen orientiert bringt der Autor des Vierten Makkabäerbuches das Dominanzverhältnis von Urteilskraft und Affekten in sprachlichen Bildern zum Ausdruck.[294] Auch hier ist die Redeweise von vielfältigen Bildfeldern inspiriert, z. B. von der Politik, der Natur, dem Wettkampfsbereich und der Seefahrt. Daneben begegnen philosophisch geprägte Termini zur Verdeutlichung angemessener Umgangsweisen mit dissonanzauslösenden Affekten.

Die implizierte Forderung nach Superiorität der Denkwerkzeuge kann beispielsweise mithilfe des bildspendenden Bereichs der politischen Herrschaftsstruktur unterstrichen werden: Weil die Vernunft (νοῦς), die sich auf die Sinneswerkzeuge stützt, von Gott als heilige Führerin (ἱερόν ἡγεμών) über die Affekte „inthronisiert" wurde, kommt ihr die Aufgabe zu, die Seelenimpulse zu organisieren. Wer sich von Vernunft und Gesetz leiten lasse, dem verheißt der Verfasser dieser frühjüdischen Schrift die Herrschaft über ein Königreich

291 Vgl. 4Makk 15,25f.

292 Vgl. 4Makk 17,3.

293 4Makk 15,29: „ἔκδικε τοῦ νόμου καὶ ὑπερασπίστρια τῆς εὐσεβείας καὶ τοῦ διὰ σπλάγχνων ἀγῶνος ἀθλοφόρε."

294 Außer den im Folgenden erwähnten Bildfeldern begegnen zusätzlich Metaphern aus den Bereichen der Architektur (4Makk 17,3), der Astrologie (4Makk 17,5), der Kunst (4Makk 17,7) und weitere.

(βασιλεία), das sich durch Besonnenheit, Gerechtigkeit, Güte und Tapferkeit auszeichne.[295]

Die Urteilskraft ist in 4Makk 1,29 beschrieben als Universalgärtner (παγγέωργος), der die Affekte „gründlich reinigt, beschneidet, hochbindet, bewässert und ringsum auf jegliche Art begießt, so dass das Gestrüpp der Gewohnheiten und Affekte veredelt wird." An dieser Stelle wird besonders gut ersichtlich, dass keinesfalls eine einseitig gute oder schlechte Bewertung der παθή erfolgt: Bestimmte Affekte, die das Maß nicht überschreiten, können beim Erlangen von Tugend hilfreich sein.[296] Insofern birgt der „Seelengarten" des Gläubigen positives Potential, das durch den richtigen Umgang zur Entfaltung gebracht werden kann.

Andere Affekte sind jedoch aggressiv und destruktiv, denn sie können zur Gesetzesübertretung anstacheln und insofern mit den religiösen Prinzipien sowie der am Gesetz orientierten Denkkraft in Widerstreit geraten.[297] Daher muss das Vernunftvermögen die Oberhand über die παθή gewinnen, und zwar indem einige Affekte transformiert (μετατίθημι), andere hingegen entmächtigt (ἀκυρόω) werden.[298] Um die Vormachtsstellung der Denkkraft zu untermauern, bedient sich der Verfasser eines breiten Spektrums an agonistischen Termini: Dem λογισμός kommt die Aufgabe zu, die Affekte zu hemmen (ἀνακόπτω), zu knebeln (φιμόω)[299] und zu besiegen (νικάω).[300] Als Gegenspieler (ἀνταγωνιστής)[301] der Affekte soll er über Lustgefühle und Begierden herrschen (κρατέω, ἐπικρατέω, περικρατέω),[302] über den Zorn gebieten (δεσπόζω) und die Anstachelungen der affektiven Strebungen unwirksam machen.[303] Insofern verdeutlicht die stetig gebrauchte (Wett-)Kampfmetaphorik einprägsam, dass der Entscheidungsdruck zwischen vernünftigen und affektiven Impulsen im Vierten Makkabäerbuch als innere Konflikte verstanden werden.[304]

---

295 Vgl. 4Makk 2,21–23.

296 Welche Affekte im Einzelnen akzeptabel oder sogar Tugend bildend sind, wird nicht explizit genannt. deSilva, 4 Maccabees, 97, zufolge wird dem Menschen solcher Genuss zugestanden, wie er bei einem die Gemeinschaft fördernden Mahl oder Sexualverkehr innerhalb der Ehe entstehen kann.

297 Vgl. 4Makk 2,3f; 2,17; 3,11.15 u.ö.

298 Vgl. 4Makk 2,18.

299 Vgl. 4Makk 1,35.

300 Vgl. 4Makk 3,17.

301 Vgl. 4Makk 3,5.

302 Vgl. 4Makk 1,3.9.32.33; 2,2.6.15 u.ö.

303 Vgl. 4Makk 2,3. Die Anstachelung ist mit dem Ausdruck οἶστρος zur Sprache gebracht. Das Wort bedeutet wörtlich ‚Bremse' und wird hier im übertragenen Sinn verwendet, um die unaufhörlichen „Stechversuche" der Leidenschaften, die einen in den Wahnsinn treiben können, zu verbildlichen.

304 Weitere Termini aus dem politischen und athletischen Bereich finden sich z. B. in 4Makk 1,4; 2,7; 6,10; 17,11–16. Kriegs- und Wettkampfmetaphorik spielt in der griechisch-

Die so verbalisierte Forderung nach Dominanz der Denkkraft über die Affekte impliziert, dass es um Affektkontrolle geht, nicht etwa um eine vollständige Tilgung von Gefühlsaufwallungen. Explizit ist diese Art der Bewältigung mehrfach in der Schrift thematisiert: Bereits in 4Makk 1,6 wird den Adressaten vermittelt, dass Affekte nicht zu eliminieren (καταλύω) sind. In Weiterführung des botanischen Bildfeldes und im deutlichen Gegensatz zu der alt-stoischen Auffassung stellt der Verfasser in 4Makk 3,2–5 klar, Begierden sollten nicht wie ein Baum „umgehauen" (ἐκκόπτω) oder gar „entwurzelt" (ἐκριζόω) werden.[305] Stattdessen sind sie mithilfe des vernunftgeleiteten Denkens zu regulieren. Die Zurückhaltung bzw. Abgrenzung gegenüber dem stoischen Affektbewältigungsideal der ἀπάθεια[306] dürfte in der jüdischen Überzeugung eines gottgegebenen Ursprungs aller Gefühlsregungen begründet sein.[307]

Für die empfohlene Affektbeherrschung kennt 4Makk sogar ein eigenes Wort: παθοκράτεια.[308] Um die einem jüdischen Weisen angemessene bzw. unangemessene psychische Verfasstheit angesichts zu lösender innerer Konflikte auszudrücken, hat der Verfasser weitere innovative Lexeme geschaffen (oder aufgegriffen), nämlich καρτεροψυχία, die ‚Seelenstärke', sowie die Kontrastausdrücke δειλόψυχος (‚mit schwacher Seele') und μαλακοψυχεῖν (‚eine

---

römischen Literatur eine bedeutende Rolle. Damit wird auf die Notwendigkeit zu Tapferkeit und Standhaftigkeit aufmerksam gemacht, vgl. z. B. Dio Chrys. 8; Epiktet, dissertationes 1,18,21; 3,20,9 u.ö.; Seneca, prov. 2,2–4. Zur Agon-Metaphorik im Vierten Makkabäerbuch vgl. deSilva, Apocrypha, 374ff.

305 Vgl. dazu auch die Landwirtschaftsmetaphern bei Philo, Leg. I 47 und Det. 105. Vgl. auch als Kontrast zu 4Makk die stoische Verwendung desselben Bildfelds zur Untermalung der angestrebten Apathie bei Cicero, Tusc. III 13: „Wir dagegen wollen es [im Unterschied zu den Peripatikern, Anm. A.N.] wagen, nicht nur die Zweige der Leiden abzuschneiden, sondern auch alle Wurzelfasern auszureißen." (Übers. A.N.). Cicero, Tusc. IV 57: „Dies alles (...) muss man völlig ausreißen und ausrotten und nicht nur beschneiden und stutzen." (Übers. O. Gigon). Gartenmetaphorik verwendet auch Plutarch in De virtute morali, mor. 451 C, wobei diese Aussagen denen des 4Makk wieder stärker ähneln: „Die Funktion der Vernunft ist es nicht (...) dabei zu helfen, das Nützliche der Affekte zusammen mit dem Schädlichen abzuhauen und zu verderben, sondern (...) das Wilde zu stutzen und das Übermaß wegzuschneiden, und dann das Nützliche zu kontrollieren und umsorgen." (Übers. A.N.).

306 Allerdings hat diese Position Parallelen zu dem modifizierten Stoizismus des Poseidonios in Bezug auf den Umgang mit Affekten. Vgl. Dillon, Middle Platonists, 112.

307 Vgl. die Äußerung in 4Makk 2,21, Gott habe Charaktereigenschaften und Begierden bei der Schöpfung in den Menschen ‚eingepflanzt' (περιφυτεύω).

308 Dieses Lexem begegnet in der griechischen Literatur nur in 4Makk 13,5.16. Das dazugehörige Verb παθοκρατεῖσθαι (4Makk 7,20) ist ebenfalls ein Hapaxlegomenon. In 4Makk 1,1.30; 13,1 wird der frommen Denkkraft zugeschrieben, als αὐτοδέσποτος (Selbstherrscher) über die Affekte gebieten zu können; in 4Makk 1,7.13.30 u.ö. steht stattdessen das im Griechischen gängigere Wort αὐτοκράτωρ. Selbstbeherrschung wird im antiken Diskurs über den Umgang mit affektiven Impulsen häufig zum ethischen Ziel erhoben, vgl. z. B. Plato, rep. 431a; Cicero, Tusc. II 22.53; Arist 221.

kraftlose Seele haben').[309] Daneben gebraucht der Autor eine ganze Reihe an Ausdrücken, die in der platonisch-aristotelischen Tradition Verhaltensweisen im Bereich der praktischen Ethik bezeichen, mittels derer innere Konflikte zwischen affektiven und kognitiven Impulsen gehandhabt werden können. In erster Linie sind diesbezüglich σωφροσύνη (Besonnenheit/Mäßigung); ὑπομονή (Standhaftigkeit), καρτερία (Ausdauer), ἐγκράτεια (Selbstbeherrschung) zu nennen, die allesamt positiv konnotiert sind, weil sie eine Dominanz der Vernunft über lust- oder schmerzbringende Affekte anzeigen.[310] In dieser Hinsicht erscheint ihr jeweiliger Gebrauch auch im Vierten Makkabäerbuch, wobei die durch solche Dispositionen erreichte Konfliktbewältigung anders als bei Aristoteles einen theologischen Bezug aufweist.[311] Denn insbesondere im Angesicht von Folter und Schmerz gilt es, durch Standhalten (ὑπομονή) im Glauben bzw. Selbstbeherrschung (καρτερία) seine Identität nicht zu verleugnen.

Zwar ist die Vernunft zur Aufhebung störender Dissonanzen im Inneren fähig, aber sie muss im Unterschied zu zeitgenössischen philosophischen Auffasungen besondere Eigenschaften aufweisen: Die Denkkraft ist täglich in der Tora-Observanz zu trainieren und muss in eindeutiger Weise auf Gott ausgerichtet sein.[312] Die iterative Betonung der Frömmigkeit (εὐσέβεια),[313] der Gottesfurcht (θεοσέβεια; πρὸς τὸν θεὸν φόβος),[314] des Vertrauens auf Gott (πιστεύω θεῷ/πίστις πρὸς θεὸν),[315] des Gesetzesgehorsams (εὐπείθεια πρὸς τὸν νόμον; καρτερία εἰς τὸν νόμον)[316] und ähnlicher Ausdrücke zur Bezeichnung des rechten Gottesverhältnisses macht transparent, dass Affektbeherrschung für den Autor nur dann von Erfolg gekrönt sein kann, wenn das vernunftge-

309 Vgl. 4Makk 6,17; 8,16; 9,26; 16,5.

310 Vgl. z.B. Aristoteles, eth.Nic. 1145b; 1149a; 1150a; pol. 1263b; rhet. 1384a; Plato, Phaidr. 237e; Phaid. 68c; rep. 390b.d; 430e; Lach. 192b;

311 Σωφροσύνη: 4Makk 1,3.6.18.30.31; 5,23; ὑπομονή : 4Makk 1,11; 7,9; 9,8.30; 15,30; 17,23 u.ö.; ἐγκράτεια: 4Makk 5,34; καρτερία: 4Makk 6,13; 8,26; 11,12; 15,28 (wie Abraham); 15,30; 16,14. Bei Plato kommt der ‚Besonnenheit' (σωφροσύνη) die Aufgabe zu, die widerstreitenden Tendenzen in der Seele in ein kohärentes, geordnetes und vernunftgeleitetes Verhalten zu integrieren, bei dem die Affekte beherrscht werden, vgl. Plato, rep. 430e.431a. Standhaftigkeit (ὑπομονή) ist für Aristoteles eine Tugend, die das Aushalten von Furcht ermöglicht, vgl. Aristoteles, eth.Nic. 1115b. Aristoteles zufolge lässt die Ausdauer (καρτερία) den Menschen auch unter Schmerzen tugendhaft handeln, vgl. Aristoteles, eth.Nic. 1250a.b. Vgl. auch Plutarch, De virtute morali, mor. 445b–c. Die Zügellosigkeit (ἀκολασία, vgl. 4Makk 13,7) ist schon bei Aristoteles negativ gewertet, weil sie das Gegenteil der Tugend der Besonnenheit (σωφροσύνη) darstellt, vgl. Aristoteles, eth.Nic. 1117b.

312 Vgl. 4Makk 7,1–23; 13,1–16,4.

313 Vgl. 4Makk 5,18.24; 7,1.16; 9,30; 11,20 u.ö.

314 Vgl. 4Makk 7,22; 15,8; 17,15.

315 Vgl. 4Makk 7,22; 15,24; 16,22. Der Vorteil des Glaubens besteht nach 4Makk 5,31 darin, dass er der Urteilskraft jugendlichen Schwung verleiht (νεάζω).

316 Vgl. 4Makk 5,16; 11,12; vgl. auch 11,27.

leitete Denken auch gott- und gesetzgeleitet ist.[317] So ist es dann auch das Adjektiv in der Wortverbindung „fromme Urteilskraft" (ὁ εὐσεβὴς λογισμός),[318] das dieses Werk maßgeblich vom griechisch-römischen Diskurs über die Affektkontrolle unterscheidet, obwohl Frömmigkeit sowohl in der griechischen als auch der jüdischen Kultur einen Tugendwert darstellte. Allerdings wird der Vernunftgebrauch in der griechischen Philosophie nicht an die Frömmigkeit gebunden.[319]

Die Werte und Haltungen, die eine konfliktlösende Affektkontrolle zugunsten der Loyalität JHWH gegenüber ermöglichen, sind besonders anschaulich in den drei nautischen Vergleichen (4Makk 7,1–3.5; 13,6–7; 15,31–32) zu einem Bildkomplex verdichtet. Sowohl der Märtyrer Eleazar, als auch die Mutter sowie die jungen Männer werden durch diese Ausschmückungen zusätzlich charakterisiert. In 4Makk 7,1 ist die Urteilskraft des Eleazar, des greisen Vaters der sieben Märtyrersöhne, als vortrefflicher Steuermann (ἄριστος κυβερνήτης) skizziert, der das „Schiff seiner Frömmigkeit" durch das Meer der Affekte steuert.[320] Das Schiff (= der Glaube Eleazars) wird von den Drohungen des Tyrannen gepeinigt und von den tosenden Wogen der Folterungen umspült,[321] die Seele also in Aufruhr versetzt und geprüft. Eleazar kann jedoch Ordnung in sein psychisches Durcheinander bringen, da seine Urteilskraft unmanipulierbar bleibt und das Ziel, die Aufrechterhaltung seines Glaubens und seiner Integrität, immer im Auge behält und sich deswegen in keinster Weise vom rechten Kurs abbringen lässt.[322] Die Urteilskraft wird dabei mit einer ins Meer herausragenden spitzen Klippe verglichen, an der die „heftig verlangenden Wogen

317 Dies gilt insbesondere für die Begierde. In den Dekalogsgeboten, die vorschreiben, nicht zu begehren (μὴ ἐπιθυμεῖν), sieht der Verfasser des 4Makk seine Auffassung explizit bestätigt, dass die Affektkontrolle in unserer Macht steht: „Wo uns das Gesetz selbst dazu aufgefordert hat, nicht zu begehren, sollte es mir umso leichter fallen, euch davon zu überzeugen, dass die Urteilskraft die Begierden in den Griff bekommen kann" (4Makk 2,6, Übers. Klauck). Selbst dispositionelle Persönlichkeitsausprägungen lassen sich mithilfe des Gesetzes verändern: ein zur Habgier neigender Mensch könne dank eines gesetzeskonformen Lebenswandels seinen eigenen Charakter bezwingen (βιάζεται τὸν αὐτοῦ τρόπον, 4Makk 2,8). Bereits Aristoteles beschäftigte sich mit Dispositionen des Menschen in Bezug auf Genese, Ausmaß und Regulationskompetenz der Affekte, vgl. Aristoteles, rhet. 1369a.

318 Vgl. 4Makk 1,1; 6,31; 15,23; 18,2 u.ö.

319 Frömmigkeit und Vernunftgebrauch können sich jedoch auch in der griechischen Ethik sinnvoll miteinander verbinden lassen, vgl. deSilva, 4 Maccabees, 70.

320 4Makk 7,1: ναῦς τῆς εὐσεβείας.

321 4Makk 7,2: Die ‚tosenden Wogen' sind durch die Wendung τρικυμίαι τῶν βασάνων zur Sprache gebracht, was wörtlich etwa mit ‚die Dreiwogen der Folterungen / Prüfungen' wiedergegeben werden kann. Zum traditionsgeschichtlichen Hintergrund der „dritten Woge" (τρικυμία) als unheilbringend vgl. Klauck, 4. Makkabäerbuch, 718, Anm. 2b.

322 4Makk 7,3.

der Affekte" sich brechen.[323] Schließlich läuft die Vernunft durch Standhalten in den „Hafen des unsterblichen Sieges" ein.[324] Der Verfasser zeichnet Eleazar als gesetzestreues Vorbild des Frommen, dessen Glaube standhaft bleibt, weshalb seine Seele die Qualifikation „heilig" verdient.[325] In 4Makk 13,8–10 lobt der Verfasser des Vierten Makkabäerbuches die sieben Jünglinge für ihren Märtyrertod um der Frömmigkeit und des Gesetzes willen. Ihre Besonnenheit (εὐλογιστία) habe sie dazu befähigt, den ‚Ankerplatz' windstill (γαληνός) zu machen, den ‚Hafen der Frömmigkeit' zu befestigen (ὀχυρόω) sowie die Zügellosigkeit der Affekte (ἀκολασία) zu besiegen (4Makk 13,6–7). Auch in Bezug auf die Märtyrermutter verwendet der Verfasser Bilder der Seefahrt, um das Aufrechterhalten ihrer Vernunft zu untermalen: Obwohl von allen Seiten von Leidenschaften überflutet und von heftigen Windstößen (καρτεροί ἄνεμοι), die den Folterqualen ihrer Söhne entsprechen, bedrängt, vermochte die ‚Gesetzeswächterin' wie die Arche Noah den Stürmen gegenüber ausdauernd (καρτερῶς) standhaft zu bleiben (ὑπομένω) und dadurch ihren unerschütterlichen Glauben zu erweisen (4Makk 15,32).[326] Indem der Verfasser der Schrift die in antiken ethischen Kontexten nicht unüblichen nautischen Vergleiche einsetzt,[327] stilisiert er seine Protagonisten zu Vorbildern, die nicht nur griechisch-philosophische Tugendideale in Bezug auf psychische Konfliktbewältigung repräsentieren, sondern zudem den jüdischen Glauben mit Hilfe ihrer am Gesetz orientierten Vernunft verteidigen. In den drei entsprechenden Abschnitten zeigt sich zudem, wie abwechslungsreich im Vierten Makkabäerbuch für Verhaltenssteuerung durch die fromme Urteilskraft geworben wird: Der Verfasser lässt nicht nur Wettkampfmetaphorik in das Bildfeld der Seefahrt einfließen, sondern auch abstrakte philosophische Begrifflichkeit.

3.3. Werden im Vierten Makkabäerbuch Vorstellungen menschlicher Einheit zum Ausdruck gebracht?

Zwar kennt 4Makk die Tugend der Besonnenheit als eines von vielen Idealen des jüdischen Weisen, aber im Gegensatz zu Plato steht σωφροσύνη hier nicht

323 4Makk 7,5: ὥσπερ γὰρ πρόκρημνον ἄκραν τὴν ἑαυτοῦ διάνοιαν ὁ πατὴρ Ελεαζαρ ἐκτείνας περιέκλασεν τοὺς ἐπιμαινομένους τῶν παθῶν κλύδωνας. Seneca benutzte ähnliches Bildmaterial, um die Seele des Weisen zu charakterisieren, vgl. Seneca, const. 3,5.

324 4Makk 7,3: „(...) ἔπλευσεν ἐπὶ τὸν τῆς ἀθανάτου νίκης λιμένα."

325 Vgl. 4Makk 7,4.9.12.

326 Das Bild der Arche Noah begegnet auch bei Philo im Zusammenhang mit inneren Konflikten, vgl. Philo, QG 2,18.

327 Vgl. z. B. Seneca, dial. II,3,5. Philo von Alexandrien bezieht sich ebenfalls öfters auf die Seefahrt, vgl. exemplarisch Philo, Leg. III 223f; Migr. 6. Siehe dazu auch Hadas, Books of Maccabees, ad. 4Makk 7,1–3.

für die innere Einheit der Seele.[328] Dies liegt nicht zuletzt daran, dass in 4Makk keine Seelenteilungslehre aristotelisch-platonischer Prägung vorliegt. Im Unterschied zu anderen Schriften aus dem biblischen Traditionsraum begegnen auch keine Termini, die das menschliche Einheitsideal deutlich und mit einem Lexem zum Ausdruck bringen, wie beispielsweise die Vollkommenheit im Alten Testament und in der qumranischen Gemeinderegel, oder aber wie die ‚Einfachheit' (ἁπλότης) in den ‚Testamenten der zwölf Patriarchen' und im ‚Hirten des Hermas'. Lediglich aus dem wiederholten Gebrauch der Formulierung ‚aus ganzem Herzen' (ἐξ ὅλης καρδίας) in Bezug auf Gott bzw. die Frömmigkeit kann deduziert werden,[329] dass der Verfasser des Vierten Makkabäerbuches von der alttestamentlich-deuteronomischen Vorstellung beeinflusst war, die mit dieser Wendung eine ganzheitliche Hingabe des Menschen an Gott zur Sprache bringt, die keine Dissonanz zwischen dem äußerlich sichtbaren Verhalten und dem inneren Denken, Fühlen und Wollen zulässt.

3.4. *Zusammenfassung und Ertrag*

Das Vierte Makkabäerbuch, das „Ansätze zu einer religiösen Psychologie" zeigt,[330] thematisiert indes nur Dissonanzen im Inneren der Person, nicht jedoch Dissonanzen zwischen dem verborgenen Inneren und dem äußerlich gezeigten Verhalten.[331] Vorwiegend werden innere Zwiespältigkeiten zwischen der Vernunft und den Affekten behandelt, die mithilfe bildhafter Redeweise und philosophischer Begrifflichkeit beschrieben werden. Nicht zuletzt die breit gestreute agonistische Metaphorik deutet auf ein Konfliktverständnis hin, das die Dissonanz im Inneren als dynamischen Vorgang versteht. Mit der Charakterisierung des Widerstreits zwischen Denkkraft und affektiven Begehrlichkeiten als ‚Kampf' im Inneren der Figuren soll vermutlich weniger die Dauer des Entscheidungsprozesses als vielmehr die Schwierigkeit einer konfliktlösenden Affektkontrolle betont werden, wodurch die Tugendhaftigkeit der Märtyrer erhöht wird. Darauf weisen Formulierungen hin, die das entschlossene Handeln und die unbeugsame Frömmigkeit der Figuren zur Sprache bringen.[332] Zu diesem Befund passt auch die Tatsache, dass die Mög-

---

328 Plato vergleicht Besonnenheit (σωφροσύνη) im ‚Staat' mit einer Übereinstimmung (συμφωνία) oder einer Harmonie (ἁρμονία) innerhalb der Seele, vgl. Plato, rep. 430e.

329 Vgl. 4Makk 7,18; 13,13.

330 So schon Bousset, Religion, 300.

331 Gebäuchliche Metaphern für ein derartiges Auseinanderklaffen zwischen dem ‚Innen' und dem ‚Außen' einer Person sind in biblischer Tradition z. B. das ‚doppelte Herz', die ‚doppelte Zunge' o. Ä. Siehe dazu bes. S. 192ff; 303–306 in dieser Arbeit.

332 Vgl. z. B. die Rede von der schwankungsfreien (ἀκλινής) Standhaftigkeit der Mutter angesichts ihres dramatischen Entscheidungskonflikts zwischen Kinderliebe und Loyalität zu JHWH (4Makk 17,3), oder die Bezeichnung der Vernunft Eleazars als unbeugsam (ἀκλινής)

lichkeit des Zweifelns zwischen der affektiven und der vernünftigen Option keine Erwähnung findet.[333]

Die Darstellung konzentriert sich auf ethische Entscheidungskonflikte, die – weil sie an den weltanschaulichen Grundüberzeugungen der betroffenen Figuren rütteln – in die Nähe moralischer Dilemmata rücken. In der an H. Thomae angelehnten Terminologie zur Beschreibung konfliktbergender Entscheidungstypen lassen sich diese Kämpfe im Inneren als existentielle Konflikte klassifizieren, insofern das existenzbestimmende Überzeugungssystem in Frage gestellt wird.[334]

Nahezu alle thematisierten inneren ‚Kämpfe' insinuieren eine Konfliktlösung als notwendig, ja sogar theologisch geboten, da die Loyalität zu JHWH auf dem Prüfstand steht.[335] Als Konsequenz einer gottgefälligen Dissonanzauflösung winken ewiges Leben und Unsterblichkeit bei Gott.[336] Die Befähigung zur Bewältigung derartiger Konflikte erhält der Mensch durch den Schöpfer als anthropologische Grundanlagen (Denkkraft, affektive Strebungen etc.) und in Form des Toragesetzes, mit deren Hilfe der Einzelne seine Entscheidungen treffen kann. Insofern der Mensch die Beherrschung seiner Affekte durch eigene Anstrengung, durch Vernunftgebrauch, Glauben und eindeutiger Orientierung am Willen Gottes zu erreichen vermag, lässt sich

---

und aufrecht (ὀρθός) in 4Makk 6,7. In Bezug auf die sieben Söhne ist ausgesagt, dass sie, ohne Feigheit zu zeigen (δειλιάω) oder zu zögern (ὀκνέω), dem Foltertod entgegeneilten (4Makk 14,4).

333 Allerdings begegnen innerhalb der Schrift Lexeme, die das *Zögern* zum Ausdruck bringen, und zwar μελλώ (Eleazar fragt die Leibwachen des Tyrannen in 4Makk 6,23, weshalb sie mit dem Folterbeginn zögern) und ὀκνέω (Erzählkommentar in 4Makk 14,4 zum Verhalten der sieben Knaben, die angesichts des Todes *nicht* zögern, den Märtyrertod zu sterben). Das Zögern ist hier keine Eigenschaft, die den jüdischen Protagonisten zugeschrieben wird. Dass der Zweifel im Vierten Makkabäerbuch weder explizit noch implizit genannt wird, könnte mehrere Gründe haben, die sich möglicherweise gegenseitig bedingen: (1) Auch in vergleichbaren Texten griechischer Philosophen zur Problematik intrapersonaler Konflikten zwischen Affekt und Vernunft begegnet keine Zweifelsterminologie, (2) die Zuschreibung des Zweifels an die Märtyrer könnte deren Tugendhaftigkeit in Abrede stellen (vgl. die ähnlichen Tendenzen bei Philo in Bezug auf biblische Figuren) und (3) schon die hebräische Bibel kennt keine expliziten Ausdrücke für den Zweifel.

334 Vgl. die Unterscheidung zwischen normativen und existentiellen Entscheidungen bei H. Thomae, Konflikt, 117ff, 152ff. Vgl. dazu auch Theissen, Aspekte, 45f.

335 Eine Ausnahme könnte v. a. in 4Makk 3,10f gesehen werden (König David dürstet es nach Wasser aus dem feindlichen Lager, obwohl ihm lokale Quellen zur Verfügung stehen).

336 Vgl. den Gebrauch von ἀθανασία und ἀθάνατος in 4Makk 7,3; 14,5.6; 18,23 und von ἀφθαρσία in 4Makk 9,22; 17,12. Zur individuellen Eschatologie in 4Makk siehe z. B. Klauck, 4. Makkabäerbuch, 672–674 und S. von Dobbeler, Art. Makkabäerbücher 1–4, in: Das wissenschaftliche Bibellexikon im Internet, (http://www.bibelwissenschaft.de/stichwort/8764/ , abgerufen am 15.08.2015). Negative Konsequenzen von Fehlentscheidungen werden in 4Makk ebenfalls erwähnt: Wer das Gesetz übertrete, müsse mit einem großen Seelenkampf (μέγας ψυχῆς ἀγών) im Eschaton rechnen, vgl. 4Makk 13,15.

dieser Ansatz als heteronom ermöglichte autodynamische Konfliktbewältigung auf der Grundlage eines theologisierten Affektbeherrschungskonzepts klassifizieren.[337] Insgesamt scheint der Verfasser optimistisch zu sein, dass jeder Mensch, ob jung oder alt,[338] ob Mann oder Frau,[339] die widerstreitenden Impulse in seinem Inneren zu bändigen imstande ist, solange er über eine besonnene, unbeugsame Denkkraft verfügt, an den einen Gott ‚aus ganzem Herzen' glaubt und dessen Gebote befolgt.[340]

---

337 Zur Unterscheidung von autodynamischer, heterodynamischer und anderer Arten der Verhaltenskontrolle siehe S. 59.

Eleazar wird in 4Makk 5–7 als Ideal eines Weisen präsentiert, der für Handlungsfreiheit steht, da er nicht gegen seinen Willen handelt und keinen äußeren Zwängen nachgibt. Ähnliche Gedanken finden sich auch bei Philo. Er zitiert in Prob. 25 ein Fragment des Euripides, um die Entschlossenheit des jüdischen Philosophen zu bezeugen, der durch Drohungen nicht davon abzubringen ist, tugendhaft zu handeln.

338 Die von den Jünglingen demonstrierte Affektbeherrschung mithilfe ihrer Torabildung könnte als Angriff auf die aristotelische Auffassung gewertet werden, nach der die unreife Jugend von Natur aus zur Impuls- und Affektkontrolle unfähig sei, vgl. Aristoteles, rhet. 2,12.

339 Statt zu weinen oder zu jammern – Verhaltensweisen, die in antiker Literatur gewöhnlich Frauen zugeschrieben werden – zeigt die Mutter eine ‚stählerne Vernunft', vgl. 4Makk 15,19; 16,13. Sie erweist sich dem Tyrann Antiochus überlegen, der als Repräsentant des griechischen Hellenismus Sklave seiner Affekte bleibt (vgl. v. a. 4Makk 8,2.9; 9,10f.30). von Gemünden, Die emotionale Frau, 147, resümiert: „Hier triumphiert die einfache Frau und Mutter über den mächtigen Herrscher, der ‚Adel des Glaubens' über die ‚Gewalt des Tyrannen' (IV Makk 17,2), Israel über das Heidentum."

340 Vgl. dazu 4Makk 7,17b–23: „Vielleicht werden jetzt einige einwenden: ‚Nicht alle beherrschen völlig ihre Affekte, weil nicht alle eine besonnene Denkkraft haben.' Aber alle, die sich aus ganzem Herzen um die Frömmigkeit kümmern, die allein können die Affekte des Fleisches beherrschen, weil sie glauben, dass sie für Gott nicht sterben, sondern – wie auch unsere Patriarchen Abraham, Isaak und Jakob – bei Gott leben. In keiner Weise widerspricht (unserer These), dass sich einige offenbar aufgrund einer schwachen Denkkraft von den Affekten beherrschen lassen. Denn wer unter Berücksichtigung des ganzen Kanons der Philosophie philosophisch lebt und auf Gott vertraut, und weiß, dass es glückselig ist, um der Tugend willen jeglichen Schmerz zu ertragen, wird der nicht mithilfe der Gottesfurcht die Affekte völlig beherrschen? Denn allein der Weise und Tapfere ist Herr über seine Affekte." (Übers. A.N.)

4. Dissonanz und Einheit des Menschen in den ‚Testamenten der zwölf Patriarchen'

Leitmotiven ähnlich durchziehen menschliche Dissonanz- und Einheitsvorstellungen die ‚Testamente der zwölf Patriarchen' (TestXII) wie ein roter Faden. Allerdings nimmt diese Schrift in der Untersuchung von Dissonanzphänomenen bzw. Personeinheitsvorstellungen in der jüdisch-hellenistischen Literatur eine Sonderstellung ein, weil dieses Buch wahrscheinlich im 2. Jh. v. Chr. in jüdischen Kreisen auf Griechisch[341] verfasst wurde, aber im Christentum gelesen, tradiert und überarbeitet wurde, so dass die uns vorliegende Endredaktion der Schrift vermutlich im 2. Jh. n. Chr. anzusetzen ist.[342] Mit christlichen Emendationen der älteren Grundschrift ist daher laufend zu rechnen.

Die ‚Testamente der zwölf Patriarchen' repräsentieren im Vergleich zu den meisten Werken jüdischer Prägung der hellenistischen Zeit eine besonders umfangreiche Schrift. Die ‚Testamente' sind als fiktive Abschiedsreden der zwölf Söhne des Erzvaters Jakob konzipiert. Biographische Erzählungen werden darin zum Anlass genommen, um ethisch-pädagogische Themen zu ent-

---

341 Darauf weisen u. a. der Gebrauch der LXX seitens der Verfasserschaft hin, sowie die durchgängig griechischen Eigennamen. Siehe dazu Kugler, Testaments, 23.

342 Aufgrund des Fokus der Forschung auf die Frage nach der Herkunft der ‚Testamente der zwölf Patriarchen' (TestXII) wurde die Auseinandersetzung mit dem Inhalt über einen langen Zeitraum hinweg vernachlässigt. Die Entstehung der TestXII bleibt indes in der Forschung umstritten. Zwar könnten die fehlenden Bezüge auf Sabbatobservanz, Speisegesetzgebung und Beschneidung für eine (juden-)christliche Verfasserschaft sprechen (so M. de Jonge, The Testaments of the Twelve Patriarchs. A Study of their Text, Composition and Origin, Assen 1953; R.A. Kugler, The Testaments of the Twelve Patriarchs [Guides to Apocrypha and Pseudepigrapha], Sheffield 2001, 23.38; J. Marcus, The Testaments of the Twelve Patriarchs and the Didascalia Apostolorum: A Common Jewish Christian Milieu?, JThS 61/2 [2010], 596–626). Sprachstil, Motivbestand und weisheitliche Prägung weisen hingegen auf eine ältere jüdische Grundschrift hin (evtl. zw. 200 u. 174 v. Chr. auf Griechisch verfasst), die von christlichen Kreisen deutlich erkennbar revidiert wurde (so J. Becker, Die Testamente der zwölf Patriarchen [JSHRZ III/1], Gütersloh, 2. Aufl. 1980, 1–162, bes. 23–27; J.H. Ulrichsen, Die Grundschrift der Testamente der zwölf Patriarchen [AUU 10], Stockholm 1991). Dass jüdische ‚identity marker' wie der Sabbat und die Beschneidung unerwähnt bleiben, kann außerdem mithilfe der Diasporasituation der Verfasserschaft erklärt werden: „The ethics of the Testaments resemble those of the Diaspora writings we have seen in their tendency to ignore the distinctive elements of Judaism and emphasize those which would be acceptable to sophisticated gentiles," J.J. Collins, Between Athens and Jerusalem. Jewish Identity in the Hellenistic Diaspora, New York 1983, 161. Zur Problematik, „jüdische" und „christliche" Passagen bzw. Schichten innerhalb der TestXII zu unterscheiden, vgl. T. de Bruin, The Great Controversy. The Individual's Struggle Between Good and Evil in the Testaments of the Twelve Patriarchs and in their Jewish and Christian Contexts (NTOA 106), Göttingen 2015, 29–35, der ebd., 12–35, die Forschungsgeschichte referiert.

Der Abfassungsort ist aufgrund unzulänglicher geographischer Kenntnisse Palästinas außerhalb dieser Region zu vermuten, möglicherweise in Ägypten (so z. B. Becker, Testamente, 25) oder Syrien (so z. B. Kee, Testaments, 778; Pate, Reverse, 73).

falten. Insbesondere zum Doppelgebot der Liebe sollen die Adressaten ermahnt werden.[343] Als strukturelle weltanschauliche Hintergrundüberzeugung der Gesamtschrift ist der allumfassende Gegensatz zwischen Gut und Böse, zwischen Gott und dem Teufel auszumachen.[344] In der Regel beinhaltet jedes Testament – in einen Anfangs- und Schlussrahmen eingebettet – narrativ-biographische Passagen, die auf die Vergangenheit zurückblicken, paränetische Textformen, die Verhaltensanweisungen für die Gegenwart formulieren, und prophetische Aussagen, die die Zukunft im Blick haben.[345] Diese drei formal unterscheidbaren Texttypen können sich abwechseln und je nach Intention verwendet werden. In den dominierenden Verhaltensanweisungen ist jedoch die eigentliche Intention der Testamente der zwölf Patriarchen zu sehen.[346]

In der folgenden Darstellung des Motiv- und Audrucksrepertoires der ‚Testamente der zwölf Patriarchen' zum Thema dissonanter und einheitlicher menschlicher Existenz erfahren die Voraussetzungen für die Reflexion auf menschliche Dissonanzerfahrungen zunächst eine ausführlichere Betrachtung, bevor untersucht werden soll, welche Formen von Dissonanzphänomenen in diesem Werk Erwähnung finden. Anschließend werden diejenigen Indizien ausgewertet, die auf gewünschte Bewältigungsstrategien in Bezug auf inkongruente Erfahrungen und Verhaltensweisen des Menschen hinweisen. Abschließend sollen diejenigen Vorstellungen präsentiert werden, aus denen sich der Idealzustand einer Personeinheit markant erschließt.

4.1. Anthropologische Voraussetzungen für Dissonanzerfahrungen des Menschen in den TestXII

Um die Äußerungen der ‚Testamente' in Bezug auf Dissonanzphänomene angemessen verstehen zu können, ist zunächst ein Blick auf die anthropologischen Prämissen für menschliches Erleben und Verhalten geboten, die in dieser Schrift erkennbar werden. Zu diesen Voraussetzungen gehören neben Aussagen über die Entscheidungsmöglichkeiten des Einzelnen v. a. die unterschiedlichen Vorstellungen über gute und böse Geister, denn sie können dem Text nach psychisch wahrnehmbare Unstimmigkeiten im Inneren erzeugen

343 Vgl. Kugler, Testaments, 13.17f. Möglicherweise findet sich in den TestXII der zeitlich früheste Beleg für die Zusammenstellung von Gottesliebe- und Nächstenliebegebot, vgl. dazu de Jonge, Commandments, 378.

344 Für den Teufel werden in den ‚Testamenten der zwölf Patriarchen' unterschiedliche Ausdrücke verwendet, nämlich v. a. Satan (Σατανᾶς), ‚Feind' (ἐχθρός), ‚Verleumder' (διάβολος) und ‚Fürst der Täuschung' (ὁ ἄρχων τῆς πλάνης), zumeist jedoch Beliar (Βελίαρ), eine Bezeichnung, die in den Qumranschriften häufig vorkommt, z. B. in der Gemeinderegel, vgl. 1 QS I,18.24; 1QS II,5 u.ö.

345 Vgl. von Nordheim, Lehre der Alten I, 89–107; Kugler, Testaments, 12–15.

346 Vgl. von Nordheim, Lehre der Alten I, 89–107.229f.

und verhindern. Diese beiden Aspekte sind zudem deshalb relevant, da die geforderte Bewältigung von Innendissonanzen und Innen-Außen-Dissonanzen davon abhängt, inwiefern der Einzelne sich dem Einfluss der Geister entziehen und innere Einheit erlangen kann. Allerdings ist die Anthropologie der ‚Testamente der zwölf Patriarchen' unsystematisch und inkohärent, was sich insbesondere in den voneinander divergierenden pneumatologischen Entwürfen zeigt.

Die dissonante Existenz des Menschen wird im Testament Juda im Rahmen einer Zwei- bzw. Drei-Geister-Konzeption thematisiert. So ist in TestJud XX,1 zunächst von zwei Geistern (δύο πνεύματα) die Rede, die sich dem Menschen hingeben (σχολάζω): sie werden als Geist der Wahrheit ([πνεῦμα] τῆς ἀληθείας) und Geist der Falschheit/des Irrtums ([πνεῦμα] τῆς πλάνης) präsentiert. Es ist davon auszugehen, dass Wahrheit und Irrtum hier – der biblischen Tradition gemäß – für alle Arten von positivem bzw. negativem Verhalten stehen.[347] Die kontextuellen Bezugnahmen auf das menschliche Herz und die menschliche Brust könnten als Indiz dafür zu verstehen sein, dass die konträr ausgerichteten Geister in der Herzgegend zu verorten sind.[348] Im Vergleich zu anderen frühjüdischen und frühchristlichen Texten, die ebenfalls eine bipolare Geistervorstellung bezeugen,[349] fällt auf, dass in TestJud XX ein weiterer Geist ‚zwischen' (μέσον) dem Geist der Wahrheit und dem des Irrtums zu stehen kommt. Dieser ist näher bestimmt als ‚Geist der Einsicht der Vernunft' (τὸ [πνεῦμα] τῆς συνέσεως τοῦ νοός), der sich entweder an dem positiv oder aber dem negativ konnotierten Geist orientieren kann.[350] Insofern bietet TestJud eigentlich ein Drei-Geister-Modell, wobei dem mittleren Geist die Funktion

---

347 Vgl. Heger, Challenges, 292–297.

348 Vgl. TestJud XX,3–5.

349 Vgl. z. B. 1QS; Herm mand III,4; V,1,1–4; Barn 18 (hier von ἄγγελοι, ‚Engeln/Boten' statt Geistern die Rede).

350 Vgl. TestJud XX,2. J. Becker, Testamente, 74, scheint sich nicht festzulegen, ob er die Attribution τῆς συνέσεως τοῦ νοός des mittleren Geistes in TestJud XX,2 als Genitivkette oder ob er τοῦ νοός als Apposition zu τῆς συνέσεως versteht, denn er übersetzt: Geist „der Einsicht (d. h.) des Verstandes".

Die Wortverbindung πνεῦμα (…) συνέσεως ist in der Septuaginta belegt, vgl. z. B. Ex 31,3^{LXX}; Ex 35,31^{LXX}: πνεῦμα θεῖον σοφίας καὶ συνέσεως καὶ ἐπιστήμης. Philo von Alexandrien zitiert diese Wendung in Gig. 23, wobei seine Wiedergabe mit keinem dieser beiden LXX-Stellen genau übereinstimmt (oder schafft er ein Mischzitat? Eine Entscheidung ist schwierig, da unsicher ist, welchen Bibeltext Philo verwendete. Vgl. dazu Böhm, Rezeption, 66: „Aus heutiger Perspektive ist festzustellen, dass sich Philo in seinen Zitaten zwar weitestgehend nach der Septuaginta, wie sie durch die frühen christlichen Codices überliefert ist, richtet, dass ein Teil seiner wörtlichen Bezugnahmen jedoch von diesem Text abweicht."). Die Ausdrücke πνεῦμα und συνέσεως begegnen in Verbindung auch in Dtn 34,9^{LXX}; Hi 15,2^{LXX}; Sir 39,6^{LXX} u.ö.

zugewiesen ist, ethische Entscheidungen zu treffen.[351] Im Menschen kann es infolge seiner inhärenten drei Geister zu Dissonanzen kommen, auch wenn von einem Kampf oder Streit nicht ausdrücklich die Rede ist.[352] Zudem weist die kontrastive Konzeption der ethisch qualifizierten Geister, zwischen denen der mittlere Geist sich entscheiden muss, darauf hin, dass ein gleichzeitiges Verfolgen der Interessen des Wahrheits- und Irrtumsbereiches ausgeschlossen ist und der Mensch daher zu einer eindeutigen Entscheidung zwischen göttlicher Wahrheit und teuflischem Irrtum aufgefordert ist.

Die folgende Graphik stellt die Relationen zwischen diesen drei Geistern dar; die Pfeile zeigen an, dass sich der mittlere Geist entweder zum Geist der Wahrheit oder aber zum Geist des Irrtums ‚neigen' (κλίνω) kann.[353]

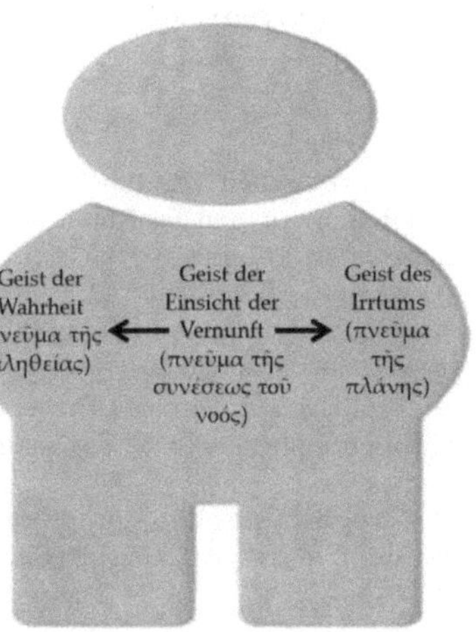

Abb. 9: Graphische Darstellung der Drei-Geister-Konzeption nach TestJud XX,1–2

Neben dieser vom Verfasser der TestXII sehr knapp präsentierten Geister-Konzeption im Testament Judas kommt im Testament Rubens ein weiteres anthropologisches Modell vor, das von der Existenz diverser Geister im Inneren des Menschen ausgeht (vgl. TestRub II,1–III,8). Hier sind „Gut" und „Böse" nicht auf je einen Geist reduziert, sondern diese Größen erscheinen vielmehr

351 Ähnlich bestimmen Hollander/de Jonge, Testaments, 220, diesen Geist als ‚Entscheidungszentrum' (‚decision-making centre') jedes Menschen und identifizieren ihn mit dem διαβούλιον in TestBen VI,1.

Diese innovative Drei-Geister-Konzeption hat nach meiner Kenntnis in der Forschung bislang keine Berücksichtigung gefunden.

352 Siehe dazu S. 298 im folgenden Unterkapitel.

353 Vgl. TestJud XX,2.

ausdifferenziert, insofern von sieben bzw. acht positiv konnotierten und sieben bzw. acht negativ konnotierten Geistern die Rede ist.[354]

Die sieben guten Geister werden dem Menschen von Gott bei der Schöpfung gegeben,[355] damit der Einzelne sein Verhalten ihnen entsprechend auszurichten vermag:[356] Diese sind der ‚Geist des Lebens' (πνεῦμα ζωῆς), der ‚Geist des Blickes' (πνεῦμα ὁράσεως), der ‚Geist des Gehörs', der ‚Geist des Geruchs' (πνεῦμα ὀσφρήσεως), der ‚Geist der Rede' (πνεῦμα λαλιᾶς), der ‚Geist des Geschmacks' und der ‚Geist des Samens und des Beischlafs' (πνεῦμα σπορᾶς καὶ συνουσίας).[357] Die sieben positiven Geister sind mit sieben ‚Geistern des Irrtums' (πνεύματα τῆς πλάνης) kontrastiert, welche dem Verfasser nach ‚gegen' (κατά) den Menschen gegeben wurden.[358] Diese sind der Geist der Hurerei (πορνεία), der Unersättlichkeit (ἀπληστία), des Streites (μάχη), der Gefallsucht (ἀρέσκεια) und des Blendwerks (μαγγανεία), des Hochmuts (ὑπερηφανία), der Lüge (ψεῦδος) sowie des Unrechts (ἀδικία).[359] Sowohl zu den göttlichen als

---

354 Die auffälligen Inkohärenzen zwischen TestRub II,2 und II,3 sowie zwischen TestRub III,2 und III,3 werden erklärbar, wenn man TestRub II,3–III,2 als sekundären Einschub versteht. Vgl. de Jonge, Testaments, 75f; Maier, Art. Geister (Dämonen) b., RAC 9 (1976), 630; Becker, Testamente, 33f. Kugler, Testaments, 42, geht dagegen davon aus, dass die Liste TestRub II,3–III,8 zum ursprünglichen Textbestand zu zählen ist, wenngleich sie bereits vorgelegen haben und von der Verfasserschaft adaptiert worden sein könnte.

355 Auch wenn im Text nicht expliziert, ist Gott als Urheber dieser Geister zu bestimmen; vgl. neben der Nennung der Schöpfung (κτίσις) auch das passivum divinum ἐδόθη in TestRub II,3.

Ulrichsen, Grundschrift, 73, spricht nicht von positiven, sondern von „überwiegend neutral-anthropologischen" Geistern. Maier, Art. Geister (Dämonen) b., RAC 9 (1976), 630, spricht von „Sinnesfunktionen".

356 Vgl. TestRub II,3.

357 Jeder von diesen Geistern übernimmt eine spezifische Funktion im Leben des Menschen: Der ‚Geist des Lebens' bewirkt den Bestand (σύστασις) des Menschen. Der ‚Geist des Blickes' evoziert die Begierde (ἐπιθυμία), der ‚Geist des Gehörs' ermöglicht die Unterweisung (διδασκαλία), der ‚Geist des Geruchs' bringt das Einziehen von Luft und Atem mit sich. Mit dem ‚Geist der Rede' hingegen ensteht Erkenntnis (γνῶσις), und der Genuss von Speisen und Getränken verdankt sich dem ‚Geist des Geschmacks', der aufgrund seiner Funktionen zur Grundlage von Kraft (ἡ ὑπόστασις τῆς ἰσχύος) überhaupt wird. Der ‚Geist des Samens und des Beischlafs' verleitet mittels der Vergügungssucht (φιληδονία) zur Sünde. Weil die Begierde auf der Positivseite der Geisterliste genannt wird, ist fraglich, ob das Begehren wie in vielen alttestamentlichen Texten negativ gewertet wird. Es erscheint hier als natürlicher Nebeneffekt des Sehvermögens. Dass die Begierde nicht ausschließlich schlecht aufzufassen ist, äußert z. B. Philo, vgl. Philo, Deus 15. Andererseits ist die mit den Augen assoziierte Begierde in den TestXII durchgehend negativ konnotiert. Vgl. TestRub V,3; TestJud XIII,6; XIV,1; TestIss VII,2; TestBen VI,3; VIII,2. Vgl. auch Spr 6,25^{LXX}; Mt 5,28.

358 Vgl. TestRub II,2.

359 Vgl. TestRub III,2–6. Die Auflistung ist zum großen Teil traditionell, vgl. Vögtle, Tugend- und Lasterkataloge, 104. Einige dieser Geister sind mit konkreten Organen assoziiert, beispielsweise der Geist der Unersättlichkeit mit dem Magen oder der Geist des Streites mit Leber und Galle. Dies deutet auf eine Vorstellung hin, nach der das zu Laster führende

auch zu den dämonischen Geistern gehört nach TestRub III,1.7 der Geist des Schlafes, der sowohl positive als auch negative Folgeeffekte (besonders die Täuschung und Einbildung, πλάνη καὶ φαντασία) mit sich bringen kann,[360] weshalb er wohl in beide Geisterlisten als ‚achter Geist' eingeordnet wurde.

Die Funktionsweisen der von Gott gegebenen sieben bzw. acht Geister werden in der Forschung einvernehmlich mit (indirektem) stoischen Einfluss erklärt.[361] Indes, das Verhältnis der beiden Geisterlisten zueinander ist schwierig zu bestimmen. Kommen auf jeder Seite je acht positiv bzw. negativ zu wertende Geister zu stehen[362] oder ist von acht Geistern im Menschen auszugehen, die sich je nach Gebrauch in guten bzw. bösen Funktionen, Tugenden, Lastern und Verhaltensweisen manifestieren? Von der Beantwortung dieser Fragestellung hängt ab, ob ein antagonistisches Geisterkonzept vorliegt oder nicht. Ein Ansatzpunkt zur Lösung dieses Problems ist mit TestRub III,2 gegeben, denn dort heißt es, dass sich der ‚Geist des Irrtums' (τὸ πνεῦμα τῆς πλάνης) mit den seit der Schöpfung zum Menschen gehörenden Geistern ‚vermischt' (συμμίγνυται) bzw. zu vermischen versucht. Dies könnte darauf hindeuten, dass es sich im Testament Rubens um ursprünglich acht Geister im Menschen handelt, deren intendierte Funktionen durch Einwirken des Irrtumsgeistes verdreht werden. Daraus würde folgen, dass die sieben neutralen oder positiven Geister sich zum Schlechten verändern und sich in gegengöttlichen Lastern und Verhaltensweisen manifestieren können. Auch die Beschreibungen des achten Geistes, des Geistes des Schlafes, der ja sowohl mit neutralen/positiven als auch negativen Fähigkeiten und Verhaltensweisen assoziiert wird, könnte signalisieren, dass der Verfasser der TestXII nicht von insgesamt 16 Geistern im Menschen

Affektempfinden je nach Art der affektiven Erregung in bestimmten Organen verortet wird. Ähnlich repräsentieren bei Philo von Alexandrien Organe und Glieder des Körpers diverse Affekte und Leidenschaften, Vgl. Philo, Leg. III 128.131.132.138 u. a.

360 Vgl. TestRub III,1.7. Der Schlaf ist auch sonst in den TestXII ambivalent bewertet; er kann Sünden verhindern (vgl. TestIss III,5), aber auch verursachen (vgl. TestJud XVIII,4).

361 Vgl. nur Dibelius, Hirt, 519; Kee, Dimensions, 266; Hollander/de Jonge, Testaments, 93; Kugler, Testaments, 42; de Bruin, Controversy, 110. Nach der stoischen Seelenkonzeption weist die ψυχή acht Vermögen auf: Die fünf Sinne, das Sprachvermögen, das Zeugungsvermögen und das leitende Vernunftvermögen (Hegemonikon). Diese psychischen Vermögen der Stoa werden mitunter als πνεύματα bezeichnet und sind als Kraftströme zwischen dem Hegemonikon und den entsprechenden Körperteilen bzw. Sinnesrezeptoren vorgestellt. Vgl. Chrysipp SVF II 823–833.836 u.ö. Zum Teil entsprechen sich die Funktionen der Geister in TestRub und die der seelischen Vermögen der Stoa. Stoischer Nachklang könnte des Weiteren deshalb angenommen werden, weil nur hier innerhalb der ‚Testamente der zwölf Patriarchen' Geister mit den menschlichen Sinnen verknüpft sind. Zum Seelenverständnis der Stoa siehe Kap III.3.1 in dieser Arbeit.

362 Vgl. Jochum-Bortfeld, Die Verachteten, 145: „Männer (…) werden in ihrem Denken und Handeln von *zweimal sieben gottgegebenen Geistern* geprägt." (Hervorhebung von mir, A.N.); Die Formulierungen bei Maier, Art. Geister (Dämonen) b., RAC 9 (1976), 630, sowie de Bruin, Controversy, 108, scheinen ebenfalls darauf hinzuweisen, dass diese von sieben guten *und* sieben bösen Geistern im Menschen ausgehen.

ausgeht, sondern dass die acht Geister im Sinne Gottes oder gegen dessen Bestimmung zu wirken vermögen.[363] Wahrscheinlich ist in TestRub IIf also kein bipolares, sondern ein transformatorisches Geisterkonstrukt impliziert. Dies würde wiederum die These von einer stoischen Anleihe erhärten, denn die Stoa geht i. d. R. davon aus, dass sich das Innere des Menschen (genauer: die Seele) entweder zum Guten (der Vernunft) oder zum Schlechten (den Affekten) wenden kann.[364]

Da einzelne oder auch mehrere der hier mit dem Irrtum verbundenen Geister in der Gesamtschrift auch als „böse Geister“ (πνεύματα πονηρά) oder „Geister Beliars“ (πνεύματα τοῦ Βελιάρ) bezeichnet werden,[365] ist von einer prinzipiellen Zuordnung der Geister des Irrtums zum Machtbereich Beliars auszugehen. Explizit ist diese Zuordnung in TestJud XXV,3 zum Ausdruck gebracht, denn dort ist vom ‚Geist des Irrtums des Beliar‘ (πνεῦμα πλάνης τοῦ Βελιάρ) die Rede. Die Geister sind dem Verfasser zufolge wie Luft;[366] sie sind unsichtbar,[367] werden mitunter jedoch mit stark personalisierten Zügen beschrieben, so z. B. in TestDan II,4f, wo die mächtigen Fähigkeiten des Geist des Zornes (πνεῦμα τοῦ θυμοῦ) über den Menschen mithilfe von Fischereimetaphorik illustriert werden.[368] Dass die πνεύματα personale Züge tragen, wird beispielsweise auch daran ersichtlich, dass bösen Geistern die Fähigkeit zugesprochen wird, mit dem Menschen zu sprechen, seine Vorsätze zu bestärken (vgl. den Gebrauch von συνεργέω) und zu versuchen, ihn zu überzeugen (πείθω), bestimmte Handlungen auszuführen.[369] Sie wollen v. a. erreichen, dass der Mensch vor dem ‚Herrn‘ sündigt.[370] So wie der ‚Feind‘ (ὁ ἐχθρός) selbst, d. h. Satan, sich darum bemüht, die Menschen zu Fall zu bringen (ὑποσκελίζω),[371] wollen dessen Geister den Menschen in die Irre führen (πλανάω).[372] Indem der Einzelne mittels seiner Begierden (ἐπιθυμίαι) und böser Werke den Irrtumsgeistern wie ein Sklave dient (δουλεύω),[373] erreichen die negativ konnotierten Geister ihr Ziel. Die Macht, die böse Geister über die psychische Verfasstheit des Menschen ausüben können, wird öfters plastisch

---

363 Vgl. auch Konradt, Unzucht, 263, sowie Kirchhoff, Testamente, 477, die davon ausgeht, dass „jede gute Anlage pervertiert wird, wenn sie unwissend oder unachtsam gebraucht wird“.

364 Vgl. dazu auch S. 143f dieser Arbeit.

365 Vgl. z. B. TestAss VI,3; TestBen VI,1; TestSim IV,9; TestIss VII,7.

366 Vgl. TestBen III,4.

367 Vgl. TestLev IV,1.

368 TestDan II,4f: Der Zornesgeist wirft seine Netze des Irrtums über den Menschen (περιβάλλει … τὰ δίκτυα τῆς πλάνης) und umstrickt die Augen (περιβάλλει τοὺς ὀφθαλμοὺς).

369 Vgl. TestDan I,6–8.

370 Vgl. TestDan V,6

371 Vgl. TestDan VI,3.

372 Vgl. TestGad III,1

373 Vgl. TestAss VI,5.

und einprägsam beschrieben. So ist z. B. bisweilen davon die Rede, dass ein negativer Geist die Vernunft (νοῦς/διάνοια) verfinstern und die Seele derart verwirren kann, dass diese böse Handlungen ausführen will.[374] In TestDan III,1–3 wird das enorme Einflusspotential des Zornesgeistes beispielsweise dadurch illustriert, dass dieser Geist sich den Körper (σῶμα) eines Menschen zu eigen machen (ἰδιοποιέω), dem Körper seine eigene Kraft (δύναμις) übereignen könne und die Seele (ψυχή) vollständig zu beherrschen (κατακυριεύω) vermöge, so dass der derart „besessene" Mensch gar nicht anders könne, als Gesetzlosigkeiten auszuführen. Weil die Seele nicht mehr ihrer eigentlichen Bestimmung gemäß funktioniere, rechtfertige (δικαιόω) sie sogar das gottlose Verhalten.[375] Diese gefährliche Besetzung des menschlichen Steuer- und Wesenszentrums durch den Geist des Zornes drückt der Verfasser dabei mithilfe einer in der jüdisch-hellenistischen Literatur singulären Formulierung aus: Der Zorn werde für die Seele selbst eine Seele (vgl. TestDan III,1: Πονηρὸς ὁ θυμός ... καὶ γὰρ αὐτῇ τῇ ψυχῇ αὐτὸς γίνεται ψυχή). Aus heutiger Sicht könnte man diese Illustrationen der Macht, die aggressive Affekte über den Menschen haben können, so dass sogar die eigene Seele durch die fremde Macht ersetzt wird, mithilfe der psychologischen Attributionstheorie deuten:[376] Weil der Mensch im Falle des Erlebens von Affekten mit destruktivem Potenzial sein eigenes Selbst nicht mehr wiedererkennt, die Kontrolle über sich selbst zu verlieren droht, und so ein Affektautomatismus eintreten kann, vermutet er eine fremde, ihn steuernde Macht hinter dem jeweiligen Affekt. Indem diese Eigenwahrnehmung an heterodynamische Kräfte attribuiert wird, kann der Mensch sein affektgeleitetes Verhalten in mythischer Redeweise rationalisieren. Insofern die Macht des Schädlichen und des Bösen in der Gesamtschrift einmal als psychologische „Besetzung" des Menschen durch einen negativen Affekt, einmal als Fremdbestimmung durch die mythologische Größe des Geistes (der häufig mit einem negativen Affekt assoziiert ist) beschrieben wird, kann man von einem „psycho-mythischen Oszillieren" der Redeweise in den ‚Testamenten' sprechen.[377]

---

374 Vgl. z. B. TestGad VI,2; TestSim II,7; vgl. auch TestRub V,3.

375 Wörtlich steht im Text (TestDan III,3), dass die Seele sich rechtfertige, weil sie nicht mehr (richtig) sehen könne (ἐπειδὴ οὐ βλέπει). Vgl. dagegen TestBen III,2: Wer eine gute Gesinnung aufweise, sehe alles richtig (ὁ ἔχων τὴν διάνοιαν ἀγαθὴν πάντα βλέπει ὀρθῶς).

376 Zu modernen Attributionstheorien siehe z. B. F. Fincham/M. Hewstone, Attributionstheorie und -forschung – Von den Grundlagen zur Anwendung, in: W. Stroebe/K. Jonas/M. Hewstone (Hg.), Sozialpsychologie. Eine Einführung, Berlin et al. ⁴2003, 215–264; F. Försterling, Attributionstheorie und attributionale Theorien, in: V. Brandstätter/J. Otto (Hg.), Handbuch der Allgemeinen Psychologie – Motivation und Emotion, Göttingen 2009, 126–134. Vgl. auch Theissen, Aspekte, 44f; 159; 212 u.ö.

377 von Gemünden, Affekte, 318. Deutlich wird die Ähnlichkeit zwischen der Charakterisierung der Affekte und der der Affektgeister beispielsweise, wenn in TestAss VI,5 davon die Rede ist, dass der Mensch dem Geist wie ein Sklave dient (δουλεύω), in TestJos VII,8

Zwar können die Geister den Menschen zum Guten oder Bösen drängen und Verlockungsstrategien einsetzen, aber obwohl in TestDan V,5 expliziert wird, dass die Geister des Irrtums in jeder Bosheit wirken,[378] ist nirgends davon die Rede, dass sie selbst böse Handlungen ausführen.[379] Verantwortlich ist immer der Mensch, dem die Freiheit zugesprochen wird, entscheiden zu können, wie er mit den auf ihn einwirkenden Geistern umzugehen gedenkt.[380] Entweder handelt er Gottes Geboten entsprechend oder er zieht es vor, sich von Beliar bestimmen zu lassen. Die Verlockungsstrategien Beliars und seiner Geister entheben ihn nicht von dieser Verantwortung, denn er muss deren Einflussnahme nicht folgen. Dass sich der Einzelne vor den Geistern Beliars bewahren kann,[381] wird besonders an den wiederholten, eindringlich wirkenden Mahnungen, sich vor dem Teufel und seinem Gefolge in Acht zu nehmen (προσέχω/διαφυλάσσω), deutlich.[382]

Insbesondere vor dem Hintergrund der antagonistischen Zwei-Geister-Konzeption in der qumranischen Gemeinderegel fällt auf, dass in den ‚Testamenten der zwölf Patriarchen' kein Kampf der beiden konträren Geister(gruppen) gegeneinander zur Sprache gebracht wird. Wir lesen beispielsweise in TestAss VI,3, dass die Geister Beliars gegen die Menschen kämpfen (ἀγωνίζομαι). Dass sie in einer direkten Auseinandersetzung mit den Geistern Gottes stehen, wird an dieser Stelle ebensowenig ausgesagt wie andernorts in der Schrift. Dennoch sind gute und böse Geister in aller Deutlichkeit als gegensätzlich orientierte Mächte beschrieben, denn während die guten Geister Gott zugehören, sind die bösen Geister dem Teufel zugeordnet[383] und führen dessen Willen aus.[384] Zum Teil werden in der Schrift einzelne Geister dieser

---

andererseits gesagt wird, dass der Mensch dem Affekt einer bösen Begierde (πάθος ἐπιθυμίας πονηρᾶς) verfallen (ὑποπίπτω) und ihm wie ein Sklave dienen (δουλεύω) kann. Siehe dazu z. B. auch TestSim II,6ff; TestDan III–IV. Wohl aufgrund der changierenden Redeweise werden die Geister in den TestXII kontrovers aufgefasst: Ulrichsen, Grundschrift, 276, versteht sie beispielsweise als „psychologische Impulse", Macky, Importance, 216, hingegen als „non-human powers (…) that transcend man and his impulses and his sins".

378 Vgl. TestDan V,5: „(…) ἐν πάσῃ πονηρίᾳ, ἐνεργούντων ἐν ὑμῖν τῶν πνευμάτων τῆς πλάνης."

379 Vgl. Munch, Spirits, 261, der ebd. die implizierte Wahlfreiheit und Verantwortlichkeit des Menschen betont: „The *acting* power is always the man himself, and he has his free will to choose either good or evil, either the Law of the Lord or the works of Beliar. Accordingly he is fully responsible for his own deeds."

380 So auch Ulrichsen, Grundschrift, 281; de Bruin, Controversy, 107, Konradt, Unzucht, 266. Dass der Einzelne die volle Verantwortung für seine Taten trägt, wird z. B. auch aus der Formulierung in TestJud XX,3 deutlich, gute und böse Taten verblieben auf die Brust des Menschen geschrieben.

381 Vgl. TestDan II,1.

382 Vgl. z. B. TestDan II,1; VI,1.

383 Vgl. TestGad IV,7.

384 So auch Macky, Importance, 201; de Bruin, Controversy, 120.

beiden kosmischen Größen einander kontrastiert, wie dies beispielsweise in TestGad IV,7 mit der Gegenüberstellung des Geistes der Liebe und des Geistes des Hasses der Fall ist. Mitunter erscheint jedoch kein göttlicher ‚Geist', sondern der Engel Gottes/des Friedens als Gegenspieler Beliars bzw. der Irrtumsgeister. Als Kraft des göttlichen Machtbereiches bewirkt dieser Engel einen guten Einfluss und steht dem Menschen helfend und schützend bereit.[385]

Die diversen Aussagen der ‚Testamente' in Bezug auf die Geister sind nicht leicht zu systematisieren, denn eine kohärente Geisterlehre wird in dieser Schrift nicht greifbar. Dieser Befund lässt sich womöglich als Hinweis auf unterschiedliche Verfasser- bzw. Redaktorenkreise werten. Dennoch könnte man grob skizziert zusammenfassen, dass Gott dem Text nach bestrebt ist, mithilfe seiner Engel und Geister indirekten Einfluss auf den Menschen inklusive seiner seit Schöpfung in ihm existierender Geister auszuüben, während der Teufel/Beliar den Einzelnen kraft seiner bösen Geister zum Sündigen zu verleiten versucht. In welcher Weise diesem konträren Wirken nachgegeben wird, obliegt der Entscheidung des Menschen. Insgesamt kann aus den unterschiedlichen pneumatologischen Konzeptionen, die in den TestXII skizziert werden, ein poröses Körperverständnis deduziert werden, da die Grenzen des Menschen für die diversen Geister durchlässig erscheinen.

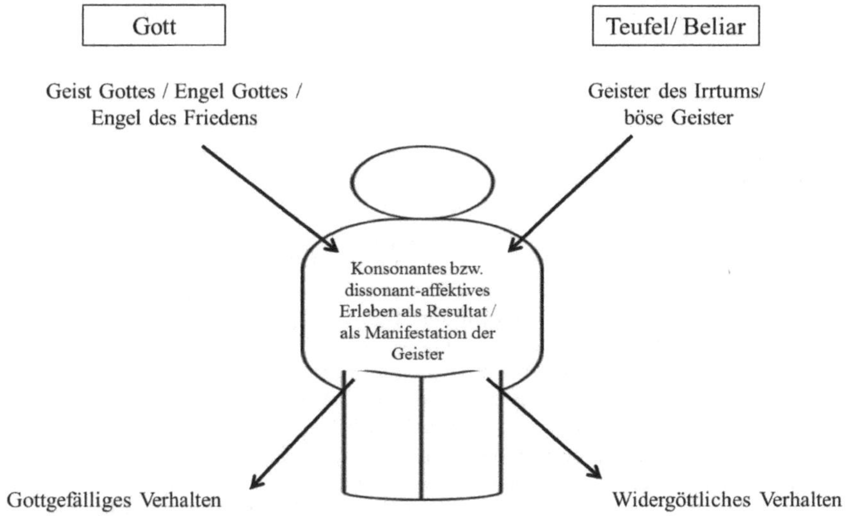

Abb. 10: Inventar und Interrelationen der für menschliches Erleben und Verhalten relevanten kosmischen und anthropologischen Größen in den TestXII

385 Vgl. TestDan VI,1–5; TestBen VI,1; TestAss VI,4–6.

Die Wahlfreiheit des Menschen bzw. die Entscheidungspflicht des Einzelnen ist nicht nur aus den unterschiedlichen Geister-Konzeptionen der ‚Testamente der zwölf Patriarchen' abzulesen. Vielmehr zielt die Schrift insgesamt darauf ab, die Adressaten zur Ausübung von Gottesliebe und Nächstenliebe,[386] vom göttlichen Gesetz[387] überhaupt aufzufordern, und sich von Beliar zu distanzieren. Besonders im Testament Assers wird die Verantwortung des Menschen, zwischen den ihm sich bietenden Alternativen richtig zu entscheiden, besonders deutlich.[388] Dort findet sich nämlich ein Abschnitt, der über die Bipolarität des menschlichen Lebensvollzugs informiert (TestAss I,3–5):[389]

> „Zwei Wege (δύο ὁδοί) hat Gott den Menschenkindern gegeben, und zwei διαβούλια und zwei Handlungsarten (δύο πράξεις) und zwei Lebensweisen (δύο τρόποι) und zwei Ziele (δύο τέλη). Daher kommen alle Dinge in zweifacher Weise vor,[390] eins dem anderen gegenüber gestellt. Es gibt zwei Wege, einer gut (καλός), der andere schlecht (κακός), und mit ihnen korrespondieren die zwei διαβούλια in unserer Brust, die sie voneinander unterscheiden (διακρίνοντα αὐτάς)."

Zwar wird hier vom Zwei-Wege-Motiv Gebrauch gemacht, aber dies wird in der Forschung zumeist als unzureichend verstanden, um im Testament Assers eine Zwei-Wege-Lehre zu erkennen, wie etwa in 1QS oder frühchristlichen Schriften.[391] Eine Darstellungsintention gemäß jüdischer oder christlicher Zwei-Wege-Katechismen im engeren Sinn, wie sie beispielsweise in der Di-

386 Vgl. z. B. TestDan V,3; TestGad VI,1.3; VII,7;.

387 Vgl. z. B. TestIss V,1; TestDan V,1; TestGad II,1; TestAss VI,1.3.

388 So auch Kugler, Testaments, 77, der von einer „Entscheidungstheologie" („decision theology") der TestXII spricht.

389 Wie die Brüche vor TestAss I,3 und nach TestAss VI,6 indizieren, könnte TestAss I,3–VI,6 ein scheinbar ursprünglich selbständiger paränetischer Passus darstellen (vgl. von Nordheim, Lehre der Alten I, 60; Becker, Testamente, 113). TestAss I,3–5 wäre dann Teil dieses Einschubs. Nach Syreeni, Sermon, 93, Anm. 25, ist der wesentliche Grundsatz von TestAss I,3–VI,6 darin zu sehen, dass Gut und Böse zwar gemischt in Erscheinung treten, jeder Mensch sich jedoch entsprechend seiner seelischen Disposition als entweder gänzlich gut oder aber gänzlich schlecht erweist. Von Nordheim, Lehre der Alten I, 60, äußert zu TestAss I,2–VI,6, in dieser „in sich sinnvoll gegliederte[n] Weisheitsrede" gäbe es „nichts Drittes, keine neutrale Position des Sowohl – Als auch."

390 Winter, Ben Sira, 318, bezieht die Formulierung, alles komme zweifach vor, – m. E. zu verengt – auf das Innere des Menschen; es werde damit ein innerer Zwiespalt („inward cleavage") ausgedrückt. Zwar begegnen in den TestXII tatsächlich anthropologische Aussagen, die auf eine gewisse Polarität *im* Menschen hinweisen (wenn beispielsweise von den konträr konzipierten Geistern der Wahrheit bzw. des Irrtums die Rede ist), aber in TestAss I,3–5 geht es in erster Linie um die Wahlmöglichkeiten extra nos, die freilich dem *einen* διαβούλιον im menschlichen Inneren zur Verfügung stehen. Siehe dazu das Folgende.

391 So z. B. Sorensen, Possession, 202: „Although Two Ways language does appear here, the document shows greater interest in the idea of two spiritual influences at work upon the individual." Vgl. auch Kugler, Testaments, 77f. Anders Becker, Testamente, 113, der TestAss I,3–VI,6 als „Lehrvortrag über die zwei Wege" auffasst.

dache oder im Barnabasbrief vorliegen, ist vom Verfasser schon deshalb nicht vorauszusetzen,[392] da die Beschaffenheit der zwei Wege nicht durch Tugend- und Lasterlisten präzisiert wird. Dass in TestAss wie in den Zwei-Wege-Lehren frühjüdischer und – christlicher Prägung jedoch ausgesagt werden soll, der Mensch habe die Wahl zwischen zwei konträr konzipierten Möglichkeiten der Lebensgestaltung, ist offensichtlich. Dabei wird die dieser Wahl vorausgehende Fähigkeit, zwischen den jeweiligen Wegen, Handlungsarten und Lebensweisen zu unterscheiden, dem διαβούλιον attestiert. Wörtlich bedeutet dieses griechische Lexem u. a. ‚Abwägung' oder ‚Überlegung' und kann auch den Ort bezeichnen, an dem Debatten stattfinden.[393] Handelt es sich bei διαβούλιον in TestAss I,5 nun um eine singuläre Instanz oder besitzt jeder Mensch zwei διαβούλια, wie es die eben zitierte Passage zunächst vermuten ließe? Die Beantwortung dieser Frage ist für eine Untersuchung von Dissonanzvorstellungen in der Gesamtschrift relevant, da in TestSim IV,8 explizit geäußert wird, dass es im διαβούλιον zu einem ‚Krieg' (πόλεμος) kommen könne. Zudem läge bei der Existenz von zwei διαβούλια im Inneren des Menschen eine gewisse Analogie zu der frühchristlichen Zwei-Seelen-Vorstellung (δίψυχος κτλ.) vor. Mitunter wird in der Forschung vorgeschlagen, dass die TestXII eine dualistische Psychologie voraussetzen und die zwei διαβούλια als Vorstufe zu der rabbinischen Lehre von den zwei Trieben (יֵצֶר הָרַע [*jeṣær hara'*] und יֵצֶר הַטּוֹב [*jeṣær hatôb*]) gesehen werden könnten.[394] Dies ist aus zwei Gründen unwahrscheinlich: Erstens hat I. Rosen-Zvi gezeigt, dass im Gegensatz zu der verbreiteten Meinung, die Lehre von den zwei angeborenen Trieben sei in der rabbinischen Literatur allgegenwärtig, tannaitische Texte nur einen ‚Trieb' im Menschen annehmen. Dieser könne entweder als natürliche menschliche Neigung oder aber als böser Trieb, den es zu bekämpfen gilt, in Erscheinung treten. Nur in einer einzigen polemischen Homilie, die eine „dualistische" Lehre aufweise, fände sich die Vorstellung von zwei ‚Trieben'.[395] Und zweitens fällt bei einer Betrachtung des Gebrauchs dieses Ausdrucks in der Gesamtschrift auf, dass außerhalb von TestAss I,3–5 διαβούλιον immer nur im Singular verwendet wird.[396] Sogar im weiteren Verlauf der eben zitierten Passage wird der Singular gebraucht. In Anbetracht des Kontextes, in dem die Rede von

---

392 Vgl. Hollander/de Jonge, Testaments, 343.

393 Vgl. Liddell/Scott, s.v. διαβούλιον. Das Lexem ist weder im Neuen Testament noch bei den Apostolischen Vätern belegt, siehe Bauer/Aland, Wörterbuch, s.v. διαβούλιον.

394 Vgl. Marcus, Evil Inclination, 615–619. Zu früheren Entwicklungen der rabbinischen Lehre siehe J. Cook, The Origin of the Tradition of the יצר הטוב and the יצר הרע, JSJ 38 (2007), 80–91, der ebd., 91, davon ausgeht, dass die Lehre der zwei Triebe, die im Menschen um Durchsetzung kämpfen, noch im Wandel begriffen war, während die Schriften der Qumran-Gemeinde abgefasst wurden. Vgl. dazu 4Q417.

395 Vgl. I. Rosen-Zvi, Two Rabbinic Inclinations? Rethinking a Scholarly Dogma, JJS 39/4 (2008), 513–539, bes. 536.

396 Vgl. TestIss IV,5; TestJud XIII,2.8; TestJud XVIII,3 u.ö.

den δύο διαβούλια im Testament Assers begegnet, lehnen H. Hollander und M. de Jonge die Ansicht ab, diese Passage sei eine Vorstufe der rabbinischen Lehre von den zwei Trieben. Die Psychologie der ‚Testamente' sei „dualistisch" nur hinsichtlich ihrer Vorstellung, der Mensch sei sowohl zu tugendhaftem als auch zu lasterhaftem Verhalten fähig, je nach Gesinnung des Einzelnen. Der Mensch habe nur einen einzigen διαβούλιον, dessen Wahl entweder Gutes oder Böses aktualisiert.[397] M.E. ist diese Einschätzung zutreffend, denn es ist schwer vorzustellen, dass die zu den δύο διαβούλια parallel aufgeführten Größen ebenfalls gleichzeitig im oder um den Menschen kämpfen. Vielmehr sind guter bzw. schlechter Weg, gute bzw. schlechte Lebenspraxis usw. Ausdruck der Entscheidungsfähigkeit des Menschen, der sich entweder für das Gute/für Gott oder aber für das Böse/den Teufel entscheiden kann. Auch in der griechischen Version des Buches Jesus Sirach, das evtl. in zeitlicher Nähe zur Grundschrift der ‚Testamente' entstand, findet sich der Ausdruck διαβούλιον nur im Singular. Das Lexem bezeichnet in Sir 15,14^{LXX} dem Kontext nach die menschliche Fähigkeit, zwischen gut und böse abwägen zu können,[398] und nicht die angeborene Neigung zum Guten oder Bösen oder gar eine Veranlagung zur Sünde.[399] Wenn in den TestXII διαβούλιον ebenfalls verwendet wird, um das Vermögen zur Entscheidungsfreiheit und damit den Ursprungsort menschlichen Verhaltens zu benennen,[400] dann ließe sich die Rede von den δύο διαβούλια in TestAss I,5 als Bestimmung der zwei Abwägemöglichkeiten des Menschen erklären. Möglicherweise wirkt hier noch semitisches Denken nach, insofern in der Hebräischen Sprache des Alten Testaments Ausdrücke für Körperorgane und anthropologische Grundvermögen häufig nicht nur den konkreten Körperteil o.Ä. bezeichnen können, sondern auch deren jeweilige Funktion:[401] Im διαβούλιον als menschlicher Neigungsinstanz zwischen gut

397 Vgl. Hollander/de Jonge, Testaments, 339: „It should be stressed that the author speaking about two διαβούλια does not intend to say that there are ‚zwei Seelen in einer Brust'. Every person has two options and is, after the choice has been made, either good or bad." Vgl. auch Kugler, Testaments, 78, Konradt, Unzucht, 268, Anm. 93, und de Bruin, Controversy, 104: „a person does not have two inclinations but rather a single inclination with two intrinsically different directions."

398 Vgl. auch Sir 17,6^{LXX}; Siehe dazu Brand, Evil, 104.

399 So aber Murphy, Yēser, 336, der jedoch von der Verwendung des Worts διαβούλιον in den TestXII ausgeht. Aufgrund der umstrittenen literarkritischen Forschung zu den TestXII ist dieser Ansatz als problematisch zu werten. Nicht selten wird Sir 15,14^{LXX} als mit der Lehre von den zwei Trieben zusammengehörig bewertet. Dagegen erwägt Cook, Origin, 87, Sir 15,14^{LXX} könnte als Hinweis auf den Ursprung dieser Lehre zu verstehen sein.

400 Hollander/de Jonge, Testaments, 339, leiten aus dem Gebrauch des Lexems διαβούλιον in den TestXII ab, dieser Ausdruck stehe für „the centre of the personality, the will where actions find their origin". Daher sei διαβούλιον weniger mit ‚Neigung' (inclination) angemessen übersetzt, als vielmehr mit ‚Disposition' (disposition).

401 Vgl. Rösel, Mensch, 238; Schroer/Staubli, Körpersymbolik, 46.

und böse können zwei (konträre) Abwägungen (δύο διαβούλια) getroffen werden.

Der Text der ‚Testamente' zeigt des Weiteren, dass das mit διαβούλιον Gemeinte von der Verfasserschaft nicht als kognitiv-affektives Abstraktum aufgefasst wird, sondern als etwas im Menschen Lokalisierbares: Sitz des διαβούλιον ist nach TestJud XVIII,3 die Seele (ψυχή), nach TestJud XIII,8 das Herz (καρδία). Zugleich weist z. B. TestAss I,9 darauf hin, dass diese innere Größe bzw. Fähigkeit des Menschen durchaus räumlich vorgestellt wird, nämlich als eine Art Behälter, der unterschiedlich gefüllt sein kann. Hier ist von der ‚Schatzkammer'/dem ‚Speicher' (θησαυρός) des διαβούλιον die Rede, der mit dem Geist eines bösen Giftes gefüllt (πεπλήρωται) sei. In dieses gefäßartige Entscheidungszentrum des Menschen können auch einzelne Affekte ‚hineingehen' (ἐπέρχομαι),[402] so dass es sogar als Ort affektiver Erregung gesehen werden kann.[403] Negative Affekte können zu einer Beeinträchtigung der Befähigung führen, in angemessener Weise gute und schlechte Handlungsoptionen einschätzen zu können.[404] Das διαβούλιον ist nicht nur durch Affekte beeinflussbar, sondern auch anfällig für Manipulationen von außen durch das Böse bzw. durch die Täuschung eines teuflischen Geistes.[405] Daher kann es zum ‚Krieg' (πόλεμος), d. h. starken Dissonanzen innerhalb dieses für die ethische Wahl zuständigen Mikro-Akteurs kommen.[406]

Dass der Mensch wählen kann, ja sogar muss, wird außerdem z. B. in TestLev XIX,1 verdeutlicht. Der Verfasser der ‚Testamente' gebraucht hier explizit das Verb αἱρέω (‚wählen'), um zu einer eindeutigen Entscheidung zwischen den möglichen Alternativen aufzurufen: „Wählt euch Finsternis oder Licht, das Gesetz des Herrn oder die Werke Beliars." Wie in sonstigen biblischen Schriften auch, ist der Bereich Gottes hier mit dem Licht, der Bereich Beliars mit der Finsternis verbunden und indiziert mit dem in Licht bzw. Finsternis implizierten ethischen Gehalt klar und deutlich die jeweilige Qualität der Wahloption. Eine Kompromissmöglichkeit bleibt in der gesamten Schrift unerwähnt, einem etwaigen Zweifel zwischen diesen beiden einzigen und sich ausschließenden Alternativen wird nicht Rechnung getragen.

402 Vgl. TestIss IV,5.

403 Vgl. dazu auch TestRub IV,9 wo davon die Rede ist, dass das διαβούλιον τῆς ψυχῆς keine böse Begierde (ἐπιθυμία πονηρά) annimmt (δέχομαι).

404 Vgl. TestSim IV,8.

405 Vgl. TestAss I,8.9; III,2; VI,2.4–6; TestBen VI,1.

406 Vgl. TestSim IV,8. Insofern zeigt die hier belegte Rede vom ‚Krieg' im διαβούλιον erneut, dass dieser Ausdruck weniger eine psychisch-abstrakte Funktion bezeichnet, sondern eine physische Instanz, deren Funktion es ist, ethische Entscheidungen zu treffen. Vgl. zu TestSim IV,8 auch den entsprechenden Abschnitt im Folgekapitel dieser Arbeit.

4.2. *Vorstellungen innerer Dissonanz in den TestXII*

Im Testament Judas, wo sich eine Drei-Geister-Konzeption findet (vgl. TestJud XX,1–5), lässt sich eine Dynamik zwischen den πνεύματα im Menschen erkennen, die zu einem als innerer Dissonanz auffassbaren Erleben führen können. Der zwischen dem Geist der Wahrheit und dem Geist des Irrtums positionierte ‚Geist der Einsicht der Vernunft' (τὸ [πνεῦμα] τῆς συνέσεως τοῦ νοός) kann sich entweder dem einen oder aber dem anderen Geist zuneigen (κλίνω).[407] Obwohl dieser mittlere Geist ausdrücklich mit dem Lexem σύνεσις näher beschrieben wird, das sowohl für ‚Einsicht' aber auch für das ‚Mitwissen' stehen kann,[408] scheint hier der Geist der Wahrheit die Funktion eines Gewissens – wie sie etwa in TestRub IV,3 bestimmt wird – einzunehmen.[409] Denn die Aufgabe des Geistes der Wahrheit besteht nach TestJud XX,5 darin, alles zu bezeugen (μαρτυρέω) und alle zu verklagen (κατηγορέω).[410] Weil gleich im Anschluss an diese Funktionsangabe davon die Rede ist, wie es dem Sünder in seinem Inneren ergeht und welche Konsequenzen dies für sein öffentlich sichtbares Verhalten hat, könnte man darauf schließen, dass sich – der Vorstellung des Verfassers zufolge – der Geist der Wahrheit bei Fehlentscheidungen des Geistes der Vernunfteinsicht bemerkbar macht. Im Text ist zwar nicht davon die Rede, dass es zu einem Konflikt zwischen den Geistern kommt, bevor der Einzelne sündigt. Aber die Beschreibung des Innenlebens des Sünders verdeutlicht, dass sich der Geist der Wahrheit für die betroffene Person deutlich im Inneren spürbar meldet: Der Sünder wird nämlich aus seinem eigenen Herzen heraus von Flammen verzehrt (ἐμπεπύρισται ὁ ἁμαρτήσας ἐκ τῆς ἰδίας καρδίας) und kann sein Angesicht nicht zum Richter erheben.[411] Während die Unmöglichkeit, dem Richter in die Augen zu sehen, auf das Erleben von Scham infolge der Entscheidung für die Sünde verweist, impliziert das Bild vom brennenden Herzen

---

407 Vgl. TestJud XX,2.

408 Vgl. Gemoll, Handwörterbuch, 714; Liddell/Scott, s.v. σύνεσις.

409 Nach TestRub IV,3 kommt dem Gewissen (συνείδησις) die Aufgabe zu, der jeweiligen Person Sünden als solche bewusst zu machen.

410 Vgl. TestJud XX,5: „καὶ τὸ πνεῦμα τῆς ἀληθείας μαρτυρεῖ πάντα καὶ κατηγορεῖ πάντων (…)." Vermutlich ist dabei nicht an das eschatologische Gericht gedacht, denn auf die Zukunft bezogene Aussagen fehlen im Kontext. Eher ist tatsächlich an ein für die betroffene Person gegenwärtig wirksames Gewissen zu denken, denn die realisierte Metaphorik erinnert an die eines ‚inneren Gerichtshofes', wie sie z. B. bei Cicero oder Seneca, aber auch bei Paulus begegnet. K. Wagner hat gezeigt, dass das Gewissen bei Paulus sogar interaktiv wirksam werden kann, vgl. K. Wagner, Das interaktive Gewissen bei Paulus, in: G. Theißen/P. von Gemünden (Hg.), Erkennen und Erleben. Beiträge zur psychologischen Erforschung des frühen Christentums, Gütersloh 2007, 301–320.

411 Vgl. TestJud XX,5.

eine innere Unruhe und Qual[412] – oder wenn man so will: die peinigende conscientia consequens. Insofern könnte man mittels der Terminologie der modernen Psychologie von einem „Nachentscheidungskonflikt" sprechen.[413] Eine Auflösung dieser inneren Dissonanz, die mit den verzehrenden Flammen im Herzen illustriert wird, beschreibt der Verfasser nicht: Der begangene Irrtum bleibt auf der Brust des Menschen eingeschrieben (γέγραπται ἐπὶ τὸ στῆθος τοῦ ἀνθρώπου) und ist Gott bekannt.[414] Interessant ist der Abschnitt TestJud XX,1–5 zudem in Hinsicht auf die Entscheidungsverantwortung des Menschen. Denn dem Text zufolge obliegt es dem Wollen (vgl. TestJud XX,2: ἐθέλω) des Geistes der Vernunfteinsicht, sich entweder dem Wahrheitsgeist oder aber dem Irrtumsgeist zuzuneigen. Weil die Entscheidung zwischen ‚Gut' und ‚Böse' insofern dem mittleren Geist zugeschrieben wird, ist auffällig, dass die innere Unruhe nach einer falschen Wahl (die vom Geist der Wahrheit aufgedeckt bzw. bewusst gemacht wird) nicht konsequenterweise im Geist der Vernunfteinsicht verortet wird, sondern im Herzen des Sünders. Selbst wenn die Verantwortung zur Entscheidung hier also an einen Geist als quasi-heteronome Größe im Menschen attribuiert werden sollte, und diese Vorstellung insofern ein Stück weit zur Entlastung des Menschen selbst von dieser Entscheidung intendiert gewesen sein könnte, kann sich die betroffene Person im Falle des Sündigens nicht auf die Entscheidungsmacht des Einsichtsgeistes berufen: Der ganze Mensch – und nicht ein einzelner Geist in seinem Inneren – muss vor den Richter treten und für sein Handeln vor Gott einstehen. Freilich sind diese Spannungen in TestJud XX,1–5 daraus erklärbar, dass der Verfasser der TestXII keine systematische, logisch-kohärente Geisterlehre entworfen hat. Vielmehr zielt der Text wahrscheinlich darauf ab – trotz der Rede vom Neigungswillen des Geistes der Vernunfteinsicht – die Eigenverantwortung des Menschen für eine Lebensführung gemäß der göttlichen Wahrheit oder für ein Leben gemäß des dämonischen Irrtums, das Dissonanzen mit sich bringt, herauszustellen.

412 Ähnliches wird in TestRub IV,3 ausgesagt: Hier ist es jedoch das Gewissen (συνείδησις), das den Menschen infolge begangener Sünden bedrängt/quält (συγχέω). Je nachdem, welches Alter man für diesen Passus ansetzt (und das ist bislang kaum konsensfähig), könnte hier entweder eine christliche Artikulation der Gewissensdynamik im Inneren des Menschen oder aber einer der zeitlich frühesten Belege für den Gebrauch von συνείδησις mit der Bedeutung ‚Gewissen' in der jüdischen Literatur vorliegen. Das Wort συνείδησις ist für das stoische Denken bezeichnend (hier steht es meist für so etwas wie das moralische Bewusstsein), so dass in TestRub IV,3 eines von vielen Beispielen für die Verbindung von pagan-hellenistischer Verhaltensmoral und religiösem Verhalten zu sehen ist, vgl. KUGLER, Testaments, 43.

413 Vgl. L. FESTINGER, Theorie der kognitiven Dissonanz, hg. v. M. Irle u. V. Möntmann, Bern u. a. 1978; JANIS, Motivational factors, 200. Einen Überblick über die empirische Basis für Festingers These von der grundsätzlichen Andersartigkeit der Struktur des Vor- und Nachentscheidungskonflikts gibt beispielsweise THOMAE, Konflikt, 50–54.

414 Vgl. TestJud XX,3.

Negative Affekte bzw. mit ihnen assoziierte böse Geister haben dem Verfasser der ‚Testamente' zufolge eine schädigende Wirkung auf den Menschen: Sie können διαβούλιον und Seele erregen, beunruhigen, verwirren und bedrängen (ἐγείρω/ταράσσω/ἐνοχλέω),[415] den Menschen erschüttern und erschrecken (πλήσσω).[416] Insbesondere das Verb ταράσσω bezeichnet seit der klassischen Antike häufig innere Unsicherheit und Verwirrung,[417] die Tormentierung des Menschen,[418] die Störung der inneren Ordnung des Menschen, das Durcheinanderbringen des Herzens,[419] der Seele,[420] oder des Körpers als Ganzem.[421] Als Abweichung vom psychischen Optimalzustand verstanden, verweist es auf ein dissonantes Inneres.

Dass Geister innere Spannungen evozieren können, wird im Testament Simeons besonders deutlich. Die Adressaten werden ermahnt, sich vor den Geistern des Irrtums im Allgemeinen und dem des Neides (πνεύματα τῆς πλάνης καὶ τοῦ φθόνου) im Besonderen in Acht zu nehmen.[422] Begründet wird dies damit, dass der Geist des Neides nicht nur die ganze Gesinnung (πάσα διάνοια) des Menschen zu beherrschen,[423] die Seele zu verwildern,[424] und den Leib zu schädigen vermöge, sondern dass er gar Zorn und Krieg (ὀργή καὶ πόλεμος) im διαβούλιον verursache.[425] Weil das διαβούλιον in den Testamenten der zwölf Patriarchen als Erwägungszentrum aufgefasst wird, in dem die Entscheidung zwischen gut und böse fällt, lässt sich die Sprechweise vom Kampf in dieser moralischen Instanz als metaphorische Illustration einer v. a. kognitiven Dissonanz verstehen, die dem entspricht, was im heutigen

415 Vgl. TestDan IV,7; TestJos VII,4. Das Verb ἐνοχλέω wird in neutestamentlicher Zeit häufig zur Umschreibung für Besessenheit oder die Bedrängnis durch Geister benutzt, vgl. z. B. Lk 6,18; Lukian, Philops. 31; Appian, civ. 3,61.

416 Vgl. TestBen III,4.

417 Vgl. C. Spicq, Art. ταράσσω κτλ., TLNT III (1994), 372–375: Das Verb ταράσσω könne u. a. „mental uncertainty and confusion", „uneasiness mixed with fear" oder „upsetting internal trouble" zum Ausdruck bringen. Besonders in der LXX bezeichne es häufig Angst und Schrecken, z. B. Gen 42,28^{LXX}; Hi 24,17^{LXX}; 37,1^{LXX}; Ps 2,5^{LXX}; 6,3^{LXX}; 48,5^{LXX}; SapSal 17,4^{LXX}. Weitere Belege ebd.

418 Vgl. z. B. Aischylos, Choeph. 289 (hier kontextuell mit der Furcht [φόβος] verbunden).

419 Vgl. Euripides, Bacch. 1321; Aristophanes, Equ. 66.

420 Vgl. z. B. Plato, Phaid. 66a; Gen 41,8^{LXX}; Dan 2,1^{LXX}; Joh 12,27. In Joh 13,21 steht ταράσσω für die Verwirrung in Jesu Geist (πνεῦμα).

421 Vgl. z. B. Plato, rep. 564b.

422 Vgl. TestSim III,1.

423 Vgl. TestSim III,2. Hier ist allerdings im Unterschied zu den nun folgenden Aussagen vom Neid (φθόνος) ohne Zuordnung zu einem Geist die Rede.

424 Vgl. TestSim IV,8: Für das ‚verwildern' der Seele steht das Verb ἀγριόω. Zu dieser Wortfamilie gehört auch das Adjektiv ἄγριος, das Philo einsetzt, um Esau als Figur zu kennzeichnen, die sich von den Affekten bzw. dem irrationalen Seelenteil beherrschen lässt, vgl. Philo, Praem. 59.

425 Vgl. TestSim IV,8.

Deutsch mit dem Zweifel in ethischen Entscheidungssituationen zum Ausdruck gebracht werden soll: Die betroffene Person erfährt sich als hin- und hergerissen zwischen konträren Verhaltensmöglichkeiten, und kommt nicht ohne Mühe und Anstrengung zu einer Entscheidung darüber, welche dieser Optionen die angemessene darstellt. Die Rede vom Kampf im διαβούλιον infolge des Neides in TestSim IV,8 berücksichtigt womöglich die auch für uns heute nachvollziehbare Schwierigkeit der richtigen Wahl gerade beim Erleben intensiv-aggressiver Emotionen.

Der innere Aufruhr infolge des Neidgeistes wird mehrfach und dabei terminologisch variantenreich geschildert: Er ‚reizt' oder ‚provoziert' (παροξύνω) die betroffene Person bis zum Blutvergießen, führt die Gesinnung (διάνοια) zum ‚Aufruhr' (ἔκστασις), verhindert die Einsichtsfähigkeit, ruft in der Seele ‚Verwirrung' (κλόνος) und im Leib ‚Zittern' (τρόμος) hervor.[426] Selbst im Schlaf lässt dieser böse und Gift spritzende (πονηρός καὶ ἰοβόλος) Geist nicht vom Menschen ab: mit anderen bösen Geistern im Gefolge bewirkt er intrapsychische Tumulte (διαταράσσω) und körperliche Erschütterungen (ἐκθροέω), und reißt das Vernunftvermögen (νοῦς) durch Aufruhr (ταραχή) sogar aus dem Schlaf.[427] An dieser äußerst dramatischen und facettenreichen Darstellung wird ersichtlich, wie gefährlich der Geist des Neides dem Verfasser der ‚Testamente' nach für den Menschen sein kann. Die inneren Dissonanzen erscheinen durch das Wirken dieses und anderer böser Geister bis zur psychischen und psychosomatischen Notlage gesteigert.

Ohne expliziten Bezug zu dämonischen Einflussgrößen wird in TestJos II,7 die Versuchung (πειρασμός) zum Thema gemacht. Zwar ist hier lediglich davon die Rede, dass die betroffene Person geprüft (δόκιμος) werden soll. Weil aber davon auszugehen ist, dass bei einer solchen Erprobungssituation entschieden werden muss, ob der Versuchung nachgegeben werden soll oder nicht,[428] impliziert das mit πειρασμός Gemeinte einen inneren Konflikt, der nach Lösung drängt.

Bei Berücksichtigung des Vokabulars der Gesamtschrift ist diagnostizierbar, dass agonistische Metaphorik in den TestXII selten verwendet wird. Aber

---

426 Vgl. TestSim IV,8. Philo von Alexandrien verwendet die Lexemfamilie κλονέω κτλ. ebenfalls, um den aufgewühlten Zustand der Seele infolge schädlicher Affekte zu beschreiben, vgl. Philo, Mut. 72 (hier verbunden mit συγχέω, ‚verwirren'); Leg. II 90 (hier neben σάλος, ‚Schwanken').

427 Vgl. TestSim IV,9. Nach TestLev XIII,6 erntet der, der Böses sät, Aufruhr und Trübsal (ταραχή καὶ θλῖψις). Wahrscheinlich ist bei ταραχή hier ebenfalls an ein inneres Dissonanzerleben zu denken. Antike Parallelen zu den in TestSim IV verwendeten griechischen Ausdrücken und Wendungen, die den inneren Aufruhr im Menschen illustrieren, finden sich bei Hollander/de Jonge, Testaments, 118f.

428 In diese Richtung weist auf der Textebene die kontextuelle Verknüpfung der Versuchung mit dem Prüfen (δοκιμάζω) des διαβούλιον, also der moralischen Entscheidungsinstanz der Seele, im Falle der (vermeitlichen?) Absenz Gottes, vgl. TestJos II,6f.

weil der schädliche Einfluss der Geister Beliars vom Menschen abgewehrt werden muss, ist in wissenschaftlichen Abhandlungen und Beiträgen zu den Testamenten der zwölf Patriarchen häufig davon die Rede, dass die Aktivitäten Beliars und seiner Geister als Kampf im Inneren des Menschen erfahren werden.[429]

4.3. Innen-Außen-Dissonanzen in den TestXII

Die Testamente der zwölf Patriarchen berücksichtigen nicht nur das Dissonanzerleben im Inneren des Menschen, sondern reflektieren auch dissonantes Verhalten, d. h. Ausdrucksformen, die die interpersonale Ebene berühren, insofern das Innere nicht mit den öffentlich sichtbaren Handlungen übereinstimmt.

Zunächst kann die vor allem im Testament Dans thematisierte Lüge (ψεῦδος) als Dissonanzphänomen bestimmt werden, bei dem das Wissen im Inneren des Menschen nach außen hin verborgen wird.[430] Nach TestDan III,6 kommt der Geist der Lüge ‚von der Rechten Satans' (ἐκ δεξιῶν τοῦ σατανᾶ).[431] Indem der Lügengeist Augen und Verstand (διάνοια) einer Person verfinstert, ändert sich die Wahrnehmung und Sichtweise auf den jeweiligen Sachverhalt, so dass die Wahrheit gar nicht mehr erkannt werden kann.[432] Die Lüge ist als oppositioneller Begriff zur Wahrheit bestimmbar,[433] d. h. ein Lügner handelt nicht der Wahrheit entsprechend. Lügen führt dem Verfasser zufolge nicht nur zu Rohheit (ὠμότης) im Handeln, sondern letztlich ins Verderben.[434]

Eine Dissonanz zwischen der Innenseite und der Außenseite des Menschen steht vermutlich auch im Hintergrund des Selbsttäuschungsphänomens, das in TestNaph III,1 sehr knapp gestreift wird – ein Thema, das z. B. auch im Jakobusbrief wichtig ist.[435] Die Adressaten werden an dieser Stelle ermahnt, ihre eigenen Seelen nicht durch eitle Worte (ἐν λόγοις κενοῖς) zu betrügen

---

429 Vgl. u. a. Ulrichsen, Grundschrift, 276; Rosen-Zvi, Bilhah, passim; Twelftree, Exorcism, 176; de Bruin, Controversy, 114.

430 Ähnlich verhält es sich bei der selten thematisierten List (δόλος). In TestGad VI,3 ist sie als etwas erwähnt, das die Seele des Menschen festhalten kann. In TestBen VI,4 sind Lüge und List parallel.

431 Vgl. TestDan III,6. Hier wird geäußert, dass der Geist der Lüge und der Geist des Zornes (πνεῦμα τοῦ θυμοῦ) immer gemeinsam wandeln. Die Rede von der ‚Rechten' (d. h. der rechten Hand) drückt schon im Alten Testament eine besonders enge Relation aus (vgl. z. B. Ps 109,1^{LXX}) und kann auf einen Ursachenzusammenhang verweisen (vgl. z. B. Dtn 33,2).

432 Vgl. TestDan II,4.

433 Vgl. TestDan II,1; TestDan VI,8; TestGad V,1.

434 Vgl. TestDan II,1; III,6. In der jüdisch-hellenistischen Literatur ist ὠμότης des Öfteren mit der ‚Gesetzlosigkeit' verbunden (z. B. Philo, Her. 60; Mos. I,102; Josephus, bell. 7,262).

435 Vgl. Jak 1,22.26. Hollander/De Jonge, Testaments, 305, nennen als Parallelen zudem Philo, Sacr. 85 und Jos. 14. Dort geht es m. E. jedoch um erkenntnistheoretische Probleme

(ἀπατάω). Aus der Forderung, derartiges Verhalten zu vermeiden, lässt sich zunächst eine negative Wertung seitens der Verfasserschaft entnehmen. Dieses ‚psychologische' Phänomen wird zwar über das eben Genannte hinaus nicht näher beschrieben, aber es ist davon auszugehen, dass damit eine Handlungsweise gemeint ist, bei der das ideale Verhalten bekannt ist, jedoch nicht in entsprechender Konsequenz umgesetzt wird.[436] Insofern zudem auf eine Spannung zwischen dem Inneren (der Seele) und dem öffentlich gemachten Verhalten (die Worte) verwiesen wird, könnte der getadelte Selbstbetrug als Innen-Außen-Dissonanz klassifiziert werden.[437] Da bei der Selbsttäuschung allerdings Betrüger und Betrogener referenzidentisch sind, ist eine intrapersonale Spannung ebenfalls anzunehmen. Möglicherweise liegt hier eine Verschränkung von Innendissonanz und Innen-Außen-Dissonanz vor.

Im Gegensatz zu Lüge und Selbstbetrug werden in den Testamenten der zwölf Patriarchen ‚psychologische' Phänomene, die im Griechischen lexikalische Ausdrücke zur Bezeichnung einer Doppelheit oder einer Zweiheit enthalten, breiter reflektiert. Zuvorderst sind hier die Doppelzüngigkeit und die Doppelgesichtigkeit zu nennen. Sowohl der doppelgesichtige (διπρόσωπος) Mensch als auch der mit „zwei Zungen" (δύο γλῶσσαι) steht im Widerspruch zu einem geradlinigen und integren, einfachen Charakter, insofern die Innenseite der betroffenen Person nicht mit ihrem öffentlichen, nach außen offenbarten Verhalten korrespondiert.[438]

Mit den „zwei Zungen" werden im Testament Benjamins eine ganze Reihe tadelnswerter Verhaltensweisen erklärt: Die Duplizität dieses Sprachorgans kann sich u. a. im simultanen Gebrauch von Fluch und Segen, in der gleichzeitigen sprachlichen Demonstration von Hybris und Ehrbarkeit, von Heuchelei und Wahrhaftigkeit äußern (vgl. TestBen VI,5). Aber auch das gleichzeitige Empfinden der Affekte Freude und Trauer wird durch die Zunge zu einem disparaten, äußerlich beobachtbaren Verhalten. Zwei weitere Beispiele, die explizit auf die doppelte Zunge bezogen sind, scheinen aus der Reihe zu fallen: Der Bereich Armut – Reichtum und die Gegenüberstellung von Ruhe (ἡσυχία) und Unruhe (ταραχή).[439] Stehen diese zwei Gegensatzpaare in direktem Zu-

der täuschungsanfälligen psychischen Funktionen des Menschen und weniger um das Phänomen, dass man sich selbst betrügt, indem man sich etwas vormacht.

436 Zum Topos der Selbsttäuschung im Jakobusbrief und zu modernen Auffassungen dieses Phänomens siehe Kapitel VII.6.2 in dieser Arbeit.

437 Allerdings ist im Gegensatz zu allen anderen hier dargestellten Außen-Innen-Dissonanzen weniger deutlich, inwiefern die Selbsttäuschung die interpersonale Sphäre berührt.

438 Zur Einfachheit in den TestXII siehe Kap. V.4.5 in dieser Arbeit.

439 Hollander/de Jonge, Testaments, 429, erkennen lediglich in den ersten zwei Gegensatzpaaren eine direkte Relation zur Zunge bzw. Sprache: „Though all six pairs of words that follow are grammatically dependent on δύο γλώσσας, only the first two of them seem to be connected with the speaking of the good man, while the other pairs point to his qualities in general." Becker, Testamente, 134, sieht v. a. den Gegensatz Armut-Reichtum in Kontrast

sammenhang mit der Zunge als essentiellem Sprachorgan? Weil eine Assoziation nicht nahezuliegen scheint, könnte man einerseits annehmen, dass der Verfasser (oder ein späterer Redaktor?) hier auf Dimensionen des Menschseins rekurriert, die weniger mit seiner Rede im Besonderen in Zusammenhang stehen, sondern eher mit der grundsätzlichen Disposition des Menschens, d. h. als Symptome aufzufassen sind, die mit der Doppelzüngigkeit einhergehen. Hier wäre dann möglicherweise angesprochen, dass der Zweizüngler über seine Sprachhandlungen hinaus sowohl das göttliche Bedürfniskeitsideal (wie es auch Teil der für die TestXII wichtigen Tugend der ‚Einfachheit' ist) wie auch das irdische Streben nach Reichtum als erstrebenswerte Normen anerkennt, ohne sich auf eine Seite festzulegen. Angesprochen könnte auch sein, dass das Innere des Menschen mit zwei Zungen sowohl den Zustand der Ruhe als auch den der Unruhe aufweisen kann, was auf ein zumindest partielles Zulassen der Einflussnahme seitens der Unruhestifter, also der Geister Beliars, hinweisen könnte. Andererseits könnte man diese polaren Begriffe mit dem Sprachvermögen harmonisieren, indem man den doppelzüngigen Menschen als einen versteht, der mit seinen Sprachhandlungen demonstriert, dass er in seiner Rede Arme und Reiche unterschiedlich behandelt, bzw. der sich im Falle einer ruhigen Innendisposition anders äußert als im Falle eines aufgewühlten Inneren. Wie auch immer die erkennbaren Spannungen im Text zu deuten sein mögen – klar ist, dass die Passage auf den Tadel eines kontradiktorischen Verhaltens abzielt, das Inkohärenzen bewusst in Kauf nimmt und die betroffene Person daher nicht als integer gelten kann. Der doppelzüngige Mensch ist kein „guter Mann" (vgl. TestBen VI,1.5), weil er die menschlichen Schöpfungsanlagen nicht ausschließlich im Sinne Gottes gebraucht. Er verfolgt eine Doppelmoral, die mit einem Auseinanderklaffen der wahren Gesinnung und des öffentlich gezeigten Verhaltens verbunden ist, wie in der Gegenüberstellung von Heuchelei (ὑπόκρισις) und Wahrhaftigkeit (ἀλήθεια) besonders evident wird. Aber auch alle anderen in TestBen VI,5f angesprochenen Bereiche implizieren eine Innen-Außen-Dissonanz des Zweizünglers: Indem er sich aus Verfassersicht mal positiv, mal negativ verhält, zeigt er, dass er zwar die gottgefällige Option kennt, sie aber nicht immer nach außen hin offenbart, sondern ihr – dem Willen Beliars entsprechend – sogar zuwider handelt.

Doppelzüngigkeit steht in einem engen Zusammenhang mit dem ‚doppelten Gehör' (ἀκοή διπλῆ) und dem ‚doppelten Gesichtssinn' (ὅρασις διπλῆ): Keine dieser Verhaltensweisen entspricht dem guten Menschen, der guten Gesinnung oder der Tugend der Einfachheit.[440] Während in Bezug auf das doppelte Gehör auch außerhalb des Testaments Benjamins keine weiteren Erläuterungen zu finden sind, wird doppelgesichtiges (διπρόσωπος) Verhalten in der

zu den übrigen Oppositionen („paßt nicht gut in die Reihung") und hält diesen daher als sekundären Zusatz für möglich.

440 Vgl. TestBen VI,1.5ff.

Gesamtschrift mehrfach thematisiert.[441] Aus dem Kontext von TestBen VI,6 lässt sich ableiten, dass ein Mensch mit „Doppelgesicht" (ὅρασιν διπλῆν) für den Verfasser an der Ausrichtung des Blickes nach Reichtum und Luxus erkennbar ist. Die Ursache dieses Strebens nach vergänglichen Dingen ist dem Text zufolge affektiver Natur:[442] Lust (ἡδονή) und Vergnügungssucht (φιληδονία) führen unweigerlich zu lasterhaftem Verhalten.[443] Auch im Testament Assers, wo die „Zwiegesichtigkeit" als „Leitwort des ganzen Lehrvortrages" aufgefasst werden kann,[444] sind doppelgesichtige Menschen (οἱ διπρόσωποι) mit affektgeleiteten Bestrebungen assoziiert: Sie dienen nicht Gott alleine, sondern den eigenen Begierden (ἐπιθυμίαι).[445] Die hier anklingende Idee einer Gleichzeitigkeit von gutem und schlechten Verhalten wird darüber hinaus mit konkreten Beispielen inhaltlich gefüllt. In TestAss II,5 wird beispielsweise derjenige doppelgesichtig genannt, der stiehlt, raubt, übervorteilt, Unrecht tut aber gleichzeitig mit den Armen Erbarmen hat, in TestAss II,8 derjenige, der Ehebruch und Hurerei treibt, gleichzeitig aber die Speisegebote einhält. C. Edlund definiert diesen Menschentypus als jemanden, der „versucht, zwei Rollen zu spielen."[446] Diese Charakterisierung passt gut zu der wörtlichen Bedeutung von διπρόσωπος, dem ‚Doppelgesichtigen'. Selbst wenn ein solcher Mensch gute Verhaltensaspekte an den Tag legt, macht der Verfasser doch deutlich, dass das Wesen des so Handelnden im Ganzen als böse gilt.[447] Gute Einzeltaten reichen nicht aus, um bei gleichzeitig praktizierten schlechten Verhaltensweisen den ethischen Anforderungen der Verfasserschaft gerecht zu werden. Edlund sieht in Mt 6,23 eine zu den Aussagen über die Doppelgesichtigkeit parallele Gedankenführung und versteht sie als ein „Vorstadium zu den radikalen Forderungen der Bergpredigt."[448] Dem ist m. E. zuzustimmen, denn auch in den Antithesen wird zum Ausdruck gebracht, dass bereits das Aufflackern eines destruktiven Affekts oder die geringste unangemessene Handlung dazu

---

441 In späterer Zeit gebraucht Lukian (2. Jh. n. Chr.) διπρόσωπος in Bezug auf ein Orakel und stellt es parallel zu dem Adjektiv ἀμφήκης (‚ambig', ‚zweideutig'), vgl. Lukian, Iupp. trag. 43. Der griechischsprachige römische Geschichtsschreiber Herodian (2./3. Jh. n. Chr.) beschreibt mit διπρόσωπος in seinem Geschichtswerk τῆς μετὰ Μάρκον βασιλείας ἱστορία die Statuen des Gottes Janus, vgl. Herodian, I,16,2.

442 Vgl. das Modaladverb ἐμπαθῶς zur Näherbestimmung des Verbs „sehen" in Test Ben VI,2.

443 TestBen VI,2f.

444 von Nordheim, Lehre der Alten I, 61,

445 TestAss III,2. Vgl. dazu auch von Nordheim, Lehre der Alten I, 61: „Wer der Güte und der Bosheit zugleich anhangen will, der dient in Wirklichkeit nicht Gott sondern nur seinen eigenen Begierden, um so Beliar zu gefallen und zu verfallen."

446 Edlund, Auge, 63.

447 Vgl. TestAss II,5b: „Doppelgesichtig ist auch dies, aber das Ganze ist böse." (διπρόσωπον μὲν καὶ τοῦτο, ὅλον δὲ πονηρόν ἐστιν.)

448 Edlund, Auge, 63.

führt, dass die geforderte Vollkommenheit des Menschen bzw. ganzheitliche Ausrichtung auf Gott nicht erfüllt werden kann. Deswegen ist der Verfasserschaft der ,Testamente' zufolge solche Widersprüchlichkeit und Doppelmoral aufs Schärfste abzulehnen.[449] Um gegen diese Doppelheit zu argumentieren, weist die Schrift auf die zu erwartenden Konsequenzen eines solchen Verhaltens hin: Die Zweigesichtigen würden auf doppelte Weise (διssῶς) bestraft werden.[450]

Die doppelte Zunge, das doppeltes Gehör und das doppeltes Gesicht sind auf das Wirken Beliars zurückzuführen, denn „jedes Werk Beliars ist doppelt (διπλοῦς) und hat keine Einfalt (ἁπλότης)."[451] Diese dämonisch konnotierte Doppelheit ist daher auch kein natürliches, anthropologisches Phänomen, sondern als bewusst zweigleisiges Verhalten aufzufassen. Der Mensch unter der Führung dämonischer Mächte zeigt ein Doppelspiel, das mit den Vermögen des Sehens, Hörens und Sprechens verbunden ist.[452] War schon mittels der Ankündigung zukünftiger Strafen für deratiges Verhalten angedeutet worden, dass diese Innen-Außen-Dissonanzen in den ,Testamenten der zwölf Patriarchen' negativ konnotiert sind, wird die Negativwertung durch die Zuordnung dieser zwielichtigen Verhaltensweisen zur Doppelheit als ausschlagendem Kriterium des Charakters Beliars unmissverständlich transparent. Darum muss jegliche Form von Innen-Außen-Dissonanzen korrigiert werden.

4.4. Empfehlungen in den TestXII zum Umgang mit Dissonanzerfahrungen und inneren Konflikten

Die Ursache jeglichen bösen Verhaltens kann dem Verfasser nach auf den Einfluss böser Geister zurückgeführt werden.[453] Daher ist neben dem rechten Umgang mit diesen Geistern insbesondere die Prävention gegen deren Einflussnahme von großer Bedeutung. Als vorbeugenden Schutzmechanismus erwähnt der Verfasser daher v. a. die Furcht Gottes, die der Mensch vor jeder einzelnen Entscheidung vor Augen haben sollte.[454] Neben der Gottesfurcht, die vor Angriffen seitens der Geister Beliars bewahrt,[455] stärkt auch die Hal-

---

449 Dass Doppelgesichtigkeit für den Verfasser der Testamente nicht ausschließlich negativ zu beurteilen ist, zeigt TestAss IV. Siehe dazu DE BRUIN, Controversy, 102f.

450 Vgl. TestAss VI,2. Diese Vorstellung begegnet ähnlich auch im ,Hirten des Hermas', vgl. Herm. sim IX,18,2 (vgl. auch 2Clem 10,5).

451 Vgl. TestBen VI,7.

452 Vgl. TestBen VI,5f.

453 Vgl. TestDan V,5, vgl. auch TestNaph VIII,6.

454 Vgl. TestJos XI,1.

455 Vgl. TestBen III,4; vgl. auch TestJos II,4 und TestGad V,4.

tung der Nächstenliebe die Widerstandskraft der Person gegen Impulse zum Sündigen.[456]

Weitaus häufiger als Empfehlungen zur Vorbeugung begegnen in den Testamenten der zwölf Patriarchen jedoch Ratschläge zur Bewältigung von dissonantem Erleben und Verhalten, das von den teuflischen Geistern verursacht erscheint. Dass dem Verfasser nach der Mensch dazu fähig ist, der bösen Geister Herr zu werden und Dissonanzen zum Guten aufzulösen, wird durch die paränetischen Aufforderungen zu einer Ethik evident, die durch Gottesliebe und Nächstenliebe fundiert ist. Während für die Bewältigung der Unwahrhaftigkeit als Phänomen des Auseinanderklaffens zwischen ‚Innen' und ‚Außen' des Menschen das „Wegwerfen" (ἀπορρίπτω) jeglicher Lüge empfohlen wird,[457] das im Ablassen von Ungerechtigkeit und dem Festhalten an der Gerechtigkeit Gottes seine Konkretion erfährt,[458] schlägt die Verfasserschaft der Testamente keine spezifischen Bewältigungshandlungen für die problematisierte Selbsttäuschung vor. In Bezug auf die Innen-Außen-Dissonanzphänomene, die einzelne Sinneswerkzeuge betreffen, besteht das Bewältigungsverfahren darin, von jeglicher Doppelheit Beliars Abstand zu nehmen und stattdessen der Einfachheit Gottes zu entsprechen. Durch Gehorsam allein dem Willen Gottes gegenüber, durch das Befolgen der Wahrhaftigkeit als Lebensgrundsatz und durch Imitation der göttlichen Güte kann doppelgesichtiges in ‚einfachgesichtiges' (μονοπροσώπως) Verhalten transformiert werden, kann der Einzelne einen einheitlich guten Charakter formen.[459]

Um eine solche durch und durch gute Disposition erreichen zu können, genügt es dem Verfasser der ‚Testamente' nicht, vereinzelt gute Taten zu praktizieren. Vielmehr muss der Mensch seine Seele vollständig zum Guten wenden und vom Bösen respektive den bösen Geistern befreien, denn andernfalls reicht bereits die geringste Zurückweisung des Guten aus, um die Seele zu korrumpieren und selbst den Ansatz einer guten Handlung in Bosheit zu verkehren.[460] Die Überwindung der Einflussnahme Beliars und seiner Geister ist indes nicht nur zur Herstellung und Aufrechterhaltung einer Kongruenz zwischen der inneren Gesinnung und dem nach außen gezeigten Verhalten von hoher Relevanz, sondern auch für die Herstellung und Aufrechterhaltung einer Konsonanz im Inneren der Person. Das Problem eines dissonanten Inneren besteht nach TestDan IV,7 nämlich darin, dass eine kontinuierliche (συνεχῶς) Verwirrung (ταράσσω) der Seele zur Absenz Gottes und zur Beherrschung des Menschen durch Beliar führt. Eine unruhige Innenwelt hat nach TestAss VI,5 zudem eschatologische Konsequenzen, d. h. für das Leben

456 Vgl. TestBen III,4.
457 Vgl. TestDan VI,8.
458 Vgl. TestDan VI,10.
459 Vgl. TestAss IV,1; VI,1.
460 Vgl. TestAss I,7–9.

nach dem Tod: Wenn die Seele im Zustand der Aufwühlung ‚fortgeht', dann wird sie selbst hernach vom bösen Geist gequält.[461] Ist die Seele jedoch beim Ableben des Einzelnen mit Freude ruhig (ἡσύχως ἐν χαρᾷ), lernt sie den Friedensengel (ἄγγελος τῆς εἰρήνης) kennen und kann ewiges Leben erwarten.[462] Zur Bewältigung der bösen Geister motiviert die Schrift wiederholt mithilfe der Darlegung der zu erwartenden positiven Folgen bei einer gottgefälligen Lebensführung, und der negativen Folgen im Falle des Sündigens.[463] Schon an dem Aufweis der eschatologischen Konsequenzen zeigt sich, dass der Mensch der heterodynamischen Fremdbestimmung seitens Beliar und seiner Geister nicht hilflos ausgeliefert ist. Vielmehr ergibt eine derartige extrinsische Unterweisung nur Sinn, wenn dem Einzelnen die Freiheit zugesprochen wird, sich von den bösen Kräften fernzuhalten und seine Seele dadurch in einem unerschütterlichen Zustand zu erhalten.

Um Unverwirrbarkeit und inneren Frieden zu erreichen, empfiehlt der Verfasser je nach Kontext und Argumentationstopos unterschiedliche Bewältigungsstrategien. Iterativ wird z. B. die in biblischer Tradition stehende Mahnung gebraucht, sich Gott und seinen Mittlerwesen anzunähern (ἐγγίζω) und sich vor Beliar und seinen dissonanzverursachenden Geistern zu hüten.[464] Häufig werden die Adressaten zu Reue bzw. Umkehr (μετάνοια/ἐπιστρέφω)

---

461 Vgl. TestAss VI,5: „ἐὰν γὰρ τεταραγμένη ἡ ψυχὴ ἀπέρχεται, βασανίζεται ὑπὸ τοῦ πονηροῦ πνεύματος (...)."

462 Vgl. TestAss VI,6. Zu den unterschiedlichen Lesarten dieses Verses siehe Becker, Testamente,116 und Hollander/de Jonge, Testaments, 355. Während Becker, Testamente, 116 (dem ich hier folge) die Verbform ἐγνώρισε als gnomischen Aorist auffasst, scheinen Hollander/de Jonge, Testaments, 355, von einem ingressiven Aorist auszugehen, denn sie übersetzen: „he (the man) has recognized the angel of peace".

463 Nach TestAss VI,5f ist für die eschatologischen Konsequenzen der Zustand der Seele beim Lebensende ausschlaggebend. Als positive Konsequenzen werden in den TestXII beispielsweise die Gnade Gottes, ewiges Leben, Freude, und Stärke für die Zukunft verheißen, vgl. TestSim V,2; TestLev XVIII,10f.14; TestJud XXV,4f. Drastisch wirken die zur Abschreckung genannten Negativfolgen widergöttlichen Verhaltens, wie z. B. Gefangenschaft, Zerstörung, Hass seitens aller Völker, Schmähung und ewige Schande seitens Gott, Mord, Diebstahl, Landesverwüstung, Hungersnot und Pest, vgl. TestLev XIII,7; TestLev XV; TestJud XXIII, 3f. Wichtig scheint dem Verfasser der ‚Testamente' der Zuspruch gewesen zu sein, dass die Menschen, wenn sie das göttliche Gesetz praktizieren und sich von destruktiven Geistern bzw. Affekten nicht anhaben lassen, über die bösen Geister herrschen werden (βασιλεύω) und die Irrtumsgeister durch ‚Zertreten' (καταπάτησις) vernichtet werden (vgl. TestSim VI,6; TestLev XVIII, 12. Vgl. auch TestLev III,3: Beliar und den Geistern des Irrtums droht beim künftigen Gericht Vergeltung; TestJud XXV,3: Beliars Irrtumsgeist wird für die Ewigkeit ins Feuer geworfen).

464 Vgl. TestDan VI,1f. TestJos II,5 bestimmt die Annäherung an Gott positiv, denn Gott fürchte sich (δειλιάω) im Gegensatz zum Menschen nicht und kenne keine Schwäche (ἀσθενέω).

und richtiger Wahl (προαίρεσις/αἱρέω) motiviert.[465] Ist die Reue wahrhaftig und im Sinne Gottes, vermag sie sogar die Unwissenheit (ἄγνοια) zu töten und die Finsternis zu vertreiben.[466] Das Umkehren von ganzem Herzen (ἐν τελείᾳ καρδίᾳ) und der Erweis von Reue (μεταμέλομαι) können dabei als Lebensführung gemäß des Willens Gottes verstanden werden.[467] Da die göttlichen Gebote dem Text der ‚Testamente' zufolge das Gute bzw. die göttliche Wahrheit und Gerechtigkeit enthalten, eignen sie sich als Schutz vor jeglichem Irrtum und als Ermöglichungsgrund innerer Ruhe.[468] Nicht nur das Gute, das Wahrhaftige und das Gerechte sind Gott zugeordnet, sondern auch die ‚Einfachheit' (ἁπλότης), die ebenfalls als besonders wirksames Gegenmittel gegen die von den dämonischen Geistern bewirkten destruktiven Affekte und inneren Unruhezustände zu stehen kommt.[469] Neben dem Lexem ἁπλότης macht der Verfasser der TestXII von weiteren Ausdrücken Gebrauch, die nicht zuletzt in der hellenistischen Moralphilosophie eingefordert werden können. Dazu gehören v. a. die Besonnenheit (σωφροσύνη) und die Ausdauer (ὑπομονή) – Tugenden und Haltungen, die schon bei Plato und Aristoteles eine wichtige Rolle für den Umgang mit intrapsychischen Konflikten einnehmen.[470] Nach TestJos II,7 stellt die Ausdauer ein starkes Heilmitel (μέγα φάρμακόν) gegen die Versuchung (πειρασμός) dar.[471] Auch die Besonnenheit (σωφροσύνη) wird im Testament Josephs als Tugend gepriesen, mittels derer der Mensch Verlockungen widerstehen kann und vom Straucheln (ὑποσκελίζω) bewahrt bleibt.[472] Weil mittels Besonnenheit und Ausdauer auch in den TestXII Versuchungen gemeistert und destruktive Affekte zurückgedrängt und beherrscht werden

---

465 Vgl. TestAss I,6; TestDan V,9. TestLev XIX,1 fordert zum Wählen (αἱρέω) zwischen Finsternis und Licht, zwischen dem Gesetz des Herrn und den Werken Beliars auf. Nach TestJos XVII,3 kommt die Entscheidung (προαίρεσις) im Herzen zustande und ist am Grundsatz der Liebe auszurichten.

466 Vgl. TestGad V,7.

467 Vgl. TestJud XXIII,5.

468 Vgl. TestAss VI,3; TestJos I,3. Dass TestDan V,2 in erster Linie der innere Frieden gemeint ist, ergibt sich aus der Gegenüberstellung von εἰρήνη mit der Lust und der Verwirrung als Innenerfahrungen des Menschen.

469 Vgl. TestIss IV,2–6; VI,1.4; TestSim IV,5.

470 Zur Bedeutung der Tugenden für die Dissonanzbewältigung bei Plato und Aristoteles siehe bes. S. 97f; 116f; 129f dieser Arbeit. Der für die vorchristliche pagane Ethik ebenfalls wichtige Begriff der Beherrschtheit (ἐγκράτεια) wird in TestIss II,1 und TestNaph VIII,8 gebraucht. Außer dass er jeweils sexuell konnotiert ist, lassen sich die Belegstellen und jeweiligen Kontexte jedoch nicht ertragreich hinsichtlich des Themas der Bewältigung innerer Konflikte bzw. Dissonanzen auswerten. Obwohl der Ausdruck ἐγκράτεια im Testament Issachars nur ein Mal explizit Erwähnung findet, stellt die damit gemeinte sexuelle Enthaltsamkeit jedoch nach de Jonge, Central Problems, 396, ein „important element" in dieser Abschiedsrede dar.

471 Vgl. auch TestJos X,1f.

472 Vgl. TestJos IV,1; VI,7; IX,2f; X,2.

können, lassen sich diese Haltungen als Affektbewältigungstechniken bezeichnen.

Die Verfasserschaft der ‚Testamente der zwölf Patriarchen' verwendet insofern aussagekräftige Lexeme und Wendungen biblischer als auch griechisch-philosophischer Prägung, um die Adressaten zur Stabilisierung ihres uneinheitlichen Erlebens und Verhaltens zu ermahnen. Da Beliars feindliche Einwirkung auf den Menschen nicht als physische Attacken auf das Äußere des Menschen beschrieben werden, sondern als im Inneren wahrnehmbare Dissonanzen und als Inkongruenzen zwischen der inneren Gesinnung und dem äußerlich bebachtbaren Verhalten, wundert es nicht, dass die empfohlenen Abwehrtechniken gegen dämonische Einflussversuche ebenfalls ‚psychologischer' Art sind. Verweise auf die göttlichen Gebote, auf die Gottesfurcht oder auf die Umkehr von ganzem Herzen können zudem als Tendenzen zur theologischen Affekt- und Dissonanzbewältigung gewertet werden.

4.5. Die ‚Einfachheit' (ἁπλότης) als Einheitsideal des Menschen in TestXII

Den diversen Ausdrücken für Innen-Außen-Dissonanzen und der von Affekten ausgelösten inneren Unruhe wird wiederholt das Ideal der menschlichen ‚Einheit' oder ‚Einfachheit', die Haplotes (ἁπλότης), gegenübergestellt.[473] Wie in anderen Werken der hellenistisch-römischen Zeit rezipieren die Testamente der zwölf Patriarchen mittels der Wortfamilie ἁπλοῦς κτλ. zwar ebenfalls das hellenistische Ideal vom einfachen Leben, das sich in der Bedürfnislosigkeit der Lebensweise bewährt.[474] Aber der Fokus liegt beim Gebrauch dieses Lexemverbandes jeweils auf einer konsequenten, moralisch einwandfreien Rechtschaffenheit, was jegliche Form von Heuchelei und Duplizität disqualifiziert.[475] Treffend hat bereits W. Bousset formuliert, was in diesem Begriff zum Ausdruck kommen soll, nämlich dass „das Gute eine Einheit ist und nur

473 Amstutz, ΑΠΛΟΤΗΣ, 65, versteht die ἁπλότης als „Inbegriff [der] geistlichen Lehre" der TestXII. Das Substantiv ἁπλότης kommt insgesamt 15 Mal vor (TestRub IV,1; TestSim IV,5; TestLev XIII,1; TestIss III,2.4.6–8; IV,1.6; V,1.8; VI,1; VII,7; TestBen VI,7), das Adjektiv einmal (TestIss IV,2). In der LXX steht die Wortgruppe zumeist, um Derivate der hebräischen Wurzel תמם (*tmm*) wiederzugeben. Amstutz, ΑΠΛΟΤΗΣ, 92f geht davon aus, dass sich ἁπλότης bei griechisch-sprachigen Juden parallel zum *Tāmmîm*-Ideal in Qumran entwickelt habe. Kee, Dimensions, 264 Anm. 1, zufolge ist diese These nicht überzeugend, da die beiden Bestimmungen des Menschen nach den Qumranschriften (Konformität mit dem Gesetz und der Gemeinschaft) in den TestXII fehlen.

474 Vgl. TestIss III,2; IV,3. Der geforderte bescheidene Lebenswandel umfasst nach TestIss IV, 2.5. den Verzicht auf luxuriöse Kleidung, ausgefallene Lebensmittel, Reichtum und Geld.

475 Vgl. de Bruin, Controversy, 103; de Jonge, Two Ways, 190.

in einer Richtung lieg[t].“[476] Daher ist eine Lebensführung gemäß dem doppelten Liebesgebot für das Erreichen des Haplotes-Ideals ausschlaggebend.[477] Dem entspricht, dass die lebensfundierende Haltung der Einfachheit in den ‚Testamenten der zwölf Patriarchen‘ des Öfteren dem positiv konnotierten Lebensweg und damit Gott zugeordnet wird.[478]

Dass die Haplotes – „ein Grundbegriff der jüdischen Ethik“[479] – in den Testamenten der Zwölf Patriarchen eine bedeutende Rolle spielt, zeigt nicht zuletzt die Abschiedsrede Issachars, die den Untertitel „περὶ ἁπλότητος“ (Über die Einfachheit) trägt.[480] In diesem Testament ist der Patriarch als Repräsentant dieses Frömmigkeitsideals dargestellt.[481] Aber auch in vielen anderen Abschiedsreden wird die ‚Einfachheit‘ des Herzens bzw. der Seele von den Adressaten gefordert. Weil sie etwas ist, das der Mensch erlangen soll,[482] lässt sich die Haplotes als eine Tugend verstehen. Die Herzenseinfalt kann in paränetischen Passagen mit der Aufforderung zur Gottesfurcht verbunden sein,[483] ist also theologisch motiviert. Die Mahnung zu einer Lebensführung gemäß dem Haplotes-Ideal wird dabei in TestLev XIII,1 durch eine weitere Wendung verstärkt, die ebenfalls eine Einheit des Menschen impliziert: Gott sei ‚von ganzem Herzen‘ (ἐξ ὅλης καρδίας) zu fürchten.[484] Kontextuell ist hier mit der Gottesfurcht und der Einfachheit die Tugend der Gerechtigkeit verknüpft. Was dieser

476 Bousset, Religion, 418.

477 Ähnlich auch Ulrichsen, Grundschrift, 279; de Bruin, Controversy, 58. Vgl. auch de Jonge, Commandments, 383.

478 Vgl. TestRub IV,1; TestLev XIII,1; TestJos III,2–8; VI,1. Vgl. auch TestIss VII,5: Wahrhaftigkeit (ἀλήθεια) und Frömmigkeit (εὐσέβεια) bestimmen jeden einzelnen Tag des Lebens eines einfachen Menschen. Vögtle, Tugend- und Lasterkataloge, 105, geht davon aus, dass ἁπλότης in den TestXII zugleich Wahrhaftigkeit (ἀλήθεια) bedeutet.

479 Bousset, 419.

480 Hiltbrunner, Latina Graeca, 88, sieht den Grund für die Hervorhebung der ἁπλότης in den TestXII darin, dass ein Gegengewicht zu der kasuistischen Moral vieler Schriftgelehrter, die in den letzten vorchristlichen Jahrhunderten vorherrschte, entwickelt werden sollte.

481 Mit der Skizzierung Issachars als eines Landmannes, der Gott ‚in Einfalt des Herzens‘ dient und den Bedürftigen hilft, knüpft der Verfasser an den altisraelitischen Gegensatz von Ackerbauer, der für die wahre Frömmigkeit steht, und allen anderen Erwerbstreibenden, die für Betrug stehen, an, vgl. Gen 4,1–16. Siehe dazu auch Edlund, Auge, 71ff; de Jonge, Commandments, 383f.

482 Vgl. den Gebrauch von κτάομαι (‚erwerben‘, ‚gewinnen‘, ‚erlangen‘) in TestIss V,1.

483 Vgl. TestRub IV,1; TestLev XIII,1. Haplotes begegnet nicht nur, aber zumeist in paräenetischen Textteilen. In TestIss VI,1 steht das Lexem in einer Zukunftsweissagung. Hier ist davon die Rede, dass die Söhne der von Issachar adressierten Männer in den letzten Zeiten diese Tugend verwerfen, zugleich die Gesetze Gottes aufgeben, und stattdessen Beliar anhängen werden.

484 Die alttestamentlich durchaus gebräuchliche Wendung ‚von ganzem Herzen‘ (vgl. Dtn 4,29; 6,5; 2Chr 15,12; Jer 24,7 u.ö.; siehe dazu u. a. S. 188f dieser Arbeit) begegnet innerhalb der Gesamtschrift der ‚Testamente‘ nur an dieser Stelle sowie in TestJud XXIII,5 (hier allerdings durch ἐν τελείᾳ καρδίᾳ zum Ausdruck gebracht, was wiederum zeigt, dass die mit

Ausdruck in den Testamenten der zwölf Patriarchen bedeutet, kann nicht nur durch die eben genannten Verknüpfungen mit weiteren Tugenden deduziert werden, sondern lässt sich auch durch die dazu synonym gebrauchten Phrasen näher bestimmen. Gleichbedeutend zur Einfachheit erscheinen Wendungen wie die der ‚Aufrichtigkeit des Herzens' (εὐθύτης καρδίας),[485] der ‚Aufrichtigkeit des Lebens' (εὐθύτης ζωῆς)[486] oder der ‚Arglosigkeit' (ἀκακία).[487] Schon im griechischen Alten Testament meint εὐθύτης den Gesetzesgehorsam bzw. den wahren Dienst an Gott, der Götzendienst ausschließt.[488] Die geforderte Tugend lässt sich durch den Wandel gemäß des ganzen Gesetzes Gottes erreichen, d. h. durch die Verhaltensausrichtung am offenbarten Willen Gottes,[489] der durch Schriftbeschäftigung internalisierbar ist.[490] Deshalb kann sie sich affektiv äußern, indem der Mensch Mitleid gegenüber den Mitmenschen empfindet.[491] Destruktive Affekte wie der der Eifersucht (ζῆλος) sind dem einfachen Menschen hingegen fremd.[492] Die ‚Einfachheit' prägt das menschliche Verhalten, wenn die betroffene Person Gottes- und Nächstenliebe übt, Fürsorge gegenüber Armen und Unterdrückten zeigt,[493] und wenn sie von Verleumdung, Bösartigkeit und Übervorteilung des Nächsten Abstand nimmt.[494] Der einfache Mensch mischt sich weder in göttliche Angelegenheiten, noch in die seiner Mitmenschen ein.[495] Weder lässt er zu, dass Trug (δόλος) in seinem Herzen aufkommt, noch dass eine Lüge (ψεῦδος) über seine Lippen kommt.[496] Und dass die Haplotes auch eine kognitive Dimension umschließt, lässt sich aus TestIss IV,1 ableiten, wo davon die Rede ist, dass Einfachheit die Erkenntnis dessen ermöglicht, was Gott wohlgefällt und was nicht.[497] Auch in Benjamins Abschiedsrede kommt die kognitive Dimension zum Vorschein: Einfachheit (ἁπλότης) geht mit einem guten διαβούλιον und einem guten Ver-

---

ὅλος gemeinte Ganzheit und das mit τέλειος implizierte Vollkommenheitsideal äquivalent verstanden werden können).

485 Vgl. TestIss III,1 (hier handelt es sich nicht um eine paränetische, sondern um eine biographische Passage, bei der Issachar auf seine Vergangenheit zurückblickt).

486 Vgl. TestIss IV,6.

487 Vgl. TestIss V,1; VI,1.

488 Vgl. Jos 24,14^{LXX}; 1Kön 3,6ff^{LXX}; 9,4ff^{LXX}; Ps 118,7^{LXX} u.ö. Ps 25,11f^{LXX} stehen εὐθύτης und ἀκακία parallel.

489 Vgl. TestLev XIII,1.

490 Vgl. die Zusammenstellung von ‚Einfachheit' und dem Studium der biblischen Schriften in TextRub IV,1; TestLev XIII,1 f.

491 Vgl. TestIss V,2.

492 Vgl. TestIss IV,5.

493 Vgl. TestIss III,8.

494 Vgl. TestIss III,3 f; vgl. auch TestIss IV,5.

495 Vgl. TestIss V,1.

496 Vgl. TestIss VII,4.

497 Vgl. das Verb εἶδον zur Markierung der kognitiven Komponente der Einfachheit.

stand (ἡ ἀγαθὴ διάνοια) einher.[498] Weil sowohl affektive, als auch kognitive und verhaltensrelevante Aspekte mit der Haplotes konnotiert sind, kann sie in heutiger Terminologie als Einstellung bzw. Haltung definiert werden.[499] Aus Sicht der modernen Psychologie haben Einstellungen Orientierungsfunktion: Sie erleichtern die Reduzierung, Einordnung und Strukturierung von Umwelteinflüssen, so dass künftige Informationsverarbeitungsprozesse vereinfacht werden.[500] In den Testamenten der zwölf Patriarchen kommt diese Orientierungsfunktion in der Rede von dem durch die Haplotes ermöglichten Wissen über moralische Angemessenheit von Handlungen zum Ausdruck.[501] Weil diese Tugend fest mit der eindeutigen Orientierung an Gottes Wille verbunden ist, lässt sie sich als theonomer Moralbegriff auffassen.[502]

Neben der Herzenseinfalt und der Seeleneinfalt kann die Haplotes in den TestXII auch ein ganz bestimmtes Vermögen betreffen und durch diesen Bezug auf einen Einzelaspekt des Menschseins situativ konkretisiert werden: In TestIss III,4 ist von der ‚Einfachheit der Augen' (ἁπλότης ὀφθαλμῶν) als Sinnbild moralischer Integrität die Rede,[503] was Kohärenz zwischen Wahrnehmung und Kognition impliziert.[504] Ein guter Mensch sieht alles mit Einfachheit[505] und hat entsprechend auch kein finsteres Auge (σκοτεινός ὀφθαλμός),[506] d. h. ihm ist der Neid fremd. Um sicherzustellen, dass er die Gebote des Herrn nicht verdreht sieht, schützt der einfache Mensch seine Augen vor den Täuschungen der Welt.[507] An derartigen Aussagen zeigt sich, dass das Sehen in den ‚Testamenten' häufig für die Fähigkeit des Menschen steht, moralische Entscheidungen korrekt treffen zu können.[508]

Die Aufforderung zur ‚Einfachkeit' kann in den TestXII didaktisch ergänzt werden, indem sie durch die zu erwartende Konsequenz dieses Lebensvollzugs begründet wird: In Aussicht gestellt werden nicht-materielle Belohnungen,

---

498 Vgl. TestBen VI.

499 Vgl. Hänze, Emotion, 56.

500 Vgl. Hänze, Emotion, 57.

501 Vgl. TestIs IV,1.

502 Vgl. dazu auch Edlund, Auge, 66.

503 Allerdings nur in einigen Handschriften, die von R.H. Charles und J. Becker zu den weniger zuverlässigen Zeugen eingeordet werden, vgl. dazu Becker, Testamente, 18–21.

504 Ähnlich Kloppenborg, James 1:2–15, 43.

505 Vgl. TestIss IV,6.

506 Vgl. TestBen IV,2f: Diese Eigenschaft ist kontextuell mit dem Bösen verbunden; als Gegensatz begegnet neben dem Guten das Erbarmen (ἐλεάω). Im Kontext von TestIss III,4 ist der ἁπλότης u. a. πονηρός gegenübergestellt; Mt 6,22f par. Lk 11,34ff begegnet ähnlich der Gegensatz ἁπλοῦς – πονηρός in Bezug auf die Augen.

507 Vgl. TestIss IV,6.

508 Ähnlich Menn, Judah, 167, Anm. 146. Während der einfache Mensch eine gute Vernunft besitzt und alles richtig sieht (vgl. v. a. TestBen III,1f; IV,2; VI,5f), sind die kognitiven Fähigkeiten dessen, der sich von der Duplizität Beliars beeinflussen lässt, verfinstert und blind; er hasst Wahrheit und Gesetz, vgl. TestGad III,2f; TestRub II,9; TestSim II,7 u.ö.

nämlich Gottes Gnade, Ehre und Segen. Der ethische Anspruch zur Einfachheit ist also durch positive Verstärkung motiviert. Zusätzlich verweist der Verfasser der Schrift auf die auch gegenwärtig noch nachvollziehbare Bestätigung für das Einhalten dieser göttlichen Versprechungen: An Joseph kann die Zuverlässigkeit Gottes hinsichtlich dieser Verheißungen festgestellt werden. Weil nach TestSim V,1 in Joseph nichts Böses war, innere Tumulte für ihn also ausgeschlossen werden, sollen die Adressaten diesen guten (ἀγαθός) und frommen (ὅσιος) Erzvater imitieren (μιμέομαι).[509] Der Patriarch fungiert entsprechend als motivierendes, praktisches Verhaltensmodell einer integren und einheitlichen Lebensführung.[510]

Sowohl die von Beliar und seiner dämonischen Geisterschar verursachte Beeinträchtigung der menschlichen Fähigkeit, richtige Entscheidungen treffen zu können als auch der oben skizzierte aufgewühlte Zustand der Seele bzw. des Denkapparats im Affekt verdeutlichen den Sinn des Kontrastbegriffs der „Einfachheit", die wiederholt von den Adressaten gefordert wird. Insofern zeichnet sich ein „einfacher" Mensch (ὁ ἁπλοῦς) durch die Abwesenheit intra- und interpersonaler Konflikte aus. Innen und außen stimmen überein. Neid, Missgunst, Hinterlist und jegliche Form von Duplizität sind dem ‚vir simplex' fremd. Vielmehr erfüllt er das Gesetz Gottes, weil er Gottes- und Nächstenliebe übt. Einer derart guten Gesinnung eignet sogar eine Wirkkraft auf andere: Selbst böse Mitmenschen halten Frieden mit demjenigen, dessen διάνοια gut ist. Sie wenden sich aus Scheu vor ihm zum Guten und nehmen Abstand von bösartigen Lastern.[511] Begründet wird dies damit, dass die Strahlkraft des Lichtes, das von guten Werken ausgeht, jegliche Finsternis zu verscheuchen vermöge.[512] Die Ursache einer arglosen, reinen Haltung kann an den Engel des Friedens (ἄγγελος τῆς εἰρήνης)[513] oder den Herrn (κύριος)[514] attribuiert werden, aber auch an den Geist Gottes: Im Gegensatz zu der inneren Verworrenheit, den destruktiven Gedanken und den eingeschränkten kognitiven Funktionen, die mit von bösen Geistern verursachten negativen Affekten einhergehen, ist die Innenwelt dessen, der vom Geist Gottes (πνεῦμα τοῦ θεοῦ) erfüllt ist, einheitlich und ruhig.[515]

509 TestBen III,1.

510 Dass Joseph als ultimatives ethisches Vorbild in den TestXII fungiert, betont z. B. auch de Bruin, Controversy, 81. Siehe dazu bes. H.W. Hollander, Joseph as an Ethical Model in the Testaments of the Twelve Patriarchs, Leiden 1981.

511 TestBen V,1.

512 TestBen V,3.

513 TestBen VI,1.

514 TestBen VI,4.

515 Vgl. Test Sim IV,4 ff; TestBen VIII,2.

4.6. Zusammenfassung und Ertrag

Die Testamente der zwölf Patriarchen setzen sich sowohl mit dem möglichen dissonanten Erleben als auch dem dissonanten Verhalten in Bezug auf eine mit der Mensch-Gottes-Beziehung verschränkten Ethik auseinander. Dissonanzen, die der Mensch in seinem Inneren erleben kann, werden nahezu ausschließlich auf das Wirken der Geister Beliars zurückgeführt. Sie erscheinen punktuell von einzelnen oder auch mehreren Geistern ausgelöst und werden nicht als andauernde Dispositionen dargestellt. Agonistische Terminologie wird zur Beschreibung der inneren Verwirrung auffallend spärlich gebraucht. Von einem Kampf zwischen den konträr konzipierten Geistern bzw. Geistergruppen ist nicht die Rede. Ausdrücke, die Unsicherheit oder Zweifel bei Verhaltensentscheidungen implizieren, fehlen in den ‚Testamenten'. Hinsichtlich des inkongruenten Verhaltens, das die interpersonale Sphäre betrifft, lassen sich ebenfalls die bösen, dämonisch konnotierten Geister als Ursache bestimmen. Unter den diversen Innen-Außen-Dissonanzen scheint der Verfasserschaft v. a. die Doppelzüngigkeit und die Doppelgesichtigkeit wichtig gewesen zu sein. Die in biblischer Tradition gängige Vorstellung vom doppelten Herzen begegnet hingegen nicht. In Bezug auf die Auffassung der Kontrollierbarkeit der unterschiedlichen Dissonanzformen kann festgehalten werden, dass dem Menschen die Fähigkeit zur Bewältigung zugesprochen wird. Er ist zum eigenverantwortlichen Umgang mit den als Schöpfungsanlagen auffassbaren internalen Geistern ebenso aufgefordert wie zur Abwehr der Bedrohung einer gottgefälligen Lebensführung durch böse Geister, die gegen den Einzelnen kämpfen und ihn zum Sündigen verleiten wollen. Zugleich erhält der Mensch Unterstützung von Gott und dessen kosmischen Wesen, sofern er diesen Beistand verdient, indem er an sich selbst arbeitet und die Gebote Gottes zu erfüllen bemüht ist. Insofern kann der Mensch den Testamenten der zwölf Patriarchen zufolge autodynamisch darüber bestimmen, welche heteronome Kräfte er auf sich einwirken lässt. Als Bewältigungsstrategien werden ausschließlich problemorientierte Modelle vorgeschlagen: Während nichts davon verlautet, die Bewertung des eigenen Erlebens zu korrigieren, zielen alle Copingmechanismen darauf ab, den situativen Kontext, in dem Dissonanzen entstehen, zu modifizieren. Dies formuliert der Verfasser zumeist als Forderungen nach Distanzierung und Abwehr der teuflischen Geister, nach Imitation gottgefälliger Verhaltensweisen, nach Ausbildung einer guten, arglosen Gesinnung und nach der Umsetzung des göttlichen Willens bzw. Umkehr zu diesem. Nur wer sich von den Mächten und Angriffen Beliars befreit, kann innere Einheit und Integrität Gott gegenüber erlangen. Als Vorstellung einer personalen Einheit spielt die ‚Einfachheit' eine herausragende Rolle in den Testamenten der zwölf Patriarchen. Die in biblischen Schriften häufig gebrauchte Wortfamilie τέλειος κτλ. zum Ausdruck der ‚Vollkommenheit' erscheint hingegen überraschend irrelevant.

Als Adressaten der androzentrisch ausgerichteten Schrift ist wohl vorwiegend an Männer aus der Oberschicht zu denken.[516] Darauf weist nicht zuletzt das in der Tugend der ‚Einfachheit' enthaltene Ideal der Bedürfnislosigkeit hin, das nur von denjenigen gelebt werden kann, die sich um grundlegende Lebenssicherung nicht zu kümmern brauchen.[517] Möglicherweise richten sich die theologisierten Verhaltensnormen in besonderer Weise an junge Männer, da auf das Wortfeld zur ‚Jugend' reiterativ Bezug genommen wird.[518] Frauen scheinen dagegen nicht angesprochen zu sein; sie werden vielmehr häufig äußerst negativ dargestellt und können sogar dämonische Konnotationen tragen, insofern sie wie die Geister Beliars verblenden, verführen und täuschen wollen.[519]

Abschließend lässt sich konstatieren, dass alle untersuchten Textstellen, die für das Thema der Dissonanz und Einheit des Menschen aussagekräftig sind, keine eindeutig oder ausschließlich ‚christlichen' Erfahrungen oder Vorstellungen widerspiegeln. Vielmehr weisen sie Ähnlichkeiten mit jüdischen Schriften aus der hellenistischen Epoche auf, insofern sowohl die Traditionsliteratur, die Gebote und auch philosophische Ideen des antiken Griechenlands als Bezugspunkte auszumachen sind und die Alleinorientierung an Gott als externem Zentrum für die Ausrichtung der inneren Impulse und Kräfte in den Vordergrund gerückt wird. Unter Heranziehung unterschiedlicher Traditionen, inklusive differierender anthropologischer Konzeptionen, sollen die Adressaten zur Einfachheit und unverbrüchlichen Loyalität Gott gegenüber ermahnt werden, die jegliche dämonische Duplizität und jegliche Form von Dissonanzphänomenen ausschließt.[520]

516 Ähnlich auch Rosen-Zvi, Bilhah, 84, Anm. 71.

517 Die in den TestXII verarbeiteten unterschiedlichen literarischen Gattungen „weisen auf die Synagogenpredigt des hellenistischen Judentums", vgl. Becker, Testamente, 25.

518 Vgl. TestRub II,2.9; III,8; TestSim II,6; TestJos X,5 u.ö.

519 Siehe nur TestRub V; TestJud XVII,1f; TestJos IV–IX. Rosen-Zvi, Bilhah, 65, resümiert: „The Testaments of the Twelve Patriarchs espouse some of the most sweepingly misogynous rhetoric in ancient Jewish literature."

520 Vgl. dazu de Jonge, Central Problems, 395: „(...) the author used a variety of material in a variety of ways to illustrate the parenesis which was so important to him."

5. Dissonanz und Einheit des Menschen bei Philo von Alexandrien

Entsprechend der Einschätzung Wilhelm Boussets, Philo von Alexandrien sei „der erste große Psychologe des Glaubens“ gewesen,[521] verwundert es nicht, dass dieser bedeutende jüdische Religionsphilosoph der hellenistischen Antike die Dissonanz und Einheit des Menschen reflektiert und mittels frühjüdischer und griechisch-philosophischer Terminologie differenziert zum Ausdruck gebracht hat. Nicht zuletzt aufgrund der Bandbreite an Einheits- und Dissonanzvorstellungen im Corpus Philonicum liegt eine summarische Darstellung derselben für diese Arbeit nahe: Denn sie kann Anhaltspunkte dafür liefern, auf welche Weise und mit welchen Inhalten der Diskurs über derartige menschliche Phänomene in neutestamentlicher Zeit geführt werden konnte.[522] Auf dieser Grundlage eignen sich philonische Kerngedanken in der Folge als Vergleichsmaterial für den Umgang mit diesen Themen in frühchristlichen Texten. Eine Beschäftigung mit Philos Schriften ist für die neutestamentliche Exegese aber auch deshalb von Belang, weil der jüdische Denker zwischen ca. 20 v. Chr. und 45 n. Chr. lebte und somit ein Zeitgenosse Jesu war.[523] Zwar verfasste er sein umfangreiches Werk in Alexandrien, seit dem Beginn des

---

521 Bousset, Religion, 447. Vgl auch ebd., 300: „Philo besitzt bereits eine ungemein verwickelte religiöse Psychologie (...). Die ganze Heilsgeschichte des Alten Testaments verwandelt sich in eine Darstellung des Verhältnisses der menschlichen Seele zu ihrem Gott.“

522 Für die folgende Darstellung philonischer Aussagen zum Einheitsideal des Menschen sowie zu den Dissonanz- und Gespaltenheitsphänomenen, die diese Einheit gefährden oder aufsprengen können, erscheint es methodisch sinnvoll, die entsprechenden Belegstellen summarisch zu sammeln und zu untersuchen: Angesichts der Fülle an Material zu menschlicher Einheit und Dissonanz im Werk Philos und angesichts der bisherigen Vernachlässigung dieser Themenkreise in der Forschung, beschränkt sich diese Arbeit auf den Aufweis exemplarischer Grundlinien. Zwar bringt dieser Zugang zwangsläufig gewisse Schwierigkeiten mit sich, aber er ermöglicht doch einen ersten, überblicksartigen Einblick in Philos Denken, der als Grundlage dienen und weiterführende exegetische Studien initiieren könnte. Grundsätzlich lassen sich zwei methodischen Verfahren in der Philoforschung unterscheiden: Die Überblicksmethode zum einen, die ein Gesamtphänomen erfasst, indem sie vergleichbare Texte zu diesem Thema nebeneinanderstellt und auswertet, und die exemplarische Methode zum anderen, die einige Texte als Beispiele für ein bestimmtes Thema heranzieht, die daher hermeneutische Fragestellungen mit einbeziehen kann und auf die formalen und inhaltlichen Unterschiede der einzelnen Schriftenreihen Philos achtet. Zu den Vor- und Nachteilen dieser beiden Verfahren sowie zu den Schriftgruppen und jeweiligen Adressaten vgl. M. Böhm, Rezeption und Funktion der Vätererzählungen bei Philo von Alexandria. Zum Zusammenhang von Kontext, Hermeneutik und Exegese im frühen Judentum (BZNW 128), Berlin 2005, 23–32.110–115. M. Böhms Studie zu den Vätererzählungen ist selbst als Kombination dieser beiden Methoden angelegt, vgl. dazu ebd., 32–36. Eine zukünftige Untersuchung menschlicher Einheits- und Dissonanzphänomene im Corpus Philonicum, die nach den drei Auslegungsreihen differenziert, könnte sich lohnen.

523 Philo war nicht nur ein Zeitgenosse Jesu, sondern auch des Paulus, des Flavius Josephus und des Rabbi Hillel. Vgl. Nickelsburg, Philo, 54.

Hellenismus geistiger Mittelpunkt des Mittelmeerraumes,[524] aber er teilt als Repräsentant des alexandrinischen Judentums mit neutestamentlichen Autoren das Interesse, dem palästinischen Mutterland innerlich verbunden zu bleiben und die sozialen, politischen und geistigen Herausforderungen der Zeit und je spezifischer Situation mithilfe der Septuaginta als Schriftgrundlage zu reflektieren und zu verarbeiten.[525]

Wie viele Autoren der Zeit des zweiten Tempels, so geht auch Philo von der Vereinbarkeit des jüdischen Offenbarungsglaubens mit der griechischen Philosophie aus[526] und unterstreicht damit die Rolle der Tora für die Bildung im Allgemeinen und die Ausbildung von ethischen Tugenden im Besonderen.[527] Er vertritt insofern ein transkulturelles Ideal, das mit Hilfe griechischer Bildung eine philosophische Frömmigkeit hervorbringe, die sowohl Juden als auch Griechen zur universellen Wahrheit führen könne. Dass eine Synthese zwischen griechischer und jüdischer Denktradition möglich ist, entspringt Philos leitender Überzeugung, dass Mose der Urvater der griechischen Philosophie sei, dass also der Pentateuch die philosophischen Weisheiten der Griechen enthalte. Um dies erkennen zu können, komme es jedoch auf die richtige Lesart der Tora an. Diese besteht darin, den hinter dem Literalsinn stehenden allegorischen Gehalt freizulegen, ohne dadurch die ursprüngliche Gültigkeit der mosaischen Aussagen und Gesetze aufzuheben.[528] Philos Exegese und Kommentierung des Pentateuch dient diesem Zweck, insbesondere

524 Philos biographische Daten und dessen Lebenshintergrund lassen sich heute nicht mehr exakt rekonstruieren, vgl. dazu und zu der Situation der jüdischen Gemeinde in Alexandria Böhm, Rezeption, 38–59.

525 Vgl. Runia, Philo, 64–83. Zur Bedeutung Philos für die Erforschung des Frühchristentums vgl. G.E. Sterling, The Place of Philo of Alexandria in the Study of Christian Origins, in: R. Deines/K.-W. Niebuhr (Hg.), Philo und das Neue Testament (WUNT 172), Tübingen 2004, 21–52; L.W. Hurtado, Does Philo Help Explain Early Christianity?, in: R. Deines/K.-W. Niebuhr (Hg.), Philo und das Neue Testament (WUNT 172), Tübingen 2004, 73–92. Zur Relevanz der Schriften Philos für das lukanische Affektverständnis siehe Inselmann, Freude, 106–108. Zu der Septuagintaversion, die Philo vermutlich als Vorlage gedient hat, sowie zu den überlieferten Abweichungen vom Septuagintatext, wie er in frühen christlichen Codices belegt ist, siehe Böhm, Rezeption, 66f.

526 Repräsentativ für den Versuch einer Synthese von biblischer Offenbarung und griechischer Philosophie im jüdischen Hellenismus sind z. B. die Weisheit Salomos oder das Vierte Makkabäerbuch. In späterer Zeit war beispielsweise Justin, ein gebildeter Jude samaritanischer Herkunft, von der prinzipiellen Übereinstimmung von griechischer Philosophie, jüdischem Gesetz und christlicher Botschaft überzeugt.

527 So sieht Philo in der Synagogenversammlung einen Ort, um philosophische Angelegenheiten zu diskutieren und um Weisheit, Tugend, Frömmigkeit etc. zu schulen, vgl. Philo, Mos. II, 215f.

528 Zu der Auslegungsmethodik Philos sowie deren Vorläufern im hellenistischen Judentum vgl. J. Dillon, The Formal Structure of Philo's Allegorical Exegesis, in: D. Winston/J. Dillon (Hg.), Two Treatises of Philo of Alexandria (BJS 25), Chico/CA 1983, 77–87; D.M. Hay, Defining Allegory in Philons Exegetical World (SBL.SP 33), Atlanta/GA 1994, 55–68.

deshalb, weil nicht allen Menschen der Zugang zu diesem verborgenen Sinn offen steht.[529]

Weil Philo davon ausgeht, dass die hinter dem Literalsinn stehende Ebene eine symbolische Erklärung von Tatsachen liefert[530] und die Seele fördert, indem sie religiöse Erfahrungen jedes einzelnen Menschen offenbart, kann der antike Religionsphilosoph als Repräsentant einer Verinnerlichung der jüdischen Religion gewertet werden.[531] Insofern ist er Teil einer breiten Strömung innerhalb des hellenistischen Judentums, die unter Aufnahme griechisch-philosophischen Materials das Individuum zunehmend in den Mittelpunkt der Aufmerksamkeit rückte[532] und deren Hauptthemen entsprechend u. a. in der Beschreibung innerer Konflikte sowie in dem Aufweis der verschiedenen Möglichkeiten, mit denen sich Tugendhaftigkeit, Vollkommenheit und innere Einheit erreichen lassen, gesehen werden können.[533]

Da Philo von Alexandrien jedoch keine systematisch ausgearbeitete Psychologie oder Anthropologie überliefert hat, sind seine Vorstellungen über den Menschen teilweise nicht widerspruchsfrei zu vereinbaren. Etwaige Inkonsistenzen haben ihren Grund in Philos Eklektizismus, der je nach Argumentationszusammenhang jüdische, platonische, stoische und andere Traditionen aufnehmen und modifizieren kann,[534] oder auch in der Unterschiedlichkeit der philonischen Gattungen, da anthropologische Aussagen und Konzepte dem jeweiligen Texttyp und Adressatenkreis angepasst werden können.[535] Weil Philo also kein Systematiker ist, sondern ein Exeget, der die Tora in

---

529 Selbst den Exegeten bleibt es nach Philo unmöglich, den Hintersinn der Schrift vollständig zu erfassen. Vgl. dazu D.M. Hay, Philo's View of Himself as an Exegete, SPhiloA 3 (1991), 40–52, bes. 43; Böhm, Rezeption, 82–84. Vgl. dazu auch Philo, Abr. 89; Opif. 90.

530 Vgl. Philo, Congr. 44. Vgl. auch Mut. 65.70; Contempl. 78.

531 So Harl, Quis rerum, 153. Vgl. auch Völker, Fortschritt, 47.

532 Vgl. Hay, Psychology, 882; vgl. auch Völker, Fortschritt, 221, der als Beispiel der Verinnerlichung jüdischer Religion bei Philo dessen Auffassung nennt, dass die Gesinnung ausschlaggebend sei, aus der heraus eine gute Tate geschehe. Zum Individualismus der paganen hellenistischen Philosophie siehe Noack, Conversion, 164–186.

533 Vgl. Hay, Psychology, 883.

534 Philo verwendet in weitaus größerem Umfang als beispielsweise der Verfasser von 4Makk Vorstellungen und Ideen aus der griechischen Philosophie. deSilva, 4 Maccabees, 78, sieht darin eine größere Offenheit Philos bzgl. dessen, was aus nicht-jüdischen Konzeptionen gelernt werden könne. Eine Übersicht über die Aufnahme und Bewertung klassischer und zeitgenössischer philosophischer Ideen durch Philo bietet z. B. Kaiser, Philo, 69–77.

535 Zudem ist bei einer Untersuchung von anthropologischen Dissonanz- und Einheitsphänomenen in den philonischen Schriften zu beachten, dass Philos Schriftgebrauch bzw. Schriftfunktionalisierung in einem bestimmten hermeneutischen Horizont verankert ist: Als Repräsentant des Judentums im hellenistisch geprägten Alexandria spielt eine ganze Reihe unterschiedlicher, ganz spezifischer Komponenten für seine Schriftinterpretation eine Rolle. Dazu zählen beispielsweise die politische, gesellschaftliche, kulturelle, religiöse oder auch linguistische Dimension. Vgl. Barclay, Jews, 89f. Vgl. dazu auch Böhm, Abraham, 378–382.

ihrer Vielfältigkeit aufnimmt, finden sich je unterschiedliche Erklärungen für konkrete Probleme und Fragestellungen oder zuweilen sogar gleichzeitig mehrere wörtliche und symbolische Deutungen ein und desselben Textes nebeneinander.[536] Die folgende Zusammenstellung philonischer Kerngedanken zu menschlichen Dissonanzphänomenen, zum Umgang mit Zwiespalts- und Zweifelserfahrungen sowie zur Herstellung einer inneren Einheit soll zeigen, wie fortgeschritten ‚psychologische' Einsichten in neutestamentlicher Zeit formuliert werden konnten.

5.1. Körper- und Seelenkonzeptionen bei Philo als Voraussetzungen für dessen Beschreibung innerer Dissonanzen des Menschen

Philo von Alexandrien versteht den Menschen als ein Leib-Seele-Wesen. Während in der hebräischen Bibel die Auffassung begegnet, der Mensch werde durch die göttliche Gabe des Lebensodems eine נֶפֶשׁ *(næpæš)*,[537] eine unteilbare, lebendige Einheit, geht Philo davon aus, dass Gott den Menschen als Kombination eines sichtbaren Körpers (σῶμα) und einer unsichtbaren Seele (ψυχή) geschaffen hat.[538] Das Denkvermögen (νοῦς) ist dabei der Teil der menschlichen Seele, auf den sich die biblische Aussage der Gottebenbildlichkeit bezieht.[539] Als ‚Führerin der Seele' bezeichnet, ist dieses gottähnliche Vernunftvermögen unsterblich, während der Körper der Vergänglichkeit preisgegeben ist.[540] Von der Seele spricht der alexandrinische Gelehrte jedoch differenziert und je nach Argumentationszusammenhang unterschiedlich. Während er beispielsweise in Det. 23 äußert, in der Seele spiegle sich das wahre Ich des Menschen, befasst er sich in seiner Schrift ‚Quis rerum divinarum heres sit' explizit mit der Ambiguität des Lexems ‚Psyche' (ψυχή).[541] Einerseits könne dieser Ausdruck die gesamte Seele des Menschen bezeichnen, deren Substanz (οὐσία) das dem Fleisch (σάρξ) zuzuordnenden

536 Philo scheint sich den Widersprüchen in den fünf Büchern Moses bewusst gewesen zu sein. Er kann derartige Spannungen heranziehen, um die Notwendigkeit einer allegorischen Entschlüsselung des Bibeltextes zu unterstreichen, vgl. z. B. Philo; Sobr. 16f; Leg. III 59f. Vgl. dazu auch Kaiser, Philo, 158f.

537 Vgl. Gen 2,7.

538 Vgl. Philo, Opif. 134; vgl. auch Opif. 69. Zum Aufbau des menschlichen Körpers nach dem Corpus Philonicum siehe Kaiser, Philo, 197–199. Nach Frey, Antithese, 50, gebraucht Philo σῶμα weitaus häufiger als σάρξ, wobei σάρξ häufig bei biblischen Vorgaben zu stehen kommt und σῶμα eher seinem eigenen Sprachgebrauch zu entsprechen scheint.

539 Vgl. Philo, Opif. 69. Zu Philos Vorstellungen der Ebenbildlichkeit vgl. van Kooten, Anthropology, 48–69.

540 Vgl. Philo, Opif. 134; Opif. 69.

541 Vgl. Philo, Her 55f.

Blut sei. Andererseits könne mit diesem Wort auf die Vernunft als dem dominierenden Teil der Seele (τὸ ἡγεμονικὸν αὐτῆς μέρος) rekurriert werden, dessen Substanz im göttlichen Pneuma (πνεῦμα θεῖον) bestehe. Aufgrund dieser zwei möglichen Verwendungsweisen des Ausdrucks ψυχή kommt es dazu, dass Philo zwei Menschengruppen unterscheidet:[542] Zum einen gäbe es die vernunftgeleiteten Menschen, die den Überlegungen des göttlichen Pneuma folgten und daher als gottähnlich beschrieben sind. Zum anderen existierten aber diejenigen Menschen, die sich an der fleischlichen Lust (σαρκὸς ἡδονή) orientierten und auf die Hilfe Gottes angewiesen seien.[543] Die hier angesprochene Hilfsbedürftigkeit des Menschen ist insofern in seiner Körperlichkeit begründet, was auf eine gewisse Abwertung des Materiell-Sinnlichen gegenüber dem Geistig-Immateriellen verweist. Zwar spricht Philo auch andernorts zum Teil negativ vom menschlichen Körper, wenn er ihn beispielsweise in griechisch-philosophischer Manier als Gefängnis der Seele beschreibt.[544] Dennoch geht Philo weder davon aus, dass Seele und Körper notwendigerweise antagonistische Elemente darstellen, noch davon, dass der Körper und seine Teile per se schlecht sind.[545] Die Qualität jedes physischen Bestandteils ist allein davon abhängig, auf welche Weise man es jeweils gebraucht.

Allerdings lässt sich die Körperlichkeit des Menschen für Dissonanzen und Konflikte im Inneren der Person verantwortlich machen, denn der Leib kann von Philo als Hindernis für die zur Bewältigung körperlicher Begierden notwendige Ausübung der Tugend bezeichnet werden.[546] Dieser Aspekt wird besonders deutlich, wenn man bei Philos Gebrauch platonisch-aristotelischer Terminologie über die Seele ansetzt. Entsprechend geht er grundsätzlich von einer Unterscheidung „rationaler“ und „irrationaler“ psychischer Vermögen aus.[547] Dabei wird der denkende, überlegende und zu logischen Schlussfolgerungen fähige Seelenteil mit dem Vernunftvermögen (νοῦς oder διάνοια) identifiziert. Als Abglanz der göttlichen Vernunft ist es (wie Gott) durch

---

542 Vgl. die Konjunktion ὥστε in Philo, Her. 57.

543 Vgl. Philo, Her. 55–58. Vgl. dazu aber auch die von Her. 55–58 abweichend scheinenden Vorstellungen in Her. 64f: Während Philo in Her. 55 aristotelische Vorstellungen aufzugreifen scheint, modifiziert er in Her 64f unter Anspielung auf die drei platonischen Strebemöglichkeiten der Seele unkritisch unterschiedliche Traditionen. Siehe dazu auch I. Heinemanns Anmerkung zu Her. 64 nach der Übersetzung von L. Cohn (Philo von Alexandrien, Die Werke in deutscher Übersetzung, hg. v. L. Cohn u. a., Bd. V, Berlin [2]1962, 238).

544 Vgl. Philo, Ebr. 101. Zur antiken Vorstellung des Körpers als Gefängnis der Seele siehe P. Courcelle, Art. Gefängnis (der Seele), RAC 9 (1976), 294–318.

545 Vgl. dazu auch Frey, Antithese, 50ff.

546 Vgl. Philo, Leg. I 103.

547 Vgl. z. B. Philo, Her. 232; Spec. I 201, 333. Leg. II 2–3.

Unsterblichkeit und Unteilbarkeit charakterisiert,[548] während der irrationale Seelenteil segmentiert und durch Affekte korrumpierbar ist, weil an den Körper und die Sinneswahrnehmung gebunden.[549] Wird der irrationale Seelenteil wiederum aufgegliedert, gelangt Philo zu einem Seelenmodell, das wie bei Plato trichotomisch konzipiert ist: Das rationale Logistikon (λογιστικόν) wird im Kopf verortet, das Thymikon (θυμικόν) in der Brust, und das Epithymetikon (ἐπιθυμητικόν) ist im Bauch zu lokalisieren.[550] Verwendung finden aber auch stoisch beeinflusste Konzepte der Seele, wonach das rationale Hegemonikon als Schalt- und Leitzentrale der ψυχή vom irrationalen Bereich zu unterscheiden sei, der sieben Vermögen umfasse: die fünf Sinne, das Sprachvermögen und das Zeugungsvermögen.[551]

Unabhängig davon, welche psychischen und physischen Vermögen Philo im Einzelnen anführt, um den Menschen zu beschreiben, geht er davon aus, dass die individuelle Person als Ganze eine Einheit darstellt, die auf der Koexistenz der diversen Elemente beruht. Dennoch: Ob dichotomisch, trichotomisch oder in Anlehnung an das Seelenmodell der Stoa beschrieben – Philo zufolge pulsiert die menschliche Psyche zwischen rationaler und irrationaler Natur: Beide „Komponenten" der Seele geraten unweigerlich in Konflikt miteinander, da die Vernunft nach Gotteserkenntnis, Gottähnlichkeit und dem Guten strebt,[552] die affektiv geprägten Seelenvermögen jedoch zur Befriedigung körperlicher Begierden und zur Erreichung weltlicher Ziele drängen und dadurch

548 Vgl. Philo, Det. 28.

549 Eine philonische Besonderheit scheint zu sein, im unvernünftigen Seelenteil die menschliche Entscheidungsfähigkeit (κρίσις) zu verorten (Philo, Leg. III 116). Zwar wird diese Zuordnung nicht näher begründet, aber möglicherweise wendet sich Philo damit gegen die Lehre Chrysipps, wonach die Affekte Urteile (κρίσεις) des im Kopf zu lokalisierenden Hegemonikons seien (vgl. SVF III,461). Eventuell bezieht sich Philo mit dieser Aussage aber auf die Vorstellung Platos, wonach bei jedem psychischen Akt, also auch beim Fühlen, Unterscheidungsleistungen notwendig sind, Vgl. Plato, rep. 523a–b; 524d–525a sowie Schmitt, Moderne, 52f.288f u.ö. sowie S. 84f in vorliegender Arbeit.

550 Vgl. Philo, Leg. I 70; III 115; Spec. IV 92.

551 Vgl. Philo, Opif. 117; Det. 168; Abr. 29f; Aet. 97 u.ö. Nicht-stoisch ist Philos Aufteilung dieser Vermögen in den unzerlegbaren rationalen Seelenteil (die Vernunft) auf der einen und den in sieben Komponenten unterteilbaren irrationalen Seelenteil (die verschiedenen Sinneswahrnehmungen sowie das Sprach- und das Zeugungsvermögen) auf der anderen Seite, vgl. Her. 232f. Zu den stoischen Seelenvermögen vgl. exemplarisch SVF I 143 = Nickel §398; SVF II 827 = Nickel §390, siehe auch Kap. III.3.1 dieser Arbeit.

552 Gott wirklich erkennen kann die Vernunft nach Philo, Leg. I 91 jedoch nicht, da sie nicht einmal sich selber erkennen könne. Zu den Möglichkeiten und Limitierungen der menschlichen Vernunft bei Philo siehe E. Mühlenberg, Das Problem der Offenbarung in Philo von Alexandrien, in: Ders., Gott in der Geschichte. Ausgewählte Aufsätze zur Kirchengeschichte, Berlin 2008, 73–90, der ebd., 86, äußert, Philo fasse „die Unerkennbarkeit Gottes als höchste Erkenntnis" auf.

den Menschen von Gott zu entfernen drohen. Das Ziel der erfolgreichen Affektbewältigung sowie der Herstellung einer inneren Einheit der Person ist insofern von theologischer Bedeutung.

5.2. Zum philonischen Affektverständnis und damit zusammenhängender Bildersprache für innere Dissonanzen

Wie in platonisch-aristotelischer Tradition werden im Corpus Philonicum innere Dissonanzen bzw. Konflikte in erster Linie von Affekten ausgelöst.[553] Allerdings bergen nicht alle Affekte das gleiche Risikopotential für die Personeinheit. Philo unterscheidet nämlich zwischen Affekten (πάθη) und Begierden (ἐπιθυμίαι), die für den Lebenserhalt des Organismus notwendig sind, wie Hunger oder Durst,[554] und Affekten, die keinerlei Nutzen für das physische Wohl des Einzelnen bringen, sondern vielmehr eine Bedrohung für Leib und Seele darstellen. Zu letzteren gehört in erster Linie die Lust (ἡδονή), die als Ausgangspunkt aller weiteren schädlichen Affekte zu verstehen ist.[555] Aber auch die Begierde (ἐπιθυμία) kann an unterster Stelle innerhalb des Affekttetrachords zu stehen kommen.[556] Philo betont, dass sie ihm als Quelle alles Bösen gilt.[557] Weil sie in uns selbst entspringt und freiwillig geschieht, ist sie so gefährlich.[558] Sie kann sogar die Seele zerstören.[559] Derartige negative Affekte können im Corpus Philonicum – in Aufnahme stoischer Terminologie – als

553 Siehe Kap.III.1 und III.2 in dieser Arbeit zu Aristoteles und Plato.

554 Im Gegensatz zu der überweigend negativen Wertung der Affekte in seinen Schriften weist Philo in Leg. II 5–8 auf die Hilfsfunktionen der πάθη hin: Bestimmte Affekte können in gewissen Situationen für den Menschen von Vorteil sein: Lust (ἡδονή) und Begierde (ἐπιθυμία) sind für den Erhalt der Menschheit notwendig, seelischer Schmerz (λύπη) und Furcht (φόβος) vermögen den Menschen vor unangemessener Sorglosigkeit zu bewahren, und der Zorn (ὀργή) kann für die Selbstverteidigung zweckmäßig sein.

555 Vgl. Philo, Leg. III 113.160.

556 Wie schon die Stoa, so unterscheidet Philo vier Hauptaffekte: die Lust (ἡδονή), die Begierde (ἐπιθυμία), den Schmerz (λύπη) und die Furcht (φόβος). Vgl. exemplarisch Philo, Leg. III 113; Det. 119f, Abr. 236, Agr. 83. Neben Lust und Begierde wird der Thymos (θυμός) – ein sehr agressiver Affekt – als Quelle der Sünde identifiziert, vgl. Deus 72. Zur Affektkategorisierung bei Philo vgl. Inselmann, Freude, 155f.

557 Vgl. Philo, Spec. IV 80.84 sowie Kaiser, Philo, 115f. Philo teilt diese Vorstellung mit anderen jüdischen Autoren in römischer Zeit, vgl. ApkMos 19,3; ApkAbr 24,9.

558 Vgl. Philo, Decal. 142–153. Die Begierde ist für Philo im Bauchbereich zu verorten, denn da sie als besonders unvernünftig gelte, müsse sie so weit wie möglich von der im Kopf beheimateten Vernunft entfernt werden, vgl. Spec. IV 92–94.

559 Vgl. Philo, Spec. IV 95.

exzessive Impulse, Krankheiten der Seele[560] und unvernünftige Seelenbewegungen definiert werden.[561]

Philo von Alexandrien rekurriert jedoch nicht nur auf den bildspendenden Bereich der Medizin, um zu veranschaulichen, wie sehr Affekte die Stabilität der Person bedrohen können: Seine Metaphern und Bilder entstammen auch anderen Bildfeldern, wie etwa der Natur. So vergleicht er zum Beispiel den Affekt (πάθος), insbesondere die Lust, mit einer Flamme, die sich in der Seele bewegt und diese nicht zur Ruhe kommen lässt:[562] Das Lustgefühl gehöre nicht zu den ruhigen und feststehenden Dingen, sondern zeichne sich durch einen Zustand der Angespanntheit, durch Instabilität und Irritation aus.[563] Stoisch vorgeprägt ist Philos Analogie der Affekte mit dem Flattern von Vögeln.[564] Seelische Affekte, mit Raubtieren vergleichbar, haben zudem das Potential, aufgrund ihrer wilden und züggellosen Art das Denkvermögen (νοῦς) zu verwunden, zu verderben, oder sogar zu zerreißen.[565] In welcher Unruhe sich die von Affekten beherrschte Seele befindet, illustriert Philo mitunter anhand von Meeresmetaphorik:[566] Rastlose und unbeständige Impulse wühlten das Innere des Törichten auf, so dass es dem sturmgepeitschten Meer zur Winterszeit gleiche. Wie ein Schiff, das von den Wellen hin und her geworfen werde, sei der Unvernünftige nicht mehr in der Lage, sein Leben zu kontrollieren.[567] Affektgeleitet könne seine Vernunft nicht mehr angemessen agieren; deswegen verwickle er sich ständig in Selbstwidersprüche, so dass er zu jedem gegebenen Zeitpunkt mit sich selbst streite (μάχομαι) und keinen inneren Frieden (ἠρεμία) kenne.[568] Wie andernorts wird hier Kriegsmetaphorik eingesetzt, um die Macht der Affekte über den Menschen zu versinnbildlichen und auf die Gefahr der Instabilität aufgrund des Mangels an Vernunftdominanz hinzuweisen. In Leg. III 116 wird die Trennung von Vernunft und Affekten in unterschiedliche Seelenteile beispielsweise damit begründet, dass sich beide Verhaltensaspekte

560 In medizinische Sprache gekleidet begegnen Aussagen über die menschlichen Affekte in Philos Werk häufig. So vergleicht Philo z. B. den Effekt affektiver Seelenbewegungen mit Lepra, die sich in Kontaminierung und Bedrückung der gesamten Seele auswirkt. Hier wird empfohlen, die verantwortlichen Beweggründe dieser Schwächung zu beseitigen. Vgl. Det. 16,7: τοὺς τῆς ἀσθενείας αἰτίους λόγους ἀνελεῖν. Die Übereinstimmung aller drei Seelenteile zum Freveln vergleicht Philo in Conf. 22 f mit einer Seuche.

561 Vgl. Philo, Spec. IV 79; Leg. III 185.

562 Vgl. Philo, Leg. III 160.

563 Vgl. Philo, Leg. III 160.

564 Vgl. Philo, Leg. II 11. Vgl. dazu SVF I,206 = Nickel § 764.

565 Vgl. Philo, Leg. II 11; III 113. Philos Auffassung hier hat Ähnlichkeit mit der stoischen Lehre, nach der jeder Affekt eine Störung der Vernunft impliziert, vgl. SVF III,377 f.

566 Vgl. z. B. Philo, Post. 22 ff; Agr. 89; Deus 129.

567 Vgl. Philo, Post. 22.

568 Vgl. Philo, Post. 24 f. Weitere Belege für die affektgewirkte Seelenunruhe finden sich z. B. in Spec. I 292; Decal. 142; Ebr. 75.

bekämpfen (μάχομαι). Vernunft und Affekte sind nach Leg. III 185f feindlich gesinnte Gegner (πολέμια ἐχθρά), die gegeneinander Krieg (πόλεμος) führen. In Abr. 29f ist hingegen davon die Rede, dass die fünf Sinne und das Sprachvermögen in einen ‚unaufhaltsamen und fortlaufenden Krieg' (ἄπαυστος καὶ συνεχής πόλεμος) verwickelt sind, solange die Vernunft nicht die Führung übernimmt. Agonistische Sinnbilder für den inneren Seelenkampf zwischen Vernunft und Affekten, zwischen Tugend und Lastern finden im Corpus Philonicum ausgesprochen häufig und nuanciert Verwendung.[569] Häufig verweisen Kampf- und Kriegsmetaphern dabei auf die Intensität und Relevanz innerer Konflikte.

Philo von Alexandrien greift zur Veranschaulichung des Vernunftprimats außerdem auf Theatermetaphorik zurück. Wie Plato vergleicht er die Seele mit einer Marionette (θαῦμα).[570] Anders als im platonischen Bild umfasst die Seele in Opif. 117 nicht die Vernunftüberlegung und Affekte, sondern die stoischen acht Vermögen. Aber auf die Vorrangstellung der Vernunft ist ebenfalls deutlich verwiesen: Das Leitvermögen (ἡγεμονικόν) lenkt als Puppenspieler alle anderen Seelenteile, indem es an den Fäden zieht. Auch wenn von Dissonanzen zwischen den psychischen Vermögen nicht die Rede ist, wird doch zumindest die innere Dynamik des Seelengefüges thematisiert. Denn das Hegemonikon steuert alle inneren Kräfte; es bestimmt über Ruhe und Bewegung.[571]

Ebenfalls beachtenswert ist Philos Bezugnahme auf den bildspendenden Bereich der Forensik im Zusammenhang mit der Dynamik im Inneren des Menschen. Denn er bezeichnet das Gewissen nicht nur als Richter, Überführer

569 Besonders im Allegorischen Kommentar tritt der innere Kampf der Seele gegen Affekte und Laster als ein Hauptthema hervor (vgl. nur Philo, Leg. I 86; Leg. III 21.116). Philos Agon-Metaphorik speist sich vermutlich aus der kynisch-stoischen Diatribe, so schon P. Wendland, Philo und die kynisch-stoische Diatribe, in: P. Wendland/O. Kern (Hg.), Beiträge zur Geschichte der griechischen Philosophie und Religion, Berlin 1895, 1–75, bes. 43f. Pfitzner, Paul, 44f, hat diese Auffassung 1967 bestätigt, dabei jedoch klar gestellt, dass Philo diese Tradition kritisch rezipiert und theologisch umgedeutet hat. Zur Originalität und außerordentlichen Bandbreite des agonistischen Bildfeldes bei Philo von Alexandrien siehe H.A. Harris, Greek Athletics and the Jews, Cardiff 1976, passim., sowie Poplutz, Athlet, 174–202 und passim. Brändl, Agon, 113, fasst die Anknüpfungspunkte der philonischen Wettkampfsmotivik zusammen: „In seiner vielfältigen Aufnahme der Bildwelt der griechischen Agonistik erweist sich Philo als Eklektiker, der knyische Motive aufgreift und sie mit Elementen der stoischen Tugendlehre in ein vom Platonismus geprägtes Welt- und Menschenbild integriert."

570 Zum platonischen Marionettenbild siehe S. 104ff dieser Arbeit. Eine Zusammenstellung literarischer Zeugnisse, in denen in bildlicher Weise von Marionetten gesprochen wird, findet sich bei H.O. Schröder, Marionetten. Ein Beitrag zur Polemik des Karneades, RMP 126/1 (1983), 1–24.

571 Vgl. auch Philo, Fug. 46, wo ebenfalls die Vernunft als Fadenzieher der Marionette charakterisiert ist.

und Ankläger,[572] sondern kann es sogar als inneren Gerichtshof verbildlichen.[573] Zwar ist in entsprechenden Zusammenhängen von einer Interaktion der beteiligten Instanzen nicht die Rede,[574] aber das Gewissen ist zum einen für die Sprachethik relevant, denn es verhindert mitunter die Willkür, die eigenmächtige Rebellion der Zunge.[575] Zum anderen vermag es den Einzelnen gegen seinen eigenen Willen (ἀεκούσιος) zum Anerkennen der göttlichen Strafkompetenz zu bewegen.[576] Alle hier genannten Aspekte verweisen deutlich auf die Vorstellung einer vom Selbst zu unterscheidenden Größe im Inneren des Menschen, die mit eben diesem Selbst in Widerspruch zu treten vermag.

Das philonische Spektrum an bildhaften Sprachmitteln zur Veranschaulichung innerer Dissonanzen berücksichtigt wesentliche alltägliche, gesellschaftliche und kulturelle Lebensbereiche. Es dient der Kommentierung und Verlebendigung philonischer Seelen- und Affektvorstellungen, wobei viele dynamische Sprachbilder – z. T. unter Aufnahme stoischer oder platonischer Ideen – auf die Gefahr affektgeleiteten Handelns hinweisen.

5.3. Innere Dissonanzen und Konflikte in Philos psychologischer Allegorese

Die allegorische Schriftauslegung nimmt bei Philo eine bedeutende Rolle ein. Dies zeigt sich beispielsweise auch an seinem Interesse, den bereits in der griechischen Philosophie angelegten psychologischen Motivkreis um innere Konflikte und die Affektbewältigung an biblischen Figuren zu thematisieren und universalisieren. Mittels allegorischer Auslegung deutet Philo biblische Figuren als Verkörperungen griechisch-ethischer Begriffe zur Affektkontrolle, oder entdeckt hinter biblischen Gesetzen, Erzählungen und auch Personennamen entsprechende Inhalte der geläufigen zeitgenössischen philosophischen Strömungen.[577] Eine philonische Besonderheit scheint darin zu bestehen, interpersonale Konfliktgeschichten der heiligen Schrift ins Innere der Seele zu verlagern, indem Charaktere für psychische Seelenvermögen stehen, die in Widerstreit geraten können: An Figurenpaaren wie Adam und Eva, Abraham und Lot oder Kain und Abel veranschaulicht Philo den seiner Ansicht nach

572 Vgl. z. B. Philo, Opif. 128; Spec I 235f; Deus 128; Det. 23; Post. 59.

573 Vgl. z. B. Flacc. 7; Virt. 206.

574 Dazu und zu interaktiven Dimensionen des Gewissens bei Philo siehe Wagner, Gewissen, 312–314.

575 Vgl. Philo, Det. 23. Zur Beschreibung greift Philo hier auf die Sprache der Reitkunst zurück, z. B. wenn von den ‚Zügeln des Gewissens' (ἡνίαι τοῦ συνειδότος) oder dem ‚Durchgehen'/‚Abstreifen der Zügel' (ἀφηνίασις) der Zunge die Rede ist.

576 Vgl. Philo, Conf. 121.

577 Vgl. exemplarisch Philo, Spec. III 178f; Leg. III 129–132; Abr. 256f.

universell-menschlichen Zwiespalt zweier kontradiktorischer, unvereinbarer Seelenteile, -vermögen oder -neigungen.[578]

So kann er die Schwestern Rahel und Lea beispielsweise als gegensätzliche Lehrerinnen deuten: Rahel symbolisiert dabei das „vernunftlose" Seelen vermögen, das durch die Sinneswahrnehmung (αἴσθησις) den Weg der Geringschätzung von Ruhm, Reichtum und Genuss lehre. Die „vernünftige" Lea hingegen zeige auf, wie man ohne Fehltritte (πταίσματα) den richtigen Weg einschlagen könne.[579] Ein weiters Beispiel: Kain und Abel können von Philo als zwei unterschiedliche Anschauungen (δόξαι; δόγματα) innerhalb ein und derselben Seele (μία ψυχή) verstanden werden, die einander bekämpfen (μάχομαι): Kain symbolisiert dabei die sich selbst liebende Anschauung (φίλαυτον δόγμα), die die Vernunft nicht als Gabe Gottes begreift, sondern jegliches Erleben und Verhalten auf den eigenen Geist unabhängig von Gott zurückführt.[580] Abel steht hingegen für die ‚gottliebende Anschauung' (φιλόθεον δόγμα), die sich an Gott hält und alles auf Gott bezieht und insofern die gesamte menschliche Existenz und alle seelischen Vermögen als von Gott abhängig erkennt.[581] „Die Selbstliebe auf der einen Seite wird als illusorisches Besitzdenken charakterisiert, die Gottesliebe auf der anderen Seite als ein Erkennen, das völlig auf Gott ausgerichtet ist."[582] Dieser bipolare Gegensatz von Geisteshaltungen ist auffällig, da sie zeigt, dass Philo den inneren Kampf zwischen Vernunft und Affekten bzw. zwischen rationalem und irrationalem Seelenvermögen durch die Vorstellung der Ambivalenz im Erkennen selbst ergänzt. Indem im menschlichen Inneren konfligierende Meinungen[583] und Gedankenmuster aufeinander treffen können, gehen Philos psychologische Einsichten über die anderer hellenistisch-jüdischer Schriftsteller hinaus.[584] An der Beschreibung des Widerspruchs im Inneren des Menschen anhand von biblischen Figuren wird Philos psychologisches Interesse deutlich,[585] an der Präsentation von Möglichkeiten, solche intraspychischen Konflikte aufzulösen, indem durch die Orientierung an Gottes Willen ein harmonischer Ausgleich zwischen konfli-

578 Philo, Abr. 214–224; Leg. I 89; II 35–41; III 59; QG IV 206; Praem. 62f; Migr. 148–151; Congr. 25ff u.ö.

579 Vgl. Philo, Congr. 27f.

580 Zeller, Charis, 114, Anm. 317 weist darauf hin, dass bereits Plato die Selbstliebe mit der δόξα, also der zu Fehlurteilenden führenden ‚Meinung', verknüpfen kann.

581 Vgl. Philo, Sacr. 1–3.5.

582 Noack, Haben, 290. Vgl. dazu auch von Gemünden, Ansätze, 175: „[D]ie psychologische Interpretation von Kain und Abel propagiert die theozentrische im Gegensatz zur autozentrischen Geistesorientierung." Sowie W. Warnach, Selbstliebe und Gottesliebe im Denken Philons von Alexandrien, in: H. Feld/J. Nolte (Hg.), Wort Gottes in der Zeit, FS K.H. Schelkle, Düsseldorf 1973, 198–214.

583 Vgl. Philo, Pot. 32.

584 Vgl. Hay, Psychology, 899.

585 Vgl. Runia, Philo, 39. Vgl. dazu auch Laporte, Philo, bes. 133.

gierenden Elementen Besserung bewirken kann, zeigt sich zugleich sein Fokus auf ethische Inhalte.[586]

5.4. Möglichkeiten des Umgangs mit inneren Dissonanzen und Konflikten bei Philo

Weil der Mensch Gefahr läuft, seine irrationalen Seelenregungen nicht richtig einschätzen zu können oder sich von ihnen zu unangemessenen Handlungen hinreißen zu lassen,[587] die die Personeinheit brüchig werden lassen, kommt es auf den richtigen Umgang mit den Affekten an. Wie viele Autoren intertestamentarischer Schriften geht Philo davon aus, dass die grundlegende Aufgabe des Menschen darin besteht, sein Verhalten so zu steuern, dass sein Potential zum Guten aktiviert werden kann.[588] Dazu ist der Einzelne nach Philo prinzipiell fähig, weil Gott ihm Wahlfreiheit zugesteht.[589] Weil jede menschliche Seele eine Vorstellung davon hat, was gut und was böse ist, kann sie zur einen oder zur anderen Seite ‚ziehen' (ὁλκάζω).[590] Ausgestattet mit dem Wissen darüber, was gut und was schlecht ist, ist der Mensch sogar nach Philo dazu ‚verpflichtet' (ὀφείλω), sich für das Gute zu entscheiden, weil er in Besitz der Vernunft ist, die ihm als ‚unkorrumpierbarer Richter' den richtigen Weg weist.[591] Zusätzlich geht Philo von der Existenz eines ‚Mahners' (ἔλεγχος) bzw. ‚Gewissens' (συνείδησις) aus, das das Gottes Wort internalisiert hat und dadurch den Einzelnen vor unrechten Handlungen zu bewahren vermag.[592] Gott ist entsprechend nicht als Urheber des Bösen haftbar zu machen; auf

586 Philo hebt den offenbarten Willen Gottes als *die* Grundlage für menschliche Ethik hervor und unterscheidet sich damit von der griechischen Philosophie, die ethische Handlungen auf die Basis von Vernunft und Erfahrungswissen stellt. Glückseligkeit ist nicht allein durch Anstrengung und Anwendung der Vernunft zu erreichen, sondern ist in erster Linie ein Gnadengeschenk Gottes, sofern der Mensch die Gebote erfüllt und versucht, Gottes Willen zu entsprechen. Vgl. dazu exemplarisch Migr. 35.128.

587 Vgl. z. B. Philo, Mos. I 25f: Vernunftlos den Antrieben der Seele folgen endet nach Philo im Chaos (vgl. den Gebrauch von συγχέω, ‚verwirren', ‚verstören').

588 Vgl. Völker, Fortschritt, 59. Vgl. auch Philo, Deus 49f; Leg. I 34.

589 Vgl. exemplarisch Philo, Deus 47–50. Häufig betont Philo mit dem Ausdruck ἑκουσίως die Freiwilligkeit der Entscheidung, vgl. Abr. 6; Migr. 169 u.ö. Erst ab der Jugend, wenn die Urteilsfähigkeit ausgebildet ist, kann der Mensch für seine freie Wahl (αἵρεσις) verantwortlich gemacht werden, vgl. Congr. 81 f. Der ‚freie Wille' ist bei Philo kein eigenständiges Seelenvermögen, sondern vielmehr eine Funktion der Vernunft. Zur Wahlfreiheit des Menschen in der philonischen Literatur vgl. z. B. Wolfson, Philo, 424–462; D. Winston, Freedom and Determinism in Philo of Alexandria, StPhilo 3 (1974/75), 47–70.

590 Vgl. Philo, Praem. 63.

591 Vgl. Philo, Deus 50. Entscheidet er sich für das Gute, gilt er als weise; wählt er hingegen das Schlechte, zählt er als töricht, vgl. z. B. Leg. III 189.

592 Vgl. dazu z. B. Philo, Deus 135.182; Det. 24; Post. 59; Decal. 87; Fug. 118. Zu Philos Lehre vom Gewissen siehe exemplarisch R.T. Wallis, The Idea of Conscience in Philo of

die Eigenverantwortung des Menschen für seine Taten weist Philo hingegen vielfach hin.[593] Die Voraussetzungen zur adäquaten Bewältigung innerer Dissonanzen und zum eigenverantwortlichen Umgang mit destruktiven Affekten sind dem Menschen von Gott gegeben.[594] Somit lässt sich bei Philo von einer theologisierten Affektbeherrschungsvorstellung sprechen. Allerdings bemerkt der antike Religionsphilosoph wiederholt, dass die gottgefällige Bewältigung intrapsychischer Konflikte nicht jedem Einzelnen gleich gut gelingt, da sich viele Menschen noch in einem inneren Reifeprozess befänden. Entsprechend seiner differenzierten Einschätzung der divergierenden charakterlichen Dispositionen der Menschheit für das angemessene Verhalten stellt Philo nicht nur Erfolgsstrategien und angemessene Tugenden dar, mithilfe derer der seelische Kampf zwischen Vernunft und Affekten idealiter überwunden werden soll. Ebenfalls thematisiert er abgestufte Bewältigungsmethoden und nennt unangemessene und tadelnswerte Möglichkeiten, um derartige Konfliktsituationen aufzulösen. Eine gewisse didaktische Absicht ließe sich sowohl hinter der dazu eingesetzten Metaphorik als auch abstrakten Terminologie vermuten.

5.4.1. Metaphorische Beschreibung des Umgangs mit inneren Dissonanzen und Konflikten bei Philo

Philo vergleicht nicht nur das Dissonanzerleben im Falle konfligierender Impulse anhand von Bildersprache. Auch für die Bewältigung derartiger Zwiespaltserfahrungen finden sich sinnbildliche Formulierungen. In vielen Formen und mit unterschiedlichen Bildern empfiehlt Philo in seinem Werk unentwegt, Affekte mit kognitiven Methoden zu bewältigen und dadurch die affektiv begründete Unruhe in der Seele abzubauen.[595] Um das Verhältnis der Affekte

---

Alexandria, StPhilo 3 (1974/75), 27–40; H. J. Klauck, Accuser, Judge and Paraclete: On Conscience in Philo of Alexandria, SkKe 20/1 (1999), 107–118; Kaiser, Philo, 207f.

593 Vgl. Philo, Opif. 149; Conf. 161; Det. 122; Fug. 79 u.ö. Zu Philos kategorischer Absage an eine Zuschreibung des Bösen an Gott vgl. Runia, Theodicy, 585–587.

594 Vgl. auch Philo, Leg. I 93.

595 Wissen (ἐπιστήμη) und Weisheit (σοφία) werden häufig als Mittel zur Affektbewältigung erwähnt, vgl. Philo, Deus 26; Somn. II 270 u.ö.. Philo kann das Problem der Verhaltenssteuerung nicht nur als Konflikt zwischen Vernunft und Affekten stilisieren, sondern auch abstrakter als Konflikt zwischen Tugenden und Lastern: In Opif. 164 äußert er, dass die Selbstbeherrschung (ἐγκράτεια) einen endlosen Kampf (μάχη καὶ πόλεμος) gegen die Unbeherrschtheit (ἀκρασία) führe, was durch die unterschiedlichen, jeweils involvierten Werte begründet sei: Während die Beherrschtheit mit Einfachheit und Genügsamkeit einhergehe, strebe die die Unbeherrschtheit auslösende Lust nach Überfluss und führe dadurch zu Verweichlichung. An anderer Stelle (Sacr. 20–45) beschreibt Philo den inneren Kampf des Menschen als Konflikt zwischen Tugend (ἀρετή) und Lust (ἡδονή), die wie zwei einander feindlich gesinnte Ehefrauen unter einem Dach (im Haus der Seele) Eifersüchteleien und Streit austragen. Als Personifikationen zweier möglicher Lebenswege versuchen sowohl Tu-

zur Vernunft zu illustrieren, bedient sich Philo des Öfteren des platonischen Wagenlenkerbildes. Wie der Reiter seine widerspenstigen Rosse zu zügeln vermag, so kann und soll auch die Vernunft die Leidenschaften und alles, was der Vernunft widerspricht, kontrollieren.[596] Entsprechend steht für den antiken Religionsphilosophen fest, was mit dem alttestamentlichen Miriamlied gemeint ist: „Ross und Reiter warf er ins Meer" (Ex 15,1) bezöge sich darauf, dass Gott die vier (Haupt-)Affekte und die elendige Vernunft (ἄθλιος νοῦς), d. h. den ägyptischen Charakter (Αἰγύπτιός τρόπος), ins Verderben gestürzt habe.[597] Heil werde hingegen jenen zugesichert, die sich entsprechend des Satzes „Der Reiter fällt nach hinten" (Gen 49,17) verhielten: Wer von den Affekten abfalle, d. h. wer seine Affekte zu zügeln vermöge, dessen Vernunft gleiche dem besonnenen Reiter, der von den wild tobenden Affekten abspringe.[598]

Wie Plato verwendet Philo das Puppentheater (θαύματα) als bildspendenden Bereich, um die Führung der Vernunft im Innenleben des mehrdimensionalen Menschen zu illustrieren.[599] Die fünf Sinne, das Sprachwerkzeug und das Zeugungsorgan würden vom Hegemonikon an Sehnen gezogen (νευροσπαστέω), und je nach Situation in Bewegung oder einen Ruhezustand versetzt.[600]

Naturmetaphorik wird bei Philo wie in der Stoa nicht nur zur Darstellung der Destruktivität von Affekten eingesetzt, sondern auch zur Beschreibung der Affektbewältigung und Tugendkultivierung: Hoch gewachsene und verdorbene Früchte tragende „Bäume der Affekte oder Schlechtigkeiten" (παθῶν ἢ κακιῶν δένδρα) müssen nach Agr. 10 restlos beschnitten und entfernt werden, damit die Sünde nicht neu entsprießen könne. Lust-, Begierden- und Zornesgewächse sind zu tilgen, ja deren Wurzeln sogar zu verbrennen; die besseren und vollkommeneren Bäume der Vernunft und der Tugenden hingegen zu kultivieren.[601]

---

gend als auch Lust, jeweils im Gefolge vieler weiterer Tugenden bzw. Laster, auf die Vernunft einzuwirken, damit sie entweder der einen oder der anderen Folge leistet. Der gesamte Passus Sacr. 20–45 scheint von der ‚paganen' Erzählung von Herakles am Scheideweg inspiriert, vgl. Hay, Psychology, 899, Anm. 89; Kaiser, Philo, 164ff.

596 Philo, Mos. I 26; Agr. 72ff; Leg. II 99.104; Leg. III 118.128.134; Virt. 13; Spec. IV 79–81. Das Bild enstammt Platos Phaidros-Dialog (Plato, Phaidr. 246a).

597 Vgl. Philo, Leg. III 102f.

598 Vgl. Philo, Leg. II 100–104.

599 Vgl. Philo, Opif. 117. Das platonische Marionettengleichnis findet sich in Plato, leg. 644d–645d.

600 Hier geht es allerdings weniger um die Bewältigung von Affekten als vielmehr um das Potential der Vernunft, die natürlichen Anlagen des Menschen einsetzen zu können.

601 Vgl. Philo, Agr. 17–19. Zu der breit realisierten Landwirtschaftsmetaphorik im Zusammenhang mit ethischen Aussagen (vgl. z. B. auch Gig. 4; Plant. 77.96ff.104; Det 11 u.ö.) siehe von Gemünden, Vegetationsmetaphorik, 120f.

Auch die Schifffahrt kann Philo als Bildspender heranziehen, um zur rechten Ordnung der dreiteiligen Seele aufzurufen. Dabei vergleicht der alexandrinische Gelehrte die drei Teile der Seele mit Matrosen, Schiffsreedern und Steuermännern[602] und äußert, dass das schlimmste Übel (βαρύτατον γὰρ κακῶν) darin bestehe, wenn sich alle drei Gruppen miteinander verschwörten, um den Untergang ihres Schiffes zu beschließen. Dies käme der Übereinstimmung aller Seelenteile zum Freveln (ἁμαρτάνειν) gleich: ein beinahe unheilbarer (σχεδὸν ἀνίατον) Zustand![603]

Nach Philo hat das Vernunftvermögen neben seiner Steuerungsfunktion innerhalb der Seele auch eine Schutzfunktion. Die Vernunft (νοῦς) kann von dem alexandrinischen Theologen nämlich auch mit einem Schafshirten (ποιμὴν προβάτων) verglichen werden, der als Lenker und Steuermann (ἡνίοχος καὶ κυβερνήτης) die haltlosen, unvernünftigen Seelenkräfte beschirmt, damit sie sich nicht schutzlos ohne Hüter verirrten.[604]

Aus dem überaus metaphernreichen Corpus Philonicum wurden hier einige aussagekräftige Beispiele angeführt. Sie zeigen nicht nur Philos ausgesprochene Hochschätzung der Vernunft, sondern auch, dass zur Illustration des Umgangs mit schädlichen Affekten, die zu innerer Instabilität und zur Distanzierung von Gott verleiten, griechisch-philosophische Bildfelder intensiv rezipiert werden.[605]

5.4.2. Philonische Empfehlungen für den Umgang mit inneren Dissonanzen und Konflikten anhand abstrakt-philosophischer Terminologie

Neben dem vielgestaltigen metaphorischen Sprachgebrauch für die Bewältigung innerer Konflikte greift der alexandrinische Religionsphilosoph auch auf abstrakte Termini technici griechisch-philosophischer Prägung zurück, um die Möglichkeiten eines angemessenen und unangemessenen Umgangs mit derartigen Dissonanzerfahrungen im Inneren des Menschen sprachlich darzustellen.

---

602 Vgl. Conf. 22: ναῦται, ἐπιβάται, κυβερνῆται.

603 Vgl. Philo, Conf. 21–23.

604 Vgl. Philo, Sacr. 45.

605 Um die Forderung nach Beherrschung affektiver Seelenbewegungen zu illustrieren, kombiniert Philo in Leg. III 153 biblische Aussagen mit der griechisch-philosophischen Forderung nach Affektbewältigung in einem unmissverständlich drastischen Vergleich: Wie der Spaten von den Israeliten zum Ausgraben eines Platzes zum Verrichten der Notdurft benutzt wurde (Dtn 23,14f), so soll die Vernunft die Affekte aus der Seele herausstechen, damit sie sich nicht über ihre zugewiesenen Grenzen hinweg ausbreiten können. Indem Philo hier ein äußerst negatives Bildfeld gebraucht, um das Infektionspotential und die Unreinheit emotionaler Zustände zu verdeutlichen, setzt er Affekte indirekt mit Exkrementen gleich.

Zu den unangemessenen Bewältigungsmethoden eines intrapsychischen Konflikts zählt beispielsweise die Willensschwäche oder Unbeherrschtheit, die in der Antike zumeist unter dem Stichwort ‚Akrasia' (ἀκρασία) diskutiert wird. Akratisch handelt, wer entgegen der vernünftigen Einsicht dem affektgeleiteten Impuls folgt. Wie schon bei Aristoteles ist dieses Phänomen auch im Corpus Philonicum affektiv konnotiert, da es sich auf körperliche Lusterfahrungen bezieht.[606] Auch das Wortfeld, in dem ἀκρασία in Philos Texten zu stehen kommt, ist weitgehend mit dem semantischen Feld der aristotelischen Abschnitte zu dieser Thematik deckungsgleich. Sogar die selben semantischen Opposita kommen vereinzelt vor.[607] Zudem liefert der jüdische Theologe in Somn. II 210 einen Hinweis darauf, dass er Aristoteles in der Hierarchie entsprechender Haltungen und Tugenden zustimmt, wenn er fast alle Arten von Ausschweifung (ἀκολασία) als tadelswerter erachtet als Unbeherrschtkeit (ἀκρασία). Ob der alexandrinische Religionsphilosoph – Aristoteles folgend – zwischen verschiedenen Arten akratischen Handelns unterschieden hat, geht aus den entsprechenden Stellen nicht hervor. Allerdings gibt es Indizien dafür, dass er von einem Bewusstsein des Menschen für die jeweils bessere und schlechtere Alternative, zwischen denen eine Wahl getroffen werden muss, ausgegangen ist. Da Lüste (ἡδοναί) und über das rechte Maß hinausgehende Begierden (ἐπιθυμίαι) das Merkmal zeigen, niemals befriedigt werden zu können,[608] muss deren Attacke auf den Menschen mit der Waffe (ὅπλον) der Vernunft abgewehrt werden.[609] Philo hält dies für möglich und wünschenswert. Dass es in der Hand des Einzelnen liegt, akratisch zu handeln oder nicht, wird besonders an einer Textstelle aus dem zweiten Buch ‚Über die Träume' ersichtlich: Kein Affekt vermag aus sich selbst heraus ohne entsprechende Kognitionen seinen freien Lauf zu nehmen,[610] schreibt der Alexandriner und ruft insofern die stoische Affektenlehre in Erinnerung, nach der der Mensch seine Zustimmung zu jeglichen inneren Impulsen geben muss, bevor sie wirksam werden können.[611] Es liegt nach Philo also in der Macht des Individuums, ob es unmäßige Affekte befriedigt oder nicht, so wie die Zügel in den Händen des Wagenlenkers oder das Steuer in der Hand des Steuermanns liegen müsse,

606 Vgl. exemplarisch Philo, Opif. 158; Det. 113; Leg. III 62.

607 Vgl. Philo, Spec. III 23 (Akrasia steht u. a. neben ἀκολασία); Spec. III 40 (neben μαλακία); Agr. 101 (verbunden mit ἀκολασία, die der σωφροσύνη entgegengesetzt ist); Post. 93 (Akrasia als Oppositum zu καρτερία); Legat. 14 und Ios. 55f (ἐγκράτεια als Gegenteil von ἀκρασία). Zur aristotelischen Systematik der positiv und negativ zu wertenden Affektbewältigungstugenden und -haltungen siehe Kap.III.2.3 und 2.4.

608 Vgl. z. B. Philo, Leg. III 149.

609 Vgl. Philo, Leg. III 155.

610 Vgl. Philo, Somn. II 200; Philo nennt hier u. a. Pläne (ἐπιβολαί) und Gedanken (ἐπίνοιαι) als Aspekte, die in der Hand des Menschen liegen.

611 Vgl. z. B. SVF I,61; II,115; Seneca, ira II 3,1.

damit die jeweilige Fahrt erfolgversprechend wird.[612] Allerdings räumt der alexandrinische Denker ein, dass der Erfolg einer derartigen Steuerung von Unbeherrschtheit vom Reifegrad und Alter des Einzelnen abhängig ist.[613]

Statt akratisch zu handeln, ist es für den Umgang mit inneren Konflikten weitaus nützlicher und zudem für die Gemeinschaft zuträglicher, wenn der Mensch Beherrschtheit (ἐγκράτεια), Ausdauer (καρτερία) und Besonnenheit (σωφροσύνη) ausbildet.[614] Der Erwerb dieser ‚starken Tugenden' (ἐρρωμέναι ἀρεταί) – in moderner Terminologie als „Affektbewältigungstechniken" auffassbar – stellt Philo zufolge jedoch keine leichte Aufgabe dar. Dies erläutert der alexandrinische Exeget im Rahmen eines Zwei-Wege-Konzeptes:[615] Während der leichte Pfad zu einem lustbestimmten Leben führt, ist der Weg zur Selbstbeherrschung steil und mühevoll. Wer diesen unebenen Anstieg jedoch durchhält, den erwartet als Lohn Unsterblichkeit im Himmel.[616] Insofern motiviert Philo zum richtigen Affektumgang mit dem Hinweis auf eschatologische Konsequenzen.

Philo erwähnt Beherrschtheit (ἐγκράτεια) und Ausdauer (καρτερία) häufig in Kombination und scheint zwischen ihnen nicht wie Aristoteles präzise differenziert zu haben.[617] Mit der Bezeichnung der Beherrschtheit als ‚Tugend'[618] setzt sich Philo erstens von Aristoteles ab, der Beherrschtheit nicht als Tugend selbst, sondern als Haltung (ἕξις) zwischen der Tugend der Besonnenheit (σω-

612 Vgl. Philo, Somn. II 201.

613 Zu den Reifestufen in Verbindung mit der Affektbewältigung siehe das oben Folgende. In Virt. 36.40 äußert Philo, junge Männer seien aufgrund ihres noch ungefestigten Charakters besonders gefährdet, durch die Lockmittel einer schönen Frau verführt zu werden und so ihre Selbstbeherrschung zu verlieren. Aber auch erwachsene Männer können, obwohl sie es besser wissen sollten, angesichts leidenschaftlicher Gefühle zu anderen Frauen ihre Haltung mitunter verlieren und willensschwach werden. In Spec. II 135 schreibt Philo deren Abirren auf den Pfad der Akrasia kognitiven Ursachen zu: Sie vergessen die Lehren der Besonnenheit (σωφροσύνη) und werden daher von der Lust – hier als unsittlichster (αἴσχιστος) aller Affekte bezeichnet – bezwungen. Wie hier, so ist die Unbeherrschtheit im Corpus Philonicum auch sonst des Öfteren sexuell konnotiert, vgl. z. B. Spec. III 23; Decal. 169; Ios. 56. Weil Philo die tadelnswerte Unbeherrschtheit wiederholt nicht-jüdischen Volksgruppen – darunter auch den Griechen seiner unmittelbaren Umgebung – nachsagt (vgl. Cher 92; Spec. III 23.40; Spec. IV 22; Abr. 103), versteht sich, weshalb er den Übertritt (bzw. die Umkehr aus der Gottlosigkeit) zum Judentum als Übergang von Unbeherrschtheit zu Beherrschtheit bezeichnen kann (Praem. 116).

614 Vgl. Philo, Her 274; Spec. I 149

615 Vgl. Philo, Spec. IV 112

616 Vgl. auch die Erwähnung von Unvergänglichkeit als vollkommenem Gut, das die Ausdauer in Aussicht stellt, Philo, Agr. 100.

617 Vgl. z. B. Philo, Mut. 229; Somn. I 154; Somn. II 185; Spec. IV 112. Der Gebrauch von ἐγκράτεια und/oder καρτερία in Post. 93, Agr. 101.106; Mos. I 25 u.ö. weist jedoch darauf hin, dass Philo die aristotelische Systematik und Abstufungen zwischen der Tugend der Besonnenheit und der Schlechtigkeit der Ausschweifung gut bekannt waren.

618 Vgl. exemplarisch Philo, Her. 274; Spec. I 149; Agr. 109; Mut. 229.

φροσύνη) und der Schlechtigkeit der Zügellosigkeit (ἀκολασία) verstand, mit deren Hilfe intrapsychische Konflikte angegangen werden können.[619] Zweitens unterscheidet sich Philos Auffassung der Beherrschtheit als einer Tugend auch von den Stoikern, die ἐγκράτεια als Hilfsdisposition zur Erreichung der Kardinaltugend der Besonnenheit gesehen zu haben scheinen.[620] Die philonische Konzeption der Beherrschtheit geht über ihre Vorläufer hinaus,[621] da Beherrschtheit (ἐγκράτεια) nicht nur die Fähigkeit umfasst, körperlichen Genüssen widerstehen zu können, sondern auch seine Zunge zu beherrschen.[622]

Neben derartigen unangemessenen und angemessenen Möglichkeiten zum Umgang mit Innendissonanzen nennt Philo verschiedene Methoden zur Affektbeherrschung, die schon die vorhellenistische Antike entwickelte: Die Bewältigungsstrategie der Metriopathie (μετριοπάθεια) begegnet bei Aristoteles und besteht in der Kultivierung bzw. Mäßigung der Affekte durch die Vernunft.[623] Eine andere Methode, die Apathie (ἀπάθεια), wurde von der Stoa vertreten und erfordert nicht nur eine Affektkultivierung, sondern die völlige Auslöschung affektiver Regungen.[624] Beide Methoden können bei Philo empfohlen werden, lassen sich aber beispielsweise in der Schrift ‚Legum Allegoriae' unterschiedlichen Menschentypen bzw. Reifegraden und Veranlagungen zuordnen:[625] Ein noch Fortschreitender (ὁ προκόπτων), verkörpert z. B. von Aaron, Abraham oder Isaak, soll sich nach Philo, Leg. III 132 an dem Leitbild der Metriopathie ausrichten.[626] Weil sich die Affektausrottung, die Apathie,

---

619 Vgl. das siebte Buch der Nikomachischen Ethik, bes. Aristoteles, eth.Nic. 1147–48a 15f; 1147b 24; 1150ab.

620 Vgl. Stobaeus II 60,9–62,14 = SVF III,264 = Nickel § 610.

621 Vgl. dazu auch Grundmann, Art. ἐγκράτεια κτλ., ThWNT 2 (1935), 339.

622 Vgl. Philo, Congr. 80; Spec. II 195. Zu sprachethischen Aspekten im Corpus Philonicum siehe Luther, Sprachethik, 141ff; 196ff u.m.

623 Vgl. Aristoteles, eth.Nic. 1107b–1108a. Vgl. auch Dillon, Metriopatheia, 508f.

624 Im Falle von notwendigen Affekten, die z. B. das Verlangen nach Nahrung oder Trinken signalisieren, empfiehlt der antike Religionsphilosoph das Ideal der Mäßigung durch die Vernunft; eine Ausrottung dieser Affekte empfiehlt sich hier nicht, vgl. Leg. III 145.155. Die Apathie als Postulat der stoischen Moraltheorie kann bei Philo mit dem platonischen dreiteiligen Seelenmodell verbunden sein: Weil Epithymetikon und Thymikon, also die ‚niederen' Seelenteile, Philo zufolge von Natur aus unvernünftig und krank sind, müssen die Affekte entfernt werden, um moralische Vollkommenheit erreichen zu können (vgl. z. B. Leg. III 114–117). Siehe dazu Aune, Mastery, 126. Die Theorie der Apathie konnte innerhalb der Stoa unterschiedliche Konturen annehmen. Für einen Vergleich des aristotelischen Affektkonzepts mit dem stoischen siehe z. B. J.M. Dillon, Metriopatheia and Apatheia: Some Reflections on a Controversy in later Greek Ethics, in: J.P. Anton/A Preus (Hg.), Essays in Ancient Greek Philosophy Bd. 2 (1983), 508–517; Striker, Emotions, 293ff.

625 Vgl. z. B. Philo, Leg. III 144.

626 An anderen Stellen präsentiert Philo Abraham, Isaak und Jakob hingegen nicht als Fortschreitende, sondern weist seine Leser explizit darauf hin, dass diese Patriarchen als Verhaltensmodelle der Vollkommenheit gelten, vgl. Abr. 4f. Sie stehen für drei verschiedene

hingegen nur für einen Vollkommenen (ὁ τέλειος) wie Mose anbietet,[627] räumt Philo in Legum Allegoriae ein, dass es für den Einzelnen ausreichend ist, Aarons Entwicklungsstufe zu erreichen.[628]

Insgesamt ist erkennbar, dass der antike Religionsphilosoph unterschiedliche philosophische Traditionen aufnehmen und modifizieren kann, um auf die Bedeutung der Dissonanzreduktion im eigenen Inneren hinzuweisen. Dass für Philo eine vollständige Beilegung intrapsychischer Konflikte durch Apathie dabei als ausgesprochen schwierig angesehen wurde, wird daran deutlich, dass er sich selbst trotz größter Bemühungen, das Ideal des gereiften Weisen zu erreichen, zu den noch Fortschreitenden zählt.[629]

Wege, um dieses Ideal der Vollkommenheit zu erreichen und insofern innere Einheit zu erlangen. Während Abraham die Methode des Lernens und Erforschens und damit den Bildungsweg (διδασκαλία) verkörpert (Abr. 52ff), ist Isaak als der Repräsentant der praktischen Askese (ἄσκησις) gezeichnet. Jakob hingegen vertritt die natürliche, angeborene Weisheit, er ist von Natur (ἐκ φύσεως) aus fähig, nach dem Guten zu streben. Er bringt sich alles selbst bei (Mut. 255: αὐτομαθής), insbesondere durch Nachahmung von vorbildlichen Personen (Congr. 69). Im Gegensatz zu Abrahams Methode des Lernens und Forschens ist der Weg Jakobs jedoch mit Schwierigkeiten behaftet, da er nicht konstant ist (Mut. 84). Vielmehr zeichnet sich die Methode der Selbstbildung dadurch aus, dass sich Fortschritte und Rückschläge abwechseln (Somn. I,150; Abr. 52ff). Hier macht Philo auch darauf aufmerksam, dass jeder einzelne der Patriarchen alle drei Eigenschaften zu einem gewissen Teil in sich vereint, aber eine dieser Eigenschaften jeweils vorherrscht. Er begründet dies damit, dass Bildung oder Übung ohne entsprechende Naturanlagen genauso wenig möglich sind, wie die Verwirklichung der Anlage zur Vollkommenheit ohne Lernen und Praxis.

627 Philo, Leg. III 129–132. Mose wird als der „in jeder Hinsicht größte und vollkommenste Mann“ (Mos. I 1) und als „der Heiligste alles Geborenen“ (Mos. II 192) charakterisiert, dessen Tugenden sogar stoische Ansprüche an einen Weisen übertreffen, weshalb er Satlow, Philo, 506ff zufolge als Vorbild nur bedingt in Frage kommt. Weil Mose von Philo als ein Mann dargestellt wird, der sich von allen sonstigen Vorstellungen eines vollkommenen Menschen deutlich abhebt, bezeichnet ihn D. Winston als einen „super-sage“. Vgl. D. Winston, Sage and Super-Sage in Philo of Alexandria, in: D. Wright u.a. (Hg.), Pomegranates and Golden Bells. Studies in Biblical, Jewish and Near Eastern Ritual, Law, and Literature in Honor of J. Milgran, Winona Lake 1995, 815–824.

628 Vgl. Philo, Leg. III 131f. Der Vollkommene ist sich selbst Gesetz, denn er wählt freiwillig das Gute um des Guten willen. Der Vorwärtsstrebende hingegen ist noch auf pädagogische Einwirkung angewiesen (vgl. Leg III 140–144). Auf den Unterschied zwischen Vollkommenem und Fortschreitenden weist Philo beispielsweise auch in Somn. II 234 hin.

629 Vgl. Philo, Leg III 155–157, hier 156: Philo rekurriert darin auf seine eigene Erfahrung bei seinem Streben, die ideale Regulierung der Leidenschaften zu erlangen.

5.5. Vorstellungen von Innen-Außen-Dissonanzen bei Philo

5.5.1. Zur Darstellung und Wertung von Innen-Außen-Dissonanzen bei Philo

Wie bei einem psychologisch interessierten Exegeten der biblischen Schriften nicht anders zu erwarten, behandelt Philo in seinem Werk die problematische Abweichung der inneren Gesinnung vom öffentlich gezeigten Verhalten. Während im Alten Testament diese Nichtübereinstimmung durch das Bild des doppelten Herzens illustriert werden kann,[630] sind im Corpus Philonicum entsprechende Ausdrücke und Wendungen nicht belegt. Allerdings begegnen in Sacr. 32 die Ausdrücke δίγλωσσος (‚doppelzüngig') und διχόνους (‚doppelsinnig') im Zusammenhang mit Philos umfangreicher Liste derjenigen Charaktereigenschaften, Charakterbezeichnungen und Negativattribute, die einem Anhänger des Lustaffekts (φιλήδονος) zugeschrieben werden können. Zwar werden keine Definitionen dieser tadelswerten Eigenschaften gegeben, aber die Nennung dieser Lexeme gleich im Anschluss an den Ausdruck δολιώτατος (‚äußerst hinterlistig') und direkt vor ἐπίβουλος (hier: ‚heimlich planend') lässt deutlich erkennen, dass Philo Doppelzüngigkeit und Doppelsinnigkeit als negativ zu wertende Phänomene versteht, bei denen ein Integritätsdefizit vorliegt. Wer zwei Zungen oder zwei Sinne aufweist, dessen innere Gesinnung stimmt nicht mit seinem öffentlichen Verhalten überein. Insofern lassen sich δίγλωσσος und διχόνους als Innen-Außen-Dissonanzen verstehen.[631] Philo scheint das Auseinanderklaffen zwischen wahrer Intention und gezeigtem Verhalten auf das Streben nach Lust (ἡδονή) zurückzuführen bzw. auf den gar nicht erst aufgenommenen Kampf gegen diesen Affekt.[632]

Eine Innen-Außen-Dissonanz liegt zudem bei dem Phänomen der Heuchelei (ὑπόκρισις) vor, das Philo mitunter thematisiert. Heucheln impliziert nämlich eine Inkohärenz zwischen dem realen Selbst einer Person und dem Bild, das sie absichtlich nach außen vermittelt. In Fug. 156 erwähnt der alexandrinische Gelehrte die ὑπόκρισις als eine Gesinnung (διάνοια), die im Gegensatz zur Wahrheit (ἀλήθεια) steht. Weil das Sein (τὸ εἶναι) oftmals vom Schein (τὸ δοκεῖν) überschattet werde, sei die Unterscheidung (διάγνωσις) zwischen Heuchelei und Wahrheit jedoch schwierig zu treffen. Als semantische Opposition zur Heuchelei begegnet in Ios. 68f ebenfalls die Wahrheit (ἀλήθεια). Sich der Wahrheit gemäß zu verhalten, bedeutet dem Text nach, nichts zu verbergen

---

630 Vgl. z. B. Ps 11,3^{LXX}: ἐν καρδίᾳ καὶ ἐν καρδίᾳ. Did 5,1 und Barn 20,1 verwenden für dieses Phänomen das Lexem διπλοκαρδία (‚Doppelherzigkeit'). Auch andere Ausdrücke, die in der LXX oder im Frühchristentum für Innen-Außen-Dissonanzen Verwendung finden, wie δίλογος (1Tim 3,8) oder δίγνωμος (Did 2,4; Barn 19,7), begegnen bei Philo nicht. Zur Rede vom doppelten Herzen in der Hebräischen Bibel siehe S. 192ff dieser Arbeit.

631 Zu dieser Terminologie siehe S. 57 dieser Arbeit.

632 Vgl. Philo, Sacr. 35.

(ὑποστέλλω) und zu verheimlichen (συγκρύπτω), sondern rein und truglos (ἀδόλως καὶ καθαρῶς) zu sein und ein leuchtendes Gewissen (τὸ συνειδός) zu besitzen. Durch diese Präzisierungen der Wahrheit wird deutlich, dass Heuchelei als Verheimlichung und als Trug zu verstehen ist, d. h. als eine Verhaltensweise, bei der das geheime ‚Innen' absichtlich nicht der Öffentlichkeit preisgegeben wird. Besonders negativ wird die ὑπόκρισις hier gewertet, wenn sie schlimmer als der Tod charakterisiert wird.[633]

Die Inkohärenz zwischen dem ‚Inneren' und dem ‚Äußeren' des Menschen kann Philo des Öfteren auch statt mit einem spezifischen Ausdruck wie der ὑπόκρισις mit sprachlichen Wendungen explizieren. Forderungen wie die nach der „Verbindung (und Kohärenz) zwischen Rede und Leben"[634] oder die nach Harmonisierung von Rede (λόγος) und Gesinnung (διάνοια), Gesinnung und Tat (ἔργον)[635], aber auch das Lob für Menschen, die ihren Worten entsprechend handeln,[636] zeugen von der Bedeutung, die Philo der Integrität und Wahrhaftigkeit des Menschen beimisst.

5.5.2. Philos Empfehlungen zur Bewältigung von Innen-Außen-Disonanzen

Befinden sich Wort, Gesinnung, Entschluss (d. h. die menschliche Innenseite) und Handlung (d. h. das nach außen gezeigte Verhalten) miteinander in Zwiespalt (στασιάζω), hat das Leben der betroffenen Person als unvollkommen (ἀτελής) und tadelnswert zu gelten.[637] Da Philo von Alexandrien jedoch Vollkommenheit und Integrität als menschliche Lebensziele verstehen kann, muss die Dissonanz zwischen dem Innenaspekt und dem Außenaspekt der betroffenen Person in Einklang gebracht werden. Jakob gilt dem alexandrinischen Theologen als Vorbild für eine derartige integre Lebensführung: Weil dessen Worte und Taten übereinstimmten, werde er sogar bei fremden

---

633 Siehe dazu auch Spicq, Art. ὑποκρίνομαι κτλ., TLNT III, 409: „In Philo, *hypokrisis* often retains its literal sense of deception, associated with cheating, deception, subterfuge, illusion. It is falsehood that is the opposite of *alētheia*, but it is stigmatized with an exceptional violence unparalleled except in Matt and *Pss. Sol.*".

634 Vgl. Philo, Fug. 150.154: εἱρμός (καὶ ἀκολουθία) λόγου πρὸς βίον.

635 Vgl. Philo, Post. 88; Praem. 81 (hier ist diese Dreierkette um Entschlüsse [βουλεύματα] erweitert).

636 Vgl. Philo, Mos. I 29. In Praem. 82f wird dasjenige Volk als weise und verständig bezeichnet, das die Gesetzesvorschriften nicht nur im Munde führt, sondern diesen Worten auch Taten folgen lässt. An das platonische Höhlengleichnis erinnert dabei der Vergleich der Herstellung dieser Innen-Außen-Kohärenz mit dem Emporsteigen aus dem tiefsten Dunkel in das Licht.

637 Vgl. Philo, Virt. 184: ὅταν μὲν γὰρ οἷος ὁ λόγος τοιάδε ἡ γνώμη καὶ οἷον τὸ βούλευμα τοιάδε ἡ πρᾶξις, ἐπαινετὸς καὶ τέλειος ὁ βίος, ὅταν δὲ στασιάζῃ ταῦτα ἐν ἀλλήλοις, ἀτελής τε καὶ ψεκτός.

Völkern für seine Vortrefflichkeit (καλοκἀγαθία) gelobt.[638] Um eine solche Harmonie (ἁρμονία) zwischen menschlichem ‚Innen' und ‚Außen' zu verwirklichen und insofern ein rühmenswertes und vollkommenes (τέλειος) Leben zur Möglichkeit werden zu lassen,[639] empfiehlt der alexandrinische Gelehrte in erster Linie Reue/Umkehr (μετάνοια).[640] Dieses Mittel zur Wiederherstellung der Kongruenz von innerer Gesinnung und dem nach außen dargestellten Verhalten wird schon im Alten Testament gefordert.[641] Philo motiviert seine Adressaten zur Umkehr von Torheit zur Tugend gerne konsequenzbezogen, d. h. extrinsisch: Wer seine Sünden vor Gott bekennt und bereut, kann göttliche Vergebung erwarten.[642] Umkehr bewirkt Philo zufolge jedoch auch die Fähigkeit zur Gottesliebe, und sichert dem Bereuenden zugleich die Liebe Gottes zu.[643] Die Bewältigung von Innen-Außen-Dissonanzen hat demnach positive Konsequenzen für die Beziehung zwischen Mensch und Gott.

5.6. Der Zweifel bei Philo von Alexandrien

Neben intrapsychischen Konflikten und Inkohärenzen zwischen Wort, Wille und Handeln hat sich Philo von Alexandrien auch mit dem Zweifel als einer weiteren Dissonanzform menschlichen Daseins befasst. Betrachtet man die verwendete Terminologie, fällt erstens auf, dass der jüdische Religionsphilosoph aus dem bestehenden Wortschatz, mit dem die zeitgenössische griechische Sprache dieses Phänomen explizit zum Ausdruck bringen konnte, bevorzugt nur zwei Lexemfamilien wählt, nämlich ἐνδοιάζω κτλ. und ἐπαμφοτερίζω κτλ.[644] Zweitens zeigt eine Übersicht über die entsprechenden Belegstellen, dass der Zweifel bei Philo im Unterschied zur sonstigen frühjüdischen Lite-

638 Vgl. Philo, Ios. 230. Die hier aufscheinende positive Darstellung bei Philo passt zur tendenziell aufwertenden frühjüdischen Rezeption der Jakobsfigur. Siehe dazu K. Gies, Art. Jakob, in: Das wissenschaftliche Bibellexikon im Internet (https://www.bibelwissenschaft.de/stichwort/22151/, abgerufen am 6.2.2018), 4.2.

639 Vgl. Philo, Virt. 184.

640 Vgl. Philo, Virt. 183; vgl. auch Cher. 2; Leg. II 60–63. Umkehr besteht nach Praem. 15f in der Abkehr vom Schlechten bzw. in der Zuwendung zu den Tugenden. Zur μετάνοια bei Philo siehe z. B. Zeller, Charis, 61–65; Kaiser, Philo, 222f;230–233.

641 Vgl. die Forderung zur Umkehr ‚aus ganzem Herzen' in Jer 3,10; 29,13; Joel 2,12. Siehe dazu S. 204f dieser Arbeit.

642 Vgl. Philo, Leg. II 80; III 211; Somn. II 292.

643 Vgl. Philo, Virt. 184.

644 Gelegentlich gebraucht Philo zudem das Lexem ἀμφισβητέω, ‚in Widerspruch mit jmd. sein', streiten', ‚etw. bezweifeln/bestreiten', aber in fast allen Fällen in juridischen Kontexten, und damit nicht in erster Linie anthropologischen oder theologischen Zusammenhängen, vgl. z. B. Leg. III 205; Sacr. 91; Plant. 82; Decal. 92.140 u.ö. Das frühchristlich öfters gebrauchte Verb διστάζω (u. a. Mt 14,31; 28,17) beispielsweise ist im Werk Philos nicht belegt.

ratur der hellenistischen Zeit kein Randthema darstellt, sondern facettenreich behandelt wird.

5.6.1. Der Zweifel als allgemein menschliches Phänomen im Werk Philos

Im Corpus Philonicum ist das Zweifeln (ἐνδοιασμός) eine Verhaltensweise, die nur dem Menschen zugeschrieben wird. Gott hingegen zweifelt nicht.[645] Der Mensch tendiert Philo zufolge von Natur aus zur Unsicherheit (ἐπαμφοτερισμός),[646] was als Indiz für seine Affekte zu verstehen ist.[647] Die Fähigkeit zu zweifeln hängt demnach mit der Fähigkeit, Affekte und Leidenschaften zu erfahren, zusammen. Philo erläutert den Zusammenhang in seiner Schrift ‚Quaestiones in Genesim' näher: Jedes Vorstellungsbild (φαντασία) bewirke einen unmittelbaren Impuls (ὁρμή) in Richtung auf das Vorstellungsobjekt. Damit aber ginge quasi-automatisch ein ‚sich nach beiden Seiten neigender Zweifel' (ἐνδοιασμὸς ἀμφικλινής) einher, der die Seele hin und her schwanken ließe.[648] Mit diesen Aussagen vergleichbar ist ein von Gedanken der antiken Skepsis beeinflusster Abschnitt aus ‚De ebrietate': Dass wir als Menschen überhaupt zweifeln (ἐνδοιάζω) liegt Philo zufolge daran, dass wir nicht konstant mit unveränderlichen Vorstellungsbildern (φαντασίαι) der immer gleichen Wahrnehmungsgegenstände konfrontiert sind. Weil die Erscheinungen vielmehr unterschiedlichsten und vielgestaltigen Veränderungen unterworfen sind,[649] und daher als unsicher (ἀνίδρυτον) gelten,[650] können die beiden (aufeinander angewiesenen) Beurteilungskriterien, mit denen wir von Natur aus ausgestattet sind, nämlich die Vernunft (νοῦς) und die Sinneswahrnehmung (αἴσθησις), nicht täuschungssicher und unvoreingenommen operieren.[651] Sogar bei der Beurteilung rein geistiger Dinge täuscht sich das Vernunftvermögen häufig.[652] Wir können also niemals unserem ersten Eindruck vertrauen (πιστεύω) und daher über nichts wirkliche Gewissheit erlangen, da die Unzuverlässigkeit unserer Beurteilungsfähigkeit auf der Unstetigkeit unserer Vor-

---

645 Philo, QG I 21: οὐ γὰρ ἐνδοιάζει θεός; QG I 55a: Οὔτε ἐνδοιασμὸς οὔτε φθόνος περὶ θεόν.

646 Vgl. Philo, QG I 21.55.

647 Vgl. Philo, QG I 55.

648 Vgl. Philo, QG I 55.

649 Vgl. Philo, Ebr. 169. In Ebr. 166–205 macht Philo von skeptischer Redeweise Gebrauch: Dieser Abschnitt enthält die Tropen des Pyrrhoneers Ainesidemos, vgl. Ryu, Knowledge, 58. Argumente der antiken Skepsis finden sich auch in Ebr. 41–49. Zur antiken Skepsis siehe auch S. 174–179 dieser Arbeit.

650 Vgl. Philo, Praem. 29.

651 Vgl. Philo, Ebr. 169; Praem. 29. Dass Sinneswahrnehmung und Vernunft aufeinander angewiesen sind stellt Philo z. B. in Leg. II 40f heraus.

652 Vgl. Philo, Praem. 29.

stellungsbilder beruht.[653] Der Zweifel ist ein notwendiges Mittel, da er die psychischen Funktionen des Auswählens und Verwerfens von Verhaltensalternativen sowie der Volition mit sich bringt.[654] Aufgrund der Irrtumsanfälligkeit unserer Wahrnehmung und Vernunft sind Zweifel und Misstrauen (ἀπιστία) gegenüber allen geschaffenen und vergänglichen Dingen angebracht.[655] Das Zweifeln ist also ein Prozess, der in der Seele des Menschen zu lokalisieren ist und sich in erster Linie darauf bezieht, ob einem Impuls – ausgelöst durch das täuschungsanfällige Vorstellungsvermögen des Menschen – nachgegeben werden soll oder nicht. Aufgrund der verwendeten Terminologie zur Darstellung dieses Phänomens scheint der Zweifel für Philo hier vor allem ein motivational-affektiver psychischer Vorgang zu sein.

Ähnlich beschreibt er den Zweifler (ὁ ἐνδοιαστής) in Migr. 148: Anhand ein und desselben (περὶ ἕνα καὶ τὸν αὐτὸν) Menschen bzw. dessen Denkvermögens (νοῦς) könne man die Beobachtung machen, dass sich zwei Neigungen abwechseln, nämlich die Tendenz, das Gute zu wählen und die Tendenz, das Schlechte vorzuziehen. Der Zwiespältige (ὁ ἐπαμφότερος) erweist sich als unfähig dazu, sich festzulegen.[656] Philo vergleicht ihn mit einem Schiff, das von entgegengesetzten Windstößen hin und her getrieben wird.[657] Die gebrauchten Sprachwendungen sowie die Anspielung auf Lot verdeutlichen, dass Philo hier den Zweifel im Kontext von Entscheidungskonflikten verortet, bei denen zwischen der besseren und der schlechteren Alternative abzuwägen ist.[658] Selbst wenn sich ein Zweifler für die bessere Alternative entscheiden sollte, verdient er nach Philos Aussage keine Anerkennung, da er einem Impuls (φορά) statt einem kognitiven Urteil (γνώμη) folgt.[659] Hier zeigt sich nicht nur, dass Philo den Menschen als dispositionell zum Zweifeln veranlagt sehen kann, sondern auch erneut, welch große Bedeutung er der menschlichen Vernunftfähigkeit beimisst.

---

653 Vgl. Philo, Ebr. 170f. Philo kann sogar fordern, sich aufgrund der Unzuverlässigkeit unserer Wahrnehmung des Urteils zu enthalten und gebraucht dafür das Schlagwort der antiken Skepsis ἐπέχειν, vgl. Ebr. 192.200.205.

654 Vgl. Philo, Ebr. 169.

655 Vgl. Philo, Praem. 28. Philo knüpft mit dieser Ansicht an die skeptische Erkenntniskritik an. Vgl. exemplarisch M. Baum, Art. Skepsis/Skeptizismus, I. Philosophisch, TRE 31 (2000), 350.

656 Vgl. Philo, Migr. 148,7: ἐφ' ἑνὸς στηριχθῆναι βεβαίως ἀδυνατοῦντος.

657 Als zweites Vergleichsbeispiel führt Philo das Schwanken der zwei Schalen einer Waage an.

658 Vgl. Philo, Migr. 148. Lot steht bei Philo symbolisch für einen unentschlossenen, schwankenden Charakter, vgl. Böhm, Rezeption, 77.

659 Der Ausdruck φορά bedeutet wörtlich etwa ‚Ablenkung' und meint, dass sich der Mensch von seiner eigentlichen Aufgabe, der Vernunft zu gehorchen bzw. nach Weisung der Vernunft zu handeln, ablenken lässt. Deshalb kann φορά von den Stoikern für den Affekt(-Impuls) gebraucht werden. Vgl. exemplarisch SVF III,462 = Nickel § 769; SVF III,475 = Nickel § 774.

5.6.2. Bezugsobjekte des Zweifels im Corpus Philonicum

Der Zweifel kann sich in den philonischen Schriften auf unterschiedliche Gegenstände beziehen, beispielsweise ganz allgemein auf innere Impulse, die Wahrnehmungsbildern entspringen und zum Handeln auffordern.[660] Auch bei ethischen Entscheidungen kann es zum Zweifel kommen, denn der Einzelne muss wählen, ob er das Gute oder das Schlechte vorziehen will.[661]

Sodann begegnet Gott und sein Wort wiederholt als Auslöser von Zweifelsgedanken. Insbesondere göttliche Verheißungen können bei Philo mit dem Zweifel in Bezug gesetzt werden.[662] Damit verwandt ist die Infragestellung der Macht Gottes, der sowohl Gutes als auch Schlechtes zu bewirken vermag.[663] Philo fordert seine Leser in der Abhandlung ‚De plantatione' dazu auf, etwaige Zweifel an diesen Fähigkeiten Gottes auszuräumen sowie Ängste angesichts seiner Machtfülle zu überwinden: Auch wenn er das Böse verursachen könne, wolle er prinzipiell das Gute.[664] Der thematisierte Zweifel ist hier nicht in erster Linie auf zukünftige Ereignisse gerichtet, sondern betrifft ein sowohl gegenwärtig erfahrbares als auch zukünftig zu erwartendes Wesensmerkmal Gottes. Der hier für den Zweifel verwendete Ausdruck ἐνδοιάζειν kommt in einem Wortfeld mit der Furcht (φόβος) zu stehen, was auf ein affektives Verständnis des Zweifels hindeuten könnte. Diese beiden Beobachtungen sind in zweifacher Hinsicht bemerkenswert: Erstens sind auch bei den Stoikern unterschiedliche Wörter, die Bedenken und verwandte Phänomene zur Sprache bringen, mit dem Furchtaffekt verbunden.[665] Und zweitens scheint der Verfasser des Matthäusevangeliums ebenfalls das Zweifeln (διστάζω) und die Furcht (φόβος) in Zusammenhang zu bringen (vgl. Mt 14,22–33).[666]

Ganz besonders negativ bewertet sind bei Philo Zweifel an der Existenz Gottes. Weil die Lehren, die von Gott handeln, die unbestreitbare (ἀνενδοίαστος), nackte Wahrheit enthielten und keineswegs unsicher (ἀμφίβολος) oder anzuzweifeln (ἐπαμφοτερίζω) seien,[667] äußert sich Philo ausgesprochen

---

660 Vgl. Philo, QG I 55; Praem. 29.

661 Vgl. Philo, Migr. 148.

662 Vgl. Philo, Her 100–102; Mos II 260f.

663 Vgl. Philo, Plant. 87. Der Topos der göttlichen Macht begegnet schon in Plant. 46 (barmherzige und gutmütige Macht), Plant. 50 (welterschaffende Macht) und Plant. 58 (allmächtig). Durch die positive Charakterisierung der Fähigkeiten Gottes könnte dem aufmerksamen Leser bereits Philos Verständnis der göttlichen Macht suggeriert worden sein, wonach das wohlwollende Handeln Gottes trotz dessen Fähigkeit, auch Böses bewirken zu können, überwiegt.

664 Vgl. Philo, Plant. 88f.

665 Vgl. exemplarisch SVF III,409. Siehe dazu auch S. 159 dieser Arbeit.

666 Siehe dazu auch Kapitel VIII.4.

667 Vgl. Philo, Spec. I 63. Damit unterschieden sich theologische Lehren von solchen der Wahrsagekunst, die sich stets selbst wiederlegten und denen Unzuverlässigkeit (ἀσάφεια) anhafte, weshalb Mose solche mantischen Praktiken verboten habe. Die Erkenntnis der

abschätzig über gottlose Menschen (ἄθεοι).[668] Von diesen gibt es Philo zufolge zwei Arten: Einige zweifeln (ἐνδοιάζω) und schwanken (ἐπαμφοτερίζω) noch über das Dasein Gottes. Andere sind jedoch besonders dreist und behaupten, Gott würde gar nicht existieren; die Gottesvorstellung sei ihrer Meinung nach eine menschengemachte Illusion, um die Wahrheit durch Mythen zu verdunkeln.[669] Diese Ausführungen lassen zwei interessante Beobachtungen zu: Die eine betrifft die Mentalitätsgeschichte, denn der Abschnitt belegt, dass atheistische Auffassungen in der jüdischen Literatur der griechischsprachigen Welt zur Zeit Jesu existierten. Die andere Beobachtung verdeutlicht Philos Einstellung zu solchen Anschauungen: Für ihn ist die Existenz Gottes unstrittig. Zugleich hält er den Zweifel am Dasein Gottes für weniger verwerflich als die Vorstellung, Gott sei ein menschliches Phantasiegebilde, wie aus den Negativzuschreibungen der Voll-Atheisten als „keck" und „verwegen" ersichtlich wird.[670]

5.6.3. Biblische Subjekte des Zweifels im Corpus Philonicum

Lot ist im Corpus Philonicum im Gegensatz zu den Hauptfiguren der Vätererzählungen nicht durchgängig auf die Tugend oder den Frevel festgelegt, sondern erscheint als eine Gestalt, die zwischen diesen beiden Polen oszilliert. Er repräsentiert den Menschentypus, der sich mitunter zum Guten, mitunter zum Bösen neigt.[671] Daher deutet Philo Lot's Namen in Migr. 148 als ἀπόκλισις (‚Abneigung') und ordnet ihn als Zweifler (ἐνδοιαστής καὶ ἐπαμφοτεριστής) ein, dem es an Kraft mangelt, in ein- und demselben Zustand zu verbleiben.[672] In Post. 75 wird die schwankende Disposition Lots auf dessen Seelenschwäche (ψυχῆς ἀσθενεία) zurückgeführt. Weiter heißt es von Lot in ‚De Abrahamo', der Neffe Abrahams weise einen inkonsistenten Charakter auf (τῶν τρόπων ἀνωμαλία), sei unzuverlässig und unentschieden (ἀβέβαιος, ὑπαμφίβολος), und schwanke zwischen Freundlichkeiten und Widerspenstigkeit hin und her.[673] Insofern lässt sich Lot in der Darstellung Philos als Repräsentant des zweifelnden Menschentypus werten.[674]

Zukunft könne jedoch erlangt werden: Sie ist jenen verheißen, die ihre Frömmigkeit ohne zu wanken (ἀκλινῶς) ausübten (vgl. Spec. I 64).

668 Vgl. Philo, Opif. 170.

669 Vgl. Philo, Opif. 170.

670 Philo von Alexandrien könnte in seinem heterogenen Umfeld in Alexandrien durchaus auf derartige atheistische Auffassungen gestoßen sein.

671 Vgl. Sandelin, Attraction, 38.

672 Vgl. Philo, Migr. 148f.

673 Vgl. Philo, Abr. 212. Das Schwanken ist hier durch den metaphorischen Gebrauch von ἀντιρρέπω (‚das Gleichgewicht/Gegengewicht halten') zur Sprache gebracht.

674 Zu der unterschiedlichen Konnotationen, die Philo der Figur des Lots je nach Adressatenkreis und Argumentationsabsicht beilegen kann, siehe Böhm, Rezeption, 150.224.229.379.

Weil die Erzmutter Sara als „Chiffre“ für den Zweifel zum Grundbestand jüdisch-christlichen Glaubensgutes gehört,[675] ist ein Blick auf Philos Darstellung der Erzmutter Sara aufschlussreich. Steht sie im Corpus Philonicum bereits paradigmatisch für eine zweifelnde Haltung Gott gegenüber? Können Philos Aussagen über Sara dieser Auslegungstradition zugeordnet werden? Oder hat Philo Saras Lachen angesichts der Sohnesverheißung etwa überraschend anders interpretiert?[676] Weil die Reaktion der Ahnmutter auf die Zusage, trotz ihres fortgeschrittenen Alters einen Sohn zu empfangen, im Corpus Philonicum mehrfach erwähnt bzw. exegetisiert wird, könnte es jedoch auch sein, dass diesbezüglich unterschiedliche Bewertungen begegnen. Und dies ist auch tatsächlich der Fall, denn Philo deutet Saras Lachen in Spec. II 54 als Freude, die ‚ihren Bauch füllt‘, weil sie in der Lage war, ihre Affekte zu beruhigen,[677] während Philo in Abr. 111f das Lachen der Sara in Folge der Verheißung ausdrücklich auf (temporäre) Ungläubigkeit zurückführt.[678] Damit stellt er ihre Geste in einen Zusammenhand mit ihrer Frömmigkeit. Das Misstrauen an der Verheißung in Abr. 111 wird jedoch durch den Hinweis auf die Hoffnungslosigkeit der Erzeltern, angesichts ihres fortgeschrittenen Alters ein Kind zu empfangen, als nachvollziehbar gezeichnet.[679] Philo entlastet Sara zudem prompt von dieser Negativzuschreibung einer ungläubigen oder unverständigen Haltung, indem er auf Saras solide Frömmigkeit rekurriert: Sobald sie Erkenntnis über den Offenbarungscharakter der Verkündigung erlangt, erinnert sie sich an die Lehren über Gottes Allmacht.[680] Philo tendiert also

675 Vgl. Böhm, Rezeption, 2.

676 Während der Bibeltext offen lässt, was hinter Saras Lachen steckt, wurde es in der Auslegungstradition häufig als Ausdruck von Zweifel, Verlegenheit, Hilflosigkeit o. ä. gedeutet. Diese Negativzuschreibungen haben ihren Anlass vermutlich in der Bemerkung (Gen 18,15), dass Sara ihr Lachen Gott gegenüber leugnet.

677 Zu Intention und Hintergrund dieser Deutung siehe Böhm, Rezeption,181f.

678 Vgl. Philo, Abr. 111: ἀλλὰ γὰρ οὐδ᾽ ὑπισχνουμένοις *ἕνεκα τοῦ* περὶ τὸ πρᾶγμα *ἀπίστου* βεβαίως προσεῖχον (Hervorhebung von mir, A.N.).

679 Vgl. Philo, Abr. 112.

680 Vgl. Philo, Abr. 112f. Insofern lässt sich der Abschnitt mit M. Böhm treffend zusammenfassen: „So wird das Lachen Saras bei der Verheißung der Sohnesgeburt (Gen 18,12) zwar nicht verschwiegen (dazu scheint es – vom Hörensagen? – zu bekannt), ihr auf Rückfrage erfolgtes Leugnen (Gen 18,15) jedoch positiv als Teil eines religiösen Vergewisserungs- und Erkenntnisprozesses gedeutet.“ Böhm, Rezeption, 135. Siehe dazu auch Moxnes, Theology, 161: Philo „starts from the notion that ‚everything is possible with God‘, and makes Sarah's reaction conform to this belief (Abr. 113; Quaes.Gen. IV 17).“

dazu, Saras Reaktion auf die Sohneszusage positiv zu interpretieren,[681] stellt ihr Lachen aber nirgends als Ausdruck des Zweifelns dar.[682]

Bei der Darstellung Josephs begegnet indes wiederum der Zweifel: Zu Beginn des zweiten Buches der Schrift „Über die Träume" skizziert Philo dessen Charakter als unbeständig und zweifelnd (ἐνδοιάζοντος).[683] Der Patriarch sei als Abbild (εἰκών) einer ‚vielgestaltigen und gemischten Lebensauffassung' zu verstehen, und dürfe daher nicht auf eine Eigenschaft reduziert werden.[684] Josephs vielgestaltige Wesensart zeige sich darin, dass ihm sowohl die zur Vernunft gehörende Selbstbeherrschung (λογικὴ ἐγκρατεία) als auch unvernünftige Sinnlichkeit (ἄλογος αἰσθήσεως) sowie körperliche Lust (σωματικὴ ἡδονή) eignen. Sein ambivalenter Charakter kommt Philo zufolge nämlich darin zum Tragen, dass Joseph einerseits für die seelischen Tugenden Sorge trägt, andererseits aber auch für sein körperliches Wohlbefinden. Außerdem strebe er nach materiellem Reichtum.[685] Weil er sich insofern viele Lebensziele setze, die ihn je in eine andere Richtung zögen, bezeichnet der antike Religionsphilosoph ihn als unfähig, fest stehen (στηρίζω) zu können.[686] Vielmehr schwanke (σείω) und wanke (κλονέω) er umher,[687] da die in ihm wirksamen körperlichen und seelischen Impulse und Lüste gegeneinander Krieg führten.[688] Zwar könne die Weisheit jegliches Ehrstreben und Lustbegehren mitunter abschwächen oder besänftigen,[689] aber der Zustand der Seele im Ganzen bleibt Philo zufolge

---

681 Vgl. auch die positive Darstellung des Lachens der Ahnmutter in Philo, Abr. 206: hier wird ihre Reaktion wie in Spec. II 54 als Freude interpretiert. Biblische Aussagen, die die Integrität und Frömmigkeit Saras möglicherweise in Frage stellen könnten, werden von Philo ausgelassen, modifiziert oder seiner jeweiligen Intention entsprechend umgedeutet. Vgl. dazu auch Böhm, Rezeption, bes. 134ff.181.

682 Auch das in Gen 17,17 dargestellte Lachen Abrahams interpretiert Philo nicht als Indiz einer zweifelnden Haltung (vgl. z. B. Philo, Mut. 178). Dass er es in unterschiedlichen Schriften je anders deutet und bewertet, hat A. Inselmann gezeigt, vgl. Inselmann, Freude, 127f. Moxnes, Theology 158, versteht Jub 15,17 („And Abraham fell on his face and *rejoiced*...") als prä-philonisches Beispiel für die Bemühung, Abraham angesichts der Sohnesverheißung vom Zweifel zu entlasten. J.C. Vanderkam, The Book of Jubilees. A Critical Text (CSCO.Ae 88), Louvain 1989, 90, übersetzt die weder in hebräischen noch griechischen Fragmenten erhaltene Stelle mit: „Abraham fell prostate and was very happy", und verweist darauf, dass Josephus (Josephus, ant. 1.193) und Targumim diese Interpretation des Lachens Abrahams teilten.

683 Vgl. Philo, Somn. II 17.

684 Vgl. Philo, Somn. II 15

685 Vgl. Philo, Somn. II 11

686 Vgl. Philo, Somn. II 11. Gott hingegen ist unwandelbar (ἄτρεπτος) und unbewegt; er schwankt nicht (ἀκλινής), vgl. Conf. 96; vgl. dazu auch Opif. 100. Insbesondere im Kontext der Exegese von Ex 33,7 kontrastiert Philo den unbeweglichen, feststehenden Gott mit der bewegten Schöpfung, vgl. Gig. 49; Post 23.

687 Vgl. Philo, Somn. II 11.

688 Vgl. Philo, Somn. II 12.14.

689 Vgl. Philo, Somn. II 13.

unruhig. Joseph steht daher paradigmatisch für einen Menschen, der über vage Erkenntnis nicht hinauskommt; er ist unsicher (ἀδηλέω) und ein Zweifler (ἐνδοιάζοντος).[690] Insofern unterscheidet er sich qualitativ von einem Menschentyp wie dem klarsichtigen Jakob, der das Gute um seiner selbst willen erstrebt.[691]

Nicht nur Einzelcharaktere, sondern auch biblische Figurengruppen können von Philo mit dem Zweifel in Verbindung gebracht werden: In seiner Auslegung von Ex 16 charakterisiert Philo einige der Israeliten als Zweifler.[692] Als Mose sie in der Wüste Sinai dazu auffordert, nichts vom Manna als Vorrat aufzuheben, zeigt das Volk unterschiedliche Verhaltensweisen als Reaktion darauf. Einige gehorchen ihm. Andere jedoch, nämlich diejenigen, „die in ihrer Frömmigkeit noch nicht gefestigt waren",[693] halten sich nicht an Moses Worte und bewahren Speise für den nächsten Tag auf. Obwohl Zeugen vieler vergangener Ereignisse, die der Natur zu widersprechen scheinen, erweisen diese sich als äußerst unbelehrbar (δυσμαθέστατοι): Sie zweifeln (ἐνδοιάζω) Philo zufolge nicht nur, sondern demonstrieren mit ihrer Handlung sogar Unglauben (ἀπιστία), was Moses Zorn hervorruft.[694] Interessant ist außerdem, dass Philo den Unglauben und Zweifel der israelitischen Gruppe nicht verurteilt, sondern das Vertrauensdefizit vielmehr für die Leser knapp erklärt, indem er eine Vermutung über die Gründe bietet, die zu dem unerwünschten Verhalten geführt haben könnten: Die Israeliten könnten Moses' Aufforderung nämlich als wohlgemeinten Ratschlag verstanden haben und nicht erkannt haben, dass es sich in Wahrheit um eine Prophezeiung handle.[695] Selbst nachdem einige der Israeliten – entgegen Moses' Geheiß – am folgenden Sabbat versuchen, in der Wüste Nahrung zu finden wie an den Tagen zuvor, und unverrichteter Dinge ins Lager zurückkehren, begegnen wir keinem abwertenden

---

690 Vgl. Philo, Somn. II 17.

691 Vgl. Philo, Somn. II 19f.

692 Vgl. Philo, Mos. II 261.269.

693 Philo, Mos. II 260: ἔνιοι τῶν πρὸς εὐσέβειαν ἀνερματίστων.

694 Philo, Mos II 261.269. Philo von Alexandrien macht sprachlich deutlich, dass er den Zornesaffekt Moses angesichts ihres Ungehorsams für gerechtfertigt hält (vgl. den Ausdruck εἰκότως sowie die Wendung πῶς γὰρ οὐκ ἔμελλεν mit anschließendem Kausalsatz in Mos. II 261). Während die Gefühlsaufwallung Moses von Philo hier als angemessen bewertet wird, zeichnet der antike Religionsphilosoph den Anführer der Israeliten in Leg. III 129ff als Musterbild eines leidenschaftslosen Menschen, der seine Affekte aus der Seele vollständig zu entfernen und herauszuschneiden vermag (die differierende Charakterisierung zeigt erneut, dass Philos jeweilige Darstellung dem jeweiligen Argumentationsziel geschuldet ist). Zum Ideal der Apathie in Philos Mosedarstellung vgl. Winston, Sage, 823.

Dass Zorn sowohl als gerechtfertigt als auch ungerechtfertigt bewertet werden kann, zeigt beispielsweise auch der explizite Zusatz ‚ungerecht' (ἄδικος) in Sir 1,22^{LXX}. Die Auffassung von einem gerechten Zorn entspricht der aristotelischen Schulmeinung; sie begegnet auch in Sir 1,22^{LXX}, vgl. Theissen, Erleben, 426.

695 Vgl. Philo, Mos. II 260.

Kommentar seitens Philos. Zwar bezeichnet er den Charakter dieser Israeliten als instabil (ἀβέβαιος), aber er rehabilitiert sie offenbar zumindest teilweise in der anschließenden Darstellung ihrer Reaktion auf die fehlgeschlagene Nahrungssuche: Philo betont nämlich – in Abweichung von seiner griechischen Bibelvorlage –, dass diese Gruppe den Propheten letzten Endes als ‚Seher der Wahrheit und Verkünder des Wortes Gottes' anerkennen.[696]

5.6.4. Über die philonische Auffassung der Relation von Zweifel und Glaube am Beispiel Abrahams

Zweifeln und Glauben (im Sinne von Vertrauen)[697] werden bei Philo in Bezug auf das Gottesverhältnis (!) ausdrücklich als Gegensätze aufgefasst: Das Zweifeln und Schwanken (ἐνδοιασμός καὶ ἐπαμφοτερισμός) identifiziert der antike Religionsphilosoph mit einer ‚instabilen Seelendisposition'; die Pistis hingegen kennzeichne ‚die dauerhafteste und stabilste psychische Verfasstheit'.[698] Bei Philo steht Abraham exemplarisch für eine solche krisenfeste Grundhaltung. Der Erzvater sei der erste, von dem es heiße, er vertraute auf Gott.[699] Das Erlangen dieser Beziehungsqualität ist jedoch als (Lern-)Prozess zu verstehen,[700] denn Abraham habe erst aus seinem von polytheistischem Irrglauben bestimmten Heimatland emigrieren müssen, bevor er sich auf die Suche nach

---

696 Vgl. Philo, Mos. II 269. Vgl. dazu abweichend Ex 16,28ff^{LXX}: Im rekonstruierten Urtext der LXX nach Rahlfs/Hanhart ist dieses Bekenntnis nicht enthalten. Hat Philo auf eine schon existierende Auslegungstradition zurückgegriffen, die mit dem von der Septuaginta differierenden Zitattext verbunden war? Oder ist von einer anderen Textgrundlage für Philos Pentateuchzitate auszugehen? Hier sei mit Böhm, Rezeption, 67, darauf hingewiesen, dass die von Philo benutzte „Septuagintaversion des Pentateuchs (...) ein offenes Forschungsproblem" darstellt. Vgl. dazu auch Leonhardt-Balzer, Philo, bes. 629f.

697 Zwar ist die Pistis bei Philo anders gelagert als im Neuen Testament. Aber da Wendungen wie πιστεύειν τῷ θεῷ oder πίστις πρὸς θεόν eine wichtige Bedeutung innerhalb der philonischen Darstellung der rechten Frömmigkeit zukommen, kommt das mit der Wortfamilie πιστεύω κτλ. zur Sprache gebrachte Mensch-Gottes-Verhältnis zumindest in Teilen dem späteren Sprachgebrauch nahe, weshalb πιστεύω mit ‚glauben an' (im Sinne von jemandem vertrauen) o. Ä. übersetzt werden kann. Philos Gebrauch der Wortgruppe πιστεύω κτλ. ist Gegenstand einer ganzen Reihe von wissenschaftlichen Untersuchungen. Exemplarisch seien genannt Windisch, Frömmigkeit, bes. 23–29; Schlatter, Glaube, bes. 60–80. 575–581; Williamson, Philo, bes. 331–372; Lührmann, Pistis, 29–32; Lohse, Emuna, 149f; Kaiser, Philo, bes. 151f.270.

698 Vgl. Philo, Conf. 31. Die Stelle der „höchsten und besten Tugend" kann alternativ v. a. auch die Frömmigkeit (εὐσέβεια) einnehmen, vgl. Abr. 60; Spec. IV 147; Praem. 53 u.ö.

699 Vgl. Philo, Virt. 216.

700 Vgl. Philo, Leg. III 244. Philo weist hier und in Cher. 7 darauf hin, dass Abraham unterschiedliche Bildungsstufen durchlaufen musste, um letzten Endes tugendhafte Weisheit und damit Vollkommenheit zu erreichen. Dass die Pistis bei Philo als eine Haltung zu verstehen ist, die durch eigene Anstrengung erworben werden muss, betonen auch Bultmann/Weiser, Art. πιστεύω κτλ., ThWNT 6 (1959), 203; Böhm, Rezeption, 162.

der Wahrheit begeben habe können.[701] Weil Abraham in den philonischen Schriften immer wieder als der exemplarische Fromme gekennzeichnet ist,[702] mag es auf den ersten Blick überraschen, dass Philo den Erzvater als eine Figur darstellen kann, die Gott vertraut und zugleich dessen Äußerungen in Frage stellt. Insofern wagt Philo in der Schrift ‚Über den Erben des Göttlichen' anhand einer Exegese von Gen 15,7f, πίστις und Zweifel in ein spannungsreiches Verhältnis zueinander zu setzen: Abraham wird hier zwar als ‚Freund der Weisheit' charakterisiert, der jedoch diejenige Art der Weisheit, die nur der ‚reinsten Vernunft' zukomme, noch nicht gewonnen habe.[703] Aufgrund seines unersättlichen Wissensdurstes habe der Patriarch in Bezug auf die Verheißung die Frage gestellt: „Wie soll ich wissen, dass ich dies erwerben werde?"[704] Philo macht im Folgenden deutlich, dass er sich eventuellen Protesten seitens der Leserschaft, die in Abraham ein Vorbild des einwandfreien Vertrauens auf Gott sehen, in Bezug auf eine solche Frage bewusst ist: Es könnte nämlich der Einwand aufkommen, ein solches Infragestellen (ζητεῖν) dürfe keinem Glaubenden (πεπιστευκώς) eignen, da der Zweifel der Pistis diametral entgegenstehe.[705] Der jüdische Religionsphilosoph zeigt sich bemüht, eine derartige Anschauung zu entkräften:[706] Glauben (πιστεύειν) und der Wille zum Nachforschen (ἀπορεῖν) seien durchaus miteinander vereinbar, da diese beiden psy-

701 Vgl. Philo, Virt. 214.

702 Abrahams Gottesverhältnis kann sogar explizit als ‚nicht zweifelndes Vertrauen' bestimmt werden (Philo, QG III 58: πίστις οὐκ ἀμφίβολος). Zu Abraham als musterhaft auf Gott Vertrauendem vgl. insbesondere die Passage in Abr. 170–177 über Abrahams Umgang mit dem göttlichen Befehl, seinen Sohn Isaak zu opfern: Obwohl er sein Kind sehr liebte, sei seine Seele unbewegt geblieben und er habe seine unerschütterliche Gesinnung ohne zu wanken aufrecht erhalten. Für seine Frömmigkeit sei Abraham belohnt worden, seine Tat verewigt worden. Zur Darstellung Abrahams als exemplarischem Frommen in hellenistisch-römischer Zeit siehe A.Y. Reed, The Construction and Subversion of Patriarchal Perfection: Abraham and Exemplarity in Philo, Josephus, and the Testament of Abraham, JSJ 40 (2009), 185–212. Vgl. dazu auch schon Bousset, Religion, 196: „Besonders (…) ist für Philo Abraham das Vorbild des Glaubens geworden, an ihm und seinem Leben entwickelt er Wesen und Art des Glaubens."

703 Vgl. Philo, Her. 98. Vgl. auch Opif. 171f; Praem. 42. Bereits Platonismus und Stoa stellen eine Verbindung zwischen Frömmigkeit und Vorsehungsglaube her. Die Stoiker leiten das Festhalten an der Vorsehung aus dem Naturgesetz ab, insofern das weltgestaltende Prinzip für das Geschaffene sorgt. Vgl. exemplarisch SVF II,998 = Nickel §503; SVF II,1106.

704 Vgl. Philo, Her. 100.

705 Vgl. Philo, Her. 101.

706 Vgl. auch die positive Auslegung von Gen 15,2^{LXX} in Philo, Her. 31, die Abraham ins rechte Licht rücken will. Des Weiteren minimiert Philo den Zweifel Abrahams auch in Mut. 178, wo Gen 17,17 behandelt wird: Abraham habe die Infragestellung der verheißenen Mutterschaft seiner betagten Frau Sara gar nicht laut gestellt, sondern lediglich im Denkvermögen (διάνοια) erwogen. Der Zweifel (ἐνδοιασμός) sei – da inkonsistent mit der Darstellung des Glaubens Abrahams – von Mose lediglich als flüchtiger Gedanke dargestellt worden.

chischen Phänomene auf unterschiedliche Objekte Bezug nähmen. Während der fromme Abraham also unumstößliche Gewissheit darüber gehabt habe, dass die Verheißung eintreten werde, richtete sich sein Zweifel bzw. sein Infragestellen auf die Art und Weise, wie dies vor sich gehen werde.[707] Der Zweifel, der hier auf die Zukunft gerichtet gezeichnet ist und einen kognitiven Akzent trägt,[708] wird somit nicht als negatives Qualitätsmerkmals Arahams aufgefasst. Ein Infragestellen, wie es Abraham demonstriert, ist Philo zufolge vielmehr mit dem Glauben vereinbar, denn diese Art des Zweifelns ist Ausdruck des Strebens nach Erkenntnis und der Wissbegierde, die Gott ausdrücklich lobt.[709]

Philo akzentuiert den Wissensdrang und Forschungswillen Abrahams auch an anderer Stelle. Getrieben durch das Verlangen (πόθος) nach Erkenntnis des Seins und motiviert durch göttliche Offenbarungen, habe sich Abraham mit Eifer und ohne jegliches Zögern (ἀοκνότατος) der Erforschung des Einen gewidmet und habe nicht aufgehört, bis er klare Anschauungen gewonnen hatte.[710] Philo hebt an dieser Stelle hervor, dass sich die Existenz Gottes und seine Fürsorge für die Schöpfung durch Nachforschen (ζήτησις) sehr wohl ergründen ließen, während die Erkenntnis seines wahren Wesens (οὐσία) unmöglich sei.[711] Nachdem der Patriarch den Glauben, die ‚sicherste der Tugenden' (ἡ τῶν ἀρετῶν βεβαιοτάτη) auf diese Weise gewonnen habe, habe er alle anderen Tugenden zugleich erworben, weshalb er aufgrund seiner Seelengröße und Vollkommenheit sehr angesehen gewesen sei.[712] Der jüdische Religionsphilosoph legt den Glaubensinhalt präziser dar: Glauben bedeute, eine ‚unbeugsame und feste Meinung' (ἀκλινὴς καὶ βεβαία ὑπόληψις) darüber

---

707 Vgl. Philo, Her. 101 f. Siehe dazu auch Braun, Gott, 84.

708 Vgl. das verwendete Wortfeld um den Bereich des Wissens und der Weisheit.

709 Vgl. Philo, Her. 102. Zu dieser Stelle äußert Zeller, Charis, 89, dass Philo in Bezug auf Abraham „die Indizien des Zweifels herunterspielt." Vgl. dazu auch Moxnes, Theology, 157: „A literal interpretation of these texts [Gen 15,2.8; Gen 17,7, Anm. A.N.] would find that Abraham doubted God's promise. This was the most common Rabbinic interpretation. (...) In several of his treatises Philo discusses the possibility that Abraham could have doubted, but only to reject it." Zu den rabbinischen Belegen siehe ebd.

710 Vgl. Philo, Virt. 215. Auch in Philo, Abr. 262–276 versteht Philo die Wortfamilie πιστεύω κτλ. als ‚unerschütterliches Vertrauen' auf Gott, das von jeder Seele durch vernünftige Überlegung und Betrachtung des Kosmos erlangt werden kann. Böhm, Abraham, 386 f, weist darauf hin, dass Abrahams Glaube bei Philo keine absolute, sondern eine relationale Größe darstellt, da sie erst im Verbund mit den beiden anderen ‚Tugendpreisen' Isaaks und Jakobs, der Seelenfreude und der Gotteschau, zum Heil führt. Zu den unterschiedlichen Funktionen, die Abrahams Glaube in der Expositio legis einerseits und dem Allegorischen Kommentar andererseits hat, vgl. Böhm, Abraham, 391.

711 Vgl. Philo, Virt. 215. Vgl. dazu auch schon Hirsch, Rabbinic Psychology, 132: Da Philo Gott jenseits der Vernunft verorte, gehe Philo über Plato hinaus, insofern die Annäherung an Gott nicht durch den Intellekt möglich sei, sondern nur durch Offenbarung.

712 Vgl. Philo, Virt. 216 f. Nach Abr. 273 belohnte Gott Abraham für seinen Glauben, indem er mit ihm wie mit einem Freund sprach.

zu haben, dass es mit Gott eine oberste Ursache aller Dinge gebe und dieser für die Welt und alles in ihr Sorge trage.[713] Dieser abgeschlossene, vollkommene Erkenntnisgewinn entspricht dann eben der bleibenden existentiellen Haltung der Pistis, für die Abraham als Leitfigur steht. Trotz dieser überaus positiven Darstellung des Erzvaters und der Tendenz, ihn weitgehend von problematischen Charakterzügen zu rehabilitieren, kann Philo Abraham nicht von jeglicher Form des Zweifels freisprechen. Denn wäre Abraham über jeden Zweifel erhaben, wäre er wie Gott, dem Philo wiederholt attestiert, er sei frei von jeglichen Zweifeln und Affekten.[714]

5.6.5. Philonische Vorschläge zur Zweifelsbewältigung

Die eben skizzierte Darstellung der Abrahamfigur bei Philo verdeutlicht, dass nur bestimmte Formen des Zweifels dem Glauben konträr entgegenstehen. So muss eine Infragestellung göttlicher Verheißungen, die sich auf die Art und Weise bezieht, wie derartige Versprechen erfüllt werden können, nicht negativ gewertet werden, da sie auf einem grundsätzlichen Vertrauen in Gottes Dasein und Fürsorge basiert und dem Streben nach Erkenntnisgewinn hilfreich sein kann. Wird hingegen Gottes Güte bezweifelt, indem der Verheißungserfüllung misstraut wird, dann muss diese Art des Zweifels bewältigt werden. Gott will nämlich das Gute für den Menschen und ist frei von allem Bösen.[715]

Philo nennt in Plant. 88f eine Haltung, die dem Misstrauen des Menschen in Bezug auf Gott entgegengesetzt werden kann, nämlich die ‚festeste Hoffnung' darauf, dass dem Einzelnen Gottes Güte zukommen wird.[716] Insofern kann die positive Erwartungshaltung der Hoffnung als Gegenpol zu den negativen psychischen Erfahrungen von Ängstlichkeit und Zweifel gewertet werden. In Verwendung moderner Terminologie der funktionalistischen Psychologie lässt sich die empfohlene Bewältigungsstrategie als emotionales Coping verstehen, denn nicht die Situation, in der sich der Leserkreis befindet, soll verändert werden, sondern die eigenen Emotionen sollen umgedeutet werden.[717] An anderer Stelle nennt Philo die Tugend als angemessenes Mit-

---

713 Vgl. Philo, Virt. 216. Aristoteles und die Stoa verwenden ähnliche Terminologie, jedoch nicht speziell in Bezug auf das Gottesverhältnis, vgl. Zeller, Charis, 89, Anm. 210. Dass das Vertrauen in die göttliche Fügung ein wesentliches Element einer ausgereiften Gottesbeziehung ist, äußert Philo auch an anderer Stelle. So kann er ihn als das für die Frömmigkeit nützlichste und notwendigste Merkmal bezeichnen (vgl. Opif. 9). Noack, Gottesbewußtsein, 68, fasst die Bedeutung des Vorsehungsglaubens klar zusammen: „Durch die Vorsehung nämlich erkennt der Mensch als Geschöpf seine völlige Abhängigkeit von Gott, aber auch den Schutz und die Vorsorge, die Gott ihm gewährt."

714 Vor diesem Hintergrund ist daher der Satz in Mut. 186 zu verstehen, Abraham habe geglaubt, aber als Mensch (ὡς ἄνθρωπος πεπίστευκεν) und nicht wie Gott.

715 Vgl. z. B. Philo, Spec. II 53.

716 Vgl. Philo, Plant. 88f.

717 Siehe dazu Lazarus/Folkman, Stress, 150.

tel zur Aufhebung von Zweifelsgedanken (ἐνδοιάζοντες καὶ ἐπαμφοτερίζοντες λογισμοί): Sie habe die Potenz, derartige Kognitionen zu eliminieren und psychische Stabilität (βεβαιότης) zu bewirken.[718] In Congr. 153 bewertet Philo den Zweifel – hier als zwischenmenschliches Phänomen verstanden – ebenfalls negativ. Auch wenn der Zweifel weniger verwerflich als eine Vorverurteilung aufzufassen sei, müsse er dennoch ‚geheilt' werden.[719]

In Bezug auf das Erkenntnisvermögen des Menschen äußert Philo, dass Zweifel zwar mit der Volition des Menschen prinzipiell einhergehe. Wegen der Anfälligkeit der Sinneswahrnehmung und des Vernunftvermögens sei Misstrauen gegenüber den Denkgegenständen jedoch empfehlenswert.[720] Worauf kann sich der Mensch dann überhaupt verlassen, wenn nicht auf sich selbst bzw. seine psychischen Instrumente? Für Philo ist die Antwort eindeutig: Gott allein ist vertrauenswürdig.[721] Entsprechend erzwingt die Haltung der Pistis eine gleichzeitige Absage an die Verlässlichkeit jeglicher äußerer Werte und Güter.[722] Das Urteilsvermögen kann nämlich nur dann wahrhaftig vernünftig operieren, wenn es sich ‚mit unbeugsamem und festem Glauben' auf Gott verlässt.[723] Glaube ist deshalb „kein Akt gegen die Vernunft, sondern gegen die Verabsolutierung des Verstandes, der unabhängig von Gott agiert."[724] Eine Konsequenz der schwankenden Disposition des Zweifels ist es nach Philo, dass die Annäherung an Gott zur Unmöglichkeit wird. Nur wer eine ruhende, erschütterungsfeste Seele aufweisen kann, vermag es, sich dem unveränderlichen Gott – selbst frei von Affekten – anzugleichen.[725] Gott als einzigen Orientie-

---

718 Vgl. Philo, Ebr. 139.

719 Philo, Congr. 153: ἐξιάομαι, ‚gänzlich heilen'.

720 Philo, Ebr. 169; Praem. 28.

721 Vgl. Philo, Praem. 28. Mit Verweis auf Philo, Abr 263–269 fasst Braun, Gott, 81 f, das philonische Glaubensverständnis zusammen: „Wer den körperlichen und äußeren Dingen vertraut, hegt Mißtrauen gegen Gott; wer jenen Dingen mißtraut, hat sein Vertrauen auf Gott gesetzt. Wer auf Macht, Ruhm, Ehre und Reichtum vertraut, vertraut auf etwas Unsicheres. (…) Nur das Vertrauen auf Gott ist ein trugloses und sicheres Gut."

722 Vgl. auch Philo, Abr. 269. Vgl. dazu Bultmann/Weiser, Art. πιστεύω κτλ., ThWNT 6 (1959), 202f: „Der *eigentliche Sinn des Glaubens* aber besteht für ihn [d. h. Philo] darin, daß der Glaube die *Abwendung von der Welt* des Werdens u[nd] Vergehens u[nd] die *Hinwendung zu dem ewigen Gott* ist, durch die der Mensch die Sicherheit findet, die er ständig sucht. Philo hat also das Gottesverhältnis des Menschen im Sinne der griechisch-platonischen Tradition verstanden. (…) Sofern sie [die πίστις] die Abwendung vom Vergänglichen u[nd] die Hinwendung zum Ewigen bedeutet, folgt Philo der platonischen Tradition; sofern er aber solche Haltung als πίστις bezeichnet, folgt er der späten Stoa." [Anmerkungen und Ergänzungen in Klammern von mir, A.N.].

723 Vgl. Philo, Praem. 30: μετ' (…) ἀκλινοῦς καὶ βεβαιοτάτης πίστεως.

724 Noack, Gottesbewußtsein, 70.

725 Vgl. Philo, Post. 27. Philo betont wiederholt Gottes Affektfreiheit. Gott sei ἄλυπος ἄφοβος καὶ ἀμέτοχος παντὸς πάθους, werde aber aus pädagogischem Interesse bisweilen so dargestellt, als hätte er Affekte. Vgl. Abr. 202; Sacr. 95; Deus 52. In Plant. 35 sind Aussagen

rungspunkt anzunehmen, sich ihm letztendlich anzunähern, ist vor allem auch deswegen vernünftig, weil Gott den Zweifel nicht kennt.[726] Der Gedanke, dass die Bewältigung jeglicher Zweifel durch das unerschütterliche Sich-Verlassen auf Gott erreicht werden kann, lässt sich als religiöse Dissonanzbewältigung charakterisieren: Glaube bewirkt eine ruhige, stabile Psyche. Diese Vorstellung weist bereits darauf hin, dass innere Einheit durch die Ausrichtung auf Gott hergestellt werden kann.

5.7. Vorstellungen menschlicher Einheit bei Philo von Alexandrien unter besonderer Berücksichtigung der ‚Einfachheit' (ἁπλότης) und der ‚Vollkommenheit' (τελειότης)

Wie dargestellt, kann der Glaube an den einen Gott als einzigem verlässlichen Anker der Lebensführung die Seele des Menschen stabilisieren und dadurch in eine innere Einheit überführen. Daneben nennt Philo allerdings recht häufig die ‚Einfachheit' (ἁπλότης) und die ‚Vollkommenheit' (τελειότης) als Tugenden zur Bezeichnung einer integren, einheitlichen Lebensführung. Diese Tugenden lassen sich daher als Vorstellungen menschlicher Einheit verstehen.

Philo konstatiert, dass Gott den Menschen bei seiner Erschaffung als moralisch gut intendiert hat. Daher definiert er Einfachheit (ἁπλότης) als Urzustand des Menschen bei der Schöpfung.[727] In der Schrift ‚De Opificio Mundi' ist diese Tugend durch Beiordnung von ‚Arglosigkeit' (ἀκακία) näher qualifizierbar als völlige Abwesenheit von Bosheit, und als Gegenteil von Boswilligkeit.[728] Dass die Abkehr von diesem Idealzustand der freien Wahl des Menschen zugeschrieben wird, zeigt Opif. 170, wo Philo äußert, dass die ersten

über Gottes Affektlosigkeit mit negativen Äußerungen über Menschen verbunden, die Gott als anthropomorph verstehen. Die Unwandelbarkeit bzw. Unveränderlichkeit Gottes ist z. B. in Cher. 89f erwähnt. Braun, Gott, 83, resümiert: „Gottes Verläßlichkeit bringt es mit sich, daß der Glaube nicht zu zweifeln braucht."

726 In QG I,21.55 betont Philo, dass der Zweifel (τὸ ἐνδοιάζειν) dem Wesen Gottes widerspricht. Eine ähnliche Aussage findet sich auch in Sacr. 91; hier verwendet Philo jedoch das Verb ἀμφισβητέω, um den Zweifel auszudrücken. In QG I, 55 erwähnt der jüdische Religionsphilosoph zwar, dass Gott mitunter ambivalente Sprache gebrauche, dies aber rein pädagogischen Zwecken diene, und nicht als Ausdruck des göttlichen Zweifelns gewertet werden dürfe.

727 Vgl. Philo, Opif. 156.170. Weitere Aussagen zur Überlegenheit des ersten erschaffenen Menschen, Urbild der intelligiblen Welt, finden sich in Opif. 139–144.

728 Vgl. den Kontrast von Einfalt und Arglosigkeit mit ‚Verschlagenheit/Boswilligkeit' (πανουργία) in Philo, Opif. 156. Derselbe Kontrast begegnet auch in Mos. I 172; hier geht es nach Amstutz, ΑΠΛΟΤΗΣ, 44, jedoch um den Gegensatz zwischen ‚Unerfahrenheit' und ‚Gewandtheit'.

Menschen die Schlechtigkeit (κακία) der Tugend vorzogen und dadurch ihre ursprüngliche Disposition preisgaben.[729]

Philos Ansicht nach soll der Mensch nach Möglichkeit zu dem Urzustand der ‚Einfachheit' zurückkehren. Dies ist in erster Linie durch die Angleichung an Gott zu erreichen, denn Gott selbst ist einfach bzw. ein Einziges und hat eine einfache Natur.[730] Die Herstellung der Personeinheit ist jedoch eine schwer zu bewerkstelligende Aufgabe, denn der Mensch ist seinem Wesen gemäß eine Vielheit (πολλά).[731] Er vereinigt nämlich unterschiedlichste Gegensätze in sich: Seele und Körper, unvernünftige und vernünftige Seelenvermögen,[732] Verstand und Unverstand, Besonnenheit (σωφροσύνη) und Ausschweifung (ἀκολασία), Tapferkeit und Feigheit, Gerechtigkeit und Ungerechtigkeit, Tugend und Laster, gut und schlecht, schön und hässlich. Aufgrund dieser Zwiespältigkeit bezeichet Philo die Natur des Menschen als ‚gemischt' (μικτός).[733] Setzt sich der Einzelne indes ein einziges statt viele Lebensziele, kann er innere Einheit erlangen:[734] „Zu Gott, der einfach ist, gelangt nur der Mensch, der einfach wird."[735] ‚Einfachheit' (ἁπλότης) meint dabei in erster Linie die Geradheit und Integrität der Absicht und ist das Gegenteil einer verschlagenen (κακοήθης) Gesinnung.[736]

Vollkommenheit (τελειότης) kann für Philo unterschiedliche Aspekte umfassen. Wichtig scheint die angemessene Affektsteuerung zu sein, um für den antiken Religionsphilosophen als vollkommen gelten zu können. Je nach Argumentationszweck werden in den verschiedenen Kontexten seines Werks andere Umgangsweisen zu dieser Tugend zugerechnet. In der ‚Allegorischen Erklärung der Gesetze' sowie in der Schrift ‚De fuga et inventione' findet

---

729 Dieser Auffassung entspricht, dass sich der gottähnliche Nous Philo zufolge bei der Geburt des Menschen in einem Zustand moralischer Neutralität befindet. Erst wenn er sich – motiviert durch das Streben nach Lusterlangung – mit der Sinneswahrnehmung verbindet, ändert sich diese neutrale Verfasstheit, so dass diesem Vernunftvermögen hernach die Funktion zukommt, zwischen Gut und Böse zu wählen. Vgl. Philo, Leg. I 25f; II 24. Zur ‚Einfalt' als paradiesischem Urzustand des Menschen bei Philo und im Christentum siehe Amstutz, ΑΠΛΟΤΗΣ, 49f.

730 Philo, Leg. II 2: „ὁ θεὸς μόνος ἐστὶ καὶ ἕν, (…) φύσις ἁπλῆ (…)." Die ἁπλότης Gottes ist ein Topos der griechisch-hellenistischen Philosophie, vgl. Amstutz, ΑΠΛΟΤΗΣ, 54.

731 Vgl. Philo, Leg. II 2

732 Vgl. Philo, Leg. II 2.

733 Vgl. Philo, Opif. 73.

734 Vgl. Philo, Migr. 153.

735 Amstutz, ΑΠΛΟΤΗΣ, 54

736 Vgl. Philo, Flacc. 12. Die ἁπλότης kann auch als Abkehr vom Luxus und üppiger Speise definiert werden (Philo, Contempl. 82) und steht im Gegensatz zu Schwelgerei und Genusssucht (Philo, Somn. II 156; Leg. III 140). In diesem Gebrauch spiegelt sich das in Diatriben häufig thematisierte Lob des einfachen Lebens. Die Wortfamilie ἁπλοῦς κτλ. wird von Philo daneben auch in philosophisch-ontologischen Zusammenhängen verwendet, vgl. Amstutz, ΑΠΛΟΤΗΣ, 46f.52f.

sich die Vorstellung, dass insbesondere die Fähigkeit zur vollständigen Eliminierung störender Affekte bzw. des irrationalen Bereichs der Seele zur τελειότης dazugehören.[737] Dabei zeigt das Beispiel des vollkommenen Moses,[738] dass der Mensch vor dem Kampf gegen destruktive Gefühlsaufwallungen nicht fliehen darf, sondern sich aktiv mit diesen auseinandersetzen und sie überwinden muss.[739] Vollkommenheit kann nicht nur durch die Affektauslöschung (Apathie) erreicht werden, sondern nach ‚De Abrahamo' und ‚De congressu eruditionis gratia' auch durch den graduell darunter zu stufenden kontrollierten, maßvollen Umgang mit den Affekten (Metriopathie), sowie durch stetige Erziehung der Seele, philosophische Anstrengung und Einübung der Widerstandkräfte gegen schädliche Affekte.[740] Neben Vollkommenheit als ethischer Idealtugend, die einem einheitlichen Inneren des Menschen insofern gleichkommt, als sie affektbedingte innere Dissonanzen nicht kennt, lässt sich Vollkommenheit bei Philo als Fähigkeit auffassen, sich von allem Irdischen abzuwenden und sein Leben gänzlich Gott zu weihen.[741] Die Zufluchtnahme bei Gott und die Nichtbeachtung weltlicher Dinge können von dem antiken Denker sogar als „das deutlichste Zeichen der Vollkommenheit" (τελειότητος δεῖγμα ἐναργέστατον) bewertet werden.[742] Ein vollkommenes (τέλειος) Leben kann für Philo zudem darin bestehen, wenn Innen-Außen-Dissonanzen erfolgreich aufgelöst werden können: Wort, Gesinnung, Entschluss und Handlung einer Person sollen idealiter vollständig übereinstimmen. Weichen ‚Innen' und ‚Außen' des Menschen voneinander ab, enstpricht das gezeigte Verhalten nicht der gottgefälligen Wahrhaftigkeit und ist daher als Sünde zu verstehen.[743] Darum kann die Deckungsgleichheit von inneren Gedanken und Absichten auf der einen und äußerlich sichtbarem Verhalten auf der anderen Seite in erster Linie durch Umkehr (μετάνοια) erreicht werden.[744] Umkehr ist nämlich eine Vorstufe zur Vollkommenheit[745] und besteht in der radikalen

737 Vgl. Philo, Leg III 140; Fug. 91.

738 Zur Bezeichnung des Mose als ‚vollkommen' vgl. auch Philo, Mos I 1.

739 Vgl. Philo, Leg II 91.

740 Vgl. Philo, Abr. 52ff; Congr. 34–38. Vgl. dazu auch Satlow, Philo, bes. 508–511.

741 Vgl. z. B. Plant. 15.

742 Philo, Sacr. 120 (Übersetzung: H. Leisegang, in: Philo von Alexandrien, Die Werke in deutscher Übersetzung, hg. v. L. Cohn u. a., Bd. III, Berlin ²1962, 258).

743 Vgl. Philo, Virt. 177f.183f.

744 Vgl. Philo, Virt. 183; vgl. auch Cher. 2. Umkehr besteht nach Praem. 15f in der Abkehr vom Schlechten bzw. in der Zuwendung zu den Tugenden. Zur μετάνοια bei Philo siehe z. B. Kaiser, Philo, 222f;230–233.

745 Vgl. Philo, Abr. 26.

Abwendung von der Sünde, dem Laster und Unwahrheit und der alleinigen Zuwendung zu Gott, was dem Wandel auf dem Tugendweg gleichkommt.[746]

Philo bezeichnet die Kongruenz von Worten, Entschlüssen, Gedanken und Lebenspraxis mitunter auch als Harmonie[747] oder verknüpft diese Kohärenz mit dem Vergleichsbild eines harmonisch gestimmten Instruments.[748] Die Übereinstimmung (ὁμολογία) zwischen Wort, Tat und Willen (βούλευμα) zusammen mit der Harmonie der Grundsätze einer Person und des Zusammenklangs der Tugenden (ἐν ἁρμονίᾳ δογμάτων καὶ ἀρετῶν συμφωνίᾳ) bewirkt zudem Schönheit der menschlichen Gesinnung (διάνοια).[749] Für Philo kann die Entsprechung von Worten, Entschlüssen und Handlungen sogar Glückseligkeit (εὐδαιμονία) bedeuten.[750] oder aber in stoischer Terminologie mit einem Leben in Entsprechung zur Natur (ἀκολουθία φύσεως) verglichen werden.[751] Die ganze Seele (ὅλη ψυχή) ist vom Menschen zum Besten zu verändern, indem er von noch vorhandenen Unzulänglichkeiten umkehrt (μεταβάλλω) und selbst partielles Zweifeln (ἐπαμφοτερίζω) beseitigt. Dann weist der Einzelne ein ‚ganzes Herz' (πᾶσα καρδία) auf, was höchster Vollkommenheit (ἄκρα τελειότης) gleichkommt.[752]

Alle diese Formulierungen für eine Übereinstimmung im Menschen und zwischen der Innen- und der Außenseite des Menschen weisen auf die Ähnlichkeit zwischen dem philonischen Einfachheits- und Vollkommenheitsverständnis hin: Wer sein Inneres durch Affektbewältigung harmonisch stimmen kann, sein Verhalten dazu entsprechend am Willen des einen Gottes ausrichtet, und Gott ohne Falsch und in Einfalt dient (Ebr. 76), wer also moralisch einwandfrei lebt und jegliche Dissonanzen des menschlichen Daseins auszuräumen vermag, der kann die Einheit der Person erreichen. Philo konstatiert jedoch, dass dies eine äußerst anspruchsvolle Aufgabe ist, denn nur der wahre Weise ist ihr gewachsen.[753]

---

746 Vgl. z. B. Philo, Virt. 177.179f; Spec. I 309; Fug 99; Cher. 2; Mut 124. Eine Übersicht zur Wortgruppe μετανοέω κτλ. im Corpus Philonicum findet sich bei Behm/Würthwein, Art. νοέω κτλ., ThWNT 4 (1942), 988–990.

747 Vgl. Philo, Mos. II 48.

748 Vgl. z. B. Philo, Mos. I 29

749 Vgl. Philo, Mos. II 140.

750 Vgl. Philo, Praem. 81.

751 Vgl. Philo, Mos. II 48; Spec. II 52.

752 Vgl. Philo, Mut. 123f.

753 Vgl. auch die Äußerung Philos in Ebr. 75, es sei eine große Leistung, den ‚Bürgerkrieg der Begierden in der Seele' (τὸν ἐν ψυχῇ τῶν ἐπιθυμιῶν ἐμφύλιον πόλεμον καταλῦσαι) beenden zu können und inneren Frieden (εἰρήνη) zu sichern.

5.8. Zusammenfassung und Ertrag

Wie schon in der antiken griechischen Philosophie stellen Erfahrungen innerer Gespaltenheit und intrapsychischer Konflikte bei Philo von Alexandrien einen nachvollziehbaren Reflexionshintergrund für einen Hauptpfeiler der Ethik dar: die Frage nach der angemessenen Affektbewältigung und Verhaltenssteuerung durch die Vernunft. Das Thema der menschlichen Dissonanz und Einheit wird im Werk Philos sprachlich, strukturell und inhaltlich differenziert behandelt. In Bezug auf die Innendissonanzen des Menschen sind zumeist die Affekte bzw. der irrationale Seelenbereich auf der einen und die Vernunft bzw. der rationale Seelenteil auf der anderen Seite als am inneren Kampf beteiligt dargestellt. Nicht zuletzt die im Corpus Philonicum häufig realisierte agonistische Metaphorik verweist dabei auf ein dynamisches Dissonanzverständnis. Konsequenz der konträr zueinander ausgerichteten Konfliktgrößen ist eine innere Unbeständigkeit und Ruhelosigkeit. Da die Natur des Menschen aufgrund seiner gottgegebenen affektiven und vernünftigen Anlagen als gemischt gilt, ist lebenslang mit der Konfrontation von Affekt und Vernunft zu rechnen, auch wenn der innere Konflikt punktuell durch spezifische Wahrnehmungen ausgelöst werden kann. Das Zustandekommen einer intrapsychischen Dissonanz ist dem Menschen insofern genauso selbst zuzuschreiben, wie die Auflösung eines solchen Konfliktgeschehens, das jedoch notwendig und theologisch geboten ist. Negativ zu werten ist die Dissonanzbewältigung, sofern der Einzelne nicht dem Gebot der Vernunft, sondern seinen destruktiven Affekten Folge leistet. Der Mensch kann jedoch der Darstellung Philos zufolge inneren Frieden und innere Einheit aus eigener Anstrengung heraus erlangen, wenn er sich für ein Leben gemäß Gottes Willen und für das Gute entscheidet. Dazu ist er bei rechtem Gebrauch seines Vernunftvermögens befähigt. Allerdings wird im Corpus Philonicum immer wieder betont, dass der Mensch die Instanzen (wie z. B. die Vernunft, das göttliche Gesetz oder die Weisheit), die zur Affektbeherrschung notwendig sind, von Gott erhält. Außerdem verleiht Philo der Hilfsfunktion göttlicher Gnade besonderen Nachdruck.[754] Insofern werden autodynamische und heterodynamische Aspekte der Affekt- und Verhaltenssteuerung bei Philo kombiniert.[755]

Bei inneren Dissonanzen, die durch entsprechende Lexeme für den Zweifel (dessen Betrachtung in der Forschung bislang vernachlässigt worden ist) zur Sprache gebracht werden, nennt Philo als beteiligte Alternativen, zwischen denen der Mensch schwanken kann, zumeist Neigungen oder Verhaltensimpulse (ὁρμαί). Ursächlich für diese Art des Zweifels als anthropologischem Grundphänomen ist das irrtumsanfällige menschliche Vorstellungsvermögen. Der

---

754 Vgl. Zeller, Charis, bes. 65–106.

755 Dieser Aspekt tritt bei Philo deutlicher hervor als z. B. in 4Makk, vgl. von Gemünden, Taufe, 237.

Zweifel ist als punktuell ausgelöstes, temporär begrenztes Phänomen zu verstehen und wird als Funktion des psychischen Apparates von Philo nicht notwendigerweise negativ gewertet. Die Wertung hängt vielmehr davon ab, worauf sich der Zweifel richtet. Bezweifelt werden kann nach Philo jedoch nicht nur (a) die richtige Verhaltensalternative im Einzelfall, sondern auch (b), welche Lebensziele oder Lebensentwürfe vorzuziehen seien. In diesem Fall ist eher von einem andauernden Zweifelsverständnis auszugehen, weshalb biblische Figuren mitunter als dispositionell zum Zweifel veranlagt dargestellt werden. Jede Form des Zweifels muss jedoch der philonischen Auffassung nach bewältigt werden. Besonders dringlich ist die Unsicherheitsüberwindung anzustreben, sofern Gott und sein Wort die Gegenstände des Infragestellens darstellen. Philo nennt unterschiedliche Möglichkeiten zur Zersteuung von derartigen Zweifelsgedanken: Hilfreich sei vor allem die Tugend oder die Hoffnung, aber auch der Glaube,[756] der wiederum an die Vernunft selbst rückgebunden ist. Denn da bei Philo Ursprung der Frömmigkeit oder Gottlosigkeit im Denken selbst situiert wird (d. h. ob man sich Gott zuwendet oder von ihm abwendet hat für Philo kognitive Ursachen), kann der Zweifel vom Menschen willentlich und eigenständig überwunden werden. Modern ausgedrückt könnte man bei Philo von einem vernunftbasierten religiösen Coping des Zweifels sprechen. Allerdings ist auch hier wieder von einem Ineinandergreifen autodynamischer und heterodynamischer Kontrollierbarkeit der Innendissonanz auszugehen, da Gott dem Menschen mit dem Potential zur Wahlfreiheit ausgestattet hat. Aber die Voraussetzung dafür, dass der Mensch seine Vernunft in richtiger Art und Weise einsetzen kann, ist die existentielle Annahme Gottes als Zentralpunkt des Lebens. Nur wer auf Gott vertraut und sich an seinem Willen orientiert, kann letztlich seiner Vernunft vertrauen. Glaube und Vernunft hängen für Philo deshalb wesentlich zusammen – eine Auffassung, die seit gut 300 Jahren im Zuge von Aufklärung und Religionskritik ins Abseits geraten ist und die heute vor allem denjenigen aufstoßen wird, die „den religiösen Glauben nur als Schrumpfform menschlichen Denkens ansehen."[757]

Philo von Alexandriens Aussagen über den Menschen und dessen Anfälligkeit für Sünde,[758] Unbeherrschtheit, Inkonsistenzen der Lebensführung und Zweifel demonstrieren eine realistische Sicht auf das ambivalente menschliche Dasein. Jedoch kann und soll die Zerrissenheit des Menschen in einen Zustand

---

756 Philo geht über die antik-philosophische Tradition hinaus, insofern er nicht die Vernunft allein, sondern vor allem das Vertrauen in eine übernatürliche Macht als einheitschaffend versteht. In seiner Auffassung, dass der Glaube der Schlüssel zum Leben sei, kommt Philo der Ansicht des Paulus durchaus nahe.

757 U. Schnabel, Ewig nagt der Zweifel. Untergräbt analytisches Denken den religiösen Glauben? Eine alte Debatte wird neu angeheizt, DIE ZEIT N° 19/2012 (http://www.zeit.de/2012/19/PS-Religion, abgerufen am 12.11.2015).

758 Vgl. z. B. auch die Aussage in Philo, Virt. 177, jeder Mensch bedürfe der Umkehr.

der Ganzheit bzw. des Heils tranformiert werden, insbesondere durch die Entwicklung der Tugenden der ‚Einfachheit' und ‚Vollkommenheit'. Im Unterschied zu den Hauptströmungen der griechischen Philosophie reicht es für Philo zur Herstellung der inneren Personeinheit nicht aus, wenn der Mensch die Vernunft zum Maßstab seines Verhaltens macht. Zwar geht Philo ebenfalls davon aus, dass eine Angleichung an den einen Gott, der als Einheit zu verstehen ist,[759] von dem menschlichen Vernunftvermögen abhängig ist, denn dort wird das wahre Ich offenbar.[760] Aber die Annahme Gottes als externem „Zentrum" des Lebens ist für den alexandrinischen Gelehrten von höchster Priorität, um ein konstantes und konsistentes Innenleben und wahre Integrität des Verhaltens erreichen zu können. Der Aufbau einer inneren Einheit lässt sich allerdings nicht ohne Anstrengung und innere Kämpfe bewältigen. Präziser formuliert: Das Erlangen der Vollkommenheit und innerer Einheit ist anthropologisch nicht unmöglich, aber äußerst schwierig zu bewerkstelligen. Letztlich kann die Personeinheit nämlich nur von einem wahrlich weisen Menschen hergestellt werden.[761] Und als „weise" kommen für Philo, der selbst der Oberschicht entstammte, nur Männer Frage, die sich die Zeit für eine entsprechende Verhaltenssteuerung nehmen konnten. Im Neuen Testament hingegen stellt sich die Situation ganz anders dar: Jesus gibt allen Menschen, also auch den Frauen, Hoffnung, dass sie Heil erlangen können.[762] Auch wenn Philos Aussagen in Bezug auf das Erreichen der Vollkommenheit bzw. der harmonischen Personeinheit eine wenig optimistische Haltung demonstrieren, insofern diese Idealzustände nur von einem Weisen zu erreichen sind, mahnt Philo seine Adressaten dazu, die Hoffnung nicht aufzugeben, dass sie die Wandlung zum Besseren erreichen und zu Tugend und Weisheit finden können.[763]

---

759 Vgl. Philo, Leg II 4; Det. 82–90; Mut. 184 u.ö.

760 So kann Philo das Vernunftvermögen (νοῦς) als ‚wahren Menschen' (Plant. 42), als ‚Menschen im Menschen' (Congr. 97), als ‚dem Menschen in uns' (Somn. II 267) o. ä. bezeichnen. Vgl. auch Prob. 111.

761 Zur Problematik der philonischen Vorstellung von den unterschiedlichen Anlagen zum Erreichen von Tugend, Vollkommenheit und Frömmigkeit vgl. Böhm, Rezeption, 325f.

762 Ein weiterer Unterschied zwischen Jesus und Philo lässt sich in Philos Sicht auf verschiedene soziale Gruppen seiner Umwelt ausmachen, wie Kaiser, Philo, 150f prägnant formuliert „Die in Jesu Umgang mit den Zöllnern, Sündern und Huren aufleuchtende Macht der alle Menschen zur Buße rufenden und zugleich umfassenden göttlichen Liebe (Mt 21,31) war [Philo] fremd." Im Christentum wird zudem auch die Affektbeherrschung als vom einfachen Menschen durchführbar verstanden.

763 Vgl. Philo, Praem. 116.

Zweiter Teil: Dissonanz und Einheit des Menschen im Frühchristentum – Dipsychia und Oligopistia als neutestamentliche Zweifelskonzepte

Vorbemerkung

Wie im ersten Teil dieser Arbeit dargestellt, belegen zahlreiche Reflexionen antiker Verfasser ein frühes Interesse an der Innenseite des Menschen, insbesondere an Erfahrungen wie intrapsychischen Konflikten (z. B. bei Plato), innerer Unausgeglichenheit und Unruhe (z. B. in der Stoa) oder quälenden existentiellen Entscheidungssituationen (z. B. im Vierten Makkabäerbuch). Die Nichtübereinstimmung zwischen der ‚Innenseite' und der ‚Außenseite' des Menschen hat Denker der Antike ebenfalls beschäftigt, sei es in Form eines ‚doppelten Herzens' (biblische Tradition), sei es in Form des Phänomens der Akrasia, dem Handeln wider die eigene bessere Einsicht (z. B. Aristoteles). Sogar der Zweifel kann eigens zum Thema gemacht werden (v. a. bei Philo von Alexandrien). Dieses Interesse an Dissonanzphänomen, an auf Introspektion basierenden Erfahrungserkenntnissen, die wir aus heutiger Perspektive dem Bereich der Psychologie zuordnen, lässt sich auch in Quellen des frühen Christentums nachweisen. Wie in Texten der griechischen Philosophie, der hebräischen Bibel und des antiken Judentums können entsprechende Erfahrungen im Neuen Testament und bei den Apostolischen Vätern umschrieben, in Sprachbildern ausgedrückt oder mit expliziten Ausdrücken benannt werden. Im folgenden Kapitel (Kapitel VI) werden frühchristlich belegte griechische Ausdrücke für intrapersonale Dissonanzphänomene, wie etwa für den Zweifel oder das Zögern, zusammengestellt sowie jeweilige Verwendungszusammenhänge im klassischen und hellenistischen Griechisch grob skizziert.

Meine Untersuchung zu Zweifelskonzepten im Frühchristentum konzentriert sich auf die Lexemfamilien um die Ausdrücke δίψυχος (‚mit zwei Seelen', ‚unentschlossen') und ὀλιγόπιστος (‚kleingläubig') im Neuen Testament. Δίψυχος κτλ. ist innerhalb des Neuen Testaments nur im Jakobusbrief belegt (Jak 1,8; 4,8). Zwar gebraucht der Verfasser dieser paränetisch ausgerichteten Schrift den Ausdruck δίψυχος nur zwei Mal, aber die jeweiligen kontextuellen Bezüge, Argumentationen und Sprachbilder einerseits und die jakobeische Verwendung vieler weiterer Dissonanzphänomene andererseits lassen darauf schließen, dass mit der ‚Zweiseeligkeit' im Jakobusbrief ein durchdachtes Konzept vorliegt. Der Ausdruck ὀλιγόπιστος κτλ. stammt offenbar aus der Logienquelle, denn die Verfasser des Matthäusevangeliums bzw. des Lukasevangeliums haben diesen Ausdruck als Teil der Sprüche vom Sorgen in der Bergpredigt (Mt 6,30) bzw. der Feldrede (Lk 12,28) bewahrt. Während Lukas das Wort nicht wieder aufgreift, appliziert Matthäus ὀλιγόπιστος κτλ. für theologische Aussageintentionen, insofern der ‚Kleinglaube' in vier weiteren Perikopen des matthäischen Evangeliums (Mt 8,26; 14,31; 16,8; 17,20) die Beziehung der Jüngerschaft zu Jesus/Gott charakterisiert und entsprechend seiner implizierten pragmatischen Funktion für die Rezipienten dieser frühchristlichen Schrift Bedeutung trägt.

Da die Konzepte hinter δίψυχος κτλ. und hinter ὀλιγόπιστος κτλ. ganz entscheidende Implikationen für die in der jeweiligen Schrift thematisierte Gottesbeziehung transportieren, sind sie aus heutiger Sicht als psychologische Phänomene reizvoll. Nicht zuletzt deshalb eignen sich der Gebrauch von δίψυχος κτλ. im Jakobusbrief bzw. der Gebrauch von ὀλιγόπιστος κτλ. im Matthäusevangelium für exegetische Einzeluntersuchungen (siehe Kapitel VII und VIII). Es lohnt sich zudem, die durch δίψυχος κτλ. und ὀλιγόπιστος κτλ. repräsentierten Konzepte zu vergleichen, und zwar schon deshalb, weil sich der Jakobusbrief und das Matthäusevangelium traditionsgeschichtlich nahestehen: Sie stellen je spezifische regionale Ausprägungen desjenigen Teils der frühchristlichen Bewegung dar, der seine jüdische Herkunft und Sozialisation mit dem Osterglauben verknüpfte. Beide entstanden nicht nur in einem vergleichbaren Milieu, sondern womöglich sogar in zeitlicher und geographischer Nähe zueinander. Inhaltlich-thematische Gemeinsamkeiten sind der exegetischen Wissenschaft bereits früh aufgefallen und auch aktuell Gegenstand vertiefter Forschung.[1] Gibt es zwischen der jakobeischen ‚Zweiseeligkeit' und dem matthäischen ‚Kleinglauben' ebenfalls Ähnlichkeiten? Im abschließenden Kapitel dieser Arbeit (Kapitel IX) wird in einer Gegenüberstellung auf Gemeinsamkeiten und Unterschiede eingegangen, werden spezifische Aspekte dieser Konzepte mit anderen antiken Dissonanzvorstellungen (siehe Teil I dieser Arbeit) in Beziehung gesetzt und Auffälligkeiten in der außerkanonischen Rezeption von δίψυχος κτλ. und ὀλιγόπιστος κτλ. hervorgehoben.

---

1 Zu den vergleichbaren Entstehungsmilieus des Jakobusbriefes und des Matthäusevangeliums sowie zu thematischen Überschneidungen vgl. z. B. G. Garleff, Urchristliche Identität in Matthäusevangelium, Didache und Jakobusbrief (BVB 9), Münster 2004, J.K. Zangenberg, Matthew and James, in: Sim D./Repschinski B. (Hg.), Matthew and his Contemporaries, London 2008, 104–122. oder diverse Beiträge in Sandt, H. W. M. van de/ Zangenberg, J.K. (Hg.), Matthew, James, and Didache. Three Related Documents in their Jewish and Christian Settings (SBL.SS 45) Leiden 2008. Siehe dazu auch S. 561 in dieser Arbeit.

Kapitel VI: Wortfeld zum ‚Zweifel' bzw. zur inneren Dissonanz des Menschen im Neuen Testament und bei den Apostolischen Vätern unter Berücksichtigung der antiken Umwelt

Während dem Glauben des frühen Christentums immer wieder detaillierte Untersuchungen gewidmet wurden,[1] findet das psychische Phänomen des Zweifels bzw. der inneren Dissonanz des Menschen in der neutestamentlichen Forschung bislang nur geringes Interesse.[2] Dies ist auffällig, da im 1. und 2. Jahrhundert n. Chr. eine ganze Reihe von Wörtern verwendet wurde, die diesem Wortfeld zugeordnet werden können: Innere Gespaltenheits- oder Dissonanzerfahrungen (und eng verwandte Phänomene wie Akte des Bezweifelns oder Zögerns) können in den Schriften des Neuen Testaments und der Apostolischen Väter u. a. mit διστάζω, διαλογισμός κτλ. und ὀκνέω κτλ. ausgedrückt werden. Eine Übersicht über die Hintergründe und den Gebrauch der Ausdrücke δίψυχος κτλ. und ὀλιγόπιστος κτλ., die im Zentrum der Kapitel VII und VIII stehen, wird hier bereits aufs Wesentliche konzentriert notiert, um bereits das Fundament für die These zu legen, dass beide Lexemfamilien zu dem Phänomen innerer menschlicher Dissonanzen im Allgemeinen gerechnet werden können und im Besonderen als Erfahrungen verstanden werden können, die dem nahekommen bzw. mit dem in Verbindung stehen, was im Deutschen mit dem Zweifel konnotiert ist.

Die folgenden Ausführungen sollen den Versuch zusammenfassen, ein Wortfeld zum Phänomen der inneren Dissonanz und des ‚Zweifels' zu etablieren, in das sich diese beiden Lexemfamilien einbetten lassen. Dabei werden – sofern möglich – Verwendungsmöglichkeiten des jeweiligen Ausdrucks in der

---

1 Vgl. z. B. A. Schlatter, Der Glaube im Neuen Testament. Eine Untersuchung zur neutestamentlichen Theologie, Leiden 1885; O. Kuss, Der Glaube nach den paulinischen Hauptbriefen, ThGl 46 (1956), 1–26; U. Neuenschwander, Glaube. Eine Besinnung über Wesen und Begriff des Glaubens, Bern 1957; G. Ebeling, Jesus und Glaube, ZThK 55 (1958), 64–110; R. Bultmann/A. Weiser, Art. πιστεύω κτλ., ThWNT 6 (1959), 182–202; E. Grässer, Der Glaube im Hebräerbrief, Marburg 1965; H. Binder, Der Glaube bei Paulus, Berlin 1968; D. Lührmann, Pistis im Judentum, ZNW 64 (1973), 19–38; D. Lührmann, Glaube im frühen Christentum, Gütersloh 1976; E. Lohse, Emuna und Pistis – jüdisches und urchristliches Verständnis des Glaubens, ZNW 68/3-4 (1977), 147–163; G. Barth, Art. πίστις κτλ., EWNT² 3 (1992), 216–233; I.G. Wallis, The Faith of Jesus Christ in the Early Christian Traditions (SBL.MS 84), Cambridge 1995; C. Strecker, Fides – Pistis – Glaube. Kontexte und Konturen einer Theologie der „Annahme" bei Paulus, in: M. Bachmann (Hg.), Lutherische und Neue Paulusperspektive. Beiträge zu einem Schlüsselproblem der gegenwärtigen exegetischen Diskussion (WUNT I/182), Tübingen 2005, 223–250; Th. Schumacher, Zur Entstehung christlicher Sprache. Eine Untersuchungg der paulinischen Idiomatik und der Verwendung des Begriffes πίστις (BBB 168), Bonn 2012; u. v. m.

2 Vgl. dazu den Forschungsüberblick in Kapitel I.2.

‚paganen' Antike und in frühjüdischen Schriften skizziert. Sodann ist das frühchristliche Vorkommen zu beachten, so dass der jeweilige Bedeutungsradius abgesteckt werden kann.

1. δίψυχος, διψυχία, διψυχέω

Die Wortfamilie δίψυχος, διψυχία, διψυχέω wird in frühchristlichen Schriften gebraucht, die vermutlich literarisch nicht direkt voneinander abhängig sind (Jakobusbrief; Didache; 1 und 2Clemensbrief; Barnabasbrief; Hirt des Hermas).[3] Bei gegenwärtiger Quellenlage ist der Ausdruck δίψυχος (wörtlich: ‚zwei Seelen habend') im Neuen Testament zeitlich vor dem Jakobusbrief nicht nachweisbar,[4] begegnet im Kanon auch nur in diesem Brief und hier sogar nur zwei Mal (Jak 1,8; 4,8).[5] Allerdings kennen einige Denker der griechischsprachigen Antike durchaus die Rede von den „zwei Seelen", wie der folgenden Exkurs zeigt.

Exkurs: Zur Rede von den „zwei Seelen" in der griechischsprachigen Antike bis Origenes

Dieser Exkurs beschränkt sich auf die terminologischen Belege in der griechischsprachigen Literatur der Antike bis Origenes, in denen zwei Seelen

---

3 Die Zwei-Wege-Lehren der Didache und des Barnabasbriefes, in denen jeweils διψυχέω vorkommt, gehen wahrscheinlich auf eine gemeinsame Quelle zurück, vgl. z. B. AUDET, Affinities, 146; ALDRIDGE, Peter, 234. Dass zwischen 1Clem und 2Clem keine direkte Abhängigkeit gegeben ist, nimmt die Mehrheit der Forschung an, vgl. z. B. PRATSCHER, Clemensbrief, 90; TUCKETT, 2 Clement, 13–17. (anders HAGNER, Use, 173, der 2Clem von 1 Clem abhängig sieht). Stark umstritten scheint das Abhängigkeitsverhältnis zwischen Jak und 1Clem zu sein. Gegen eine literarische Abhängigkeit sprechen sich z. B. aus LONA, Clemensbrief, 57; M. DIBELIUS, Jakobus, 1984, 51 f; Während Anfang des 20. Jh. KNOPF, Jakobusbrief, RGG[1] 3 (1912), 1023, Jak von 1Clem abhängig verstand, wird das umgekehrte Verhältnis angenommen u. a. von KÜMMEL, Das Neue Testament, 357; GUTHRIE, New Testament, 738; MUSSNER, Jakobusbrief, 36. Der ‚Hirt des Hermas' ist der Mehrheit der Forschung zufolge weder von Jak, noch von Did noch von 1Clem oder 2Clem abhängig. Ähnlichkeiten zwischen diesen Schriften könnten sich aus gemeinsamem Traditionsgut erklären lassen. Vgl. VIELHAUER, Geschichte, 573.580; DIBELIUS, Jakobus, 43–52.

4 Ohne Belege anzugeben postuliert ADAMSON, James, 134, δίψυχος sei bereits im klassischen Griechisch belegt.

5 In dieser Arbeit ist die Annahme vorausgesetzt, dass der Jakobusbrief nicht auf den Herrenbruder Jakobus zurückgeht und dass der Jakobusbrief entweder etwa zeitgleich mit dem Ersten Clemensbrief (Ende des 1. Jh. n. Chr.) oder gar vor vor dem Ersten Clemensbrief anzusetzen ist. Zu neueren Veröffentlichungen, die diese zeitliche Einordnung bestätigen, siehe die Literaturverweise bei PORTER, dipsuchos, 473, Anm. 13.

sprachlich explizit gemacht werden.[6] Sofern eine derartige Lehre nicht durch den Urheber derselben belegt ist, etwa weil entsprechende Quellenschriften nicht mehr erhalten sind, wird ergänzend auf griechische und/oder lateinische Wiedergaben späterer Verfasser zurückgegriffen, die diese Vorstellung bezeugen.

Der früheste Beleg, der sich m. E. für die Zusammenstellung der Ausdrücke δύο und ψυχή/ψυχαί finden lässt, begegnet in Euripides' Tragödie ‚Alkestis' aus dem 5. Jh. v. Chr. Hier wird im Munde des Pheres die Existenz zweier ψυχαί negiert: „Wir müssen mit einem einzigen Leben leben (ψυχῆι μιᾶι ζῆν), nicht mit zwei (οὐ δυοῖν)," antwortet der Vater Pheres auf die Frage seines Sohnes Admetus, ob der Tod für einen jungen Mann denn das gleiche bedeute wie für einen alten Mann.[7] Mit dieser Aussage will Pheres seinen Sohn davon überzeugen, dass jeder Mensch das Leben gleich liebe, und Admetus daher Unrecht habe mit seiner Meinung, als alter Mann solle Pheres an seiner statt sterben, um damit das Versprechen Apollons einzulösen, Admetus dürfe seinen Tod mithilfe eines Stellvertreters aufschieben. Aus dem Kontext des Zitats wird deutlich, dass der Ausdruck ψυχή hier mit ‚Leben' angemessen wiedergegeben ist, zumal der Gebrauch des Lexems bei Euripides auch sonst kein vom Körper zu trennendes ‚Inneres' bezeichnet.[8] Es geht im ‚Alkestis' also nicht um die Negation zweier ‚Seelen' im Menschen.

Anders setzt im 4. Jh. v. Chr. der Sokratesschüler Xenophon (ca. 430–355 v. Chr.) die Vorstellung von zwei Seelen in seiner Kyrupädie ein.[9] Infolge des Eroberungszuges gegen Assyrien hält der xenophontische Kyros die für ihre Schönheit und Tugend bekannte Pantheia, die Frau des Abradatas, in Gefangenschaft.[10] Weil der persische Herrscher glaubt, einem Zwang erliegen zu müssen, sollte er sie zu Gesicht bekommen, überträgt er seinem Jugendfreund Araspas die Verantwortung, sich um die schöne Ehefrau des

---

6 Ausgeschlossen sind damit alle antiken Belege, die von zwei seelischen Teilen (μέρη/μοῖραι; z. B. Philo, Her. 167; Congr. 106; Galen, anat. II 503; Galen, plac. V 7,42; VI 1,7; Aristoteles, eth.Nic. 1240a), Kräften (δυνάμεις; z. B. Aristoteles, anima 432a; Alexander Aphr., anima 99), Naturen (φύσεις; z. B. Philo, Leg. III 91), Arten (γενή; z. B. Philo, Leg. II 95) o. Ä. sprechen.

7 Vgl. Euripides, Alc. 712.

8 Vgl. Schlesier, Seele, 38. Das, was sich nach dem Tod vom Körper trennen und in den Himmel aufgenommen werden kann, bezeichnet Euripides mit πνεῦμα, vgl. Bremmer, Seele, 504.

9 Die Kyrupädie, deren Intention es ist, den persischen Herrscher Kyros als Muster an Selbstbeherrschung und Besonnenheit darzustellen, ist ein Spätwerk Xenophons. Es kann einer Vielzahl von Genres zugeordnet werden (z. B. als Biographie, Encomium, Herrscherportrait, pädagogische und ethische Schrift, etc.), vgl. Gera, Cyropaedia, 1.

10 Zu Darstellung und Rolle der Pantheia in der Kyrupädie siehe Gera, Cyropaedia, 221–244.

Abradatas (eines Verbündeten des Assyrerkönigs) zu kümmern. Araspas, der Liebe zunächst im Gegensatz zu Kyros als bewussten Entschluss bzw. Willensangelegenheit versteht,[11] als eine Entscheidung, die dem moralisch guten Menschen keine Schwierigkeiten bereite,[12] ist überzeugt, dass er Herr seiner selbst sei und der Eros darum keinen Einfluss auf ihn haben werde.[13] Freilich dauert es nicht lange bis sich der Meder Araspas in Pantheia verliebt. Selbst Götter würden dem Eros erliegen, meint Kyros, und verzeiht seinem Untergebenen sogar, dass dieser der Gefangenen Gewalt angedroht hatte, da sie seine Gefühle nicht erwiderte.[14] Auf die Frage Kyros', ob Araspas bereit sei, die schöne Pantheia zu verlassen, um eine Spionagemission auszuführen, antwortet Araspas selbstsicher mit einer Beschreibung seines Innenlebens:

> Δύο γάρ, ἔφη, ὦ Κῦρε, σαφῶς ἔχω ψυχάς· νῦν τοῦτο πεφιλοσόφηκα μετὰ τοῦ ἀδίκου σοφιστοῦ τοῦ Ἔρωτος. οὐ γὰρ δὴ μία γε οὖσα ἅμα ἀγαθή τέ ἐστι καὶ κακή, οὐδ' ἅμα καλῶν τε καὶ αἰσχρῶν ἔργων ἐρᾷ καὶ ταὐτὰ ἅμα βούλεταί τε καὶ οὐ βούλεται πράττειν, ἀλλὰ δῆλον ὅτι δύο ἐστὸν ψυχά, καὶ ὅταν μὲν ἡ ἀγαθὴ κρατῇ, τὰ καλὰ πράττεται, ὅταν δὲ ἡ πονηρά, τὰ αἰσχρὰ ἐπιχειρεῖται. νῦν δὲ ὡς σὲ σύμμαχον ἔλαβε, κρατεῖ ἡ ἀγαθὴ καὶ πάνυ πολύ.[15]
>
> „Ja, o Kyros", sagte er, „denn ich habe sicherlich zwei Seelen. Diese philosophische Erkenntnis habe ich jetzt im Gespräch mit dem ungerechten Sophisten, dem Eros, gewonnen. Denn eine Seele allein kann nicht gut und schlecht zugleich sein, kann nicht zugleich schöne und hässliche Werke lieben, und nicht zugleich dasselbe tun wollen und nicht tun wollen, sondern es ist klar, dass es zwei Seelen sind, und wenn die gute die Oberhand behält, tut man das Gute, wenn aber die schlechte vorherrscht, versucht man das Schlechte zu tun. Jetzt aber, da sie dich als Mitkämpfer besitzt, hat die gute die Oberhand und zwar auf ganzer Linie."[16]

Zunächst mag diese Passage z. B. an Platos Politeia erinnern, wo der Autor zwischen einer „vernünftigen" und einer „unvernünftigen" Komponente der Seele unterscheidet. Bemerkenswert ist jedoch, dass Xenophon hier nicht von zwei Teilen einer Seele spricht,[17] sondern von zwei Seelen un-

11 Vgl. Xenophon, Kyr. V 1,10f. Dass Liebe in den Augen Araspas Gegenstand der freien Wahl ist, expliziert Xenophon u. a. mittels der Ausdrücke ‚freiwillig' (ἐθελούσιος) und ‚wollen' (βούλομαι). Kyros' Entgegnung folgt in V 1,12: Liebe sei eine Krankheit und versklave die betroffene Person.

12 Vgl. Xenophon, Kyr. V 1,14.

13 Diese gegensätzlichen Positionen über die Liebe sind traditionell, vgl. z. B. Gorgias, Hel. (DK II 76B) 19; Euripides, Tro. 891 ff; 932 ff. Zum Dialog zwischen Kyros und Araspas über den Eros vgl. Mueller-Goldingen, Untersuchungen, 188–194.

14 Vgl. Xenophon, Kyr. VI 1,33.

15 Vgl. Xenophon, Kyr. VI 1,41.

16 Übersetzung von mir, A.N.

17 Gegen Schmidt, Ethik, 275; Dorion, Enkrateia, 50, Anm. 74. Dass hier zwei „separate" Seelen gemeint sind, sieht z. B. Ferweda, Two Souls, 373.

terschiedlicher moralischer Qualität, die miteinander in Konflikt stehen.[18] Vermutlich soll mit der Rede von den zwei Seelen auf die Entwicklung des Liebesverständnisses des Araspas zum einen und dessen Ambivalenzerfahrungen mit der Liebe zum anderen angespielt werden:[19] Er tritt nämlich als Figur auf, die an sich selbst sowohl das destruktive als auch das positive Potential der Liebe kennenlernt. Weil in der Darstellung der Auffassung des Araspas innere Konflikte in einer einzigen Seele als unmöglich präsentiert werden, wird beiden (moralischen) Alternativen, zwischen denen sich der Mensch entscheiden muss, jeweils eine Seele unterschiedlicher Qualität zugeschrieben. Der Meder resümiert, dass seine gute Seele nun mithilfe der Unterstützung seines Herren seiner bösen überlegen sei. Er erweist sich dadurch als ein Mann, „der sein Verliebtsein durch rationale Reflexion über seine eigene Lage überwindet".[20]

Auch Plato (ca. 427–347 v. Chr.), ein Zeitgenosse Xenophons und ebenfalls aus der Schule des Sokrates stammend, kennt die Vorstellung von zwei Seelen. Er erwähnt diesen Gedanken innerhalb der Ausführungen

---

18 Mueller-Goldingen sieht hier keine Abhängigkeit Xenophons von Plato gegeben, sondern geht davon aus, dass es sich um ein sokratisches Dogma handelt, das beide als Schüler des Sokrates unabhängig voneinander wiedergeben. Vgl. Mueller-Goldingen, Untersuchungen, 205 (der die zwei Seelen jedoch als „Seelenteile" versteht). Mitunter wird in der Forschung hingegen ein iranischer Ursprung dieser Zwei-Seelen-Vorstellung angenommen, wobei dieses Konzept dann in die griechische Philosophie (Plato; Platonismus) eingedrungen sei. Vgl. Ferweda, Two Souls, 373 f; H.-C. Puech, Numenius d'Apamée et les theologies orientales au second siècle (1934), in: Ders., En quête de la gnose I, Paris 1978, 25–54 (Puech hat später die Ansicht von einem manichäischen Einfluss auf die platonische Tradtion zum Teil zurückgenommen, vgl. Puech, sources, 39). Stroumsa, Two Souls, 200 f.208, hält es ebenfalls für wahrscheinlich, dass die Zwei-Seelen-Vorstellung iranischen Ursprungs sei und weist außerdem auf die Einflussnahme iranischer anthropologischer Konzepte auf das jüdische Denken seit hellenistischer Zeit hin.

19 Schon die Lyrikerin Sappho kennt die Ambivalenz des Eros: Sie bezeichnet ihn als „bittersüßen (γλυκύπικρος) Eros" (vgl. Sappho, fr .130 LP), angesichts dessen sich ihre Gedanken entzweiten (vgl. Sappho, fr. 51 LP: „[…] , δίχα μοι τὰ νοήμματα"). Damit setzt sich Sappho von der Tradition ab. Denn seit Hesiod galt Eros als Schirmherr ganzheitlicher, zwischen Leib und Seele ausgewogener Liebe. Vgl. dazu Theunissen, Pindar, 298. Sowohl bei Plato als auch bei Xenophon findet sich die Vorstellung von Eros als einem Sophisten. Im Symposion äußert Diotima über Eros, er sei „ein lebenslanger Philosoph, ein gewaltiger Zauberer, Giftmischer und Sophist" (vgl. Plato, symp. 203d: φιλοσοφῶν διὰ παντὸς τοῦ βίου, δεινὸς γόης καὶ φαρμακεὺς καὶ σοφιστής). Hier, in Xenophon, Kyr. VI 1,41, ist „Sophist" nicht negativ konnotiert, vgl. C.J. Classen, Xenophons Darstellung der Sophistik und der Sophisten, Hermes 112 (1984), 154–167; Gera, Cyropaedia, 231, Anm. 143. Spätere griechische Schriftsteller nehmen die Bezeichnung des Eros als einem Sophisten auf, z. B. Achilleus Tatios I,10,1. Siehe dazu auch G. Anderson, Eros Sophistes: Ancient Novelists at Play, Chico, CA, 1982. Möglicherweise ist mit dem Attribut „ungerecht" (ἄδικος) nicht der „Sophist Eros" selbst intendiert, sondern die Art und Weise des Erkenntnisgewinns des Araspas in Bezug auf die Ambivalenz des Eros, vgl. Gera, Cyropaedia, 231, Anm. 143.

20 Mueller-Goldingen, Untersuchungen, 205.

zur philosophisch-politischen Theologie im zehnten Buch der ‚Nomoi', das sich mit der Asebie befasst und in dem v. a. die Existenz der Götter bewiesen werden soll. Plato vertritt die Auffassung, dass ein Gott eine Seele sei, da die Seele als selbstbewegter Beweger – und nicht der Zufall oder die Natur – erste Ursache allen Werdens und Vergehens sei. Wenn die Seele alle Progressionen bewirkt, muss sie auch die Bewegung der (als beseelt verstandenen) Himmelskörper verursachen.[21] Um zu erklären, weshalb die Bewegungen geordnet vor sich gehen, lässt Plato den gesprächsführenden Athener die Frage vorbringen, ob eine oder mehrere Seelen für die Bewegungen der Himmelskörper ursächlich sind:

> μίαν [ψυχὴν] ἢ πλείους; πλείους: ἐγὼ ὑπὲρ σφῷν ἀποκρινοῦμαι. δυοῖν μέν γέ που ἔλαττον μηδὲν τιθῶμεν, τῆς τε εὐεργέτιδος καὶ τῆς τἀναντία δυναμένης ἐξεργάζεσθαι.[22]
>
> „Eine [Seele] oder mehrere? Mehrere: ich will für euch antworten. Wir wollen keinesfalls weniger als zwei setzen, eine wohltätige und eine, die das Gegenteil zu bewirken vermag."[23]

In Plato, leg. 897cd wird dieser Gegensatz nochmals aufgegriffen: Die tugendhafte (ἀρίστη) Seele lenke den Kosmos auf einer vernunftgemäßen Bahn, die schlechte (κάκη) Seele hingegen auf einer planlosen und ungeordneten. Diese beiden – im Kontext hier allerdings als Arten der Seele (ψυχῆς γένος) bezeichnet[24] – unterscheiden sich also hinsichtlich ihrer Qualität zum einen und ihrer Wirkmächtigkeit zum anderen. Ausschlaggebend für diese beiden Aspekte ist jeweils das Verhältnis zur Vernunft (νοῦς):[25] Verbindet sich eine Seele mit der Vernunft, dann leitet sie alles in richtiger Weise, bewirkt also Bewegungen, die der Vernunft entsprechen und geordnet sind. In Verbindung mit der Unvernunft hingegen verursacht die Seele Bewegungen, die ohne Sinn und Ordnung sind. Auch wenn Plato die Gesprächsbeteiligten resümieren lässt, die Weltseele müsse als gut gelten, weil sie – wie für jedermann ersichtlich sei – für den gesamten Kosmos Sorge trage, und sei daher mit Gott zu identifizieren,[26] bleibt fraglich, wie alle entsprechenden Passagen miteinander zu vereinbaren sind. Deshalb wird u. a. diskutiert, ob Plato von der Existenz zweier ursprünglicher Prinzipien des Kosmos ausgegangen sei,[27] ob der antike Philosoph zwar zwei

---

21 Vgl. Plato, leg. 896d–897d.

22 Vgl. Plato, leg. 896e.

23 Übersetzung: Steiner (Platon, Nomoi X. Mit einer Einleitung von H. Kuhn. Übersetzt und kommentiert von P.M. Steiner, Berlin 1992).

24 Vgl. Plato, leg. 897b.

25 Zum Status der Vernunft als möglicher oberster Gottheit, der alle anderen Götter hierarchisch untergeordnet sind, vgl. z. B. Bordt, Fundierung, 222 f.

26 Vgl. Plato, leg. 898c.899a.

27 Zu den Vertretern zählen u. a. W.C. Greene, Moira, 277–316; Müller, Philosophie, 87 ff. Die These, Plato sei tatsächlich von der Existenz zweier sich entgegenstehender Welt-

gleichursächliche Prinzipien angenommen habe, wobei das schlechte dem guten untergeordnet sei,[28] oder ob Plato hier lediglich an zwei „Kräfte" oder „Aspekte" ein und derselben Weltseele dachte.[29] Möglicherweise könnte er hier auch rein hypothetisch die Vorstellung einer bösen metaphysischen Ursache zur Erklärung der Unde-malum-Frage erwogen haben, d. h. die böse Weltseele würde lediglich als rhetorisches Hilfsmittel für den angetretenen Beweis, dass Götter existieren, eingeführt worden sein.[30]

Zwar gibt es Hinweise dafür, dass letztere Deutung der Intention Platos am nähesten kommt,[31] aber letztlich scheint die Frage danach, ob der antike Autor Plato einen kosmischen Dualismus zweier widerstreitender Prinzipien annahm oder nicht, bislang ungeklärt.[32] Unbestritten ist jedoch, dass diese Stelle der ‚Gesetze' nicht die Anthropologie berührt, sondern die Metaphysik.

Aristoteles (384–322 v. Chr.), der berühmteste Schüler Platos, hat die Annahme von zwei Seelen entschieden dementiert. In seiner Schrift ‚De anima' äußert er, es gäbe nur ‚einen Seelenbegriff' (εἷς … λόγος ψυχῆς), weshalb keine ‚Seele neben der genannten' (ψυχή παρὰ τὰς εἰρημένας) existieren könne.[33] Ebenso nachdrücklich weist er die Idee zurück, der Mensch sei Sitz einer Vielzahl von Seelen (πολλαί ψυχαί). Dabei denkt er aber nicht

---

seelen ausgegangen, geht auf W. Jaeger zurück, der 1923 einen orientalischen Einfluss auf Plato annahm. Vgl. W. Jaeger, Aristoteles. Grundlegung einer Geschichte seiner Entwicklung, Berlin 1923, 134 ff. Jaegers These wurde wohl von E. Zeller inspiriert, der diese Passage um die „böse und widergöttliche Seele" als Fremdkörper im platonischen Gesamtwerk sah und für deren Verwerfung argumentierte. Vgl. E. Zeller, Die Philosophie der Griechen in ihrer geschichtlichen Entwicklung, II/1, Leipzig [4]1889, 973 f.

28 Entsprechendes erwägt Greene, Moira, 310 f.

29 Zu den Vertretern dieser Position zählen u. a. Cherniss, Sources, 26, Anm. 29; Kerschensteiner, Platon, 72 f.

30 Zu den Vertretern dieser Position gehören u. a. Hager, Vernunft, 253 ff; Scheffel, Aspekte, 20; Alt, Weltflucht, 11; Finck, Begründung, 280. Eine weitere Deutungsmöglichkeit hat Görgemanns, Beiträge, 200, Anm. 1, vorgelegt: Die böse Seele sei nicht nur hypothetisch gemeint, sondern Realität, aber Plato meine hier nicht eine böse Weltseele, sondern eine Seele im nicht-kosmischen Bereich.

31 Als Indiz für die hypothetische Annahme einer bösen Weltseele kann z. B. geltend gemacht werden, dass Plato den gesprächsführenden Athener in leg. 896e5 „wir setzen" (τιθῶμεν) sagen lässt, d. h. die Setzung einer bösen Weltseele als Argumentationsmittel verwendet, um anschließend die Frage, welche von beiden denn nun über Himmel und Erde herrsche, zugunsten der wohltätigen Seele beantworten zu lassen (ähnlich auch Finck, Begründung, 280, Anm. 17).

32 Die Stelle über die zwei Seelen ist u. a. auch deshalb so heiß umstritten, weil sie die Frage eröffnet, ob Plato mit der bösen Seele auch einen bösen Weltschöpfer annahm oder zumindest den Gedanken daran ermöglichte und damit dem gnostischen Dualismus Vorschub leistete. Die Gnostiker selbst haben jedenfalls schon früh auf Plato als einem ihrer geistigen Väter verwiesen.

33 Vgl. Aristoteles, anima 414b.

an einzelne Seelen, die deswegen voneinander zu unterscheiden sind, weil sie gegensätzliche Strebevermögen beinhalten, und auch nicht an viele Seelen, die über den ganzen Körper verteilt sind, und deren Funktion es wäre, die einzelnen Körperteile zusammenzuhalten.[34] Die Annahme mehrerer Seelen ergäbe sich nach Aristoteles aus der vorsokratischen Anschauung, dass die Körperteile eine Mischung aus Elementen seien, das Mischungsverhältnis aber eine Seele oder Harmonie.[35] Da die Seele aber kein Mischungsverhältnis im Sinne der Vorsokratiker sein könne, weil damit u. a. das Problem ihrer Einheit nicht geklärt sei, lehnt Aristoteles die Vorstellung mehrerer Seelen im Menschen als Bewegursache der Körperteile ab.[36]

Während die aristotelische Negation mehrerer Seelen im Menschen offenbar keine weiteren Diskussionen nach sich zog, wurde Platos „Zwei-Seelen-Vorstellung" im Platonismus in Bezug auf die Frage nach dem Bösen entlang der oben dargestellten Interpretationsmöglichkeiten diskutiert.[37] Plutarch (ca. 45–125 n. Chr.) und Numenios aus Apameia (Mitte des 2. Jh. n. Chr.)[38] scheinen die böse Seele aus Plato, Nomoi 896d jedenfalls nicht als hypothetisches Argumentationsmedium, sondern als Faktum im Sinne einer als gegeben anzunehmenden bösen Weltseele, die die Materie repräsentiert, gedeutet zu haben.[39] Für dieses Plato-Verständnis, das die Quelle des Bösen in der Materie erkennt, kann Aristoteles als Wegbereiter bestimmt werden. Denn er fasste die platonische Trennung von Idee und Materie, von geistig erfassbarer und sinnlich wahrnehmbarer Wirklichkeit – die späteren Platonikern zur Grundlage für ihre Kosmologien diente –, im ethischen Sinne auf.[40] Von zwei Seelen spricht Aristoteles jedoch nicht.[41]

Plutarch erwähnt die zwei Seelen in der Schrift ‚Über Isis und Osiris'. Dort deutet der griechische Schriftsteller den ägyptischen Mythos von Isis und Osiris mithilfe religiöser und philosophischer Ansätze. Denn bei allen Völkern habe es seit jeher u. a. in der Philosophie und Theologie

34 Vgl. Aristoteles, anima 408a.

35 Der prominenteste Vertreter der Vorstellung, die Seele sei aus Elementen konstituiert, ist Empedokles, dem zufolge die Seele aus den vier Elementen (= Teilen) zusammen gesetzt ist. Vgl. Empedokles DK 21 B 22. Zu der Problematik des Harmonie-Konzepts vgl. z. B. A. Hilt, Ousia, 145f.

36 Vgl. Aristoteles, anima 407b–408a. Zu den Aporien der Vorgänger Aristoteles' vgl. A. Hilt, Ousia, 132–139.

37 Vgl. Schäfer, Unde Malum, 48f.

38 Alle derzeit bekannten Hinweise reichen bislang nicht aus, um eindeutig zu bestimmen, ob Numenios der ersten oder der zweiten Hälfte des 2. Jh. n. Chr. zuzurechnen ist, vgl. Frede, Numenius, 1038f.

39 Vgl. Plutarch, De animae procreatione in Timaeo, mor. 1014a–1017c; De Iside et Osiride, mor. 370f; Numenios fr. 52,64ff (des Places).

40 Vgl. Aristoteles, metaph. 988a–b. Siehe dazu auch Alt, Weltflucht, 10f.

41 Zur Seelenkonzeption des Aristoteles siehe auch S. 113ff dieser Arbeit.

die Vorstellung zweier einander konträrer Götter gegeben.[42] Neben der Interpretation diverser griechischer Götterpaare als gegensätzliche Mächte erwähnt Plutarch u. a. die iranische Religion. In ‚De Iside et Osiride' 369d ff berichtet er von dem Glauben der Perser an die Existenz zweier entgegenwirkender Götter, von denen einer gut (ἀγαθῶν), der andere ein schlechter Schöpfergott (φαύλων δημιουργόν) ist. Sie repräsentieren Licht bzw. Finsternis und Unwissen.[43] Sodann paraphrasiert Plutarch die eben erwähnte Passage aus Platos ‚Gesetzen': Plato habe behauptet, „die Welt werde nicht durch eine Seele (οὐ μιᾷ ψυχῇ), sondern vielleicht durch mehrere, aber mindestens zwei (δυεῖν) [Seelen] bewegt. Die eine bringe das Gute hervor, die entgegengesetzte aber sei die Schöpferin des Gegenteils."[44] Alle Bezugnahmen auf Belege, die Plutarch als antike Analogien auffasst und seiner platonisierenden Deutung des Isis-und-Osiris-Mythos voranstellt, dienen dazu, das Böse in dieser Welt festzumachen. Denn beide Kräfte, Gut und Böse, seien nicht als gleichrangig aufzufassen;[45] vielmehr gäbe es zum einen etwas Mittleres, etwas Vermittelndes, zwischen diesen beiden polaren Mächten und zum anderen überwiege letztendlich das Gute, weil die Macht des Bösen begrenzt, wenn auch nicht gänzlich besiegbar sei.[46] Insofern kann man dieser Schrift keinen radikalen Dualismus entnehmen, bei dem der Ausgang des Kampfes zwischen zwei gleichberechtigten Kräften offen bleibt.[47] Es handelt es sich in jeden Fall aber auch hier um einen die Metaphysik behandelnden Traktat und nicht um anthropologische Aussagen.[48]

Bei dem Platoniker Numenios von Apameia ist die Rede von den zwei Seelen in zwei unterschiedlichen Zusammenhängen belegt, einmal im Rahmen von ontologisch-metaphyischen Äußerungen und einmal im anthropologisch-psychologischen Kontext. Die die Metaphysik betreffende Passage ist von Calcidius (4./5. Jh. n. Chr.) auf Latein überliefert.[49] In fr.

42 Vgl. Plutarch, De Iside et Osiride, mor. 369b–371a.

43 Die zwei widerstreitenden Grundprinzipien sind als aktive Kräfte vorgestellt, das Böse ist also nicht passive Negation der Materie. Damit stellt die iranische Lehre einen Gegensatz zum antiken griechischen Denken dar, denn dort existierte keine Vorstellung des Bösen als Gottheit, vgl. Kerschensteiner, Platon, 67.

44 Plutarch, De Iside et Osiride, mor. 370f–371a.

45 Vgl. Plutarch, De Iside et Osiride, mor. 371a.

46 Zu diesen komplexen Aspekten siehe z. B. Alt, Weltflucht, 22–29.

47 Vgl. Ferweda, Two Souls, 370; Alt, Weltflucht, 23.

48 Vgl. D.S. Richter, Plutarch on Isis and Osiris: Text, Cult, and Cultural Appropriation, TAPhA 131 (2001), 191–216, passim. Zur dualistischen Welterklärung im Werk Plutarchs siehe Alt, Weltflucht, 16–29.

49 Vgl. Numenios fr. 52,35–93 (des Places). Die Zuordnung des als Fragment 52 von des Places abgedruckten Kapitels des Timaios-Kommentars von Calcidius zu Numenios gilt als gesichert, vgl. Waszink, Studien, XLff; Deuse, Untersuchungen, 68ff.

52,64 ff sowie in fr. 52,92 f berichtet er, Numenios habe Plato gelobt, weil jener zwei Seelen der Welt angenommen habe (duas mundi animas autumnet), bzw. gesagt habe, es gäbe zwei Weltseelen (duas esse mundi animas), nämlich eine wohltätige (beneficentissima), und eine böse (maligna). Während die gute Weltseele in Gott ihren Ursprung habe, sei die böse Weltseele der Materie (silva) zuzuschreiben bzw. sogar mit ihr zu identifizieren.[50] Insofern Gott für jegliche Stabilität, Ordnung und Regelmäßigkeit verantwortlich ist, Instabilität, Unordnung und Unregelmäßigkeit jedoch nicht von Gott kommen können, schreibt Numenios alle Bösartigkeit der Materie zu, der – weil selbstbewegt – eine eigene Seele eigne, welche jedoch aufgrund ihrer chaotischen Bewegung und Unbeständigkeit als vernunftlos gelten müsse.[51] Da Numenios lediglich von Gott als dem Urheber der guten Weltseele spricht, diese Seele aber nicht mit Gott identifiziert, stellt sich die Frage, ob er als Vertreter einer ontologischen Zwei-Seelen-Lehre gelten darf.[52]

Die Auffassung von zwei Seelen begegnet bei Numenios von Apameia ein weiteres Mal, und zwar im Kontext der Anthropologie. Nach dem Bericht des Porphyrus hat Numenios statt von zwei oder mehr Teilen der einen Seele explizit von zwei separaten Seelen des Menschen gesprochen: „Ἄλλοι δέ, ὧν καὶ Νουμήνιος, οὐ τρία μέρη ψυχῆς μιᾶς ἢ δύο γε, τὸ λογικὸν καὶ ἄλογον, ἀλλὰ δύο ψυχὰς ἔχειν ἡμᾶς οἴονται, ὥσπερ καὶ ἄλλα, τὴν μὲν

50 Vgl. Numenios fr. 52,64 ff (des Places): „Platonemque idem Numenius laudat, quod duas mundi animas autumnet, unam beneficentissimam, malignam alteram, scilicet siluam." sowie fr. 52,92 f (des Places): „quodque idem [=Plato] saepe alias duas esse mundi animas dixerit, unam malignam ex silua, alteram beneficam ex deo."

51 Calcidius spricht davon, dass die Materien-Seele ungeordnet hin und her schwanke, vgl. Numenios fr. 52,67 (des Places). Zum Hintergrund der Einführung einer zweiten Seele in Numenios metaphysischer Prinzipienlehre vgl. z. B. Blosser, Angels, 61 f.

52 Während die Ausführungen des Numenios in Bezug auf Gott und Materie als Ursachen der Weltstruktur in der Regel als „Zwei-Seelen-Lehre" gewertet werden (vgl. z. B. van den Broek, Authentikos Logos, 213; Baltes, Numenios, 5; Ders., Philosophie, 105, Anm. 85 und 96, Anm. 55; Deuse, Untersuchungen, 77.166), lehnt Alt, Weltflucht, 33, diese Einordnung ab, u. a. weil die böse Seele nicht als „Eigenwesen" fassbar werde und weil die gute Weltseele zwar ihre Ursache in Gott habe, aber nicht als Gott ausgewiesen werde (vgl. aber Alt, Philosophie, 7). Eine ausführliche Darstellung der Prinzipienlehre und Theologie des Numenios von Apameia kann hier nicht geleistet werden. Zu dessen Vorstellung der beiden Weltseelen, zu seiner komplexen Dreigötterlehre sowie zu dem Verhältnis zwischen der guten Weltseele und dem Demiurgen siehe Frede, Numenius, bes. 1053.1068. Mit der Auffassung von einer bösen Weltseele sowie von der Existenz einer originär ungeordneten, ungewordenen Materie, die dem Demiurgen zur Gestaltung vorgegeben ist, schließt sich Numenios der Interpretation Plutarchs an. Von Plutarch unterscheidet sich Numenios jedoch hinsichtlich der Bestimmung der guten Weltseele, insofern sie bei Numenios keinen irrationalen Teil hat. Vgl. Frede, Numenius, 1053.1073.

λογικήν, τὴν δ' ἄλογον."[53] Wie der Mensch auch andere Körperteile in zweifacher Ausführung aufweise (die Augen, die Ohren), so besäße er eben auch zwei Seelen. Außer dass diese als „vernünftig" bzw. „unvernünftig" zu charakterisieren sind, erfahren wir aus dem Zeugnis des Porphyrius nichts Weiteres über das Wesen oder die Verhältnisbestimmung dieser beiden Instanzen im Inneren der Person.[54] Eine Notiz bei Johannes Stobaeus aus dem 5. Jh. n. Chr. weist allerdings darauf hin, dass Numenios einen Kampf zwischen beiden Seelen angenommen hat.[55]

Insbesondere die Gnosis wird mit der Vorstellung von zwei separaten Seelen des Menschen in Verbindung gebracht.[56] Offenbar haben nämlich sowohl Isidor (* ca. 139 n. Chr.) als auch Valentin († nach 166 n. Chr.), die sich beide als Christen verstanden, eine entsprechende Seelenlehre vertreten.[57] Davon wissen wir aus Zeugnissen des Clemens von Alexandrien (ca. 150–215 n. Chr.).[58] In strom. II,20,114,2f berichtet er, dass Isidor[59] „zwei Seelen in uns" angenommen habe (δύο γὰρ δὴ ψυχὰς ὑποτίθεται καὶ

53 Das Fragment ist als Zeugnis des Porphyrius belegt bei Stobaeus I 49,25a,18–22 (Wachsmuth) (=Numenios, frag. 44 [91 Des Places]).

54 Geht man davon aus, dass Numenios eine ontologische Zwei-Seelen-Lehre vertreten hat – was nicht unumstritten ist –, dann ließe sich annehmen, dass er diese Vorstellung in Analogie zu seiner Weltseelen-Konzeption ausgebildet hat. Vgl. Frede, Numenius, 1070f; Köckert, Kosmologie, 109; Caluori, Plotinus, 177.

55 Vgl. Stobaeus I 49,37,80ff (Wachsmuth).

56 Vgl. Blosser, Angels, 60.66.

57 Zu Valentin und den Christen in Rom um die Mitte des 2. Jh.s n. Chr. siehe z. B. E. Thomassen, Orthodoxy and Heresy in Second-Century Rome, HTR 97/3 (2004), 241–256. Zu der Aufnahme platonischer Begrifflichkeit und Vorstellungen seitens Valentins, die bereits Tertullian auffielen (vgl. Tertullian, carn. 20; praescr. 30) siehe Lampe, Christen, 254f (weitere Literaturverweise dort).

58 Auch Plotin (3. Jh. n. Chr.) schreibt in den Enneaden die Einführung einer „anderen Seele" (ἑτέρα ψυχή) der gnostischen Strömung zu. Der als Verfechter der Seeleneinheit bekannte Philosoph, der in platonischer Tradition steht, schätzt diese Anschauung als „unvernünftig" (ἄλογος) ein. Vgl. Plotin II,9,5. Die Erwähnung der psychischen Fähigkeiten impliziert, dass es sich bei der von Plotin kritisierten gnostischen Vorstellung um eine anthropologische Lehre handelt. In Plotin IV,6,2 begegnet sogar die Wortverbindung „zwei Seelen": Πότερα δὲ αὐτὴν μὲν ἡ ψυχὴ δύο καὶ ὡς ἕτερον ὁρᾷ (…). Allerdings geht es hier um das erkenntnistheoretische Problem, ob die Seele sich selbst als Zweifaches und Anderes sehen könne. In weiteren Passagen des Werks Plotins finden sich Indizien für dessen Unterscheidung von zwei „Seelen" (vgl. Plotin IV,3,27; II,3,9). Ferweda, Two Souls, 365–367, hat überzeugend argumentiert, dass es sich dabei jedoch nicht um zwei separate Seelen im Menschen handeln kann. Auch J.H. Waszink, Porphyrios und Numenius, in: EnAc 12 (1965), 35–78, lehnt es ab, Plotin eine Zwei-Weltseelen-Lehre zuzuschreiben, wenngleich er davon ausgeht, dass Plotin und Porphyrios in ihrer Auffasssung von der Zweiteilung der Weltseele von Numenios beeinflusst wurden.

59 Dass Clemens hier die Lehre des Isidor widergibt, wird in Clemens Al., strom. II 20,113,3 deutlich gemacht.

οὗτος ἐν ἡμῖν) – eine Anschauung, die auch „die Pythagoreer" verträten.[60] In dem Material Clemens von Alexandrien über Valentinos findet sich zwar die Wendung „zwei Seelen" nicht, aber der Kirchenvater erwähnt Valentin in den ‚Stromateis' unmittelbar in Anschluss an seine Darstellung der Lehre des Isidor,[61] und in den ‚Excerpta ex Theodoto' (Theodotus war ein Nachfolger des Valentinos) verweist er auf die zeitgenössische gnostische Vorstellung, die „zwei" (δύο) Seelen unterschieden habe: eine göttliche (ἡ θεῖα ψυχή) und eine materielle Seele (ἡ ὑλικὴ ψυχή).[62]

Dass im Christentum gewisse Gruppen eine gnostische „Zwei-Seelen-Lehre" vertraten, erfahren wir auch von Origenes (ca. 185–254 n. Chr.). Denn dieser Kirchenvater wendet sich in seiner um das Jahr 229 n. Chr. verfassten Schrift ‚De principiis' gegen „Häretiker",[63] die das Unde-malum-Problem u. a. mithilfe einer Zwei-Seelen-Lehre lösen wollen:[64] Neben der guten, himmlischen Seele in uns (bona in nobis anima et caelestis) – die vom Himmel eingepflanzt werde – gäbe es diesen Christen zufolge eine andere, niedere, irdische Seele (alia vero inferior et terrena), die nicht ohne den Körper existieren könne.[65] Eine solche Zwei-Seelen-Lehre sähen sie durch die Autorität der heiligen Schrift bestätigt.[66] So deuteten sie das ‚Fleisch' in Gal 5,17 („...das Fleisch begehrt gegen den Geist..." [EÜ]) als niedere Seele oder interpretierten Röm 7,23 als Kampf der niederen Seele, die einen eigenen Willen aufweise, gegen das göttliche Gesetz.[67] Origenes beantwortet die Frage, ob der Mensch zwei Seelen (duae animae) habe, negativ.[68] Er vertritt gegen die dargestellte Meinung, dass wir nur eine ein-

60 Es ist denkbar, dass Clemens von Alexandrien hier an Numenios denkt, den er strom. I,22,150,4 [=fr. 43 (des Places)] für einen „pythagoreischen Philosophen" hält.

61 Vgl. Clemens Al., strom. II 20,114,3–6.

62 Vgl. Clemens Al., ex Theod. III 50,1–51,3. Die Gnostiker lehrten, dass der Mensch himmlisches Pneuma und eine vergängliche Psyche besitzt. Ferweda, Two Souls, 362, erwägt, dass sich diese beiden Instanzen als höhere und niedrigere „Seele" verstehen lassen könnten, so dass auch diese anthropologische Binnendifferenzierung eine „two souls doctrine" reflektiere. Allerdings ist nach Stroumsa, Two Souls, 205, diese Zwei-Seelen-Lehre nicht antagonistisch geprägt, sondern weist eine hierarchische Struktur auf. Zur zweiten Seele bei Valentin siehe z. B. Aland, Gnosis, 150–153.

63 Vgl. Origenes, princ. III 4,5.

64 Nach Dörrie/Baltes, Lehre, 314, geht die hier behandelte Konzeption wahrscheinlich auf Plutarch und Attikos zurück. Crouzel/Simonetti, Origène, IV,85, verweisen auf Numenios.

65 Vgl. Origenes, princ. III 4,1–2.

66 Origenes nennt als Beispiele, auf die sich diese Christen scheinbar bezogen, Gen 25,25 f, Jer 1,5 und Lk 1,15.

67 Vgl. Origenes, princ. III 4,2.

68 Die Frage danach, ob zwei Seelen im Menschen anzunehmen seien oder nicht, begegnet innerhalb des vierten Kapitels des dritten Buches von ‚De principiis' als Leseanleitung mehrfach explizit.

zige Seele besäßen. Im Falle eines inneren Konflikts, bei dem körperliche Begierden im Widerspruch zur besseren Einsicht stünden, dürfe man nicht annehmen, dass dem Fleisch eine eigene ‚Seele' innewohne; vielmehr signalisiere dieses Begehren, dass die Seele noch am Körper hänge und noch nicht mit dem Geist eins geworden sei.[69] Die entsprechenden Passagen, in der diese Aussagen begegnen, sind nur auf Latein überliefert, weshalb sich nicht mehr rekonstruieren lässt, welche Ausdrücke der Theologe ursprünglich verwendete, um die Rede von den „zwei Seelen" zur Sprache zu bringen.[70] Interessant ist jedenfalls die Begründung für dessen Ablehnung der Zwei-Seelen-Lehre in princ. III,4,5: Es gehe um nichts weniger als den rechten Glauben an die göttliche Gerechtigkeit. Denn nähme man zwei Seelen an, eine himmlische, und eine, die mit dem Körper vergehe, dann widerspräche dies klar der kirchlichen Lehre von der Erlösung der einen Seele des Christen.

Der antike Diskurs über die zwei Seelen ist sowohl im Kontext der Metaphysik als auch der Anthropologie geführt worden.[71] Für die Vorstellung von zwei Seelen im Menschen sowie für die Zusammenstellung der Ausdrücke δύο und ψυχή/ψυχαί gibt es bereits vorchristliche Zeugnisse, nicht aber exakte Analogien zu den Lexemen δίψυχος bzw. διψυχία. Weil die Wortfamilie δίψυχος κτλ. erstens weder im paganen Griechisch noch in der Septuaginta belegt ist, und weil sie zweitens öfter in wahrscheinlich literarisch direkt voneinander unabhängigen frühchristlichen Schriften begegnet (Jakobusbrief; Didache; 1 und 2Clemensbrief; Barnabasbrief; Hirt des Hermas), ist ihr Ursprung stark umstritten.[72]

Im Neuen Testament steht das Adjektiv δίψυχος in Jak 1,8 im Zusammenhang mit dem Gebetsglauben und wird synonym zu dem Partizip διακρινόμενος gebraucht. Der ‚zweiseelige Mann' (ἀνὴρ δίψυχος) wird näher als ‚unbeständig auf all seinen Wegen' charakterisiert und mit einer vom Wind getriebenen Meereswoge verglichen. In Jak 4,8 dagegen begegnet δίψυχος innerhalb der Forderung, sich Gott unterzuordnen und dem Teufel zu widerstehen. Um erhöht zu werden, müsse der angesprochene Christ Demut zeigen

69 Vgl. Origenes, princ. III 4,5.

70 Zwar scheint sich Origenes vehement gegen derartige Zwei-Seelen-Vorstellungen auszusprechen. Dennoch ist umstritten, wie die das Kapitel abschließenden Äußerungen zu verstehen sind. Dort stellt er den Lesern nämlich frei, nach Darstellung der Zwei-Seelen-Doktrin und seinen dargebrachten Entgegnungen selbst zu entscheiden, welche Alternative vorzuziehen sei. Unterschiedliche Interpretationsvorschläge finden sich bei Crouzel/Simonetti, Origène, IV,97, Anm. 42 sowie Ferweda, Two Souls, 364f.

71 Mitunter werden Speusippos (5./4. Jh. v. Chr.), Xenokrates (4. Jh. v. Chr.), Attikos (2. Jh. n. Chr.) und Albinos (2. Jh. n. Chr.) in der Forschung als Vertreter einer „Zwei-Seelen-Lehre" bestimmt. In keiner Überlieferung ihrer jeweiligen Lehren begegnet jedoch ausdrücklich die Wendung „zwei Seelen". Vgl. Ferweda, Two Souls, 369.371; Deuse, Untersuchungen, 91.

72 Vgl. dazu S. 26ff in vorliegender Arbeit.

und – weil er zu denjenigen zu rechnen sei, die sich zwischen Freundschaft mit der Welt oder Freundschaft mit Gott nicht entscheiden könnten, – sein ‚Herz heiligen'.[73]

In der Didache, einer frühchristlichen Kirchenordnung mit Belehrungen für Getaufte (Beginn des 2. Jh. n. Chr.), sowie im Barnabasbrief (ca. 130–132 n. Chr.) steht das Verb διψυχέω als negativ formulierte Aufforderung jeweils innerhalb der sog. Zwei-Wege-Lehre (einem Konzept, das zwei sich ausschließende Lebenshaltungen einander gegenüberstellt): οὐ διψυχήσεις, πότερον ἔσται ἢ οὔ (Did 4,4) bzw. οὐ μὴ διψυχήσῃς, πότερον ἔσται ἢ οὔ (Barn 19,5). Auf welches Objekt sich der ‚Zweifel' hier jeweils bezieht, wird kontrovers diskutiert: Als Möglichkeiten werden u. a. Gebetszweifel und Unsicherheit in Bezug auf das kommende Gottesgericht erwogen.

Der Erste Clemensbrief (Ende des 1. Jh. n. Chr.) gebraucht das substantivierte Adjektiv οἱ δίψυχοι parallel zu dem Partizip διστάζοντες (von διστάζω, ‚zweifeln') und warnt vor einer Haltung, die nicht auf die Macht Gottes und seine Verheißungen vertraut (1Clem 11,2). In 1Clem 23,2f bezieht sich der zu vermeidende Zweifel auf die eschatologische Wiederkehr des Herrn. Er steht hier als Antonym zu dem Motiv des ‚einfachen Herzens'. Die ‚Einfachkeit' ist dabei durch ἁπλοῦς im Griechischen wiedergegeben. In der analog gestalteten Passage des um die Mitte des 2. Jh. n. Chr. verfassten Zweiten Clemensbriefes (2Clem 11,2ff) akzentuiert der Verfasser hingegen ‚Hoffnung' und ‚Geduld' als Gegenkonzepte zum Zweifel am Kommen des Reiches Gottes. Im Zweiten Clemensbrief begegnet die Wortfamilie δίψυχος κτλ. erneut in den Schlussmahnungen des Briefes. Διψυχία und ἀπιστία (‚Unglaube') sind durch ihre unmittelbare Nebeneinanderstellung eng miteinander verbunden (2Clem 19,2); im kontextuellen Umfeld begegnen die Forderungen nach Glauben (πιστεύω) und Buße ‚von ganzem Herzen' (ἐξ ὅλης καρδίας).[74]

Diese unterschiedliche Kontextualisierung der Wortgruppe setzt sich auch in der Schrift ‚Der Hirt des Hermas' (um die Mitte des 2. Jh. n. Chr.) fort,[75] wo sie mit Abstand am häufigsten belegt ist (etwa 60 Belege insgesamt). So kann sich der mit δίψυχος und seinen Derivaten ausgedrückte Zweifel beispielsweise auf die Macht Gottes, seine Verheißungen und seine Versprechen auf Rettung beziehen (Herm sim VIII,9,4; 11,3). Zudem kann die Wortgruppe in Verbindung mit dem Gebetszweifel vorkommen: Anstatt im Gebet an Gottes Güte zu zweifeln, fordert der Verfasser ‚voller Glauben' zu sein (Herm mand IX,5). Die hier angesprochenen Zweifler werden im griechischen Text entweder mit

---

73 Zum Gebrauch von δίψυχος im Jakobusbrief siehe Kapitel VII dieser Arbeit.

74 Vgl. 2Clem 19,1; 20,2.

75 Möglicherweise ist von einer längeren Entstehungszeit des Buches auszugehen. Die Abfassung könnte ab Ende des ersten Jahrhunderts n. Chr. begonnen haben und nach mehreren Redaktionsstufen gegen Mitte des 2. Jh. n. Chr. abgeschlossen gewesen sein, Brox, Hirt, 23–25; Lindemann/Paulsen, Die Apostolischen Väter, 325; Osiek, Shepherd, 20.

δίψυχοι oder mit διστάζοντες bezeichnet. Auch im Kontext der Konfrontation von außen, die zum Bekenntnis der Christuszugehörigkeit zwingt, steht ersterer Wortstamm. Wer sich nicht entscheiden kann, ob er sich für sein Christsein schämen oder sich dazu bekennen soll, wird mit dem Etikett ‚Zweifelnder' belegt. Als feige bezeichnet der Autor dieser Schrift diese δίψυχοι und charakterisiert sie als ‚weder lebendig noch tot' (Herm sim IX,21,3 f) bzw. als Menschen, die den Herrn ‚auf den Lippen, aber nicht im Herz haben' (Herm sim IX,21,1). Insgesamt zeigt der Gebrauch der Wortfamilie δίψυχος κτλ. im Hirten des Hermas, dass Formen derselben gerne in Kombination mit Ausdrücken verwendet werden, die Unsicherheit und Zweifel transportieren, wie z. B. διστάζω κτλ., διαλογίζομαι κτλ. oder διχοστατέω.[76] Lexemen, die eine solche innere Dissonanz zur Sprache bringen, besonders aber der Wortfamilie δίψυχος κτλ., setzt Hermas häufig das Ideal der ‚Einfachheit' (ἁπλοῦς κτλ.) gegenüber.

Die eben erwähnten Beobachtungen zum frühchristlichen Gebrauch der Wortfamilie δίψυχος κτλ. scheinen die Tendenz erkennen zu lassen, dass sich deren Bedeutung ‚zweifelnd'/‚Zweifel' etc. zunehmend verfestigt hat.

2. ὀλιγόπιστος bzw. ὀλιγοπιστία

Die Wörter ὀλιγόπιστος bzw. ὀλιγοπιστία („kleingläubig" bzw. „Kleinglaube")[77] begegnen innerhalb der frühchristlichen Literatur nur im Neuen Testament (Mt 6,30 par. Lk 12,28; Mt 8,26; 14,31; 16,8; 17,20) und bei altkirchlichen Verfassern (z. B. bei Sextus, Origines und Gregor von Nazianz), nicht jedoch in den Werken der sogenannten ‚Apostolischen Väter'. Zeitlich frühere Belege sind nicht aufzuspüren.[78] In der klassischen griechischen Literatur hat der Wortstamm πιστ- keine spezifisch religiöse Bedeutung (ebensowenig die hebräische Wurzel אמן; *'mn*) erst in der Septuagintaliteratur wird mit πιστεύω κτλ. zunehmend der relationale Aspekt, d. h. das innere Verhältnis des Menschen zu Gott, hervorgehoben.[79] Vielleicht hat das vorneutestamentliche Griechisch deswegen keinen ‚Kleinglauben', weil es von einem anderen Bezugsobjekt ausgeht, anhand dessen die hier mit „klein" implizierte graduelle Abstufung gemessen wird: Während im frühen Christentum der

76 Vgl. z. B. Herm vis IV,4; mand IX,2–6; sim VIII,8,5; sim IX,2,6. Das Verb διχοστατέω ist nicht im Neuen Testament belegt, steht aber zuweilen in den Apostolischen Vätern (1Clem 20,4; Herm sim VIII,7,2; VIII,8,5).

77 Dass diese Übersetzungen im Sinne eines defizitären Vertrauens angemessen sind, wird in Kapitel VIII verdeutlicht.

78 Vgl. dazu z. B. Lührmann, Art. Glaube, RAC 14 (1988), 49–122; Vietta, Kulturgeschichte, 165.

79 Vgl. exemplarisch Ueberschaer, Πίστις, bes. 102 f.

Glaube (πίστις) an oberster Stelle steht, ist es in der profangriechischen philosophischen Literatur hingegen die Erkenntnis der objektiven Wahrheit. Das beispielsweise bei Plato durch πίστις zum Ausdruck gebrachte Fürwahrhalten sinnlich wahrnehmbarer Dinge weist gegenüber dem sicheren Wissens (ἐπιστήμη) einen geringeren Grad an Gewissheit auf, und ist als Meinung (δόξα) insofern eine niedrigere Form der Erkenntnis (νόησις).[80] Im griechisch-philosophischen Denken kann πίστις also für eine erkenntnistheoretisch relevante Zwischenstufe zwischen Nichtwissen und objektiver Gewissheit stehen.[81] Die Pistis im frühen Christentum – neben dem Logosbegriff tragende Säule der neu entstehenden Religion – erfordert hingegen keine argumentative Wahrheitssuche und -findung, sondern eine Haltung des Vertrauens Gott gegenüber und des Fürwahrhaltens der Verkündigung.

Im alltagssprachlichen Altgriechisch lässt sich zwischen νομίζω und πιστεύω unterscheiden: Mit νομίζω wird ‚glauben', ‚meinen' im Sinne von ‚etw. nicht sicher wissen' zum Ausdruck gebracht, bei πιστεύω steht eher der Akt des ‚Vertrauens', ‚sich Verlassens auf' im Vordergrund.[82] Zu neutestamentlicher Zeit ist sowohl für νομίζω als auch für πιστεύω κτλ. ein religiöser Gebrauch belegt, wobei beide Wörter den Glauben im Sinne des Fürwahrhaltens, Annehmens und Meinens bezeichnen können, πιστεύω κτλ. darüber hinaus auch für das Vertrauen auf die Götter Verwendung findet.[83] Zwar ist der religiöse Gebrauch von πιστεύειν/πίστις κτλ. im Neuen Testament entscheidend durch den des hellenistischen Judentums beeinflusst,[84] aber weder dort noch im nichtjüdischen Hellenismus hat der Glaube einen Stellenwert, der sich mit dem des sich formierenden Christentums vergleichen ließe. Glauben ist im Neuen Testament „der zentrale religiöse Akt".[85] Aus dieser Signifikanz erklärt sich womöglich auch, weshalb Binnendifferenzierungen zwischen Glaube/Vertrauen und Unglaube/fehlendem Vertrauen wichtig werden. Auch wenn jedoch zeitlich vor dem Christentum das den ‚Kleinglauben' bezeichnende ὀλιγόπιστος κτλ. nicht belegt ist, scheinen rabbinische Parallelen darauf hinzuweisen, dass

---

80 Vgl. Platos Liniengleichnis, Plato, rep. 509d–511e.

81 Vgl. dazu auch Plato, rep. 533e–534a; rep. 601e; Gorg. 454d–e. Das Nomen πίστις kann bei Plato aber auch für ‚Eid', ‚Beweis' u. Ä. stehen (vgl. z. B. Plato, leg. 701b). Zu Plato, leg. 966d, wo sich πίστις auf die Götter bezieht (περί θεών … πίστις), siehe Lührmann, Art. Glaube, RAC 14 (1988), 51.

82 Vgl. Arzt-Grabner, Hintergrund, 241.

83 Vgl. dazu Barth, Pistis, bes. 123. Zur Anschlussfähigkeit des Glaubensbegriffs in religiösen Kontexten der nichtjüdischen Welt siehe auch G. Schunack, Glaube in griechischer Religiosität, in: B. Kollmann u.a (Hg.), Antikes Judentum und Frühes Christentum. FS f. H. Stegemann (BZNW 97), Berlin/New York 1999, 296–326. Ob im vorchristlichen Griechisch graduelle Abstufungen von νομίζω in Bezug auf die Götter gebraucht wurden, müsste gesondert betrachtet werden.

84 Vgl. D. Lührmann, Pistis im Judentum, ZNW 64/1–2 (1973), 19–38.

85 Theissen, Erleben, 233.

die hinter dieser Lexemfamilie stehende Vorstellung dem aramäischen bzw. hebräischen Denkbereich entstammt.[86]

Exkurs: Zum ‚kleinen Glauben' in rabbinischen Zeugnissen

Die früheste Parallele zum ‚Kleinglauben' ist eine Lehrmeinung aus tannaitischer Zeit. So lautet ein Ausspruch, der Rabbi Eliezer d. Ältere um 90 n. Chr. zugeschrieben wird: „Wer Brot in seinem Korbe hat und spricht: ‚Was soll ich morgen essen?' der gehört zu den Kleingläubigen (קטני אמנה)."[87] Eine weitere Baraitha ist von Rabbi Eleazar (um 270 n. Chr.) überliefert: „Was heißt ‚Denn wer verachtet den Tag geringer Dinge (Sach 4,10)?' Wer verursacht es den Gerechten, dass ihr Tisch in der Zukunft geplündert wird?[88] Ihr Kleinglaube (קְטַנּוּת), weil sie nicht auf Gott vertrauen." Auch in der Mekhiltha, einer Sammlung von Midraschim zum Buch Exodus aus der Zeit der Tannaiten, begegnet der ‚Kleinglaube'. Hier werden diejenigen Israeliten, die den Worten Moses in Bezug auf das Aufbewahren bzw. Sammeln des Manna (Ex 16,19f; 16,27) nicht Folge leisten als ‚Kleingläubige' (מְחוּסְּרֵי אֲמָנָה bzw. מחוסרי אמנה) bezeichnet. Nach einer Aussage des Rabbi Huna († 297 n. Chr.) im Pesachim-Traktat des Talmuds gehören die Israeliten, die zur Zeit der Schilfmeerquerung lebten, zu den ‚Kleingläubigen' (קְטַנֵּי אֲמָנָה). Und ein Targum zu Num 11,32 charakterisiert die Israeliten auf dem Exodus ebenfalls als Menschen, denen es an Vertrauen fehlt: „Da machten sich die Kleingläubigen (מְחַסְּרֵי הֵימְשׁוּתָא) im Volk auf denselben ganzen Tag und die ganze Nacht und den ganzen folgenden Tag und sammelten Wachteln …" Neben diesen Verwendungsmöglichkeiten können in rabbinischen Zeugnissen zudem Menschen, die laut beten, oder auch Noah mit mangelndem Vertrauen in Verbindung gebracht werden. Insgesamt zeigen alle Nachweise in der rabbinischen Literatur, dass Vertrauen/Glaube (אמן) entweder in Verbindung mit Ableitungen von קטן (‚klein', ‚gering', ‚unbedeutend') oder מַחְסוֹר (‚Mangel', d. h. das, was jemandem fehlt) verknüpft wird, um den ‚Kleinglauben' zur Sprache zu bringen.[89] Dabei erscheint der kleine Glaube als ein defizitäres

86 Zu den rabbinischen Parallelen vgl. P. Billerbeck/H.L. Strack, Das Evangelium nach Matthäus. Erläutert aus Talmud und Midrasch (Bill I), München ^{2}1982, 438f.

87 Dieser Beleg und alle weiteren rabbinischen Belege sind entnommen aus Bill I, 439.

88 Bill I, 439 fügt zu diesem Satz erklärend hinzu: „d.h. daß ihnen nicht voller Lohn zuteil wird."

89 Zum Glauben im frühen rabbinischen Judentum siehe M. Tilly, Der Begriff des „Glaubens" in der rabbinischen Traditionsliteratur, in: J. Frey et al. (Hg.), Glaube. Das Verständnis des Glaubens im frühen Christentum und in seiner jüdischen und hellenistisch-römischen Umwelt (WUNT 373), Tübingen 2017, 219–237. Darin modifiziert Tilly die in der Forschung vorherrschende Annahme, in der rabbinischen Traditionsliteratur habe es keine verbindlich

Vertrauen, das von (einem) Menschen in unzureichender Weise Gott entgegengebracht wird.

Der Ursprung rabbinischer Wendungen, die den ‚kleinen Glauben' zum Ausdruck bringen, könnte der gleiche wie der des neutestamentlichen Lexems ὀλιγόπιστος bzw. ὀλιγοπιστία sein. Im Neuen Testament findet sich die Wortfamilie ὀλιγόπιστος κτλ. einmal bei Lukas, sonst jedoch nur im Matthäusevangelium (vier Mal wird das Adjektiv verwendet, einmal das Substantiv): Zunächst begegnet ὀλιγόπιστος in einem der Logien über das Sorgen (Mt 6,30 par. Lk 12,28): „Wenn aber Gott das Gras des Feldes, das heute da steht und morgen in den Ofen gesteckt wird, so kleidet – wird er das nicht viel mehr euch tun, ihr Kleingläubigen (ὀλιγόπιστοι)?" Aufgrund der starken Übereinstimmungen zwischen dem matthäischen und dem lukanischen Text und des Fehlens im Markusevangelium liegt eine Überlieferung aus der Logienquelle (Q) nahe. Da Q wohl auf galiläische Wandercharismatiker zurückgeht, kann der Ursprung des griechischen Ausdrucks ὀλιγόπιστος im palästinisch-syrischen Judenchristentum angenommen werden. Die Belege in obenstehendem Exkurs zum ‚kleinen Glauben' in rabbinischen Zeugnissen verweisen ebenfalls auf ein jüdisches Milieu.

Das Adjektiv ‚kleingläubig' haben Matthäus und Lukas also (zusammen mit den Sprüchen vom Sorgen) offenbar aus der Logienquelle entnommen. Während es bei Lukas sonst nicht begegnet, hat der Matthäusevangelist es dann in drei ihm vorliegende Perikopen redaktionell eingefügt: in die Sturmstillungsgeschichte (Mt 8,18–27), in die Seewandelerzählung (Mt 14,22–33), sowie in das Gespräch Jesu mit seinen Jüngern, die bereuen, kein Brot auf ihre Reise mitgenommen zu haben und sich deshalb Gedanken machen. Daraufhin tadelt Jesus sie als ‚kleingläubig' (Mt 16,5–12). Das Substantiv ὀλιγοπιστία findet nur bei Matthäus Verwendung; allem Anschein nach geht die Substantivierung also auf ihn zurück. Es taucht in der Erzählung von der Heilung eines epileptischen Jungen auf und dient der Erklärung für die fehlende Heilkraft der Jünger (Mt 17,14–21).

Der ‚Kleinglaube' zählt insofern zu den Vorzugswörtern des Matthäusevangeliums (wie auch διστάζω, ‚zweifeln', das im Neuen Testament nur bei Matthäus steht). Es begegnet immer nur im Bezug auf Jesu Jünger, wohingegen dem Volk ἀπιστία/ἄπιστος, d. h. ‚Unglaube', vorgeworfen wird. Der Vorwurf des ‚Kleinglaubens' ergeht also an diejenigen, die zwar die Botschaft vom Reich

festgelegten Glaubensinhalte gegeben (ebd., 237): „Während einerseits die Positionierung gegenüber der nichtjüdischen Philosophie und Religion, insbesondere aber gegenüber dem Christentum und seinen ausgeprägten Glaubenssatzungen, die Entstehung und Entwicklung der Konturen eines jüdischen Glaubensbegriffs beförderte, scheinen die jüdischen Gelehrten gerade eine mit der christlichen Sprachtradition, der Entfaltung des christlichen Kerygmas und der weiteren kirchlichen Bekenntnisentwicklung (…) analoge systematisierende Formulierung allgemeingültiger dogmatischer Glaubenssätze bewusst vermieden zu haben."

Gottes schon empfangen haben und in die Nachfolge getreten sind, also nicht grundsätzlich den Glauben verweigern, aber in Situationen der Anfechtung geraten und dann mangelndes Vertrauen oder mangelnde Kontinuität des Glaubens zeigen.[90]

3. διστάζω

Das seit klassischer Zeit belegte Verb διστάζω kommt von δι-στας, ‚auf zwei Seiten stehend' und wird in der Regel mit den Bedeutungen ‚zweifeln', ‚schwanken', ‚ungewiss sein', ‚zweifelnd zögern' wiedergegeben.[91]

In der griechischen Philosophie bezeichnet διστάζω tendenziell einen Zustand der Unsicherheit, bei dem die subjektive Interpretation der zur Verfügung stehenden Informationen in Frage gestellt wird. So begegnen Zweifel z. B. hinsichtlich des Für-Wahr-Haltens eines dargestellten (erkenntnistheoretischen) Sachverhalts[92] oder hinsichtlich der Bewertung einer Personengruppe, zu der das Subjekt des Zweifelns nicht gehört.[93] Unsicher kann auch sein, welche Verhaltensoption gewählt werden soll.[94] Zweifel aufgrund von fehlender oder unzulänglicher Informationen finden ebenfalls Erwähnung.[95] Sowohl bei Plato als auch bei Aristoteles erscheint der Verbalstamm im Zusammenhang mit der Untersuchung des Wesens der ‚Meinung' (δόξα), die freilich wahr oder falsch sein kann. Während Aristoteles äußert, eine Meinung könne mit einer schwachen Annahme (ὑπόληψις) einhergehen, die Raum zum Zweifeln an der Gewissheit lässt,[96] scheint Plato im Gegensatz dazu das Zweifeln als Aspekt der Meinung explizit ausgeschlossen zu haben.[97]

---

90 Zum mt Gebrauch von ὀλιγόπιστος bzw. ὀλιγοπιστία siehe Kap. VIII in dieser Arbeit.

91 Vgl. Benseler, Schulwörterbuch, 196; Liddell/Scott, s.v. διστάζω; Frisk, Wörterbuch Bd. 1, 399; Bauer/Aland, Wörterbuch, 402.

92 Z. B. Plato, leg. 897b.

93 Vgl. Plato, soph. 235a.

94 Vgl. z. B. Plato, Tht. 187d: Hier zweifelt Sokrates daran, ob er einen bestimmten Sachverhalt weiter erörtern soll oder nicht.

95 Vgl. Aristoteles, metaph. 1091a.

96 Vgl. Aristoteles, eth.Nic. 1146a–b. Eine ‚Meinung' kann Aristoteles zufolge auch auf einer starken Annahme beruhen, die Ähnlichkeit mit Wissen (ἐπιστήμη) hat, insofern der zustimmende Glaube (πίστις) an Gewissheit grenzt, vgl. Aristoteles, eth.Nic. 1146a–b; anima 428a.

97 D. h. eine Meinung ist für ihn eine Feststellung, auf der man – ohne daran weiter zu zweifeln (διστάζω) – beharrt, vgl. Plato, Tht. 190a. Im ‚Staat' (Plato, rep. 533a–534a) subsumiert Plato das Vermuten bzw. die Wahrscheinlichkeit (εἰκασία) sowie das Glauben bzw. Für-Wahr-Halten (πίστις) unter den Oberbegriff der Meinung (δόξα). Die Vermutung kommt eine Stufe unter dem Glauben zu stehen, was ihr jeweiliges Verhältnis zur Wahrheit betrifft.

Das Verb διστάζω fehlt in der Septuaginta wie auch im Corpus Philonicum. Der Verfasser des Aristeasbriefes verwendet das Lexem im Sinne von ‚befürchten' zur Bezeichnung der Erwartung einer zukünftigen Handlungskonsequenz.[98] Im Neuen Testament benutzt nur Matthäus dieses Verb, und zwar einmal in der Episode vom Seewandel des Petrus (Mt 14,31) und einmal direkt vor dem Missionsbefehl (Mt 28,17), also an Stellen, die Matthäus nicht mit Markus oder Lukas gemein hat. Auch wenn aus diesen wenigen Belegstellen keine pauschalen Konnotationen für den neutestamentlichen Gebrauch abzuleiten sind, fällt doch auf, dass der Evangelist sich von der platonisch-aristotelischen Tradition abhebt, indem er das Wort in theologischen Kontexten verwendet: In der Seewandelerzählung steht es in Verbindung mit dem Begriff des Kleinglaubens, im letzten Satz vor dem Missionsbefehl erscheint es in unmittelbarer Nähe zur Proskynese der Jünger.[99]

In den Schriften der Apostolischen Väter kann das Wort in Verbindung mit dem Topos vom einfachen Geben, also dem Geben ohne Hintergedanken, verknüpft sein[100] – einem Motiv, das der jüdischen Tradition bekannt ist[101] und das auch Paulus behandelt.[102] Während die Didache und der Barnabasbrief die Forderung, „ohne zu zweifeln" Spenden für Mitchristen abzugeben, durch die parallel stehende Wendung „ohne zu murren" präzisieren,[103] wird die Bedeutung des Verbs διστάζω im Hirt des Hermas durch das oppositionelle, lobenswerte Konzept der ‚Einfachheit' im Geben konkretisiert.[104] In einem anderen Kontext wird es dagegen in Herm mand IX,5 thematisiert: Hier geht es um die rechte innere Einstellung beim Bittgebet, bei der Zweifel unangebracht und gefährlich sind.[105] Synonym kann hier δίψυχος verwendet werden. Sowohl im Ersten Clemensbrief, als auch im Zweiten Clemensbrief, als auch im Hirten des Hermas wird διστάζω gebraucht, um die Bedeutung von δίψυχος im Sinne von ‚zweifeln' in Bezug auf göttliche Verheißungen oder

98 Die erwartete Handlungskonsequenz steht in Arist 53 in dem von διστάζω abhängigen Infinitivsatz: (…) διστάζειν δὲ μήποτε ἄχρηστος γένηται (…).

99 Zum matthäischen Gebrauch von διστάζω siehe Kap. VIII.4 und VIII.8 dieser Arbeit. Der Ausdruck ist auch in den Oxyrhynchus Papyri belegt, nämlich im Evangelium der Maria, P. Oxy. 3525, Z. 10. Weil diese gnostische Schrift teilweise in Koptisch erhalten ist, existiert dazu auch ein koptisches Äquivalent. Da sich meine Arbeit auf die Schriften des Neuen Testaments und der Apostolischen Väter beschränkt, kann leider auf derartige Vorkommen nicht eingegangen werden. Zum Zweifel und der Verzagtheit der JüngerInnen im Evangelium der Maria siehe Hartenstein, Zweite Lehre, 145f.

100 Vgl. Did 4,7; Barn 19,11; Herm mand II,4.

101 Vgl. z. B. Sir 35,7–9[LXX].

102 Vgl. z. B. 2Kor 8,2; 9,11.13.

103 Vgl. Did 4,7; Barn 19,11.

104 Vgl. Herm mand II,4.

105 Auch Herm mand IX,2 und mand IX,4 behandeln das zweifelsfreie Bitten, wobei das Nicht-Zweifeln hier mithilfe des Adverbs ἀδιστάκτως (das zur Wortfamilie διστάζω κτλ. gehört) zur Sprache gebracht wird.

Gaben zu bestimmen.[106] Ein weiteres Motiv, das im ‚Hirt des Hermas' mit διστάζω kombiniert wird, stellt der Angriff auf Christusgläubige von außen dar: Der Zweifel zwischen Bekennen oder Verleugnen ist vom Verfasser als böse Absicht akzentuiert.[107]

Überblickt man die hier skizzierten Verwendungsmöglichkeiten von διστάζω, so wird zum einen deutlich, dass dieses Verb relativ einheitlich gebraucht wird, um einen inneren Zustand der Unsicherheit zu bezeichnen. Zum anderen ist erkennbar, dass es vor allem in den Apostolischen Vätern die Bedeutung von δίψυχος κτλ. präzisieren helfen kann.

4. διαλογισμός bzw. διαλογίζομαι

Im klassischen und hellenistischen Griechisch kann διαλογισμός u. a. ‚Abrechnung', ‚Erwägung', ‚Überlegung', ‚Erörterung', ‚Diskussion' sowie ‚Entscheidung' bedeuten.[108] Das Verb διαλογίζομαι, Kompositum aus διά (‚durch, hindurch') und λογίζομαι (‚rechnen, überlegen'), steht zumeist für ‚erwägen' oder ‚überlegen'.[109] Der Befund bei Xenophon zeigt, dass das Verb schon im klassischen Griechisch zusätzlich auch ‚zweifeln' bedeuten kann.[110] Denkt man über den Unterschied zwischen diesen beiden Sinngehalten im Deutschen nach, zeigt sich, dass es von der Überlegung zum Zweifel nicht weit ist: Tritt zu einem vergleichenden Denkprozess, bei dem mindestens zwei Kognitionen gegeneinander abgewogen werden,[111] das Element der Unsicherheit über die zu wählende Option hinzu, stellen sich Zweifel ein.

In der Septuaginta kann das Substantiv διαλογισμός mehrere hebräische Ausdrücke wiedergeben und deshalb sowohl neutral für ‚Gedanke, Absicht' (z. B. die Pläne Gottes: Ps 91,6^{LXX}) Verwendung finden, als auch eine negativ gewertete Bedeutungskomponente enthalten (z. B. ‚schlechte Gedanken' in Ps 55,6^{LXX}). Auffallend ist, dass in Bezug auf den Verbgebrauch der Septuaginta die negativ konnotierten Belege stark dominieren: Meistens bedeutet

---

106 Vgl. z. B. Herm mand IX,5; 1Clem 23,3; 2Clem 11,2.

107 Vgl. Herm sim IX,28,7.

108 Vgl. Schrenk, Art. διαλέγομαι κτλ., ThWNT 2 (1935), 96–97; Gemoll, Handwörterbuch, 202; Benseler, Schulwörterbuch, 178.

109 Z. B. Plato, soph 231c; Polybios, hist. XI 2,5. Weitere Belege bei Schrenk, Art. διαλέγομαι κτλ., ThWNT 2 (1935), 95.

110 Unsicherheit schwingt besonders in Xenophon, hell. VI 4,20 mit, wo die ungewisse Zukunft Gegenstand der zweifelnden Überlegung ist. Die Bedeutungsnuance des Abwägens tritt hingegen in Xenophon, mem. III 5,1 in Erscheinung.

111 Selbstverständlich muss sich eine Überlegung nicht im Rahmen mehrerer konkurrierender Kognitionen abspielen, sondern kann sich auch auf die gedankliche Beschäftigung mit etwas beziehen, um zu einem bestimmten Ergebnis zu gelangen.

διαλογίζομαι hier ‚auf etwas Böses sinnen' o. Ä. und kann somit auf eine gottentfremdende Haltung hinweisen.[112]

Wichtig im Hinblick auf die Verwendungsmöglichkeit des Substantivs im Neuen Testament als Ausdruck von Zweifelserwägungen ist der Befund in jüdischen Schriften hellenistischer Zeit: In dem Buch ‚Jesus Sirach' beispielsweise fallen διαλογισμοί unter die anthropologischen Grundkonstituenten des mühevollen Lebens (Sir 40,1 f^{LXX}). Da sie kontextuell in einer Reihe mit der Furcht (φόβος) und Zukunftssorgen (ἐπίνοια προσδοκίας) stehen, legt sich hier eine Übersetzung mit ‚Bedenken' oder ‚Zweifeln' nahe. Dagegen verwenden weder Philo von Alexandrien noch Flavius Josephus die Wortfamilie im Sinne von ‚Bedenken tragen' o. Ä.; zumeist meinen die Verbformen ‚sich unterhalten', ‚sich unterreden', ‚etwas besprechen' oder einfach ‚etwas sagen'.[113] Aus dieser knappen Überschau lässt sich ein kontextuell und traditionell uneinheitlicher Verwendungsgebrauch von διαλογίζομαι κτλ. im frühjüdischen Umfeld ableiten.

Im Neuen Testament begegnet diese Wortfamilie häufiger, wobei hier der neutrale Gebrauch stark zurücktritt.[114] Stattdessen bezeichnet διαλογίζομαι in den synoptischen Evangelien zumeist unverständige oder zweifelnde Gedanken der Gegner Jesu oder der JüngerInnen.[115] Diese Überlegungen können mit der Mahnung vor unnötigen Sorgen um die Existenzsicherung in Zusammenhang stehen (z. B. Mk 8,16f par. Mt 16,7f), oder sich auch gegen Jesus richten: So stellen die Schriftgelehrten in Mk 2,6.8 bzw. die Schriftgelehrten und Pharisäer in Lk 5,21f die Kompetenz Jesu zur Sündenvergebung in Frage. Das Schwanken zwischen zwei möglichen Alternativen wird hingegen in Mk 11,31–33 par. Mt 21,25–27 mit διαλογίζομαι verbunden: Hier überlegt die religiöse Elite der Juden, wie sie auf Jesu Frage nach dem himmlischen oder menschlichen Ursprung der Vollmacht des Johannes zur Taufe reagieren soll. Zugleich bedenken sie für beide Antwortoptionen die jeweils zu erwartenden Konsequenzen. In Mk 7,21f werden die διαλογισμοί durch das Attribut κακός, aber auch durch die Verbindung mit einer ganzen Reihe an Lastern und Sünden (wie z. B. Ehebruch, Mord, Habgier) eindeutig negativ gewertet. Bei Lukas kann διαλογίζομαι mit bangem Erschrecken (διαταράσσω) verbunden sein (Lk 1,29), auf Ungewissheit bezüglich der Identität des Johannes verwei-

---

112 Z. B. Ps 9,23^{LXX}; Ps 20,12^{LXX}; Ps 139,9^{LXX}.

113 Vgl. z. B. Philo, Spec. II 1; Abr. 223; Det. 48; Josephus, ant. 7,349; bell. Iud. 6,412. In Philo, Spec. I 213 steht das Verb allerdings für ‚nachgrübeln'.

114 Ein neutraler Gebrauch ist z. B. für Mk 9,33f anzunehmen.

115 Das Verb ist innerhalb des Neuen Testaments nur in den synoptischen Evangelien belegt, Mk 2,6.8; 8,16f; 9,33; 11,31; Lk 1,29; 3,15; 5,21f; 12,17; 20,14; Mt 16,7f; 21,25. Das Substantiv ist hingegen breiter gestreut: Sowohl die Briefliteratur als auch die synoptischen Evangelien gebrauchen es, wobei Lukas es im Gegensatz zu allen anderen Verfassern besonders gerne einsetzt, vgl. Mk 7,21; Lk 2,35; 5,22; 6,8; 9,46f; 24,38; Röm 1,21; 14,1; 1Kor 3,20; Phil 2,14; Jak 2,4; 1Tim 2,8.

sen (Lk 3,15), oder Unsicherheit über die zu wählende Verhaltensmöglichkeit bezeichnen (Lk 12,17). Weil sich vermuten lässt, dass Erzählungen über die Auferstehung Jesu schon früh mit dem Motiv zweifelnder Jünger verbunden waren,[116] sei der Gebrauch des Nomens in Lk 24,38 hervorgehoben: Als der Auferstandene seinen Schülern erscheint, halten diese ihn zunächst für einen Geist, woraufhin Jesus ihnen darlegt, dass derartige διαλογισμοί fehl am Platz und unnötig sind.[117] Negativ konnotiert ist διαλογισμός z. B. des Weiteren im 1. Timotheusbrief. Hier steht es innerhalb der Mahnung, Zweifelserwägungen zusammen mit dem Affekt des Zornes beim Gebet zu vermeiden (1Tim 2,8). Auch im Philipperbrief begegnet das Lexem: Der Apostel Paulus fordert in Phil 2,12–16 die angesprochene Gemeinde dazu auf, am ‚Wort des Lebens' festzuhalten und gute Werke im Sinne Gottes „χωρὶς γογγυσμῶν καὶ διαλογισμῶν" (V.14) zu tun. Die Verknüpfung mit dem unzulässigen Murren (γογγύζω) weist darauf hin, dass διαλογισμοί hier in der Bedeutung von Zweifels- oder Hintergedanken zu verstehen sind.[118]

In den Apostolischen Vätern begegnet die Wortfamilie selten. Während der Verfasser des Ersten Clemensbriefes das Nomen im neutralen Sinn als ‚Überlegung' synonym zu ἔννοια benutzt (1Clem 21,3), kann Hermas das Verb z. B. einerseits synonym zu ἀπορέω (‚ratlos/in Ungewissheit sein') und in Verbindung mit λύπη verwenden,[119] andererseits als Partizip gleichbedeutend mit δίψυχος, wobei die gemeinte Unentschiedenheit im Herzen lokalisiert wird.[120]

Der frühchristliche Gebrauch von διαλογίζομαι κτλ. ist – wie diese Zusammenstellung von Belegen zeigt – zwar weiterhin uneinheitlich. Dennoch ist eine Tendenz zur negativen Wertung der Wortfamilie auf der einen Seite und zur Verwendung für Unsicherheits- und Zweifelsvorgänge im Inneren des Menschen erkennbar.

---

116 Siehe dazu S. 547–550 in dieser Arbeit.

117 Vgl. dazu S. 547ff in dieser Arbeit.

118 Von den meisten Auslegern wird die typologische und theologische Verbindung zur Wüstenwanderung der Israeliten hervorgehoben, denn hier wurde das Volk, das während des Wüstenzuges mehrmals sein Vertrauen auf Gott oder seine Anführer verweigert (z. B. Ex 16,2.7; 17,3; Num 14,27.29), mit widerspenstigem Murren charakterisiert. Vgl. z. B. Merk, Handeln, 183–187; Mengel, Studien, 252; Friedrich, Philipper, 128.

119 Vgl. Herm sim IX,2,6. Hier sagt der Hirt zu Hermas: „Was grübelst du in dir und bist ratlos und ziehst dir selbst Traurigkeit auf dich? Denn handhabe alles, was du nicht verstehen kannst so als ob du verständig wärst, sondern bitte den Herrn, damit du Einsicht empfängst und verstehst." (Übersetzung von mir, A.N.)

120 Vgl. Herm vis III,4,3. Absolut gebraucht steht διαλογίζομαι in vis IV,1,4 (neben διψυχέω) sowie vis III,1,9 (neben λυπέω).

5. διακρίνω bzw. διακρίνομαι

Das seit Homer belegte Verbum διακρίνω setzt sich zusammen aus dem Präfix διά- und dem Simplex κρίνω und ist somit ursprünglich verstärkend gebraucht (vgl. lat. dis-cerno), bedeutet also zunächst ‚auseinander sondern'.[121] Häufig steht es im klassischen Griechisch für ‚unterscheiden', ‚beurteilen' und ist zudem Terminus technicus der Gerichtssprache, wo es oft ‚entscheiden' meint.[122] Die Septuaginta gibt eine beachtliche Zahl von Wörtern der hebräischen Bibel mit διακρίνω wieder; häufig steht es für ‚richten', ‚Recht sprechen' (שׁפט oder דין).[123] Mit Gott als Subjekt kann es in der LXX auch ‚streiten' bedeuten.[124] Auch Philo benutzt Verbformen von διακρίνω gerne; in Opif. 137 kann es über die bisher erwähnten Bedeutungen hinaus auch im Sinne von ‚aussuchen' verwendet werden. In Somn. I 12 und QG II 12 steht es zwar im Kontext mit Ausdrücken, die innere Dissonanz implizieren (ἐνδοιάζω bzw. διχόνους), drückt aber selbst keine Unsicherheit oder Unentschiedenheit aus.[125]

Wohl wegen des häufigen Gebrauchs weist das Lexem ein solch breites Bedeutungsspektrum auf, das sich auch im frühen Christentum spiegelt.[126] In Herm vis I,2,2 steht διακρίνω (im Aktiv) beispielsweise neben συμβουλεύω, was ‚abwägen' meint, und bedeutet hier wohl ebendies oder ‚beurteilen'.[127] Objekt des kognitiven Prozesses, der im Herzen lokalisiert ist, sind Überlegungen des Sprechers (Hermas) bezüglich der Möglichkeit, angesichts begangener Sünden göttliche Vergebung zu erlangen. Hermas kann das Verb im Aktiv auch in kontextuelle Nähe zu ἁπλῶς (‚einfach') setzen, um auszudrücken, dass man beim Geben in Bezug auf den Empfänger unparteiisch agieren soll.[128]

Für diese Arbeit stehen vor allem die medialen Formen des Verbs im Mittelpunkt der Betrachtung, da in der Forschung oft vertreten wird, διακρίνομαι könne neben ‚kämpfen', ‚streiten' (Apg 11,2; Jud 9) auch ‚zweifeln' oder ‚Bedenken tragen' heißen, wobei letztere Bedeutungsnuance aber erst vom neutestamentlichen Autoren geprägt worden sei.[129] Sowohl die Entwicklung als

121 Vgl. Büchsel, Art. κρίνω κτλ., ThWNT 3 (1938), 948.

122 Vgl. Bauer/Aland, Wörterbuch, 370.

123 Vgl. z. B. Ex 18,16^LXX^; 1Kön 3,9^LXX^; 1Chr 26,29^LXX^.

124 Vgl. Jo 4,2^LXX^; Dtn 33,7^LXX^.

125 Vgl. dazu DeGraaf, Doubt, 736.

126 Vgl. Büchsel, Art. κρίνω κτλ., ThWNT 3 (1938), 948.

127 In einem der frühesten Zeugen für den ‚Hirten des Hermas', dem Codex Athous, begegnet statt διακρίνω das Lexem διαλογίζομαι.

128 Vgl. Herm mand II,6.

129 Die in Frage kommenden Textstellen sind: Röm 4,20; 14,23; Mt 21,21; Mk 11,23; Act 10,20; Jud 22. Diese angebliche Bedeutungsinnovation wird postuliert von Büchsel, Art. κρίνω κτλ., ThWNT 3 (1938), 948; Bauer/Aland, Wörterbuch, 370; Verbrugge, Dictionary, 318; Gärtner/Bayer, Art. Zweifel/διακρίνω, TBLNT 2 (2000), 1719; u. a. Nach Dautzenberg, Art. διακρίνω, EWNT² 2 (1981), 734f, könne die Bedeutungsentwicklung hin zu

auch die Existenz einer solchen neutestamentlichen „Sonderbedeutung" sind allerdings in einigen Fällen (z. B. Röm 4,20; Apg 10,20) recht umstritten.[130] Die Verwendung in den synoptischen Evangelien (Mk 11,23 par. Mt 21,21), im Judasbrief (Jud 22) und im Jakobusbrief (Jak 1,6; 2,4) zeigen immerhin, dass das medial gebrauchte Verb in sprachlicher Opposition zum Glauben als einem festen Vertrauen erscheint und somit im frühen Christentum theologisch kontextualisiert werden kann.[131]

Kann das Lexem berechtigterweise in die Nähe anderer Ausdrücke gestellt werden, die intrapersonale Dissonanz oder menschliche Gespaltenheit zur Sprache bringen – wie in der Forschung nicht selten angenommen?[132] Der Gebrauch von διακρίνομαι im Jakobusbrief scheint prima facie dafürzusprechen (vgl.: Jak 1,6.8 Koreferenzialität zwischen ὁ διακρινόμενος und ἀνὴρ δίψυχος; Jak 2,4: οὐ διεκρίθητε ἐν ἑαυτοῖς steht in der Nähe von διαλογισμός). Im Zusammenhang mit der semantischen Analyse in Bezug auf δίψυχος κτλ. im Jakobusbrief soll erläutert werden, inwiefern διακρίνομαι ohne weitere le-

---

‚zweifeln' sowohl durch die Wendung ‚bei sich Unterscheidungen treffen' als auch ‚mit sich im Streite sein' erklärt werden. Es lasse sich jedoch zu dieser Bedeutung hin keine „einheitliche inner-ntl. semantische oder gar traditionsgeschichtliche Entwicklung" aufweisen. Zu διακρίνομαι s. S. 24f; 398–403; 523f dieser Arbeit.

130 Gegen einen spezifisch neutestamentlichen Gebrauch wenden sich in neuerer Zeit v. a. F.C. Synge, Not Doubt but Discriminate, ET 89 (1978), 203–205; N. Baumert, Das Paulinische Wortspiel mit κριν-, FNT 15 (2002), 19–64; D. DeGraaf, Some Doubt about Doubt: The New Testament Use of διακρίνω, JETS 48/4 (2005), 733–755; P. Spitaler, Διακρίνεσθαι in Mt. 21:21, Mk. 11:23, Acts 10:20, Rom. 4:20, 14:23, Jas. 1:6, and Jude 22 – the „Semantic Shift" That Went Unnoticed by Patristic Authors, Novum Testamentum 49 (2007), 1–39; P. Spitaler, Doubting in Acts 10:27?, FNT 20 (2007), 81–93; B. Schliesser, „Abraham Did not ‚Doubt' in Unbelief" (Rom. 4:20): Faith, Doubt, and Dispute in Paul's Letter to the Romans, JThS 63/2 (2012), 492–522. Bereits Ende der 60er Jahre des letzten Jh.s machte Jeremias, Gedankenführung, 56, darauf aufmerksam, dass es keine vorneutestamentlichen Belege für die Bedeutungsnuance ‚zweifeln' von διακρίνομαι gäbe, fügte aber hinzu, diese Übersetzung habe aufgrund des Verbgebrauchs im Neuen Testament eine solide Grundlage.

131 Die Verfasser der zu den Apostolischen Vätern zu rechnenden Schriften verwenden διακρίνομαι nicht. Hermas verwendet das Verb beispielsweise selten und nur im Aktiv, vgl. Herm vis I,2,2; mand II,6; sim II,1.

132 Aufgrund der Annahme, dass das Verb διακρίνομαι dem Verb διστάζω bzw. dem Substantiv διαλογισμός nahestehe, wird versucht, das Verhältnis dieser Wörter näher zu bestimmen: Laut B. Gärtner werde διακρίνομαι zum Ausdruck der menschlichen Gespaltenheit und Zerissenheit überhaupt verwendet und scheine umfassender zu sein, διστάζω dagegen hebe noch stärker die Zweiheit in einer solchen Gespaltenheit hervor. Vgl. B. Gärtner, Art. Zweifel, in: TBLNT II/2 (1971), S. 1511 (vgl. aber Gärtner/Bayer, Art. Unterscheidung/Zweifel, TBLNT 2 (2000), 1719–1720). Untergassmair, Art. Zweifel, NBL 3 (2001), 1231, dagegen sieht den Unterschied zwischen den Verben darin, dass mit διστάζω im NT die Minderung bzw. Einbuße des Glaubens bezeichnet werde, dass menschliche Gespaltenheit und Zerrissenheit, die im Sinne von Glaubensopposition verstanden werde und somit dem Unglaube nahestünde, jedoch mit διαλογισμός ausgedrückt werde.

Kontextuell verbunden begegnen διακρίνομαι und διαλογισμός beispielsweise in Jak 2,4.

xikalische Ergänzung weder in Jak 1,6 noch in Jak 2,4 ‚kognitive' Unsicherheit transportiert, aber in Jak 1,6 durchaus im Sinne einer fehlenden Bereitschaft zur Verbindlichkeit verstanden werden kann und in Jak 2,4 mit selbstreflexiver Präpositionalergänzung eine innere Dissonanz zum Ausdruck bringt.[133]

6. ὀκνέω, ὄκνος und ὀκνηρός

Das Substantiv ὄκνος kann mit ‚Bedenken' oder ‚Zögern' wiedergegeben werden. Im Deutschen hat sich ‚zögern' aus der ursprünglichen Bedeutung ‚wiederholt hin und her ziehen' entwickelt,[134] womit die Entscheidungsunsicherheit – wie bei dem Synonym ‚zaudern' – deutlich zutage tritt. Auch das Bedenken bezeichnet Zweifel, Unsicherheit oder Befürchtungen in Bezug auf Überlegungen, die es ratsam erscheinen lassen, nicht sofort zu handeln.[135] Dass das Griechische ebenfalls eine Verbindung von Befürchtungen und zögernder Unentschlossenheit sah, zeigen Belege bei Homer,[136] Sophokles,[137] Xenophon[138] sowie bei dem Stoiker Chrysipp, der ὄκνος explizit als Unterart des Furchtaffekts definierte.[139]

Die Septuaginta verwendet das Verb ὀκνέω nahezu immer im Sinne von ‚zögern', allerdings begegnet es nur in negierten Aussagen: So kann beispielsweise dazu aufgefordert werden, mit dem Dank an Gott (Tob 12,6^{LXX}) oder mit dem Besuch von Kranken nicht zu zögern (Sir 7,35^{LXX}). Das Adjektiv ὀκνηρός ist in der LXX immer negativ gewertet; es charakterisiert zumeist eine arbeitsscheue, faule Person.[140] Auch Philo verwendet das Adjektiv abwertend für faule und träge Menschen.[141] Der Gebrauch im Vierten Makkabäerbuch hingegen erinnert an den seit Homer hergestellten Bezug zwischen ὀκνέω κτλ. und Befürchtungen, denn hier wird der Zusammenhang zwischen ‚zögern' und

---

133 Vgl. dazu S. 398 – 403; zum Gebrauch von διακρίνομαι im Matthäusevangelium siehe S. 523f dieser Arbeit.

134 Vgl. Duden online, Art. ‚zögern', http://www.duden.de/rechtschreibung/zoegern (abgerufen am 22.04.2015).

135 Vgl. Duden online, Art. ‚Bedenken', http://www.duden.de/rechtschreibung/Bedenken. (abgerufen am 22.04.2015).

136 Vgl. Homer, Il. V 817.

137 Vgl. Sophokles, Ai. 81f; Oid. T. 976.

138 Vgl. Xenophon, Kyr. IV 5,20.

139 Vgl. z. B. SVF II, 409,2; Stobaeus II 90,7–91,9 = SVF III,394 = Nickel § 786. Das Verb ist vorneutestamentlich zudem belegt in Philo, Aet. 84; Josephus, vita 251; Josephus, Ap. 1,15.

140 Vgl. z. B. Spr 6,9^{LXX}; 26,4^{LXX}; 21,25^{LXX}; Sir 22,1f^{LXX}. Zum Gebrauch der Wortfamilie ὀκνέω κτλ. in der LXX siehe C. Spicq, Art. ὀκνέω, ὀκνηρός, TLNT II (1994), 576f.

141 Vgl. z. B. Philo, Her. 254; Spec. I 99. Das Adjektiv ἀοκνότατος (‚ohne zu zögern') begegnet bei Philo in Virt. 216 in Opposition zum Eifer (σπουδή).

‚Furcht' ebenfalls explizit gemacht: Keiner der sieben Märtyrersöhne habe vor dem Tod gezögert (ὀκνέω) oder sich davor gefürchtet (δειλιάω), heißt es in 4Makk 14,4.

Weder im Neuen Testament noch bei den griechischen Kirchenvätern ist die Wortfamilie ὀκνέω κτλ. stark vertreten.[142] Das Verb ὀκνέω wird beispielsweise in der Apostelgeschichte im Zusammenhang mit der Aufforderung der Jünger an Petrus, unverzüglich zu der kranken Tabita zu kommen, verwendet.[143] Im Römerbrief steht es im Kontext der geforderten und der zu vermeidenden Eigenschaften, die darüber entscheiden, was ein gutes christliches Miteinander ausmacht (vgl. Röm 12,9–21): Die Adressaten sollen Eifer und Einsatz zeigen (Röm 12,11); das Gegenteil davon, das Zögern, sei hingegen zu vermeiden (μὴ ὀκνηροί).[144] Der Evangelist Matthäus gebraucht das Adjektiv innerhalb des Gleichnisses vom anvertrauten Geld (Mt 25,14–30) und charakterisiert damit denjenigen Lohnarbeiter, der sein Geldstück aus Furcht vor seinem Arbeitgeber vergraben hatte. Auch hier stehen also Furcht und Zögern in enger Beziehung zueinander. Sein Herr spricht ihn zu Beginn seiner tadelnden Rede mit „du schlechter und zögernder Diener" (Πονηρὲ δοῦλε καὶ ὀκνηρέ) an (V.26), und zeichnet ihn somit als Gegenfigur zu den beiden anderen Dienern, die ihr geliehenes Geld vermehrt haben und als „gut und treu" (ἀγαθός καὶ πιστός) bezeichnet werden (V.21.23). Insofern wird die positive Eigenschaft der Treue (πίστις/πιστός) dem negativen Charakterzug des Zögerns (ὄκνος/ὀκνηρός) gegenübergestellt. Der Erzähler präsentiert damit zwei konträre Handlungsmodelle, die zugleich zwei unterschiedliche Identifikationsmöglichkeiten für die HörerInnen bzw. LeserInnen bieten. Mut und Zuversicht zahlen sich dem Gleichnis zufolge aus, denn der Erfolg wird mit der Einladung zum Mitfreuen quittiert (V.21.23). Befürchtungen und daraus resultierende Handlungsunfähigkeit ziehen hingegen den Verstoß in die „Finsternis" nach sich. Hier muss mit besonders negativen Affektzuständen gerechnet werden, die sich in „Heulen und Zähneklappern" ausdrücken (V. 30). Das Gleichnis kann also als

---

142 Innerhalb der Schriften der Apostolischen Väter begegnet das Verb nur in Pap 2,3, und zwar als biographische Angabe: „Ich zögere nicht (οὐκ ὀκνήσω), für dich auch das, was ich von den Presbytern genau erfahren und genau im Gedächtnis behalten habe, in meine Auslegungen einzureihen (…)." Das zu diesem Lexemverband gehörende Adjektiv ἄοκνος (‚ohne zu zögern', ‚unermüdlich') charakterisiert in IgnPol 7,2 die geeignete Person für eine Gesandtschaft nach Syrien; das Adverb ἀόκνως (schon u. a. bei Josephus, ant. 5,238) bietet 1Clem 33,8. Hier motiviert der Verfasser seine Ermahnung, ‚ohne zu zögern' dem Willen Gottes zu entsprechen und ‚mit ganzer Kraft' Gerechtigkeit zu üben, mit dem Hinweis auf den gottgeschenkten Lohnerweis der Gerechten, die als Vorbilder dienen sollen.

143 Apg 9,38: μὴ ὀκνήσῃς διελθεῖν ἕως ἡμῶν. Die Wendung findet sich ganz ähnlich schon in Num 22,10^{LXX}: μὴ ὀκνήσῃς ἐλθεῖν πρός με.

144 Der Apostel Paulus bezieht das Lexem im Philipperbrief (Phil 3,1) auf seine Gemütslage, wenn er schreibt, er empfinde keinerlei Bedenken (οὐκ ὀκνηρόν) hinsichtlich seiner wiederholten Aufrufe zur Freude.

Warnung vor zögerlichem Handeln gewertet werden, da furchtsame Bedenken in Bezug auf mögliche Handlungskonsequenzen fatale Folgen haben können.

Insgesamt schließt der Gebrauch der Wortfamilie ὀκνέω κτλ. im Frühchristentum an vorchristliche Verwendungsmöglichkeiten an. Im Unterschied zu Ausdrücken wie z. B. διστάζω, die die Möglichkeit zur aufgeschobenen Entscheidung zwischen zwei Alternativen implizieren, setzt das Zögern die prinzipielle Möglichkeit zur Wiederaufnahme derjenigen Handlung, die einer kognitiven Infragestellung unterworfen wird, voraus. Häufig soll daher in frühchristlichen Texten dazu motiviert werden, bestimmte Verhaltensweisen oder Handlungen ohne zu zögern weiterhin zu zeigen bzw. auszuführen, ohne dass es zum Innehalten kommt.

7. Zusammenfassung

Das Frühchristentum knüpft mit dem Gebrauch von διστάζω, διαλογισμός, διαλογίζομαι und ὀκνέω κτλ. an vorneutestamentlich zur Verfügung stehende Ausdrucksmöglichkeiten an, mittels derer psychisch wahrnehmbare Vorbehalte sowie innere Dissonanzerfahrungen zur Sprache gebracht werden können.[145] Dabei scheinen diese Lexeme keine neuen Bedeutungsnuancen entwickelt zu haben. Neu ist allerdings, dass διστάζω im theologischen Kontext Verwendung findet. Ob διακρίνομαι tatsächlich den Zweifel zum Ausdruck bringt, ob es also gegenüber dem vorchristlichen Gebrauch einen zusätzlichen Sinngehalt im frühen Christentum aufweist, wird im Zusammenhang mit der Untersuchung des Gebrauchs von διακρίνομαι im Jakobusbrief sowie im Matthäusevangelium erörtert.[146] Neu tauchen in frühchristlichen Texten die Lexeme ὀλιγόπιστος κτλ. und δίψυχος κτλ. auf, sie stellen offenbar semantische Innovationen innerhalb der zeitgenössischen griechischen Sprache dar. Die in den folgenden Kapiteln präsentierten Untersuchungen zum Gebrauch dieser Ausdrücke im Neuen Testament sollen u. a. dem Zweck dienen, die jeweiligen Bedeutungsnuancen, die diese Lexeme transportieren können, herauszuschälen. Davon ausgehend ist zu untersuchen, inwiefern die Wortfamilien δίψυχος κτλ. und ὀλιγόπιστος κτλ. als ‚Zweifelskonzepte' aufgefasst werden können.

---

145 Innerhalb der griechischen Philosophie wurden vorzugsweise die Verben διστάζω, ἀμφισβητέω und ἀμφιβάλλω verwendet, um den psychischen Akt des Infragestellens und den Zustand der Ungewissheit zu bezeichnen. Allerdings spielen diese Lexeme in der philosophischen Terminologie eine eher unerhebliche Rolle, vgl. Lorenz, Art. Zweifel, HWP 12 (2005), 1520. Aus dieser Menge an Verben kommt im NT jedoch nur διστάζω vor (Mt 14,31; Mt 28,17). Aus der Reihe dieser Verben ist ἀμφισβητέω im Frühchristentum nicht belegt, ἀμφιβάλλω im Sinne von ‚zweifeln' fehlt nicht nur im NT, sondern auch in der LXX sowie in den Apostolischen Vätern, es steht aber bei Mk 1,16 für das „auswerfen" der Fischernetze.

146 Vgl. dazu S. 398–403; 403; 523f in dieser Arbeit.

Kapitel VII: Dissonanz und Einheit des Menschen im Jakobusbrief: Die Dipsychia als Zweifelskonzept

1. Dissonanz und Einheit des Menschen als zentrale Themen des Jakobusbriefs

In keiner anderen Schrift des Neuen Testaments werden Dissonanzphänomene in einer solchen Vielfalt thematisiert, wie dies im Jakobusbrief der Fall ist. Die Geteiltheit bzw. Gespaltenheit des Menschen aber auch das Ideal der Ganzheit gelten als kennzeichnende Themen der Schrift.[1] Als Subjekt dissonanter Erfahrungen, die potentiell mit Unsicherheit in Bezug auf die richtige Alternative einhergehen können, erscheint in dieser vermutlich gegen Ende des 1. Jh. n. Chr. verfassten Schrift[2] in erster Linie der wankelmütige Mensch, der innerhalb des neutestamentlichen Kanons nur hier mit δίψυχος (wörtlich: ‚zwei Seelen habend') bezeichnet wird (Jak 1,8; 4,8). Der so charakterisierte Christ muss sich zwischen Freundschaft mit Gott und Freundschaft mit der Welt entscheiden (Jak 4,4); eine neutrale Position gibt es in diesem Gegeneinander der Mächte nicht. Die Adressaten geraten dem Verfasser zufolge in Streit mit sich selbst (διακρίνω ἐν ἑαυτοῖς), wenn sie das christliche Ethos nicht in die Praxis umsetzen (Jak 2,4). Einen inneren Konflikt setzt zudem das Phänomen der Willensschwäche bzw. Unbeherrschtheit voraus, das in diesem Brief ebenfalls Beachtung findet (Jak 4,17). Aber auch die wiederholt thematisierte Versuchung bzw. Anfechtung (πειρασμός) impliziert eine Situation, in der konfligierende Impulse gegeneinander abgewogen werden müssen, wobei die Forderung, sich gegen die zur Versuchung lockende Handlungsoption zu entscheiden, immer schon mitschwingt. Neben dieser Bandbreite an inneren

---

1 In der Forschung werden Vollkommenheit bzw. Ganzheit und Gespaltenheit des Menschen häufig als Hauptthemen des Jakobusbriefes identifiziert. Vgl. z. B. Rustler, Thema und Disposition des Jakobusbriefes. Eine formkritische Studie, Wien 1952; Schille, Wider die Gespaltenheit des Glaubens – Beobachtungen am Jakobusbrief, ThV 9 (1977), 71–89; Zmijewski, Christliche ‚Vollkommenheit'. Erwägungen zur Theologie des Jakobusbriefes, SNTU.A 5 (1980), 50–78; Frankemölle, Gespalten oder ganz: Zur Pragmatik der theologischen Anthropologie des Jakobusbriefes, in: H.-U. von Brachel/N. Mette (Hg.), Kommunikation und Solidarität, Freiburg/Münster 1985, 160–178; Barkman, Der heile Mensch. Die Psychologie des Jakobusbriefes, Kassel 1986; J.H. Elliott, The Epistle of James in Rhetorical and Social Scientific Perspective. Holiness-Wholeness and Patterns of Replication, BTB 23 (1993), 71–81. Dass die Anthropologie im Jakobusbrief eine gewichtige Rolle spielt zeigt nicht zuletzt die angesichts der Kürze der Schrift häufige Verwendung des Wortes ἄνθρωπος (z. B. Jak 1,7; 2,20.24).

2 Zu Datierung und Abfassungsverhältnis vgl. z. B. Popkes, Jakobus, 59–61; Burchard, Jakobusbrief, 2–8.

Zwiespaltserfahrungen greift der Verfasser des Jakobusbriefes[3] auch Dissonanzphänomene auf, bei denen ‚Innen' und ‚Außen' des Menschen nicht übereinstimmen: Das nach außen gezeigte Verhalten korrespondiert dabei nicht mit der inneren Haltung oder Einstellung einer Person, wie dies beispielsweise beim Heucheln (Jak 3,14.17) oder der Selbsttäuschung (Jak 1,22.26) der Fall ist.

Diese diversen Dissonanzphänomene werfen eine Reihe von Fragen auf, die im Folgenden näher untersucht werden sollen. Erstens ist zu erörtern, welche Denotationen und Konnotationen der Ausdruck δίψυχος im Jakobusbrief aufweist, was der Verfasser des Briefes unter einem ἀνὴρ δίψυχος versteht, wie dieser Menschentyp in den Gesamtaufbau der Schrift einzuordnen ist und inwiefern es gerechtfertig sein kann, bei der Verwendung des Lexems δίψυχος von einem ‚Zweifelskonzept' zu sprechen. Zweitens ist danach zu fragen, wie dieser durch δίψυχος zum Ausdruck gebrachte ‚Zweiseelenzustand' mit den anderen Formen menschlicher Dissonanz, die in der Schrift erwähnt werden, zusammenhängt. Dazu gehört auch die Einordnung dieses Menschentyps in die Verhaltenskategorien des Jakobusbriefes bzw. deren Zuordnung zu den Machtbereichen Gott bzw. Teufel. Drittens ist nach möglichen Gegenkonzepten bzw. semantisch expliziten und impliziten Oppositionen zu den Dissonanzphänomenen zu fragen. Dabei soll auch bestimmt werden, welche Lexeme im gleichen Wortfeld mit δίψυχος zu stehen kommen.

2. Zur Bedeutungsbestimmung des Ausdrucks δίψυχος: Der unvollkommene Christ als Mensch mit zwei Seelen

Der Jakobusbrief ist die einzige neutestamentliche Schrift, die den unvollkommenen Christen mit dem Wort δίψυχος charakterisiert. Das Lexem begegnet zwei Mal im Brief, einmal im Proömium (Jak 1,8) und ein zweites Mal gegen Ende der Schrift (Jak 4,8):

> Jak 1,8: ἀνὴρ δίψυχος, ἀκατάστατος ἐν πάσαις ταῖς ὁδοῖς αὐτοῦ.
> Jak 4,8: ἐγγίσατε τῷ θεῷ, καὶ ἐγγίσει ὑμῖν. καθαρίσατε χεῖρας, ἁμαρτωλοί, καὶ ἁγνίσατε καρδίας, δίψυχοι.

---

3 Im Folgenden wird der Verfasser als „Jakobus" bezeichnet, auch wenn die Schrift mit hoher Wahrscheinlichkeit pseudepigraphisch ist, wie die Mehrheit der Exegeten annimmt. Vgl. Theissen, Intention, 58; Dibelius, Jakobus, 29–45; Schrage, Jakobusbrief, 12f; Popkes, Jakobus, 69; Burchard, Jakobusbrief, 7; Konradt, Existenz, 337, Klein, Werk, 207; u. v. m.

Der Entstehungsort könnte angesichts traditionsgeschichtlicher Nähe zur Logienquelle in Syrien oder Palästina liegen. Vgl. Burchard, Jakobusbrief, 7; Klein, Werk, 207; Theissen, Intention, 58, u. a. m.

Da das Lexem δίψυχος im Jakobusbrief überhaupt zum ersten Mal in der antiken Literatur in Erscheinung tritt,[4] muss die vom Verfasser des Briefes intendierte Bedeutung anhand des Kontextes bestimmt werden: Im Umfeld des Adjektivs tragen v. a. die folgenden drei Ausdrücke bzw. Wendungen dazu bei, das Gemeinte präziser zu bestimmen:

(a) die Zuordnung der ἀκαταστασία zum ‚zweiseeligen' Menschen (vgl. Jak 1,8: ἀνὴρ δίψυχος, ἀκατάστατος ἐν πάσαις ταῖς ὁδοῖς αὐτοῦ sowie die weiteren Belege für ἀκατάστατος κτλ. in Jak 3,8.16),
(b) der Vergleich des ‚Zweiseelers' mit dem Meeresgewoge in Jak 1,6 (ἔοικεν κλύδωνι θαλάσσης ἀνεμιζομένῳ καὶ ῥιπιζομένῳ),
(c) das Synonym ὁ διακρινόμενος in Jak 1,6 unter Einbezug der Verwendung des Verbs in Jak 2,4.

Zu (a):
In Jak 1,8 wird der „zweiseelige Mensch" (ἀνὴρ δίψυχος) durch eine Apposition als „unbeständig auf all seinen Wegen" qualifiziert, wobei der Semitismus ἐν πάσαις ταῖς ὁδοῖς metaphorisch für die gesamte Lebensführung steht.[5] Weil der in δίψυχος enthaltene Stamm ψυχ- auf etwas intrapersonal Essenzielles verweist und mit ἀκατάστατος eine anaphorische Verbindung zu ἀνὴρ δίψυχος besteht, ist anzunehmen, dass die hier thematisierte Unbeständigkeit, die im Griechischen mit dem Ausdruck ἀκατάστατος bezeichnet wird, eine Eigenschaft des Zweiseelers meint, die sich in einem entsprechend inkonsistenten Verhalten äußert. „Auf allen seinen Wegen" impliziert, dass alle Dimensionen des Menschen von dieser Unbeständigkeitseinstellung betroffen sind, also kognitive, affektive, konative und eben auch pragmatische. Zugleich ist mit der thematisierten Unstetigkeit aber auch gesagt, dass der ἀνὴρ δίψυχος nicht grundsätzlich und immer die aus Verfasserperspektive falschen Motive verfolgt. Denn die Rede von der schwankenden Haltung ergibt nur dann Sinn,

4 Die Auffassung vom Jakobusbrief als zeitlich frühester greifbarer Schriftquelle für den Gebrauch der Wortfamilie δίψυχος κτλ. hängt von der Hypothese ab, dass der Erste Clemensbrief später geschrieben wurde als der Jakobusbrief, was zwar wahrscheinlich, aber nicht mit letzter Gewissheit zu bestimmen ist (Vgl. z. B. Zwierlein, Petrus, 248: „In Wirklichkeit haben wir (…) für 1Clem keinen gesicherten zeitlichen Fixpunkt."). In der Forschung wird öfters vermutet, dass beide frühchristlichen Werke eine gemeinsame Traditionsgrundlage besitzen ohne voneinander literarisch abhängig zu sein. Häufige Zustimmung findet auch die Annahme einer Abhängigkeit des 1Clem vom Jak, z. B. Hagner, Use, 255f; Guthrie, New Testament, 738. Knopf, Jakobusbrief, 1023, oder Young, Relation, 345, gehen hingegen wie schon Völter, Die Apostolischen Väter 1, 161, davon aus, dass Jak vom 1Clem abhängt. Einige unübersehbare Berührungspunkte zwischen 1Clem und Jak skizziert z. B. Lona, Clemensbrief, 57.

5 Vgl. Burchard, Jakobusbrief, 63; Davids, James, 75. Vgl. dazu exemplarisch Spr 3,6^{LXX}; Ps 90,11^{LXX}. Mit ἀνὴρ ist hier (Jak 1,8) – wie in der LXX häufig – der „Mensch" gemeint, vgl. dazu z. B. Dibelius, Jakobus, 111.

wenn von zwei Orientierungspunkten bzw. Lebensführungsalternativen ausgegangen wird, zwischen denen überhaupt geschwankt werden kann. Deshalb kann angenommen werden, dass hier ein Mensch gemeint ist, der zwar bereits die richtige Entscheidung getroffen hat, insofern er sich der Gruppe der Christusgläubigen angeschlossen hat, dessen Lebensführung jedoch noch keine Konsistenz erkennen lässt, da er immer wieder auf den Weg in die Gottesferne abgleitet.

Einen weiteren Hinweis auf das Verständnis der „Zweiseeligkeit", die mit der Unbeständigkeit aufs Engste verknüpft ist, liefert Jak 3,15–16: ἀκαταστασία ist hier als Produkt der irdischen, dämonischen Weisheit vorgestellt. Die Ursache der Unbeständigkeit wird somit dem dämonischen, teuflischen Machtbereich zugeschrieben – eine Vorstellung, die auch im ‚Hirten des Hermas' (Herm mand V,2,7) begegnet: Dort wird der von bösen Geistern besessene Mensch als ‚unstet' (ἀκαταστατέω) charakterisiert. Die explizite Zuordnung der den δίψυχος auszeichnenden Unbeständigkeit zum Teufel im Jakobusbrief macht einerseits deutlich, dass ἀκαταστασία vom Verfasser negativ gewertet wird (dies wird auch durch die Zusammenstellung von ἀκατάστατος und κακόν in Jak 3,8 bestätigt). Andererseits liefert diese Zuordnung einen weiteren Anhaltspunkt für das Verständnis des Zweiseelers, dem es an der rechten Weisheit,[6] der „Weisheit von oben"[7] mangelt: Metaphorisch gesprochen könnte eine der „zwei Seelen" dem teuflischen Regiment zugerechnet sein, die andere Seele eine Ausrichtung auf Gottes Willen aufweisen. Weil das Ideal des Christusgläubigen jedoch als Vollkommenheit definiert ist – was eine innere Einheit impliziert –,[8] entspricht diese zweiseelige Disposition nicht dem Anspruch.

Dass diese Deutung eine gewisse Berechtigung hat, zeigt Jak 4,4, wo von der Unvereinbarkeit der Hingabe an Gott bzw. an die dämonische Welt die Rede ist: „Ihr Ehebrecher, wisst ihr nicht, dass Freundschaft mit der Welt Feindschaft mit Gott ist? Wer also ein Freund der Welt sein will, der wird

---

6 Die alttestamentliche Auffassung der Weisheit (hebr. zumeist חָכְמָה) ließ sich mit dem griechisch-philosophischen σοφία-Ideal gut harmonisieren. So wurde die Weisheit im Zug der hellenistischen Kulturtransformation theologisch aufgewertet. Ursprünglich als lehr- und lernbare Fähigkeit verstanden, stellte sie zunehmend eine eigene religiöse Größe dar. Vgl. z. B. die entsprechenden Abschnitte bei Rudolph/Köhlmoos u. a., Art. Weisheit/Weisheitsliteratur, TRE 35 (2003), 478–522, oder Frankemölle, Frühjudentum, 179–186.

7 Die Ortspräposition in der Wendung „Weisheit von oben" entspricht dem Machtbereich Gottes, der nicht in der irdischen Welt lokalisiert ist.

8 Vgl. bes. das Gegensatzpaar ἀνὴρ δίψυχος (Jak 1,8) – τέλειος ἀνήρ (Jak 3,2). Vgl. dazu z. B. auch die Aussagen in Jak 1,21.25.27; 2,10; 3,10; 4,17. Hartin, Spirituality, 18f, hat darauf hingewiesen, dass τέλειος schon für den Vorsokratiker Parmenides Ganzheit und Einheit bezeichnet.

zum Feind Gottes."[9] Der Versuch, sowohl Gott als auch der Welt gerecht zu werden, bedeutet Unbeständigkeit, d. h. sich permanent im Spannungsfeld zweier Systeme zu bewegen,[10] die einander durch ihre konträre Ausrichtung und Werte ausschließen: Den Maßstab für teuflische bzw. weltliche Normen bilden Eigennutz und Egoismus, und infolgedessen Neid, Anhäufung von Reichtum und Erfüllung von Begehrlichkeiten,[11] wohingegen göttliche Richtlinien prosoziales Verhalten, Gottvertrauen, Nächstenliebe und Selbstlosigkeit erfordern.[12] Die Vorstellung zweier konträrer Wertsysteme könnte also einen Niederschlag in der Zwei-Seelen-Vorstellung gefunden haben, die mit der negativ zu wertenden Unbeständigkeit in Verbindung steht.

Zu (b):
In Jak 1,6 wird der ἀνὴρ δίψυχος, der „Zweiseeler", durch einen Vergleich ins Bild gesetzt: Ein solcher Mensch gleiche dem Gewoge des Meeres, das vom Wind bewegt und aufgepeitscht wird.

Da der bildhafte Vergleich recht knapp zum Ausdruck kommt und nicht weiter ausgestaltet ist, kann vermutet werden, dass den Rezipienten eine schnelle Einordnung in traditionelle Kontexte möglich war. Daher ist die eventuelle Traditionsaufnahme und -modifikation von vergleichbaren paganantiken, alttestamentlichen und frühjüdischen Motiven zu berücksichtigen.

In profan-antiken Schriften sind Analogien des Menschen[13], des Volkes[14] oder gar der Demokratie[15] mit dem Bildfeld des Meeres und des Seesturms weit verbreitet. Als wirkmächtige Vorstellung begegnet das Meer auch im biblischen Kontext: Aufgrund seiner Unberechenbarkeit und Unbeständigkeit galt es im Weltbild des Alten Israel als lebensfeindlicher Ort, als Bedrohung der göttlichen Ordnung, als eine Macht, die immer wieder gebändigt werden muss.[16] Während in der griechischen Philosophie jedoch die innere Unruhe oder Erregtheit des Menschen bzw. die Unberechenbarkeit des Volkes mit solchen Bildern verglichen wird, bringt die biblische Tradition damit häufig

9 Vgl. Jak 4,4: μοιχαλίδες, οὐκ οἴδατε ὅτι ἡ φιλία τοῦ κόσμου ἔχθρα τοῦ θεοῦ ἐστίν; ὃς ἐὰν οὖν βουληθῇ φίλος εἶναι τοῦ κόσμου, ἐχθρὸς τοῦ θεοῦ καθίσταται. Nach JOHNSON, James, 84, stellt Jak 4,4 das thematische Zentrum des Briefes dar.

10 Ähnlich auch WILSON, Turning Words, 370.

11 Vgl. z. B. Jak 1,14f; 3,14–17; 4,2–3.13.16; 5,1–6. Auch in anderen biblischen Schriften werden derartige Einstellungen und Affekte mit dem Teufel assoziiert, beispielsweise der Neid in SapSal 2,24 oder die Arroganz in 2Hen 29,4.

12 Vgl. z. B. Jak 1,19f.27; 2,1–7.15–16; 4,11–12; 5,9.13–16.

13 Vgl. z. B. Plato, rep. 554d–e; Vergil, Aen. 1, 81–123; Homer, Od. V 291–333 u. v. m.

14 Vgl. Dio Chrys. 32,23. Hier wird das Volk als „unstetes Übel" (ἄστατον κακόν) bezeichnet, das dem vom Wind hin und her getriebenen (ῥιπίζω) Meer gleicht.

15 Vgl. Demosthenes, or. 19,136: Die Volksmenge ist „wie eine unstete Welle im Meer" (ὥσπερ ἐν θαλάττῃ κῦμ᾽ ἀκατάστατον).

16 Vgl. Ps 46,4; 93,3f.

Menschen in Verbindung, denen es an Aufrichtigkeit bzw. an einer klaren Orientierung an Gott und seinem Gesetz fehlt, wie folgende Beispiele verdeutlichen:

Nach Jes 57,20f^{LXX} gibt es für Gottlose (ἀσεβεῖς) bzw. Ungerechte (ἄδικοι) weder Frieden noch Freude.[17] Statt innerer Harmonie erfahren sie Ruhelosigkeit,[18] die durch das Bild von hin- und hergeworfenen Meereswogen (κλυδωνίζομαι) illustriert wird.[19] Bei Jesus Sirach ist es hingegen der Heuchler (ὁ ὑποκρινόμενος), der mit einem schwankenden Boot im Sturmwind (καταιγίς) vergleichen wird: Sein Weg ist nicht sicher, weil er das Gesetz hasst (Sir 33,2^{LXX}). Philo von Alexandrien greift ebenfalls die Meeresmetapher auf, um die Haltlosigkeit der Nicht-JHWH-Gläubigen auszumalen. So kann er Polytheisten beispielsweise mit instabilen Schiffen vergleichen, die ins Schwanken kommen und ewig hin und her getrieben werden. Weil ihnen die „beste Stütze der Seele", d. h. der Glaube an den einen Gott, fehlt, können sie niemals die Wahrheit finden und in den sicheren Hafen einlaufen (Philo, Decal. 67). Allen diesen drei bildhaften Vergleichen ist gemeinsam, dass den Referenzsubjekten der innere Kompass fehlt, weil sie nicht an den einen Gott glauben bzw. sich nicht an seinem Willen ausrichten.

Auch Psalm 106^{LXX} lässt sich hinsichtlich seines Sprachgebrauchs und seines bildspendenden Bereichs für unsere Textpassage auswerten.[20] Er ist einer derjenigen alttestamentlichen Texte, die sich besonders intensiv mit dem Phänomen des Seesturms und den dabei drohenden Gefahren auseinandersetzen.[21] In der vierten Strophe wird geschildert, dass einige Kaufleute zu Geschäftszwecken auf das Meer hinausfahren. Allein durch das Wort JHWHs kommt ein Seesturm auf, was dessen Autorität über die Naturelemente unterstreicht.[22] Angesichts des sich auftürmenden Wellengebirges verzagen die

---

17 Dass die Übersetzer der LXX das hebräische שלם hier mit dem Lexem der Freude (χαρά) statt mit dem erwartbaren Friedensbegriff (εἰρήνη) übertrugen, ist im Zusammenhang mit der Theologie des Tritojesaja zu sehen: Aufgrund des Endes der Fremdherrschaft kann der eingetretene Frieden Grund zur Freude sein. Vgl. R. Liwak, Art. Friede/Schalom, in: Das wissenschaftliche Bibellexikon im Internet (www.bibelwissenschaft.de/stichwort/26245/, abgerufen am 22.10.2014).

18 Dieser Kontrast tritt im Hebräischen noch deutlicher hervor, da das dem ἀναπαύω, (‚ausruhen', ‚zur Ruhe kommen') zugrunde liegende hebräische Verb שקט im Hiphil eine innere Ruhe kennzeichnet, die ihren Grund im Vertrauen auf JHWH hat, wie z. B. Jes 7,4; 30,15 darlegen. Vgl. Lau, Prophetie, 124.

19 Eph 4,14 gebraucht das Verb κλυδωνίζομαι dagegen in Bezug auf die noch unmündigen Christen, die sich „von jedem Wind einer Lehre" (παντὶ ἀνέμῳ τῆς διδασκαλίας) hin und her werfen lassen.

20 Zu Aufbau, Textsorte und Diachronie des Psalms vgl. z. B. Börstinghaus, Sturmfahrt, 209–217.

21 Die ausführlichste Darstellung eines Meeresunwetters findet sich innerhalb des Tanach selbstverständlich in der bekannten Jona-Erzählung, Jon 1,1–16.

22 Vgl. Ps 106,25a^{LXX}: εἶπεν, καὶ ἔστη πνεῦμα καταιγίδος.

Seeleute: ihre Seele „zergeht" geradezu in dieser Notlage,[23] denn sie werden herumgeschaukelt (ταράσσω) und somit zum Spielball der Gewalten. Um diese Situation zu illustrieren, werden die in Bedrängnis Geratenen mit dem Schwanken eines Betrunkenen verglichen (Ps 106,27^{LXX}): ἐσαλεύθησαν ὡς ὁ μεθύων.[24] Dass in Psalm 106^{LXX} diese Machtlosigkeit der notleidenden Seefahrer und deren Unmöglichkeit zur Selbsthilfe im Fokus steht,[25] zeigt zudem der zweite Versteil, wo von der Vernichtung der Weisheit (σοφία) die Rede ist.[26] Wie einem Betrunkenen jegliche Einsicht abgeht, so ist alles Können und Wissen der Schiffsbesatzung angesichts der Gewalt des Seesturms hinfällig. Könnte der Verfasser des Jakobusbriefes mit der Erwähnung der fehlenden Weisheit (die mit dem Bild des ἀνὴρ δίψυχος in Verbindung steht, der wie das Meeresgewoge hin und her geschaukelt wird, vgl. Jak 1,5–8) auf die vertilgte σοφία in dieser Psalterpassage angespielt haben? In diesem Fall wäre der Kausalzusammenhang jedoch ein anderer: Während den Schiffern auf dem stürmenden Meer die Weisheit abhandenkommt, führt gerade der Mangel an Weisheit im Jakobusbrief dazu, dass der zweiseelige Mensch unstet hin und her gestoßen wird. In jedem Fall akzentuiert Jakobus mit der Darstellung des orientierungslosen ἀνὴρ δίψυχος dessen (vermeintliche) Hilflosigkeit – wie die Seefahrer im Sturm kann auch er sich als hin-und-her-Getriebener nicht selber helfen, weil ihm die eindeutige Ausrichtung an Gott fehlt.[27]

Weil ἀνὴρ δίψυχος häufig mit „Zweifler" übersetzt wird,[28] ist für den Jakobusbrief vor allem eine Textpassage in Philos Schrift „Über die Wanderung Abrahams" von Relevanz. Denn sie dokumentiert, dass der Zweifel im hellenistischen Judentum mit der Meeresmetaphorik in Bezug gesetzt werden konnte.[29] Der Zweifler – hier explizit mit ὁ ἐνδοιαστής bzw. ὁ ἐπαμφότερος bezeichnet – ist durch sein Unvermögen charakterisiert, sich festzulegen, und gleicht daher einem Schiff, das von entgegengesetzten Windstößen hin und

23 Ps 106,26b^{LXX}: ἡ ψυχὴ αὐτῶν ἐν κακοῖς ἐτήκετο.

24 Nach Dahood, Psalms III, 88, ist Trunkenheit in biblischen Texten nicht selten mit Hilflosigkeit verknüpft. Vgl. dazu etwa Jer 25,27; Jes 24,20; Hi 12,25.

25 Ähnlich auch Börstinghaus, Sturmfahrt, 221.223f; Follis, Songs, 43.

26 Das Vernichten der Weisheit wird im griechischen Bibeltext durch καταπίνω (herunterschlucken, verschlucken, verschlingen) zum Ausdruck gebracht und erinnert damit im Wortlaut an das Meeresungeheuer, das Jona verschluckte (Jon 2,1^{LXX})

27 Jak geht allerdings davon aus, dass diese Unbeständigkeit überwunden werden kann, wie nicht zuletzt der Umkehrruf in Jak 4,7–10 darlegt.

28 Damit ist nicht gesagt, dass δίψυχος im Jakobusbrief *in erster Linie* Unsicherheit zum Ausdruck bringt. Sie kann aber durchaus als Konnotation für die Leser mitgeschwungen haben, vor allem dann, falls die Schrift, aus der Jakobus das Lexem vorgefunden haben könnte, einem breiteren Leserkreis bekannt war, die es in unmittelbare Nähe zur Parusieverzögerung stellte und wohl den Zweifel an der Wiederkunft Christi ablehnen wollte. Vgl. dazu Allison, Eldad and Modad, JSPE 21/1 (2011), 99–131.

29 Vgl. Philo, Migr. 148.

her getrieben wird. Durch diesen Vergleich erscheint der Zweifler als jemand, der seinen konfligierenden Verhaltensimpulsen relativ passiv ausgesetzt ist.

Diese Motivparallelen in der Septuaginta und bei Philo von Alexandrien zeigen, dass der Vergleich mit dem Ausgeliefert-Sein auf dem Meer immer auf Menschen mit einem je genauer bestimmten Defizit bezogen sind. Keine der Vergleichsgruppen entspricht dem Ideal der Vollkommenheit oder Loyalität Gott gegenüber. Die Sprachbilder betonen deren Haltlosigkeit, Hilflosigkeit und Uneindeutigkeit innerer Haltungen. Auch im Jakobusbrief wird dieser Aspekt besonders deutlich: Der ἀνὴρ δίψυχος ist äußeren Einflüssen hilflos ausgeliefert, weil er sich nicht eindeutig an Gottes Willen halten will. Er ist insofern nicht verankert und kann aufgrund seiner ambivalenten Disposition aktiv nicht steuern, welche Lebensrichtung er einschlagen will. Jakobus sieht in der Zweiseeligkeit keinen motivationalen Faktor, der gottgefällige Verhaltensweisen auslösen kann. Dem Zweiseeler fehlt es an Übereinstimmung mit sich selbst und daher an innerer Konstanz im Wollen und im Handeln. Er hat keinen inneren Kompass, der ihn „auf Kurs hält".

Zu (c):
Die Bestimmung dessen, was mit δίψυχος im Jakobusbrief gemeint ist, hängt nicht zuletzt davon ab, wie man den bedeutungsähnlichen, referenzidentischen Ausdruck ὁ διακρινόμενος zu verstehen hat:

> Jak 1,6–8: (6) αἰτείτω δὲ ἐν πίστει, μηδὲν διακρινόμενος, ὁ γὰρ διακρινόμενος ἔοικεν κλύδωνι θαλάσσης ἀνεμιζομένῳ καὶ ῥιπιζομένῳ: (7) μὴ γὰρ οἰέσθω ὁ ἄνθρωπος ἐκεῖνος ὅτι λήμψεταί τι παρὰ τοῦ κυρίου (8) ἀνὴρ δίψυχος, ἀκατάστατος ἐν πάσαις ταῖς ὁδοῖς αὐτοῦ.

Aber genau dies ist besonders schwierig und wird kontrovers diskutiert.[30] Zwar hat sich die angebliche neutestamentliche Sonderbedeutung des Verbs διακρίνομαι, nämlich ‚zweifeln', [31] fest in den unterschiedlichsten Bibelübersetzungen etabliert,[32] aber in neuerer Zeit wurden mehrfach Stimmen laut,

30 Zur Kontroverse bzgl. der frühchristlichen Bedeutungsbestimmung von διακρίνομαι vgl. auch die knappen Übersichten auf S. 24f sowie 398 dieser Arbeit.

31 Vgl. Büchsel, Art. κρίνω κτλ., ThWNT 3 (1938), 948.

32 Mit ‚zweifeln' übersetzen beispielsweise die Einheitsübersetzung, die Luther-Übersetzung (1984 und 2017), die Menge-Bibel, die Gute Nachricht Bibel, die Züricher Bibel, die Neue Genfer Übersetzung, die Hoffnung für alle sowie die Schlachter-Bibel und die Basisbibel. Von den englischsprachigen Bibelversionen bietet die King James Bible (KJ21) „waver", die American Standard Version (ASV), die English Standard Version (ESV), die Common English Bible (CEB), die Complete Jewish Bible (CJB), die Contemporary English Version (CEV), die World English Bible (WEB) u. v. m. „doubt". Von den vielen Veröffentlichungen zum Jakobusbrief und zur Wortfamilie δίψυχος κτλ., deren Autoren ebenfalls von der Bedeutung ‚zweifeln' ausgehen, seien lediglich Rusche, Standhaben, 156, Porter, dipsuchos, 479; Paretsky, Two Ways, 316; und Niebuhr, Jakobus, 6, als Beispiele genannt.

die diesen Sinngehalt ablehnen.[33] Die Kritik richtet sich insbesondere auf die Behauptung, das Verb διακρίνομαι habe in christlichen Kreisen eine Spezialbedeutung entwickelt, die zum einen die „sprachbildende Kraft des Evangeliums" bezeuge und die zum anderen zeitgleich mit dem klassisch-hellenistischen Bedeutungsspektrum existierte.[34] Eine Wiedergabe von διακρίνομαι mit Verben, die Ungewissheit oder eine innere Dissonanz signalisieren, ist vor allem deshalb problematisch, weil dieses Lexem weder im klassischen noch im hellenistischen Griechisch derartige reflexive Bedeutungen aufweist.[35] Deshalb ist es sinnvoll, zur Bestimmung des Sinngehalts von διακρίνομαι in Jak 1,6 zunächst von den vorneutestamentlich belegten Bedeutungsnuancen des Verbs auszugehen. Für das klassische und hellenistische Griechisch listen Lexika i. d. R. die folgenden Bedeutungsbereiche auf: (1) ‚beurteilen', ‚entscheiden', (2) ‚unterscheiden', (3) ‚streiten', ‚kämpfen' sowie (4) ‚absondern', ‚trennen'.[36] Verbformen von διακρίνομαι, denen eine Bedeutung aus Bereich (1) oder (2) zukommt, lassen sich m. E. nur schwerlich mit dem Kontext in Einklang bringen, denn dass man Gott um etwas bitten solle, ohne zu ent- oder unterscheiden, ergibt aufgrund des fehlendes Bezugsobjektes in Jak 1,6 wenig Sinn.[37] Schon eher kommen als Wiedergabe dieses Verbs Wörter in Frage, die den Vorgang des Streitens (3) bezeichnen. Sollte ein derartiges aggressives Verhalten gegen Gott – ein geläufiges Motiv im Alten Testament – in

33 Vgl. DeGraaf, Some Doubt about Doubt: The New Testament Use of διακρίνω, JETS 48/4 (2005), 733–755; Spitaler, Διακρίνεσθαι in Mt. 21:21, Mk. 11:23, Acts 10:20, Rom. 4:20, 14:23, Jas. 1:6, and Jude 22 – the „Semantic Shift" That Went Unnoticed by Patristic Authors, NT 49 (2007), 1–39; Schliesser, „Abraham Did not ‚Doubt' in Unbelief" (Rom. 4:20): Faith, Doubt, and Dispute in Paul's Letter to the Romans, JThS 63/2 (2012), 492–522. Aus textintern-logischen Gründen weist Konradt, Werke, 319, diese Bedeutung ab: Da nach Jak 1,7 der Beter von der Erhörung seiner Bitte ausgeht, könne διακρίνομαι in V. 6 nicht ‚zweifeln' meinen. Diese Deutung übersieht m. E. jedoch, dass sich Zweifel gerade dadurch auszeichnet, dass zwei Alternativen gegeneinander abgewogen werden bzw. dass zwischen Bejahung und Verneinung einer Aussage nicht entschieden werden kann. Insofern könnte der Bittende zweifeln zwischen dem Wahrheitsgehalt der Gedanken „Meine Bitte wird erhört werden" und „Meine Bitte wird nicht erhört werden". Da διακρίνομαι aber aus gewichtigen Gründen, die anschließend Erwähnung finden, vermutlich nicht vorrangig kognitive Ungewissheit transportiert, ist auch diese textinterne Argumentation mindestens fragwürdig, wie das Folgende verdeutlicht.

34 So Büchsel, Art. κρίνω κτλ., ThWNT 3 (1938), 951.

35 Vgl. Spitaler, Διακρίνεσθαι, 3, Anm. 6 und 5, Anm. 13

36 Vgl. Gemoll, Handwörterbuch, 200; Passow, Handwörterbuch, 642 f; Liddell/Scott, s.v. διακρίνω.

37 Zwar kommt die Bedeutung ‚beurteilen' dem Sinn nahe, den das Verb διακρίνω häufig in der LXX aufweist, nämlich ‚richten' als Wiedergabe des Niphal von שָׁפַט. Aber das Subjekt ist in diesen Fällen Gott und die belegten Formen stehen zudem im Aktiv. Vgl. z. B. Ez 34,17.20^{LXX}; Jo 4,12^{LXX}; SapSal 9,12^{LXX}; PsSal 17,43^{LXX}; Im Medium/Passiv begegnet das Verb διακρίνω nur in Jer 15,10^{LXX} (hier kennzeichnet es das Beurteilen Jeremias durch seine Umwelt) sowie in Dtn 33,7^{LXX} (hier im Sinne von ‚kämpfen').

Jak 1,6 zum Ausdruck gebracht werden?[38] In diesem Fall ließe sich vermuten, dass Jak 1,5 und Jak 1,6 vom Verfasser des Briefes bewusst parallel gestaltet wurden: Die Art und Weise, mit der Gott den Menschen alles gibt, nämlich „einfach" (ἁπλῶς, im Sinne von ‚aufrichtig', ‚unvoreingenommen' oder ‚freimütig')[39] und ohne ‚Vorwürfe zu machen'/‚zu nörgeln' (ὀνειδίζω),[40] soll vom Bittenden gespiegelt werden, indem er „im Vertrauen" (ἐν πίστει) auf die Güte des Schöpfers und „ohne zu streiten" (μηδὲν διακρινόμενος) sein Ansuchen an Gott richtet. Die Partizipialphrase μηδὲν διακρινόμενος könnte also als Entsprechung zur Partizipialkonstruktion μὴ ὀνειδίζοντος gedacht gewesen sein: Das Nicht-Nörgeln Gottes beim Geben soll sich mit dem Nicht-Streiten des Menschen beim Bitten decken. Die Vermutung, διακρίνομαι sei hier im Sinne von ‚streiten' zu verstehen,[41] kann durch textinterne Signale erhärtet werden: Der frühchristliche Autor greift nämlich das Thema des Streitens sowie weiterer sprachlicher Verfehlungen in seinem Brief wiederholt auf (vgl. Jak 1,26; 3,5–10; 4,1 f; 4,11 zudem: Jak 3,14.16 Zank- bzw. Selbstsucht).[42] Und auch in Jak 2,4 (οὐ διεκρίθητε ἐν ἑαυτοῖς) kann διακρίνομαι im Sinne von Streit interpretiert werden: Wer andere Mitmenschen statusabhängig behandelt (vgl. Jak 2,1–3), gerät mit sich selbst in Streit. Hier fällt auf, dass die Reflexivität der Verbbedeutung explizit durch ἐν ἑαυτοῖς ausgedrückt wird. Dies kann als Indiz dafür geltend gemacht werden, dass διακρίνομαι ohne entsprechende Ergänzung keinen Streit oder ähnlich gelagerten Vorgang im Inneren signalisiert.

---

38 Zwar existieren keine Äquivalente in der LXX, bei denen διακρίνο(μαι) ‚streiten (gegen Gott)' bedeutet (in Dtn 33,7^{LXX} und Jo 4,2^{LXX} ist das Subjekt des ‚Streitens' Gott), aber der Topos des Aufbegehrens wider Gott wird in unterschiedlichen Variationen und mithilfe unterschiedlicher Wendungen dargestellt, und kann je nach Kontext zum Ausdruck bringen, dass ein Mensch oder das Volk der Israeliten sich gegen Gott murrend auflehnt, ihm Vorwürfe macht oder sich aus Unzufriedenheit bei ihm beklagt. Vgl. exemplarisch Num 20,13^{LXX}; Jer 2,29^{LXX}; 12,1^{LXX}; Hi 9,3^{LXX}; 33,13^{LXX}; 40,2^{LXX}. In 2Makk 7,19^{LXX} bezieht sich „Streit gegen Gott" (θεομαχεῖν) auf das Handeln Antiochus IV. Epiphanes, der den Tempel entweiht und die jüdischen Märtyrer zum Abfall von Gott und zum Heidentum hin führen will. Ein solches Verhalten zieht Strafe nach sich. Dass der Mensch Gott immer unterliegt, wenn er mit ihm zu streiten (κριθῆναι!) versucht, betont Pred 6,10^{LXX}.

39 Zu ἁπλῶς an dieser Stelle und dessen Bedeutungsumfang in der Koine siehe z. B. Dibelius, Jakobus, 106–108.

40 Jak 1,5 wird gemeinhin als Anspielung auf Q 11,9 verstanden. Die in Q lediglich implizierten Eigenschaften Gottes werden vom Autor des Jakobusbriefes explizit gemacht: Gott gibt unvoreingenommen und ohne Vorwürfe zu machen. Vgl. Kloppenborg, James 1:2–15, 39 f. In der LXX kann ὀνειδίζω neben μάχομαι stehen, um das hebr. Wort ריב (‚streiten', ‚hadern') wiederzugeben, vgl. Jes 27,8^{LXX}. In Sir 18,17^{LXX} und 20,14^{LXX} begegnet ὀνειδίζω in Verbindung mit der Gebebereitschaft des Toren.

41 Dafür votiert beispielsweise Kloppenborg, James 1:2–15, 41.

42 Im Gegensatz dazu wird das Zweifelsthema im Jak nicht wieder aufgenommen – die mögliche Bedeutungsnuance ‚zweifelnd' von δίψυχος einmal ausgenommen. Dazu später mehr.

Ausgehend von der Bedeutungsnuance „streiten“, die διακρίνομαι aufweisen kann, lässt sich die Aussage von Jak 1,5f wie folgt zusammenfassen: Der Zweiseeler soll Gottes Gebebereitschaft Glauben schenken ohne zu streiten, d. h. Gott etwas vorzuwerfen oder ohne sich gegen Gott zu stellen,[43] was einem intakten Vertrauensverhältnis entspräche.

Als Bedeutungsnuance von διακρίνομαι in Jak 1,6 kommt des Weiteren (4) ‚sich trennen‘, ‚sich absondern‘ in Frage.[44] Dann würde die Mahnung betonen, dass die rechte Disposition beim Bitten einheitlich sein sollte, der Mensch nicht in Bezug auf seine Treue gespalten sein sollte.[45] Eventuell wollte der

43 In diesem Sinne haben auch Johannes von Damascus und Kyrill von Alexandria Jak 1,6–7 verstanden. Vgl. die griechischen Paraphrasierungen dieser Passage in John of Damascus, The Three Treatises on the Divine Images (Popular Patristic Series), hg. J. Behr, übers. A. Louth, Crestwood 2003, 112 (ohne auf die moderne Übersetzung ins Englische zu achten) und Kyrill von Alexandria, Comentarii in Lucam, 848,39–849,1 (vgl. hier die Rede vom ‚Ankläger‘, gr. κατήγορος). Nach Holz, Ursprung, 142, Anm. 29, meint das Wort διακρίνομαι in Jak 1,6–8 „nicht die Einstellung des Skeptikers, sondern des prüfenden Philosophen. Gegen eine Haltung, die die Wahrheitssuche vom Denken, der *dianoia*, abhängig macht, wendet sich der Satz des Jacobus-Briefs, nicht gegen den Zweifler, der die Möglichkeit der Wahrheitserkenntnis überhaupt bestreitet. Insofern ist die Antithese schärfer und die Irrationalität der Berufung auf den Glauben provokanter, als es die deutsche Version empfinden läßt. Zur Lutherzeit ist die Bedeutung der Zweiheit in einer unentschiedenen, ungewissen Sache noch gegenwärtig, wenn auch gerade Luther den Zweifel auch schon als eine dem Glauben entgegengesetzte, sich von Gott abwendende Geisteshaltung ansieht.“

44 Baumert, Wortspiel, 22–24, setzt bei seiner Analyse des Sinngehalts von διακρίνομαι in Röm 4,20 bei der Bedeutungsnuance ‚sich trennen/abfallen‘ bzw. ‚sich abgrenzen/distanzieren‘ an, die für Passivformen des Verbs nicht selten belegt ist. Weil zusätzlich zu dieser andernorts gut dokumentierten Bedeutung in Röm 4,16f betont werde, dass Abraham „vor Gott“, an dem er als einem Totenerwecker *festhielt,* Vater von uns allen ist, sieht es Baumert als naheliegend an, dass οὐ διεκρίθη hier ausdrücken wolle, Abraham habe diese Verbindung *nicht aufgegeben, sich nicht trennen lassen* durch Unglauben, Misstrauen etc. Die Übersetzung für Vers 20 lautet dann: „in Hinsicht nun auf die Verheißung Gottes ist er nicht abgefallen aufgrund des Misstrauens, sondern ist stark geworden aufgrund des Trauens, da er Gott die Ehre gab…“. Für die Deutung von διακρίνομαι in Röm 4,20 geht T. Schumacher, Entstehung, 227f, Anm. 969, ebenfalls von den Bedeutungsnuancen ‚trennen‘, ‚abfallen‘ für dieses passivisch gebrauchte Verb aus: „Folglich betont Vers 20, dass Abraham nicht von der Verheißung Gottes durch ἀπιστία, durch mangelndes Vertrauen, abfiel, sondern aufgrund seines Trauens gerade stark wurde. Wenn man hingegen von der Bedeutung ‚zweifeln‘ ausgeht, lässt sich das Verhältnis von διακρίνω und ἀπιστία kaum noch schlüssig erklären.“ B. Schliesser hat sich neuerdings in einer Veröffentlichung mit der Bedeutung von διακρίνομαι in Röm 4,20 auseinandergesetzt und dabei Exegesen von Johannes Chrysostomos, Johannes Calvin und Markus Barth mit einbezogen, deren Interpretationen zu dieser Stelle „all refrain from limiting the semantics of διακρίνεσθαι to an intrapersonal conflict or divisiveness, or to the ‚two-ness‘ of one’s heart or mind.“ Vgl. Schliesser, „Abraham Did not ‚Doubt‘ in Unbelief“ (Rom. 4:20): Faith, Doubt, and Dispute in Paul’s Letter to the Romans, JThS 63/2 (2012), 492–522, hier: 512.

45 Zur Stützung dieser Deutung kann Jak 3,17 herangezogen werden, wo die Wortfamilie διακρινω κτλ. wieder begegnet, und zwar als negiertes Adjektiv ἀδιάκριτος (es qualifiziert

Verfasser mit diesem Wort davor warnen, eine geteilte Loyalität zu bekunden. Auch diese Deutung könnte als Parallele zu Jak 1,5 gelten, insofern das Verhalten des Bittenden einen Kontrast zu der „Einfachheit“ (vgl. das Adverb ἁπλῶς) Gottes beim Geben darstellt.[46] Einen weiteren Anhaltspunkt dafür, dass dieses Verständnis in die vom Verfasser intendierte Richtung gehen könnte, liefert die Wiederaufnahme der Warnung zum rechten Bitten von Jak 1,6 in Jak 4,3. Hier werden die Adressaten dazu ermahnt, keine schlechten Absichten für das Erbetene zu hegen bzw. sich aufrichtig an Gott zu wenden, wenn sie die Erfüllung ihrer Bitten erwünschen. Als schlecht (κακῶς) gilt dem Verfasser die Vergeudung guter Gottesgaben für eigennützige, rein hedonistische Zwecke. Solche Menschen wollen von Gott Gaben erhalten, aber diese nicht im Sinne des göttlichen Willens und damit verantwortlich gebrauchen. Lustbestimmtes Streben bzw. Begehren ist jedoch mit den Normen der dämonischen Welt assoziiert.[47] Egoistische Wünsche und Lüste führen weg vom Guten, weil sie weltlichen Dingen dienen und nicht der Freundschaft mit Gott. An Jak 4,3 schließt im darauffolgenden Vers unmittelbar der anklagende Vokativ „Ihr Ehebrecher“ (μοιχαλίδες) an, der ebenfalls auf Illoyalität und Absonderung Gott gegenüber verweist.[48] Insofern könnte – eine bewusste Analogie von

hier die „Weisheit von oben“). Aufschlussreich ist nämlich, dass die Peschitta dieses Wort mit דְלָא פְלְגוּתָא wiedergibt, was „ohne Geteiltheit“ meint. F. Büchsel geht davon aus, dass die Peschitta „die richtige Übersetzung erhalten hat“ (nämlich „ohne Geteiltheit [des Herzens]“), da „διακρίνεσθαι in dem spezifisch nt.lichen Sprachgebrauch Übersetzung eines aramäischen reflexiven פלג ist.“ Allerdings lehnt er zugleich die Bedeutung „ohne Geteiltheit“ für ἀδιάκριτος in Jak 3,17 ab, indem er das mit פלג zum Ausdruck gebrachte Geteiltsein rein kognitiv interpretiert. Daher übersetzt er דְלָא פְלְגוּתָא bzw. ἀδιάκριτος mit „ohne Zweifel“, und behauptet, diese Bedeutung sei für Jak „gesichert“. Vgl. Büchsel, Art. κρίνω κτλ., ThWNT 3 (1938), 952, sowie die Anm. 4 und 7. Bei den Apostolischen Vätern verwendet nur Ignatius ἀδιάκριτος, und zwar gerne, um Untrennbarkeit bzw. Einheitlichkeit auszudrücken: z. B. in Ep 2, 15,1 in Bezug auf den Geist der Adressaten, in Ep 4 in Bezug auf Vater und Sohn.

46 Nach Hiltbrunner, Latina Graeca, 23, geht die Bedeutungsnuance der ‚Vollkommenheit‘ des Schenkens auf die zugrunde liegende hebräische Wurzel תמם (*tmm*) zurück.

47 Vgl. die Verknüpfung der Begierde mit Sünde u. Tod (Jak 1,14f), die Zuordnung von Selbstsucht, Neid u. bösen Taten mit der dämonischen Weisheit (Jak 3,14–16), die Warnungen vor Besitzstreben (Jak 4,13–16; 5,1–6). Möglicherweise wird die irdische Weisheit (im Gegensatz zur ‚Weisheit von oben‘) in Jak 3,15 deswegen mit dem Attribut ψυχική (psychisch) näherbestimmt, weil Fehlverhalten dem Jak zufolge aus Selbstsucht, aus der Orientierung an den von irdischen Werten genährten Begierden rührt, d. h. dem Wesenskern des Menschen, der Psyche, entspringt, und das Verhalten damit nicht an dem externalen Zentrum ‚Gott‘ ausgerichtet ist. van Kooten, Art. Human Being, 401, schlägt eine alternative Deutung vor; er bezieht das Adjektiv auf die Erlösungsbedürftigkeit der menschlichen Seele: „The spirit needs to be directed toward God, and this process is what James calls the salvation of souls (1:21). It seems to be for this reason that imperfect, earthly wisdom (as opposed to the wisdom that comes from above) is called *psychikē*, ‚soul-like‘ (3:15).“

48 Zur Verwendung des Ausdrucks μοιχαλίδες vgl. Schmitt, You adulteresses! The image in James 4:4, NT 28 (1986), 331–334.

Jak 1,6 und Jak 4,3 vorausgesetzt – der διακρινόμενος einen Menschentyp bezeichnen, der Gott gegenüber keine echte Treue erweist, weil er gleichzeitig weltlichen Grundsätzen nacheifert. Dieser Sinn ließe sich gut mit dem in Einklang bringen, was das Wort δίψυχος zum Ausdruck bringen will: Ein Mensch mit zwei Seelen weist eben keine einheitliche Orientierung auf Gott hin auf; er will mit Gott und der Welt zugleich befreundet sein, beiden zugleich loyal sein. Insofern ist der διακρινόμενος bzw. der δίψυχος unbeständig: er schwankt wie die Wellen im Wind hin und her.[49]

3. Zwischenfazit zur Bedeutung von δίψυχος und vorläufige Überlegungen zum Dipsychia-Konzept im Jakobusbrief

Ist es ausgehend von obenstehenden Beobachtungen gerechtfertigt, die Wendung ἀνὴρ δίψυχος bzw. ὁ διακρινόμενος im Deutschen mit „Zweifler" wiederzugeben, wie dies häufig in Kommentaren und Monographien zum Jakobusbrief sowie in Bibelübersetzungen geschieht?[50] Selbst wenn vom Verfasser in Bezug auf δίψυχος die Zweifelsbedeutung nicht in erster Linie intendiert gewesen sein sollte, lässt sich dieser Sinn mit dem bisher Gesagten gut harmonisieren: Denn wer sich zwischen Freundschaft mit Gott und Freundschaft mit der Welt / dem Teufel nicht entscheidet, wer zwischen diesen beiden Wertsystemen hin und hergerissen ist, der kann wohl Zweifel erfahren, welche der einander ausschließenden Lebensweisen er praktizieren soll. Wer sozusagen „zwei Herren dienen" will (vgl. Mt 6,24; Lk 16,3), könnte durchaus Zweifeln unterworfen sein, welche Alternative die bessere darstellt. Allerdings kann gegen die Übersetzung von δίψυχος bzw. διακρίνομαι mit „zweifeln(d)" eingewandt werden, dass es schwer verständlich ist, weshalb frühchristliche Autoren, inklusive Jakobus, genau diese Lexeme bevorzugt haben sollten, um den Zweifel zum Ausdruck zu bringen, wenn ihnen eine ganze Reihe von Verben zur Verfügung standen, die diese Bedeutung unzweideutig transportieren konnten, wie z. B. διστάζω, ἐνδοιάζω, ἀμφισβητέω oder ἀμφιβάλλω.[51] Aus diesem Grund hat D. DeGraaf vorgeschlagen, dass christliche Schriftsteller διακρίνομαι (was u. a.

49 Vgl. auch Rusche, Standhaben, 156: Δίψυχος „bezeichnet den Menschen ohne festen Standort." H. Rusche geht zwar davon aus, dass das Hin- und Her-Gerissen-Werden für Jak den Anfang der Sünde bedeutet (ebd., 158), ordnet den ἀνὴρ δίψυχος jedoch nicht als unentschlossen zwischen zwei „Herren" ein, sondern postuliert, der ἀνὴρ δίψυχος habe sich bereits für den Teufel als Herrn entschieden, vgl. Rusche, Glauben, 35.

50 Vgl. nur die Lutherbibel (1984 und 2017); Elberfelder Übersetzung; Schlachter-Bibel z.St. sowie McCartney, James, 84.90 u.ö.; Popkes, Jakobus, 89f; Foster, Significance, passim.

51 So Spitaler, Διακρίνεσθαι, 5. Es ist auffällig, dass außer Mt kein frühchristlicher Schriftsteller von diesem Zweifels-Wortschatz Gebrauch macht – und auch Mt verwendet

eine gespaltene Loyalität ausdrücke) bewusst als Kontrastbegriff zu πίστις benutzten, damit Rezipienten der jeweiligen Schriften πίστις an den entsprechenden Stellen nicht als Glaube im Sinne einer Annahme des Kerygma, sondern als Glaube im Sinne von Treue bzw. Vertrauen verstünden.[52] P. Spitaler zufolge wäre es genauso schlüssig, von dem literarischen Gebrauch des Kontrasts Vertrauen-Streit auszugehen, statt das Gegensatzpaar Glaube-Zweifel in die Texte hineinzulesen.[53] Dennoch weisen die in der vorchristlichen Antike belegten Bedeutungsnuancen ‚streiten' bzw. ‚sich absondern' des bei Jakobus synonym zu δίψυχος gebrauchten Wortes διακρίνομαι darauf hin, dass diese Sinngehalte Ähnlichkeiten damit haben, was im Deutschen mit ‚zweifeln' gemeint ist.[54] Denn beide verweisen auf psychologische Phänomene, die zum Gehorsam oder zur Ausschließlichkeit des Vertrauens gegenüber Gott konträr stehen. Beide setzen voraus, dass sich der Mensch auch gegen Gott stellen kann. Möglicherweise ist der Unterschied zwischen δίψυχος einerseits und διακρινόμενος andererseits in der Perspektive zu sehen: Streit und Trennung lassen sich prinzipiell beobachten; eine zweiseelige Haltung dagegen nicht. In Jak 1,6–8 erscheint der Mensch mit zwei Seelen als innerlich dissonant und gespalten, er wendet sich zwar vertrauensvoll mit einer Bitte an Gott aber gleichzeitig hält seine Treue keiner Prüfung stand, da er mit sich selbst darüber uneins ist, welcher ‚Seele' (metaphorisch verstanden) gegenüber er loyal sein soll. Insofern kann das jakobeische Dipsychia-Konzept als frühchristliches Zweifelskonzept gelten.

Daher lässt sich zusammenfassend das δίψυχος-Sein als eine Haltung auffassen, die zwischen zwei möglichen Lebenswegen zu stehen kommt: Mangel an Weisheit und Einsicht resultiert in Orientierungslosigkeit und Unbeständigkeit, die sich auf die gesamte Lebensführung auswirkt. Der ἀνὴρ δίψυχος will sich zwischen Freundschaft mit Gott und Freundschaft mit der Welt nicht entscheiden.[55] Zwar hat er bereits insofern den richtigen Weg eingeschlagen,

---

lediglich διστάζω und dies auch nur zwei Mal (Mt 14,31; 28,17). Zu anderen Möglichkeiten, innere Dissonanzen im Frühchristentum zur Sprache zu bringen, siehe das Wortfeld in Kap. VI.

52 Vgl. DeGraaf, Doubt, 733.739.

53 Vgl. Spitaler, Διακρίνεσθαι, 6.

54 Für Röm 4,20 bestimmt Schliesser, Abraham, 521f, zunächst die Bedeutung von διακρίνομαι aufgrund des vorneutestamentlichen Gebrauchs und aufgrund des näheren und weiteren Kontextes zur Stelle mit „argue in a meddlesome attitude" oder „dispute in an insolent manner". Davon ausgehend fragt er, ob diese Bedeutungsnuance mit der weit verbreiteten Bedeutungspostulation ‚zweifeln' in Übereinstimmung zu bringen ist. Mithilfe von Aussagen Calvins und Luthers zeigt Schliesser, dass das Widerstreiten göttlicher Verheißungen und Worte seitens eines Gläubigen in der reformatorischen Tradition durchaus als zum Zweifel führend bzw. als Zweifel verstanden werden konnten.

55 Dass die Positionierung in diesem Konflikt zwischen Welt und Gott eine Willenssache ist, signalisieren die Verben βούλεσθαι und καθιστάναι in Jak 4,4.

als er sich der Gruppe der Christusgläubigen angeschlossen hat, aber Hintergedanken und Luststreben prägen seine Haltung, so dass er sein Herz eigentlich „heiligen" müsste.[56] Er wird deshalb als Mensch mit zwei Seelen beschrieben, wobei die Seelen aufgrund ihrer konträren Ausrichtung als unvereinbar gelten müssen und deshalb keine innere Einheit der Person ermöglichen.

Schematisch lässt sich das hinter der Metapher δίψυχος stehende Konzept folgendermaßen darstellen:

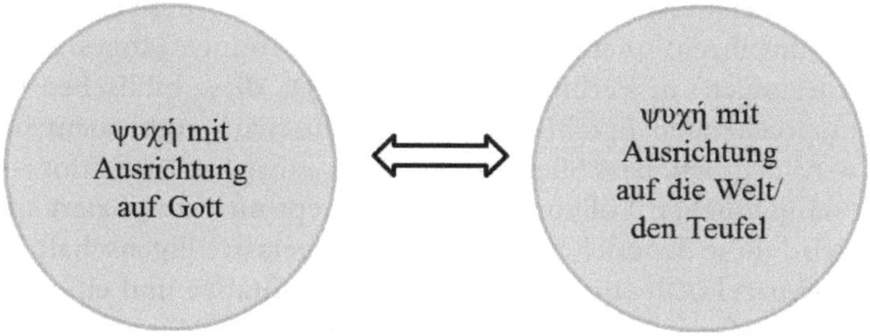

Abb. 11: Konzeptualisierung der Zwei-Seelen-Metapher im Jakobusbrief

Diese Haltung des Menschen mit zwei Seelen hat weder Richtung noch Ziel. Sie entspricht weder a) einer an Gott ausgerichteten Lebensführung, die zu Vollkommenheit und Leben führt (Jak 1,2–4.12), noch b) einem konstant an der Welt ausgerichteten Lebenswandel, der zu Sünde und Tod[57] führt (Jak 1,13–15) – auch wenn er immer wieder auf diesen „Irrweg" (Jak 5,19f) gerät. Da die Disposition des ἀνὴρ δίψυχος innerhalb des programmatischen Proömiums zwischen a) und b) entfaltet wird, könnte sie vom Verfasser als Zwischenposition zwischen dem eindeutig negativen und dem eindeutig positiven Lebensweg intendiert worden sein.[58] Um diese Annahme zu prüfen, werden im Folgenden diese beiden konträren Lebensführungsentwürfe des Jakobusbriefes mitsamt ihrer jeweiligen Schlüsselbegriffe skizziert.

56 Vgl. Jak 4,8.

57 Mit der Erwähnung des Todes greift Jakobus vermutlich jüdische und frühchristliche Terminologie auf, die Heiden und Sünder als Tote tituliert (vgl. z. B. JosAs 8,9; 20,7; Philo, Fug. 55–58; Spec. I 347; 2Clem 1,6; Lk 15,24.32; Eph 2,1.5) – nicht gemeint ist das physische Ableben. Vgl. Konradt, Werke, 312.

58 Wilson, Turning Words, 370, spricht von dem Wunsch, neutral bleiben zu wollen.

4. Der ἀνὴρ δίψυχος zwischen zwei alternativen Lebensentwürfen

4.1. Der Weg zur Vollkommenheit und zum Leben

Die vom Verfasser des Jakobusbriefes geforderte Vollkommenheit (τέλειος κτλ.),[59] die der ἀνὴρ δίψυχος noch nicht erreicht hat, ist ein Wesenszug, der schon im Alten Testament besonders herausragenden Figuren zugeschrieben wird, wie beispielsweise Noah, Abraham und Hiob.[60] Diese Charaktereigenschaft wird mit ihrem unerschütterlichen Gottvertrauen (angesichts größter Herausforderungen) in Verbindung gebracht. Da diese biblischen Gestalten in den entsprechenden Erzählungen jedoch durchaus ambivalent inszeniert werden, wird deutlich, dass Sündlosigkeit oder ethischer Perfektionismus mit dem alttestamentlichen Vollkommenheitskonzept nicht impliziert sind. Ausgedrückt wird diese dennoch als vorbildlich aufgefasste Eigenschaft durch die hebräische Wurzel תמם (*tmm*). Sie hat eine quantitative und eine qualitative Dimension, insofern sie im metaphorisch-physischen Sinne Ganzheit und Unversehrtheit zur Sprache bringt, und im ethischen Sinne gebraucht werden kann, um Vollkommenheit als vollständige Verwirklichung des göttlichen Willens auszudrücken.[61] Von diesem Bedeutungspotential ausgehend verwundert es nicht, dass die aus der Wurzel תמם gebildeten hebräischen Lexeme in Schriften des Tanach gerne verwendet werden, um die Hauptforderung der ganzheitlichen und vorbehaltlosen Hingabe an Gott sprachlich zu fassen.[62] Es ist also die tiefgehende, nicht nur oberflächliche Hingabe des ganzen Menschen an Gott, das aufrichtige Vertrauen auf den einen Gott (unter Ausschluss fremder Götter), was die hebräische Bibel unter „Vollkommenheit" versteht.

Vollkommenheit war auch in der Qumran-Gemeinde eine der herausragenden Eigenschaften, die den Frommen auszeichnen. In der dualistisch geprägten Gemeinderegel allein begegnet die Wurzel תמם (*tmm*) 18 Mal. Vollkommen zu sein bedeutet, die Ebenbildlichkeit Gottes im Leben praktisch zu realisieren, womit gegenwärtige Erwartung und zukünftiges Ideal zugleich impliziert sind. Dieser Wesenszug umfasst rituelle und moralische Reinheit,

59 Vgl. v. a. Jak 1,4; 2,22; 3,2. Zur Vollkommenheitsvorstellung im Jak vgl. z. B. du Plessis, ΤΕΛΕΙΟΣ, 233–240; P.J. Hartin, Call to be Perfect through Suffering (James 1,2–4). The Concept of Perfection in the Epistle of James and the Sermon of the Mount, Bib 77 (1996), 477–492; Klein, Werk, 54–81.

60 Vgl. z. B. Gen 6,9^{LXX}; Gen 17,1^{LXX}; Hi 1,1.8^{LXX}. Für ‚vollkommen' stehen in der LXX eine Reihe unterschiedlicher Ausdrücke, u. a. τέλειος. Zur ‚Vollkommenheit' biblischer Figuren im Tanach siehe Kedar-Kopfstein, Art. תמם, ThWAT 8 (1995), 695ff.

61 Vgl. Konradt, Existenz, 267–285.

62 Vgl. z. B. Dtn 18,13 (in der LXX mit τέλειος wiedergegeben) sowie Delling, Art. τέλος κτλ., ThWNT 8 (1969), 72f. Siehe dazu auch die Ausführungen zum Frömmigkeitsideal in Schriften der hebräischen Bibel in Kapitel IV.2 dieser Arbeit.

hat rechtliche und spirituelle Dimensionen und basiert auf einer Übereinstimmung zwischen dem Innen und dem Außen des Menschen.[63] Vollkommenheit ist darüber hinaus Kriterium für die Gruppenzugehörigkeit[64] und eine Selbstbezeichnung der Gemeinde; sie versteht sich als „Haus der Vollkommenheit".[65] Daher kann das Verlassen des Weges der Vollkommenheit (bzw. des Lichtes) mit Sanktionen belegt werden, die bis zum Ausschluss aus der Gemeinde führen können.[66]

Auch wenn Vollkommenheit im Jakobusbrief im Unterschied zum Vollkommenheitsverständnis in Qumran weder als Selbstbezeichnung erscheint, noch deren Nicht-Erfüllung mit Ausstoßung aus der In-Group sanktioniert wird, finden sich dennoch Indizien dafür, dass auch im Jakobusbrief mit τέλειος[67] – einer der Schlüsselbegriffe des Briefes –[68] eine qualitative Eigenschaft des Menschen gemeint ist, die sich in prosozialem Verhalten nach außen und einer inneren konsonanten Zentriertheit auf Gott hin zeigt: Wer vollkommen ist, richtet nicht über seine Mitmenschen (Jak 4,11f), verunglimpft andere nicht (Jak 4,11), ist unparteiisch (Jak 2,1–4.9) und demonstriert auch sonst kein sozialdestruktives Verhalten.[69] Der Vollkommene nimmt das ganze Gesetz zum Maßstab seines Handelns (Jak 2,10), besitzt einen Glauben (πίστις) an Gott, der sich in guten Werken beweist (Jak 2,14–26) und bleibt auch in Anfechtungssituationen Gott gegenüber loyal (Jak 1,2–4). Er folgt bei einzelnen Entscheidungssituationen und in seinem Lebenswandel im Allgemeinen der ‚Weisheit von oben' (σοφία ἄνωθεν; Jak 3,15). Neben diesem ethischen und theozentrischen Aspekt erscheint die Vollkommenheitsvorstellung des Jakobusbriefes – wie schon vorneutestamentlich – zugleich als quantitative Größe: Denn es kann vermutet werden, dass die geforderte Vollkommenheit das Gegenkonzept zu den diversen Dissonanz- bzw. Gespaltenheitsphänomenen, die im Brief thematisiert werden, darstellt.

---

63 Vgl. Deasley, Perfection, 330–334.

64 Vgl. 1QS V,24; 1QS VIII,18–IX,9.

65 Vgl. 1QS VIII,9; 1QS IX,6ff. Vgl. dazu auch Garleff, Identität, 141: „Die besondere Pointe des Vollkommenheitsbegriffs in Qumran liegt in seiner soziologischen Dimension."

66 Vgl. 1QS VIf.

67 Synonym zu τέλειος verwendet Jak ὁλόκληρος und präzisiert die Bedeutung dieses Wortes durch den Zusatz „ohne an irgendetwas zu mangeln" (1,4). Das Adjektiv ὁλόκληρος bezeichnet ebenfalls Ganzheit eines Körpers, i. d. R. im Sinne eines intakten Äußeren. Hier wird es in übertragener Bedeutung gebraucht. Vgl. Spicq, Art. ὁλοκληρία, ὁλόκληρος, TLNT II (1994), 578f; Hermann/Foerster, Art. κλῆρος κτλ., ThWNT 3 (1938), 766.

68 Vgl. Konradt, Jakobusbrief, 281ff; Tsuji, Glaube, 53ff.100ff; Garleff, Identität, 143.

69 Vgl. die Nennung von Neid (Jak 3,16), Zorn (Jak 1,19f), Ehebruch (Jak 2,11), Mord (Jak 2,11) usw.

Ausgangspunkt des Weges zur Vollkommenheit ist die πίστις, die als relationale Größe die Beziehung zwischen Mensch und Gott bestimmt.[70] Diese Gottesbeziehung erhält ihren Inhalt und ihre Struktur durch das ‚Wort' (λόγος), das nicht als natürliche Anlage des Menschen zu verstehen ist, sondern ihm von Gott zukommt.[71] In kognitiver Hinsicht beinhaltet πίστις das „Fürwahrhalten" bestimmter Glaubenssätze, wie beispielsweise das Bekenntnis zu dem einen Schöpfergott (Jak 2,19) sowie zu Jesus als dem Christus (Jak 1,1; 2,1). Als Haltung verstanden fordert diese Gottesbeziehung das unbedingte Vertrauen des Menschen und hat dadurch zugleich eine affektive Komponente (Innenseite). Und mit dem Blick auf das erwartete Verhalten lässt sich die πίστις als anwendungsbezogene Lebensform verstehen, da das Tun guter Werke konstitutiv für das Christsein ist (Außenseite).[72]

Gleich zu Beginn seiner paränetischen Unterweisung mahnt der Verfasser des Jakobusbriefes dazu, die eigene πίστις im Falle von Anfechtungen von außen zu verteidigen (Jak 1,2).[73] Die geforderte Standhaftigkeit (ὑπομονή) als positive Disposition[74] kann aber nur dann ausgebildet und antrainiert werden, und nur dann zur Vollkommenheit führen, wenn der Glaube bzw. das Vertrauen in oder die Treue zu Gott[75] Belastungsproben unterworfen wird

---

70 Vgl. Konradt, Werke, 319: „Das Verständnis der πειρασμοί als Prüfungsmittel des Glaubens deutet (…) darauf hin, dass πίστις auch im Jak als umfassende Bezeichnung des Gottesverhältnisses des Menschen fungiert."

71 Vgl. Jak 1,19.21.

72 Vgl. dazu auch Konradt, Werke, 321f; K.-W Niebuhr, Glaube im Stresstest. Πίστις im Jakobusbrief, in: J. Frey et al. (Hg.), Glaube. Das Verständnis des Glaubens im frühen Christentum und in seiner jüdischen und hellenistisch-römischen Umwelt (WUNT 373), Tübingen 2017, 473–501.

73 Dass Jak in 1,2.12 mit πειρασμός Anfechtungen von außen meint, das gleiche Wort in Jak 1,13f jedoch für Versuchungen benutzt, die durch innere Reize ausgelöst werden, mutmaßen u. a. auch Dibelius, Jakobus, 97.121 u.ö.; Garleff, Identität, 272. Der Verfasser könnte m. E. das Wort durchaus bewusst polyvalent verwendet haben, um dessen Schlüsselfunktion für die Weichenstellung in Richtung eines der beiden Lebenswege hervorzuheben.

74 Die Übersetzung von ὑπομονή mit ‚Standhaftigkeit' passt hier besser in den Kontext als die alternative Wiedergabe des Lexems mit ‚Geduld', da erstere Bedeutung eine aktive Verhaltensweise benennt, letztere hingegen ein eher pasives Ertragen.

75 Mit πίστις kann u. a. die ‚Treue', die ‚Zuverlässigkeit', das ‚Vertrauen', oder der ‚Glaube' als Fürwahrhalten bestimmter Sachverhalte bezeichnet werden (vgl. Bultmann/Weiser, Art. πιστεύω κτλ., ThWNT 6 (1959), 174–230). Die oben genannten Übersetzungsvorschläge sind je für sich genommen unzureichend, da sie jeweils nur einen Aspekt dessen markieren, was an dieser Stelle mit πίστις gemeint ist, nämlich die Beziehung des Menschen zu Gott im Ganzen. Freilich umfasst πίστις sowohl Glauben im Sinne von Vertrauen als auch Glauben im Sinne vom Überzeugt-Sein bestimmter Theologumena.

Rusche, Standhaben, 157, hat auf die Ähnlichkeit zwischen Jak 1,2f und Jes 7,9 hingewiesen: Hier wie dort sind ‚Glaube/Vertrauen' und ‚(Be-)Stand haben' thematisch miteinander verknüpft. Im Hebräischen werden beide Phänomene mit derselben Wurzel (אמן) zur Sprache gebracht.

(Jak 1,3).[76] Denn am Umgang mit den πειρασμοί entscheidet sich, welcher Lebensweg fortan eingeschlagen wird, d. h. ob die betroffene Person standhaft bleibt oder sich unbeständig wie das Meer erweist.

Schon in der hebräischen Bibel werden derartige Prüfungen zum Thema gemacht.[77] Sie haben in der alttestamentlichen Tradition pädagogische Funktion, denn sie dienen Gott dazu, die Loyalität der Israeliten zu eruieren. Diese zugrunde liegende Absicht von Erprobungssituationen wird zu unterschiedlichen Epochen der biblischen Literatur immer wieder explizit betont.[78] Mit der Anfechtungsthematik wird zudem ein Motiv der jüdischen Diasporabriefe aufgenommen.[79] Die sich im Exil befindlichen Gläubigen werden darin aufgefordert, ihre Treue zu Gott in Krisensituationen beizubehalten.[80] Dass das Dienen Gottes mit Anfechtungen Hand in Hand geht, dass man sich also darauf einstellen muss, diese Vorstellung betont auch Jesus Sirach.[81] Frühchristliche Schriften reflektieren diesen Topos ebenfalls.[82]

Interessant im Hinblick auf den Weg zum Leben und zur Vollkommenheit, den der Verfasser des Jakobusbriefes hier skizziert, sind Überlegungen, dass zwischen Jak 1,2–4 und Jak 1,5 ein logischer Zusammenhang besteht (wofür das δέ in V.5 Hinweis sein könnte).[83] Dann wäre in V.2–4 impliziert, dass Weisheit (σοφία) Standhalten und damit letztlich Vollkommenheit fördert bzw. ermöglicht, weshalb sie im Falle ihres Fehlens erbeten werden muss, um nicht vom rechten Weg abzukommen.[84] Die Vorstellung, dass Weisheit als Gabe Gottes den Frommen in die Lage versetzen kann, Erprobungen erfolgreich zu bewältigen, begegnet auch in der Tradition.[85]

Gerade für junge christliche Gemeinden in der Diaspora, wie der Gemeinde des Verfassers auch, stellen Bedrohungen von außen eine Grunderfahrung dar, die immer neu bewältigt werden muss. Dass sie in ihrer aversiven Umwelt unweigerlich in derartige Situationen geraten müssen, betont der Verfasser ausdrücklich (Jak 1,2). Angesichts der Tatsache, dass Anfechtungen negative

---

76 Zum Zusammenhang zwischen Prüfung, Standhaftigkeit und Vollkommenheit siehe Hartin, Call to be Perfect through Suffering (James 1,2–4). The Concept of Perfection in the Epistle of James and the Sermon of the Mount, Bib 77 (1996), 477–492.

77 Zu den bekanntesten Prüfungserzählungen gehören die Opferung Isaaks (Gen 22,1) und die Wüstenwanderung des israelitischen Volkes (Ex 15,25). Vgl. z. B. auch Spr 3,11 f.

78 Vgl. Ex 16,4; Dtn 8,2; Ri 2,22; 2Chr 32,3; Jer 29,1–23; TestJos 2,7 u.ö.

79 Vgl. Tsuji, Glaube, 25.

80 Vgl. EpJer; 3Bar 78–86; ParJer 6,19–25.

81 Vgl. Sir 2,1^{LXX}.

82 Vgl. nur Röm 5,3–5. Hier affiziert die Bewährung des Glaubens Hoffnung.

83 Vgl. z. B. Gowan, Wisdom and Endurance in James, HTB 15 (1993), 145–153.

84 So auch Richardson, James, 64; Kloppenborg, James 1:2–15, 41.

85 Vgl. 4Makk 1,15–19^{LXX}; SapSal 10,9^{LXX}.

wie auch positive Aspekte beinhalten können,[86] obliegt es der Entscheidungsmacht des Menschen, wie er auf derartige Schwierigkeiten reagiert: Deutet er sie als Negativerfahrungen, als Gefahr für den eigenen Glauben, können sie zur Distanzierung von Gott führen. Interpretiert man sie dagegen als Herausforderung, an denen der Einzelne inkl. sein Glauben wachsen und an Eindeutigkeit gewinnen kann, dann stellen sie notwendige „Stolpersteine" auf dem Weg zur Vollkommenheit dar. Die Entscheidung fällt in diesem Fall zugunsten der Bewährung des Glaubens, wie sie vom Verfasser gefordert ist. Eine weitere Möglichkeit des Umgangs mit solchen bedrohlichen Ereignissen stellt das Verharren in Untätigkeit dar, falls der Betroffene unsicher-zweifelnd darüber ist, wie er sich verhalten sollte. Diese kontraproduktive Verhaltensweise ist durch die Aufforderung zum Standhalten (Jak 1,3) indirekt ausgeschlossen und könnte im Negativbild des zweiseeligen Mannes (Jak 1,8), der sich in seinem grundsätzlichen Herangehen an die sich ihm bietenden Probleme als unbeständig erweist, durchaus angesprochen sein.

Für Jakobus steht also unzweifelhaft fest, wie sich der Christ angesichts von außen herausgeforderter Glaubensprüfungen zu entscheiden hat: er muss standhaft bleiben (Jak 1,3.12: ὑπομονή/ὑπομένω) und sich dadurch vor Gott bewähren, d. h. seine Loyalität zu Gott unter Beweis stellen. Zur Hervorhebung dieser richtigen Handlungsweise rekurriert der Verfasser auf das Wissen der Adressaten (Jak 1,3: γιγνώσκω): Die für die Christuszugehörigkeit notwendige Ausdauer lässt sich nur durch Herausforderungen und Erprobungen unter Beweis stellen. Da die Angesprochenen die Kenntnis über den korrekten Umgang mit Krisensituationen besitzen, kommt es entschieden darauf an, dass sie dieses Wissen auch in die Praxis umsetzen. Darauf weist auch Jak 1,4 hin: Standhaftigkeit muss vollkommene Werke nach sich ziehen, damit sie dem Einzelnen dabei helfen kann, Vollkommenheit zu erlangen. Mit dieser Forderung wird bereits das Thema der Innen-Außen-Dissonanz, des spannungsgeladenen Verhältnisses von kognitivem Wissen über das „Gute" und entsprechend umgesetzten Verhalten vorbereitet, das im Brief wiederholt und in unterschiedlicher Weise behandelt wird.[87]

Der Verfasser des Jakobusbriefes will erreichen, dass die Adressaten von außen induzierte Krisen kognitiv antizipieren und an sie mit einer freudigen Erwartungshaltung herangehen. Wenn er also in Jak 1,2 fordert, Anfechtungen für „reine Freude" zu erachten (ἡγέομαι), so wird deutlich, dass ihm die Möglichkeit, solche Krisen auch anders (d. h. negativ) zu deuten, durchaus bewusst war. Zwar mag die Aufforderung zur Freude (χαρά) angesichts von Belastungs-

86 Dieses ambivalente Verständnis ist auch dem deutschen Versuchungsbegriff zu eigen. Vgl. Herrmann, Versuchung, 56f.

87 Vgl. dazu S. 425–435 der vorliegenden Arbeit.

proben des Glaubens für uns heute paradox erscheinen; doch zeigen andere frühchristliche Briefe, dass solche Appelle keine Seltenheit darstellten.[88]

Die Wendung „Anfechtungen für Freude erachten", deutet darauf hin, dass der Autor dem Affekt der Freude keinen Widerfahrnischarakter attestiert, sondern ihn als aktiv vom Menschen herbeiführbar versteht.[89] Dadurch unterscheidet sich der Jakobusbrief von der modernen strukturalistischen Emotionstheorie,[90] wohingegen er mit funktionsorientierten Ansätzen die Auffassung teilt, dass Emotionen zumindest partiell kognitiv kontrollierbar sind.[91] Aus funktionspsychologischer Sicht verändert eine entsprechende Bewertung der emotionsauslösenden Situation nämlich die Prioritäten der individuellen Handlungskontrollstruktur, indem Aufmerksamkeit und Wahrnehmung auf die Veränderung der Handlungsbereitschaft fokussiert werden:[92] Freude hat somit das Potential, Wahrnehmung und Handeln positiv zu beeinflussen und darüber hinaus das emotionale Wohlbefinden langfristig sicher zu stellen.[93] Übertragen auf die Situation der frühchristlichen Gemeinden, an die sich der Jakobusbrief richtet, stellt die bewusst positive Einschätzung solcher Anfechtungen das psychologische Rüstzeug dar, um angesichts der Schwierigkeiten, die durch Konfrontation mit der Außenwelt unweigerlich hervorgerufen werden, nicht zu verzweifeln. Glaubenskrisen und innere Dissonanzen können nach Jakobus aktiv gesteuert und kognitiv bewältigt werden!

Wenn der Verfasser also eine bewusste kognitive Umstrukturierung fordert, bei der die Bewertung des Ereignisses verändert werden soll,[94] lässt sich diese

88 1Petr 1,6 fordert ebenfalls dazu auf, Glaubensprüfungen als freudvolle Erfahrungen zu interpretieren. Thematisch verwandt ist daneben Röm 5,3–5.

89 Auch im paganen griechischen Hellenismus wurde diskutiert, wie (seelischer) Schmerz und Leid durch kognitive Umstrukturierung in Freude transformiert werden kann. Beispiele dafür nennt Holloway, ‚Beguile your Soul' (Sir xiv 16; xxx 23): An Epicurean Theme in Ben Sira, VT 58 (2008), 219–234.

90 Die strukturalistischen Ansätze der Emotionsforschung untersuchen Emotionen als natürliche Reaktionen. Ihre biologischen Voraussetzungen gelten als anthropologische Konstanten, auch wenn es unterschiedliche kulturelle Ausprägungen der einzelnen Emotionen gibt. Aus strukturalistisch-psychologischer Sicht haben Gefühle einen Widerfahrnischarakter, was bedeutet, dass viele Emotionen ohne das bewusste Zutun oder Einwirken des Individuums ausgelöst werden können. Vgl. Holodynski/Friedlmeier, Entwicklung, 7; Hänze, Emotion, 11.

91 Vgl. Frijda, Emotions, 468.

92 Vgl. Frijda, Emotions, 78.

93 Vgl. Fredrickson/Joiner, Positive emotions trigger upward spirals toward emotional well-being, Psychological Science 12(2002), 172–175.

94 Phil 3,7f verdeutlicht den ntl. Gebrauch des Verbs ἡγέομαι im Sinne einer kognitiven Umwertung: Was Paulus vor seiner Bekehrung als Gewinn galt, erachtet er nun um Christi willen als Verlust. Auch 2Clem 5,6 zeigt, dass der Wortbedeutung eine kognitive Bewertung zugrunde liegt, wenn die Adressaten dazu aufgefordert werden, die weltlichen Dinge für feindlich zu erachten.

empfohlene Bewältigungshandlung aus moderner psychologischer Sicht als emotionsbezogenes Coping verstehen.[95] Eine problembezogene Bewältigung bietet sich angesichts „vielerlei Versuchungen" nicht an, denn die Adressaten müssen sich darauf einstellen, unweigerlich in solche Krisensituationen zu geraten, wie das Verb περιπίπτω, ‚fallen' (Jak 1,2) impliziert.

Um die Adressaten zum aktiv verstandenen Standhalten bis zum Kommen des Herrns (vgl. Jak 1,7) zu motivieren, werden bei der Wiederaufnahme des Themas in Jak 5,10f biblische Beispielfiguren erwähnt. Neben den Propheten im Allgemeinen ist namentlich Hiob genannt.[96] Deutlich fordert der Verfasser die Hörer auf, sich deren Umgang mit Leiden und Prüfungen zum Vorbild zu nehmen (Jak 5,10), d. h. sie nachzuahmen. Religionspsychologisch gelesen stellen Vorbilder indirekt moralische Maßstäbe zur Verfügung und begünstigen dadurch Selbstregulation und Verhaltenskontrolle.[97] Vom Standpunkt der sozial-kognitiven Lernpsychologie betrachtet läuft bei der Beobachtung von Modellen (im Sinne von Personen) nämlich ein Lernprozess ab:[98] Indem fremde Verhaltensweisen mitsamt ihren Auswirkungen (wie Verstärkung oder Bestrafung) wahrgenommen und aufmerksam verfolgt werden, lassen sich Schlussfolgerungen für das eigene Verhalten und den entsprechenden erwartbaren Konsequenzen ziehen. Das so erlernte Verhalten kann später ohne den Umweg über langwierige Versuch-und-Irrtums-Prozesse direkt angewandt werden. Für diesen Lerntyp ist es unerheblich, ob ein menschliches Vorbild tatsächlich anwesend ist oder nicht, d. h. dass das Wissen auch durch Hören oder Lesen entsprechender Verhaltensweisen erworben werden kann.[99] Die im Jakobusbrief präsentierten Verhaltensmodelle fordern einerseits zur Imitation seitens der Rezipienten auf und weisen andererseits auf geeignete Schlussfolgerungen hin, die sich aus dem vorbildlichen Verhalten der biblischen Figuren bei Erprobungskrisen bzw. dem Verhalten Gottes ihnen gegenüber ziehen lassen: Wer standhaft bleibt (ὑπομένω), kann erwarten, göttliches Mitleid und

95 In der heutigen Psychologie wird zwischen zwei Formen von Bewältigungshandlungen unterschieden: Während beim problembezogenen Coping versucht wird, etwas an den äußeren Bedingungen bzw. das emotionsauslösende Ereignis selbst zu verändern, besteht das emotionsbezogene Coping darin, die der Emotion zugrunde liegende Bewertung zu modifizieren. Vgl. Lazarus/Folkman, Stress, Appraisal and Coping, New York 1984; Lazarus, Emotion and Adaption, New York 1991.

96 Jak ist der einzige ntl. Verfasser, der Hiob namentlich erwähnt.

97 Vgl. Geyer/Baumeister, Religion, 418. Schon in der Antike wurde die Bedeutung von Vorbildern reflektiert. Nach dem Stoiker Seneca, einem Zeitgenossen Jesu, kommt dem exemplarischen Menschen beispielsweise eine Orientierungs- und Wächterfunktion zu. Vgl. Seneca, epist. 11,8.

98 Vgl. A. Bandura, Sozial-kognitive Lerntheorie, Stuttgart 1979; Ders., Aggression. Eine sozial-lerntheoretische Analyse, Stuttgart 1979. Eine Zusammenfassung dieses lerntheoretischen Ansatzes findet sich bei Zimbardo/Gerrig, Psychologie, 225–227.

99 Vgl. Korn u. a., Grundwissen, 191.

Erbarmen zu empfangen (Jak 5,11) und als Konsequenz einer Gott gegenüber loyalen Lebensführung selig gepriesen zu werden (Jak 1,12; 5,11). Zudem wird demjenigen, der Anfechtungskrisen standhält, der „Lebenskranz" (Jak 1,12: ὁ στέφανος τῆς ζωῆς) als Lohn in Aussicht gestellt.[100] Als bildhafter Ausdruck der Jenseitserwartung kann der Kranz des Lebens als bewusster Gegensatz zu dem vergänglichen Siegeskranz verstanden werden, den der ausdauernde Sieger im sportlichen Wettkampf verliehen bekommt.[101] Die Verheißung des ewigen Lebens stellt – lerntheoretisch gelesen – eine extrinsische Motivation dar, um das geforderte Verhalten positiv zu verstärken.

Indem die temporale Qualität der rechten Lebensweise (Beständigkeit bis zur Parusie) und die Kontinuität des Standhaltens betont wird, die für eine christliche Identität kennzeichnend sein sollen, motiviert und profiliert der Jakobusbrief das geforderte Ideal der Vollkommenheit, das eine Unbeständigkeit, wie sie dem defizitären δίψυχος eignet, ausschließt.

Auch zur Charakterisierung dieser Idealvorstellung verwendet der Verfasser bildhafte Sprache und Vergleiche.[102] Zunächst bezeichnet er den vollkommenen Menschen als jemanden, der sich beim Reden nicht verfehlt (Jak 3,2)[103] und argumentiert, dass die Kontrolle der Zunge die Schlüsselkompetenz darstellt, um „den gesamten Leib (σῶμα) in Zaum halten (χαλιναγωγέω) zu können", d. h. erfolgreich Selbstkontrolle über den gesamten Körper auszuüben.[104] Die Notwendigkeit zur Zügelung der Zunge liegt dem Verfasser am Herzen, denn er beschreibt ausführlich (vgl. Jak 3,6–10) die destruktive Macht dieses ambivalent bewerteten Körperorgans: Ausdrücklich nennt er die Zunge ein ‚unbeständiges Übel' (ἀκατάστατον κακόν), das häufig zum Bösen gebraucht wird und dadurch seine Bestimmung verfehlt. Durch das Aufgreifen der ἀκατάστ-Wortgruppe wird indirekt eine mentale Brücke zum ἀνὴρ δίψυχος (Jak 1,6) gebaut, der ebenfalls als unbeständig und damit ambivalent gilt.

Im Unterschied zum modernen Verständnis des Verhaltensmanagements durch innere psychische Kontrolle, ist Disziplinierung und hohe Kontrolle

---

100 Der Ausdruck „Lebenskranz" findet sich daneben in Offb 2,10.

101 Vgl. dazu ähnlich Paulus, 1Kor 9,25 und 1Petr 5,4. Bei den Griechen und Römern war der Siegeskranz mit Freude konnotiert, Vgl. Kraft, Art. στέφανος, EWNT² 3 (1992), 654f.

102 Neben der Relevanz für das Individuum hat Jak 3,1–12 auch Bedeutung für die jeweilige Gemeindegruppe: Da nur Lehrer werden soll, wer diese Kompetenz zur Kontrolle des gesamten Körpers durch Zungendisziplin hat, besteht die soziologische Funktion dieser Textpassage darin, die Bedarfsbefriedigung an Lehrern zu regulieren, indem hohe Qualifikationen gefordert werden. Vgl. dazu Wolmarans, Tongue, 524.

103 Πταίω kann in der Antike häufig metaphorisch für einen moralischen Fehltritt stehen, vgl. K.I. Schmidt, Art. πταίω, ThWNT 6 (1959), 883–885.

104 Es ist anzunehmen, dass σῶμα hier auf die gesamte Person verweist. Vgl. von Gemünden, Einsicht, 200, Anm. 50. Das Lexem χαλιναγωγέω begenet innerhalb des neutestamentlichen Kanons nur hier. Das Verb ist Klein zufolge stoischen Ursprungs, vgl. Klein, Werk, 78 und ebd., Anm. 224.

des Sprachverhaltens für den Verfasser des Jakobusbriefes der erste Schritt auf dem Weg zur Vollkommenheit und damit auch zur Überwindung innerer Dissonanzen.[105] Um diese Verhaltenskontrolle in einprägsame Bilder zu setzen, führt Jakobus zwei Vergleiche an. Der erste besteht in dem Bild des Wagenlenkers, der seine Pferde anhand von Zäumen (χαλινοί) im Maul zum Gehorchen bringen und so ihre Laufrichtung bestimmen kann. Dies erinnert an Platos Wagenlenkergleichnis. Während der griechische Philosoph jedoch die Herrschaft des vernünftigen Seelenteils über die affektiv bestimmten Seelenteile mit diesem Bild illustriert, geht es Jakobus in erster Linie um die Notwendigkeit zur Sprachdisziplin, wodurch Kontrolle des gesamten Körpers ermöglicht wird.[106] Zwar nennt der neutestamentliche Autor im Unterschied zu Plato explizit kein Vermögen, durch das diese Disziplinierung durchführbar wird; aber dass der Mensch aus Verfassersicht die Fähigkeit dazu hat, ist auch ohne entsprechende Terminologie abzulesen.[107]

Der zweite Vergleich in Jak 3,4 thematisiert das Lenkungsvermögen des Steuermanns (ὁ εὐθύνων) über sein Schiff.[108] Selbst mit dem kleinsten Steuerruder lassen sich große Schiffe bei Wind und Wetter manövrieren. Allein der Willensimpuls (vgl. die Ausdrücke ὁρμή und βούλομαι) des Bootsmanns reicht dazu aus.[109] Diese Similitudo erscheint als bewusster Kontrast zu Jak 1,6, wo der zweiseelige Mensch ohne Orientierung über das Meer getrieben wird. Jak 3,4 setzt gegen diese bildhafte Beschreibung das Steuermann-Motiv ein,

105 Vollkommenheit (τελειότης) ist bei Philo ebenfalls an die Disziplinierung sprachlicher Äußerungen gebunden: Wer seine Rede (λόγος) in Harmonie mit seiner διάνοια bringen kann, und seine Absicht/sein Denken (διάνοια) mit Werken (ἔργα), wird als vollkommen erachtet (vgl. Philo, Post. 88). An anderer Stelle (Leg. III 118f) versteht Philo die Zungendisziplin als Schlüssel dazu, die ganze Seele (ὅλη ψυχή) in den Ruhezustand zu versetzen.

106 Parallelen begegnen auch im Corpus Philonicum. In Spec. IV 79–81 beispielsweise wird das Bild der zu zügelnden Pferde – Plato folgend – im Zusammenhang mit der Notwendigkeit zur Affektkontrolle verwendet.

107 Philo von Alexandrien nennt in Agr. 68–73 den Logos als notwendige Instanz zur Zügelung des Pferdes wie ein „Steuermann".

108 Auch Philo gebraucht das Verb εὐθύνω häufiger in Verbindung mit der Steuermannthematik, vgl. z. B. Abr. 70; Leg III 224; Conf. 115.

109 In SapSal 14,3^{LXX} ist es hingegen die göttliche Vorsehung/Fürsorge (πρόνοια), die eine sichere Seereise garantiert. Während das Wort ὁρμή in der frühen christlichen Literatur selten begegnet, ist es im klassischen Griechisch weit verbreitet. In der stoischen Handlungstheorie spielt der Begriff eine herausragende Rolle: ὁρμή bezeichet den Impuls, der sich infolge einer Zustimmung durch die menschliche Seele äußert und von dem alle Handlungen des Menschen ausgelöst werden. Vgl. Inwood, Ethics, 61.116 und mein Kapitel zur Stoa (Kap. III.3). Während Körperkontrolle und Affektbeherrschung in der Stoa durch Vernunft realisiert wird, erscheint ὁρμή bei Jak als der Kontrollmechanismus, durch den Zunge und Körper gesteuert werden können. Mit der Betonung der menschlichen Volition unterscheidet sich Jak von altägyptischen Texten, in denen ebenfalls der Vergleich der menschlichen Zunge mit dem Steuerruder des Schiffes vorkommt. Der Lotse ist in den ägyptischen Quellen jedoch Gott, der Allherr, und nicht der einzelne Mensch. Vgl. Assmann, Geschichte, 109.

um zu betonen, dass der Mensch Orientierung erlangen und Selbstkontrolle auszuüben vermag, sofern nur der Wille dazu vorhanden ist.

Diese beiden sprachlichen Bilder von Wagenlenker und Steuermann werden in der antiken Literatur häufiger als Vergleiche in ethischen Kontexten herangezogen,[110] und zwar in dieser Kombination[111] und sogar explizit auf das Sprachvermögen bezogen.[112] Der zu neutestamentlicher Zeit lebende Schriftsteller Plutarch gebraucht diese Vergleiche genauer, um aufzuzeigen, dass der Charakter (τρόπος) eines Redners durch das Wort seine beste Wirkung entfaltet. Die Rede sei das beste Werkzeug, um Tugend (ἀρετή) zu erlangen.[113] Wie bei Plutarch geht es dem Verfasser des Jakobusbriefes um die Ethik. So wie Wagenlenker und Steuermann Möglichkeiten in der Hand haben, um ihr jeweiliges Gefährt kontrollieren zu können, so soll auch der Christ (und der Lehreraspirant ganz besonders) seine Zunge im Zaum halten, um seinen ganzen Körper beherrschen zu können, damit er als vollkommen gelten darf. Akzentuiert werden soll, dass selbst eine kleine Ursache große Wirkung entfalten kann.[114] Große Objekte können – selbst wenn von starken Mächten getrieben – durch minimale Mechanismen gesteuert werden. Für den Verfasser des Jakobusbriefes ist der Wille allein ausreichend, um selbstkontrolliert leben zu können und von der zwiespältigen Existenz, von der Unentschiedenheit zwischen Welt und Gott, fortkommen zu können.

Vollkommenheit besteht für Jakobus demnach nicht in moralisch guten Einzelhandlungen. Vielmehr äußert sie sich in einer hohen Sprachkontrolle, in Selbstbeherrschung und in einer eindeutigen Ausrichtung auf Gott hin, die eine zweiseelige Disposition ausschließt. Mit einer derartigen einheitlichen und ethisch vorbildlichen Haltung lassen sich Prüfungssituationen als positive Herausforderungen begreifen und Gottes Willen in die Praxis übersetzen – wer dies zu erreichen vermag, wer sich an der ‚Weisheit von oben' (σοφία

---

110 Häufig wird ein stoischer Ursprung dieser Vergleiche angenommen, vgl. exemplarisch Kistemaker, Exposition, 190; Dibelius, Jakobus, 228.

111 Vgl. Artemidoros I,56; Pseudo-Aristoteles, mund. 6; Philo, Aet. 83; Abr. 70; Agr. 69; Conf. 114–115; Det. 53; Flacc. 26 u.ö.

112 Vgl. z. B. Plutarch, De audiendis poetis, mor. 33f (Pferd, Schiff und Zunge). Bei Philo (Leg. III 223f) sind die Bilder von Wagenlenker und Steuermann mit der Vorstellung von der Lenkungsfunktion der Vernunft verbunden. Ohne das Pferde-Motiv begegnet die Zusammenstellung von Schiff und Sprachkontrolle in Plutarch, De garrulitate, mor. 507: Während sich ein Schiff selbst bei Wind noch beherrschen ließe, könne ein Wort – hat es erst einmal den Mund verlassen – weder aufgehalten noch kontrolliert werden.

113 Vgl. Plutarch, De audiendis poetis, mor. 33f.

114 Auch Lukrez kennt die Vorstellung, dass Kleines Großes bewirken kann; er vergleicht das Vermögen des menschlichen Geistes, den gesamten Körper bewegen zu können, mit dem Steuer, das ein großes Schiff lenken kann. Vgl. Lukrez IV,896–906. Im Zusammenhang mit der Schiffahrt beschreibt auch Pseudo-Aristoteles, mech. V,5 850b28–32 die große Wirkung eines kleinen Steuerruders; ihm geht es jedoch um die Hebelkraft als mechanisches Prinzip.

ἄνωθεν; vgl. Jak 3,15) orientiert, der ist auf dem Weg der Wahrheit (ἀληθεία; vgl. Jak 5,19), dessen Ziel Gottesnähe und ewiges Leben verspricht.

4.2. Der Weg zu Sünde und Tod

Neben Loyalitätsprüfungen, die den Menschen von außen bedrohen, müssen die Adressaten des Jakobusbriefs mit Versuchungen (πειρασμοί) rechnen, die von eigenen, inneren Strebungen hervorgerufen werden.[115] Da eine Situation, die eine Versuchung darstellt, die betroffene Person mit der Entscheidung konfrontiert, ob er dem Versuchungsimpuls nachgeben oder widerstehen soll, kann dieses Phänomen der Dissonanz- bzw. Zweifelsthematik im weiteren Sinne zugeordnet werden,[116] insofern eine Versuchung einen inneren Konflikt impliziert (auch wenn dies explizit im Neuen Testament – und damit auch im Jakobusbrief – nirgends dargelegt wird). Am Umgang mit der durch Lust oder Begierde verursachten Versuchung entscheidet sich nämlich, ob der Mensch den gottgefälligen Weg zum Leben einzuschlagen vermag, oder ob er Sünden begeht und damit den Todesweg beschreitet.[117]

Um zu skizzieren, wie sich der Verfasser des Jakobusbriefes den zum teuflischen Todesweg führenden Zusammenhang zwischen Versuchung und sündigem Verhalten vorstellt, und inwieweit dieser von vorchristlichen und alternativen zeitgenössischen Anschauungen abweicht, liegt es nahe, zunächst alttestamentliche und frühjüdische Auffassungen zur Ursache böser Handlungen zu betrachten. Während Schriften der hebräischen Bibel die Vorstellung von Gott als Verursacher der Versuchung bzw. des Bösen kennen,[118] lehnen hellenistisch-philosophische Texte diese Ansicht ab: Gott ist nicht als Ursache des Bösen zu bezeichnen.[119] Josephus überliefert, dass die Pharisäer Gott für jegliches Geschick verantwortlich sahen, die Sadduzäer hingegen die Wahlfreiheit der menschlichen Gesinnung betonten und Gott keine Beteiligung am Bösen zuschrieben.[120] Die Schrift Jesus Sirach lehnt Gott als Erschaffer des

---

115 Vgl. Jak 1,13f; 4,1f. Im Gegensatz zu Matthäus, der mit σκάνδαλον (vgl. Mt 13,41; 16,23; 18,7) den geläufigen LXX-Ausdruck für eine Versuchung zur Sünde übernimmt, steht in Jak 1,13f die neutestamentlich häufig verwendete Lexemfamilie πειράζω κτλ.

116 Den Zusammenhang zwischen Versuchung und Zweifel stellen auch her Welz, Vertrauen, 7.182; Halbfas, Glaube, 459f.

117 Hier steht vermutlich die jüdische Tradition im Hintergrund, die das Verbot der Begierde als Zentrum des Gesetzes auffasst. Zu dieser Tendenz im Judentum siehe Theissen, Aspekte, 207f.

118 Vgl. exemplarisch Am 3,6; 2Sam 24; Gen 22,11; Sir 44,20^{LXX} u.ö. Zur Vorstellung von Gott als Urheber von Gut und Böse sowie zu Satan als Versucher im Neuen Testament vgl. z. B. Haag, Teufel, 248f.253f.

119 Vgl. z. B. SVF II,1125.

120 Vgl. Josephus, bell. II,162–165.

Bösen ebenfalls ab; wie man sich verhält, hängt vom Willen des Menschen ab.[121] Ähnlich scheint auch der Verfasser des Jakobusbriefes die menschliche Verantwortung für Handlungen zu verstehen, denn der Gedanke Gottes als Urheber der Versuchung wird unter Verweis auf die Eigenschaft Gottes, nicht zum Bösen verführbar zu sein, ausdrücklich abgelehnt.[122] Damit unterscheidet er sich von vielen neutestamentlichen Schriften durch seine Kausalattribution der Versuchung. Typischerweise spiegelt die Versuchung im Neuen Testament nämlich eine Kampfsituation zweier Mächte in der Welt (Gott und Satan) wider, in der der Gläubige ständig den Angriffen des Teufels ausgesetzt ist.[123] Deshalb kann der Teufel auch als „der Versucher“ (ὁ πειράζων) bezeichnet werden (Mt 4,3). Der Verfasser des Jakobusbriefes betont gegenüber diesem Verständnis die menschliche Verantwortung für das Entstehen einer Versuchungssituation:[124] Es ist die eigene Begierde (ἡ ἰδία ἐπιθυμία; Jak 1,14), die reizt und lockt. Dass die Ursache für den zur Sünde motivierenden Impuls im Menschen selbst begründet ist, impliziert auch der Evangelist Matthäus. In Mt 18,7ff nennt er Hand, Fuß und Auge als mögliche Triebfedern für sündhaftes Verhalten. Anders als diese sichtbaren Körperteile lässt sich die unsichtbar im Inneren der Person liegende Begierde – als intrinsische Größe verstanden – physisch nicht entfernen, wie Mt dies provokant für die Extremitäten, die zum Bösen verführen, fordert.[125] Beide Schriften scheinen gegen die durchaus geläufige Vorstellung von Gott als Versucher ankämpfen zu wollen. Die Tendenz, den Anlass für Fehlverhalten außerhalb der eigenen Person zu sehen, entspricht aus sozialpsychologischer Perspektive einer gängigen menschlichen Praxis, externale Faktoren für Misserfolge verantwortlich zu machen.[126]

---

121 Vgl. Sir 15,11–13^LXX.

122 Vgl. Jak 1,13: „(...) ὁ γὰρ θεὸς ἀπείραστός ἐστιν κακῶν (...)“. Vgl. dazu auch Sophokles, Ant. 1191; Philo, Spec. II 209.

123 Vgl. Lk 8,13; 1Kor 7,5; 1Thess 3,5 u. a.; vgl. dazu auch Kuhn, πειρασμός, bes. 203.

124 Schon Plato (rep. 379b–c.380b), Philo (Conf. 161) und Sir 15,11–13.19f unterstreichen, dass die Verantwortung für schlechte Taten beim Menschen liegt; Gott hingegen ist wesentlich gut (Plato, rep. 379b–380b) bzw. ohne Sünde (Philo, Spec. II 10–11).

125 Vgl. Mt 18,7–9: „Weh der Welt der Verführungen wegen! Es müssen ja Verführungen kommen; doch weh dem Menschen, der zum Abfall verführt! (8) Wenn aber deine Hand oder dein Fuß dich zum Abfall verführt, so hau sie ab und wirf sie von dir. Es ist besser für dich, dass du lahm oder verkrüppelt zum Leben eingehst, als dass du zwei Hände oder zwei Füße hast und wirst in das ewige Feuer geworfen.(9) Und wenn dich dein Auge zum Abfall verführt, reiß es aus und wirf's von dir. Es ist besser für dich, dass du einäugig zum Leben eingehst, als dass du zwei Augen hast und wirst in das höllische Feuer geworfen.“ (Übersetzung: Lutherbibel 1984).

126 Die Kausalattributionstheorie geht auf F. Heider zurück. Ein kurzen Überblick findet sich z. B. bei Heckhausen, Lehrer-Schüler-Interaktion, 559–573. Die moderne Sozialpsychologie umschreibt mit ihren Attributionstheorien Phänomene, die bereits in der Antike diskutiert werden konnten. So befasste sich z. B. Epiktet mit dem Problem der Kausalattribution an interne oder externe Faktoren, wenn er differenziert zwischen solchen Ereignissen

Für den Verfasser des Jakobusbriefes steht fest, dass der Mensch für „Misserfolge“ und Fehlhandlungen selbst verantwortlich ist, denn die Versuchung entsteht aufgrund eines Affekts im Inneren der Person (vgl. Jak 1,13ff). Damit wird in dieser frühchristlichen Schrift auf einen klassischen antiken Topos rekurriert: Die bei Aristoteles affektiv konnotierte Begierde kann als eine der drei möglichen Strebeformen des Menschen intrapsychische Konflikte auslösen, weil sie nach unmittelbarer Befriedigung ohne Rücksicht auf äußere Umstände verlangt.[127] Ähnlich beschreibt auch die heutige psychologische Terminologie die Versuchung als ein Phänomen, das nach Emotionsregulierung verlangt, weil es einen Konflikt verursacht, bei dem ein lustversprechender, emotionaler Impuls mit einem intentionalen Streben nach einem höher geordneten Ziel konfligiert.[128] Während die Begierde jedoch dem aristotelischen Verständnis nach mit der Vernunft in Widerstreit geraten kann, entfesselt sie dem Jakobusbrief zufolge eine Dynamik im Menschen, die ihn vom Handeln im Einklang mit Gottes Willen abbringt und die Distanz zwischen Mensch und Gott vergrößert. Dass der frühchristliche Autor auch hier den strebenden und nach Erfüllung drängenden Aspekt der Begierde betonen will, zeigt die Verwendung der Verben „fortziehen“ (ἐξέλκω) und „locken“ (δελεάζω) in Jak 1,14. Sie setzt den Menschen damit in eine Entscheidungssituation, bei der er in Zweifel darüber geraten kann, ob er sich der Verlockung ergeben soll oder nicht. Die Begierde ist hier – wie in der zeitgenössischen antiken Philosophie[129] – ausgesprochen negativ konnotiert. Für den Verfasser des Jakobusbriefes wird dies daran greifbar, dass sie über die Versuchung zur Sünde (ἁμαρτία) verleitet, die in Konsequenz – soteriologisch gesprochen – zum Tod (θάνατος) führt (s. v. a. Jak 1,15).

Der Gedanke der Begierde als Grundübel, aus der alle weiteren Einzelsünden abzuleiten sind, war weit verbreitet.[130] Dass Affekte Sünden provozieren,

---

bzw. Dingen, die uns zur Disposition stehen, und solchen, die nicht in unserer Macht liegen. Vgl. dazu v. a. Epiktet, dissertationes IV,1,162ff.

127 Aristoteles, eth.Nic. 1105b. Sprachgeschichtlich leitet sich die Begierde (ἐπιθυμία) vom Ausdruck θυμός her, einer Gemütsbewegung, die im späteren profanen und dem neutestamentlichen Sprachgebrauch vor allem einen aggressiven Affekt (Zorn oder Wut) ausdrückt, vgl. Lk 4,28; Apg 19,28. Auch bei Plato, dem zufolge das begehrende Strebevermögen (Epithymetikon) im Gegensatz zum ‚vernünftigen‘ Strebeteil der Seele nicht auf göttliche Schaffenskraft zurückgeht, trägt das Begehren affektive Konnotationen. Vgl. z. B. Plato, Tim. 69c–e; 42d–e.

128 Vgl. Eder, Control, 478.

129 Vgl. z. B. Epiktet, dissertationes II 16,45; II 18,8; III 9,21. Negative Konnotationen in Bezug auf die Begierde herrschen auch vor in der jüdischen Diasporaliteratur (SapSal 4,12^{LXX}; 4Makk 1,3.22.31^{LXX}; 2,6^{LXX}; 3,2^{LXX}; Philo, Spec. IV 93f; Contempl. 74) sowie im Neuen Testament (Mk 4,19; Röm 1,24; 6,12; 13,14; 1Thess 4,5; 1Petr 1,14; 2Petr 2,10; 1Joh 2,16f).

130 Vgl. Philo, Decal. 142.173; Spec. IV 84f.130f; ApkMos 19; ApkAbr 24,10. Auch das rabbinische Judentum kennt diese Vorstellung, vgl. dazu S. Lyonnet, „Tu ne convoiteras

ist beispielsweise auch den ‚Testamenten der zwölf Patriarchen' bekannt.[131] Während der Verfasser des Vierten Makkabäerbuches argumentiert, dem Begehren sei durch die Vernunftkraft (λογισμός) Einhalt zu gebieten[132] und die Tora nach Philo von Alexandrien sogar die Begierde annullieren kann,[133] äußert Jakobus, dass der Mensch einerseits aufgefordert ist, aktiv eine Willensentscheidung für Gott und sein Wort und gegen weltliche Normen zu treffen, andererseits hat er diese Befähigung zur bewussten Entscheidung nicht per se, sondern erhält das Rüstzeug für eine gottgefällige Lebensführung von Gott. Als Instanzen, die den Menschen zur Verhaltenssteuerung und zum Umgang mit Affekten, die innere Dissonanz bewirken, ermächtigen, erscheinen im Jakobusbrief der ἔμφυτος λόγος (Jak 1,21), das νόμος τῆς ἐλευθερίας (Jak 1,25) und die σοφία ἄνωθεν (Jak 3,15).

Fehlt die Orientierung an Wort, Gesetz und Weisheit Gottes, und ist das menschliche Herz voll von bitterer Eifersucht (ζῆλος πικρός) und ichbezogenem Streben (ἐριθεία), dann manifestiert es sich in einem mindestens unbeständigen oder sogar bösen Verhalten.[134] Wechselhaftigkeit und Bosheit stehen dem Wesen des einen Gottes indes diametral entgegen.[135] Womöglich läuft die Argumentation des Jakobusbriefes in Bezug auf den falschen Lebenswandel darauf hinaus, dass der wissentliche Nichtgebrauch der ihm durch Gott zur Verfügung stehenden Mittel zur Verhaltenssteuerung einer ‚Feindschaft mit Gott' (ἐχθρός τοῦ θεοῦ; Jak 4,4) gleich kommt.

Im Grunde lässt sich die Relation zwischen negativ zu wertenden Affekten, Sünde, Versuchung, Weisheit und Todesweg im Jakobusbrief wie folgt umreißen: Wer dem Angriff bzw. der Versuchung durch Begierde (ἐπιθυμία; Jak 1,13) und Lust (ἡδονή; Jak 4,1) nicht widerstehen kann, weil es ihm an göttlicher Weisheit fehlt und er stattdessen gemäß der irdischen, dämonischen (ἐπίγειος, δαιμονιώδης) Weisheit sein Leben führt (Jak 3,15), fällt der Sünde (ἁμαρτία) anheim und gerät auf den Weg des Irrtums und des Todes (πλάνη; θάνατος; Jak 5,19 f) und damit in die Gottesferne.

---

pas (Rom VII 7)", in: W.C. van Unnik (Hg.), Neotestamentica et Patristica, FS O. Cullmann (NT.S 6), 157–165.

131 Vgl. TestJud XIV,3.

132 Vgl. 4Makk 1,3.9.32.33; 2,2.6.15 u.ö.

133 Vgl. dazu von Gemünden, Affektkultivierung, 40–43.

134 Vgl. Jak 3,14 ff.

135 Vgl. Jak 1,17.

4.3. *Zur unbeständigen Haltung des ἀνὴρ δίψυχος als Zwischenposition zwischen den zwei Wegen*

Die obenstehenden Ausführungen zeigen: Im Jakobusbrief werden zwei alternative Möglichkeiten der Lebensführung aufgezeigt. Der Verfasser präsentiert den Weg zur Vollkommenheit und ewigem Leben auf der einen Seite und den Weg zu Sünde und Tod auf der anderen Seite als zwei sich ausschließende Alternativen, zwischen denen es zu wählen gilt.[136] Logik und Terminologie erinnern an das Zwei-Wege-Motiv.[137] Zwar handelt es sich nicht um eine „klassische" Zwei-Wege-Lehre, aber wohl um einen eigenständigen Gebrauch der Kategorien und z. T. der gängigen Begrifflichkeit traditioneller Zwei-Wege-Paränesen.[138]

Als weise und klug gilt, wer sich an der Weisheit Gottes, der ‚Weisheit von oben' (σοφία ἄνωθεν), orientiert und sich einem guten Lebenswandel (καλή ἀναστροφή) verpflichtet.[139] Auf dieser Basis ist wohltätiges Verhalten möglich. Unangemessene Handlungen und böse Verhaltensweisen hingegen haben ihren Grund in einem Herzen, das egoistische Motive verfolgt – gemäß einer falschen Weisheit, der irdischen, dämonischen Weisheit.[140]

Die Haltung des Menschen mit ‚zwei Seelen' ist aufgrund ihrer Unbeständigkeit richtungslos und inkonsequent. Sie entspricht weder a) einer Lebensführung, die infolge des eindeutigen Referenzpunktes ‚Gott' Vollkommenheit und Leben nach sich zieht (Jak 1,2–4.12), noch b) einem persistent an der Welt ausgerichteten Lebenswandel, der zu Sünde und Tod führt (Jak 1,13–15) – auch wenn der ἀνὴρ δίψυχος (Jak 1,6–8), der durch Anschluss an die Christusgläubigen die richtige Richtung eingeschlagen hat, immer wieder auf diesen Abweg gerät. Seine Lebensweise ist weder der einen noch der anderen Lebensführungsalternative eindeutig zuzuordnen. Dass der Zweiseeler in der Mittelposition zwischen dem Weg des Lebens und dem Weg des Todes steht, lässt sich schematisch unter Aufnahme der diskutierten Begrifflichkeit wie folgt darstellen:[141]

---

136 Ähnlich Penner, James, 232.

137 Deutliches Indiz dafür, dass Jakobus mit Zwei-Wege-Paränesen vertraut war, stellt Jak 5,19f dar, wo der Ausdruck ὁδός mit Wahrheit und Irrtum in Verbindung gebracht wird. Der Weg der Wahrheit und des Irrtums/der Täuschung können im Frühjudentum auch mit einer Zwei-Geister-Lehre verknüpft sein, z. B. 1QS III,18f; TestJud XX,1.

138 Zum freien Umgang des Jakobusbriefautors mit tradiertem Material: Kloppenborg, James 1:2–15, 38.

139 Vgl. Jak 3,13.17.

140 Vgl. Jak 3,14ff.

141 Obwohl in der jüngeren Vergangenheit wiederholt auf die thematischen Ähnlichkeiten zwischen jüdischen Zwei-Wege-Lehren und dem Jakobusbrief hingewiesen worden ist (u. a. von Penner, James, 232; Jackson-McCabe, Logos, 193–239; vgl. auch Garleff, Identität, 275, der das Zwei-Wege-Motiv in Jak 5,19f aufgenommen sieht), wurde bisher nur vereinzelt

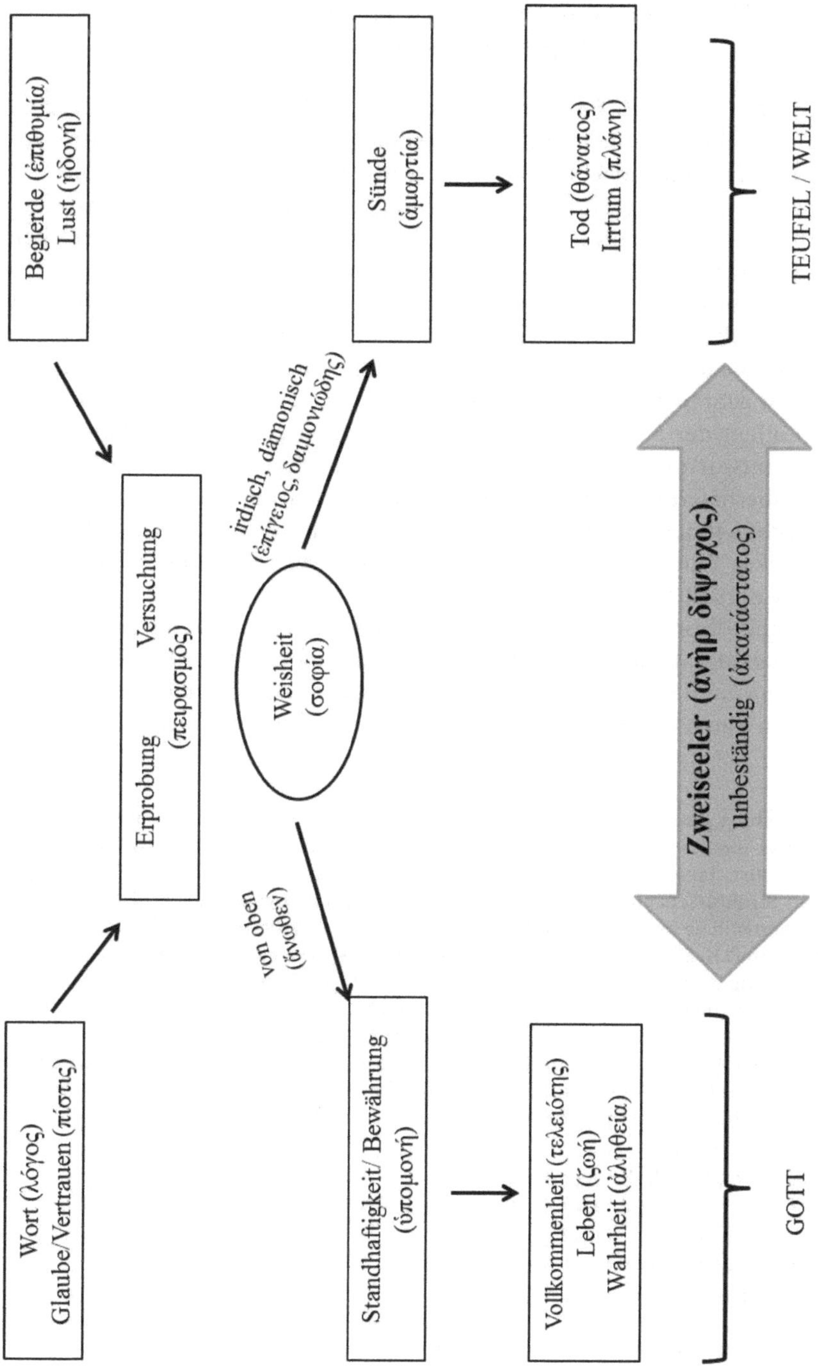

Abb. 12: Das dem Jakobusbrief zugrunde liegenden Zwei-Wege-Schema unter Einbezug der Position des Zweiseelers

5. Ursprung und Auswirkungen der Unbeständigkeit bzw. Dipsychia des Menschen

Der ἀνὴρ δίψυχος weist neben der „Zweiseeligkeit“ als doppelter Loyalität zu Gott und Welt eine grundsätzliche Unbeständigkeit (ἀκατάστατος/ἀκαταστασία) auf.[142] Im Folgenden soll dargelegt werden, auf welche Ursache der Verfasser des Jakobusbriefes diese Unbeständigkeit – die mit seiner Dipsychia-Konzeption sinnverwandt ist (vgl. Jak 1,8) – zurückführt und zu welchen Konsequenzen sie bei Nichtbewältigung führen kann.

Der Jakobusbrief macht deutlich, dass diese Dissonanz im Inneren der Person zu lokalisieren ist. Schon in vorneutestamentlicher Zeit konnte die Wortfamilie ἀκατάστος κτλ. zur Umschreibung eines inneren Zustandes des Menschen gebraucht werden,[143] insbesondere in der Stoa, in der die konsonante Einheit der Seele nachdrücklich gefordert wird: Während Epiktet die Eigenverantwortung für innere Unruhe infolge fehlerhafter Werturteile betont,[144] überliefert Diogenes Laertios, dass nach stoischer Anschauung Affekte die Ursachen innerer Unordnung (ἀκαταστασίας αἴτια) sind.[145] Auch der Mittelplatoniker Plutarch führt psychische Unruhe auf den Einfluss affektiver Vorgänge zurück.[146]

Im Jakobusbrief gibt es Hinweise dafür, dass Unbeständigkeit bzw. Zweiseeligkeit ebenfalls als Resultat affektiven Erlebens aufgefasst wird:[147] In Jak 3,16 gehen Neid und Selbstsucht mit Unbeständigkeit (ἀκαταστασία) und allerlei schlechten Taten einher, d. h. mit einem inkonsistenten inneren Erleben, das

---

damit gerechnet, dass das Zwei-Wege-Motiv als umgreifendes Raster für den neutestamentlichen Brief intendiert war (vgl. z. B. Johnson, James, 288f; Paretsky, Two Ways, 306; van de Sandt, James 4,1–4, 39). Dass der Verfasser des Jakobusbriefes das Zwei-Wege-Motiv als Strukturschablone für seinen Briefaufbau herangezogen hat, spezifische jüdische oder frühchristliche Zwei-Wege-Traktate hingegen nicht als Vorlage anzunehmen sind, wird vertreten von D.R. Lockett, Structure or Communicative Strategy? The ‚Two Ways‘ Motif in James' Theological Instruction, Neotest. 42/2 (2008), 269–287, der das Zwei-Wege-Motiv als Signum für die (theologische) Botschaft des Jak auffasst. Zur Bedeutung der Wegmetaphorik im Jakobusbrief vgl. ebd, bes. 277–279. Die hier präsentierte Graphik stellt eine Modifikation des Zwei-Wege-Schemas dar, das von H. Welzen – ohne Beachtung des zweiseeligen Menschen zwischen den beiden Wegen – entworfen wurde. Vgl. H. Welzen, The Way of Perfection. Spirituality in the Letter of James, SSpT 13 (2003), 81–98, hier: 87.

142 Vgl. Jak 1,8; 3,16.

143 Vgl. exemplarisch Polybios, hist. 7,4,8;

144 Vgl. Epiktet, dissertationes III 19,3; vgl. auch dissertationes II 1,12.

145 Vgl. Diogenes Laert. VII 110.

146 Vgl. Plutarch, Quaestiones convivales, VII 10.

147 Gegen Kloppenborg, James 1:2–15, 42, der von einer rein kognitiven Ursache der Instabilität des ἀνὴρ δίψυχος ausgeht. Zur Begründung nennt er Jak 1,13; 1,25 sowie den Mangel an angemessenem Verständnis für das rechte Verhalten, das einen Christen auszeichnen sollte.

sich in negativen Verhaltensweisen ausdrückt. Von widerstreitenden Lüsten (ἡδοναί στρατευόμεναι) in den ‚Gliedern' der Briefadressaten, d. h. in deren Inneren, ist in Jak 4,1 die Rede. Wie destruktive Verhaltensweisen von negativ zu wertenden affektiven Strebungen wie z. B. Begehren und Neid ausgelöst werden, so sind zwischenmenschliche Kämpfe (πόλεμοι) und Streitigkeiten (μάχαι) auf schädliche innere Auseinandersetzungen diverser Gelüste zurückzuführen.[148] Während von stoischen Autoren jedoch nahezu alle Affekte als negativ bewertet werden,[149] weil sie die für die Glückseligkeit höchst relevante Seelenruhe zerstören, lässt sich bei Jakobus erkennen, dass es lediglich aggressive und destruktive Affekte sowie egoistische Einstellungen sind, die den unvollkommenen Christen vom gottgefälligen Weg abbringen und innere Unruhe und damit eine „doppelte Seele" bewirken;[150] positive Affekte und prosoziale Dispositionen hingegen werden durchaus geschätzt und angeraten.[151] Insofern lässt sich zunächst festhalten, dass der Mensch mit zwei Seelen dadurch gekennzeichnet ist, dass er einen Kampf diverser Luststrebungen in seinem Inneren erlebt (vgl. Jak 4,1), der ihn für eine konsequent gottgerechte Lebensführung disqualifiziert. Statt im Frieden mit sich selbst zu sein und gute Werke infolge positiver Affekte auszuführen, zeichnet er sich durch eine innere Beunruhigung aus, die u. a. dem Handeln gemäß der teuflischen Weisheit anzulasten ist.[152] Dieser aus heutiger Sicht als psychologische Dissonanz auffassbare Zustand hält den Einzelnen davon ab, gute Gaben, insbesondere die göttliche Weisheit, zu empfangen.

Diese innere Unbeständigkeit – metaphorisch als Zweiseelenzustand ausgedrückt – ist aber nicht nur deswegen negativ zu werten, weil sie einer gottgefälligen inneren Konstanz und dauerhaften Standhaftigkeit widerspricht oder weil sie den Empfang der Weisheit verhindert, sondern vor allen deshalb, weil sie erstens signalisiert, dass sich die betroffene Person nicht „von der Welt unbefleckt" hält,[153] und zweitens dazu führt, dass die intrapersonale Kollision

---

148 Vgl. Jak 4,1 f.

149 Eine Ausnahme von der Negativwertung der Affekte in der (jüngeren) Stoa stellen die dem Weisen angemessenen Eupatheia (εὐπαθεῖαι) dar: Freude, Vorsicht und Wünschen basieren im Unterschied zu den pathologischen Leidenschaften auf Zustimmungen zu Urteilen und nicht auf Meinungen. Vgl. z. B. Diogenes Laert. VII 116; Cicero, Tusc. IV 12 sowie z. B. Vogt, Theorie, 76–80.

150 Vgl. z. B. Jak 1,14f; 1,20; 3,15f; Hochmut (4,6); 4,16. Interessanterweise begegnet im Buch Tobit (Tob 4,13) die Unbeständigkeit als Konsequenz des Hochmutes (ὑπερηφανία). Nicht alle „negativen" Affekte werden von Jak jedoch kategorisch abgelehnt: Wenn sie authentisch und aufrichtig sind, können sie Ausdruck echter Reue und Buße sein. Vgl. die Nennung von Trauer (πένθος) und Niedergeschlagenheit (κατήφεια) in Jak 4,9.

151 Vgl. beispielsweise die positive Wertschätzung von Freude (Jak 1,2; 2,5; 2,8), Liebe (Jak 1,12), Sanftmut (Jak 1,21; 3,13), Barmherzigkeit (Jak 2,13; 3,17), Milde (Jak 3,17), Demut (Jak 4,6).

152 Vgl. Jak 3,15 f.

153 Vgl. Jak 1,27.

der mit der „Welt“ assoziierten Lüste destruktive Effekte auf die Umwelt hat: Sie führt zu Kämpfen (πόλεμοι) und Streitigkeiten (μάχαι) statt zu Frieden (εἰρήνη).[154] Innere Dissonanzen entfachen eine zersetzende Wirkung nach Außen und spiegeln sich insofern in sozialen Dissonanzen.

Die Vorstellung, dass innere Wirren sich nach außen entladen können, kennen auch griechische Philosophen: Schon Plato führt Kriege und gesellschaftliche Unruhe auf menschliche Begierden zurück.[155] Und Cicero beispielsweise erläutert, dass Begierden nicht nur im Inneren der Seele miteinander streiten und untereinander uneins sein können, sondern dass sie auch nach außen drängen und Hass, Feindschaft, Zwietracht, Aufstände und Krieg hervorrufen.[156] Das Frühjudentum der hellenistischen Welt kennt diesen Zusammenhang ebenfalls. Schon im Buch Jesus Sirach wird reflektiert, dass negative Affekte (und eine unkontrollierte Zunge) mitunter Außenwirkung zeigen, also einen zerstörerischen Effekt auf die Umwelt der betroffenen Person haben.[157] Und Philo von Alexandrien leitet Zorn, Feindschaft und Kämpfe ebenfalls von der seelischen Unruhe – verursacht durch Begierden – her.[158] Der Verfasser des Jakobusbriefes rezipiert in Bezug auf seine Aussage, soziale Dissonanzen entsprängen destruktiven Affekten und egoistischen Motiven, insofern zeitgenössisch populäres Traditionsgut.

Die ausgeführten Beobachtungen zu den Ursachen und Konsequenzen einer gleichzeitigen Freundschaft mit Gott und der Welt – im Jakobusbrief mittels der Ausdrücke δίψυχος und ἀκατάστατος/ἀκαταστασία gekennzeichnet – legen nahe: Unbeständigkeit und Zweiseeligkeit rühren aus der Positionierung mit der irdischen, dämonischen Weisheit, was in Luststreben, Begierden, Neid, Selbstsucht auf der Erlebensseite und widergöttlichem Handeln im Allgemeinen auf der Verhaltensseite resultiert. Das Innere des Menschen, der sich zwar bereits den Christusgläubigen angeschlossen hat, ist nicht eindeutig auf Gott und sein Gesetz ausgerichtet, so dass die intrapersonale Dissonanz zu Dissonanzen in der Gemeinschaft führt. Weil der innerlich unstete Zweiseeler Gott

---

154 Vgl. Jak 3,18; 4,1 ff.

155 Vgl. Plato, Phaid. 66 b–d.

156 Vgl. Cicero, fin. I 43–44.

157 Vgl. Sir 28,8–21^{LXX}; 40,5^{LXX}. Diese Sachparallele kann als weiteres Indiz für die These gewertet werden, dass der Verfasser des Jakobusbriefes mit dem Sirachbuch vertraut gewesen sein dürfte. Vgl. Dibelius, Jakobus, 44. Frankemölle, Jakobus, 85, spricht in Bezug auf Jak von einer „relecture von Jesus Sirach“. Das Buch Jesus Sirach war in der jüdischen Diaspora und in christlichen Kreisen weit verbreitet; es wurde u. a. ins Lateinische, Koptische, Syrische und Äthiopische übersetzt. Zur Rezeptionsgeschichte der Schrift Ben Siras siehe Harrington, Invitation, 90.

158 Vgl. Philo, Decal. 142.152–153. Zum Vergleich des Jakobusbriefes mit ‚psychologischen‘ Vorstellungen seiner hellenistischen Umwelt in diesem Kontext siehe J.S. Kloppenborg, James 1:2–15 and Hellenistic Psychagogy, NT 52 (2010), 37–71.

und dem Teufel insofern zugleich Untertan ist, kann er auch nicht den Erhalt göttlicher Gaben erwarten.

6. Weitere Formen menschlicher Dissonanz im Jakobusbrief

Im Folgenden soll erstens untersucht werden, welche Formen menschlicher Dissonanz im Jakobusbrief neben der Zweiseeligkeit existieren [6.1. und 6.2.], und zweitens, ob sich zwischen diesen Dissonanzvorstellungen und dem jakobeischen Dipsychia-Konzept Zusammenhänge aufweisen lassen [6.3.].

6.1. Dissonanz des Menschen im Falle akratischen Handelns

Wer wider das Wissen um das Gute handelt, sich also sich selbst gegenüber dissonant verhält, sündigt, resümiert der Jakobusbriefverfasser in Jak 4,17. Dort heißt es im Wortlaut: „Wer also weiß, wie er sich richtig zu verhalten hat (εἰδότι καλὸν ποιεῖν), es aber nicht tut, für den ist es Sünde." Geht man davon aus, dass das dem Partizip zugrunde liegende Verb εἰδέναι mit „wissen" zu übersetzen ist,[159] dann stellt dieses Wissen ein Kognitionsbündel im Inneren des Menschen dar, das nicht in eine Handlung umgesetzt wird. Da aus handlungs- und entscheidungstheoretischer Perspektive eine Unterlassung ebenfalls als eine „Handlung" (aus einer Menge potentiell umsetzbarer Optionen) aufzufassen ist,[160] stellt die Nicht-Realisierung des Wissens um das Gute die „schlechte" Handlungsalternative dar, die gewählt wird, obwohl die „bessere" Alternative (das Gute tun) bekannt ist. Das Verb εἰδέναι mit folgendem Infinitiv kann auch mit „vermögen" übersetzt werden.[161] In diesem Fall hieße der Satz in Jak 4,17: „Wer das Gute zu tun vermag, es aber nicht tut, für den ist es Sünde." Damit würde der Verfasser hier das Potential des Menschen ansprechen, dessen Nicht-Verwirklichung als sündhaftes Verhalten gewertet wird. Aber auch diese Übersetzungsvariante impliziert, dass dem Menschen die Tragweite der Handlungsunterlassung bewusst ist. M.E. ist für beide Übersetzungsversionen davon auszugehen, dass hier als ein selbstreflexives Moment das Bewusstsein der „besseren" Handlungsmöglichkeit gemeint ist, auch wenn dieser kognitive Handlungsimpuls nicht in ein entsprechendes Verhalten umgesetzt wird. Das

159 So z. B. Mayor, James, 152; Mussner, Jakobusbrief, 189; Klein, Werk, 127f; Popkes, Jakobus, 284.295 u. a.

160 Vgl. z. B. Riedel, Handlungstheorie, 148, der darauf hinweist, dass die Entscheidung, von „Handlung" oder „Unterlassung" zu sprechen, sowohl vom Standort als auch von pragmatischen und semantischen Aspekten der verwendeten Sprachmittel zur Beschreibung abhängt.

161 Vgl. von Gemünden, Einsicht, 199; Garleff, Identität, 262.

angesprochene Phänomen kann einen intrapsychischen Konflikt voraussetzen und lässt sich in den antiken Akrasia-Diskurs einordnen:

Der Sache nach geht es hier nämlich um die „Unbeherrschtheit“ oder „Willensschwäche“, die seit Sokrates immer wieder zum Gegenstand philosophischer Erörterungen gemacht wurde.[162] Dass man nicht tut, was man für besser hält, obwohl man es könnte, spielt jedoch vermutlich schon in der Antike als Alltagsproblem eine Rolle. Zwar begegnet der Terminus technicus für dieses Phänomen – ἀκρασία – im Jakobusbrief nicht, aber der explizite Gebrauch der Wortfamilie in frühjüdisch-weisheitlichen sowie in frühchristlichen Schriften macht deutlich, dass der Ausdruck und das dahinter stehende Konzept in der Koine der Zeit des sich formierenden Christentums fest verankert war.[163] Als Ausgangspunkt einer Einordnung des in Jak 4,17 erwähnten Phänomens in den antiken Akrasia-Diskurs eignet sich der griechisch-philosophische Hintergrund. Denn anders als im Kontext des Gebrauchs der Lexemfamilie ἀκρατής κτλ. in frühjüdischen Schriften werden in einigen griechisch-philosophischen Texten die jeweils dahinter stehenden gedanklichen Konzepte expliziert.[164]

Während Plato die Möglichkeit des Handelns entgegen besseren Wissens zuweilen ablehnt, bestätigt Aristoteles wiederholt die Existenz akratischen Handelns.[165] Aus platonischer Sicht entstehen Fehlhandlungen dem ‚Protagoras‘ zufolge aus Unwissen, und nicht aus bewusster Ablehnung der besseren Handlungsoption zugunsten der schlechteren.[166] Jakobus setzt sich insofern klar von Platos Auffassung – außerhalb der ‚Gesetze‘ – ab: Der eine als Sünde zu klassifizierende Verhaltensweise zeigende Mensch weiß sehr wohl, wie er sich richtig verhalten hätte sollen. Damit steht Jakobus der aristotelischen Auffassung von akratischem Handeln näher, die diesbezüglich zwei Ursachen differenziert: Zum einen die Schwäche des Menschen, bei einem einmal ge-

---

162 Beyschlag, Jakobus, 205f, bestreitet hingegen, dass hier vom Nicht-Tun trotz besseren Wissens die Rede ist. Kritisch diesbezüglich äußert sich auch Stendahl, Jude, 42f.

163 Vgl. PsSal 4,3^{LXX}; Spr 27,20a^{LXX}; Arist 277; 1Kor 7,5; Mt 23,25; 2Tim 3,3; Herm sim IX,15,3.

164 Allerdings wird in Arist 277 die Verweigerung der Tugend seitens der Mehrheit der Menschen auf eine unbeherrschte (ἀκρατής) Disposition und auf die Neigung zur Lust zurückgeführt. Als oppositioneller Begriff begegnet ἐγκράτεια. Diese Terminologie lässt daher an die aristotelischen Auffassungen als Hintergrund denken.

165 V.a. im Protagoras (vgl. bes. Plato, Prot. 357c–e) äußert der platonische Sokrates, dass Menschen nicht gegen ihr besseres Wissen handeln können. In den ‚Gesetzen‘ hingegen begegnet – u. a. unter Verwendung des Ausdrucks Akrateia (ἀκράτεια) – die Vorstellung, dass der Mensch seinen Affekten unterliegen kann und insofern Unbeherrschtheit / Willensschwäche erkennen lässt, vgl. Plato, leg. 626e–627b; 633e; 645b; 863d–e; 689a; 902a. Siehe dazu auch S. 93ff in dieser Arbeit. Die wirkmächtigesten Aussagen Aristoteles’ zum Phänomen ‚Akrasia‘ finden sich in Aristoteles, eth.Nic. 1146b–1147b; 1150b; 1151a; Aristoteles, eth.Eud. 1223a–1224b.

166 Vgl. Plato, Prot. 357c–e.

fassten Entschluss für die bessere Handlungsoption zu bleiben, zum anderen die Impulsivität des Menschen, die ihn vorschnell zur Ausführung der schlechteren Verhaltensweise drängt, ohne dass er sich für eine Vernunftentscheidung Zeit nimmt. In beiden Fällen folgt der Akratiker einem affektiven Streben nach kurzfristiger Bedürfnisbefriedigung.[167] Als konfliktauslösende Affekte nennt er dabei die Begierde und den Zorn gesondert (wobei Aristoteles im Vergleich der beiden den Zorn als Beweggrund für akratisches Handeln als weniger tadelnswert erachtet).[168] Auch im Jakobusbrief werden solche Fehlhandlungen (bzw. theologisch gesprochen: Sünden)[169] auf Affekte zurückgeführt: Es ist die Begierde, die den Menschen dazu verleitet, Böses zu tun (Jak 1,14).

Es geht Jakobus um das Missverhältnis zwischen Wissen und Handeln, Theorie und Praxis, Potential und Umsetzung. Diese Spannung – aus heutiger Sicht als subjektiv-psychologisch erfahrbaren Zwiespalt auffassbar – kennt auch Paulus.[170] Im siebten Kapitel des Römerbriefs thematisiert er die Zerris-

---

167 Vgl. Aristoteles, eth.Nic. 1150b. Zur Analyse der unterschiedlichen Akrasia-Formen bei Aristoteles vgl. S. 124ff in dieser Arbeit.

168 Vgl. Aristoteles, eth.Nic. 1149a–b.

169 Sowohl der theologische Sündenbegriff als auch die außerbiblische Rede von der Fehlhandlung werden im Griechischen mittels der Wortfamilie ἁμαρτία κτλ. zur Sprache gebracht. Vgl. dazu Grundmann, Art. ἁμαρτάνω κτλ., ThWNT 1 (1933), 267–320.

170 Während Bultmann noch entschieden gegen eine Einordnung von Röm 7 in den antiken Willensschwäche-Diskurs eintrat und überhaupt ablehnte, dass hier psychologische Einsichten reflektiert werden (vgl. Bultmann, Römer 7 und die Anthropologie des Paulus, in: Ders., Exegetica, Tübingen 1967, 198–209, bes. 201), setzt sich in der Forschung inzwischen zunehmend die Einsicht durch, dass Röm 7 zum antiken Akrasia-Diskurs gerechnet werden kann (vgl. A. van den Beld, Romans 7: 14–25 and the Problem of Akrasia, RelSt 21 [1985], 495–515; T. Engberg-Pedersen, The Reception of Graeco-Roman Culture in the New Testament: The Case of Romans 7.7–25, in: M. Müller/H. Tronier [Hg.], The New Testament as Reception, London 2002, 32–57; R. von Bendemann, Die kritische Diastase von Wissen, Wollen und Handeln: traditionsgeschichtliche Spurensuche eines hellenistischen Topos in Römer 7, ZNW 95 [2004], 35–63; E. Wassermann, The Death of the Soul in Romans 7: Sin, Death, and the Law in Light of Hellenistic Moral Psychology [WUNT II 256], Tübingen 2008; S. Krauter, ‚Is Romans 7:7–13 about akrasia?', in: C. Rothschild/T. Thompson (Hg.), Christian Body, Christian Self: Concepts of Early Christian Personhood (WUNT 284), Tübingen 2011, 113–122. Zu dieser Thematik vgl. auch die Zusammenstellung und Erörterung antiker Belege der menschlichen Dissonanz zwischen Absicht und Ausführung bei G. Theissen, Aspekte, 213–223. Dass Paulus hier nicht von Akrasia spricht vertritt in jüngster Zeit z. B. R. Jewett, Romans: A Commentary [Hermeneia], Minneapolis 2007, 463).

An dieser Einordnung ändert sich m. E. auch dann nichts, wenn man den von Paulus beschriebenen Gegensatz als Spannung zwischen Wollen und Tun (statt Wissen und Tun) versteht, da auch Volitionen eine kognitive Dimension haben und Wissen voraussetzen: Um etwas wollen zu können, muss man wissen, auf welches Objekt das Streben gerichtet ist und mit welchen Mitteln es sich erreichen lässt. Vgl. dazu z. B. Salber/Fitzek, Willenspsychologie, 32.

senheit des Menschen vor und ohne Christus,[171] die sich in dem Widerstreit zweier Verhaltensimpulse – als Gesetz der Vernunft und Gesetz der Sünde verstanden – äußert.[172] Was den Menschen vom Tun des Guten abhält, ist aus paulinischer Perspektive die Sünde. Sie ist es, die ihn steuert, wenn er gegen seine bessere Einsicht handelt. Diese Erkenntnis kann jedoch erst wahrgenommen werden, wenn der Mensch das Gesetz kennt. Gegen die Steuerung des Menschen durch die Sünde hilft dementsprechend auch keine Seelentherapie oder Reinigung, sondern nur eine radikale Neuorientierung an Christus, die dem Tod des alten Lebens gleichkommt. Paulus argumentiert in den Röm 7 umschließenden Kapiteln: Als Christ ist der Neue Mensch von Gottes Geist erfüllt. Das Pneuma ist das Bestimmende, was den Menschen in der Taufe durch Gott neu konstituiert.

Der Vergleich mit der Argumentation des Jakobusbriefes macht deutlich, dass es beiden um akratisches Handeln geht: Paulus betont dabei das Handeln gegen die vernünftige Einsicht in das, was die bessere Alternative darstellt, deutlicher. Jakobus hingegen hebt die Unterlassung einer guten Verhaltensweise trotz besseren Wissens hervor. Das Verhalten des Menschen widerspricht in beiden Fällen dem kognitiven Wissen um das Gute:

Paulus	**Sünde ➔**	**Ausführung des „Bösen“** nach außen gezeigtes Verhalten	⇔	**trotz Wissen um das „Gute“** innere Kognition	
Jakobus		**Unterlassung des „Guten“** nach außen gezeigtes Verhalten	⇔	**trotz Wissen um das „Gute“** innere Kognition	**➔ Sünde**

Abb. 13: Akratisches Handeln nach Röm 7 und Jak 4,17

Die Gegenüberstellung dieser zwei Modelle zur Erklärung des Auseinanderklaffens zwischen Wissen und praktischer Umsetzung verdeutlicht, wie unterschiedlich anthropologisch-intrapersonelle Konzepte innerhalb neutesta-

171 Dass es sich um die Situation des Menschen vor seiner Hinwendung zum Christentum handelt, ist in der Forschung umstritten. Affirmativ z. B. Kertelge, Überlegungen, 112 („Wir haben es in Röm 7 also mit dem vorchristlichen Ich des Glaubenden zu tun, das unter dem Zwang der Situation im alten Äon ‚dämonische Züge‘ annimmt, d. h. mit sich selbst nicht mehr übereinstimmt.“); G. Theissen, Aspekte, 186.210; O. Hofius, Paulusstudien II (WUNT 143), Tübingen 2002, 112f.

Zu den Deutungsmöglichkeiten des „Ichs“ in Röm 7 siehe z. B. Theissen, Aspekte, 194–204; Krauter, Einführung, bes. 2–9.

172 Vgl. Röm 7,23. Da Röm 7 zu den laut K. Kertelge (Überlegungen, 105) „exegetisch am meisten gequälten Kapiteln des Neuen Testaments“ gehört, sei hier auf die ausführliche Nennung entsprechender Veröffentlichungen verzichtet. Neuere Literatur dazu findet sich leicht z. B. bei E. Lohse, Der Brief an die Römer (KEK 4), Göttingen [15]2003, oder H. Lichtenberger, Das Ich Adams und das Ich der Menschheit. Studien zum Menschenbild in Römer 7 (WUNT 164), Tübingen 2004. Eine beachtenswerte psychologische Deutung des Konflikts nach Röm 7,7–23 hat G. Theissen, Aspekte, 181–268, vorgelegt.

mentlicher Schriften gesehen werden konnten. Womöglich läuft die paulinische Argumentation auf die Hoffnung auf Überwindung affektgeleiteten Verhaltens qua Zugehörigkeit zu Christus hinaus, wohingegen im Jakobusbrief pessimistischer das Problem des Christen angesprochen wird, der auch nach der Taufe noch entgegen seines besseren Wissens sündigt. Während Paulus den Grund akratischen Handelns in der Sünde sieht, die (hier) als vom Ich unterschiedene Größe verstanden wird und den Menschen durch die Kausalattribuierung als quasi-externale Macht ein Stück weit zu entlasten scheint, betont der Autor des Jakobusbriefes die Eigenverantwortung des Menschen für sein Tun bzw. Unterlassen: Wer sein Wissen nicht ethisch angemessen umsetzt, begeht Sünde. Die Sünde ist also im Gegensatz zu Paulus nicht Ursache einer Fehlhandlung, sondern Resultat einer Unterlassungshandlung.[173]

Die Inkongruenz zwischen Wissen bzw. Vermögen und Umsetzung dieser Kenntnis bzw. Fähigkeit in die Praxis entfaltet Jakobus ausführlich anhand der Begriffe des Glaubens und der Werke: Eine rein kognitive Zustimmung zu Gottes Willen ist defizitär. Der Glaube an den einen Gott reicht nicht aus, um vor Gott gerechtfertigt zu werden (Jak 2,24). Vielmehr muss die Hingabe an Gott in konkretes ethisches Verhalten umgesetzt werden. Der Verfasser begründet dies in Jak 2,19 damit, dass selbst die Dämonen den Glauben an den einen Gott besitzen, sich also als Gott unterlegen verstehen.[174] Aber deren Glaube ist wertlos, weil er sich eben nicht in guten Werken zeigt. Der Verfasser des Jakobusbriefes fordert hier also indirekt dazu auf, sich vom Dämonenglauben qualitativ abzuheben.[175] Auch Jak 2,18 scheint sich auf die Problematik zu beziehen, dass die praktische Dimension des Glaubens für verzichtbar erklärt werden kann. Der Verfasser argumentiert gegen die Erfahrung, dass ein jeder Mensch behaupten könne, an Gott zu glauben. Soll dies aber keine Maskerade bleiben, müssen Werke folgen. Insofern könnte die hinter diesem Einwand stehende Logik darin bestehen, dass sich wahrer Glaube nur in entsprechenden Handlungen zeigt, Lippenbekenntnisse jedoch noch lange keinen Beweis für den Glauben darstellen. Dazu kommt, dass der Glaube allein für Jakobus keinen soteriologischen Automatismus bedeutet. Denn mit der rhetorischen Doppelfrage in Jak 2,14, ob denn der Glaube allein ohne gute Werke retten könne, distanziert sich der Verfasser von einem unmittelbaren Tat-Folge-Zusammenhang zwischen ‚Glaube' (πίστις/πιστεύειν) und ‚Rettung'

173 Dass akratische Handlungen und Sünden schon in der Tradition thematisch zusammengehörig gedacht werden können, zeigt die Nebeneinanderstellung von ἀκρασίαι und ἁμαρτίαι in PsSal 4,3^{LXX}.

174 Die Unterlegenheit der Dämonen wird in Jak 2,19 durch das „Schaudern" oder „Zittern" (φρίσσω) angesichts ihrer Überzeugung, dass es nur den einen Gott gibt, illustriert.

175 Ähnlich R. Hoppe, Jakobusbrief, 65. Schulz, Theorie, 66, bestimmt den Dämonenglauben als rein propositionalen religiösen Glauben (belief), dem es am personalen Glaubenselement (faith), d. h. an der liebenden und freien Hingabe an Gott sowie der ihr entspringenden Nächstenliebe fehlt.

(σωτηρία/σῴζειν),[176] und damit von einem in frühchristlichen Schriften häufig formulierten Gedanken.[177]

Was kann zusammenfassend über akratisches Handeln einerseits und Inkongruenz zwischen Glaube und Werken andererseits gesagt werden? In beiden Fällen liegt das Phänomen vor, dass ‚Innen' und ‚Außen' nicht übereinstimmen: Das Wissen um das Gute bzw. der Glaube wird nicht in entsprechende Handlungen übersetzt. Dennoch scheint eine positive Einschätzung der Sünder seitens des Verfassers durch, denn immerhin kennen sie ja das Gute. Sie haben damit die Voraussetzung, sich zu bessern und zukünftig ihr Wissen praktisch umzusetzen.

6.2. Zur Thematik der Selbsttäuschung im Jakobusbrief

Die Nichtübereinstimmung von Glauben und entsprechenden Werken beschreibt der Autor des Jakobusbriefes außerdem als Gegensatz zwischen Hören und Tun: Wer bloß ein „Hörer des Wortes" ist, ohne zugleich ein „Täter des Wortes" zu sein (Jak 1,22), wer also die Lehre wahrnimmt, sie aber nicht in Handlungen umsetzt, entspricht nicht dem geforderten Verhalten eines Christusnachfolgers. Die hier zugrunde liegende Logik besteht darin, dass dem „eingepflanzten Wort" eine Macht eignet,[178] die zu Handlungen führt, welche wiederum im Heil des Menschen resultieren (Jak 1,21).[179] Zur Erklärung dafür, warum sich manche Gemeindeglieder nicht nach diesem Prinzip ver-

---

176 In der biblischen Überlieferung wird die Rettung aus Lebensgefahr, vor Tod oder Krankheit, von Gott erwartet oder ihm zugeschrieben. Vgl. z. B. Ps $36{,}40^{LXX}$; 2Makk $1{,}11^{LXX}$; Mk 15,30f; Mt 8,25 u.ö.

177 Vgl. Wolter, Lukasevangelium, 297. Die Verbindung von Glaube und daraus folgender göttlicher Rettung ist z. B. belegt in Apg 16,11. Auch in den synoptischen Evangelien basiert eine Heilung oder Rettung durch Jesus i. d. R. auf dem vorausgehenden Glauben des Hilfesuchenden, vgl. z. B. Mk 2,5 par.; Mk 5,34.36 par.; Mk 10,52 par. Allerdings geht es dort aber nicht um das Verhältnis von ‚Werken' und ‚Glauben'. Die Entgegensetzung von Glaube und Werk findet sich nur in der paulinischen Schule, vgl. Eph 2,9; 2Tim 1,9; Tit 3,5. In der Forschung umstritten ist die Frage, ob sich Jak 2,14–26 gegen Paulus bzw. gegen einen Aspekt des Paulinismus richtet, vgl. dazu exemplarisch Konradt, Existenz, 241–248.

178 Vgl. die Partizipialkonstruktion δυνάμενον σῶσαι τὰς ψυχὰς zur Näherbestimmung des eingestifteten Wortes in Jak 1,21.

179 Ähnlich auch Konradt, Existenz, 173: „Soll das Wort zur *Rettung* führen, muss es angenommen, d. h. getan, nicht bloß gehört werden." (Hervorhebung im Original). von Gemünden, Einsicht, 198, Anm. 39, geht jedoch davon aus, dass allein „die Annahme des Wortes hinreichend für das Gerettet-Werden ist". Sie weist darauf hin, dass die Deutung von Jak 1,21 f davon abhängt, ob man das δὲ von γίνεσθε δὲ ποιηταὶ λόγου in V. 22 adversativ oder kataphorisch auffasst und entscheidet sich für letztere Möglichkeit. M.E. passt ein adversatives Verständnis jedoch angesichts der wiederholten und z. T. eindringlich formulierten Mahnungen, dem Wissen Taten bzw. dem Glauben Werke folgen zu lassen (Jak 1,22f.25; 2,14.17.20.22.26; 4,17), besser.

halten, bietet der Verfasser zwei aufeinander zu beziehende Ursachen: einerseits das Vergessen (ἐπιλανθάνομαι) als kognitiver Mechanismus (Jak 1,24f), andererseits die Selbsttäuschung (παραλογίζομαι/ἀπατάω ἑαυτόν) als alle Dimensionen des Menschen betreffende Strategie (Jak 1,22.26).

In Jak 1,23f vergleicht der Verfasser den Menschentyp des „vergesslichen Hörers" (ἀκροατὴς ἐπιλησμονῆς) mit einer Person, die sich im Spiegel betrachtet[180] und anschließend „vergisst", was sie gesehen hat. Nach M. Konradt stellt dieser Vorgang den „Normalfall" dar:[181] Wer kann sich schon im Detail daran erinnern, wie er genau aussieht, nachdem er sich im Spiegel betrachtet hat? Die moderne Psychologie bestätigt, dass es beim Erinnern des eigenen Aussehens zu Verzerrungen kommen kann, so dass das Erinnerungsbild nicht mit der Wirklichkeit übereinstimmt.[182] Dieses von Jakobus als tadelnswert erachtetes Vergessen stellt also ein kognitives Defizit des Menschen dar. Aus psychologischer Sicht könnte es durch Aufmerksamkeitssteuerung behoben werden: In der modernen lernpsychologischen Forschung steht fest, dass Interesse und Aufrechterhaltung der Konzentration besseres Lernen ermöglichen und dass Wissen umso besser kodiert wird, je mehr Aufmerksamkeit für entsprechende Lernprozesse aufgebracht wird.[183] Genau eine solche Aufmerksamkeitssteuerung und Beschäftigung mit den Wissensinhalten zur effizienteren Enkodierung fordert auch der Autor des Jakobusbriefes: Zur Erhaltung der christlichen Identität ist eine kontinuierliche Auseinandersetzung mit dem Wort Gottes bzw. dem „Gesetz der Freiheit" vonnöten (Jak 1,21.25).[184]

Der frühchristliche Verfasser umschreibt den vergesslichen Hörer als jemanden, der sein Wissen nicht in die Praxis umsetzt: „Wer nicht nach dem ‚Wort' handelt, dem bleibt vom Gehörten soviel, wie dem, der sich im Spiegel beschaut, von seinem Spiegelbild: er vergißt es."[185] Zur Erhärtung dieses Arguments lassen sich sogar Ergebnisse der modernen lerntheoretischen Forschung heranziehen: Eine rein kognitive Speicherung von Wissensinhalten und Verhaltensweisen ist haptischen Enkodierungsprozessen unterlegen, da eine selbst ausgeführte bzw. praktisch erprobte neue Handlung oder Verhaltensweise zu einem besseren Lerneffekt führt. Gelerntes, das nicht zur Anwendung in der

---

180 Das kognitiv konnotierte Verb κατανοεῖν meint kein oberflächliches oder flüchtiges Betrachten, sondern ein aufmerksames, bewusstes Wahrnehmen. So auch LAWS, Commentary, 86. Die Art und Weise des Betrachtens des Gesetzes ist in V.25 durch παρακύπτειν zum Ausdruck gebracht, was am besten mit „sich vertiefen" zu übersetzen ist. Vgl. BAUER/ALAND, Wörterbuch, 843; BALZ/SCHNEIDER, Art. κατανοέω, EWNT^2 2 (1992), 654.

181 KONRADT, Existenz, 174.

182 Vgl. N. EPLEY/E. WHITCHURCH, Mirror, mirror on the wall: Enhancement in self recognition, Personality and Social Psychology Bulletin 34 (2008), 1159–1170.

183 Vgl. dazu z. B. WENTURA/FRINGS, Psychologie, 83–98; Für neurobiologische Erkenntnisse im Bereich der Aufmerksamkeitsforschung siehe z. B. GRZESIK, Texte, 87–100.

184 Ähnlich auch BURCHARD, Zu Jakobus 2,14–26, ZNW 71 (1980), 30.

185 DIBELIUS, Jakobus, 147.

Praxis kommt, ist hingegen als „träges Wissen" anfälliger für Vergessen.[186] Ein solches „träges Wissen" des göttlichen Willens ist aber nach Jakobus unzulänglich. Damit setzt er die alttestamentlich-jüdische Auffassung fort, nach der eine rein intellektuelle Beschäftigung mit dem Gesetz, die praktisches Handeln ignoriert, nicht heilsversprechend sein kann.[187] In diesem Kontext bietet sich ein Blick auf traditionelle Motivparallelen zum Stichwort ‚Spiegel' an. Bei Philo von Alexandrien gilt der Spiegel beispielsweise als Mittel dazu, eigene Fehler und Schwächen zu erkennen und zu beseitigen. So kann die Introspektion motivierend dazu dienen, Wissen und Handeln in Einklang miteinander zu bringen.[188] Auch Seneca empfiehlt die Selbstbeobachtung im Spiegel zum Zeitpunkt des Kontrollverlustes als nützliche Methode, um Verhaltensänderungen zu bewirken.[189] Der Verfasser des Jakobusbriefes spielt möglicherweise auf derartige Zusammenhänge an und will den mit Defiziten behafteten Christen dazu aufrufen, sich quasi fortwährend im Spiegel zu betrachten, damit Innen-Außen-Inkongruenzen überwunden werden können und das Verhalten dem durch das Wort und Gesetz internalisierten Wissen um das Gute dauerhaft entspricht.

Versteht man die Spiegelmetaphorik in Jak 1,23f primär von dem Vorwurf der Selbsttäuschung her, tritt die defizitäre Dissonanz des Menschen noch deutlicher hervor. Dann könnte das Vergessen hier eher als ein zumindest teilweise absichtlicher bzw. bewusster Vorgang angesprochen sein. Falls mit dem Vergleich gemeint sein sollte, dass sich der Mensch im Spiegel als von Gott (Wieder-) Geborener erkennt,[190] wie es einige Exegeten vertreten,[191] dann bezieht sich das Vergessen auf Gottes Schöpfungsintention.[192] Diese ist dem Adressaten zwar bekannt; er weiß, wie er gemeint ist. Sein Handeln bzw. Unterlassen zeigt jedoch, dass er dieser Schöpfungsanlage nicht entspricht – auch das ist den angesprochenen Diasporachristen dem Jakobusbrief zufolge prinzipiell bekannt. Weil Anspruch und Umsetzung des gehörten Wortes nicht übereinstimmen, spricht der Verfasser hier von Selbsttäuschung (παραλογίζομαι ἑαυτόν).[193] Das Selbstkonzept der Adressaten ist inkohärent und

186 Vgl. z. B. Gudjons, Schüleraktivierung, 30.56.

187 Vgl. auch Popkes, Jakobus, 135f; von Gemünden, Einsicht, 199, Anm. 43.

188 Vgl. Philo, Mos. II 139f.

189 Vgl. Seneca, ira II, 36,1–3.

190 Diese Deutung ist möglich, wenn ein bewusst gestalteter Zusammenhang zwischen dem das Gesicht modifizierenden Genetivattribut τῆς γενέσεως in Jak 1,23 und der kurz vorher erwähnten γένεσις des Nur-Hörers und Nicht-Täters (Jak 1,18) angenommen wird. Vgl. dazu z. B. von Gemünden, Einsicht, 198f; Konradt, Existenz, 174f.

191 Vgl. von Gemünden, Einsicht, 198f; Konradt, Existenz, 174f; Burchard, Jakobusbrief, 85f.

192 Vgl. Martin, James, 50; Sidebottom, James, 35; von Gemünden, Einsicht, 198f.

193 Aus psychologischer Perspektive lässt sich Selbsttäuschung beispielsweise als Diskrepanz zwischen verschiedenen Aspekten des Selbst erklären. Zu diesen Dimensionen des

nicht authentisch. Selbsttäuschung kann aus heutiger Sicht als psychologisches Konstrukt gesehen werden, das einen Konflikt innerhalb der menschlichen Psyche zu erklären versucht, wobei dem Betroffenen diese Dissonanz nicht voll bewusst sein muss.[194] Solch eine das Unbewusste eventuell tangierende Selbstdiskrepanz ermöglicht aus moderner Perspektive eine Beibehaltung von Glaubensüberzeugungen und das Gefühl, Kontrolle über sich selbst und die Außenwelt ausüben zu können.[195] Interessant für das Verständnis der Selbsttäuschung im Jakobusbrief ist der Zusammenhang zwischen Gedächtnis und dem Selbstbetrugsphänomen, der in der Psychologie hergestellt wird. Denn die heutige Forschung geht davon aus, dass Informationen, die mit den eigenen Präferenzen oder höherstufigen Werten nicht übereinstimmen, von einer Person selektiv verarbeitet werden können: Unbequeme Wahrheiten werden entweder derart verzerrt in Erinnerung behalten, dass sie mit der eigenen Weltsicht kohärent erscheinen, oder komplett aus dem Gedächtnis getilgt – selbst wenn sie ursprünglich bewusst enkodiert und gespeichert wurden. Diesen Vorgang der Speicherung positiver oder für die eigene Person vorteilhafter Erinnerungen bei gleichzeitiger „Löschung" negativer bzw. nachteiliger Erinnerungen nennt die moderne Psychologie selbstaufwertende Gedächtnisbefangenheit/Erinnerungsfehler (self-enhancing recall bias).[196]

Insofern könnte man fragen, ob der Verfasser des Jakobusbriefes einen ähnlichen Mechanismus vor Augen hat, wenn er vor Vergessen und Selbsttäuschung warnt, denn diese beiden Phänomene sind in Jak 1,22–25 durch Stichwortverbindungen und kausale Konjunktionen explizit miteinander in Bezug gesetzt.[197] Dann wäre der Zweck des Betrachtens im Spiegel das Erinnern des Sein-Sollens dessen, wie der Mensch von Gott gemeint ist. Dies kann mit der Selbsterkenntnis, dass eigene Fehler zu bearbeiten sind, einhergehen.

Selbst gehören das Verhaltensselbst (wie man sich verhält, wenn man alleine ist), das öffentliche Selbst (wie man sich vor anderen präsentiert), das Idealselbst (wie man sein will oder sollte) sowie das Selbstkonzept (wie man sich selbst sieht). Vgl. Rammsayer, Persönlichkeitstheorien, bes. 63; Schütz/Marcus, Selbstdarstellung, 204. Einen Überblick über das psychologische Konstrukt des „Selbst" geben Filipp/Mayer, Selbst und Selbstkonzept, in: H. Weber/T. Rammsayer (Hg.), Handbuch der Persönlichkeitspsychologie und Differentiellen Psychologie, Göttingen u. a. 2005, 266–276.

194 Vgl. Michel/Newen, Self-deception, 734. Im modernen philosophischen Diskurs wird die Existenz des Selbsttäuschungsphänomens kritisch hinterfragt. Skeptisch äußern sich diesbezüglich z. B. M.R. Haight, A Study of Self-Deception, Brighton 1980; S. Paluch, Self-Deception, Inquiry 10 (1967), 268–278. Wird die Möglichkeit zur Selbsttäuschung anerkannt, richtet sich die Uneinigkeit der Forschung v. a. auf die kognitive Dynamik dieses Phänomens. Vgl. dazu z. B. Michel/Newen, Self-deception, 731.

195 Vgl. von Hippel/Trivers, Evolution, 12.

196 Vgl. von Hippel/Trivers, Evolution, 9f.

197 Als Konjunktionen, die einen Kausalzusammenhang zwischen den Sätzen in Jak 1,22–25 herstellen, begegnen ὅτι (V. 23 ist damit eine Explikation von V. 22, d. h. der Vergleich soll den Selbstbetrug belegen), und γάρ (V. 24; als Begründung für das in V. 23 Dargelegte).

Diese Erkenntnis wird jedoch sogleich „vergessen", da sie unbequem ist. Der Mensch verbleibt beim Ist-Zustand, und strengt sich nicht an, die Kluft zwischen Sein-Sollen und realem Sein zu überbrücken. So könnte das Vergessen als eine Art der Verdrängung gemeint sein, die dazu dient, sich nominell als christuszugehörig zu bezeichnen, aber unbequeme Verhaltenskonsequenzen – die seit der Taufe bekannt sein müssten – abzulehnen. Eine derartige Deutung lässt sich auch auf Jak 1,26f ausweiten, wo die Selbstbetrugsthematik (ἀπατάω καρδίαν ἑαυτόν) zum zweiten Mal im Brief ausdrücklich Erwähnung findet: Die innere Überzeugung, Gott zu dienen (= das Selbstkonzept) widerspricht dem geforderten Verhalten, das ein Gemeindeglied auszeichnen sollte (= Idealselbst; Soll-Zustand), sofern bekanntes Wissen über das angemessene Verhalten „vergessen" bzw. ignoriert wird. Disziplinierte Selbstkontrolle, sozialethisches Verhalten und Distanzierung von der Welt hingegen erweisen den Menschen als wahren Diener Gottes. Ermöglicht werden diese Charakterzüge durch die „Weisheit von oben", die jegliche Heuchelei, d. h. bewusste Inkongruenz von Wissen und Tun, ausschließt.[198]

6.3. *Zusammenhänge zwischen inkongruentem Verhalten und dem Dipsychia-Konzept des Jakobusbriefes*

Was lässt sich nun angesichts dieser Beobachtungen über den Zusammenhang zwischen der Dipsychia-Konzeption und der Nicht-Übereinstimmung von Wissen und Tun bzw. von Sein und Sollen aussagen? In Bezug auf akratisches Handeln, Heuchelei und Selbsttäuschung lässt sich zunächst festhalten: Diese Verhaltensweisen erweisen die betroffene Person als Sünder, weil sie ihr Wissen um das Gute, das sie kraft des göttlichen Wortes bzw. Gesetzes besitzen, nicht praktisch realisieren. Insofern kommt ein solcher Mensch, der prinzipiell durch eben dieses Wissen dem göttlichen Bereich eigentlich zugehören müsste, situativ auf der Seite des dämonischen Bereichs zu stehen.[199] Schon in dieser Hinsicht ähnelt der Sünder dem ἀνὴρ δίψυχος, der ja mit Gott und Welt zugleich befreundet bleiben möchte, also beiden Bereichen angehören will. Sünde und Dipsychia hängen also für den Verfasser des Jakobusbriefes stark zusammen,[200] wie auch Folgendes verdeutlicht: Jegliche Form von Dissonanz, bei der ‚Innen' und ‚Außen' des menschlichen Erlebens und Verhaltens nicht kongruieren, erscheinen als absichtliche Verhaltensweisen – wie auch die

---

198 Vgl. Jak 3,17: ἀνυπόκριτος.

199 Zu diesen Zuordnungen vgl. das Schema auf S. 421.

200 Der Unterschied zwischen der Sünde und der Zweiseeligkeit könnte darin bestehen, dass die Sünde die Zuschreibung eines einzelnen Vergehens ist, die Zweiseeligkeit hingegen eine dispositionelle Haltung, die sich situativ in Sünden (aber natürlich auch in guten Handlungen) zeigen kann.

Dipsychia als innere Dissonanz, die auf einer fehlenden Volition beruht, sich zwischen Gott und teuflischer Welt zu entscheiden. Besonders deutlich zeigt sich diese Zusammengehörigkeit von innerer Dissonanz und Innen-Außen-Dissonanz nicht nur an der Verknüpfung von Sünde und Dipsychia (genauer: von Sünder und ἀνὴρ δίψυχος) in Jak 4,8, sondern auch durch das, was im Brief unter Selbsttäuschung verstanden wird: Dem sich selbst betrügenden Christen eignet eine innere Dissonanzerfahrung darüber, dass sich sein innerlich vorhandenes Wissen nicht mit seinem äußerlich beobachtbaren Verhalten deckt. Falls der Autor des Jakobusbriefes mit der modernen psychologischen Ansicht übereinstimmt, das Ziel der Selbsttäuschung in einer Selbstaufwertung (self-enhancement) zu sehen, erklärt sich zudem, weshalb er Demut einfordert und davor warnt, andere zu verurteilen.[201] Gleichzeitig signalisieren die Imperative, dass der Verfasser von einer aktiven Vermeidungsmöglichkeit des Selbstbetrugs ausgeht:[202] Innere Dissonanzen und Innen-Außen-Dissonanzen können überwunden werden, nämlich durch Umkehr.

7. Dissonanzlösung und Wiederherstellung der inneren Einheit durch Umkehr

Sowohl der ἀνὴρ δίψυχος als auch der Sünder befinden sich dem Verfasser zufolge nicht auf dem richtigen Lebensweg.[203] Sie haben das Vertrauensverhältnis mit Gott erschüttert, weshalb sie der Verfasser als „Ehebrecher" bezeichnet (Jak 4,4).[204] In prophetischen Schriften, wo diese Bezeichnung den Bundesbruch untermalen kann, wird der Abfall von Gott häufig auf ein Verführt-Werden durch fremde „Liebhaber" (i. d. R. fremde Götter oder Nationen) zu-

201 Vgl. Jak 4,10 ff. Die Forderung nach Demut impliziert Statusverzicht und widerspricht insofern antik-paganen Idealen von Ehre und Aufrechterhaltung des Status, vgl. Theissen, Erleben, 399 f.

202 Auch Paulus zeigt durch den Imperativ in 1Kor 3,18 an, dass er den Selbstbetrug als vom Menschen steuerbar auffasst.

203 Im Falle des Sünders wird dieses Abirren vom Weg Gottes in Jak 5,20 explizit gemacht: ἐπιστρέφω ἁμαρτωλὸν ἐκ πλάνης ὁδοῦ αὐτοῦ. Vgl. Jes 53,6. Vgl. auch Wilson, Turning Words, 373, Anm. 92: „In James, both the sinner and the double-minded abandon the ὁδός of God: the latter is unsteady in all his ‚ways' while the former must be turned from the ‚way' of error."

204 Die Terminologie entspricht atl. Metaphorik in der Prophetie, insbesondere verweist sie auf den Bundesbruch mit Gott. Vgl. Hos 2,4^{LXX}; 3,1^{LXX}; 7,4^{LXX}; Ez 16,32^{LXX}; 23,37^{LXX}; Jer 3,8 f^{LXX}; 5,7^{LXX} u. v. m. Vgl. dazu auch A. Weider, Ehemetaphorik in prophetischer Verkündigung (FB 71), Würzburg 1993. Auch wenn Jak nicht explizit von einem Bund spricht, gibt es nach Wilson, Turning Words, 371, Hinweise dafür, dass er eine solche Vorstellung im Sinn hatte.

rückgeführt.[205] Im Jakobusbrief erscheint hingegen die Welt als dämonische Verführerin, die den Einzelnen vom gottgefälligen Weg entfremden kann. Weil weder Sünder noch Zweiseeler einheitlich und konstant Gott gegenüber loyal sind und stattdessen vielmehr Dissonanzen aufweisen, hat die Bewältigung dieser Defizite oberste Priorität.

Die geforderte Dissonanzbewältigung besteht in der eindeutigen Entscheidung für die Unterordnung unter Gott, die eine eindeutige Verpflichtung zu Gottes Willen beinhaltet.[206] Dies kommt einer radikalen Neuorientierung gleich: Weil das Überzeugungs- und Wertesystem zwar beibehalten, aber neu verwirklicht werden muss,[207] lässt sich dieser Entscheidungstyp als normativ klassifizieren.[208] Zur alternativlosen Hinwendung zu Gott, um die Lebenswelt einheitlich zu fundieren, ruft Jak 4,7–10 auf. Dieser Abschnitt ist als Umkehrruf gestaltet, der in seiner Struktur und seinen Motiven zahlreiche Parallelen mit Bußrufen prophetischer Schriften der Bibel aufweist.[209] Wie in prophetischen Texten werden die zur normativen Korrektur notwendigen Handlungen zudem in kultischer Terminologie ausgedrückt: Der defizitbeladene Mensch wird in Jak 4,8 aufgefordert, sich Gott zu nahen (ἐγγίζω), seine Hände zu reinigen (καθαρίζω) und sein Herz zu heiligen (ἁγνίζω).[210]

205 Vgl. Hos 2,7–15^{LXX}; Jer 3,1–3^{LXX}; Ez 16,28–41^{LXX}.

206 Ähnlich auch Wilson, Turning Words, 370.

207 Dem sündigen bzw. nicht ganz auf Gott hin zentrierten Menschen ist ja nach Jak bewusst, worin gut und böse bestehen, bzw. welche Werte er eigentlich umsetzten müsste, wie Jak beispielsweise durch die Rede vom Selbstbetrug (Jak 1,21.26), Selbstwiderspruch (Jak 2,4) und dem Handeln wider besseres Wissen (Jak 4,17) betont.

208 Die Unterscheidung zwischen normativen und existentiellen Entscheidungen bzw. Konflikten geht zurück auf H. Thomae, Konflikt, Entscheidung, Verantwortung. Ein Beitrag zur Psychologie der Entscheidung, Stuttgart 1974, 120–158. G. Theißen hat beide Formen auf religiöse Phänomene angewandt, so dass die Umkehr eine normative Re-Orientierung darstellt, Bekehrung hingegen eine existentielle Umorientierung, da mit den gewohnten Werten gebrochen wird. Vgl. Theissen, Erleben, 203.

209 Vgl. dazu W.T. Wilson, Turning Words: James 4:7–10 and the Rhetoric of Repentance, in: A.Y. Collins/M.M. Mitchell (Hg.), Antiquity and Humanity. Essays on Ancient Religion and Philosophy. Presented to H.D. Betz on his 70th Birthday, Tübingen 2001, 357–382. Thematische und begriffliche Nähe ist zudem zu Spr 3,33–35^{LXX} gegeben (vgl. Bauckham, James, 154), wobei Jakobus Spr 3,34^{LXX}explizit zitiert. Dass es sich um eine Aufforderung zur Umkehr handelt, auch wenn entsprechende griechische Ausdrücke im Jak nicht bebegnen, betonen z. B. auch Johnson, Jas 3,13–4,10, 333; Porter, dipsuchos, 482.

210 Im kultischen Kontext begegnen „sich nahen" (ἐγγίζειν) in Ex 19,21 f^{LXX}; 24,1 f^{LXX}; Lev 21,21^{LXX}; Ps 31,6^{LXX}; 148,14^{LXX}; Ez 43,19^{LXX} u.ö., „reinigen" (καθαρίζειν) in Lev 8,15^{LXX}; 9,15^{LXX}; 12,6 ff^{LXX}; 13,6 ff^{LXX}; Num 8,15^{LXX}; Ps 23,4^{LXX}; 50,2.7.10^{LXX} u.ö., „heiligen" (ἁγνίζειν) in Ex 19,10.14^{LXX}; Num 8,21^{LXX}; 1Chr 15,12.14^{LXX}; 2Chr 29,5 ff^{LXX}; 30,3 ff^{LXX}; 2Makk 1,33^{LXX} u.ö..

Der Appell zur Annäherung an Gott und zur Flucht vor dem Teufel kommt einer Wiederherstellung der ausschließlichen Freundschaft mit Gott gleich;[211] durch die klare Absage an dämonische bzw. irdische Werte[212] kann die innere Einheit des Menschen wiederhergestellt werden. Zugleich setzt die Annäherung an Gott eine Dynamik frei, wonach sich Gott dem Menschen nähert, wie Jak 4,8 ankündigt, so dass von einer reziproken Distanzverringerung gesprochen werden kann.[213] Ursprünglich im kultischen Kontext beheimatet ist die Rede vom Näherkommen hier wohl metaphorisch zu verstehen und meint eine innere Annäherung oder die Imitation Gottes. Dazu gehört auch die Verhaltensaufforderung, Demut zu zeigen sowie Lachen und Freude in ihre jeweiligen Gegenteile zu verkehren (Jak 4,9); hinter diesen Mahnungen verbirgt sich die deutliche Absage an Hochmut und Arroganz.[214]

Wie die Gebote in Bezug auf Gott bzw. den Teufel sind die Verhaltensaufforderungen für die Sünder und die Zweiseeler in Jak 4,8 parallel gestaltet: Die Sünder werden aufgefordert, ihre Hände zu reinigen, was v. a. die Handlungsdimension der Sünde betont, an die δίψυχοι hingegen wird appelliert, ihre Herzen zu heiligen, was auf eine inkorrekte innere Haltung hinweist, die im Sinne des göttlichen Anspruches korrigiert werden muss.[215]

Der im Jakobusbrief zur Umkehr gemahnte defizitäre Christ wird anhand der Ausdrücke ‚Sünder' (ἁμαρτωλός), ‚zweiseelig' (δίψυχος), ‚streitend'/‚illoyal' (διακρινόμενος), ‚unbeständig' (ἀκατάστατος) charakterisiert (vgl. Jak 1,6.8; 4,8). Als semantische Oppositionen zu diesen Lexemen können ‚einfach' (ἁπλῶς), ‚mit Vertrauen / Treue' (ἐν πίστει) und ‚vollkommen'

211 Ein Vergleich mit Jesus Sirach macht deutlich, dass die Forderungen in Jak 4,7–10 (Demut zu zeigen, Gottes Feind zu widerstehen, Gottes Nähe zu suchen und Gottes Hilfe zu erwarten) zur Wiederherstellung einer freundschaftlichen Beziehung durchaus angemessen sind, vgl. Sir 6,12^{LXX}; 12,8 f^{LXX}; 22,22–25^{LXX}; 27,19 f^{LXX}; 29,8 ff^{LXX}; 37,2–6^{LXX}.

212 Vgl. die Forderung in Jak 1,27, sich von Welt „unbefleckt" zu halten, was die Kultivierung konstruktiver, pro-sozialer Affekte ebenso mit einschließt wie die Einsicht, dass Begehrlichkeiten nichtig sind und deren Produkte Vergänglichkeit unterworfen sind, vgl. Jak 1,9–11.27.

213 Vgl. Jak 4,8: „Sucht die Nähe zu Gott, dann wir er sich euch nähern." Die Distanzierung vom Teufel hat einen umgekehrten Folgeeffekt, vgl. Jak 4,7: „Widersteht dem Teufel, dann flieht er von euch." Eine ganz ähnliche Dynamik wird auch in der Schrift „Die Testamente der 12 Patriarchen" beschrieben: Die Hinwendung zu Gott geht mit der Flucht eines bösen Geistes einher (vgl. TestSim III,5); die Flucht vor dem Teufel führt zu dessen Abwendung (vgl. TestNaph VIII,3; TestSim II 3,4; TestIss VII,7). Durch die Zentrierung auf Gott wird die Dianoia leicht und können destruktive Affekte durch gute ersetzt werden (vgl. TestSim III,5 f).

214 Wer sich vor Gott erniedrigt, dem wird in Jak 4,10 Erhöhung verheißen. ‚Erhöhung' ist eine biblisch geläufige Metapher, die im AT häufig u. a. für eschatologische Sicherheit und Heiligkeit steht (vgl. exemplarisch Ps 17,49^{LXX}; 40,10^{LXX}; 112,7^{LXX}).

215 Ähnlich auch Adamson, Epistle, 174 f. Die Zusammenstellung von Hand und Herz, von der Forderung der Kongruität nach innerer Haltung und äußerem Verhalten, ist indes vorchristlich (vgl. Ps 24,4 [23,4^{LXX}]; 73,13 [72,13^{LXX}]; Sir 38,10^{LXX}).

(τέλειος) bestimmt werden (vgl. Jak 1,4–6). Weder der dispositionell gegen Gottes Gebote handelnde Sünder noch der aufgrund seiner inneren Ambivalenz als „Zweiseeler" bezeichnete Mensch – der im Entscheidungsfall bei Ausrichtung seines Strebens auf die gottwidrige Alternative zum Sünder wird – befindet sich auf dem gottgefälligen Weg, so dass für Sünder und Zweiseeler die Notwendigkeit zur qualitativen Verbesserung der psychologischen und ethischen Dimension hervorgehoben wird. Zu dieser Neuausrichtung wird in Jak 4,7–10 sprachlich abwechslungsreich aufgefordert, nämlich insbesondere mithilfe der Verben ‚klagen' (ταλαιπωρέω), ‚trauern' (πενθέω), ‚weinen' (κλαίω), ‚sich erniedrigen / demütigen' (ταπεινόω), sowie der Wendungen ‚sich Gott unterwerfen / nahen' (ὑποτάσσω/ἐγγίζω τῷ θεῷ), ‚dem Teufel widerstehen' (ἀνθίστημι τῷ διαβόλῳ) und ‚die Herzen heiligen' (ἁγνίζω καρδίας). Wer diesen Verhaltensanweisungen folgt, kann innere Einheit statt Gespaltenheit bzw. Dissonanz erreichen.

Die folgende Skizze stellt die Bezüge dieser Wörter und Wendungen in Jak zueinander graphisch dar:

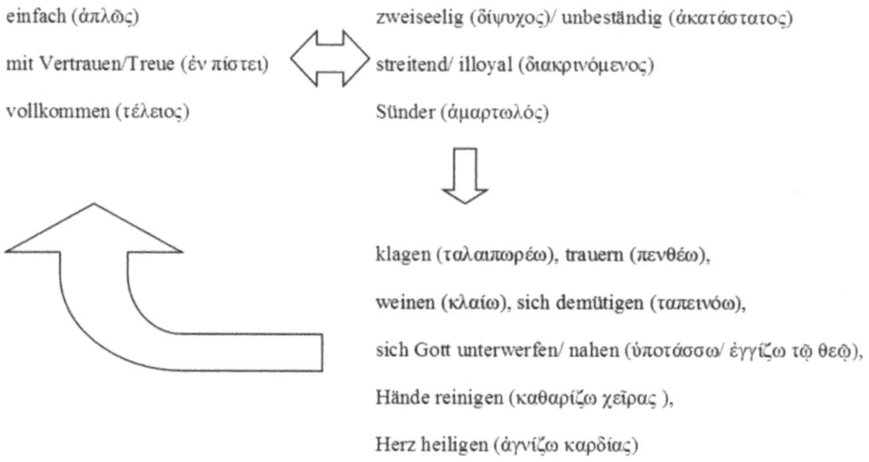

Abb. 14: Dissonanzlösung und Wiederherstellung der inneren Einheit im Jakobusbrief – schematische Darstellung

8. Zusammenfassung und Ertrag

Das Dipsychia-Konzept des Jakobusbriefes betrifft die Essenz des Menschen, wie der Wortstamm ψυχ- in δίψυχος suggeriert. Die mit δίψυχος metaphorisch gemeinten „zwei Seelen" repräsentieren zwei sich ausschließende Wertsysteme, auf die der Mensch in seinem Inneren gleichzeitig gerichtet ist.[216] So kommt die Dipsychia als inneres Dissonanzphänomen zu stehen, das sich auf zwei externe Größen bezieht (Gott und Welt).[217] Aufgrund der den ἀνὴρ δίψυχος auszeichnenden Unbeständigkeit kann diese Dissonanz als dynamisch klassifiziert werden: der ‚zweiseelige' Christ ist weder vollkommen noch gänzlich auf dem Weg der Sünde. Daher entspricht er nicht dem Ideal der Vollkommenheit oder der auch Gott charakterisierenden Einfachheit.[218] Er lässt eine innere Einheit missen, die sich in einer uneingeschränkten Orientierung auf Gott hin sowie einer widerspruchslosen Akzeptanz göttlicher Werte charakterisieren ließe. Sowohl interne als auch externe Auslöser können zu dem Phänomen führen, das sich als Dipsychia manifestiert. Infolge dieser menschlichen Innendissonanz kann es dem Verfasser des Jakobusbriefes zufolge zu sozialen Dissonanzen in der Gemeinde kommen.

Akrasia, Heuchelei und Selbsttäuschung bezeichnen hingegen Innen-Außen-Dissonanzen, insofern das vorhandene Wissen im Inneren des Menschen nicht in entsprechendes Verhalten, das äußerlich beobachtbar ist, umgesetzt wird. Als Sonderfall kann die im Brief thematisierte Selbsttäuschung aufgefasst werden, da der Verfasser dieses Inkongruenzphänomen als eines zu verstehen scheint, bei dem die betroffene Person eine innere Dissonanz bezüglich ihrer Innen-Außen-Dissonanz erfährt.

Alle Dissonanzformen, die im Jakobusbrief Erwähnung finden, beziehen sich auf die Ethik und die Mensch-Gottes-Beziehung gleichermaßen und erscheinen nicht als einmalige, punktuelle Ereignisse, sondern als negativ zu wertende, wiederholte Verhaltensweisen bzw. Einstellungen. Vermutlich greift der Verfasser damit Probleme in seiner Herkunftsgemeinde und in den addressierten Gemeinden seines Rundschreibens auf. Er will aus seiner Sicht not-

---

216 Vgl. ähnlich Paretsky, Two Ways, 322, der äußert, δίψυχος drücke aus, „that the very principle of self and life, the ψυχή is doubled and gives the double-minded a fractured view of the world and God."

217 Dies hat bereits Paretsky, Two Ways, 307, ähnlich gesehen: Das Wort δίψυχος „evokes a world of two-fold external choices to which the man who is divided in soul cannot properly respond." Insofern könnte man dieses Phänomen auch als psychologischen, verinnerlichten Dualismus bezeichnen. Die Wendung „verinnerlichter Dualismus" hat A. di Nola im Hinblick auf entsprechende paulinische Vorstellungen und Aussagen geprägt. Vgl. A. di Nola, Der Teufel. Wesen, Wirkung und Geschichte (ital. 1987), München 1990, 204.

218 Dass die ‚Einfachheit' Gottes (vgl. ἁπλῶς in Jak 1,5) der Dipsychia des Menschen kontextuell gegenübergestellt sind, nehmen z. B. auch an Paretsky, Two Ways, 317; van Kooten, Art. Human Being, 401, an.

wendige Verhaltensänderungen erzielen. Zur Bewältigung empfiehlt er nicht nur kognitive Umwertungen von Urteilen über Prüfungssituationen (in der modernen Psychologie als emotionsbezogenes Coping verstehbar), sondern vor allem eine neue normative, konstante Ausrichtung des Lebens, eine eindeutige Entscheidung für Gott und gegen die dämonische Welt: Durch die Aufforderung zur Umkehr soll der gottgefällige Weg zu Vollkommenheit und ewigem Leben forciert werden.[219] Der Jakobusbrief geht davon aus, dass der Mensch zwar einerseits die Initiative setzen muss und aktiv mithelfen kann, diese Umkehr zu erreichen (durch Heiligung, Reue, Buße etc.), andererseits jedoch auf Gott fundamental angewiesen ist, um innere Einheit bzw. Integrität im Sinne Gottes erreichen zu können. Dazu sind Instanzen nötig, nämlich gute Gaben Gottes: das Wort der Wahrheit (λόγος ἀληθείας), das eingepflanzte Wort und die „Weisheit von oben".[220] Insofern kann in Bezug auf die jakobeische Vorstellung der Kontrollierbarkeit aller Dissonanzphänomene von einem Ansatz gesprochen werden, der autodynamisch und heterodynamisch interdependent zu stehen kommt.

Auch wenn es dem Jakobusbrief zufolge gilt, eigene Fehler zu erkennen und zu bearbeiten sowie die erwähnten diversen defizitären Haltungen und Verhaltensweisen zu korrigieren, trägt das Dipsychia-Konzept doch der Realität Rechnung, dass eine völlige Absage an die Welt bzw. das ideale Christ-Sein eine schwierige Aufgabe darstellt. Anders als die Stoa, die trotz höchster moralischer Ansprüche an jeden Menschen kaum von derer Erfüllbarkeit ausgeht, macht der Jakobusbrief deutlich, dass alle Menschen dem im Brief skizzierten Vollkommenheitsideal entsprechen sollen. Und er begreift dies auch als etwas, das allen Christen zugemutet werden kann – die Voraussetzungen dafür sind allerdings von außen gegeben; der autonome Mensch, der sich nicht in seiner Totalität auf Gott verlässt, dagegen kann dem Anspruch nicht genügen. Wer jedoch seine innere Zweiseeligkeit und seine Wissen-Verhaltens-Inkongruenzen bewältigt, dem sind Freundschaft mit Gott und ewiges Leben verheißen.

---

219 Ähnlich auch Lockett, Structure, 284.

220 Alle diese Größen sind extern gedacht, ihr Ursprung wird Gott zugeschrieben. Weder Wort noch Weisheit gehören zur natürlichen Ausstattung des Menschen (vgl. in Jak 1,21 die Rede vom Einpflanzen). Vielmehr muss das Wort, das die christliche Heilsbotschaft im umfassenden Sinn bezeichnet (so Konradt, Werke, 314), angenommen werden. Geschieht dies, hat dieses Vermögen die Kraft, den Weg zum Heil zu weisen, im Gericht eine Retterfunktion einzunehmen und echte Freiheit zu ermöglichen.

Kapitel VIII: Dissonanz und Einheit im Matthäusevangelium: Der Kleinglaube als Zweifelskonzept

Auch in diesem Kapitel steht die Frage nach der Darstellung menschlicher Dissonanz- und Einheitsvorstellungen im Zentrum. Bringt das Matthäusevangelium überhaupt und wenn ja gar unterschiedliche Auffassungen einer Einheit des Menschen zur Sprache? Welche Auffassungen dissonanten Erlebens und Verhaltens kennt Matthäus? Lässt sich die Wortfamilie ὀλιγόπιστος κτλ. als inneres Dissonanzkonzept bzw. „Zweifelskonzept" klassifizieren oder liegt hier eher ein anders gelagertes anthropologisches Phänomen vor? Letztere Möglichkeit stünde auf den ersten Blick der wörtlichen Bedeutung der Wortfamilie näher, denn die Ausdrücke ὀλιγόπιστος bzw. ὀλιγοπιστία setzen sich aus dem Adjektiv ὀλίγος (‚wenig', ‚klein', ‚gering') und πιστός (‚gläubig', ‚treu', ‚vertrauend') bzw. πίστις (‚Glaube', ‚Vertrauen', ‚Treue') zusammen, weshalb diese Lexeme in der Regel mit ‚kleingläubig' bzw. ‚Kleinglaube' wiedergegeben werden. Ob es sich um eine zutreffende Übersetzung handelt, soll anhand der einzelnen Belegstellen (Mt 6,30; 8,26; 14,31; 16,8; 17,20) in ihrem kontextuellen Umfeld geprüft werden. Dabei sind Synonyme und Antonyme jeweils zu berücksichtigen, um den semantischen Gehalt des Ausdrucks ὀλιγόπιστος bzw. ὀλιγοπιστία präzisieren zu können.

Des Weiteren ist danach zu fragen, ob und wenn ja wie dargestellt wird, was den ‚Kleinglauben' jeweils verursacht. Wird direkt oder implizit zum Ausdruck gebracht wodurch die πίστις jeweils geschmälert wird? Ebenfalls soll ermittelt werden, ob implizit oder explizit beschrieben wird, wie der ‚Kleinglaube' zu überwinden ist, und inwiefern sich der Unglaube einerseits und die Pistis andererseits als oppositionelle Konzepte zum ‚Kleinglauben' verstehen lassen.

Da redaktionskritisch erörtert werden soll, wo die Wortfamilie ὀλιγόπιστος κτλ. in der Gesamtschrift zu verorten ist, ob die Belegstellen sich gegenseitig interpretieren und ob sie aufeinander aufbauen, ist es sinnvoll, die entsprechenden Passagen in der vom Verfasser des Matthäusevangeliums präsentierten Reihenfolge zu exegetisieren. Daran anschließend ist zu skizzieren, welche Adressaten mit dem „Kleinglauben" jeweils gemeint sind.

Anschließend sollen alle Belegstellen in einer Zusammenschau verglichen und aufeinander bezogen werden.[1] Hier sind jeweilige (schriftliche) Vorlagen der Perikopen genauso zu berücksichtigen, wie die jeweiligen Gattungen der Passagen, in denen der Kleinglaube zum Thema wird. Auf die jeweilige geographische Verortung auf der Ebene der erzählten Welt und thematische Verbindungslinien zwischen den Perikopen ist ebenfalls einzugehen.

---

1 Siehe dazu S. 526ff in dieser Arbeit.

Abschließend soll insbesondere untersucht werden, ob der finale Zweifel (Mt 28,17) als letzte „Aktion" der Jüngerfiguren mit dem vorösterlich verorteten Kleinglauben der engsten Vertrauten Jesu in Beziehung steht. Wie ist die knappe Notiz vom Jüngerzweifel zu deuten? Ist sie aus der Tradition erklärbar oder redaktioneller Akzent des Verfassers? Worauf bezieht sich dieses – modern gesprochen – psychologische Phänomen und wodurch ist es ausgelöst? Schlussendlich ist darauf einzugehen, ob der Zweifel am Ende des Evangeliums bestehen bleibt oder als bewältigt dargestellt bzw. aufzufassen ist.

1. Der ‚Kleinglaube' als Resultat falscher Sorge und als Ausdruck einer Infragestellung der Fürsorge Gottes (Mt 6,19–34)

Zum ersten Mal in der griechischsprachigen Literatur überhaupt begegnet das Lexem ὀλιγόπιστος im Neuen Testament (Mt 6,30; Lk 12,28), und zwar innerhalb der Logien von den Gefahren des Sorgens in Mt 6,25–34 par. Lk 12,22–31. Diese „weisheitlich-prophetische Mahnrede"[2] ist der Logienquelle Q zuzuordnen,[3] wurde also wahrscheinlich ursprünglich von judenchristlichen Wanderpredigern im syrisch-galiläischen Raum tradiert.[4] Die Evangelisten Matthäus[5] und Lukas haben die Sprüche vom Sorgen unabhängig voneinander in ihre Erzählwerke eingefügt: Während Lukas sie der Sondergut-Parabel vom reichen Kornbauern folgen lässt, begegnen sie bei Matthäus in der Bergpredigt, und

2 Gnilka, Matthäusevangelium I, 246.

3 Weil der Ausdruck ὀλιγόπιστος sowohl in der lukanischen als auch der matthäischen Fassung der Sorgensprüche begegnet, liegt die Annahme nahe, dass er in diesem Zusammenhang bereits in Q stand.

4 In dieser Arbeit sind die Grundthesen der klassichen Zweiquellentheorie vorausgesetzt. Die Literargeschichte der Spruchquelle Q wird rege und kontrovers diskutiert. Zur Forschungsgeschichte siehe z. B. Kirk, Composition, 1–64. Zu den Einleitungsfragen in Bezug auf die Logienquelle siehe z. B. Heil, Spruchevangelium, 11–75; Zum Wanderradikalismus siehe G. Theissen, Wanderradikalismus. Literatursoziologische Aspekte der Überlieferung von Worten Jesu im Urchristentum, in: Ders., Studien zur Soziologie des Urchristentums (WUNT 19), Tübingen ³1989, 79–105; T. Schmeller, Brechungen. Urchristliche Wandercharismatiker im Prisma soziologisch orientierter Exegese (SBS 136), Stuttgart 1989; M. Tiwald, Wanderradikalismus. Jesu erste Jünger – ein Anfang und was davon bleibt (ÖBS 20), Frankfurt a. M. 2002.

5 Der Verfasser des Matthäusevangeliums ist unbekannt, wurde in der altkirchlichen Tradition aber bald (ca. 125 n. Chr.) dem Zöllner Matthäus aus dem Zwölferkreis zugeschrieben. Nach überwiegender Ansicht der Exegeten entstand das Matthäusevangelium zwischen Mitte der 80er und Anfang der 90er Jahre, und zwar wahrscheinlich in Syrien (vgl. Mt 4,24). Zum Verfasser, zu den Quellen und zur Entstehung des Matthäusevangeliums siehe z. B. Luz, Matthäus I/1, 21–114; Konradt, Matthäus, 17–24. Vermutlich stand die matthäische Gemeinde „in relativ enger geographischer wie personeller Kontinuität zur Q-Gruppe", so Heil, Nachfolge, 81.

zwar innerhalb einer längeren Passage (Mt 6,19–34), die vier Texte aus der Logienquelle umfasst, und die vom Evangelisten zu einer thematischen Einheit zusammengefügt wurden: Die Sprüche vom Schätzesammeln (Mt 6,19–21), das Logion vom Auge als Lampe des Leibes (Mt 6,22–23), die Maxime vom Doppeldienst (Mt 6,24) und die Sprüche vom Sorgen (Mt 6,25–34).[6]

Die Sprüche vom Sorgen wenden sich an den Menschen, der sich um die grundlegenden Bedürfnisse seines Lebens, um Essen, Trinken und Kleidung, Gedanken macht. Die angesprochene Sorge, die indirekt als unnötig dargestellt ist, wird mit dem Verb μεριμνάω zum Ausdruck gebracht, das schon in Q den Text strukturell gliedert.[7] Ein Vergleich zwischen der matthäischen und der lukanischen Version der Sorgenlogien zeigt zunächst, dass beide Evangelisten der (rekonstruierten) Vorlage relativ eng gefolgt sind. Daher ist der Aufbau beider Fassungen analog: Die anfängliche Mahnung, sich nicht um Nahrung[8] und Kleidung zu sorgen (Mt 6,25; Lk 12,22), wird mehrfach begründet. Die erste Begründung macht darauf aufmerksam, dass Leben (ψυχή) und Leib (σῶμα) wichtiger sind als Nahrung und Kleidung.[9] Die vertiefende, zweite und dritte Begründung für die Unnötigkeit der Sorge um materielle Existenzsicherung beinhaltet Aufrufe zum Vergleich mit Naturexempla und weitere rhetorische Fragen (Mt 6,26–27.28–30; Lk 12,24–26.27–28).[10] Innerhalb des zweiten Naturbeispiels, der die Fürsorge Gottes für seine Schöpfung veran-

---

6 Da die Logien vom Schätzesammeln und Sorgen sowohl bei Lukas als auch bei Matthäus sehr nah beieinander stehen, kann angenommen werden, dass beide Einheiten bereits in Q thematisch gruppiert waren. Ob die Sorgenlogien bereits in Q dem Logion vom wahren Schatz vorausgingen oder nachfolgten, wird in der Forschung unterschiedlich beurteilt. Vgl. Hoffmann, Sprüche vom Sorgen, 132. Lukas hat wie Matthäus (6,22f) den Spruch vom Auge aus der Logienquelle übernommen (Lk 11,34–36), stellt ihn jedoch in Verbindung mit dem Spruch vom Licht unter dem Scheffel (Lk 11,33) zwischen die Perikope vom Jonaszeichen (Lk 11,29–32) und die Weherufe über die Pharisäer und Schriftgelehrten (Lk 11,37–54).

7 Zu μεριμνάω als Gliederungsprinzip vgl. Gnilka, Matthäusevangelium I, 245. Die Q-Vorlage der Sorgenlogien lässt sich en detail nicht mehr genau erschließen. Vgl. die Rekonstruktionsversuche von Schulz, Q, 149ff; P. Hoffmann, Der Q-Text der Sprüche vom Sorgen. Mt 6,25–33/Lk 12,22–31 – ein Rekonstruktionsversuch, in: L. Schenke (Hg.), Studien zum Matthäusevangelium, FS f. W. Pesch, Stuttgart 1988, 127–155.

8 Einige gewichtige Textzeugen bieten in Mt 6,25 zusätzlich καὶ τί πίητε bzw. ἢ τί πίητε. Weil vom Trinken andererseits in herausragenden Handschriften nicht die Rede ist, lässt sich die ursprüngliche Version nicht mehr erheben. Für die Aussage der Sorgensprüche ist dieser eventuelle Zusatz jedoch unerheblich.

9 Ψυχή kann als Übersetzung für das hebräische Wort נֶפֶשׁ *(næpæš)* für das Leben und Begehren stehen: Während der Leib charakteristischerweise durch das Bedürfnis nach Kleidung als Außenschutz ins Bild gesetzt wird, ist es die ψυχή, die durch die Begierde nach Nahrung das Leben bzw. das „Innen" des Menschen erhält.

10 Das Zitieren der besorgten Frage ist für den weisheitlichen Mahnspruch typisch, der „oft die Rede als Symptom tieferliegender Haltungen korrigiert". Zeller, Mahnsprüche, 85f.

schaulichenden Forderung zur Nachahmung der Feldblumen,[11] begegnet nun der Ausdruck ὀλιγόπιστος. Trotz teilweise unterschiedlicher Wortfolge können beide Fassungen wie folgt wiedergegeben werden: „Wenn aber Gott schon das Gras so prächtig kleidet, das heute auf dem Feld steht und morgen in den Ofen geworfen wird, wie viel mehr dann euch, ihr ὀλιγόπιστοι?" (Mt 6,30/Lk 12,28). Anschließend wird das Sorgeverbot als Folgerung wieder aufgenommen (Mt 6,31/Lk 12,29), wofür der Hinweis auf das von den „Heiden" (ἔθνη) Erstrebte sowie auf Gottes Fürsorge eine weitere Begründung liefert (Mt 6,32; Lk 12,30). Die Nennung des Gottesreiches als Ziel allen Strebens (Mt 6,33; Lk 12,31)[12] zeigt die richtige Alternative zum Sorgen auf: Darauf läuft die Argumentation des Abschnitts hinaus. Der die Logien jeweils abschließender Satz (Mt 6,34; Lk 12,32) ist matthäisches bzw. lukanisches Sondergut.[13] Während Matthäus noch einmal die Müßigkeit der Existenzsicherung begründet, mahnt Lukas mittels der Zusicherung der Gabe des Gottesreiches zur Furchtlosigkeit.[14]

Eine Strukturanalyse der matthäischen Version lässt erkennen, dass der ὀλιγόπιστος enthaltende Satz (Mt 6,30) an zentraler Stelle positioniert ist. Er bildet die semantische Mitte des Abschnitts und schließt den ersten Argumentationsblock (Mt 6,25b–30) ab. Der Vers Mt 6,30 hebt sich zudem von den restlichen Versen der Sorgenpassage ab, da nur hier die Adressaten direkt angesprochen sind: Jesus bezeichnet sie als ὀλιγόπιστοι. Dieses substantivierte Adjektiv setzt sich aus zwei Lexemen zusammen: aus ὀλίγος (‚klein', ‚gering', ‚schwach') und aus πιστός (‚treu', ‚vertrauend', ‚glaubend'). Dass mit dem in diesem Kompositum enthaltenen Ausdruck πιστός – an den Sprachgebrauch der Septuaginta anknüpfend –[15] Vertrauen gemeint ist, und nicht etwa ein

---

11 Die ‚Blumen' (κρίνα) sind sowohl bei Mt als auch bei Lk überliefert. Welche Blumenart damit ursprünglich gemeint war, ist unklar. Aus der Matthäusversion könnte geschlossen werden, dass hier Feldblumen im Allgemeinen gemeint waren, denn auch die „Vögel des Himmels" im ersten Naturbeispiel sind unspezifisch. Lukas hat mit der Nennung der ‚Raben' an Stelle der Vögel des Himmels in Lk 12,24 vermutlich den Q-Text bewahrt, so auch R.J. Dillon, Ravens, Lilies, and the Kingdom of God (Matthew 6:25–33/Luke 12: 22–31), CBQ 53 (1991), 605–627, hier: 610.613.621; Hoffmann, Sprüche vom Sorgen, 136ff.

12 Redaktionell ist die Zufügung der ‚Gerechtigkeit' bei Matthäus. Nach Zeller, Mahnsprüche, 93, tritt bei Jesus im Vergleich zu weisheitlichen Texten das Reich Gottes an die Stelle von Weisheit und Tora als Ziel des menschlichen Strebens.

13 Vgl. Fiedler, Matthäusevangelium, 178.

14 Zu weiteren Unterschieden zwischen der lukanischen und der matthäischen Version der Sorgenlogien, die sich aus der Redaktions- und Traditionskritik ergeben, siehe z. B. Bazitwinshi, Weisheit, 108–111; Dillon, Ravens, 608–617.

15 Zum Gebrauch von πίστ- in der LXX vgl. z. B. aktuell F. Ueberschaer, Πίστις in der Septuaginta, oder: Der Glaube der Siebzig. Von was spricht die Septuaginta, wenn sie von πίστις schreibt?, in: J. Frey et al. (Hg.), Glaube. Das Verständnis des Glaubens im frühen Christentum und in seiner jüdischen und hellenistisch-römischen Umwelt (WUNT 373), Tübingen 2017, 79–107.

Glaube im Sinne von einem Für-wahr-Halten bestimmter Tatsachen (z. B. die feste Überzeugung an das Kerygma), wird aus dem Kontext ersichtlich: Es geht um das Vertrauen, das man in Gottes Fürsorge setzen soll – als reziprokes Verhalten zu dessen Treue gegenüber seiner Schöpfung.[16] Die Sprüche vom Sorgen fordern also implizit Gottvertrauen (πίστις) – eine zuversichtliche Haltung, die in Mt 7,7–11 erneut zum Thema wird. Davon haben die Angesprochenen aber der Aussage Jesu zufolge nicht genug. Ihnen wird zwar das Vertrauen nicht grundsätzlich abgesprochen, aber sie haben ein Defizit, wie aus dem Kompositumelement ὀλίγος zu erkennen. In der Sorge zeigt sich demnach eine graduelle Abnahme des geforderten Vertrauens, so dass die Gesamtverfasstheit des Menschen ambivalent wird: Einerseits besitzt er ein gewisses (abgeschwächtes) Maß an positiv zu wertendem Gottvertrauen, andererseits ist er zugleich mit negativ konnotierten Sorgen belastet, die das Gottvertrauen in Frage stellen und dem Strebeverhalten der Heiden nahekommen. Daher erscheint eine Übersetzung des Kompositums ὀλιγόπιστος mit ‚kleingläubig', ‚wenig/schwaches Vertrauen habend' naheliegend.

Dass dieser Sinngehalt zutreffend ist, ergibt sich auch aus der Argumentationsstruktur des Abschnitts, der die Lexeme ὀλιγόπιστος und μεριμνάω in einen Zusammenhang stellt, so dass sich beide Ausdrücke gegenseitig interpretieren: Wer sein Leben von Sorgen um zukünftige Existenzsicherung bestimmen lässt, offenbart damit, dass er zu wenig oder zu schwaches Vertrauen darin besitzt, dass Gott sich fürsorglich und treu um seine Geschöpfe und deren grundlegende Bedürfnisse kümmert,[17] und zwar selbst dann, wenn die Schöpfungswerke – wie im Fall der Feldblumen – geringwertig und kurzlebig sind. Die Sorge um Nahrung und Kleidung rückt die betroffene Person in die Nähe der ‚Heiden' (vgl. ἔθνη, Mt 6,32). Identisch mit den ‚Heiden' kommen die Kleingläubigen jedoch nicht zu stehen, denn ὀλιγόπιστος impliziert, dass den Angesprochenen ein gewisses Maß an Vertrauen attestiert wird, das aber mit Defiziten behaftet ist und das Idealmaß noch nicht erreicht hat.

Weil also die Sorge um Nahrung und Kleidung als Ausdruck des Kleinglaubens erscheint bzw. weil das prinzipiell vorhandene Vertrauen durch unnötige Sorgen geschmälert wird, soll nun das Wort μεριμνάω mitsamt seiner kontextuellen Konnotationen näher betrachtet werden. Zunächst ist anzumerken, dass Matthäus dieses Verb besonders wichtig war, denn er hat dessen Gebrauch quantitativ erhöht: Während die Vorlage dieses Leitmotiv wohl vier Mal ent-

---

16 Diese Reziprozität im Kontext von Glaubensaussagen ist bereits in Schriften der hebräischen Bibel grundgelegt, vgl. dazu exemplarisch Klein, Glauben, 55f. Dass die Sorgenverbote zur Zuversicht und zu Gottvertrauen aufrufen wollen, betonen auch Fiedler, Matthäusevangelium, 182; Konradt, Matthäus, 117; Syreeni, Eye, 100; Bazitwinshi, Weisheit, 122.124f u. v. m.

17 Dass der Mensch angesichts der Herrlichkeit der Schöpfung Grund zu Dank und Vertrauen hat, betonen schon Ps 104.147^{LXX}; Sir 42,15–43,33^{LXX} u.m.

hielt, setzt Matthäus es weitere zwei Mal ein (Mt 6,31.34), möglicherweise um die theologische Aussage der Spruchkomposition didaktisch einprägsam zu verstärken. Aufschlussreich ist zudem ein Blick auf die Etymologie der Wortgruppe μέριμνα/μεριμνάω: Das Lexem ist womöglich verwandt mit μερίζω, ‚teilen', ‚zerteilen' bzw. μερίς, ‚Teil', ‚Segment', ‚Anteil'[18] – mit einer Wortfamilie also, die in μέριμνα/μεριμνάω noch zu erkennen ist. Das Lexem könnte also ausgehend von den zugrundegelegten Ausdrücken ursprünglich etwa ‚sich innerlich zerteilen' bedeutet haben. Möglicherweise schwang für Griechischsprachige Menschen bei der Rezeption der Ausdrücke μέριμνα/μεριμνάω eine wie auch immer gelagerte Art von innerer Dissonanz bzw. Gespaltenheit mit – eine Konnotation, die in den deutschen Äquivalenten Sorgen/sorgen nicht erkennbar ist. Allerdings wir das hier mit μεριμνάω anklingende dissonante Erleben auch im Deutschen anhand des synonym zur Sorge verwendbaren Ausdrucks der ‚Beunruhigung' greifbar.[19]

Neben der Dissonanzdimension beinhaltet μεριμνάω einen dezidiert kognitiven Aspekt, wie aus den explizit genannten propositionalen Aussagen (Mt 6,25) und Fragen (Mt 6,31) in Bezug auf materielle Bedürfnisse ersichtlich wird. Zudem weist das thematisierte Besorgt-Sein einen deutlichen Zukunftsbezug auf (vgl. die Erwähnung des ‚morgigen Tages' [αὔριον] in Mt 6,34). Nach Ansicht der modernen Psychologie geht Sorge häufig mit prospektiver Furcht und innerer Unruhe einher und kann negative psychische Konsequenzen zur Folge haben.[20] Diesen Zusammenhang kennt bereits die alttestamentliche Weisheit, so zum Beispiel Spr 12,25^{LXX}: „Sorge (φοβερὸς λόγος) im Herzen bedrückt den Menschen, aber ein freundliches Wort erfreut ihn."[21] Implizit

18 Vgl. die Einträge zu μέριμνα, μεριμνάω, μερίζω sowie μερίς im ‚New Testament Greek Lexikon (New American Standard)', http://www.biblestudytools.com/lexicons/greek/nas/ (Zugriff am 11.03.2015); Vgl. auch Vine, Dictionary, 89, zu μέριμνα: „probably connected with merizō, ‚to draw in different directions, distract,' hence signifies ‚that which causes this', a care, especially an anxious care"; anders Frisk, Wörterbuch Bd. 2, 210; Pisani, Paideia 19 (1964), 116, hält eine Ableitung von μένος (‚Kraft', ‚Leben', ‚Antrieb' o. Ä.) für möglich.

19 Bei Lukas wird diese innere Unruhe nicht nur mittels des Verbs μεριμνάω angedeutet, sondern ist durch einen weiteren Ausdruck sogar sprachlich explizit gemacht. Im Kontext der wiederholten Forderung, sich nicht über Kleidung und Ernährung Gedanken zu machen, begegnet Lk 12,29 nämlich das Verb μετεωρίζομαι, das vermutlich der lukanischen Redaktion zuzuordnen ist (vgl. Hoffmann, Sprüche vom Sorgen, 144). Damit wird der instabile, dissonante Zustand im Inneren der sich Sorgenden illustrativ zur Sprache gebracht: Die Jünger sollen sich nicht „beunruhigen". Zu dieser Übersetzung sowie zum antiken Gebrauch von μετεωρίζομαι κτλ. vgl. C. Spicq, Art. μετεωρίζομαι, TLNT II (1994), 483–485 und Hoffmann, Sprüche vom Sorgen, 143–147.

20 Vgl. Maltby/Day/Macaskill, Psychologie, 868.

21 Übersetzung: Lutherbibel 1984. Im Hebräischen steht דְּאָגָה für ‚Bekümmernis', ‚Sorge'. Spr 12,25^{LXX} hat den in der Sorge liegenden Furchtaspekt in der Übersetzung mit φοβερὸς λόγος hervorgehoben. Mit ταράσσω betonen die Übersetzer die Unnruhe im Herzen, die von der Sorge (φοβερὸς λόγος) verursacht wird. Auch sonst begegnet in der alttestatementlichen

tritt auch in Mt 6,25–34 das Merkmal der ängstlichen Unsicherheit zu Tage, denn wer sich besorgt fragt, womit er sich in Zukunft kleiden und ernähren soll, antizipiert und befürchtet entsprechende Mangelzustände. Die Sorge unterscheidet sich jedoch phänomenologisch von der Furcht dadurch, dass sie keine physische Fluchtreaktion oder psychische Vermeidungsreaktion auslöst, sondern dass sie statisch und ohne Wunsch nach sofortigem Standortwechsel bleibt. Weil der Evangelist keinen konkreten furchtauslösenden Anlass nennt, hebt er mit der mehrfach genannten unnötigen Sorge eher die lähmende Prokrastination hervor. Ihm geht es also um ein Besorgt-Sein um etwas, d. h. um einen negativ erfahrbaren psychischen Zustand, und nicht um das ‚Sorgen für etwas' im Sinne einer positiv konnotierten Fürsorge.[22]

Als Objekte des zu vermeidenden Sorgens sind ausdrücklich die Bekleidung, das Essen und das Trinken genannt.[23] Es geht also vorrangig um biologische Bedürfnisse und Bedürfnisse nach Sicherheit, d. h. es sind v. a. diejenigen Bedarfsmittel angesprochen, die in der von Abraham Maslow entworfenen Bedürfnishierarchie (1970) grundlegend sind. Derartige Bedürfnisse müssen nach Maslows Auffassung zuerst befriedigt werden, bevor Bedürfnisse höherer Ebenen, wie z. B. das Bedürfnis nach Wertschätzung oder nach Selbstverwirklichung, das Handeln einer Person bestimmen können.[24] Gerade mit diesen fundamentalen Existenzsicherungen von Bekleidung und Ernährung sollen sich die Adressaten dem matthäischen Jesus zufolge jedoch nicht beschäftigen. Denn erstens werden Leib und Leben noch höhere Priorität zugeschrieben und zweitens ist die Sicherung der unverfügbaren Zukunft (Leib und Leben) Gott zu überlassen.[25]

Zwei weiterere Aspekte der heutigen psychologischen Forschung sind in Bezug auf die Forderung der Bergpredigt, sich nicht kleingläubig zu sorgen, ebenfalls beachtenswert: Erstens besteht der Nachteil des ängstlichen Besorgtseins darin, dass es von einer übermäßigen Beschäftigung mit sich selbst be-

---

Weisheitsliteratur die Vorstellung, dass das Sorgen um bzw. Streben nach Sicherung der materiellen Existenz den Menschen psychisch und physisch belastet, vgl. Zeller, Mahnsprüche, 87f.

22 Während das Deutsche mit dem Wort ‚Sorge' sowohl die Fürsorge für etwas oder jemanden als auch die ängstliche Besorgnis zum Ausdruck bringen kann, verwendet das Griechische für diese zwei Bedeutungen tendenziell verschiedene Lexeme: ἐπιμέλεια und μελέτη stehen für die Fürsorge, μέριμνα hingegen für die Bekümmernis (φροντίς scheint allerdings sowohl positiv als auch negativ konnotiert zu sein). In der griechischen Antike werden die μερίμναι (‚Bekümmernisse') jedoch nur von den Dichtern thematisiert. In der Philosophie werden Kummer bzw. Leid, der zu ertragen oder überwinden gilt, vornehmlich anhand des Lexems λύπη zur Sprache gebracht. Vgl. Kranz, Art. ‚Sorge', HWP 9 (1995), 1086.

23 Ob vom Trinken (Mt 6,25) schon im zu rekonstruierenden Urtext die Rede war, ist nicht mehr mit Sicherheit zu entscheiden.

24 Zu A. Maslows Bedürfnishierarchie vgl. Zimbardo/Gerrig, Psychologie, 421.

25 Vgl. Mt 6,25.26.30.

gleitet sein kann, „wodurch man Anzeichen und Symptome stärker beachtet und das Gefühl hat, die Zukunft nicht vorhersagen zu können und nicht in der Lage zu sein, sie zu kontrollieren."[26] Es ist nicht auszuschließen, dass das Wissen um diesen Nebeneffekt des Besorgt-Seins im Hintergrund der Forderung steht, zuerst das Gottesreich anzustreben und Gerechtigkeit zu verwirklichen,[27] statt sich wie die Heiden, denen es an Vertrauen zu Gott mangelt, egozentrisch auf die Sicherung äußerlicher Bedarfsgüter zu konzentrieren.[28] Wer die Prioritäten richtig setzt, dem wird von Jesus verheißen, dass Gott „dies alles hinzugeben wird", d. h. die fundamentalen Bedürfnisse gewährt, weil er weiß, dass sie für den Menschen notwendig sind (vgl. Mt 6,32f).[29] Zweitens hat die mit Angst einhergehende Sorge aus Sicht der Psychologie einen Nutzen für das Individuum, da sie es uns ermöglicht, vorauszuplanen und Vorbereitungen für eventuelle Bedrohungen zu treffen.[30] Unser Text thematisiert die Nützlichkeit eines solchen Planens in Richtung Zukunft nicht; es wird vielmehr mit dem Hinweis auf Gottes Fürsorge ausdrücklich abgelehnt.[31] Das Planen für das „Morgen" ist Zeichen eines ‚Kleinglaubens', eines defizitären Vertrauens in Gottes fürsorgliches Handeln am Menschen. Für Jesus steht die Weiterver-

---

26 Maltby/Day/Macaskill, Psychologie, 868.

27 Gerechtigkeit (als Verhalten / Eigenschaft des Menschen) im biblischen Sinne des Wortes meint v. a. barmherziges Handeln am Mitmenschen aufgrund der Orientierung am Willen Gottes (vgl. S. Fischer, Art. Gerechtigkeit / Gerechter / gerecht (AT), in: Das wissenschaftliche Bibellexikon im Internet [https://www.bibelwissenschaft.de/de/stichwort/19316/ , abgerufen am 12.12.2016]; vgl. auch Mt 23,23). Im Gegensatz zu Jesus und Johannes dem Täufer, die bereits die ‚ganze Gerechtigkeit' erfüllt haben (vgl. Mt 3,15), müssen die Jünger erst noch danach streben. In den auf Q basierenden Sprüchen Mt 5,38–48 sind alle drei Gerechtigkeitstypen zu finden, die schon Aristoteles unterschieden hat: die distributive Verteilungsgerechtigkeit, die kommutative Tauschgerechtigkeit und die korrektive Gerechtigkeit durch Gerichtsurteil. Im Gegensatz zu der philosophischen Auffassung weisen die entsprechenden Jesuslogien jedoch eine Verschiebung bedeutender Implikationen des Gerechtigkeitsverständnisses auf, insofern beispielsweise von Kompensation und Ausgleich abgesehen werden soll. Dieses Verzichtgebot hat möglicherweise eine gemeinschaftsstabilisierende Funktion in der Urgemeinde gespielt, Vgl. D.L. Krebs, The Evolution of a Sense of Justice, in: J.D. Duntley / T.K. Shackelford (Hg.), Evolutionary Forensic Psychology: Darwinian Foundations of Crime and Law, New York 2008, 229–245; Kazen, Emotionen, 299–306.

28 Die Vorstellung, dass das Streben der „Heiden" allein auf Nahrung und Kleidung gerichtet ist, begegnet auch im Aristeasbrief, Arist 140f.

29 Im Hintergrund steht die Auffassung, dass der Mensch sich nicht selbst erhält, sondern erhalten wird. Deshalb ist jenes Sorgen unnötig, das das Leben hinsichtlich der Zukunft sichern will, als ob es der Mensch in seiner Verfügung hätte. Zur alttestamentlichen Vorstellung, dass derjenige keinen Mangel leiden wird, der auf Gott vertraut, siehe z. B. Ps 23,1 [22,1^{LXX}].

30 Vgl. Butcher/Mineka/Hooley, Psychologie, 254.

31 Als ursprünglicher ‚Sitz im Leben' dürfte hier noch der Wanderradikalismus erkennbar sein.

breitung seiner Lehre und der Aufbau einer neuen Gemeinschaft derart im Vordergrund, dass alles andere als zweitrangig zu betrachten ist.

Die postulierte Grundlosigkeit des Besorgt-Seins wird – wie bereits kurz erwähnt – durch zwei Naturbeispiele illustriert. Aus dem Betrachten der Vögel, die weder säen, noch ernten, noch sammeln und der Feldblumen, die sich ebenfalls nicht ‚abmühen' (κοπιάω), könne man lernen, dass sich Gott fürsorglich um seine Schöpfung kümmert, vor allem um den Menschen, der nach den Worten Jesu noch mehr wert sei als die Flora und Fauna.[32] Die Forderung, durch Beobachtung zu lernen, ist in der modernen sozial-kognitiven Lerntheorie als Modelllernen oder als Lernen durch Nachahmung bekannt.[33] Dieser lerntheoretische Ansatz liegt vor, wenn die Kenntnis eines Modells genutzt wird, um das eigene Verhalten zu modulieren. Indem Jesus auf die Vögel und Blumen verweist, bietet er also Vorbilder für die Verhaltensmodifikation der Adressaten an und macht durch die Forderung, sich den Modellen entsprechend nicht um materielle Bedarfsgüter in der Zukunft zu sorgen, zugleich deutlich, dass er von der Möglichkeit einer bewussten Veränderung des Vertrauensdefizits ausgeht.

Interessant ist im Hinblick auf die Thematik der Sorge eine textkritische Variante zu Mt 6,28, die im urspünglichen Text des Codex Sinaiticus bezeugt ist: Statt αὐξάνουσιν steht hier οὐ ξένουσιν (= Itazismus von ξαίνουσιν),[34] d. h. hier würde es nicht um das Wachsen (αὐξάνω) der Blumen gehen, sondern um die Aussage, dass die Blumen nicht die Wolle „krempeln" (ξαίνω). Neben grammatischen[35] und stilistischen[36] Gründen spricht m. E. auch die semantische Nähe des Verbs ξαίνω zu den beiden folgenden Verben des Teilverses (κοπιάω, ‚sich abmühen' und νήθω, ‚spinnen') dafür, dass οὐ ξένουσιν sogar auf eine sehr alte Überlieferungsstufe verweist, d. h. dass diese Variante ursprünglicher als

32 Auch Mt 10,29–31 betont, dass Gottes besondere Sorge dem Menschen gilt.

33 A. Bandura, Sozial-kognitive Lerntheorie, Stuttgart 1979; Ders., Aggression, Eine sozial-lerntheoretische Analyse, Stuttgart 1979. Eine knappe Zusammenfassung dieses lerntheoretischen Ansatzes findet sich bei Zimbardo/Gerrig, Psychologie, 225–227.

34 Die erste Korrektorengruppe des Codex Sinaiticus änderte diese Lesart um in αὐξάνουσιν οὐ κοπιῶσιν οὐδὲ νήθουσιν. Eventuell weist zudem der Papyrus Oxyrhynchus (P. Oxy 655 Ia) darauf hin, dass ξαίνω und nicht αὐξάνω in der Vorlage von Mt 6,28=Lk 12,27 stand, vgl. dazu T.C. Skeat, The Lilies of the Field, ZNW 37 (1938), 211–214. Seit den Funden von Nag Hammadi ist gesichert, dass es sich bei P. Oxy 655 um eine griechische Version von EvTh 36 handelt, vgl. exemplarisch Robinson/Heil, Zeugnisse, 36.42; Schröter, Überlieferung, 265 f.

35 So bereits Skeat, Lilies, 212.

36 Das Nicht-Krempeln der Wolle (Krempeln ist eine vorbereitende Arbeit für den Spinnvorgang) passt viel besser in den Kontext als das Wachsen der Blumen: Die drei negierte Prädikate in Bezug auf die Blumen würden der dreigliedrigen Beschreibung der Tätigkeiten der Vögel entsprechen.

Q 12,27 ist.[37] Denn das in seiner wörtlichen Bedeutung selten belegte Verb ξαίνω kann in übertragener Bedeutung sogar Irritation und Besorgnis zum Ausdruck bringen![38] Es ist m. E. nicht auszuschließen, dass solche Konnotationen ursprünglich intendiert gewesen sind, als das Logion verschriftlicht wurde. Insofern könnte der Hinweis auf die Unbesorgtheit der Feldblumen die Ablehnung der menschlichen Sorge noch verstärken.

Aus den bisherigen Beobachtungen lässt sich schließen, dass Jesus die Sorge um zukünftige materielle Absicherung missbilligt, weil sie den Vorbildern der Natur widerspricht, und weil sie kognitiv und affektiv derart befangen macht, dass die dringlichen Aufgaben, sich für Gerechtigkeit und das Gottesreich einzusetzen, nicht bewältigt werden können.[39] Die Nennung der Gerechtigkeit (δικαιοσύνη) ist matthäische Akzentsetzung und weist zurück auf die ‚bessere Gerechtigkeit' in Mt 5,20. Daraus ergibt sich die Aussage, dass der Kleinglaube dabei im Wege steht, diese bessere Gerechtigkeit zu verwirklichen. Diese ist aber zusammen mit einem ganzheitlichen, vollkommenen (und eben nicht nur schwachen) Vertrauen zu Gott Voraussetzung für die Realisierung der βασιλεία Gottes.[40] Der Kleingläubige erfüllt den impliziten Aufruf der Sorgensprüche, „sich mit ganzem, ungeteilten Herzen auf Gott zu verlassen" also nicht.[41]

Als Zwischenfazit lässt sich festhalten: Weil es in den Sprüchen vom Sorgen um die Frage nach der „Grundausrichtung der Lebensführung" geht,[42] werden eine Reihe von sich ausschließenden Alternativen genannt oder impliziert, die zu einer klaren Entscheidung zwischen den Optionen auffordern:[43]

---

37 Dafür votieren z. B. J.M. Robinson/C. Heil, Zeugnisse eines schriftlichen, griechischen vorkanonischen Textes: Mt 6,28b א*, P.Oxy. 655 I,1–17 (EvTh 36) und Q 12,27, ZNW 89 (1998), 30–44; D. Jongkind, ‚The Lilies of the Field' Reconsidered: Codex Sinaiticus and the Gospel of Thomas, NT 48/3 (2006), 209–216. Dagegen spricht sich beispielsweise aus J. Schröter, Vorsynoptische Überlieferung auf P.Oxy. 655? Kritische Bemerkungen zu einer erneuerten These, ZNW 90 (1999), 265–272. Siehe aber die Replik seitens Robinson/Heil auf die Kritik Schröters an ihrem Aufsatz aus dem Jahr 1998: J.M. Robinson/C. Heil, Noch einmal: Der Schreibfehler in Q 12,27, ZNW 91 (2001), 113–122.

38 Vgl. Liddell/Scott, s.v. ξαίνω. In Josephus, ant. 1.1.4 steht das Verb sogar synonym zur Sorge (φροντίς).

39 Vgl. auch Mt 13,22, wo innerhalb der Auslegung des Sämanngleichnisses die Sorge (μέριμνα) und der Reichtum als Erstickungsursachen des ‚unter die Dornen gesäten' Wortes begegnen. Das ‚Fruchtbringen' wird dadurch verhindert.

40 Vgl. Mt 5,20; 7,21.

41 Schweizer, Matthäus, 104.

42 Schneider, Lukas 3/2, 284; Ähnlich auch Hoffmann, Sprüche vom Sorgen, 141.

43 ‚Vertrauensglaube' und ‚Unglaube' sind lediglich implizierte Größen; ‚heute' ist ebenfalls gedanklich zu ergänzen. Diese Ausdrücke sind daher kursiv hervorgehoben.

Gott (θεός)	↔	Heiden (ἔθνη)
Seele (ψυχή)		essen (ἐσθίω), trinken (πίνω)
Leib (σῶμα)		sich kleiden (ἐνδύω)
Reich Gottes (βασιλεία)/Gerechtigkeit (δικαιοσύνη)		Nahrung (τροφή)/Kleidung (ἔνδυμα)
heute (σήμερον)		morgen (αὔριον)
Vertrauensglaube (πίστις)		*Unglaube (ἀπιστία)*

Abb. 15: Schematische Darstellung der Entscheidungsalternativen nach Mt 6,25–34

Der sich unnötigerweise sorgende Kleingläubige ist keiner der beiden Seiten eindeutig zuzuordnen. Aufgrund seines prinzipiell vorhandenen, aber unzureichenden Vertrauens kommt er weder völlig auf der Seite der Heiden/des Unglaubens zu stehen,[44] noch weist er das geforderte Maß an Gottvertrauen auf. Er hat noch nicht die Fortschrittsphase erreicht, in der er seine Energie ausschließlich für das Heute einzusetzen vermag, für die Umsetzung der Gerechtigkeit und des Gottesreiches. Andererseits unterscheidet er sich von den Heiden dadurch, dass er nicht ausschließlich nach Nahrung und Kleidung trachtet, sondern sich lediglich darum besorgt. Zugleich hat der Kleingläubige die höhere Relevanz von göttlich verfügtem Leib und Leben im Vergleich mit Nahrung und Kleidung noch nicht erfasst. Er vertraut und misstraut Gott zugleich: Eine Haltung, die aufgrund ihrer Unentschiedenheit vom Bergprediger klar abzulehnen ist.

Im Folgenden soll erörtert werden, inwiefern der weitere Kontext, in dem die Sprüche vom Sorgen stehen, zusätzliche Rückschlüsse auf das matthäische Verständnis des Ausdrucks ὀλιγόπιστος zulässt. Dabei ist zu berücksichtigen, ob impliziert gefordert wird, diese als Defizit zu verstehende Haltung auszubalancieren.

Für Matthäus stehen die Warnungen vor Sorge und Kleinglaube in einem Zusammenhang mit den Logien vom Schätzesammeln, vom Doppeldienst und vom Auge, denn die dort enthaltenen Aussagen und Mahnungen werden mit Mt 6,25–34 begründet, wie aus der Wendung διὰ τοῦτο λέγω ὑμῖν in Mt 6,25 deutlich wird. Da auch die Spruchеinheiten vom Schätzesammeln, vom Doppeldienst und vom Auge jeweils unvereinbare Alternativen zur Sprache bringen, kann vermutet werden, dass der Kleingläubige mit seinen Sorgen, die einer zumindest momentanen Infragestellung der göttlichen Fürsorge gleichkommen, ebenfalls keiner der jeweiligen beiden Pole eindeutig zuzuordnen ist. Um diese Annahme zu prüfen, sollen nun die drei den Sorgensprüchen vorgeordneten Themeneinheiten (Mt 6,19–24) betrachtet werden.

44 Nach Bazitwinshi, Weisheit, 113, sind mit den „Heiden" diejenigen gemeint, die „überhaupt nicht glauben".

Das Logion vom Doppeldienst (Mt 6,24)[45] und die Sprüche vom Sorgen sind schon durch ihre inhaltliche Nähe eng miteinander verzahnt: Wenn Jesus in Mt 6,24 äußert, dass man Gott und dem ‚Mammon' (d. h. dem irdischen Besitz/Vorrat, der dem Menschen zum Götzen wird)[46] nicht gleichzeitig dienen kann, fordert er zu einer klaren Absage an weltliche Lebenskriterien und zu einem totalen Einsatz aller Tatkraft für Gott auf. Die Logien vom Sorgen mahnen ebenfalls zu einer vollständigen Hingabe des Menschen für den Bereich Gottes (für seine βασιλεία und für Gerechtigkeit) und warnen vor einem Streben nach irdischen Belangen. Wie die Sprüche vom Sorgen das Setzen klarer Prioritäten einfordert (Leib und Leben sowie Gerechtigkeit und Gottesreich müssen wichtiger sein als das Trachten nach Kleidung und Nahrung), so impliziert das Sprichwort von der Unmöglichkeit, zwei Herren zu dienen, ebenfalls, dass bei dem Vorhandensein von zwei Größen, denen man sich unterwerfen kann, eine eindeutige Entscheidung zwischen diesen Alternativen gefällt werden muss.[47]

Wie diese selbstbestimmte Entscheidung für eine einzige Leitorientierung vorzunehmen ist, hat Jesus bereits vor seiner ersten Verkündigungsrede demonstriert: In der Erzählung von der Versuchung Jesu (Mt 4,1–11; vgl. den Gebrauch von πειράζω in V.1.2) scheitert der Teufel wiederholt daran, den Gottessohn für sein diabolisches Ansinnen einzuspannen und ihn zur Proskynese vor ihm zu bewegen. Selbst das Angebot schrankenloser Macht und materieller Fülle prallt an Jesus ab. In Folge des geäußerten Schriftzitats, dass allein Gott anzubeten und zu dienen sei (vgl. Dtn 6,13f^{LXX}; 10,20^{LXX}), vermag er den Teufel schließlich zur Aufgabe seiner Unterwerfungsforderung zu veranlassen.

---

45 Das Logion vom Doppeldienst Mt 6,24 par. Lk 16,13 entstammt nach übereinstimmender Ansicht der Forschung der Spruchquelle Q. Als selbständige Überlieferung begegnet es auch im koptischen Thomasevangelium (CPG 1181) aus Nag Hammadi (Cod II 2), log. 47, wobei der zum ursprünglichen Logion gehörende Satz „Niemand kann Gott dienen und dem Mammon" ausgelassen ist: „Jesus sagte: Es ist nicht möglich, dass ein Mensch zwei Pferde besteigt, (noch dass) er zwei Bögen spannt; und es ist nicht möglich, dass ein Diener zwei Herren dient, es sei denn, er ist ehrerbietig gegenüber dem einen, und den anderen verhöhnt er." (Übers. nach B. Blatz, Das koptische Thomasevangelium, 107). Der Verfasser des zweiten Clemensbriefes hat das Q-Logion vom Doppeldienst teilweise aufgenommen, jedoch von der Besitzthematik getrennt und stattdessen in den Zusammenhang mit zwei sich ausschließenden Äonen gestellt, vgl. 2Clem 6,1. Dass sich die Deutungen von Mt 6,24 par. Lk 16,13 in der altkirchlichen Tradition ebenfalls verschoben haben zeigt in einem Überblick H.C. Brennecke, ‚Niemand kann zwei Herren dienen'. Bemerkungen zur Auslegung von Mt 6,24/Lk 16,13 in der Alten Kirche, ZNW 88 (1997), 157–169.

46 Der ‚Mammon' wird durch die Identifizierung als möglicher „Herr", dem man dienen kann, als Personifikation deutlich. Falls μαμωνᾶς das aramäische Substantiv wiedergibt, das von der Wurzel אמן abgeleitet ist, bezeichnet es das, worauf man vertraut. Bevorzugt man die Ableitung von der Wurzel מון, dann meint μαμωνᾶς die ‚Nahrung', die ‚Verpflegung', den ‚Vorrat', vgl. Rüger, Mamonas, 130f. Durch diese Interpretation wird die Zusammenstellung von Mammondienst und Ernährungssorge plausibel. Zu den Ableitungsmöglichkeiten siehe Hauck, Art. μαμωνᾶς, ThWNT 4 (1942), 390, Anm. 2.

47 Vgl. auch Schweizer, Matthäus, 104.

Jesus erscheint insofern für den impliziten Leser als Vorbild einer exklusiven Wahl eines einzigen Herrn, und dies, ohne dass zuvor ein etwaiger innerer Konflikt Jesu zu Tage tritt. Jesus fungiert insofern als Exemplum und fordert die Abkehr vom teuflischen Besitzstreben nun als fundamentalen Bestandteil seiner Lehre.

Dass niemand zwei Herren dienen kann wird in Mt 6,24 durch eine doppelte kontradiktorische Gegenüberstellung erlebens- und verhaltensrelevanter Phänomene begründet:[48] Als erstes Element der chiastisch strukturierten Begründung werden Liebe und Hass als einander ausschließenden Größen in Bezug auf ein und dasselbe Bezugsobjekt genannt. Der zweite Teil des Chiasmus nennt ἀντέχω (‚sich halten an', ‚festhalten an') und καταφρονέω (‚missachten') als Möglichkeiten, die gleichfalls in Bezug auf ein Objekt unvereinbar sind. Durch dieses oppositionelle Paar von Verben ist angezeigt, wie der erste Chiassussatz zu verstehen ist:[49] Beim Lieben und Hassen stehen weniger die Affekte als solche im Mittelpunkt. Vielmehr geht es um die jeweils dahinter stehende, den ganzen Menschen betreffende Bewertung und Orientierungsfunktion des möglichen Bezugsobjektes: Positiv gewertete Zuneigung geht mit einer das Distanzminimum aufrechterhaltenden Positionierung einher, während Aversion negative Kognitionen umfasst. Durch die Kontrastivität der Formulierungen wird die Forderung nach einer eindeutigen Entscheidung für eine lebensbestimmende Maxime intensiviert.

Nur dem einen Herrn, nämlich Gott, zu dienen, ist die Grundforderung des Judentums, wie sie besonders deutlich im ersten Gebot des Dekalogs formuliert ist.[50] Gott als eifersüchtiger Gott duldet keinen anderen neben sich und fordert vom Menschen eine Orientierung an seinem Willen, der alle Dimensionen des Menschen einschließt, wie das Sch^{e}ma Israel (Dtn 6,4bf^{LXX}) illustriert: „Höre, Israel! Der Herr, unser Gott, ist ein Herr. Und du sollst den Herrn, deinen Gott, lieben von ganzem Herzen (ἐξ ὅλης τῆς καρδίας), von ganzer Seele (ἐξ ὅλης τῆς ψυχῆς) und mit aller deiner Kraft (ἐξ ὅλης τῆς δυνάμεώς σου)."[51] Nicht nur in der Forderung nach einer unzweideutigen Entscheidung für Gott und gegen den Mammon zeigt sich, dass der matthäische Jesus diese alttestamentliche Alleinverehrung Gottes ebenfalls verlangt. Auch das Sch^{e}ma Israel hat Matthäus als Zentralforderung (neben dem Gebot der Nächstenliebe) übernommen, wobei er an Stelle der ‚ganzen Kraft' den ‚ganzen Verstand' (ἐν

48 Vgl. die kausale Partikel γάρ als Signal für die folgende Begründung.

49 Auch Grundmann, Mammon, 161, geht davon aus, dass der zweite Satz der chiastischen Begründung den ersten Satz interpretiert.

50 Vgl. Ex 20,3; Dtn 5,7. Vgl. dazu z. B. auch 1Sam 7,3, wo wird die Rettung des Menschen vom exklusiven Dienen Gottes abhängig gezeichnet ist.

51 Züricher Übersetzung.

ὅλῃ τῇ διανοίᾳ) setzt, und damit die kognitive Ebene des Ausgerichtetseins auf Gott eigens hervorhebt.[52]

Weil das Syntagma διὰ τοῦτο λέγω ὑμῖν in Mt 6,25 mitsamt des folgenden Abschnitts eine Begründung für das Logion vom Doppeldienst darstellt, und V.24 daher als Leseanweisung für die mahnenden Worte gegen das Sorgen zu verstehen ist, kann man die Aussagen beider Sprucheinheiten aufeinander beziehen: Insofern erweist sich der Kleingläubige durch seine uneindeutige Haltung (gewisses, aber unzureichendes Maß an Vertrauen und Sorgen um „heidnische" Belange) als jemand, der diesen abzulehnenden Doppeldienst versucht: Er will Gott und dem Mammon zugleich dienen.

Zugleich interpretiert das Logion vom Doppeldienst die vorausgehenden Verse über das Schätzesammeln (Mt 6,19–21), die bei Matthäus als antithetischer Parallelismus mit betonter Schlusssequenz begegnen:[53] Wer auf Erden vergängliche Vermögen anhäuft, die durch Motten, Rost und Diebe dem Verfall bzw. Verlust preisgegeben sind, statt Schätze im Himmel zu erwerben, beweist durch sein Verhalten, dass er sein Herz, sein Personzentrum, an den ‚Mammon' hängt.[54] Problematischer noch als die Vergänglichkeit der irdischen Schätze ist das Eingenommen-Sein des Herzens von den materiellen Objekten der Begierde, die den exklusiven Gottesdienst sabotieren: „Denn wo dein Schatz ist, da ist auch dein Herz (Mt 6,21)." Insofern fordern die Sprüche vom Schätzesammeln zu einer inneren Freiheit vom Besitz auf. Diese ermöglicht, dass man sein Herz an Gott hängt, sein Personzentrum also im Vertrauen auf Gottes Güte gänzlich auf Gott hin ausrichtet, was wiederum unverzichtbarer Bestandteil der Jesusnachfolge ist.[55] Bezieht man diese Kerngedanken

52 Vgl. Mt 22,37. Diese Änderung hat vermutlich zwei Ursachen: Erstens war das Herz im Frühchristentum wohl nicht mehr so eindeutig Sitz (auch) kognitiver Funktionen wie in altisraelitischer Zeit und zweitens beeinflusste die kognitiv geprägte Kultur Griechenlands die Autoren des Mittelmeerraumes. Vgl. Theissen, Erleben, 61f; ders., Doppelgebot, 60f. Auch Mk und Lk heben die Alleinverehrung Gottes mittels des Sch^{e}ma Israel hervor, bieten jedoch eine Vierzahl an Seelenvermögen (Herz, Seele, Kraft und Verstand), vgl. Mk 12,30; Lk 10,27 (Mk 12,33: Herz, Einsicht, Kraft).

53 Zur formalen Bestimmung vgl. Pesch, Exegese, 366. Der Q-Bestand des Logions vom Schätzsammeln ist umstritten (vgl. dazu Lk 12,33–34). Die matthäische Version könnte näher an der Q-Vorlage zu stehen kommen, denn vermutlich ist Lk 12,33a redaktionell, siehe Zeller, Mahnsprüche, 77.

54 Schon Ben Sira warnt vor der zerstörerischen Macht von Geld und Besitz, die das Herz des Einzelnen vom rechten Weg führen kann (Sir 8,2^{LXX}). Belege für die altorientalisch-weisheitliche Kenntnis der Gefahr, die von Reichtum ausgeht, bei Zeller, Mahnsprüche, 80.

55 Zwar begegnet das Stichwort ‚Nachfolge' in der Bergpredigt selbst nicht; aber dass Besitzaufgabe und Zuwendung zu den Armen zur Nachfolge gehört, Voraussetzung für Vollkommenheit und den Eingang in das Gottesreich darstellt, sowie einem ‚Schatz im Himmel' gleichkommt, wird in der Erzählung vom Reichen Jüngling (Mt 19,16–30) hervorgehoben. Vgl. dazu auch das Doppelgleichnis vom Schatz im Acker bzw. vom Fund der Perle Mt 13,44–

auf die Sprüche vom rechten Sorgen, könnte folgender Zusammenhang als Schlussfolgerung gezogen werden: Der Kleingläubige demonstriert durch sein partielles Vertrauen in Gott und sein sich in Sorgen um zukünftige Existenzsicherung ausdrückendes Misstrauen Gottes Fürsorge gegenüber, dass er sein Herz weder ganz an Gott hängt, noch völlig auf irdische Bedarfsgüter richtet.

Zwischen dem Spruch vom Schätzesammeln und dem Logion vom Doppeldienst hat Matthäus das Logion vom Auge als Licht des Leibes (Mt 6,22–23) gesetzt.[56] Es lässt sich als Bildwort klassifizieren, dessen Anwendung jedoch nicht expliziert wird und daher zu erschließen ist.[57] Dass auch dieses Logion, das die menschliche Gesamtverfassung von der Qualität des Auges abhängig zeichnet,[58] zur Thematik der drei umrahmenden Abschnitte passt, ergibt sich erst aus einer Reihe von Beobachtungen. Erstens ist zu beachten, dass in biblischer Tradition sowohl Herz als auch Auge für die Gesamtperson stehen können.[59] Beide Körperteile repräsentieren das, was Bruce Malina als „core personality" bezeichnet hat:[60] Sie stehen für die menschliche Innen- und Außenseite, bzw. für das wahre Selbst der Person sowie für die Möglichkeit, die Umwelt richtig zu erkennen und zu deuten und daraus gottgefällige Verhaltensweisen aus dem Verhaltensrepertoire abzuleiten. Die mit dem Auge

---

46, das u. a. verdeutlicht, dass „das Angebot des Gottesreiches volle Hingabe auslösen kann und muß", Zeller, Mahnsprüche, 92.

56 Ein Vergleich mit der Parallele in Lk 11,34–36 verdeutlicht, dass der Grundbestand bereits in der Logienquelle fixiert war (siehe Bultmann, Geschichte, 91). Zu den wichtigsten Unterschieden zwischen der matthäischen und der lukanischen Version siehe C. Edlund, Das Auge der Einfalt. Eine Untersuchung zu Matth. 6,22–23 und Luk. 11,34–35, Uppsala 1952; Elliott, Parable, 55.

57 Vgl. Strecker, Bergpredigt, 137.

58 Mt 6,22–23: „Das Auge ist das Licht des Leibes (logieneinleitende Behauptung). Wenn dein Auge ἁπλοῦς ist, so wird dein ganzer Leib licht sein (positive Folgerung). Wenn aber dein Auge πονηρός ist, so wird dein ganzer Leib finster sein (negative Folgerung). Wenn nun das Licht, das in dir ist, Finsternis ist, wie groß wird dann die Finsternis sein (Schlussaussage)!" Hier kommt gewissermaßen ein Aspekt biblischer „Erkenntnistheorie" zur Sprache: Die Vorstellung des Auges als aktiver Lichtquelle, die nicht nur rezeptiv von außen kommendes Licht verarbeitet, sondern es selbst spendet, weist auf eine in der Antike verbreitete Überzeugung hin (beispielsweise bei Empedokles, aber vgl. auch Sach 4,10 und 2Hen 42,1), nach der das Sehen als ein „aktives Ausleuchten des Gesehenen" verstanden wird. Vgl. dazu Edlund, Auge, 27, Anm. 1. Ein derartiges aktives Verständnis der visuellen Wahrnehmung korrespondiert mit der auch sonst im MtEv verwendeten Lichtmetaphorik, die den Gedanken der Jesusnachfolge als lichtbringende Verbreitung der Jesusbotschaft fasst. Vgl. Mt 5,14.16; 10,27; 25,1–13, sowie Theissen, Erleben, 71.

59 Matthäus knüpft insofern an das biblisch-hebräische Menschenbild an, als für ihn ein Körperteil den ganzen Menschen vertreten kann. Vgl. dazu S. 68 der vorliegenden Arbeit.

60 Vgl. Malina, New Testament World, 61. Gerade Augen und Herz offenbaren nach atl. Aussagen die Innenseite einer Person (vgl. Jer 24,6^{LXX}; Am 9,4^{LXX}; Dtn 15,9^{LXX}; 28,54.56LXX; Sir 14,8^{LXX}; 35,7.9^{LXX} u. v. m.). Die Zusammenstellung von Herz und Auge, die auf Abwege geraten können, kennt auch 1QS V,4f.

oder dem Herz verbundene Symbolik ist daher nicht selten austauschbar.[61] Zweitens begegnen Auge und Herz in Verbindung bereits in biblischer Tradition.[62] In Mt 5,8, Mt 5,28 und Mt 13,15 stellt Matthäus die Verbindung beider Körperteile explizit her und unterstreicht dadurch die Relevanz der Zusammengehörigkeit beider Größen.[63] Weshalb das Logion vom Auge auf das Logion vom Schatz im Herzen bezogen ist, wird drittens deutlich, wenn man den Bedeutungsgehalt der einen Gegensatz ausdrückenden Adjektive ἁπλοῦς und πονηρός in Mt 6,22–23 beachtet. Zur Bedeutungsklärung von πονηρός könnte ein Blick auf den Topos vom ‚bösen Auge' im Sirachbuch und in Mt 20,15 weiterhelfen: Wo bei Ben Sira vom wechselhaften/unruhigen (μετεωρισμός) Auge die Rede ist, weist der Kontext auf affektive Beunruhigung hin, die sich in Lastern ausdrückt.[64] Das schlechte bzw. böse Auge (Sir 31,13^{LXX}: κακός/πονηρός) scheint ebenfalls affektiv konnotiert zu sein, denn im Textzusammenhang geht es um den Neid.[65] Auch in Mt 20,15 scheint das „böse Auge" neidisches Verhalten zu implizieren. Insofern könnte die matthäische Verwendung des „bösen Auges" in Mt 6,23 auf ähnlichen Sinn hinweisen: Das böse Auge bringt dem ganzem Menschen Finsternis, weil es die Aufmerksamkeit auf den falschen Aspekt – nämlich den Besitz – lenkt,[66] so dass daraus destruktive Affekte erwachsen. Im Gegensatz dazu ist davon auszugehen, dass der oppositionelle Ausdruck ἁπλοῦς hier wie auch sonst in der griechischsprachigen biblischen Literatur einen ethischen Gehalt zum Ausdruck bringt.[67] In biblischer Tradition gibt der Wortstamm ἁπλοῦς κτλ. häufig die hebräische Wurzel תמם (*tmm*) wieder, die physische und ethische ‚Ganzheit' impliziert. Insbesondere in der hellenistischen Literatur des Judentums wird der ethische

---

61 So Syreeni, Eye, 102; dass dies nicht uneingeschränkt gilt, betont Syreeni jedoch ebenfalls (ebd., 111).

62 Vgl. z. B. Dtn 28,65^{LXX}; 1Kön 9,3^{LXX}; Hiob 31,7^{LXX}.

63 Vgl. Mt 5,8: „Selig, die ein reines *Herz* haben, denn sie werden Gott *schauen*." (Einheitsübersetzung); Mt 5,28: „Ich aber sage euch: Wer eine Frau *ansieht*, sie zu begehren, der hat schon mit ihr die Ehe gebrochen in seinem *Herzen*." (Lutherbibel 1984); Mt 13,15 verbindet das verstockte, einsichtslose Herz mit geschlossenen Augen. (Hervorhebungen von mir, A.N.)

64 Vgl. Sir 23,4ff^{LXX}.

65 Das Gegenkonzept zum bösen Auge ist an dieser Stelle nicht vorhanden. TestBen IV,2 kennt das ‚finstere Auge', das dem ‚guten Mann' nicht eignet.

66 Durch die kontextuelle Einbindung des Logions vom Auge ergibt sich als Aussage, dass sich am Umgang mit dem Besitz die moralische Qualität eines Menschen ablesen lässt, vgl. Konradt, Matthäus, 112. Nach Strecker, Bergpredigt, 135, ist der Spruch vom Auge durch die kontextuelle Einbettung im Matthäusevangelium eine „Aussage über die Stellung des Menschen zum Reichtum".

67 Dass ἁπλοῦς hier gesund im physischen Sinn meinen könnte, ist abzulehnen, nicht zuletzt deshalb, da es in der griechischen Antike nach unserem Quellenstand keine Belege für eine derartige Bedeutung gibt, vgl. Brandt, lumen internum, 191; Edlund, Auge, 17.

Aspekt dominierend;[68] die gottgefällige Herzenseinfalt schließt Doppelmoral aus. Mit ἁπλοῦς ist in Mt 6,22 die unverfälschte Integrität des Menschen angesprochen,[69] die Matthäus in Mt 5,8 auch mit καθαρός zur Sprache bringt: Das Herz bzw. Auge muss gänzlich gut bzw. ‚rein' sein, weil sonst der ganze Mensch dem Bösen anheimfällt.[70] Durch die kontextuelle Einbettung ergibt sich zudem, dass derjenige, der ein ‚einfaches' Auge hat, alleine Gott dient und vertraut.[71] Ein gutes und ein böses Herz bzw. Auge sind genauso unvereinbar, wie der gleichzeitige Dienst für Gott und den Mammon, und wie das Sammeln von Schätzen im Himmel und auf Erden zugleich. Auch das Logion vom einfachen Auge als Leuchte des Leibes fordert insofern indirekt zu einer klaren Entscheidung zwischen zwei Alternativen auf, die der Kleingläubige noch missen lässt.[72]

Insgesamt zeigt Mt 6,19–34 (wie viele andere Abschnitte der Bergpredigt) an, was Vollkommenheit und eine bessere Gerechtigkeit für Jesus ausmachen: Nicht an weltliche Schätze soll der Einzelne sein Herz hängen; vielmehr ist Gott alleine zu dienen und zu lieben, ohne dass dabei dessen Fürsorge in Frage gestellt wird, so dass die freigewordene Energie für eine gerechte Gemeinschaft, eine „bessere Gerechtigkeit" und die Verwirklichung des Gottesreiches eingesetzt werden kann. Dass dies keine leichte Aufgabe darstellt, scheint Matthäus bewusst gewesen zu sein, denn in Mt 7,13f bringt er mit dem Logion von den zwei Wegen zum Ausdruck, dass nur wenigen gelingen wird, den mühseligen Weg zu beschreiten, an dessen Ende das enge Tor zum Leben führt.[73]

---

68 Vgl. dazu auch O. Bauernfeind, Art. ἁπλοῦς κτλ., ThWNT 1 (1957), 385f; Zöckler, Light, 489f.

69 Vgl. Louw/Nida, Lexicon, s.v. ἁπλότης: „The quality of sincerity as an expression of singleness of purpose or motivation". Schweizer, Matthäus, 101, versteht die Logien vom Doppeldienst und vom Auge, in denen die „Einfalt des Herzens" beschrieben wird, als Auslegungen des Spruchs vom Schätzesammeln.

70 Vgl. Mt 5,29f.

71 Ähnlich Syreeni, Eye, 112. Schon Stahl, ἁπλότης, X, äußerte, ἁπλοῦς solle den Gedanken erhärten, „dass es für den Menschen darauf ankommt, das himmlische, rechte *eine* Ziel ins Herz zu fassen (Matth. 6,19ff). Von der Beschaffenheit des Ziels hängt die des Herzens ab."

72 Vgl. Whitters, Eye, 84f.

73 Wahrscheinlich stand in Q nur die Aussage vom engen Tor, denn bei Lukas fehlt das Zwei-Wege-Motiv. Matthäus hat diese Mahnung durch die Metapher vom weiten Tor, das ins Verderben führt, sowie durch das Bild von den zwei Wegen erweitert. Vgl. z. B. Konradt, Matthäus, 123f; Zeller, Mahnsprüche, 139–144 (siehe auch Gnilka, Matthäusevangelium I, 271 zu dem Zusammenhang zwischen dem Wegmotiv und der Nachfolge). Die Zwei-Wege-Vorstellung ist in der Antike weit verbreitet, vgl. z. B. Xenophon, mem II 1,20–34; Cicero, off. I 117f; Jer 21,8; Ps 1,6; 1Hen 91,18f; 2Hen 30,15; Philo, Spec. IV 180. Die Alternative der beiden Wege kennt auch TestAss 1. In 1QS III,13–IV,26 ist das Zwei-Wege-Motiv mythologisch mit der Lehre von den zwei Geistern verbunden. Das Bild der zwei

Fazit und Aussagedimensionen

Betrachtet man Mt 6,19–34 als inhaltlich zusammengehörige Einheit, kann man erkennen, dass alle vier Textabschnitte durch das Thema der „Notwendigkeit einer Entscheidung“[74] zwischen jeweils mindestens zwei Alternativen verklammert sind.[75] Die zwischen die Worte vom Schätzesammeln und die Perikope vom rechten Sorgen eingeschalteten Logien von Auge und Doppeldienst, in denen jeweils die Ganzheitsforderung Gottes vermittelt wird, „dienen bei Mt dazu, die Logien vom Schätzesammeln und Sorgen zusammenzuhalten und sozusagen von ihrer Mitte aus inhaltlich eindeutig zu bestimmen.“[76]

Wo kommt nun der Kleingläubige innerhalb der „binären Struktur der Handlungsoptionen“[77] zu stehen, die sich durchgehend in Mt 6,19–34 vorfindet? In welcher Relation befindet er sich zu den beiden Sinn- und Wertsystemen, die sich durch die unterschiedlichen Kontrastausdrücke ergeben? Kommen wir zur Beantwortung dieser Frage auf die Bedeutung von ὀλιγόπιστος zum einen und die skizzierten Gegensätze zum anderen zurück. Der semantische Gehalt des Lexems ὀλιγόπιστος besagt, es handelt sich um jemanden, der zwar prinzipiell πίστις im Sinne von Vertrauen hat, aber nicht als konstante, beständige Haltung: Denn immer wenn sich der Kleingläubige Sorgen über seine unverfügbare Zukunft macht, sinkt sein Vertrauensniveau ab. Weil er sich nicht vollständig auf Gott verlässt, kommen seine kleingläubigen Sorgen einer Infragestellung oder Bezweiflung der immerwährenden Fürsorge Gottes gleich. Der Kleingläubige ist von Vertrauen und Misstrauen in seinem Inneren zugleich bestimmt. Er hat sowohl Gott als auch äußere Bedarfsgüter zugleich im Blick.[78] Damit lässt er sich dann aber auch keinem von beiden Lebensentwürfen zuordnen: weder ist seine innere Leuchte vollkommen ‚einfach‘ und hell, noch ist sie gänzlich schlecht und der Finsternissphäre zugehörig. Er dient weder Gott ‚von ganzem Herzen, Kraft etc.‘, da er nach unverfügbarer Sicherheit strebt und nicht alle psychischen Vermögen auf die Realisierung des Königreichs Gottes zentriert. Er dient aber auch nicht gänzlich dem Mammon

---

Wege begegnet dann auch breiter ausgeführt in der Didache, deren Verfasserkreis vermutlich der mt Gemeinde nahe stand (vgl. Did 1–6 sowie der wahrscheinlich auf die gleiche Quelle zurückgehende Abschnitt in Barn 18–20).

74 Riesenfeld, Schätzesammeln, 48.

75 Auch nach Bazitwinshi, Weisheit, 107, sind Mt 6,19–24 und Mt 6,25–34 aufgrund ihrer thematischen Zusammengehörigkeit sowie der in beiden Blöcken enthaltenen Gegenüberstellungen nicht voneinander zu trennen

76 Riesenfeld, Schätzesammeln, 47f.

77 Konradt, Matthäus, 113

78 Ähnlich Schweizer, Matthäus, 105.

wie die Heiden, da ihm ja ein gewisses Maß an Gottvertrauen akkreditiert wird. Weder ist er ganz in der Welt verstrickt, noch sammelt er ausschließlich himmlische Schätze.[79]

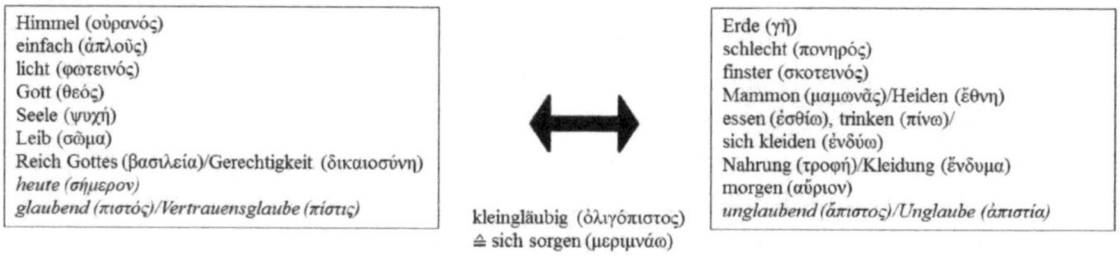

Abb. 16: Schematische Darstellung der Entscheidungsalternativen nach Mt 6,19–34

Insofern die oppositionellen Werte und Größen als miteinander unvereinbar dargestellt sind, ist durchgehend die Forderung einer ganzheitlichen Ausrichtung auf Gott impliziert,[80] die ein ‚Mehr' an Vertrauen erfordert. Zwar ist auf der Ebene der erzählten Welt kein spezifischer Anlass ersichtlich, weshalb der matthäische Jesus von seinen Adressaten ein ‚Mehr' an Gottesvertrauen verlangt. Diese Forderung ist vielmehr Bestandteil der matthäischen Bergpredigt, deren Funktion darin gesehen werden kann, zu einer Entscheidung aufzurufen, nämlich der Entscheidung dafür, die βασιλεία Gottes durch das Tun der Ethik Jesu zu realisieren.[81] Die Adressaten werden dazu angehalten, mithilfe der Natur als Modell und der Aufforderung Jesu ihren eigenen Innenraum zu regulieren: Wer alles auf Gott setzt, der kann – so die implizite Aussage von Mt 6,19–34 – sein Inneres von Sorgen und Beunruhigung befreien und den Kleinglauben überwinden.

2. Menschliche Einheitsvorstellungen im Matthäusevangelium

Eine Darstellung matthäischer Einheitsvorstellungen in Bezug auf den Menschen bietet sich an dieser Stelle an, da der Kleinglaube in Mt 6,19–34 als Konzept gezeichnet wird, das von einer einheitlichen, integren Mensch-Gottes-Beziehung abweicht. Schon die implizierte Unentschiedenheit des Kleingläubigen hinsichtlich der vielen in Mt 6,19–34 genannten polaren Größen, die entweder dem Bereich Gottes zugeordnet sind oder aber dem weltlichen Bereich, verweist darauf, dass der ὀλιγόπιστος keine innere Einheit aufweist.

---

79 Die kursiv gesetzten Ausdrücke in der folgenden Übersicht sind nicht explizit in Mt 6,19–34 enthalten, können aber aufgrund der Textaussage sinngemäß ergänzt werden.

80 Vgl. Grundmann, Mammon, 158; Schweizer, Matthäus, 101.

81 Vgl. auch Mt 7,21

Aufgrund seiner Sorgen kann er eben nicht das israelitisch-jüdische Zentralgebot – dem matthäischen Jesus zufolge zusammen mit der Nächstenliebe als „größtes und erstes Gebot“ bezeichnet – erfüllen, das die Liebe zu Gott ‚von ganzem Herzen, von ganzer Seele und mit dem gesamten Verstand‘ einfordert (vgl. Mt 22,37ff). Die Sprüche vom Sorgen und ihr unmittelbarer Kontext verdeutlichen, dass ein ‚ganzes‘ Herz der Fürsorge Gottes vertraut und sich ausschließlich auf Gott zu zentrieren vermag. Wer in seinem Inneren frei von Neid, Bosheit sowie denjenigen Sorgen ist, die Gott zu überlassen sind, der kann eine das gesamte Innere ausfüllende ‚Einfachheit‘ – als moralische Ganzheit oder Integrität Gottes Willen gegenüber verstanden – vorweisen. Dies geht aus dem Logion vom Auge (Mt 6,22–23) hervor, wo ἁπλοῦς (‚einfach‘) explizit als Gegenteil zu πονηρός (‚böse‘, ‚schlecht‘) zu stehen kommt. Arglosigkeit ist auch in Mt 10,16 verlangt, denn das Adjektiv ἀκέραιος bezeichnet die Reinheit und Unkorrumpierbarkeit der Tauben, die den JüngerInnen hier zum Vorbild ihrer Nachfolge und Mission als „Schafe unter den Wölfen“ dienen sollen.[82] Schafe können traditionell Arglosigkeit und Einfalt repräsentieren.[83] Der Einheitsaspekt der Aussage in Mt 10,16 kommt in einer alternativen Lesart noch stärker an die Oberfläche: Im Codex Bezae Cantabrigiensis ist statt ἀκέραιος die Superlativform ἁπλούστατος belegt, was den Sinn der größtmöglichen Freiheit von Falschheit im Inneren des Menschen nahelegt. Die Taube selbst – schon bei den Griechen als Göttervogel bekannt – steht nicht nur symbolisch für den Geist Gottes (vgl. nur Mt 3,16), sondern auch für Einfachheit und unverfälschte Integrität. Auch das ‚reine‘ Herz (καθαρός) in Mt 5,8 impliziert Integrität im wahrsten Sinne des Wortes, da es ‚intakt‘ bzw. ‚vollständig‘ sein muss, um Gott schauen zu können. Es meint „die ungeteilte Ausrichtung auf Gott“.[84] Die in diesen Wendungen und Forderungen zum Ausdruck gebrachte ‚Einheit‘ des Menschen bezieht sich auf die für die biblische Tradition untrennbare Verbindung von Mensch-Gottes-Beziehung und Ethik. Sie meint in erster Linie eine innere Disposition, die einheitlich, d. h. ohne Bosheit, Hintergedanken, Misstrauen und unnötigen Sorgen, das Gute will und umsetzt. Alle Dimensionen des Menschseins sind allein auf Gott als externem Zentrum hin orientiert.

Wie die Wortfamilie ἁπλοῦς κτλ., so kann auch der Lexemverband τέλειος κτλ. in der LXX die hebräische Wurzel תמם (*tmm*) wiedergeben, die eine quantitative und qualitative ‚Ganzheit‘ impliziert.[85] Das Lexem τέλειος, das mit ‚vollkommen‘ gut wiedergegeben werden kann, begegnet nur in Mt 5,48 und Mt 19,21. In seinem Werk vertritt Matthäus wiederholt einen hohen

---

82 Vgl. Greeven, Art. περιστερά, τρυγών, ThWNT 6 (1959), bes. 69.

83 Vgl. Metzdorf, Tempelaktion, 63.

84 Konradt, Matthäus, 70; ähnlich schon Schweizer, Matthäus, 103.

85 Vgl. Delling, Art. τέλος κτλ., ThWNT 8 (1969), 72f, vgl. auch Meiser, Vollkommenheit, 204.208.

ethischen Anspruch, der sich in diversen Werten und Verhaltensweisen konkretisiert. Dazu zählen v. a. „Armut, Niedrigkeit, Verzicht auf weltliche Ehre, Liebe, Dienst und in allem Bereitschaft zum Leiden."[86] Das matthäische Vollkommenheitsverständnis ist untrennbar mit diesem Ethos verknüpft. Besonders deutlich wird dies in Mt 5,48, dem die Antithesenreihe abschließenden Satz: „Seid nun vollkommen (τέλειοι), wie euer himmlische Vater vollkommen (τέλειος) ist."[87] Maßstab der nachzuahmenden Vollkommenheit ist also Gott. Die Vollkommenheitsforderung ist im näheren Kontext von Mt 5,48 deutlich mit dem Liebesgebot verbunden (vgl. Mt 5,43–46) und weist zurück auf die ‚bessere Gerechtigkeit' (Mt 5,20) als Einlassbedingung in das Himmelreich.[88] Dies verdeutlicht bereits den hohen Stellenwert bzw. die soteriologische Relevanz der matthäischen Vollkommenheitskonzeption, die sich auch in Mt 19,21 findet: Hier, in der Erzählung vom reichen Jüngling (Mt 19,16–25), ist der Ausdruck τέλειος – wie auch die Nennung des Liebesgebotes – ebenfalls redaktionell. Dies zeigt der Vergleich mit der markinischen und der lukanischen Fassung (Mk 10,17–27/Lk 18,18–27). Vollkommenheit bemisst sich auch in Mt 19,16–26 an der ganzen Hingabe an Gott,[89] an der Gesetzerfüllung im Sinne des Liebesgebotes nach jesuanischer Auslegung, was Armenfürsorge und Besitzverzicht mit einschließt. Die Erzählung erinnert insofern an die in Mt 6,19–34 geforderte Entscheidung zwischen ‚Gott und dem Mammon'.

Der Vollkommenheitsbegriff verweist bei Matthäus auf eine ethische Qualität des Menschen, die ihre bestmögliche Entfaltung erreicht, wenn sie durch die ganzheitliche Ausrichtung an Gottes Willen in jesuanischer Deutung getragen ist. Nach U. Luz beinhaltet die Vollkommenheitsforderung zwei Aspekte, „die Ungeteiltheit des Herzens und Ganzheitlichkeit des Gehorsams als subjektives Moment; die vollständige Erfüllung des Gesetzes als objektives Moment."[90] Entscheidend ist bei der Gesetzeserfüllung jedoch nicht deren quantitative Vollständigkeit, sondern die Befolgung der Gesetzesauslegung Jesu, die sich primär in der Einhaltung des Gebots der Nächsten- und Feindesliebe bündelt.[91] Vergebungsbereitschaft und ein freiwilliges Mehr, Barmherzigkeit, Racheverzicht, Akzeptanz der sozial Benachteiligten gehören zum matthäi-

---

86 Bornkamm, Matthäus, 5.

87 Der Satz stellt eine Modifikation des das Heiligkeitsgesetz in Lev 19 einleitenden Gebotes dar. In der lukanischen Fassung dieser Forderung zur Nachahmung Gottes ist hingegen von der Barmherzigkeit die Rede (vgl. Lk 6,36). Wahrscheinlich bewahrte Lukas den Q-Text, während die Alternative der ‚Vollkommenheit' aus der Feder des Matthäus stammt, vgl. Konradt, Matthäus, 99.

88 Schon in der hebräischen Bibel erklären sich moralische Integrität (*tmm*) und Gerechtigkeit (*zdk*) gegenseitig. Siehe dazu z. B. Kedar-Kopfstein, Art. תמם tāmam, ThWAT 8 (1995), bes. 696–698 sowie Kap. IV.2 dieser Arbeit.

89 Barth, Gesetzesverständnis, 92.

90 Luz, Matthäus I/1, 409.

91 Vgl. Hübner, Gesetz, 111; Luz, Matthäus I/1, 410.

schen Ideal der Vollkommenheit, deren Erfüllung von allen Menschen, Frauen Männern, statusunabhängig gefordert wird (vgl. Mt 5,48).[92]

Aus allen diesen Beobachtungen lässt sich folgern, dass auch Matthäus mittels seiner Vollkommenheitsforderungen, die er durch unterschiedliche Lexeme variierend vermittelt, seinen Adressaten eine innere Einheit als ethischer Qualität abverlangt. Durch Nachahmung Gottes bzw. die Erfüllung des göttlichen Willens im Sinne einer umfassenden Nächstenliebe soll der Einzelne seinen Innenraum dergestalt zentrieren, dass Bosheit, Falschheit und List eliminiert werden. Letztere Eigenschaften können nämlich an den Teufel attribuiert werden, der nach synoptischer Überlieferung keinesfalls mit Einfalt bzw. Einfachheit zu assoziieren ist. Dies wird besonders im Jesuslogion von der Satansherrschaft deutlich, wo davon die Rede ist, dass der Satan in sich selbst geteilt (ἐφ' ἑαυτὸν ἐμερίσθη) ist (vgl. Mt 12,25f).[93] Er zerreißt, was zusammengehört und daher kann sein Reich im Gegensatz zum Reich Gottes nicht bestehen.

Zusammenfassend lässt sich festhalten, dass die matthäische Vollkommenheitskonzeption eine ethische Dimension beinhaltet. Vollkommenheit meint neben der Erfüllung des göttlichen Willens im Sinne Jesu Auslegung insbesondere die moralische ‚Integrität' des Menschen, und ruft dadurch zu einer einheitlichen Ausrichtung auf Gott auf. Vollkommenheit kann daher einer menschlichen Einheitsvorstellung im ethischen Sinn durchaus nahe kommen und steht im Matthäusevangelium der Zweideutigkeit und Zweigleisigkeit der Heuchler deutlich gegenüber, deren äußeres Verhalten sich nicht mit ihrer inneren Gesinnung in Einklang bringen lässt.

Wer die Vollkommenheit noch nicht erreicht hat, muss umkehren, bzw. wie das dafür gebrauchte griechische Verb μετανοέω vom Wortsinn her suggeriert, umdenken: Damit ist jedoch eine Sinnesänderung im Anschluss an das alttestamentliche Umkehrverständnis gemeint, die den ganzen Menschen einfordert.[94] Er soll sich radikal wandeln und zu Gott hinwenden, indem er seine Wahrnehmug verändert und konkrete Handlungsfolgen demonstiert. Für den matthäischen Jesus gehört die Verkündigung des Gottesreiches un-

---

92 Vgl. auch Konradt, Matthäus, 304. Zu der Erfüllbarkeit der Bergpredigtforderungen und Tendenzen der Auslegung in der Geschichte siehe Strecker, Bergpredigt, 13–23 u. a.

93 Vgl. Mk 3,24–26; Lk 11,17f. Die matthäische sowie die lukanische Version der Perikope von Jesu Macht über die unreinen Geister und dem gespaltenen Satansreich (Mt 9,32–34; 12,25–28/Lk 11,14f.17–20) gehen wohl auf Q zurück, vgl. Hoffmann/Heil, Spruchquelle, 62f. Markus spricht nicht nur davon, dass der Satan in sich selbst geteilt ist, sondern auch davon, dass er gegen sich selbst aufsteht, vgl. Mk 3,26: (…) ὁ Σατανᾶς ἀνέστη ἐφ' ἑαυτὸν καὶ ἐμερίσθη (…). Vgl. auch den z. B. in Mt 4,1.5 synonym gebrauchten Ausdruck διάβολος für den Teufel: Das Nomen ist von διαβάλλειν abgeleitet und bedeutet u. a. ‚durcheinanderbringen'. Wer dem Teufel dient, kann keine einheitliche Ausrichtung aufweisen!

94 Zur Umkehr im Alten und Neuen Testament vgl. z. B. Behm/Würthwein, Art. νοέω κτλ., ThWNT 4 (1942), 976–987.994-1001.

trennbar mit der Umkehrforderung zusammen:[95] Er will zu einer Neuorientierung motivieren, die den Weg zum Heil anzeigt, und greift deshalb häufig auf Gerichtsmetaphorik zurück. Die μετάνοια-Aufrufe zeigen, dass es für Jesus kein Dazwischen gibt, denn das Böse, der Mammon, das Dämonische und Teuflische muss ganz aus dem Leben jedes Einzelnen beseitigt werden. Nur dann kann er ‚Einfachheit', Vollkommenheit und eine positiv gelagerte, weil gottähnliche innere Einheit erreichen.

3. Der ‚Kleinglaube' als Resultat der Angst in der Not (Mt 8,18–27)

Der Evangelist Matthäus hat innerhalb seiner Version der Sturmstillungserzählung zum ersten Mal den Ausdruck ὀλιγόπιστος, den er in der Logienquelle (Mt 6,30 = Lk 12,28) vorfand, eigenständig in einen ihm vorliegenden Markustext eingefügt. Während sich Jesus im Markusevangelium mit der Frage an seine Jünger wendet, weshalb sie so furchtsam seien und ob sie noch keinen Glauben hätten,[96] will der matthäische Jesus von seinen Nachfolgern wissen: „Was seid ihr so furchtsam, ihr ὀλιγόπιστοι (Mt 8,26)?"[97]

Die Erzählung von der Nachfolge in den Sturm (Mt 8,18–27) ist von Matthäus aus ursprünglich getrennt überlieferten Perikopen zu einer Einheit arrangiert worden. Als Rahmenerzählung für die Nachfolgeapophthegmata aus Q (Mt 8,19–22 = Lk 9,57–60)[98] dient die markinische Sturmstillungsgeschichte (Mk 4,35–41), die deutlich nachösterliche Züge trägt. Insgesamt geht die Schilderung des Matthäus über die Rettungswunderdarstellung bei Markus hinaus, indem nicht nur die dämonischen Assoziationen abgeschwächt werden,[99] sondern auch die Voraussetzungen einerseits und die Gefahren der

95 Vgl. Mt 4,17. Dies gilt auch für den Jesus des Markusevangelisten, vgl. Mk 1,15.

96 Mk 4,40: „Τί δειλοί ἐστε; οὔπω ἔχετε πίστιν;"

97 Mt 8,26: „Τί δειλοί ἐστε, ὀλιγόπιστοι;"

98 Lukas bietet neben den zwei apophthegmatischen Szenarien eine weitere, die u. a. den Pflügerspruch enthält. Ob dieser Kurzdialog bereits in Q stand, ist umstritten, vgl. exemplarisch Gnilka, Matthäusevangelium I, 310; Hoffmann/Heil, Spruchquelle, 53, mit Frankemölle, Jahwe-Bund, 88, oder Wanke, Bezugs- und Kommentarworte, 1981, 41 f. Zu den Nachfolgelogien bei Lk schreibt Bovon, Lukas III/2, 37, der Text prangere „das geteilte Herz dessen an, der Jesus folgen will und zugleich den Kontakt mit denen bewahren will, die ihm teuer sind."

99 Sowohl Matthäus als auch Lukas haben die wörtliche Aufforderung des markinischen Jesu an das Meer „Schweig! Verstumme!" (σιώπα, πεφίμωσο. Mk 4,39) weggelassen, wodurch die Assoziationen mit einem Exorzismus reduziert werden (vgl. Mk 1,25). Allerdings behalten Lukas und Matthäus das Bedrohungsmotiv bei: ἐπιτιμάω – das an sich durchaus dämonische Konnotationen tragen kann – bezieht sich jedoch bei ihnen auf Wind und

Nachfolge andererseits (zu denen der Kleinglaube gehört) stärker in den Fokus gerückt werden.[100] In der mit den Nachfolgelogien verbundenen Geschichte vom Seesturm (Mt 8,[18.]23–27) wird die Bedeutung der Nachfolge narrativ ausgestaltet. Dabei steht die Gesprächsszene zwischen Jesus und seinen Jüngern im Mittelpunkt: Als dritter Dialog der Gesamtperikope enthält sie die Pointe der Erzählung, so dass der Ausdruck ὀλιγόπιστος schon aus strukturanalytischer Perspektive entscheidendes Gewicht erhält.[101]

Bevor die Hinweise auf das matthäische Verständnis des Kleinglaubens in seiner Sturmstillungsversion (Mt 8,18–27) ausgewertet werden können, liegt es nahe, die Erzählung mitsamt den auffälligen Akzentsetzungen des Verfassers zu skizzieren. Der synoptische Vergleich zeigt, dass die matthäische Redaktion ihre Vorlage nicht unerheblich bearbeitet und dabei vor allem eigene Schwerpunkte gelegt hat.[102] Zunächst fällt auf, dass durch Kürzung und inhaltliche Änderung der Markusvorlage der exemplarische Charakter der Erzählung betont wird.[103] Diese Tendenz zeigt sich auch daran, dass Matthäus die Begleitboote der Markusversion nicht mehr erwähnt,[104] so dass sich die Erzählung auf das Verhältnis von Jesus zu seinen (potentiellen) Jüngern konzentriert.[105] Zu einem der wichtigsten redaktionellen Eingriffen zählt neben der veränderten Einbettung der Sturmstillungsperikope die Intensivierung der Notsituation: Der ‚große Sturmwind' (Mk 4,37: λαῖλαψ μεγάλη ἀνέμου), der bei Markus die Wellen ins Boot schlagen lässt, so dass es vollzulaufen droht, wird von Matthäus durch ein intensivierendes ‚großes Seebeben' (Mt 8,24: σεισμὸς μέγας) ersetzt, in dessen Folge sich die Jünger fürchten, da das Schiff sogar von

---

Wasser (vgl. Lk 8,24; Mt 8,26), und nicht, wie im Markustext, auf den Wind alleine. Zur Verwendung des Verbs ἐπιτιμάω in Erzählungen über Exorzismen Jesu siehe z. B. Poplutz, Dämonen, 102f.

100 So beginnen und enden die zwei apophthegmatischen Szenen, in denen Jesus jeweils auf Äußerungen von Nachfolgewilligen reagiert, mit dem Stichwort ἀκολουθέω. Durch die Stichwortwiederholung in Mt 8,23 (die Jünger folgen Jesus ins Boot) wird die thematische Verbindung zwischen den Nachfolgeworten und der Sturmstillungserzählung deutlich. Das Nachfolgethema ist schon in Mt 8,1.10 vorbereitet und begegnet zudem in Mt 9,9.27 erneut.

101 Vgl. dazu auch Luz, Matthäus I/2, 21: „Die Sturmstillungserzählung V 23–27 ist als Ringkomposition chiastisch aufgebaut. Im Zentrum stehen die Worte der Jünger V 25b und Jesu V 26a. Mit V 26 tritt also die große Wende ein."

102 Im Folgenden werden nur diejenigen Eingriffe genannt, die für das Verständnis von ‚Kleinglaube' und ‚Nachfolge' Relevanz entfalten könnten. Eine recht detaillierte Auflistung von Gemeinsamkeiten und Unterschieden zwischen Mk 4,35–41 und Mt 8,23–27 findet sich z. B. bei Stenger, Methodenlehre, 140–145. Gundry, Matthew, 154–156, bezieht die lukanische Version der Sturmstillungserzählung (Lk 8,22–25) mit ein.

103 Vgl. Bornkamm, Sturmstillung, 51; Fiedler, Matthäusevangelium, 210.

104 Mt und Lk nennen nur ein Boot, möglicherweise weil sie die „anderen Boote" (Mk 4,36) als überflüssiges Detail bewerteten, so z. B. Fitzmyer, Luke I, 727; Ernst, Lukas, 273; Luz, Matthäus I/2, 22, Anm. 9.

105 Vgl. Gnilka, Matthäusevangelium I, 316.

den Wogen zugedeckt (vgl. Mt 8,24: καλύπτεσθαι) wird.[106] Vermutlich wollte Matthäus mit diesen Ausdrücken für ihn wichtige Assoziationen wecken. Auf die Abwandlung der Schelte Mk 4,40 durch Matthäus in Folge der Furcht der Jünger ist bereits hingewiesen worden: Bei Matthäus ist nicht mehr von dem ‚Noch-nicht' der Pistis die Rede, sondern vom ‚Kleinglauben' (Mt 8,26).[107] Während der Tadel des markinischen Jesu im Zusammenhang mit dem Jüngerunverständnis zu sehen ist[108] und daher das bis zum Kreuz fehlende Vertrauen der Jesusnachfolger bestätigt, setzt Matthäus den grundsätzlich vorhandenen Glauben der Jünger voraus, der in der konkreten geschilderten Notsituation jedoch aktuell zu schwach ist.[109] In der matthäischen Darstellung ist zudem der Spannungsbogen im Vergleich zur Markusversion und zur lukanischen Fassung deutlich erhöht, insofern Matthäus die Reihenfolge der Handlungen Jesu umkehrt: Erst ergeht ein Tadel an seine Mitreisenden, dann erst stillt Jesus den Sturm (vgl. Mt 8,26). Die Umstellung hat insofern retardierende Funktion für Leser und Hörer, denn die Rettung aus der Notsituation wird erst berichtet, nachdem auf die Furcht der Bootsinsassen aufmerksam gemacht wird und die Jünger als ὀλιγόπιστοι etikettiert werden.[110] Zudem bewirkt die veränderte Reihenfolge, dass der Hilferuf der Jünger und der kritisierte Kleinglaube ins Zentrum der Erzählung rücken und besser aufeinander bezogen werden können. Auch das Ende der Markuserzählung (Mk 4,41)[111] hat Matthäus modifiziert: Zwar behält er Mt 8,27 die christologische Frage „Wer ist dieser?" aus Mk 4,41 bei, aber er streicht die numinose Furcht und

106 Lukas hat den Ausdruck λαῖλαψ ἀνέμου aus Mk übernommen, aber das qualifizierende μεγάλη getilgt; nur im Codex Bezae Cantabrigiensis ist der Sturmwind näher präzisiert, und zwar mittels πολλή (vgl. Lk 8,23). Vgl. die Wendung bei TestNaph VI,4. Zu Gemeinsamkeiten zwischen TestNaph VI und der Seesturmperikope vgl. Peterson, Schiff, 93–95. Λαῖλαψ steht in Hi 21,18^{LXX}; 38,1^{LXX} (hier bezeichnet es den Ort, von dem aus Gott Hiob antwortet); Sap Sal 5,23^{LXX}; Jer 32,32^{LXX}. Lukas weist anders als Mk oder Mt mit einem spezifischen Lexem auf die Gefahrensituation hin (κινδυνεύω), die aus dem Vollaufen (συμπληρόω) des Bootes entsteht, vgl. Lk 8,23.

107 Lukas streicht den bei Markus belegten Vorwurf der Feigheit und lässt Jesus kurz und prägnant fragen: „Wo ist euer Glaube?" (ποῦ ἡ πίστις ὑμῶν; Lk 8,25).

108 Vgl. Lührmann, Markusevangelium, 97; Ennulat, Minor Agreements, 143; u. a. Vgl. dazu auch Stenger, Methodenlehre, 129f.

109 Auch bei Lukas ist das Vertrauen der Jünger grundsätzlich vorauszusetzen, wie die jesuanische Frage: „Wo ist euer Glaube?" (Lk 8,25) zeigt. Vgl. dazu auch Ennulat, Minor Agreements, 143.

110 Nach Fiedler, Matthäusevangelium, 210, verstärkt diese Umstellung die exemplarische Bedeutung der Erzählung, denn Mt wolle „der Angst vor Bedrängnis und Verfolgung allein den Appell zum Glauben entgegen setzen" und nicht in erster Linie das Wunder.

111 Die Jünger fürchten sich bei Markus über alle Maßen. Diese Affektreaktion wird anhand einer figura etymologica, einem semitischen Pleonasmus, besonders stark hervorgehoben: ἐφοβήθησαν φόβον μέγαν.

ersetzt sie gattungsgemäß mit dem Motiv des Erstaunens (θαυμάζω) über das geschehene Wunder.[112]

Halten wir fest: In der matthäischen Version der Sturmstillungsperikope spielen vor allem die Nachfolge und das (mangelhafte) Vertrauen in Folge unangemessener Furcht eine besondere Rolle. Beide Topoi sind bereits perikopeneinleitend aufeinander bezogen: Denn die vor der Schiffsreise berichtete Willenskundgabe zur Nachfolge seitens der zwei Männer lässt sich als Vertrauenäußerung gegenüber Jesus verstehen (vgl. Mt 8,19.21),[113] wenngleich der zweite Nachfolgewillige zunächst um einen Aufschub bittet. Jesu Reaktion auf deren Anliegen (vgl. Mt 8,20.22) macht in aller Deutlichkeit klar, dass allein das Vertrauen in ihn für die Nachfolge nicht ausreicht. Nachfolge bedeutet vielmehr völlige Heimatlosigkeit, Ortsungebundenheit[114] und Lösung von allen familiären Bindungen und Pflichten. Nicht einmal die Beerdigung eigener Familienangehöriger ist zulässig.[115] Eine Erwiderung auf diese provokanten

112 Vgl. Mt 8,27. Lukas nennt Staunen und Furcht als Reaktionen der Jünger nebeneinander, vgl. Lk 8,25: φοβηθέντες δὲ ἐθαύμασαν. Bei Matthäus sind es jedoch die ‚Menschen', die sich darüber verwundern, und nicht ausschließlich die Jünger wie bei Markus oder Lukas.

113 Ob es sich bei dem zuerst auftretenden „Schriftgelehrten" (Mt 8,19) um einen Jünger Jesu handelt, ist nicht eindeutig zu entscheiden. Denn erstens spricht Mt 8,21 von einem „anderen der Jünger" (der Zusatz τῶν μαθητῶν ist redaktionell), was die Zugehörigkeit des Schriftgelehrten zum Kreis der Jesusnachfolger impliziert, und zweitens ist in Mt 13,52; 23,34 ausdrücklich davon die Rede, dass Schriftgelehrte zu Jüngern geworden sind bzw. zu den Adressaten gesandt sind. Andererseits spricht der Schriftgelehrte Jesus mit ‚Lehrer' an – eine Anrede, die sonst nie im Munde der Jünger begegnet (sie bezeichnen ihn nämlich i. d. R. als ‚Herrn'). Wahrscheinlich stand in der Logienquelle ursprünglich an Stelle des γραμματεύς nur ein τις; der Vokativ διδάσκαλε (Mt 8,19) ist mt Redaktion, die Anrede κύριε (Mt 8,21) hingegen stand vermutlich, wie ein Vergleich mit Lk 9,59 zeigt, bereits in Q. Vgl. dazu und zu weiteren matthäischen Änderungen Heil, Spruchevangelium, 94–97. Die Verse Mt 8,19–22 sind als „biographische Apophthegmata" klassifizierbar, vgl. zum formalen Aufbau Bultmann, Geschichte, 58. Lukas setzt diese Szenen (erweitert um eine zusätzliche Szene, die nicht aus Q stammt) vor die ebenfalls aus der Logienquelle stammende Aussendungsrede in Lk 10,1–16. Nach Mehrheitsmeinung der Forschung hat Lukas damit den ursprünglichen Kontext dieser Nachfolgeworte bewahrt, vgl. Heil, Spruchevangelium, 94.

114 In Mt 8,20 äußert Jesus, der Menschensohn habe keine Stätte, um sein Haupt zu betten. Möglicherweise hängt die Tilgung in Mt 8,24 des Kissens als Schlafunterlage für Jesus (vgl. Mk 4,38) mit diesem Logion zusammen: Die Notiz vom Kissen muss ausgelassen werden, um keinen logischen Bruch mit der Aussage der Heimat- und Besitzlosigkeit des Menschensohns auszulösen. Dies erinnert an die Logien vom rechten und falschen Sorgen, in denen die Distanz zum Besitz und Reichtum zur Überwindung des Kleinglaubens relevant gezeichnet ist. Markus hingegen könnte mit dem Kopfkissen den Kontrast zwischen dem ‚seelenruhig' schlafenden Jesus und den verängstigen Jüngern betont haben, vgl. Bedenbender, Juden, 70.

115 Das Wort von den Toten, die man die Toten begraben lassen soll, ist schockierend und skandalös, denn traditionelle Normen der Pietät scheinen damit ausgehebelt. Zu Mt 8,21f vgl. z. B. H.G. Klemm, Das Wort von der Selbstbestattung der Toten. Beobachtungen zur Auslegungsgeschichte von Mt. viii 22par., NTS 16, 60–75; Zu den Interpretationsansät-

Aussagen bleibt aus. Wider Erwarten stellt Matthäus keine Protestreaktionen dar. Weder erfahren wir von dem Effekt dieser Worte auf das affektive Innenleben der Anwesenden, noch kommt es zu Einwänden oder Folgefragen seitens der Jünger. Ganz im Gegenteil: Aller Ungeheuerlichkeit der erhobenen Forderung zum Trotz folgen die Jünger Jesus in das Boot (vgl. Mt 8,23), was sich auf den ersten Blick als starker Vertrauenserweis werten lassen könnte.[116] Angesicht der traditionsgeschichtlichen Konnotationen des Meeres als Bereich des Dämonischen, der gottesfeindlichen Mächte,[117] erscheint die Nachfolgebereitschaft groß.

Ob die Jüngerfiguren die Außergewöhnlichkeit der jesuanischen Nachfolgebedingungen nach der Darstellung des Matthäus jedoch bereits erfasst haben, ist fraglich, denn kaum vom Ufer abgestoßen geraten die Jünger Mt 8,24 – zum ersten Mal seit der Berufung mit ihrem Meister alleine – auch schon in eine Krise: In Folge eines großen Bebens (σεισμὸς μέγας) auf dem Galiläischen Meer wird ihr Schiff von den Wellen bedeckt (καλύπτεσθαι), was bei den Jüngern Furcht auslöst. Allerdings ist dieser Affekt in Mt 8,24 nicht durch ein entsprechendes Lexem expliziert. Aber das Aufwecken ihres Meisters sowie die direkt an ihren „Herren" gerichtete Forderung der Gefährdeten (vgl. den Vokativ κύριε), rettend einzuschreiten, damit sie nicht umkommen (ἀπόλλυμι), präsentiert in Mt 8,25 den inneren Zustand, d. h. die Todesangst der Jesusschüler auf deskriptive Weise. Auch für den matthäischen Jesus ist das affektive Innenleben der Jünger eindeutig zu erkennen, denn er bezeichnet sie im Folgevers als „furchtsam" (δειλοί; Mt 8,26). Bevor es jedoch zu dieser Charakterisierung kommen kann, muss der schlafend an Bord verweilende Jesus zunächst aufgeweckt werden. Dies geschieht auch, denn der Affekt der Furcht motiviert die Initiative der Jünger: er veranlasst sie dazu, ihren „Herrn" aus dem Schlaf zu reißen und – einem Stoßgebet gleichend – um Rettung zu bitten (vgl. Mt 8,25).[118] In einer vorwurfsvoll wirkenden Frage erkundigt Jesus

---

zen der Forschungsgeschichte siehe T. Onuki, Auch ‚die Toten' haben Zukunft. Eine neue Lektüre von Mt 8,21f/Lk 9.59f, in: P. von Gemünden u. a. (Hg.), Jesus – Gestalt und Gestaltungen. Rezeptionen des Galiläers in Wissenschaft, Kirche und Gesellschaft. FS G. Theißen zum 70. Geb. (NTOA 100), Göttingen 2013, 105–123, hier: 107f.

116 Ob unter den Jesus ins Boot nachfolgenden Personen auch die eben genannten zwei Männer sind (der Schriftgelehrte und der ‚andere' Jünger), wird nicht explizit erwähnt.

117 Vgl. dazu exemplarisch P. Riede, Art. Meer, in: Das wissenschaftliche Bibellexikon im Internet (https://www.bibelwissenschaft.de/stichwort/25720/, abgerufen am 22.2.2017), 1.2.

118 Sowohl Matthäus (vgl. Mt 8,25) als auch Lukas (vgl. Lk 8,24) haben den Vorwurf „Kümmert es dich nicht, dass…" (οὐ μέλει σοι ὅτι…, Mk 4,38) gestrichen. Diese Tilgung kann beispielsweise dadurch erklärt werden, dass der Jüngervorwurf nicht gattungsgemäß sei (so z. B. Gnilka, Markus II/1, 194f) oder dass er ein schlechtes Licht auf Jesus werfe (vgl. z. B. Schmid, Matthäus, 109; Schneider, Lukas 3/1, 191, u. a.). Die Anrede διδάσκαλε in Mk 4,38 hat Matthäus durch das Hoheitsprädikat κύριε (Mt 8,25), Lukas durch ἐπιστάτα, ἐπιστάτα (Lk 8,24) ersetzt, was ihren jeweiligen Sprachgebrauch reflektiert. Nur bei Mt gleicht der

sich sodann nach dem Grund ihrer Furcht: Τί δειλοί ἐστε; und identifiziert seine Begleiter im gleichen Atemzug als ὀλιγόπιστοι (Mt 8,26).

Interessant ist bei genauerer Betrachtung, wie Furcht und Kleinglaube im dritten Kurzdialog der Perikope Mt 8,18–27 aufeinander bezogen werden. Durch die Nebeneinanderstellung der Ausdrücke δειλός und ὀλιγόπιστος erscheint es plausibel, dass sie sich gegenseitig interpretieren sollen. In Anbetracht des Kontextes scheint zunächst nahezuliegen, dass mit ὀλιγόπιστος ein unzureichendes Vertrauen angesprochen ist, denn ein Glaube im Sinne eines Für-Wahr-Haltens eines bestimmten Lehrsatzes wird in keiner Weise angezeigt. Zwar schwindet das Vertrauen nicht vollständig, aber es weist doch Defizite auf, wie das ‚wenig' (ὀλίγος) suggeriert. Worauf bezieht sich jedoch das mangelhafte Vertrauen? Dies ist auf den ersten Blick nicht eindeutig zu bestimmen, denn die Jünger zeigen ambivalente Verhaltensweisen: Einerseits bekunden sie ihre Unterordnung unter Jesus, denn sie reden ihn mit dem Hoheitstitel „Herr" an – ein christologische Aussage! Zudem gehen sie davon aus, dass Jesus sie aus der bedrohlichen Situation retten kann, wenn er geweckt wird. Andererseits haben sie nicht genug Vertrauen, insofern sie in Furcht annehmen, ohne Jesu Hilfe im bebenden ‚Meer' Galiläas umzukommen, und dies, obwohl er mitten unter ihnen verweilt. Durch seinen Schlaf ist er ihnen jedoch trotz physischer Anwesenheit in gewisser Weise entzogen.[119] Sie fürchten sich also vor den Naturgewalten, obwohl sie ein gewisses Maß an Vertrauen darin haben, dass ihr Herr sie aus diesen Gewalten retten kann. Insofern kann der Zusammenhang zwischen Furcht und Kleinglaube darin gesehen werden, dass das Vertrauen, das außerhalb von Notsituationen wohl als grundsätzlich vorhanden vorzustellen ist,[120] durch Furcht gemindert wird.

Die Verwendung von ὀλιγόπιστος in Mt 8,26 erinnert an den Gebrauch dieses Ausdrucks in der Bergpredigt (vgl. Mt 6,30), deren Adressaten zwar in erster Linie die Jünger sind, dessen Inhalt aber nach Gestaltung des Evangelisten auch von anderen Menschen gehört wird. Für die Anrede der Zuhörer als „Kleingläubige" im Zusammenhang mit der aus Q übernommenen Warnung vor falscher Sorge (vgl. Mt 6,25–34) gibt es auf der Ebene der erzählten Welt keinen konkreten Anhaltspunkt, denn die erste gewichtige Rede Jesu im Matthäusevangelium hat zum Ziel, Jesu Ethik prinzipiell darzustellen. Im Gegensatz zu Mt 6,30 ist das Lexem in der Sturmstillungsperikope ausschließlich auf die Jünger und deutlich auf deren Fehlverhalten in einer konkreten Situation bezogen. Matthäus hat es hier eigenständig aktualisiert, denn in der

---

Hilferuf der Jünger einem Gebetsruf; dazu Bornkamm, Sturmstillung, 51: „Der Ruf der Jünger 8 25 ist (…) ein Gebet, κύριε enthält ein Jüngerbekenntnis."

119 Vgl. Bedenbender, Juden, 70. Dronsch, Schiffbruch, 405, spricht in Bezug auf die Jesusfigur von einem „anwesenden Abwesenden".

120 Vgl. die unhinterfragte Ausführung des Befehls Jesu, ans andere Ufer zu fahren in Mt 8,23.

Markusversion der Erzählung ist stattdessen vom Noch-Nicht-Glauben-Haben die Rede. Hier zeigt sich im Erzählverlauf des matthäischen Evangeliums zum ersten Mal die redaktionelle Tendenz, dem engen Vertrautenkreis um Jesu Person keinen Unglauben zu attestieren, wie dies in der markinischen Jüngercharakterisierung der Fall ist.[121] Vergleicht man den Gebrauch von ὀλιγόπιστος in Mt 6,30 und Mt 8,26 mitsamt dem jeweiligen Kontext, kann man eine Verschiebung hinsichtlich des temporären Bezuges und des Objektes beobachten: Ging es in der Bergpredigt in erster Linie darum, mittels des Kleinglaubens Sorgen vor zukünftig erwarteter Not angesichts der wahrnehmbaren Fürsorge Gottes als zweitrangig bzw. unbegründet zu erweisen, bezieht sich der Kleinglaube hier auf das defizitäre Vertrauen in das mögliche Eingreifen des (doppeldeutigen) Herrn in einer gegenwärtigen Notsituation.[122]

An den Tadel des Kleinglaubens anschließend erhebt (ἐγείρω) sich Jesus und ‚bedroht' (ἐπιτιμάω) Winde und Meer, worauf eine ‚große Windstille' eintritt (vgl. Mt 8,26).[123] Das Verb ἐπιτιμάω findet in der Septuaginta für die Bändigung der chaotischen Elemente durch Gott bzw. für die Veranschaulichung der göttlichen Macht über seine Schöpfung Verwendung (vgl. z. B. Ps 17,16^{LXX}; Ps 103,7^{LXX}; Hi 26,11^{LXX}) und trägt in Mt 8,26 entsprechende Konnotationen. Indem Jesus als Überwinder lebensfeindlicher Mächte geschildert wird,[124] liegt der Akzent auf der Diskrepanz zwischen der Macht der unberechenbaren Natur und der Vollmacht des göttlichen Retters. Schon im Alten Testament kann Gott aus der Not erretten, da er souverän über Wasser und Wind verfügt.[125] Jesus werden hier also Fähigkeiten zugeschrieben, die zum traditionellen hebräischen Gottesbild gehören. In Anknüpfung an das alttestamentliche Wunderverständnis besteht das Wunder hier nicht in der

---

121 Auch im sekundären Markusschluss wird dem Jüngerkreis Unglauben attestiert, vgl. Mk 16,11.14.

122 Dass einmal von Gott, dem himmlischen Vater die Rede ist (Mt 6,26.30.32), einmal vom Herrn Jesus (Mt 8,25), darf nicht gegeneinander ausgespielt werden. Denn während die Bergpredigt auf vorösterliche Traditionen zurückgeht und die Sprüche vom Sorgen auf der Ebene der Erzählung vom irdischen Jesus geäußert werden, ist die Sturmstillungsgeschichte eine Erzählung über Jesus und zudem nachösterlicher Herkunft, auch wenn sie im matthäischen Erzählfaden als Perikope des vorösterlichen Jesus präsentiert wird. Des Weiteren ist zu beachten, dass es als matthäische Intention erscheint, Jesus göttliche Eigenschaften und Fähigkeiten zuzuschreiben, und auch durch die Anrede Jesu mit ‚Herr' seitens der Jünger wird suggeriert, dass Gott und Jesus bei Matthäus (und seiner Gemeinde) nicht deutlich voneinander zu trennen sind, wie es dem Gesamtaufriss seines Evangeliums über den ‚Immanuel' (vgl. Mt 1,22f; 18,20; 28,20) entspricht.

123 Das Verb ἐγείρω verwendet Mt auch in Bezug auf die Auferstehung, vgl. Mt 28,6.

124 Zum Meer als chaotischem, lebensfeindlichem Raum in alt- und neutestamentlichen Texten siehe z. B. P. Riede, Art. Meer, in: Das wissenschaftliche Bibellexikon im Internet (https://www.bibelwissenschaft.de/stichwort/25720/, abgerufen am 22. 2. 2017).

125 Vgl. Jes 43,2; Ps 18,17f [17,17f^{LXX}]; 46,3f [45,3f^{LXX}]; 74,15 [73,15^{LXX}]; Hi 26,12 u.ö. Siehe auch Scharbert, Fleisch, 19.80.

Durchbrechung von Naturgesetzen, sondern in der Erfahrung der rettenden Hilfe der göttlichen Macht in Situationen, in denen dem Menschen keine Handlungsmöglichkeiten zur Verfügung stehen.[126]

Ob Furcht und Kleinglaube der Jünger an die Sturmstillung anschließend von Matthäus als überwunden vorgestellt werden, hängt davon ab, wie die Notiz von der völligen Windstille (γαλήνη μεγάλη, Mt 8,26) und die Admiration der vorher unerwähnten ‚Menschen' (ἄνθρωποι, Mt 8,27) bewertet werden. Denn die volle Wiederherstellung des Jüngervertrauens in Folge der Rettung durch Jesus wird nicht ausdrücklich geschildert. Zunächst ist danach zu fragen, wer mit den ‚Menschen' gemeint ist. Eine Möglichkeit wäre, deren staunende Reaktion auf das Rettungswunder („Was ist das für ein Mensch, dass ihm sogar die Winde und der See gehorchen?") als Erzählerkommentar zu verstehen. Die ‚Menschen' stehen dieser Deutung zufolge außerhalb der Narration[127] und fungieren zur Verdeutlichung dessen, wie Personen außerhalb der Erzählung auf Jesu Wunder reagieren sollen.[128] Nach diesem Verständnis bleiben die Leser darüber im Unklaren, ob Furcht und Kleinglaube von den Jüngerfiguren bezwungen werden, denn ihre Reaktion wäre im Staunen der Menschen nicht berücksichtigt. Falls mit den ‚Menschen' jedoch neben den impliziten Lesern auch die Jünger eingeschlossen sind oder sogar die Jünger alleine gemeint sind,[129] dann ersetzt das admirative Staunen über Jesu Macht und Rettung letztlich die Furcht und den Kleinglauben der Bootsinsassen. Die temporäre Vertrauensminderung wäre demnach als überwunden gezeichnet.[130] Unabhängig davon, wen Matthäus mit den verwunderten ‚Menschen' genau meint, könnte man annehmen, dass mit dem Ende der Notsituation infolge der Beruhigung des Meeres impliziert wird, dass Furcht und Kleinglaube als bewältigt gelten sollen. Denn wie die weiteren Belegstellen der Lexemfamilie ὀλιγόπιστος κτλ. zeigen werden, aktualisiert sich der Kleinglaube nur in Herausforderungen.

---

126 Vgl. Jeremias, Lob, 466, Anm. 3.

127 So z. B. schon Wellhausen, Evangelienkommentare, 214; Dronsch, Schiffbruch, 403. Wenn mit den ‚Menschen' eine neue Personengruppe neben den Jüngern eingeführt wird, dann ist darin eine formgeschichtliche Besonderheit der Wundererzählung zu sehen, denn nur hier wäre ein Chorschluss seitens dritter Personen belegt, vgl. Meiser, Reaktion, 245.

128 Vgl. Bornkamm, Sturmstillung, 52; Gnilka, Matthäusevangelium I, 318; Luz, Matthäus I/2, 21 f.

129 Nach Konradt, Matthäus, 143, liegt es näher, dass hier nicht die in Mt 8,18 zurückgelassenen Volksmenge gemeint ist, sondern „dass wie in Mk 4,41 die Jünger reden". Dass mit ἄνθρωποι die Jünger gemeint sind, vertreten daneben auch Gundry, Matthew, 156; Evans, Matthew, 196.

130 Hendriksen, Matthew, 412, identifiziert die ‚Menschen' mit den Jüngern und leitet aus Mt 8,27 ab, „[t]hat the faith of these men was indeed strengthened".

3.1. Apokalyptische und psychologische Assoziationsfelder der Sturmstillungserzählung

Die Sturmstillungsperikope konnte bei den intendierten Lesern sowohl apokalyptische als auch psychologische Assoziationen hervorrufen. Dies wird im Folgenden ausgeführt. Gleichzeitig soll verdeutlicht werden, dass beide Assoziationsfelder u.a Bewältigungsmöglichkeiten der Furcht und des Kleinglaubens anbieten.

3.1.1. Die apokalyptische Dimension der Sturmstillungserzählung

Die zur Illustration der Notsituation verwendeten Ausdrücke σεισμός und καλύπτεσθαι (vgl. Mt 8,24) finden sich weder in der markinischen noch in der lukanischen Darstellung dieser Perikope, in denen jeweils von einem Sturmwind (λαῖλαψ) die Rede ist.[131] Die abweichende Wortwahl im Matthäusevangelium ist auffällig (σεισμός ist ein ungewöhnlicher Ausdruck für einen Seesturm) und intertextuell mit theologischer Semantik aufgeladen: Das Wort σεισμός wird in der Antike oft gebraucht, um Geburt oder Tod von Göttern und Gottmenschen zu untermalen.[132] Es ist auch ein alttestamentliches Theophaniemotiv: Sturm und Erdbeben konnten mit dem Erscheinen Gottes verbunden sein.[133] Matthäus übertrug dieses Gottesmotiv auf Jesus. Als christologische Aussage lässt es ihn als Herr über die Naturgewalten erscheinen und markiert insofern Jesu göttliche Vollmacht.[134] Auf der Ebene der Nar-

---

131 Vgl. Mk 4,37; Lk 8,23.

132 Vgl. KRATZ, Art σεισμός, EWNT^2 3 (1992), 563f.

133 Sowohl als Reaktion auf das Kommen JHWHs als auch als Ankündigung des endzeitlichen Erscheinens Gottes wurden Naturgewalten zur Ausmalung herangezogen. Vgl. z.B. 1Sam 14,15; Ri 5,4f; Ps 18,8–16 [17,8–16^{LXX}] u.ö. Zu den typischen Begleiterscheinungen einer Epiphanie bzw. der Epiphanie als Motiv von Wundererzählungen siehe THEISSEN, Wundergeschichten, 103.

134 Hier ist die Vollmacht Jesu auf sein Handeln bezogen, während sie in der Bergpredigt mit seiner Lehrautorität in Verbindung gebracht wird. In Mt 7,28 reagieren die Zuhörer auf Jesu Rede perplex, ja geradezu entsetzt (ἐκπλήσσεται). Der auktoriale Erzähler begründet diesen inneren Zustand des Volkes mit der Extranormalität der jesuanischen Lehrweise, die Vollmacht (ἐξουσία) ausstrahlt und sich dadurch von der Unterweisung eines gewöhnlichen Schriftgelehrten abhebt (Mt 7,29). Die ‚Vollmacht' Jesu bzw. der Jüngerschaft spielt auch sonst eine Rolle im Evangelium nach Matthäus: in Mt 9,6.8 bezieht sie sich auf die Sündenvergebung, in Mt 10,1 auf die Bevollmächtigung zu Exorzismen und Heilungen und in Mt 21,23f.27 ist die Vollmacht des jesuanischen Handelns Gegenstand einer Auseinandersetzung zwischen Jesus auf der einen und den Hohepriestern und Ältesten des Volkes auf der anderen Seite. Die im Griechischen mit ἐξουσία zum Ausdruck gebrachte ‚Vollmacht' ist zur Zeit Jesu politisch konnotiert. Das Lexem bezeichnet i.d.R. die Befehlsgewalt und Durchsetzungsfähigkeit kaiserlicher Entscheidungen. Siehe dazu EBNER, Vollmacht, 21–23. Wie im MkEv kann der mt Jesus die Menschen nicht kraft seiner Vollmacht dazu bringen, sein anvisiertes innovatives Gesellschaftsmodell vom nahegekommenen Königreich Gottes zu akzeptieren; er muss sie davon überzeugen.

ration könnte insofern angedeutet sein, dass die Jünger den Seesturm falsch einschätzen: Sie erkennen im Beben des Wassers die Präsenz der göttlichen Macht nicht, was wiederum dazu führt, dass ihr Vertrauen unnötigerweise geschmälert wird. Weil sich in frühjüdischer Literatur das Erdbeben verstärkt in apokalyptischen Texten als Zeichen der kommenden endzeitlichen Katastrophe findet, könnte der Gebrauch im Matthäusevangelium auf einen apokalyptischen Horizont verweisen,[135] denn womöglich spielt der Evangelist auf die von seiner Gemeinde erwartete oder wahrgenommene endzeitliche Bedrängnissituation an (vgl. Mt 24,7f).[136] Daher signalisiert die apokalyptische Terminologie (vgl. auch den redaktionellen Gebrauch von καλύπτεσθαι in Mt 8,24 zur Illustration der das Boot bedrohenden Wogen) die Beispielhaftigkeit der Erzählung. Darauf wird in der Forschung öfters hingewiesen:[137] Die Erzählung von der Sturmstillung solle den Lesern vor Augen führen, welche Verhaltensweisen in Notsituationen geboten sind. Sie könne als Aufforderung verstanden werden, darauf zu vertrauen, dass ihnen Hilfe und Unterstützung gerade in bedrohlichen Situationen sicher ist. Darauf verweist auch das Bittgebet Κύριε, σῶσον (Mt 8,25), denn es geht vermutlich auf die liturgische Praxis der matthäischen Gemeinde zurück und bietet eine Möglichkeit zur Bewältigung von Notsituationen.[138] Diese Art der Bewältigung lässt sich in moderner psychologischer Terminologie als religiöses Coping bezeichnen.[139] Insofern fördert die Erzählung die Identifikation der frühen Christen in ihrer immer wiederkehrenden Bedrängnis und Anfechtung mit den ängstlichen und kleingläubigen Jüngerfiguren. Der implizite Appell, sich nicht zu fürchten bzw. ein ‚Mehr' an Vertrauen auszubilden, ist somit auch über die konkrete Erfahrung der Jünger auf dem See hinaus von Gültigkeit.

---

135 Vgl. z. B. Bornkamm, Sturmstillung, 52; Barth, Jüngerschaft, 4.

136 V.a. Bornkamm, Die Sturmstillung im Matthäusevangelium, in: G. Bornkamm/G. Barth/H.J. Held (Hg.), Überlieferung und Auslegung im Matthäusevangelium (WMANT 1), Neukirchen [3]1963, 48–53, vertritt eine ekklesiologische Deutung: In der Nachfolge ins Boot, in der Bedrängnis durch den σεισμός, in der Bitte „Κύριε, σῶσον", in der Angst der Jünger oder in ihrem Kleinglauben spiegeln sich Erfahrungen der Gemeinde wider. Vgl. auch Barth, Jüngerschaft und Kirche im Matthäusevangelium, EsTeol 5/1 (1965), 1–15; Burger, Jesu Taten, 280; Luz, Matthäus I/2, 28f.

137 Vgl. exemplarisch Bornkamm, Sturmstillung, 52.

138 Vgl. Dronsch, Schiffbruch, 407. Dass Jesus die Rettung bringt allein auf die Bitte der Jünger hin, stellt einen gewichtigen Unterschied zur Jona – Erzählung dar, denn zur Beruhigung der Wassergewalten muss von den mt Figuren der Erzählung kein Opfer geleistet werden.

139 In der modernen, funktionalistischen Psychologie unterscheiden Lazarus und Folkmann problembezogene und emotionsbezogene Bewältigungshandlungen (‚copings', vgl. S. 58 dieser Arbeit), sprechen jedoch nicht von religiösem Coping.

3.1.2. Die psychologische Dimension der Seesturmperikope als Aufforderung zur religiösen Affektbewältigung

Es ist denkbar, dass diese Perikope in Bezug auf die Kontrolle von Emotionen aussagekräftig ist, denn dass biblische Texte zu neutestamentlicher Zeit ‚psychologisch' gelesen werden konnten, zeigt insbesondere Philo von Alexandrien.[140] Um zu prüfen, welche Möglichkeiten einer Affektregulation in der Sturmstillungserzählung angeboten werden, soll nun der klassische funktionalistische Ansatz der modernen Emotionspsychologie einbezogen werden. Emotionen sind demnach Resultate vorauslaufender Bewertungsprozesse, bei denen ein Ereignis bewusst oder unbewusst unter Berücksichtigung der Ziele und Interessen einer Person beurteilt wird. Während es bei erwartbaren Situationen zu Routinehandlungen kommt, signalisieren Emotionen den außerordentlichen Charakter des jeweiligen Ereignisses. Sie lösen in der Konsequenz eine Suche nach angemessenen Bewältigungsprozessen aus, um das innere Gleichgewicht der betroffenen Person wiederherzustellen.[141]

Auf der Textoberfläche ist zunächst nur deskriptiv, dann aber auch explizit von der Furcht der Bootsinsassen angesichts der bedrohlichen Wogen die Rede (Mt 8,24f). Allerdings ist der innere Zustand derart knapp zum Ausdruck gebracht, dass der implizite Leser über die faktische Einschätzung der Situation seitens der Jünger nicht ausdrücklich informiert wird. Dennoch ist aus der matthäischen Darstellung zu folgern, dass der Affekt der Furcht durch die als bedrohlich bewertete Wahrnehmung des bebenden Meeres und der überschlagenden Wellen ausgelöst wird. Die Furcht entfaltet entsprechend eine Signalwirkung, denn sie markiert die Sturmereignisse als außergewöhnlich, so dass die Jünger zu einer Handlungskonsequenz mobilisiert werden: Sie reißen ihren ‚Herrn' aus dem Schlaf. Damit könnte auf die alttestamentliche Vorstellung angespielt sein, dass Gott in der Not nicht eingreift bzw. sich kümmert und daher geweckt werden muss.[142] Möglicherweise will Matthäus also aussagen, dass die Jünger den Schlaf ihres ‚Herrn' als dessen Abwesenheit deuten, die Desinteresse in ihre Rettung beinhaltet.[143] Mittels ihrer Weckhandlung demonstrieren die matthäischen Jüngerfiguren, dass ihr Verhaltensrepertoire keine Möglichkeit zur Selbsthilfe aus der Lebensgefahr beinhaltet. Ihre Furcht muss daher anders bewältigt werden. Aus der bittenden Zuwendung zu Jesus wird ersichtlich, dass sie die Überwindung ihrer Notsituation

140 Vgl. dazu das Kapitel zu Philo von Alexandrien in dieser Arbeit ab S. 317.

141 Zur funktionalistisch orientierten Emotionspsychologie vgl. z. B. N.H. Frijda, The Emotions, Cambridge 1986; M. Holodynski/W. Friedlmeier, Emotionale Entwicklung und Perspektiven ihrer Erforschung, in: Dies. (Hg.), Emotionale Entwicklung. Funktion, Regulation und soziokultureller Kontext von Emotionen, Heidelberg/Berlin 1996; R. S. Lazarus, Emotion and Adaptation, New York 1991.

142 Vgl. z. B. Ps 35,23 [34,23^{LXX}]; 44,24 [43,24^{LXX}]; 59,5f [58,5f^{LXX}] ; 78,65 [77,65^{LXX}].

143 Ähnlich Dronsch, Schiffbruch, 403.

und ihrer inneren Anspannung von ihrem ‚Herrn' erhoffen. Bevor es jedoch zur Entspannung der Lage – in der Windstille (γαλήνη) artikuliert – kommt, kritisiert Jesus den affektiven Zustand und das defizitäres Vertrauen und somit indirekt die Bewältigungshandlung seiner Begleiter.[144] Sie haben mittels ihres Versuches, die Situation durch ihr Hilfegesuch zu verändern, unnötigerweise ein problembezogenes Coping gewählt.[145] Der in der rhetorischen Frage enthaltene Tadel verdeutlicht, dass der matthäische Jesus stattdessen eine alternative Copingstrategie anempfiehlt. Sie zielt darauf ab, das eigene innere Erleben durch Neueinschätzung der situativen Lage umzudeuten und damit zu bewältigen: Angesichts des bisher von Jesus an die Jünger vermittelten Wissens wäre starkes Vertrauen in das rettende Eingreifen ihres ‚Herrn' in Notsituationen vonnöten gewesen – unabhängig davon, ob er als an- oder abwesend wahrgenommen wird –, was das Aufwecken überflüssig gemacht hätte. Kritisiert wird also nicht in erster Linie das mangelhafte Vertrauen in Jesu Vollmacht, denn dass sie an Jesu Fähigkeit zur Rettung glauben, zeigt sich ja in ihrem Hilfsgesuch.[146] Jesus bemängelt hingegen vielmehr, dass sich seine Begleiter nicht uneingeschränkt und vollkommen auf Gott verlassen. Für Matthäus scheint darin die Bewältigungsstrategie der Furcht zu bestehen: Wer an Gottes Rettungsmacht selbst unter der Bedingung der Abwesenheit[147] sowie an seine Übermacht über die unberechenbaren Naturgewalten glaubt, kann seiner Furcht selbst in einer lebensbedrohlichen Situation Herr werden. Fraglich ist, ob diese alternative Bewältigungsstrategie als emotionales Coping eingeschätzt werden kann. Denn die Pistis ist kein Affekt wie Begierde oder Furcht, sondern eine sich in konkreten Situationen manifestierende Grundhaltung. Als Haltung verstanden birgt sie zwar kognitive, affektive und verhaltensmäßige Aspekte, erschöpft sich darin aber nicht, denn Gottvertrauen kann als umfassender Modus der Weltbegegnung verstanden werden. Insofern der Furcht und dem daraus resultierender Vertrauensverlust für den Evangelisten also durch zutrauenden Glauben an das göttliche Heilshandeln entgegengesteuert werden kann, propagiert die Sturmstillungserzählung modellhaft eine religiöse Affektbewältigung.

Weil diese Perikope insofern als Kommentar zur Affektsteuerungsthematik verstanden werden kann, bietet sich ein Vergleich zu entsprechenden popularphilosophischen Auffassungen an. Dies scheint umso mehr berechtigt, da im

144 Im Gegensatz zu den Psalmen, die Gott auffordern, aufzuwachen und rettend einzugreifen, weisen andere alttestamentliche Texte darauf hin, dass Gott keinen Schlaf benötigt: Während Baal offenbar schläft (1Kön 18,27), wacht JHWH immerfort über sein Volk (Ps 121,3f [120,3f^{LXX}]).

145 Zur Unterscheidung von problembezogenem und emotionsbezogenem Coping siehe S. 58 dieser Arbeit.

146 Vgl. auch Dronsch, Schiffbruch, 402f.

147 Zur christologisch-soteriologischen Deutung der Erzählung vgl. z. B. Dronsch, Schiffbruch, 406.

griechischen Evangelientext das Lexem γαλήνη (‚Windstille') begegnet, das in der griechisch-philosophischen Literatur häufig psychologisch-ethische Konnotationen trägt. Mit dem Bild der Windstille wurde nämlich von diversen Philosophen die zu erstrebende Seelenruhe metaphorisch gefasst.

Schon Plato bietet einen psychologischen Entwurf, nach dem Frieden (εἰρήνη) und Stille (γαλήνη/ἡσυχία) den Idealzustand der Seele ausmachen. Bestimmte Affekte führen zu einer Erschütterung (σεισμός) der Seele.[148] So äußert sich Furcht (δεῖμα) als Resultat einer schlechten Seelenverfassung in einem solchen affektiven Beben (σεισμός) und könne durch bestimmte Bewegungen in einen ausgeglichenen Seelenzustand transformiert werden, der durch Stille (γαλήνη) und Ruhe (ἡσυχία) bestimmt ist.[149] Und im ‚Phaidon' ist die Rede davon, wie der Philosoph durch das Folgen der Vernunft seine Seele von Lüsten (ἡδοναί) und Schmerzen (λῦπαι) befreien und innere Seelenstille (γαλήνη) erlangen kann.[150] Für den Mittelplatoniker Plutarch können weder sozialer Status noch materieller Besitz dem Leben so viel Heiterkeit und Stille (εὐδία καὶ γαλήνη) verschaffen, wie eine Seele, die von schlechten Handlungen und Absichten Abstand nimmt und deren Charakter unbetrübt bleibe.[151] Bei Plutarch ist sogar eine psychologische Interpretation einer innerhalb dichterischer Narration erwähnten Windstille zu registrieren. Der antike Philosoph rezipiert Homer, Od. XII 168f, wo davon die Rede ist, dass sich der Wind (ἄνεμος) beruhigt (παύομαι), so dass Meeresruhe (γαλήνη) und Windstille (νηνεμία) eintreten, da ein göttliches Wesen (δαίμων) die Wogen (κύματα) zum Schlafen bringt (κοιμίζω). Für Plutarch verdeutlicht dieses Bild, wie die Vernunft (λόγος) die heftigen, zügellosen und wütenden Bewegungen der Begierden (κινήματα τῶν ἐπιθυμιῶν) tilgen könne (κατασβέννῦμι).[152]

Auch die Stoa reflektiert Möglichkeiten zum Erreichen der Seelenruhe. Seneca versteht beispielsweise die stabile, beständige Seelenruhe (tranquilitas animi) und entsprechend die Unerschütterlichkeit der Seele – d.h. die Freiheit von Sorgen und seelischen Verwirrungen – als höchstes Gut, das vom Menschen durch Unterwerfung unter die Vernunft erreicht werden kann.[153] Und Mark Aurel fordert dazu auf, Affekte aus dem Weg zu räumen und durch Selbstrückzug, Vernunftgebrauch und gerechtes Handeln innere Ruhe (γαλήνη) herzustellen.[154] Was dies zur Folge hat, vergleicht der römischen Kaiser mit einem nautischen Bild: Wer die Voraussetzungen für das Enstehen

148 Vgl. Plato, Phil. 33d. Auch in Mt 8,24 begegnet σεισμός.

149 Vgl. Plato, leg. 790e–791a.

150 Vgl. Plato, Phaid. 84a.

151 Vgl. Plutarch, De tranquilitate animi, mor. 477a–b. In De defectu oraculorum, mor. 437E gebraucht Plutarch die Lexeme γαλήνη und ἡσυχία in Hinblick auf die Seele.

152 Vgl. Plutarch, De virtute morali, mor. 446d.

153 Vgl. Seneca, dial. IX 2; ira III,25,4. Vgl. dazu auch Pohlenz, Stoa, 309f.

154 Vgl. Mark Aurel Τὰ εἰς ἑαυτόν VII 28.

affektiver Regungen unterbinde, gleiche einem Seefahrer, der das Vorgebirge umschifft hat, und auf ruhigem Fahrwasser in den Genuss der Windstille gelangt.[155]

Diese Ausführungen verdeutlichen, wie geläufig das Bild der „Windstille" zur Illustration der idealen Seelenverfassung in der Antike war. Negative Affekte sind für die innere Ruhe kontraproduktiv, da sie zu einer Erschütterung (bei Plato mit σεισμός bezeichnet) der Seele führen, können aber durch den Einsatz der Vernunft vermieden werden.

Weil das Streben nach der Seelenruhe insbesondere in der hellenistischen Ethik zum ethischen Ziel des Weisen stilisiert wurde,[156] wundert es nicht, dass entsprechende Vorstellungen in jüdische Schriften Eingang gefunden haben, die in der hellenistischen Diaspora entstanden. So begegnen nautische Vergleiche in Bezug auf die Affektbewältigungsthematik beispielsweise im Vierten Makkabäerbuch.[157] Auch hier ist von der Windstille im ‚psychologischen' Sinn die Rede.[158] Im Corpus Philonicum wird das Motiv der Seelenruhe ebenfalls verwendet. Windstille Ruhe (γαλήνη) und Frieden (εἰρήνη) der Seele könne der Weise nach Philo erlangen, sofern er seine Seele von Stürmen und Kämpfen befreit und sofern er seinen Verstand Gott unterordnet.[159] Der alexandrinische Exeget, Zeitgenosse Jesu, kann die innere Ruhe ebenfalls mit dem Motiv des stürmischen Meeres kontrastieren: Mose habe „im Sturm Ruhe und im Wirbel des wogenden Meeres Stille bewahren" können und sich dadurch Gott angenähert.[160] Indem die Vernunft dem Willen Gottes zu unterstellen ist, unterscheidet sich Philos Konzeption klar von den paganen philosophischen Ansätzen.

Ausgehend von diesem Befund ist es durchaus vorstellbar, dass mit dem Gebrauch derartiger Schifffahrtsterminologie auch in frühchristlichen Kreisen psychologische Assoziationen hervorgerufen werden konnten. Zusätzlich ist zu berücksichtigen, dass aus narratologischer Sicht die Möglichkeit besteht, innere Vorgänge anhand der szenischen Darstellung zu illustrieren.[161] Dieser Perspektive gemäß ließe sich das bebende Wasser auch als Sinnbild für die Verängstigung der Jünger verstehen. Die mit der Furcht einhergehende affektive Erregung erhält insofern textpsychologisch ein zusätzliches Gewicht. Als bewusster Kontrast zur narrativen Darstellung des Innenlebens der μαθηταί

155 Vgl. Mark Aurel Τὰ εἰς ἑαυτόν XII 22. Für die Epikureer ist der Ausdruck γαλήνη ebenfalls relevant; er kann den Zustand der Glückseligkeit bezeichnen. Vgl. dazu z. B. Röd, Philosophie 1, 199; DeWitt, Epicurus, 26.

156 Vgl. Heinemann, Bildung, 411.

157 Vgl. 4Makk 7,1–3.5; 13,6–7; 15,31–32.

158 Vgl. 4Makk 13,8–10.

159 Vgl. Philo, Fug. 173f.

160 Vgl. Philo, Gig. 49. Siehe auch Philo, Somn. II 166.

161 Vgl. dazu Ebner/Heininger, Exegese, 88–90.

weist das Schlafen Jesu auf seine innere Ruhe hin, und proleptisch bereits auf die von ihm bewirkte Sturmstillung voraus. Schon im Alten Testament steht der feste Schlaf des Menschen für Gottvertrauen und Zuversicht.[162] Jesu Verhalten zeigt insofern keinen Kleinglauben, sondern exemplarisch sein unerschütterliches Vertrauen sowie seine Überlegenheit über die feindlichen Mächte.[163]

Im Vergleich zu griechischen Texten der philosophischen Tradition liegt in der matthäischen theologischen Notbewältigungsstrategie ein gewichtiger Neuakzent des Affektkontrollverständnisses. Denn Matthäus wirbt nicht für eine kognitive Regulierung des personalen Innenraums, bei der die Vernunft negativen oder überschwänglichen Affekten Einhalt gebieten soll, sondern seiner religiösen Heimat entsprechend für eine religionsbezogene Bewältigungstechnik: Grundvertrauen in Gott bzw. den göttlichen Vollmachtsempfänger, die Aufrechterhaltung des Glaubens selbst in lebensbedrohlichen Situationen führt zur inneren Windstille und kann das Durchstehen von (Glaubens-)Krisen ermöglichen!

Fazit und Aussagedimensionen

Zusammenfassend ist im Hinblick auf Mt 8,18–27 festzuhalten, dass Nachfolge im matthäischen Verständnis nicht nur bedeutet, auf weltliche Bequemlichkeiten zu verzichten sowie alles hinter sich zu lassen, einschießlich sozial anerkannter Pietätsnormen. Vielmehr besteht Nachfolge für Matthäus auch darin, sich Jesu vollkommenes Vertrauen in seinen göttlichen Vater, gerade angesichts lebensbedrohlicher Notlagen, zum Beispiel zu nehmen. In der matthäischen Erzählung von der Sturmstillung liegt der Fokus daher auf der Aussage, dass unangemessene Furcht in der gegenwärtigen Notsituation das Gottvertrauen schmälert. Furcht ist zwar bei Matthäus an sich nicht prinzipiell abzuwerten, aber sie ist nur dann adäquat, wenn sie sich als numinose Furcht in Bezug auf Gott äußert. Bewirkt sie jedoch als existentielle Furcht eine Abnahme des Gottvertrauens, ist sie negativ gewertet und muss bewältigt werden. Dies kann erreicht werden, indem man den ‚Herrn' anruft und sich auf ihn verlässt – und zwar unabhängig davon, ob er gegenwärtig anwesend ist oder nur in Entzogenheit präsent ist. Wer sich auf den ‚Immanuel' (vgl. Mt 1,23) verlässt, braucht sich nicht zu fürchten, kann negative Affekte und Misstrauen überwinden und innere Ruhe erlangen.

---

162 Vgl. z. B. Ps 3,6; 4,9; Hi 11,18f; Spr 3,24–26. Zum Schlaf in der Bibel vgl. Lang, Art. Schlaf, NBL 3 (2001), 481f.

163 Darin besteht einer der zentralen Unterschiede zur Jona-Erzählung, denn der Schlaf Jona (Jon 1,5f) verstärkt das Motiv der Flucht bzw. der Ablehnung des Auftrags Gottes.

4. ‚Kleinglaube', Zweifel und Furcht als Resultat fehlgeleiteter Aufmerksamkeitssteuerung: Der Seewandel des Petrus (Mt 14,22–33)

Da die Wundergeschichte vom Seewandel Petri den Kleinglauben und den Zweifel explizit in Beziehung setzt (vgl. die Nennung von ὀλιγόπιστος und διστάζω in Mt 14,31) und sich auch sonst intensiv mit theologischen Grundthemen und existenziellen Befindlichkeiten auseinandersetzt (erwähnt werden beispielsweise Schrecken, Furcht, Angst, implizit auch der Glaube im Sinne von Vertrauen), ist die Erzählung vom Seewandel für die Bestimmung des Kleinglaubens als ‚psychologisches' Phänomen im Allgemeinen und als matthäisches Zweifelskonzept im Besonderen für diese Arbeit von ausgesprochen hoher Relevanz.[164] Denn die Nennung von Zweifel (διστάζω) und Kleinglaube (ὀλιγόπιστος) sind der matthäischen Redaktion zuzuweisen, wie ein Blick auf die Markusvorlage (Mk 6,45–52) zeigt. Diese beiden ‚psychologischen' Charakterisierungen begegnen genauer innerhalb der Petrus-Episode (Mt 14,28–31),[165] um die Matthäus die markinische Erzählung vom seewandelnden Jesus erweitert hat. Die Erzählung vom Seewandel, einem Naturwunder, ist im Matthäusevangelium mit einem Rettungswunder verschränkt; Mt 14,22–33 beinhaltet zudem eine Epiphanie mit soteriologischer Dimension.[166]

Matthäus folgt zunächst dem markinischen Erzählfaden, übernimmt nicht nur die Positionierung dieser Perikope nach der Speisung der 5000,[167] sondern

164 Schnackenburg, Petrus, 117, bezeichnet die Seewandelgeschichte als „narratives Lehrstück über Glaube und Zweifel", ähnlich auch schon Wellhausen, Evangelium des Matthaei, 77.

165 Mit Strecker, Weg, 199 und Theissen, Wundergeschichten, 187, ist anzunehmen, dass Mt 14,28–31 auf vormatthäische Tradition zurückgeht, wenn man dazu Joh 21,7f vergleicht: Hier läuft Petrus dem auferstandenen Jesus durch das Wasser entgegen. Der Johannesevangelist kennt zudem eine Erzählung über den Seewandel Jesu (Joh 6,16f).

Matthäus setzt mit seiner Beschreibung des Erlebens Petri die Tendenz der übernommenen Seewandelperikope fort, im Interesse der Aussageabsicht dieses Textes psychologische Erklärungen für das Erleben und Verhalten von Erzählfiguren zu bieten, vgl. zu Mk 6,49–52 Leiner, Psychologie, 28f.

166 Vgl. Theissen, Wundergeschichten, 102. Ob die Rettungsmotive ursprünglich sind oder die Epiphaniemotive, wird in der Forschung unterschiedlich bewertet, vgl. Dibelius, Formgeschichte, 97.277; Theissen, Wundergeschichten, 186f. Vgl. dazu auch Anm. 171 in diesem Kapitel.

167 Die Perikope Mt 14,22–33 schließt an die Speisung der 5000 an. Matthäus folgt mit der Perikopenreihenfolge dem Markustext. Weil auch im Johannesevangelium das Speisungswunder dem Seewandel Jesu vorausgeht (vgl. Joh 6,1–21), nehmen z. B. Haenchen, Weg Jesu, 252–255; Schmidt, Itinerar, 186.193f, oder Kertelge, Wunder, 47.145, an, dass Seewandel und Speisungswunder bereits in der vormarkinischenTradition verbunden waren.

auch die Orts- und Zeitangaben seiner Vorlage.[168] Ausgangspunkt für das in dieser Perikope zentrale Mehrfachwunder ist die Situation der Jünger, deren Boot auf dem See Genezareth von Wellen bedrängt wird. Anders als in der Erzählung vom Seesturm ist Jesus nicht bei ihnen; er hatte sie aufgefordert, ihm vorauszufahren.[169] Die Überfahrt ans andere Ufer gestaltet sich aufgrund des Gegenwindes offenbar als ausgesprochen mühsam, denn um die vierte Nachtwache (also zwischen ca. 3 und 6 Uhr morgens) befinden sich die Jünger noch immer mitten auf dem See,[170] als sich etwas Außergewöhnliches ereignet: Jesus läuft ihnen auf dem Wasser entgegen. Im Vergleich mit der Markusvorlage fällt in der matthäischen Version auf, dass Jesus nicht an den Jüngern im Boot vorbeigehen will.[171] In Furcht versetzt, weil die Jünger in der Gestalt auf dem See ein Gespenst (φάντασμά) wähnen, muss Jesus beschwichtigend eingreifen (Mt 14,26f). Während Markus anschließend vom Abflauen des Windes berichtet, das sich in dem Moment ereignet, als Jesus das Boot besteigt (Mk 6,51), folgt im matthäischen Erzählduktus nun die Petrusepisode, in der der Erstberufene zunächst wie Jesus über das Wasser zu gehen vermag, dann jedoch angesichts des starken Windes erschrickt, zu sinken beginnt, um Hilfe ruft und von seinem Herrn gerettet werden muss. Hier erreicht die

168 Allein die Ortsangabe Betsaida wird von Mt ausgelassen. Lukas hat die markinische Erzählung vom seewandelnden Jesus möglichweise als unnötiges Duplikat der Sturmstillungsperikope aufgefasst und sie daher gestrichen.

169 Vgl. Mt 14,22. Sowohl Markus als auch Matthäus leiten die Seewandelerzählung damit ein, dass die Jünger auf den Befehl Jesu hin das Boot besteigen, während Jesus zunächst die nach dem Speisungswunder noch anwesende Menschenmenge zum Weggehen auffordert und sich selbst anschließend zunächst auf einen Berg zurückzieht, um zu beten. Anders als Markus betont Matthäus ausdrücklich, dass Jesus sich dort allein befindet (vgl. den Gebrauch von ἴδιος in Mt 14,23). Indem sein Gebet unter Ausschluss der Öffentlichkeit stattfindet, demonstriert er die rechte, private Art des Betens, die er in der Bergpredigt (Mt 6,5–7) angeraten hatte.

170 Vgl. Mt 14,24, wo notiert ist, dass sich das Boot „viele Stadien vom Land entfernt" befindet. Eventuell macht Matthäus mit der Beschreibung der vergrößerten Distanz zum Festland von einem narratologischen Mittel Gebrauch, anhand dessen das „Setting" zur indirekten Charakterisierung der in Szene gesetzten Figuren dient. Die Distanz zum Ufer und damit auch zu ihrem Lehrer Jesus, der derweil die Einsamkeit eines Berges zum Gebet nutzt, könnte als deskriptives Darstellungsmittel intendiert sein, um die Verlassenheit der Jünger im Boot herauszustellen.

171 Berg, Rezeption, 137–140, hat darauf hingewiesen, dass die im Alten Testament oft verwendeten Wörter עבר bzw. παρέρχεσθαι in Bezug auf JHWHs „Vorbeigehen" in der Regel auf das göttliche Heil verweisen (vgl. Ex 33,18–23; 34,6; 1Kön 19,11; 2Kön 23,4; Jes 33,22a u.ö.), jedoch mitunter auch Unheil anzeigen können (vgl. Ex 12,23a; Hi 9,11b MT). Börstinghaus, Sturmfahrt, 236, hat vorgeschlagen, das Rettungsmotiv als der Erzählung vom Seewandel sekundär zugewachsen zu verstehen. Ein entscheidendes Indiz hierfür scheine die „unverständliche und störende Notiz zu sein, dass der seewandelnde Jesus an den Jüngern im Boot *vorbeigehen* wollte." D.h. die Seewandelperikope sei ursprünglich als Erzählung über eine Glaubensprüfung der Jünger konzipiert gewesen. Vgl. dazu auch Anm. 166 in diesem Kapitel.

matthäische Erzählung ihren Höhepunkt. Mt 14,30f ist als Gespräch zwischen Jesus und Petrus geschildert, in dessen Mitte ein kürzerer Einschub im Erzählduktus begegnet. Die Rettung des versinkenden Jüngers und die an Petrus gerichteten Worte: „Du Kleingläubiger, warum hast du gezweifelt?“ können dabei als Zentrum der Gesamtperikope gewertet werden, denn hier tritt die Aussageabsicht und theologische Akzentsetzung des Evangelisten Matthäus besonders deutlich zutage.[172]

Zu einem der wichtigsten Unterschiede zwischen der matthäischen und der markinischen Seewandelerzählung zählt die abschließende Reaktion auf den Seewandel und auf die eingetretene Windstille: Bei Markus bleiben die Herzen der unverständigen Jünger verhärtet (Mk 6,52), bei Matthäus hingegen endet die Perikope mit dem Niederfallen und einem Christusbekenntnis von seiten der Jünger (Mt 14,33).[173]

In Hinblick auf die matthäische Version der Seewandelerzählung bedürfen einige Aspekte der Erzählung eingehenderer Betrachtung. Dazu zählt (4.1.) die Bedeutung des in Bezug auf Petrus gebrauchten Verbs διστάζω. Dazu zählt auch (4.2.) die Darstellung der Petrusfigur, die u. a. durch Furcht, Mut, Handlungsinitiative, Kleinglaube und Hilfegesuch auffallend ambivalent charakterisiert ist. Ebenfalls sind (4.3.) die jeweiligen Auslöser der psychologisch konnotierten Affekte und Innenzustände in Mt 14,30f genauer zu untersuchen, wie auch ihre jeweiligen Bezugsobjekte, ihre implizierte Wertung sowie ihre Relation zueinander, da diese Faktoren eine Näherbestimmung des semantischen Gehalts des Lexems ὀλιγόπιστος ermöglichen. Freilich darf sodann (4.4.) die Erhebung der Aussageabsicht(en) dieser Wundererzählung nicht unbeachtet bleiben. Wo es naheliegt, werden redaktionskritische Überlegungen einbezogen.

4.1. Zur Bedeutung von διστάζω in Mt 14,31

Die in die Markusvorlage eingefügte Erzählung vom letztlich scheiternden Seewandel Petri kann als dramatischer Höhepunkt der Perikope Mt 14,22–33 betrachtet werden. Hier beweist der Erstberufene Wagemut, indem er trotz Wind und Wellen den Wunsch äußert, wie Jesus auf dem Wasser zu laufen. Nachdem er jedoch im Vollzug dieser Handlung von Furcht ergriffen wird und

172 Dass im Tadel Mt 14,31 der Höhepunkt der Erzählung zu sehen ist, betont z. B. auch Wiarda, Peter, 93.

173 Dies lässt sich aus der unterschiedlichen Verfassersituation heraus erklären: Während für Markus, der für eine heidenchristliche Gemeinde schreibt, das Messiasgeheimnis zentral ist, geht es Matthäus um eine Versicherung der Messianität Jesu für seine Adressaten. Anders gelagert ist die Erklärung des unterschiedlichen Perikopenschlusses bei Marxsen, Introduction, 181: „Matthew is not concerned with the question of becoming a Christian (unbelief – belief) but with the building of the Christian life (belief – little belief).“

angesichts des drohenden Versinkens von Jesus gerettet werden muss, wird er Mt 14,31 mit dem entscheidenden Tadel konfrontiert: „Du Kleingäubiger, warum hast du gezweifelt (ὀλιγόπιστε, εἰς τί ἐδίστασας;)?"

Während es schlüssig erscheint, dass mit ὀλιγόπιστος im Anschluss an die bisherige Verwendung dieses Lexems in Mt 6,30 und Mt 8,26 auch hier (Mt 14,31) von einem defizitären Vertrauen die Rede ist, wird in der Forschung in Hinblick auf διστάζω mitunter konstatiert, Petrus hätte lediglich *gezögert* auf den Wellen weiterzulaufen. Diese Interpretation soll den als anstößig aufgefassten Zweifel des Petrus abmildern.[174] Beide Bedeutungsnuancen sind in Bezug auf das griechische Verb διστάζω semantisch möglich. Um zu prüfen, ob das Zögern tatsächlich eine andere Bewertung konnotiert als das Zweifeln, soll der Unterschied zwischen beiden Bedeutungen im Deutschen betrachtet werden.

Beiden Verben ist zunächst gemeinsam, dass sie einen relativ momentanen psychischen Prozess zum Ausdruck bringen.[175] Wichtiger als die Gemeinsamkeit der Bezeichnung eines inneren Vorgangs von relativ kurzer Dauer ist jedoch die Bedeutungsdiskrepanz dieser Verben. Das Wort „zögern" impliziert im Deutschen die prinzipielle Möglichkeit zur Wiederaufnahme derjenigen Aktivität, die einer kognitiven Infragestellung unterworfen wird. D. h. die im Akt des Zögerns enthaltene Unsicherheit bezieht sich auf Frage, ob eine bestimmte Handlung fortgesetzt werden soll oder nicht, bzw. ob eine verhaltensrelevante Entscheidung getroffen werden soll oder nicht. Dass es sich hierbei um einen Handlungsaufschub handelt, wird deutlich, wenn man bedenkt, dass man in Bezug auf Denkvorgänge, die keine Aktivität (Entscheiden, Handeln etc.) nach sich ziehen (auch wenn diese Aktivität nicht explizit genannt sein muss), nicht vom Zögern spricht. Geht es um ein Infragestellen als Denkoperation, das keine implizierte oder explizit genannte Folgehandlung erfordert – wobei diese Aktivität innerlich vollzogen oder äußerlich sichtbar sein kann – verwendet die deutsche Sprache das Wort „zweifeln".[176] Der Zweifel betont entsprechend eine Unsicherheit darüber, welche Alternative gewählt werden soll bzw. ob einer Auffassung oder Meinung zugestimmt werden soll oder nicht. Die Bedeutungsdiskrepanz zwischen ‚zögern' und ‚zweifeln' besteht also nicht darin, dass die eine Tätigkeit sich qualitativ von der anderen abhebt, sondern vielmehr darin, dass das Zweifeln logisch keine prinzipiell mögliche,

---

174 Vgl. z. B. SCHRENK, Sprache, 410, der Zweifel als Unglaube versteht und daher ‚Zweifel' als nicht zulässige Übersetzung ansieht und statt dessen für ‚zögern' eintritt; BROWN, Disciples, 104, Anm. 32: „The frequent translation of διστάζω as ‚doubt' is not to be preferred." Weitere Belege bei LUZ, Matthäus I/4, 440, Anm. 60.

175 Wenn im Deutschen ein psychischer Vorgang des Infragestellens zur Sprache gebracht werden soll, der hingegen über einen längeren Zeitraum anhält, dann spricht man eher von Skepsis o. Ä. als grundsätzlicher Geisteshaltung.

176 Für die englische Sprache scheint dies ähnlich zu gelten.

anschließende kognitive oder verhaltensmäßige Aktivität beinhalten muss. Diese Feststellung lässt sich nun auch an Mt 14,31 überprüfen: Petrus kann seine Handlung (das Über-die-Wellen-Wandeln) nicht fortsetzen, da er ja aufgrund eines psychischen Vorgangs versinkt. Das Einsinken ist also das Resultat der mit διστάζω zum Ausdruck gebrachten Tätigkeit; eine Wiederaufnahme des Wandelns ist nicht möglich. Daraus könnte man folgern, dass das mit διστάζω bezeichnete Verhalten Petri mit „zweifeln" passender wiedergegeben werden kann.[177]

4.2. Zur ambivalenten Darstellung der Petrusfigur

Petrus und die anderen Jünger müssten nach der matthäischen Darstellung aus der vergleichbaren Situation eines Sturmes auf dem See (Mt 8,18–27) bereits gelernt haben, dass sie sich bei starkem Wind und hohem Wellengang auf dem See nicht zu fürchten brauchen. Und tatsächlich ist auf der Textebene von der Furcht der Jünger angesichts der Wellen und des starken Gegenwindes, die das Fortkommen der Ruderer erschweren, nicht die Rede. Auch die Tatsache, dass sich die μαθηταί – obgleich sie noch bei Tageslicht gehorsam vom Ufer abgestoßen hatten – beim Ausgang der Nacht bzw. im Morgengrauen noch immer auf dem See befinden (vgl. die Nennung der vierten Nachtwache in Mt 14,25),[178] scheint keine Furcht auszulösen – und das, obwohl Jesus anders als in Mt 8,23–27 nicht präsent ist.[179] Erst als eine Gestalt auf dem Wasser erscheint, die von den Jüngern als Gespenst (φάντασμα) gedeutet wird, geraten die Bootsinsassen in Furcht (φόβος), was in einem lauten Schreien resultiert. Wie in Mt 8,23–27 wird die Furcht auch hier von einer visuellen Wahrnehmung hervorgerufen.

Auf die Angstschreie der Jüngerschaft reagiert Jesus umgehend. Er gibt sich ihnen mit beschwichtigenden Worten zu erkennen (Θαρσεῖτε, ἐγώ εἰμι· μὴ φοβεῖσθε, Mt 14,27).[180] Jesus versucht also, die Jünger zu beruhigen, indem er ihnen versichert, dass er selbst es ist, den sie vor sich haben (ἐγώ εἰμι)

---

177 Vgl. auch Luz, Matthäus I/4, 440: Zögern ist „als Übersetzung zu schwach. Dies zeigt gerade 14,29–31: Petrus hat nicht gezögert, auf das Wasser zu gehen, aber er hat auf den Wind, nicht nur auf Jesus geschaut und ist so ‚zwiespältig' geworden."

178 Möglicherweise soll die Situierung der Perikope zur Zeit der vierten Nachtwache, die dem biblisch geschulten Rezipienten als Zeit des rettenden Eingreifens Gottes bekannt ist (vgl. Kratz, Rettungswunder, 282), schon von Vornherein die Furcht der Jünger als unbegründet erweisen.

179 Vgl. auch Garleff, Identität, 60.

180 Die Worte Jesu „ἐγώ εἰμι" (Mt 14,27) könnten als Anspielung auf die atl. Gottesoffenbarungsformel (vgl. Ex 3,14^{LXX}) intendiert sein. Falls die Wendung hier als Offenbarungswort zu gelten hat, sind bis auf das Motiv des Sich-Entziehens der Gottheit (Aphanismos) die typischen Züge einer soteriologisch ausgerichteten Epiphanie in der mt Seewandelerzählung realisiert: Es wird von der wunderbaren visuellen Erscheinung berichtet, das Offenbarungs-

und daher Furcht unnötig ist.[181] Die Aufforderung, sich nicht zu fürchten, ist für biblische Offenbarungs- und Erscheinungsszenen typisch und ist als Signal einer positiven Gesprächsabsicht zu werten. Daraufhin ergreift Petrus die Initiative. Er erwidert: „Herr, wenn du es bist, befiehl mir, zu dir über das Wasser zu kommen (Κύριε, εἰ σὺ εἶ, κέλευσόν με ἐλθεῖν πρός σὲ ἐπὶ τὰ ὕδατα, Mt 14,28)." Diese mehrteilige Äußerung ist aufschlussreich, insofern sie Ereignishorizonte vorwegnimmt, die im weiteren Erzählverlauf wichtig sind: Die Bitte offenbart die Zweifel und das Vertrauen des Petrus zugleich.[182] Auf der einen Seite scheint Petrus nämlich der Selbstidentifizierung der Gestalt auf

wort „Ich bin es" begegnet und am Ende schildert Mt das Staunen der Wunderzeugen. In der markinischen Fassung fällt auf, dass das numinose Staunen der Jünger explizit mit deren Unverständnis und verhärteten Herzen begründet wird, vgl. Mk 6,52. Der bei Mt fehlende und bei Mk nur schwach angedeutete Aphanismos (Jesus will in der Markusversion an den Jüngern im Boot vorbeigehen) ist in Joh 6,16f expliziert, denn Jesus verschwindet plötzlich. Vgl. hierzu Theissen, Wundergeschichten, 106. Petersen, Brot, 155, weist im Zusammenhang mit Mt 14,27 darauf hin, dass nicht jedes „ἐγώ εἰμι" eine Epiphanie begründe. Konstitutiv für eine solche Gattung seien vielmehr andere Merkmale, darunter das Erschrecken. Mt 14,26 ist dieses Motiv deutlich erkennbar realisiert.

181 Die Ermutigungsformel „habt Vertrauen/Mut; fürchtet euch nicht" begegnet in biblischer Tradition häufig im Kontext von Erscheinungserzählungen, vgl. Gen 15,1; 26,24; 28,13; 46,3; Jos 1,9; Ri 6,23; Dan 10,12.19; im NT: Mt 1,20; 28,5; Lk 1,30, Apg 18,9, 27,24. Siehe dazu z. B. Vgl. Radl, Lukas, 47.61.

182 Dass der Zweifel des Petrus, der ihn schließlich beinahe ertrinken lässt, bereits durch die Bitte des Petrus am Anfang seines Gesprächs mit Jesus angekündigt ist, wird in der Forschung nur bisweilen beobachtet. Häufig wird Mt 14,28 als Vertrauensausdruck Petri gewertet, so z. B. Poplutz, Glaube, 43. Oberlinner, Wunder, 93 äußert z. B.: „Die Wiederholung der Selbstvorstellung Jesu durch Petrus ist Zeichen dafür, dass der Jünger bereit ist, den im Wort Jesu enthaltenen Vollmachtsanspruch im Glauben nicht nur zu akzeptieren, sondern im Folgenden daran seine Entscheidungen auszurichten." Oberlinner hält davon ausgehend eine Deutung des Konditionalsatzes als „zweifelnde Feststellung" des Petrus für „verfehlt". Luz, Matthäus I/2, 409, deutet hingegen das εἰ σὺ εἶ als Vorbereitung auf den Zweifel, „der sich in seiner Angst auf dem See wieder zeigen" werde. Sand, Matthäus, 308, versteht die Formulierung εἰ σὺ εἶ als „zweifelnde Feststellung", als Ausdruck des Kleinglaubens, für den er später in V.31 getadelt wird. Scott, Jesus, 95, äußert dazu: „The element of doubt in Peter's request maintains the tension of the unfolding drama, which still seeks a resolution to the plight of the boat and its occupants." Auffällig ist in Bezug auf die Konditionalphrase Petri, dass auch dem Teufel in der Versuchungsgeschichte zwei Mal ähnliche Formulierungen in den Mund gelegt werden (vgl. Mt 4,3.6: εἰ υἱὸς εἶ τοῦ θεοῦ). Im Kontext der Versuchungen Jesu ist davon auszugehen, dass diese Bedingungssätze keine Zweifel des Teufels an Jesu Gottessohnschaft zum Ausdruck bringen sollen, sondern Voraussetzungen für die jeweils nachfolgenden provokativen Aufforderungen zu Jesu Machtdemonstration darstellen (so auch Konradt, Matthäus, 55). Der Teufel fordert den „Gottessohn" wie die Gegner Jesu heraus. Jesu Reaktion zeigt, dass die Akzeptanz seiner Gottessohnschaft nicht unter Bedingungen gestellt werden kann. Da eine weitere Parallele zwischen Petrus und dem Teufel darin gegeben ist, dass Jesus beide mit „ὕπαγε, Σατανᾶ" anfährt (Mt 4,10; 16,23), stellt sich die Frage, ob mit Petri Forderung an Jesus in Mt 14,28 bereits auf Mt 16,23 vorausverwiesen wird. Gleichzeitig ist vor diesem Hintergrund zu erörtern, ob Petrus in Mt 14,28 voraussetzt, dass es sich um Jesus (und nicht ein Gespenst) handelt und er in erster

dem Wasser noch zu misstrauen, wie die konditionale Phrase „wenn du es bist" (εἰ σὺ εἶ) anzeigt. Auf der anderen Seite wird in der Anrede Jesu mit „Herr" und in der Bitte, der Angesprochene möge ihm „befehlen" zu ihm zu kommen, deutlich, dass Petrus einen gewissen Grad an Vertrauen in sein Gegenüber hat und bereit ist, dessen Wort zur Basis seines Handelns zu machen[183] – sofern es sich tatsächlich um Jesus handelt. D. h. in seiner Äußerung zeigt sich die Ambivalenz des Petrus, insofern er unter der Bedingung, dass es sich bei der Gestalt auf dem See um Jesus handelt, von dessen Fähigkeit ausgeht, das nach antiker Anschauung Göttern vorbehaltene Privileg zum Gehen auf dem Wasser einer anderen Person gewähren zu können.[184]

Was Petri Verlangen motiviert, über das Wasser zu Jesus zu kommen, obwohl jener ja auf das Boot zuläuft, wird nicht erzählt. Diese Leerstelle in der Narration ist vom Textrezipienten zu füllen. Dass dieser Wunsch jedoch vom matthäischen Jesus positiv gewertet wird, zeigt dessen unverzügliches Nachkommen der Bitte Petri: Jesus fordert ihn auf: „Komm (ἐλθέ, Mt 14,29)!" Diese Äußerung hat motivierende und bevollmächtigende Funktion, schwankt aber zugleich zwischen Ermutigung und Zumutung, denn die geforderte Ausführung erfordert (wie auch die Nachfolgerufe des matthäischen Jesu) ein hohes Maß an Vertrauen, für das Jesu Gang auf dem Wasser Vorbild ist.

Dass Jesus der Bitte Petri nachkommt, müsste eigentlich dazu führen, dass letzte Zweifel ausgeräumt sind. Denn von der Befehlsgabe, die Jesu Vollmacht vergewissert, war die Vergewisserungsbedingung abhängig. Im weiteren Er-

---

Linie eine Machtdemonstration (wie der Teufel in Mt 4,3.6) einfordert, vgl. dazu auch S. 489f in diesem Kapitel.

183 Ähnlich auch Fiedler, Matthäusevangelium, 276.

184 Siehe dazu die Belege bei Kratz, Rettungswunder, 107–117; 304f; Berg, Rezeption, 54–76; Luz, Matthäus I/2, 407f. Hervorzuheben ist, dass in der Septuaginta von Gott ausgesagt wird, er könne auf dem Meer herumgehen wie auf dem Erdboden (περιπατῶν…ἐπὶ θαλάσσης, vgl. Hi 9,8^{LXX}). Vgl. dazu Berg, Rezeption, 79–81. Möglicherweise ist in Bezug auf das Motiv vom Seewandel sowohl antik-jüdischer als auch nicht-jüdischer Einfluss anzunehmen, z. B. Kertelge, Wunder, 147f, der jedoch nicht-jüdischer hellenistischer Beeinflussung höhere Bedeutung zumisst. Gleichwohl ist fraglich, ob dem Verfasser des Matthäusevangeliums nicht-jüdische Vorstellungen vom Gehen auf dem Wasser bekannt gewesen sein konnten, vgl. Frankemölle, Matthäus 2, 197f. Zu den Fragen nach motivlichen antiken Parallelen, nach der Historizität der Erzählung vom Seewandel u.ä. vgl. den Forschungsüberblick über die diversen Auslegungsrichtungen der synoptischen Seewandelberichte bei P.J. Madden, Jesus' Walking on the Sea. An Investigation of the Origin of the Narrative Account (BZNW 81), Berlin/New York 1997, 1–40 (siehe dort auch zu weiterer Literatur sowie ebd., 49–73, zu einer Untersuchung der wichtigsten Parallelen zu den synoptischen Seewandelerzählungen). Soweit mir bekannt, ist in antiken Texten, die Ähnlichkeiten mit der markinischen und/oder matthäischen Seewandelerzählung aufweisen, von einer göttlichen Gestalt, die nach dem Gang über das Wasser in ein Boot einsteigt (vgl. Mk 6,51; Mt 14,32), oder gar Menschen zum Laufen auf dem Wasser befähigt, nicht die Rede. Wird durch diese bei Mt realisierten Verhaltensaspekte die Hinwendung Jesu zu den Menschen besonders betont?

zählverlauf zeigt sich jedoch, dass sich Petrus (erneut? immer noch?) als Zweifelnder erweist. Die Aufforderung an Petrus, Jesus entgegenzugehen, könnte aber in Anbetracht des matthäischen Wunderverständisses sehr wohl darauf hinweisen, dass der im Konditionalsatz zum Ausdruck gebrachte Zweifel zunächst als überwunden verstanden werden soll. Denn für den Evangelisten geschieht die erfolgreiche Durchführung eines narrativ ausgestalteten Wunders an einer Einzelperson nie ohne die starke Vertrauensbekundung seitens des Hilfesuchenden.[185] Der Erfolg der jesuanischen Wundertätigkeit ist in diesen Fällen insofern an einen begleitenden Glauben des Empfängers der Wunderhandlung gebunden. Entsprechend könnte man davon ausgehen, dass das nun folgende Wunder an Petrus, das im zunächst glückenden Wandeln über das Wasser besteht, nur deshalb positiv beginnt, weil der Vollmachtsempfänger Petrus mit seinen an diesem Punkt der matthäischen Story bewältigten Bedenken seinen Anteil an der Verwirklichung des Außergewöhnlichen beiträgt. Dass Petrus zu diesem Zeitpunkt der Erzählung tatsächlich einen „bergeversetzenden Glauben“ (vgl. Mt 17,20) und die von Jesus geforderte Furchtlosigkeit (vgl. Mt 14,27) beweist, lässt sich womöglich daran ablesen, dass er als Reaktion auf den Befehl Jesu den Schritt aus dem Boot auf das Wasser wagt – trotz Tageszeit, Wind und Wellengang. Petrus ist nichts unmöglich; die Wasser tragen ihn zunächst. Sogar er kann wie Jesus das scheinbar Unrealisierbare realisieren und entwickelt die in der Antike Göttern oder Göttersöhnen vorbehaltene übernatürliche Fähigkeit, auf dem Wasser zu laufen. In dieser Situation zeigt er also eine feste Vertrauenshaltung.[186]

Dieses Vertrauen währt aber nicht lange. Denn als Petrus den Wind sieht,[187] wird er von Furcht ergriffen (φοβέω), und bevor er zu versinken droht, fleht er seinen Herrn um Hilfe an (Mt 14,30), die ihm sogleich zuteilwird, indem Jesus den Jünger mit seiner rettenden Hand ergreift. Nachdem Petrus nun aber vor dem Untergang bewahrt worden ist, tadelt Jesus ihn mit dem entscheidenden Satz: ὀλιγόπιστε, εἰς τί ἐδίστασας („Kleingläubiger, warum hast du gezweifelt?“ Mt 14,31). Als Auslöser der Furcht, die zum Einsinken des Petrus führt, ist auf der Textebene deutlich die visuelle Wahrnehmung des Windes zu erkennen. Während der Erzähler als Grund für das Scheitern Petri dessen Furcht nennt, erscheint im Munde des matthäischen Jesus der Auslöser für das Misslingen des Seewandels der Zweifel, weshalb der Jünger als „Kleingläubiger“ etikettiert wird. Trotz seines Teilerfolges, den Petrus hat, weil er Anteil an Jesu Vollmacht

185 Vgl. auch Poplutz, Glaube, 43.

186 Dieser Aspekt wird in der Forschung gerne hervorgehoben, vgl. Oberlinner, Wunder, 95.

187 Ob im zu rekonstruierenden Urtext hier ursprünglich vom ‚Wind‘ oder vom ‚heftigen Wind‘ die Rede war, ist textkritisch unsicher, denn beide Lesarten sind von gewichtigen Handschriften gut bezeugt. Weil die Angst des Petrus durch die Heftigkeit des Windes nachvollziehbarer wird, könnte diese Notiz als sekundär zugefügte Entlastung gedeutet werden.

erhält, endet das Unterfangen im Scheitern. In jedem Fall löst das vom Zweifelserlebnis bzw. im Furchtaffekt verursachte drohende Versinken eine eilige Handlungskonsequenz aus: Petrus schreit aus den Wellen heraus nach Hilfe. Die Worte „Herr, rette mich (Κύριε, σῶσόν με)!" erinnern an ein Stoßgebet und verknüpfen dadurch die Petrusepisode neben der Nennung des Furchtaffekts mit der Erzählung der Sturmstillung, wo die kleingläubige Jüngerschaft ebenfalls diesen Ruf nach Rettung äußert. Der Gebetsruf in Mt 14,30 zeigt zugleich, dass Petrus ein gewisses Grundvertrauen in Jesus hat: Offensichtlich geht er ja mit seinen an Jesus gerichteten Hilferuf davon aus, dass sein ‚Herr' ihm Hilfe zuteil werden lassen kann. Der implizite Leser weiß aus dem bisherigen Gang der Evangelienerzählung, dass Jesus seine Vertrauenswürdigkeit bereits vielfach bewiesen hat: Wann immer Menschen ihn um Hilfe gebeten haben, hat er prompt reagiert. Er hat Dämonen vertrieben und Kranke geheilt. Er hat die Elemente beschwichtigt und sich als Retter in der Seenot erwiesen. Auch die Jünger der matthäischen Story waren als Zeugen dieses Heilshandelns Jesu anwesend, so dass Petrus hier auf der Ebene der erzählten Welt auf Erfahrungswissen zurückgreifen kann, wenn er seinen Hilfeschrei verlauten lässt.[188] Und der matthäische Jesus erweist sich tatsächlich erneut als Retter, indem er seine Hand ausstreckt und Petrus aus dem Wasser zieht.

Die Perikope schließt mit der Notiz, dass sich der Wind legt, als Retter und Geretteter in das Schifflein steigen (Mt 14,32). Daraufhin liefern die „Männer im Boot" das erste Mal im matthäischen Evangelium ein christologisches Bekenntnis ab (Mt 14,33). Dieses wird gestisch durch Niederfallen (προσκυνέω) und verbal durch die Worte „Du bist wahrhaftig Gottes Sohn!" zum Ausdruck gebracht. Weil auf der Textoberfläche alle Jünger als Subjekte der Proskynese zu stehen kommen, liegt nahe, dass sich auch Petrus zu Jesus als dem Sohn Gottes bekennt. Insofern können mit dem Verweis auf das Christusbekenntnis als Vertrauenszusage seine Furchtsamkeit und Vertrauensdefizite genauso als überwunden gelten, wie die in Mt 14,26 thematisierte Furcht aller Jünger.

Mt 14,22–33 zeigt eindrücklich, dass Petrus als ambivalente Figur gezeichnet wird. Seine psychologische Disposition wechselt zwischen Gehorsam und Wagemut, zwischen Furcht bzw. Zweifel und Vertrauen. Wie ein roter Faden zieht sich sein Schwanken zwischen Vertrauen und Misstrauen durch die Perikope vom Seewandel. Dieses Oszillieren, das in der folgenden Tabelle dargestellt wird, bündelt sich in der Zuschreibung Petri als zweifelndem, als „kleingläubigem" Jünger.

---

188 Anders beim Seewandel: Petrus kann seine Erwartung, mit dem Gang über das Wasser Erfolg haben zu werden, nicht auf sein Erfahrungswissen gründen, da es sich um eine neuartige Situation handelt. Nach modernen psychologischen Attributionstheorien wird die Erwartung, eine Handlung erfolgreich oder weniger erfolgreich ausführen zu können, von bisherigen Erfahrungen gespeist. Vgl. Lämmermann, Religionspsychologie, 221 f.

Die ambivalente Darstellung des kleingläubigen Petrus zwischen Vertrauen und Misstrauen in Mt 14,22–33

Vers	*Events der Story (Ereignisse, Aktionen)*	*Psychischer (Affekt-)Ausdruck*	*Subjekt des gezeigten psychischen Verhaltens*
22	Befehl Jesu zur Überfahrt	Gehorsam und Vertrauen	Petrus und andere Jünger
26	Schreien angesichts des vermeintlichen Gespenstes	Furcht	Petrus und andere Jünger
27	Selbstidentifikation Jesu und Trostzuspruch	Überwindung der Furcht?	Petrus und andere Jünger
28	An das Gegenüber gerichtete Bitte Petri um Vollmachtsübertragung, sofern es sich tatsächlich um Jesus handelt	Vertrauen und Zweifel	Petrus
29	Befehl Jesu zum Gang auf dem Wasser und Ausführung des Befehls	Vertrauen	Petrus
30	Gewahrwerden des Windes (der vermeintlichen Gefahr)	Furcht (V.30), Zweifel, Kleinglaube (s. V.31)	Petrus
30	Beginn des Einsinkens Petri und Schrei nach Hilfe	Furcht und Vertrauen	Petrus
31	Rettung durch Jesus und Tadel (Zweifel, Kleinglaube)	wiederhergestelltes Vertrauen	Petrus
32f	Windstille und Sohn-Gottes-Bekenntnis	Vertrauen	Petrus und andere Jünger

Abb. 17: Ambivalenz des Petrus in Mt 14,22–33

Die Ambivalenz des Petrus lässt sich letztlich auch schematisch nachzeichnen, denn hinter dem Text ist eine binäre Struktur von Alternativen zu erkennen, zwischen denen Petrus seine visuelle Aufmerksamkeit positionieren muss:[189] Entweder richtet er seinen Blick auf den göttliche Attribute aufweisenden ‚Herrn' Jesus oder aber auf den Wind, der dem Boot von der Seeseite des

189 Die zwei möglichen Blickrichtungen mögen an das Thema von der Unmöglichkeit, zwei Herren zu dienen, sowie an das ‚einfache' Auge (Mt 6,22–24) erinnern: Eine synchrone Aufmerksamkeitsfokussierung nach zwei Seiten ist vom matthäischen Jesus abgelehnt.

Herrschaftbereichs des Herodes Antipas entgegenbläst.[190] Entweder orientiert er sich an der mit feindlichen, nicht-jüdischen Assoziationen belegten Naturgewalt oder an der göttlichen Macht.

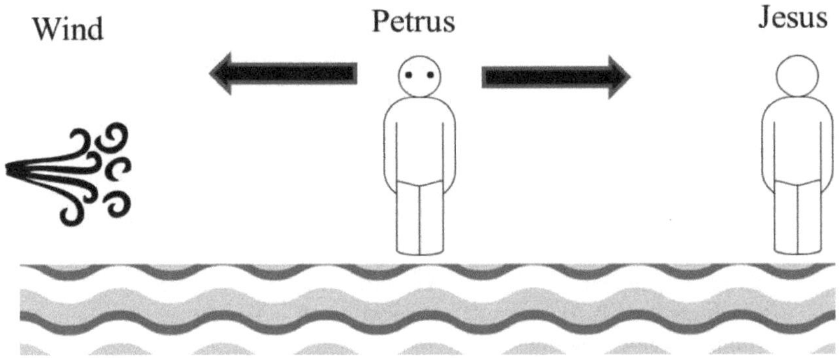

Abb. 18: Polare Alternativen der petrinischen Aufmerksamkeitssteuerung in Mt 14,28–30

Nimmt man die ursprüngliche wörtliche Bedeutung des Verbs διστάζω ernst (die Bedeutung ‚zweifeln' hat sich aus δι-στας, ‚auf zwei Seiten stehend' entwickelt),[191] dann kann Petrus eben nur entweder auf der einen oder aber auf der anderen Seite stehen. Sein Zweifel zeigt, dass er zunächst in seiner Entscheidung darüber unsicher ist.

4.3. Auslöser, Bezugsobjekte, Bewertung und Interrelation der psychologisch konnotierten Affekte und Innenzustände in Mt 14,30f (und in Mt 14,26)

Weil Matthäus Zweifel, Furcht und Kleinglaube explizit und besonders eng verknüpft hat, stellt sich die Frage nach der Beziehung dieser Größen zueinander. Ist der Zweifel die Ursache für den Kleinglauben oder die von der Wahrnehmung des Windes ausgelöste Furcht? Oder ist der Zweifel etwa das Resultat eines defizitären Vertrauens? Oder sind Furcht, Zweifel und Kleinglaube gar synonym zu verstehen?

---

190 Dies geht aus dem Erzählverlauf in Mt 14 hervor, vgl. dazu Hartenstein, Komfortzone, 457.

191 Vgl. Frisk, Wörterbuch, Bd. 1, 399.

Wie schon angemerkt, schreibt Matthäus dem sinkenden Petrus im Munde Jesu Zweifel und Kleinglauben zu, während der Erzähler von der Furcht Petri als Voraussetzung für den scheiternden Gang über das Wasser berichtet. Sicherlich ließe sich einwenden, die unterschiedliche Zuschreibung für den Grund des Scheiterns Petri durch den Erzähler einerseits bzw. durch Jesus andererseits könnte rein stilistische Gründe haben. Andererseits hätte der Verfasser auch zwei unterschiedliche Ausdrücke für Unsicherheit oder aber für Furcht gebrauchen können, wenn er lediglich den Stil betreffende Interessen verfolgt hätte. Vielmehr kann daher vermutet werden, dass Matthäus bewusst beide Charakterisierungen erwähnt, um den engen Zusammenhang zwischen Furcht und Zweifel zu betonen, wie ihn schon die Stoiker gesehen haben.[192] Das Versagen des Petrus hat nach Matthäus multifaktorielle und sich gegenseitig bedingende Ursachen: In dem Moment, als Petrus sein Augenmerk auf die vom Wind aufgewühlten Wellen, d. h. auf die vermeintliche Gefahr richtet, statt sich auf Jesus zu konzentrieren, wird er von Furcht ergriffen. Denn es ist anzunehmen, dass bei einer Aufmerksamkeitsablenkung neue Kognitionen an die Bewusstseinsoberfläche treten, die kognitive Dissonanzen und Affekte hervorrufen. Petri Glaube wird angesichts der Erwartung eines bevorstehenden Übels kurzfristig von dem realitätsnahen Denken überlagert, sein Vertrauen kognitiv und affektiv erschüttert. Der daraus resultierende Kleinglaube impliziert, dass Vertrauen zwar noch vorhanden ist, aber nicht mehr in einem ausreichenden Maß. Furcht, Zweifel, ein „Zu-Wenig" an Glaube schmälern das Vertrauen. Dass für Matthäus insofern Kleinglaube mit dem Zweifel zu identifizieren ist,[193] bestätigt der Tadel im Munde Jesu, der ὀλιγόπιστος und διστάζω gleichsam im gleichen Atemzug nennt.

Sodann ist zu überlegen, auf welche Gegenstände sich die in der Seewandelperikope thematisierten Zweifelsäußerungen beziehen. Implizit soll der Zweifel des Petrus vor seiner expliziten Nennung in Mt 14,31 vermutlich bereits in dem Bedingungssatz Mt 14,28 aufscheinen. Welcher Aspekt soll jedoch genau mit dem Konditionalsatz „wenn du es bist" zum Ausdruck gebracht werden? Hier sind mehrere Möglichkeiten denkbar. Erstens könnte die in der Bedingungsangabe implizierte Unsicherheit auf die personale Identität der Gestalt auf dem Wasser bezogen sein, d. h. Petrus kann möglicherweise die Selbstidentifizierung „Ich bin es" nicht mit Gewissheit zuordnen. In diesem Fall wäre für Petrus also fraglich, ob es sich tatsächlich um seinen Herrn Jesu handelt, oder ob nicht doch eher von einem Gespenst auszugehen sei. Zweitens könnte Petrus zwar davon ausgehen, dass es sich bei seinem Gegenüber zwar um Jesus handelt, wobei für den Jünger jedoch zugleich zweifelhaft erscheint, ob Jesus mit einer mit göttlichen Fähigkeiten bevollmächtigten Person (bzw. mit dem Messias) zu identifizieren sei. Petrus wäre in diesem Fall unsicher, ob

192 Vgl. SVF III,394; SVF III,409.

193 So Grässer, Sorgen, 170; Barth, Glaube und Zweifel, 282.

Jesus tatsächlich dazu ermächtigt ist, einer anderen Person göttliche Fähigkeiten zu übertragen. Dafür würde die nur bei Matthäus belegte Stelle Mt 9,27ff sprechen, wo Jesus fragt: „Glaubt ihr, dass ich dies tun kann?", die als Inhaltsbestimmung des matthäischen Glaubensverständnisses gewertet werden kann.[194] Drittens könnte mit dem Konditionalsatz impliziert sein, dass Petrus zwar in gewisser Weise von der Messianität Jesu ausgeht, aber zugleich die Bedeutung und die Reichweite dieser Messianität noch hinterfragt. In diesem Fall könnte das Gesuch um die Fähigkeitsübertragung zum Gehen auf dem Wasser als Forderung nach einem Machterweis zu verstehen sein: Möglicherweise soll die Äußerung Petri darlegen, dass ihm Jesu eigene Demonstration, über das Wasser laufen zu können, nicht ausreicht, um der Messianität Jesu in ihrer vollen Tragweite Glauben schenken zu können; er benötigt zusätzliche Gewissheit in Form einer Vollmachtsdemonstration an ihm selbst.

Bei der ausdrücklichen Charakterisierung des Petrus als Zweifelndem (Mt 14,31) ist ebenfalls fraglich, auf was sich seine durch διστάζω ausgedrückte innere Dissonanz bezieht. Denn das Bezugsobjekt wird auf der Textebene nicht erwähnt. Woran zweifelt Petrus also an diesem Punkt der matthäischen Story? An der Möglichkeit, den Seewandel aufgrund der hohen Wellen nicht zu überleben? An Gottes Macht, die es ihm ermöglicht, eine solche außergewöhnliche Befähigung weiterhin zu vollziehen? Zweifelt er an seinem „Glauben an die Zusage Jesu"?[195] Oder an seiner eigenen Fähigkeit, bis zum Erreichen des Standortes Jesu auf den Wellen durchzuhalten? Geht es „allgemein um den Zweifel an der in Jesus den Menschen nahegekommenen Wundermacht Gottes"?[196] An der Vollmacht Jesu in Bezug auf dessen Fähigkeit, Hilfe zu gewähren, zweifelt er jedenfalls nicht, da er im Moment des Versinkens bittet: „Herr, rette mich!" Petrus verlässt sich also auf Jesu rettende Macht in dieser Notsituation.[197] L. Oberlinner hat vorgeschlagen, dass das Versagen des Petrus, für das er von Jesus als zweifelnd und kleingläubig kritisiert wird, darin bestehen könnte, dass Petrus sich selbst falsch einschätzt, insofern er „das die göttliche Vollmacht demonstrierende Tun Jesu" nachahmen wolle, gleichsam meine, dem seewandelnden Jesus mit der gleichen Souveränität begegnen zu können, was von vornherein zum Scheitern verurteilt sei.[198] Zieht man die Aussagen des Matthäusevangeliums über die Sendungsaufträge an die Jünger

---

194 Vgl. Theissen, Wundergeschichten, 141.

195 Oberlinner, Anmerkung, 398.

196 So Barth, Glaube und Zweifel, 286.

197 Ähnlich auch Oberlinner, Wunder, 99, der daraus ableitet, „[d]ie Krise, die den Jünger ins Wasser versinken lässt, [könne] deshalb nicht einfach mit fehlendem Vertrauen zu Jesus erklärt werden", konstatiert dann aber (ebd., 101), dass das „grenzenlose Vertrauen auf Jesus und dessen Macht über die Elemente" angesichts der Wahrnehmung des Windes der Angst weiche.

198 Oberlinner, Wunder, 103.

in Betracht, hat diese Überlegung vom Text her einen gewissen Anhalt. Denn nach Mt 10 überträgt Jesus den Jüngern die Vollmacht, Geister auszutreiben sowie Leiden und Krankheiten zu heilen. Erst mit Mt 16,18f übereignet Jesus seinem „Felsen" Petrus die „Schlüsselgewalt" (d. h. wahrscheinlich die Autoritätsgewalt über Entscheidungen der christlichen Gemeinde und Lehre), und erst mit dem Missionsbefehl Mt 28,18–20 erhalten die Jünger den Auftrag und die Legitimität zur Taufe und Weitergabe der jesuanischen Lehre. Bis zuletzt bleibt die Vollmacht im Himmel und auf Erden in ihrer Totalität Jesus vorbehalten (vgl. Mt 28,18). In den Bestimmungen und Aufträgen, die wahre Nachfolge mit sich bringen, ist die Fähigkeit zum Gehen auf dem Wasser nicht enthalten. Die zum Zeitpunkt der matthäischen Story in Mt 14 für den Jüngerkreis limitierte Autorisierung, kraft Jesu Vollmacht anderen Menschen Gutes zu tun bzw. Heil zu bringen, wird durch den Aufruf „Komm!" in Mt 14,29 für Petrus erweitert. Das bedeutet jedoch nicht, dass der Versuch des Erstberufenen zur Nachahmung des Seewandels im Scheitern enden muss. Aber in Anbetracht der Aufgabenbestimmung für die Jüngerschaft könnte sich der Zweifel des Petrus wohl darauf richten, ob er der temporären Befähigung zu Handlungen, die den bisherigen Sendungsauftrag übersteigen, bereits gewachsen ist. Diese Deutung beinhaltet dann ein defizitäres Vertrauen in Bezug auf die eigene Person, d. h. Petrus wird als Figur gezeichnet, die von Selbstzweifeln ergriffen wird.[199]

Aufschluss über den Gegenstand des Zweifels könnte auch der Perikopenschluss liefern, denn die Erzählung setzt mit dem Sohn-Gottes-Bekenntnis einen Schlussakzent. Wenn dieses christologische Moment, das die Theologie des Matthäusevangeliums grundlegend fundiert, als narratives Ergebnis des in Mt 14,22–33 berichteten Mehrfachwunders (Seewandel Jesu, Seewandel Petri, Rettung Petri) zu stehen kommt, dann läge darin womöglich ein Deuteschlüssel für die Ereignisse der Perikope. Für Kleinglauben und Zweifel ausgewertet könnte daraus zu folgern sein, dass sich der Zweifel auf den Sachverhalt der Gottessohnschaft bezieht. Petrus könnte insofern zwischen dem Glauben an Jesus als dem Sohn Gottes, der in Gottes Vollmacht Wunder zu bewirken vermag, und dem Misstrauen an dieser theologischen Aussage geschwankt haben. Diese Auslegung könnte sich ergeben, wenn man Mt 9,27ff (vgl. die Reaktion Jesu in Mt 9,27 „Glaubt ihr, dass ich dies tun kann?" auf die an ihn gerichtete Bitte zur Heilung) als redaktionelle Inhaltsbestimmung dessen

---

199 Vgl. dazu OBERLINNER, Anmerkung, 398: „Am Verhalten des Petrus wird gezeigt: Der Zweifel gewinnt dort über den Menschen Macht, wo dieser meint, daß er auf sich selbst gestellt ist. Auf der Ebene einer an den eigenen Fähigkeiten orientierten Sachlichkeit gerät die Zuversicht, die aus dem Zuspruch und aus der Vollmacht dessen gewonnen ist, der zum Vertrauen *und* zum Handeln aufruft, ins Wanken. Die Frage des Kleinglaubens ist: ‚Kann *ich* das leisten?'."

versteht, was Glauben für den Verfasser des Matthäusevangeliums ausmacht: „Glaube besteht also schlicht darin, Jesus Wunderbares zuzutrauen."[200]

In Anbetracht der eben dargestellten Auswahl an Möglichkeiten, die explizit oder implizit zum Ausdruck gebrachten inneren Dissonanzen des Petrus zu verstehen, lässt sich festhalten, dass aus heutiger Sicht eine präzise Bestimmung des Objektes, auf das sich der Zweifel des Petrus bezieht, offen bleiben muss. Es ist allerdings denkbar, dass der Text für frühchristlichen Rezipienten weniger bedeutungsoffen verstanden wurde. Möglicherweise war die Ambiguität des Textes aber auch vom Evangelisten Matthäus bewusst intendiert, um individuell relevante Identifikationsmöglichkeiten bereitzustellen.

Wesentlich weniger Schwierigkeiten als die Frage danach, worauf sich die Zweifelsbekundungen des Petrus beziehen, ist die Ermittlung der Wertung der psychischen Zustände bzw. Affekte, die dem wagemutigen Jünger zugeschrieben werden. Denn schon der Tadel Jesu in Mt 14,31 verdeutlicht, dass Zweifel und Kleinglaube von Matthäus als negativ zu wertende Erlebensausdrücke aufgefasst werden. Zweifel und Kleinglaube kommen zwar durch die vorwurfsvolle Frage als unangemessene Reaktionen Petri zum Tragen, werden aber zugleich nicht apodiktisch verurteilt. Parallele oder oppositive Auffassungen in Bezug auf diese Phänomene lassen sich bei griechischen Philosophen nicht aufspüren, da die vorchristliche Antike den Zweifel in vergleichbaren Kontexten bzw. Gattungen nicht narrativ reflektiert und die Lexemgruppe ὀλιγόπιστος κτλ. ohnehin erst in neutestamentlicher Zeit belegt ist. Anders als in vielen jüdisch-hellenistischen Schriften begegnet im Corpus Philonicum explizite Zweifelsterminologie, aber keine einheitliche Wertung des Zweifelsphänomens. Philo von Alexandrien differenziert hingegen eine ganze Reihe unterschiedlicher Formen des Zweifelns, so dass die jeweilige Wertung u. a. vom jeweiligen Kontext abhängt. Sogar in Bezug auf Gott als Gegenstand des Infragestellens muss das Zweifeln keine unangemessene Reaktion darstellen. Der Zweifel kann vielmehr zum Erreichen eines vertieften Gottesverständnisses beitragen.[201]

Neben Kleinglaube und Zweifel spielt in Mt 14,22–33 auch die Furcht (φόβος V.26; φοβέω V.27) als aus heutiger Sicht ‚psychologisches' Phänomen eine Rolle. Im Gegensatz zu Kleinglaube und Zweifel nimmt der Angstaffekt sowohl in biblischer Tradition als auch in der griechischen Philosophie breiten Raum ein. Ohne auf die vielfältigen Nuancen von Furcht in den diversen Schriften der hebräischen Bibel eingehen zu können, lässt sich doch konstatieren, dass Furcht in der Regel eine begründete Emotion ist, die zum Menschsein

200 Theissen, Wundergeschichten, 141.

201 Vgl. Philo, Her. 98–102. Zum differenzierten Zweifelsverständnis bei Philo von Alexandrien siehe das entsprechende Unterkapitel auf S. 338–351 in dieser Arbeit.

existenziell dazugehört.[202] Anders als in Bezug auf die prinzipiell positiv besetzte numinose Furcht (die auch für die Perikope vom seewandelnden Petrus vom Belang ist [vgl. Mt 14,26]),[203] unterliegen andere Formen von Angst und Furcht in der biblischen Tradition tendenziell keiner grundsätzlichen Wertung.

Weil das Phänomen der Furcht in den griechisch-philosophischen Strömungen hintergründig reflektiert wurde, bietet sich ein Vergleich der Wertungen dieses Affekts in der matthäischen Seewandelerzählung einerseits und bei griechischen Philosophen an.

Während Aristoteles Affekte i. d. R. als natürliche Elemente menschlichen Verhaltens versteht, die durch kognitive Kontrolle das richtige Maß gewinnen können, so dass Furcht entsprechend eine durchaus angemessene (Flucht-)Reaktion darstellen kann, wenn sie rational begründbar ist,[204] werten die Stoiker die Furcht negativ: Sie ist als Seelenbewegung der Abwendung charakterisiert und geht mit einem Handlungsimpuls (ὁρμή) einher, der zukünftig Schlechtes zu vermeiden sucht.[205] Im Gegensatz zur Furcht, die, weil zur Vernunft konträr, negative Handlungskonsequenzen auslösen kann, ist Vorsicht (εὐλάβεια) dem Weisen durchaus angemessen.[206] Vergleicht man diese Auffassungen nun mit der matthäischen Darstellung, wird deutlich, dass Vorsicht in Petri Situation nicht angemessen erscheint. Im Gegenteil: Der Schritt auf das Wasser erfordet Mut und Zutrauen. In Hinblick auf die Furcht hingegen ist bei der Analyse von Mt 14,22–33 deutlich geworden, dass für den Evangelisten zwischen Furcht und Zweifel an dieser Stelle ein Zusammenhang besteht. Auch die Furcht Petri, die ihn in die Wellen versinken lässt, ist daher als negativ gewertetes Phänomen zu verstehen (wie schon in der Sturmstillungsperikope). Dennoch fordert Matthäus keinesfalls dazu auf, die Furcht gänzlich aus dem Lebensvollzug zu eliminieren, wie etwa die Stoiker. Furcht kann im Matthäusevangelium vielmehr positiv oder negativ sein, je nachdem, auf welches Objekt sie sich bezieht. Besonders deutlich wird diese Auffassung in dem weisheitlichen Apophthegma in Mt 10,28. Hier wird nämlich im Kontext künftiger Verfolgungssituationen eine Unterscheidung zwischen angemessener und unangemessener Furcht eingeführt: Demnach ist es ratsam, sich vor Gott und

202 Vgl. S. Kipfer, Art. Furcht (AT), in: Das wissenschaftliche Bibellexikon im Internet (https://www.bibelwissenschaft.de/stichwort/18774/, abgerufen am 20.12.2017).

203 Zur (Wertung der) Gottesfurcht in Altem und Neuen Testament siehe exemplarisch Theissen, Erleben, 169ff.

204 Vgl. Aristoteles, eth.Nic 1110a; 1115a; rhet. 1383a.

205 Zur stoischen Affektsystematik, in der Furcht der Begierde konträr gegenübersteht, vgl. Stobaeus II 88ff (teilw. SVF III,378,389); Ps.-Andronikus, De passionibus I (teilw. SVF III,391); Galen, plac. 4.2.1–6.

206 Vgl. SVF III,431 = Nickel § 823.

seiner Gerichtsmacht zu fürchten,[207] da er die Verfügungsgewalt über Leib und Psyche besitzt. Vor anderen Menschen hingegen braucht sich der Einzelne nicht zu fürchten, da lediglich der Leib vernichtet werden könne, nicht jedoch die der Verfügbarkeit des Menschen entzogene Psyche. Der menschlich-irdische Bereich wird insofern pointiert mit der göttlichen Sphäre kontrastiert. In Mt 14,30 ist die Furcht des Petrus durch die visuelle Wahrnehmung des Windes ausgelöst, hat als Bezugsobjekt damit weder andere Menschen noch Gott. Petrus befindet sich in einer vermeintlich existenzbedrohenden Situation. Gerade weil Jesus jedoch, der Immanuel (vgl. Mt 1,23, Mt 28,20), „mit ihm" ist, der Jünger im Erzählverlauf des Matthäusevangeliums sogar bereits die Erfahrung gewonnen hat, dass die in Jesus wirkende göttliche Macht den Bedrohungen durch die Naturgewalten überlegen ist, dass sein ‚Herr' retten kann und will (vgl. Mt 8,26), wird seine Furcht auf den Wellen – und damit zugleich sein Zweifel und sein abgeschwächtes Vertrauen – als unbegründet kritisiert.

Als Ursachen der in Mt 14,22–33 genannten bzw. angedeuteten Affekte und Innendissonanzen erscheinen visuelle Wahrnehmungen: Die Furcht der Jünger im Boot wird infolge der als Gespenst gedeuteten Gestalt auf dem See hervorgerufen, und als Auslöser für Furcht, Zweifel und Kleinglauben lässt sich die Aufmerksamkeitsfokussierung des Petrus auf den Wind erkennen. Dass Affekte von visuellen (oder visualisierten) Vorstellungen hervorgerufen werden können, haben indes bereits die griechischen philosophischen Strömungen der Antike betont, und auch in modernen Erklärungsansätzen für das Entstehen von Emotionen spielen Umweltreize (und ihre Bewertung) eine Rolle. Die heutige funktionalistisch orientierte Forschung sieht in Emotionen darüber hinaus eine Funktion im System der Verhaltensregulation, insofern sie auf die Relevanz des emotionsauslösenden situativen Ereignisses für die betroffene Person hinweisen, und insofern sie die Suche nach geeigneten Bewältigungshandlungen initiieren.[208] Dieser Konnex lässt sich auch in der matthäischen Seewandelperikope ansatzweise beobachten: In der Darstellung des Figurenverhaltens löst das Erleben von Ängstlichkeit starke Impulse aus, die in spontanen und impulsiven Handlungskonsequenzen resultieren: Die Jünger schreien (Mt 14,26; Petrus schreit nach Hilfe Mt 14,30). Da sie insofern nicht die dem affektiven bzw. dissonanten Erleben zugrunde liegenden Bewertungen auf Angemessenheit überprüfen, sondern nach einer externen Bewältigung ihrer Situation verlangen, lässt sich ihr Verhalten – mittels der Terminologie funktionalistischer Emotionstheorien – als problemorientiertes Coping verstehen.[209] Interessant ist auf der Ebene der erzählten Welt die Reaktion Jesu

207 Schon bei Ben Sira ist die Gottesfurcht positiv konnotiert (vgl. Sir 1,14^{LXX}; 2,15f^{LXX}). Matthäus folgt hier frühjüdischer Konvention, vgl. auch Spr 1,7^{LXX}.

208 Vgl. Frijda, Emotions, 71.

209 Vgl. Lazarus/Folkman, Stress, 150. Vgl. zur Terminologie S. 58f.

auf diese Form der Bewältigungshandlung, denn sie kann für die implizierte Beurteilung der inneren Beunruhigung bzw. Furcht ausgewertet werden. Während die Angst des Petrus bei seinem zunächst gelingenden Gang auf dem Wasser – wie dargestellt – für Textrezipienten als unnötig und vermeidbar durchscheint, signalisiert die Reaktion Jesu auf die Bewältigungsversuche in Form von Notschreien eine weniger eindeutige Bewertung. Denn in Bezug auf die Petrus-Episode fällt auf, dass der Erstberufene zwar ausdrücklich für seine Furcht, seinen Zweifel und Kleinglauben getadelt wird, nicht aber für seine Bitte nach Rettung aus dem Wasser. In Bezug auf die dem Seewandel Petri vorausgehende Situation lässt sich Ähnliches beobachten: Als die Jünger in der sich ihnen nähernden Gestalt ein Gespenst wahrzunehmen meinen, und infolgedessen innerlich beunruhigt sind (ταράσσω),[210] ja sogar aus Angst laut schreien (ἀπὸ τοῦ φόβου ἔκραξαν), wird ihnen dieses Verhalten nicht zum Vorwurf gemacht. Jesus attestiert den Passagieren auch keinen Kleinglauben! Sie erhalten vielmehr umgehend Trost und Zuspruch (Mt 14,27: μὴ φοβεῖσθε).[211] Davon ausgehend lässt sich vermuten, dass für die implizite matthäische Bewertung der Furcht in Mt 14,26 einerseits und der Furcht in Mt 14,30 andererseits das Bezugsobjekt ausschlaggebend ist: Die Furcht des Petrus kommt negativ zu stehen: Er müsste aus der Erfahrung im Seesturm bereits gelernt haben, dass Jesus sogar Wind und Wellen gehorsam sind, dass Jesus mächtiger als die bedrohlich erscheinenden Naturgewalten ist. Die Reaktion der Jünger auf die gespenstische Erscheinung könnte hingegen durch den Evangelisten als nachvollziehbar markiert sein, denn ihre Angst mag angesichts der neuartigen Situation unvermeidlich sein. Weil die numinose Furcht als Reaktion auf eine Epiphanie in biblischer Tradition durchaus angemessen ist, insofern sie den Menschen angesichts des mysterium tremendum erschaudern lässt, könnte sie von Matthäus angesichts der Wahrnehmung(sdeutung) eines Gespensts ebenfalls als angemessene Verhaltensweise dargestellt sein. Denn Matthäus stellt in seinem Werk deutlich heraus, dass Gottesfurcht zulässig ist, nicht jedoch die Furcht vor anderen Menschen.[212] Die Ermutigungsformel in Mt 14,27 deutet darauf hin, dass die Angst der Bootsinsassen tatsächlich als numinose Furcht

---

210 Das Verb ταράσσω bezeichnet schon in der vorchristlichen Antike häufig ein psychologisches Innenerlebnis, das sich als unstrukturierte, unbestimmte Dissonanz im Inneren der Person auffassen lässt. Im Unterschied zu intrapsychischen Konfliktdissonanzen impliziert es jedoch keine Entscheidungsdimension. Häufig ist ταράσσω schon in der ‚paganen' griechischen Literatur mit der Angsterfahrung verknüpft. Vgl. C. Spicq, Art. ταράσσω κτλ., TLNT III (1994), 372–375 sowie S. 300–301 in dieser Arbeit.

211 Die gleiche Wendung begegnet im Munde Jesu erneut in der Verklärungserzählung (Mt 17,1–13), wo sich die Jünger ebenfalls in Reaktion auf eine Theophanie fürchten.

212 Möglicherweise tilgt er aus diesem Grund den Furchtaffekt in einigen Wundergeschichten aus der markinischen Vorlage, sofern er an den entsprechenden Stellen nicht als numinose Furcht gedeutet werden kann, vgl. Mt 8,23–27.28–34; 9,18–26.

aufgefasst werden soll, denn in Epiphanien und Erscheinungserzählungen begegnet dieser Aufruf zum Nicht-Fürchten häufig.

4.4. Mehrdimensionale Aussageabsicht(en) der matthäischen Seewandelerzählung

Ausgehend von den dargelegten Beobachtungen am matthäischen Seewandelbericht lassen sich Schlussfolgerungen für die Aussageabsicht des Evangelisten ziehen. M.E. enthält die Erzählung Hinweise darauf, dass bei der Abfassung neben christologischen sowohl (sozial-) politische als auch psychologische Assoziationen intendiert waren. Dies liegt insbesondere dann nahe, wenn man bedenkt, dass schon in alttestamentlichen Texten das Wasser für sozialpolitische und psychische Gefährdungen stehen konnte.[213]

Im Sohn-Gottes-Bekenntnis am Ende der Seewandelerzählung wird besonders deutlich, dass auf der Erzählung ein christologischer Akzent liegt. Das Christusbekenntnis kann dabei auf der Ebene der erzählten Welt als Ergebnis der kognitiven und emotionalen Verarbeitung der erlebten aversiven Ereignisse von seiten der Jünger verstanden werden. Während sich die Nachfolger in der Sturmstillungserzählung noch über die Identität Jesu im Unklaren befanden, demonstrieren sie hier ihre Gewissheit in Bezug auf dessen Person: Er ist der Sohn Gottes, der heilsbringende Gesandte Gottes, dem nichts unmöglich ist. Jesus ist sogar innerhalb weniger Verse als Dreifachwundertäter skizziert: Er vermag nicht nur auf dem Wasser zu wandeln, sondern ermöglicht kraft der in ihm wirkenden göttlichen Macht zudem Petrus diese wunderbare Fähigkeit und bewirkt nach seinem rettenden Eingreifen durch das Einsteigen ins Boot darüber hinaus, dass sich der Wind legt. In der vergleichbaren Situation auf dem Galiläischen Meer in Mt 8,23–27 haben die Jünger – und die impliziten Leser – bereits gelernt, dass ihr Lehrer Vollmacht über die Elemente besitzt. Hier nun beweist Jesus nach matthäischer Darstellung seine Übermacht über die dämonischen Wassergewalten nicht (explizit) verbal, sondern vielmehr physisch, indem er die Wellen unter seinen Füßen als tragende Oberfläche benutzt. Die in Mt 8,27 explizit genannte Befehlsgewalt Jesu über Wind und Wellen wird hier also bildhaft dargestellt. Die Erzählung soll insofern zeigen, dass Jesus Macht über Wasser hat. Diese Macht wird in alttestamentlicher Tradition JHWH zugeschrieben.[214] Das Gehen auf dem Wasser ist in der Umwelt

---

213 Vgl. VOGT, Angst, 93.

214 So auch MARSH, John, 288–290. Allein in der LXX begegnet – möglicherweise infolge des Kontaktes mit pagan-griechischen Vorstellungen über wasserwandelnde Götter, Göttersöhne und göttliche Menschen (Belege bei LUZ, Matthäus I/2, 407) – die Idee, dass JHWH die Macht hat, über das Wasser zu laufen, vgl. Hi 9,8^{LXX} (Im Masoretischen Text ist lediglich von der Macht JHWHs über das Meer die Rede). Vgl. dazu auch Ps 76,20^{LXX}.

des Neuen Testaments, nicht zuletzt in hellenistischen Texten außerhalb der biblischen Tradition, eine göttliche Fähigkeit, keine Begabung gewöhnlicher Menschen.[215] Auch von daher ist die matthäische Seewandelerzählung als Aussage über die göttliche Hoheit Jesu zu verstehen, und zwar für kulturell unterscheidlich sozialisierte Rezipienten in hellenistisch-römischer Zeit. Des Weiteren lässt sich die Seewandelperikope auch als eine Gebetserhörungserzählung auffassen, wobei die Rettung des Petrus erneut als Ausdruck der Wirksamkeit Gottes in Jesus zu stehen kommt. Weil in der Erzählung zudem eine nachösterliche Perspektive aufscheint, könnte auch ausgesagt werden sollen, dass der für die Rezipienten des Matthäusevangeliums auferstandene Jesus kein ‚Gespenst' ist, sondern leibhaftig mitten unter ihnen verweilt und Rettung bringt.

Die politische Relevanz lässt sich nicht zuletzt aus der kontextuellen Einbettung der Erzählung erkennen. Denn „[d]ie Fahrt über den See und zurück mit Speisung und Seewandel steht unter dem Schatten der Bedrohung durch Herodes Antipas, die nicht aufgelöst wird."[216] Galiläa mitsamt des Sees Genezareth unterstanden zur Zeit Jesu nämlich diesem von Rom abhängigen Klientelfürsten, der im Matthäusevangelium sehr negativ dargestellt wird.[217] Der in Mt 14,24 thematisierte Gegenwind, der die Überfahrt der Jünger so lange dauern lässt, bläst dabei von derjenigen Seite des Sees, an der der Herrschaftsbereich des Herodes liegt![218] Indem sich das Dreifachwunder bei der Rückfahrt in die politische Gefahrenzone ereignet, thematisiert auch die Seewandelerzählung die Bedeutung und Herausforderungen der Gefolgschaft Jesu.[219] Dass Nachfolge notwendigerweise Leid mit sich bringt, betont Matthäus in seinem Evangelium nicht nur wiederholt auf ausdrückliche Weise, sondern spielt womöglich auch innerhalb der Seewandelerzählung darauf an: Mit dem der matthäischen Redaktion zuzuweisenden Verb βασανίζω (‚bedrängen', ‚quälen'), das die Schwierigkeiten der Überfahrt bei starkem Gegenwind

---

Weil das Meer im Alten Testament häufig für den Tod steht, geht Lohmeyer, Markus, 242, davon aus, dass Jesus mit seiner Fähigkeit, über das Wasser zu laufen, nicht nur seine Divinität erweise, sondern auch seine Macht zur Überwindung des Todes repräsentiere. Die matthäische Erzählung unterstreiche zudem den vorbildlichen Glauben Jesu, der keinesfalls dem petrinischen Kleinglauben nahe komme.

215 Eine Zusammenstellung wichtiger außerbiblischer Analogien findet sich bei Luz, Matthäus I/2, 407.

216 Hartenstein, Komfortzone, 462f.

217 Vgl. nur das bei Mt 14,3–12 im Vergleich zu Mk 6,17–29 akzentuierte Negativbild des Herodes. Zur Darstellung des Herodes Antipas in den synoptischen Evangelien siehe überblicksweise z.B. C. Böttrich, Art. Herodes (Antipas), in: Das wissenschaftliche Bibellexikon im Internet (https://www.bibelwissenschaft.de/stichwort/49893/, abgerufen am 14.12.2017).

218 Vgl. Hartenstein, Komfortzone, 457f.

219 Vgl. Carter, Matthew, bes. 36–49.308-312.

illustriert, könnten Assoziationen mit politischen Verfolgungen hervorgerufen worden sein. An die Gefährdung durch die römischen Besatzer lässt womöglich auch der Gebrauch des Ausdrucks φάντασμα denken, den Matthäus seiner Vorlage entnommen hat. Denn zur Abfassungszeit des Matthäusevangeliums könnten noch Reminiszenzen an das Massaker auf dem See Genezareth vorhanden gewesen sein, das die Römer im Spätsommer des Jahres 67 verübt hatten:[220] „Auf dem Gräbersee von Galiläa bleibt da nur eins: Der Gedanke an ein Gespenst.“[221] Es ist durchaus vorstellbar, dass frühchristliche Rezipienten des Matthäusevangeliums diese Ereignisse mit dem See Genezareth assoziierten. Die dämonischen Konnotationen der Wassergewalten wurden durch sie womöglich noch verstärkt, was Furcht umso nachvollziehbarer macht.

Dieser Aspekt leitet über zu der psychologischen Dimension des Textes, der in der heutigen Forschung häufig auch ohne die Absicht, eine psychologische Textauslegung zu betreiben, erkannt wird.[222] Wie schon die Erzählung von der Sturmstillung, so wird auch die Seewandelgeschichte für die Gemeindesituation damals und heute transparent. Denn es ist davon auszugehen, dass Rezipienten des Textes durch das Erleben und Verhalten der präsentierten Figuren auf ihr eigenes Erleben und Verhalten hin angesprochen werden sollen. Wie viele andere Passagen narrativer Christologie auch, so können die in der Seewandelerzählung enthaltenen unterschiedlichen Rollenangebote Reflexionen auf das eigene Erleben und Verhalten ermöglichen und infolge veränderter Einsichten den Umgang mit Schwierigkeiten konstruktiv beeinflussen.[223] Besonders die Petrusfigur bietet sich aufgrund ihrer hervorgehobenen Rolle in der Erzählung und noch viel mehr aufgrund des ihr zugeschriebenen Schwankens zwischen Furcht und Bekenntnis, zwischen Zweifel und Vertrauen, zur Identifikation an.[224] Die Furcht des Petrus vor den vom Wind aufgepeitschten Wellen als Resultat einer fehlgeleiteten Aufmerksamkeitsausrichtung soll

---

220 Vgl. in Bezug auf das Markusevangelium Bedenbender, Juden, 74f. Das Massaker an 6700 Menschen durch die Römer ist belegt bei Josephus, bell. 3,10,9. Josephus spricht dort allerdings von Leichen / Toten (νεκροί), und verwendet das in Mt 14,26 gebrauchte Wort ‚Gespenst‘ (φάντασμα) nicht.

221 Bedenbender, Juden, 75.

222 Vgl. exemplarisch Luz, Matthäus I/2, 412; Hartenstein, Komfortzone, 461f. In einschlägigen, psychologisch deutbaren Aussagen derjenigen Exegeten, die mit der historisch-kritischen Methodik arbeiten, geht es jedoch wie auch in der vorliegenden Arbeit nicht um das Aufdecken der psychologische Tiefenstruktur der hinter den Erzählfiguren stehenden historischen Personen.

Zum Phänomen, dass jede Exegese bereits psychologisierende Tendenzen aufweist, siehe Leiner, Psychologie, 32–40; Inselmann, Freude, 26ff.

223 Vgl. dazu auch H. Sundén, Gott erfahren: Das Rollenangebot der Religionen (GTBS 98), Gütersloh 1975; Vogt, Angst, 7.

224 In der Passionserzählung des Matthäusevangeliums wird von einer Situation berichtet, in der es wiederum Petrus ist, der sich mehr zutraut als die übrigen Jünger. Nachdem Jesus verhaftet wird, fliehen die Jünger; Petrus hingegen folgt Jesus mit einigem Abstand und wagt

vermutlich als unnötige Reaktion auf die Vollmachtsübertragung, die Nachfolge mit sich bringt, dargestellt werden. Furcht ist bei einer unablenkbaren Alleinorientierung am ‚Herrn' kontrollierbar! Dass das Richten der Aufmerksamkeit auf den Herrn Wanken verhindert und vielmehr Stabilität mit sich bringt, ist auch in Ps 15,8^{LXX} angesprochen.[225] Auch in anderen Schriften des Alten Testaments tritt schon eine psychologische Aussagekraft gewisser Textabschnitte zutage, denn der bildspendende Bereich des Wassers bzw. Meeres kann bildhaft auf die Haltlosigkeit einer Disposition verweisen, die in Gott keinen eindeutigen Anker hat.[226] Die im Normalfall zu erwartende Reaktion,

---

sich immerhin bis in den Hof des Hohepriesters (Mt 26,58). Auch wenn er Jesus ebendort wenige Zeit später verleugnet, ist er dennoch derjenige, der als einziger den Mut aufbringt, dem Festgenommenen zu folgen, um herauszufinden, worauf die Verhaftung hinauslaufen würde (ἰδεῖν τὸ τέλος, Mt 26,58). Zunächst wagt er also wiederum mehr als die anderen Jünger, die Nachfolge scheitert jedoch auch hier abermals, denn, angesprochen auf seine Jüngerschaft Jesu, verlässt ihn sein Mut und er kann sich nicht zu seinem Herrn bekennen. Diese Notiz findet sich auch bei den anderen Evangelisten, und alle verwenden für das Nachfolgen bis zum Palast des Hohepriesters den terminus technicus ἀκολουθέω. Man könnte nun deshalb vermuten, dass Matthäus diese Passionsepisode analog zur Seewandelerzählung gestaltet hat, vielleicht um an Petri oszillierendes Verhalten anzuknüpfen (vgl. dazu auch Wiarda, Peter, 98.162.167; Davies/Allison, Matthew 2, 513; Lampe, Denial, 347). Petrus wird – zumindest im Matthäusevangelium – von einer sehr menschlichen Seite gezeichnet: Er ist wagemutig und verständlicherweise ängstlich zugleich, macht einen Fehler und bereut ihn darauf bitterst: ἔκλαυσεν πικρῶς (Mt 26,75). Die Petrus kennzeichnende Ambivalenz, die in der Forschung immer wieder gesehen wird, wirft die Frage auf, ob seine Figur im Matthäusevangelium (a) eher einen typischen Jüngercharakter repräsentiert oder ob er (b) im Vergleich zu den anderen JüngerInnen eine Sonderrolle einnimmt. Vertreter der ersten Möglichkeit (a) weisen darauf hin, dass die Figur des Petrus in erster Linie dazu dient, gewisse Aspekte der Nachfolge zu illustrieren, wobei anhand seiner Stärken und Schwächen Lerneffekte für Christen eintreten können. Obwohl er in der Erzählung durchaus als Einzelfigur hervorgehoben sein mag, agiere er meistens als Wortführer für und Repräsentant der ganzen Gruppe der SchülerInnen (vgl. z. B. Strecker, Weg, 189–207; Walker, Heilsgeschichte, 118). Vertreter der zweiten Möglichkeit (b) hingegen sehen in der matthäischen Darstellung Petrus besondere, einzigartige Rolle in Bezug auf Lehre und Autorität unterstrichen (Vgl. z. B. Hummel, Auseinandersetzung, 59–64; Davies/Allison, Matthew 2, 647–652). Petrus agiere mit seiner Bitte und seinem Verhalten überhaupt nicht als Wortführer für die ganze Gruppe der Jesusschüler (so z. B. Wiarda, Peter, 92; anders: Harrington, Matthew, 28), denn er erbitte den Befehl Jesu nur für sich selbst und Jesus antworte ausschließlich ihm. M.E. schließen sich die genannten Forschungspositionen nicht gegenseitig aus. Gerade weil die Figur des Petrus in der matthäischen Story mehr Raum bekommt als andere Jünger und in seinem kleingläubigen Schwanken als auffallend ambivalenter Nachfolger Jesu erscheint, bietet er sich für eine Identifikation seitens der Rezipienten in besonderer Weise an. Vermittelnde Forschungsansichten werden auch vertreten von Kähler, Form- und Traditionsgeschichte, 56 ff; Donfried, Art. Peter, 256–258; u. a.

225 Die Septuaginta-Übersetzung akzentuiert anhand des Verbs προοράω den visuellen Aspekt dieser Aufmerksamkeitssteuerung, vgl. Ps 15,8^{LXX}.

226 Vgl. dazu S. 395–397 in dieser Arbeit.

die zugleich lebensrettend sein kann und sich im Affekt der Furcht äußert, soll durch das Vertrauen in Jesus überwunden werden. Kontrafaktisch kommt hier zum Ausdruck, dass Furcht selbst in existentiellen Gefährdungslagen nicht notwendig, sondern vielmehr verzichtbar ist, wenn man an Jesus und die in ihm transparente Macht Gottes glaubt. Jesu gelingender Gang über das Wasser symbolisiert dabei die geforderte „bergeversetzende" Vertrauenshaltung. Wichtig ist aber auch die textimmanente Aussage, dass Jesus seine Verlässlichkeit bzw. bleibende Hilfe auch und trotz aller Zweifel und Glaubensdefizite demonstriert. Selbst bei einem „Versagen" hat ein prinzipiell vorhandenes, aber situativ geschwächtes Vertrauen auf den Herrn zur Folge, dass dem Nachfolgenden Rettung zuteilwird.

Das Matthäusevangelium ist im Kontext der Herausforderung der politischen Umsturzzeit auch „gegen den Wind" der zeitgenössischen Autoritäten, einschließlich der römischen Besatzer, verfasst worden.[227] Daher sollen die Adressaten womöglich aus der Seewandelerzählung lernen, dass der wahre Messias kein Phantom ist, sondern selbst in schwierigen Zeiten noch immer bei ihnen ist und sie nicht verlassen hat. Der Kerngedanke der Erzählung besteht in dem Aufweis der Unangemessenheit eines zweifelnden Kleinglaubens für die Situation der Nachfolge. Dieser Aspekt wird auch in Mt 16,5–12 und Mt 17,14–20 deutlich, wo der Kleinglaube erneut zum Thema wird. Der zunächst gelingende Gang über das Wasser verweist bereits proleptisch auf das Glaubensverständnis, das der Evangelist in Mt 17,20 entfaltet: Wenn und solange der Glaube unerschütterlich ist, kann in der Jesusnachfolge nichts unmöglich sein.

5. Der ‚Kleinglaube' als Resultat falsch geleiteter Kognitionen (Mt 16,5–12)

Als ὀλιγόπιστοι etikettiert der matthäische Jesus seinen Schülerkreis erneut in Mt 16,8. Diese Schelte ist veranlasst durch die Sorge seiner Jünger, die Jesu Warnung vor dem „Sauerteig" (ζύμη) der Pharisäer und Sadduzäer missverstehen und sich über ihren Proviantnotstand Gedanken machen.

Matthäus hat die Perikopen von der Zeichenforderung (Mt 16,1–4), sprachlich als ‚Versuchung' Jesu markiert (vgl. das Verb πειράζω in V.1),[228] und der

227 W. Carter, Matthew and Empire. Initial Explorations, Harrisburg 2001, entdeckt in vielen Aussagen des Matthäusevangeliums ‚counternarratives' als narrativen Widerstand gegen die imperiale Macht.

228 Im Hintergrund der Zeichenforderungen steht wahrscheinlich die Frage, ob Jesu Messianität zu akzeptieren sei oder nicht, vgl. Fiedler, Matthäusevangelium, 29.285; Zimmermann, Wundererzählungen, 21. Während Jesus im Markustext nur von den Pharisäern

Warnung vor dem „Sauerteig“ der jüdischen Konkurrenz (Mt 16,5–12) zu großen Teilen aus der markinischen Vorlage übernommen, und dabei ihre Zusammenstellung beibehalten.[229] Sie ist als Jüngerbelehrung innerhalb eines knappen Erzählrahmens konzipiert.[230] Markus lässt die Jüngerbelehrung angesichts deren Sorge über fehlenden Reiseproviant scheinbar auf dem See stattfinden, und stellt die Perikope von der Sauerteigwarnung damit in einen Zusammenhang mit der Sturmstillung und dem Seewandel Jesu. Im Matthäusevangelium, wo die Perikope über die Warnung vor dem Sauerteig der Religionseliten am Ufer des Sees lokalisiert ist, wird der Zusammenhang zwischen diesen drei Erzählungen mittels des jeweiligen Gebrauchs von ὀλιγόπιστος explizit gemacht. Die Sorge um Nahrung verknüpft Mt 16,5–12 dabei mit den auf der Spruchquelle basierenden Sprüchen vom Sorgen, aus denen der Evangelist das Lexem ὀλιγόπιστος entnommen hat. Während bei Markus das Achtergewicht auf dem Jüngerunverständnis liegt,[231] erkundigt sich der matthäische Jesus zwar ebenfalls nach dem Verständnis seiner Belehrung bei den Jüngern, doch zeigt eine Strukturanalyse des matthäischen Textes, dass der Tadel des Jüngerkleinglaubens im Zentrum der Perikope steht und dadurch emphatisches Gewicht erhält. Die Matthäusversion schließt gegenüber der Markusvorlage alternativ: Hier wird ausdrücklich betont, dass die Jünger am Ende der Belehrung durch Jesus verstehen (συνίημι), dass jener sie vor der ‚Lehre‘ (διδαχή) der Pharisäer und Sadduzäer warnen wollte.[232]

---

versucht wird, geschieht die Zeichenforderung bei Matthäus durch die Pharisäer und Sadduzäer, die auch sonst im Matthäusevangelium häufig zusammen genannt werden. Vgl. Mk 8,11 mit Mt 16,1. Lukas hat die Notiz von der Zeichenforderung stark verkürzt, nennt dabei keine spezifischen Subjekte der als ‚Versuchung‘ gekennzeichneten Forderung (vgl. Lk 11,16), und stellt sie in den Zusammenhang mit der Perikope von Jesu Macht über die Dämonen und dem gespaltenen Satansreich (vgl. Lk 11,14–23). Die Reaktion Jesu fällt unterscheidlich aus: In Mk 8,12 seufzt er ‚in seinem Geist‘ (τῷ πνεύματι αὐτοῦ), beschwert sich über ‚diese Generation‘ (ἡ γενεὰ αὕτη) und verweigert das Zeichen völlig. Matthäus streicht das innere Seufzen Jesu und lässt ihn antworten, dass ‚die böse und treulose Generation‘ (γενεά πονηρὰ καὶ μοιχαλὶς) einzig das ‚Zeichen des Jona‘ (τὸ σημεῖον Ἰωνᾶ) gegeben werde (vgl. Mt 16,4). Bei Lukas steht das Jesuslogion von der Zeichenablehnung (Lk 11,29) getrennt von der Zeichenforderung (Lk 11,16). Der lukanische Jesus spricht ähnlich wie der matthäische von der ‚bösen Generation‘, der nur das Jonaszeichen gegeben werde. Im Johannesevangelium ist die Notiz von der Zeichenforderung zwar enthalten, aber differiert erheblich von den synoptischen Versionen (vgl. Joh 6,30).

229 Vgl. Mk 8,11–21. Wie bei Markus lässt Matthäus diese beiden Perikopen dem zweiten Speisungswunder folgen.

230 Lukas hat die Jüngerbelehrung und den Jüngertadel über die vergessenen Brote nicht übernommen, bietet jedoch die jesuanische Warnung vor dem Sauerteig der Pharisäer. Lk 12,1 zufolge ist der Sauerteig als ‚Heuchelei‘ (ὑπόκρισις) zu verstehen.

231 Vgl. Mk 8,21: καὶ ἔλεγεν αὐτοῖς Οὔπω συνίετε;

232 Vgl. Mt 16,12.

Im Folgenden ist die Perikope Mt 16,5–12 in Hinblick auf den Kleinglauben zu betrachten. Ist diese Übersetzung auch in Mt 16,8 angemessen? Worauf bezieht sich das Vertrauensdefizit? Welche Ausdrücke können das Verständnis von ὀλιγόπιστος im Kontext erhellen? Wodurch wird es veranlasst bzw. wodurch wird das prinzipiell vorauszusetzende Vertrauen geschmälert? Ergeben sich Bezüge zu den bereits analysierten Belegstellen für ὀλιγόπιστος im Matthäusevangelium? Zunächst soll verdeutlicht werden, wie das für die Perikope zentrale Missverständnis, das zur Abmahnung des Kleinglaubens der Jünger führt, zustandekommt.

In der Szene Mt 16,5–12 scheint der Informationsaustausch zwischen Jesus und seiner Jüngerschaft zu misslingen und Jesus muss daher korrigierend eingreifen. Weil es in dieser Textpassage auf den ersten Blick um eine Fehlkommunikation geht, bietet sich die Berücksichtigung pragmatischer Dimensionen an. Zur Bestimmung nicht explizit geäußerter, aber mitgemeinter Aspekte einer kommunikativen Äußerung erscheint besonders das Kommunikationsquadrat Friedemann Schulz von Thuns geeignet.[233] Diesem Modell zufolge werden mit jeder sprachlichen Äußerung vier Botschaften gesendet. Jede Nachricht vermittelt nicht nur einen Sachaspekt, sondern auch eine Selbstaussage, eine Mitteilung auf der Beziehungsebene und einen Appell. Störungen in der Kommunikation ergeben sich, wenn Sprecher und Hörer diese Ebenen divergent deuten und gewichten.

Angewandt auf die perikopeneinleitende Botschaft Jesu an seine Schüler besteht die Selbstkundgabe in der wertenden Distanzierung Jesu von den Pharisäern und Sadduzäern. Mittels seiner Warnung vermittelt Jesus den Jüngern seine Wertschätzung und sein Wohlwollen (Beziehungsaspekt). Er versucht durch die Aufforderung zugleich, auf das Verhalten der Jünger Einfluss zu nehmen (Appellfunktion). Auf der Textoberfläche zunächst nicht eindeutig ist der informative Gehalt der jesuanischen Botschaft (Sachaussage), denn das Bezugsobjekt der angeratenen Vorsicht kann ambivalent interpretiert werden: Der Sprecher (d. h. der matthäische Jesus) könnte entweder den Sauerteig im tatsächlichen Sinn meinen oder aber als Metapher verstanden haben wollen,[234] die zusätzlich zu den nicht ausdrücklich geäußerten Kommunikationsaspekten seiner Botschaft von den Hörern (dem Jüngerkreis) richtig interpretiert werden muss.

Angesichts dieser Herausforderung scheitern die Angesprochenen: Sie erkennen den übertragenen Sinn des Lexems ζύμη nicht. Mehr noch: Sie missverstehen zusätzlich auch alle anderen Ebenen der Botschaft Jesu, denn sie scheinen Jesu wohlwollende Aufforderung zur Vorsicht vor dem pharisäischen

---

233 Vgl. F. Schulz von Thun, Miteinander reden: Störungen und Klärungen. Psychologie der zwischenmenschlichen Kommunikation, Reinbek b. Hamburg 1981.

234 Zum Sauerteig als sonst „offene" Metapher in biblischer Tradition siehe Luz, Matthäus I/2, 448f.

und sadduzäischen „Sauerteig“ als Tadel zu deuten, für die Reise kein Brot mitgenommen zu haben.[235] Trotz des aktuellen Gesprächskontextes interpretieren die Jünger die Mahnung Jesu also als Beanstandung ihrer Vergesslichkeit. Tatsächlich wird Jesus in seiner nun folgenden Zurechtweisung die Gedächtnisschwäche seiner Weggefährten rügen, aber ihm geht es dabei nicht um die fehlende Selbstversorgung der Jünger, sondern um ihre fehlende Erinnerung an die bereits erfolgte Nahrungsbereitstellung in den Speisewundern, die vorausplanende Versorgungstätigkeiten unnötig macht.[236] Auch wenn Jesus mit seinem Hinweis auf die Gefahren des sadduzäischen und pharisäischen Sauerteigs eigentlich ganz andere Intentionen verfolgt, geht er umgehend auf das Problem der Jünger ein, und stellt sein ursprüngliches Anliegen zunächst zurück.

Weil sich seine Begleiter, initiiert durch das falsche Verständnis der Warnung Jesu, also Gedanken um ihre zukünftige Nahrungsversorgung machen, werden sie von ihrem Lehrer eines Besseren belehrt. Gleich zu Beginn der Jesusrede bezeichnet dieser seine Jünger als ὀλιγόπιστοι und erkundigt sich nach dem Grund ihrer Sorgen über das vergessene Brotproviant. Insofern lässt sich für die Beantwortung der Frage nach dem Anlass für die Kleinglaubenschelte festhalten: Der Tadel ist ausgelöst durch die Verstehensblockade der Jünger, denn sie erkennen die Bedeutung der Warnung Jesu vor dem Sauerteig der Pharisäer und Sadduzäer nicht. Durch das Stichwort „Sauerteig“ initiiert, machen sie sich Gedanken, weil sie – wie in Mt 16,5 und Mt 16,7 notiert – keine Brote mitgenommen haben. Es sind also die gegenwärtigen Sorgen um die in naher Zukunft liegende Nahrungssicherung, die den matthäischen Jesus dazu führen, seine Jünger ὀλιγόπιστοι zu nennen.

Nachdem nun die Veranlassung der Kleinglaubensrüge erörtert wurde, soll auf das semantische Netz eingegangen werden, in dem ὀλιγόπιστος zu verorten ist. Dazu muss die Belehrung Jesu (Mt 16,8–11) in erster Linie betrachtet werden: Sie ist nicht durch Imperative geprägt, sondern geschieht durch eine Reihe von aufeinanderfolgenden Anfragen an die Jünger, die er gleich zu Beginn als ὀλιγόπιστοι etikettiert. Zunächst erkundigt sich der matthäische Jesus nach dem Grund ihres besorgten Denkens (διαλογίζομαι),[237] und fragt gleich darauf, ob sie denn noch nicht verstünden (νοέω) und ob sie sich nicht an die beiden Speisungsereignisse erinnerten (μνημονεύω). Wie die Gesamtperikope überhaupt, so enthalten diese Fragen Jesu insofern Lexeme aus

---

235 Vgl. Mt 16,7. Mit Luz, Matthäus I/2, 447, ist davon auszugehen, dass Jesus und Jünger aneinander vorbeireden; aber dass sie die jesuanische Mahnung gar „nicht zur Kenntnis“ nehmen (ebd.), trifft m. E. nicht zu. Denn die Warnung ist vielmehr Reizauslöser, der die Jünger erst dazu bringt, sich über fehlendes Brot zu sorgen.

236 Vgl. Mt 16,8–10.

237 Vgl. das τί in Mt 16,8.

einem ausgesprochen kognitiv geprägten Wortcluster.[238] Weil (a) διαλογίζομαι, (b) νοέω/συνίημι und (c) μνημονεύω insofern mit ὀλιγόπιστοι kontextuell verbunden sind,[239] muss auf diese Lexeme einzeln eingegangen werden, bevor sich (d) die Relation zwischen diesen Ausdrücken bestimmen lässt, und ausgehend davon das Zutreffen der Übersetzung ὀλιγόπιστοι mit „Kleingläubige" eruiert werden kann.

Zu (a): διαλογίζομαι

Formen des Verbs διαλογίζομαι begegnen in Mt 16,7 und Mt 16,8. Es bezeichnet hier das „Sich-Gedanken-Machen" der Jünger und verweist auf deren Bekümmernis ob der vergessenen Brote. Ihr innerer Zustand ist sonst nicht weiter narrativ ausgestaltet. Ob sich die Jünger untereinander austauschen oder jeder für sich ohne verbale Äußerung Gedanken macht, geht aus Mt 16,7f und seinem Kontext nicht eindeutig hervor. Das mit dem Partizip λέγοντες (V. 7) Gemeinte, das die direkte Jüngerrede „Wir haben kein Brot mitgenommen" einführt, ist ebenfalls uneindeutig: Entweder sie ‚sagen' dies ein jeder zu sich selbst, oder sie äußern diese Konstatierung laut. Von diesem Sachverhalt hängt jedoch ab, wie das Partizip γνούς in V. 8 zu interpretieren ist: Entweder nimmt Jesus die Festellung der Jünger einfach zur Kenntnis, weil er sie hören kann, oder aber er durchschaut die innere Verfassung seiner Gefolgschaft. Da die Wendung ἐν ἑαυτῷ/ἑαυτοῖς (die sich hier auf das Partizip λέγοντες bezieht) in Verbindung mit Verben des Redens in der Koine häufig im Gegensatz zu lauten Äußerungen steht,[240] und Jesus im Matthäusevangelium auch in Mt 9,2f die innersten Gedanken anderer Menschen ‚einsehen' kann, liegt eine Deutung Jesu als Herzenskenner m. E. näher.[241] Dann wäre zudem im Zusammenhang mit dem Topos des Kleinglaubens erneut eine sonst Gott vorbehaltene Fähigkeit auf Jesus übertragen.[242] Deutlich aus dem Kontext erkennbar ist das

---

238 Das kognitiv konnotierte Textgeflecht in Mt 16,5–12 enthält die Lexeme ἐπιλανθάνομαι (‚vergessen', V.5); διαλογίζομαι (V.7.8); γιγνώσκω (‚bemerken', V.8); νοέω (‚wissen', ‚verstehen', V.9.11); μνημονεύω (‚erinnern', V.9); συνίημι (‚verstehen', V.12); διδαχή (‚Lehre', V.12). Auch ὁράω (‚sich in Acht nehmen', V.6) und προσέχω ἀπό (‚sich hüten vor', V.6.11.12) könnten zu diesem semantischen Cluster gerechnet werden.

239 Die Verben stammen allesamt aus der Markusquelle. Dort stehen sie jedoch nicht im Zusammenhang mit der Glaubensthematik, sondern sind mit dem verhärteten Herzen verbunden.

240 Vgl. Bauer/Aland, Wörterbuch, 427.

241 Mt 16,7 (οἱ δὲ διελογίζοντο ἐν ἑαυτοῖς λέγοντες ὅτι Ἄρτους οὐκ ἐλάβομεν) könnte insofern wie folgt wiederzugeben sein: „Sie aber machten sich Gedanken, indem sie zu sich selbst sagten: (Das sagt er wohl,) weil wir kein Brot mitgenommen haben." Auch Gundry, Matthew, 326, geht davon aus, dass hier die göttliche Fähigkeit, verborgene Gedanken zu durchschauen, angesprochen ist.

242 In Mt 8,26f hat Jesus Vollmacht über die Naturgewalten, in Mt 14,25f kann er über das Wasser laufen.

durch διαλογίζομαι gekennzeichnete ‚Sich-Gedanken-machen' negativ gewertet, denn Jesu Rede lässt erkennen, dass die Sorgen fehl am Platze sind. Auch in biblischer Tradition ist διαλογίζομαι häufig negativ belegt und kann – wie das Substantiv διαλογισμός – dem Zweifel durchaus nahe kommen.[243] Auf jeden Fall weist der Verbgebrauch in Mt 16,7 und Mt 16,8 auf eine innere Beunruhigung hin, wobei durchaus denkbar ist, dass damit Zweifel am Vertrauen in die Bereitstellung künftiger Nahrung einhergehen.

Zu (b): νοέω/συνίημι

Der Matthäusevangelist verwendet das Verb νοέω innerhalb der Perikope Mt 16,5–12 zwei Mal (Mt 16,9.11), das Verb συνίημι ein Mal (Mt 16,12). Subjekt ist jeweils die Jüngerschaft Jesu. Schon vorneutestamentlich sind νοέω und συνίημι als Synonyme aufgefasst worden und bezeichnen u. a. das ‚Wahrnehmen', ‚Erkennen' und ‚Verstehen',[244] d. h. die sachgemäße Erfassung eines Sachverhalts als grundlegende kognitive Fähgkeit des Menschen. In unserer Perikope begegnen negierte Formen des Verbs νοέω im Munde Jesu (vgl. Mt 16,9.11), während der Erzähler zum Schluss des Textabschnitts mittels des Lexems συνίημι herausstellt, dass die Jünger ihr temporäres Unverständnis überwunden haben: Letztlich ‚verstehen' sie, worauf Jesus mit seiner Warnung hinaus wollte (vgl. Mt 16,12). Insofern stellt Matthäus – im Gegensatz zu Markus (vgl. Mk 8,21) – einen kognitiven Lernfortschritt der Jüngerfiguren innerhalb dieser Erzählung dar, der durch die mahnenden Worte Jesu bewirkt wird.

Zu (c): μνημονεύω

Das Verb μνημονεύω (‚erinnern', ‚an etw. denken') begegnet innerhalb von Mt 16,5–12 nur ein Mal. Der entsprechende Fragesatz Mt 16,9 steht allerdings im Zentrum der Perikope. Mit der Frage des matthäischen Jesus „erinnert ihr euch nicht …?" (οὐδὲ μνημονεύετε) sind dessen Jünger adressiert. In einem heilsgeschichtlich-religiösen Deuterahmen spielt die Erinnerung selbstverständlich eine enorme Rolle. Der Blick in die Vergangenheit hat daher im alttestamentlichen Psalter häufig die Funktion, dem Menschen die Güte Gottes angesichts gegenwärtiger Notlagen zu versichern.[245] Aber nicht nur beim Einzelnen kann das Gedenken eine Vertrauensstärkung bewirken, denn

243 Siehe dazu S. 383f dieser Arbeit.

244 Vgl. Behm/Würthwein, Art. νοέω κτλ., ThWNT 4 (1942), 948.

245 Vgl. Ps 77 [76^{LXX}]; 80 [79^{LXX}] u. v. m.; siehe dazu auch R. Müller, Art. Psalmen, in: Das wissenschaftliche Bibellexikon im Internet (https://www.bibelwissenschaft.de/stichwort/31528/, abgerufen am 22.2.2015). Die Erinnerung an vergangene Taten bzw. Machterweise Gottes ist ein „Grundzug at.licher Frömmigkeit", vgl. Michel, Art. μιμνῄσκομαι κτλ., ThWNT 4 (1942), 678. Diese Tendenz setzt sich auch in hellenistischer Zeit fort. Ben Sira fordert seine Adressaten auf, Lehren aus der Vergangenheit zu ziehen, um ihre Gottesbeziehung zu stabilisieren. Die Geschichte Israels mit Gott mache deutlich, dass Gottesfurcht

was in das kollektive Gedächtnis Eingang gefunden hat, trägt zur Stabilisierung der In-Group bei.[246] In unserem Text fällt daher auf, dass sich der indirekte Aufruf Jesu, sich zu erinnern, mittels des Lexems μνημονεύω in V. 9 nicht auf lang zurückliegende Ereignisse in der Heilsgeschichte Israels bezieht,[247] sondern auf Erfahrungen während des öffentlichen Wirkens Jesu: Er ruft die beiden Speisungswunder in Erinnerung, bei denen die Jünger als Augenzeugen präsent waren und in denen sie erfahren konnten, dass Gott Jesus und seinen Anhängern alles zur Verfügung stellt, was zum unmittelbaren Zeitpunkt benötigt wird.[248] Eines der Speisungswunder haben Jesu Begleiter in der matthäischen Story sogar unmittelbar vorher erlebt; aber auch die Speisung der 5000 liegt auf der Ebene der erzählten Welt noch nicht lange zurück. Von daher sollte es den Jüngern leicht fallen, sich diese Ereignisse ins Gedächtnis zu rufen, nicht zuletzt, weil es sich zudem um außergewöhnliche, wunderhafte Ereignisse handelt.

Zu (d): Interrelation der Ausdrücke διαλογίζομαι, νοέω/συνίημι, μνημονεύω sowie ὀλιγόπιστος und Bestimmung des semantischen Gehalts von ὀλιγόπιστος
Zunächst kann angenommen werden, dass die den Tadel des Kleinglaubens einschließende Fragenkette in Mt 16,8–11 einerseits zur Charakterisierung der Jesusnachfolger dient und andererseits einen Appell beinhaltet, der vom Rezipienten zu erschließen ist. Nach matthäischer Darstellung erscheinen die Jünger als unbegründet Besorgte (vgl. διαλογίζομαι, Mt 16,7.8) charakterisiert, die Defizite in kognitiven Fähigkeiten sowie in ihrer Beziehung zu Jesus bzw. Gott aufweisen: Ihre Verstehensfähigkeit (vgl. νοέω/συνίημι, Mt 16,9.11.12) ist eingeschränkt[249] und ihre Erinnerungsleistung (vgl. μνημονεύω, Mt 16,9) unzureichend. Die kognitiven, anthropologischen Grundvermögen des Verstehens und Erinnerns können bei den Jesusschülern nicht angemessen funktionieren, weil ihre innere Verfasstheit von der Sorge nach Proviantnotstand dominiert wird. Ihre Aufmerksamkeit ist von irdischen Interessen geleitet, ihre Verstehens- und Erinnerungsblockade rührt aus Existenzsicherungssorgen her.[250] Infolge ihrer fehlgeleiteten Kognitionen wird das Vertrauen der Jünger geschwächt, was in der Bezeichnung der Jünger als ὀλιγόπιστοι zum

---

und Gottvertrauen vor Würdeverlust, Verachtung und Im-Stich-gelassen-Werden bewahren (Sir 2,10^{LXX}).

246 Im Alten Testament begegnen wiederholt Aufrufe, sich Gottes Treue in der Vergangenheit ins Gedächtnis zu rufen, damit das Vertrauen in Gott gefestigt bleibt. Siehe dazu W. Urbanz, Art. Treue (AT), in: Das wissenschaftliche Bibellexikon im Internet (https://www.bibelwissenschaft.de/stichwort/36166/, abgerufen am 20.09.2014).

247 Da Nahrung in diesem Text eine wichtige Rolle spielt, wäre es denkbar gewesen, der matthäische Jesus hätte an das Manna in der Wüste erinnert.

248 Vgl. Roloff, Neues Testament, 81.

249 Vgl. die Partikel οὔπω in V. 9.

250 Ähnlich Krüger, Prüft alles, 127.

Ausdruck gebracht wird. Erneut skizziert Matthäus die Jüngerschaft insofern als „kleingläubige" Gruppe, die zwar prinzipiell im Modus des vertrauensvollen Lebensvollzugs ihrem Lehrer nachfolgt, aber in entscheidenden Momenten hinter diesem Ideal zurückbleibt, weil ihr Vertrauen aufgrund von Aufmerksamkeitssteuerung auf weltliche Belange sowie aufgrund von pessimistisch geprägten Gedanken abnimmt.

Da die matthäischen Jünger bereits in der Bergpredigt von Jesus gehört haben, dass Sorgen den rechten Glauben in Gottes Güte schmälern (vgl. Mt 6,25–34), und da sie bereits zwei Mal die außergewöhnliche Bereitstellung bzw Vermehrung von Nahrungsmitteln durch Jesus aus erster Reihe miterlebt haben (vgl. Mt 14,13–21; Mt 15,32–39), erscheint die Frage „Versteht ihr noch nicht?" (vgl. Mt 16,9) nachvollziehbar.

Auch der implizite Leser kann sich bei dieser Thematik an den Passus aus der Bergpredigt erinnern, in dem das defizitäre Vertrauen in Gottes fürsorgliche Bereitstellung existentieller Güter als Kleinglaube gekennzeichnet wurde. War dort „euer himmlischer Vater" (ὁ πατὴρ ὑμῶν ὁ οὐράνιος) zwei Mal ausdrücklich genannt, ist in Mt 16,5–12 weniger eindeutig erkennbar, auf welches Objekt sich das ungenügende Vertrauen bezieht. Weil in dieser Perikope eine nachösterliche Perspektive aufscheint, lässt sich annehmen, dass das implizit geforderte unbedingte Vertrauen bereits einen christologischen Akzent trägt. Unterstützt wird diese Deutung durch Forderung nach Erinnerung, denn der matthäische Jesus ruft nicht zur Vergegenwärtigung des göttlichen Heilshandelns in der Geschichte Israels auf, sondern verweist ausschließlich auf seine eigenen Speisungswunder. Dies liefert einen Hinweis auf das matthäische Verständnis des Kleinglaubens, insofern das geforderte ‚Mehr' an Vertrauen Jesus zum Bezugsobjekt hat: Er weist in seiner Fähigkeit zu Speisungswundern göttliche Verhaltensweisen auf, weshalb der Aufruf zur Erinnerung als Signal für die Figuren der erzählten Welt und die implizite Leserschaft zugleich gelten kann, dass Gott in Jesus seine wirklichkeitsverändernde Macht demonstriert. Der in Mt 16,5–12 kritisierte Kleinglaube besteht insofern in einem unausreichenden Vertrauen auf die durch Jesus realisierte Fürsorge Gottes infolge falsch geleiteter Kognitionen.

Aussagedimensionen der Sauerteigperikope

Ausgangspunkt der Erzählung und damit Anlass für das zum Tadel des Kleinglaubens führenden Missverständnisses ist die Warnung Jesu vor dem „Sauerteig" der Pharisäer und Sadduzäer. In dieser Mahnung ist daher einer der intendierten Aussageaspekte zu vermuten: Jesu Worte haben paränetische Funktion. Was ist jedoch mit dem Sauerteig der jüdischen Religionsparteien gemeint? Erst der perikopenabschließende erklärende Zusatz des Erzählers offenbart den Deutungsschlüssel der Sauerteigmetapher, indem das eigentlich Gemeinte nachgetragen wird: Die Jünger sollen sich vor der pharisäischen und sadduzäischen ‚Lehre' (διδαχή) hüten (Mt 16,12). Die beiden dominierenden Strömungen des Judentums haben sich zu jesuanischer Zeit u. a. in Bezug auf den Auferstehungsglauben und den Prädestinationsgedanken unterschieden. Matthäus will sie jedoch durch die Nebeneinanderstellung als in ihrer Lehrmeinung einander ähnlich darstellen, obwohl er als von „judenchristlicher" Tradition stark beeinflusster Verfasser von den Differenzen zwischen Pharisäern und Sadduzäern Kenntnis besessen haben könnte. Andererseits verloren tempelnahe Religionsautoritäten nach der Tempelzerstörung an Bedeutung, weshalb die exakten Differenzen zwischen sadduzäischer Aristokratie und volksnahen Pharisäern zur Abfassungszeit des Matthäusevangeliums für die matthäischen Adressaten keine Rolle mehr gespielt haben könnte. Aus diesen Gründen sind die eben genannten Überzeugungen in Bezug auf Auferstehung und Prädestination vermutlich nicht mit der ‚Lehre' (vgl. Mt 16,12) angesprochen. Möglicherweise sind damit eher praktische Religionsvorstellungen, genauer: die auf Äußerlichkeiten fixierte Reinheitsvorstellungen impliziert, die zu Jesu Schwerpunktsetzung auf die Relevanz der ‚inneren Reinheit', der richtigen moralischen Gesinnung, in klarem Kontrast stehen.[251] Weil sich die Gegenerschaft der Pharisäer und Sadduzäer im Matthäusevangelium immer wieder an der Ablehnung des Bekenntnisses zu Jesus als dem Christus offenbart, könnte freilich auch die messianische Lehre ins Auge gefasst sein. In der an die Warnung vor dem pharisäischen und sadduzäischen Sauerteig anschließenden Perikope geht es jedenfalls genau um Jesu Identität, die Frage nach seiner Gottessohnschaft sowie um die Tragweite seiner Messianität (Mt 16,13–23). Es ist indes ebenso denkbar, dass Matthäus die thematisierte ‚Lehre' in einem umfassenderen Sinn verstand, der auch das Verhalten dieser religiösen Elite miteinbezog. Denn die im Munde Jesu wiederholt geäußerte Kritik an der religiösen Elite im Verlauf der Evangelienerzählung verdeutlicht,[252] dass die Pharisäer und Sadduzäer nach matthäischer Ansicht gegen die ‚wahre Gerechtigkeit' (Mt 5,20) verstoßen, weil sie ihre Frömmigkeit ohne Entsprechung einer vorbehaltslosen Hingabe an Gott zur Schau stellen. Indem der Evangelist Matthäus also des Öfteren die moralische Integrität der Angegriffenen in Abrede stellt, könnte die Bezugnahme auf deren Lehre in Mt 16,12 eine Kritik an der Scheinheiligkeit und Heuchelei der religiösen „Eliten" intendieren.[253] Mit einem heuchlerischen Gebaren der Pharisäer und Sadduzäer wäre insofern eine Innen-Außen-Dissonanz angesprochen, die für Matthäus keinesfalls mit wahrer Nachfolge einhergehen darf.

---

251 Vgl. dazu nur Mt 15,11.17–20.

252 In keinem anderen neutestamentlichen Evangelium finden sich mehr Angriffe bzw. polemische Äußerungen gegen die Pharisäer, vgl. Fiedler, Matthäusevangelium, 24.

253 In der Parallelüberlieferung der Sauerteigwarnung bei Lukas finden wir genau diesen Aspekt betont: Der lukanische Jesus warnt seine Jünger vor „dem Sauerteig d. h. der Heuchelei" der Pharisäer.

Exkurs: Die Heuchelei im Matthäusevangelium als Innen-Außen-Dissonanz

Heuchelei ist bei Matthäus nie exklusiv in Bezug auf die Jünger verwendet und ist immer negativ konnotiert. Besonders deutlich wird der pejorative Gebrauch z. B. in Mt 24,51, wo mit dem „Heulen und Zähneklappern" eschatologische Konsequenzen dieser Verhaltensweise genannt sind. Dass Heuchelei im Matthäusevangelium eine große Rolle spielt, zeigt sich schon an der Wortstatistik: Im Gegensatz zu nur vereinzelten Belegen der Wortfamilie ὑποκριτής/ὑπόκρισις/ὑποκρίνομαι im Markus- und Lukasevangelium, begegnen diese Ausdrücke bei Matthäus recht häufig.[254] Bereits in der matthäischen Bergpredigt nimmt das Thema der Heuchelei einen nicht unerheblichen Raum ein. Jesus kritisiert in Mt 6,1–6.16–18 das öffentliche Zur-Schau-Stellen religiöser Praktiken der Heuchler (οἱ ὑποκριταὶ),[255] die von erwartetem Lob und Anerkennung für ihre demonstrierte Frömmigkeit motiviert sind und insofern – der ursprünglichen Bedeutung der Wortfamilie entsprechend – wie ein Schauspieler eine Rolle spielen.[256] Ausdrücklich genannt werden die Bereiche der Armenfürsorge, des Betens[257] und des Fastens (Mt 6,2–8.16–18) als Beispiele dafür, dass die vermeintlich fromme Selbstdarstellung keine Entsprechung im „Verborgenen" (ἐν τῷ κρυπτῷ), also im von anderen Menschen nicht einsehbaren Inneren der Person hat.

Die Nicht-Übereinstimmung des verborgenen Inneren mit der Verhaltensdemonstration nach außen steht auch im Hintergrund der Mahnsprüche vom Richten (Mt 7,1–5), denn als ‚Heuchler' ist derjenige angesprochen, der andere für ihr Fehlverhalten anprangert, seine eigenen Unzulänglichkeiten aber ignoriert: „Du Heuchler! Zieh zuerst aus deinem Auge den Balken, dann wirst du klar sehen, wie du den Splitter aus dem Auge deines Bru-

254 Vgl. Mt 7,3–5; 15,3–6; 23,13.15f u.ö (insg. ca. 13 Mal). Dagegen ist die Wortfamilie ὑποκρίνομαι κτλ. bei Markus nur 2 Mal (Mk 7,6; 12,15), bei Lukas nur 6 Mal (Lk 6,42; 11,44 [nur ein Teil der Hss; von Mt 23,27f beinflusst]; 12,1.56; 13,5; 20,20) belegt.

255 Vgl. Mt 6,2.5.16, wo das in der Öffentlichkeit demonstrierte Verhalten darauf zurückgeführt wird, dass die Heuchler von den Mitmenschen gesehen werden wollen.

256 Zur wörtlichen Bedeutung der Lexemfamilie siehe Wilckens, Art. ὑποκρίνομαι κτλ., ThWNT 8 (1969), 558–560. Vgl. zu den entsprechenden Aussagen in Mt 6,16–18 bereits Stahl, ἁπλότης, XII: „ὑπόκρισις ist das Gegenteil der ἁπλότης. Die Maske des Schauspielers ist seine zweite Person. Wer nach Menschenruhm strebt, stellt ein anderes Ziel neben das eine absolute, Gott zu gefallen."

257 Mt kennt wie Jak die Gefahren des Sprachorgans; bei Mt wird in Mt 6,7 das ‚Plappern der Heiden' abgemahnt und in Mt 15,7f unter Aufnahme des Zitats aus Jes 29,3 besonders das Lippenbekenntnis kritisiert: Wer nur mit den Lippen, aber nicht mit dem Herzen Gott bekennt, ist als Heuchler zu bezeichnen, denn ‚Außen' und ‚Innen' kongruieren nicht miteinander. Zur Sprachethik bei Mt und Jak siehe S. Luther, Sprachethik im Neuen Testament. Eine Analyse des frühchristlichen Diskurses im Matthäusevangelium, im Jakobusbrief und im 1. Petrusbrief (WUNT II 394), Tübingen 2015, passim.

ders ziehst."[258] Fraglich ist zwar, ob das implizierte Nicht-Wahrnehmen des Balkens im eigenen Auge auf ein bewusstes oder unbewusstes Verhalten verweisen soll. Aber das mit ὑποκριτής (,Schauspieler', ,Heuchler', ,Sich-Verstellender') Gemeinte spricht m. E. eher für eine absichtliche Doppelmoral.

In Mt 7,15–20 wird der Topos der Verstellung erneut aufgegriffen. Hier sind ausdrücklich die ,falschen Propheten' als diejenigen genannt, die ,in Schafskleidern' zu den Adressaten der Bergpredigt kommen, aber im Inneren (ἔσωθεν) reißende Wölfe sind.[259] Das ,Innen' der Pseudopropheten entspricht also nicht dem äußerlich Vorgetäuschten. Auch wenn die Lexemgruppe ὑποκρίνομαι κτλ. hier nicht begegnet, wird aus den Versen offensichtlich, dass bei den Wölfen im Schafspelz eine fehlende Übereinstimmung zwischen öffentlicher Demonstration und verborgenem Charakter angeprangert wird. Zudem weist das im Kompositum ψευδοπροφῆται enthaltene Lexem ψεῦδος (,Trug', ,Täuschung', ,Lüge') auf eine absichtliche Verstellung, auf Unaufrichtigkeit hin.[260]

Im Kontext von Reinheitsvorstellungen sind im Matthäusevangelium mit ,Heuchler' ausdrücklich die Pharisäer und Schriftgelehrten gemeint, wobei Heuchelei vor allem darauf bezogen erscheint, dass die Innenseite und die Außenseite des Menschen nicht konvergent sind.[261] Schon die Rede davon, dass Pharisäer und Schriftgelehrte nur reden, aber nicht entsprechend handeln (Mt 23,3–4), dass sie sich vor der Öffentlichkeit fromm und autoritär gebärden und dadurch die soziale Anerkennung an Stelle der Anerkennung durch Gott erstreben,[262] verweist implizit auf die Nicht-Konvergenz von innerer Gesinnung und öffentlich beobachtbarem Verhalten. Die Dissonanz von „Außen" und „Innen" begegnet anhand expliziter Lexeme innerhalb der Weherufe gegen die Schriftgelehrten und Pharisäer (Mt 23,2–33) sogar zwei Mal: Der erste Beleg steht in Mt 23,25. Hier werden die Schriftgelehrten und Pharisäer als Heuchler (ὑποκριταί) bezeichnet, weil sie Becher und Schüssel ,außen' (ἔξωθεν) reinigen, ,innen' (ἔσωθεν) jedoch voll sind mit dem,

---

258 Mt 7,5. Die Parallelüberlieferung von Mt 7,3–5/Lk 6,41 f weist auf den Ursprung der Worte vom Balken und Splitter in der Logienquelle hin.

259 Vgl. Mt 7,15.

260 Konradt, Matthäus, 125, stellt den Zusammenhang zwischen den Pseudopropheten und den Pharisäern in seinem Kommentar zu Mt 7,15–23 heraus: „Die Parallelen zur Auseinandersetzung mit den Pharisäern kann man als Hinweis darauf verstehen, dass Matthäus die von den Falschpropheten ausgehende Gefahr analog zu den Pharisäern sieht."

261 Vgl. auch Berger, Historische Psychologie, 95: „Die antipharisäischen Reden in der Überlieferung sind regelmäßig bestimmt vom Gegensatz Innen-Außen oder sichtbares Tun-Herz und sie benennen dieses Phänomen mit dem Wort ,Heuchelei'."

262 Vgl. Mt 23,5–7. Die äußerlich sichtbare Demonstration ihrer Gesetzestreue und Frömmigkeit spiegelt sich in ihrer Forderung Jesus gegenüber, seine Vollmacht ohne notwendigen Anlass zu demonstrieren Mt 12,38–45 (hier Schriftgelehrte und Phariäser); Mt 16,1–4 (hier Pharisäer und Sadduzäer).

was sie geraubt haben oder „ἐξ ἀκρασίας“ an sich genommen haben. Dieser Satz geht auf die Logienquelle zurück, wie ein Vergleich mit Lk 11,39 zeigt.[263] Mit ἀκρασία übernimmt Matthäus einen Ausdruck, der besonders für Aristoteles in seinen ethischen Schriften Bedeutung entfaltet, der aber auch von Plato und einigen Stoikern zum Gegenstand der Reflexion erhoben wurde.[264] Akrasia bezeichnet i. d. R. die Nicht-Herrschaft der Vernunft im Falle eines intrapsychischen Konflikts zwischen affektiven und rationalen Verhaltensbestrebungen, d. h. die betroffene Person führt trotz besserer Einsicht in die vernünftige Handlungsoption die affektgeprägte Handlung aus. In Mt 23,25 könnte man das Lexem vereinfacht mit „Unbeherrschtheit“ übersetzen. Möglicherweise assoziierten die Rezipienten des Matthäusevangeliums mit ἀκρασία die aristotelisch geprägte und wohl populärphilosophisch verbreitete Vorstellung einer unangemessenen Bewältigungsmöglichkeit innerer Dissonanzen. Dann wären in dem Heuchlerspruch Mt 23,25 sowohl eine negativ bewertete Innen-Außen-Dissonanz als auch eine negativ konnotierte Bewältigungsmöglichkeit eines inneren Konflikts miteinander verschränkt. Die heuchlerischen Schriftgelehrten und Pharisäer würden mit fehlender Selbstkontrolle assoziiert. Der zweite Beleg für die ausdrückliche Nennung von Innen und Außen als divergenten Größen begegnet in Mt 23,27–28. Auch hier beziehen sich die Aussagen aus dem Munde des matthäischen Jesu wieder auf die Schriftgelehrten und Pharisäer: Sie gleichen dem matthäischen Jesus zufolge Gräbern (τάφοι), die von außen (ἔξωθεν) ein gepflegtes Erscheinungsbild abgeben, innerlich (ἔσωθεν) jedoch Unreinheit (ἀκαθαρσία) aufweisen (vgl. Mt 23,27).[265] Der Evangelist Matthäus übt insbesondere an dieser Inkonsistenz und Scheinheiligkeit, die er hinter der Frömmigkeit der dominierenden religiösen Strömungen beobachtet, harsche Kritik.

Nach Aussagen des matthäischen Jesus in der Bergpredigt sollen sich seine Jünger davon abheben. Sie werden zur Ausübung einer ‚besseren Gerechtigkeit‘ ermahnt (vgl. Mt 5,20). Die innere Qualität vor Gott zählt für eine wahre Nachfolge, nicht das äußerliche, nach sozialer Annerkennung heischende Zur-Schau-stellen. Dass die Außenseite des Menschen seiner Innenseite entsprechen soll, kann vom Matthäusevangelisten auch durch die Forderung nach Übereinstimmung von Herz und Mund zur Sprache gebracht werden.[266] Im Logion vom Auge (vgl. Mt 6, 22–23) ist die Forde-

---

263 Vgl. Mt 23,1–2a.5–7.23.25.26b – 28/Lk 11,39.41–44 sowie zur rekonstruierten Q-Fassung der Weherufe gegen die Pharisäer HOFFMANN/HEIL, Spruchquelle, 70f.

264 Vgl. dazu S. 93ff; 124–127; 154–157 in dieser Arbeit.

265 Der Vergleich der Pharisäer mit Gräbern stammt wahrscheinlich aus der Logienquelle, aber wie ein Blick auf Lk 11,44 deutlich macht, ist die Ausführung des Vergleichs in Mt 23,27–28 von redaktioneller Hand gestaltet.

266 MINEAR, Yes, 8f, versteht Mt 15,18–20a als einen Lehrsatz, der die Übereinstimmung von Herz und Mund fordert.

rung nach moralischer Integrität, die alle Dimensionen des Menschen beeinflusst bzw. bestimmt, ebenfalls impliziert. Der matthäische Jesus macht insofern mithilfe unterschiedlicher Äußerungen, Vergleiche und Bilder im Verlauf der Evangelienerzählung immer wieder deutlich, dass rechte Nachfolge eine Übereinstimmung von Innen und Außen erfordert.[267]

Unabhängig davon, welche Aspekte Matthäus mit der redaktionellen Deutung des Sauerteigs in Mt 16,12 als ‚Lehre' der häufig mit Heuchelei assoziierten Pharisäer und Sadduzäer ansprechen wollte, wird zweifellos klar, dass Jesu Jüngerbelehrung auf eine Abgrenzung zu Pharisäern und Sadduzäern abzielt. Die Perikope impliziert insofern eine Forderung nach Entscheidung, denn als Alternativen lassen sich die Lehre der Religionsparteien einerseits und die Lehre Jesu andererseits identifizieren. Da die Schelte der Jünger, die sie als unnötigerweise besorgt und Jesu Heilstaten vergessende „Kleingläubige" charakterisiert,[268] durch deren Missverstehen der jesuanischen Mahnung ausgelöst ist, lässt sich annehmen, dass der Evangelist dazu aufrufen will, anstatt auf die Lehre der Gegner auf die Worte Jesu Acht zu geben. Aber nicht nur den verbalen Aussagen Jesu ist in einem Leben in der Nachfolge Aufmerksamkeit zu zollen; auch seine Taten, die nicht aus egoistisch motivierter Scheinheiligkeit, sondern zum Heil der Menschen vollzogen werden (wie der wunderhaften Speisung großer Menschenmengen) sollen erinnert werden. Die Vergegenwärtigung erfahrener Wunder sowie aufmerksames Zuhören können aus Sicht des Matthäus als Korrektiv wirken, indem sie Missverständnissen und Vertrauensverlusten selbst bei Jesu „Anwesenheit" begegnen. Dabei kann der jesuanische Tadel an unbegründeter Sorge und die rhetorischen Fragestellungen bezüglich der Verstehensfähigkeit der Jünger als Appell verstanden werden: Die Figuren der erzählten Welt sind genauso wie die impliziten LeserInnen dazu aufgefordert, das eigene Verhalten und Vertrauensverständnis zu hinterfragen und das eigene Denken in richtige Bahnen zu lenken. Insofern liegt der Jüngerbelehrung über den Sauerteig auch eine psychologische Aussageabsicht zugrunde: Fehlgeleitete Kognitionen, vermeintliche Anlässe zu existenziellen Sorgen in der Gegenwart und eine Einbuße an Vertrauen auf die in Jesus wirkende göttliche Macht können durch Erinnerung und ein ‚Mehr' an Vertrauen bewältigt, wenn nicht gar verhindert werden.

---

267 Zur „psychologischen" Frage nach dem Innen und Außen menschlicher Wirklichkeit im Urchristentum siehe auch Berger, Historische Psychologie, 93–105.

268 Das thematisierte Besorgt-Sein ist im Gegensatz zu den angstauslösenden Situationen auf dem „Galiläischen Meer" weniger nachvollziehbar, da die vermeintliche Notlage angesichts der vergessenen Brote keine existentielle Bedrohung darstellt: Die Jünger sind am Ufer des Sees, es sind Fischer unter ihnen, Jesus ist anders als in der Sturmstillungserzählung wach und fortwährend „bei ihnen".

6. Der ‚Kleinglaube' der Jünger als Ursache einer gescheiterten Heilung (Mt 17,14–20) – Der Kleinglaube zwischen Unglauben und „bergeversetzendem" Senfkornglauben

Ein letztes Mal innerhalb des matthäischen Erzählfadens begegnet die Wortfamilie ὀλιγόπιστος κτλ. innerhalb einer Jüngerbelehrung, die an eine Dämonenaustreibung durch Jesus anschließt. Der Kleinglaube liefert hier die Erklärung für das Unvermögen der Jünger, eben dieses Heilungswunder vor Jesu Eintreffen zu vollbringen. Den Grundlagentext für die Perikope Mt 17,14–20 liefert erneut der Markusevangelist (Mk 9,14–29). Wie so oft kürzt Matthäus seine Vorlage auch hier und nimmt dabei entstehende Irritationen für die LeserInnen in Kauf. Eine quantitativ auffällige Reduktion der markinischen Quelle lässt sich auch an der Parallelperikope des Lukasevangelisten (Lk 9,37–43) beobachten, dem es in erster Linie um die Heilungskompetenz Jesu kraft seines Wortes zu gehen scheint.[269] Bei Matthäus könnten die Gründe für die vorgenommenen Straffungen am Markustext in seiner redaktionellen Zielsetzung liegen: Denn es scheint ihm weniger um das wunderbare Geschehen an sich zu gehen, als vielmehr um die Erklärung für das Scheitern der Jünger, den mondsüchtigen Jungen zu heilen.[270] Anders als bei Markus ist der Grund für das Unvermögen nicht im fehlenden Gebet,[271] sondern in einem defizitären Vertrauen, im Kleinglauben (ὀλιγοπιστία, Mt 17,20) zu suchen. Daher erweitert Matthäus die Jüngerbelehrung am Ende der ihm vorliegenden Exorzismusgeschichte um das Logion vom bergeversetzenden Glauben, das aus Q (Lk 17,6) und Mk 11,23 gebildet erscheint, und macht dadurch deutlich, dass es ihm schwerpunktmäßig um den Aufweis des rechten Glaubens geht.[272]

---

269 Lukas und Matthäus tilgen ähnliche Aussagen der Markusvorlage. Zu den unterschiedlichen Erklärungsansätzen, die für diese Problematik gefunden werden können, vgl. Luz, Matthäus I/2, 519–521.

270 In der Antike wurde „Mondsucht" (im NT nur bei Mt und nur als Verb belegt: σεληνιάζομαι, vgl. auch Mt 4,24) häufig mit Epilepsie in Verbindung gebracht, vgl. Grundmann, Markus, 406. Weil der böse Geist/Dämon als eine Macht extra nos aufgefasst wird, die vom Menschen Besitz ergreifen kann, wird entsprechend auch die Erlösung der betroffenen Person „nicht gedacht als eine von innen herkommende Verwandlung des Ich des Menschen, sondern als Befreiung von einer ‚Besetzung'" (Berger, Historische Psychologie, 82). Diese ‚Besetzung' ist im Übrigen in der wörtlichen Bedeutung von ἐπίληψις ‚Angriff', ‚Überfall', ‚Besetzung' enthalten.

271 Die Erklärung für das Scheitern des Exorzismus wird bei Mk im fehlenden Gebet bestimmt (Mk 9,28f). Diese Notiz irritiert, da Jesus selbst gar nicht als betender Wundertäter auftritt. Allerdings könnte die Bitte des Vaters (Mk 9,22.24) als Gebet gedeutet werden. Vgl. dazu Leutzsch, Vermögen, 351.

272 Vgl. Schenk, Präsens Historicum, 471. Die matthäische Reduktion und Konzentration der Wundererzählungen auf ein bestimmtes Thema kann als Interpretationsmittel bewertet werden, vgl. Theissen, Wundergeschichten, 176–180.

In der matthäischen Version dieser um eine Jüngerbelehrung ergänzten Heilungserzählung fallen Ausschmückungen der Besessenheit des Jungen und alle Nebenfiguren weg, um das Thema des Glaubens ganz in das Zentrum zu rücken. Der Streit am Beginn der markinischen Fassung wird von Matthäus inklusive der Frage Jesu nach der Ursache der Auseinandersetzung (Mk 9,14–16) getilgt. Matthäus setzt seine Perikope mit der Notiz ein, dass Jesus in Begleitung nach der Verklärungserzählung zum Volk (Mt 17,14) kommt. Ein Mann tritt sodann aus der Menge hervor und erweist seinen Glauben durch die Geste des Niederfallens vor Jesus. Er berichtet seinem Gegenüber von dem Leiden seines Sohnes und dem Unvermögen der Jünger, die Mondsucht seines Kindes zu heilen. Dabei redet er Jesus – ganz dem matthäischen Sprachgebrauch entsprechend – mit „Herr“ an (vgl. Mt 17,15) – und nicht mit „Lehrer“ (διδάσκαλε) wie bei Markus (vgl. Mk 9,17). Nahezu alle Darstellungen der Besessenheit bzw. der dämonischen Aktivitäten fallen bei Matthäus weg, auch die Frage Jesu nach Dauer der Besessenheit tilgt der Verfasser. An das Hilfegesuch des Vaters schließt – der Vorlage entsprechend – Jesu Schelte des „ungläubigen und verkehrten Geschlechts“ (Ὦ γενεὰ ἄπιστος καὶ διεστραμμένη, vgl. Mt 17,17) an.[273] Äußerst knapp wird Mt 17,18 die Austreibung des bösen Geistes durch Jesu notiert. Im anschließenden Dialog zwischen Jesus und den Jüngern (Mt 17,19f) folgt auf die Frage der Jünger nach dem Grund für ihr Scheitern der Heilung die entscheidende Erklärung ihres ‚Herrn‘:[274] Ihr Unvermögen zur Therapie ist auf den Kleinglauben (ὀλιγοπιστία) der Jüngerschaft zurückzuführen. Dieser redaktionelle Akzent leitet über zu dem Wort vom bergeversetzenden Glauben und kontrastiert dadurch das defizitäre Vertrauen der Jünger.

Wen will der matthäische Jesus indes mit dem „Kleinglauben“ charakterisieren? Ist hier an alle Jünger zu denken oder nur einen Teil? Zwar wird auf der Textebene nicht ausdrücklich berichtet, wann die gescheiterte Dämonenaustreibung stattgefunden hat, aber vom Erzählduktus scheint es schlüssig, dass sich der Exorzismusversuch ereignet, während ausgewählte Jünger, nämlich Petrus, Jakobus und Johannes, Zeugen der Verklärung Jesu auf dem Berg wurden (vgl. Mt 17,1–13). Die Etikettierung als „Kleingläubige“ ist daher wahrscheinlich auf die übrigen neun Jünger zu beziehen.[275]

---

273 Das Wort ‚verkehrt‘/‚verdreht‘ (διεστραμμένη) ist bei Mk nicht im Text enthalten; nur vom ungläubigen Geschlecht ist die Rede. Mt hat wohl διεστραμμένη ergänzt, um auf die mosaische Klage über Israel als „verdrehtes Geschlecht“ (Dtn 32,5^{LXX}) anzuspielen.

274 Mt verwendet für das „Reden“ Jesu anders als Mk (in Mk 9,29) das Präsens Historicum (λέγει; Mt 17,20) und kennzeichnet dadurch – wie häufig in seiner Schrift – das Perikopenzentrum, vgl. dazu W. Schenk, Das Präsens Historicum als makrosyntaktisches Gliederungssignal im Matthäusevangelium, NTS 22 (1976), 464–475.

275 Davon geht beispielsweise auch Leonhardt-Balzer, Heilung, 474, aus.

Im Unterschied zu den bisherigen redaktionellen Belegstellen für das Lexem ὀλιγόπιστος (vgl. Mt 8,26; 14,31; 16,8) lassen sich aus dieser Perikope keine neuen Informationen für das matthäische Verständnis des Zustandekommens des Kleinglaubens gewinnen. Denn das Unvermögen der Jünger zur Heilung, das im Munde Jesu mit dem Kleinglauben in Zusammenhang gestellt wird, wird vom Vater des besessenen Knaben lediglich konstatiert. Wir erfahren nichts über die Ereignisse oder das Innenleben der Jüngerschaft, die dem gescheiterten Therapieversuch vorausgehen. Auch über diejenigen Prozesse, die zu der Schwächung des Jüngervertrauens führen, werden auf der Textebene keine Aussagen gemacht. Umso mehr bestätigt sich die Annahme, dass es Matthäus hier schwerpunktmäßig um den Kontrast zwischen einem zu kleinen Glauben und einem uneingeschränkten Glauben geht. Relevant ist allerdings die Bestimmung der Adressaten der Schelte Jesu in Mt 17,17, denn davon hängt ab, ob Matthäus den Kleinglaube der Jünger in die Nähe des Unglaubens rückt oder nicht.[276]

6.1. Die Adressaten des thematisierten Unglaubens in Mt 17,17 und dessen Bezug zum Kleinglauben der Jünger in Mt 17,20

Während im Markustext (Mk 9,19) offenbar alle Figuren der Erzählung von Jesus als ‚ungläubiges Geschlecht' addressiert werden,[277] fällt es in der matthäischen Version aufgrund der enormen Vorlagenkürzungen schwer, präzise zu entscheiden, an wen sich der empörte Ausruf Jesu „O du ungläubiges und verdrehtes Geschlecht" als Reaktion auf das Hilfsgesuch des Vaters richtet (vgl. Mt 17,17). Spricht Jesus das Volk, die Jünger oder mehrere dieser Figuren(-gruppen) gleichzeitig an? Für alle diese Möglichkeiten gibt es in der exegetischen Forschung Vertreter, und allen Interpretationen haften Schwierigkeiten an. Dass der Vater alleine gemeint ist, wird einvernehmlich abgelehnt, nicht zuletzt deshalb, weil er durch Proskynese und Vertrauensäußerung Jesu gegenüber positiv dargestellt wird, und weil es logisch wenig Sinn ergäbe, eine Einzelperson als „Geschlecht" zu bezeichnen.[278] Möglicherweise ist jedoch der Vater zusammen mit dem übrigen Volk gemeint. Den Vorwurf auf das Volk zu beziehen ist allerdings nicht unproblematisch,[279] denn es begegnet außer in Mt 17,14 gar nicht. E. Schweizer äußert, das Volk sei angesprochen, weil die Jünger erst in V. 19 dazuträten.[280] Diese Deutung übersieht jedoch, dass

276 In Bezug auf Mt 8,26 äußert Schlatter, Matthäus, 290, die Verzagtheit der Jünger mache offenbar, „daß sie nicht glauben".
277 So z. B. Leutzsch, Vermögen, 352.357.
278 Vgl. auch Fugmann, Berge, 153.
279 So geht z. B. Luz, Matthäus I/2, 521, vom Volk als Adressaten des Unglaubens aus.
280 Vgl. Schweizer, Matthäus, 229.

sich das Partizip ἐλθόντων in V. 14 auf mehrere Subjekte, und nicht nur Jesus, bezieht. Da in der Perikope Mt 17,1–9 jedoch Jesus und die Jünger Petrus, Jakobus und Johannes als Handlungsakteure genannt sind, müsste mit dem „Kommen" zum Volk mindestens diese Vierergruppe gemeint sein. Folglich ist die Begründung für Schweizers Annahme, der Vorwurf des Unglaubens beziehe sich auf das Volk, nicht ganz schlüssig. Wie M. Konradt[281] konstatiert schon H. Held, das Wort über das ungläubige Geschlecht müsse sich auf die Schüler Jesu beziehen. Es sei im Sinne des Kleinglaubens zu deuten und verweise auf die Jüngerbelehrung voraus.[282] Richtet sich der Vorwurf des Unglaubens daher an die Jünger und das Volk zugleich?[283]

M.E. ist aus mehreren Gründen anzunehmen, dass nicht die Jüngerschaft, sondern das Volk als Bezugsobjekt des getadelten Unglaubens intendiert ist. Erstens stehen die Jünger zu Beginn der Erzählung nicht im Zentrum des Geschehens. Zwar müssten von der Logik des Erzählduktus zumindest Petrus, Jakobus und Johannes in dem perikopeneinleitenden Partizip ἐλθόντων (vgl. Mt 17,14) eingeschlossen sein, aber als Handlungsakteure sind zunächst nur das Volk (ὄχλος), der aus der Menge heraustretende Vater sowie Jesus explizit genannt. Dass sich der zweite Teil der matthäischen Perikope auf die Jünger konzentriert, wird in Mt 17,19 deutlich mit dem Herantreten der Jünger und der folgenden Belehrung unter Ausschluss der Öffentlichkeit markiert. Zweitens nennt der matthäische Jesus die Jünger sonst nie ein „ungläubiges Geschlecht",[284] schreibt ihnen auch sonst nie Unglauben zu. Der Unglaube ist im Matthäusevangelium vielmehr ein Charakteristikum des Volkes, von denen sich die Jünger durch ihren zumindest grundsätzlich vorhandenen, wenn auch situativ immer wieder geschwächten Glauben qualitativ abheben. Mt 17,20 bestätigt dies: Hier ist im Munde Jesu eben nicht vom Unglauben der Jünger die Rede, sondern von ihrem Kleinglauben.[285] Auch wenn in Mt 17,17 insofern das Volk (und darüber hinaus womöglich die Zeitgenossen des Matthäus)[286] als Adressaten der Klage Jesu gemeint sind, gibt der Text auf den ersten Blick nicht zu erkennen, weshalb der matthäische Jesus solche harschen Worte für den Vater des Epileptikers und die umstehende Menschenmenge findet. Könnte mit dem Vorwurf des Unglaubens angedeutet werden, dass es

281 Vgl. Konradt, Matthäus, 277.

282 Vgl. Held, Matthäus, 181. Auch Fiedler, Matthäusevangelium, 298; Leonhardt-Balzer, Heilung, 474f, gehen beispielsweise von den Jüngern als Adressaten der Jesusschelte aus.

283 So Davies/Allison, Matthew 2, 724.

284 Mit dem ‚Geschlecht' (γένος) sind zumeist Volk und dessen dominierende Religionsvertreter gemeint, vgl. Mt 11,16; 2.39.41.42.45; 16,4; 23,36.

285 Die u. a. vom textus receptus bezeugte Lesart ἀπιστίαν V.20 ist vermutlich eine Anpassung an V.17. Die Form ὀλιγοπιστίαν ist hingegen in den frühesten Codizes, darüber hinaus von den gewichtigen Handschriftenfamilien f1.13 bezeugt.

286 So Fugmann, Berge, 154f.

beiden Seiten, also dem Vater als Hilfesuchenden einerseits und den Jüngern als um Heilung Bemühten, an dem notwendigen Vertrauen gefehlt hat? Bei jesuanischen Heilungswundern, die Matthäus narrativ ausgestaltet, ist ja sonst der Glaube (πίστις) immer als Grund für deren Erfolg ausdrücklich genannt – und auch das Scheitern des Petrus bei seinem Gang auf dem Wasser wird an dessen defizitären Glauben attribuiert. Dass Jesus dabei das Vertrauen in seine eigene (Heilungs-)Kompetenz und Vollmacht hat, ist vorauszusetzen. Hier, wo die Jüngerschaft sich an dem Exorzismus versucht, könnte insofern ebenfalls ein reziprokes Verständnis der zur Therapie notwendigen πίστις impliziert sein. Auf der Seite der Jünger erklärt sich das Unvermögen zur Heilung durch ihren Kleinglauben, auf der Seite des Vaters als Element des galiläischen Volkes[287] könnte die Teilverantwortung an dem gescheiterten Wunder in dessen eigenem Unglauben bestehen, dass auch Jesu Jünger gleiches Heil bewirken können wie ihr Lehrer.[288] Selbst wenn diese Deutung zulässig sein sollte, macht der Erzählverlauf deutlich, dass es dem Evangelisten vorrangig um eine Ursachenzuschreibung auf seiten der Jünger und den Aufweis der rechten, vertrauensvollen Nachfolge geht. Dennoch erklärt die Nennung des Unglaubens (Mt 17,17) den in Jesu Klage implizierten Widerwillen, zum Heil des Sohnes einzugreifen: Schon in Mt 13,58 wurde der Lesende informiert, dass Jesus in seiner Heimat Galiläa nicht viele Wunder (δυνάμεις) tat wegen des Unglaubens (ἀπιστία) der Ortsansässigen. Jesus macht mit der Austreibung des bösen Geistes in Mt 17,18 also eine Ausnahme und zeigt dadurch sein Erbarmen (vgl. den Gebrauch von ἐλεέω in Mt 17,15) – obwohl er sich fragt, wie lange er noch mit dem Volk und ihrem ungläubigen Verhalten Geduld haben müsse. Dass die Heilung durch Jesus letztlich gelingt, ist möglicherweise den Worten des

---

287 Dass die Epileptikerperikope in Galiläa situiert ist, wird allerdings nicht ausdrücklich geäußert. Auszuschließen ist dies jedoch nicht, da sich Jesus und seine Jünger in Mt 16 in der Gegend um Casärea Philippi befinden, in Mt 17,22 in Galiläa. Die zwischen Petrusbekenntnis sowie Leidensweissagung einerseits und dem Heilungswunder Mt 17,14–20 sowie zweiter Leidenasankündigung Mt 17,22f andererseits gesetzte Verklärung geschieht auf einem nicht näher bestimmbaren ‚hohen Berg'. Dass dieser Berg ebenfalls in der Gegend um Cäsarea Philippi liegt, kann aus dem matthäischen Text nicht abgeleitet werden; immerhin muss Jesus Petrus, Jakobus und Johannes dort hinführen (vgl. Mt 17,1). Beim Abstieg vom Berg der Verklärung ereignet sich jedenfalls die Heilung des epileptischen Knabens. Möglicherweise befanden sich die Jünger also bereits in Galiläa. Schon die frühe christliche Tradition hat (seit Origenes) den Berg der Verklärung jedenfalls mit dem Berg Tabor in Galiläa identifiziert (vgl. M. Müller, Art. Tabor, in: Das wissenschaftliche Bibellexikon im Internet [http://www.bibelwissenschaft.de/stichwort/32198/, abgerufen am 04.01.2016]). Dass ein Ortswechsel zwischen Mt 17,14–20 und Mt 17,22f stattfindet, geht auf der Ebene des Textes nicht hervor. Vielmehr könnte die Ortsangabe mit Galiläa in Mt 17,22 als Nachtrag gesetzt sein, um die Heilung des mondsüchtigen Jungen in dieser Gegend zu verorten.

288 Anders geht Leonhardt-Balzer, Heilung, 478, davon aus, dass Matthäus „eine Schuld des Vaters (…) gänzlich ausblendet. Die Heilung beruht ausschließlich auf dem Glauben dessen, der heilt."

Vaters geschuldet, denn diese lassen sich als Vertrauensäußerung verstehen. Nicht nur die verbale Anrede Jesu als ‚Herr' und die Bitte um Erbarmen zeigen, dass der Vater in Jesu Kompetenz zur Heilung vertraut. Dies wird auch in dessen Geste, dem Niederfallen vor Jesus, deutlich. Ausgehend von diesen Beobachtungen ergibt sich die Möglichkeit, dass Matthäus hier zwischen dem Unglauben des Vaters in Bezug auf die Vollmacht der Jünger einerseits und dem Glauben des Vaters in Bezug auf die Vollmacht Jesu andererseits differenzieren will. Diese Differenzierung könnte zum Ausdruck bringen, dass Jesus sich deswegen über das ‚verdrehte' Geschlecht, zu dem der Vater des Epileptikers zählen könnte, empört, weil auch der hilfesuchende Mann noch hinter dem von Jesus erwarteten Ideal zurückbleibt: Er glaubt zwar daran, dass Jesus seinem Sohn helfen kann, hat aber noch nicht die gesamte Bedeutung des geforderten Glaubens verstanden. Denn er erkennt nicht, dass auch die Jünger Jesu zu Heilungen befähigt sind,[289] weil Jesus – auch bei physischer Abwesenheit – „mit ihnen" ist, sie durch sein Mitsein vollmächtig zum Heil der Menschen wirken können. Insofern ist auch der Glauben des Vaters in gewisser Weise ambivalent, wenngleich diese Ambivalenz anders gelagert ist, als der „Kleinglaube" der Jüngerschaft. Diesbezüglich ist die markinische Vorlage der Erzählung aufschlussreich. Hier begegnen im Munde des Vaters nicht nur die Worte: „Erbarme dich meines Sohnes, wenn du kannst" (Mk 9,22) – was auf eine noch mit Zweifel behaftete Vertrauenshaltung hinweisen könnte – sondern auch „Ich glaube, hilf meinem Unglauben (ἀπιστία)" (Mk 9,24). Der paradox erscheinende Ausruf Mk 9,24 suggeriert ebenfalls das Ringen des Vaters mit seinem eigenen Glauben. Weshalb hat Matthäus diese Aussagen nicht in seine Version der Perikope übernommen? Wird für ihn die Ambivalenz des Glaubens des Vaters auch ohne diesen Satz deutlich?[290] Denkbar ist auch, dass er diese Wendungen weglässt, weil sie bei Markus scheinbar auf einen gespaltenen Glauben in Bezug auf Jesus hinweisen, während Matthäus die Unzulänglichkeit des Glaubens darin gesehen haben mag, dass der Vater zwar auf Jesu Heilungskompetenz vertraut, in Bezug auf die Heilungsvollmacht der Jünger ungläubig ist. Die Skizzierung des Vaters in der markinischen Vorlage könnte jedenfalls erklären, weshalb es für Matthäus nahelag, das scheinbar von ihm geprägte Nomen ὀλιγοπιστία, also den Kleinglauben der Jünger, in diese Perikope einzufügen.

289 Vgl. Mt 10,1.8.

290 Dass dem Evangelisten eine deuteromarkinische Quelle vorlag, ist ebenfalls möglich. H. Aichinger, Traditionsgeschichte, 261 f, Anm. 41, nimmt beispielsweise an, dass Mt und Lk ein bearbeitetes Markusevangelium (Deuteromarkus) vorgelegen haben muss, da Mt und Lk die Glaubensaussagen „Alles ist möglich, dem der glaubt" (Mk 9,23) und „Ich glaube, hilf meinem Unglauben" (Mk 9,24) „gewiß verwendet hätten (möglicherweise an einer anderen Stelle), wenn sie diese in ihrer Vorlage gelesen hätten."

6.2. *Der getadelte Kleinglaube der Jünger im Gegensatz zum geforderten bergeversetzenden Glauben*

Neben dem eben behandelten Unglauben (ἄπιστος; Mt 17,17) lassen sich als Leitworte der Perikope Mt 17,14–20 der Kleinglauben (ὀλιγοπιστία), der Glauben (πίστις) und das (Un-)Vermögen bzw. (Nicht-)Können (δύναμαι/ἀδυνατέω) bestimmen. Während in dem an Jesu erfolgreiche Dämonenaustreibung anschließenden Kurzdialog (Mt 17,19f) zwischen Jüngern und ihrem ‚Herrn' der Unglaube keine Rolle mehr spielt, bündeln sich in dieser Jüngerbelehrung die übrigen Schlüsselworte in komprimierter Darstellung.

Matthäus gebraucht die Wortfamilie πιστεύω κτλ. nahezu ausschließlich im Kontext von Wundererzählungen, wobei als Objekt des Glaubens/Vertrauens die Person Jesu figuriert.[291] Mt 17,14–20 bestätigt diesen Befund, auch wenn die Elemente einer „klassischen Wundergeschichte" nicht realisert sind.[292] Die Verbindung zwischen Wundern und Glauben ist hier sogar semantisch verstärkt, insofern die wichtigen Lexeme δύναμαι/ἀδυνατέω, die das (Un-)Vermögen der Jünger zur Heilung bezeichnen, an den griechischen Ausdruck für Wundertat bzw. -macht, δύναμις, erinnern, den Matthäus in anderen Passagen seines Evangeliums des Öfteren verwendet.[293]

Auf die Frage der Jünger, „Wieso konnten wir ihn [d.h. den Geist] nicht austreiben (οὐκ ἠδυνήθημεν)?" reagiert der matthäische Jesus zunächst mit der Erklärung für ihr Unvermögen: Der Kleinglaube (ὀλιγοπιστία) der Jünger hat das Gelingen der Therapie verhindert. Daran schließt das Logion vom bergeversetzenden Glauben an:[294] „Denn wahrlich, ich sage euch: Wenn ihr Glauben (πίστις) wie ein Senfkorn habt, mögt ihr zu diesem Berg sagen: Rücke von hier nach dort! Und er wird sich verrücken. Und euch wird nichts unmöglich sein (ἀδυνατέω)."

Zunächst ist auffällig, dass Jesus der matthäischen Erzählung nach bei dem misslungenen Wunder nicht anwesend sein muss, um die Ursache für das Unvermögen der Jünger zur Heilung zu kennen. Überträgt Matthäus insofern auch hier eine in Schriften der hebräischen Bibel Gott vorbehaltene Fähigkeit

---

291 Die Lexemgruppe πιστεύω κτλ. ist bei Matthäus „nie bloß im Sinne der zustimmenden Annahme einer Botschaft" gebraucht (Konradt, Matthäus, 60). Die Forderung Mk 1,15 „glaubt an das Evangelium" fehlt im MtEv auffälligerweise. Auch bei den anderen Synoptikern begegnet der Glaube vorwiegend im Kontext von Wundern.

292 Vgl. Leonhardt-Balzer, Heilung, 476.

293 Vgl. z.B. Mt 7,22; 10,20.23; 11,20–25; 14,2. Zum Gebrauch von δύναμις im NT siehe z.B. G. Friedrich, Art. δύναμις, EWNT2 1 (1992), 860–867.

294 Im Bezug auf das Logion vom bergeversetzendern Glauben fällt die Quellenkritik schwer. Zu diesem Problem siehe z.B. Schulz, Q, 465–468; Lohmeyer/Schmauch, Matthäus, 271–274. Evtl. stand in Q ursprünglich der Vergleich mit einem Maubeerbaum (Lk 17,6). Mt hätte dann redaktionell den Berg eingeführt, wodurch der Kontrast von Senfkorn und oppositioneller Größe erhöht wurde.

auf Jesus, in diesem Fall eine der Herzenserkenntnis ähnlichen Gabe?[295] Diese Annahme ist zwar nicht zwingend, aber wenn Jesus hier mit einem göttlichen Prädikat belegt sein sollte, wäre eine weitere Verbindungslinie zwischen allen matthäischen Passagen, in denen der Kleinglaube durch Redaktion zum Thema wird, geschaffen.

Interessant ist in Mt 17,19f auch die Ungeheuerlichkeit der Aussage, wozu der Glaube jeden Menschen befähigen kann. Wenn Matthäus die schon bei Markus konstatierte Aussage aufnimmt, alles sei demjenigen möglich, der glaubt,[296] dann ist anzunehmen, dass bei frühchristlichen Rezipienten die kulturelle Überzeugung der Antike, insbesondere der israelitisch-jüdischen Tradition, aktiviert wird, nach der Allmacht Gott vorbehalten ist. Hier wird jedem unbedingt Glaubenden Anteil an dieser Allmacht zugestanden![297] Auf der Ebene der erzählten Welt müssten die Jünger diese Lektion schon bei dem anfangs gelingenden Gang des Petrus über das Wasser gelernt haben. In dieser Situation waren sie Zeugen dessen, dass einem einzelnen Jünger nichts unmöglich bleibt, dass der ‚Herr' zu ungewöhnlichen Handlungen befähigt, solange der Mensch sich an Jesus allein orientiert und sich, dem Kleinglauben konträr, auf dessen Befähigung zur Vollmachtsübertragung verlässt.[298] Auf den konkreten Anlass zur Heilung in Mt 17,14–20 bezogen sollten die Jünger aber auch schon vor dem Ereignis des Seewandels die jesuanische Zusage zu ihrer Fähigkeit, Kranke heilen und Dämonen autreiben zu können, internalisiert haben: Die Befähigung zum Heilen und zu Exorzismen ist bei Matthäus kein „Extra" wie bei Paulus, kein spezifisches Charisma, das nur einigen Wenigen geschenkt wird.[299] Wie schon allein Mt 10,1.8 deutlich macht, sind die Fähigkeit zu Heilungen und Dämonenaustreibungen für Matthäus in der den Jüngern erteilten Vollmacht grundlegend eingeschlossen, sie sind nicht als gelegentlich auftretende, außergewöhnliche Handlungen zu verstehen, sondern Merkmal echter und intensiver Jesusnachfolge.[300]

---

295 Soweit mir bekannt, wird im Zusammenhang mit der Kardiognosie Gottes in atl. Schriften allerdings keine Aussage zu dessen Ab- bzw. Anwesenheit gemacht, vgl. dazu 1Kön 8,39; 1Chr 28,9; Ps 7,10; Ps 44,22 [43,22^{LXX}]; Spr 15,11. Außerbiblisch ist die überlegene Herzenserkenntnis Gottes beispielsweise belegt in TestNaph II,5 oder Josephus, bell. 5,413.

296 Vgl. Mk 9,23.

297 Vgl. Merz, Wundertäter, 121. Möglicherweise wurde dieser Zuspruch bei frühchristlichen Rezipienten kritisch eingeschätzt, worauf die spätere Zufügung Mt 17,21 „Aber diese Art fährt nur aus durch Beten und Fasten" (vgl. auch Mk 9,29) als Erklärung für das Unvermögen der Jünger zur Dämonenaustreibung hinweisen könnte. Vgl. dazu auch Leonhardt-Balzer, Heilung, 476.

298 An vielen Stellen im Matthäusevangelium bezeichnet πίστις das Vertrauen, das in Jesu Person und seine Vollmacht zu setzen ist.Vgl. z. B. Mt 8,10.13; 9,2.22.28f.

299 Vgl. 1Kor 12–14.

300 Vgl. Luz, Matthäus I/2, 523.

Dieses „Geschenk“[301] der Vollmacht ist Zuspruch und Anspruch zugleich: Diese Gabe ist richtig einzusetzen bzw. zu realisieren, was bedeutet, die Jünger müssen darauf vertrauen, dass der ‚Herr‘ sie zu Außergewöhnlichem beauftragt und befähigt.[302] Glaube kann daher als „Inanspruchnahme der uneingeschränkten Macht Immanuels“ bezeichnet werden.[303] Für das Glaubensverständnis des Matthäus bedeutet dies also, dass der πίστις eine Doppelstruktur eignet: Auf der einen Seite ist der Glaube in der uneingeschränkten Macht Jesu begründet, auf der anderen Seite müssen vom Einzelnen Mut, Gehorsam und Vertrauen dazukommen, damit der Glaube wirksam wird. Im Wort vom bergeversetzenden Glauben kommt der Gebetsaspekt hinzu: Es geht um die Unbedingtheit des vertrauenden Glaubens, das von Gott Erbetene auch zu erhalten.[304] Ist diese Voraussetzung erfüllt, dann ist „nichts unmöglich“. Aus diesem Glaubensverständnis folgt zugleich, dass Matthäus sowohl narrativ als auch mit dem Jesuslogion hervorheben will: Wenn die göttliche Kraft zur Erlangung von scheinbar Unmöglichem ‚zu wenig‘ beansprucht wird, wenn der Erfolg, andere gesund zu machen, ausbleibt, kann die Ursache nicht im Vollmachtsgeber gesucht werden, sondern bei den Jüngern selbst bzw. ihrer inneren Haltung, genauer: bei ihrem Kleinglauben.

Wie lässt sich dieser Kleinglaube nun in Bezug auf die Forderung verstehen, einem Menschen sei alles möglich, soweit er nur Vertrauen „wie ein Senfkorn“ hat? Die Aussage erscheint zunächst paradox: Nach Mt 13,31 f ist das Senfkorn „das kleinste (μικρότερον) unter den Samenkörnern“, birgt aber erstaunliches Potenzial,[305] denn es kann zu einem Baum auswachsen, der sogar Vögeln als Nistplatz dienen kann. Auffallend ist, dass die Kleinheit des Senfkorns anders als die Kleinheit des Glaubens nicht mit ὀλίγος zum Ausdruck gebracht wird,

301 Vgl. das Adverb δωρεάν in Mt 10,8.

302 Bornkamm, Sturmstillung, 48, betont: „Der Glaube an Jesus Christus, den Gekreuzigten und Auferstandenen, ist nicht erst eine späte Schicht der Überlieferung, sondern ihr Fundament und der Ort ihres Ursprungs, aus dem sie erwuchs und allein verständlich wird.“

303 Luz, Matthäus I/2, 524.

304 Wie auch in Jak 1,6; Herm mand IX, 4 sind die matthäischen Passagen zum Gebet und Bitten von einer rigorosen Erhörungsgewissheit geprägt. Die christlichen Texte unterscheiden sich damit von ‚paganer‘ Literatur in neutestamentlicher Zeit, z. B. den Epigrammen Martials, wo Unsicherheit in Bezug auf die Erfüllung von Bitten zur Sprache kommen kann, vgl. C.G. Müller, Bitten und Beten im NT und seiner Umwelt: Martial und Matthäus im Vergleich, NTS 49 (2003), 1–21, bes. 7–13.

305 Auf diesen Aspekt zielt wohl auch das Doppelgleichnis von Senfkorn und Sauerteig Mt 13,31–33 (par. Lk 13,18–21), wobei es hier freilich um das Reich Gottes geht: Selbst ein unscheinbarer Beginn führt zu einem überraschend großen Ergebnis, vgl. Kuss, Sinngehalt, 646f.651, und schon Weiss, Predigt, 48f.83. Da im Markusevangelium (Mk 4,30–32) nur das Senfkorngleichnis begegnet und im Thomasevangelium die beiden Gleichnisse getrennt voneinander überliefert sind (Gleichnis vom Senfkorn EvThom 20; vom Sauerteig EvThom 96), ist anzunehmen, dass beide Gleichnisse erst in Q miteinander verknüpft wurden, vgl. Heil, Spruchevangelium, 184.

sondern mit μικρός.[306] Auch die Jünger können von Matthäus mithilfe dieses Lexems als „Kleine“ bezeichnet werden, wobei der Kontext von Mt 10,42 die positive Konnotation von μικροί verdeutlicht. Und nach Mt 18,6 sind die „Kleinen“, die an Jesus glauben (πιστεύω), zu den von Gott Erwählten zu rechnen.[307] Kleinheit ist aus matthäischer Sicht insofern nicht per se negativ zu werten. Worin besteht dann aber der Unterschied zwischen dem kleinen Senfkornglauben und dem Kleinglauben? Möglicherweise ist die dynamische Richtung der hinter diesen bildhaft (Senfkorn) bzw. metaphorisch (‚kleiner‘ Glaube) zum Ausdruck gebrachten Größen ausschlaggebend.

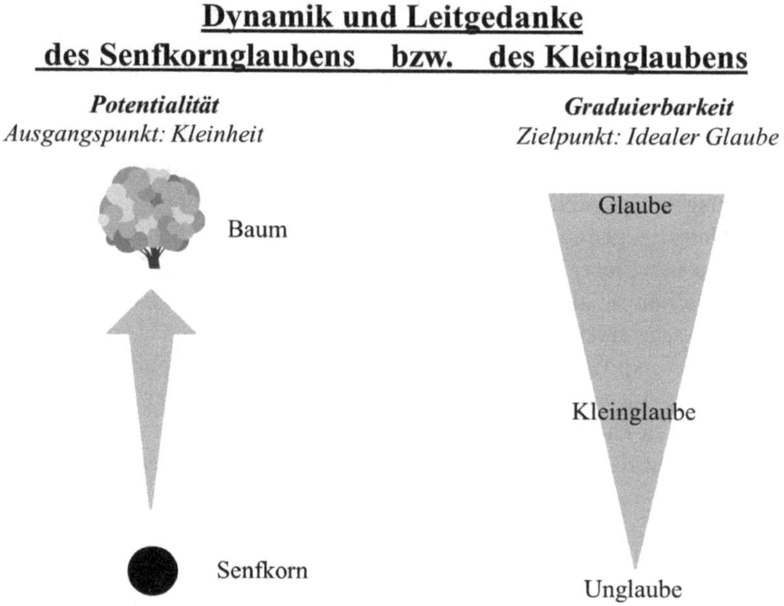

Abb. 19: Senfkornglaube und Kleinglaube im Matthäusevangelium – eine Gegenüberstellung

Wichtig ist: Es geht nicht um einen weltlichen, reellen Größenmaßstab, sondern um die innere Qualität dieses Glaubens. Der Senfsamen (bzw. der Senf-

306 Das Lexem μικρός steht in der LXX für eine ganze Reihe von hebräischen Wurzeln. Zwar bezeichnet es dort neutral u. a. die Kleinheit des Raumes, der Masse und der Zeit, aber drückt bisweilen auch die – positiv konnotierte – Bescheidenheit und Demut aus (z. B. Ri 6,15^{LXX}), öfters auch im Kontext von Berufung und Erwählung (vgl. z. B. 1Sam 15,17^{LXX}). Vgl. O. Michel, Art. μικρός κτλ., ThWNT 4 (1942), bes. 651. Zum Gebrauch im NT siehe z. B. D. Légasse, Art. μικρός, EWNT2 2 (1992), 1051 f.

307 Nach Stahl, ἁπλότης, XIV, bezeichnet μικροί die, „die ihr Herz an nichts als an Gott gehängt haben, die auf nichts außer ihm vertrauen“. Zu den Jüngern als μικροί im MtEv siehe Barth, Gesetzesverständnis, 113–117.

kornglaube) ist trotz seiner Kleinheit bereits vollkommen. Er trägt Potential zur Vergrößerung in sich. Durch die quantitative Zunahme kommt es jedoch nicht zu einer Steigerung seiner Qualität. Vielmehr gewinnt er zusätzliche Effekte: Er dient im ausgewachsenen Zustand seiner Umwelt (Samenkorn: den Vögeln bzw. Glaube: dem Heil der Mitmenschen). Der Kleinglaube ist hingegen unvollkommen. Zwar ist er qualitativ höher zu bewerten als der Unglaube, aber er bleibt graduell und qualitativ hinter dem Ideal eines „bergeversetzenden" Glaubens zurück. Im Gegensatz zum Senfkornglauben, der sich nur in eine Richtung entfalten kann, eignet dem Kleinglauben ein Risiko- und Chancenpotential zugleich, denn dem Kleingläubigen stehen „zwei Wege" offen: Entweder baut er auf seinem prinzipiellen, aber defizitären Glauben auf und erreicht dadurch das Ideal, oder aber er lässt sich durch Sorgen (vgl. Mt 6,25–34), Furcht (vgl. Mt 8,18–27), Zweifel (vgl. Mt 14,22–33) oder fehlgeleitete Kognitionen bzw. nicht aktivierten Erinnerungen (vgl. Mt 16,5–12) derart gefangen nehmen, dass sein Glaube weiter abnimmt, wobei die Abnahme mit einem Misstrauen in die (sich in Jesus realisierende) göttliche Fürsorge und Güte einhergehen kann. Der Kleinglaube lässt sich insofern als Zweifelskonzept beschreiben, der Senfkornglaube ist hingegen unerschütterlich!

Kann man daraus schließen, dass der Senfkornglaube bzw. der bergeversetzende Glaube den Zweifel nicht kennt? Dieser Schluss scheint sich förmlich aufzudrängen, insbesondere in Anbetracht von Mt 21,21f (par. Mk 11,23),[308] wo der Aufruf, Glauben zu haben (ἔχητε πίστιν) durch eine negierte Form von διακρίνομαι präzisiert ist. Die Wendung μὴ διακριθῆτε wird nämlich im Deutschen in der Regel mit „ohne zu zweifeln" wiedergegeben.[309] Genau diese Bedeutungsnuance von διακρίνομαι ist allerdings weder im klassischen noch hellenistischem Griechisch belegbar![310] Erschwerend kommt hinzu, dass selbst die Annahme eines Bedeutungszugewinns zu neutestamentlicher Zeit äußerst problematisch ist, da selbst die Patristik διακρίνομαι offenbar nicht im Sinne einer selbstreflexiven Denkaktivität aufgefasst hat, wie P. Spitaler jüngst gezeigt hat.[311] Im Aktiv kann διακρίνω u. a. ‚beurteilen', ‚entscheiden',

308 Zum Logion vom bergeversetzenden Glauben in seinen unterschiedlichen Fassungen in der synoptischen Überlieferung siehe J. Zmijewski, Der Glaube und seine Macht. Eine traditionsgeschichtliche Untersuchung zu Mt 17,20; 21,21; Mk 11,23; Lk 17,6, in: Ders./E. Nellessen (Hg.), Begegnung mit dem Wort. FS H. Zimmermann (BBB 53), Bonn 1980, 81–103; F. Hahn, Jesu Wort vom bergeversetzenden Glauben, ZNW 76 (1985), 149–169.

309 Vgl. nur F. Hahn, Jesu Wort vom bergeversetzenden Glauben, ZNW 76 (1985), 149–169, passim.; Schnackenburg, Petrus, 117; bzw. im Englischen „without any doubt" o. Ä., vgl. Gundry, Matthew, 418; Osborne, Matthew, 770, u. v. m.

310 Siehe Spitaler, Διακρίνεσθαι, 3, Anm. 6 und 5, Anm. 13.

311 Vgl. P. Spitaler, Διακρίνεσθαι in Mt. 21:21, Mk. 11:23, Acts 10:20, Rom. 4:20, 14:23, Jas. 1:6, and Jude 22 – the „Semantic Shift" That Went Unnoticed by Patristic Authors, NT 49 (2007), 1–39. Spitaler ist indes nicht der einzige, der eine „neutestamentliche Sonderbedeutung" des Verbs ablehnt, vgl. auch D. DeGraaf, Some Doubt about Doubt: The New

‚absondern' oder ‚unterscheiden' meinen, aber auch ‚streiten'[312] – eine Bedeutungsnuance die z. B. in Apg 11,2 zu tage tritt. Häufig hat man aus dem Wortsinn ‚streiten' gefolgert, dass Medialformen von διακρίνω, wie sie z. B. auch in Mt 21,21 f par. Mk 11,23 oder Jak 1,6 begegnen,[313] notwendigerweise reflexiv sein müssen, weil das Medium diese Reflexivität zum Ausdruck bringe. D. h. aus der deduzierten Bedeutung ‚mit sich selbst streiten' wurde die Bedeutung ‚zweifeln' abgeleitet.[314] Erst in neuerer Zeit wird das Verständnis dieser grammatischen Diathese adäquater gefasst. Das Medium im Altgriechischen hat nicht im eigentlichen Sinn reflexive Bedeutung, sondern betont, dass „der Nachdruck des Handelns oder Geschehens auf dem Subjekt liegt, nicht auf dem Objekt, auf das sich das Handeln erstreckt."[315] Hinzu kommt, dass das Präfix διά in Komposita nicht selten ‚nach allen Seiten' bedeutet, d. h. das Bezugsobjekt ist unbestimmt. Das Medium könnte diese Unbestimmtheit auch ohne das Präfix zum Ausdruck bringen.[316] Objekt, Inhalt und Form des mit μὴ διακριθῆτε Gemeinten wird grammatisch also nicht präzisiert.[317] Daraus könnte man für die zum Bergeversetzen notwendige Bedingung „ἐὰν ἔχητε πίστιν καὶ μὴ διακριθῆτε" in Mt 21,21 f folgern, dass – ausgehend von dem Verb κρίνω, das im Medium z. B. ‚deuten', ‚beurteilen' ‚problematisieren' bezeichnet,[318] und das die Ausgangsbasis für διακρίνω darstellt – hier folgendes gemeint ist: Der Adressat soll Glauben haben, ohne „Auseinandersetzung" bzw. ohne Problematisierungen oder Urteile vorzunehmen, weil genau dies dem rechten Glaubensverständnis zuwiderlaufen würde,[319] wobei der Inhalt dieser Kognitionen auf der Ebene der Regelsystematik des Altgriechischen offen bleibt. Auch diese Übersetzung muss allerdings hypothetisch bleiben, und wie auch immer man den Bedingungssatz in Mt 21,21 übersetzt: Auf der Textebene wird deutlich (vgl. Mt 21,22), dass dieses vermutlich auf ein authentisches Jesuswort zurückgehende Logion aussagen will, dass die unabwendbare Konsequenz eines (von außen unsichtbaren) uneingeschränkten Vertrauens

Testament Use of διακρίνω, JETS 48/4 (2005), 733–755; B. Schliesser, „Abraham Did not ‚Doubt' in Unbelief" (Rom. 4:20): Faith, Doubt, and Dispute in Paul's Letter to the Romans, JThS 63/2 (2012), 492–522.

312 Vgl. Liddell/Scott, Lexicon, s.v. διακρίνω; Gemoll, Handwörterbuch, 200; Passow, Handwörterbuch, 642 f.

313 Zu der Bedeutung des Verbs im Jakobusbrief siehe S. 398–403.

314 Vgl. z. B. Barrett, Romans, 245; Cheung, James, 205; weitere Belege bei Spitaler, Διακρίνεσθαι, 3 f.

315 Vgl. von Fritz, Ziele, 8.

316 Vgl. von Fritz, Ziele, 8.

317 Vgl. von Fritz, Ziele, 8 f.

318 Vgl. z. B. Liddell/Scott, Lexicon, s.v. κρίνω.

319 Nach Ellis, But Some Doubted, 576, bezeichnet διακρίνω hier „a critical attitude implying the absence of faith".

auf die Erfüllung dessen, worum man bittet, ist, dass es (wahrnehmbar) auch eintreffen wird.[320]

Matthäus zufolge ist es auszuschließen, dass ein ‚kleiner Glaube' ausreicht, um Berge zu versetzen oder einen Feigenbaum verdorren zu lassen,[321] denn an einigen der diskutierten Belegstellen für ὀλιγόπιστος κτλ. ist deutlich geworden, dass der Kleinglaube eben nicht genügt, um Handlungen zu vollbringen, die ansonsten nur Gott oder Jesus möglich sind. Insofern lässt sich schließen, dass der getadelte Kleinglaube der Jünger noch nicht einmal dem senfkorngroßen Glauben entspricht. Zwar reicht ein Vertrauen aus, das bildlich gesprochen, lediglich Senfkorngröße hat, um scheinbar Unmögliches zu realisieren.[322] Der bergeversetzende Glaube kann zudem als Ausdruck dafür gesehen werden, dass Kleines genügt, um Großes zu bewirken – während im Jakobusbrief dieser Gedanke mittels griechisch-philosophischer Terminologie und Bilder zur Sprache gebracht wird (vgl. Jak 3,3–5), greift Matthäus auf biblische Traditionsmuster zurück. Zwar modifiziert er diese Motive dabei, aber der bildspendende Bereich ist deutlich von der israelitisch-jüdischen Literatur inspiriert. Solange das Vertrauen, sei es noch so klein, von einer einheitlichen Orientierung auf Gott hin getragen ist, kommt es auf die Größe nicht an. Sofern es aber nicht vollkommen ist, also einen qualitativen Mangel aufweist (vgl. das ὀλίγος in ὀλιγοπιστία), entspricht es nicht den Anforderungen echter Jesusnachfolge.[323]

In Bezug auf die gescheiterte Heilung durch die Jünger bleibt schließlich anzumerken, dass der Verfasser des Matthäusevangeliums etwas über die unzureichende Auseinandersetzung mit ihrer Rolle als Jesusnachfolger aussagen will. Die Jünger haben ihr Identitätsverständnis noch nicht neu geordnet, denn sie scheinen nach jesuanischer Aussage kein ausreichendes Maß an Vertrauen in ihre Heilungsfähigkeiten zu besitzen. Um Vollmacht heilsbringend einsetzen zu können, benötigt man innere Ruhe und großes Gottvertrauen, wie

320 Wenn dieses Logion ursprünglich auf einer semitischen Sprachwendung (Aramäisch?) basiert, kommt dann womöglich der alttestamentlich wichtige Tun – Ergehen-Zusammenhang zum Ausdruck? Es ist denkbar, dass die im Zusammenhang mit dem „bergeversetzenden Glauben" gebrauchten Ausdrücke ὀλιγοπιστία (Mt 17,20) respektive διακρίνομαι (Mt 21,21) unterschiedliche Perspektiven hervorheben: Während der ‚Kleinglaube' auf die Innenseite des Menschen, auf sein Erleben, verweist, wird mit μὴ διακριθῆτε eher das von außen beobachtbare Verhalten beschrieben.

321 Eine der matthäischen Fassungen des Logions vom bergeversetzenden Glauben steht im Zusammenhang mit dem einzigen „Strafwunder" der synoptischen Überlieferung (vgl. Mt 21,18–22; par. Mk 11,12–14.20–26), das an einem Feigenbaum vollzogen wird.

322 Zur Vorstellung vom „Berge versetzen", einer verbreiteten jüdischen Hyperbel zum Ausdruck des Vollbringens etwas Unmöglichen, siehe Bill I, 759.

323 Beispiele dafür, wie in der Forschung versucht werden kann, den vermeintlichen Widerspruch zwischen Kleinglauben und Senfkornglauben aufzulösen, indem die Kategorie der „Größe" ignoriert wird oder indem das eigene Glaubensverständnis in den Matthäustext eingetragen wird, finden sich bei Luz, Matthäus I/2, 524.

Jesus es in Mt 8,23–27 beispielhaft vorgeführt hat. In psychologischer Hinsicht könnte das Scheitern des numinösen Vermögens der Jünger aufgrund ihres defizitären Vertrauens dem Rezipienten zur Auseinandersetzung und Selbstreflexion dienen, insbesondere für den Fall, dass er selbst die Erfahrung gemacht hat, dass Wunder oder die Gebetserfüllung ausbleiben.

7. Zum matthäischen Konzept des Kleinglaubens: Zusammenfassung und Ertrag

Matthäus hat den Ausdruck ὀλιγόπιστος in der Logienquelle vorgefunden und ihn zusammen mit den Sprüchen vom Sorgen in die von ihm kompilierte Bergpredigt eingefügt (Mt 6,25–34). Das hinter ὀλιγόπιστος stehende Konzept scheint dem Evangelisten von Bedeutung für seine Theologie gewesen zu sein, denn er hat den Ausdruck weitere vier Male in sein Werk aufgenommen,[324] und zwar immer in narrativen Erzählstücken, die vor der Passion Jesu situiert sind.[325] Alle Vorkommen außer Mt 6,30 haben gemeinsam, dass sie innerhalb von Erzählungen zu finden sind, die Matthäus auf Basis der Markusvorlage modifiziert hat. Schon in den markinischen Versionen der entsprechenden Perikopen liegen Übertragungen göttlicher Prädikate auf die Jesusfigur vor.

Im Hintergrund von Mt 6,25–34 stehen wohl authentische Jesuslogien, die im matthäischen Kontext auf der Ebene der erzählten Welt in erster Linie als Unterweisung für die Jünger konzipiert sind.[326] Wo Matthäus von ὀλιγόπιστος κτλ. redaktionell Gebrauch macht, begegnet der Kleinglaube im Munde Jesu als Tadel an einem einzelnen oder mehreren Jüngern. Die Situation der Jüngerbelehrung für die Nachfolge bleibt also für die Intention der Aktualisierung des Kleinglaubens relevant. Während die Perikope von der Sauerteigwarnung Mt 16,5–12 im Ganzen der Gattung „Jüngerunterweisung" zuzuweisen ist, begegnet die Wortfamilie in Mt 8,23–27 (Sturmstillung), Mt 14,22–33 (Seewandel) sowie Mt 17,14–20 (Heilung des mondsüchtigen Jungen) im Kontext von Wundererzählungen, wobei letztere Perikope eine Jüngerbelehrung mit einem Heilungswunder verschränkt. Angesichts der Tatsache, dass der Glaube

---

324 Matthäus hat offenbar aus dem Adjektiv ὀλιγόπιστος das Substantiv ὀλιγοπιστία abgeleitet, vgl. Mt 17,20.

325 Bis auf Mt 17,14–20 stehen alle Belege für die Wortfamilie ὀλιγόπιστος κτλ. innerhalb des ersten großen Erzählblocks über Jesu öffentliches Wirken, der nach Ansicht vieler Exegeten mit dem als Gliederungssignal zu verstehenden Satz „von da an fing Jesus an zu verkündigen…" in Mt 4,17 beginnt. Ab Mt 16,21, wo eine ähnliche Formulierung erneut begegnet, steht der Weg nach Jerusalem und sodann die Passion Jesu im Vordergrund der Evangelienerzählung. Vgl. Konradt, Matthäus, 2f.

326 Das Volk ist allerdings als Zuhörerschaft zugegen und staunt über die Vollmacht der Rede Jesu, vgl. Mt 5,1; 7,28f.

(πίστις) bei den Synoptikern im Allgemeinen und bei Matthäus im Besonderen vorwiegend im Zusammenhang mit Wundererfahrungen thematisiert wird, überrascht dieser Befund nicht. Glaube im Sinne von Vertrauen und die Erfahrung von Wundern bzw. die Ausübung der Vollmacht zu Wundertaten hängen zusammen. Alle Wundererzählungen, in deren Zusammenhang vom Kleinglauben die Rede ist, haben indes gemeinsam, dass ein rettendes Eingreifen Jesu thematisiert wird.

Die matthäische Gemeinde stand wohl der Verfasserschaft bzw. den Tradenten der Logienquelle – aus der das Lexem ὀλιγόπιστος stammt – nahe. Das Matthäusevangelium wird wie Q zumeist im palästinisch-syrischen Raum situiert, d. h. beide entstanden in geographischer Nähe zu Galiläa, wo Jesus nach dem Matthäusevangelium aufwuchs und wo er anfangs wirkte.[327] Davon ausgehend fällt auf, dass alle Perikopen, in denen ὀλιγόπιστος κτλ. vorkommt, in Galiläa bzw. in dessen nahen geographischen Umfeld verortet werden können.[328] In Galiläa und dessen Umgebung sind im Matthäusevangelium also nicht nur der Unglauben des Volkes (vgl. Mt 13,58), sondern auch der Kleinglaube der Jünger lokalisiert: Schauplatz der Bergpredigt ist dabei ein Berg. Sturmstillung, Seewandel und Sauerteigwarnung finden auf dem See Genezareth oder an dessen Ufer statt. Die Heilung des Epileptikers mit anschließendem Aufweis des rechten Glaubens scheint sich am Fuße eines Berges abzuspielen. Somit ergibt sich eine Raumdynamik der matthäischen Kleinglaubenskonzeption: (auf) Berg → (auf/am) See → (am) Berg.

Mit dieser örtlichen Situierung der Perikopen hängen auch Verbindungslinien in thematischer Hinsicht zusammen: Die Erzählungen auf dem Wasser (Mt 8,23–27; Mt 14,22–33) einerseits und die Jüngerbelehrung in Mt 16,5–12 andererseits, in denen die Sorge der Jünger angesichts mangelnden Reiseproviants (Brote) zur Sprache kommt, könnten aufgrund der Thematik Wasser/Brot mit den Mahnsprüchen in Mt 6,25–34 im Zusammenhang stehen, denn letztere rufen u. a. dazu auf, sich nicht zu fragen: „Was werden wir essen? Was werden wir trinken?“ Nur der Kleingläubige macht sich über die Bereitstellung zukünftiger Lebensgrundlagen, d. h. die Fürsorge Gottes, Sorgen – ein Thema das auch in Mt 16,5–12 von Belang ist (hier deutlich auf Jesus bezogen). Dazu kommt: In biblischer Tradition können Nahrungsmangel und Wasser stellvertretend auf menschliche Sorgen, Gefahren und Bedrohungen sowie deren psychologischen Konsequenzen verweisen.[329] Durch diesen Verweischarakter sind Sorgensprüche, Sturmstillung, Seewandel und die Perikope der Sauerteigwarnung miteinander verbunden und stellen den Kleinglauben in den Rahmen der im Kontext der Nachfolge drohenden Krisenerfahrungen. Freilich sind alle matthäischen Artikulationen des Kleinglaubenthemas aufeinander bezogen

---

327 Vgl. Mt 2,22f; 13,54. Nach Matthäus ist Jesus in Bethlehem (Judäa) geboren (Mt 2,1).

328 Vgl. aber Anm. 287 in diesem Kapitel.

329 Vgl. Betz/Grimm, Wesen, 55.

ὀλιγόπιστος κτλ. im MtEv	**Paralleltexte**	**Lexem (a) entnommen aus Quelle oder (b) eingefügt in Vorlage**	**Übertragung göttlicher Prädikate auf Jesus zeigt sich an:**	**Gattung**	**Schauplatz**	**Subjekt(e) des Kleinglaubens**	**Situative(r) Auslöser des Kleinglaubens**	**Prinzipiell vorhandener Glaube geschmälert durch:**	**Bezugsobjekt des Kleinglaubens**	**(partielle) Synonyme zum Kleinglauben**
Mt 6,25-34 (6,30)	Lk 12,22-32	Q (a)	Vollmacht der Lehre Jesu (Bergpredigt)	Jesuslogion Jüngerunterweisung	Berg/Galiläa	Adressaten der Bergpredigt, d. h. v. a. Jünger	–	Sorge um zukünftig erwarteten Mangel am Lebensnotwendigen	Fürsorge Gottes, das Lebensnotwendige bereit zu stellen	sich sorgen
Mt 8,23-27 (8,26)	Mk 4,35-41; Lk 8,22-25	MkEv (b)	Vollmacht des Handelns Jesu: Gewalt über Wind und Wellen	Rettungswunder	See/Galiläa	Jünger	Beben, Wind, Wellen, Schlaf Jesu	Furcht in gegenwärtiger Bedrohungslage	sich in Jesus konkretisierende göttliche Macht zur Rettung in dessen „Abwesenheit“	Furcht
Mt 14,22-33 (14,31)	Mk 6,45-52; (Joh 6,16-21)	MkEv (b)	Vollmacht des Handelns Jesu über Naturgewalten: Seewandel	Naturwunder / Rettungswunder nach Epiphanie	See/Galiläa	Petrus	Wind	Aufmerksamkeitsausrichtung auf Wind	Evtl. die sich in göttlicher Vollmacht konkretisierende Gottessohnschaft Jesu in dessen „Anwesenheit“ (?)	Furcht, Zweifel

Mt 16,5-12 (16,8)	Mk 8,14-21; Lk 12,1	MkEv (b)	Abgrenzung der vollmächtigen Lehre Jesu ggüb. der Lehre der Pharisäer u. Sadduzäer u. Vollmacht des Handelns Jesu durch Erinnern an wunderhafte Speisungen	Jüngerunterweisung	Ufer des Sees / Galiläa	Jünger	falsch verstandene Warnung Jesu; Verstehensblockade	Falsch geleitete Kognitionen: Sorge um zukünftig erwarteten Mangel an Nahrung; Verstehens- und Erinnerungsunfähigkeit	sich in Jesus konkretisierende göttliche Macht zur Fürsorge in dessen „Anwesenheit“	Nicht-Verstehen
Mt 17,14-20 (17,20)	Mk 9,14-29; Lk 9,37-43a	MkEv (b)	Vollmacht des Handelns Jesu: Dämonenaustreibung	Jüngerunterweisung nach Dämonenaustreibung	Am Fuße eines Berges in Galiläa (?)	Jünger außer Petrus, Jakobus und Johannes (?)	–	–	Eigene Kompetenz zur Dämonenaustreibung (?)	–

Abb. 20: Übersichtstabelle zum Kleinglauben im Matthäusevangelium

durch den implizit oder explizit geforderten Glauben im Sinne eines Vertrauens in die göttliche Macht und Güte, die sich in Jesu Handeln konkretisiert.[330]

Durch den Tadel Jesu am Kleinglauben ist ὀλιγόπιστος κτλ. im Matthäusevangelium deutlich negativ konnotiert, wenngleich nicht verurteilenswürdig (wie z. B. die Innen-Außen-Dissonanz des Heuchlers). Als Adressaten des Kleinglaubens begegnen in Mt 6,30 in erster Linie die Jünger; die Menschen, die Jesu Bergpredigt zuhören, könnten allerdings als potentielle Jesusnachfolger mit angesprochen sein. In Mt 8,26 sowie Mt 16,8 werden alle Jünger (auf Textebene also der Zwölferkreis) als Kleingläubige charakterisiert, in Mt 14,31 nur Petrus. Die Adressaten des Kleinglaubens in Mt 17,20 sind weniger eindeutig bestimmbar. Der unmittelbare Kontext von Mt 17,14–20 legt nahe, dass alle Jünger außer Petrus, Jakobus und Johannes als Kleingläubige gemeint sind.[331]

Eine wohl bewusste matthäische Konzeption ist es, den Kleinglauben strukturell zwischen dem Unglauben einerseits und einem „großen" Glauben andererseits zu positionieren: Während dem jüdischen Volk/den Zeitgenossen des Matthäus Unglaube attestiert wird,[332] äußert der matthäische Jesus in Mt 15,21 einer aus seiner Sicht „heidnischen" Kanaanäerin gegenüber emphatisch: „Dein Glaube ist groß (μεγάλη σου ἡ πίστις)!" Dass auch Mt 8,10 auf einen entsprechenden idealen Glauben hinweisen will,[333] liegt nahe: „Einen

330 In den Logien vom Sorgen kommt auf der Ebene des Textes der direkte Bezug auf Jesu Handeln indes nicht zum Tragen. Auch nach Grässer, Sorgen, 170, ist ὀλιγόπιστος/ὀλιγοπιστία nur in Mt 6,30 Ausdruck für ein defizitäres Vertrauen in die Fürsorge Gottes, sonst bezeiche es das schwache Vertrauen in die Macht Jesu (Mt 8,26; 14,31; 16,8; 17,20).

331 Vgl. dazu S. 514 in diesem Kapitel. In der einschlägigen Literatur zum Kleinglauben bei Matthäus ist häufig undifferenziert von „den Jüngern" als Adressaten des Kleinglaubens auf der Ebene der erzählten Welt die Rede. Eine Ausnahme ist beispielsweise Poplutz, Glaube, 31, Anm. 13.

332 Vgl. bes. Mt 13,58. Was versteht Matthäus aber unter diesem Unglauben? Basiert er auf etwas, das man weiß, aber nicht als vertrauenswürdig anerkennt oder darauf, dass man etwas nicht weiß, und deshalb nicht glauben kann? Allerdings verträgt sich die Zuschreibung des Unglaubens an das Volk nicht ganz mit der ansonsten recht positiven Zeichnung desselben: Das Volk hört Jesus zu, lässt sich von ihm belehren, bringt Kranke zu ihm, und staunt über seine Taten (vgl. Mt 5,1; 7,28; 12,23; 14,13f; 15,10; 15,30.31; u.m.). In Bezug auf die Mengen verwendet Mt sogar das Verb ἀκολουθέω (‚nachfolgen', vgl. Mt 4,25; 8,1; 12,15; 19,2), das er sonst besonders häufig einsetzt, um die Jüngernachfolge zur Sprache zu bringen (z. B. Mt 4,20.22; 8,23; 9,9) und zeigt damit die grundsätzlich positive Einstellung gegenüber Jesus an. Aus diesem Befund könnte man schließen, dass die Folgebereitschaft und positive Wertschätzung Jesus gegenüber sowohl beim Volk als auch bei den Jüngern wesentlich ist; was JüngerInnen und Menschenmengen jedoch voneinander unterscheidet, ist vielleicht, dass erstere bis zur Verhaftung nicht von Jesu Seite weichen und einen Verstehensvorsprung in Bezug auf die „Geheimnisse des Königsreichs der Himmel" aufweisen, letztere jedoch erkenntnisblind bleiben und sich über die Rede Jesu „entsetzen" (vgl. Mt 7,28f; 13,10–16).

333 Hoffmann/Heil, Spruchquelle, 47, übersetzen das die Pistis qualifizierende τοσαύτη beispielsweise mit „so groß".

solchen Glauben (τοσαύτη πίστις) habe ich in Israel noch bei niemandem gefunden," sagt Jesus zu einem römischen Centurio. Der Kleinglaube meint einen defizitären Glauben. Wer als ‚kleingläubig' etikettiert wird, hat die Zusage des „Mit-Seins" Jesu (dem „Immanuel!") und deren Bedeutung selbst in existentiellen, kritischen Situationen noch nicht erfasst. Wer hingegen einen bedingungslosen „Senfkornglauben" aufzuweisen vermag, dem ist alles möglich. Für einen solchen „bergeversetzenden" Glauben ist Jesus Vorbild.

Das matthäische Verständnis des Kleinglaubens impliziert die Vorstellung einer Graduierbarkeit des Glaubens. Denn von der lexikalischen Bedeutung der Wortfamilie ὀλιγόπιστος κτλ. her wird klar, dass den Adressaten zwar ein gewisses Grundvertrauen (πίστις) zugeschrieben wird. Gemessen an dem idealen Glauben ist dieses alledings ‚zu wenig' (ὀλίγος). Wenn Glaube im Sinne von Vertrauen nach dem Verständnis des Matthäus eine graduierbare Größe ist, muss erklärt werden, wie der zu vollkommenem Vertrauen fehlende Anteil bestimmt werden kann. Die analysierten Passagen des Matthäusevangeliums zeigen, dass der Evangelist Kleinglaube als psychisches Phänomen versteht, bei dem Vertrauen und Misstrauen zugleich existieren. Insofern impliziert der Kleinglaube eine gewisse innere Dissonanz. Matthäus scheint den Misstrauensanteil des Kleinglaubens in Sorgen (Mt 6,25–34/16,5–12), existentieller Furcht (Mt 8,23–27/Mt 14,22–33), Zweifel (Mt 14,22–33) oder aber in Unverständnis und defizitärer Erinnerungsleistung (Mt 16,5–12) zu sehen bzw. den Kleinglauben mit diesen psychischen Phänomenen zumindest teilweise zu identifizieren. In Mt 14,31 sind Zweifel und Kleinglaube explizit parallel genannt. In Bezug auf die matthäische Redaktion lässt sich festhalten: Die einzelnen Darstellungen und narrativen Ausgestaltungen des Kleinglaubens bauen aufeinander auf: Nachdem Matthäus zunächst die affektive Seite (Zukunftsangst, Gegenwartsangst) und die kognitive Dimension (Erinnerung und Verstehen) des Kleinglaubens verdeutlicht, zeigt er nach der wiederholten Bewusstmachung und Anprangerung der Vertrauensdefizite eine positive, ganzheitliche Verhaltensalternative auf (Mt 17,14–20).

Man könnte insofern die matthäische Aussageintention bezüglich des Kleinglaubens als eine psychologische verstehen: Der Idealzustand eines ungebrochenen Vertrauens wird nicht erreicht, weil Gedanken im Inneren der Adressaten existieren, die negative Affekte hervorrufen, welche eine völlig positive Vertrauenshaltung blockieren, oder weil Gedanken, die sich als Zweifel äußern bzw. die als Zweifel im weiteren Sinne verstanden werden können, den Glauben an die Macht Gottes, an die göttliche Vollmacht Jesu oder aber an die durch Jesu Vollmacht zuteilgewordene eigenen Kompetenz zur Heilung schwächen.

Insofern hat sich bestätigt, dass ὀλιγόπιστος bzw. ὀλιγοπιστία zum Wortfeld „zweifeln" gerechnet werden können, da ein thematischer und semantischer Zusammenhang zwischen einem (zu) geringen Glauben und dem Phänomen des Zweifels besteht.[334] Daher ist es m. E. zulässig, den Kleinglauben – wenn auch nicht als exaktes Synonym zum Zweifel – zumindest als ‚Zweifelskonzept' oder ‚Innendissonanzkonzept' zu bestimmen.

8. Zur Notiz vom Zweifel am Ende des Matthäusevangeliums

Weil in Mt 28,17 im Zusammenhang mit der Erscheinung des Auferstandenen vom Zweifel (διστάζω) der Jünger die Rede ist,[335] stellt sich die Frage nach dessen Beziehung zum matthäischen Verständnis der Lexemfamilie ὀλιγόπιστος κτλ., die in Mt 14,31 mit dem Ausdruck διστάζω parallelisiert ist. Als einer der ausdrücklich präsentierten Reflexe auf das Offenbarungsgeschehen hat der in Mt 28,17 genannte Zweifel in der Auslegungsgeschichte immer wieder stutzig gemacht. Er steht unmittelbar vor dem so genannten Missionsbefehl und schließt somit die erzählende Einleitung zu der dreigeteilten jesuanischen Vollmachts- und Sendungsaussage ab. Es herrscht weitgehend Konsens darüber, dass der Schlussabschnitt des Matthäusevangeliums (Mt 28,16–20) den „Schlüssel" zum Verständnis des ganzen Buches, ein Summarium der theologischen Gesamtkonzeption darstellt.[336] Diese Aussage gilt freilich insbesondere für die Rede Jesu (Mt 28,18b–20).[337] In der exegetischen Literatur zum abschließenden Abschnitt des Matthäusevangeliums erfährt folglich hauptsächlich der zweite Teil eine genauere Untersuchung, während der erste Teil bisweilen ignoriert wird. Die erzählende Einleitung (Mt 28,16–18a) ist

---

334 Vgl. dazu z. B. Reinmuth, Ostern, 34: „Der Zweifel, von dem Matthäus spricht, ist also nicht eine Sache des Unglaubens. Er gehört zum Glauben. Er macht aus Glauben Kleinglauben." Luck, Herrenwort, 499, definiert den Kleinglauben als „zweifelnden Glauben". Nach Bazitwinshi, Weisheit, 108, Anm. 435, meint Mt mit den Kleingläubigen „Menschen, die an der Macht Jesu zweifeln (Mt 8,26; 14,31)." Davies/Allison, Matthew 1, 656, äußert zum Kleinglauben: „It means either a doubting of God's providential protection (6.30; 8.26?) or a failure to accept Jesus' miraculous power or word (8.26?; 14.31; 16.8; 17.20). The word always appears in a trying situation." Und auch Bühler, Lob, 206, stellt einen Zusammenhang zwischen Kleinglaube und Zweifel her: Der Zweifel sei im Kleinglauben integriert. A. van Aarde setzt den Kleinglauben hingegen eher mit der Furcht gleich, vgl. van Aarde, Little faith as an alternating state of religious consciousness: a pragmatic-empirical perspective on Matthew's portrayal of Jesus' disciples, Studia Historiae Ecclesiasticae (39, Suppl.) 2013, 187–212.

335 Ob die Übersetzung von διστάζω mit ‚zweifeln' angemessen ist, wird auf S. 540f dieser Arbeit erörtert.

336 Vgl. exemplarisch Michel, Abschluss, 21; Zumstein, condition, 94f. Luz, Fiktivität, 159, spricht in Bezug auf Mt 28,16–20 von einem „Kopfbahnhof, in den am Schluss alle Linien der Erzählung zusammenlaufen."

337 Vgl. Bornkamm, Der Auferstandene, 291.

jedoch ein „wesentlicher, unverzichtbarer Bestandteil“[338] der Perikope, weshalb davon auszugehen ist, dass Matthäus als ein Meister der Komposition die zunächst scheinbar störende Notiz vom Zweifel der Jünger direkt vor den Worten des Auferstandenen (Mt 28,17b) bewusst festgehalten hat. Ob und in welchem Umfang der Evangelist tradierte Überlieferungen in diesem Abschnitt aufgenommen hat, ist umstritten.[339] Bislang hat sich in der Forschung auch noch kein Konsens darüber herausbilden können, inwiefern Mt 28,16–20 formgeschichtlich einzuordnen ist.[340] Von der Frage nach einer eventuell im Frühchristentum mündlich tradierten Überlieferung und dem Problem der Gattungszugehörigkeit ist jedoch abhängig, inwieweit das Zweifels-Motiv auf den Evangelisten zurückzuführen ist. Denn ließe sich der Zweifel als ein Gattungselement oder aber als ein Traditionsstoff bestimmen, läge auf der Zweifelsaussage ein anderes Gewicht als im Falle einer eigenständigen Formulierung des Verfassers. Neben Überlegungen zu diesem Fragenkomplex ist aber bereits das Verständnis von Mt 28,17 Gegenstand kontroverser Deutungen, denn von dessen Übersetzung hängt ab, ob hier tatsächlich vom Zweifel der Jünger die Rede sein kann, von welchen Figuren Matthäus diese Verhaltensweise überhaupt aussagen wollte, und worauf sich διστάζω eigentlich bezieht. Diese Problemanzeigen sind im Folgenden zu erörtern. Es soll zudem u. a. berücksichtigt werden, ob Aussagen zu Anlass und Bezugsobjekt des Jüngerzweifels getroffen werden können, inwiefern sich von einem Zusammenhang zwischen διστάζω in Mt 28,17 und dem matthäischen Kleinglaubenskonzept sprechen lässt, und ob die inneren Dissonanzen mit den abschließenden Zeilen des Matthäusevangeliums letztlich als bewältigt gelten dürfen.

8.1. Die Darstellung der Begegnungsszenen mit dem Auferstandenen in Mt 28

Die Erzählung setzt damit ein, dass als erste Zeugen des Auferstehungsgeschehens zwei Frauen genannt werden, nämlich Maria von Magdala und „die andere Maria“ (vgl. Mt 28,1), d. h. die Mutter der Brüder Jakobus und Josef.[341] Als die beiden Frauen nach dem Grab Jesu sehen wollen, begegnet ihnen

338 So Oberlinner, Anmerkung, 376.

339 Die Frage, ob dieser Abschnitt im Ganzen eine matthäische Komposition darstellt oder ob Matthäus auf ihm vorliegende Traditionen zurückgegriffen hat, wird unterschiedlich beantwortet, vgl. dazu Lange, Erscheinen, 488–506; J. P. Meier, Two Disputed Questions in Matt 28:16–20, JBL 96/3 (1977), 407–424; Luz, Matthäus I/4, 430–432.

340 Einen Überblick über formkritische Kategorien, die zur Diskussion stehen, liefern z. B. Meier, Disputed Questions, 416–424; Luz, Matthäus I/4, 432f.

341 Vgl. Luz, Matthäus I/4, 382.400.

ein Engel im weißen Gewand.[342] Der Gattung einer Epiphanie entsprechend ereignet sich beim Auftreten dieses göttlichen Botens ein begleitendes Naturschauspiel, hier in Form eines großen Erdbebens (σεισμὸς μέγας, Mt 28,2). Mit der gleichen Wendung hatte Matthäus in Mt 8,24 das bebende Meer beschrieben, das Furcht und Kleinglaube bei den Jüngern hervorgerufen hatte. Die Aktualisierung des Lexems σεισμός stellt also einen Zusammenhang zur Sturmstillungserzählung her. Mittels des Hinweises auf das Erdbeben wird der Offenbarungscharakter der geschehenen und kommenden Ereignisse in der Erzählung untermauert. Der Skopus der Engelsbotschaft zielt indes auf die Bekanntmachung der Auferstehung Jesu sowie auf die positive Verheißung, auch die männliche Gefolgschaft werde den Auferstandenen mit eigenen Augen zu Gesicht bekommen (vgl. Mt 28,5ff). Dass die Heilsgeschichte nun eine neue Wendung nimmt, die keinesfalls Anlass zur Furcht geben soll, macht die Aufforderung des Engels explizit: Als Ermutigungsformel, die eine positive Gesprächsabsicht signalisiert, ist der Appell „fürchte dich nicht!" ein typisches Gattungselement von Angelo- bzw. Theophanien,[343] der auch hier in der Form des Imperativ Pl. (vgl. μὴ φοβεῖσθε ὑμεῖς, Mt 28,5) die Grundlage dafür schafft, dass der freudigen Verkündigung Gehör geschenkt und deren Inhalt angenommen wird.[344] Der Erzähler berichtet davon, wie die Frauen eilends Richtung Jünger laufen, um die neu gewonnenen Informationen weiterzuverbreiten. Anhand der ausdrücklichen Nennung der dem Auftrag des Engels entsprechenden Absicht sowie anhand des Adverbs ταχύ zur Bezeichnung ihrer schnellen Reaktion (vgl. Mt 28,8) wird dem Leserkreis vermittelt, dass sich die Frauen tatsächlich auf die Botschaft des göttlichen Boten einlassen und deren Aussage Vertrauen schenken. Dennoch sind sie zunächst noch mit gemischten Gefühlen unterwegs (vgl. Mt 28,8), und werden bei der folgenden Begegnung mit dem auferstandenen Jesus trotz ihrer Proskynese erneut dazu aufgefordert, keine Furcht zu empfinden (vgl. Mt 28,9f). Eventuell lassen sich die eiligen Handlungskonsequenzen aufgrund der visuellen Wahrnehmung des Auferstandenen (die Frauen laufen auf Jesus zu, umfassen seine Füße und werfen sich vor ihm nieder) als Ausdrucksvarianten der Freude werten, die sogar den Furchtaffekt überlagern. Denn bei Furcht wäre eher eine Fluchtreaktion zu erwarten. Dementsprechende Verhaltensweisen werden allerdings nicht mitgeteilt. Auffallenderweise erfährt der aufmerksame Leser jedoch auch

---

342 Da zur Zeit Jesu die Vorstellung kursierte, Gräber würden von Dämonen behaust, signalisiert die Bekleidung hier, dass es sich um eine göttliche, nicht um eine dämonische Macht handelt. Vgl. Betz, Auferstehung, 248ff.

343 Vgl. Gen 15,1; 21,17; 26,24; 46,3; Dan 10,12; Ri 6,23; Lk 1,30, Apg 18,9, 27,24; Mt 1,20 u.ö.

344 Zur Funktion dieser Redeeinleitungsformel im Lukasevangelium siehe Inselmann, Freude, 183f; 187.

im Folgenden nicht davon, ob die ersten Auferstehungszeuginnen letztlich ihre Furcht zu überwinden vermögen.

Nachdem die Jünger auf den nicht präzisierten Berg in Galiläa gestiegen sind, wie ihnen von Jesus befohlen worden war,[345] erscheint ihnen Jesus.[346] Zwar berichtet der Evangelist nicht explizit, wie die Jünger von dieser Anweisung Jesu erfahren haben. Aber es ist davon auszugehen, dass die Frauen ihrem wiederholten Auftrag nachgekommen sind, und die Jünger nach Galiläa schicken – selbst wenn von einem Berg vorher nicht die Rede war (vgl. Mt 28,7.10). Da der Berg schon in der matthäischen Bergpredigt einen Ort der göttlichen Verkündigung darstellt, und Jesus auch sonst im Matthäusevangelium Anhöhen zum Rückzug und Gebet nutzt,[347] erfüllt diese Ortsangabe eine narrative Funktion. Die Jünger auf der Ebene der Narration und die impliziten Leser auf der Ebene der Rezeption erhalten damit ein Signal vorbereitender Gewissheit, dass es sich bei dem nun Auftretenden um die Person Jesu handelt.

Genauer beschrieben wird dieses Auftreten nicht – wir erfahren weder, in welcher Gestalt Jesus den Jüngern erscheint, noch irgendwelche anderen Details.[348] Lediglich durch das Partizip ἰδόντες wird auf die Erscheinung Jesu knapp hingewiesen. Entscheidend ist nun jedoch, wie die Jünger darauf reagieren. Sie „huldigen" ihm (προσκυνέω), fallen ihm also vor die Füße. Diese Proskynese erinnert an jene in der Seewandelperikope: Hier (Mt 14,33) hatten die Jünger diese Geste gezeigt, nachdem der aufgrund seines Zweifelns (διστάζω) zu versinken drohende Petrus von Jesus gerettet worden war. Wie dort zeigen auch hier die Jünger Jesus gegenüber ihre anbetende Haltung. Es liegt nicht nur deshalb nahe, dass für Matthäus ein Zusammenhang zwischen der Seewandelerzählung und Mt 28,16f beabsichtigt ist, der vom impliziten Leser erkannt werden soll. Neben der Proskynese verweisen auch der Gebrauch des Lexems διστάζω (das in Mt 14,31 zum Kleinglauben synonym erscheint) sowie das in Bezug auf die Jünger gebrauchte Partizip ἰδόντες auf eine bewusste Beziehungssetzung zwischen beiden Passagen hin. Beide sind zudem aus nachösterlicher Perspektive beschrieben und thematisieren das Erscheinen Jesu vor den Jüngern. Aus diesen Beobachtungen lässt sich bereits folgern, dass Mt 28,17 für das matthäische Verständnis des Kleinglaubens relevant ist.

Im Gegensatz zum Verhalten des Jüngerkreises auf Jesu Rettertat in der Seewandelerzählung ist die Reaktion der Jesusnachfolger auf die Erscheinung

345 Mt 28,16, vgl. auch Mt 28,10.

346 In der frühchristlichen Literatur ist der Berg als Ort einer Erscheinung des Auferstandenen mehrfach belegt, vgl. z. B. Act 1,12; ActJoh 97 = Schneemelcher II 169; SJC= NHC III,4: 90,16f; u.m.

347 Vgl. Mt 4,8; 5,1; 8,1; 14,23; 15,29; 17,1.9.

348 Darin besteht ein Unterschied zu nicht-jüdischen und nicht-christlichen hellenistischen Epiphanieberichten, die sich durch Ausschmückung und Detailreichtum ausweisen, vgl. Nilsson, Geschichte II, 225–228.

in Mt 28,17 jedoch inhomogen. Bereits in Mt 28,8 war von ambivalenten Gefühlen der Frauen als Reaktion auf die Erscheinung des Auferstandenen berichtet worden: μετὰ φόβου καὶ χαρᾶς μεγάλης. Während das Verhalten der Frauen also ‚mit Furcht und großer Freude' beschrieben wird, geht die Anbetung in Mt 28,17a mit einer inwendigen Dissonanz einher: οἱ δὲ ἐδίστασαν (vgl. Mt 28,17b). Mit dem die Anbetung zur Sprache bringenden Ausdruck προσκυνέω ist zwar nicht explizit gesagt, was im Inneren der Subjekte des Satzes vorgeht, aber diese Handlung ist doch als eindeutiger Ausdruck für die glaubende Verehrung Jesu zu werten. Das mit διστάζω Gemeinte ist hingegen ein intrapersonaler Vorgang, der von außen nicht einsichtig ist, über den uns jedoch der auktoriale Erzähler informiert. Es fällt auf, dass der allwissende Erzähler den von außen nicht einsichtigen Innenzustand der Jesusnachfolger in Folge ihrer visuellen Perzeption lediglich mit der Aoristform ἐδίστασαν markiert.[349] Weder wird dieses Erleben explizit ausformuliert, noch deskriptiv oder paraphrasierend illustriert. Nicht erwähnt wird, ob sich dieser innere Zustand in einem von außen beobachtbaren Verhalten manifestiert. Auch von einer Begründung für die damit zum Ausdruck gebrachte innere Dissonanz lesen wir nichts – selbst wenn diese Reaktion aus heutiger, und womöglich schon damaliger Perspektive durchaus nachvollziehbar erscheinen kann. Ebenfalls schweigt der Text über mögliche Handlungskonsequenzen, die sich aus diesem inneren Zwiespalt ergeben könnten. Die Ambivalenz in Mt 28,17 ist insofern anders gelagert als die Ambivalenz der Frauen in Mt 28,8: Während das Verhalten der Frauen durch zwei konträre Affekte präzisiert ist, wird die Ambivalenz in Mt 28,17 durch ein von Außenstehenden beobachtbares Verhalten auf der einen Seite und ein Phänomen im Inneren auf der anderen Seite zum Ausdruck gebracht.

Vergleicht man die Szenen der Begegnung zwischen den Frauen und dem Engel bzw. Auferstandenen mit dem Bericht der Erscheinung Jesu vor den männlichen elf Jüngern, fällt auf, dass beide Personengruppen mit unmittelbarem Niederfallen vor Jesus reagieren. Ähnlich ist in Hinblick auf die Charakterisierung der beiden Geschlechtergruppen zudem, dass ihnen jeweils innere Negativerfahrungen zugeschrieben werden, und zwar den Frauen der Furchtaffekt, den Subjekten von Mt 28,17b hingegen eine innere Disharmonie. Beide matthäischen Darstellungen haben des Weiteren gemeinsam, dass die jeweils negative innere Erfahrung nicht ausdrücklich als überwunden expliziert wird. Weder erfahren wir davon, ob der Furchtaffekt der beiden weiblichen Figuren letztendlich verschwindet, noch, ob die betroffenen Jünger über ihre innere Dissonanz hinwegkommen. In Bezug auf die Frauenszene ist dieser Sachverhalt möglicherweise der Markusvorlage geschuldet, in der

349 Ob in Mt 28,17 alle elf Jünger als Subjekte des Zweifelns gemeint sind, oder nur ein Teil von ihnen, ist vom zu rekonstruierenden griechischen Urtext her unklar. Siehe dazu S. 537–539 in diesem Kapitel.

die mittels drei einander verstärkenden Ausdrücke τρόμος (‚Zittern'), ἔκστασις (‚Entsetzen', ‚Verwirrung') und φοβέω (‚sich fürchten') zur Sprache gebrachten Angstzustände der Frauen das Evangelium abschließen.[350] In Bezug auf die das Matthäusevangelium abschließende Erscheinungserzählung könnte man fragen, ob die Nicht-Nennung einer Innendissonanzbewältigung analog zu der entsprechenden Leerstelle in Bezug auf die Marienfiguren konzipiert wurde. Darauf wird noch zurückzukommen sein. Zunächst aber zu den Interpretationsschwierigkeiten von Mt 28,17.

8.2. Zur Übersetzung von Mt 28,17

Der Zweifel am Ende des Matthäusevangeliums ist eine mehrdimensionale Crux interpretum. Vor allem wird kontrovers diskutiert, wer präzise als Subjekt des Verbs διστάζω in Mt 28,17 zu gelten habe und ob tatsächlich der ‚Zweifel' zum Ausdruck komme. Neben dem zeitlichen Bezug zwischen Proskynese und Zweifel sind zudem Anlass und Bezugsobjekt des Zweifels Gegenstand der Fachdebatte. Bei allen diesen im Folgenden zu erörternden Aspekten zeigt sich, dass Auslegungen, und zwar schon in altkirchlicher Zeit, von subjektiven Wertungen beeinflusst und von tendenziösen Interessen geleitet waren, die zweifelnden Jünger zu rehabilitieren.[351]

In Mt 28,17 heißt es: ΚΑΙ ΙΔΟΝΤΕΣ ΑΥΤΟΝ ΠΡΟΣΕΚΥΝΗΣΑΝ ΟΙ ΔΕ ΕΔΙΣΤΑΣΑΝ. Mögliche Satzzeichen habe ich bewusst weggelassen, denn die ältesten neutestamentlichen Handschriften, mittels derer der Urtext rekonstruiert werden muss, weisen nur griechische Majuskeln auf, nicht aber Wortabstände, Akzente oder Satzzeichen. Es ergeben sich zwei Möglichkeiten für die ursprüngliche Syntax dieses Verses:

(1) καὶ ἰδόντες αὐτὸν προσεκύνησαν, οἱ δὲ ἐδίστασαν.
(2) καὶ ἰδόντες αὐτὸν προσεκύνησαν. Οἱ δὲ ἐδίστασαν.

Der aus diesen Möglichkeiten hervorgehende Unterschied darf bei einer Untersuchung des Schlussabschnitts des Matthäusevangeliums nicht vernachlässigt werden, denn je nach Zeichensetzung ergibt sich ein anderes Verständnis

---

350 Vgl. Mk 16,8. Dass der Verfasser des Markusevangeliums seinen Bericht über Leben und Passion Jesu ursprünglich mit diesem Vers schloss, legen gewichtige Textzeugen nahe. Die numinose Furcht der Frauen erweist die Engelserscheinung formgemäß als Theophanie. Deren Flucht und Nicht-Erfüllung des Auftrags lässt sich mittels der Bedeutung des Jüngerunverständnisses und Messiasgeheimnisses (Schweigegebote!) für die Konzeption des Markusevangeliums erklären, vgl. z. B. Ennulat, Minor Agreements, 413.

351 Seidensticker, Auferstehung, 91 f, formuliert beispielsweise, die Notiz vom Zweifel lasse aufmerken, weil sie „die ganze Atmosphäre des machtvollen Kommens des österlichen Herrn zerstört", und weiter: „Die Mt 28,17 vom Endredaktor zugegebene Möglichkeit des Zweifels (…) entwertet die Bedeutung der Erscheinung Jesu für den Osterglauben."

für die intendierte Aussage von Mt 28,17 und damit auch für das matthäische Zweifels- bzw. Kleinglaubenskonzept und Jüngerbild.

Geht man von Möglichkeit (1) aus, also von einem einzigen, aber zweiteiligen Satz, dann ist die Formulierung οἱ δέ in Vers 17 grammatikalisch ambivalent. Denn dann gibt es mehrere mögliche Deutungen des Subjekts der Zweifelstätigkeit:[352] Zweifeln a) alle Jünger oder b) nur einige von ihnen?[353] Vom Text her zulässig ist es, οἱ δέ auf das vorausgegangene Subjekt zu beziehen, so dass *alle* Jünger als Subjekte des Zweifelns einerseits und der Huldigung als Ausdruck des Glaubens andererseits gemeint sind.[354] Mt 28,17 wäre dann zu übersetzen mit. „Als sie ihn sahen, fielen sie vor ihm nieder, zweifelten aber." Die Reaktion der Frauen auf die Erscheinung des Engels zeigt zumindest, dass Matthäus eine solche Ambivalenz kennt, wenngleich das Gegensatzpaar Proskynese-Zweifel noch weniger miteinander vereinbar scheint als ein (in der griechischen Dichtung durchaus geläufiger) Ausdruck von einem Zwiespalt der Gefühle,[355] einer Gleichzeitigkeit einander widerstreitender Affekte, wie (numinose) Furcht und Freude in Mt 28,8. Aufgrund der im Griechischen gebräuchlicheren Verwendung[356] ist die folgende Interpretationsmöglichkeit m. E. jedoch am wahrscheinlichsten: Das οἱ δέ ist partiell gebraucht, schränkt also das vorher genannte Subjekt ein, d. h. das Niederfallen hat die Gesamtheit der in Mt 28,16 genannten „elf Schüler" zum Subjekt, das Zweifeln wird durch

352 Zur Verwendung von οἱ δέ im Griechischen vgl. Kühner/Blass/Gerth, Ausführliche Grammatik II/1 584f.657; BDR §251; vgl. in Bezug auf das MtEv auch K. Grayston, The Translation of Matthew 28.17, JSNT 21 (1984), 105–109; K.L. McKay, The Use of hoi de in Matthew 28, 17, JSNT 24 (1985), 71–72; van der Horst, P.W., Once More: The Translation of οἱ δέ in Matthew 28.17, JSNT 27 (1986), 27–30.

353 Mitunter vertreten wird heute zudem c) die Auslegungsmöglichkeit, von den elf Jüngern hätten die einen die Geste der Anbetung gezeigt, die anderen aber gezweifelt/gezögert (so z. B. Schniewind, Matthäus, 279; Gnilka, Matthäusevangelium II, 506; Wilkins, Concept, 144f; Morris, Matthew, 745 [„It can scarcely mean that the hesitators were included among the worshippers"]). Für diese Interpretation wäre es jedoch grammatikalisch nötig, dass ein οἱ μέν vor οἱ δέ eingeschoben worden wäre, was von keiner Handschrift bezeugt ist.

354 Davon gehen z. B. aus Denaux, Matthew's Story, 141; Fiedler, Matthäusevangelium, 429.

355 Den Zwiespalt von Gefühlen haben die Griechen von Homer an in ihre poetischen Kompositionen gerne aufgenommen, vgl. dazu R. Johne, Zur Figurencharakteristik im antiken Roman, in: H. Kuch (Hg.), Der antike Roman. Untersuchungen zur literarischen Kommunikation und Gattungsgeschichte, Berlin 1989, 150–177, bes. 165.169; B. Kytzler, Der Regenbogen der Gefühle: Zum Kontrast der Empfindungen im Antiken Roman, Scholia 11 (2002), 69–81; C. Clivaz, ‚Incroyants de joie' (Lc 24,41). Point de vue, histoire et poétique, in: Regards croisés sur la Bible, Paris 2007, 184–195. Auch bei Lk 24,41 begegnet eine solche Ambivalenz, wie bei Mt in Bezug auf die Begegnung der Jünger mit dem Auferstandenen: Sie „konnten vor Freude nicht glauben" (ἀπιστούντων αὐτῶν ἀπὸ τῆς χαρᾶς).

356 Die Aufnahme desselben Subjektes durch οἱ δέ ist griech. ein relativ seltener, auf die frühe epische Sprache (Homer) und Herodot beschränkter Gebrauch, vgl. Kühner/Blass/Gerth, Ausführliche Grammatik II/1, 584.

οἱ δέ nachträglich auf eine Untergruppe beschränkt.[357] Alle Jünger zeigten also Jesus gegenüber ihre Ehrerbietung, „*einige* aber zweifelten".[358]

Da die ältesten Majuskelzeugen urchristlicher Texte wie schon erwähnt keine Satzzeichen enthielten, könnte die Syntax von Mt 28,17 ursprünglich auch in zwei separaten Sätzen bestanden haben (2): Nur mit wenigen Ausnahmen wird diese Möglichkeit in der Forschung in Erwägung gezogen.[359] Eine Wiedergabe im Deutschen könnte dann lauten: „Als sie ihn sahen, fielen sie vor ihm wieder. Aber sie zweifelten." Als Subjekt beider Aktivitäten sind in diesem Fall *alle* Jünger gemeint. Die Formulierung im Griechischen suggeriert, dass die elf Jünger zwar dem Erschienenen zu Füßen fallen, wobei sie aber gewisse zweifelnde Kognitionen hegen. Auch für diese syntaktische Möglichkeit gilt jedoch, dass die Wiederaufnahme desselben Subjekts durch ὁ δέ/οἱ δέ in der Koine ungebräuchlich war und dass Matthäus i. d. R. οἱ δέ verwendet, wenn im Satz zuvor von einem anderen Subjekt die Rede war.[360]

Resümierend lässt sich festhalten, dass nicht mehr mit letzter Sicherheit rekonstruiert werden kann, ob der Verfasser des Matthäusevangeliums als Subjekte des Zweifels in Mt 28,17 den gesamten Jüngerkreis oder nur einige Jünger im Sinn hatte. Allein aufgrund des matthäischen Sprachgebrauchs und zeitgenössischer Sprachkonventionen erscheint eine Einschränkung des wiederaufgenommenen Subjektes m. E. plausibler, so dass Mt 28,17 lautet: „Als sie ihn sahen, fielen sie vor ihm nieder; einige aber zweifelten."

Dass der Zweifel am Ende des Matthäusevangeliums in der Forschungsgeschichte als anstößig empfunden wurde, zeigt eine Auslegungsrichtung in der Alten Kirche: So versuchte man die Jünger gewissermaßen zu entlasten, und konstatierte, es habe neben den Elfen noch weitere Anwesende gegeben.[361] Aber auch Anfang des 20. Jh. scheint die Annahme, die Zweifelnden außerhalb der Jüngergruppe zu sehen, besonders im englischsprachigen Raum populär gewesen zu sein.[362] In jüngster Zeit wird dies allerdings kaum noch vertreten.[363] Allein sachlich ist diese Deutung schon nicht möglich, denn der Text nennt schlicht keine weitere Gruppe von Leuten, auf die sich οἱ δέ beziehen könnte. Ein weiterer altkirchlicher Ansatz war es, ἐδίστασαν plusquamperfektisch zu deuten, und den Zweifel der Jünger als Zweifel in deren Vergangenheit

357 Beispiele für diesen Gebrauch finden sich z. B. bei Kühner/Blass/Gerth, Ausführliche Grammatik II/2, 265f; Denniston, Greek Particles, 166; Liddell/Scott, Lexicon, s.v. δέ; BDR §251.

358 So auch z. B. Gärtner, B., Art. Zweifel, TBLNT II/2 (1971), 1511; Reinmuth, Ostern, 34f. Auch viele englische Bibelversionen (z. B. RSV; AV; RV; ASV; NIV; GNB) übersetzen Mt 28,17 in diesem Sinne.

359 Siehe z. B. Giblin, Note, 70f.

360 Vgl. dazu z. B. Grayston, Translation, 105f.

361 Vgl. z. B. Theophylakt, Ennaratio, 484, und Maldonat, Commentarii, 672.

362 Vgl. Allen, Matthew, 305; Plummer, Matthew, 427; M'Neile, Matthew, 434.

363 Diese Möglichkeit wird allerdings von McKay, hoi de, 71, in Erwägung gezogen.

zu platzieren.[364] Auch dies lässt der Text nicht zu, denn προσεκύνησαν und ἐδίστασαν stellen beide Aoristformen dar.

In der heutigen exegetischen Literatur begegnen Ansätze, die darauf abzielen, aufgrund der Wortbedeutung von διστάζω der Reaktion der Jünger die vermeintliche Härte zu nehmen. Da ‚zweifeln' die Jünger in die Nähe des Unglaubens bringe[365] und da das Verb neben ‚zweifeln' auch ‚zögern' heißen kann,[366] wollen verschiedene Ausleger[367] die Textstelle so übersetzen, dass die Jünger lediglich in ihrer Reaktion auf die Erscheinung des Auferstandenen *gezögert* hätten. M.E. stellt die Annahme, ein Zögern der Jünger sei qualitativ höher zu bewerten als ein Zweifeln, eine moderne, subjektive Eintragung einer Wertung dar, die sich aus der Semantik des griechischen Lexems διστάζω nicht ableiten lässt. Der Unterschied zwischen dem Zögern und dem Zweifeln im Deutschen (und Englischen) ist vorrangig darin zu sehen, dass für Denkvorgänge, denen keine Handlung oder Entscheidung folgen muss (unabhängig davon, ob diese Handlungskonsequenz impliziert ist oder expliziert wird), nur der Zweifel, nicht aber das Zögern gebraucht wird. Beiden kognitiven Aktivitäten ist jedoch gemeinsam, dass sie eine innere Dissonanz zum Ausdruck bringen. Gegen eine Übersetzung mit ‚zögern' ließe sich auch einwenden, dass eine nachträgliche Notiz des Zögerns in Anschluss an das Niederfallen eher sperrig scheint, denn im Deutschen wie im Griechischen wäre zu erwarten, dass dem Zögern ein Infinitivanschluss folgt, um anzuzeigen, auf welche Handlung sich das Zögern bezieht.[368] Vom Text her ist eine Übersetzung mit „Als sie ihn sahen, zögerten sie aber, vor ihm niederzufallen" nicht zulässig. Auch aus diesem Grund ist es m. E. am schlüssigsten, Mt 28,17 mit „Als sie ihn sahen, fielen sie vor ihm nieder, aber einige zweifelten" wiederzugeben. Damit bleibt jedoch offen, auf was der thematisierte Zweifel Bezug nimmt und wodurch er ausgelöst wird. Auch diese Aspekte von Mt 28,17 werden äußerst kontrovers diskutiert.

Abhängig von der Zeichensetzung ist auch die Interpretation des Zusammenhangs zwischen Zweifel und Proskynese. Geht man wie C. Giblin davon aus, dass Mt 28,17 aus zwei Sätzen besteht, dann lässt sich die Problematik

---

364 So z. B. Origines fr 570; Vertreter dieser Auslegungsmöglichkeit im 20. Jh. sind z. B. LAGRANGE, Matthieu, 543 und LEON-DUFOUR, Présence, 197.

365 Vgl. z. B. die Einschätzung CARSONS, Matthew, 593: „doubt about who Jesus is or about the reality of the resurrection doesn't seem appropriate for true worship."

366 LIDDELL/SCOTT, s.v. διστάζω; BAUER/ALAND, Wörterbuch, 370.

367 Vgl. z. B. LEON-DUFOUR, Présence, 197–199; ELLIS, Matthew, 576f; OSBORNE, Resurrection Narratives, 240–246, bes. 242; SCHRENK, Sprache, 410 („die Bedeutung *zweifeln* ist auszuschließen, denn V.11ff betonte ja unmittelbar voranstehend, daß selbst die Gegner das Faktum der Auferweckung nicht leugnen können"); MORRIS, Matthew, 745; HECKEL, Evangelium, 75.

368 Wenn im Frühchristentum zum Ausdruck kommen soll, dass eine Handlung ohne Verzug, ohne ‚Zögern' auszuführen ist, zieht das Verb διστάζω i. d. R. einen abhängigen Infinitiv nach sich, z. B. Did 4,7; Barn 19,11; Herm sim V,4,3.

leichter umgehen, das Zweifeln mit der Proskynese in Beziehung setzen zu müssen.[369] Setzt man hingegen ein Komma zwischen die Reaktion des Niederfallens einerseits und des Zweifelns andererseits, dann liegt es näher, die Frage nach der zeitlichen Abfolge beider Aktivitäten der Jesusnachfolger zu stellen. So nimmt beispielsweise I. Ellis an, dass der Zweifel zeitlich auf die Proskynese folgt. Er leitet dies allein aus der Wortstellung ab.[370] K. Grayston geht anfangs von der Möglichkeit aus, die elf Jesusschüler könnten die Realität ihrer visuellen Wahrnehmung in Frage gestellt haben,[371] kommt im Laufe seiner Argumentation dann jedoch zu dem abweichenden Ergebnis, die Zweifel bezögen sich auf den Effekt der Proskynese: Nachdem die Jünger Jesus vor der Kreuzigung im Stich gelassen hatten (Mt 26,56), hätten sie bei der erneuten Begegnung mit ihrem Meister ihre eigene Verwerfung befürchten müssen und seien daher über die Wirkung ihrer Huldigungsgeste unsicher gewesen, von der sie Rettung erhofften. Das jesuanische Vollmachtswort (Mt 28,18) hätte ihre Besorgnis zunächst noch intensiviert. Erst durch den Sendungsauftrag und den Zuspruch ewiger Präsenz wäre deren Furcht zerstreut worden.[372] Auszuschließen ist ein solcher vom Verfasser intendierter Kausalzusammenhang zwischen dem Jüngerverhalten vor Jesu Tod, der Proskynese angesichts der Ostererscheinung und dem genannten Zweifel zwar nicht. Aber aufgrund der knappen Darstellung der Offenbarungsereignisse in Mt 28,16f birgt diese Deutung doch die Gefahr der Überinterpretation der Textvorlage. Auch K. Berger sieht in der von Matthäus präsentierten Reihenfolge der mit den Verben bezeichneten Handlungen in Mt 28,17 eine zeitliche Abfolge gegeben, d. h. er nimmt an, dass der Zweifel auf den Fußfall folgt. Anlass für den Zweifel sei die Nichtverweigerung der Proskynese seitens des Auferstandenen, denn nach einer festen biblischen Tradtition müsse ein Bote Gottes diese Form der Anbetung zurückweisen, sofern der Gesandte nicht mit ‚Herr' angesprochen würde.[373] Mit Verweis auf Mt 4,9 formuliert Berger, nur der Satan erstrebe die Proskynese, wenngleich sie ihm nicht zustehe. Zu diesen beiden Aspekten ist einzuwenden: Es ist erstens fraglich, ob aus der präsentierten Reihenfolge tatsächlich eine zeitliche Hierarchie abgelesen werden kann. Denn beide Verbformen stehen im Aorist und bezeichnen somit punktuelle Ereignisse in der Vergangenheit. Wenn es dem Verfasser ein Anliegen gewesen wäre, deutlich zu markieren, dass der Zweifel einiger Jünger erst einsetzt, nachdem der Auferstandene das Niederfallen aller seiner Schüler nicht abgewehrt hatte, dann hätten Matthäus grammatikalische Mittel zur Verfügung gestanden, um diese

369 Vgl. Giblin, Note, 71f. Positiv wird diese Möglichkeit von Oberlinner, Anmerkung, 380, gewürdigt.

370 Vgl. Ellis, But Some Doubted, 579.

371 Vgl. Grayston, Translation, 106.

372 Vgl. Grayston, Translation, 106.

373 Vgl. Berger, Auferstehung, 163.

zeitliche Abfolge auszudrücken. Zweitens ist zu Bergers Deutungsvorschlag anzumerken, dass der matthäische Jesus an keiner einzigen vorhergehenden Stelle, an denen eine Person oder Personengruppe sich vor ihn wirft, diese Geste ablehnt, auch nicht wenn Jesus mit ‚Herr' angeredet wird.[374] Und dass die Jünger ihren Lehrer als Kyrios verstehen, macht Matthäus an vielen Stellen seines Evangeliums deutlich.[375] Nur weil in Mt 28,17 keine verbale Anrede des Erschienenen seitens der Jünger notiert ist, kann dies m. E. nicht als Beleg dafür gewertet werden, dass Jesus als Auferstandener die Proskynese der Jüngerschaft nicht akzeptiert. Im Erzählverlauf des Evangeliums lehnt der matthäische Jesus das Niederfallen vor ihm nie ab. Weshalb sollte dies gerade am Ende des Buches dargestellt werden?

Anlass und Bezugsobjekt des Jüngerzweifels sind ebenfalls umstritten: B. Gärtner konstatiert ohne dies zu begründen, der Zweifel beziehe sich auf die Verheißung des Engels in Mt 28,5–7.[376] Ähnlich geht auch X. Léon-Dufour davon aus, dass die „hésitation" der Jünger in der Situation des Engelsauftrags an die Jünger, der ihnen durch die Frauen zu vermitteln ist, begründet sei. Léon-Dufour notiert zwar, dass dies auf der Textebene nicht expliziert werde, die matthäische Auferstehungskonzeption jedoch dazu einlade, den Anlass des ‚Zögerns' zeitlich vor die Erscheinung Jesu auf dem Berg zu situieren.[377] Will man den Text des Matthäusevangeliums in seiner Struktur ernst nehmen, ist m. E. davon abzusehen, die Zweifelsursache mit einer Situation vor der Erscheinung des Auferstandenen zu erklären. Wesentlich schlüssiger erscheint es, den unmittelbaren Kontext des Zweifels in Mt 28,17 zu würdigen.

Die meisten Exegeten sehen dementsprechend einen Zusammenhang zwischen dem Jüngerzweifel und der wahrgenommenen Erscheinung. Auch wenn dieser Zusammenhang auf der Textebene nicht explizit gemacht wird, z. B. durch Konjunktionen, Paraphrasen, oder Nebensätze, so legt die Reihenfolge der Ereignisse (Sehen → Niederfallen + Zweifeln) doch nahe, dass der Zweifel mit der visuellen Wahrnehmung des Auferstandenen zu tun hat.[378] Für diese Annahme spricht m. E. auch, dass in der Seewandelerzählung, die auffallende sprachliche Ähnlichkeiten zu Mt 28,17 aufweist, Petri Zweifel ebenfalls mit der visuellen Wahrnehmung in Verbindung gebracht wird. In Hinblick auf die Frage nach dem Inhalt des Jüngerzweifels ließe sich daher ebenfalls an den Petruszweifel denken. So könnte mit der durch διστάζω bezeichneten

---

374 Vgl. Mt 8,2; 15,25.

375 Vgl. z. B. Mt 8,25; 14,30; 16,22; 26,22.

376 Gärtner, Art. Zweifel, in: TBLNT II/2 (1971), 1511. In der neubearbeiteten Auflage des TBLNT ist diese Aussage allerdings nicht wieder aufgenommen, vgl. Gärtner/Bayer, Art. Unterscheidung/Zweifel, TBLNT 2 (2000), 1719–1720.

377 Vgl. Leon-Dufour, Présence, 197–199.

378 Ähnlich geht Vögtle, Evangelium, 262, davon aus, dass die Elf „angesichts des Sichtbarwerdenden" zweifelten.

Unsicherheit z. B. die Identität des Erschienenen angesprochen sein. K. Berger vertritt beispielsweise, dass der Inhalt des Zweifels wie schon in Mt 14,31 die Alternative „‚göttlicher Bote'/‚böser Geist'" sei.[379] Geht man von dem Bezugsobjekt des Zweifels als der Identität des Erschienenen aus, könnte man indes zudem auf Mt 17,10–13 verweisen. Auch in der Perikope vom Kommen des Elia scheint deutlich eine nachösterliche Perspektive auf, die christologische Überlegungen reflektiert. Die Frage der Jünger beim Abstieg vom Berg der Verklärung, ob nicht zuerst Elia wiederkommen müsse,[380] könnte insofern mit dem Jüngerzweifel in Verbindung gebracht werden: Der Zwiespalt bezöge sich dann darauf, ob die wahrgenommene Gestalt nicht womöglich Elia sei. Allerdings liegt dies einerseits von der Logik des matthäischen Erzählduktus nicht nahe, denn Jesus weist seine Begleiter ausdrücklich darauf hin, dass die Weissagung des Maleachi (vgl. Mal 3,23 f) durch Johannes dem Täufer bereits erfüllt sei. Andererseits ist zu berücksichtigen, dass auf der Ebene der erzählten Welt dieser Hinweis nur dem Petrus, dem Jakobus und dem Johannes verkündet wird. Wenn Matthäus in Mt 28,17 tatsächlich zum Ausdruck bringen wollte, dass nur „einige" der Jünger auf die Erscheinung mit Zweifel reagieren, dann bestünde die Möglichkeit, dass genau diese drei Jünger die Identität des Erschienenen nicht bezweifeln, weil sie – anders als die übrigen acht – nicht in Erwägung ziehen, ihr Gegenüber könnte mit dem Elia zu identifizieren sein.

Während diese Deutung in der bisherigen Forschung scheinbar noch nicht vertreten wurde,[381] ist bislang hingegen vorgeschlagen worden, die Bedeutung der Auferstehung Jesu könnte für die zweifelnden Jünger zur Disposition stehen.[382] Daneben gibt es Ansätze, den Zweifel der Jünger als Infragestellung der Realität ihrer visuellen Wahrnehmung zu verstehen.[383] Dass sie zweifeln, könnte also auch daran liegen, dass Jesus noch nicht an sie herangetreten ist. Die Distanz zur Person Jesu könnte bewirkt haben, dass sie ihrer visuellen Wahrnehmung nicht trauen. Der Zweifel bezöge sich dann aber nicht darauf,

379 Berger, Auferstehung, 163. Nach Kreyenbühl, Auferstehungsbericht, 262–264, lag das schwerwiegendstes Hindernis dafür, der Auferstehung Jesu Vertrauen zu schenken, im volkstümlichen Geisterglauben.

380 Zu dieser jüdischen Tradition vgl. Mal 3,23f; Bill IV, 779–798.

381 In der Durchsicht einschlägiger Literatur ist mir jedenfalls keine derartige Interpretation begegnet. Allerdings hängt die hier erwogene Deutemöglichkeit von nicht wenigen Hypothesen ab.

382 Vgl. Freeman, Commissioning, 16.

383 Vgl. Grayston, Translation, 106. An diese Deutung schließen sich auch Überlegungen an, die – allerdings nicht textpsychologisch ausgerichtet – die ntl. Ostererscheinungen aus der Perspektive psychologischer Halluzinationstheorien betrachten, z. B. M. Reichardt, Psychologische Erklärung der Ostererscheinungen?, BiKi 52 (1997), 28–33. Zu Problemen und Chancen der psychologischen Auslegung von Ostererzählungen siehe M. Leiner, Auferstanden in die Herzen und Seelen der Gläubigen? Psychologische Auslegungen der neutestamentlichen Auferstehungserzählungen, EvTh 64 (2004), 212–227.

ob Jesus der Sohn Gottes sei, denn dies haben die Jüngerfiguren bereits erkannt (vgl. Mt 14,33; 16,16), und es wäre m. E. unwahrscheinlich, dass Matthäus zum Ausdruck bringen wollte, sie würden nun nicht mehr an die Gottessohnschaft Jesu glauben. In dem Zweifel der matthäischen Jünger könnten also vielmehr die Fragen zu vermuten sein: „Können wir unseren Augen trauen? Ist die Verheißung, dass der Menschensohn von den Toten auferstehen wird (vgl. Mt 17,9), tatsächlich erfüllt?" Vor dem Hintergrund dessen, dass der matthäische Jesus den Augen häufig keinen hohen Zuverlässigkeitsgrad für die Erkenntnis der Wahrheit attestiert,[384] ließe sich – einerseits – in der Deutung des Jüngerzweifels als Argwohn gegenüber der Realität der visuellen Wahrnehmung ein Anhalt finden. Andererseits wurden Augen und Ohren der Jünger vom matthäischen Jesus bereits selig gepriesen, weil sie die Geheimnisse des Himmelreiches erkennen können (Mt 13,16)![385] Zudem ist mit dem „Sehen" der Jünger (Mt 28,17) die den Frauen zugetragene Verheißung erfüllt, nach der auch die männlichen Nachfolger den Auferstandenen erblicken würden (Mt 28,7.10). Die Jüngerfiguren scheinen ja zu dem Berg (Mt 28,16) zu kommen, weil sie erwarten, dass sich diese Verheißung erfüllt. Welchen Grund gäbe es also für die Jünger auf der Ebene der erzählten Welt, ihrer visuellen Perzeptionsfähigkeit nun keinen Glauben zu schenken?

Man kann das Bezugsobjekt des Zweifels auch in den Aussagen des „Missionsbefehls" (Mt 28,18–20) vermuten, die Ursache der Unsicherheit also beispielsweise in der Forderung „alle Völker zu Jüngern zu machen" sehen,[386] auch wenn sich das von der Logik der dargestellten Ereignisse nicht anbietet.[387] Denn auf der Erzählebene sehen die Vertrauten Jesu den Erschienenen zuerst, huldigen ihm dann und zweifeln, und erst in Reaktion darauf weist Jesus auf seine eigene Funktion und die zukünftig geforderte Funktion seiner Nachfolgenden hin. Die Spannung, die sich aus einer Bezugsetzung des Zweifels mit dem Inhalt der sich erst anschließenden Imperative ergibt, mag sich aus der Intention des Verfassers erklären, sein Evangelium mit den Of-

---

384 Mt hebt mittels der Worte Jesu mitunter hervor, dass Augen nicht immer vertrauenswürdige Zeugen sind. Vgl. Mt 5,29 (das Auge kann zum Bösen verführen, daher ist manchmal ein Auge besser als zwei); Mt 6,1–8 (Gott sieht hinter die Heuchlerei ins Innerste des Menschen hinein); Mt 7,15 (Falsche Propheten sind Wölfe im Schafspelz); Mt 7,1–5 (Selbstkritik und – korrektur nötig, da ‚Balken' im Auge Einsicht verhindert).

385 Im Kontext von Mt 13,16 geht es allerdings um die Gleichnisrede Jesu.

386 So z. B. Oberlinner, Anmerkung, 399, vgl. auch ebd., 397: „Die Jünger erfaßt Zweifel angesichts dessen, was Jesus ihnen als ihren ‚Ort' in der Heilsgeschichte zuschreibt." Vgl. auch Stuhlmacher, Bedeutung, 119.

387 Dass der Perikopenaufbau gegen eine Interpretation des Jüngerzweifels als Ungewissheit an der Zukunft der Jesus Nachfolgenden spricht, betonen z. B. Leon-Dufour, Présence, und Smyth, Matthew 28, 269.

fenbarungsworten des Auferstandenen zu beschließen.[388] Auszuschließen ist diese Deutungsmöglichkeit nicht, v. a. dann nicht, wenn man formkritische Überlegungen berücksichtigt.[389]

Abschließend bliebe noch anzumerken, dass mehrere der dargestellten Interpretationen in Bezug auf Anlass und Inhalt des Zweifels gleichzeitig angesprochen sein könnten. Es ließe sich aber auch annehmen, dass Matthäus das Objekt, auf das sich der Zweifel bezieht, bewusst nicht genannt haben könnte, um dem impliziten Leser die Möglichkeit zu geben, diese Leerstelle selbst zu füllen.

8.3. Der Zweifel als redaktioneller oder vorgeprägter Topos

Die Frage danach, ob der Jüngerzweifel in Mt 28,17 eine redaktionelle Notiz des Matthäusevangelisten darstellt, oder ob der Verfasser hier einen vorgeprägten Topos aufgenommen hat,[390] ist in zweifacher Hinsicht von Belang: Erstens kann eine Antwort darauf ebenfalls für den Inhalt des Zweifels weiterführend sein. Und zweitens liefert sie womöglich Aufschluss darüber, welche Bedeutung Matthäus dieser Notiz beimessen wollte.

Zunächst können für die Verarbeitung von Tradition zwei Erwägungen ins Feld geführt werden: zum einen formkritische Überlegungen, zum anderen Auffälligkeiten in der synoptischen und johanneischen Evangelienüberlieferung.

8.3.1. Der Zweifel als Gattungselement?

Für den Zweifel in Mt 28,17 sind aus den Vorschlägen der Forschung in Bezug auf Form und Gattung von Mt 28,16–20[391] lediglich diejenigen relevant, die in

388 Ähnlich auch Oberlinner, Anmerkung, 400, als Entgegnung auf die von ihm problematisierte Reihenfolge der Handlungssequenzen.

389 Vgl. dazu das folgende Unterkapitel.

390 Finnern, Narratologie, 458–460, hat in Bezug auf die Frage nach Redaktion und Tradition von Mt 28,16–20 vier Tendenzen der Forschung bestimmen können: Mt 28,16–20 a) ist vollständig redaktionell, b) ist zeitlich vor Matthäus überliefert worden, c) geht in Grundzügen auf schon vormatthäische Tradition zurück, d) hat mündliche Tradition im Hintergrund.

391 Mt 28,16–20 kann z. B. als Gemeindeordnung (Holtzmann, Synoptiker, 299), Ostergeschichte, Oster-Christophanie bzw. Auferstehungserzählung (Bultmann, Geschichte, 312f.333; C.H. Dodd, The Appearances of the Risen Christ: an Essay in Form-Criticism of the Gospels, in: D. Nineham [Hg.], Studies in the Gospels: Essays in Memory of R.H. Lightfoot, Oxford 1967, 9–35) oder „Commissioning“ (B. Hubbard, The Matthean Redaction of a Primitive Apostolic Commissioning: an Exegesis of Matthew 28:16–20 [SBLDS 19], Missoula 1974) klassifiziert werden. In keiner dieser Textsortenoptionen begegnet jedoch das Zweifels-Motiv als Gattungselement. Luz, Matthäus I/4, 433, spricht in Bezug auf Mt 28,16–20 von einem „Unikat“.

dem matthäischen Evangelienschluss Reflexe auf alttestamentliche Theophanie- und/oder Berufungserzählungen vermuten. Vertreter dieser Zuordnung gehen davon aus, dass in Mt 28,16–20 neben den Gattungselementen der ‚Begegnung mit Gott', der ‚Präsentation der Erscheinung' sowie der ‚Verheißung' bzw. der ‚Beistandzusage Gottes' (etwa: „Ich werde mit dir sein")[392] auch der ‚Einwand' realisiert sei.[393] Dabei wird der alttestamentlich in Berufungserzählungen thematisierte Einwand, bei dem der Beauftragte Gottes Geheiß in direkter Rede mit Gott vorübergehend ablehnt, als (Selbst-)Zweifel verstanden („It is in fact standard in missionary theophanies to *doubt* one's capacity to assume the future burden.")[394] und mit dem Jüngerzweifel in Mt 28,17 identifiziert. Allerdings ist zu beachten, dass der Einwand im Alten Testament eine feste Funktion einnimmt: Die Ablehung beinhaltet in den meisten Fällen einen Hinweis auf die Niedrigkeit der beauftragten Person im Gegensatz zu Gott oder auf die vermeintlich nicht zu bewältigende Dimension des Auftrags. Den Adressaten entsprechender Texte soll vermittelt werden, dass der Berufene das entsprechende Amt nicht von sich aus erstrebt, sondern allein Gottes Handeln zu verdanken hat.[395] Auffällig ist bei einem Vergleich zwischen Mt 28,16–20 und alttestamentlichen Berufungserzählungen allerdings, dass es auch im matthäischen Evangelienschluss um eine Auftragsvergabe geht (wobei der Aussendungsgehalt der Aussendungsrede Mt 10 aktualisiert und auf den Punkt gebracht wird).[396] Eine weitere Ähnlichkeit besteht darin, dass auch in alttestamentlichen Berufungsberichten der Einwand nicht immer entkräftet wird, indes unkommentiert stehen bleiben kann.[397] Ins Auge

392 Die Beistandszusage begegnet z. B. Ex 3,12; 4,15. Zu diesem Gattungselement siehe Richter, Berufungsberichte, 146–151.

393 Smyth, Matthew 28, 269, verweist u.a auf Ri 6,11–24; 13,8ff; Ex 3,11; Jer 1,6. Zur atl. Berufungsgattung siehe z. B. Richter, Berufungsberichte, 139; Vieweger, Spezifik, 90. K. Gouders unterscheidet zwei Typen des prophetischen Berufungsschemas. Nur der jeremianische Typus enthalte den Einwand des Berufenen als Gattungselement. Vgl. K. Gouders, Die prophetischen Berufungsberichte. Moses, Isaias, Jeremias und Ezechiel. Auslegung, Form- und Gattungsgeschichte, zu einer Theologie der Berufung (Diss.), Bonn 1971.

394 Smyth, Matthew 28, 269 (Hervorhebung von mir, A.N.). Ähnlich, ohne Bezug auf Mt 28,16–20, auch M. Görg, Der Einwand im prophetischen Berufungsschema, TTZ 85 (1976), 161–166. K. Schiffner, „Wer bin ich, dass ich …?!" (Ex 3,11) – fragende Annäherung an eine (rhetorische?) Frage zwischen Selbstzweifel und Inszenierung, in: K. Schiffner/S. Leibold u. a. (Hg.), Fragen wider die Antworten, Gütersloh 2010, 222–239, hat argumentiert, dass der atl. Einwand (mit möglicher Ausnahme von Ex 3,11) keinen (Selbst-)Zweifel zum Ausdruck bringen soll. Vgl. dazu auch S. 202f dieser Arbeit.

395 Vgl. A. Schart, Art. Berufung/Berufungsbericht (AT), in: Das wissenschaftliche Bibellexikon im Internet (http://www.bibelwissenschaft.de/stichwort/15008/, abgerufen am 16.11.2015).

396 Zur rekonstruierten Q-Fassung der Aussendungsrede vgl. Heil, Spruchevangelium, 119–133.

397 Davon ausgenommen sind z. B. Jer 1,7; Ex 4,11.

sticht ein bedeutsamer Unterschied: Während beim alttestamentlichen Gattungsschema der Einwand dem Auftrag folgt,[398] der Einwand zudem i. d. R. in wörtlicher Rede präsentiert wird, ist der Zweifel der Jünger in Mt 28,17 dem Missionsbefehl Jesu vorangestellt! Zudem verwendet Matthäus lediglich eine Form von διστάζω, ohne dass dabei deutlich wird, es könnte sich um einen „Einwand" handeln, der quasi als vorgezogene Reaktion auf die Worte Jesu verstanden werden soll. Dies macht es m. E. wahrscheinlicher, dass der Jüngerzweifel als Reaktion auf die Wahrnehmung des Auferstandenen zu sehen ist. Insofern jedoch in der Rede Jesu V.18–20 der immerwährende Beistand des „Immanuel" zugesichert wird, könnte Matthäus, der ja auch sonst typischerweise auf die traditionell biblischen Schriften anspielt oder daraus sogar zitiert, hier einen intratextuellen Bezug zu den alttestamentlichen Berufungserzählungen hergestellt haben. Möglicherweise lässt sich Mt 28,16–20 als Gattungsneuprägung verstehen, die aus nachösterlicher Tradition mit dem Zweifel als wichtigem Element gespeist ist und die Modifikation der Reihenfolge der „Gattungselemente" aufgrund der Aussageintention verständlich macht. Dies leitet über zu der hier relevanten nachösterlichen Überlieferung.

8.3.2. Auffälligkeiten in der lukanischen und johanneischen Evangelienüberlieferung

Möglicherweise gehörte der Zweifel bereits zur Abfassungszeit des Matthäusevangeliums zum festen Bestandteil der Ostertradition, auch wenn er bei Lukas und Johannes sowie im sekundären Markusschluss weniger eindeutig als bei Matthäus mit einem entsprechenden Lexem markiert ist.

Im Abschlusskapitel des Lukasevangeliums begegnet das Lexem διαλογισμός im Zusammenhang mit der Erscheinung des Auferstandenen vor den Jüngern (Lk 24,38). Die von Jesus Angesprochenen erschrecken sehr und halten ihren Lehrer – vorschnell urteilend – für einen „Geist" (πνεῦμα),[399] woraufhin der Auferstandene fragt: Warum seid ihr so erschrocken und warum steigen solche Gedanken (διαλογισμοί) in eurem Herzen auf?[400] Die Verwendung des Wortes διαλογισμός deutet darauf hin, dass hier ein kognitiver Prozess im Herzen stattfindet, wobei an dieser Stelle darauf hingewiesen sei, dass das Herz erst in neutestamentlicher Zeit zunehmend der Vernunft gegenübergestellt wird. Die Wendung des „Aufsteigens" neuartiger Gedanken könnte implizieren,[401] dass hier eine kognitive Dissonanz bei den Jüngern ausgelöst

398 Darauf hat allerdings auch Smyth, Matthew 28, 269, verwiesen.

399 Dies erinnert an die Erzählung vom seewandelnden Jesus, in der die Jünger ihre visuelle Wahrnehmung zunächst als ‚Gespenst' deuten, vgl. Mk 6,45–52; Mt 14,22–33.

400 Die Fragen Jesu lauten im Griechischen: „Τί τεταραγμένοι ἐστέ, καὶ διὰ τί διαλογισμοὶ ἀναβαίνουσιν ἐν τῇ καρδίᾳ ὑμῶν;"

401 Hier verwendet Lk semitisierende Ausdrucksweise.

wird,[402] weshalb eine Übersetzung des Nomens mit „Zweifel" durchaus passend erscheint.[403] Aus den fragenden Worten Jesu ist deutlich herauszuhören, dass der Zweifel bei den Jüngern im Herzen, in der Personenmitte sitzt, dem Ort also, in dem auch das Erkennen und der Glaube seinen Platz hat.[404] Worauf sich der Zweifel der Jünger bezieht, wird in dem Satz deutlich, der sich der rhetorischen Doppelfrage anschließt: Die Aufforderung Jesu, seine Hände und Füße bewusst wahrzunehmen, ihn sogar anzufassen (vgl. Lk 24,39), soll den misstrauischen Jesusanhängern zum einen beweisen, dass es sich tatsächlich um ihren Meister handelt, zum anderen, dass er leiblich, sozusagen mit Haut und Knochen, auferstanden ist. Der Erzähler berichtet nicht, ob Jesu Aufrufe, die an mehrere Sinneswahrnehmungen appellieren, nachgegangen wird. Vielmehr zeigt die Demonstration der leiblichen Identität eine paradoxe Wirkung auf die Jünger: Selbst nachdem der Auferstandene den Jüngern seine Hände und Füße gezeigt hat, glauben sie noch nicht (ἀπιστέω, Lk 24,41), allerdings ist ihre Wahrnehmung des Offenbarungsgeschehens durch Freude beeinträchtigt! Was mit der scheinbar widersinnigen Wendung „vor Freude unglaubend" präzise zum Ausdruck gebracht werden soll, wird in der Forschung kontrovers diskutiert.[405] Geht es um die Beschreibung eines Zwischenzustandes zwischen Glaube und Unglaube,[406] oder soll der Ausdruck lediglich die folgende Unterweisung anbahnen?[407] Sofern Lukas mit der Verwendung dieser Formulierung in erster Linie die Irritation der dargestellten Figuren zur Sprache bringen will, ließe sich diese Ambivalenz im inneren Erleben wiederum als Hinweis darauf werten, dass διαλογισμοί hier zweifelnde Gedanken meint, dass also auch Lukas den Zweifel ausdrücklich im Kontext der Auferstehungserscheinung zum Thema macht.

---

402 Bovon, Lukas III/4, 585, spricht von „inneren Kämpfen" der Jünger.

403 So auch die Mehrheit der Exegeten, vgl. z. B. Schrenk, Art. διαλέγομαι κτλ., ThWNT 2 (1935), 97; Ernst, Lukas, 666; Marshall, Luke, 902; Bühler, Lob, 200, u.m. Zum Gebrauch der Wortfamilie διαλογίζομαι κτλ. in biblischer Tradition vgl. auch S. 383 in meinem Wortfeldkapitel.

404 Die meisten antiken Philosophen lokalisieren das Denkvermögen im Herzen (so z. B. Homer, Hesiod, Aristoteles und die Stoiker), Plato scheint das Denken dagegen im Kopf zu verorten. In der hebräischen Bibel ist das Herz Personzentrum, Ort des Planens und Wollens, und nicht primär Sitz von Affekten und Gefühlen, vgl. Schroer/Staubli, Körpersymbolik, 35. Schriften des NT setzen diese ganzheitliche Herzensvorstellung fort, so dass sowohl Affekte als auch Kognitionen dort verortet werden. Allerdings zeigt der ntl. Gebrauch, dass das Herz nun auch zunehmend der Vernunft gegenübergestellt werden kann. Vgl. dazu z. B. Bauer/Felber, Art. Herz, RAC 14 (1988), bes. 1103ff. Zur Verbindung von Glaube und Herz vgl. auch Mk 11,23.

405 Inselmann, Freude, 376–383, hat sich mit dieser Formulierung intensiv auseinander gesetzt und diskutiert die gängigen Interpretationsmöglichkeiten.

406 Brown, Begegnung, 62, Anm. 65, zufolge soll der Zusatz des Freudeaffekts den möglicherweise problematischen Unglauben relativieren.

407 So z. B. Evans, Luke, 920.

Wie Lukas, so hat sich auch Johannes mit der Frage nach der Leiblichkeit der Auferstehung Jesu auseinandergesetzt und in der Perikope des ungläubigen Thomas festgehalten (Joh 20,24–29). Obwohl der johanneische Jesus nicht anwesend war, als Thomas im Kreis der Mitjünger geäußert hatte, die Körperlichkeit der Auferstehung selbst verifizieren zu wollen, fordert Jesus ihn bei der Begegnung der beiden eine Woche später zur Berührung seiner Wunden auf (vgl. Joh 20,27). Die Ermunterung Jesu, seine Wunden zu berühren, sowie die imperativische Mahnung, nicht länger ungläubig (ἄπιστος), sondern gläubig (πιστός) zu sein, beantwortet Thomas mit einem Christusbekenntnis (vgl. Joh 20,28). Es liegt auf der Hand, dass der Evangelist hier den Fokus auf das Bekenntnis zu dem Auferstandenen als Herrn und Gott lenkt, der die innersten Gedanken seiner Jünger kennt. Von einer Berührung Jesu wird hingegen nichts berichtet. Stattdessen schreitet die Erzählung mit den Worten Jesu fort: „Weil du mich gesehen hast, glaubst du." (Joh 20,29a). Nach den Hinweisen im Text findet Thomas seinen Glauben also allein durch das Sehen des Auferstandenen. Dies steht im Widerspruch zu Thomas anfänglicher Aussage in Joh 20,25b. Jesus preist gerade einen Glauben, der nicht auf visuelle Beweise angewiesen ist, selig (vgl. Joh 20,29b).[408] Auffälligerweise begegnen in dieser Ostererzählung keine Ausdrücke, die Zweifel, Ungewissheit oder ähnliche innere Dissonanzzustände zur Sprache bringen. Aus dieser semantischen Lücke lässt sich jedoch nicht ableiten, dass es dem Johannesevangelisten der Sache nach nicht um den Zweifel gehe. Denn Zweifeln bedeutet ja, sich zwischen Glauben und Unglauben (bzw. etw. für wahr halten oder nicht) nicht entscheiden zu können oder wollen.[409] Die Erzählung ist im Deutschen als „ungläubiger Thomas" bekannt – und kommt damit den expliziten Textaussagen des Johannesevangeliums entscheidend näher als der englische Titel vom „doubting Thomas". Doch dass es in dieser Perikope um die Bearbeitung kognitiver Dissonanzen geht bzw. um die Frage, wie auch zukünftige Generationen angesichts der sich vergrößernden Distanz zu den Osterereignissen den Zweifel überwinden können, steht außer Frage.[410]

Weil der als Angleichung an die anderen Evangelienschlüsse aufzufassende sekundäre, längere Markusschluss (2. Jh. n. Chr.) den Zweifel an der Auferstehung ebenfalls reflektiert (vgl. Mk 16,9–20) – wobei dies terminologisch wie

408 Dies steht im Widerspruch zu der heutigen Auffassung von einem „blinden Glauben", die fast ausschließlich negative Töne trägt.

409 Zweifeln kann man freilich auch in Bezug auf die moralisch angemessenste (oder situativ beste) Entscheidung, wobei auch mehr als zwei Alternativen zur Disposition stehen können.

410 Joh 20,29, „Selig sind, die nicht sehen und doch glauben", muss nicht als Tadel an Thomas gewertet werden, sondern kann als paränetische Warnung gelesen werden. Vgl. Lee, Partnership, 47 f. Der Glaube zukünftiger Christen ist damit Gegenstand des göttlichen Segens.

bei Johannes nicht anhand von entsprechenden griechischen Äquivalenten für den Zweifel geschieht, sondern mithilfe von Ausdrücken für den (Un-)Glauben –,[411] erscheint es plausibel, dass im Urchristentum Auferstehungserzählungen schon frühzeitig mit dem Motiv des Zweifels verbunden waren.

8.3.3. Zur matthäischen Redaktion in Mt 28,17 im Licht des Osterzweifels der urchristlichen Überlieferungen

Für den Jüngerzweifel am Ende des Matthäusevangeliums bedeutet die auch bei anderen urchristlichen Verfassern nachweisbare Auseinandersetzung mit Glaubensproblemen in Bezug auf die visuelle Wahrnehmung des Auferstandenen, dass in Mt 28,17 wahrscheinlich ein vorgeprägtes Motiv verarbeitet wurde. Während der sekundäre Markusschluss diese Problematik anhand der Linie ‚sehen – (nicht) glauben' entfaltet, bezieht sich die Unsicherheit bei Lukas und Johannes klar auf die Leiblichkeit der Auferstehung Jesu. Davon ausgehend ließe sich eine weitere Möglichkeit dafür veranschlagen, welches Bezugsobjekt des Jüngerzweifels in Mt 28,17 bei der Abfassung intendiert war: Möglicherweise soll die knappe Notiz von dem Zwiespalt der Jüngerschaft auf die zeitgenössisch wohl problematische Vorstellung von der Leibhaftigkeit der Auferstehung verweisen. Es fällt im Vergleich zu den Visionsberichten bei Lukas, Johannes und im längeren Markusschluss auf, dass Matthäus als einziger das Lexem διστάζω gebraucht, um den Zweifel unzweideutig zur Sprache zu bringen. Dass aus terminologischer Sicht in Mt 28,17 mit einem redaktionellen Produkt des Evangelisten zu rechnen ist, wird daneben durch das Proskynese-Motiv, das für Matthäus typisch ist,[412] stichhaltig.[413]

Warum hat Matthäus hier jedoch διστάζω gewählt, während der Kleinglaube nicht mehr begegnet? Die bisherigen Analysen der entsprechenden Belegstellen, an denen ὀλιγόπιστος κτλ. vorkommt, haben ergeben, dass der Verfasser das Wort, dem Gebrauch aus Q folgend, immer dann verwendet, wenn er damit das defizitäre Vertrauen der Jünger bezeichnen will, dessen Defizit darin besteht, dass die Jünger in nicht ausreichendem Maße an die wirklichkeitsverändernde Macht Gottes glauben, die sich (bei den redaktionellen Belegstellen des Kleinglaubens) im Handeln oder der Vollmachtsübertragung des irdischen Jesu konkretisiert. Hier, am Ende des Evangeliums, geht es hingegen nicht um das Eingreifen in Problemsituationen, sondern um die Reaktion auf die Erscheinung des Auferstandenen. Insofern entspricht die Verwendung des Lexems διστάζω in Mt 28,17 dem Gebrauch in Mt 14,31, denn in

---

411 Vgl. Mk 16,11: ἀπιστέω; 16,14 ἀπιστία/πιστεύω; 16,16: πιστεύω/ἀπιστέω; 16,17: πιστεύω.

412 Während Markus und Lukas das Verb προσκυνέω je nur wenige Male benutzen, kommt es im Matthäusevangelium 13 Mal vor.

413 So auch Meier, Questions, 409; Zur Proskynese bei Mt siehe M. Müller, Proskynese und Christologie nach Matthäus, in: M. Karrer/W. Kraus/O. Merk (Hg.), Kirche und Volk Gottes. FS J. Roloff zum 70. Geb., Neukirchen-Vluyn, 2000, 210–224.

der Seewandelperikope steht das Verb ebenfalls im Zusammenhang mit einer Erscheinung Jesu. Ein weiterer Grund für den Gebrauch des Verbs διστάζω in Mt 28,16 anstelle der Wortfamilie ὀλιγόπιστος κτλ. könnte darin gesehen werden, dass Matthäus mit dem Zweifel als Reaktion auf die Wahrnehmung des Auferstandenen ein zeitlich begrenztes, einmaliges Ereignis bezeichnet (vgl. die Aoristform ἐδίστασαν), wohingegen der Kleinglaube für den Verfasser ein wiederkehrendes, eher grundsätzliches Defizit der Jesusschüler darstellt.[414] Als Bestätigung für die Angemessenheit dieser matthäischen Differenzierung lässt sich das Verhalten des Petrus beim Gang auf dem Wasser verstehen: Die Erzählung bzw. die Frage Jesu (Mt 14,31) verdeutlicht, dass der Zweifel des Petrus punktuell und nicht von langer Dauer ist, denn in dem Moment, in dem er seine Aufmerksamkeit abgleiten lässt, zweifelt er und versinkt infolgedessen. Der Zweifel ist also hier von kurzer temporaler Dauer, und auch wenn noch so kurz, qualifiziert ihn dieser kurze Moment als dispositionell zum Kleinglauben tendierend.

Die Einmaligkeit und Situationsbedingtheit des Zweifels in Mt 28,17 könnte die Bedeutung dieser Reaktion auf das Offenbarungsgeschehen für den Verfasser des Matthäusevangeliums erhellen. Im Vergleich mit der Glaubensproblematik infolge des Sehens des Auferstandenen bei Lukas und Johannes scheint auf dem Jüngerzweifel bei Matthäus zunächst kein allzu großes Gewicht zu liegen, denn anders als Lukas und Johannes geht er auf dieses Motiv nicht näher ein, verarbeitet es nicht in einer ausgestalteten Sonderguterzählung. Aber diese Tradition war Matthäus dennoch wichtig genug, um sie – auch wenn nur mit einem einzigen Wort – festzuhalten. Auf die Bedeutsamkeit des Zweifels in Mt 28,17 weist zudem das matthäische Jüngerbild. Denn anders als die engsten Vertrauten um Jesus bei Markus, Lukas oder Johannes sind die matthäischen Jünger ausgesprochen ambivalent skizziert, sie schwanken zwischen Vertrauen und Misstrauen, Zuversicht und Zweifel, Unverständnis und Erkenntnisgewinn.[415] In Bedrohungssituationen erleben sie die Schwäche ihres Glaubens und die Stärke der Macht Jesu. Der sie kennzeichnende Kleinglaube ist eines der Leitmotive des matthäischen Gesamtentwurfs. Der Verfasser akzentuiert dadurch sein Glaubensverständnis als ein christologisch geprägtes. Daraus folgt m. E., dass der Zweifel in Mt 28,17 keinesfalls als nur „beiläufige" Notiz zu verstehen ist, selbst wenn er derart knapp zum Thema gemacht wird. Für diese Einschätzung spricht auch, dass der Zweifel auf der Ebene der erzählten Welt auffälligerweise die letzte „Aktion" der matthäischen Jünger darstellt. Der synoptische Vergleich zeigt, dass auch die anderen Evangelisten dem jeweils zuletzt präsentierten Affekt in ihrem Gesamtentwurf Bedeutung zumessen:

414 Als defizitäres Grundvertrauen verstanden äußert sich der Kleinglaube zwar punktuell, d. h. in konkreten Situationen, wird den Jüngern jedoch wiederholt zugeschrieben und kann daher als überdauernde Einstellung charakterisiert werden.

415 Für die mt Petrusfigur kann noch „Verrat und Reue" ergänzt werden.

Wie A. Inselmann gezeigt hat, ist der Affekt der Freude ein Leitmotiv des Lukasevangeliums und Charakteristikum des lukanischen Christenverständnisses.[416] Daher nimmt es kaum Wunder, dass der Verfasser seine Schrift mit diesem positiven Affekt enden lässt. Markus hingegen schließt seine Verkündigungsschrift mit dem Negativaffekt der Furcht, der auch sonst im ältesten uns erhaltenen Genre eines Evangeliums eine gewichtige Rolle spielt.[417] In Anbetracht der Relevanz des zweifelnden Glaubens, der die Jünger im Matthäusevangelium kennzeichnet, fügt sich die Notiz von den noch zweifelnden Jüngern direkt vor dem das Werk abschließenden Missionsbefehl einleuchtend in die Gesamtkomposition des Matthäus ein[418] – auch wenn dieser Dissonanzbegriff nach wie vor als Störfaktor aufgefasst werden kann.

Weil in der einschlägigen exegetischen Literatur immer wieder zu lesen ist, dass der Zweifel in Mt 28,17 angesichts der das Evangelium abschließenden Worte des Auferstandenen (Mt 28,18–20) eine Nebenrolle spiele, die Rede den Jüngerzweifel gar als überwunden darstellen solle,[419] ist nun auf die Frage einzugehen, ob die Jüngerfiguren ihren Zweifel (und damit auch ihren Kleinglauben) letztlich überwinden.

8.4. Bewältigung von Kleinglauben und Zweifel am Ende des Matthäusevangeliums?

In Bezug auf die Abschnitte im Matthäusevangelium, in denen der Kleinglaube begegnet, konnte bereits gezeigt werden, dass unterschiedliche psychologische Bewältigungsstrategien hinter der Textoberfläche vermutet werden können: Die Logien Mt 6,25–34 ermuntern dazu, Zukunftssorgen auf Gott zu werfen, was eine eindeutige Entscheidung für Gott und gegen „heidnische" Werte voraussetzt. Nur das Vertrauen in die göttliche Fürsorge, das man von der Natur als Modell lernen kann, macht frei dazu, eine neue Gemeinschaft im Sinne des göttlichen Willens zu realisieren. In Mt 8,23–27 geht es um den Aufweis, dass das „Mit-Sein" Jesu Furcht und Kleinglaube in existentiell erscheinen-

---

416 Siehe A. Inselmann, Die Freude im Lukasevangelium: ein Beitrag zur psychologischen Exegese (WUNT II 322), Tübingen 2012, passim.

417 Siehe dazu z. B. T. Vogt, Angst und Identität im Markusevangelium. Ein textpsychologischer und sozialgeschichtlicher Beitrag (NTOA 26), Göttingen u. a. 1993, passim.

418 Sofern man die Verbformen von βούλομαι und besonders ἐνθυμέομαι in Mt 1,19f als matthäische Ausdrücke für das Zweifeln Josefs darüber deutet, Maria im Stich zu lassen, wäre mit dem Jüngerzweifel am Ende des Evangeliums eine weitere mt Inclusio geschaffen.

419 Vgl. exemplarisch Vögtle, Evangelium, 262f, der äußert, es komme Matthäus weniger auf die Demonstration der Leibhaftigkeit der Auferstehung an, als vielmehr darauf, „daß und was der Erscheinende (…) offenbart. (…) Das geschichtsmächtige und zukunftsträchtige Wort (…) ist selbst die entscheidende, jeden etwaigen Zweifel überwindende (…) Begebenheit!"

den Notlagen unnötig macht – selbst wenn der ‚Herr' „schlafend" oder „abwesend" erscheint. Ein unerschütterliches Grundvertrauen in Gott bzw. den göttlichen Vollmachtsempfänger in Anbetracht von Gefährdungen kann zur inneren ‚Windstille' führen. In Mt 14,22–33 wird verdeutlicht, inwiefern eine unablenkbare und konstante Aufmerksamkeitsorientierung auf den ‚Herrn' als Prophylaxe gegen Furcht und Zweifel dienen kann. Mt 16,5–12 mahnt v. a. zur Sorgenbewältigung und zur Wiederherstellung des Glaubens mithilfe der Vergegenwärtigung von in der Vergangenheit erfahrener göttlicher Güte und Fürsorge, die sich in Jesu Handeln konkretisiert. Und Mt 17,14–20 will darauf aufmerksam machen, dass zur Verhinderung des Ausbleibens von Wundern und Gebetserfüllung die innere Qualität des eigenen Glaubens korrigiert werden muss. Insofern der Kleinglaube immer als Tadel im Munde Jesu erscheint, lässt sich annehmen, dass die Mahnungen paränetische Funktion haben und damit zum Ausdruck bringen, dass Misstrauen und Glaubensschwäche als regulierbar aufgefasst werden sollen.

Davon ausgehend fallen zwei Aspekte auf: Zum einen ist bemerkenswert, dass der Zwiespalt in Mt 28,17 als situative Manifestation einer defizitären Vertrauenshaltung nicht ausdrücklich getadelt wird. Bisher hatte der matthäische Jesus noch jeden Ausdruck von schwankendem, zu schwachen Vertrauen abgemahnt. Lässt sich daraus etwa ableiten, dass derjenige Zweifel, der die Auferstehung tangiert, vom Rezipienten des Matthäusevangeliums als unvermeidlich, als nicht zu bewältigen aufgefasst werden darf? Zum anderen fällt auf, dass nach der Schilderung des Matthäus nicht berichtet wird, wie der Auferstandene den Zweifel der Jünger überwindet, oder genauer gesagt, ob er überhaupt am Schluss wieder verschwindet. Jesus lässt den Zweifel und Zwiespalt seiner Jünger unkommentiert stehen.[420] Dies ist in der lukanischen und johanneischen Jüngerdarstellung anders:

Lukas bewältigt die anfängliche Furcht und die Zweifelsgedanken der Jünger (vgl. Lk 24,5.11 f.25.37 f) in einem schrittweisen Prozess: Nachdem der lukanische Jesus die Fehldeutung seiner Erscheinung als Geist durch Worte der Vergewisserung und Hindeuten auf seine Leiblichkeit zu korrigieren versucht (vgl. Lk 24,37–40), verwandelt sich der kognitive und affektive innere Zustand der Jünger in Freude, die jedoch noch mit ungläubigem Staunen gemischt ist (vgl. Lk 24,41). Im Anschluss an einen visuellen Erweis seiner Identität und einer weiteren Ansprache Jesu (vgl. Lk 24,41b–49) ist nach der Himmelfahrt nichts mehr von Zweifeln und negativen Attributen in Bezug auf die Schüler zu

420 Ähnlich betont auch Dunn, Christianity 1, 854, der den Zweifel der Jünger in Mt 28,17 ebenfalls mit dem Kleinglauben in Beziehung setzt, dass Matthäus im Unterschied zu Lukas und Markus keine Lösung des problematischen Jüngerverhaltens in seinem Evangelium präsentiere; der Zweifel bliebe bestehen.

lesen. Am Ende bleiben die Jünger in großer Freude zurück (vgl. Lk 24,52).[421] Der Johannesevangelist reflektiert in seinen Auferstehungserzählungen die Bemühungen zweier Jüngerfiguren (Thomas und Maria von Magdala), zu einem Verständnis der Osterereignisse zu gelangen (vgl. Joh 20,11–18.24–29). Zur Verarbeitung des Geschehenen müssen sie zunächst gewisse Missverständnisse ausräumen, die jedoch nicht negativ zu werten sind: Denn in der bisherigen Erzählstruktur signalisierten solche Missverständnisse häufig eine wichtige Hürde auf dem Weg zum Glauben.[422] Für Johannes können Anfragen an das Offenbarungsgeschehen also konstruktive Wirkung entfalten![423]

So fällt im Abschlusskapitel des Matthäusevangeliums um so mehr ins Auge, dass hier in Bezug auf die Verarbeitung der optischen Wahrnehmung des Auferstandenen von einem narrativen sukzessiven Bewältigungsvorgang der elf engsten Vertrauten Jesu nicht gesprochen werden kann. Möglich ist allerdings, dass auf der Erzählebene nicht mehr alle Jünger als innerlich dissonant verstanden werden sollen. Sofern Matthäus in Mt 28,17 ausdrücken wollte, dass nur „einige" der Begleiter Jesu zweifelten – was, wie dargestellt, nicht mehr sicher zu rekonstruieren ist, – ließe sich diese Aussage als Ergebnis einer inneren Entwicklung der μαθηταί werten. Waren nämlich vor dem Kreuzigungsbericht noch alle von ihnen mehrfach als defizitär in ihrem Verhalten Jesus gegenüber gezeichnet, träfe diese Charakteristik dann nur noch auf einen Teil der Jünger zu. Kleinglaube und Zweifel wären dann allenfalls Signum einer Untergruppe der Jesusnachfolger, eventuell sogar als Widerspiegelung der historische Matthäusegemeinde. Wenn zudem die Deutung zutrifft, dass der getadelte Kleinglaube in Mt 17,20 nicht auf den gesamten Jüngerkreis zu beziehen ist, Petrus, Jakobus und Johannes von diesem Vorwurf ausgenommen sind,[424] könnte sie Matthäus auch mit dem nicht-zweifelnden Anteil des Elferkreises in Mt 28,17 identifiziert verstanden haben wollen. Zwar müssen diese Überlegungen hypothetisch bleiben. Sie könnten aber als Anstöße dienen, die

421 Inselmann, Freude, 379.381–387 hat gezeigt, wie der Lukasevangelist angesichts der Offenbarungserlebnisse eine innere Entwicklung der Jünger darstellt, die den Prozess von Unglaube, Zweifel und Trauer hin zum freudigen Verständnis des Erlebten nachzeichnet.

422 Vgl. Lee, Partnership, 38.

423 Der Evangelist Johannes scheint darüber hinaus darlegen zu wollen, dass das „Sehen" des Auferstandenen gar nicht zur Bewältigung von Zweifeln an der (leiblichen) Auferstehung notwendig ist. Denn bei Johannes erscheint der auf visuelle Wahrnehmung gegründete „empirische" Beweis gegenüber der nicht an Sinneswahrnehmungen gebundenen Glaubensgewissheit abgewertet. Ähnlich äußerte sich bereits Michel, Abschluss, 19, in Bezugnahme auf Joh im Vergleich zu Mt: „Das Problem des 'Zweifels' wird in beiden Evangelien berührt; bei Matthäus wird die Botschaft des Auferstandenen und der Gehorsam gegenüber diesem Wort der Weg zur Überwindung des Zweifels; bei Johannes wird der Hörer auf das Verständnis des Glaubens selbst verwiesen, der auf das Gesicht verzichten kann und darf."

424 Vgl. dazu S. 514f in diesem Kapitel.

häufig unbeachtete Relevanz der Subjekte des finalen Jüngerzweifels für das Matthäusevangelium neu zu hinterfragen.

Selbst wenn zum Ausdruck gebracht werden sollte, dass bei der Begegnung mit dem Auferstandenen ein Teil der engsten Vertrauten Jesu seine Neigung zu Glaubensdefiziten und Misstrauen bereits bewältigt hat, bleibt noch zu klären, ob die finale Rede des Auferstandenen (Mt 28,18–20) für den Rezipientenkreis als Bewältigungshilfe eigener Zweifel schlüssig erscheint. Bisweilen wird diskutiert, ob das in Mt 28,18 explizit genannte Hinzutreten des auferstandenen Jesus zu den Jüngern bereits als Signal für den Leser gelten soll, dass Jesus die Zweifel überwindet.[425] Schon am Ende der Verklärungserzählung (Mt 17,6f) könnte die Notiz von Jesu Zugehen auf die Jünger vom Verfasser als narratives Mittel intendiert gewesen sein, um den Rezipienten deutlich zu machen, dass Jesus die Verwirrung und Furcht des Petrus, des Jakobus und des Johannes angesichts der Erscheinung zu beseitigen vermag.[426] Der matthäische Jesus kommt z. B. auch zu Kranken, um ihnen Hilfe zuteil werden zu lassen. Sofern das Herantreten Jesus zum Subjekt der Handlung hat, übernimmt es also die Funktion, den entsprechenden Figuren Beistand und Unterstützung zuteil werden zu lassen. Bei entsprechend aufmerksamer Lektüre des Evangelientextes kann die Nennung dieses jesuanischen Verhaltens womöglich entlastend wirken, sofern man den Jüngerzweifel als störend empfindet und das Herantreten Jesu als Zweifelsbewältigungsversuch deutet. Auch der sog. „Missionsbefehl" selbst mag derart psychologisch wirken. Denn die abschließenden Worte Jesu (vgl. Mt 28,18b–20), als Gegengewicht zum Zweifelsmotiv verstanden, weisen auf die vielen Erzählungen und Lehrreden zurück, in denen Matthäus zeigen will, dass das Wort Jesu unbedingten Vertrauens würdig ist.[427] In Anbetracht der Zusicherung des immerwährenden „Mit-Seins" des Auferstandenen (vgl. Mt 28,20) könnte der Verfasser insofern eine Grundlage für eine rezipientenorientierte Bewältigungsmethode zur Verarbeitung eigener Dissonanzen geschaffen haben.

Andererseits kann man den bleibenden Zweifel auch positiv werten. Denn die Aussage des Verfassers könnte ja auch sein, dass Zweifel und defizitäres

---

425 So T.K. Heckel, Vom Evangelium des Markus zum viergestaltigen Evangelium (WUNT 120), Tübingen 1999, 75; anders: Lange, Erscheinen, 480–482, der den Zweifel am Ende des Matthäusevangeliums mit dem Kleinglauben gleichsetzt, und äußert, „das spezifisch theologische Übel des Kleinglaubens" würde durch das Hinzutreten oder Sprechen Jesu nicht aufgelöst oder überwunden.

426 So z. B. Lange, Erscheinen, 481f. Möglicherweise war die Verklärungsgeschichte ursprünglich eine Ostererzählung, so Bultmann, Geschichte, 278; Theissen, Wundergeschichten, 105. Neben der Distanzverringerung könnte das Berühren sowie der Zuspruch zur Bewältigung der negativen Affekte der Jünger fungieren.

427 Vgl. nur Mt 8,8. Auch andere Wundergeschichten sind auf das machtvolle Jesuswort pointiert, vgl. Kollmann, Wundergeschichten, 125; Münch, Hinführung, 380. Zum Gewicht der Worte Jesu siehe auch Mt 5,2; 5,21–48 („ich aber sage euch"); 7,24–27 u.ö.

Vertrauen zum Glauben schlechthin dazugehören. Zwar sollte man sich immer wieder darum bemühen, an das Ideal eines bergeversetzenden Senfkornglaubens heranzukommen, indem man das eigene Glaubensverständnis immer neu hinterfragt. Aber der Jüngerzweifel und die Figurendarstellung in ihrer Ambivalenz und Dissonanz eignet sich gerade für Rezipienten, die mit ihrem eigenen Glauben ringen, zur Identifikation. Insbesondere angesichts der Außergewöhnlichkeit des Ereignisses der Auferstehung, das das Erfahrungswissen infrage stellt, ließe sich die Zweifelsnotiz in Mt 28,17 als narrative Bewältigungshilfe verstehen. Denn sie zeigt nicht nur, dass kritische Vorbehalte gegenüber dem dargestellten Geschehnis ernst genommen werden. Der Zweifel mag vom Verfasser auch deshalb eingefügt worden sein, um den Rezipienten dazu anzuhalten, den Glauben an die Auferstehung nicht im Sinne einer vor skeptischen Anfragen befreiten Naivität aufzufassen. M.E. ist vor allem die Reaktion des matthäischen Jesu auf den Zweifel der Jünger aussagekräftig: Wie schon Petrus in der Seewandelerzählung trotz seines Zweifels gerettet wird, so ist in Mt 28,16–20 die Auftragsvergabe an den Jüngerkreis nicht von dessen Zweifelsüberwindung abhängig gezeichnet. Auch wer zweifelt, ist in Sendung und Zuspruch des immerwährenden Beistands Immanuels eingeschlossen!

9. Der Kleinglaube im Matthäusevangelium: Zusammenfassung und Ertrag

Das matthäische Kleinglaubenkonzept stellt sich als ambivalentes Vertrauenskonstrukt mit christologischem Bezug dar. Es profiliert dadurch das Glaubensverständnis des Matthäusevangeliums[428] und verweist auf die konflikthaften Aspekte der Jesusnachfolge. Durch die Betonung, dass eine Realisierung des Gottesreiches und der ‚besseren' Gerechtigkeit nur dann gelingt, wenn man nicht „kleingläubig" der Fürsorge des ‚Herrn' misstraut (vgl. Mt 6,25–34), trägt es neben der Mensch-Gott/Christus-Beziehung auch einen ethischen Akzent, wobei die ethische „Ganzheitsvorstellung" menschlichen Verhaltens u. a. mithilfe der Lexemfamilien τέλειος κτλ. und ἁπλοῦς κτλ. zur Sprache gebracht wird. Das ὀλιγοπιστία-Konzept ist insofern mit einem ganzheitlichen Menschenbild alttestamentlich-jüdischer Tradition gut vereinbar, das zwar affektive, konative und kognitive Dimensionen kennt, aber weder eine systematisierte Seelenlehre vorweist, noch derartige Unterteilungen psychischer Prozesse vornimmt. Daher passt der Definitionsversuch der ὀλιγοπιστία als

428 Zum mt Glaubensverständnis siehe aktuell M. Konradt, Die Rede vom Glauben in Heilungsgeschichten und die Messianität Jesu im Matthäusevangelium, in: J. Frey et al. (Hg.), Glaube. Das Verständnis des Glaubens im frühen Christentum und in seiner jüdischen und hellenistisch-römischen Umwelt (WUNT 373), Tübingen 2017, 424–450.

Haltung gut, da Haltungen alle diese Aspekte beinhalten, ohne sie explizit differenzierend nennen zu müssen.

Ausgangspunkt für die Kleinglaubenskonzeption ist die Ganzheitsvorstellung des Menschen sowie die Ganzheitsvorstellung des Glaubens, insofern der Glaube weniger als „zerlegbare" Größe erscheint, sondern Graduierbarkeit impliziert, wie es die Semantik des Ausdrucks ὀλιγόπιστος nahelegt: Gemessen an dem Ideal eines bergeversetzenden Senfkornglaubens entspricht der Kleinglaube diesem Ideal in ungenügender Weise (vgl. das Wortelement ὀλίγος, ‚wenig', ‚klein'). Dennoch suggeriert der Kleinglaube eine innere Dissonanz des Menschen, denn die Belegstellen weisen in ihrem jeweiligen Kontext zumeist darauf hin, dass das prinzipiell vorhandene Vertrauen durch fehlgeleitete Kognitionen und affektive Besorgnis geschmälert wird, zugleich jedoch ein gewisses Maß an Vertrauen noch bestehen bleibt. Besonders aufgrund des parallelen Gebrauchs neben dem Zweifel (vgl. Mt 14,31) lässt sich der Kleinglaube als „Zweifelskonzept" klassifizieren. Dass es eine Innendissonanz impliziert, wird zudem durch die häufig dargestellte bipolare Struktur des jeweiligen Kontextes, in dem ὀλιγόπιστος κτλ. zu stehen kommt, deutlich. Matthäus fordert dadurch dazu auf, sich für ein Vertrauen als der grundlegenden Dimension der Erfahrungswirklichkeit und des Verhaltens zu entscheiden, dem in eindeutiger Weise eine inhaltliche Ausrichtung auf den göttlichen Machtbereich bzw. den Willen Gottes eignet. Dabei ist (außer in Mt 6,19–34) zugleich eine nachösterliche Perspektive sowie der Bezug auf Wunder offensichtlich: Indem narrativ dargestellt wird, dass Jesus göttliche Attribute und Fähigkeiten innehat, soll zum Glauben daran aufgefordert werden, dass Gott in Jesus wirkmächtig und heilvoll handelt.[429] Hinzu kommt: Auch den Jüngern wird verheißen, an der göttlichen Vollmacht partizipieren zu können, so dass ihnen wie Jesus „alles" möglich sein kann. Die Jesus Nachfolgenden sind zwar auf dem richtigen Weg zum engen Tor, das zum Leben führt (vgl. Mt 7,13f), weil ihnen ein gewisses Maß an Vertrauen attestiert wird. Aber da es noch Defizite aufweist, reicht es nicht aus, um tatsächlich durch das Tor hindurchgehen zu können.

Insofern der finale Zweifel die Jünger bis zum Ende der matthäischen Story als Kleingläubige ausweist, wobei ihr defizitärer Glaube immer wieder in Galiläa (bzw. in unmittelbarer Nähe zu Galiläa) verortet wird, lässt sich die bereits dargestellte Raumdynamik der matthäischen Kleinglaubenskonzeption erweitern.[430] Der Kleinglaube begegnet: (auf) Berg → (auf/am) See → (am) Berg → (auf) Berg. Diese Inklusio könnte vom Matthäusevangelisten seiner schriftstellerischen Tendenz entsprechend beabsichtigt sein.

---

429 Frankemölle, Jahwe-Bund, 20: „Jesus ist auf Erden der mit Gottes Autorität auftretende und Gottes Funktionen übernehmende Gesandte, so daß in seiner Person Gott selbst gegenwärtig ist."

430 Vgl. S. 527 in diesem Kapitel.

Warum ist vom Kleinglauben und Zweifel zumeist innerhalb einer narrativen Szene die Rede? Um Vertrauen geht es erwartungsgemäß eher in narrativen Texten, in denen interpersonale Begegnungen thematisiert werden. Bildhafte Darstellungen begünstigen dabei die Identifizierung des Lesenden mit bestimmten Gesichtspunkten seiner Lebenssituation, da eine direkte Konfrontation mit problematischen Aspekten nicht stattfindet, so dass eine gewisse Distanz zur erzählten Welt gewahrt bleiben kann.[431] Der Evangelist Matthäus wirkt insofern als „Therapeut", da er Perikopen zum Einsatz bringt, die die Problematik des Kleinglaubens thematisieren und die eine Spiegelfunktion für die Leserinnen und Leser erfüllen: Die Rezipienten können sich in den Figuren eines Textes wiederfinden und aufgrund der Distanz zur Ebene der Erzählung ihre eigenen Glaubensdefizite reflektieren und dadurch angeregt werden, nach Lösungen für deren Überwindung zu suchen.[432]

Der matthäischen Darstellung zufolge ist in der Nachfolge Jesu mit Kleinglaube, mit dissonanzauslösenden Ereignissen zu rechnen. Als Auslöser für die Erfahrung von Kleinglaube und Zweifel kommen sowohl externe Begebenheiten als auch interne Gründe in Frage. Während der Zweifel im Matthäusevangelium als temporär begrenzte Innendissonanz erscheint, impliziert der Kleinglaube ein wiederkehrendes Problem, eine eher dauerhafte Einstellung, die sich allerdings situativ, d. h. in konkreten Situationen, bemerkbar macht. Zweifel und Kleinglaube sollen entweder prophylaktisch verhindert oder aber bewältigt werden. Die vom Evangelisten propagierte Bewältigungsstrategie lässt sich dabei als religiöses Coping bezeichnen, insofern weder problembezogene noch emotionsbezogene Methoden im Vordergrund stehen.[433] Vielmehr ist der Glaube als Mittel zur Dissonanzlösung bedeutend. Indem Kleinglaube und Zweifel im Munde des matthäischen Jesus getadelt werden, tragen diese psychischen Phänomene negative Konnotationen. Anders als die zu verurteilende Heuchelei als eine Innen-Außen-Dissonanz, die in erster Linie die Gegnerschaft Jesu charakterisiert, verweist der Verfasser jedoch nicht auf eschatologische Negativkonsequenzen eines zu kleinen Glaubens der ihm Nachfolgenden. Der paränetisch zu verstehende Tadel an einem unzureichenden Maß an

---

431 Vgl. Brandt, Erzählung, 142 f.

432 Vgl. Brandt, Erzählung, 136. Eventuell dient die szenische Auseinandersetzung mit existentiellen Problemen der Christusnachfolge dazu, Furcht- und Zweifelsüberwindung einzuüben. Viele der kleinen Szenen der Jesus-Story der Syoptiker sind ja auch gut auf einer Bühne vorstellbar.

433 Zur Unterscheidung zwischen problembezogenem und emotionsbezogenem Coping siehe S. 58 dieser Arbeit. Eine religiöse Bewältigungsstrategie (Gott in Erinnerung bringen; um göttliche Hilfe flehen) wird im Zusammenhang mit verlockenden Vorstellungsbildern und Begierden auch von Epiktet empfohlen, vgl. Epiktet, dissertationes II 18,29. In dissertationes II 18,20 verweist Epiktet auf Platos ‚Gesetze'. Dort ist in Bezug auf die böse, zum Tempelraub reizende Begierde, von Sühneopfern und der Hinwendung zu den Heiligtümern gewisser Götter als Mittel gegen entsprechende Gedanken die Rede, vgl. Plato, leg. 854a–b.

Vertrauen zeigt zugleich, dass Matthäus einerseits von einer autodynamischen Kontrollierbarkeit eines zweifelnden Kleinglaubens ausgeht. Andererseits darf der Mensch auf heterodynamische Unterstützung hoffen, wenn er aufgrund seines Kleinglaubens in Not gerät.

Das im Matthäusevangelium angemahnte ‚Mehr' an Vertrauen ist in das externale „Zentrum" Gott bzw. Christus zu setzen, und nicht in die Leistungsfähigkeit der Vernunft, wie dies in griechisch-philosophischen Strömungen in Bezug auf innere Dissonanzen zu erwarten wäre. Dabei hat das vom Verfasser des Matthäusevangeliums implizit und explizit geforderte Vertrauen auch die Funktion einer Zugehörigkeitszusage bzw. -anzeige, denn gerade in einem entstrukturierten Lebensvollzug mit alternativem Familienverständnis, wie von Jesus propagiert, bildet Vertrauen die notwendige Grundvoraussetzung zur Stabilisierung und Zusammenbindung der Gemeinschaftsmitglieder.

Kapitel IX: Dipsychia und Oligopistia als frühchristliche Zweifelskonzepte im Rahmen menschlicher Dissonanz- und Einheitsvorstellungen in der Antike: Beobachtungen und Ergebnisse

1. Dipsychia im Jakobusbrief und Oligopistia im Matthäusevangelium im Vergleich

Aus einer Gegenüberstellung von δίψυχος κτλ. und ὀλιγόπιστος κτλ. ergeben sich auffällige Gemeinsamkeiten und Unterschiede. Ein Vergleich von Konzeptionen innerhalb des Jakobusbriefes und des Matthäusevangeliums ist naheliegend, da beide Schriften einander nahestehen, was Theologie und Traditionsgeschichte betrifft.[1] Der Verfasser des Jakobusbriefes war wahrscheinlich jüdischer Herkunft, aber entsprechend der Diaspora als seinem Lebensbereich griechisch-hellenistisch repektive rhetorisch gut gebildet. Im Jakobusbrief zeigen sich biblischer Einfluss, weisheitstheologische Prägung, ein Israelbewusstsein ohne präzise lokalisierbarem synagogalen Bezug, hellenistische Bildungsinhalte und ein christliches Selbstverständnis.[2] Auch das Matthäusevangelium spiegelt ein Stadium des Trennungsprozesses von der Synagogengemeinschaft wider, wobei die Nähe zum pharisäischen Denkmilieu (bei gleichzeitiger Polemik gegen die jüdische Religionselite) noch transparent wird. Zwar scheint die Heidenmission für die Gemeinde ein Faktum darzustellen, zugleich stellt die neue christliche Gemeinschaft aber für den Verfasser das wahre Israel dar. Als vermutlich christlicher Schriftgelehrter bezieht und beruft sich der Matthäusevangelist in bedeutendem Umfang auf das Alte Testament.[3] Beide Schriften sind wohl relativ zeitnah – nämlich gegen Ende des 1. Jh. n. Chr. – außerhalb des palästinischen Kernlandes entstanden, möglicherweise sogar beide in Syrien.[4]

---

1 Zur Relation zwischen Jakobusbrief und Matthäusevangelium siehe Konradt, Jakobusbrief, 190–207. Dass es inhaltliche/thematische Berührungen zwischen diesen beiden neutestamentlichen Schriften gibt, ist der Forschung schon lange aufgefallen. M.H. Shepherd versuchte, die von ihm abgegrenzten acht Spruchеinheiten des Jak (1,2–19; 1,19–27; 2,1–13; 2,14–26; 3,1–12; 3,13–4,10; 4,11–12; 4,19–5,6) je um ein Herrenwort nach Matthäus zu gruppieren, vgl. M.H. Shepherd, The Epistle of James and the Gospel of Matthew, JBL 75 (1956), 40–51. Zur thematischen Verwandtschaft zwischen Jak und MtEv vgl. z. B. Rusche, Standhaben, 154f.

2 Vgl. dazu z. B. Burchard, Jakobusbrief, 3–14.

3 Vgl. dazu z. B. Luz, Matthäus I/1, 83–89.

4 Der präzise Ort der Abfassung ist weder für Mt noch für Jak eindeutig zu beantworten. Für Syrien als Entstehungsort des MtEv sprechen neben Mt 1,23; 4,23 nicht nur die traditionsgeschichtliche Nähe zu Q und zur Didache, sondern auch die Tatsache, dass die Schrift erstmalig bei Ignatius von Antiochien bezeugt ist, vgl. dazu z. B. Luz, Matthäus I/1, 100–

Freilich unterscheiden sich beide Schriften hinsichtlich der jeweiligen Textgattung: Der Jakobusbrief lässt sich durchgängig als Paränese, als Mahnschrift, bestimmen. Die Forderung nach Einheitlichkeit der Person und zugleich nach Beseitigung der ‚Zweiseeligkeit' durch Umkehr hat also appellierenden Charakter. Obwohl das Matthäusevangelium vorwiegend als Erzählung konzipiert ist, weist es neben großen Redeblöcken zahlreiche paränetische Passagen auf. Wie im vorangestellten Kapitel gezeigt, zählen die zumeist narrativ eingerahmten Beanstandungen des Kleinglaubens zu solchen mahnenden Aussprüchen des matthäischen Jesu (vgl. Mt 8,26; 14,31; 16,8–11, 17,20). In Mt 6,30 begegnet der Kleinglaube nicht im Zusammenhang mit einer Erzählgattung: Aufgrund des überwiegend verwendeten Verbmodus des Imperativs in Mt 5–7 kann die Funktion der Lehrrede Jesu klar als Paränese bestimmt werden.[5] Wo Matthäus den Kleinglauben zum Thema macht, ruft er implizit oder explizit zu einem ‚Mehr' an Vertrauen auf. Zudem sollen Seligpreisungen sowie Mahnworte und viele der radikalen Forderungen im Kontext der Nachfolgeethik im Matthäusevangelium z. T. mittels einer impliziten Gerichtsvorstellung zur Umkehr und Neuorienterung im Glauben motivieren.

Beide neutestamentlichen Schriften berühren insofern das Gottesverhältnis und die Ethik zugleich: Mithilfe des im Jakobusbrief verwendeten Dipsychia-Konzeptes wird der Zentralthese der Schrift Ausdruck verliehen, nach der es unmöglich ist, Gott und Welt gleichermaßen zugeneigt zu sein. Dies wird anhand von beiden Größen jeweils zugeordneten Werten und ethisch relevanten Verhaltensweisen ausgeführt. Der zweiseelige Christ steht mit einem Bein in der christlichen Gottesgemeinde, mit dem anderen Bein auf der Seite des Teufels. Das matthäische Oligopistia-Konzept betrifft ebenfalls das Verhältnis des Menschen zu Gott, was mit einem bestimmten Ethos gekoppelt ist: Der Kleingläubige vertraut in unzureichendem Maße der in Jesus wirksamen realitätsverändernden Macht Gottes, wobei das Defizit durch die Zuwendung zur Welt begründet wird: Alltagssorgen aufgrund von Konzentration auf weltliche und heidnische Relevanzmaxime, das Streben nach irdischen Schätzen, Zukunftbefürchtungen, Furcht vor ausbleibender Rettung in Extremsituationen durch die irdischen Gefahren an Stelle von bergeversetzendem Glauben und alleiniger Verankerung in Gottes Treue den Menschen gegenüber führt zu einer Abnahme des idealen Maßes an Vertrauen.

---

103. Nach SCHNELLE, Einleitung, 222, besteht hinsichtlich einer syrischen Lokalisierung ein breiter wissenschaftlicher Konsens. Traditionsgeschichtliche Verwandtschaft von Jak mit Q ist ebenfalls wahrscheinlich. U.a. Palästina oder Alexandria werden als Abfassungsorte des Mahnschreibens diskutiert, aber die Verortung in Antiochia bzw. Syrien ist von der Mehrheitsmeinung getragen, vgl. BURCHARD, Jakobusbrief, 7.

5 Zu Imperativen als modalem Charakteristikum von paränetischen und forensischen Texten siehe EBNER/HEININGER, Exegese, 93f.

Die Wortfamilien ὀλιγόπιστος κτλ. und δίψυχος κτλ. stellen semantische Innovationen der Koine dar. Beide treten erstmals in der frühen Produktionsphase christlicher Literatur in Erscheinung. Sowohl δίψυχος als auch ὀλιγόπιστος ähneln (wie auch ihre spezifischen Derivate) semantisch transparenten Lexemen: Aus den sie jeweils zusammensetzenden Morphemen lässt sich bereits eine annäherungsweise Bedeutungsbestimmung vornehmen (δίψυχος: „zwei" + „Seelen habend"; ὀλιγόπιστος: „wenig" + „Glaube habend"); allerdings ist die jeweils in der zweiten Wortkomponente enthaltene Mehrdeutigkeit durch die kontextuelle Einbettung im Jakobusbrief respektive im Matthäusevangelium zu disambiguieren: Schon in der vorneutestamentlichen Antike umfasst die Wortfamilie πιστός κτλ. mehrere Bedeutungsnuancen (v. a. ‚treu', ‚zuverlässig', ‚vertrauend', ‚glaubend'); auch mit ψυχή κτλ. kann auf verschiedene Signifikate referiert werden (v. a. ‚Seele', ‚Leben'). Der Gebrauch im Matthäusevangelium verdeutlicht, dass ὀλιγόπιστος κτλ. in erster Linie einen unzureichenden Glauben/ein unzureichendes Vertrauen im interpersonellen Bereich meint. Im Jakobusbrief liegt es nahe, dass mit δίψυχος ein Mensch bezeichnet wird, der im metaphorischen Sinne „zwei Seelen" hat.[6]

Die Kontextualisierungen und konzeptionelle Verwendung von ὀλιγόπιστος/ὀλιγοπιστία im Matthäusevangelium einerseits und von δίψυχος/δίψυχοι im Jakobusbrief andererseits legen es nahe, bei beiden Lexemgruppen von ‚Zweifelskonzepten' zu sprechen.[7] Während mit der ‚Zweiseeligkeit' ein Schwanken zwischen Gott und Welt/Teufel bezeichnet wird, das aufgrund der berührten Wertentscheidungen den Bereich der Ethik mitbetrifft, weist

---

6 Das Lexem δίψυχος ist erkennbar das Resultat eines Wortbildungsprozesses, auch wenn Details über diesen Vorgang nicht rekonstruierbar sind. Hier handelt es sich um eine Art der Wortbildung, bei der zwei bedeutungstragende Morpheme zu einem Kompositum kombiniert wurden, nämlich durch Verbindung des die Zahl „zwei" benennenden, nicht wortfähigen Morphems „δι" als Präfix mit dem Adjektiv „ψῦχος", das – anders als im herkömmlichen Gebrauch, wo es ‚*kalt*' bedeutet – auf die ‚*Seele*' (ψυχή), referiert (etymologisch hängen diese Bedeutungen allerdings zusammen). Hier wurde also nicht auf das vorhandene, seit Aristoteles belegbare Adjektiv ψυχικός zurückgegriffen (Aristoteles, eth.Nic. 1117b), das bereits in älteren Sprachstufen von dem Nomen ψυχή abgeleitet worden war. Dies könnte damit zusammenhängen, dass das Adjektiv ψυχικός in der Koine-Zeit, insbesondere im Frühchristentum, bereits mit bestimmten Bedeutungsmerkmalen belegt war, die sich nicht mit der neu intendierten Bedeutung vereinbaren ließen. Insofern liegt bei der Wortbildung δίψυχος wahrscheinlich kein zweistufiger Kompositionsprozess vor, bei dem zunächst das Adjektiv ψῦχος von ψυχή abgeleitet und dann dieses Adjektiv mit dem Zahlwort für ‚zwei' kombiniert worden wäre. Eher ist anzunehmen, dass es sich hierbei um eine einstufige Wortneubildung handelt, bei der das Adjektiv durch Analogiebildung aufgrund von ähnlichen Vorbildern wie δίγλωσσος etc. entstand.

Zwar werden Formen des Lexems ψυχή im Jakobusbrief in Jak 1,21 und Jak 5,20 gebraucht, aber nicht im Sinne eines das Erleben und Verhalten steuernden Personenkerns gemäß griechisch-philosophischer Auffassung.

7 Semantische Identität zwischen dem Zweifel zum einen und ὀλιγόπιστος/ὀλιγοπιστία sowie δίψυχος/δίψυχοι zum anderen sind nicht vorausgesetzt.

der ‚Kleinglaube' auf ein Schwanken zwischen Vertrauen auf Gott/Jesus und Nicht-Vertrauen auf Gott/Jesus hin. Dass unzulängliches Gottvertrauen ethische Implikationen hat, wird in Mt 6,19–34 besonders evident. Im Matthäusevangelium verweisen ὀλιγόπιστος/ὀλιγοπιστία aber auch deshalb auf ein Zweifelskonzept, weil der Kleinglaube in Mt 14,31 als Synonym zu διστάζω erscheint, einem expliziten Ausdruck der griechischen Sprache für das Zweifeln. Wie in den exegetischen Analysen gezeigt, kann für die Belege von ὀλιγόπιστος in Mt 6,30; 8,26; 14,31 und 16,8 von einer gemeinten Gleichzeitigkeit von Vertrauen und Misstrauen ausgegangen werden, wobei die Einflussgrößen, die das für die Jünger prinzipiell vorauszusetzende Vertrauen in Herausforderungen der Jesusnachfolge situativ schmälern, in den jeweiligen Perikopen genannt werden (Sorge, Furcht, fehlgeleitete Gedanken usw.). Diese mithilfe von Fragestellungen der historisch-kritischen Methodik sowie der Historischen Psychologie gewonnene Einordnung findet zudem darin Rückhalt, dass moderne Bedeutungsdefinitionen des Zweifels häufig ebenfalls das Moment des Misstrauens bzw. Mangels an Vertrauens beinhalten, beispielsweise eine der Definitionen von ‚doubt' des Merriam-Webster's Collegiate Dictionary: „3a: a lack of confidence: distrust b: an inclination not to believe or accept."[8] Hinzu kommt: Der Zweifel wird häufig dadurch definiert, dass die betroffene Person konfligierende Einstellungen oder Kognitionen in Hinblick auf ein und dasselbe Bezugsobjekt aufweist.[9] Dieser Aspekt erscheint bei dem matthäischen Gebrauch von ὀλιγόπιστος κτλ. besonders deutlich, denn mit dem Vorwurf des Kleinglaubens wird die Haltung der Jünger kritisiert, die zwar prinzipiell Vertrauen in ihren „Herrn" besitzen, aber in entscheidenden Situationen unangemessene Kognitionen und Affekte entwickeln, die mit einem Misstrauen einhergehen.

Bei der ‚Zweiseeligkeit' im Jakobusbrief handelt es sich hingegen nicht um ein Bezugsobjekt, sondern um zwei: Der zweiseelige Mensch ist hin- und hergerissen zwischen der Welt auf der einen und Gott auf der anderen Seite. Der Verfasser illustriert und verdeutlicht dieses Schwanken, indem er den Zweiseeler mit dem Gewoge des Meeres vergleicht. Unbeständigkeit und Haltlosigkeit werden dadurch akzentuiert (vgl. bes. Jak 1,6–8; 4,4.7–8). Mit δίψυχος/δίψυχοι ist also eine Unstetigkeit, eine Unentschiedenheit oder Unentschlossenheit angesprochen, die es erlaubt, dieses Lexembündel ebenfalls als Zweifelskonzept zu verstehen, zumal die dem Zweifel inhärente „Zweiheit" in der ersten Komponente des Kompositums δίψυχος (bzw. δίψυχοι) explizit enthalten ist. Auch hier sei wieder auf moderne Definitionen des Zweifels verwiesen, die erklären, bei bestimmten Formen des Zweifels müssten zwei gegensätzliche Kognitionen oder Sachverhalte gegeneinander abgewogen werden.[10] Diese Vorstellung

8 Merriam-Webster's Collegiate Dictionary (2003), 375.

9 Vgl. auch Zimmermann, Untersuchung, 307.

10 Vgl. z. B. Pelkmans, Outline, 3f.

spiegelt sich auch in den Ausdrücken für den Zweifel aus romanischen und germanischen Sprachfamilien wider, die alle das Merkmal einer Zwei-heit aufweisen, wie z. B. dubitatio, doubt, le doute, la duda, Zwiespalt etc.[11]

In beiden neutestamentlichen Schriften als Tadel markiert, ist die direkt und indirekt geforderte eindeutige und konstante Positionierung zum ‚Herrn' weder beim Kleingläubigen noch beim Zweiseeligen vorhanden. Vereinfacht gesprochen setzt der Kleinglaube im Grunde „eine Seele" voraus, die defizitär ist: Zwar ist bereits ein gewisses Qualitätsniveau erreicht, was an der Abgrenzung der noch kleingläubigen Jünger gegenüber dem ungläubigen Volk abgelesen werden kann. Die Idealhaltung der Pistis weist jedoch einen graduellen Mangel auf, der durch Entschiedenheit im Glauben behoben werden kann. Im Gegensatz dazu setzt die Dipsychia „zwei Seelen" voraus und damit eine Spaltung im Menschen. Hier besteht das Defizit nicht in einem abgestuften Gut-Sein, sondern in der Unentschiedenheit, in der Gleichzeitigkeit von zwei Bestrebungen, wobei die eine auf das Gute, d. h. Gott, ausgerichtet ist, die andere jedoch auf das zu Vermeidende, d. h. Satan und die Welt. Der ‚Kleinglaube' einerseits und die ‚Zweiseeligkeit' andererseits repräsentieren insofern zwei unterschiedliche Formen des Zweifels: Während der ‚Mensch mit zwei Seelen' sich zwischen zwei alternativen Lebensentwürfen entscheiden muss, die von zwei unterschiedlichen Bezugsobjekten (Gott und Welt) dargestellt werden, schwankt der Kleingläubige zwischen den Alternativen Glauben / Vertrauen oder Nicht-Glauben / Vertrauen in Bezug auf ein und dasselbe Objekt (Gott / Jesus). Beide Zweifelstypen haben dabei nicht nur die Entscheidungsdimension gemeinsam. Sie teilen auch, dass in ihnen propositionale Einstellungen zum Ausdruck kommen, insofern es sowohl beim Kleinglauben als auch bei der metaphorischen Zweiseeligkeit um den Standpunkt geht, den eine Person gegenüber einer bestimmten Aussage oder einem bestimmten Sachverhalt einnimmt.[12] Ausgehend von der wörtlichen Bedeutung von ὀλιγόπιστος/ὀλιγοπιστία im Matthäusevangelium einerseits und von δίψυχος/δίψυχοι im Jakobusbrief andererseits könnte man beim Kleinglauben von einem Zweifelskonzept sprechen, bei dem der Fokus auf der Graduierbarkeit der propositionalen Einstellung liegt, während bei der Zweiseeligkeit die Entscheidungsdimension semantisch hervorgehoben erscheint.

Sowohl der Kleinglaube als auch die Zweiseeligkeit lassen sich mithilfe ihrer jeweiligen kontextuellen Bezugssysteme als Zuschreibungen von Haltungen

11 Vgl. Pelkmans, Outline, 4; Zimmermann, Untersuchung, 307.

12 Der Fachausdruck ‚propositionale Einstellung' geht auf den Philosophen und Logiker Bertrand Russell zurück. Vgl. Russell, Inquiry, 21 u.ö. In Bezug auf den Zweifel alleine siehe dazu auch Heidemann, Art. Zweifel, NHPhG 3 (2011), 2676.

Die Klassifikation beider Zweifelskonzepte als propositionale Einstellungen macht keine Aussagen über die präzise Art und Weise dieser Einstellung im subjektiven Erleben eines konkrekten Individuuums!

bzw. Einstellungen beschreiben, denn sie umgreifen jeweils affektive, kognitive und das Verhalten betreffende Dimensionen. Zugleich repräsentieren sie damit nicht vorrangig einmalige, momentane Ereignisse, wenngleich sich die jeweilige defizitäre Haltung in konkreten Momenten äußert: Matthäus stellt dar, wie sich der Kleinglaube situativ in herausfordernden Situationen der Jesusnachfolge u. a. in Form von Furcht oder Zweifeln manifestiert. Und Jakobus kann die Zweiseeligkeit als Ursache für konkrete, inkonsistente Verhaltensäußerungen beschreiben, z. B. wenn der Einzelne im Glauben, Gott zu dienen, seine Zunge nicht im Zaum hält und so sein eigenes Herz betrügt, oder wenn er infolge irdischer Begehren in böser Absicht eine Bitte an Gott richtet.[13] In diesen Beschreibungen von δίψυχος κτλ. und ὀλιγόπιστος κτλ. als Haltungen zeigen sich mehrere wichtige Binnendifferenzierungen, die miteinander zusammenhängen: (a) Gemeinsam ist beiden Konzeptionen, dass sie eine vom Menschen wahrgenommene Unterscheidung zwischen seinem „Innen" und seinen „Außen" implizieren. Denn nur wenn diese defizitären Haltungen dem Inneren des Menschen zugeschrieben werden, können die Aufforderungen zur ganzheitlichen Zentrierung auf Gott hin, ohne Abstriche und Zweifel, als echte ethische Aufgaben der Jesusnachfolgenden verstanden werden, insofern die Korrektur dieser Haltungen durch aktive Selbststeuerung herbeiführbar aufgefasst wird. (b) Sowohl für Jakobus als auch für Matthäus ist das Innere des Menschen moralisch höchst relevant. Matthäus betont schon mit seiner Version des Logions vom Auge, dass die innere Qualität des Menschen für die Gesamtheit des Lebensbezuges entscheidend ist. Auch in vielen anderen Jesuslogien der Bergpredigt ist ausgesagt, dass zählt, was im Menschen ist. Entsprechend äußert der Verfasser des Matthäusevangeliums in Mt 15,11 was einen Menschen „rein" mache, sei das, was er in seinen Innenraum lasse. Jakobus weist demgegenüber auf die Gefahr der eigenen Begierden hin (Jak 1,14f), die daher im Zaume zu halten sind; er betont die Bedeutung des Willens für die individuelle Ethik und Selbstkontrolle (Jak 3,2–5) und mahnt zur „Heiligung" des Herzens (Jak 4,8). Es ist davon auszugehen, dass Kleinglaube und Zweiseeligkeit als innere Phänomene für die Anthropologie und Ethik der entsprechenden neutestamentlichen Schrift ebenfalls von größter Bedeutsamkeit sind. (c) Es sei nochmals ausdrücklich darauf hingewiesen, dass sowohl Matthäus als auch Jakobus mit ihren Dissonanzausdrücken δίψυχος bzw. ὀλιγόπιστος κτλ. Phänomene der ‚Innenseite' des Menschen zu beschreiben scheinen, also des menschlichen Erlebens, wobei diese innere Haltung jeweils Konsequenzen für die interpersonal relevante ‚Außenseite' des Menschen, d. h. für das Verhalten, hat: Im Jakobusbrief ist die Folge der Zweiseeligkeit für das Verhalten der betroffenen Person zunächst lediglich über den mit δίψυχος in Jak 1,8 verbundenen Semitismus „auf all seinen Wegen" erkennbar. Der Gesamtentwurf der

13 Zur Wahrscheinlichkeit, dass diese Verhaltensweisen mit der Haltung des ἀνὴρ δίψυχος zusammenhängen, siehe Kapitel VII dieser Arbeit.

Schrift zeigt jedoch, dass sich diese Zwiespältigkeit auch auf konkret entfaltete Dimensionen des Menschseins auswirkt, die von Außenstehenden beobachtbar sind, wie z. B. parteiischer Umgang mit Mitchristen je nach sozialem und finanziellem Status etc. (vgl. z. B. Jak 2,1–13). Im Matthäusevangelium lässt sich aus den redaktionellen Aktualisierungen der Wortfamilie ὀλιγόπιστος κτλ. seitens des Verfassers schließen, dass sich ein defizitäres Vertrauen auf den Erfolg observabler Handlungen auswirkt, und zwar sowohl für die betroffene Person selbst, als auch für ihre Nächsten: Das Erleben von Kleinglauben resultiert in unnötigen Handlungskonsequenzen (Hilfegesuch an Jesus Mt 8,25), im Versinken in den Wellen (Mt 14,30) sowie in der Unfähigkeit, die Vollmacht zu Heilungen zu realisieren (Mt 17,19f). (d) Während jedoch bei Matthäus der Kleinglaube an sich keine Innen-Außen-Dissonanz impliziert, ist der ‚Mensch mit zwei Seelen' nicht nur als in seinem Wesenszentrum unentschieden gezeichnet, sondern auch in seinem Verhalten inkonsequent. Er steht z. B. in Gefahr, lediglich ein ‚Hörer des Wortes' zu bleiben, der daraus keine Handlungskonsequenzen ableitet (Jak 1,22ff). Sein Unvermögen, sich von der Welt zu distanzieren, kann dazu führen, dass Affekte und Lüste in seinem Inneren in Widerstreit miteinander geraten, was soziale Dissonanzen hervorzurufen vermag (vgl. bes. Jak 1,27; 3,13ff; 4,1ff). Der Zweiseeler setzt seine Prioritäten immer wieder falsch, und handelt nach dieser Fehlsetzung, was zu Selbstkontrollproblemen führt und ihn immer wieder auf den Weg zu Sünde und Tod abgleiten lässt. Die Gespaltenheit des ἀνὴρ δίψυχος kann sich insbesondere in Selbsttäuschung äußern (Jak 1,22.26). Ein Vergleich mit den ‚Kleingläubigen' des Matthäusevangelisten demonstriert, dass diese nicht in Versuchung stehen, sich selbst zu täuschen. Anders als die Gegner Jesu, die nach öffentlicher Anerkennung heischen, deren Innen- und Außenseite Inkongruenzen aufweist, versuchen die Kleingläubigen nicht, etwas heuchlerisch vorzugeben.[14] Die Jüngerfiguren, die ausdrücklich als Kleingläubige etikettiert werden, können diejenigen Erfahrungen ihres inneren Erlebens, die ihr prinzipiell vorhandenes Vertrauen schmälern, Jesus gegenüber ganz offen zeigen: Sie äußern ihre Furcht verbal, schreien nach Hilfe. Sie verstellen sich dabei nicht oder gebärden sich scheinheilig. Im Matthäusevangelium wird zwischen der Heuchelei als einer Innen-Außen-Dissonanz und dem Kleinglauben als einer Beschreibung für das Resultat einer Innendissonanz differenziert. Heuchelei zieht eschatologische Konsequenzen nach sich (vgl. die Verweise auf ‚Heulen und Zähneklappern'/auf Gerichtsvorstellungen). Der Kleinglaube hingegen wird lediglich getadelt. Selbst der Kleingläubige und Zweifelnde bleibt am Ende der matthäischen Story in die Auftragsvergabe zur Weiterverbreitung

14 Allerdings sind die Jünger als Adressaten der Bergpredigt potentiell gefährdet, sich heuchlerisch zu verhalten (vgl. Mt 7,1–5). Das Heucheln steht jedoch nicht explizit im Zusammenhang mit dem Glauben. Zudem richtet sich die Bergpredigt auf der Textebene nicht nur an die Jüngerschaft.

der jesuanischen Lehre eingeschlossen. Mit der Absetzung der ὀλιγόπιστοι von den Lügenpropheten und Heuchlern, deren Innenseite markant von ihrem nach außen gezeigten Gebaren abweicht, zeigt sich auch, dass der Kleinglaube keinesfalls als „Scheinglaube" zu stehen kommt.[15] Vielmehr bezeugt die Wortfamilie m. E. eine realistische Sicht auf den Glauben, der die Identifikation des Evangeliumsrezipienten mit der Jüngerschaft Jesu erleichtert, weil er Glaubensschwierigkeiten ernst nimmt und auch die Situation der matthäischen Gemeinde nachvollziehbarer macht.[16]

Bei einer wechselseitigen Wahrnehmung von matthäischem Kleinglauben und jakobeischer Zweiseeligkeit ist die jeweilige Einbettung des Zweifelskonzeptes in nautische Bildfelder bemerkenswert. In den auf dem Galiäischen „Meer" spielenden Perikopen Mt 8,18–27 und Mt 14,22–33 wird gezeigt, wie kognitive und affektive Größen das Vertrauen zu schmälern vermögen.[17] Im Seesturm (Mt 8,18–27) manifestiert sich der Kleinglaube der Jünger, weil diese irrtümlicherweise in Wind und Wellen Bedrohungen vermuten. Sie geraten unnötigerweise in Furcht, obwohl ihr ‚Herr' als Immanuel „mit ihnen" ist. Jesus demonstriert mit seinem Schlaf hingegen vorbildhaftes Gottvertrauen und „Seelenruhe" (γαλήνη). An Petrus stellt Matthäus in seiner Sondergutepisode innerhalb von Mt 14,22–33 dar, wie die Aufmerksamkeitsfokussierung auf den Wind statt auf Jesus dazu führt, dass die „Inanspruchnahme der uneingeschränkten Macht Immanuels"[18] nicht gelingt: Aus Kleinglaube und Zweifel folgt das Versinken in den Wellen. Im Jakobusbrief droht der ἀνήρ δίψυχος zwar nicht unterzugehen, aber er ist durch den Vergleich mit dem Gewoge des Meeres, das vom Wind getrieben und aufgewühlt wird, mit Unbeständigkeit in Verbindung gebracht (Jak 1,6–8). Während die matthäischen Textpassagen als Erzählungen über Glaubensprüfungen und als paränetische Aufforderungen zu einem eindeutigen Vertrauen dem ‚Herrn' gegenüber und einer Alleinorientierung an ihm gedeutet werden können, ist bei Jakobus im näheren Umfeld von Jak 1,6–8 explizit von Glaubensprüfungen die Rede (Jak 1,3); die Nennung von πειρασμοί verweist ebenfalls auf einen Entscheidungskontext. Der Verfasser des Jakobusbriefes erwähnt den bildspendenden Bereich des Meeres erneut in Jak 3,4. Auch wenn hier nicht ausdrücklich mit δίψυχος κτλ. verknüpft, geht es doch deutlich um die Selbststeuerung des Menschen

---

15 Bornkamm, Sturmstillung, 52, versteht den Kleinglauben bei Matthäus als eine Bezeichnung für einen „zu schwachen Glauben, der in Sturm (8 26; 14 31) und Sorge (6 30; 16 8) erlahmt und damit sich als *Scheinglaube* erweist (17 20), der dem Ansturm dämonischer Gewalten nicht gewachsen ist." (Hervorhebung von mir, A.N.).

16 Die Exemplarität des Kleinglaubensbegriffs hat Bornkamm, Sturmstillung, 52, betont: „Auch durch die Wahl dieses Ausdrucks wird die spezielle Situation der Jünger (…) zu einer typischen Situation der Jüngerschaft überhaupt."

17 In Mt 16,5–12 begegnet der Kleinglaube als Resultat fehlgeleiteter Kognitionen und unzureichender Erinnerung an Jesu Heilstaten zudem am Ufer des Sees Genezareth.

18 Luz, Matthäus I/2, 524.

und damit um Entscheidungen: Wie selbst das kleinste Steuer das Schiff selbst gegen den Wind zu lenken vermag, so genügt für den Menschen der innere Willensimpuls (ὁρμή) zur Körperkontrolle.

Sowohl das Evangelium des Matthäus als auch das Mahnschreiben des Jakobus repräsentieren christliche Texte, wobei die Christologie der matthäischen Schrift wesentlich ausgeprägter in Erscheinung tritt als die des Diasporabriefes. Spiegelt sich diese Differenz auch im jeweiligen Zweifelskonzept? Der Verfasser des Briefes weist sich nach Jak 1,1 als Diener Gottes und „Jesu Christi, des Herrn" aus. Wenn er auf den Glauben (πίστις) zu sprechen kommt, kann er sich – ausdrücklich oder kontextuell – entweder auf Gott (Jak 1,5f; 2,18f), den ‚Herrn' (κύριος: Jak 1,7) oder „Jesus Christus, den Herrn" (Jak 2,1) beziehen. Von der ‚Parusie des Herrn' ist in Jak 5,7f die Rede. Die wenigen expliziten Nennungen Jesu Christi stehen neben Aussagen eines weisheits- und schöpfungstheologisch geprägten Glaubensverständnisses (vgl. v.a. Jak 1,16ff).[19] Im Zusammenhang mit der Verwendung von δίψυχος/δίψυχοι (Jak 1,8; 4,8) findet sich in Jak 1,5–8 sowohl ‚Gott' als auch das Hoheitsprädikat ‚Herr', in Jak 4,1–10 sind kontextuell ebenfalls die Ausdrücke θεός und κύριος gebraucht.[20] Wichtiger als das Verhältnis zwischen Gott und Christus erscheint die Differenz zwischen göttlichem Bereich und irdischer Sphäre: Mit Gott und Welt sind die Entscheidungsalternativen, die vermutlich als Objekte der ‚zwei Seelen' zu denken sind (vgl. Jak 4,4.8), deutlich benannt. Als Ausgangspunkt für ein gottgemäßes Leben erscheint die πίστις als grundlegende, ganzheitliche Haltung, die über ein rein innerliches Phänomen hinausgeht, insofern sie sich im Verhalten manifestiert. Die Adressaten sollen sich von der Welt ‚unbefleckt' halten, dem Teufel widerstehen und stattdessen dem Willen Gottes gehorchen, und nicht wie der Zweiseelige zwischen beiden Lebensalternativen schwanken.

An denjenigen Stellen, an denen Matthäus den Lexemverbund ὀλιγόπιστος κτλ. eigenständig aktualisiert, bezieht sich das kontextuell implizit oder explizit geforderte Vertrauen auch auf die matthäische Jesusfigur. Insofern scheint hier bereits ein Grundstein für die Entwicklung im frühen Christentum gelegt, bei der ein explizit christologischer Gehalt zur vertrauensvollen Annahme der Botschaft Jesu hinzukommt, wie er für das nachösterliche Pistis-Verständnis kennzeichnend ist.[21] Die christliche Pistis umfasst den Glauben an die theologische Deutung des Christusgeschehens und geht insofern über die alttes-

19 Zum Glaubensverständnis des Jakobusbriefes in der aktuellen Forschung siehe K.-W Niebuhr, Glaube im Stresstest. Πίστις im Jakobusbrief, in: J. Frey et al. (Hg.), Glaube. Das Verständnis des Glaubens im frühen Christentum und in seiner jüdischen und hellenistisch-römischen Umwelt (WUNT 373), Tübingen 2017, 473–501.

20 Schnelle, Theologie, 581, formuliert in Bezug auf die Frage nach der Christologie im Jakobusbrief: „Gott und Jesus Christus gehören gerade bei Wahrung ihrer Differenz zusammen!"

21 Zur Bedeutung und zum Gehalt des Glaubens in nachösterlicher Zeit siehe z.B. Seckler/Berchthold, Art. Glaube, NHThG^2 2 (1991), 234–237.

tamentliche personale Haltung des Vertrauens Gott gegenüber hinaus. Dies gilt in Ansätzen auch für das Matthäusevangelium: Indem narrativ dargestellt wird, dass Jesus göttliche Attribute und Fähigkeiten eignen, soll zum Glauben daran aufgefordert werden, dass Gott in Jesus zum Guten des Menschen wirkungsvoll handelt.[22] Hinzu kommt: Auch den Jüngern wird verheißen, an der göttlichen Vollmacht partizipieren zu können, so dass ihnen „alles möglich ist", sofern ihr Glaube keine inneren Dissonanzen, Furcht, Sorge oder Zweifel birgt. Der bemängelte Kleinglaube hat damit noch nicht das Ideal erreicht, diesen matthäischen Glaubensaussagen voll und ganz zu vertrauen. Dennoch ist der Kleingläubige nirgends als Sünder charakterisiert, sein Defizit besteht nicht darin, dass er wie der Zweiseeler immer wieder auf den Weg der Sünde gerät. Zwar kann sich Kleinglaube darin äußern, dass man sich um Unnötiges Sorgen macht, infolge der ‚Gegenspieler' Jesu (wie der Wind) von Furcht ergriffen wird, oder unangemessenen Aspekten Aufmerksamkeit schenkt, aber anders als der Zweiseeler wird der Kleingläubige weder mit unmoralischem Handeln noch mit einer Haltung in Verbindung gebracht, die dämonische Einflussnahme zulässt. Die Kleingläubigen stehen trotz ihres zeitweiligen Vertrauensdefizits vielmehr als Nachfolgende in enger Beziehung zu Jesus.

Es lässt sich festhalten, dass die gegenüber der des Jakobusbriefes stärker ausgeprägte Christologie des Matthäusevangeliums mit den christlogischen Bezugsrahmen der jeweiligen Zweifelskonzepte korrespondiert: Dort, wo Matthäus den Kleinglauben redaktionell in seine Vorlagen einarbeitet (Mt 8,18–27; 14,22–33; 16,5–12 und 17,14–20), bezieht sich das Vertrauensdefizit auf Jesus, dem jeweils bestimmte göttliche Fähigkeiten zugeschrieben werden. Der Jüngerzweifel am Ende des Evangeliums (vgl. Mt 28,17) ist als eine Reaktion auf den Auferstandenen dargestellt. Im Jakobusbrief hingegen werden im Zusammenhang mit dem Zweiseeligkeitskonzept zum einen die Welt/der Teufel und zum anderen Gott, und nicht Jesus, als Bezugspunkte explizit genannt (vgl. Jak 4,4.7.8).

Eine Gemeinsamkeit zwischen Matthäus und Jakobus kann allerdings darin gesehen werden, dass beide Verfasser mit dem Gegensatz von Gott und Welt einen Topos aufgreifen, der auch in anderen frühchristlichen Schriften nachweisbar ist.[23] Die Problematik der Vereinbarkeit von weltlicher und göttlicher Sphäre ist im Matthäusevangelium und im Jakobusbrief eng mit dem Kleinglauben bzw. der Zweiseeligkeit verbunden. An der Unentschiedenheit,

---

22 Zum Glaubensverständnis des Matthäusevangeliums siehe den aktuellen Beitrag von M. Konradt, Die Rede vom Glauben in Heilungsgeschichten und die Messianität Jesu im Matthäusevangelium, in: J. Frey et al. (Hg.), Glaube. Das Verständnis des Glaubens im frühen Christentum und in seiner jüdischen und hellenistisch-römischen Umwelt (WUNT 373), Tübingen 2017, 424–450.

23 Vgl. H. Riesenfeld, Vom Schätzesammeln und Sorgen – ein Thema urchristlicher Paränese. Zu Mt VI 19–34, in: W.C. van Unnik (Hg.), Neotestamentica et Patristica, FS. O. Cullmann (NT.S. 6), Leiden 1962, 47–58.

welchem Sinngebungshorizont Vertrauen oder Gehorsam entgegenzubringen ist, zeigt sich die mit den jeweiligen Wortfamilien korrespondierende Entscheidungsproblematik eindrücklich; dabei entspricht das Lexembündel δίψυχος/δίψυχοι mit seiner inhärenten Bipolarität der Differenz zwischen Gott und Welt schon lexikalisch, während die innere Dissonanz des Kleingläubigen erst mithilfe der kontextuellen Bezüge als Korrelation zum Makrokosmos verdeutlicht wird: Der ἀνὴρ δίψυχος wird im Jakobusbrief getadelt, weil er sich nicht zwischen „zwei Herren", zwischen Gott und der Welt/dem Teufel entscheiden will. Zwar ist er als Adressat der Schrift bereits prinzipiell dazu bereit, als Christusgläubiger an der Gemeinde zu partizipieren und auf das Wort zu hören. Er steht jedoch in konstanter Gefahr, seinen Glauben nicht in Taten umzusetzen. Gerade in Versuchungs- und Erprobungssituationen wählt er die zur Sünde führende Alternative, die im Folgeleisten der affektiven Impulse statt im Gehorsam gegenüber dem göttlichen Willen besteht. Den dem dämonischen Bereich zugeordneten Affekten der Begierde und Lust setzt der Zweiseeler keine Standhaftigkeit entgegen. Statt für die Wahrheit entscheidet er sich für den Irrtum. Dem ‚Wort' bringt er kein Vertrauen entgegen; die irdische Weisheit führt ihn in die Gottesferne, zu Besitzstreben[24] und zu sozialdestruktivem Verhalten wie Neid oder Streit. Im Matthäusevangelium gibt es mehrere Hinweise darauf, dass der Kleinglaube eine Haltung bezeichnet, bei der der Mangel an Vertrauen zu Gott/Jesus auf die Ausrichtung an der Welt zurückgeführt werden kann. Dies wird bereits in Mt 6,19–34 besonders deutlich, denn die Sprüche vom Sorgen sind eng verknüpft mit dem Logion von den zwei Herren.[25] Nicht nur betont der Evangelist die Ausschließlichkeit des Dienstes an Gott und am Mammon zugleich, sondern er spricht auch von der Unvereinbarkeit, Schätze auf Erden bzw. im Himmel zu sammeln. Äußere Güter sind im Gegensatz zum Schatz im Herzen (Mt 6,21) unzulänglich. Immer wieder betont Matthäus, dass das Verborgene, das Innere, die rechte Einstellung zählt und nicht die Äußerlichkeiten. Dennoch stellt er klar, dass gewisse grundlegende äußere Güter zum Leben in der Nachfolge notwendig sind. Aber das Streben des Einzelnen soll in erster Linie auf das Tun der Gerechtigkeit und insofern auf die Umsetzung des Reiches Gottes ausgerichtet sein. Entscheidend ist also die Motivation, sich an Gott zu halten und dessen Fürsorgewillen zu vertrauen. Denn wer die Aufmerksamkeit von Jesus und seinem Wort abschweifen lässt (vgl. Mt 14,28–31), der verliert an Halt und Glauben.

---

24 Vgl. z. B. Konradt, Sünde, 23: „Konzeptionell wird (…) deutlich, dass Jakobus den sündhaften ‚Mammondienst' von Christen als Ausdruck von Gespaltenheit zwischen Gott und Welt versteht."

25 Entsprechend bezeichnet Bazitwinshi, Weisheit, 113, den Kleingläubigen als jemanden, der noch „an einem inneren Zwiespalt (Gott oder Mammon) leidet", vgl. auch ebd., 123.

In der folgenden Graphik sind Ergebnisse eines Vergleiches zwischen den jeweiligen Bezugsbegriffen im Kontext von Zweiseeligkeit im Jakobusbrief einerseits und von Kleinglauben im Matthäusevangelium andererseits dargestellt. Hier zeigt sich, dass es auf der positiven Seite, der Gott zugeordneten Aspekte, große Gemeinsamkeiten zwischen beiden Konzepten gibt, während die Oppositionsbegrifflichkeit der je „weltlichen" Seite stärker variiert.

Übersicht: *Zweiseeligkeit (Jak)* und Kleinglaube (Mt)
in ihren jeweiligen kontextuellen Bezugssystemen

Gott – Vater des Lichts – Weisheit von oben Gott/Herr – Reich Gottes – Himmel	*Teufel – Welt – irdische Weisheit* Mammon – Erde – Heiden
Leben – Licht – Einfachheit Leben – Licht – Einfachheit	*Tod* Finsternis
Wahrheit – Vollkommenheit Gerechtigkeit – Vollkommenheit	*Irrtum – Sünde* Bosheit
Herz – „eine Seele" Herz – Seele – Körper	*Begierde – Lust* Streben nach Äußerlichem
Glaube – Wort – Gesetz Glaube – Wort – Gesetz	Unglaube

Abb. 21: Zweiseeligkeit im Jakobusbrief und Kleinglaube im Matthäusevangelium – Kontextuelle Bezüge

Es erscheint schlüssig, dass sowohl Matthäus als auch Jakobus nicht zuletzt mittels ihrer paränetischen Warnungen vor Kleinglaube, Zweifel und innerer Widersprüchlichkeit auf psychologische Aspekte, auf das innere Erleben und Affektverhalten ihres Leserkreises einwirken wollen. Möglicherweise reagieren beide Verfasser mit ihren ‚Zweifelskonzepten' auf ihre jeweilige Gemeindesituation und dort auftretende Probleme und Fragestellungen. In Anbetracht zunehmender äußerer und innerer Bedrohungen in frühchristlichen Gruppierungen, wie sie für das ausgehende 1. Jh. n. Chr. vorausgesetzt werden können, könnte insbesondere mit Blick auf die in beiden neutestamentlichen Schriften thematisierte Parusieverzögerung die Stabilisierung der jeweiligen Gemeinde im Glauben intendiert gewesen sein.[26] In Bezug auf das Matthäusevangelium ließen sich die Appelle, das mit dem Kleinglauben und dem

26 Meier, Questions, 409, Anm. 13, schließt z. B. von der Vorliebe des Evangelisten, die Jünger als im Glauben instabil zu zeichnen, auf die Situation der matthäischen Anhängerschaft: schwankendes Vertrauen bzw. schwankende Gewissheit spiegle neben der Anbetung

Zweifel angesprochene Defizit zu korrigieren, daneben als für die Mission relevant verstehen.[27] Denn wer sich in der Herausforderung der Nachfolge auf die göttliche Güte umfassend verlässt und ihr durch sein eigenes Verhalten entspricht, kann glaubhaft werden für eine Vorbildfunktion bzw. für exemplarische Vollkommenheit. Allerdings lässt sich das Ende des Matthäusevangeliums zugleich im Sinne eines Schutzes vor Überforderung verstehen, insofern sogar die Zweifler in Auftrag und Zuspruch Jesu eingeschlossen bleiben.

2. Mit ὀλιγόπιστος κτλ. und δίψυχος κτλ. vergleichbare Aspekte der untersuchten Vorstellungen um die Einheit und Dissonanz des Menschen in der Antike

Die zur Profilierung von ὀλιγόπιστος κτλ. einerseits und δίψυχος κτλ. andererseits herangezogenen griechisch-philosophischen, biblisch-hebräischen und frühjüdischen Menschenbilder entstammen verschiedenen Epochen, Sprachräumen und Genres. Sie bezeugen einen lebhaften Diskurs über die Dissonanz und Einheit des Menschen in der Antike. Mit der in dieser Arbeit dargestellten Vielfalt an Vorstellungen und Ausdrucksmöglichkeiten zu diesen Themenkreisen ist der Disparität antiker Textproduktion im Mittelmeerraum Rechnung getragen. Inwiefern das Matthäusevangelium einerseits und der Jakobusbrief andererseits an relevante Aspekte und Tendenzen im Vor- und Umfeld des Christentums anknüpfen, lässt sich in mehreren der im Folgenden genannten Unterpunkte erkennen.[28]

(a) In antiken Texten begegnet eine eindrückliche Bandbreite an Vorstellungen menschlicher Einheit. Die Binnendifferenzierung der Seele bei antiken Philosophen geht offenbar auf die Erkenntnis zurück, dass der Mensch sich als

---

und der Verstehensproblematik die Verhältnisse einer Gemeinde wider, die sich als Corpus mixtum mit der Spannung zwischen πιστεύω/συνίημι und ὀλιγοπιστία/διστάζω auseinandersetzen musste.

27 Die missionarische Ausrichtung der Schrift wird vielfach deutlich, vgl. nur Mt 28,18–20.

28 Einer zusammenfassenden Betrachtung entsprechend werden die Ergebnisse im Folgenden zum Teil vereinfacht dargestellt. Zur Präzisierung der Inhalte sei auf die jeweils korrespondierenden Unterkapitel dieser Arbeit verwiesen. An vielen Stellen in dieser Arbeit wurde zudem bereits im Interesse der konkreten Argumentationsabsicht auf Gemeinsamkeiten und Unterschiede zwischen frühchristlichen, biblisch-hebräischen, frühjüdischen, griechisch-philosophischen Vorstellungen und solchen aus der Umwelt des Neuen Testaments aufmerksam gemacht.

innerlich dissonantes, zerrissenes Wesen erleben kann. Aufgrund von Interaktionen bzw. Konflikten zwischen seinen Seelenteilen oder -vermögen kann er sich eher vernünftig oder eher affektiv-irrational verhalten. Philosophische Menschenbilder der Griechen beschreiben die ideale personale Einheit entsprechend als harmonische Einheit der Seelenteile oder -funktionen. Plato und Aristoteles konnten in diesbezüglichen Kontexten die Frage artikulieren, wie der Mensch „einer aus vielen" werden könne. Der Zusammenklang aller Vermögen oder Teile lässt sich aus griechisch-philosophischer Sicht erreichen, wenn der Vernunft Vorrang eingeräumt wird.[29] Ordnung, Selbstübereinstimmung, Beständigkeit, Besonnenheit und Seelenruhe repräsentieren nur einen Ausschnitt der Formulierungen, die das Ideal der Einheit in einschlägigen Texten präzisieren können.

In Schriften der hebräischen Bibel wird keine Unterteilung der Seele vorgenommen, da der Mensch hier eine unteilbare Ganzheit darstellt. Diese Ganzheit ist ganz besonders relevant in Bezug auf Gott: Mit der hebräischen Wurzel תמם (*tmm*) kann die moralische Integrität des Menschen hervorgehoben werden, das Sch^e^ma-Israel fordert die Liebe zu Gott ‚aus ganzem Herzen, ganzer *næpæš* und ganzer Kraft'. Abweichungen von diesen Normen schlagen sich begrifflich nicht in Lexemen oder Wendungen nieder, die eine ‚Halbierung' oder innere ‚Spaltung' des Menschen zum Ausdruck bringen. Als oppositionelle Konzepte begegnen vielmehr Trug, Lüge, Verstellung o. Ä., d. h. Phänomene, bei denen die Innenseite des Menschen nicht mit seinem nach außen gezeigten Verhalten korrespondiert. Während in der qumranischen Gemeinderegel die durch תמם (*tmm*) zum Ausdruck gebrachte ‚Vollkommenheit' eine gewichtige Rolle spielt, fehlen bei Ben Sira entsprechende im Griechischen mögliche Äquivalente, wie τέλειος κτλ. (‚vollkommen') oder ἁπλοῦς κτλ. (‚einfach'). Das Sirachbuch betont allerdings nicht nur die ganzherzige Gottesliebe und -furcht, sondern zeichnet den Weisen auch als frei von Unaufrichtigkeit und Wechselhaftigkeit im Verhalten. Vorstellungen menschlicher Einheit oder personaler Ganzheit bleiben im Vierten Makkabäerbuch trotz facettenreicher Darstellungen intrapersonaler, existentialer Konflikte blass, ganz anders als in den ‚Testamenten der zwölf Patriarchen', deren Verfasserschaft nicht nur die moralische Güte anthropologischer Vermögen fordert, sondern auch Verhaltensaufrichtigkeit bzw. Authentizität und die Tugend der Haplotes. Die ‚Testamente' bezeugen eine Fülle an Vorstellungen intrapersonaler Dissonanzen sowie Innen-Außen-Dissonanzen, deren Ursache i. d. R. bösen Geistern aus dem dämonischen Bereich zugeschrieben wird. Bei Philo von Alexandrien begegnen ganzheitliche und auf die Seele bezogene Vorstellun-

---

29 P. Hadot hat formuliert: „Schon Platon hatte die Seele aufgefordert, sich in sich zu sammeln, also sich zu vereinheitlichen, die Stoiker hatten das Gut des Individuums mit seinem inneren Einklang identifiziert." Siehe HADOT, Art. Eine (das), Einheit I., HWP 2, 366.

gen von der einheitlichen Existenz des Menschen. Wie in anderen Schriften des frühen Judentums auch sind Mahnungen zur Integrität in der Theologie fundiert. Der Zeitgenosse Jesu nimmt dazu sowohl Formulierungen aus einschlägigen philosophischen Texten auf, wie auch Redeweisen der biblischen Tradition.

Als ein zentrales Grundanliegen von Matthäusevangelium und Jakobusbrief erscheint der vor Gott ungeteilte ganze Mensch. Um der Forderung nach ethischer Vollkommenheit Ausdruck zu verleihen, greifen beide auf τέλειος κτλ. (‚vollkommen') zurück. Auf die richtige Ausrichtung des Herzens und auf die Einheit des menschlichen Inneren kommt es beiden neutestamentlichen Verfassern entschieden an. Im Evangelium nach Matthäus ist die Liebe zu Gott aus ganzem Herzen, ganzer Seele und ganzer Kraft Teil des „wichtigsten Gebotes" (Mt 22,36–39). Daher drängen viele Perikopen auf eine beständige und strapazierfähige Glaubenshaltung. Jakobus akzentuiert ebenfalls die Relevanz des Glaubens, ruft daneben – wie auch Matthäus – nachdrücklich zu einer eindeutigen Entscheidung für den Bereich Gottes auf. Innere Uneindeutigkeit und Unbeständigkeit hingegen sind – ähnlich wie in den ‚Testamenten der zwölf Patriarchen' – mit der Sphäre des Teufels asoziiert. Der biblischen Tradition entsprechend, aber im Gegensatz zur konventionellen griechisch-philosophischen Tradition, sind die Einheitsforderungen im Evangelium nach Matthäus und im Brief des Jakobus nicht an die Maxime der Vernunftdominanz gebunden, sondern theologisch motiviert: Innere Einheit und Integrität lassen sich nur von Gott her begründen. Bei beiden neutestamentlichen Schriftstellern sind korrespondierende Ausagen mit spezifischen Zweifelskonzepten verknüpft.

(b) Die Kleingläubigen des Matthäusevangeliums und die Zweiseeler des Jakobusbriefes sind beide noch auf dem Weg zur Vollkommenheit. Einerseits gehören sie nicht der Klasse der Ungläubigen bzw. der nicht mehr zu rettenden Sünder an. Andererseits haben sie das jeweils geforderte Ideal eines ganzheitlich und eindeutig auf Gott ausgerichteten Christen noch nicht erreicht. Sie nehmen insofern eine Zwischenposition auf der Skala von völlig positiv bis völlig negativ ein. Diese Mittelstellung erinnert an die griechisch-philosophische Vorstellung eines „Fortschreitenden" (προκόπτων), der zwischen dem Unverständigen und dem Weisen zu stehen kommt. Im Jakobusbrief ist diese Mittelposition nur aus kontextuellen Bezügen zu erschließen. Im Matthäusevangelium kommt es schon in dem griechischen Ausdruck für den Kleinglauben zum Vorschein, denn den ὀλιγόπιστοι eignet weder Unglaube noch großer Glaube. Aber auch die Bezeichnung der öfters mit ‚Kleingläubigen' angesprochenen Jünger als μαθηταί zeigt, dass sie noch dazulernen müssen: Als ‚Schüler' müssen sie sich auch in ihrem Glaubensverständnis noch weiterentwickeln. Während ὀλιγόπιστος κτλ. und δίψυχος κτλ. im Neuen Testament neben der mitmenschlich relevanten Ethik das Gottesverhältnis tangieren, beschränkt sich die philosophische Klassifizierung des Fortschreitenden allein auf die Ethik.[30]

(c) Sowohl im Matthäusevangelium als auch im Jakobusbrief begegnen die jeweiligen Zweifelskonzepte im Zusammenhang mit an den ‚Herrn' gerichteten Bitten, wobei das Gottesbild in beiden Schriften sehr positive Konnotationen aufweist (vgl. z. B. Mt 19,17; Jak 1,17). Mt 14,31; 17,19f lassen sich als Kommentare deuten, die erklären, warum Wunder scheitern bzw. das Erbetene nicht eintreten kann. Der Kleinglaube bleibt hinter dem Ideal des „bergeversetzenden" Senfkornglaubens zurück. In Mt 17,20; 21,21 f ist ein Jesuslogion verarbeitet, das die Realisation von gar unmöglich Erscheinendem verheißt, sofern der Mensch an diese Möglichkeit glaubt. Ein davon abweichender Akzent kommt innerhalb des Matthäusevangeliums da zum Tragen, wo der Kleingläubige den matthäischen Jesus um Hilfe bittet (Mt 8,25; 14,30). Trotz dieses Defizits an Glauben wird ihm durch Jesus Rettung zuteil. Darin besteht ein gewichtiger Unterschied zum Jakobusbrief, der dem zweiseeligen Menschen, dem unvollkommenen Christen, einschärft, er werde mit einer solchen inneren Haltung von Gott nichts erhalten (Jak 1,7). Dies erinnert an die Aussagen vom Glauben Mt 17,20; 21,21 f, der sogar Berge zu versetzen vermag. Während Matthäus positiv das Potential der Pistis hervorhebt, stellt Jakobus in Jak 1,7 f den Negativbefund für das Nicht-Erhalten von Erbetenem infolge der Zweiseeligkeit neben die positiv formulierte Äußerung in Jak 1,5, nach der Gott jedem Menschen ‚einfach' (ἁπλῶς) und ohne Vorwürfe Gaben zuteil werden lässt. Jak 4,3 betont in Anschluss an Jak 1,7, dass die Adressaten weder Unaufrichtigkeit an den Tag legen noch böse Absichten für das Erbetene hegen dürfen, wenn sie die Erfüllung ihrer Bitten wünschen. Das Zweifeln und Vertrauensdefizit der Jünger im Evangelium nach Matthäus ist hingegen keine Barriere, sich an Gott bittend wenden zu können (vgl. z. B. Mt 8,25 f), und auch kein Grund für Jesus, selbst (noch) zweifelnden Jüngern einen Auftrag zu erteilen, der sie zu Taufe und Lehre ermächtigt (Mt 28,16–20). Mit der Thematik der defizitären Haltung beim Bitten nimmt das Frühchristentum einen Topos auf,[31] der bereits im antiken Judentum Eingang in Schrifttexte gefunden hatte: Schon Jesus Ben Sira warnt seine Adressaten davor, bei der Zwiesprache mit

30 Aristoteles beispielsweise bezeichnet den Akratiker als halb-schlecht (ἡμιπόνηρος), denn weder ist er in Besitz der Tugend der Besonnenheit, noch charakterisiert ihn eine der zu dieser Tugend konträren Schlechtigkeiten. Vgl. Aristoteles, eth.Nic. 1152a 17. Auch andere Haltungen, die zwischen einer Tugend und den korrespondierenden Schlechtigkeiten zu stehen kommen, sind weder gut noch schlecht, sie sind Zwischenstufen (Aristoteles, top. 123b).

31 Der Gebetszweifel war offenkundig ein bedeutender Topos im Frühchristentum, denn Warnungen vor einer defizitären Einstellung beim Beten sind über unterschiedliche Schriften gestreut. Allerdings wurden Mahnungen nicht in fixierter Terminologie tradiert, denn festgeprägte Wendungen lassen sich in literarisch voneinander unabhängigen Schriften

Gott zu wenig „Beherztheit“ an den Tag zu legen: Die Warnung vor Mutlosigkeit beim Beten wird in Sir 7,10^{LXX} jedoch nicht mit einem Lexem zur Sprache gebracht, das den Zweifel als Bedeutungsnuance enthalten kann, sondern mit dem Ausdruck ὀλιγοψυχέω („eine [zu] kleine Psyche habend“)![32]

(d) Die Lexembündel δίψυχος κτλ. und ὀλιγόπιστος κτλ. lassen sich auch in Bezug auf kontextuell angesprochene Bewältigungsformen und Vorstellungen zur Kontrollierbarkeit menschlichen Verhaltens im Rahmen der herangezogenen antiken Literatur betrachten. Mit dem Topos der angemessenen Haltung in Bezug auf Gott/Jesus stehen sowohl im Matthäusevangelium als auch im Jakobusbrief Aussagen in Zusammenhang, die verdeutlichen, dass entsprechende Defizite als bewältigbar aufgefasst werden. Keine dieser beiden neutestamentlichen Schriften geht von einer unüberbrückbaren Dissonanznatur des Menschen aus. Bei Matthäus wird die Auffassung einer Überwindungsmöglichkeit daran erkennbar, dass der u. a. mit Sorgen, Furcht, und Zweifel assoziierte Kleinglaube wiederholt im Munde Jesu getadelt wird. Es ist anzunehmen, dass die jeweilige Jüngerunterweisung pädagogisch fungieren, d. h. eine Veränderung bewirken soll. In Jak 4,7–10 sind Sünder und Zweiseeler ausdrücklich zur Verhaltensmodifikation aufgefordert. Weil das Defizit des ‚Menschen mit zwei Seelen‘ in seinem Inneren liegt, muss er sein Herz ‚heiligen‘, was der eindeutigen und demütigen Unterordnung unter Gottes Willen bei gleichzeitiger Distanzierung vom Teufel entspricht. Die innere Gespaltenheit kann so in innere Einheit transformiert werden. Anders als in Bezug auf δίψυχος κτλ. im Jakobusbrief wird ὀλιγόπιστος κτλ. im Matthäusevangelium nicht ausdrücklich mit Umkehrforderungen oder Mahnungen zur Distanzierung bzw. Flucht vom dämonischen Bereich verbunden.[33] Die den Kleinglauben behandelnden Texte implizieren, dass Vertrauensmängel durch Imitation des vorbildlichen Gottvertrauens Jesu, durch Erkennen der Unangemessenheit von negativen Affekten und von Zweifelsgedanken, durch die Erinnerung an die jesuanischen Heilstaten sowie grundsätzlich durch ein ‚Mehr‘ an Vertrauen bewältigt werden können. Der Defizitausgleich ist im Falle des Kleinglaubens nicht zuletzt deshalb notwendig, weil sonst keine Heilungen und Exorzismen durchgeführt werden können, die jedoch – wenn gelungen – Ausdruck dafür sind, dass die dämonische Herrschaft überwunden ist.

Beide neutestamentlichen Verfasser rufen insofern mittels eigenständiger Akzentuierungen zu einer theologisch motivierten, religiösen Dissonanzbewältigung auf. Sie knüpfen damit an unterschiedliche Aspekte der biblischen

---

kaum ausmachen. Vgl. z. B. 1Tim 2,8; 1Joh 5,14. In Did 4,7; Barn 19,11 und Herm vis V,4,3 wird διστάζω gebraucht.

32 Sir 7,10^{LXX}: μὴ ὀλιγοψυχήσῃς ἐν τῇ προσευχῇ σου.

33 Mt bietet gleichwohl Umkehrrufe, s. u.

Tradition an, beispielsweise an die Umkehr. Der Evangelist Matthäus bietet mehrfach Umkehrrufe (z. B. Mt 3,2.8; 4,17). Allerdings sind diese kontextuell nicht ausdrücklich auf den Kleinglauben bezogen, bzw. an die Jüngerschaft adressiert. Im Jakobusbrief ist das Thema der Umkehr zwar nicht mit einem griechischen Äquivalentausdruck expliziert, aber Jak 4,7–10 (bes. V.8: „Reinigt die Hände, ihr Sünder, und heiligt die Herzen, ihr Zweiseeler!") entspricht unverkennbar der Intention, auf eine Korrektur anthropologischer Dimensionen zu drängen. Die Umkehr wird schon im Alten Testament nachdrücklich zur Forderung erhoben; Reinigen und Heiligen werden schon im Bußpsalm Ps 51 zusammengestellt. Auch in der Gemeinderegel der Qumrangruppe (die eine Zwei-Geister-Lehre enthält) wird Umkehr zum Thema. Bei den untersuchten griechischsprachigen Schriften bzw. Schriftgruppen des Judentums aus hellenistisch-römischer Zeit mahnen Jesus Sirach, die ‚Testamente der zwölf Patriarchen' und Philo von Alexandrien ebenfalls zu einer normativen Neuausrichtung. Im Gegensatz zum Jakobusbrief scheint die alttestamentliche und frühjüdische Literatur allerdings in entsprechenden Zusammenhängen in erster Linie das von außen beobachtbare Verhalten anzusprechen, die fehlende Übereinstimmung von menschlicher Innen- und Außenseite, und nicht eine dissonante innere Haltung!

Im Vergleich zum Matthäusevangelium fällt im Jakobusbrief ins Gewicht, dass die Größen, die den Menschen zur Überwindung seiner inneren Defizite befähigen, differenzierter und prononcierter konkretisiert werden. Denn während das Matthäusevangelium – der Wortfamilie ὀλιγόπιστος κτλ. entsprechend – Gott/Jesus bzw. den Glauben (i.S. von Vertrauen) als den zentralen Hilfsfaktor und Orientierungspunkt für die religiös und ethisch relevante Vervollkommnung des menschlichen Inneren darstellt, erscheint beim Verfasser des Jakobusbriefes nicht nur Gott per se als Ermöglichungsgrund für die Bewältigung aller Erlebens- und Verhaltensinkongruenzen. Der Mensch ist nach Jakobus auf heterodynamische Verhaltensvorgaben angewiesen, genauer auf gute Gaben Gottes, in erster Linie auf das ‚eingepflanzte' Wort, das ‚Gesetz der Freiheit' und die ‚Weisheit von oben' (Jak 1,21; 2,12; 3,17). Zugleich wird insbesondere durch die Aufnahme der Bilder von Reiter und Steuermann (Jak 3,3f) betont, dass der Einzelne autodynamisch selbst bestimmen kann, wie er die göttlich gegebenen Instanzen in seinem Inneren einsetzt, um seinen Körper (nicht seine Seele!) und damit sein Verhalten zu steuern. Ausschlaggebend für die Selbstkontrolle und Entscheidungsgewalt ist der vom Inneren des Menschen kommende Impuls (ὁρμή).

Im Allgemeinen kann der Unterschied zwischen Empfehlungen zur Dissonanzbewältigung und der damit verbundenen Verhaltenskontrolle bei Jakobus und Matthäus auf der einen und bei den griechischen Philosophen auf der anderen Seite darin gesehen werden, dass die neutestamentlichen Verfasser von einer Kombination autodynamischer und heterodynamischer Aspekte bezüglich der Steuerbarkeit des Handelns ausgehen, während die platonisch-aristotelische Tradition und die Stoiker eine autodynamische Verhaltenssteuerung propagieren. Plato, Aristoteles und die Stoa betonen in erster Linie die Fähigkeit zur Vernunft (λόγος) als Voraussetzung für die Hemmung affektiver, potentiell schädlicher Bestrebungen bzw. intrapsychischer Konflikte, die sich im Inneren des Menschen bemerkbar machen können.[34] Jakobus und Matthäus hingegen sehen im göttlichen Willen die Richtschnur für angemessene, verhaltensrelevante Entscheidungen, wobei die den Kleinglauben thematisierenden Passagen das Wollen vorrangig entlang von Entscheidungsalternativen oder der Rede vom Streben/Trachten des Menschen bzw. dessen Herzens entfalten.[35] Schon in alttestamentlichen Texten scheint das planende, wollende, trachtende Herz als führende Instanz für die Zentrierung des Lebens durch, während die griechische Kultur Erkenntnis und Einsicht betonte.[36] Bei Jakobus sind biblische und hellenistisch-philosophische Einflüsse zugleich zu erkennen: Indem die Relevanz des Willens in den beiden (popularphilosophisch verbreiteten) Bildern von Lenker und Steuermann deutlich betont wird (Jak 3,3f), das Wollen sogar hier und im Kontext der Forderung nach eindeutiger Entscheidung zwischen Gott und dem Teufel in Jak 4,4 explizit benannt wird, stellt sich der Verfasser in biblische Tradition. Indem er für den treibenden Impuls zur Verhaltenskontrolle den Ausdruck ὁρμή wählt (Jak 3,4), greift er womöglich ein stoisches Schlagwort auf: Mit ὁρμή konnte die philosophische Strömung der Stoa denjenigen Impuls bezeichnen, der von der Handlungsaufführung nicht mehr zu trennen ist, wenn die Zustimmung dazu einmal gegeben ist.

Innerhalb des dieser Arbeit zugrundeliegenden virtuellen Textkorpus repräsentieren die untersuchten Abschnitte aus dem Werk Platos, Aristoteles und der Stoiker philosophische Texte, die den Menschen auf sein ethisches Verständnis hin ansprechen. Zugleich bezeugen sie eindrücklich, in welcher Differenziertheit über das Innenleben des Menschen, über Möglichkeiten zur Innensteuerung und zur davon abhängigen Verhaltenskontrolle im griechischen Kulturraum nachgedacht werden konnte. Insofern jeder Einzelne qua seiner Natur Vernunft besitzt, ist er dazu befähigt, ohne fremde Hilfe kraft seiner Einsicht in das Gute moralisch zu entscheiden und zu handeln. Autonomie und Selbstbeherrschung stehen in der Wertehierarchie sehr weit oben. Dieser Typus der Ethik kann vereinfacht als „Einsichtsethik" bezeichnet werden, bei

34 In der Stoa ist der λόγος als Allnatur, als göttliches Ordnungsprinzip, als Weltvernunft gedacht, an der der Mensch Anteil hat, vgl. dazu z. B. Pohlenz, Stoa, 115–118.

35 Vgl. aber z. B. die Rede vom ‚Willen Gottes' in Mt 7,21 im mittelbaren Umfeld des Kleinglaubens Mt 6,30.

36 Vgl. dazu A. Dihle, Die Vorstellung vom Willen in der Antike, Göttingen 1985; G. Theissen, Das transformative Menschenbild der Bibel. Die Erfindung des ‚inneren Menschen' und seine Erneuerung im Urchristentum, in: B. Janowski (Hg.), Der ganze Mensch. Zur Anthropologie der Antike und ihrer europäischen Nachgeschichte, Berlin 2012, 269–287.

der Fehlverhalten auf fehlgeleiteten Vernunftgebrauch und falsch gelöste intrapsychische Konflikte zurückgeführt wird.[37]

Wo in alttestamentlicher Literatur Ethik reflektiert wird, ist sie nicht in der menschlichen Vernunft, sondern mit Gott in erster Linie in einer Größe außerhalb des Menschen begründet, über die der Einzelne nicht verfügen kann. Moralisches Handeln ergibt sich aus den Imperativen Gottes. Am Wohl des Nächsten orientiert kann der Mensch kraft seines Wollens dieser „Gebotsethik" positiv entsprechen.[38] Wer alle Dimensionen des Daseins auf das heteronome „Zentrum" Gott hin ausrichtet, dem ist aus biblisch-hebräischer Sicht Integrität als Übereinstimmung zwischen Innen- und Außenseite des Menschen und ein gelingendes Leben möglich.

Bei den ins Griechische übersetzten oder auf Griechisch abgefassten frühjüdischen Schriften der hellenistisch-römischen Zeit, die allesamt stark in der israelitischen Tradition verwurzelt sind, kann von einer Synthese von Einsichtsethik und Gebotsethik gesprochen werden, wobei diese Verschmelzungstendenz in unterschiedlichem Ausmaß zum Tragen kommt. Vergleicht man die herangezogenen frühjüdischen Schriften miteinander, so ist der Einfluss griechisch-philosophischer Vernunftsethik im Buch Jesus Sirach weniger offenkundig, deutlicher im Vierten Makkabäerbuch, in den Testamenten der zwölf Patriarchen und im Corpus Philonicum erkennbar. In Bezug auf die zuletzt genannten Schriften bzw. Schriftgruppen ist dabei eine klare Hierarchie zu erkennen: Die griechische Ethik bleibt der jüdischen Ethik untergeordnet. In dieser frühjüdischen Literatur wird die Verbindung von Hellenismus und biblischer Tradition je unterschiedlich bemerkbar; in Bezug auf ethische Vorstellungen und Artikulationen, die sich mit der dissonanten Existenz des Menschen befassen, begegnen entsprechend viele unterschiedliche Wendungen und Akzentsetzungen.

Auffallend ist allerdings, dass in der herangezogenen jüdischen Literatur der hellenistisch-römischen Zeit zwei Entwicklungslinien erkennbar sind, die sich als „Verinnerlichung" anthropologischer Konzeptionen beschreiben lassen:[39] Einerseits kann das Innere zu einer vom Leib unterschiedenen Größe werden, die den Körper zu kontrollieren vermag (1), andererseits kommt es zu einer „Remythisierung des Inneren", insofern das Innere des Menschen zu einem Kampfplatz metaphysischer Mächte stilisiert werden kann (2).[40]

---

37 Vgl. Theissen, Ethos, 209f.

38 Vgl. Theissen, Ethos, 210f.

39 Vgl. dazu L.T. Stuckenbruck, The Interiorization of Dualism within the Human Being in Second Temple Judaism. The Treatise of the Two Spirits (1QS III:13–IV:26) in its Tradition-Historical Context, in: A. Lange/E.M. Meyers/B.H. Reynolds III/R. Styers (Hg.), Light Against Darkness. Dualism in Ancient Mediterranean Religion and the Contemporary World, Göttingen 2011, 145–168.

40 Vgl. Theissen, Menschenbild, 273.

Zu (1): Ansätze zu einer Verhaltenskontrollauffassung durch innere Größen im Menschen finden sich beispielsweise im Vierten Makkabäerbuch, wo – wohl durch platonisch-aristotelische Tradition inspiriert – Vernunft und Affekte als oppositionale anthropologische Triebfedern erscheinen. Griechisch-philosophisches Denken hat in vielen Textabschnitten des Werks Philos von Alexandrien ebenfalls dazu geführt, abgrenzbare Vermögen in der Psyche des Menschen für die Selbstkontrolle verantwortlich zu machen.

Zu (2): Mythischen, einander entgegengesetzten Größen im Inneren des Menschen, die heterodynamische Verhaltenskontrollvorstellungen insinuieren,[41] begegnen wir z. B. in Qumran[42] oder in den ‚Testamenten der zwölf Patriarchen'.[43] Die Gemeinderegel der Gruppe vom Toten Meer zeugt von einer soziologisch relevanten, radikalisierten Gehorsamsethik bei gleichzeitigem Festhalten an den tradierten Leitwerten von Nächstenliebe und Demut. Insofern das menschliche Herz in 1QS von zwei widerstreitenden Geistern bewohnt wird, die um Einflussnahme auf das Verhalten der Person ringen, könnte man beim Menschenbild der Zwei-Geister-Lehre von einer Kombination autonomer und heteronomer Verhaltenssteuerung sprechen: Der Mensch kann frei wählen, von welchem Geist als quasi-heteronomer Größe in seinem Inneren er sich bestimmen lassen will.[44] Die schwer exakt zu datierenden ‚Testamente der Zwölf Patriarchen' – im Gegensatz zur qumranischen Zwei-Geister-Lehre gesamtisraelitisch ausgerichtet – beschreiben die innere Dissonanz des Menschen ebenfalls anhand antithetischer Geister, wobei an Stelle von Geistern auch von spezifischen Affekten die Rede sein kann. In der Regel erscheinen die pneumatischen bzw. affektiven Kräfte als dem betroffenen Menschen ‚fremde' Größen, weshalb es auf die rechte Gestaltung des Innenraumes ankommt.

Den in dieser Arbeit behandelten Schriften des Frühjudentums ist gemeinsam, dass sie, wenn auch je unterschiedlich, Aspekte autodynamischer und heterodynamischer Verhaltenssteuerung zugleich akzentuieren. Selbst wo das Vernunftvermögen eigens Erwähnung findet, wird die Auffassung deutlich, dass der transzendente Gott die ethisch relevante freie Entscheidung des Einzelnen ermöglicht. Vielen anthropologischen Textpassagen dieser jüdischen Produktionsphase zufolge kann der Einzelne zwar innere Einheit herstellen und innere Dissonanzen überwinden, doch geschieht dies mittels Gott als

41 Zur Unterscheidung von autodynamischen und heterodynamischen Formen der Kontrollierbarkeit menschlichen Verhaltens siehe S. 59 der vorliegenden Arbeit.

42 Di Vito, Concept, 61, merkt an, dass alttestamentliche Texte noch nicht „the tortured subjectivity or the psychologigal-ethical dualism of the Qumran sectarians" demonstrierten.

43 In der vorliegenden Arbeit wird davon ausgegangen, dass die im Frühjudentum verfassten ‚Testamente' im 2./3. Jh. n. Chr. christlich überarbeitet wurden. Siehe dazu S. 284.

44 Vgl. dazu aber Aussagen in 1QS, die der Autodynamik Grenzen setzen, z. B. in 1QS XI,2 f.

eindeutig zu wählendem Referenzpunkt aller menschlicher Dimensionen. In diese Tradition stellen sich die Verfasser des Matthäusevangeliums respektive des Jakobusbriefes.[45] Jedoch verwenden sie für die damalige Zeit innovative Ausdrücke für psychologische Dissonanzphänomene, die offenbar in Reaktion auf die Entstehung einer neuen religiösen Gemeinschaft über lange Zeit Einfluss ausübten.

3. Überlegungen zum Hintergrund der beiden Wortfamilien ὀλιγόπιστος κτλ. und δίψυχος κτλ.

Vergleichbar sind ὀλιγόπιστος κτλ. und δίψυχος κτλ. nicht nur hinsichtlich ihrer inhaltlichen Bestimmung und Konnotationen, sondern auch hinsichtlich ihrer Herkunft bzw. sachanalogischen Vorläufer. Frühchristliche Neologismen, die den Ausdruck ψυχή κτλ. beinhalten, fallen vor allem deswegen auf, weil die „Psyche" kein wesentliches Thema der frühchristlichen Anthropologie ist und zudem in einigen neutestamentlichen Schriften überhaupt keine Erwähnung findet,[46] obwohl das Lexem ein wichtiges Wort in der Septuaginta sowie der hellenistischen Philosophie und damit der Historischen Psychologie repräsentiert. Wortbildungen, in denen πίστις κτλ. enthalten ist, fallen wiederum auf, weil es sich beim Glauben / Vertrauen um eine Begrifflichkeit bzw. einen Grundgedanken handelt, der für die neu entstehende christliche Religion zentral ist.[47] Im Fall des Kleinglaubens könnten zeitgenössische und spätere rabbinische Parallelen auf einen ursprünglichen Gebrauch im jüdischen (palästinensisch-syrischen) Milieu hinweisen. Diese Annahme scheint durch die Tatsache an Gewissheit zu gewinnen, dass ὀλιγόπιστος κτλ. wahrscheinlich in der zu rekonstruierenden Logienquelle enthalten war, die sowohl von Matthäus als auch von Lukas bei Abfassung ihrer Evangelien benutzt wurde. Denn auch für Q ist eine Herkunft aus dem palästinisch-syrischen Judenchristentum wahrscheinlich. Im Vergleich von rabbinischen Belegen zum ‚kleinen Glauben' mit der matthäischen Verwendung des Kleinglaubens (ὀλιγόπιστος sowie ὀλιγοπιστία) fällt auf, dass es sich hier wie dort um religiös konnotiertes Beziehungsvokabular handelt, das dem Menschen ein unzulängliches Vertrauen Gott gegenüber zuschreibt.[48] Auffallend ist bei einer Gegenüberstellung zu-

45 Zur Kombination autodynamischer und heterodynamischer Aspekte bezüglich der Steuerbarkeit menschlichen Handelns in Jakobusbrief und Matthäusevangelium siehe S. 578 in diesem Kapitel.

46 Der Begriff der ‚Psyche' begegnet weder im Galaterbrief, noch im Philemonbrief, und auch nicht im 2. Thessalonicherbrief, in den Pastoralbriefen und im 2. Johannesbrief.

47 Vgl. Strecker, Fides, bes. 224, und schon Bultmann, Theologie, 91.

48 Siehe dazu auch Bill I,439 sowie S. 377f und Kapitel VIII dieser Arbeit.

dem, dass im unmittelbaren Kontext häufig um vermeintlich existentielle Problemlagen der auf entsprechende Vertrauensdefizite Angesprochenen geht. Assoziationen mit oder sogar explizite Bezüge zu Nahrung und Wasser sind hier wie dort nachweisbar. Parallelen und Analogien solcher ‚psychologischen' Vorstellungen in Bezug auf das Gottesverhältnis fehlen hingegen im paganen Griechisch zu neutestamentlicher Zeit.

In Bezug auf δίψυχος κτλ. sind mehrere Hintergründe denkbar: Erstens könnte jüdischer Einfluss angenommen werden. Vorausgesetzt, die nicht unumstrittene These trifft zu, dass δίψυχος κτλ. aus dem Umkreis der verloren gegangenen Schrift ‚Eldad und Modad' stammt, dann deutet diese semantische Heimat auf einen ursprünglichen Gebrauch der Wortgruppe im Judentum hin.[49] Möglicherweise wurde die Wortgruppe in Analogie zu Ausdrücken wie δίγλωσσος (Sir 5,9^{LXX}; Philo, Sacr. 32), διπρόσωπος (z. B. TestDan IV,7; TestAss II,3.5.7f), διχόνους (Philo, Sacr. 32), δίθυμος (Spr 26,20^{LXX})[50] etc. gebildet, die in der frühjüdischen Literatur Verwendung finden.[51] Allerdings werden entsprechende Dissonanzausdrücke dort weder besonders häufig gebraucht noch bezeichnen sie eine Innendissonanz, denn Doppelgesichtigkeit, Doppelsinnigkeit, Doppelzüngigkeit scheinen in erster Linie auf die Inkongruenz des Menschen zwischen seiner Innenseite und seiner Außenseite zu verweisen, d. h. auf Phänomene, die mit Doppelmoral oder Heuchelei vergleichbar sind. Die Vorstellung vom doppelten Herzen kennt sowohl die hebräische Bibel (בְּלֵב וָלֵב, wörtl. ‚mit Herz und Herz', vgl. 1Chr 12,34; Ps 12,2f)[52] als auch die Qumrangemeinde (בְּלֵב וָלֵב; *b^{e}leb wāleb*; wörtl.: ‚mit Herz und Herz', vgl.

49 Zu dieser apokryphen Quelle siehe zuletzt D.C. Allison, Eldad and Modad, JSPE 21/1 (2011), 99–131.

50 Das Lexem δίθυμος ist ein Hapax in der uns bekannten griechischen Literatur. D'Hamonville, Proverbes, 320 Anm. ad 26,20–21, schlägt die Übersetzung „esprit double, faux-jeton (?)" vor. Im Kontext von Spr 26,20^{LXX} geht es allerdings ebenfalls um Verstellung! Hesychios von Alexandria (5./6. Jh. n. Chr.) listet διθυμία in seinem Lexikon (er gibt διχοστασία als Synonym an), sonst begegnet das Nomen nur noch bei Eustathius, Commentarii ad Homeri Iliadem, III 483 im 12. Jh. n. Chr.

51 Vgl. Paretsky, Two Ways, 307: „‚double-mindedness' is part of the vocabulary of doubled body parts (‚tongue', ‚heart') used to describe moral weakness and the origin of evil in late Second Temple literature, particularly Ben Sira (Sirach) and T. 12 Patr." Er versteht δίγλωσσος jedoch als eine innere Gespaltenheit („inner division", vgl. ebd. 312). deSilva, Jewish Teachers, 234, sieht eine Ideenähnlichkeit zwischen δίψυχος und διπρόσωπος, differenziert jedoch: „The word *two-souled* (δίψυχος, dipsychos) enters literature for the first time in James, but the idea is developed especially in the *Testament of Asher* using the word *two-faced* (διπρόσωπος, diprosōpos). Being ‚two-faced' is the outward manifestation of being ‚two-souled' or ‚divided in soul', seeking now to please God, now to please oneself or, worse, the demonic spirit that incites the self."

52 Während Ps 11,3^{LXX} die hebräische Wendung mit ἐν καρδίᾳ καὶ ἐν καρδίᾳ recht wortgetreu wiedergibt, ist in der griechischen Übersetzung von 1Chr 12,34 das ‚doppelte Herz' durch die Wendung οὐχ ἑτεροκλινῶς, wörtl. etwa ‚sich nicht auf die andere Seite neigend', ersetzt worden, vgl. 1Chr 12,34^{LXX}.

1QH IV[XII],14) sowie Ben Sira (ἐν καρδίᾳ δισσῇ, ‚mit doppeltem Herzen', vgl. Sir 1,28^{LXX}). Während die sich in diversen Ausdrücken und Wendungen zeigende Verdopplung von anthropologischen Größen in biblischer Tradition als Ideengeber für δίψυχος κτλ. verstehen lassen könnte, spricht gegen eine Herleitung der Zweiseeligkeit vom Bild des doppelten Herzens, dass die jeweils gemeinten Phänomene anders gelagert sind: Auch das doppelte Herz bringt wie Doppelzüngigkeit etc. vorrangig Verstellung, Lug und Trug, d. h. eine Innen-Außen-Dissonanz, zum Ausdruck.[53] Dazu kommt, dass frühchristliche Schriften mit διπλοκαρδία offenbar ein eigenes Lexem für die Doppelherzigkeit kennen (Did 5,1; Barn 20,1). Wenn man annimmt, dass δίψυχος κτλ. tatsächlich eine Vorstufe im Hebräischen hat, die die Idee des doppelten Herzens beinhaltet, dann muss erklärt werden, warum nicht der sprachlich naheliegendere Ausdruck διπλοκαρδία Verwendung fand.

Hinsichtlich der kulturellen Prägung von δίψυχος κτλ. ist zweitens auch griechischer Einschlag möglich.[54] Denn antike Philosophen und Schriftsteller, deren in der Griechischen Sprache verfassten Werke auch zu neutestamentlicher Zeit diskursprägend wirkten, reflektieren die Widersprüchlichkeit des Menschen, und zwar häufig mithilfe von Binnendifferenzierungen der Seele (ψυχή). Bei Untersuchung der terminologischen Belege in der griechischsprachigen Literatur der Antike bis Origenes, in denen zwei Seelen sprachlich explizit gemacht werden, hat sich gezeigt, dass δίψυχος κτλ. oder vergleichbare Komposita nicht begegnen.[55] Xenophon bezeugt die Vorstellung von einer guten und einer schlechten Seele,[56] Plato hat im Zusammenhang mit metaphysischen Überlegungen (Plato, leg. 896d–897d) offenbar eine zweite Weltseele als hypothetische Setzung eingeführt, die jedoch im Laufe des Argumentationsganges negiert zu werden scheint.[57] Im Hinblick auf die frühchristliche Vorstellung der ‚Zweiseeligkeit' (δίψυχος κτλ.) sind Aussagen Aristoteles' beachtenswert, denn dieser antike Philosoph bestreitet die Auffassung der Existenz mehrerer Seelen im Menschen ausdrücklich.[58] Allerdings fällt auf, dass

---

53 Vgl. dazu S. 26.192ff in dieser Arbeit. Paretsky, Two Ways, 307.312, Anm. 17, geht ebenfalls nicht von Synonymität oder direkten Beziehungen zwischen der alttestamentlichen Wendung für das doppelte Herz und frühjüdisch gebrauchten Ausdrücken wie z. B. δίγλωσσος einerseits und δίψυχος andererseits aus, sondern versteht sie in Differenz zueinander: Während erstere jeweils einen Menschen bezeichneten, der sich bereits für den unrechten Weg entschieden hat, beschreibe διψυχία eher das Unrechts*potenzial*, insofern dieser Ausdruck zwischen Rechtschaffenheit und Frevel anzusiedeln sei (vgl. ebd. 332 f).

54 Vgl. dazu Gill, Self, 232; Hartin, Ethics, 304; van Kooten, Anthropology, 282, Anm. 21; Ders., Art. Human Being, 401.

55 Vgl. dazu den Exkurs auf S. 364–375 in dieser Arbeit.

56 Vgl. Xenophon, Kyr. VI 1,41.

57 Vgl. dazu S. 367–369 in dieser Arbeit und ebd. zu den Forschungstendenzen hinsichtlich der Bewertung der zweiten Weltseele in Platos ‚Gesetzen'.

58 Vgl. Aristoteles, anima407b–408a; 414b.

er in Bezug auf die Seele den Ausdruck ‚doppelt' (διττόν) gebraucht. Diese Doppelheit wird jedoch zur Bestimmung der unvernünftigen Seelennatur verwendet, insofern das darunter zu subsumierende Ernährungsvermögen keinen Anteil an der Vernunft hat, die begehrenden und strebenden Vermögen allerdings auf die Vernunft hören und ihr Folge leisten können.[59] Die Rede von der Zweifachheit wird an dieser Stelle aber anders als im Frühchristentum nicht als Metapher gebraucht, um den inneren Widerstreit zwischen zwei konträren Ausrichtungen bzw. zwei unterschiedlichen Wertesystemen zu veranschaulichen. Anders als bei vielen frühen und kaiserzeitlichen Stoikern wird die Binnendifferenz innerhalb der Seele in philosophischen Texten der Antike öfters durch die Rede von zwei oder mehr ‚Teilen' bzw. ‚Vermögen' veranschaulicht. Diese Seelenkomponenten können aufgrund des jeweiligen Grades an kognitiver Befangenheit in ‚vernünftig' und ‚unvernünftig' (affektiv) geschieden werden. In Bezug auf den zwischen Gott und Welt unentschiedenen ἀνὴρ δίψυχος (Jak 1,8; 4,8) ist interessant, dass man das Streben des Vernunftvermögens in der griechisch-philosophischen Tradition als Streben nach der geistigen Welt (Plato) bzw. der Tugend (Plato; Aristoteles), das Streben der unvernünftigen seelischen Natur als Streben nach der dinglichen Welt (Plato) bzw. der körperlichen Lusterfüllung (Plato; Aristoteles) deuten könnte. Wichtig scheint bei einem Vergleich zwischen dem jakobeischen Zweiseeligkeitskonzept und philosophischen Seelenvermögenslehren, dass bei den griechischen Philosophen in erster Linie Vernunft und Affekte miteinander konfligieren. Gott und Teufel als Alternativen werden in entsprechenden psychologisch-ethischen Zusammenhängen nicht genannt. Zudem sind die diversen Seelenvermögen in philosophischen Texten interagierend tätig und zugleich als Erklärungsursachen unterschiedlicher Handlungsmotivationen skizziert. Dies ist im Jakobusbrief anders. Von Zweiseeligkeit ist hier deutlich als Metapher die Rede; der Mensch ist nicht im Besitz einer ihn antreibenden, in sich differenzierbaren Seele als Eigeninstanz oder als Verwirklichungsprinzip seiner natürlichen Anlagen. Trotz der durch δίψυχος zum Ausdruck gebrachten inneren Dissonanzhaltung ist der Mensch im Jakobusbrief – der biblischen Tradition entsprechend – als prinzipiell unteilbare Ganzheit zu denken.

Was Sachanalogien und Prägungseinflüsse von δίψυχος κτλ. anbelangt, sind zuletzt noch zwei Aspekte zu erwägen, die miteinander zusammenhängen: Zum einen kann man danach fragen, ob im Dipsychia-Konzept des frühen Christentums noch Nachklänge der archaischen Seelenpluralität zu finden sind. Denn die Vorstellung einer Pluralität von Seelen ist in vormodernen Kulturen verbreitet (Außenseele und Exkursionseele, Todesbote und Totenseele

59 Vgl. Aristoteles, eth.Nic. 1102b 24–29. Auch die vernünftige Natur der Seele ist nach eth.Nic. 1103a 1f ‚doppelt' (διττόν), insofern sie einerseits Elemente aufweist, denen die Vernunft im eigentlichen Sinne eignet, andererseits Elemente, die lediglich der Vernunft gehorchen können.

usw.).[60] Die Einheit der Person, von der wir heute ausgehen und die wir als Normalzustand ansehen, entstand nämlich erst geschichtlich, zum einen im antiken Griechenland durch die Unterordnung aller Kräfte unter die Vernunft als Steuerungsorgan und zum anderen im alten Israel durch die Ausrichtung auf den einen und einzigen Gott (vgl. Dtn 6,4f).[61] Somit könnte die Verwendung der Wortgruppe δίψυχος κτλ. an einem entscheidenden Übergang des Denkens und Fühlens stehen: von einem heterodynamisch empfundenen Steuerungserleben der mentalen Kräfte, die auf den Menschen einwirken, hin zu einem allmählich immer autodynamischeren Lenkungsverständnis. Mit dieser Überlegung hängt zum anderen zusammen, dass sich in dieser Lexemfamilie die auch für neutestamentliche Zeit kulturraumrelevante Synthese von israelitisch-jüdischer Tradition und griechischer Kultur gebündelt haben könnte. Womöglich ist die Frage nach einer einseitigen kulturellen Einflusstendenz der bis zur Zeit des ersten (belegbaren) Gebrauchs von δίψυχος κτλ. auftretenden Vorstellungen, Phänomenen und terminologisch ähnlichen Ausdrücken auf diese erst in christlicher Literatur nachweisbare Wortneuschöpfung falsch gestellt. Als semantische Innovation konnte δίψυχος κτλ. eventuell auf das Denken zweier Kulturen zugleich Bezug nehmen. Auszuschließen ist dies keinesfalls, denn falls die bislang unüberprüfbare Hypothese zutrifft, dass diese Wortfamilie in einer griechischsprachigen jüdischen Gruppe in Rom geprägt wurde,[62] könnte sich die dortige Verschmelzung von griechisch-römischem Hellenismus und Judentum in einem beidseitig anknüpfungsfähigen neuen Ausdruck niedergeschlagen haben.

4. Auffälligkeiten in der außerkanonischen Rezeption von ὀλιγόπιστος κτλ. und δίψυχος κτλ.

Während ὀλιγόπιστος κτλ. in den Schriften der Apostolischen Väter nicht nachzuweisen ist, begegnet δίψυχος κτλ. dort um so häufiger: Die Didache und der Barnabasbrief gebrauchen das Verb διψυχέω je ein Mal, im Ersten sowie im Zweiten Clemensbrief ist die Wortfamilie je drei Mal belegt (1Clem 11,2; 23,2f; 2Clem 11,2.5; 19,2). Zudem verwendet der Verfasser des ‚Hirten des Hermas' δίψυχος κτλ. besonders gerne; in dieser frühchristlichen populären Schrift finden sich ca. 60 Vorkommen insgesamt.

---

60 Vgl. Theissen, Erleben, 52f; Gladigow, Tiefe der Seele, 121–125.

61 Vgl. Theissen, Erleben, 61. Siehe dazu auch Kapitel II.1 dieser Arbeit.

62 Vgl. S.S. Marshall, Δίψυχος: a local term?, Studia Evangelica 6 (1973), 348–351; S. Laws, A Commentary on the Epistle of James, London u. a. 1980, 60f.

Sowohl die Didache (wohl gegen 100 n. Chr. in Syrien entstanden)[63] als auch der Barnabasbrief (wahrscheinlich vor Mitte des 2. Jh. n. Chr. entstanden, möglicherweise in Alexandrien, Syrien, Kleinasien oder Griechenland)[64] erwähnen die Wortfamilie δίψυχος κτλ. im Rahmen ethischer Unterweisungen. So begegnet das durch das Verb διψυχέω ausgedrückte Phänomen jeweils innerhalb der sog. Zwei-Wege-Lehre, einer dualen Paränese jüdischen Ursprungs,[65] in der Weisungen und Mahnungen nach Tugenden und Lastern bzw. Geboten und Verboten gordnet sind.[66] Während der Didachist lediglich konstatiert, es gebe zwei Wege, den des Lebens und den des Todes,[67] bezeichnet der Verfasser des Barnabasbriefes diese Lebensweisen als „Wege der Lehre und der Macht",[68] und äußert, dass zwei konträre Engelsgruppen über diese

---

63 Vgl. Knopf, Die Apostolischen Väter I, 100; Niederwimmer, Didache, 79 (110–120 n. Chr. hypothetisch, aber wahrscheinlich); Wengst, Didache, 62 („Anfang des 2. Jh."); van de Sandt/Flusser, Didache, 48.

Die Didache ist eine Kirchenordnung, deren Intention darin besteht, bestimmte Normen und Riten verbindlich zu machen. Sie spiegelt ein Milieu, in dem die Abgrenzung zwischen Christen und Juden noch nicht abgeschlossen ist, vgl. van de Sandt/Flusser, Didache, 350–364.

64 Vgl. Lindemann/Paulsen (Hg.), Die Apostolischen Väter, 24, u. a. Prostmeier, Barnabasbrief, 111–119, geht von einem Abfassungsdatum zwischen 130 und 132 n. Chr. aus. Alexandria als Entstehungsort wird z. B. erwogen von Kannengiesser, Handbook I, 423; Garleff, Identität, 90. Auf Alexandrien als Abfassungsort deuten die Ähnlichkeiten zur hellenistisch-jüdischen allegorischen Exegese hin, vgl. Runia, Philo, 91; siehe dort zu weiterer Literatur.

Eine der Hauptintentionen des Barnabasbriefes kann in der Stabilisierung der Gemeinde nach innen und der Abgrenzung gegenüber dem Judentum gesehen werden.

65 Vgl. 1QS III,13–IV,26; Jub; TestAss 1,3–7,7; Sib II, 56–148; Ps.-Phocylides 5–79.

Eine ganze Reihe frühchristlicher Schriften enthalten zudem eine Fassung des Zwei-Wege-Traktats, die jeweils eine große Nähe zu den Versionen der Didache und des Barnabasbriefes aufweisen, weshalb angenommen werden könnte, dass alle diese Varianten in irgendeiner Form literarisch voneinander abhängen. Die Ähnlichkeiten zwischen diesen verschiedenen Versionen der frühchristlichen Zwei-Wege-Lehre wird in der neueren Forschung auf eine frühe jüdische Zwei-Wege-Überlieferung zurückgeführt, die ursprünglich auf Griechisch verfasst wurde, aber nicht mehr erhalten ist. Siehe z. B. Audet, Affinities, 146; Eine direkte literarische Abhängigkeit zwischen Did und Barn wird heute kaum noch vertreten. Zur Forschungsgeschichte bzgl. des literarischen Verhältnisses zwischen den verschiedenen Texten, die die Zwei-Wege-Lehre enthalten, vgl. z. B. Rordorf, Aspect, 148–151. Stemmata zu den möglichen Dependenzen finden sich beispielsweise bei Barnard, Dead Sea Scrolls, 107, und bei Kloppenborg, Transformation, 92.

66 Den Hintergrund für die Zwei-Wege-Lehre bildet das weisheitliche, meist knapp explizierte Zwei-Wege-Motiv, vgl. z. B. Ps 1,6; Koh 10,2; Spr 4,11.14.18.19; 11,20; 12,28. Darüber hinaus kennt auch die pagane Antike das Zwei-Wege-Motiv, vgl. z. B. Plutarch, Demosthenes 26,5; Xenophon, mem II 1,21–34; Das Motiv findet sich zudem bei Philo, z. B. Philo, Abr. 269; Mos. II 138; Spec. IV 108, sowie in den TestXII (TestAss 1,3 ff) und im äthipischen Henochbuch (äth.Hen. 94,1 ff). Weitere Belege bei Niederwimmer, Didache, 83.

67 Did 1,1: Ὁδοὶ δύο εἰσί, μία τῆς ζωῆς καὶ μία τοῦ θανάτου.

68 Barn 18,1: Ὁδοὶ δύο εἰσὶν διδαχῆς καὶ ἐξουσίας.

Wege „gesetzt" seien (vgl. Barn 18,1). Sowohl die Verfasserschaft der Didache als auch die des Barnabasbriefes mahnen zum Erlangen von Vollkommenheit (τέλειος κτλ.),[69] die insbesondere durch das Befolgen der jeweils dargebotenen Verhaltensnormen erreicht werden kann. Zu diesen Geboten gehört in beiden Schriften auch die im Griechischen ähnlich zum Ausdruck gebrachte Forderung: Οὐ διψυχήσεις, πότερον ἔσται ἢ οὔ, „du sollst nicht zweifeln, ob es sein wird oder nicht" (Did 4,4; Barn 19,5). Der jeweilige Kontext scheint keinen direkten Bezug zu diesem Zweifelsverbot aufzuweisen. Es lässt sich lediglich festhalten, dass sich das zu vermeidende Zweifeln auf ein zukünftiges Ereignis bezieht. Hinsichtlich der – zumindest aus heutiger Sicht – unscharfen Warnung aufgrund des scheinbar fehlenden Objekts, auf das sich das Zweifeln richtet, ergeben sich auf den ersten Blick zwei Interpretationsmöglichkeiten: Entweder benötigte die jeweilige historische Leserschaft keine weiteren Erklärungen zu diesem knappen Satz, da es ihr einsichtig war, worauf die Zweifelswarnung zu beziehen ist. Oder aber das Verbot wurde absichtlich vage formuliert, und würde dann eine ganze Reihe möglicher Zweifelsobjekte einschließen.

Wie bei dem Gebrauch von δίψυχος κτλ. in der Didache und im Barnabasbrief ist auch für die Verwendung dieser Wortfamilie in beiden Clemensbriefen von einer im Hintergrund stehenden verblassten Metapher auszugehen. Als Bedeutung scheint in diesen frühchristlichen Schriften problemlos der Zweifel rekonstruierbar zu sein (vgl. das Synonym διστάζω in 1Clem 11,2; 23,2; 2Clem 11,2). Im Ersten Clemensbrief[70] begegnet der Wortstamm διψυχ- ein Mal im Kontext der Ausführungen über alttestamentliche Figuren, die das biblische Ideal der Frömmigkeit und des Gehorsams Gott gegenüber repräsentieren bzw. davon abweichen (1Clem 11,2). Die beiden anderen Belege für δίψυχος κτλ. im Ersten Clemensbrief stehen im Zusammenhang mit der in Kapitel 23 behandelten Parusieproblematik (1Clem 23,2f). Als Nominaladjektiv in Pluralform (οἱ δίψυχοι) findet sich die Wortfamilie in dem apokryphen Schriftzitat 1Clem 23,3–4b, das auch der Zweite Clemensbrief[71]

---

69 Vgl. bes. Did 1,4; 6,2;16,2; Barn 1,5.

70 In Rom gegen Ende des 1. Jh. n. Chr. verfasst, gilt der Erste Clemensbrief als die früheste uns erhaltene christliche Schrift außerhalb des neutestamentlichen Kanons. U.a. Altaner/Stuiber, Patrologie, 45 oder Kannengiesser, Handbook I, 409, gehen davon aus, dass die Schrift zur Zeit der Verfolgung unter Domitian (96–98 n. Chr.) verfasst wurde. Für eine Entstehung im letzten Jahrzehnt des 1. Jh.s votieren beispielsweise Fuellenbach, Office, 1, oder Lona, Clemensbrief, 75–78. Die Schrift ist zwar an die Gemeinde in Korinth adressiert (vgl. 1Clem 1,1), könnte aber andere Gemeinden in der Diaspora mit angesprochen haben, vgl. E. Peterson, Das Praescriptum des 1. Clemens-Briefes, in: Ders., Frühkirche, Judentum und Gnosis. Studien und Untersuchungen, Rom et al. 1959, 129–136.

71 Der Zweite Clemensbrief ist vermutlich als Homilie gegen Mitte des 2. Jh. n. Chr. verfasst worden, so z. B. in neuerer Zeit Rebell, Neutestamentliche Apokryphen, 224; Salzmann, Lehren, 219; Pratscher, Clemensbrief, 64. Als Entstehungsorte werden Rom,

(2Clem 11,2–4) unabhängig von 1Clem bietet.[72] In der redaktionellen Einleitung zu diesem Zitat verwendet der Verfasser des Ersten Clemensbriefes eine Verbalform des Lexemverbandes (μὴ διψυχῶμεν), während das Zitat im 2Clem durch die Nennung der Konsequenz eingeführt wird, die aus dem Nicht-Glauben der Verheißung Gottes folgt. Allerdings gebraucht der Verfasser des 2Clem das Verb διψυχέω erneut in seiner eigenständig verfassten Zusammenfassung des Argumentationsganges, in dem die zitierten Worte eine Rolle spielen (2Clem 11,5–7). Und in seiner Schlussmahnung, die den Brief abrundet, greift er den Wortstamm nochmals auf (2Clem 19,2): Hier sind Zweifel (διψυχία) und Unglaube (ἀπιστία) durch ihre unmittelbare Nebeneinanderstellung eng miteinander verbunden und erscheinen als Erklärungen für die Unkenntnis eigener Missetaten weniger als Ausnahmeerscheinungen des Christen, sondern als Phänomene, mit denen die Gemeindeglieder durchaus zu rechnen haben. Im Vergleich mit dem Jakobusbrief wird sichtbar, dass die Lexemgruppe δίψυχος κτλ. in den Clemensbriefen weder im Zusammenhang mit einer Umkehrforderung noch mit Meeresmetaphorik zum Einsatz kommt. Ähnlichkeiten zwischen dem neutestamentlichen Mahnschreiben und den beiden Clemensbriefen bestehen indes u. a. in der thematischen Verbindung von δίψυχος κτλ. mit der Erwartung zukünftigen Handelns Gottes zum Guten des Menschen.

Im Gegensatz zu den vereinzelten Belegen für die Lexemfamilie δίψυχος κτλ. im Jakobusbrief, in den Clemensbriefen, in der Didache und im Barnabasbrief verwendet der Verfasser des ‚Hirten des Hermas' Formen der Wortfamilie ausgesprochen häufig.[73] Es handelt sich bei diesem Werk um eine apokalyptische Paränese, die aus fünf Visionen, zwölf Geboten und zehn Gleichnissen besteht. Es fällt ins Auge, dass Hermas gerne mit traditionellen Stoffen spielt und entsprechend häufig unterschiedliche Kontrastmotive kombiniert. Im ‚Hirten

---

Korinth, Syrien bzw. Antiochia und Alexandria diskutiert. Die äußere Bezeugung spricht eher für Ägypten oder Syrien als Rom oder Korinth, vgl. Lindemann, Clemensbriefe, 195.

72 Da der mit ὁρᾶτε eingeleitete Satz in 2Clem 11,2–4 fehlt, kann angenommen werden, dass 1Clem 23,4c nicht mehr zum ursprünglichen Zitat zu rechnen ist. So z. B. Lightfoot, Apostolic Fathers,81 f. Bei 1Clem folgt dieser Passage ein Mischzitat (Jes 13,22 + Mal 3,1). Ob diese Spruchkombination von dem Verfasser des 1Clem zusammengestellt wurde oder bereits schriftlich fixiert vorlag, ist umstritten. Möglicherweise entstammt die Kombination der Zitate einer unbekannten überlieferten Sammlung bzw. einer apokryphen Quelle. Aufgrund der innerhalb der Clemensbriefe abweichenden Zitierung kann vermutet werden, dass sowohl der Verfasser des 1Clem als auch der Verfasser des 2Clem unanhängig voneinander jeweils eine jüdische Schrift heranziehen. In neuerer Zeit ist D.C. Allison für die in der Forschung schon lange diskutierte Hypothese eingetreten, es könnte sich bei dieser nicht erhaltenen Quelle um die Schrift ‚Eldad und Modad' handeln, vgl. D.C. Allison, Eldad and Modad, JSPE 21/1 (2011), 99–131.

73 In der Forschung wird häufig angenommen, dass der ‚Hirt des Hermas' von einem einzigen Autor geschrieben wurde, wenngleich von einem längeren Entstehungszeitraum auszugehen ist, vgl. z. B. Zilling, Jesus, 212.

des Hermas‘ begegnet das Bild von den zwei Wegen (ὁδοί),[74] den zwei Engeln (ἄγγελοι)[75] und den zwei Geistern (πνεύματα).[76] Die beachtliche Dichte an dualen, einander entgegengesetzten Größen verweist auf die Entscheidungsproblematik. So soll die Grundausrichtung des Menschen ‚einfach‘ sein. Die Tugend der Haplotes (ἁπλότης) ist entsprechend ein besonders wichtiges Ideal und steht allem Gespaltenen und Unentschlossenem im Menschen, somit auch der Dipsychia (διψυχία) gegenüber.[77] Dass aus Verfasserperspektive eine eindeutige Position zu beziehen ist, wird darüber hinaus an der Tatsache deutlich, dass in keinem anderen antiken Zeugnis der Topos des Zweifels so häufig aufgenommen wird wie im Hirten des Hermas. Dieses Motiv ist facettenreich thematisiert und wird anhand von unterschiedlichen Lexemstämmen realisiert (u. a. διστάζω, διχοστατέω), auffallend häufig anhand von δίψυχος κτλ.: Die ‚Zwei-Seeligkeit‘ begegnet nicht nur in verschiedenen Zusammenhängen und Gattungen, sondern als Leitmotiv über die gesamte Schrift verstreut. Alle zur Bezeichnung des Zwiespalts, Zweifels etc. gebrauchten Worte markieren deutlich ein inneres Dissonanzerleben, aber wie im Jakobusbrief wirkt sich diese Uneinheitlichkeit des Innenraums auch auf die menschliche Außenseite aus, so dass das Verhalten Inkongruenzen aufweist: Nach Herm sim IX,21,1f beispielsweise gleichen die δίψυχοι Menschen, die Gott auf den Lippen, aber nicht im Herzen haben.

Es ist schon häufig darauf hingewiesen worden, dass Konzepte im Hirten des Hermas Parallelen mit Jak 1,6–8 aufweisen. Insbesondere mand IX wird als Kommentar zu Jak 1,6–8 verstanden.[78] Hier beschreibt der Verfasser die δίψυχοι als Menschen, die mit sich selbst reden (λέγων ἐν σεαυτῷ) und die in ihren Herzen diskutieren (διαλογίζομαι), und zwar darüber, wie sie als Sünder auch nur irgend etwas von Gott erbitten könnten und anschließend erhalten könnten. Keine ihrer Bitten würden erhört. Im Gegensatz dazu bitten diejenigen, die Glauben haben, ohne Zweifel zu hegen und deshalb würden ihre Gesuche erfüllt. Zwar kann Hermas den ‚Zweiseeler‘ (δίψυχος) wie Jakobus als haltlos und unbeständig charakterisieren, insofern er nach Herm vis III,7,1 infolge seines Abweichens vom wahren Weg des Glaubens weglos umherirrt. Aber anders als im Jakobusbrief erscheint die ‚Zweiseeligkeit‘ als eigenständiges Laster in einer Reihe mit der Traurigkeit (λύπη) und dem Jähzorn (ὀξυχολία, das ‚schnell Zornig-Werden‘) (vgl. z. B. mand. X,1,1). Diese drei Schwächen des Menschen sind verschwistert (ebd.) und können

---

74 Vgl. z. B. Herm mand VI,2–5.

75 Vgl. z. B. Herm mand VI,1–10.

76 Vgl. Herm mand V. Die Vorstellungen der beiden Engel oder Geister haben einen jüdischen Hintergrund, vgl. TestAss I,3–5; TestJud XX,1; 1QS III,13–IV,26 sowie Brox, Hirt, 224.

77 Vgl. auch Brox, Hirt, 194.

78 So Dibelius/Greeven, James, 31.80; Johnson, Brother, 59.

in das Herz einziehen, es verunreinigen, so dass Umkehr (μετάνοια) und Einfachheit (ἁπλότης), die vom „ganzen Herzen" motivierte Zentrierung des Lebens auf Gott hin, erschwert werden. Der Mensch kann nämlich von zwei antagonistischen Geistern (bzw. mehreren Geistern oder Engeln, die jeweils der göttlichen, guten oder der weltlichen, dämonischen Seite zugehören) bewohnt werden, wobei der Mensch dies als innere Dissonanz zwischen Gut und Böse erlebt. So ist der Christ im Hirt des Hermas aufgefordert, diese dämonischen Laster auszureißen, aus seinem Inneren zu entfernen, wobei der Verfasser dieser Schrift dem Menschen eine gewisse Autonomie zuschreibt und als prinzipielle Möglichkeit anerkennt, dass er die Kontrolle über seine Affekte gewinnen kann. Im Vergleich zum Jakobusbrief erscheint δίψυχος κτλ. bei Hermas stärker dämonisiert, insofern die Dipsychia sogar als Ausgeburt des Teufels bezeichnet werden kann (mand IX,9). Wie im Jakobusbrief kann diese Zweiseeligkeit zwar durch Umkehr korrigiert werden, aber im Falle der Nicht-Bewältigung droht dem δίψυχος anders als bei Jakobus sogar der Ausschluss aus der Gemeinschaft der Christen (sim IX,18,3).

Im Vergleich mit der vielschichtigen Verwendung von δίψυχος κτλ. bei den Apostolischen Vätern erstaunt das dortige Fehlen der Wortfamilie ὀλιγόπιστος κτλ., nicht zuletzt deshalb, weil das Matthäusevangelium auch Verfassern dieser frühchristlichen Schriften bekannt gewesen sein dürfte.[79] Möglicherweise wurde der Kleinglaube in seiner Bedeutsamkeit von der Pistis verdrängt, möglicherweise galt der Kleinglaube als durch den sog. Missionsbefehl überwunden. Trotz des Fehlens der Lexemgruppe ὀλιγόπιστος κτλ. bei den Apostolischen Vätern bleib sie nach Abfassung des Matthäus- und Lukasevangeliums nicht lange unbeachtet, denn bereits gegen Ende des zweiten nachchristlichen Jahrhunderts ist sie in den Sentenzen des Sextus belegt, der christlichen Bearbeitung eines hellenistisch-pythagoreischen Textes.[80] In den folgenden Jahrhunderten begegnen Formen der Wortfamilie gehäuft, und zwar über den gesamten christlich geprägten Einflussbereich verteilt. Nicht überraschend kann ὀλιγόπιστος κτλ. innerhalb von Evangelienkommentaren stehen,[81] aber auch in vielen anderen Textgattungen (z. B. Märtyrerakten, Reden, Homilien)

79 Vgl. Knoch, Kenntnis, 157–178; C.N. Jefford, The Milieu of Matthew, the Didache, and Ignatius of Antioch: Agreements and Differences, in: H. van de Sandt (Hg.), Matthew and the Didache. Two Documents from the Same Jewish-Christian Milieu?, Assen 2005, 35–47.

80 Sextus verwendet das Adjektiv lediglich einmal, vgl. Sextus 6. Die Schrift wird auf Ende des 2. Jh. n.C. datiert, vgl. Bauer/Aland, Wörterbuch, XVII. Siehe auch H. Chadwick [Hg.], The Sentences of Sextus, Cambridge 1959, 139.

81 Origenes, Commentarii in evangelium Joannis 32,16,183; Commentarium in evangelium Matthaei 10,19; 11.5.6; Kyrill von Alexandrien, Commentarii in Joannem I,412; II,270; Commentarii in Lucam 72,629.632, u.ö.

Einsatz finden.[82] Im 4. und 5. Jh. n. Chr. scheint diese Wortfamilie besonders beliebt gewesen zu sein.[83]

Die Wortfamilie δίψυχος κτλ. begegnet in nachapostolischer Zeit besonders gehäuft im 4. Jahrhundert. Bei vielen antiken Theologen (z. B. Clemens von Alexandrien [ca. 150–215 n. Chr.] oder Athanasius [4. Jh. n. Chr.]) stellen die Belege Zitate entsprechender Stellen aus frühchristlichen Schriften dar; insbesondere der Jakobusbrief und der Hirt des Hermas werden als Quellen herangezogen.[84] Mitunter kann im Umfeld solcher Zitate der Lexemverbund eigenständig aufgegriffen werden, um Erklärendes hinzuzufügen: Didymus der Blinde (4. Jh. n. Chr.) beispielsweise bringt den in Jak 4,8 genannten Zweifel mit schlechtem Denken in Verbindung.[85] In eigenständiger Weise kann der Lexemverbund δίψυχος κτλ. aber auch für spezifische Argumentationszwecke verwendet und dabei divers kontextualisiert werden, zum Beispiel bei Kyrill von Alexandrien (4./5. Jh. n. Chr.).[86] Auch in den Acta Philippi (4. Jh. n. Chr.) begegnet die Lexemfamilie δίψυχος κτλ. Der Gebrauch in dieser Schrift ist aufschlussreich, weil er zeigt, dass das Verb διψυχέω auch weiterhin dem Glauben (πίστις) gegenübergestellt wird und in die Nähe des Furchtaffekts (φοβέω) gerückt wird.[87] Wie ὀλιγόπιστος κτλ. ist auch δίψυχος κτλ. im nachapostolischen Zeitalter relativ breit über das Verbreitungsgebiet des Christentums gestreut belegt, wobei Konstantinopel und Alexandrien als Kernpunkte des Gebrauchs erscheinen.

---

82 Vgl. z. B. Martyrium Perpetuae et Felicitatis, 1,23; Johannes Chrys., hom. in Matthaeum 57,351.377; Gregor von Nazianz, or. 40, 381, u. v. m.

83 Der Gebrauch der Wortfamilie ὀλιγόπιστος κτλ. in nachmatthäischer Zeit ist in der Forschung bislang unbeachtet geblieben.

84 Vgl. Clemens Al., strom. I,29,181 (zitiert wird Herm vis III,4,3); Athanasius, Homilia in illud 2,9 (zitiert Jak 4,8); die Wortfamilie verwendet Athanasius auch in Doctrina ad Antiochum ducem 1,5.9; 2,9 u.ö. Im 7./8. Jh. n. Chr. gebraucht Johannes von Damaskus (7./8. Jh.) die Wortfamilie öfter, z. B. überschreibt er eine Reihe von Zitaten (u. a. Jak 1,8 und alttestamentliche Schriftzitate) mit dem Titel „Περὶ διψύχων, καὶ παλιμβόλων, καὶ ἄστατον γνώμην ἐχόντων, καὶ μεταβατῶν." Vgl. Johannes von Damaskus, Sacra parallela, 95,1404; vgl. z. B. auch ebd., 95,1052.1060.

85 Vgl. Didymus Caecus, Commentarii in Psalmos 22–26.10, 75.

86 Vgl. Cyrill von Alexandria, Commentarius in xii prophetas minores II, 385; Commentarii in Joannem II, 158.463: Commentarii in Lucam 72,849 u.ö.

87 Vgl. Acta Philippi (e cod. Vatic. gr. 824) 16.58; vgl. auch Acta Philippi (e cod. Xenophont. 32) 5,16.20.

5. Zusammenfassung

Insbesondere griechisch-philosophische und frühjüdische Schriftsteller haben vor und während der Phase der Entstehung und Ausbildung des frühen Christentums reflektiert, dass die Erfahrung des Menschen, sein Inneres als einheitlich zu erleben, keine Selbstverständlichkeit darstellt. Der Innenraum wird vielmehr als dissonant vorgestellt, zugleich wird menschliche Einheit erwartet.

Bei den einflussreichsten griechischen Philosophieschulen bzw. -strömungen der Antike ist die Seele des Einzelnen ursächlich für Erleben und Verhalten. Der Ursprung menschlicher Antriebe wird nun nicht mehr, wie noch bei dem Dichter Homer, vielen diversen inneren Instanzen zugeschrieben, sondern auf die Psyche als Personzentrum konzentriert. Als Ergebnis einer langwährenden Entwicklung ist diese innere Personeinheit jedoch keinesfalls monolithisch: Die menschliche Seele wird als systematisierbar verstanden, insofern sie unterscheidbare Teile (Plato; mittlere Stoa), Naturen (Aristoteles) oder Funktionen (frühe und späte Stoa) aufweist. Es scheinen genau diese innerpsychischen Differenzierungen zu sein, die für Dissonanzen im Inneren des Menschen geltend gemacht werden. In den einschlägigen philosophisch-ethischen Texten werden zumeist Spannungen zwischen Vernunft und Affekten bzw. zwischen vernunftgeleiteten und affektgeleiteten Strebungen thematisiert. In unterschiedlicher Intensität begegnen Überlegungen zu dem Phänomen, dass der Mensch entgegen seiner besseren Einsicht affektgeleitet handelt (Akrasia-Problematik). Der Findungsprozess der angemessenen Verhaltensoption kann zwar als innere Qual (Plato) beschrieben oder als ‚Arbeit' (Aristoteles) bezeichnet werden. Explizite Zweifelsterminologie im Zusammenhang mit Dissonanzen im Inneren der Seele spielt jedoch in den uns erhaltenen Schriften Platos und Aristoteles' eine marginale Rolle. Erst in der Stoa reflektiert man offenbar sogar rein ‚kognitive' intrapsychische Konflikte und versucht, diverse affektiv geprägte Dissonanzphänomene zu definieren. Weise ist, wer sich von seiner Vernunft leiten lässt und seine internen Dissonanzen beizulegen vermag (Plato; Aristoteles) bzw. gar nicht erst innerlich erschüttert wird (Stoiker).

In den untersuchten philosophischen Fragmenten und Texten erscheint die Sphäre der intrapersonalen Seelenkultivierung nahezu ausschließlich profan, da Ratschläge zur Dissonanzauflösung und zum Umgang mit Affekten ohne expliziten Rekurs auf das Göttliche begegnen. Wo sich in entsprechenden Kontexten ausnahmsweise Empfehlungen zu religiösen Copingstrategien finden, ist zwar z. B. von der flehenden Hinwendung zu den Göttern oder von der Besinnung auf Gott die Rede, nicht jedoch vom Glauben als Bewältigungsmittel.[88] Allerdings ist bei Plato, bei Aristoteles und bei vielen Stoikern der angemessene Umgang mit intrapsychischen Konflikten Teil des ethischen Pro-

88 Im Zusammenhang mit verlockenden Vorstellungsbildern und Begierden rät Epiktet u. a. dazu, sich Gott in Erinnerung zu rufen und um göttliche Hilfe zu flehen, vgl. Epiktet,

gramms, dessen Ziele Vollkommenheit und Angleichung an Gott beinhalten. Dennoch: Die Bewältigung von selbstschädigenden und sozial destruktiven affektiven Strebungen kann vom Einzelnen autodynamisch durch die Vernunft erreicht werden. Mit dieser Auffassung korrespondiert auch die abwechslungsreiche Metaphorik, die in entsprechenden Kontexten Verwendung findet.

In der biblischen Tradition zeichnet sich eine Entwicklung ab: Die hebräische Bibel kennt das Zögern als eine von außen beobachtbare Verhaltensweise, die einen Handlungsaufschub impliziert, wobei die erwogene Handlung aus heutiger Sicht einer Infragestellung unterworfen gedacht werden kann. Der Blick nach Innen in Bezug auf Dissonanzphänomene oder den Zweifel scheint jedoch nicht zur Sprache gebracht worden zu sein. Wer zwischen zwei alternativen Wertesystemen wählen muss, der springt metaphorisch gesprochen auf zwei Krücken umher, ist ein „Zwiegegabelter", der sich nicht eindeutig auf den einen Gott festlegen will (vgl. 1Kön 18,21). Alle zum Ausdruck gebrachten „Dissonanzen" sind aus der Außenperspektive beschrieben und/oder greifen auf bildliche Sprache zurück, um die Notwendigkeit zur Entscheidung zu thematisieren. Die aus alttestamentlicher Sicht falsche Wahl stellt den ‚krummen' oder ‚unebenen' Weg dar, während die richtige Lebensweise als ‚gerade' und ‚eben' bezeichnet werden kann. Auch hier ist wieder zu sehen: Mit derartigen Wendungen ist beobachtbares Verhalten zur Sprache gebracht, vom Zweifel verlautet nichts.

Im Zuge der Hellenisierung des Mittelmeerraumes eröffnen sich für die israelitische Kultur neue Sprachmöglichkeiten, denn das Griechische stellt bereits einen beachtlichen Wortschatz bereit, der von introspektiven Reflexionen zeugt. Viele frühjüdische Schriftsteller machen von diesem Wortschatz in unterschiedlicher Weise Gebrauch, greifen griechisch-philosophische Konzepte, Vorstellungen und Begrifflichkeiten auf, die einer Innensicht des Menschen entsprechen. Eingehendere Untersuchungen in dieser Arbeit lassen erkennen, wie im Judentum der hellenistisch-römischen Zeit biblische Vorgaben mit den zeitgenösssichen sprachlichen Mitteln aktualisiert und transformiert werden konnten. Religion kann nun, wie beispielsweise im Vierten Makkabäerbuch oder bei Philo von Alexandrien, als Ursache intrapersonaler Dissonanzen zum Thema werden; zugleich zeigen z. B. das Buch Jesus Sirach oder viele Schriften des Corpus Philonicum, dass Religion als entscheidender Faktor für die Bewältigung von Dissonanzen im Inneren des Menschen in Erscheinung tritt. Philo von Alexandrien thematisiert in verschiedenen Schriften den Zweifel

---

dissertationes II 18,29. In dissertationes II 18,20 verweist Epiktet auf Platos ‚Gesetze', wo als Mittel gegen die Begierde, Tempelraub zu begehen, u. a. die Empfehlung zu Sühneopfern und zum Aufsuchen der Heiligtümer apotropäischer Götter begegnet, vgl. Plato, leg. 854a–b.

sogar explizit. Der innerlich „gespaltene Mensch" erfährt im frühen Judentum vermehrt Resonanz.

Neutestamentliche Verfasser setzen frühjüdische Tendenzen fort. Inneres Dissonanzerleben kommt in vielen Texten mithilfe einer bedeutenden Bandbreite an Wendungen und Ausdrücken zur Sprache. In der Jesusbewegung wird die Weiterentwicklung einer radikalisierten interner Ethik greifbar, der gegenüber isolierte Äußerlichkeiten Abwertung erfahren. Womöglich auch als Echo auf den zerstörten Tempel bzw. als Reflex auf die spezifischen Herausforderungen des neu entstehenden Christentums gewinnt der Zweifel zunehmend an Bedeutung. Der innerlich dissonante Mensch entspricht nicht dem Ideal. Ältere Vorstellungen der biblischen Tradition bezüglich einer „Verdopplung" statt einer Halbierung anthropologischer Größen als Beschreibungen der unangemessenen Disposition des Menschen respektive seines Verhaltens, wie z. B. das „doppelte Herz" finden zwar im Christentum weiterhin Verwendung, aber nun wird die uneindeutige religiöse innere Haltung, die einer defizitären Gottesbeziehung entspricht, auch sprachlich explizit als intrapersonale Dissonanz und dabei mit spezifischen Einzellexemen gefasst.

Der Ausdruck δίψυχος ist (wie seine Derivate) womöglich eine durchdachte Synthese alttestamentlich-frühjüdischen und griechisch-hellenistischen Denkens. Denn die „doppelte Seele" erinnert zum einen an den jüdisch nachweisbaren Gedanken doppelter anthropologischer Größen, vermittels derer die am Ideal des göttlichen Willens gemessene Negativbewertung einer Inkongruenz zwischen der Innen- und der Außenseite des Menschen zum Ausdruck gebracht werden konnte. Zum anderen ist mit der im Wortstamm enthaltenen ψυχή der Fokus auf den Innenraum gelegt, so dass δίψυχος κτλ. eine ‚psychologische' Disposition beschreibt, bei der das Innere der betroffenen Person uneinheitlich zu denken ist, weil – so verdeutlicht es der Verfasser des Jakobusbriefes – eine unvereinbare Lebensweise angestrebt wird: Ein Leben gemäß Gott und seinem Willen zu führen, gleichzeitig nach den Werten der feindlich gesinnten Welt zu streben, stellt eine Unmöglichkeit dar. Auch mit ὀλιγόπιστος κτλ. kommt etwas Neues zum Vorschein: Zwischen den schon in der Tradition bekannten Alternativen (ganzheitliche Liebe zu Gott einerseits und Abwendung von Gott andererseits) wird nun differenziert. Insbesondere im Matthäusevangelium wird deutlich: Der Kleinglaube ist als Zwischenstufe eingeführt, denn der Ausdruck akzentuiert die Graduierbarkeit des personalen, ganzheitlichen Vertrauensverhältnisses.

Weder im Jakobusbrief noch im Evangelium nach Matthäus sind beachtenswerterweise Hinweise dafür zu finden, dass mit den jeweiligen Zweifelskonzepten inklusive ihrer jeweiligen Bewältigungsempfehlungen nur eine spezifische gesellschaftliche Gruppe angesprochen sein könnte. Anders als in frühjüdischen Schriften, wie z. B. dem Vierten Makkabäerbuch, oder bei Philo, wird Selbstkontrolle und intrapersonale Dissonanzreduktion nicht nur von männlichen Mitgliedern der Oberschicht erwartet. Vielmehr erscheinen bei

Jakobus und Matthäus auch einfache Menschen in die Warnungen vor Zweiseeligkeit bzw. Kleinglaube eingeschlossen.[89]

Matthäus und Jakobus ermahnen zwar dazu, ein ‚Zu-Wenig' an Vertrauen, innere Uneindeutigkeit, Unbeständigkeit oder ‚Zweiseeligkeit' zu überwinden, aber sie verurteilen solche ‚psychologischen' Erfahrungen nicht. Möglicherweise fand schon im Frühchristentum eine reflektierte Auffassung glaubensrelevanter Entscheidungsproblematiken Verbreitung, nach der christliche Existenz zu einem gewissen Grad mit Ungewissheit, Kleinglauben und Zweifel begleitet sein kann. Das Frühchristentum hat innere Dissonanzen keinesfalls verdrängt, sondern als Thema in unterschiedlichen Textsorten verarbeitet. Und dass das ‚Zweifels'-Motiv auch mithilfe von δίψυχος κτλ. und ὀλιγόπιστος κτλ. schriftlich tradiert wurde, kann aus heutiger Perspektive als Glücksfall für das Christentum gewertet werden: Denn da, wo defizitäres Vertrauen, ‚Zweiseeligkeit' und Zweifelserfahrungen ernst genommen werden, ist der Glaube vor fundamentalistischer Aushöhlung und Missbrauch ein Stück weit geschützt.

89 Vgl. insbesondere den wiederholten Rekurs auf Spannungen zwischen verschiedenen Schichten der Gemeinden, nämlich zwischen Armen und Reichen, im Jakobusbrief, der auch in diesem Zusammenhang Dissonanzphänomene problematisiert, sowie die Tatsache, dass die Bergpredigt – wo Mt 6,25–34 vor Sorgen und Kleinglauben gewarnt wird – Herausforderungen einer Gemeinschaft von Frauen und Männern behandelt. Das Phänomen, dass im Christentum auch Frauen und Männern aus einfacheren sozialen Verhältnissen Selbstkontrolle zugemutet wurde, hat schon der im 2. Jh. n. Chr. wirkende Arzt Galenus beobachtet. Siehe dazu Walzer, Galen, 15, sowie Gemünden, Affektkultivierung, 50; dies., Taufe, 245 ff.

Literatur

Die verwendeten Kurztitel sind in Kursivdruck, bei Hilfsmitteln in eckigen Klammern angegeben.

Sofern nicht anders vermerkt, sind die in dieser Arbeit zu findenden Übersetzungen aus den Originalsprachen meine eigenen. Wichtige hebräische Ausdrücke sind zusätzlich nach RGG[4] transkribiert.

Abkürzungen

Die verwendeten Abkürzungen richten sich nach den Empfehlungen der Redaktion des Lexikons für Religion in Geschichte und Gegenwart in vierter Auflage, Abkürzungen Theologie und Religionswissenschaft 2007, und ergänzend nach dem Internationalen Abkürzungsverzeichnis für Theologie und Grenzgebiete in dritter, überarbeiteter und erweiterter Auflage, hg. v. S. M. Schwertner, Berlin/Boston 2014.

Die biblischen Bücher und außerkanonische Literatur werden angegeben nach den Empfehlungen der Redaktion des Lexikons für Religion in Geschichte und Gegenwart in vierter Auflage, Abkürzungen Theologie und Religionswissenschaft 2007.

Die Abkürzungen der Werke des Corpus Philonicum richten sich nach den Studia Philonica Annual, hg. v. D.T. Runia und G.E. Sterling.

Die Abkürzungen der Qumranschriften folgen J MAIER, Die Qumran-Essener. Die Texte vom Toten Meer. 3 Bd. (UTB 1862.1863.1916), München/Basel 1995–1996.

Antike Autoren werden nach den Empfehlungen des Neuen Pauly (DNP), Enzyklopädie der Antike, hg. v. H. Cancik u. H. Schneider, Bd. 3, Stuttgart 1997, S. XXXVI–XLIV wiedergegeben. Die Angabe der Belegstellen bei Stobaeus folgt – sofern nicht anders angegeben – der bei Nickel (Stoa und Stoiker, Bd. 1, Griechisch – lateinisch – deutsch, Auswahl der Fragmente und Zeugnisse, Übersetzung und Erläuterungen von R. Nickel [Sammlung Tusculum], Düsseldorf 2008).

Davon abweichend oder ergänzend werden folgende Abkürzungen verwendet:

Serien:

BVB	Beiträge zum Verstehen der Bibel
CQSc	Companion to the Qumran Scrolls
LSTS	Library of Second Temple Studies
RReNaB	Réseau de la Recherche en Narratologie et Bible
SVR	Studien zum Verstehen fremder Religionen

Antike Schriften:

Alexander Aphr.,	anima Alexander von Aphrodisias, De anima
Alexander Aphr.,	fat. Alexander von Aphrodisias, De fato
Clemens Al., ex Theod.	Clemens von Alexandrien, Excerpta ex Theodoto
Dio Chrys.	Dion Chrysostomus, Orationes
Epiktet, ench.	Epiktet, Enchiridion
Euseb, h.e.	Euseb, historia ecclesiastica
Galen, anat.	Galen, De anatomicis administrationibus
Galen, plac.	Galen, De placitis Hippocratis et Platonis
Gorgias, Hel.	Gorgias, Enkomion Helena
Lukian, Iupp. trag.	Lukian, Iuppiter tragoedus
Lukian,	Philops. Lukian, Philopseudes sive incredulus
Origenes, princ.	Origenes, De principiis
Pseudo-Aristoteles, mund.	Pseudo-Aristoteles, De mundo
Philoponos, de an.	Philoponos, in Aristotelis de anima libros commentaria
Polybios, hist.	Polybius, Historiae
Proklos, rep.	Proklos, In Platonis rem publicam commentarii
Seneca, ira	Seneca, De ira (=Dialogi III–V)
Seneca, prov.	Seneca, De providentia (=Dialogi I)
Seneca, const.	Seneca, De constantia sapientis (=Dialogi II)
Tertullian, anima	Tertullian, De anima
Tertullian, carn.	Tertullian, De carne Christi
Tertullian, praescr.	Tertullian, De praescriptione haereticorum

I. Quellen: Primärliteratur, Übersetzungen und Textsammlungen

1. Bibelausgaben; frühjüdische, frühchristliche, rabbinische Schriften; Texte aus Qumran

Acta apostolorum apocrypha, hg. R.A. Lipsius/M. Bonnet, 3 Bd., Darmstadt 1959 (=Leipzig 1891–1903).

Acta Philippi, F. Amsler, B. Bouvier, and F. Bovon, (CChr.SA 11), Brepols 1999.

[ASV]: The Holy Bible, American Standard Version. Containing the Old and New Testaments, Translated out of the Original Tongues, Being the Version Set Forth A.D. 1611, Compared with the Most Ancient Authorities and Revised A.D. 1881–1885, Newly Edited by the American Revision Committee A.D. 1901, Standard Edition. New York, 1901.

[Basisbibel]: Das Neue Testament und die Psalmen, Stuttgart 2014.

[BHS]: Biblia Hebraica Stuttgartensia, ed. funditus renovata, editio quinta emendata, opera A. Schenker, hg. von K. Elliger/W. Rudolph, Stuttgart ^{5}1997.

Blatz, B., Das koptische Thomasevangelium, in: W. Schneemelcher (Hg.), Neutestamentliche Apokryphen in deutscher Übersetzung. I. Band: Evangelien, Tübingen ^{6}1990, 93–113.

[CEB]: Common English Bible, Nashville TN 2011.

[CEV]: Holy Bible: Contemporary English Version, New York 1995.

Charles, R. H., The Greek Versions of the Testaments of the Twelve Patriarchs, Oxford 1908.

Charlesworth, J.H. (Hg.), The Old Testament Pseudepigrapha, Bd. 1/2, Garden City, New York 1983–1985.

[CJB]: Complete Jewish Bible. An English Version of the Tanakh (Old Testament) and B'Rit Hadashah (New Testament). Translation by D. H. Stern, Clarksville, MD 1998.

Das Neue Testament und frühchristliche Schriften. Vollständige Sammlung aller ältesten Schriften des Urchristentums, übers. und kommentiert von K. Berger und C. Nord, Frankfurt a. M. u. a. 1999 [Ndr. 2005].

Deissmann, A., Das vierte Makkabäerbuch, in: Die Apokryphen und Pseudepigraphen des Alten Testaments 2: Die Pseudepigraphen des Alten Testaments, hg. v. E.Kautzsch, Tübingen 1900, 149–177.

Der Hirt des Hermas. Übersetzt u. erklärt v. N. Brox (KAV, Bd. 7 KEK.Erg.R.), Göttingen 1991.

Die Schrift. Aus dem Hebräischen verdeutscht von Martin Buber gemeinsam mit Franz Rosenzweig, 4 Bd. (Taschenbuch), Stuttgart 1992.

Die Texte aus Qumran. Hebräisch und deutsch. Mit masoretischer Punktation. Übersetzung, Einführung und Anmerkungen, hg. v. E. Lohse, Darmstadt 1964.

[Elberfelder Bibel]: Die Heilige Schrift. Aus dem Grundtext übersetzt. Revidierte Elberfelder Bibel, Wuppertal, 1985.

[Einheitsübersetzung = EÜ]: Die Bibel, Altes und Neues Testament; Einheitsübersetzung, Stuttgart 1980.

[ESV]: The Holy Bible, English Standard Version, Wheaton 2001.

Die Apostolischen Väter. Griechisch-deutsche Parallelausgabe auf der Grundlage der Ausgaben von F.X. Funk/K. Bihlmeyer und M. Whittaker, mit Übersetzungen von M. Dibelius und D.-A. Koch, neu übers. und hg. von A. Lindemann und H. Paulsen, Tübingen 1992.

[Gute Nachricht Bibel]: Altes und Neues Testament mit den Spätschriften des Alten Testaments (deuterokanonische Schriften/Apokryphen), revidierte Fassung 1997 der „Bibel in heutigem Deutsch", durchgesehene Ausgabe 2000, Stuttgart 2013.

Hoffmann, P./Heil, C., Die *Spruchquelle* Q. Studienausgabe Griechisch und Deutsch, Darmstadt 2002.

[Hoffnung für alle]: Die Bibel. rev. Hfa-Fassung, Basel; Gießen 2011.

Jonge, M. de, in cooperation with H.W. Hollander, H.J. de Jonge and Th. Kortweger, The Testaments of the Twelve Patriarchs. A Critical Edition of the Greek Text (PVTG 1,2), Leiden 1978.

[KJ21]: The Holy Bible: 21st Century King James Version, Gary, SD 1994.

Koester, H./Layton, B./Lambdin, T.O., The Gospel According to Thomas, in: B.Layton (Hg.): Nag Hammadi Codex II,2–7. Volume One (= NHS 20). Leiden u. a. 1989, 38–93.

Lightfood, J.B., The Apostolic Fathers, Part I: S. Clement of Rome, Bd. 2, London ^{2}1890 [1. Aufl. 1869].

[Lutherbibel 1984]: Die Bibel nach der Übersetzung Martin Luthers, revidierte Fassung von 1984, Stuttgart 1999.

[Lutherbibel 2017]: Die Bibel nach der Übersetzung Martin Luthers, revidierte Fassung von 2017, Stuttgart 2017.

Maier, J., Die Qumran-Essener. Die Texte vom Toten Meer. 3 Bd. (UTB 1862.1863.1916), München/Basel 1995–1996.

Meisner, N., *Aristeasbrief* (JSHRZ II/1), Gütersloh 1973, 35–87.

Meisner, N., Untersuchungen zum Aristeasbrief, Text und Anmerkungen, 2 Bd., Berlin 1972.

[Menge-Bibel]: Die Heilige Schrift übersetzt von Hermann Menge. Unveränderter Nachdruck der letzten von Menge bearbeiteten Textfassung (1939), Stuttgart ^{13}2000.

[NAB]: The New American Bible, Translated from the Original Languages, with Critical Use of All the Ancient Sources, by Members of the Catholic Biblical Association of America, hg. von L.F. Hartman / M.M. Bourke, New York 1970.

[Neue Genfer Übersetzung]: Teilausgabe des Neuen Testaments, Stuttgart 2007.

[Nickel]: Stoa und Stoiker, Bd. 1, Griechisch - lateinisch - deutsch, Auswahl der Fragmente und Zeugnisse, Übersetzung und Erläuterungen von R. Nickel (Sammlung Tusculum), Düsseldorf 2008.

[NIV]: The Holy Bible: New International Version. Inclusive Language Edition, London 1996.

[NTG]: Novum Testamentum Graece, hg. v. E. Nestle / B. Aland, 27. Aufl., Stuttgart 2001 [8., korrigierter und um die Papyri 99–116 erweiterter Druck].

Rahlfs, A., Septuaginta. Id est Vetus Testamentum graece iuxta LXX interpretes, Duo volumina in uno, Editio altera quam recognovit et emendavit R. Hanhart, Stuttgart 2006.

[RSV]: The Holy Bible. Revised Standard Version, 1952.

[RV]: The Holy Bible. Revised Version, 1901.

Sapientia Iesu Filii Sirach (Septuaginta. Vetus Testamentum Graecum Auctoritate Academiae Scientiarum Gottingensis editum 12/2), hg. von J. Ziegler, Göttingen 1965, 2., durchgesehene Auflage 1980.

Sapientia Salomonis (Septuaginta Vetus Testamentum Graecum Auctoritate Academiae Scientiarum Gottingensis editum 12,1), hg. von J. Ziegler, Göttingen 1962, 2., durchges. Aufl. 1980.

[Schlachter-Bibel]: Die Bibel. Übers. von Franz Eugen Schlachter nach dem hebr. und griech. Grundtext, neue rev. Fassung, Version 2000, Bielefeld 2004.

[Schneemelcher]: Neutestamentliche Apokryphen in deutscher Übersetzung, hg. v. Schneemelcher, 2 Bd., ^{2}1990.^{2}1997.

Schriften des Urchristentums. Erster Teil. Der Klemens-Brief, Die sieben Ignatius-Briefe, Die beiden Polykarp-Briefe, Das Quadratus-Fragment, eingeleitet, hg., übertragen und erläutert von J.A Fischer, Darmstadt 2006 [unveränderter Ndr. der Ausg. von 1984].

Schriften des Urchristentums. Zweiter Teil. Didache (Apostellehre), Barnabasbrief, Zweiter Klemensbrief, Schrift an Diognet, eingeleitet, hg., übertragen und erläutert von K. Wengst, Darmstadt 2006 [unveränderter Ndr. der Ausg. von 1984].

Schriften des Urchristentums. Dritter Teil. Papiasfragmente, Hirt des Hermas, eingeleitet, hg., übertragen und erläutert von U. H. J. Körtner und M. Leutzsch, Darmstadt 2006 [unveränderter Ndr. der Ausg. von 1984].

Septuaginta Deutsch. Das griechische Alte Testament in Übersetzung, hg. von W. Kraus / M. Karrer u. a., Stuttgart 2009.

Shutt, R. J. H., Letter of Aristeas, in: J.H. Charlesworth, (Hg.), The Old Testament Pseudepigrapha, Bd. 2, Garden City, N.Y. 1985, 7–34.

[SVF]: Stoicorum veterum fragmenta, collegit Ioannes ab Arnim [H. von Arnim], 4 Bd., Stuttgart 1903–1924 [Ndr. 1964].

VanderKam, J.C., The Book of Jubilees. A Critical Text (CSCO.Ae 87), Louvain 1989.

VanderKam, J.C., The Book of Jubilees. A Critical Text (CSCO.Ae 88), Louvain 1989.

Vulgata. Biblia Sacra Vulgata. Editio quinta, hg. von R. Weber und R. Gryson, Stuttgart, 2007.

[WEB]: The Holy Bible. World English Bible, Buena Vista, CO 2000.

[ZB]: Zürcher Bibel, Zürich 2007.

2. *Weitere antike Quellen: griechische und lateinische Schriften*

[Achilles Tatius]
Achilles Tatius. Leucippe and Clitophon, hg. v. E. Vilborg (SGLG 1), Stockholm 1955.

[Aischylos]
Aeschyli Septem Quae Supersunt Tragoedias, hg. v. D.L. Page (SCBO), Oxford 1972.
Aeschylus. Aeschylus, with an English translation by H. W. Smyth in two volumes. 2. Agamemnon. The Libation Bearers. Eumenides. Fragments. (LCL 145). Cambridge, Mass./London 1926.

[Alexander von Aphrodisias]
Über das Schicksal, übers. von A. Zierl, Berlin 1995.
Alexandri Aphrodisiensis praeter commentaria scripta minora, hg. v. I. Bruns (CAG suppl. 2.2), Berlin 1892.
Alexandri Aphrodisiensis praeter commentaria scripta minora, hg. v. I. Bruns (CAG suppl. 2.1), Berlin 1887.
Supplement to On the Soul, übers. von R.W. Sharples, London/New York 2004.

[Ammon]
The Letter of Ammon and Pachomiam Monasticism by James E. Goehring, (PTS 27), Berlin/New York 1985.

[Appian]
Appian's Roman history, übers./hg. von H. White, Bd. 3–4 (LCL 4–5), Cambridge, Mass. 1913 [Ndr. 3:1964; 4:1961].

[Aristophanes]
Aristophanes Comoediae, hg.v. F.W. Hall/W.M. Geldart (SCBO), Bd. 1, Oxford 1907.
Aristophanes. Knights. The Complete Greek Drama, Bd. 2. Eugene O'Neill, New York 1938.
Aristophanis Fabulae, hg. v. N.G. Wilson (SCBO), Oxford 2007.

[Aristoteles]
Aristoteles, Die Nikomachische Ethik. Griechisch-deutsch, übers. v. O. Gigon, neu hg. v. R. Nickel, Düsseldorf/Zürich 2001.
Aristoteles: Eudemische Ethik, hg. v. F. Dirlmeier, Berlin 1962.
Aristoteles, Metaphysik, 2 Bände. Griechisch-deutsch, neubearb. d. Übers. v. H. Bonitz, mit Einl. u. Komm. hg. v. H. Seidl, Hamburg 31989.
Aristoteles' Nikomachische Ethik. 2. Aufl. der neuen Übersetzung erste Aufl. Übers. und mit einer Einleitung und erklärenden Anm. vers. von E. Rolfes (Philosophische Bibliothek Bd. 5), Leipzig 1911.
Aristoteles: Nikomachische Ethik, übersetzt und kommentiert von F. Dirlmeier (RUB 8686), Stuttgart 2006.
Aristoteles: Rhetorik. Übersetzung mit einer Bibliographie und einem Nachwort von F.G. Sieveke (UTB 159), München 51995.
Aristoteles. Werke in deutscher Übersetzung, 19 Bd., hg. v. E. Grumach/H. Flashar., Berlin 1956 ff (soweit erschienen).
Aristoteles. Über die Seele. Griechisch/Deutsch. Übers. und hg. v. G. Krapinger, Stuttgart 2011.
Aristotelis ars rhetorica, hg. v. W.D. Ross (SCBO), Oxford 1959 [Ndr. 1964].
Aristotelis de animalium motione et de animalium incessu. Ps.-Aristotelis de spiritu libellus, hg. v. W. Jaeger, Leipzig 1913.
Aristotelis ethica Eudemia, hg. v. F. Susemihl, Leipzig 1884 [Ndr. Amsterdam 1967].
Aristotelis ethica Nicomachea, hg. v. I. Bywater (SCBO), Oxford 1894 [Ndr. 1962].

Aristotelis topica et sophistici elenchi, hg. v. W.D. Ross (SCBO), Oxford 1958 [Ndr. 1970 (1st edn. corr.)].
Aristotle, hg. v. G.C. Armstrong), Bd. 18, Cambridge, Mass. 1935 [Ndr. 1969]
Aristotle. De anima, W.D. Ross (University paperbacks 65), Oxford, 1961 [Ndr. 1967].
Aristotle. Parva naturalia, hg. v. W.D. Ross (SCBO), Oxford 1955 [Ndr. 1970].
Aristotelis physica, hg. v. W.D. Ross (SCBO), Oxford 1950 [Ndr. 1966 (1st edn. corr.)].
Aristotelis politica, hg. v. W.D. Ross (SCBO), Oxford 1957 [Ndr. 1964].
Aristotle's metaphysics, 2 Bd., hg. v. W.D. Ross (SCBO), Oxford 1924 [Ndr. 1970 der korrigierten Aufl. von 1953].
Des Aristoteles Schrift über die Seele, übers. u. erklärt von E. Rolfes, Bonn 1901.
The Nicomachean Ethics, with an English Translation by H. Rackham, Aristotle in 23 Volumes: Bd. 19 (LCL 73), Cambridge, Mass./London 1926 [Ndr. 1968].
The Complete Works of Aristotle, hg. v. J. Barnes, 2 Bd., Bollingen Series 72,2,1–2, 6. Aufl., Princeton 1984 [Ndr. 2007].

[Artemidoros]
H. Lloyd-Jones and P. Parsons, Supplementum Hellenisticum, Berlin 1983.

[Athanasius]
Athanasiana I, hg. v. H. Nordberg, (Commentationes humanarum litterarum 30.2.) Helsinki 1962.
Athanasii Alexandrini praecepta ad Antiochum, hg. v. W. Dindorf, Leipzig 1857.

[Cicero]
Academicorum reliquiae cum Lucullo, hg. von O. Plasberg (BSGRT), Leipzig 1922 [Ndr. Stuttgart 1961.1980].
Atticus-Briefe (Ad Atticum), lat.-dt., hg. und übers. von H. Kasten, München/Zürich ^{4}1990.
De Officiis, hg. von M. Winterbottom (OCT), Oxford 1994.
Gespräche in Tusculum; Tusculanae Disputationes, mit ausführlichen Anmerkungen neu hg. v. O. Gigon, Düsseldorf u. a. ^{7}1998.
Tusculan Disputations, with an English Translation by J.E. King, Cicero in 28 Volumes: Bd. 18 (LCL 141), Cambridge, Mass./London 1971.
Vom rechten Handeln (De officiis), lat.-dt., hg. und übers. von K. Büchner, München/Zürich ^{3}1987.
Über die Ziele menschlichen Handelns (De finibus), lat.-dt. Hrsg. und übers. von O. Gigon, München/Zürich 1988.

[Clemens Alexandrinus]
Stromata, Buch I – VI, deutsch/griechisch, hg. v. O. Stählin mit einem Nachtrag von U. Treu (GCS 52), Berlin 41985.
L. Früchtel, O. Stählin, and U. Treu, Clemens Alexandrinus, Bd. 2, 3. Aufl. u. 3, 2. Aufl. (Die griechischen christlichen Schriftsteller 52[15],17). Berlin, 2:1960; 3:1970.
F. Sagnard, Clément d'Alexandrie. Extraits de Théodote, 2. Aufl. (SC 23), Paris, 1948 [Ndr. 1970].

[Cyrill von Alexandria]
J.-P. Migne, Patrologiae cursus completus (series Graeca) (MPG) 72, Paris, 1857–1866.
P.E. Pusey, Sancti patris nostri Cyrilli archiepiscopi Alexandrini in D. Joannis evangelium, 3 Bd., Oxford, 1872.
P.E. Pusey, Sancti patris nostri Cyrilli archiepiscopi Alexandrini in xii prophetas, 2 Bd., Oxford, 1868.
J. Sickenberger, Fragmente der Homilien des Cyrill von Alexandrien zum Lukasevangelium (Texte und Untersuchungen 34), Leipzig 1909.

[Demosthenes]
S.H. Butcher, Demosthenis orationes, Bd. 1. Oxford, 1903 [Ndr. 1966].

[Didymus Caecus]
M. Gronewald, Didymos der Blinde. Psalmenkommentar, pt. 2 (Papyrologische Texte und Abhandlungen 4), Bonn 1968.

[Diogenes Laertius]
Diogenis Laertii vitae philosophorum, hg. von H.S. Long, 2 Bd., Oxford 1964 [Ndr. 1966]
Leben und Meinungen berühmter Philosophen, hg. v. P. Apelt u. a., 2 Bd., Hamburg [3]1998.
Lives of Eminent Philosophers, hg. und übers. v. R.D. Hicks (LCL 184–185), 2 Bd., Cambridge, Mass./London 1925 [Ndr. 1991].

[Dion Chrysostomus]
J. von Arnim, Dionis Prusaensis quem vocant Chrysostomum quae exstant omnia, Bd. 1–2, 2. Aufl. Berlin 1:1893; 2:1896 [Ndr. 1962].

[Epiktet]
H. Schenkl, Epicteti dissertationes ab Arriano digestae. Leipzig 1916.
The Discourses as Reported by Arrian; The Manual, and Fragments, with an English translation, hg. von W.A. Oldfather, 2 Bd., (LCL 131.218), London u. a. 1925–1928 [Ndr. 2000].

[Euripides]
Euripidis fabulae, hg. v. J. Diggle, Bd. 3., Oxford 1994.
Euripides. The Tragedies of Euripides, translated by T.A. Buckley, London 1850.
Sämtliche Tragödien und Fragmente, griechisch-deutsch, übers. v. E. Buschor, hg. v. G.A. Seeck, 6 Bd. (Sammlung Tusculum), München 1972–1981.

[Euseb]
Eusèbe de Césarée. Histoire ecclésiastique, 3 Bd., G. Bardy, (SC 31, 41, 55), Paris 1:1952; 2:1955; 3:1958 [Ndr. 3:1967].
Eusebius von Caesarea: Kirchengeschichte. Hg. und eingeleitet von H. Kraft, übers. von P. Haeuser, 2. Aufl., München 1981.

[Eustathius]
Eustathii archiepiscopi Thessalonicensis commentarii ad Homeri Iliadem pertinentes, Bd. 1–4, M. van der Valk, Leiden 1:1971; 2:1976; 3:1979; 4:1987.

[Galen]
Claudii Galeni De placitis Hippocratis et Platonis libri novem, rec. et explanavit I. Müller. Prolegomena critica, textus graecus, adnotatio critica versioque Latina, hg. v. I. Müller, Lipsius [Leipzig] 1874.
Galen. On the doctrines of Hippocrates and Plato, hg. von P.H. De Lacy (Corpus medicorum Graecorum Bd. 5.4.1.2/ 1–2.), Berlin 1978.
Klaudiu Galenu Hapanta – opera omnia. Medicorum graecorum opera quae extant, hg. v. D.G. Kühn u. a., 10 Bd., Lipsius [Leipzig] 1964–1965.

[Gregor von Nazianz]
J.-P. Migne, Patrologiae cursus completus (series Graeca) (MPG) 36, Paris 1857–1866.

[Herodian]
K. Stavenhagen, Herodiani ab excessu divi Marci libri octo. Leipzig 1922 [Ndr. Stuttgart, 1967].

[Hesychios von Alexandria]
K. Latte, Hesychii Alexandrini lexicon, Bd. 1–2, Copenhagen, 1:1953; 2:1966.

[Homer]
Homer, Ilias: griechisch und deutsch, übers. v. J.H. Voss, Augsburg 1994.
Homer, Odyssee. Griechisch-deutsch, hg. u. übersetzt v. A. Weiher, Düsseldorf 2003.

[Ignatius]
Schriften des Urchristentums. Erster Teil. Der Klemens-Brief, Die sieben Ignatius-Briefe, Die beiden Polykarp-Briefe, Das Quadratus-Fragment, eingeleitet, hg., übertragen und erläutert von J.A Fischer, Darmstadt 2006 [unveränderter Ndr. der Ausg. von 1984], 109-225.

[Iosephus]
Contra Apionem, Buch I. Einleitung, Text, textkritischer Apparat, Übersetzung und Kommentar von D. Labow, Stuttgart 2005.
Flavii Iosephi opera, Bd. 1-4.6, B. Niese, Berlin 1:1887; 2:1885: 3:1892; 4:1890; 6: 1895 (Ndr. 1955).
Flavius Josephus, Aus meinem Leben. Vita. Hg. v. H. Schreckenberg, M. Vogel, F. Siegert, Tübingen 2001.
Josephus. Jewish Antiquities, Works in Nine Violumes, Bd. 4-5 (LCL 242; 281), with an English translation by H. Thackeray, Cambridge, Mass/London 1991.1989.

[Joannes Chrysostomus]
J.-P. Migne, Patrologiae cursus completus (series Graeca) (MPG), Paris 1857-1866.

[Joannes Philoponos]
Ioannis Philoponi in Aristotelis de anima libros commentaria, hg. v. M. Hayduck (Commentaria in Aristotelem Graeca 15). Berlin 1897.

[Johannes Damascenus]
J.-P. Migne, Patrologiae cursus completus (series Graeca) 95 & 96, Paris 1857-1866.
John of Damascus, The Three Treatises on the Divine Images (Popular Patristic Series), hg. J. Behr, übers. A. Louth, Crestwood 2003.

[Leontius von Neapolis]
A.-J. Festugière and L. Rydén, Léontios de Néapolis, Vie de Syméon le Fou et Vie de Jean de Chypre (Bibliothèque archéologique et historique 95), Paris 1974.
Leben des heiligen Johannes des Barmherzigen Erzbischofs von Alexandrien, hg. v. H. Gelzer (Sammlung ausgewählter kirchen- und dogmengeschichtlicher Quellenschriften: 1; 5) Freiburg i. Br. 1893.

[Lukian Samosatensis]
Hauptwerke, griechisch und deutsch, hg. und übers. von K. Mras, Tusculum Bücherei, München 21980.
Lucian in eight volumes. With an English translation by A.M. Harmon, Bd. 3 (LCL), Cambridge, Mass., 1921 [Ndr. 1969].
Sämtliche Werke, nach der Übersetzung von C.M. Wieland, bearb. und erg. von H. Floerke, 5 Bd. (Klassiker des Altertums Reihe 7,1-11), München u. a. 1911.

[Lukrez]
Titi Lucreti Cari De rerum natura libri sex. Hg. und übers. v. C. Bailey. 3 Bände, Oxford 1947.
Titus Lucretius Carus: Über die Natur der Dinge. Lateinisch und deutsch (= Schriften und Quellen der Alten Welt 32). Hg. und übers. v. J. Martin, Berlin 1972.

[Mark Aurel]
The meditations of the emperor Marcus Aurelius, hg. v. A. S. L. Farquharson, Bd. 1, Oxford, 1944 [Ndr. 1968].

[Numenios]

Numénius. Fragments, hg. von É. des Places, Paris 1974: 42–94, 99–102. [= des Places]

[Origenes]

Entretien d'Origène avec Héraclide. Introduction, texte, traduction et notes de J. Scherer (SC 67), Paris 1960.

Origen. On First Principles. Being Koetschau's Text of De Principiis Translated into English, Together with an Introduction and Notes by G.W. Butterworth. Introduction to the Torchbook edition by H. de Lubac, London 1936 [Ndr. New York 1966].

Origène. Commentaire sur l'évangile selon Matthieu, Introduction, traduction et notes par R. Girod, Bd. 1 (SC 162), Paris, 1970.

Origène. Commentaire sur saint Jean, texte grec, introduction, traduction et notes par C. Blanc, 5 Bd., (SC 120, 157, 222, 290, 385), Paris, 1:1966; 2:1970; 3:1975; 4:1982; 5:1992.

Origène, Traité des Principes, Traduction de la version latin de Rufin avec un dossier annexe d'autres témoins du texte, hg. von M. Harl, G. Derival, A. Le Boullec (Études Augustiniennes), Paris 1976.

Origène. Traité des Principes (Livres III und IV), hg. u. übers. von H. Crouzel und M. Simonetti (SC 268), Paris 1980.

Origenes vier Bücher von den Prinzipien. Hg., übers., mit kritischen und erläuternden Anm. versehen von H. Görgemanns and H. Karpp (Texte zur Forschung 24), Darmstadt 1976.

[Philo von Alexandrien]

Die Werke in deutscher Übersetzung, hg. v. L. Cohn u. a., 7 Bd., Berlin 1909–1938; 1964.

Philonis Alexandrini Opera Quae Supersunt, hg. v. L. Cohn u. a., 7 Bd., Berlin 1896–1930 [Ndr. 1962–1963].

Philo in ten volumes (and two supplementary volumens), with an English translation by F.H. Colson, G.H. Whittaker (and R. Marcus) (LCL), London/Cambridge, Mass. 1929–1962.

Quis rerum divinarum heres sit, hg. und übers. v. Harl, M. (Les oeuvres de Philon d'Alexandrie 15), Paris 1966.

Quaestiones in Genesim et in Exodum. Fragmenta Graeca, hg. v. F. Petit (Les oeuvres de Philon d'Alexandrie 33), Paris 1978.

Wendland, P., Neu entdeckte Fragmente Philos nebst einer Untersuchung über die ursprüngliche Gestalt der Schrift de sacrificiis Abelis et Caini, Berlin 1891.

[Plato]

Plato. Plato in Twelve Volumes, Bd. 1 translated by Harold North Fowler; Introduction by W. R. M. Lamb, Cambridge, MA/London, 1966.

Plato. Plato in Twelve Volumes, Bd. 5 & 6 translated by Paul Shorey, Cambridge, MA/London, 1969.

Platon, Gorgias. Übers. und hrsg. von M. Erler. Kommentiert und mit einem Nachw. vers. von Th. Kobusch, Stuttgart 2011.

Platon, Nomoi X. Mit einer Einleitung von Helmut Kuhn. Übersetzt und kommentiert von Peter M. Steiner (Collegia), Berlin 1992.

Platon, Protagoras. Griechisch/Deutsch. Übers. u. kommentiert von H.-W. Krautz, Stuttgart 1987.

Platon, Timaios. Griechisch/Deutsch. Übers., Anm. und Nachw. von Th. Paulsen und R. Rehn, rev. Ausg., Stuttgart 2009.

Platon, Werke in acht Bänden. Griechisch und Deutsch, hg. v. G. Eigler, bearb. und übers. von H. Hofmann (griechischer Text von L. Bodin, A. Croiset, M. Croiset und L. Méridier, deutsche Übersetzung von F. Schleiermacher), Darmstadt ^{4}2005.

Platonis opera, 5 Bd., hg. v. J. Burnet, 1900–1907 [Ndr. 1967–1986].

[Plinius d. Ä.]

C. Plinii Secundi naturalis historiae libri XXXVII, hg. von L. von Jan/K. Mayhoff, Stuttgart 1967–2002 [Ndr. der maßgeblichen lat. Edition von 1892–1909 in 6 Bänden].

Die Naturgeschichte des Gaius Plinius Secundus, hg. von L. Möller/M. Vogel, ins Deutsche übers.und mit Anmerkungen vers. von G.C. Wittstein. 2 Bd., Wiesbaden 2007 [Neuaufl. der Übersetzung von 1880–1882].

[Plotin]

Plotini opera, hg. v. P. Henry and H.-R. Schwyzer, 3 Bd., (Museum Lessianum. Series philosophica 33–35), 1:1951; 2:1959; 3:1973.

[Plutarch]

De Stoicorum repugnantiis, with an English Translation by H. Cherniss, in: Plutarchs Moralia in 15 Bd.: Vol 13/2 (LCL 470), Cambridge, Mass./London 1976, 412–603.

De virtute morali, with an English Translation by W.C. Helmbold, in: Plutarchs Moralia in 15 Vol.: Vol. 6 (LCL), Cambridge, Mass./London 1939 [Ndr. 1962], 16–87.

Moralia, Bd. 1, hg. v. C. Weise/M. Vogel, Neu gesetzt und behutsam revidiert nach der Ausg. Griech. Prosaiker in neuen Übers., hrsg. von Christian Nathanael von Osiander und Gustav Schwab, Stuttgart 1828–1861, Wiesbaden 2012.

Moralia, Bd. 2, hg. v. C. Weise/M. Vogel, Neu gesetzt und behutsam revidiert nach der Ausg. Griech. Prosaiker in neuen Übers., hrsg. von Christian Nathanael von Osiander und Gustav Schwab, Stuttgart 1828 bis 1861, Wiesbaden 2012.

Plutarchi moralia, Bd. 4, C. Hubert, Leipzig 1938 [Ndr. 1971].

Plutarch. Moralia. Bd. 2; 4; 6, hg. v. G.N. Bernardakis. Leipzig. 1889; 1892; 1895.

Plutarch. Moralia, Bd. 3; 5, with an English Translation by F.C. Babbitt. Cambridge, MA/London 1931; 1936.

Plutarch. Plutarch's Morals. Bd. 2; 4, translated from the Greek by several hands. Corrected and revised by. W.W. Goodwin, Boston u. a. 1874.

Plutarchs Moralia in 15 Vol.: Vol. 6 (LCL), Cambridge, Mass./London 1939 [Ndr. 1962].

Plutarchi vitae parallelae, K. Ziegler, Bd. 1.2, 3. Aufl., Leipzig 1964.

[Polybios]

Polybii historiae, 4 Bd., hg. v. T. Büttner-Wobst, Leipzig 1:1905; 2:1889; 3:1893; 4:1904 [Ndr. 1:1962; 2–3:1965; 4:1967].

Polybios: Geschichte. Übersetzt von H. Drexler. 2 Bd. (Bibliothek der alten Welt), Zürich 1961/3.

[Proklos]

Procli Diadochi in Platonis rem publicam commentarii, 2 Bd., hg. v. W. Kroll, Leipzig 1:1899; 2:1901 [Ndr. Amsterdam: Hakkert, 1965].

[Ps.-Andronicus]

Pseudo-Andronicus de Rhodes: Περὶ παθῶν, Édition critique du texte grec et de la traduction latine medieval, hg. v. A. Glibert-Thirry (CLCAG.S 2), Leiden 1977.

[Pseudo-Aristoteles]

W.L. Lorimer, Aristotelis qui fertur libellus de mundo, Paris: Les Belles Lettres, 1933.

I. Bekker, Aristotelis opera, Bd. 2, Berlin: Reimer, 1831 [Ndr. Berlin 1960]:

[Sappho]

E. Lobel and D.L. Page, Poetarum Lesbiorum fragmenta. Oxford, 1955 [Ndr. 1968 (1st edn. corr.)] [=LP].

[Seneca]

Ad Lucilium Epistulae Morales, with an English Translation by R.C. Gummere, 3 Bd. (LCL 75–77), Cambridge, Mass./London 1917/1920/1925 [Ndr. 1967/1970/1962].

De Ira, with an English Translation by J.W. Basore, in: Seneca in 10 Vol.: Vol. I: Moral Essays in 3 Vol.: Vol. 1 (LCL 214), Cambridge, Mass./London 1928 [Ndr. 1970], 106–355.

De finibus – Seneca, Epistulae, mit Begleittexten, hg. von W. Flurl/W. Weißmann, Bamberg 1995.

Philosophische Schriften, hg. v. M. Rosenbach, 5 Bd., Darmstadt ^{5}1995 [Ndr. 1999].

Philosophische Schriften, übers., mit Einleitungen und Anmerkungen vers. von O. Apelt, 2 Bd., Lipsius [Leipzig] 1923 [Ndr. 3 Bd. Hamburg 1993].

Philosophische Schriften: lateinisch und deutsch Bd. 5: De clementia. De beneficiis, hg. von F. Préchac/M. Rosenbach, Darmstadt 1995.

[Sextus]

The Sentences of Sextus, hg. v. H. Chadwick, Cambridge 1959.

[Sextus Empiricus]

Sexti Empirici opera, hg. von H. Mutschmann, Bd. 1, Leipzig 1912.

Sexti Empirici opera, hg. von J. Mau and H. Mutschmann, Bd. 2, Leipzig 21914.

Sexti Empirici opera, hg. von J. Mau and H. Mutschmann, Bd. 3, Leipzig 21961.

M. Hossenfelder, Antike Glückslehren. Quellen zur hellenistischen Ethik in deutscher Übersetzung. Aktualisiert und mit einem Geleitwort von Christof Rapp. 2., aktualisierte und ergänzte Aufl., Stuttgart 2013, 292–376.

[Simplicius]

Theophrasti characteres. F. Dübner, Paris 1842.

[Sophokles]

Sophocles. Vol 1: Oedipus the king. Oedipus at Colonus. Antigone. With an English translation by F. Storr (LCL 20), London/New York 1912.

Sophocles. Vol 2: Ajax. Electra. Trachiniae. Philoctetes. With an English translation by F. Storr (LCL 21), London/New York 1913.

Sophocles. The Ajax of Sophocles. Edited with introduction and notes by Sir Richard Jebb, Cambridge 1893.

Sophocles. The Oedipus Tyrannus of Sophocles. Edited with introduction and notes by Sir Richard Jebb, Cambridge 1887.

Sophoclis Fabulae, hg. v. H. Lloyd-Jones/N.G. Wilson, Oxford 1990, 2. korr. Aufl., 1992.

Sophokles: Antigone. Griechisch/Deutsch. Übersetzung, Anmerkungen und Nachwort von Norbert Zink, griechischer Text nach der Ausgabe von A.C. Pearson. Philipp Reclam jun., Stuttgart 1981.

[Stobaeus]

Ioannis Stobaei anthologii libri duo priores, qui inscribe solent eclogue physicae et ethicae, hg. v. C. Wachsmuth u. a., 2 Bd., Berlin 1884 [Ndr. 1958].

Ioannis Stobaei Eclogae physicae et ethicae, hg. v. A. Meineke, 2 Bd., Lipsae [Leipzig] 1860–1864.

[Tertullian]

De praescriptione haereticorum/Vom prinzipiellen Einspruch gegen die Häretiker, übersetzt und eingeleitet von Dietrich Schleyer, FC 42, Brepols 2002.

Tertullians sämtliche Schriften. Aus dem Lateinischen übersetzt von Karl Adam Heinrich Kellner. Köln 1882.

Tertullianus, De anima ed. with a commentary, hg. v. J.H. Waszink, Amsterdam, 1947.

[Thukydides]

Thucydidis historiae, hg. v. H.S. Jones und J.E. Powell, 2 Bd., Oxford, 1:1942 (1st edn. rev.); 2:1942 (2nd edn. rev.) [Ndr. 1:1970; 2:1967].

[Vergil]

Aeneis, lat.-dt., hg. v. J. Götte, Kempten 1965.

[Xenophon]

Hellenika, Griechisch-Deutsch, hg. v. G. Strasburger, München ^{2}1988.

Kyrupädie - Die Erziehung des Kyros; griechisch-deutsch. Hg. und übers. von R. Nickel, München/Zürich 1992.

Xenophontis opera omnia, hg. v. E.C. Marchant, 5 Bd., Oxonii E Typographeo Clarendoniano, Oxford 1900/21921/1904/1910/1920 [Ndr. 1968/1971/1961/1970/1969].

3. *Reformatoren*

[Johannes Calvin]

Opera selecta, 5 Bd., hg. v. P. Barth/W. Niesel/D. Scheuner, München 1926–1952.

[Martin Luther]

Martin Luthers Werke. Kritische Gesamtausgabe [Weimarer Ausgabe = WA], Weimar 1883 ff.

Luther Deutsch, hg. v. K. Aland, Bd. 9 – Tischreden, Stuttgart 1960.

II. Hilfsmittel, Lexika, Nachschlagewerke

[ABD]: Anchor Bible Dictionary, hg. v. D.N. Freedman u. a., 6 Bd., New York u. a. 1992 ff.

Aland, A./Aland, K., Der Text des Neuen Testaments. Einführung in die wissenschaftlichen Ausgaben sowie in Theorie und Praxis der modernen Textkritik, Stuttgart ^{2}1989.

Aland, K. (Hg.), Synopsis quattuor evangeliorum. Locis parallelis evangeliorum apocryphorum et partum adhibitis, Stuttgart ^{15}1996 [Ndr. 2005].

Aland, K., Vollständige Konkordanz zum griechischen Neuen Testament unter Zugrundelegung aller moderner kritischen Textausgaben und des Textus receptus, 2 Bd., Berlin u. a. 1978–1983.

[ANRW]: Haase, W./Temporini, H. (Hg.), Aufstieg und Niedergang der römischen Welt/Rise and Decline of the Roman World. Geschichte und Kultur Roms im Spiegel der neueren Forschung, Berlin u. a. 1972 ff (soweit erschienen).

Bachmann, H. u. a. (Hg.), Konkordanz zum Novum Testamentum Graece of Nestle-Aland, 26. Aufl., und zum Greek New Testament, 3. edition, 3. Aufl. Berlin u. a. 1987.

[Bauer/Aland]: Bauer, W., Griechisch-deutsches *Wörterbuch* zu den Schriften des Neuen Testaments und der frühchristlichen Literatur unter besonderer Mitarbeit von R. Reichmann, Neu und bearbeitet und hg. v. K. Aland/B. Aland, 6., völlig neubearb. Aufl. Berlin u. a. 1988.

[BDR]: Blass, F./Debrunner, A., Grammatik des neutestamentlichen Griechisch, bearb. v. F. Rehkopf, Göttingen ^{18}2001.

[Benseler]: Griechisch-Deutsches *Schulwörterbuch*, bearb. v. A Kaegi, Leipzig/Berlin ^{15}1931 [Ndr. 2004].

[BILL]: Billerbeck, P./Strack, H., Kommentar zum Neuen Testament aus Talmud und Midrasch, Bd.I: Das Evangelium nach Matthäus erläutert aus Talmud und Midrasch, 8., unveränderte Aufl, München 1982; Bd. IV: Exkurse zu einzelnen Stellen des Neuen Testaments, 3. Aufl., München 1961.

[DK]: Diels, H./Kranz, W., Die Fragmente der Vorsokratiker. Griechisch und Deutsch. Bd. 1 (21906) und Bd. 2 (41922), 1951.1952.

[DNP]: Cancik, H./Schneider, H. (Hg.), Der Neue Pauly. Enzyklopädie der Antike, 16 Bd. (19 Teilbd./4 Supplementbd.), Stuttgart 1996–2007.

[DUDENonline]: Bibliographisches Institut (Hg.), www.duden.de.

[EncDDS]: Encyclopedia of the Dead Sea Scrolls, hg. von L. H. Schiffman/J.C. VanderKam; 2 Bd., Oxford/New York 2000.

[EWNT^{2}]: Balz, H./Schneider, G. (Hg.), Exegetisches Wörterbuch zum Neuen Testament, 3 Bd., 2., verbesserte Aufl. mit Literatur-Nachträgen, Stuttgart u. a. 1992.

Fabry, H.-J./Dahmen, U. (Hg.), Theologisches Wörterbuch zu den Qumrantexten, 2 Bd., Stuttgart 2011.2013.

Fabry, H.-J./Hüttig, S./Schlenke, B./Zanella, F., *Anthropologische Texte* aus Qumran und ihre Bedeutung für einen Entwurf qumranischer Anthropologie, in: C. Frevel (Hg.), Biblische Anthropologie: Neue Einsichten aus dem Alten Testament (QD 237), Freiburg i. Br. 2010, 332–349.

Frisk, H., Griechisches etymologisches *Wörterbuch*, 3 Bd., Heidelberg 1960–72.

[Gemoll]: Gemoll, W., Griechisch-deutsches Schul- und *Handwörterbuch*, durchges. und erw. von K. Vretska, mit einer Einführung in die Sprachgeschichte von H. Kronasser, 9. Aufl., Wien/München 1965.

Gesenius, W., Hebräisches und aramäisches *Handwörterbuch* über das Alte Testament, bearb. von F. Buhl, Berlin/Göttingen/Heidelberg u. a. ^{17}1962.

Gesenius, W., Hebräisches und Aramäisches Handwörterbuch über das Alte Testament, begonnen von D.R. Meyer, bearbeitet und hg. v. H. Donner, 18. Aufl., Supplementband. Deutsch-hebräisches und - aramäisches Wörterverzeichnis, Abkürzungsverzeichnis, Errata et Corrigenda, Heidelberg et al. 2012.

Hatch, E./Redpath, H.A., A Concordance to the Septuagint and Other Greek Versions of the Old Testament including Apocryphal Books, 2 Bd., u. Supplement, Graz 1975.

[HGANT^{2}] Berlejung, A./Frevel, C. (Hg.), Handbuch theologischer Grundbegriffe zum Alten und Neuen Testament, Darmstadt 2009.

[HWP]: Historisches Wörterbuch der Philosophie, hg. von J. Ritter, K. Gründer und G. Gabriel, 13 Bd., Basel 1971–2007.

Kraft, H., Clavis Patrum Apostolorum, Darmstadt 1963.

[Kühner/Blass/Gerth]: Kühner, R., *Ausführliche Grammatik* der griechischen Sprache, Bd. I,1–2 bearb. v. F. Blass, Hannover ^{2}1890/92; Bd. II,1–2 bearb. v. B. Gerth, Hannover ^{3}1898/1904.

Lampe, G. W. H. (Hg.), A Patristic Greek Lexicon, Oxford ^{13}1997.

Leisegang, H., Philonis Alexandrini Operae quae supersunt, Bd. 7, Indices ad Philonis Alexandrinis opera, Berlin 1926.

[Liddell/Scott]: Liddell, H.G./Scott, R., A Greek-English *Lexicon*. Revised and augmented throughout by Sir H.S. Jones with the assistance of R. McKenzie. Oxford, 1940, digitalisierte Version zugänglich über TLG (http://www.tlg.uci.edu) oder www.perseus.tufts.edu/.

[Louw/Nida]: Louw, J.P/Nida, E.A., Greek-English *Lexicon* of the New Testament Based on Semantic Domains, 1996.

[LThK3]: Lexikon für Theologie und Kirche, hg. v. W. Kasper, 3. Aufl., Freiburg i. Br., 1993–2001.

Lust, J./Eynikel, E./Hauspie, K., Greek-English *Lexicon* of the Septuagint, Revised Edition, Stuttgart 2003.

Merriam-Webster's Collegiate Dictionary, 11. Aufl., Springfield, Mass., 2003.

MOULTON, J.H./MILLIGAN, G., The Vocabulary of the Greek Testament. Illustrated from the Papyri and Other Non-Literary Sources, London 1939.

MURAOKA, T., A Greek-English *Lexicon* of the Septuagint: Chiefly of the Pentateuch and the Twelve Prophets, Louvain 1993.

[NBL]: Neues Bibel-Lexikon, hg. v. M. Görg und B. Lang, 3 Bd., Zürich 1991–2001.

Neuer Wettstein. Texte zum Neuen Testament aus Griechentum und Hellenismus, Bd. I/1.1: Texte zum Markusevangelium, hg. v. U. Schnelle, unter Mitarbeit v. M. Labahn, Berlin u. a. 2008.

Neuer Wettstein. Texte zum Neuen Testament aus Griechentum und Hellenismus, Bd. I/1.2: Texte zum Matthäusevangelium. Teilband 1: Matthäus 1–10, hg. v. U. Schnelle, unter Mitarbeit v. M. Lang, Berlin u. a. 2013.

Neuer Wettstein. Texte zum Neuen Testament aus Griechentum und Hellenismus, Bd. II: Texte zur Briefliteratur und zur Johannesapokalypse. Teilband 2, hg. v. G. Strecker und U. Schnelle, unter Mitarbeit v. G. Seelig, Berlin u. a. 1996.

New Testament Greek Lexikon (New American Standard), based on Thayer's and Smith's Bible Dictionary, plus others. It is keyed to the large Kittel and the „Theological Dictionary of the New Testament", http://www.biblestudytools.com/lexicons/greek/nas/.

[NHPhG]: Neues Handbuch philosophischer Grundbegriffe, hg. v. P. Kolmer/A. Wildfeuer, 3 Bd., Freiburg i. Br. 2011.

[NHThG]: Neues Handbuch theologischer Grundbegriffe, hg. von P. Eicher, 4 Bd., München 1984–1985.

[NHThG2]: Neues Handbuch theologischer Grundbegriffe, hg. von P. Eicher, 5 Bd., München 1991.

PARROTT, D.M. (Hg.), Nag Hammadi Codices III,3–4 and V,1: Papyrus Berolinensis 8502,3 and Oxyrhynchus Papyrus 1081: Eugnostos and the Sophia of Jesus Christ. NHS XXVII, Leiden u. a. 1991.

PASSOW, F., *Handwörterbuch* der Griechischen Sprache I: A-D, Darmstadt 1970.

[RAC]: Klausner, T. u. a. (Hg.), Reallexikon für Antike und Christentum, Stuttgart 1941 ff (soweit erschienen).

[RGG^1]: Schiele, F.M./L. Zscharnack (Hg.), Die Religion in Geschichte und Gegenwart. Handwörterbuch für Theologie und Religionswissenschaft, 5 Bd., Tübingen 1909–1913.

[RGG^3]: Galling, K. u. a. (Hg.), Die Religion in Geschichte und Gegenwart. Handwörterbuch für Theologie und Religionswissenschaft, 6 Bd., 3. Aufl. Tübingen 1957–1965.

[RGG^4]: Betz, H.D./Browning, D.S. u. a. (Hg.), Die Religion in Geschichte und Gegenwart. Handwörterbuch für Theologie und Religionswissenschaft, 8 Bd. und Register, 4. Aufl. Tübingen 1998–2004.

ROST, L./LISOWSKY, G., Konkordanz zum hebräischen Alten Testament, Stuttgart 21958, 3. Aufl. hg. von H.P. Rüger, Stuttgart 1993.

SCHMOLLER, A./KÖSTER, B. (Hg.), Handkonkordanz zum Griechischen Neuen Testament nach dem Text des NTG, 26. Aufl., und des Greek New Testament, 3. Edition, 8. Aufl. Stuttgart 1990.

[TBLNT]: Theologisches Begriffslexikon zum Neuen Testament, hg. von L. Coenen und K. Haacker, 2 Bd., neubearb. Aufl., Wuppertal 1997.2000.

[TGL]: Stephanus, H./Estienne, H./Hase, C.B. (Hg.), Thesaurus Graece linguae, 9 Bd., Paris 1831–1865 [Ndr. Graz 1954].

[ThWAT]: Botterweck, G.J./Fabry, H.-J. (Hg.), Theologisches Wörterbuch zum Alten Testament, 10 Bd., Stuttgart 1973–2000.

[ThWNT]: Kittel, G./Friedrich, G./Rühle, O. (Hg.), Theologisches Wörterbuch zum Neuen Testament, 10 Bd., Berlin 1935–1979.

[TLG]: The TLG Project (Hg.), The Thesaurus Linguae Graece. A Digital Library of Greek Literature, Irvine (Calif./USA) 2002: http://www.tlg.uci.edu.

[TLNT]: Spicq, C., Theological Lexicon of the New Testament, übers. und hg. v. J.D. Ernest, Bd. I - III, Peabody, Mass., 1994.

[TRE3]: Müller, G./Krause, G. u. a. (Hg.), Theologische Realenzyclopädie, 36 Bd., 2 Register und Abkürzungsverzeichnis, 3. Aufl. Berlin/New York 1977–2004.

Verbrugge, V. (Hg.), The NIV Theological *Dictionary* of New Testament Words. An abridgment of New International Dictionary of New Testament Theology, Grand Rapids, MI 2000.

Vine, W.E., An Expository *Dictionary* of New Testament Words, with their Precise Meanings for English Readers, Nashville, Tennessee u. a. 1985.

[WiBiLex]: Alkier, S./Bauks, M./Koenen, K. (Hg.), Das wissenschaftliche Bibellexikon im Internet, 2007 ff, http://www.wibilex.de.

III. Sekundärliteratur

Aalen, S., Die Begriffe ‚Licht' und ‚Finsternis' im Alten Testament, im Spätjudentum und im Rabbinismus, Oslo 1951.

Aarde, A.G. van, Little Faith: A pragmatic-linguistic Perspective on Matthew's Portrayal of Jesus' Disciples, In die Skriflig 49/1 (2015), Art. #1898, 5 pages (http://dx.doi.org/10.4102/ids.v49i1.1898, abgerufen am 13.01.2016).

–, Little faith as an alternating state of religious consciousness: a pragmatic-empirical perspective on Matthew's portrayal of Jesus' disciples, Studia Historiae Ecclesiasticae 39 Suppl. (2013), 187–212.

Abel, K., Das Propatheia-Theorem. Ein Beitrag zur stoischen Affektenlehre, Hermes 111/1 (1983), 78–97.

Achtner, W., *Willensfreiheit* in Theologie und Neurowissenschaften. Ein historisch-systematischer Wegweiser, Darmstadt 2010.

Adamson, J.B., *James*: The Man and His Message, Grand Rapids, MI 1989.

–, The *Epistle* of James (NIC.NT), Grand Rapids, MI 1976.

Aichinger, H., Zur *Traditionsgeschichte* der Epileptiker-Perikope Mk 9,14–29 par Mt 17,14–21 par Lk 9,37–43a, in: A. Fuchs, Spuren von Deuetromarkus I. Mit zwei Beiträgen von H. Aichinger (SNTU [N.F.] 1), Münster 2004, 245–280.

Aland, B., *Gnosis* und die Kirchenväter: Ihre Auseinandersetzung um die Interpretation des Evangeliums, in: Dies., Was ist Gnosis? Studien zum frühen Christentum, zu Marcion und zur kaiserzeitlichen Philosophie (WUNT 239), Tübingen 2009, 125–183.

Albertz, R., *Religionsgeschichte* Israels in alttestamentlicher Zeit (GAT 8/1), Göttingen 1992.

Aldridge, R.E., *Peter* and the ‚Two Ways', VigChr 53 (1999), 233–264.

Allen, J., The *Skepticism* of Sextus Empiricus, in: ANRW II.36.4 (1990), 2582–2607.

Allen, W.C., A critical and exegetical commentary on the gospel according to St *Matthew*, Edinburgh 1907.

Allison, D.C., Eldad and Modad, JSPE 21/1 (2011), 99–131.

Alt, K., *Philosophie* gegen Gnosis. Plotins Polemik in seiner Schrift II, 9, AAWLM.G 7 (1990), 1–74.

–, *Weltflucht* und Weltbejahung. Zur Frage des Dualismus bei Plutarch, Numenios, Plotin (AAWLM.G 8), Stuttgart 1993.

Altaner, B./Stuiber, A., *Patrologie*. Leben, Schriften und Lehre der Kirchenväter, Freiburg i. Br. 1978.

Altmann, P., There Will Be *Doubt*, But When is Doubt „Good"? Reflections From an Old Testament Perspective, Hermeneutische Blätter 1/2011, 65–79.

Amstutz, J., *ΑΠΛΟΤΗΣ*. Eine begriffsgeschichtliche Studie zum jüdisch-christlichen Griechisch (Theoph. 19), Bonn 1968.

Anderson, G., Eros Sophistes: Ancient Novelists at Play, Chico, CA, 1982.

Annas, J., Ancient *Scepticism* and ancient religion, in: B. Morison/K. Ierodiakonou (Hg.), Episteme, etc.: Essays in Honour of Jonathan Barnes, Oxford 2011, 74–89.

Armstrong, J.M., After the Ascent. Plato on Becoming Like God, OSAP 26 (2004), 171–183.

Arzt-Grabner, P., Zum alltagssprachlichen *Hintergrund* von πίστις. Das Zeugnis der dokumentarischen Papyri, in: J. Frey et al. (Hg.), Glaube. Das Verständnis des Glaubens im frühen Christentum und in seiner jüdischen und hellenistisch-römischen Umwelt (WUNT 373), Tübingen 2017, 241–249.

Assmann, J. (Hg.), Die Erfindung des inneren Menschen. Studien zur religiösen Anthropologie (SVR 6), Gütersloh 1993.

–, *Tod* und Jenseits im alten Ägypten, München 2001.

–, *Vorwort*, in: Ders. (Hg.), Die Erfindung des inneren Menschen. Studien zur religiösen Anthropologie (SVR 6), Gütersloh 1993, 9–11.

–, Zur *Geschichte* des Herzens im Alten Ägypten, in: Ders. (Hg.), Die Erfindung des inneren Menschen. Studien zur religiösen Anthropologie (SVR 6), Gütersloh 1993, 81–113.

Audet, J.-P., Affinités littéraires et doctrinales du Manuel de discipline, RB 59 (1952), 219–238.

–, Literary and Doctrinal *Affinities* of the ‚Manual of Dicipline', in: J.A. Draper (Hg.), The Didache in Modern Research, Leiden/New York/Köln 1996, 129–147.

Aune, D.C., *Mastery* of the Passions: Philo, 4 Maccabees and Earliest Christianity, in: W.E. Helleman (Hg.), Hellenization Revisited: Shaping a Christian Response within the Greco-Roman World (CSTo), Lanham, Md. u. a. 1994, 125–158.

Bach, K., Semantic, Pragmatic, in: J.K. Campbell/M. O'Rourke/D. Shier (Hg.), Meaning and Truth, New York 2002, 284–292.

Bacht, H., Art. Einfalt, RAC 4 (1959), 821–840.

Bäumer, Ä., Die *Bestie* Mensch. Senecas Aggressionstheorie, ihre philosophischen Vorstufen und ihre literarischen Auswirkungen (Studien zur klassischen Philologie 4), Frankfurt a. M./Bern 1982.

Bailey, A., *Sextus* Empiricus and Pyrrhonean Scepticism, Oxford 2002.

Balla, I., *Ben Sira* on Family, Gender, and Sexuality (DCLS 8), Berlin/New York 2011.

Baltes, M., *Numenios* von Apamea und der Platonische Timaios, in: Ders., ΔΙΑΝΟΗΜΑΤΑ. Kleine Schriften zu Platon und zum Platonismus, Stuttgart/Leipzig 1999, 1–32.

–, Zur Philosophie des Platonikers Attikos, in: Ders., ΔΙΑΝΟΗΜΑΤΑ. Kleine Schriften zu Platon und zum Platonismus, Stuttgart/Leipzig 1999, 81–112.

Balz, H./Schneider, G., Art. κατανοέω, EWNT^2 2 (1992), 654.

Balz, H./Wanke, G., Art. φοβέω, ThWNT 9 (1973), 186–216.

Bandura, A., Aggression. Eine sozial-lerntheoretische Analyse, Stuttgart 1979.

–, Sozial-kognitive Lerntheorie, Stuttgart 1979.

Barclay, J. M. G., *Jews* in the Mediterranean Diaspora. From Alexander to Trajan (323 BCE–117 CE), Edinburgh 1996.

Barkman, P.F., Der heile Mensch. Die Psychologie des Jakobusbriefes, Kassel 1986.

Barnard, L.W., The *Dead Sea Scrolls*, Barnabas, the Didache and the Later History of the „Two Ways", in: Ders., Studies in the Apostolic Fathers and their Background, Oxford 1966.

Barrett, C.K., A Commentary on the Epistle to the *Romans* (HNTC), New York u. a. 1957.

Barth, G., Art. πίστις κτλ., EWNT[2] 3 (1992), 216–233.

–, Das *Gesetzesverständnis* des Evangelisten Matthäus, in: G. Bornkamm / G. Barth / H.J. Held (Hg.), Überlieferung und Auslegung im Matthäusevangelium, 3., durchges. Aufl. (WMANT 1), Neukirchen 1963, 54–154.

–, *Glaube und Zweifel* in den synoptischen Evangelien, ZThK 72 (1975), 269–292.

–, *Jüngerschaft* und Kirche im Matthäusevangelium, EsTeol 5/1 (1965), 1–15.

–, *Pistis* in hellenistischer Religiosität, ZNW 73 (1982), 110–126.

Barth, K., Einführung in die evangelische Theologie, Zürich 1962.

Bauckham, R., *Eldad* and Modad, in: R. Bauckham / J.R. Davila / A. Panayotor (Hg.), Old Testament Pseudepigrapha, Bd. I, Grand Rapids, MI/Cambridge 2013, 244–256.

–, *James*: Wisdom of James, Disciple of Jesus the Sage, London 1999.

Bauer, J. / Felber, A., Art. Herz, RAC 14 (1988), 1093–1131.

Bauernfeind, O., Art. ἁπλοῦς κτλ., ThWNT 1 (1957 = unveränd. Ndr. der 1933 Erstaufl.), 385–386.

Bauks, M., Art. Monotheismus [AT], in: Das Wissenschaftliche Bibellexikon im Internet (https://www.bibelwissenschaft.de/stichwort/27997/, abgerufen am 11.10.2015).

Baum, M., Art. Skepsis / Skeptizismus, I. Philosophisch, TRE 31 (2000), 349–361.

Baumert, N., Das paulinische *Wortspiel* mit κριν-, FNT 15 (2002), 19–64.

Bazitwinshi, C., Die *Weisheit* wurde von ihren Werken gerecht gesprochen (Mt 11,19). Einflüsse jüdischer Weisheitstraditionen auf die Christologie des Matthäusevangeliums und auf die vor-matthäische Überlieferung, Frankfurt a. M. 2013.

Beck, M., *Elia* und die Monolatrie. Ein Beitrag zur religionsgeschichtlichen Rückfrage nach dem vorschriftprophetischen Jahwe-Glauben (BZAW 281), Berlin / New York 1999.

Becker, J., Die *Testamente* der zwölf Patriarchen (JSHRZ III / 1), Gütersloh [2]1980, 1–162.

–, Gottesfurcht im Alten Testament (AnBib 30), Rom 1965.

Beckmann, J.P., Art. Zweifel. I. Philosophisch, LTHK[3] 10 (2006), 1512–1513.

Bedenbender, A., Zwischen *Juden* und Heiden. Die Rettungstaten Jesu im Mk-Ev, in: Texte & Kontexte 93/94 (2002), 23–83.

Behm, J. / Würthwein, E., Art. νοέω κτλ., ThWNT 4 (1942), 947–1016.

Beiner, M. / Bieler, A., Art. Zweifel, TRE[3] 36 (2004), 767–776.

Beld, A. van den, Romans 7: 14–25 and the Problem of Akrasia, RelSt 21 (1985), 495–515.

Bell, D.E., Disappointment in decision making under uncertainty, Operations Research 33 (1985), 1–27.

–, Regret in decision making under uncertainty, Operations Research 30 (1982), 961–981.

Bellia, G., An Historico-Anthropological *Reading* of the Work of Ben Sira, in: A. Passaro / G. Bellia (Hg.), The Wisdom of Ben Sira. Studies on Tradition, Redaction and Theology (DCLS 1), Berlin / New York 2008, 49–77.

Bendemann, R. von, Die kritische Diastase von Wissen, Wollen und Handeln: traditionsgeschichtliche Spurensuche eines hellenistischen Topos in Römer 7, ZNW 95 (2004), 35–63.

Bennett, M., *Development* of the concept of mind, The Australian and New Zealand Journal of Psychiatry 41 (2007), 943–956.

Berg, W., Die *Rezeption* alttestamentlicher Motive im Neuen Testament dargestellt an den Seewandelerzählungen (Hochschul-Sammlung Theologie. Exegese 1), Freiburg i.B. 1979.

Berger, K., Die *Auferstehung* des Propheten und die Erhöhung des Menschensohnes. Traditionsgeschichtliche Untersuchungen zur Deutung des Geschickes Jesu in frühchristlichen Texten (StUNT 13), Göttingen 1976.

–, *Historische Psychologie* des Neuen Testaments (SBS 146/147), Stuttgart 1991.

Berres, T., *Personalität* und Sprache bei Homer, in: Perspektiven der Philosophie. Neues Jahrbuch 30, 2004, 241–284.

Bertram, G./Dihle, A./Jacob, E./Lohse, E./Schweizer, E./Tröger, K.-W, *Art. ψυχή κτλ.*, ThWNT 9 (1973), 604–667.

Bester, D./Janowski, B., *Anthropologie* des Alten Testaments. Ein forschungsgeschichtlicher Überblick, in: B. Janowski/K. Liess (Hg.), Der Mensch im Alten Israel. Neue Forschungen zur alttestamentlichen Anthropologie, Freiburg i. Br. u. a. 2009, 3–40.

Betz, H.D., Das Problem der *Auferstehung* Jesu im Lichte der griechischen magischen Papyri, in: Ders., Hellenismus und Urchristentum. Gesammelte Aufsätze I, Tübingen 1990, 230–261.

Betz, O./Grimm, W., *Wesen* und Wirklichkeit der Wunder Jesu. Heilungen – Rettungen – Zeichen – Aufleuchtungen (ANTI 2), Bern/Frankfurt a. M. 1977.

Beyschlag, W., Der Brief des *Jakobus* (KEK 15), Göttingen 61987.

Binder, H., Der Glaube bei Paulus, Berlin 1968.

Blosser, B.P., Become Like *Angels*. Origen's Doctrine of the Soul, Washington D.C. 2012.

Böhm, M., *Abraham* und die Erzväter bei Philo. Überlegungen zur Exegese und Hermeneutik im frühen Judentum, in: R. Deines/K.-W. Niebuhr (Hg.), Philo und das Neue Testament. Wechselseitige Wahrnehmungen. I. Internationales Symposium zum Corpus Judaeo-Hellenisticum 1.–4. Mai 2003, Eisenach/Jena (WUNT 172), Tübingen 2004, 377–395.

–, *Rezeption* und Funktion der Vätererzählungen bei Philo von Alexandria. Zum Zusammenhang von Kontext, Hermeneutik und Exegese im frühen Judentum (BZNW 128), Berlin 2005.

Böhme, G., *Anthropologie* in pragmatischer Hinsicht, Frankfurt/M. 1985.

Börstinghaus, J., *Sturmfahrt* und Schiffbruch. Zur lukanischen Verwendung eines literarischen Topos in Apostelgeschichte 27,1–28,6 (WUNT II 274), Tübingen 2010.

Böttrich, C., Art. Herodes (Antipas), in: Das wissenschaftliche Bibellexikon im Internet (https://www.bibelwissenschaft.de/stichwort/49893/, abgerufen am 14.12.2017).

Bonhöffer, A., *Epictet* und die Stoa. Untersuchungen zur stoischen Philosophie, Stuttgart 1890.

Bons, E., *Ἀκακία* and ἄκακος. Considerations on a Septuagint term for „innocence", in: S. Kreuzer/M. Meiser/M. Sigismund (Hg.), Die Septuaginta – Orte und Intentionen. 5. Internationale Fachtagung veranstaltet von Septuaginta Deutsch (LXX-D), Wuppertal 24.–27. Juli 2014 (WUNT 361), Tübingen 2016, 491–501.

Bordt, M., Die theologische *Fundierung* der Gesetze, in: C. Horn (Hg.), Platon: Gesetze – Nomoi (Klassiker Auslegen 55), Berlin 2013, 209–226.

Bornkamm, G., *Der Auferstandene* und der Irdische. Mt 28,16–20, in: G. Bornkamm/G. Barth/H.J. Held, Überlieferung und Auslegung im Matthäusevangelium (WMANT 1), Neukirchen [7]1975, 289–310.

–, Die *Sturmstillung* im Matthäusevangelium, in: G. Bornkamm/G. Barth/H.J. Held (Hg.), Überlieferung und Auslegung im Matthäusevangelium, 3. durchges. Aufl. (WMANT 1), Neukirchen 1963, 48–53.

–, *Matthäus* als Interpret der Herrenworte, in: Ders., Studien zum Matthäusevangelium, hg.und eingeleitet von W. Zager (WMANT 125), Neukirchen-Vluyn 2009, 3–8 (= in: ThLZ 79 [1954], 341–346).

Bousset, W., Die *Religion* des Judentums im späthellenistischen Zeitalter. In dritter verbesserter Auflage hg. v. D.H. Gressmann (HNT 21), Tübingen 1926.

Bovon, F., Das Evangelium nach *Lukas*, 2. Teilband Lk 9,51–14,35 (EKK *III/2*), Zürich/Düsseldorf 1996.

–, Das Evangelium nach *Lukas*, 4. Teilband Lk 19,28–24,53 (EKK *III/4*), Neukirchen-Vluyn 2009.

Brändl, M., Der *Agon* bei Paulus. Herkunft und Profil paulinischer Agonmetaphorik (WUNT II 222), Tübingen 2006.

Brand, M.T., *Evil* Within and Without. The Source of Sin and Its Nature as Portrayed in Second Temple Literature (JAJSup 9), Göttingen 2013.

Brandscheidt, R., Art. Glauben (AT), in: Das wissenschaftliche Bibellexikon im Internet (https://www.bibelwissenschaft.de/stichwort/19652/, abgerufen am 10.04.2015).

Brandt, P./Dietrich, R.-A./Schön, G., *Sprachwissenschaft*. Ein roter Faden für das Studium der deutschen Sprache, Köln 22006.

Brandt, P.-Y., *Erzählung* und Identitätsbildung. Die Spiegelfunktion von Mk 12,1–12 in der Konstruktion der Identität Jesu, EvTh 65/2 (2005), 135–147.

Brandt, W., Der Spruch vom *lumen internum*, ZNW 14 (1913), 97–116.177-201.

Brandwood, L., The Chronology of Plato's Dialogues, Cambridge 1990.

Bratsiotis, N., נֶפֶשׁ – ψυχή. Ein Beitrag zur Erforschung der Sprache und der Theologie der Septuaginta, in: G.W. Anderson et al. (Hg.), Volume du Congrès Genève 1965 (VT.S 15), Leiden 1966, 58–89.

Braun, H., Wie man über *Gott* nicht denken soll. Dargelegt an Gedankengängen Philos von Alexandria, Tübingen 1971.

Breitenstein, U., *Beobachtungen* zu Sprache, Stil und Gedankengut des Vierten Makkabäerbuchs, Basel 1976.

Bremmer, J.N., Die Karriere der *Seele*: Vom antiken Griechenland ins moderne Europa, in: B. Janowski (Hg.), Der ganze Mensch. Zur Anthropologie der Antike und ihrer europäischen Nachgeschichte, Berlin 2012, 497–524.

Brennan, T., The *Nature* of the Spirited Part of the Soul and its Object, in: R. Barney/T. Brennan/C. Brittain (Hg.), Plato and the Divided Self, Cambridge 2012, 102–127.

–, The Old Stoic *Theory* of Emotions, in: T. Engberg-Pedersen/J. Sihvola (Hg.), The Emotions in Hellenistic Philosophy (NSyHL 46), Dordrecht/Boston/London 1998, 21–70.

Brennecke, H.C., ‚Niemand kann zwei Herren dienen'. Bemerkungen zur Auslegung von Mt 6,24/Lk 16,13 in der Alten Kirche, ZNW 88 (1997), 157–169.

Brinker, W., *Art. Seele*, in: C. Schäfer (Hg.), Platon-Lexikon. Begriffswörterbuch zu Platon und der platonischen Tradition, Darmstadt 2007, 253–258.

Broek, R. van den, The *Authentikos Logos*: A New Document of Christian Platonism, in: Ders., Studies in Gnosticism and Alexandrian Christianity, Leiden et al. 1996, 206–234.

Brown, J.K., The *Disciples* in Narrative Perspective. The Portrayal and Function of the Matthean Disciples (AcBib 9), Leiden u. a. 2002.

Brown, P., *Person* and Group in Judaism and Early Christianity, in: P. Veyne (Hg.), A History of Private Life I: From Pagan Rome to Byzantium, Cambridge, Mass./London 1987.

Brown, R.E., *Begegnung* mit dem Auferstandenen. Ein Begleiter durch die Osterevangelien, Würzburg 1997.

Brox, N., Der *Hirt* des Hermas. Übersetzt und erklärt (KAV, Bd. 7 KEK.Erg.R.), Göttingen 1991.

Brueggemann, W., *Genesis* (Int.), Atlanta 1982.

Bruin, T. de, The Great *Controversy*. The Individual's Struggle Between Good and Evil in the Testaments of the Twelve Patriarchs and in their Jewish and Christian Contexts (NTOA 106), Göttingen 2015.

Büchsel, F., *Art. κρίνω κτλ.*, ThWNT 3 (1938), 920–955.

Bühler, P., *Lob* des Kleinglaubens oder Humor im Dienst des Zweifelns, Hermeneutische Blätter, 2011, 200–208.

Büttner, S., Die *Literaturtheorie* bei Platon und ihre anthropologische Begründung, Tübingen/Basel 2000.

Bullock, C.H., *Psalms*: Volume 1: Psalms 1–72 (Teach the Text Commentary Series), Grand Rapids, MI 2015.

Bultmann, R., Die *Geschichte* der synoptischen Tradition. Mit einem Nachwort von G. Theißen, 10., erg. Aufl. (FRLANT 29), Göttingen 1995.

–, Die *liberale Theologie* und die jüngste theologische Bewegung, in: Ders.: Glaube und Verstehen. Gesammelte Aufsätze, Bd. I, Tübingen [8]1980, 1–25.

–, Römer 7 und die Anthropologie des Paulus, in: Ders., Exegetica. Aufsätze zur Erforschung des Neuen Testaments, Tübingen 1967, 198–209.

–, *Theologie* des Neuen Testaments (NTG), durchges. u. erg. v. O. Merz, Tübingen [9]1984.

Bultmann, R./Weiser, A., *Art. πιστεύω κτλ.*, ThWNT 6 (1959), 174–230.

Burchard, C., Der *Jakobusbrief* (HNT 15,1), Tübingen 2000.

–, *Zu Jakobus 2,14–26*, ZNW 71 (1980), 27–45.

Burger, C., *Jesu Taten* nach Matthäus 8 und 9, ZThK 70 (1973), 272–287.

Burnyeat, M., The *Truth* of Tripartition, PAS 106/1 (2006), 1–22.

Burrows, M., More Light on the *Dead Sea Scrolls*, New York 1958.

Busche, H., *Art. athanasia/Unsterblichkeit*, in: O. Höffe (Hg.), Aristoteles-Lexikon, Stuttgart 2005, 87–88.

Busse, D./Teubert, W., Ist *Diskurs* ein sprachwissenschaftliches Objekt?, in: D. Busse/F. Hermanns/W. Teubert (Hg.), Begriffsgeschichte und Diskursgeschichte, Methodenfragen und Forschungsergebnisse der historischen Semantik, Opladen 1994, 10–28.

Butcher, J.N./Mineka, S./Hooley, J.M., Klinische *Psychologie*, 13., aktualisierte Aufl., München 2009.

Butler, J., Das Unbehagen der Geschlechter, Frankfurt a. M. 1991.

Cairoli, M., La ‚poca fede' nel vangelo di Matteo. Uno studio esegetico-teologico (Diss. Rom 2003) (AnBib 156), Rom 2005.

Calduch-Benages, N., *Trial Motif* in the Book of Ben Sira with Special Reference to Sir 2,1–6, in: P.C. Beentjes (Hg.), The Book of Ben Sira in Modern Research. Proceedings of the First International Ben Sira Conference 28–31 July 1996 Soesterberg, Netherlands (BZAW 255), Berlin/New York 1997, 135–151.

Callaway, P.R., The *Dead Sea Scrolls* for a New Millennium, Eugene, OR 2011.

Caluori, D., *Plotinus* on the Soul, Cambridge 2015.

Carlisle, C.R., Jesus Walking on the Water: A Note on Matthew 14,22–33, NTS 31 (1985), 151–155.

Carsons, D.A., *Matthew* (EBC 8), Grand Rapids 1984.

Carter, W., Matthew and Empire. Initial Explorations, Harrisburg 2001.

–, *Matthew* and the Margins. A Socio-Political and Religious Reading, London/New York 2004.

Cessi, V., *Erkennen* und Handeln in der Theorie des Tragischen bei Aristoteles (Beiträge zur klassischen Philosophie 180), Frankfurt a. M. 1987.

Charlton, W., Weakness of Will, Oxford 1988.

Cherniss, H., The *Sources* of Evil according to Plato, in: Proceedings of the American Philosophical Society 98 (1954), 23–30.

Cheung, L.L., The Genre, Composition and Hermeneutics of *James* (PBTM), Carlisle 2003.

Classen, C.J., Xenophons Darstellung der Sophistik und der Sophisten, Hermes 112 (1984), 154–167.

Clivaz, C., ‚Incroyants de joie' (Lc 24,41). Point de vue, histoire et poétique, in: RReNaB (Hg.), Regards croisés sur la Bible. Études sur le point de vue, Actes du IIIe colloque international du Réseau de recherche en narrativité biblique, Paris, 8.–10. juin 2006 (Lectio Divina hors série), Paris 2007, 184–195.

Coats, G.W., Rebellion in the Wilderness. The murmuring motif in the wilderness traditions of the Old Testament, Nashville/New York 1968.
Colish, M., The Stoic *Tradition* from Antiquity to the Early Middle Ages. I. Stoicism in Classical Latin Literature, Leiden 1985.
Collins, J.J., Between Athens and Jerusalem. Jewish Identity in the Hellenistic Diaspora, New York 1983.
Conzelmann, H., Grundriß der Theologie des Neuen Testaments (UTB 1446), Tübingen ^{4}1987.
Cook, J., The *Origin* of the Tradition of the יצר הטוב and the יצר הרע, JSJ 38 (2007), 80–91.
Corcilius, K., *Streben* und Bewegen. Aristoteles' Theorie der animalischen Ortsbewegung (QSP 79), Berlin/New York 2008.
Courcelle, P., Art. Gefängnis (der Seele), RAC 9 (1976), 294–318.
Crouzel, H./Simonetti, M., *Origène.* Traité des Principes (Livres III und *IV*), (SC 268), Paris 1980.
Crüsemann, F., Die *Tora.* Theologie und Sozialgeschichte des alttestamentlichen Gesetzes, Gütersloh 1997.
Cruse, D.A./Hundsnurscher, F., u. a.. (Hg.), *Lexikologie.* Lexicology. Ein internationales Handbuch zur Natur und Struktur von Wörtern und Wortschätzen, 1. Halbband, Berlin/New York 2002.
Dahood, M., *Psalms III*: 101–150. Introduction, Translation, and Notes with an Appendix ‚The Grammar of the Psalter' (AncB 17B), New York 1970.
Damasio, A. R., Descartes' Irrtum. Fühlen, Denken und das menschliche Gehirn, Berlin ^{7}2012.
Daniélou, J., The *Theology* of Jewish Christianity I, London 1964.
–, Une *source* de la spiritualité chrétienne dans les manuscrits de la Mer Morte: la doctrine des deux esprits, DViv 25 (1953), 127–136.
Dautzenberg, G., Art. διακρίνω, EWNT^{2} 2 (1992), 732–738.
Davids, P.H., The Epistle of *James.* A Commentary on the Greek Text, Grand Rapids 1982.
Davidson, M.J., *Angels* at Qumran A Comparative Study of 1 Enoch 1–36; 72–108 and Sectarian Writings from Qumran (JSPE.S 11), Sheffield 1992.
Davidson, R., The Courage to Doubt, London ^{2}1986.
Davies, W.D., *Paul* and Rabbinic Judaism. Some Rabbinic Elements in Pauline Theology, London ^{3}1979.
Davies, W.D./Allison, D.C., A critical and exegetical commentary on the Gospel According to *Matthew* Bd. *1*, Edinburgh 1988.
–, A critical and exegetical commentary on the Gospel According to *Matthew* Bd. *2*, Edinburgh 1991.
Deasley, A. R. G., The Idea of *Perfection* in Qumran Texts (Diss.), University of Manchester 1972.
DeGraaf, D., Some *Doubt* about Doubt: The New Testament Use of διακρίνω, JETS 48/4 (2005), 733–755.
Deines, R./Niebuhr, K.-W. (Hg.), Philo und das Neue Testament. Wechselseitige Wahrnehmungen. I. Internationales Symposium zum Corpus Judaeo-Hellenisticum 1.–4. Mai 2003, Eisenach/Jena (WUNT 172), Tübingen 2004.
Dell, K.J., The Book of Job as Sceptical Literature, Berlin u. a. 1991.
Delling, G., Art. τέλος κτλ., ThWNT 8 (1969), 50–88.
Denaux, A., *Matthew's Story* of Jesus' Burial and Resurrection (Mt 27,57–28,20), in: R. Bieringer u. a. (Hg.), Resurrection in the New Testament. FS J. Lambrecht (BEThL 165), Leuven 2002, 123–145.
Denniston, J.D., The *Greek Particles*, Oxford ^{2}1954.

DESILVA, D.A., *4 Maccabees*. Introduction and Commentary on the Greek Text in Codex Sinaiticus, Leiden 2006.

–, Introducing the *Apocrypha*: message, context, and significance, Grand Rapids, MI 2002.

–, The *Jewish Teachers* of Jesus, James, and Jude. What Early Christianity Learned From the Apocrypha and Pseudepigrapha, Oxford 2012.

–, Using the Master's Tools to Shore up Another's House: A Postcolonial Analysis of 4 Maccabees, JBL 126/1 (2007), 99–127.

DEUSE, W., *Untersuchungen* zur mittelplatonischen und neuplatonischen Seelenlehre (AAWLM.GE 3), Wiesbaden 1983.

DEVRIES, S.J., *1 Kings* (WBC 12), Waco 1985.

DEWITT, N.W., *Epicurus* and His Philosophy, Minneapolis 1954.

D'HAMONVILLE, D.-M., La Bible d'Alexandrie. XVII: Les *Proverbes*. Traduction du texte grec de la Septante, Introduction et notes, Paris 2000.

DIBELIUS, M., Der Brief des *Jakobus*, mit Ergänzungen von H. Greeven, mit einem Literaturverzeichnis und Nachtrag hg. v. F. Hahn (KEK 15), Göttingen [12[6]]1984.

–, Der *Hirt* des Hermas (Die Apostolischen Väter 4; HNT 20 [=Ergänzungsband]), Tübingen 1923.

–, Die *Formgeschichte* des Evangeliums, Tübingen 41961.

DIETER, T., Der junge *Luther* und Aristoteles. Eine historisch-systematische Untersuchung zum Verhältnis von Theologie und Philosophie, Berlin/New York 2001.

DIETRICH, W., Art. Verstockung (AT), in: Das Wissenschaftliche Bibellexikon im Internet (http://www.bibelwissenschaft.de/stichwort/34167/, abgerufen am 21.03.2015).

–, Krumm und gerade, holprig und eben. Wege zwischen dem Alten und dem Neuen Testament, in: P. Lampe/M. Mayordomo/M. Sato (Hg.), Neutestamentliche Exegese im Dialog. Hermeneutik – Wirkungsgeschichte – Matthäuevangelium. FS U. Lutz, Neukirchen-Vluyn 2008, 3–15.

DIETZ, W., *Wahrheit* – Gewißheit – Zweifel: Theologie und Skepsis. Studien zur theologischen Auseinandersetzung mit der philosophischen Skepsis, Frankfurt a. M. 2013. (=W. Dietz, Wahrheit, Gewissheit, Zweifel: Theologie und Skepsis im Widerstreit – Eine theologisch-philosophische Untersuchung, Starnberg 1993).

DIHLE, A., Art. ψυχή im Griechischen, ThWNT 9 (1970), 605–614.

–, Die Vorstellung vom Willen in der Antike, Göttingen 1985.

DILLON, J.M., *Metriopatheia* and Apatheia: Some Reflections on a Controversy in later Greek Ethics, in: J.P. Anton/A Preus (Hg.), Essays in Ancient Greek Philosophy Bd. 2 (1983), 508–517.

–, The Formal Structure of Philo's Allegorical Exegesis, in: D. Winston/J. Dillon (Hg.), Two Treatises of Philo of Alexandria (BJS 25), Chico/CA 1983, 77–87.

–, The *Middle Platonists*: 80 B.C. to A.D. 19, Ithica 1977.

DILLON, R.J., *Ravens*, Lilies, and the Kingdom of God (Matthew 6:25–33/Luke 12: 22–31), CBQ 53 (1991), 605–627.

DINES, J., The Septuagint, Edinburgh 2004.

DOBBELER, S. VON, Art. Makkabäerbücher 1–4, in: Das wissenschaftliche Bibellexikon im Internet, (http://www.bibelwissenschaft.de/stichwort/8764/, abgerufen am 15.08.2015).

DODD, C.H., The Appearances of the Risen Christ: an Essay in Form-Criticism of the Gospels, in: D. Nineham (Hg.), Studies in the Gospels: Essays in Memory of R.H. Lightfoot, Oxford 1967, 9–35.

DÖRRIE, H./BALTES, M., Die philosophische *Lehre* des Platonismus. Von der ‚Seele' als der Ursache aller sinnvollen Abläufe. Bausteine 151–168: Test, Übersetzung, Kommentar. Teil 1 (Der Platonismus in der Antike Band 6.1), Stuttgart-Bad Cannstatt 2002.

DONFRIED, K.P., *Art. Peter*, in: ABD 5 (1992), 251–263.

Dorion, L.-A., *Enkrateia* and the partition of the soul in the Gorgias, in: R. Barney/T. Brennan/C. Brittain (Hg.), Plato and the Divided Self, Cambridge 2012, 33–52.

Drewermann, E., Tiefenpsychologie und Exegese, I–II, Olten/Freiburg 1984.

Dronsch, K., *Schiffbruch* im Kleinglauben (Die Stillung des Sturms). Mt 8,23–27, in: R. Zimmermann (Hg.), Kompendium der frühchristlichen Wundererzählungen. Band 1: Die Wunder Jesu, Gütersloh 2013, 402–408.

Dschulnigg, P., Gestalt und Funktion des Petrus im Matthäusevangelium, SNTU.A 14 (1989), 161–183.

Duchesne-Guillemin, J., Le Zervanisme et les manuscrits de la mer morte, IIJ 1/1 (1957), 96–99.

Duhaime, J., Dualistic *Reworking* in the Scrolls from Qumran, CBQ 49 (1987), 32–56.

–, Le *Dualisme* de Qumrân et la literature de sagesse vétérotestamentaire, ET 19 (1988), 401–422.

–, *L'Instruction* sur les deux esprits et les interpolations dualistes à Qumrân (1QS III,13–IV,26), RB 84 (1977), 566–594.

Dunn, J. D. G., *Christianity* in the Making, Bd.*1*: Jesus Remembered, Grand Rapids 2003.

du Plessis, P.J., *ΤΕΛΕΙΟΣ*: The Idea of Perfection in the New Testament, Kampen 1959.

Dupont-Sommer, A., *L'instruction* sur les deux Esprits dans le ‚Manuel de Discipline', RHR 142 (1952), 5–35.

Ebeling, G., Gewißheit und Zweifel. Die Situation des Glaubens im Zeitalter nach Luther und Descartes, ZThK 64, 1967, 282–324.

–, Jesus und Glaube, ZThK 55 (1958), 64–110.

Ebert, T., Platon: *Phaidon*. Übersetzung und Kommentar (Platon Werke I/4), Göttingen 2004.

Ebner, M., Die Rede von der ‚*Vollmacht*' Jesu im MkEv – und die realpolitischen Implikationen, ZNT 31 (2013), 21–30.

Ebner, M./Heininger, B., *Exegese* des Neuen Testaments. Ein Arbeitsbuch für Lehre und Praxis, Paderborn 2005.

Eder, A., *Control* of Impulsive Emotional Behaviour Through Implementation Intentions, Cognition and Emotion 25/3 (2011), 478–489.

Edlund, C., Das *Auge* der Einfalt. Eine Untersuchung zu Matth. 6,22–23 und Luk. 11,34–35, Uppsala 1952.

Edwards, R.A., Uncertain Faith: Matthew's Portrait of the Disciples, in: F. F. Segovia (Hg.), Discipleship in the New Testament, Philadelphia 1985, 47–61.

Elgvin, T., *Wisdom* with and without Apocalyptic, in: D. Falk/F.G. Martínez (Hg.), Sapiental, Liturgical, and Poetical Texts from Qumran (Proceedings of the Third Meeting of the International Organization for Qumran Studies Oslo 1998), Leiden 2000, 1–38.

Elliott, J.H., Mt 20:1–15: A *Parable* of Invidious Comparison and Evil Eye Accusation, BTB 22 (1992), 52–65.

–, The Epistle of James in Rhetorical and Social Scientific Perspective. Holiness-Wholeness and Patterns of Replication, BTB 23 (1993), 71–81.

Ellis, I.P., ‚*But Some Doubted*', NTS 14 (1968), 574–580.

Ellis, N., The *Hermeneutics* of Divine Testing. Cosmic Trials and Biblical Interpretation in the Epistle of James and other Jewish Literature (WUNT II 396), Tübingen 2016.

Ellis, P.F., *Matthew*. His Mind and his Message, Collegeville 1974.

Elman, Y., Zoroastrianism and Qumran, in: L.H. Schiffman/S. Tzoref (Hg.), The Dead Sea Scrolls at 60. Scholarly Contributions of New York University Faculty and Alumni (StTDJ), Leiden/Boston 2010, 91–98.

Engberg-Pedersen, T., The Reception of Graeco-Roman Culture in the New Testament: The Case of Romans 7.7–25, in: M. Müller/H. Tronier (Hg.), The New Testament as Reception, London 2002, 32–57.

–, Von der *‚Sünde‘* zur ‚Tugend‘: Worum geht es eigentlich bei Paulus?, ZNT 32 (2013), 37–47.

Ennulat, A., Die *‚Minor Agreements‘*. Untersuchungen zu einer offenen Frage des synoptischen Problems (WUNT II/62), Tübingen 1994.

Epley, N./Whitchurch, E., Mirror, mirror on the wall: Enhancement in self recognition, Personality and Social Psychology Bulletin 34 (2008), 1159–1170.

Erickson, M.J., Christian *Theology*, Grand Rapids, MI ²2007.

Erler, M., *Grundriss* der Geschichte der Philosophie. Die Philosophie der Antike. Bd 2: Platon, Basel 2007.

–, *Platon*: Affekte und Wege zur Eudaimonie, in: H. Landweer/U. Renz (Hg.), Klassische Emotionstheorien, Berlin 2008, 21–43.

Ernst, J., Das Evangelium nach *Lukas* (RNT 3), Regensburg 1977.

Evans, C.A., *Matthew*, Cambridge 2012.

Evans, C.F., Saint *Luke* (TPINTC), London/Philadelphia 1990.

Fabry, H.-J., Art. מהה mhh /אחר ’ḥr, ThWAT 4 (1982), 709–713.

–, Art. לֵב leḇ/לֵבָב leḇaḇ, ThWAT 4 (1982), 413–451.

–, Art. לֵב leb, in: Ders./U. Dahmen (Hg.), Theologisches Wörterbuch zu den Qumrantexten, Bd. 2, Stuttgart 2013, 466–476.

Fahlgren, K.H., Ṣedāḳā, nahestehende und entgegengesetzte Begriffe im Alten Testament, Uppsala 1932.

Feldmeier, R., Verpflichtende *Gnade*. Die Bergpredigt im Kontext des ersten Evangeliums, in: Ders. (Hg.), Salz der Erde. Zugänge zur Bergpredigt (Biblisch-theologische Schwerpunkte 14), Göttingen 1998, 15–107.

Feldt, L., *Signs* of Wonder – Traces of Doubt: The Fantastic in the Exodus Narrative, in: N. Hömke/M. Baumbach (Hg.), Fremde Wirklichkeiten. Literarische Phantastik und antike Literatur, Heidelberg 2006, 311–338.

Ferweda, R., *Two Souls*. Origen's and Augustine's Attitude toward the Two Souls Doctrine. Its Place in Greek and Christian Philosophy, VigChr 37 (1983), 360–378.

Festinger, L., *Theorie* der kognitiven Dissonanz, hg. v. M. Irle u. V. Möntmann, Bern u. a. 1978.

Fiedler, P., Das *Matthäusevangelium* (ThHK 1), Stuttgart 2006.

Filipp, S.-H./Mayer, A.-K., Selbst und Selbstkonzept, in: H. Weber/T. Rammsayer (Hg.), Handbuch der Persönlichkeitspsychologie und Differentiellen Psychologie, Göttingen u. a. 2005, 266–276.

Fincham, F./Hewstone, M., Attributionstheorie und -forschung – Von den Grundlagen zur Anwendung, in: W. Stroebe/K. Jonas/M. Hewstone (Hg.), Sozialpsychologie. Eine Einführung, Berlin et al. ⁴2003, 215–264.

Finck, F., Platons *Begründung* der Seele im absoluten Denken (QSP 76), Berlin/New York 2007.

Finnern, S., *Narratologie* und biblische Exegese. Eine integrative Methode der Erzählanalyse und ihr Ertrag am Beispiel von Matthäus 28 (WUNT II, 285), Tübingen 2010.

Fischer, S., Art. Gerechtigkeit/Gerechter/gerecht (AT), in: Das wissenschaftliche Bibellexikon im Internet (https://www.bibelwissenschaft.de/de/stichwort/19316/, abgerufen am 12.12.2016).

Fitzmyer, J.A., The Gospel according to *Luke I* (I–IX) (AnCB 28), Garden City, NY ²1983.

Försterling, F., Attributionstheorie und attributionale Theorien, in: V. Brandstätter/J. Otto (Hg.), Handbuch der Allgemeinen Psychologie – Motivation und Emotion, Göttingen 2009, 126–134.

Fohrer, G., *Elia* (AThANT 53), 2., überarb. und erw. Aufl., Zürich 1968.

–, Theologische *Grundstrukturen* des Alten Testaments (TBT 24), Berlin/New York 1972.

Follis, E.R., *Songs* of the Sea: The Sea in the Poetry of Israel, Ugarit, Greece, and Rome (Diss.phil., Boston 1976), Ann Arbor 1986.

Forschner, M., Die stoische *Ethik*: über den Zusammenhang von Natur-, Sprach- und Moralphilosophie im altstoischen System, 2., durchges. und um ein Nachw. und einen Literaturnachtrag erw. Aufl., Darmstadt 1995 [Ndr. von 1981].

–, Über das *Glück* des Menschen, Darmstadt 1993.

Fortenbaugh, W.W., *Aristotle* on Emotion, London 1975.

–, Aristotle on Slaves and Women, in: Ders. (Hg.), Aristotle's Practical Side. On his Psychology, Ethics, Politics and Rhetorics, Leiden/Boston 2006, 241–248.

–, Aristotle's Practical Side. On his Psychology, Ethics, Politics and Rhetoric, Leiden/Boston 2006.

–, Aristotle's *Rhetoric* on Emotions, AGPh 52, 1970, 40–70.

–, On the *Antecedents* of Aristotle's Bipartite Psychology, in: Ders. (Hg.), Aristotle's Practical Side. On his Psychology, Ethics, Politics and Rhetorics, Leiden/Boston 2006, 43–60.

Foster, R.J., The *Significance* of Exemplars for the Interpretation of the Letter of James (WUNT II 376), Tübingen 2014.

Frankel, D., The Murmuring Stories of the Priestly School. A Retrieval of Ancient Sacerdotal Lore (VT.S 99), Leiden u. a. 2002.

Frankemölle, H., Der Brief des *Jakobus* (ÖTBK 17/1), Gütersloh/Würzburg 1994.

–, *Frühjudentum* und Urchristentum. Vorgeschichte-Verlauf-Auswirkungen (4. Jahrhundert v. Chr. bis 4. Jahrhundert n. Chr.), Stuttgart 2006.

–, Gespalten oder ganz: Zur Pragmatik der theologischen Anthropologie des Jakobusbriefes, in: H.-U. von Brachel/N. Mette (Hg.), Kommunikation und Solidarität, Freiburg/Münster 1985, 160–178.

–, *Jahwe-Bund* und Kirche Christi (NTA 10), Münster [2]1984.

–, *Matthäus*. Kommentar *2*. Düsseldorf 1997.

Frede, D., Der *Mangel* als principium individuationis bei Platon, in: J.-C. Heilinger/C.G. King/H. Wittwer (Hg.), Individualität und Selbstbestimmung, Berlin 2009, 37–54.

–, *Puppets* on Strings, in: C. Bobonich (Hg.), Plato's Laws: A Critical Guide, Cambridge 2010, 108–126.

Frede, M., *Numenius*, ANRW II 36,2, Berlin/New York 1987, 1034–1075.

Frederickson, B.L./Joiner, T., Positive emotions trigger upward spirals toward emotional well-being, Psychological Science 12(2002), 172–175.

Freeman, H., The Great *Commissioning* and the New Testament. An Exegesis of Matthew 28:16–20, SBJT 1/4 (1997), 14–23.

Freudenthal, J., Die Flavius Josephus beigelegte Schrift Über die Herrschaft der Vernunft (*IV Makkabäerbuch*), eine Predigt aus dem ersten nachchristlichen Jahrhundert, Breslau 1869.

Freuling, G., „Wer eine Grube gräbt…" Der *Tun-Ergehen-Zusammenhang* und sein Wandel in der alttestamentlichen Weisheitsliteratur (WMANT 102), Neukirchen-Vluyn 2004.

Frevel, C., Die Frage nach dem Menschen. Biblische Anthropologie als wissenschaftliche Aufgabe - Eine Standortbestimmung, in: Ders. (Hg.), Biblische Anthropologie. Neue Einsichten aus dem Alten Testament (QD 237), Freiburg u. a. 2010, 29–63.

–, Menschenskinder!? Einige Anmerkungen zum Stand der Forschung zur alttestamentlichen Anthropologie – zugleich eine Einführung in den vorliegenden Band, in: Ders. (Hg.), Biblische Anthropologie. Neue Einsichten aus dem Alten Testament (QD 237), Freiburg u. a. 2010, 8–28.

Frevel, C./Wischmeyer, O., *Menschsein*. Perspektiven des Alten und Neuen Testaments (Themen 11), Würzburg 2003.

Frey, J., Art. Judenchristentum, in: Das Wissenschaftliche Bibellexikon im Internet (https://www.bibelwissenschaft.de/stichwort/51882/, abgerufen am 11.07.2017).
–, Die *Herrlichkeit* des Gekreuzigten. Studien zu den Johanneischen Schriften I (WUNT 307), Tübingen 2013.
–, Die paulinische *Antithese* von „Fleisch" und „Geist" und die palästinisch-jüdische Weisheitstradition, ZNW 90/1 (1999), 45–77.
–, Different *Patterns* of Dualistic Thought in the Qumran Library. Reflections on their Background and History, in: M. Bernstein/F.G. Martínez/J. Kampen (Hg.), Legal Texts and Legal Issues. Proceedings of the Second Meeting of the International Organization for Qumran Studies Cambridge 1995, Leiden u. a. 1997, 275–335.
Friedrich, G., Art. δύναμις, EWNT² 1 (1992), 860–867.
–, Der Brief an die *Philipper* (NTD), Göttingen 1965.
Frijda, N.H., The *Emotions*. Studies in Emotion and Social Interaction, Cambridge 1986.
Fritsch, C., The Anti-Anthropomorphisms of the Greek Pentateuch (POT 10), Princeton 1943.
Fritz, K. von, *Ziele*, Aufgaben und Methoden der klassischen Philologie und Altertumswissenschaft, in: Ders., Schriften zur griechischen und römischen Verfassungsgeschichte und Verfassungstheorie, Berlin/New York, 1–23.
Fritz, V., Das erste Buch der *Könige* (ZBK.AT 10.1), Zürich 1996.
Fröhlich, I., Evil in Second Temple Texts, in: I. Fröhlich/E. Koskenniemi (Hg.), Evil and the Devil, London u. a. 2013, 23–50.
Fuellenbach, J., Ecclesiastical *Office* and the Primacy of Rome. An Evaluation of Recent Theological Discussion of First Clement (SCA 20), Washington 1980.
Fugmann, H.G., *Berge* versetzen. Interkulturelle Hermeneutik von Mt 17, 14–21 und Gal 5, 2–6 in Papua-Neuguinea (BVB 6), Münster 2004.
Gabriel, M., Antike und moderne *Skepsis* zur Einführung, Hamburg 2008.
Gärtner, B./Bayer, H. F., *Art. Unterscheidung/Zweifel*, TBLNT 2 (2000), 1719–1720.
Gärtner, B., *Art. Zweifel*, TBLNT Bd. II/2 (1971), 1510–1512.
Garleff, G., Urchristliche *Identität* in Matthäusevangelium, Didache und Jakobusbrief (BVB 9), Münster 2004.
Gehlen, A., Die *Seele* im technischen Zeitalter. Sozialpsychologische Probleme in der industriellen Gesellschaft, Reinbek 1957.
Gemünden, P. von, *Affekte* und Affektkontrolle im antiken Judentum und Urchristentum, in: Dies., Affekt und Glaube. Studien zur Historische Psychologie des Frühjudentums und Urchristentums (NTOA/StUNT 73), Göttingen 2009, 309–328.
–, Affekt und Glaube. Studien zur Historischen Psychologie des Frühjudentums und Urchristentums (NTOA/StUNT 73), Göttingen 2009.
–, *Ansätze* zur psychologischen Auslegung im hellenistischen Judentum und frühen Christentum, in: P. Lampe/H. Schwier (Hg.), Neutestamentliche Grenzgänge. Symposium zur kritischen Rezeption der Arbeiten Gerd Theißens. FS f. G. Theißen zum 65. Geb. (NTOA 75), Göttingen 2011, 161–176.
–, Der Affekt der *ἐπιθυμία* und der νόμος. Affektkontrolle und soziale Identitätsbildung im Vierten Makkabäerbuch mit einem Ausblick auf den Römerbrief, in: Dies., Affekt und Glaube. Studien zur Historischen Psychologie des Frühjudentums und Urchristentums (NTOA/StUNT 73), Göttingen 2009, 118–137.
–, Die *Affektkultivierung* in neutestamentlicher Zeit. Ein theologischer und psychologischer Beitrag, in: Dies., Affekt und Glaube. Studien zur Historischen Psychologie des Frühjudentums und Urchristentums (NTOA/StUNT 73), Göttingen 2009, 34–51.
–, *Die emotionale Frau* und der vernünftige Mann? Die Affekte und der Logos in ihrer Zuordnung zu den Geschlechtern der Antike. Ein Kapitel historischer Psychologie, in:

Dies., Affekt und Glaube. Studien zur Historische Psychologie des Frühjudentums und Urchristentums (NTOA/StUNT 73), Göttingen 2009, 138–159.

–, Die urchristliche *Taufe* und der Umgang mit den Affekten. Zur Ritualisierung von Affektkontrolle im Urchristentum, in: Dies., Affekt und Glaube. Studien zur Historischen Psychologie des Frühjudentums und Urchristentums, Göttingen 2009, 226–247.

–, *Einsicht*, Affekt und Verhalten. Überlegungen zur Anthropologie des Jakobusbriefes, in: Dies., Affekt und Glaube. Studien zur Historischen Psychologie des Frühjudentums und Urchristentums (NTOA/StUNT 73), Göttingen 2009, 190–204.

–, Methodische *Überlegungen* zur historischen Psychologie exemplifiziert am Themenkomplex der Trauer, EvTh 65 (2005), 86–102 (= in: Dies., Affekt und Glaube. Studien zur Historischen Psychologie des Frühjudentums und Urchristentums [NTOA/StUNT 73], Göttingen 2009, 13–33).

–, *Umgang* mit Zorn und Aggression in Antike und der Bergpredigt, in: Dies., Affekt und Glaube. Studien zur Historische Psychologie des Frühjudentums und Urchristentums (NTOA/StUNT 73), Göttingen 2009, 163–189.

–, *Vegetationsmetaphorik* im Neuen Testament und seiner Umwelt. Eine Bildfelduntersuchung (NTOA 18), Fribourg u. a. 1993.

–, *Vorwort*, in: Dies., Affekt und Glaube. Studien zur Historische Psychologie des Frühjudentums und Urchristentums (NTOA/StUNT 73), Göttingen 2009, 7–10.

Georgi, D., *Weisheit* Salomos. Unterweisung in lehrhafter Form (JSHRZ 3), Gütersloh 1980.

Gera, D.L., Xenophon's *Cyropaedia*. Style, Genre, and Literary Technique (Oxford Classical Monographs), Oxford 1993.

Gertner, M., *Midrashim* in the New Testament, JSSt 7/2 (1962), 267–292.

Geyer, A.L./Baumeister, R.F., *Religion*, Morality, and Self-Control. Values, Virtues, and Vices, in: R.F. Paloutzian/C.L. Park (Hg.), Handbook of the Psychology of Religion and Spirituality, New York 2005, 412–432.

Giblin, C.H., A *Note* on Doubt and Reassurance in Mt 28,16–20, CBQ 37 (1975), 68–75.

Gies, K., Art. Jakob, in: Das wissenschaftliche Bibellexikon im Internet (https://www.bibelwissenschaft.de/stichwort/22151/, abgerufen am 6.2.2018).

Gill, C., Did *Chrysippus* understand Medea?, Phronesis 28 (1983), 136–149.

–, The Structured *Self* in Hellenistic and Roman Thought, Oxford 2006.

Gillmayr-Bucher, S., *Emotion* und Kommunikation, in: C. Frevel (Hg.), Biblische Anthropologie: Neue Einsichten aus dem Alten Testament (QD 237), Freiburg i. Br. 2010, 279–290.

Gilmour, C., Religious *Vacillation* and Indecision: Doublemindedness as the Opposite of Faith: A Study of Dipsychos and Its Cognates in the Shepherd of Hermas and Other Early Christian Literature, Prudentia 16 (1984), 33–42.

Gladigow, B., *Bilanzierung* des Lebens über den Tod hinaus, in: J. Assmann/R. Trauzettel (Hg.), Tod, Jenseits und Identität, München 2002, 90–109.

–, ‚*Tiefe der Seele*' und ‚inner space', in: J. Assmann (Hg.), Die Erfindung des inneren Menschen, Gütersloh 1993, 114–132.

Gnilka, J., Das Evangelium nach *Markus* I: Mk 1–8,26 (EKK *II/1*), Zürich et al. 1978.

–, Das *Matthäusevangelium, I.* Teil, Kommentar zu Kap. 1,1–13,58 (HThK I/1), Freiburg et al. 1986.

–, Das *Matthäusevangelium, II.* Teil, Kommentar zu Kap. 14,1–28,20 und Einleitungsfragen (HThK I/2), Freiburg u. a. 1988.

Goeke, H., Das *Menschenbild* der individuellen Klagelieder: Ein Beitrag zur alttestamentlichen Anthropologie (Diss.), Bonn 1971.

Görg, M., Der Einwand im prophetischen Berufungsschema, TTZ 85 (1976), 161–166.

Görgemanns, H., *Beiträge* zur Interpretation von Platons Nomoi, München 1960.

Goff, M., Looking for Sapiential Dualism at Qumran, in: G.G. Xeravits (Hg.), Dualism in Qumran (LSTS 76), London/New York 2010, 20–38.

Gordon, S., The Sociology of Sentiments and Emotion, in: M. Rosenberg/R. Turner (Hg.), Social Psychology: Sociological Perspectives, New York 1981, 562–592.

Gouders, K., Die prophetischen Berufungsberichte. Moses, Isaias, Jeremias und Ezechiel. Auslegung, Form- und Gattungsgeschichte, zu einer Theologie der Berufung, Bonn 1971.

Gowan, D.E., Wisdom and Endurance in James, HTB 15 (1993), 145–153.

Graeser, A., Probleme der platonischen Seelenteilungslehre. Überlegungen zur Frage der Kontinuität im Denken Platons (Zet. 47), München 1969.

Grässer, E., Der Glaube im Hebräerbrief, Marburg 1965.

–, Sorgloses *Sorgen*. Exegetische und homiletische Erwägungen zur Paradoxie des Bergpredigers in Mt 6,25–34, in: U. Busse/M. Reichardt et al. (Hg.), Erinnerung an Jesus: Kontinuität und Diskontinuität in der neutestamentlichen Überlieferung. FS f. R. Hoppe zum 65. Geb., 2011, 161–180.

Grätz, K., *Seneca* christianus. Transformationen stoischer Vorstellungen in Andreas Gryphius' Märtyrerdramen Catharina von Georgien und Papinian, in: B. Neymeyr/J. Schmidt/B. Zimmermann (Hg.), Stoizismus in der europäischen Philosophie, Literatur, Kunst und Politik. Eine Kulturgeschichte von der Antike bis zur Moderne, Bd. 2, Berlin/New York 2008, 731–770.

Grandjean, F., Aristoteles' *Theorie* der praktischen Rationalität, Bern 2009.

Grayston, K., The *Translation* of Matthew 28.17, JSNT 21 (1984), 105–109.

Greene, W.C., *Moira*. Fate, Good and Evil in Greek Thought, Gloucester, Mass. 1969.

Greeven, H., *Art. περιστερά, τρυγών*, ThWNT 6 (1959), 63–72.

Groag, E., Platons Lehre von den Seelenteilen I, WSt 35 (1913), 323–352.

–, Platons Lehre von den Seelenteilen II, WSt 37 (1915), 118–141.

Grube, A., Plato's Thought, London 1935.

Gruber, M./Michel, A., *Art. Körper*, in: F. Crüsemann u. a. (Hg.), Sozialgeschichtliches Wörterbuch zur Bibel, Gütersloh 2009, 307–312.

Grundmann, C.H., *Mammon* – Its Biblical Perception, MisSt 12/2 (1995), 157–163.

Grundmann, W., Art. ἁμαρτάνω κτλ., ThWNT 1 (1933), 267–320.

–, Art. ἐγκράτεια κτλ., ThWNT 2 (1935) 338–340.

–, Das Evangelium nach *Markus* (ThHK 1), Berlin ²1971.

–, Das Evangelium nach *Matthäus* (ThHK), Berlin 1968.

Grzesik, J., *Texte* verstehen lernen. Neurobiologie und Psychologie der Entwicklung von Lesekompetenzen durch den Erwerb von textverstehenden Operationen, Münster 2005.

Guckes, B., *Akrasia* in der älteren Stoa, in: Dies. (Hg.), Die Ethik der älteren Stoa, Göttingen 2004, 94–122.

–, Stoische *Ethik* – Eine Einführung, in: Dies. (Hg.), Die Ethik der älteren Stoa, Göttingen 2004, 7–29.

Gudjons, H., Handlungsorientiert lehren und lernen: *Schüleraktivierung*, Selbsttätigkeit, Projektarbeit, 7., aktualisierte Aufl., Bad Heilbrunn 2008.

Gundry, R.H., *Matthew*. A Commentary on His Handbook for a Mixed Church under Persecution, Grand Rapids, MI ²1994.

Guthrie, D., *New Testament* Introduction, Leicester ⁵1978.

Haag, H., Der *Teufel* im Judentum und Christentum, Saec. 34/3–4 (1983), 248–258.

Hadas, M., The Third and Fourth *Books of Maccabees*, New York 1953.

Hadot, P., *Art. Eine (das), Einheit I.*, HWP 2 (1972), 361–367.

Haenchen, E., Der *Weg Jesu*: Eine Erklärung des Markus-Evangeliums und der kanonischen Parallelen (STö 2/6), Berlin 1966.

HAGER, F.-P., Die *Vernunft* und das Problem des Bösen im Rahmen der Platonischen Ethik und Metaphysik (Noctes Romanae 10), Bern ^{2}1970.

HAGNER, D.A., The *Use* of the Old and New Testaments in Clement of Rome, Leiden 1973.

HAHMANN, A., Wird mit der *Vier* erst alles gut? Platon über Gerechtigkeit und Einssein, in: R. Brandt (Hg.), Die Macht des Vierten. Über eine Ordnung der europäischen Kultur, Hamburg 2014, 61–97.

HAHN, F., Jesu Wort vom bergeversetzenden Glauben, ZNW 76 (1985), 149–169.

–, Theologie des Neuen Testaments. Bd. 2, Tübingen 22005.

HAIGHT, M.R., A Study of Self-Deception, Brighton 1980.

HAJNALKA, R./POTÔN, O., Möglichkeiten der Psychologischen Exegese, CV 2008/1, 43–54.

HÄNZE, M., *Emotion*, Ambivalenz und Entscheidungskonflikt (Psychologie - Forschung - aktuell 10), Weinheim/Basel 2002.

HALBFAS, H., Der *Glaube*, Ostfildern 2010.

HALBIG, C., Die stoische *Affektenlehre*, in: B. Guckes (Hg.), Die Ethik der älteren Stoa, Göttingen 2004, 30–68.

HALLIDAY, M. A. K., *Language*, context, and text, Victoria 1985.

HARMON-JONES, E./MILLS, J., An *Introduction* to Cognitive Dissonance Theory and an Overview of Current Perspectives on the Theory, in: Dies. (Hg.), Cognitive Dissonance. Progress on a pivotal Theory in Social Psychology, Washingston 1999, 3–21.

HARRINGTON, D.J., *Invitation* to the Apocrypha, Grand Rapids 1999.

–, The Gospel of *Matthew*, Collegeville, MN 1991.

HARRIS, H.A., Greek Athletics and the Jews, Cardiff 1976.

HARTENSTEIN, J., Die *Zweite Lehre*. Erscheinungen des Auferstandenen als Rahmenerzählungen frühchristlicher Dialoge (TU 146), Berlin 2000.

–, Jenseits der *Komfortzone* (Jesu Erscheinen auf dem See). Mt 14,22–33, in: Ruben Zimmermann (Hg.), Kompendium der frühchristlichen Wundererzählungen. Band 1: Die Wunder Jesu, Gütersloh 2013, 454–464.

HARTIN, P.J., A *Spirituality* of Perfection. Faith in Action in the Letter of James, Collegeville, Minnesota 1999.

–, Call to be Perfect through Suffering (James 1,2–4). The Concept of Perfection in the Epistle of James and the Sermon of the Mount, Bib 77 (1996), 477–492.

–, Ethics in the Letter of James, the Gospel of Matthew, and the Didache: Their Place in Early Christian Literature, in: H. van de Sandt/J.K. Zangenberg (Hg.), Matthew, James, and Didache. Three Related Documents in their Jewish and Christian Settings (SBL.SS 45) Leiden 2008, 289–314.

–, *James* (SaPaSe 14), Collegeville, MI 2009.

HARTMANN, B., Die nominalen Aufreihungen im Alten Testament, Zürich 1953.

HARTMANN, N., *Einführung* in die Philosophie, Osnabrück ^{2}1952.

HASPECKER, J., *Gottesfurcht* bei Jesus Sirach. Ihre religiöse Struktur und ihre literarische und doktrinäre Bedeutung, Rom 1967.

HAUCK, F., *Art. μαμωνᾶς*, ThWNT 4 (1942), 390–392.

HAY, D.M., Defining Allegory in Philons Exegetical World (SBL.SP 33), Atlanta/GA 1994, 55–68.

–, Job and the Problem of Doubt in Paul, in: J.T. Carroll u. a.. (Hg.), Faith and History: Essays in Honor of P. W. Meyer, Atlanta 1990, 208–222.

–, Philo's View of Himself as an Exegete, SPhiloA 3 (1991), 40–52.

–, The *Psychology* of Faith in Hellenistic Judaism, ANRW II Bd 20/2, 881–925.

HECKEL, T.K., Der innere Mensch: Die paulinische Verarbeitung eines platonischen Motivs (WUNT II/53) Tübingen 1993.

–, Vom *Evangelium* des Markus zum viergestaltigen Evangelium (WUNT 120), Tübingen 1999.
HECKHAUSEN, H., *Lehrer-Schüler-Interaktion*, in: F.E. Weinert et al. (Hg.), Funk-Kolleg Pädagogische Psychologie I (FiBü 6115), Frankfurt 1974, 549–573.
HEGER, P., Another Look at *Dualism* in Qumran Writings, in: G.G. Xeravits (Hg.), Dualism in Qumran (LSTS 76), London/New York 2010, 39–101.
–, *Challenges* to Conventional Opinions on Qumran and Enoch Issues (StTDJ 100), Leiden/Boston 2012.
HEIDEMANN, D.H., *Art. Zweifel*, NHPhG 3 (2011), 2676–2686.
HEIDLAND, H.W., Art. λογίζομαι, λογισμός, ThWNT 4 (1942), 287–295.
HEIL, C., Das *Spruchevangelium* Q und der historische Jesus (SBAB 58), Stuttgart 2014.
–, Was ist ‚*Nachfolge* Jesu'? Antworten von Q, Matthäus, Lukas – und Jesus, in: Ders.: Das Spruchevangelium Q und der historische Jesus (SBAB 58), Stuttgart 2014, 77–85.
HEIL, J.P., Jesus Walking on the Sea: Meaning and Gospel Functions of Matt. 14:22–33, Mark 6:45–52, and John 6:15b–21 (AnBib 87), Rom 1981.
HEINEMANN, I., Philons griechische und jüdische *Bildung*. Kulturvergleichende Untersuchungen zu Philons Darstellung der jüdischen Gesetze, Hildesheim/New York ^{2}1973.
HELD, H.J., *Matthäus* als Interpret der Wundergeschichten, in: G. Bornkamm/G. Barth/H.J. Held (Hg.), Überlieferung und Auslegung im Matthäusevangelium, 3. durchges. Aufl. (WMANT 1), Neukirchen-Vluyn, 155–287.
HEMPEL, C., Art. Qumran Community, EncDSS 2 (2000), 746–751.
–, The *Treatise* on the Two Spirits and the Literary History of the Rule of the Community, in: G.G. Xeravits (Hg.), Dualism in Qumran (LSTS 76), London/New York 2010, 102–120.
HENDRIKSEN, W., The Gospel of *Matthew*, Edinburgh 1973.
HENGEL, M., *Judaica* et Hellenistica. Kleine Schriften I (WUNT 90), Tübingen 1996.
–, *Judentum* und Hellenismus. Studien zu ihrer Begegnung unter besonderer Berücksichtigung Palästinas bis zur Mitte des 2. Jhs. V.Chr. (WUNT 10), Tübingen 1973.
–, *Paulus* und Jakobus. Kleine Schriften III (WUNT 141), Tübingen 2005.
HENTEN, J.W. VAN, The *Maccabean Martyrs* as Saviours of the Jewish People. A Study of 2 and 4 Maccabees, Leiden 1997.
HERRMANN, A., *Versuchung* im Markusevangelium. Eine biblisch-hermeneutische Studie (BWANT 197), Stuttgart 2011.
HERRMANN, W., Jahwe und des Menschen Liebe zu ihm. Zu Dtn. VI 4, VT 50/1 (2000), 47–54.
HERRMANN, J.D./FOERSTER, W., Art. κλῆρος κτλ., ThWNT 3 (1938), 757–786.
HILT, A., *Ousia* – Psyche – Nous. Aristoteles' Philosophie der Lebendigkeit (Symposion 125), Freiburg i. Br./München 2005.
HILTBRUNNER, O., *Latina Graeca*. Semasiologische Studien über lateinische Wörter im Hinblick auf ihr Verhältnis zu griechischen Vorbildern, Bern 1985.
HIPPEL, W. VON/TRIVERS, R., The *Evolution* and Psychology of Self-Deception, Behavioral and Brain Sciences 34 (2011), 1–15.
HIRSCH, W., *Rabbinic Psychology*. Beliefs about the Soul in Rabbinic Literature of the Talmudic Period, London 1947.
HÖFFE, O., *Art. kakia/Schlechtigkeit*, in: Ders. (Hg.), Aristoteles-Lexikon, Stuttgart 2005, 294–295.
HOFFMANN, L. (Hg.), *Sprachwissenschaft*. Ein Reader, Berlin/New York 1996.
HOFFMANN, P., Der Q-Text der *Sprüche vom Sorgen*. Mt 6,25–33/Lk 12,22–31 – ein Rekonstruktionsversuch, in: L. Schenke (Hg.), Studien zum Matthäusevangelium, FS f. W. Pesch, Stuttgart 1988, 127–155.
HOFIUS, O., Paulusstudien II (WUNT 143), Tübingen 2002.

Hollander, H.W., Joseph as an Ethical Model in the Testaments of the Twelve Patriarchs, Leiden 1981.
Hollander, H.W./de Jonge, M., The *Testaments* of the Twelve Patriarchs. A Commentary (SVTP 8), Leiden 1985.
Holloway, P.A., ‚Beguile your Soul' (Sir xiv 16; xxx 23): An Epicurean Theme in Ben Sira, VT 58 (2008), 219–234.
Holodynski, M. / Friedlmeier, W., Emotionale *Entwicklung* und Perspektiven ihrer Erforschung, in: Dies. (Hg.), Emotionale Entwicklung. Funktion, Regulation und soziokultureller Kontext von Emotionen, Heidelberg / Berlin 1996, 1–26.
Holtzmann, H.J., Die *Synoptiker* (HC 1), Tübingen u. a. [3]1901.
Holz, H.H., Der dialektische *Ursprung* der Theologie aus der Apologetik, in: D. Kraft (Hg.), Aus Kirche und Welt. FS zum 80. Geb. v. H. Müller, Berlin 2006, 134–152.
Honeyman, A.M., *Merismus* in Biblical Hebrew, JBL 71 (1952), 11–18.
Hoppe, R., Der theologische Hintergrund des Jakobusbriefes (fzb 28), Würzburg 1977.
–, *Jakobusbrief* (SKK NT 15), Stuttgart 1989.
Horn, C., *Art. doxa / Meinung*, Überzeugung, in: O. Höffe (Hg.), Aristoteles-Lexikon, Stuttgart 2005, 138–139.
Horst, P.W. van der, Once More: The Translation of οἱ δέ in Matthew 28.17, JSNT 27 (1986), 27–30.
–, *Evil Inclination* יצר הרע, DDD (1999), 317–319.
Hort, F. J. A., The Epistle of St. *James*: Greek Text with Introduction, Commentary as Far as Chapter IV, Verse 7, and Additional Notes, Grand Rapids, MI 1909.
Hossenfelder, M., Die *Philosophie* der Antike 3. Stoa, Epikureismus und Skepsis (Geschichte der Philosophie III), München 1985.
Hubbard, B., The Matthean Redaction of a Primitive Apostolic Commissioning: an Exegesis of Matthew 28:16–20 (SBLDS 19), Missoula, Mont. 1974.
Hübner, H., Art. ἐπιθυμία κτλ., EWNT[2] 2 (1992), 68–71.
–, Das *Gesetz* in der synoptischen Tradition. Studien zur These einer progressiven Qumranisierung und Judaisierung innerhalb der synoptischen Tradition, Göttingen 1973.
Hüllstrung, W., „Der *Nabal* spricht in seinem Herzen: Es gibt nicht Gott." (Psalm 14,1). Zur These vom sogenannten praktischen Atheismus im Psalter, in: M. Bauks / K. Liess / P. Riede (Hg.), Was ist der Mensch, dass du seiner gedenkst? (Psalm 8,5) Aspekte einer theologischen Anthropologie. FS f. B. Janowski zum 65. Geb., Neukirchen-Vluyn 2008, 165–175.
Hume, D., *Dialogues* Concerning Natural Religion and the Posthumous Essays, hg. v. R. H. Popkin, Indianapolis 1983, 91–96.
Hummel, R., Die *Auseinandersetzung* zwischen Kirche und Judentum im Matthäusevangelium, München 1966.
Hurtado, L.W., Does Philo Help Explain Early Christianity?, in: R. Deines / K.-W. Niebuhr (Hg.), Philo und das Neue Testament. Wechselseitige Wahrnehmungen. I. Internationales Symposium zum Corpus Judaeo-Hellenisticum 1.–4. Mai 2003, Eisenach / Jena (WUNT 172), Tübingen 2004, 73–92.
Inselmann, A., Affektdarstellung und Affektwandel in der Parabel vom Vater und seinen beiden Söhnen. Eine textpsychologische Exegese von Lk 15,11–32, in: G. Theißen / P. v. Gemünden (Hg.), Erkennen und Erleben. Beiträge zur psychologischen Erforschung des frühen Christentums, Gütersloh 2007, 271–300.
–, Die *Freude* im Lukasevangelium: ein Beitrag zur psychologischen Exegese (WUNT II 322), Tübingen 2012.
Inwood, B., *Ethics* and Human Action in Early Stoicism, Oxford 1985.
Irvine, S.A., A *Note* on Psalm 14:4, JBL 114/3 (1995), 463–466.

IRWIN, T.H., Stoic Inhumanity, in: J. Sihvola/T. Engberg-Pedersen (Hg.), The Emotions in Hellenistic Philosophy (NSyHL 46), Dordrecht/Boston/London 1998, 219–241.

JACKSON-MCCABE, M., *Logos* and the Law in the Letter of James: The Law of Nature, the Law of Moses, and the Law of Freedom (NT.S 100), Leiden 2001.

JAEGER, W., Aristoteles. Grundlegung einer Geschichte seiner Entwicklung, Berlin 1923.

JAHN, T., Zum Wortfeld ‚Seele-Geist' in der Sprache Homers (Zet. 83), München 1987.

JANIS, I.L., *Motivational Factors* in the Resolution of Decisional Conflicts, in: M.R. Jones (Hg.), Nebraska Symposion on Motivation, Lincoln, Nebr. 1959, 198–231.

JANOWSKI, B., Das biblische *Weltbild*. Eine methodologische Skizze, in: Ders., Der Gott des Lebens. Beiträge zur Theologie des Alten Testaments 3, Neukirchen-Vluyn 2003, 3–26.

–, Das hörende *Herz* (Beiträge zur Theologie und Anthropologie des Alten Testaments 6), Göttingen 2018.

–, Der „ganze Mensch". Zur Geschichte und Absicht einer integrativen Formel, in: Ders. (Hg.), Der ganze Mensch. Zur Anthropologie der Antike und ihrer europäischen Nachgeschichte, Berlin 2012, 9–21.

–, Der *Mensch* im alten Israel. Grundfragen alttestamentlicher Anthropologie, ZThK 102 (2005), 143–175.

–, *Konfliktgespräche* mit Gott. Eine Anthropologie der Psalmen, Neukirchen-Vluyn ^{2}2006.

–, Konstellative *Anthropologie*. Zum Begriff der Person im Alten Testament, in: C. Frevel (Hg.), Biblische Anthropologie. Neue Einsichten aus dem Alten Testament (QD 237), Freiburg u. a. 2010, 64–87.

JEFFORD, C.N., The Milieu of Matthew, the Didache, and Ignatius of Antioch: Agreements and Differences, in: H. van de Sandt (Hg.), Matthew and the Didache. Two Documents from the Same Jewish-Christian Milieu?, Assen 2005, 35–47.

JEREMIAS, J., Die *Gedankenführung* in Röm 4: Zum paulinischen Glaubensverständnis, in: M. Barth/C.K. Barrett u. a. (Hg.), Foi et Salut selon S. Paul: Épître aux Romains 1,16 – Colloque oecuménique à l'abbaye de s. Paul hors les murs, 16–21 avril 1968 (AnBib 42), Rom 1970, 51–58.

–, *Lob* Gottes und Erkenntnis des Menschen in den Psalmen, in: F. Schönemann/T. Maaßen (Hg.), Prüft alles und das Gute behaltet! FS f. H.-M. Barth zum 65. Geb., Frankfurt a. M. 2004, 463–476.

–, *Theologie* des Alten Testaments, Göttingen 2015.

JEWETT, R., Romans: A Commentary (Hermeneia), Minneapolis 2007.

JOCHUM-BORTFELD, C., *Die Verachteten* stehen auf. Widersprüche und Gegenentwürfe des Markusevangeliums zu den Menschenbildern seiner Zeit (BWANT 178), Stuttgart 2008.

JOHNE, R., Zur Figurencharakteristik im antiken Roman, in: H. Kuch (Hg.), Der antike Roman. Untersuchungen zur literarischen Kommunikation und Gattungsgeschichte, Berlin 1989, 150–177.

JOHNSON, A.R., The Vitality of the Individual in the Thought of Ancient Israel, Cardiff 1964.

JOHNSON, L.T., *Brother* of Jesus, Friend of God. Studies in the Letter of James, Grand Rapids 2004.

–, *Jas 3,13–4,10* and the Topos περὶ φθόνου, NT 25 (1983), 327–347.

–, The Letter of *James*. A New Translation with Introduction and Commentary (AB 37A), New York 1995.

JOHNSON, S.E., The Dead Sea Manual of Discipline and the Jerusalem Church of Acts, ZAW 66 (1954), 107–120.

JONGE, M. DE, The Testaments of the Twelve Patriarchs and the ‚*Two Ways*', in: C. Hempel/J.M. Lieu (Hg.), Biblical Traditions in Transmission: Essays in Honour of M.A. Knibb (JSJ.S 111), Leiden 2005, 179–194.

–, The *Testaments* of the Twelve Patriarchs. A Study of their Text, Composition and Origin (GTB 25), Assen 1953.

–, The Testaments of the Twelve Patriarchs: *Central Problems* and Essential Viewpoints, ANRW II Principat Bd. 20/1, Berlin 1986, 359–420.

–, The Two Great *Commandments* in the Testaments of the Twelve Patriarchs, NT 44/4 (2002), 371–392.

Jongkind, D., ‚The Lilies of the Field' Reconsidered: Codex Sinaiticus and the Gospel of Thomas, NT 48/3 (2006), 209–216.

Jordan, S., *Theorien* und Methoden der Geschichtswissenschaft, Paderborn 2009.

Joyce, R., Early Stoicism and Akrasia, Phronesis 40/3 (1995), 315–335.

Jüttemann, G., Historische Psychologie: Christoph Klotter im Gespräch mit Gerd Jüttemann, Journal für Psychologie, 8.2 (2000), 72–80.

Jungermann, H./Pfister, H.-R./Fischer, K., Die *Psychologie* der Entscheidung. Eine Einführung, Heidelberg/Berlin 1998.

Kähler, C., Zur *Form- und Traditionsgeschichte* von Matth. xvi.17-19, NTS 23 (1976), 36–58.

Kaiser, O., Das Buch des Propheten *Jesaja*: Kapitel 1–12 (ATD 17), Göttingen [5]1981.

–, Des Menschen *Glück* und Gottes Gerechtigkeit. Studien zur biblischen Überlieferung im Kontext hellenistischer Philosophie. (Tria Corda 1), Tübingen 2007.

–, *Philo* von Alexandrien. Denkender Glaube - Eine Einführung, Göttingen 2015.

–, Vom offenbaren und verborgenen *Gott*. Studien zur spätbiblischen Weisheit und Hermeneutik, Berlin 2008.

Kampling, R., *Vorwort*, in: Ders. (Hg.), Sara lacht. Eine Erzmutter und ihre Geschichte. Zur Interpretation und Rezeption der Sara-Erzählung, Paderborn u. a. 2004, 9.

Kamtekar, R., *Speaking* with the Same Voice as Reason: Personification in Plato's Psychology, OSAP 31 (2006), 167–202. (= in: R. Barney/T. Brennan/C. Brittain [Hg.], Plato and the Divided Self, Cambridge 2012, 77–101).

Kannengiesser, C., *Handbook* of Patristic Exegesis. The Bible in Ancient Christianity, Bd. *I*, Leiden 2004.

Karrer, M., *Septuaginta* und antike Philosophie, in: S. Kreuzer/M. Meiser/M. Sigismund (Hg.), Die Septuaginta - Orte und Intentionen. 5. Internationale Fachtagung veranstaltet von Septuaginta Deutsch (LXX-D), Wuppertal 24.–27. Juli 2014 (WUNT 361), Tübingen 2016, 3–35.

Karrer, M./Kraus, W., *Umfang* und Text der Septuaginta. Erwägungen nach dem Abschluss der deutschen Übersetzung, in: Dies. (Hg.), Die Septuaginta - Texte, Kontexte, Lebenswelten: Internationale Fachtagung veranstaltet von Septuaginta Deutsch (LXX-D), Wuppertal 20.–23. Juli 2006 (WUNT 219), Tübingen 2008, 8–63.

Kassel, M., Biblische Urbilder: tiefenpsychologische Auslegung nach C.G. Jung, München 1980.

Katona, G., The *Evolution* of the Concept of Psyche from Homer to Aristotle, Journal of Theoretical and Philosophical Psychology 22/1 (2002), 28–44.

Kazen, T., Moralische *Emotionen* in der Jesusüberlieferung. Ein psycho-biologischer Beitrag zum Verhältnis von Selbsterhaltung und Nächstenorientierung, EvTh 71/4 (2011), 288–306.

Kedar-Kopfstein, B., Art. תמם tāmam, ThWAT 8 (1995), 688–701.

Kee, H.C., *Testaments* of the Twelve Patriarchs, in: J.H. Charlesworth (Hg.): The Old Testament Pseudepigrapha, Bd. 1, Garden City, N.Y. 1983, 775–828.

–, The Ethical *Dimensions* of the Testaments of the XII as a Clue to Provenance, NTS 24 (1978), 259–270.

Kerschensteiner, J., *Platon* und der Orient, Stuttgart 1945.

Kertelge, K., Die *Wunder* Jesu im Markusevangelium: Eine redaktionsgeschichtliche Untersuchung, München 1970.

–, Exegetische *Überlegungen* zum Verständnis der paulinischen Anthropologie nach Römer 7, ZNT 62 (1971), 105–114.

Keyt, D., *Plato* on Justice, in: H.H. Benson (Hg.), A Companion to Plato, Oxford et al. 2006, 341–355.

Kingsbury, J.D., The Figure of Peter in Matthew's Gospel as a Theological Problem, JBL 98/1 (1979), 67–83.

Kipfer, S., Art. Furcht (AT), in: Das wissenschaftliche Bibellexikon im Internet (https://www.bibelwissenschaft.de/stichwort/18774/, abgerufen am 20.12.2017).

Kirchhoff, R., Die *Testamente* der zwölf Patriarchen. Über Techniken männlicher Machtausübung, in: L. Schottroff/M.-T. Wacker (Hg.), Kompendium feministische Bibelauslegung, Gütersloh 1998, 474–482.

Kirk, A., The *Composition* of the Sayings Source. Genre, Synchrony, and Wisdom Redaction in Q (NT.S 91), Leiden u.a. 1998.

Kistemaker, S.J., *Exposition* of the Epistle of James, Grand Rapids 1986.

Klauck, H.-J., *4. Makkabäerbuch* (JSHRZ III), Gütersloh 1989.

–, Accuser, Judge and Paraclete: On Conscience in Philo of Alexandria, SkKe 20/1 (1999), 107–118.

Klein, A., „Wie hast Du's mit dem *Glauben*, Israel?" – der Glaubensbegriff im Alten Testament, in: J. Frey et al. (Hg.), Glaube. Das Verständnis des Glaubens im frühen Christentum und in seiner jüdischen und hellenistisch-römischen Umwelt (WUNT 373), Tübingen 2017, 53–78.

Klein, H., Das *Glaubensverständnis* im Matthäusevangelium, in: F. Hahn/H. Klein (Hg.), Glaube im Neuen Testament: Studien zu Ehren v. H. Binder anlässl. seines 70. Geb. (BThSt 7), Neukirchen-Vluyn 1982, 29–42.

Klein, M., „Ein vollkommenes *Werk*". Vollkommenheit, Gesetz und Gericht als theologische Themen des Jakobusbriefes (BWANT 139), Stuttgart/Berlin/Köln 1995.

Klemm, H.G., Das Wort von der Selbstbestattung der Toten. Beobachtungen zur Auslegungsgeschichte von Mt. viii 22par., NTS 16, 60–75.

Kloppenborg, J.S., *James 1:2–15* and Hellenistic Psychagogy, NT 52 (2010), 37–71.

–, The Reception of the Jesus Tradition in James, in: K.-W. Niebuhr/R.W. Wall (Hg.), The Catholic Epistles and Apostolic Tradition, Waco 2009, 71–100.

–, The *Transformation* of Moral Exhortation in Didache 1–5, in: C.N. Jefford (Hg.), The Didache in Context. Essays on Its Text, History and Transmission (NT.S 77), Leiden et al. 1995, 88–109.

Knoch, O., *Kenntnis* und Verwendung des Matthäus-Evangeliums bei den Apostolischen Vätern, in: L. Schenke (Hg.), Studien zum Matthäusevangelium. FS W. Pesch, Stuttgart 1988, 157–178.

Knopf, R., Art. Katholische Briefe, 3. *Jakobusbrief*, RGG[1] 3 (1912), 1020–1024.

–, *Die Apostolischen Väter I.* Die Lehre der zwölf Apostel. Die zwei Clemensbriefe (HNT 1), Tübingen 1920.

Knuuttila, S./Sihvola, J., Ancient *Scepticism* and Philosophy of Religion, in: J. Sihvola (Hg.), Ancient Scepticism and the Sceptical Tradition, Acta Philosophica Fennica 66 (2000), 125–144.

–, How the Philosophical *Analysis* of Emotions was Introduced, in: J. Sihvola/T. Engberg-Pedersen (Hg.), The Emotions in Hellenistic Philosophy, Dordrecht/Boston/London 1998, 1–19.

Kober, M., *Art. Zweifel*, RGG[4] 8 (2005), 1932–1933.

Koch, K., Gibt es ein *Vergeltungsdogma* im Alten Testament?, in: Ders., Spuren des hebräischen Denkens. Beiträge zur alttestamentlichen Theologie. Gesammelte Aufsätze, Band 1, hg. v. B. Janowski/M. Krause, Neukirchen-Vluyn 1991, 65–103.

Köckert, C., Christliche *Kosmologie* und kaiserzeitliche Philosophie. Die Auslegung des Schöpfungsberichtes bei Origenes, Basilius und Gregor von Nyssa vor dem Hintergrund kaiserzeitlicher Timaeus-Interpretationen (STAC 56), Tübingen 2009.

Köhler, R./Altmann, G./Piotrovskiĭ, R.G., *Quantitative Linguistik*/Quantitative Linguistics. Ein internationales Handbuch/An International Handbook, Berlin/New York 2005.

Koenen, K., Art. Paränese (AT), in: Das Wissenschaftliche Bibellexikon im Internet (http://www.bibelwissenschaft.de/stichwort/29983/, abgerufen am 26.03.2015).

Kollmann, B., Neutestamentliche *Wundergeschichten*. Biblisch-theologische Zugänge und Impulse für die Praxis Stuttgart 2007.

Konradt, M., Christliche *Existenz* nach dem Jakobusbrief. Eine Studie zu seiner soteriologischen und ethischen Konzeption (StUNT 22), Göttingen 1998.

–, Das Evangelium nach *Matthäus* (Das Neue Testament Deutsch 1), Göttingen 2015.

–, Der *Jakobusbrief* im frühchristlichen Kontext. Überlegungennzum traditionsgeschichtlichen Verhältnisses des Jakobusbriefs zur Jesusüberlieferung, zur paulinischen Tradition und zum 1Petr, in: J. Schlosser (Hg.), The Catholic Epistles and the Tradition (BEThL 176), Leuven 2004, 171–212.

–, Die Rede vom Glauben in Heilungsgeschichten und die Messianität Jesu im Matthäusevangelium, in: J. Frey et al. (Hg.), Glaube. Das Verständnis des Glaubens im frühen Christentum und in seiner jüdischen und hellenistisch-römischen Umwelt (WUNT 373), Tübingen 2017, 424–450.

–, „Fliehet die *Unzucht*!" (TestRub 5,5) Sexualethische Perspektiven in den Testamenten der zwölf Patriarchen, in: M. Konradt/E. Schläpfer (Hg.), Anthropologie und Ethik im Frühjudentum und im Neuen Testament. Wechselseitige Wahrnehmungen. Internationales Symposium in Verbindung mit dem Projekt Corpus Judaeo-Hellenisticum Novi Testamenti (CJHNT) 17.–20. Mai 2012, Heidelberg (WUNT 322), Tübingen 2014, 249–281.

–, *Sünde* im Jakobusbrief, ZNT 32 (2013), 21–28.

–, *Werke* als Handlungsdimension des Glaubens. Erwägungen zum Verhältnis von Theologie und Ethik im Jakobusbrief, in: F.W. Horn/R. Zimmermann, Jenseits von Indikativ und Imperativ. Kontexte und Normen neutestamentlicher Ethik/Contexts and Norms of New Testament Ethics Bd 1 (WUNT 238), Tübingen 2009, 309–327.

Konradt, M./Schläpfer, E. (Hg.), Anthropologie und Ethik im Frühjudentum und im Neuen Testament: Wechselseitige Wahrnehmungen. Internationales Symposium in Verbindung mit dem Projekt Corpus Judaeo-Hellenisticum Novi Testamenti (CJHNT) 17.–20. Mai 2012, Heidelberg, (WUNT 322), Tübingen 2014.

Kooten, G.H. van, *Art. Human Being*, in: R.L. Brawley (Hg.), The Oxford Encyclopedia of the Bible and Ethics, Vol I: ABO - LYI, Oxford 2014, 394–405.

–, Paul's *Anthropology* in Context. The Image of God, Assimilation to God, and Tripartite Man in Ancient Judaism, Ancient Philosophy and Early Christianity, Tübingen 2008.

Korn, F.W./Jürgens, E./Standop, J., *Grundwissen* Pädagogik, München ^{8}2013.

Kraft, H., Art. στέφανος, EWNT^{2} 3 (1992), 654–656.

Kranz, M., *Art. ‚Sorge'*, HWP 9 (1995), 1086–1090.

Krašovec, J., Der *Merismus* im Biblisch-Hebräischen und Nordwestsemitischen (BibOr 33), Rom 1977.

Kratz, R., *Art σεισμός*, EWNT^{2} 3 (1992), 563–566.

–, *Rettungswunder*. Motiv-, traditions- und formkritische Aufarbeitung einer biblischen Gattung (EHS.T 123), Frankfurt a. M. u. a. 1979.

Kraut, J., Deciphering the Shema: Staircase Parallelism and the Syntax of Deuteronomy 6:4, VT 61/4 (2011), 582–602.

Krauter, S., *Einführung*. Perspektiven auf Römer 7, in: Ders. (Hg.), Perspektiven auf Römer 7 (BThSt 159), Neukirchen-Vluyn 2016, 1–15.

–, ‚Is Romans 7:7–13 about akrasia?', in: C. K. Rothschild / T. W. Thompson (Hg.), Christian Body, Christian Self: Concepts of Early Christian Personhood (WUNT 284), Tübingen 2011, 113–122.

Krebs, D.L., The Evolution of a Sense of Justice, in: J.D. Duntley / T.K. Shackelford (Hg.), Evolutionary Forensic Psychology: Darwinian Foundations of Crime and Law, New York 2008, 229–245.

Kreuzer, S., Die *Frühgeschichte* Israels in Bekenntnis und Verkündigung des Alten Testaments (BZAW 178), Berlin / New York 1989.

–, Entstehung und Entwicklung des monotheistischen Gottesbildes im Alten Israel und im Alten Testament, in: FS W. Eckey, Wuppertal 2000, 48–66.

Kreyenbühl, J., Der älteste *Auferstehungsbericht* und seine Varianten, ZNW 9 (1908), 257–296.

Krieg, M. / Schmidt, K. (Hg.), Erklärt – Der Kommentar zur Züricher Bibel. Band 1, Zürich ²2011.

Krispenz, J., Art. Bildworte / Bildreden (AT), in: Das wissenschaftliche Bibellexikon im Internet (https://www.bibelwissenschaft.de/de/stichwort/15369/, abgerufen am 22.11.2015).

Kroschel, S., „Wenig verlangt die *Natur*". Naturgemäß leben, Einfachheit und Askese im antiken Denken (Prismata 17), 2008.

Krüger, M. C. R., *Prüft alles*, das Gute haltet fest! 1 Thes 5,21. Anstöße, um biblische Begriffe und theologische Traditionen neu zu bedenken, Calw-Hirsau ²2005.

Krüger, T., ach ja die seele. Der *Verlust* der Seele – ein Gewinn für die theologische Anthropologie?, in: Ders., Das menschliche Herz und die Weisung Gottes. Studien zur alttestamentlichen Anthropologie und Ethik (AThANT 96), Zürich 2009, 83–89.

–, Art. Zweifel (Z.), HGANT², 2009, 435–437.

–, Das *„Herz"* in der alttestamentlichen Anthropologie, in: Ders., Das menschliche Herz und die Weisung Gottes. Studien zur alttestamentlichen Anthropologie und Ethik (AThANT 96), Zürich 2009, 91–106.

Kümmel, W.G., *Das Neue Testament.* Geschichte der Erforschung seiner Probleme, Freiburg / München 1970.

Kugler, R.A., The *Testaments* of the Twelve Patriarchs (Guides to Apocrypha and Pseudepigrapha), Sheffield 2001.

Kuhn, K.G., *πειρασμός* – ἁμαρτία – σάρξ im Neuen Testament und die damit zusammenhängenden Vorstellungen, ZThK 49 (1952), 200–222.

Kuss, O., Der Glaube nach den paulinischen Hauptbriefen, ThGl 46 (1956), 1–26.

–, Zum *Sinngehalt* des Doppelgleichnisses vom Senfkorn und Sauerteig, Bib. 40/3 (1959), 641–653.

Kytzler, B., Der Regenbogen der Gefühle: Zum Kontrast der Empfindungen im Antiken Roman, Scholia 11 (2002), 69–81.

Ladd, G.E., The Johannine *Dualism*, in: Ders., A Theology of the New Testament, Grand Rapids, MI 1974, 259–272.

Lämmermann, G., Einführung in die *Religionspsychologie.* Grundfragen, Theorien, Themen, Neukirchen-Vluyn 2006.

Lagrange, M.J., Èvangile selon Saint *Matthieu*, Paris ²1923.

Lampe, G. W. H., St. Peter's *Denial*, BJRL 55 (1973), 346–368.

Lampe, P., Die stadtrömischen *Christen* in den ersten beiden Jahrhunderten. Untersuchungen zur Sozialgeschichte (WUNT II 18), Tübingen 1987.

Lang, B., *Art. Schlaf*, NBL 3 (2001), 481–482.

Lange, A., *Weisheit* und Prädestination: Weisheitliche Urordnung und Prädestination in den Textfunden von Qumran (StTDJ 18), Leiden 1995.

Lange, A./Lichtenberger, H., *Art. Qumran*, TRE 28 (1997), 45–79.

Lange, J., Das *Erscheinen* des Auferstandenen im Evangelium nach Matthäus (FzB), Würzburg 1973.

Laporte, J., *Philo* in the Tradition of Biblical Wisdom Literature, in: R.L. Wilken (Hg.), Aspects of Wisdom in Judaism and Early Christianity. University of Notre Dame. Center for the Study of Judaism and Christianity in Antiquity 1, London 1975, 103–141.

Latacz, J., *Erschließung* der Antike: kleine Schriften zur Literatur der Griechen und Römer, Leipzig 1994.

Lau, W., Schriftgelehrte *Prophetie* in Jes 56–66: eine Untersuchung zu den literarischen Bezügen in den letzten elf Kapiteln des Jesajabuches (BZAW 225), Berlin/New York 1994.

Lauha, R., Psychophysischer *Sprachgebrauch* im Alten Testament. Eine struktursemantische Analyse von לב, נפש und רוח. I Emotionen, Helsinki 1983.

Lavecchia, S., Die homoiōsis theōi in Platons Philosophie, in: W. Schrader u. a. (Hg.), Perspektiven der Philosophie: Neues Jahrbuch 2005, Amsterdam 2005, 321–391.

Laws, S., A *Commentary* on the Epistle of James (BNTC), London u.a 1980.

Lazarus, R.S., Emotion and Adaption, New York 1991.

Lazarus, R.S./Folkman, S., *Stress*, Appraisal, and Coping, New York 1984.

Learey, A. R. C., The *Rule* of Qumran and Its Meaning, London 1966.

Lee, D.A., *Partnership* in Easter Faith: The Role of Mary Magdalene and Thomas in John 20. JSNT 58 (1995), 37–49.

Légasse, D.S., *Art. μικρός*, EWNT² 2 (1992), 1051–1052.

Leiner, M., Auferstanden in die Herzen und Seelen der Gläubigen? Psychologische Auslegungen der neutestamentlichen Auferstehungserzählungen, EvTh 64 (2004), 212–227.

–, Dem Evangelium die Seele wiedergeben? Grundsätzliche Fragen einer Psychologie des Urchristentums, in: G. Theißen/P. v. Gemünden (Hg.), Erkennen und Erleben. Beiträge zur psychologischen Erforschung des frühen Christentums, Gütersloh 2007, 29–55.

–, *Psychologie* und Exegese. Grundfragen einer textpsychologischen Exegese des Neuen Testaments, Gütersloh 1995.

Lella, A.A. di, Ben Sira's *Doctrine* on the Discipline of the Tongue. An intertextual and synchronic analysis, in: A. Passaro/G Bellia (Hg.), The Wisdom of Ben Sira. Studies on Tradition, Redaction and Theology (DCLS 1), Berlin/New York 2008, 233–252.

–, Free Will in the Wisdom of Ben Sira 15:11–20. An Exegetical and Theological Study, in: I. Fischer/U. Rapp/J. Schiller (Hg.), Auf den Spuren der schriftgelehrten Weisen. FS f. J. Marböck, Berlin 2003, 253–264.

–, *Use* and Abuse of the Tongue: Ben Sira 5,9–6,1, in: A.A. Diesel/R.G. Lehmann/E. Otto/A. Wagner (Hg.), „Jedes Ding hat seine Zeit…“: Studien zur israelitischen und altorientalischen Weisheit. D. Michel zum 65. Geb., Berlin/New York 1996, 33–48.

Leon-Dufour, X., *Présence* du Seigneur ressuscité (Mt 28,16–20), in: À cause de l'Évangile. Études sur les Synoptiques et les Actes. FS J. Dupont, Paris 1985, 195–210.

Leonhardt-Balzer, J., *Philo* und die Septuaginta, in: W. Kraus/M. Karrer (Hg.), Die Septuaginta – Texte, Theologien, Einflüse. 2. Internationale Fachtagung veranstaltet von Septuaginta Deutsch (LXX-D), Wuppertal 23.–27.7.2008 (WUNT 252), Tübingen 2010, 623–637.

–, Warum nicht gleich so? (*Heilung* eines mondsüchtigen Jungen). Mt 17,14–20(21) (Lk 9,37–43a), in: R. Zimmermann (Hg.), Kompendium der frühchristlichen Wundererzählungen. Band 1: Die Wunder Jesu, Gütersloh 2013, 474–484.

Leutzsch, M., *Vermögen* und Vertrauen, Dämonie und Exorzismus (Die Erzählung vom besessenen Jungen) – Mk 9,14–29, in: R. Zimmermann (Hg.), Kompendium der frühchristlichen Wundererzählungen. Bd 1: Die Wunder Jesu, Gütersloh 2013, 350–358.

Levin, C., Der *Jahwist* (FRLANT 157), Göttingen 1993.

Licht, J., An *Analysis* of the Treatise on the Two Spirits in DSD, ScrHie 6 (1958), 88–99.

Lichtenberger, H., Das Ich Adams und das Ich der Menschheit. Studien zum Menschenbild in Römer 7 (WUNT 164), Tübingen 2004.

–, *Der ‚gespaltene Mensch'*, in: B. Janowski (Hg.), Der ganze Mensch. Zur Anthropologie der Antike und ihrer europäischen Nachgeschichte, Berlin 2012, 223–234.

–, *Studien* zum Menschenbild in Texten der Qumrangemeinde (WUNT 164), Göttingen 1980.

Liesen, J., ‚With all your Heart': Praise in the Book of Ben Sira, in: R. Egger-Wenzel (Hg.), Ben Sira's God. Proceedings of the International Ben Sira Conference. Durham – Ushar College 2001 (BZAW 321), Berlin/New York 2002, 199–213.

Linke, A./Nussbaumer, M./Portmann, P.R., Studienbuch *Linguistik*, Tübingen [3]1996.

Liwak, R, Art. Friede/Schalom, in: Das wissenschaftliche Bibellexikon im Internet (www.bibelwissenschaft.de/stichwort/26245/, abgerufen am 22.10.2014).

Lockett, D.R., *Structure* or Communicative Strategy? The ‚Two Ways' Motif in James' Theological Instruction, Neotest. 42/2 (2008), 269–287.

Löbner, S., *Semantik*: Eine Einführung, Berlin 2003.

Löhr, M., *Bildung* aus dem Glauben. Beiträge zum Verständnis der Lehrreden des Buches Jesus Sirach, Berlin 1975.

Lohmeyer, E., Das Evangelium des *Markus*, Göttingen [12]1953.

Lohmeyer, E./Schmauch, W., Das Evangelium des *Matthäus* (KEK Sonderband), Göttingen [4]1967.

Lohse, E., Der Brief an die Römer (KEK 4), Göttingen [15]2003.

–, *Emuna* und Pistis – jüdisches und urchristliches Verständnis des Glaubens, ZNW 68/3–4 (1977), 147–163 [= in: Ders., Die Vielfalt des Neuen Testaments (Exegetische Studien zur Theologie des Neuen Testaments 2), Göttingen 1982, 88–104].

Lona, H.E., Der erste *Clemensbrief* (KAV 2), Göttingen 1998.

Long, A.A., Epictetus: A Stoic and Socratic Guide to Life, Oxford 2002.

–, The Early Stoic *Concept* of Moral Choice, in: F. Bossier/F. De Wachter et al. (Hg.), Images of Man in Ancient and Medieval Thought. Studies presented to G. Verbeke, Leuven 1976, 77–92.

Loomes, G./Sugden, R., Disappointment and dynamic inconsistency in choice under uncertainty, Review of Economic Studies 53 (1986), 271–282.

–, Regret theory: An alternative theory of rational choice under uncertainty, Economic Journal 91 (1982), 805–824.

Lorenz, S., *Art. Zweifel*, HWP 12 (2004), 1520–1527.

Luck, U., *Herrenwort* und Geschichte in Matth.28,16–20, EvTh 27 (1967), 494–508.

Lührmann, D., *Art. Glaube*, RAC 14 (1988), 49–122.

–, Das *Markusevangelium* (HNT 3), Tübingen 1987.

–, *Glaube* im frühen Christentum, Gütersloh 1976.

–, *Pistis* im Judentum, ZNW 64/1–2 (1973), 19–38.

Luschnat, O., Das *Problem* des ethischen Fortschritts in der alten Stoa, Philologus 102 (1958), 178–214.

Luther, S., *Sprachethik* im Neuen Testament. Eine Analyse des frühchristlichen Diskurses im Matthäusevangelium, im Jakobusbrief und im 1. Petrusbrief (WUNT II 394), Tübingen 2015.

Luz, U., Das Evangelium nach *Matthäus*. 1. Teilband, Mt 1–7 (EKK *I/1*), 5., völlig neu bearbeitete Aufl., Zürich u. a. 2002.

–, Das Evangelium nach *Matthäus*. 2. Teilband, Mt 8–17 (EKK *I/2*), 4. veränderte Aufl., Zürich u. a. 2007.

–, Das Evangelium nach *Matthäus*. 3. Teilband, Mt 18–25 (EKK *I/3*), 2. Aufl., Zürich 2012.

–, Das Evangelium nach *Matthäus*. 4. Teilband, Mt 26–28 (EKK *I/4*), Zürich u. a., 2002.
–, Die *Jünger* im Matthäusevangelium, ZNT 62 (1971), 141–171.
–, *Fiktivität* und Traditionstreue im Matthäusevangelium im Lichte griechischer Literatur, ZNW 84 (1993),153–177.
–, Theologische *Hermeneutik* des Neuen Testaments, Neukirchen-Vluyn 2014.
Lyonnet, S., „Tu ne convoiteras pas (Rom VII 7)", in: W.C. van Unnik (Hg.), Neotestamentica et Patristica, FS O. Cullmann (NT.S 6), Leiden 1962, 157–165.
Lys, D., The Israelite Soul according to the LXX, VT 16 (1966), 181–228.
MacDonald, P., *History* of the Concept of Mind. Speculations about Soul, Mind and Spirit from Homer to Hume, Aldershot 2003.
Macky, P.W., The *Importance* of the Teaching on God, Evil and Eschatology for the Dating of the Testaments of the Twelve Patriarchs (Diss.Princeton Theological Seminary 1969), Mich., University Microfilms 1971.
Mac Laurin, E. C. B., The Semitic Background of Use of „en splanchnois", PEQ 103, 1971, 42–45.
Madden, P.J., Jesus' Walking on the Sea. An Investigation of the Origin of the Narrative Account (BZNW 81), Berlin/New York 1997, 1–40.
März, C.-P., *Art. Umkehr I*. Biblisch-theologisch, LThK3 10 (2001), 364–366.
Maier, G., *Mensch* und freier Wille. Nach den jüdischen Religionsparteien zwischen Ben Sira und Paulus (WUNT 12), Tübingen 1971.
Maier, J., *Art. Geister (Dämonen) b.* Frühes u. hellenistisches Judentum, RAC 9 (1976), 626–640.
–, Art. Religious Beliefs, Qumran Sect, EncDSS 2 (2000), 753–757.
Maldonat, J., *Commentarii* in quatuor evangelistas, hg. v. J.M. Raich, Bd. 1, Kirchheim 1874.
Malina, B.J., Assessing the Historicity of Jesus' Walking on The Sea: Insights from Cross-Cultural Social Psychology, in: B. Chilton/C.A. Evans (Hg.), Authenticating the Activities of Jesus (NTTS 28/2), Leiden 1999, 351–372.
–, The *New Testament World*: Insights from Cultural Anthropology, London 1983.
Maltby, J./Day, L./Macaskill, A., Differentielle *Psychologie*, Persönlichkeit und Intelligenz, 2., aktualisierte Aufl., München 2011.
Marböck, J., Gesetz und Weisheit. Zum Verständnis des Gesetzes bei Jesus Ben Sira, BZ 20 (1976), 1–21.
–, *Jesus Sirach 1–23*, übersetzt und ausgelegt von J. Marböck, Freiburg u. a. 2010.
–, *Weisheit* im Wandel. Untersuchungen zur Weisheitstheologie bei Ben Sira. Mit Nachwort und Bibliographie zur Neuauflage (BZAW 272), Berlin/New York 1999.
Marcus, J., The *Evil Inclination* in the Epistle of James, CBQ 44 (1982), 606–621.
–, The Testaments of the Twelve Patriarchs and the Didascalia Apostolorum: A Common Jewish Christian Milieu?, JThS 61/2 (2010), 596–626.
Marsh, J., St. *John* (PGC), Baltimore 1969.
Marshall, I.H., The Gospel of *Luke*. A Commentary on the Greek Text, Exeter 1978.
Marshall, S.S., *Δίψυχος*: a local term?, Studia Evangelica 6 (1973), 348–351.
Martin, R.P., *James* (WBC 48), Waco 1988.
Marttila, M., *Foreign Nations* in the Wisdom of Ben Sira. A Jewish Sage Between Opposition and Assimilation (DCLS 13), Berlin/Boston 2012.
Marxsen, W., *Introduction* to the New Testament, Philadelphia 1976.
Mates, B., The *Skeptic Way*: Sextus Empiricus' Outlines of Pyrrhonism, New York, 1996.
Mayor, J.B., The Epistle of St. *James*, The Greek Text with Introduction, Notes and Comments and Further Studies in the Epistle of St. James, London ^{3}1913.
Mbuvi, A.M., *Jude* and 2 Peter (NCCS), Eugene, OR 2015.
McCartney, D.G., *James* (BECNT), Grand Rapids, MI, 2009.

McKay, K.L., The Use of *hoi de* in Matthew 28, 17, JSNT 24 (1985), 71–72.

McKnight, S., The Letter of *James* (NIC.NT), Grand Rapids, MI 2011.

McLay, T., Why Not a *Theology* of the Septuagint?, in: W. Kraus/M. Karrer (Hg.), Die Septuaginta – Texte, Theologien, Einflüse. 2. Internationale Fachtagung veranstaltet von Septuaginta Deutsch (LXX–D), Wuppertal 23.–27.7.2008 (WUNT 252), Tübingen 2010, 607–620.

Meier, J.P., Two Disputed *Questions* in Matt 28:16–20, JBL 96/3 (1977), 407–424.

Meiser, M., Die *Reaktion* des Volkes auf Jesus: Eine redaktionskritische Untersuchung zu den synoptischen Evangelien (BZNW 96), Berlin/New York 1998.

–, *Vollkommenheit* in Qumran und im Matthäusevangelium, in: M. Karrer u. a. (Hg.), Kirche und Volk Gottes, FS f. J. Roloff zum 70. Geb., Neukirchen-Vluyn 2000, 195–209.

Mengel, B., *Studien* zum Philipperbrief, Tübingen 1982.

Menn, E.M., *Judah* and Tamar (Genesis 38) in Ancient Jewish Exegesis. Studies in Literary Form and Hermeneutics (JSJ.S 51), Leiden 1997.

Merk, O., *Handeln* aus Glauben. Die Motivierungen der paulinischen Ethik (MThSt 5), Marburg 1986.

Merrill, E.H., *Qumran* and Predestination. A Theological Study of the Thanksgiving Hymns (StTDJ 8), Leiden 1975.

Merz, A., Der historische Jesus als *Wundertäter* im Spektrum antiker Wundertäter, in: R. Zimmermann (Hg.), Kompendium der frühchristlichen Wundererzählungen. Bd 1: Die Wunder Jesu, Gütersloh 2013, 108–123.

Mesch, W., *Marionette* Mensch und ganze Tugend. Zur Bedeutung eines Gleichnisses aus Platons Nomoi, in: D. Barbarić (Hg.), Platon über das Gute und die Gerechtigkeit, Würzburg 2005, 93–107.

Metso, S., The *Serekh Texts* (CQSc 9), London 2007.

–, The Textual Traditions of the Qumran Community Rule, in: M. Bernstein/F.G. Martínez/J. Kampen (Hg.), Legal Texts and Legal Issues. Proceedings of the Second Meeting of the International Organization for Qumran Studies Cambridge 1995, Leiden u. a. 1997, 141–147.

Metzdorf, C., Die *Tempelaktion* Jesu: patristische und historisch-kritische Exegese im Vergleich (WUNT II/168), Tübingen 2003.

Michel, O., *Art. μικρός κτλ.*, ThWNT 4 (1942), 650–661.

–, *Art. μιμνῄσκομαι κτλ.*, ThWNT 4 (1942), 678–687.

–, Der *Abschluss* des Matthäusevangeliums. Ein Beitrag zur Geschichte der Osterbotschaft, EvTh 10 (1950/51), 16–26.

Michel, C./Newen, A., *Self-deception* as pseudo-rational regulation of belief, Consciousness and Cognition 19 (2010), 731–744.

Minear, P.S., *Yes* or No: The Demand for Honesty in the Early Church, NT 13 (1971), 1–13.

M'Neile, H., The Gospel according to St. *Matthew*, London 1915.

Moo, D.J., *James* (TNTC), Downers Grove, IL 2015.

Morgan, M., *Plato* and Greek Religion, in: R. Kraut (Hg.), The Cambridge Companion to Plato, Cambridge 1992, 227–247.

Morris, L., The Gospel according to *Matthew*, Grand Rapids, MI 1992.

Moxnes, H., *Theology* in Conflict. Studies in Paul's Understanding of God in Romans (NT.S 53), Leiden 1980.

Mrozek, A./Votto, S., The Motif of the Sleeping Divinity, Bib. 80/3 (1999), 415–419.

Mühlenberg, E., Das Problem der Offenbarung in Philo von Alexandrien, in: Ders., Gott in der Geschichte. Ausgewählte Aufsätze zur Kirchengeschichte, Berlin 2008, 73–90.

Müller, C.G., Bitten und Beten im NT und seiner Umwelt: Martial und Matthäus im Vergleich, NTS 49 (2003), 1–21.

MÜLLER, G., Die *Philosophie* der Nomoi, in: Ders., Studien zu den Platonischen Nomoi (Zet. 3), München 1951, 13–97.
MÜLLER, J., Der *Leib* als Prinzip des schlechten Handelns? Die Diskussion der ἀκρασία-Problematik bei Sokrates und Platon im Spiegel des Leib-Seele-Verhältnisses, Zeitschrift für philosophische Forschung 63 (2009), 285–312.
–, Der *Mensch* als Marionette: Psychologie und Handlungstheorie, in: C. Horn (Hg.), Platon: Gesetze – Nomoi, Berlin 2013, 45–66.
–, *Willensschwäche* in Antike und Mittelalter: eine Problemgeschichte von Sokrates bis Johannes Duns Scotus, Leuven 2009.
MÜLLER, M., Art. Tabor, in: Das wissenschaftliche Bibellexikon im Internet, (http://www.bibelwissenschaft.de/stichwort/32198/, abgerufen am 04.01.2016).
–, Proskynese und Christologie nach Matthäus, in: M. Karrer/W. Kraus/O. Merk (Hg.), Kirche und Volk Gottes. FS J. Roloff zum 70. Geb., Neukirchen-Vluyn, 2000, 210–224.
MÜLLER, R., Art. Psalmen, in: Das wissenschaftliche Bibellexikon im Internet (https://www.bibelwissenschaft.de/stichwort/31528/, abgerufen am 22.2.2015).
MUELLER-GOLDINGEN, C., *Untersuchungen* zu Xenophons Kyrupädie (BzA 42), Stuttgart/Leipzig 1995.
MÜNCH, C., *Hinführung*, in: R. Zimmermann (Hg.), Kompendium der frühchristlichen Wundererzählungen. Band 1: Die Wunder Jesu, Gütersloh 2013, 379–389.
MUNCH, P.A., The *Spirits* in the Testaments of the Twelve Patriarchs, ActOr 13 (1934/35), 257–263.
MURPHY, R., *Yēser* in the Qumran Literature, Bib. 39 (1959), 334–344.
MUSSNER, F., Die ethische Motivation im Jak, in: Neues Testament und Ethik (FS R. Schnackenburg) hg. v. H. Merklein, Freiburg 1989, 416–423.
–, Der *Jakobusbrief* (HThK 13,1), 4., durchges. Aufl., Freiburg u. a.1981.
MUTIE, J., The identity of the Διψυχος in „The Shepherd of Hermas", Faculty Publications and Presentations, Paper 178, (http://digitalcommons.library.edu/sor_fac_pubs/178, abgerufen am 13.04.2011).
NEHER, M., *Wesen* und Wirken der Weisheit in der Sapientia Salomonis (BZAW 333), Berlin/New York 2004.
NEUENSCHWANDER, U., Glaube. Eine Besinnung über Wesen und Begriff des Glaubens, Bern 1957.
NEUMANN, K., *Art. Kultur und Mentalität*, in: Berlegung/Frevel (Hg.), HGANT², 35–42.
–, Der prüfende *Blick*. Die Person und ihr moralisches Universum in der Welt des Neuen Testaments, in: B. Janowski (Hg.), Der ganze Mensch. Zur Anthropologie der Antike und ihrer europäischen Nachgeschichte, Berlin 2012, 289–314.
NEWSOM, C.A., The *Self* as Symbolic Space. Constructing Identity and Community at Qumran, Leiden/Boston 2004.
NEWTON, M., The *Concept* of Purity at Qumran and in the Letters of Paul (SNTSMS 53), Cambridge 1985.
NICKELSBURG, G. W. E., *Philo* among Greeks, Jews and Christians, in: R. Deines/K.-W. Niebuhr (Hg.), Philo und das Neue Testament (WUNT 172), Tübingen 2004, 53–72.
NIEBUHR, K.-W., A New Perspective on James? Neuere Forschungen zum Jakobusbrief, ThLZ 129 (2004), 1019–1044.
–, Der Jakobusbrief im Licht frühjüdischer Diasporabriefe, NTS 44 (1998), 420–443.
–, Die Seligpreisungen in der Bergpredigt nach Matthäus und im Brief des Jakobus. Zugänge zum Menschenbild Jesu?, in: P. Lampe u. a. (Hg.), Neutestamentliche Exegese im Dialog. Hermeneutik – Wirkungsgeschichte – Matthäusevangelium (FS U. Luz), Neukirchen-Vluyn 2008, 275–296.
–, Ethik und Anthropologie nach dem Jakobusbrief. Eine Skizze, in: F.W. Horn/R. Zimmermann, Jenseits von Indikativ und Imperativ. Kontexte und Normen neutestamentlicher

Ethik/Contexts and Norms of New Testament Ethics Bd 1 (WUNT 238), Tübingen 2009, 329–346.

–, Glaube im Stresstest. Πίστις im Jakobusbrief, in: J. Frey et al. (Hg.), Glaube. Das Verständnis des Glaubens im frühen Christentum und in seiner jüdischen und hellenistisch-römischen Umwelt (WUNT 373), Tübingen 2017, 473–501.

–, *Jakobus* und Paulus über das Innere des Menschen und den Ursprung seiner ethischen Entscheidungen, NTS 62 (2016),1–30.

–, James in the Minds of the Recipients. A Letter from Jerusalem, in: K.-W. Niebuhr/R.W. Wall (Hg.), The Catholic Epistles and Apostolic Tradition, Waco 2009, 43–54.

–, Jesus' „Conception of Man" as an Expression of his „Ethics", in: R. Zimmermann/J. van der Watt (Hg.), Moral Language in the New Testament (WUNT II 296), Tübingen 2010, 89–104.

Niederwimmer, K., Die *Didache* (KAV 1), Göttingen 1989.

Nilsson, M.P., *Geschichte* der griechischen Religion. Bd.*II*: Die hellenistische und römische Zeit, München [4]1988.

Nitschke, A., Die *Voraussetzungen* für eine Historische Psychologie, in: G. Jüttemann (Hg.), Die Geschichtlichkeit des Seelischen: Der historische Zugang zum Gegenstand der Psychologie, Weinheim 1986, 31–45.

–, Historische *Verhaltensforschung*. Analysen gesellschaftlicher Verhaltensweisen. Ein Arbeitsbuch, Stuttgart 1981.

Noack, A.D., *Conversion*: The Old and the New Religion from Alexander the Great to Augustine of Hippo, Oxford 1961.

Noack, C., *Gottesbewußtsein*: exegetische Studien zur Soteriologie und Mystik bei Philo von Alexandrien, Tübingen 2000.

–, *Haben* oder Empfangen. Antithetische Charakterisierungen von Torheit und Weisheit bei Philo und bei Paulus, in: R. Deines/K.-W. Niebuhr (Hg.), Philo und das Neue Testament. Wechselseitige Wahrnehmungen. I. Internationales Symposium zum Corpus Judaeo-Hellenisticum 1.–4. Mai 2003, Eisenach/Jena (WUNT 172), Tübingen 2004, 283–307.

Nötscher, F., *Gotteswege* und Menschenwege in der Bibel und in Qumran (BBB 15), Bonn 1958.

Nola, A. di, Der Teufel. Wesen, Wirkung und Geschichte (ital. 1987), München 1990.

Nordheim, E. von, Die *Lehre der Alten, I.* Das Testament als Literaturgattung im Judentum der hellenistisch-römischen Zeit (ALGHJ 13), Leiden 1980.

Nussbaum, M.C., The *Fragility* of Goodness: Luck and Ethics in Greek Tragedy and Philosophy, Cambridge 1986.

–, The *Therapy* of Desire. Theory and Practice in Hellenistic Ethics (Martin Classical Lectures/New Series 2), Princeton/New Jersey 1994.

Oberlinner, L., Können *Wunder* schief gehen? Zur Petrus-Episode in der Seewandelgeschichte Mt 14,22–33, in: J. Pichler/C. Heil (Hg.), Heilungen und Wunder: theologische, historische und medizinische Zugänge, Darmstadt 2007, 85–104.

–, „...sie zweifelten aber" (Mt 28,17b). Eine *Anmerkung* zur matthäischen Ekklesiologie, in: L Oberlinner/A. Vögtle (Hg.), Salz der Erde – Licht der Welt: exegetische Studien zum Matthäusevangelium; Festschrift für A. Vögtle zum 80. Geburtstag, Stuttgart 1991, 375–400.

Obermann, A., Die christologische *Erfüllung* der Schrift im Johannesevangelium. Eine Untersuchung zur johanneischen Hermeneutik anhand der Schriftzitate (WUNT II 83), Tübingen 1996.

Oelsner, J., Benennung und Funktion der Körperteile im hebräischen Alten Testament, Diss. masch., Leipzig 1960.

Oksenberg Rorty, A., *Self-deception*, akrasia and irrationality, in: J. Elster (Hg.), The Multiple Self, Cambridge 1986, 115–131.

Olligschläger, U.J., Die *Gesundheit* der Seele: Sokrates - Seneca - Epiktet. Antikes Denken, moderne kognitive Psychotherapie und die Biochemie unserer Gedanken (Diss. Univ. Nijmegen), Berlin 2011.

Onuki, T., Auch ‚die Toten' haben Zukunft. Eine neue Lektüre von Mt 8,21f/Lk 9.59f, in: P. von Gemünden/D.G. Horell/M. Küchler (Hg.), Jesus - Gestalt und Gestaltungen. Rezeptionen des Galiläers in Wissenschaft, Kirche und Gesellschaft. FS G. Theißen zum 70. Geb. (NTOA 100), Göttingen 2013, 105–123.

Oorschot, J. van, „Höre Israel ...!" (Dtn 6,4f.) Der eine und einzige Gott Israels im Widerstreit, in: M. Krebernik/J. van Oorschot (Hg.), Polytheismus und Monotheismus in den Religionen des Vorderen Orients (AOAT 298), 113–135.

Osborne, G.R., *Matthew* (Exegetical Commentary on the New Testament 1), Grand Rapids, MI 2010.

–, The *Resurrection Narratives*. A Redactional Study, Grand Rapids 1984.

Osiek, C., *Shepherd* of Hermas: A Commentary, Minneapolis 1999.

Osten-Sacken, P. von der, *Gott und Belial*: Traditionsgeschichtliche Untersuchungen zum Dualismus in den Texten aus Qumran (StUNT 6), Göttingen 1969, 17–28.

Otto, S., *Jehu*, Elia und Elisa. Die Erzählung von der Jehu-Revolution und die Komposition der Elia-Elisa-Erzählungen (BWA[N]t 152), Stuttgart u. a. 2001.

Otzen, B., Old Testament *Wisdom Literature* and Dualistic Thinking in Late Judaism, in: Congress Volume: Edinburgh 1974 (VTSup 28), Leiden 1975, 146–157.

O.V., Art. Umkehr/Reue, in: Das wissenschaftliche Bibellexikon im Internet (https://www.bibelwissenschaft.de/stichwort/33722/, abgerufen am 03.01.2016).

Overman, J.A., Matthew's Gospel and Formative Judaism: The Social World of the Matthean Community, Minneapolis 1990.

Paganini, S., ‚*Krankheit*' als Element der alttestamentlichen Anthropologie. Beobachtungen zur Wurzel חלה und zu Krankheits-Konstruktionen im Alten Testament, in: C. Frevel (Hg.), Biblische Anthropologie: Neue Einsichten aus dem Alten Testament (QD 237), Freiburg i. Br. 2010, 291–299.

Paluch, S., Self-Deception, Inquiry 10 (1967), 268–278.

Paretsky, A., The *Two Ways* and Dipsychia in Early Christian Literature: An Interesting Dead End in Moral Discourse, Ang. 74 (1997), 305–334.

Pate, C.M., The *Reverse* of the Curse. Paul, Wisdom, and the Law (WUNT II 114), Tübingen 2000.

Pearson, A.C., The *Fragments* of Zeno and Cleanthes, with Introduction and Explanatory Notes, London 1891 [Ndr. New York 1973].

Pedersen, J., *Israel*. Its Life and Culture, Bd. 1–2, London 1953.

Peels, R., Doxastic Doubt, Fiducial Doubt, and Christian Faith. A Response to Gunter Zimmermann, NZSTh 49/2 (2007), 183–198.

Pelkmans, M., *Outline* for an Ethnography of Doubt, in: Ders. (Hg.), Ethnographies of Doubt. Faith and Uncertainty in Contemporary Societies, London/New York 2013, 1–42.

Penner, T., The Epistle of *James* and Eschatology: Re-reading an Ancient Christian Letter (JSNT.S 121), Sheffield 1996.

Pesch, W., Zur *Exegese* von Mt 6,19–21 und Lk 12,33–34, Bib. 41 (1960), 356–378.

Peters, N., Das Buch *Jesus Sirach* oder Ecclesiasticus, übers. u. erklärt, Münster 1913.

Petersen, S., *Brot*, Licht und Weinstock: intertextuelle Analysen johanneischer Ich-bin-Worte (NT.S 127), Leiden 2008.

Peterson, E., Das Praescriptum des 1. Clemens-Briefes, in: Ders., Frühkirche, Judentum und Gnosis. Studien und Untersuchungen, Rom et al. 1959, 129–136.

–, Das *Schiff* als Symbold er Kirche in der Eschatologie, in: Ders.: Frühkirche, Judentum und Gnosis. Studien und Untersuchungen, Rom et al. 1959, 92–96.

Pfitzner, V.C., *Paul* and the Agon Motif. Traditional Athletic Imagery in the Pauline Literature (NT.S 16), Leiden 1967.

Pisani, V., Paideia 19 (1964).

Plamböck, G., *Erfassen* - Gegenwärtigen - Innesein. Aspekte homerischer Psychologie, Kiel 1959.

Plummer, A., An Exegetical Commentary on the Gospel According to St. *Matthew*, London 1909.

Pohlenz, M., Die *Stoa*. Geschichte einer geistigen Bewegung, Göttingen [4]1970.

Popkes, W., Der Brief des *Jakobus* (THKNT 14), Leipzig 2001.

Poplutz, U., *Athlet* des Evangeliums. Eine motivgeschichtliche Studie zur Wettkampfsmetaphorik bei Paulus (HBS 45), Freiburg i. Br. 2004.

–, *Dämonen* - Besessenheit - Austreibungsrituale, in: R. Zimmermann (Hg.), Kompendium der frühchristlichen Wundererzählungen. Band 1: Die Wunder Jesu, Gütersloh 2013, 94–107.

–, Verunsicherter *Glaube*. Der finale Zweifel der Jünger im Matthäusevangelium aus figuranalytischer Sicht, in: A. Dettwiler/U. Poplutz (Hg.), Studien zu Matthäus und Johannes/Études sur Matthieu et Jean. FS f. J. Zumstein zu seinem 65. Geb./Mélanges offerts à J. Zumstein pour son 65ème anniv. (AThANT 97), Zürich 2009, 29–47.

Popović, M., *Light* and Darkness in the Treatise on the Two Spirits (1QS III 13–IV 26) and in 4Q186, in: G.G. Xeravits (Hg.), Dualism in Qumran (LSTS 76), London/New York 2010, 148–163.

Porter, S.E., Is *dipsuchos* (James 1,8; 4,8) a ‚Christian' Word?, Bib. 71 (1990), 469–498.

Pratscher, W., Der zweite *Clemensbrief* (KAV), Göttingen 2007.

Prestel, P., Die *Diversität* des Griechischen in der Septuaginta, in: E. Bons/J. Joosten (Hg.), Die Sprache der Septuaginta/The Language of the Septuagint (Handbuch zur Septuaginta/Handbook of the Septuagint LXX.H 3), Gütersloh 2016, 39–68.

Price, A., Mental *Conflict*, London 1995.

Prost, F., La psychologie de Panétius: Réflexions sur l'évolution du stoïcisme à Rome et la valeur du témoignage de Cicéron, REL 79 (2001), 37–53.

Prostmeier, F.R., Der *Barnabasbrief*, Göttingen 1999.

Puech, É., Art. Hodayot, EncDSS 1 (2000), 365–368.

Puech, H.-C., Numenius d'Apamée et les theologies orientales au second siècle (1934), in: Ders., En quête de la gnose I, Paris 1978, 25–54 [Erstveröffentl. in: AIPh 2, Brüssel 1934, 745–778].

–, Les *sources* de Plotin (EnAC 5), Genf 1957.

Rad, G. von, *Theologie* des Alten Testaments. Band 1. Die Theologie der geschichtlichen Überlieferungen Israels (KT 2), München [10]1992.

Radl, W., Das Evangelium nach *Lukas*. Kommentar, Bd. 1: 1,1–9,50, Freiburg i. Br. 2003.

Rammsayer, T., Humanistische *Persönlichkeitstheorien*, in: H. Weber/T. Rammsayer (Hg.), Handbuch der Persönlichkeitspsychologie und Differentiellen Psychologie, Göttingen u. a. 2005, 61–70.

Rapp, C., *Aristoteles*: Bausteine für eine Theorie der Emotionen, in: H. Landweer/U. Renz (Hg.), Klassische Emotionstheorien. Von Platon bis Wittgenstein, Berlin 2008, 47–68.

Rathmayr, B., *Einleitung*, in: Ders., Selbstzwang und Selbstverwirklichung. Bausteine zu einer historischen Anthropologie der abenländischen Menschen, Bielefeld 2011, 7–17.

Ratner, C., Eine kulturpsychologische Analyse der Emotionen, in: M. Holodynski/W. Friedlmeier (Hg.), Emotionale Entwicklung. Funktion, Regulation und soziokultureller Kontext von Emotionen, Heidelberg/Berlin 1996, 243–258.

Ratschow, C.H., Der angefochtene Glaube, Gütersloh 1957 ([5]1983).

Rebell, W., *Neutestamentliche Apokryphen* und Apostolische Väter, München 1992.

Reed, A.Y., The Construction and Subversion of Patriarchal Perfection: Abraham and Exemplarity in Philo, Josephus, and the Testament of Abraham, JSJ 40 (2009), 185–212.
Reed, J.T., Discourse analysis, in: S.E. Porter (Hg.), A Handbook to the Exegesis of the New Testament, Leiden 1997, 189–218.
Rees, D.A., Bipartition of the Soul in the Early Academy, JHS 77 (1957), 112–118.
Rees, F.D., Wrestling with Doubt. Theological reflections on the Journey of Faith. Collegeville, MN 2001.
Reichardt, M., Psychologische Erklärung der Ostererscheinungen?, BiKi 52 (1997), 28–33.
Reinmuth, E., *Ostern* – Ereignis und Erzählung. Die jüngste Diskussion und das Matthäusevangelium, in: T. Holtz (Hg.), Exegetische und theologische Studien: Gesammelte Aufsätze II (ABG 34), Leipzig 2010, 27–45.
Reiterer, F.V., Art. Jesus Sirach / Jesus Sirachbuch, in: Das wissenschaftliche Bibellexikon im Internet (http://www.bibelwissenschaft.de/stichwort/22500/, abgerufen am 24.02.2015).
–, Das *Verhältnis* der המכה zur הרות im Buch Ben Sira: Kriterien zur gegenseitigen Bestimmung, in: G.G. Xeravits / J. Zsengellér (Hg.), Studies in the Book of Ben Sira. Papers of the Third International Conference on the Deuterocanonical Books, Shim'on Centre, Pápa, Hungary, 18–20 May, 2006 (JSJ.S 127), Leiden / Boston 2008), 97–133.
Rendtorff, R., *Theologie* des Alten Testaments: Thematische Entfaltung, Neukirchen-Vluyn, 2001.
Renehan, R., The Greek Philosophical *Background* of Fourth Maccabees, RMP 115 (1972), 223–238.
Reventlow, H., Skepsis und Klage. Zur Komposition des Hiobbuches, in: A. Graupner et al. (Hg.), Verbindungslinien. FS f. W.H. Schmidt zum 65. Geb., Neukirchen-Vluyn 2000, 281–294.
Richardson, K.A., *James*: An Exegetical and Theological Exposition of Holy Scripture (NAC 36), Nashville, TN 1997.
Richter, D.S., Plutarch on Isis and Osiris: Text, Cult, and Cultural Appropriation, TAPhA 131 (2001), 191–216.
Richter, W., Die sogenannten vorprophetischen *Berufungsberichte*. Eine literaturwissenschaftliche Studie zu 1Sam 9,1–10,16, Ex 3f und Ri 6,11b–17 (FRLANT 101), Göttingen 1970.
Ricken, F., Antike *Skeptiker*, München 1994.
–, Die *Philosophie* der Antike (Grundkurs Philosophie 6), 4., überarb. u. erw. Aufl, Stuttgart 1988.
Riede, P., Art. Meer, in: Das wissenschaftliche Bibellexikon im Internet (https://www.bibelwissenschaft.de/stichwort/25720/, abgerufen am 22.2.2017).
Riedel, M., *Handlungstheorie* als ethische Grunddisziplin. Analytische und hermeneutische Aspekte der gegenwärtigen Problemlage, in: H. Lenk (Hg.), Handlungstheorien interdisziplinär II. Handlungserklärungen und philosophische Handlungsinterpretation. Erster Halbband, München 1978, 139–159.
Riesenfeld, H., Vom *Schätzesammeln* und Sorgen – ein Thema urchristlicher Paränese. Zu Mt VI 19–34, in: W.C. van Unnik (Hg.), Neotestamentica et Patristica, FS. O. Cullmann (NT.S. 6), Leiden 1962, 47–58.
Ringgren, H., Art. כֹּל kol, in: ThWAT 4 (1982), 145–153.
Robinson, D.C., The Problem of διψυχία in the Shepherd of Hermas, StPatr 45 (2007), 303–308.
Robinson, H.W., The Christian Doctrine of Man, Edinburgh 1911.
–, The Hebrew Conception of Corporate Personality (1935), in: P. Volz / F. Stummer / J. Hempel (Hg.), Werden und Wesen des Alten Testaments (BZAW 66), Berlin 1936, 49–62 (wiederabgedr. in: H. W. Robinson, Coporate Personality in Ancient Israel, Philadelphia, PA 1964, 25–44).

Robinson, J.M./Heil, C., *Zeugnisse* eines schriftlichen, griechischen vorkanonischen Textes: Mt 6,28b א*, P.Oxy. 655 I,1–17 (EvTh 36) und Q 12,27, ZNW 89 (1998), 30–44.
–, Noch einmal: Der Schreibfehler in Q 12,27, ZNW 91 (2001), 113–122.
Röd, W., Der Weg der *Philosophie* Band *1*: Altertum – Mittelalter – Renaissance, München ^{2}2009.
Röhser, G., *Metaphorik* und Personifikation der Sünde (WUNT II 25), Tübingen 1987.
–, *Prädestination* und Verstockung. Untersuchungen zur frühjüdischen, paulinischen und johanneischen Theologie (TANZ 14), Tübingen/Basel 1994.
Rösel, M., Der hebräische *Mensch* im griechischen Gewand. Anthropologische Akzentsetzungen in der Septuaginta, in: E. Herms (Hg.), Leben – Verständnis. Wissenschaft. Technik (VWGTh 24), Gütersloh 2004, 237–254 (= überarbeitet in: B. Janowski/K. Liess [Hg.], Der Mensch im alten Israel. Neue Forschungen zur alttestamentlichen Anthropologie [HBSt 59], Freiburg/Basel/Wien 2009, 69–92).
–, Die himmlische Welt der Septuaginta. Angelologische Akzentuierungen am Beispiel des Danielbuches, in: S. Kreuzer/M. Meiser/M. Sigismund (Hg.), Die Septuaginta – Orte und Intentionen. 5. Internationale Fachtagung veranstaltet von Septuaginta Deutsch (LXX-D), Wuppertal 24.–27. Juli 2014 (WUNT 361), Tübingen 2016, 232–243.
–, Theo-Logie der griechischen Bibel. Zur Wiedergabe der Gottesaussagen im LXX-Pentateuch, VT 48 (1998), 49–62.
–, *Übersetzung* als Vollendung der Auslegung. Studien zur Genesis-Septuaginta (BZAW 223), Berlin/NewYork 1994.
–, Von der *Kehle* zur Seele. Neue Akzente im Menschenbild der Septuaginta, BiKi 67 (2012), 30–35.
Rössler, G., ‚*Freude*': ein linguistischer Beitrag zur Semantik von Gefühlswörtern. Mannheimer Studien zur Linguistik, Mediävistik und Balkanologie 12, Frankfurt 2001.
Rolke, Die bildhaften *Vergleiche* in den Fragmenten der Stoiker von Zenon bis Panaitios (Spudasmata 32), Hildesheim u. a. 1975.
Roloff, D., *Gottähnlichkeit*, Vergöttlichung und Erhöhung zu seligem Leben. Untersuchungen zur Herkunft der platonischen Angleichung an Gott, Berlin 1970.
Roloff, J., *Neues Testament* (Neukirchener Arbeitsbücher), Neukirchen-Vluyn ^{3}1982.
Ropes, J.H., Critical and Exegetical Commentary on the Epistle of St. *James*, Edinburgh 1916.
Rordorf, W., An *Aspect* of the Judeo-Christian Ethic: The Two Ways, in: J.A. Draper (Hg.), The Didache in Modern Research, Leiden/New York/Köln 1996, 148–164.
Rosen-Zvi, I., *Bilhah* the Temptress: The Testament of Reuben and ‚The Birth of Sexuality', JQR 96/1 (2006), 65–94.
–, Two Rabbinic Inclinations? Rethinking a Scholarly Dogma, JJS 39/4 (2008), 513–539.
Rudolph, K./Köhlmoos, M. u. a., *Art. Weisheit/Weisheitsliteratur*, TRE 35 (2003), 478–522.
Rüger, H.P., *Mamonas*, ZNW 64 (1973), 127–131.
Runia, D.T., *Philo* in Early Christian Literature. A Survey, Assen 1993.
–, *Theodicy* in Philo of Alexandria, in: A. Laato/J.C. de Moor (Hg.), Theodicy in the World of the Bible, Leiden/Boston 2003, 576–604.
Rusak, T., The *Clash* of Cults on Mount Carmel: Do Archeological Records and Historical Documents Support the Biblical Episode of Elijah and the Ba'al Priests?, SJOT 22/1 (2008), 29–46.
Rusche, H., Das menschliche *Herz* nach biblischem Verständnis, BiLe 3 (1962), 201–206.
–, Der *Erbarmer* hält Gericht. Einführung in die Grundgedanken des Jakobusbriefes (2,1–13a), BiLe 5 (1964), 236–247.
–, *Standhaben* in Gott. Einführung in die Grundgedanken des Jakobusbriefes (1,1–27), BiLe 5 (1964), 153–163.

–, Vom lebendigen *Glauben* und vom rechten Beten. Einführung in die Grundgedanken des Jakobusbriefes (2,14–26; 4,1–10), BiLe 6 (1965), 26–37.

Russell, B., An *Inquiry* into Meaning and Truth, London 1956 [Erstausgabe 1940].

Russell, D.C., Virtue as ‚Likeness to God' in Plato and Seneca, JHP 42 (2004), 241–260.

Russell, J.B., *Biographie* des Teufels. Das radikal Böse und die Macht des Guten in der Welt, Wien u. a. 1988.

Rustler, M.K., Thema und Disposition des Jakobusbriefes. Eine formkritische Studie (Diss.), Wien 1952.

Ryu, J., *Knowledge* of God in Philo of Alexandria (WUNT II 405), Tübingen 2015

Salber, W./Fitzek, H., *Willenspsychologie*, in: H.G. Petzold (Hg.), Wille und Wollen: Psychologische Modelle und Konzepte, Göttingen 2001, 18–60.

Salzmann, J.C., *Lehren* und Ermahnen. Zur Geschichte des christlichen Wortgottesdienstes in den ersten drei Jahrhunderten (WUNT II 59), Tübingen 1994.

Sand, A., Das Evangelium nach *Matthäus* (RNT), Regensburg 1986.

Sandelin, K.-G., *Attraction* and Danger of Alien Religion. Studies in Early Judaism and Christianity (WUNT 290), Tübingen 2012.

Sandt, H. W. M. van de, *James 4,1–4* in the Light of the Jewish Two Ways Tradition 3,1–6, Bib. 88 (2007), 38–63.

Sandt, H. W. M. van de/Flusser, D., The *Didache*. Its Jewish sources and its place in early Judaism and Christianity (Compendia Rerum Iudaicarum ad Novum Testamentum 5), Assen 2002.

Sandt, H. W. M. van de/Zangenberg, J.K. (Hg.), Matthew, James, and Didache. Three Related Documents in their Jewish and Christian Settings (SBL.SS 45) Leiden 2008.

Satlow, M.L., *Philo* on Human Perfection, JTS 59/2 (2008), 500–519.

Sauer, G., *Elia* und die Baalsverehrung, WJTh 6 (2006), 35–44.

–, *Jesus Sirach*/Ben Sira (Das Alte Testament Deutsch- Apokryphen Band 1), Göttingen 2000.

Saunders, T.J., The *Structure* of the Soul and the State in Plato's Laws, Eranos 60 (1962), 37–55.

Saussure, F. de, *Grundfragen* der allgemeinen Sprachwissenschaft, hg. v. C. Bally u. A. Sechehaye, unter Mitwirkung v. A. Riedlinger, übers. v. H. Lommel, Berlin/Leipzig ²1967.

Schäfer, C., *Unde Malum*. Die Frage nach dem Woher des Bösen bei Plotin, Augustinus und Dionysius, Würzburg 2002.

Scharbert, J., *Fleisch*, Geist und Seele im Pentateuch. Ein Beitrag zur Anthropologie der Pentateuchquellen (SBS 19), Stuttgart 1966.

Schart, A., Art. Berufung/Berufungsbericht (AT), in: Das wissenschaftliche Bibellexikon im Internet (http://www.bibelwissenschaft.de/stichwort/15008/, abgerufen am 16.11.2015).

Scheffel, W., *Aspekte* der platonischen Kosmologie: Untersuchungen zum Dialog „Timaios" (PhAnt 29), Leiden 1976.

Schenk, W., Das *Präsens Historicum* als makrosyntaktisches Gliederungssignal im Matthäusevangelium, NTS 22 (1976), 464–475.

Shepherd, M.H., The Epistle of James and the Gospel of Matthew, JBL 75 (1956), 40–51.

Schiffner, K., „Wer bin ich, dass ich ...?!" (Ex 3,11) – fragende *Annäherung* an eine (rhetorische?) Frage zwischen Selbstzweifel und Inszenierung, in: K. Schiffner/S. Leibold u. a. (Hg.), Fragen wider die Antworten, Gütersloh 2010, 222–239.

Schille, G., Wider die Gespaltenheit des Glaubens – Beobachtungen am Jakobusbrief, ThV 9 (1977), 71–89.

Schilling, H., Das *Ethos* der Mesotes. Eine Studie zur Nikomachischen Ethik des Aristoteles, Tübingen 1930.

Schlatter, A., Der Evangelist *Matthäus*. Seine Sprache, sein Ziel, seine Selbständigkeit, Stuttgart 1959.

–, *Glaube* im Neuen Testament, Stuttgart ^{5}1963 [Erste Aufl. Leiden 1885].

Schlesier, R., Die dionysische *Seele*. Zu Euripides' Bakchen, in: C. Benthien/A. Fleig/I. Kasten (Hg.), Emotionalität: Zur Geschichte der Gefühle, Köln 2000, 21–42.

Schliesser, B., „*Abraham* Did not ‚Doubt' in Unbelief" (Rom. 4:20): Faith, Doubt, and Dispute in Paul's Letter to the Romans, JThS 63/2 (2012), 492–522.

Schmeller, T., Brechungen. Urchristliche Wandercharismatiker im Prisma soziologisch orientierter Exegese (SBS 136), Stuttgart 1989.

–, „Einführung in die Schrift", in: S. Vollenweider (Hg.), Epiktet: Was ist wahre Freiheit? Diatribe IV (SAPERE 22), Tübingen 2013, 7–19.

Schmid, J., *Matthäus* und Lukas. Eine Untersuchung des Verhältnisses ihrer Evangelien, Freiburg 1930.

Schmidt, K.I., *Art. πταίω*, ThWNT 6 (1959), 883–885.

Schmidt, K.L., Das *Itinerar* von Mk 6,31–8,26, in: Ders., Der Rahmen der Geschichte Jesu. Literarkritische Untersuchungen zur ältesten Jesus-Überlieferung, Darmstadt 1969, 181–214.

Schmidt, L., Die *Ethik* der Alten Griechen I, Berlin 1822.

Schmitt, A., *Aristoteles*: Poetik (Aristoteles. Werke in deutscher Übersetzung, Bd. 5), übers. u. hg. v. A. Schmitt, Berlin 2011.

–, Die *Moderne* und Platon. Zwei Grundformen europäischer Rationalität, 2., überarb. Aufl., Stuttgart/Weimar 2008.

–, *Individualität* als Faktum menschlicher Existenz oder als sittliche Aufgabe? Über eine Grunddifferenz im Individualitätsverständnis von Antike und Moderne, in: C. Gestrich (Hg.), Die Aktualität der Antike. Das ethische Gedächtnis des Abendlandes (Beihefte zur BThZ), Berlin 2002, 105–128.

–, Kritische Anmerkungen zum neuzeitlichen Wissenschaftsbegriff aus der Sicht des Altphilologen, Gymnasium 98 (1991), 232–254.

–, *Selbständigkeit* und Abhängigkeit menschlichen Handelns bei Homer. Hermeneutische Untersuchungen zur Psychologie Homers (AAWLM.GE 5), Mainz/Stuttgart 1990.

–, Zur Erkenntnistheorie bei Platon und Descartes, AuA 35 (1989), 54–82.

Schmitt, A., Skepsis, Bedrängnis und Hoffnung in Weish 1,16–2,24: „Und danach werden wir sein, als wären wir nie gewesen" (Weish 2,2), BiKi 52 (1997), 166–173.

Schmitt, J.J., You adulteresses! The image in James 4:4, NT 28 (1986), 331–334.

Schnabel, E.J., *Law* and Wisdom from Ben Sira to Paul. A Tradition Historical Enquiry into the Relation of Law, Wisdom, and Ethics, Tübingen 1985.

Schnabel, U., Ewig nagt der Zweifel. Untergräbt analytisches Denken den religiösen Glauben? Eine alte Debatte wird neu angeheizt, DIE ZEIT N° 19/2012 (http://www.zeit.de/2012/19/PS-Religion, abgerufen am 12.11.2015).

Schnackenburg, R., *Petrus* im Matthäusevangelium, in: À cause de l'Évangile. Études sur les Synoptiques et les Actes. FS J. Dupont, Paris 1985, 107–125.

Schneider, C., *Kulturgeschichte* des Hellenismus, Bd. 2, München 1967.

Schneider, G., Das Evangelium nach *Lukas*: Kapitel 1–10 (ÖKT *3/1*)„ Gütersloh 1977.

–, Das Evangelium nach *Lukas*: Kapitel 11–24 (ÖKT *3/2*), Gütersloh 1977.

Schnelle, U., *Einleitung* in das Neue Testament (UTB 1830), Göttingen ^{3}1999.

–, *Theologie* des Neuen Testaments (UTB), Göttingen 2007.

Schniewind, J., Das Evangelium nach *Matthäus*, Göttingen 1956.

Schrage, W., Der *Jakobusbrief*, in: H. Balz/W. Schrage (Hg.), Die ‚Katholischen' Briefe. Die Briefe des Jakobus, Petrus, Johannes und Judas (NTD 10), Göttingen/Zürich $^{14[4]}$1993, 5–59.

Schrenk, G., *Art. διαλέγομαι κτλ.*, ThWNT 2 (1935), 93–98.

Schrenk, W., Das „Matthäusevangelium" als Petrusevangelium, BZ 27 (1983), 58–80.

–, Die *Sprache* des Matthäus. Die Text-Konstituenten in ihren makro- und mikrostrukturellen Relationen, Göttingen 1987.

Schröder, H.O., Marionetten. Ein Beitrag zur Polemik des Karneades, RMP 126/1 (1983), 1–24.

Schroer, S./Staubli, T., Bodily and Embodied: Being *Human* in the Tradition of the Hebrew Bible, Interpretation: A Journal of Bible and Theology 67/1 (2013), 5–19.

–, Die *Körpersymbolik* der Bibel, Darmstadt ^{2}2005.

Schröter, J., Vorsynoptische *Überlieferung* auf P.Oxy. 655? Kritische Bemerkungen zu einer erneuerten These, ZNW 90 (1999), 265–272.

Schubert, K., Der gegenwärtige *Stand der Erforschung* der in Palästina neu gefundenen hebräischen Handschriften, ThLZ 78 (1953), 495–506.

Schüngel-Straumann, H., Art. Geist (AT), in: Das wissenschaftliche Bibellexikon im Internet (https://www.bibelwissenschaft.de/stichwort/19184/, abgerufen am 22.07.2014).

Schütz, A./Marcus, B., *Selbstdarstellung* in der Diagnostik – Die Testperson als aktives Subjekt, in: G. Jüttemann (Hg.), Psychologie als Humanwissenschaft: ein Handbuch, Göttingen 2004, 198–212.

Schulz, H., *Theorie* des Glaubens (RPT 2), Tübingen 2001.

Schulz, S., *Q.* Die Spruchquelle der Evangelisten, Zürich 1972.

Schulz von Thun, F., Miteinander reden: Störungen und Klärungen. Psychologie der zwischenmenschlichen Kommunikation, Reinbek b. Hamburg 1981.

Schumacher, T., Zur *Entstehung* christlicher Sprache. Eine Untersuchung der paulinischen Idiomatik und der Verwendung des Begriffes πίστις (BBB 168), Bonn 2012.

Schunack, G., Glaube in griechischer Religiosität, in: B. Kollmann/W. Reinbold/A. Steudel (Hg.), Antikes Judentum und Frühes Christentum. FS f. H. Stegemann (BZNW 97), Berlin/New York 1999, 296–326.

Schwabl, H., *Homer* und die platonische Seelenlehre, in: J. Holzhausen (Hg.), Psyche – Seele – Anima. FS f. K. Alt zum 7. Mai 1998, Stuttgart/Leipzig 1998, 7–36.

Schwarz, M./Chur, J., *Semantik.* Ein Arbeitsbuch, Tübingen ^{2}1996.

Schwarz, N., *Emotion*, Cognition, and Decision Making, Cognition and Emotion 14/4 (2000), 433–440.

Schweizer, E., *Art. πνεῦμα κτλ.*, ThWNT 6 (1959), 330–451.

–, Das Evangelium nach *Matthäus* (NTD 2), Göttingen/Zürich 1986.

Schwienhorst-Schönberger, L., Das *Gottes- und Menschenbild* in der Bibel, Ordensnachrichten 48/1 (2009), 3–16.

Scott, J. M. C., *Jesus* Walking on the Sea. The Significance of Matthew 14,22–33 for the Narrative Development of the Gospel, in: G.J. Brooke/J.-D. Kaestli (Hg.), Narrativity in Biblical and Related Texts (BEThL 149), Leuven 2000, 91–104.

Seckler, M./Berchthold, C., *Art. Glaube*, NHThG2 2 (1991), 232–252.

Seebass, H., *Art.* נֶפֶשׁ *næpæš*, ThWAT 5 (1986), 531–555.

Sedley, D., The Ideal of Godlikeness, in: G. Fine (Hg.), Plato, Bd. 2: Ethics, Politics, Religion, and the Soul (ORPh), Oxford 1999, 309–328.

Seidensticker, P., Die *Auferstehung* Jesu in der Botschaft der Evangelisten. Ein traditionsgeschichllicher Versuch zum Problem der Sicherung der Osterbotschaft in der apostolischen Zeit (SBS 26), Stuttgart 1967.

Seidl, H., *Art. Seele. V.* Kirchen- und philosophiegeschichtlich, TRE 30 (1999), 748–759.

Seitz, O. J. F., *Afterthoughts* on the Term ‚Dipsychos', NTS 6 (1957/1958), 327–334.

–, *Antecedents* and Signification of the Term δίψυχος, JBL 66 (1947), 211–219.

–, *Relationship* of the Shepherd of Hermas to the Epistle of James, JBL 63 (1944), 131–140.

–, *Two Spirits* in Man: An Essay in Biblical Exegesis, NTS 6 (1959), 82–95.

Shaked, S., ‚*Innen*' und ‚Außen' in der Religionsgeschichte. Einige typologische Beobachtungen, in: J. Assmann (Hg.), Die Erfindung des inneren Menschen. Studien zur religiösen Anthropologie (SVR 6), Gütersloh 1993, 15–27.

–, Qumran and Iran: Further Considerations, IOS 2 (1972), 432–446.

Shedd, R.P., *Man* in Community: A Study of St. Paul's Application of Old Testament and Early Judaism Conceptions of Human Solidarity, Grand Rapids 1964.

Shekan, P.W./Di Lella, A.A., The *Wisdom* of Ben Sira (AB 39), New York 1987.

Sheridan, M., *Disciples* and Discipleship in Matthew and Luke, BTB 3 (1973) 235–255.

Sidebottom, E.M., *James*, Jude, and 2Peter, London 1967.

Siegert, F., *Sara* als vollkommene Frau bei Philon, in: R. Kampling (Hg.), Sara lacht. Eine Erzmutter und ihre Geschichte. Zur Interpretation und Rezeption der Sara-Erzählung, Paderborn u. a. 2004, 109–129.

–, *Zwischen* Hebräischer Bibel und Altem Testament. Eine Einführung in die Septuaginta (MJSt 9), Münster 2001.

Sihvola, J., The *Autonomy* of Religion in Ancient Philosophy, in: V. Hirvonen/T.J. Holopainen/M. Tuominen (Hg.), Mind and Modality: Studies in the History of Philosophy in Honour of Simo Knuuttila, Leiden 2006, 87–99.

Silverman, A., (Chapter 7) *Plato*: Psychology, in: C. Shields (Hg.), The Blackwell Guide to Ancient Philosophy, Malden, MA et al. 2003, 130–144.

Skeat, T.C., The *Lilies* of the Field, ZNW 37 (1938), 211–214.

Slezák, T.A., *Psyche*: ihr Ort im Menschen, im Kosmos und im Geist nach Platon und Plotin, in: E. Düsing/H.-D. Klein (Hg.), Geist und Psyche. Klassische Modelle von Platon bis Freud und Damasio, Würzburg 2008, 17–40.

Slingerland, H.D., The Testaments of the Twelve Patriarchs. A Critical History of Research, Missoula, Mont. 1977.

Smith, M.S., The Heart and the Innards in Israelite Emotional Expressions. Notes from Anthropology and Psychobiology, JBL 117 (1998), 427–436.

Smyth, K., *Matthew 28*: Resurrection as Theophany, IThQ 42 (1975), 259–271.

Snell, B., Die *Auffassung* des Menschen bei Homer, in: Ders., Die Entdeckung des Geistes, [5]1955, 17–42.

Sonntag, M./Jüttemann, G. (Hg.), Individuum und Geschichte. Beiträge zur Diskussion um eine ‚Historische Psychologie', Heidelberg 1993.

Sorabji, R., Chrysippus – Posidonius – Seneca: A High-Level Debate on Emotion, in: Sihvola/Engberg-Pedersen (Hg.), The Emotions in Hellenistic Philosophy (NSyHL 46), 1998, 149–169.

–, *Emotion* and Peace of Mind. From Stoic Agitation to Christian Temptation (GiffL), Oxford et al. 2000, 55–65.

Sorensen, E., *Possession* and Exorcism in the New Testament and Early Christianity (WUNT 157), Tübingen 2002.

Spelman, E.V., Hairy Cobblers and Philosopher-Queens, in: B.-A. Bar On (Hg.), Engendering Origins. Critical Feminist Readings in Plato and Aristotle, New York 1994, 3–24.

Spicq, C., *Art. ὀκνέω κτλ.*, TLNT II (1994), 567–577.

–, *Art. ὁλοκληρία, ὁλόκληρος*, TLNT II (1994), 578–579.

–, *Art. μετεωρίζομαι*, TLNT II (1994), 483–485.

–, *Art. ταράσσω κτλ.*, TLNT III (1994), 372–376.

–, *Art. ὑποκρίνομαι κτλ.*, TLNT III (1994), 406–413.

–, *L'Ecclésiastique* (BPC Tome VI), Paris 1951, 529–841.

Spitaler, P., *Διακρίνεσθαι* in Mt. 21:21, Mk. 11:23, Acts 10:20, Rom. 4:20, 14:23, Jas. 1:6, and Jude 22 – the „Semantic Shift" That Went Unnoticed by Patristic Authors, NT 49 (2007), 1–39.

–, Doubting in Acts 10:27?, FNT 20 (2007), 81–93.

Spitzley, T. (Hg.), Willensschwäche, Paderborn 2005.

Stahl, A., Die *ἁπλότης* im Christentum, in: Wissenschaftliche Beilage zum Jahresbericht des Städtischen Gymnasiums und der mit demselben verbundenen Realschule zu Greifswald für das Schuljahr 1899/1900, Greifswald 1900, III - 25.

Staubli, T., Alttestamentliche *Konstellationen* der Rechtfertigung des Menschen vor Gott, in: C. Frevel (Hg.), Biblische Anthropologie: Neue Einsichten aus dem Alten Testament (QD 237), Freiburg i. Br. 2010, 88–133.

Stegemann, H., Die *Essener*, Qumran, Johannes der Täufer und Jesus. Ein Sachbuch, Freiburg i. Br. 1993.

–, Zu *Textbestand* und Grundgedanken von 1QS III,13–IV,26, RdQ 13 (1988), 95–131.

Stein, L., Die *Psychologie* der Stoa. Erster Band: Metaphysich-anthropologischer Teil, Berlin 1886.

Stendahl, K., Der *Jude* Paulus und wir Heiden. Anfragen an das abendländische Christentum (Paul among Jews and gentiles, and other essays), (KT 36), München 1978.

Stenger, W., Biblische *Methodenlehre* (LeTh 18), Düsseldorf 1987.

Sterling, G.E., The Place of Philo of Alexandria in the Study of Christian Origins, in: R. Deines/K.-W. Niebuhr (Hg.), Philo und das Neue Testament. Wechselseitige Wahrnehmungen. I. Internationales Symposium zum Corpus Judaeo-Hellenisticum 1.–4. Mai 2003, Eisenach/Jena (WUNT 172), Tübingen 2004, 21–52.

Stock, A., Is Matthew's Presentation of Peter Ironic?, BTB 17 (1987), 64–69.

Straaten, M. van, Notes on Panaetius' Theory on the Constitution of Man, in:F. Bossier/F. De Wachter et al. (Hg.), Images of Man in Ancient and Medieval Thought. Studies presented to G. Verbeke, Leuven 1976, 93–109.

Strecker, C., *Fides* - Pistis - Glaube. Kontexte und Konturen einer Theologie der „Annahme" bei Paulus, in: M. Bachmann (Hg.), Lutherische und Neue Paulusperspektive. Beiträge zu einem Schlüsselproblem der gegenwärtigen exegetischen Diskussion (WUNT I/182), Tübingen 2005, 223–250.

Strecker, G., Der *Weg* der Gerechtigkeit, ^{2}1966.

–, Die *Bergpredigt*: ein exegetischer Kommentar, Göttingen ^{2}1985.

–, *Theologie* des Neuen Testaments, bearb., erg. u. hg. v. F. W. Horn, Berlin 1995.

Striker, G., *Emotions* in Context. Aristotele's Treatment of the Passions in the Rhetoric and his Moral Psychology, in: A. Oksenberg Rorty (Hg.), Essays on Aristotele's Rhetoric, Berkeley/Los Angeles/London 1996, 286–302.

Strock, A., The Shepherd of Hermas: A Study of His Anthropology As Seen in the Tension Between Dipsychia and Hamartia, Ann Arbor, MI 1984.

Stroumsa, G.G., The *Two Souls* and the Divided Will, I. The Manichees and the Two Souls, in: A.I. Baumgarten/J. Assmann/G.G. Stroumsa (Hg.), Self, Soul, and Body in Religious Experience, Leiden 1998, 198–208.

Stuckenbruck, L.T., The *Interiorization* of Dualism within the Human Being in Second Temple Judaism: the Treatise of Two Spirits (1QS III:13–IV:26) in its Tradition-Historical Context, in: A. Lange/E.M. Meyers/B.H. Reynolds III/R. Styers (Hg.), Light Against Darkness. Dualism in Ancient Mediterranean Religion and the Contemporary World, Göttingen 2011, 145–168.

Stuhlmacher, P., Biblische *Theologie* des Neuen Testaments. Band *1*: Grundlegung. Von Jesus zu Paulus, 3., neubearbeitete und ergänzte Auflage, Göttingen 2005.

–, Biblische Theologie des Neuen Testaments. Bd 2: Von der Paulusschule bis zur Johannesoffenbarung, 2. Auflage, Göttingen 2012.

–, Zur missionsgeschichtlichen *Bedeutung* von Mt 28,16–20, EvTh 59 (1999), 108–130.

Sullivan, S., The Psychic *Term* ἦτορ. Its nature and relation to person in Homer and the Homeric Hymns, Emerita 64/1 (1996), 1–29.

Sundén, H., Gott erfahren: Das Rollenangebot der Religionen, aus d. Schwed. übertr. v. H. Reller (GTBS 98), Gütersloh 1975.

Synge, F.C., Not Doubt but Discriminate, ET 89 (1978), 203–205.

Syreeni, K., A Single *Eye*: Aspects of the Symbolic World of Matt 6:22–23, StTh 53 (1999), 97–118.

–, The *Sermon* on the Mount and the Two Ways Teaching of the Didache, in: H. van de Sandt, Matthew and the Didache: Two Documents from the Same Jewish- Christian Milieu?, Assen 2005, 87–103.

Syrén, R., The metaphorical use of ‚light' and ‚darkness' in some biblical and post-biblical traditions, in: J. Neusner/A.J. Avery-Peck u. a. (Hg.), Ancient Israel, Judaism, and Christianity in Contemporary Perspective. Essays in Memory of K.-J. Illman, Langham, Md. 2006, 409–418.

Tamez, E., The Scandalous *Message* of James: Faith Without Deeds is Dead, New York 1990.

Theissen, G., Das *Doppelgebot* der Liebe. Jüdische Ethik bei Jesus, in: Ders., Jesus als historische Gestalt. Beiträge zur Jesusforschung. Zum 60. Geb. von G. Theißen hg. von A. Merz (FRLANT 202), Göttingen 2003, 57–72.

–, Das transformative *Menschenbild* der Bibel. Die Erfindung des ‚inneren Menschen' und seine Erneuerung im Urchristentum, in: B. Janowski (Hg.), Der ganze Mensch. Zur Anthropologie der Antike und ihrer europäischen Nachgeschichte, Berlin 2012, 269–287.

–, Die pseudepigraphe *Intention* des Jakobusbriefes. Ein Beitrag zu seinen Einleitungsfragen, in: P.v. Gemünden/M. Konradt/G.Theißen (Hg.), Der Jakobusbrief. Zur Rehabilitierung der „Strohernen Epistel" (BVB 3), Münster 2003, 54–82.

–, *Erleben* und Verhalten der ersten Christen. Eine Psychologie des Urchristentums, Gütersloh 2007.

–, Monotheismus und Satansglaube. Entstehung und Psychologie des biblischen Satansmythos, in: N. Vos/W. Otten (Hg.), Demons and the Devil in Ancient and Medieval Christianity (Suppl. VigChr 108), Leiden 2011, 37–69.

–, Psychologische *Aspekte* paulinischer Theologie, Göttingen ^{2}1993.

–, Urchristliches *Ethos* - eine Synthese aus biblischer und griechischer Tradition, in: C. Strecker (Hg.), Kontexte der Schrift II: Kultur, Politik, Religion, Sprache - Text, FS W. Stegemann, Stuttgart 2005, 209–222.

–, Urchristliche *Wundergeschichten*. Ein Beitrag zur formgeschichtlichen Erforschung der synoptischen Evangelien (StNT 8), Gütersloh 1974.

–, Wanderradikalismus. Literatursoziologische Aspekte der Überlieferung von Worten Jesu im Urchristentum, in: Ders., Studien zur Soziologie des Urchristentums (WUNT 19), Tübingen 31989, 79–105.

–, Zu diesem *Heft*, EvTh 70/1 (2010), 3–9.

Theophylakt, *Enarratio* in Evangelium Matthaei, PG 123, 139–492.

Theunissen, M., *Pindar*: Menschenlos und Wende der Zeit, München ^{3}2008.

Thiel, W., Zur Komposition von 1Könige 18. Versuch einer kontextuellen Auslegung, in: E. Blum/C. Macholz/E.W. Stegemann (Hg.), Die Hebräische Bibel und ihre zweifache Nachgeschichte. FS f. R. Rendtorff zum 65. Geb., Neukirchen-Vluyn 1990, 215–223.

Thomae, H., *Konflikt*, Entscheidung, Verantwortung. Ein Beitrag zur Psychologie der Entscheidung, Stuttgart 1974.

Thomassen, E., Orthodoxy and Heresy in Second-Century Rome, HTR 97/3 (2004), 241–256.

Thyen, H., *Studien* zur Sündenvergebung im Neuen Testament und seinen alttestamentlichen und jüdischen Voraussetzungen (FRLANT 96), Göttingen 1970.

Tillich, P., Dynamics of Faith, New York 1957.

–, Rechtfertigung und Zweifel (1924), in: Gesammelte Werke 8, Stuttgart 1970, 85–100.

TILLY, M., Der Begriff des „Glaubens“ in der rabbinischen Traditionsliteratur, in: J. Frey et al. (Hg.), Glaube. Das Verständnis des Glaubens im frühen Christentum und in seiner jüdischen und hellenistisch-römischen Umwelt (WUNT 373), Tübingen 2017, 219–237.

TIMMERMANN, J., Impulsivität und Schwäche. Die Argumentation des Abschnitts Eth. Nic. 1146b 31–1147b 19 im Licht der beiden Formen des Phänomens „Akrasia“, Zeitschrift für philosophische Forschung 54/1 (2000), 47–66.

TIWALD, M., Wanderradikalismus. Jesu erste Jünger – ein Anfang und was davon bleibt (ÖBS 20), Frankfurt a. M. 2002.

TOORN, K. VAN DER, The Theology of Demons in Mesopotamia and Israel: Popular Belief and Scholarly Speculation, in: A. Lange/H. Lichtenberger/K.F.D. Römheld (Hg.), Die Dämonen: Die Dämonologie der israelitisch-jüdischen und frühchristlichen Literatur im Kontext ihrer Umwelt (Demons: The Demonology of Israelite-Jewish and Early Christian Literature in Context of their Environment), Tübingen 2003, 61–83.

TREVES, M., The *Two Spirits* of the Rule of the Community, RdQ 11 (1961), 449–452.

TROTTER, A., *Understanding* and Stumbling: A Study of the Disciples' Understanding of Jesus and His Teaching in Matthew, 1986, 279–285.

TSUJI, M., *Glaube* zwischen Vollkommenheit und Verweltlichung. Eine Untersuchung zur literarischen Gestalt und zur inhaltlichen Kohärenz des Jakobusbriefes (WUNT II 93), Tübingen 1997.

TUCKETT, C., *2 Clement*. Introduction, Text, and Commentary (Oxford Apostolic Fathers), Oxford 2012.

TUKASI, E.O., *Determinism* and Petitionary Prayer in John and the Dead Sea Scolls: Ideological Reading of John and the Rule of Community (LSTS 66), London 2010.

TWELFTREE, G.H., *Exorcism* and the Defeat of Beliar in the Testaments of the Twelve Patriarchs, VigChr 65 (2011), 170–188.

UEBERSCHAER, F., *Weisheit* aus der Begegnung. Bildung nach dem Buch Ben Sira, Berlin/ New York 2007.

–, *Πίστις* in der Septuaginta, oder: Der Glaube der Siebzig. Von was spricht die Septuaginta, wenn sie von πίστις schreibt?, in: J. Frey et al. (Hg.), Glaube. Das Verständnis des Glaubens im frühen Christentum und in seiner jüdischen und hellenistisch-römischen Umwelt (WUNT 373), Tübingen 2017, 79–107.

ULICH, D., *Art. Emotion*, in: R. Asanger/G. Wenninger (Hg.), Handwörterbuch Psychologie, Berlin 1999, 600–624.

ULRICHSEN, J.H., Die *Grundschrift* der Testamente der zwölf Patriarchen (AUU 10), Stockholm 1991.

UNTERGASSMAIR, F.G., *Art. Zweifel*, NBL 3 (2001), 1230–1231.

URBANZ, W., Art. Treue (AT), in: Das wissenschaftliche Bibellexikon im Internet (https://www.bibelwissenschaft.de/stichwort/36166/, abgerufen am 20.09.2014).

–, *Emotionen* mit Gott – Aspekte aus den Gebetsaussagen im Sirachbuch, in: R. Egger-Wenzel/J. Corley (Hg.), Emotions from Ben Sira to Paulus (Deuterocanonical and Cognate Literature Yearbook 2011), Berlin 2012, 133–158.

VANDERKAM, J.C., *Einführung* in die Qumranforschung. Geschichte und Bedeutung der Schriften vom Toten Meer, Göttingen 1998.

VERSEPUT, D.J., Genre and Story. The Community Setting of the Epistle of James, CBQ 62 (2000), 96–110.

–, The Faith of the Reader and the Narrative of Matthew 13:53–16:20, JSNT 46 (1992), 3–24.

VIELHAUER, P., *Geschichte* der urchristlichen Literatur. Einleitung in das Neue Testament, die Apokryphen und die Apostolischen Väter, Berlin/New York 1978.

VIETTA, S., Europäische *Kulturgeschichte*. Eine Einführung. Erweiterte Studienausgabe, Paderborn 2007.

Vieweger, D., Die *Spezifik* der Berufungsberichte Jeremias und Ezechiels im Umfeld ähnlicher Einheiten des Alten Testaments (BEATAJ 6), Frankfurt a. M. 1986.

Vischer, R. Das einfache *Leben*. Wort und motivgeschichtliche Untersuchungen zu einem Wertbegriff der antiken Literatur (Studienhefte zur Altertumswissenschaft, 11). Göttingen 1965.

Vito, R.A. Di, Alttestamentliche *Anthropologie* und die Konstruktion personaler Identität, in: B. Janowski (Hg.), Der ganze Mensch. Zur Anthropologie der Antike und ihrer europäischen Nachgeschichte, Berlin 2012, 129–152.

–, Here One Need Not Be Oneself: The *Concept* of ‚Self' in the Hebrew Scriptures, in: D.E. Aune / J. McCarthy (Hg.), The Whole and Divided Self, New York 1997, 49–88.

Voegelin, E. / Moulakis, A., *Order* and History, Bd. II, Columbia, Missouri, 2000.

Vögtle, A., Die *Tugend- und Lasterkataloge* im Neuen Testament: exegetisch, religions- und formgeschichtlich untersucht (NTA 16,4/5), Münster 1936.

–, Das *Evangelium* und die Evangelien: Beiträge zur Evangelienforschung, Düsseldorf 1971.

Völker, W., *Fortschritt* und Vollendung bei Philo von Alexandrien. Eine Studie zur Geschichte der Frömmigkeit, Leipzig 1938.

Völter, D., *Die Apostolischen Väter. 1.* Teil: Clemens, Hermas, Barnabasbrief, Leiden 1904.

Vogt, K.M., Die stoische *Theorie* der Emotionen, in: B. Guckes (Hg.), Die Ethik der älteren Stoa, Göttingen 2004, 69–93.

Vogt, T., *Angst* und Identität im Markusevangelium. Ein textpsychologischer und sozialgeschichtlicher Beitrag (NTOA 26), Göttingen u. a. 1993.

Wagner, A., Der *Mensch* als ‚Bild' Gottes und das ‚Bild' Gottes im Alten Testament, Rheinsprung 11. Zeitschrift für Bildkritik 1 (2011), 79–91.

–, Der *Parallelismus* membrorum zwischen poetischer Form und Denkfigur, in: Ders. (Hg.), Parallelismus membrorum (OBO 224), Göttingen 2007.

–, *Emotionen*, Gefühle und Sprache im Alten Testament. Vier Studien (KUSATU 7), Waltrop 2006.

Wagner, K., Das interaktive *Gewissen* bei Paulus, in: G. Theißen / P. von Gemünden, Erkennen und Erleben. Beiträge zur psychologischen Erforschung des frühen Christentums, Gütersloh 2007, 301–320.

Wahl, H.M., Zweifel, Freude und Gottesfurcht als Glaubensgewissheit. Zum aspektivischen Denken Kohelets, ThZ 56/1 (2000), 1–20.

Walker, A.F., The Problem of Weakness of Will, Nous 23 (1989), 653–676.

Walker, R., Die *Heilsgeschichte* im ersten Evangelium (FRLANT 91), Göttingen 1967.

Wallis, I.G., The Faith of Jesus Christ in the Early Christian Traditions (SBL.MS 84), Cambridge 1995.

Wallis, R.T., The Idea of Conscience in Philo of Alexandria, StPhilo 3 (1974/75), 27–40.

Walzer, R., *Galen* on Jews and Christians (OCPM), Oxford 1949.

Wanke, J., *‚Bezugs- und Kommentarworte'* in den synoptischen Evangelien (EthSt44), Leipzig 1981.

Warnach, W., Selbstliebe und Gottesliebe im Denken Philons von Alexandrien, in: H. Feld / J. Nolte (Hg.), Wort Gottes in der Zeit, FS K.H. Schelkle, Düsseldorf 1973, 198–214.

Wassermann, E., The Death of the Soul in Romans 7: Sin, Death, and the Law in Light of Hellenistic Moral Psychology (WUNT II 256), Tübingen 2008.

Waszink, J.H., *Studien* zum Timaioskommentar des Calcidius, Bd. 1: Die erste Hälfte des Kommentars (mit Ausnahme der Kapitel über die Weltseele), Leiden 1964.

–, Porphyrios und Numenius, in: EnAc 12 (1965), 35–78 [= in: C. Zintzen (Hg.), Die Philosophie des Neuplatonismus, Darmstadt 1977, 167–207].

Watson, R.I., The Great *Psychologists* from Aristotle to Freud, New York ^{4}1978.

Weider, A., Ehemetaphorik in prophetischer Verkündigung (FB 71), Würzburg 1993.

Weinberg, J., Der *Chronist* in seiner Mitwelt (BZAW 239), Berlin/New York 1996.

Weiss, J., Die *Predigt* Jesu vom Reiche Gottes, Göttingen ²1900.

Wellhausen, J., *Evangelienkommentare*, mit einer Einleitung v. M. Hengel, Berlin/New York 1987 [=Ndr. von 1904–1914].

–, Das *Evangelium des Matthaei* übersetzt und erklärt, Berlin 1904.

Welz, C., *Vertrauen* und Versuchung (RPT 51), Tübingen 2010.

Welzen, H., The Way of Perfection. Spirituality in the Letter of James, SSpT 13 (2003), 81–98.

Wendland, P., Philo und die kynisch-stoische Diatribe, in: P. Wendland/O. Kern (Hg.), Beiträge zur Geschichte der griechischen Philosophie und Religion, Berlin 1895, 1–75.

Wentura, D./Frings, C., Kognitive *Psychologie*. Lehrbuch Basiswissen Psychologie, Wiesbaden 2013.

Wenz, G., *Mann der Mitte*. Zur Tugendlehre der Nikomachischen Ethik, Una Sancta 4 (2010), 311–329.

Werbick, J., Gebetsglaube und Gotteszweifel (Religion – Geschichte – Gesellschaft 20), Münster 2001.

Werlitz, J., Die Bücher der *Könige* (NSK.AT 8), Stuttgart 2002.

Wernberg-Møller, P., A *Reconsideration* of the Two Spirits in the Rule of the Community (1 Q Serek III,13–IV,26), RdQ 11/3 (1961), 413–441.

Whitters, M.F., ‚The *Eye* ist the Lamp of the Body': Its Meaning in the Sermon of the Mount, IThQ 71 (2006), 77–88.

Wiarda, T., *Peter* in the Gospels. Pattern, personality and relationship (WUNT II 127), Tübingen 2000.

Wibbing, S., *Tugend- und Lasterkataloge* im Neuen Testament und ihre Traditionsgeschichte unter besonderer Berücksichtigung der Qumrantexte (BZNW 26), Berlin 1959.

Wicke-Reuter, U., Göttliche *Providenz* und menschliche Verantwortung bei Ben Sira und in der Frühen Stoa (BZAW 298), Berlin/New York 2000.

Wiedemann, P.M., Alfred Schütz' *Lebensweltansatz* als Ausgangspunkt für die Historische Psychologie, in: G. Jüttemann (Hg.), Wegbereiter der Historischen Psychologie, München/Weinheim 1988, 193–201.

Wilckens, U., Art. ὑποκρίνομαι κτλ., ThWNT 8 (1969), 558–571.

Wildberger, H., ‚*Glauben*' im Alten Testament, in: Ders., Jahwe und sein Volk. Gesammelte Aufsätze zum Alten Testament. Zu seinem 70. Geb. hg. von H.H. Schmid und O.H. Steck (TB 66), München 1979, 161–191.

Wilkins, M.J., The *Concept* of Disciple in Matthew's Gospel as Reflected in the Use of the Term Μαθητής (NT.S 59), Leiden 1988.

Williamson, R., *Philo* and the Epistle to the Hebrews (ALGHJ), Leiden 1970.

Wilson, W.T., *Turning Words*: James 4:7–10 and the Rhetoric of Repentance, in: A.Y. Collins/M.M. Mitchell (Hg.), Antiquity and Humanity. Essays on Ancient Religion and Philosophy. Presented to H.D. Betz on his 70th Birthday, Tübingen 2001, 357–382.

Windisch, H., Die *Frömmigkeit* Philos und ihre Bedeutung für das Christentum, Leipzig 1909.

Winko, S., Diskursanalyse, Diskursgeschichte, in: H. L. Arnold/H. Detering (Hg.), Grundzüge der Literaturwissenschaft, München 1996, 463–478.

Winston, D., Freedom and Determinism in Philo of Alexandria, StPhilo 3 (1974/75), 47–70.

–, *Sage* and Super-Sage in Philo of Alexandria, in: D.P. Wright u. a. (Hg.), Pomegranates and Golden Bells. Studies in Biblical, Jewish and Near Eastern Ritual, Law, and Literature in Honor of J. Milgran, Winona Lake 1995, 815–824.

–, The Iranian *Component* in the Bible, Apocrypha, and Qumran: A Review of the Evidence, HR 5/2 (1966), 183–216.
Winter, P., *Ben Sira* and the Teaching of ‚Two Ways', VT 5/3 (1955), 315–318.
Wischmeyer, O., Die *Kultur* des Buches Jesus Sirach (BZNW 77), Berlin/New York 1995.
–, *Theologie* und Anthropologie im Sirachbuch, in: R. Egger-Wenzel (Hg.), Ben Sira's God. Proceedings of the International Ben Sira Conference. Durham – Ushar College 2001 (BZAW 321), Berlin/New York 2002, 18–31.
Wolf, U., Über den *Sinn* der Aristotelischen Mesoteslehre (II), in: O. Höffe (Hg.), Aristoteles. Nikomachische Ethik, Berlin 2010, 83–108.
Wolff, H.W., *Anthropologie* des Alten Testaments. Mit zwei Anhängen neu hrsg. v. B. Janowski, Gütersloh 2010.
–, Das Thema ‚*Umkehr*' in der alttestamentlichen Prophetie, ZThK 48 (1951), 129–148.
Wolfson, H.A., *Philo*: Foundations of Religious Philosophy in Judaism, Christianity, and Islam, Bd. I, Cambridge 1962 [1947], 424–462.
Wolmarans, J. L. P., The *Tongue* Guiding the Body: The Anthropological Presuppositions of James 3:1–12, Neotest. 26/2 (1992), 523–530.
Wolter, M., Das *Lukasevangelium* (HNT 5), Tübingen 2008.
Wolverton, W.I., The *Double-Minded Man* in the Light of Essene Psychology, AThR 38 (1956), 166–175.
Wrede, W., Das Messiasgeheimnis in den Evangelien. Zugleich ein Beitrag zum Verständnis des Markusevangeliums, Göttingen [3]1963.
Wright, A.T., The *Origin* of Evil Spirits: The Reception of Genesis 6.1–4 in Early Jewish Literature (WUNT II 198), Tübingen 2005.
Wuellner, W.H., Der Jakobusbrief im Licht der Rhetorik und Textpragmatik, LingBibl 43 (1978), 5–66.
Würthwein, E., Zur *Opferprobe* Elias I Reg 18,21–39 (1989), in: Ders., Studien zum deuteronomistischen Geschichtswerk (BZAW 227), Berlin/New York 1994, 132–139.
Young, C., Plato and Computer Dating, OSAP 12 (1994), 227–250.
Young, F.W., The *Relation* of I Clement to the Epistle of James, JBL 67 (1948), 339–345.
Zangenberg, J.K., Matthew and James, in: D. Sim/B. Repschinski (Hg.), Matthew and his Contemporaries, London 2008, 104–122.
Zeelenberg, M./van Dijk, W.W./Manstead, A. S. R./van der Pligt, J., On Bad Decisions and Disinformed Expectancies: The Psychology of Regret and Disappointment, Cognition and Emotion 14/4 (2000), 521–541.
Zehnder, M.D., Wegmetaphorik im Alten Testament. Eine semantische Untersuchung der alttestamentlichen und altorientalischen Weg-Lexeme mit besonderer Berücksichtigung ihrer metaphorischen Verwendung (BZAW 268), 1999.
Zeller, D., *Charis* bei Philo und Paulus (SBS 142), Stuttgart 1990.
–, Die weisheitlichen *Mahnsprüche* bei den Synoptikern (FzB 17), Würzburg 1977.
Zeller, E., Die Philosophie der Griechen in ihrer geschichtlichen Entwicklung, II/1, Leipzig [4]1889.
Zill, R., *Meßkünstler* und Rossebändiger. Zur Funktion von Modellen und Metaphern in philosophischen Affekttheorien, Diss. FU Berlin 1994.
Zilling, H.M., *Jesus* als Held. Odysseus und Herakles als Vorbilder christlicher Heldentypologie, Paderborn u. a. 2011.
Zimbardo, P.G./Gerrig, J.R., *Psychologie*, 18., aktualisierte Aufl., München 2008.
Zimmermann, G., „An Gott zweifeln" – eine logische *Untersuchung*, NZSTh 48 (2006), 305–320.
Zimmermann, R., Frühchristliche *Wundererzählungen* – eine Hinführung, in: Ders. (Hg.), Kompendium der frühchristlichen Wundererzählungen. Bd 1: Die Wunder Jesu, Gütersloh 2013, 5–61.

Zmijewski, J., Christliche ‚Vollkommenheit'. Erwägungen zur Theologie des Jakobusbriefes, SNTU.A 5 (1980), 50–78.

–, Der Glaube und seine Macht. Eine traditionsgeschichtliche Untersuchung zu Mt 17,20; 21,21; Mk 11,23; Lk 17,6, in: Ders./E. Nellessen (Hg.), Begegnung mit dem Wort. FS H. Zimmermann (BBB 53), Bonn 1980, 81–103.

Zöckler, T., *Light* within the Human Person: A Comparison of Matthew 6: 22–23 and Gospel of Thomas 24, JBL 120 (2001), 487–499.

Zumstein, J., La *condition* du croyant dans l'évangile selon Matthieu (OBO 16), Fribourg/Göttingen 1977.

Zwierlein, O., *Petrus* in Rom. Die literarischen Zeugnisse. Mit einer kritischen Edition der Martyrien des Petrus und Paulus auf neuer handschriftlicher Grundlage (Untersuchungen zur antiken Literatur und Geschichte 96), 2., durchges. und erg. Aufl., Berlin/New York 2010.

Stellenregister (in Auswahl)

I. Altes Testament

II. Außerkanonische Schriften neben dem Alten Testament

Viertes Makkabäerbuch (4 Makk)

Sapientia Salomonis (SapSal)

Sirach (Sir)

Testamente der zwölf Patriarchen (TestXII)

III. Qumranschriften

IV. Neues Testament

Matthäus (Mt)

1. Timotheusbrief (1 Tim)

2. Timotheusbrief (2 Tim)

1. Petrusbrief (1 Petr)

Judasbrief (Jud)

V. Außerkanonische Schriften neben dem Neuen Testament und Apostolische Väter

Barnabasbrief (Barn)

Brief des Ignatius an Polykarp (IgnPol)

1. Clemensbrief (1Clem)

2. Clemensbrief (2Clem)

VI. Griechische und römische Schriftsteller

Stichwortregister

Verzeichnis ausgewählter griechischer Ausdrücke